15주 ALL-IN-ONE

행정학

SD에듀
(주)시대고시기획

Always **with you**

사람의 인연은 길에서 우연하게 만나거나 함께 살아가는 것만을 의미하지는 않습니다.
책을 펴내는 출판사와 그 책을 읽는 독자의 만남도 소중한 인연입니다.
SD에듀는 항상 독자의 마음을 헤아리기 위해 노력하고 있습니다.
늘 독자와 함께하겠습니다.

합격의 공식
온라인 강의

잠깐!

혼자 공부하기 힘드시다면 방법이 있습니다.
SD에듀의 동영상강의를 이용하시면 됩니다.
www.sdedu.co.kr ➜ 회원가입(로그인) ➜ 강의 살펴보기

*"무엇을 하든 제대로 하라. 건성으로 말고 철저히 하라. 일의 근본을 살펴라.
내가 보기엔, 절반만 한 것이나 절반만 알게 된 것은
결코 제대로 한 것도, 아는 것도 아니다.
아니, 종종 틀린 길로 이끌기 때문에 더 나쁘다."*

공무원을 뽑는 인원이 증가함에 따라 많은 사람들이 공무원 시험에 도전하고 있습니다. 공무원이 되어 국가 행정의 발전에 기여하겠다는 목표를 가지고 있는 여러분을 위해 이 도서를 준비했습니다. 공무원 기출문제를 분석하여 공무원 시험에 꼭 필요한 내용만을 담았습니다. 공무원 시험 합격이라는 목표를 설정했다면 주위를 돌아보지 말고 오직 목표를 향해서 달려가십시오. 지루한 가시밭길의 수험생활은 합격의 그 순간에 환희로 돌아올 것입니다.

최근 공무원은 기출이 되었던 문제들이 자주 나오는 경향을 보이고 있습니다. 따라서 기존에 출제되었던 이론을 중심으로 학습하는 것이 중요합니다. 또한 지방자치법의 개정에 따라 새로운 내용을 학습해야 합니다. 이에 따라 SD 공무원시험연구소에서는 공무원 행정학 시험의 최근 경향에 최적화된 내용으로 본서를 구성했습니다.

공무원 행정학 ★ 도서의 특징 ★

첫째, 간결하고 체계적인 내용 전개!
스마트한 공부를 해야 승자가 된다! 행정학의 방대한 이론과 법령·제도를 모두 망라하되, 논리 흐름과 핵심 쟁점 위주로 간략하고 체계적으로 정리했습니다. 따라서 본서는 백과사전식 내용이 아닌 간결하면서 흐름 중심의 체계를 갖춘 기본서로서 수험공부의 부담을 확 줄여줄 것입니다.

둘째, 상세한 이론 설명!
각 제도(법령)와 이론들의 등장 배경, 맥락 및 논리체계를 상세하게 설명했습니다. 이론과 법령을 기계적으로 암기하는 주먹구구식 학습법에서 탈피하여 먼저 숲을 보고 이해한 후 그 안에 있는 나무들을 차례로 정복해나가기를 권합니다.

셋째, 개편내용 완벽 수록!
행정학은 정부가 실제로 움직이는 현장과 함께 변화하는 학문이므로, 최근 정부에서 이슈가 되는 법 개정 사항이나 제도의 쟁점에 관심을 기울여야 합니다. 따라서 본서는 법·제도 개편내용을 빠짐없이 수록하였습니다.

이 책은 기출 내용을 단순히 나열함에 그치지 않고, 어떻게 하면 이를 손쉽게 이해하고 체계적으로 정리하여 시험장에서 좋은 점수를 이끌어 낼 수 있을까를 끊임없이 고민하고 다듬었습니다. 이 점이 이 책으로 공부하는 여러분을 다른 경쟁자보다 앞선 위치로 인도할 것이라 확신합니다. 합격을 위한 고독한 길을 떠나는 여러분을 축원하고 응원합니다.

SD 공무원시험연구소

공무원 채용 필수체크

✿ 응시원서 접수 기간 및 시험 일정(9급 기준)

시험	접수 기간	구분	시험장소 공고일	시험일	합격자 발표일
국가직	2월	필기시험	3~4월	4월	5월
		면접시험	5월	6월	7월
지방직	3월	필기시험	6월	6월	7월
		면접시험	7월	7~8월	8~9월

※ 2022년 시험 일정을 기반으로 한 자료이므로 상세 일정은 변동될 수 있음

❶ 전국 동시 시행되는 지방직공무원 임용시험의 응시원서는 1개 지방자치단체에만 접수가 가능하며, 중복접수는 불가함
❷ 접수 방법: 국가직은 사이버국가고시센터(www.gosi.kr), 지방직은 지방자치단체 인터넷원서접수센터(local.gosi.go.kr)에 접속하여 접수할 수 있음

✿ 응시자격

❶ 응시연령: 18세 이상(9급 공채시험)
❷ 학력 및 경력: 제한 없음

✿ 시험방법

구분		세부사항
제1 · 2차 시험 (병합 실시)	선택형 필기 시험	• 9급 공채시험: 5과목(과목별 20문항, 4지택일형) • 시험기간: 100분(과목별 20분, 1문항 1분 기준)
제3차 시험	면접 시험	• 제1 · 2차 시험에 합격한 자만 제3차 시험에 응시할 수 있음 • 면접시험 결과 "우수, 보통, 미흡" 중 "우수"와 "미흡" 등급에 대해 추가면접을 실시할 수 있음

※ 지방직의 경우, 필기시험 합격자를 대상으로 면접시험일 전에 임용예정기관별로 인성검사를 실시하며, 일정 등 세부사항은 필기시험 합격자 발표 시 공고 예정

✿ 2022년 국가직 출제 경향

❶ 작년과 비슷한 난도로 출제되었으며, 기본이론과 기출문제를 꼼꼼하게 학습했다면 고득점이 가능한 시험이었다.

❷ 정책론에서는 생소한 유형의 문제가 출제되어 정답을 고민했을 수험생이 있었을 것이다.

❸ 다른 영역에서도 선지가 까다롭게 구성된 문제들이 있었지만 난도가 높지 않았기 때문에 긴장하지 않고 집중했다면 충분히 풀 수 있었을 것이다.

❹ 키워드 중심의 암기보다 이론에 대한 정확한 이해와 암기를 통한 대비가 필요해 보인다.

출제 영역 분석

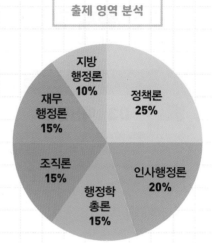

지방행정론 10%
정책론 25%
재무행정론 15%
인사행정론 20%
조직론 15%
행정학총론 15%

✿ 2022년 지방직 출제 경향

❶ 구체적인 암기를 요구하는 문제들이 다소 출제되어 당황하거나 어려움을 느꼈을 시험이었다.

❷ 대부분의 영역에서 난도는 높으나 명확한 답을 제시하는 문제들이 출제되었으므로 꾸준하게 준비한 수험생이라면 좋은 결과가 있었을 것이다.

❸ 기계적인 암기보다는 꼼꼼한 학습과 충분한 회독을 통한 다방면적인 대비가 필요해 보인다.

출제 영역 분석

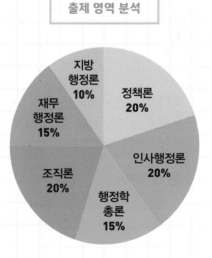

지방행정론 10%
정책론 20%
재무행정론 15%
인사행정론 20%
조직론 20%
행정학총론 15%

GUIDE
INFORMATION

이 책의 구성과 특징

한 권으로 공무원 필기시험 합격하기!

최신 출제 경향에 맞춘 핵심이론과 보충·심화학습 자료

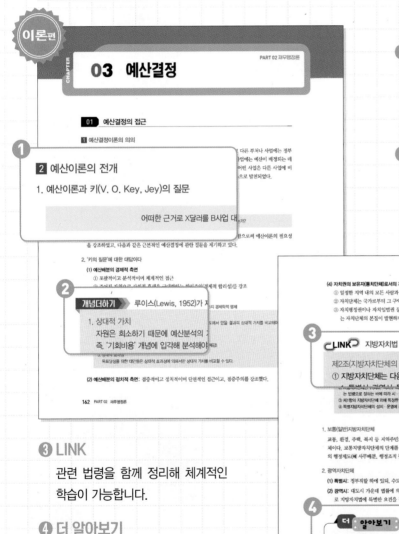

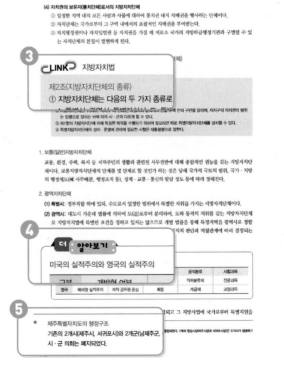

❶ 꼼꼼하고 알찬 이론 정리

방대한 행정학 이론을 최신 출제 경향에 맞춰 정리했습니다.

❷ 개념더하기

본문의 이론에서 더 나아가 꼭 알아두어야 하는 심화 내용을 담았습니다.

❸ LINK

관련 법령을 함께 정리해 체계적인 학습이 가능합니다.

❹ 더 알아보기

본문의 이론을 정리해 핵심적인 내용을 표로 정리했습니다.

❺ 각주

행정학 이론에서 꼭 알고가야 하는 기본 이론을 정리했습니다.

한 권으로 기출문제까지 섭렵하기!

핵심 이론과 직결된 Full수록 합격

문제편

PART 01 Full수록 합격

01

다음 중 행정학에서 정의하는 행정의 개념에 대한 설명으로 옳은 것은?

① 왈도에 따르면, 행정은 정의할 수 없고 기술할 수 있을 뿐이다.
② 넓은 의미의 행정은 협동적 인간 노력의 한 형태로 정부조직 전체에 해당한다.

[주의 정부관에 대한 설명으로]

합리적이고 이기적인 경제
로 한다.
자유를 옹호하며, 정부의

효율성과 공정성, 변영에
개념을 인정한다.
는 행복의 극대화, 공동선과

02

정치·행정 일원론에 대한 설명으로 옳은 것은?

① 행정국가의 등장과 연관성이 깊다.
② 윌슨(Wilson)의 「행정연구」가 공헌하였다.
③ 정치는 의사결정의 영역이고, 행정은 결정된 내용을 집행한다고 보았다.
④ 행정은 경영과 비슷해야 하며, 행정이 지향하는 가치로 절약과 능률을 강조하였다.

04

다음 중 시장실패에 대한 설명 중 가장 옳은 것은?

① 자원배분의 효율성을 저해하는 불완전
시장실패의 원인이다.
② 제3자에게 의도하지 않은 이득이나 손
는 현상은 시장실패의 원인이 되기도 한
③ 공공조직의 내부성(internalities)은 시
외 원인이다.
④ 시장실패에 대응하기 위해 정부는 공적
통한 시장에의 개입을 시도한다.

05

다음 중 정부와 시민사회 간의 관계에 대한
로 옳지 않은 것은?

① 좋은 거버넌스에서는 시민단체의 역할
한다.
② 우리나라에서는 시민단체의 자율성을
정부가 재정지원을 하지 않는다.
③ 정부와 시민단체의 지나친 유착은 시민
성체성 문제를 야기한다.
④ 정부와 시민단체 간의 균형을 위해서는
공유가 필요하다.

06

다음 설명으로 옳은 것은?

이것은 불확실한 상황에서의 오류 발생 가
최소화하고 체제의 신뢰성을 높이기 위해 강
행정가치이며, 머러 기관에 한 가지 기능이
는 중첩성(Overlapping)과 동일 기능이 여러 기관에
서 독립적으로 수행되는 중복성(Duplication) 등을
포괄하는 개념이다.

① 가외성(Redundancy)
② 합리성(Rationality)
③ 효율성(Efficiency)
④ 책무성(Accountability)

❶ 파트별 기출문제

이론과 관련된 기출문제를 파트별로 분류해 수록했습니다.

❷

정답 및 해설

01 정답 ④

① 왈도가 아니라 포르스토프이다.
② 정부뿐 아니라 일반 대규모 조직 모두에 해당한다.
③ 넓은 의미의 행정에 대한 것이다.

02 정답 ①

② 우드로 윌슨(W. Wilson)의 「행정의 연구」(The Study of Administration)는 정치행정이원론을 주장하였다.
③·④ 정치는 의사결정의 영역, 행정은 결정된 내용을 집행하는 것으로 구분한 이론은 정치행정이원론이다. 이는 집행을 담당하는 행정은 경영과 유사하게 운영되어야 하며 '절약과 능률'을 최고가치로 추구해야 한다고 본다.

05 정답 ②

② 우리나라는 비영리민간단체지원법(2000)에 의하여 비영리민간단체에 보조금 등 재정지원을 하고 있다.

06 정답 ①

제시문은 가외성(Redundancy)에 해당하는 개념이다.

❷ 상세한 해설

상세한 해설로 혼자서도 관련 문제를 학습할 수 있습니다.

공무원 필기시험 합격 수기

── 공무원 합격의 1등 공신! ──

안녕하세요? 2022년 지방직 9급 공무원 일반행정직에 합격한 강○○이라고 합니다.

공무원 시험 공부를 시작하면서 흔히 '노베이스'라고 이야기하는 경우가 바로 저였습니다. 기초가 정말 부족해서 공무원 시험에 응시할 마음을 먹기조차 겁났습니다. 많은 사람들이 공무원 시험을 준비하고 있는데 '과연 내가 할 수 있을까?'라는 생각이 가장 많이 들었습니다. 공무원 시험을 준비하려고 마음먹고 서점에서 여러 가지 관련 수험서를 비교해보다가 한 도서가 눈에 딱 들어왔고 이 책으로 공부를 시작하게 되었습니다. "SD에듀 공무원 시리즈"는 그야말로 바닥부터 공부해서 오늘날 합격까지 저에게 가장 큰 도움이 되었다고 할 수 있습니다.

공무원 시험에는 과목이 많은데, 각 과목의 특성을 잘 고려해서 만든 기본서라는 생각이 들었습니다. 공무원 기본서 시리즈들을 많이 봐 왔는데, 가장 성의 있게 만든 수험서라고 생각이 들 정도로 내용이 좋았습니다. '기본서'라는 포지션에 충실하게 전 영역의 이론이 들어 있으면서도 불필요한 내용은 최대한 배제되어 있다는 느낌을 받을 수 있었습니다. 또한 이론을 적용해 볼 수 있는 적중문제가 파트별로 있어서 기본서이지만 문제집의 역할도 하고 있었습니다. 이론을 학습하고, 문제로 실력을 확인하고, 부족한 부분은 다시 복습하는 방법으로 공부를 했습니다. 기출이나 모의고사 문제를 풀다가 막히는 개념이 나올 때마다 다시 이론을 찾아보며 도움을 많이 받았습니다.

동영상 강의도 제공하고 있어서 학습에 활용할 수 있다는 것이 가장 큰 장점이라고 생각합니다. 제공되는 여러 가지 학습 자료를 잘 활용해서 계획적으로 공부한다면 누구나 얼마든지 합격할 수 있을 것입니다. 남들은 기출을 몇 회독씩 할 때 저는 기출을 풀 실력이 안 돼서 기본서를 3회독하였습니다. 그랬더니 조금씩 문제의 답이 보이기 시작했습니다. '노베이스'인 저도 해냈습니다!

여러분도 "공무원 기본서 시리즈"와 함께 미래의 공무원을 꿈꾸시길 바랍니다.

15주 ALL-IN-ONE

행정학

SD에듀
(주)시대고시기획

이 책의 차례

CONTENTS

행정학 총론

01 행정이란 무엇인가?

01 행정의 본질

1 행정의 개념

행정의 정의는 시대와 장소에 따라 그리고 논자에 따라 다양하고 다의적(多義的)이다. 이는 행정의 연구대상과 연구범위 그리고 연구방법론에 따라서 학자마다 달라질 수 있기 때문이다.

1. 행정의 의미

(1) 실질적 의미의 행정: 법을 만드는 입법작용 및 법을 판단하는 사법작용과 구별되는 법 집행작용으로서의 행정의 특성에 초점을 둔다.

(2) 형식적 의미의 행정: 공식적인 행정기관의 권한에 속하는 작용은 모두 행정이라고 정의한다.

> 예 • 행정심판위원회의 행정심판 재결은 형식적 의미의 행정에는 속하지만 실질적 의미의 행정에는 속하지 않는다.
> • 국회의 예산집행은 실질적 의미의 행정에는 속하지만 형식적 의미의 행정에는 속하지 않는다.

2. 행정개념의 다양성

(1) 넓은 의미의 행정: 고도의 합리성을 수반한 협동적인 인간의 협동행위(공행정＋사행정)이다. 모든 조직에 적용할 수 있는 인간 협동의 측면에 초점을 둔 포괄적인 개념이다.

(2) 좁은 의미의 행정: 정부관료제를 중심으로 한 활동으로 행정부의 구조와 공무원의 활동으로 정의되며, 이 경우는 공(公)행정만을 말한다.

① 행정을 국가목적을 실현하기 위한 인적 · 물적 관리로 보는 견해(정치행정이원론, 공사행정일원론)

② 행정을 정책을 결정하는 정치과정의 일부로 보는 견해(정치행정일원론, 공사행정이원론)

(3) 거버넌스로서의 행정(최근의 개념)

① 행정을 공공문제(Public Affairs)를 해결하기 위한 민관의 집합적 노력으로 정의하는 방식이다.

② 공공문제 해결에서 ‘주체의 다양화’를 강조한다(협치, 네트워크).

③ 과거 국가주도(Government)의 공공문제 해결보다는 국가와 시장 및 시민사회와의 연계된 공공문제 해결과정을 강조하는 개념이다.

(4) 일반적 의미의 행정: 행정이란 공익목적을 달성하기 위한 공공문제의 해결 및 공공서비스의 생산과 분배와 관련된 정부 제반의 활동과 상호작용을 의미한다.

3. 행정개념의 특성

(1) 행정은 공익을 지향한다.

(2) 행정은 공공서비스의 생산, 공급, 분배와 관련된 모든 활동이다.

(3) 행정의 수행은 정치권력을 배경으로 하지만 공공서비스의 생산 및 공급은 정부가 독점하지 않는다.

(4) 행정은 정치과정과 밀접하게 연관되어 있다.

> **개념더하기** 행정과 경영에 대한 학자들의 견해
>
> - 사이먼(Simon): 행정과 경영의 차이는 양적·상대적 차이에 불과하다.
> - 케이든(Caiden): 공행정과 사행정의 구분이 모호해지고 상호 협력이 증가하고 있다.
> - 보즈만(Bozeman): '공공성의 차원'에서 기존의 이분법적인 공·사 비교론을 반대하고 공공성을 상대적 개념으로 보는 차원적 접근법을 제시하였다. 이는 모든 조직이 어느 정도의 공공성을 띠고 있다고 보는 것이다.

4. 행정학 변천에 따른 행정개념(정치·행정과의 관계에 따른 관점)

공행정(公行政)*이란 국가 또는 지방자치단체, 공공기관이 공익을 실현하기 위한 활동이며 경영, 즉 사행정(私行政)이란 사기업 또는 민간단체가 그 조직의 목표달성을 위한 활동이다. 행정개념을 이해하기 위해서는 관리적 측면에서 유사한 경영과(공사행정일원론) 국가적 작용의 정치적 측면에서 유사한 정치와의 관계를 알아보는 것이 필요하다(정치행정일원론).

(1) **정치와 행정**: 행정이 정치적 특성을 지니면 정치행정일원론으로 행정이 정치적 특성과 분리되면 정치행정이원론으로 개념화된다.

정치	• 정책결정 • 법 제정 • 가치배분	정치인 영역	• 가치판단 • 목적	도의적 책임	대표성	• 권력 추구 • 민주 추구
행정	• 정책집행 • 인적·물적 자원관리 • 의사결정	일반공무원 영역	• 사실판단 • 수단	법적 책임	• 봉사성 • 합법성	능률 추구

---

*   세이어의 법칙(Sayre's Law)
   세이어는 '공·사행정은 모든 중요하지 않은 점에 있어서 근본적으로 같다'라고 하여 행정과 경영이 다르다고 역설하였다. 이러한 주장은 공·사행정이 근본적으로 같은 점과 다른 점이 모두 있다는 점을 인정하면서도 중요한 점에 있어서는 서로 다르다는 것으로 공사행정이원론, 정치행정일원론의 입장을 취한다.

(2) 행정과 경영: 행정을 경영과 유사한 것으로 인식하면 공사행정일원론이며, 행정과 경영의 차이점을 부각시키면 공사행정이원론이다.

구분	기준	행정	경영
차이점	법적 규제	규제와 기속행위가 많다.	규제가 적으며 재량행위가 많다.
	정치적 성격	행정은 정치로부터 분리되지 않았다.	경영은 정치로부터 분리되어 있다.
	권력적 성격	강제적 · 물리적 · 일방적 권력을 행사한다.	공리적 · 쌍방적 권력 권력을 행사한다.
	평등원칙	엄격한 평등의 원칙이 적용되고, 획일적이다.	차등이 인정되고, 자율적이다.
	업무성격	공익실현을 위하여 다양하다.	이윤추구를 위한 활동이기에 그 성질이 단일적이다.
	평가기준	합법성, 능률성, 민주성, 효과성, 사회적 형평성 등 다원적 기준에서 평가된다.	능률성(수익성)이라는 단일적 기준에서 평가된다.
	영향력	전 국토와 전 국민에 미치므로 영향력이 광범위하다.	특정 이해관계자나 소비자에게 국한되므로 영향력이 협소하다.
	독점성	비경쟁성(비경합성)이 강한 분야가 대부분이다.	독점성이 약하고 경쟁성이 강한 분야가 대부분이다.
	공개성	공개행정의 원칙이 강조된다.	경영기법이 노하우이므로 비공개경영이 많다.
공통점	• 인간의 협동행위 • 의사결정과정 • 목표달성을 위한 수단	• 관료제적 요소 • 관리기술 • 봉사성(행정은 국민, 경영은 고객)	

> **개념더하기** ▶ 최근 행정과 경영의 구별 상대화
>
> • 공공서비스 공급기능의 민영화
> • 민간경영기법 도입 확대
> • 수익자부담주의(응익주의)의 활용
> • 준정부조직(QUANGO), 시민단체(NGO), 공동생산(Coproduction) 등
> • 공공선택이론, 신공공관리론, 신국정관리론

(3) 행정개념의 변천

① 행정관리설(1880~1930년대, 정치행정이원론, 공사행정일원론)

㉠ 행정이란 이미 수립된 정책 · 법규의 구체적 집행관리 및 국가의 목적을 달성하기 위한 인간 및 물자의 관리로 정의한다.

㉡ 등장배경: 엽관주의의 폐단을 극복하고, 정치로부터 행정을 독립시키기 위한 고전적 행정학자들의 노력에 의해 최초로 등장한 행정개념이다. 행정의 정책결정 기능을 배제하고 정치와의 분리를 주장하는 고전적 행정학의 견해로 행정의 정치 · 권력적 성격을 배제하고, 행정의 경영적 성격을 강조한다.

㉢ 대표 학자: 윌슨(W. Wilson), 화이트(L. White), 굿노우(F. Goodnow)

② **통치기능설*(1930~1940년대, 정치행정일원론, 공사행정이원론)**

ㄱ 행정의 본질을 정치와의 밀접한 관계에서 파악하는 관점으로, 행정을 정치 또는 통치기능의 일부로 이해하고, 단순한 정책 집행뿐만 아니라 정책결정 및 입법기능까지도 수행하는 것으로 본다.

ㄴ 등장배경: 경제대공황 이후 행정수요 증대와 행정의 복잡·다양·전문화, 위임입법의 증대, 준입법권·준사법권 증대, 행정의 재량권·자원배분권 증대, 행정의 정책결정기능 필요성이 강조되면서, 기능적 행정학자들에 의해 주장되었다.

ㄷ 대표 학자: 디목(M. E. Dimock), 애플비(P. H. Appleby)

③ **행태설(의사결정)(1940~1960년대, 정치행정새이원론, 공사행정새일원론)**

ㄱ 행정이란 공동의 목표를 달성하기 위한 인간의 합리적·집단적·협동적 행동으로서 의사결정과정의 연속이다.

ㄴ 등장배경: 통치기능설에 따른 행정의 독자성 상실과 행정학의 과학적 연구의 필요성으로 인해 등장하였다.

ㄷ 대표 학자: 사이먼(H. A. Simon), 버나드(C. I. Bernard)

④ **발전기능설(1960년대, 정치행정새일원론, 공사행정새이원론)**

ㄱ 행정을 정치사회의 발전목표를 적극적으로 설정하기 위한 발전정책·발전계획의 형성·집행으로 이해한다.

ㄴ 1960년대 이후 발전행정론자들의 견해이다.

ㄷ 대표 학자: 이스만(M. J. Esman), 와이드너(E. Weidner) 등

⑤ **정책기능설(1970년대, 정치행정일원론, 공사행정이원론)**

ㄱ 주로 사회적 형평, 격동에 대처하기 위해 행정의 정책 관련 기능을 강조한다.

ㄴ 정책결정 과정에서 갈등 해결을 강조한다.

ㄷ 대표 학자: 왈도(D. Waldo), 프리드릭슨(G. Frederickson)

⑥ **신공공관리설(1980년대, 경영성)**

ㄱ 신공공관리론에서 행정은 직접공급이 아니라 방향잡기라고 한다.

ㄴ 신공공관리론은 정부기능 수행에서 민영화, 민간위탁 등으로 다양한 참여자들이 참여하게 됨으로써 행정은 이제 이들 조직들을 지원, 유도하는 역할을 해야 한다. 즉, 행정의 특권지위를 인정하지 않는다.

ㄷ 대표 학자: 후드(Hood), 오스본(Osborn)

개념더하기 ▶ 신공공관리론의 두가지 측면(B. Bozeman)

보즈만은 공공관리 또는 신공공관리가 정책학과 경영학의 접근법에 의한 두 가지 흐름으로 발전되었다고 보고, 이를 경영학과 정책학적 측면으로 분석하였다.

경영학적 접근 (B형 접근법: Business Administration Approach)	정책학적 접근 (P형 접근법: Policy Science Approach)
• 공공관리의 관리적 측면 강조 • 전통적 행정학(과학적 관리론 등)과의 유사성 강조	• 공공관리의 정치적 측면과 정책적 측면 강조 • 행정학과의 차별성 강조 • 참여주의와 공동체주의 강조
행정의 생산성(효율성) 중시	행정의 대응성·정치성 중시

---

* 통치기능설의 정치적 성격
행정의 정치적 성격을 강조함으로써 행정학이 정치학의 한 분과로 복귀하는 경향을 나타낸다(행정학의 정체성 위기 초래).

⑦ (뉴)거버넌스(Governance)(1990년대, 정치성)
  ㉠ 행정은 문제 해결의 양식으로, 다양한 주체들의 협력적 네트워크 양식을 의미한다.
  ㉡ 국가의 일방적 통치가 아닌 국민과 동반자로서의 행정을 강조한다. 참여적 · 협력적 공공 활동을 강조하는 행정의 정치성을 중요하게 생각한다.
  ㉢ 대표 학자: 로즈(Rhodes)

> **더 알아보기**
>
> 시대변천에 따른 행정개념
>
> | 구분 | 행정관리론 | 통치기능설 | 행정행태론 | 발전기능 | 정책화기능 | 신공공관리론 | 뉴거버넌스 |
> |---|---|---|---|---|---|---|---|
> | 시대 | 1880~1930년대 | 1930년대 | 1940년대 | 1960년대 | 1970년대 | 1980년대 | 1990년대 |
> | 정치행정 | 정행이원론, 공사일원론 | 정행일원론, 공사이원론 | 정행이원론, 공사일원론 | 정행일원론, 공사이원론 | 정행일원론, 공사이원론 | 경영성 | 정치성 |

② 행정활동의 내용

1. 행정과정

행정이 국민의 사회적 요구를 실현시키는 일련의 연쇄적 · 순환적 과정

구분	전통적 행정과정	현대적 행정과정
시대	근대입법국가에서의 행정과정	현대행정국가에서의 행정과정
정치와 행정	• 정치행정이원론 • 가치판단 기능 배제(행정의 정책결정 기능 부인) • 행정을 수단적 · 기술적 차원에서 파악(행정을 관리기능으로 파악) • 귤릭의 POSDCoRB도 전통적 행정과정(관리과정)	• 정치행정일원론 • 행정의 목표설정 · 정책결정 기능 • 행정기능을 수단과 목표의 연쇄과정으로 이해
행정과정	• 기획(Planning) • 조직화(Organization) • 실시(Activating) • 통제(Controlling)	• 목표설정(Goal-setting) • 정책결정(Policy-making) • 기획(Planning) • 조직화(Organization) • 동작화 · 동기부여(Motivating) • 통제 · 평가(Controlling) • 환류 · 시정조치(Feedback)

(1) **목표설정(Goal-setting)**: 행정이 달성하고자 하는 이상적인 미래상태를 설정

(2) **정책결정(Policy-making)**: 정부의 장래 활동지침을 결정

(3) **기획(Planning)**: 정책목표의 구체화와 목표달성을 위한 세부활동계획을 수립

(4) **조직화(Organization)**: 인적 · 물적 자원, 정보자원 및 조직구조를 동원 · 편제(編制)하는 단계

(5) **동작화 · 동기부여(Motivating)**: 구성원의 자발적 행동을 유도하기 위한 유인을 제공하고 규제하는 과정

(6) **통제 · 평가(Controlling)**: 실적 · 성과를 목표나 기준과 비교

(7) **환류 · 시정조치(Feedback)**: 평가결과 목표나 계획대로 이루어지고 있지 않은 경우 시정조치를 하는 단계

2. 행정수요

(1) 의미: 행정에 의하여 해결되기를 바라는 국민의 기대와 요구를 말한다.

(2) 현대 행정수요의 성격

① 정치 · 경제 · 사회적 환경요인의 작용

② 전문화

③ 유동성

④ 불확실성

⑤ 수요의 잠재성과 측정 및 예측 곤란성

(3) 행정수요 증대에 대한 대응방안

① 재화나 서비스의 공급과 규제: 비분할성, 비배제성의 성격을 가진 공공재 뿐만 아니라 가치재도 정부의 공급에 포함된다.

㉠ 예산을 운용하여 정부활동의 수준을 정함(정부와 민간의 범위설정)

㉡ 소득과 부의 분배를 결정함(소득재분배)

㉢ 사회활동 전반에 통제(규제)를 가함

② 행정지도: 일정한 행정목적을 실현하기 위하여 특정인에게 일정한 행위를 하거나 하지 아니하도록 지도 · 권고 · 조언하는 행정작용(비권력적)을 말한다.

개념더하기 행정지도

1. 행정지도의 개념

행정지도란 행정기관이 그 소관 사무의 범위 안에서 일정한 행정목적을 실현하기 위하여 특정인에게 일정한 행위를 하거나 하지 아니하도록 지도 · 권고 · 조언하는 행정작용을 말한다.

2. 행정지도의 특성

(1) 임의적 협력을 기대하는 행정작용으로, 비권력적 사실행위이다.

(2) 공익을 위해 행해지는 규제적 행정지도의 경우 상대방의 협조나 동의 하에 행해지나 당해 행정기관에 감독권이나 기타 규제권한이 부여되고 있으므로, 상대방에게 영향을 미치게 된다. 따라서 결과적으로 실질적인 권력적 규제라는 행위가 야기되므로, 신중히 행해져야 한다.

3. 행정지도의 효용

(1) 긴급성, 적시성, 상황적응성: 새롭거나 긴급한 행정수요나 법률이 규율하지 못하는 행정수요에 긴급하게 대응한다.

(2) 행정의 간편성 제고: 법적 제약이 약하므로 간편한 절차로 시간과 노력을 절약할 수 있다.

(3) 온정적 행정의 촉진: 행정지도의 내용은 법규에 구속되지 않으므로 상대방의 입장을 고려하여 결정할 수 있는 온정주의가 나타날 수 있다.

(4) 행정의 원활화: 행정체제와 시민사이의 분쟁 또는 마찰을 줄일 수 있다.

4. 행정지도의 폐단

(1) 행정책임의 불명확성: 절차와 형식이 법적 규제를 받지 않기 때문에 행정지도가 있었는지의 여부나 행정지도의 내용에 무엇이 있는지가 모호하다.

(2) 법치주의의 침해: 행정기관은 행정권한을 이용하여 사실상 상대방의 복종을 강요한다는 점에서 법치주의를 침해할 우려가 있다.

(3) 공공복지의 경시: 사전권고의 경우 간편성에서 당사자에게는 도움이 되지만, 제3자인 일반공중의 이익이나 공공복지가 침해될 우려가 있다.

(4) 비효율적 운영: 행정지도에 있어 행정관료의 일방적 · 고압적 지도성향 등으로 비효율적인 운영이 자행된다.

(5) 행정의 팽창: 조정적 행정지도를 바라는 국민의 행정의존 심리로 인해 행정기관이 자제하지 않으면 행정의 불합리한 팽창을 초래한다.

(6) 행정의 밀실화, 불공평: 행정지도의 은밀성으로 인해 관련 행정의 밀실화가 초래되고, 행정지도에는 행정기관의 재량이 작용하므로 이해관계를 가진 당사자 간에 행정의 불공평이 초래될 우려가 있다.

3. 행정기능

행정수요에 부응하는 행정활동을 행정기능이라 한다.

(1) 행정기능의 유형

① 사회안정화 기능(소극적 기능)과 사회변동 기능(적극적 기능)

사회안정화 기능	사회변동 촉진·유도기능
• 소극적 기능(치안, 국방, 외교, 경제규제), 행정은 전통보호자, 사회안정자, 정책집행자 • 입법국가시대에 강조됨	• 적극적 기능(교육, 건설, 개발), 행정은 사회변동담당자, 변동관리자, 정책결정자 • 행정국가시대에 강조됨

② 케이든(G. Caiden)의 국가발전목표를 기준으로 한 행정기능 분류

㉠ 전통적 기능	사회안정화 기능(법질서 유지, 외교, 국방, 공공사업, 과세)
㉡ 국민형성 기능	국가상징 조작, 국민통합·일체감 형성
㉢ 경제관리 기능	경제안정과 발전, 경제기획, 경제규제, 기술원조
㉣ 사회복지 기능	사회보장, 보건위생, 교육
㉤ 환경통제 기능	환경보존 규제, 국토의 효율적 이용

국가발전단계에 따라 ㉠에서 ㉤으로 행정기능의 중점이 이동되며, 개도국은 ㉡, ㉢기능을 중요하게 생각하고 선진국은 상대적으로 ㉣, ㉤기능을 중요하게 생각한다. 환경통제 기능이 가장 최근에 강조하는 기능이다.

③ 디목(M. E. Dimock)의 분류

구분	← 고전적·소극적·권력적·고유의 기능		현대적·적극적·비권력적·파생적 기능 →	
기능	질서기능		봉사기능	
	보안기능 – 범죄, 국방	규제기능 – 독점·무역, 관세	원호기능 – 구호, 원조	직접봉사기능 – 교육, 의료, 공원조성

(2) 행정의 영역별 기능

① **법과 질서유지 기능**: 국가의 일차적 기능
② **국방 및 외교 기능**: 국가의 안전과 평화를 지키고 국민의 생명을 보호하며 외국과의 외교 관계를 유지하는 기능
③ **경제적 기능**: 경제정책을 통해서 기업 및 소비자의 경제활동을 보장해 주고 더 발전된 경제적 삶을 위해 경제에 참여하는 기능(경제개발을 추진하기 위한 사회간접자본 및 과학기술·정보분야 등)
④ **사회적 기능**: 국민들의 사회적 욕구를 충족시켜 삶의 질을 향상시키는 기능으로서 특히 약하고 소외된 자를 배려하려는 기능(각종 사회보장제도, 노동자들의 최저임금 등)
⑤ **교육·문화적 기능**: 국민들의 교육 및 체육 활동 장려, 예술 및 문화활동 보장

3 재화로서 행정

1. 재화의 유형별 특성 및 정부의 개입

특징	배제성	비배제성
경합성	민간재(Private Goods) • 예 의류, 세탁기, 냉장고, 대학교육, 자동차 등 • 시장공급의 문제: 가격기구가 정상적으로 작동할 경우 효율적 자원배분 가능. 단, 형평성 차원에서 문제 발생 • 정부개입: 원칙적으로 민간기업이 생산하도록 자율성을 보장하지만, 공익차원에서 소비자보호를 위한 서비스의 안정성과 규격기준 설정이나 저소득층을 위한 기본적 수요의 충족 등에 부분적으로 정부가 개입하는 경우(가치재)가 있음. 어디까지나 정부개입은 시장을 대체하는 것이 아니라 보완하는 측면으로 접근함	공유재(Common-Pool Goods) • 예 자연자원(산, 강, 바다), 공공시설, 정부예산 • 시장공급의 문제: 과다소비 자원의 고갈(공유지 비극), 공급비용의 귀착문제 발생 • 정부개입: 자원고갈의 방지를 위한 공급·소비에 대한 적극적 규제, 사회적 함정(Social Traps)을 방지하기 위한 공유재의 사용과 관련된 규칙을 설정함
비경합성	요금재(Toll Goods) • 예 전기, 가스, 수도, 고속도로 • 시장공급의 문제: 배제가능하므로, 민간회사의 참여가 가능하지만, 자연독점의 발생가능성으로 정부가 개입함 • 정부개입: 민간기업이 생산하도록 가능한 한 자율성을 보장하지만, 일부재화의 자연독점 문제를 방지하기 위해 정부가 개입하여 직접 공급(유료)하며, 공급비용은 서비스 판매를 통해 조달한다.	공공재, 집합재(Collective Goods) • 예 국방, 외교, 등대, 치안 • 시장공급의 문제: 무임승차 현상이 발생해서 과다공급 또는 과소공급 문제가 발생함 • 정부개입: 공급문제 해결을 위해 정부가 직접 공급하며(계약에 의해 민간기업이 생산할 수도 있음), 공급비용은 세금 등 강제적 수단으로 징수한다(응능주의).

> **개념더하기** 기타 재화의 유형

1. 사회적 함정(Social Traps)
   사회 전체적으로 볼 때 개인들은 공유재의 사용을 자제하여야 하지만 개인적인 차원에서는 공유재를 많이 사용하는 것이 합리적 선택이기 때문에 공유재의 과소비를 초래하는 사회적 딜레마를 말한다.

2. 요금재의 정부개입
   요금재는 경제적으로 배제가 가능하기 때문에 민간회사들이 재화공급에 참여할 수도 있다. 그러나 도로, 공원과 같은 요금재에 순수한 사유재화와 같이 배제의 원칙을 적용할 경우에 그러한 재화가 과소 공급될 가능성이 크다. 요금재를 추가로 소비하는 데 드는 한계비용이 이들을 배제하여 얻는 혜택에 비하면 매우 적다. 그러므로 이러한 재화의 공급을 민간 공급업자에게 맡길 경우 규모의 경제에서 나타날 수 있는 이점을 살리지 못하게 되므로 정부가 개입하는 것이 바람직하다.

3. 가치재
   성격상 민간재이지만, 국민들이 최소한의 서비스를 향유할 수 있도록 정부가 공급하는 재화나 서비스, 또는 소비가 바람직하다고 판단해 정부가 소비를 권장하는 재화를 말한다. 이는 정부가 공급하게 되므로 온정적 간섭주의의 성격을 띠며, 개인의 자유나 소비자 주권주의와 상충되는 측면도 있다. 이러한 가치재는 국가와 시장 모두 공급한다는 측면에서 공공재와 동일하지 않다(예 의료, 의무교육, 우유소비 권장).

4. 클럽재(Club Goods)
   뷰캐넌이 제시한 이론으로 '배제성은 있으나 경합성은 없는 재화'로 완전한 비경합성과 완전한 경합성 사이에 다양한 정도의 부분적 경합성이 존재한다는 것을 전제로 하였다(예 유료 고속도로, 통신사).

2. 행정의 공공재적 특징

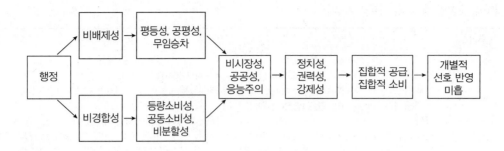

(1) **비배제성(Non-Exclusivity)**: 대가의 지불 없이 재화와 서비스를 이용할 수 있다.

  ① 평등성·공평성: 모든 국민은 차별 없이 행정서비스의 수혜대상이 된다.

  ② 무임승차성: 비용을 지불하지 않아도 사용이 가능하므로 무임승차자가 발생하고, 가격이 성립하거나 수익이 보장되지 않으므로 시장에서 거래하기가 곤란하다(시장실패). 이로 인해 정부가 개입하여 직접 공급하게 된다.

(2) **소비의 비경합성(Non-Rivalry)**: 특정인이 소비하여도 다른 사람의 소비가 감소하지 않는다. 누군가 추가적으로 재화를 소비하더라도, 기존 소비자의 효용이 감소하지 않는다.

  ① 등량소비성: 동일한 재화를 동시에 소비하여 동일한 이익을 얻을 수 있다.

  ② 공동소비성: 모든 사람이 동시에 소비가 가능하다.

  ③ 비분할성(분할 불가능성): 분할하여 소비할 수 없고, 결합하여 소비된다.

(3) **비시장성**: 비배제성, 비경합성으로 인해 가격기구에 의한 자유시장의 경쟁원리가 적용되지 않는다.

(4) **정치성(권력성, 공공성, 공익성)**: 공공재의 비시장성과 정부의 비시장적 활동을 통해 공공재가 공급되며 공급수준은 정치적으로 결정되고, 권력성·정치성을 지니게 된다. 정치성의 특성상 다양한 국민의 이해관계를 수렴하는 차원에서 공공성을 지녀야 하지만 정치적 결정이 잘못될 경우 정부실패가 발생(공공선택론)한다.

(5) **내생적 선호**: 사적재는 개인의 선호에 따라 서비스를 자유롭게 선택할 수 있지만 공공재는 선택이 제약된다.

(6) **공급의 비경쟁성(독점성)**: 일반적으로 정부가 독점적으로 공급하며, 경쟁체제인 민간부분과 달리 서비스 개선의 적극적 유인이 부족하여 관료의 무사안일주의, X-비효율성을 야기한다.

(7) **무형성**: 활동의 성과가 가시적이지 않고 계량화와 성과측정이 곤란하다.

(8) **비축적성, 동시소비성**: 생산과 소비가 동시에 이루어지므로 서비스가 축적되지 않는다.

02 정부와 행정

1 정부의 개념과 형태

1. 개념

정부는 '개인의 연합으로 구성된 사회 집단체' 또는 '합법적 권력을 보유하고 책임을 공유하는 개인들로 구성된 집합체'로 정의된다. 정부라는 말의 용례는 좁게는 행정부만을 의미하며, 넓게는 국가(입법, 사법, 행정)를 의미하는 말로 쓰이고 있다.

2. 형태

(1) 행정부의 구성 형태(대통령제와 의원내각제)

구분	대통령제	의원내각제
행정부 구성 방식	대통령을 국민이 선출하여 행정부를 구성한다.	의회의 다수당이 수상과 내각을 선출하여 행정부를 구성한다.
특징	• 엄격한 권력 분립 원리에 기초 • 임기 동안 효율적이고 안정적인 국정 운영이 가능 • 대통령의 임기 보장으로 정책의 계속성 보장 • 신속한 국정 운영이 가능 • 소수자의 이익 보호 • 의회 내 다수당의 횡포 시 견제가 가능하며, 군소정당의 난립 시 혼란의 조정이 가능	• 의회의 내각 불신임권과 행정부의 의회 해산권을 모두 행사 → 행정부와 입법부의 융화(통치조직의 일원화) • 능률적·적극적인 국정 운영이 가능 • 민주적 요청에 적합: 내각이 의회에 의존하기 때문 • 국민의 책임에 민감 → 책임 정치 • 입법부와 행정부의 대립 시 신속한 해결 가능
단점	• 독재화 우려 → 정치적 참여의 저조화 • 행정부와 의회의 대립 시 해소 곤란 • 신속하나 입법이 곤란함	• 다수당의 횡포 가능 • 군소정당 난립 시 정국의 불안정 • 국정 처리의 지연 가능성

(2) 국가의 결합 여부(단일제와 연방제)

단일제	연방제
중앙정부의 모든 정치권력을 위임하고 중앙정부가 이것을 재량에 의하여 지방정부에 위임할 수 있는 정부 형태	헌법에 연방정부와 지방정부 쌍방을 정하고 양자에 정치권력을 분산하는 정부 형태

(3) 통치자 수[군주제, 귀족제, 민주(공화)제]

군주제	귀족제	민주제
지배자 1인	지배자 소수	다수의 지배

2 정부관

1. 이념에 따른 정부관

사회에는 이념상의 스펙트럼이 있는데 진보주의 – 중도 – 보수주의로 구분할 수 있다.

구분	진보주의	보수주의
인간관	• 욕구, 협동, 오류가능성의 여지가 있는 인간관 • 경제인 인간관 부정	합리적이고 이기적인 경제인
가치판단	• 자유를 열렬히 옹호 • 평등을 증진시키기 위해 실질적인 정부개입 허용	• 자유(정부로부터의 자유) 강조 • 기회평등과 경제적 자유를 강조
시장과 정부에 대한 평가	• 효율과 공정, 번영과 진보에 대한 자유시장 잠재력 인정 • 시장 결함과 윤리적 결여를 인지하고 시장실패는 정부 치유책에 의해 수정 가능	• 자유시장에 대한 신념 • 정부 불신, 정부는 개인 자유를 위태롭게 하고, 경제 조건을 악화시키는 전제적 횡포
선호하는 정책	• 소외집단을 위한 정책 • 공익 목적의 정부규제 • 조세제도를 통한 소득재분배	• 소외집단 지원정책 비선호 • 경제적 규제완화, 시장지향 정책 • 조세감면, 완화
비고	복지국가, 혼합자본주의, 진보주의, 규제된 자본주의, 개혁주의	자유방임적 자본주의

2. 기계론적 정부관과 유기체적 정부관

(1) 기계론적 정부관

① 인간이 이기적·합리적이라는 전제 하에 정부는 정치체제의 긴장을 완화시키는 장치이며, 정부를 정치체제의 활동이 이루어지는 장소로 이해한다.

② 규범적으로는 개인의 평등, 형평성을 전제하지만 현실에서는 다양한 계급과 이익집단들이 자신의 이익만을 추구하기에 상호 간의 갈등과 경쟁은 회피될 수 없다.

③ 이 견해는 정부가 사회의 종속변수에 불과하며, 정부는 사회체제를 변화시킬 수 없고 사회적 투입에 반응할 뿐이라고 본다.

(2) 유기체적 정부관

① 정부는 사회를 보다 높은 형태의 사회로 이끄는 이상적·교육적 조직체(유기체)이다.

② 이 견해는 다시 강력한 유기체설을 신봉하는 정부관과 관대한 유기체설을 신봉하는 정부관으로 세분된다.

③ 정부는 개인보다 상위에 위치하는 합리적이고 완전한 존재여서(정부가 하는 일은 모두가 완전하고 이상적이라고 보기 때문에), 정부만이 사회발전과 사회복지를 추구하는 주체가 될 수 있다는 것이다 (유기체적 정부관에 의하면, 정부는 사회의 종속변수가 아니라 독립변수인 것이다).

> **개념더하기** 유기체설의 대표 이론가
>
> 강력한 유기체설의 대표적 이론가는 헤겔과 마르크스이며, 특히 마르크스는 그의 사적 유물론을 통해서 정부(정신)에 의해 물질적 세계(현상의 계급관계)를 변화시킬 수 있다고 보았다. 관대한 유기체설은 정부가 사회를 선도하는 도덕적 수단이라고 본다[피히테(Fichte), 셸링(Schelling)].

3. 정부와 기업 간의 관계에 따른 정부형태

정부와 기업 간 관계	정부의 지원역할	정부의 규제역할	정부역할	우리나라의 경우
자유방임주의형	약	약	규칙제정자	1950년대 (정부의 무관심)
중상주의형	강	약	지원자	1960~1970년대 (정부주도)
가부장주의형	강	강	지원자와 규제자	1980년대
입법주의형	약	강	규제자	1990년대 이후 (기업주도)

4. 거버넌스

거버넌스 혹은 국정관리는 넓은 의미의 사회생활이 조정되는 다양한 방식들을 뜻한다. 따라서 정부는 거버넌스를 위한 다양한 조직의 하나이며, 극단적으로 정부 없는 거버넌스도 가능한 것이다. 그러나 일반적으로 거버넌스 하에서의 정부는 비대칭적 행위자로서 최종 조정자 혹은 책임자로서의 역할을 하는 것으로 본다.

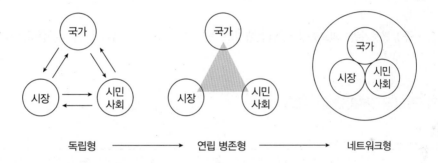

(1) **독립형**: 독립형은 국가, 시민사회 및 시장이 독립적인 지위에서 서로 다른 원리에 따라 운영되는 체제이다.

(2) **연립 병존형**: 연립 병존형은 전통적인 중심이론모형보다는 거버넌스에 가까운 모형이다. 그러나 연립 병존형의 경우 기존 행위 주체들인 국가, 시장 및 시민사회 등의 작동원리가 그대로 존재하면서 불안정하게 정립하고 있는 과도기적 모형이다.

(3) **네트워크형**: 네트워크형은 국가, 시민사회 및 시장이 각각의 작동원리를 기반으로 하지만 상호 간 변화하는 새로운 질서에 공동으로 능동적인 대응을 하기 위해 제도적인 장치를 구축한다.

5. 정부의 개념

(1) 넓은 의미의 정부: 넓은 의미의 정부 형태는 국가 통치기구를 의미하며, 입법부·사법부·행정부의 삼권분립 구조를 이룬다. 입법부는 국회이며 단원제 형태로, 상임위원회와 특별위원회, 국회사무처, 국회도서관, 국회예산정책처 그리고 국회입법조사처가 속해 있다. 사법부인 법원에는 대법원, 고등법원, 지방법원과 특허법원, 가정법원, 행정법원이 속해 있다.

(2) 좁은 의미의 정부: 좁은 의미의 정부 형태는 입법부와 사법부를 제외한 행정부를 지칭하며, 우리나라 행정부에는 18부 4처 18청 7위원회(2021년 9월 기준)의 정부기구가 있다. 중앙행정기관은 헌법기관과 비헌법기관으로 나누어 볼 수 있다.

① 헌법기관의 설립 근거는 헌법에 규정되어 있기 때문에 기관의 영속성이 보장되어 있다.

　　예 대통령, 국무총리, 감사원, 국무회의, 국가안전보장회의, 민주평화통일자문회의, 중앙선거관리위원회 등

② 비헌법기관의 설립근거는 정부조직법 또는 개별법에 규정되어있다. 기구 개편이 필요할 때 관련 법률의 제정 및 개정에 의해 용이하게 개편할 수 있는 장점을 갖는다.

　　예 ・ 대통령 직속기관: 대통령비서실, 대통령경호실, 국가정보원 등
　　　 ・ 국무총리의 직속기관: 국무조정실, 공정거래위원회, 비상기획위원회 및 법제처, 국가보훈처 등
　　　 ・ 중앙행정기관: 외교통상부, 안전행정부, 법무부, 국방부, 교육과학기술부, 농림수산식품부, 환경부 등

③ 정부의 구조(공공부문을 중심으로)

1. 국가행정기관*

중앙행정기관	국가의 행정사무를 담당하기 위하여 설치된 행정기관으로서 그 관할권의 범위가 전국에 미치는 행정기관을 말한다. 다만, 그 관할권의 범위가 전국에 미치더라도 다른 행정기관에 부속하여 이를 지원하는 행정기관은 제외한다.
특별지방 행정기관	특정한 중앙행정기관에 소속되어, 당해 관할구역 내에서 시행되는 소속 중앙행정기관의 권한에 속하는 행정사무를 관장하는 국가의 지방행정기관을 말한다.
부속기관	행정권의 직접적인 행사를 임무로 하는 기관에 부속하여 그 기관을 지원하는 행정기관을 말한다.
자문기관	부속기관 중 행정기관의 자문에 응하여 행정기관에 전문적인 의견을 제공하거나, 자문을 구하는 사항에 관하여 심의·조정·협의하는 등 행정기관의 의사결정에 도움을 주는 행정기관을 말한다.
소속기관	중앙행정기관에 소속된 기관으로서, 특별지방행정기관과 부속기관을 말한다.
보조기관	행정기관의 의사 또는 판단의 결정이나 표시를 보조함으로써 행정기관의 목적달성에 공헌하는 기관을 말한다.
보좌기관	행정기관이 그 기능을 원활하게 수행할 수 있도록 그 기관장이나 보조기관을 보좌함으로써 행정기관의 목적달성에 공헌하는 기관을 말한다.
하부조직	행정기관의 보조기관과 보좌기관을 말한다.

＊　 정부기관
　　(1) 헌법기관: 대통령, 국무총리, 감사원과 국무회의, 국가안전보장회의, 민주평화통일자문회의 등
　　(2) 비헌법기관: 대통령실, 국가정보원, 방송통신위원회 등

2. 공공서비스 공급주체(공공부문의 범위)

공공부문						민간부문		
정부부문		준정부부문(공공기관)				비영리부문(공익성)		영리부문
정부부처	정부기업	준정부기관		공기업		시민단체 법인 (NGO)	시민	기업
		위탁 집행형	기금 관리형	준시장형	시장형			
• 기획재정부 • 국방부	• 조달청 • 국립중앙 극장 등 책임운영 기관	• 한국소비 자원 • 한국학술 진흥재단 등	• 국민연금 관리공단 • 예금보험 공사 등	• 한국철도 공사 • 한국마사 회 등	• 한국전력 공사 • 한국공항 공사 등	• 참여연대 • 시민행동 • 사회복지 공동모금 회 등	• 자원봉사자	• 민간위탁 기업 • 민자유치 참여기업 • 사회적 기업*
1섹터	최광의의 3섹터							2섹터
1섹터	광의의 3섹터							2섹터
광의의 공공부문						협의의 3섹터		2섹터

(1) 제1섹터(정부부문): 정부에 의해 비영리 활동을 수행하는 영역으로 정부부처 형태의 공기업인 정부기업이 있다. 정부부처 형태의 공기업은 구체적으로 정부기업예산법의 적용 대상인 우편, 우체국 예금, 양곡관리, 조달사업, 책임운영기관 등을 말한다.

(2) 제2섹터(민간영리부문): 이윤 추구 목적의 기업으로 정부기능의 민간위탁 등에 의해 공공서비스 생산활동에 참여한다. 민간부문이 영리활동을 수행할 수 있는 시장영역이다.

(3) 제3섹터(민간영리부문 & 준정부부문): 일반적으로 제3섹터는 민간부문이 비영리 활동을 수행하거나 (QUANGO) 공공기관이 영리활동을 수행하는 영역(QUAGO)을 의미한다. 최근 전통적인 공적영역과 민간영역의 경계가 흐려짐에 따라 제3섹터가 강조되는 경향이 나타난다.

① 준정부조직(QUAGO; Quasi-governmental Org): 공공기관이 영리활동을 수행하는 영역으로 정부의 파생적인 행태, 계약국가, 그림자국가(Shadow State), 감추어진 공공영역, 공유된 정부(Shared Government)라고 한다. 공공기관 중 정부의 대리인 자격을 가지며 정부기능이나 기금을 위탁받아 수행 또는 관리하는 준정부기관을 말한다.

② 준비정부조직(QUANGO; Quasi-non governmental Org): 민간부문이 비영리 활동을 수행하는 영역을 말한다. 준비정부조직은 정부와 공동생산(Co-production)의 기능을 수행하면서 정부로부터 독립성을 가지고 운영되는 조직이다. 정부의 업무를 보조하거나 정부로부터 재정자원을 받는 관변단체 등 정부보완적 역할을 담당하기도 한다.

---

* 사회적 기업
사회적 기업은 일반기업과 NGO와의 혼합 영역에 위치한다.

3. 중간조직의 형성배경

(1) 시장실패와 정부실패모형: 정부실패와 함께 시장의 확산으로 인한 형평성 저하에 대응하여 시민사회와 비영리부문이 활성화된다고 본다.

(2) 계약실패모형: 정보의 비대칭성으로 인해 서비스의 양과 질을 정확하게 파악하지 못하여 수요자가 공급자를 통제할 수 없는 상태를 말하는데, 소비자들이 공급자를 신뢰할 수 없을 때(양로, 육아, 복지) 시민은 비영리성을 띤 비영리단체를 더 신뢰하게 되어 중간단체가 형성된다고 본다.

(3) 공공재모형: 정부가 공공재를 제공하는 경우, 다수 시민의 선호에 초점이 맞추어지고, 소수집단의 선호는 무시된다. 이 경우 소수의 잔여수요와 신뢰가 필요한 분야에 대한 서비스 제공이 비영리부문에 의한 공공서비스 제공으로 이루어진다고 본다.

(4) 정책네트워크모형: 이익집단은 시민들의 선호나 이익을 균형 있게 반영하지 못하므로 이를 균형 있게 반영하기 위해 상호 연결된 조직들의 복합체인 정책네트워크(정책연결망: 정책공동체, 이슈공동체 등)가 등장했다.

(5) 관청형성모형(던리비, Dunleavy): 책임이 수반되는 집행위주의 계선조직보다는 정책위주의 참모조직으로 개편하려는 의도에서 준정부조직 등으로 외부분봉(Hive-Off)하는 현상이 나타난다고 본다.

(6) 대리정부모형, 제3자정부(케틀, D. Kettle): 대리정부란 중앙정부의 정책이나 프로그램들이 다른 하위정부 단위들이나 시중은행, 공익단체, 병원 등을 포함한 제3자 정부에 의해 수행될 때의 정부를 말한다. 대리정부는 프로그램의 집행권을 외부주체에게 이전하거나 외부주체로부터 재화나 서비스를 구입하는 수준을 넘어서, 중앙정부로부터 대리정부들이 이전 받은 정책이나 프로그램의 수행에 따르는 재원사용권과 공적 권력의 사용까지 포함하는 포괄적인 분권화 현상을 의미한다.

02 행정과 환경

01 행정과 정치, 법

1 행정과 정치의 관계

1. 행정과 정치의 기능적 관계

역사적으로 행정과 정치의 기능이 명확하게 구분되던 시대도 있었고(정치행정이원론), 행정이 정치의 기능을 분담함으로써, 기능적으로 구분되지 않았던 시대도 있었다(정치행정일원론). 즉, 행정과 정치는 기능적인 측면에서 시대상황에 맞게 역할을 분담해 왔으며, 상호 불가분의 관계에 있다.

2. 행정에 대한 정치적 통제와 관료제의 자율성

(1) 민주성과 능률성의 상충관계

① 민주성: 의회를 통한 행정 견제, 통제 ⋯ (극단) → 행정의 안정성 · 능률성 희생

② 능률성: 행정의 자율성, 정치적 중립, 공무원의 신분보장 ⋯ (극단) → 민주적 가치의 희생, 관료주의화

(2) 현대 사회문제의 복잡화와 행정의 전문화로 인해 행정적 재량성이 증대 → 공무원에 대한 통제의 한계 (의회의 통제력이 약화되는 추세, 의회실패로 유발)

3. 행정부와 입법부 및 정당과의 관계

(1) 행정부와 입법부의 관계

① 입법과정에서의 행정부와 입법부의 관계

㉠ 원칙상 의회의 고유권한이었던 입법기능이 위임입법에 의해 입법의 정부주도 경향

㉡ 실질적인 지식 정보의 제공으로 법률의 내용을 형성하는 데 동참하는 적극적 · 형성적 기능

② 정책의 유형에 따른 관여의 차이

㉠ 규제정책 → 법률에 의해 상세하게 규정(침해적 행위)

㉡ 재분배정책 → 대통령, 의회지도자 등의 정치적 결단에 의해 결정

㉢ 분배정책 → 법률에서 추상적으로 결정, 구체적 내용 위임 → 하위정부모형, 철의 삼각(Iron Triangle)

(2) 행정부와 정당 간의 관계

① 정당은 국민의 의견을 수렴하는 창구로, 일반국민들의 정치적 의사를 공식적인 정부기관에 매개하는 위치에 있다.

② 행정부 조직이 아니기 때문에 공식적인 정책과정을 주도할 수는 없으나, 대통령을 당선시킨 정당은 여당이 되어 국가 정책의 모든 분야에 참여할 수 있는 제도가 마련되어 있다. 특히 의원내각제 하에서 다수당의 역할은 행정부로 직접적인 참여와 관여가 가능하다.

③ 우리의 경우 행정부와 여당은 동일한 정치집단으로 여겨지고 있다. 대통령, 행정부 그리고 여당이 동일시되는 상황에서 여당이 다수당일 경우에는 국회와 대통령 또는 국회와 행정부가 상호 견제하기보다는 대통령 중심의 단일정치체제로 운영되는 측면이 있다.

2 행정과 법의 관계

1. 행정에 대한 법의 의미

입헌주의나 법률주의 원리를 정부의 행동을 제약하는 것으로 이해하는 경우가 많다. 그러나 법은 행정에 대한 제약요인인 동시에 행정기관과 공무원에게 권한을 부여하고 활동을 조장하는 요소로 작용하기도 한다.

2. 행정과 헌법, 법률

(1) 헌법은 행정의 법적 정당성을 제공하는 최고의 원천으로, 행정조직과 행정작용에 관한 헌법 규정은 행정의 존립 근거와 수권의 기초를 제공한다.

(2) 법률은 행정과 정책의 공식적인 형식이자 집행수단으로 작용하며, 그러한 과정을 통해 행정활동을 정당화하는 기능을 수행한다.

3 행정부과 사법부의 관계

1. 상호 견제와 균형

(1) 사법부는 행정처분에 대한 행정재판권과 명령, 규칙에 대한 위헌명령심사권을 가지고 있다.

(2) 행정부는 사법부의 예산편성권과 일반사면권 및 특별사면권 등을 가지고 있어 상호 견제와 균형을 유지하고 있다.

2. 사법부의 기능

(1) 사법부는 사법심사 및 판례를 통해 실질적으로 수행되는 정책을 형성하고 집행 과정에서 영향력을 행사한다(행정작용에 대한 사법심사는 행정의 전문성으로 인한 한계).

(2) 사법부는 사법심사를 통해 행정기관의 위법한 행정작용에 대한 사후적인 권리 구제 및 통제와 함께 행정기관의 불법적인 지체 또는 불합리한 지연 행동에 대한 이의 이행을 촉구하기도 한다.

4 행정부와 헌법재판소의 관계

1. 의의

헌법의 최고 법 규범으로서의 실효성을 확보하기 위해 우리나라는 사법적 헌법보장기관인 헌법재판소 제도를 운영하고 있다. 헌법재판소는 실질적인 사법기능을 담당하는 국가기관이지만 사법부에 속한 것은 아니다. 헌법재판소는 위헌법률에 대한 헌법재판과 행정공무원의 위헌행위에 대한 탄핵결정 등을 통해 국민의 기본권 보장과 행정에 대한 법적 통제 기능을 수행한다.

2. 헌법재판소의 행정과 관련된 기능

(1) 헌법재판소의 위헌법률 심판은 법률에 대한 일종의 사법적 심사로서 직접적으로는 입법부의 입법행위를 통제하기 위한 것이다. 국회의 입법활동 중 정부 제출법안이 의원 제출법안을 압도하고 있고, 의원 입법의 경우에도 실제로는 정부의 해당 부처에서 기본구조가 만들어지는 경우가 많다는 점에서 위헌법률 심판은 사실상 행정기관을 통제하는 것이라고 할 수 있다.

(2) 헌법재판소는 행정처분 등 공권력의 행사 또는 행정부작위 등 공권력의 불행사에 의해 기본권을 침해한 경우에는 헌법소원 심판을 통해 행정을 통제할 수 있다.

(3) 헌법재판소는 위임입법권에 대한 통제를 통해서도 간접적으로 행정부를 통제할 수 있다. 즉, 포괄적 위임입법금지의 원리에 대한 심사는 한편으로는 입법자에 대한 통제를 의미하지만, 다른 한편으로는 행정부의 위임입법권에 대한 통제가 될 수 있다고 할 수 있다.

02 행정과 시장(경제)

행정은 경제생활에서 발생하는 각종 분쟁을 해결하기 위해 필요한 제도와 정책을 마련하여 경제활동을 지원함과 동시에 경제활동의 성과에 대한 배분을 통해 권력관계의 변화나 행정체제의 변화를 초래함으로써, 상호 불가분의 관계에 있다. 이하에서는 시장의 의의와 효율성의 조건 및 시장실패, 더불어 정부개입에 따른 정부실패와 그에 대한 방안에 대해 모색하기로 한다.

1 경제의 의의

1. 경제활동

경제활동은 인간의 기본적 욕구를 충족시키기 위해, 재화·서비스를 생산, 분배, 소비하는 활동을 말한다.

2. 경제 문제(선택의 문제)

(1) 자원의 희소성

① 희소성의 원칙: 재화나 서비스의 양이 절대적으로 부족하다는 것이 아니라 인간의 욕구와 필요에 의해 상대적으로 부족함을 의미한다.

② 선택의 문제: 희소성 때문에 경제활동에 있어 선택문제가 발생한다.

(2) 경제의 기본 문제

① 무엇을 얼마나 생산할 것인가?(What and How much to produce?)

② 어떻게 생산할 것인가?(How to produce?)

③ 누구를 위하여 생산할 것인가?(For Whom to produce?)

(3) 경제문제의 해결기준(효율과 공평)

① 효율성: 주어진 시간이나 경비를 투입해서 가장 좋은 결과를 얻어내거나 또는 어떤 결과를 가져오는 데 있어 투입되는 시간이나 경비가 가장 적어지는 것을 의미한다.

경제학에서는 자원의 사용을 어떻게 변화시키더라도 한 개인의 후생(효용)을 증가시키기 위해서는 반드시 다른 사람(들)의 후생(효용)이 감소한다면, 그 상태는 자원이 효율적으로 사용되고 있는 상태이다. 다시 말하면 효율적인 자원배분상태에서는 다른 사람의 후생을 감소시키지 않고는 어느 한 사람의 후생도 증가시킬 수 없다. 이 개념은 이탈리아의 위대한 경제학자 파레토(V. Pareto)에 의해 확립되었기 때문에 파레토 최적(Pareto Optimum)이라고 불리기도 한다.

② **공평성[그랑(J. L. Grand)의 기준]**: 공평성의 개념은 아직 모두가 동의하고 있는 하나의 정의를 가지고 있지 못하다.

    ㉠ 균등성: 공평성이 균등성에 의해 측정된다는 것은 사회구성원의 후생수준이 동등해질수록 사회는 공평해진다는 것을 의미한다(모든 사람이 똑같은 소득을 가지고 있을 때 그 사회는 가장 공평하다는 주장).

    ㉡ 無-질투 배분: 만약 모든 사람이 자기 자신에게 배분되는 것을 다른 사람에게 배분되는 것보다 더 선호할 때, 즉 그 어떤 사람도 부러워하지 않을 때, 그 분배는 공평하다는 것이 無-질투(Envy-Free) 배분의 개념이다(빵을 두 사람에게 공평하게 나누기 위해서 한 사람이 빵을 자르고 다른 사람에게 그 둘 중에 원하는 것을 고르게 한다면, 이는 無-질투 배분을 가져온다).

    ㉢ 수평적 공평성과 계급역전
- 수평적 공평성(Horizontal Equity): 조세의 공평성을 판단할 때 주로 거론되는 개념으로, 쉽게 표현하자면 같은 사람은 같이 취급해야 공평하다는 것을 의미한다.
- 계급역전(Rank Reversals): 소득의 절대수준을 척도로 삼을 때 생기는 수평적 공평성의 문제를 보완하기 위해 도입된 개념으로 이 개념에 따르면 소득분포상 각자가 위치하고 있는 계급을 변화시키지 않고 계속 유지시켜주는 조세제도는 수평적 공평성을 만족한다.

(4) 효율성과 공평성의 상충관계: 자원이 효율적으로 배분될수록 또는 소득분배가 공평하게 이루어질수록 사회후생은 증가하게 된다. 즉 효율성과 공평성을 동시에 증가시킬 수 있는 방안이 있다면, 그 방안은 사회구성원 모두의 동의 하에 채택될 것이다. 그러나 대부분의 경우 효율성을 증가시키다 보면 소득분배가 불공평하게 되고, 소득분배를 공평하게 하다 보면 비효율성이 초래된다. 이러한 효율성과 공평성 간의 상충관계(Trade-Off)는 정부의 정책결정과정에서 특히 중요해진다.

3. 경제체제와 경제문제의 해결

(1) 봉건사회: 전통과 관습을 통해 경제문제 해결

(2) 사회주의: 국가의 계획, 명령을 통해 경제문제 해결(계획경제, 공평에 중점)

(3) 자본주의: 시장(가격기구)을 통해 경제문제가 자연스럽게 해결(시장경제, 효율에 중점)

(4) 현대 자본주의: 수정 자본주의에서는 가격기구와 정부의 개입을 통해 경제문제 해결

2 시장

1. 시장의 의의

(1) **시장의 정의**: 시장은 물건을 사거나 파는 특정한 장소로서의 개념이 아니라 동일한 상품의 가격이 빠르고 쉽게 균등화되는 곳에서 구매자와 판매자가 자유롭게 상호작용하는 모든 영역을 의미한다. 따라서 시장이 거의 완전해질수록 시장의 모든 부분에서 동일한 물건이 동시에 동일한 가격에 팔리게 되는 경향을 강하게 띠게 된다.

(2) **시장의 특징**: 시장은 선택, 유연성, 기회를 제공한다. 이들은 빠르고 단순한 의사전달을 위한 도구의 기능을 한다. 어떤 사람도 다른 사람을 지시할 수 없으며 가격만이 유일하게 생산과 교환을 결정하므로 신뢰가 필요 없으며 거래 당사자들 간의 관계보다는 재화 자체의 가치가 중요하다. 개인의 행위는 감독자에 의해서 지시되지 않으므로 체계적인 거버넌스 구조나 통제가 필요하지 않다. 이런 의미에서 시장은 비강제적인 교환을 담보하는 기구이다.

2. 시장의 효율성 조건

(1) **완전경쟁시장의 조건**
① 기업과 소비자의 수가 무수히 많기 때문에 한 기업의 생산활동이나 한 소비자의 구매활동이 가격에 영향을 주지 않는다. 즉, 기업과 소비자는 모두 가격순응자이다.
② 생산물은 동질적이다.
③ 산업에 대한 진입장벽이 없다. 다시 말해서, 어떤 기업도 원하기만 하면 아무런 비용 없이 산업에 들어갈 수 있고, 또 산업으로부터 나갈 수 있다.
④ 모든 기업과 소비자는 상품의 가격이나 품질 등에 대하여 완전한 정보를 보유하고 있다.

(2) **애덤 스미스(Adam Smith)의 주장[개인이익(사익) 극대화 = 전체 이익]**: 시장은 가격이라는 보이지 않는 손을 통하여 구매자와 판매자 모두에게 상호 이로운 교환을 할 수 있게 해 준다. 이러한 교환과정에서 개인은 충분한 정보를 가지고 합리적으로 행동하는 완전경쟁 상황이 조성될 경우 파레토 최적을 달성할 수 있다. 즉, 경쟁시장은 자원배분의 효율성과 시민의 자유를 증진시키는 매개체 역할을 하는 것이다. 이때 효율성은 시장이나 정부가 다른 형태의 재화나 서비스에 관하여 그들의 분배적 기능을 잘 수행하고 있는지를 평가하는 기준이 된다.

3 시장실패

1. 시장실패의 개념

(1) 경제활동을 자유시장기구에 맡길 경우 효율적 자원배분 및 균등한 소득분배를 실현하지 못하는 상황으로, 개인적으로는 합리적인 선택이 사회 전체적으로는 합리적인 선택을 보장하지 못하는 현상을 말한다.

(2) 자유방임상태가 오히려 시장실패를 초래하므로 시장실패를 적절하게 치유할 목적으로 정부의 적극적 개입이 필요하다.

2. 시장실패 모형(사익극대화 ≠ 전체이익)

(1) 구성의 모순*: 구성의 모순이란 개별적으로 타당한 이야기가 전체적으로는 틀릴 수도 있는 현상을 말한다. 즉, 부분에는 타당한 원리가 부분의 집합인 전체에 대해서는 오류가 되는 현상을 말한다.

(2) 공유지(목초지)의 비극(Tragedy of the Commons – Hardin): 일정한 면적의 목초지를 두 목장에서 공동으로 이용하는 경우, 적정 사육두수가 있음에도 불구하고, 각 목장이 경쟁적으로 소를 증가시킴에 따라 목초지의 재생능력을 초과하는 소들의 목초지 사용으로 인해 목초지가 재생불능상태에 빠진다는 것이다. 이는 공유지가 비배제성·경합성을 지니므로 무료사용이 가능하여 과다사용이 나타나고 이로 인해, 목초지가 황폐화되어 어느 누구도 소를 키울 수 없는 상태가 된다는 것이다.

(3) 죄수의 딜레마 이론(Prisoner's Dilemma): 범죄를 저질렀다고 생각되는 두 용의자(A, B)가 검거되어 검사의 신문을 받게 되었다. 검사는 두 사람을 함께 신문하면 눈짓을 주고받아 범행을 부인할 가능성이 높으므로 하나씩 떼어놓아 독방에 가둔 다음 따로 불러 신문을 진행시킨다.

구분		A	
		부인	자백
B	부인	둘 다 1년형	B(15년형), A(방면)
	자백	B(방면), A(15년형)	둘 다 5년형

A, B가 서로 협조의 가능성이 없고 서로가 어떠한 행동을 할지를 모르는 상태에서 A, B의 최적 전략은 자백하는 것이다. 왜냐하면 A, B 모두에게 자백이 우월전략이기 때문이다. 결국 A, B 모두 부인하여 1년형을 살 수 있는 더 나은 상태를 달성하지 못하고 사회적으로 바람직하지 못한 상태에 도달한다. 이는 합리적, 이기적 개인들의 이기적 행동이 사회적으로 최적의 결과를 가져다준다는 시장의 논리에 정면으로 배치된다. 즉, 시장실패를 뜻한다.

3. 시장실패의 원인

(1) 불완전 경쟁(독점·과점, Imperfect Competition)
  ① 의미: 상품이나 서비스의 공급이 하나 또는 소수의 기업에 의하여 이루어지는 시장
  ② 폐해: 독과점 기업은 가격과 공급량을 결정할 수 있기 때문에 이윤의 극대화를 위해 완전경쟁시장에 비해 공급량은 줄이고 가격은 높게 됨 → 사회적 잉여 감소, 자원의 비효율적 배분, 소비자 피해 발생 등

(2) 외부성(Externality), 외부효과
  ① 의미: 한 경제 주체의 행동이 다른 경제 주체에게 의도하지 않은 이익 또는 손해를 끼치고도 그 대가를 주거나 받지 않은 상태

---

* 구성의 모순(절약의 역설)
　　애덤 스미스는 저축을 미덕이라고 강조한 반면, 케인즈는 '절약의 역설'을 강조하여 대공황의 탈피를 위해 수요를 진작시키는 정책을 취할 것을 강조하였는데, 개인이 저축을 많이 하면 미래의 소득이 늘어나 바람직하지만, 모든 국민이 소비는 하지 않고 저축만 한다면 오히려 물건이 팔리지 않아 재고가 쌓이고 생산이 감소하여 국민 소득이 감소하는 등 구성의 모순이 나타날 수 있음을 지적하였다.

② 외부효과의 유형

구분	외부 경제	외부 불경제
의미	타인에게 의도하지 않은 이익을 주고도 대가를 받지 못하는 상태	타인에게 의도하지 않은 손해를 끼치고도 그 대가를 치르지 않은 상태
영향	사회적 최적 수준보다 낮은 상태의 생산·소비가 이루어짐 • 생산 측면: 사회적 비용* < 사적 비용 • 소비 측면: 사회적 편익** > 사적 편익	사회적 최적 수준보다 높은 상태의 생산·소비가 이루어짐 • 생산 측면: 사회적 비용 > 사적 비용 • 소비 측면: 사회적 편익 < 사적 편익

개념더하기 ▶ 외부효과에 대한 대응외부효과에 대한 대응

1. 피구세(Pigouvian Tax)
   (1) 의의: 시장에는 외부효과들이 있을 수 있는데 이 중에서 오염물질로 인한 외부효과가 생길 수 있다. 이때 오염물질의 배출에 대해서 그 오염물질로 인하여 발생하는 사회적 한계비용만큼 배출세를 내도록 하는 것이 피구세이다.
   (2) 피구세의 시행상 문제점
       ① 가장 중요한 문제는 '측정'의 문제이다. 피구세의 세율을 결정할 때에는 외부성을 일으키는 대상물(환경오염 등)의 사회적 비용과 편익, 개인적 비용과 편익 측정이 어렵다.
       ② 외부성을 찾아내는 데에는 시간과 비용이 들게 마련인데, 피구세라는 불이익을 부여하려 한다면 더욱 더 찾아내기가 어려울 것이다. 이 경우 피구세 시행으로 감시, 탐지비용으로 인한 사회후생 감소가 더 크다면 피구세를 시행하지 않는 것이 효율적이다.

2. 코즈의 정리(Coase Theorem)
   (1) 의의: 전통적 시각인 피구세와 달리 일정한 조건이 충족되면, 외부효과로 인해 초래되는 비효율성을 정부개입 없이 시장에서 그들 스스로 해결하고 자원이 효율적으로 배분되게 된다는 것을 말한다.
   (2) 전제조건
       ① 소유권·재산권에 대한 인식이 명확해야 한다.
       ② 민간 경제주체 간 거래비용 없이 자원배분에 관한 협상이 가능해야 한다.
   (3) 한계: 실질적으로 재산권 설정이 곤란하고, 거래비용이 발생하므로 현실적인 적용상 한계가 있다는 비판을 받는다.

(3) 정보의 비대칭성

① 의미: 시장에서 거래 주체 간에 보유하고 있는 정보의 양이 다른 경우

② 문제점

  ㉠ 역선택의 문제: 역선택이란 정보를 갖지 못한 쪽에서 바람직하지 못한 상대방과 거래할 가능성이 높다는 것을 의미한다. 보험 회사가 보험금을 지급할 가능성이 높은 가입 희망자들과 계약을 한다거나 중고차 시장에서 구매자가 불량차를 구입하는 계약을 하는 것 등이 그 예이다.

  ㉡ 도덕적 해이(Moral Hazard)의 발생: 도덕적 해이는 정보를 가진 측이 정보를 갖지 못한 측의 이익에 반하는 행동을 취하는 경향을 말한다. 고용주의 감시가 없는 틈을 타서 근로자들이 게으름을 피우는 것, 보험 가입자가 자신의 건강 관리에 신경을 덜 쓰는 것 등이 그 예이다.

(4) 공공재(Public Goods): 비경합성과 비배제성을 특징으로 하는 공공재의 경우 시민들은 자신들의 선호를 명확히 드러내지 않는 등 무임승차 문제로 과소공급의 문제를 유발한다. 사회적으로 반드시 필요하지만, 시장경제원리에 의한 공급 곤란해지면 정부가 개입하여 직접공급한다.

---

* 사회적 비용
어떤 재화의 생산에 있어 재화의 생산자뿐 아니라 사회 전체가 부담하는 비용
** 사회적 편익
어떤 재화의 소비에 있어 재화의 소비자뿐 아니라 사회 전체가 얻는 편익

(5) 소득분배의 불공평: 시장기구가 원활하게 작동되고 자원배분의 효율성이 보장되더라도, 소득분배의 공평성을 확보해 주지는 못한다.

(6) 경기 불안정성(물가불안, 고용불안): 시장에 맡겨두면 경기호황과 불황이 반복되면서 경기변동이 심하게 나타날 경우 정부는 이를 완화시키기 위해 경기호황 시 경기진정정책(예 물가안정정책, 총수요 축소), 경기불황 시 경기부양정책(예 유효수요이론, 뉴딜정책, 총수요 확대)을 실시한다.

4. 시장실패에 대한 정부의 대응방식

(1) 공적 공급: 정부가 조직을 만들어 직접 공급하는 것으로 행정조직을 시장개입의 직접적 수단으로 활용

(2) 공적 유도: 정부가 민간의 활동을 장려하기 위해 재정을 지원하거나 세금 감면

(3) 규제: 정부 목적을 달성하기 위해서 유인 · 허가 · 금지 등 법적 수단을 이용(강제력 수반)

구분	공적 공급(조직)	공적 유도(보조금)	정부규제(권위)
공공재의 존재	○		
외부효과의 발생		○(외부경제)	○(외부불경제)
자연독점	○		○
불완전 경쟁			○
정보의 비대칭성		○	○

출처: 곽채기, 2002

개념더하기 주요 시장실패와 정부정책(주요 내용은 정책론 참조)

구분	유형	결과	정부정책	
			주요수단	보조수단
전통적 시장실패 (미시)	공공재	• 순수 공공재: 과소공급 • 공유재: 과다소비, 과소투자 • 요금재: 과소공급	비시장공급	시장 메커니즘, 인센티브, 규제
	외부효과	• 긍정적 외부효과: 과소공급 • 부정적 외부효과: 과다공급	인센티브, 규제	시장 메커니즘, 비시장공급
	자연독점	• 평균비용의 감소: 과소공급 • 감독비용 증가: 과소공급, X-비효율성	규제, 비시장공급	
	정보비대칭	• 재화 품질의 과대평가: 과다소비, 남용, 도덕적 해이 • 재화 품질의 과소평가: 과소소비, 역선택	규제	비시장공급, 보험
기타 유형 (거시)	경기순환	자원의 저활용 등	인센티브	보험
	분배문제	기회의 형평성 문제	규제	인센티브, 보험
		결과의 불평등 문제	보험	규제, 비시장공급

출처: Weimer & Vining, 『Policy Analysis』, 2004 / 남궁근, 『정책학』, 법문사, 2017

4 정부개입과 정부실패

1. 정부 관료제(계층)의 의의

계층이란 의사결정에 기초하여 '지속적인 통제영역을 보유하면서 조직 내의 사람들 사이에 권위적인 결정이 집중되는 것'으로, 집합적 선택의 주요 실체로서 활동한다. 신제도론은 이러한 계층을 제도의 집합체로 표현한다.

2. 관료제 조직의 특징

교환과 자원의 흐름이 조직 내부화되면서 이루어진다. 즉, 수요와 공급을 조정하는데 '보이지 않는 손' 메커니즘을 '보이는 손'이 대체하게 된다. 이 조직 내에서 구성원들은 기존의 행정적 장치나 고용계약 또는 상위감독자에 의해 정해진 작업 할당에 따라 일하게 된다. 업무는 매우 전문화되고 작업은 매우 상호의존적이다. 수직적으로 통합된 이 조직은 일상적이고 예측 가능하며 자세한 지식을 가진 거대한 사회조직으로 발전한다. 또한 이 조직은 분명한 경계, 확실한 권위와 질서를 가지고 보고 메커니즘에 입각해 공식적 의사결정자가 있는 보통 대량생산 및 분배사회에서 적합하다. 이러한 관료제 조직의 장점은 신뢰성 및 안전성, 책임성 등이다. 그러나 수요가 빠르게 변동하거나 예기치 못한 상황이 발생하는 경우에는 환경과의 명확성, 상황에 대한 대처능력 부족 등 많은 문제점들이 노출될 수밖에 없다.

3. 정부개입의 원인

정부는 시장실패가 있는 경우뿐만 아니라, 동등한 기회보장과 실질적 형평성이라는 윤리적 의무 실현을 위하여 시장에 개입하는 경우도 있다.

4. 정부개입의 한계: 정부실패

(1) 의의

① 시장실패를 교정하기 위해서 정부개입이 이루어지지만 생산성 제고와 민주주의를 달성하지 못하는 현상을 정부실패라 한다.

② 1970년대에 나타난 석유가격 상승으로 물가상승과 실업(Stagnation, 경기침체)이 동시에 나타나는 스태그플레이션이 발생하게 되자, 정부의 시장 개입이 물가상승만을 초래하는 문제가 발생하게 된다.

(2) 정부실패의 유형

① 비용과 수익의 분리: 정부정책으로 인하여 편익을 누리는 집단과 비용을 부담하는 집단이 서로 다른 것을 편익과 비용 간의 절연이라고 하며 그 결과로써 정부개입에 대한 초과수요가 나타난다. 또한 시장에서의 생산비용과 수입은 긴밀하게 연관되어 있으나 정부부문의 활동은 제공하는 서비스와 관계없이 부과되는 조세수입으로 이루어지므로, 비용의식이 낮아 예산낭비가 발생한다.

㉠ 현재 또는 미래의 정책으로 인한 이익이 특수한 소수집단에 집중적으로 귀속되지만 그에 대한 비용은 불특정 다수 국민(납세자, 소비자 등)이 부담하는 경우

㉡ 어떤 정책의 채택으로 인해 이득을 보게 될 집단이 절대다수이고, 이런 정책의 비용을 부담해야 할 집단이 소수인 경우

② 내부성과 조직목표: 내부성(Internality, 외부성과 대칭되는 개념)이란 어떤 기관과 인력의 성과를 유도하고 조절하며 평가하기 위하여 비시장조직 내부에서만 적용되는 목표로서 이러한 내부성이 존재하면 의사결정자의 사적 또는 조직상의 편익과 비용이 공적 계산을 압도하게 된다.

ⓐ 더 많은 예산의 확보: 예산 극대화를 조직의 가장 중요한 내부기준으로 삼는 것을 의미한다. 연말의 예산 불용액 낭비나 비효율적인 생산량, 조직 활동 및 고용인원의 과잉 등이 이와 관련이 있다. 파킨슨의 법칙은 바로 이러한 상황을 잘 지적하고 있다. 이는 조직관리자에게 보상체계가 잘못되어있을 때 나타나는 조직의 병리현상으로서 '관료적 제국주의'라고 부를 수 있다.

ⓑ 최신 기술에의 집착: 정부 산출물에 대한 평가가 어렵기 때문에 새롭고 보다 정교하며 복잡한 기술에 대한 선호가 조직의 내부 기준으로 선호되는 경향이 있다. 이 경우 비시장의 기준선의 결여로 인하여 그러한 기술적 진보가 과연 한계비용만큼 가치가 있는 것인가를 따지기 어렵게 된다.

ⓒ 정보의 취득과 통제: 정보의 획득과 유지가 조직원의 실적평가뿐 아니라 권력원이므로 정보를 많이 보유하고 있는 정부조직이 정보공개에 저항하는 경우가 많다. 이러한 경우, 즉 공유되어 있어야 할 정보가 통제되고 있을 때 자원배분이 왜곡되는 경우가 많다.

ⓓ 관료제국주의(Empire Building): 관료들은 자기 부처의 예산(관료예산극대화가설), 인력(파킨슨 법칙), 조직을 확대하려는 경향이 있다.

③ **파생적 외부효과**: 시장실패를 치유하기 위한 정부개입이 또 다른 부작용을 발생시키는 것을 의미한다. 공공정책으로부터의 파생적 외부성은 기존 시장실패의 보상을 의도하며, 정책이 시작될 때 이를 예측하지 못하는 특성이 있다. 정책분석과 선택과정에서 그런 파생적 외부성이 고려될 수 있다면 공공선택은 개선될 수 있다.

④ **권력을 통한 분배적 불공평성**: 비시장활동은 부분이익 선택성을 가지기 때문에 비시장활동으로 인한 경제적 비용과 편익이 불평등하게 특정집단에게 귀속되고 다른 집단에게는 배제된다. 이러한 문제는 공익단체 등의 활발한 활동을 통하여 작게나마 개선을 기대할 수 있다.

⑤ **독점성과 X-비효율성***(X-Inefficiency): 레이번슈타인(H. Leibenstein)이 제시한 개념으로 X-비효율성이란 서비스 공급이 독점적인 경우 경쟁의 압력을 피할 수 있으나, 조직 내 경영자원을 능률적으로 사용할 유인(誘因)을 잃게 되어 자원이 낭비되는 측면을 말한다. 경쟁의 부재로 인한 관리 및 경영상의 비효율이므로, 시장실패로 인한 자원배분의 비효율성과는 다르다. X-비효율성이 나타날 경우 생산량은 줄어들게 되고 가격은 올라가게 되며, 이는 사회의 후생손실을 초래하게 된다.

⑥ **정치적 이해**: 다원주의 체제 하에서 광범위한 이해관계는 정치적 의사결정에 영향을 미쳐 정부실패를 야기할 수 있다. 즉, 정치적 이해관계에 따른 정책결정자들의 상충된 목표는 정책수단을 선택함에 있어서의 극대화로써 수단을 선택하기보다는 협상의 결과로서 선택된다. 이것의 결과는 비효율뿐만 아니라 사회정의에 반할 수 있다.

⑦ **정치인의 단기적 결정(정치가의 높은 시간할인율)**: 할인이란 미래 가치를 현재 가치로 환산하는 절차를 말한다. 정치인은 재선가능성을 최우선으로 고려하기 때문에 임기 내에 무엇인가를 이루기 위한 체계적인 대안 모색보다는 단기간 내의 가시적 결과를 추구하고(미봉책, 졸속행정), 그 결과 장기적인 부작용과 손실을 초래할 수 있으며, 단기적으로 손해가 수반되나 장기적으로 큰 효과를 볼 수 있는 사업의 추진을 기피한다.

---

* X-비효율성(기술적 비효율성)

(1) 레이번슈타인이 제시한 개념으로 정부나 기업의 방만하고 나태한 경영으로 인하여 경영상의 효율성을 추구하기 위한 노력이나 유인이 감소되어 나타나는 비효율성으로, 법적·제도적 요인이 아닌 심리적·행태적 요인(나태, 태만, 게으름)에 의해 나타나는 관리상·경영상 비효율성을 의미한다(무사안일한 근무성향, 소극적인 근무태도).

(2) 자원배분의 비효율성과는 구별되는 개념으로 경제학에서는 평균비용곡선보다 높은 비용을 생산하는 비효율성을 말한다. X-비효율성이 지속되면 기업의 경우 조직퇴출(폐업)로 이어지지만 정부부문은 퇴출이 불가능하므로 더 큰 비효율이 초래된다.

⑧ **정치적 보상체계의 왜곡**: 정치인이나 관료들은 경제적·사회적 문제가 있을 때 그 문제의 해악을 강조하고, 문제해결의 당위성만을 강조함으로써 얻을 수 있는 정치적인 보상 때문에 무책임하게 정부활동을 확대하는 경향이 있다(예 포퓰리즘적 공약 남발).

⑨ **종결 메커니즘의 결여**: 정부산출물에는 시장산출물에서 적용되는 손익계산서와 같은 업적평가를 위한 분기점이 없다. 따라서 정부활동이 성공적이지 못할 때 그것을 종결시킬 수 있는 신뢰할 만한 종결 메커니즘도 존재할 수 없게 되어, 조세감면조치의 경우 그 정책적 목적이 지났음에도 계속 그대로 유지되는 경우가 많다.

⑩ **포획현상(Capture)**: 규제주체(행정관료)가 금전적인 이익에 의해 피규제기관(이익집단, 기업)에게 포섭되어 피규제기관의 요구나 주장에 동조·호응하는 현상이다.

⑪ **지대추구현상(Rent Seeking)**: 정부가 시장 메커니즘에 개입하여 경쟁을 제한하거나 독점적 상황을 만들게 되면 이로 인해 집중화된 경제적 편익(독점지대)이 발생하게 되는데, 개인이나 기업이 이러한 편익(독점적으로 인·허가를 받을 경우의 이익)을 얻기 위해 정부가 시장 메커니즘에 개입하도록(인·허가를 자신들에게만 해주도록) 로비활동 등을 벌이는 현상을 말한다.

개념더하기 ▶ 정부실패

1. 와이어와 바이닝(Weimer & Vining)의 정부실패 원천

구분	유형	의미
직접민주주의에 내재하는 문제	투표의 역설	투표자의 선택이 애매함
	선호정도의 일괄처리	다수의 독재, 소수집단이 비용부담
대의정부에 내재하는 문제	조직화되고 동원화된 이익집단의 영향력	지대 추구와 지대 낭비
	지역구 유권자	비효율적인 나누어 먹기
	선거주기	사회적으로 과다한 할인율
	일반국민의 관심사에 영향	의제의 제약과 비용에 대한 왜곡된 인식
관료적 공급에 내재하는 문제	대리인의 손실(Agency Loss)	X-비효율성
	산출물 값 산정의 어려움	배분적 비효율성과 X-비효율성
	제한된 경쟁	동태적 비효율성
	공무원 제약을 포함한 사전적 규칙	비신축성에 따른 비능률
	시장실패로서의 관료실패	조직자원의 비능률적 활용
분권화에 내재하는 문제	권위의 분산	집행과정의 문제
	재정적 외부효과	지역공공재의 불공평한 배분

출처: Weimer & Vinning, 『Policy Analysis』 2004

2. 울프(C. Wolf) 비시장(정부)실패이론(정부개입에 대한 수요 · 공급 조건 및 정부실패의 유형)

정부개입의 수요특성	• 시장결합의 사회적 인식 증가에 따른 정부규제에 대한 수요 유발 • 이익(편익)과 손해(비용부담)의 부담 • 정치 · 사회의 민주화와 민권의 신장 • 정치인의 단기적 결정(정책결정의 높은 시간할인율) • 정치적 보상체계의 왜곡
정부개입의 공급특성	• 정부산출물의 정의 및 측정의 곤란성 • 독점적 생산 · 공급(단일원천에 의한 생산) • 생산기술의 불확실성 • 종결 메커니즘의 결여
정부실패의 유형	• 비용과 수입의 절연으로 비용의 중복과 상승 • 내부조직의 목표와 사회적 목표의 괴리: 예산의 극대화, 최신 기술에의 집착, 정보의 획득과 통제, 관료이익의 추구 • 파생적 외부효과 • 권력과 특혜에 따른 가치배분의 불평등

3. 정부실패에 대한 정부의 대응 방식

구분	민영화	정부보조삭감	규제완화
사적목표의 설정	○		
X-비효율 · 비용체증	○	○	○
파생적 외부효과		○	
권력의 편재	○		○

5 정부실패에 대응: 민간화(Privatization)

1. 의의

(1) 민간화*란 사바스(E. S. Savas)가 처음 사용한 말로 재화나 서비스의 공급주체가 공공부문에서 민간부문으로 이동함을 의미한다. 즉, 공공서비스의 제공에 있어 정부가 재산소유를 줄이고 민간의 영역을 늘리는 것이라고 할 수 있다.

(2) 종전에는 협의로 파악하여 탈국유화만을 의미했으나 오늘날은 광의로 파악하여 '정부소유 기업의 소유권을 민간에 이전하거나, 공공서비스 공급체제 내에 경쟁적 요소를 도입하는 것'을 민간화의 개념으로 본다.

(3) 민간화의 유형에는 내부민간화와 외부민간화가 있다. 내부민간화는 공공서비스의 생산과 공급은 정부가 담당하지만 계약의 형식이나 정부조직 내 시장메커니즘과 경쟁 등의 민간기법을 사용하는 방식이다(⑩ 민간위탁, 수익자 부담원칙의 적용, 책임운영기관의 도입, 개방형 임용 및 성과급제의 도입 등). 외부민간화는 공공서비스의 생산과 공급을 민간영역이 담당하도록 하는 방식이다(⑩ 정부의 민간이양, 공기업의 민영화, 시민단체 등을 활용한 서비스 제공 등).

---

* 민간화

민간화는 민영화, 민간위탁(광의) 등으로 불리어지기도 하며, 정부에 의한 과잉생산과 독점 등이 야기한 공공부문 비효율의 해결책으로 주목받게 되었다. 정부의 직접적 공급이 아닌 이러한 대안적 서비스 공급체계(ASD; Alternative Service Delivery)는 생활쓰레기 수거, 사회복지사업 운영, 시설 관리 등의 분야에 주로 적용되고 있다.

2. 민간화 전략(시장성테스트)

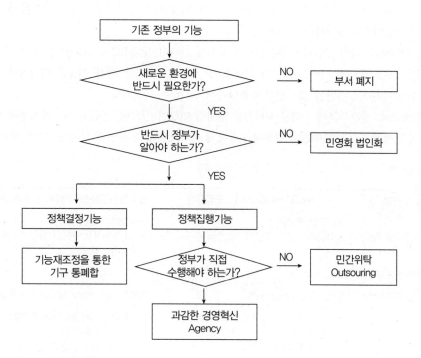

3. 공공서비스의 공급방식

(1) 공급과 생산* 주체에 따른 구분(사바스의 공공서비스 제공방식)

정부가 공급결정(정부가 서비스 공급계획 수립)		민간이 공급결정(민간이 서비스 공급계획 수립)	
정부가 생산	민간이 생산	민간이 생산	정부가 생산
• 정부의 직접공급 (Government Service) • 정부 간 협약** (International Agreement)	• 민간위탁 · 계약 (Contracting—Out) • 특허 · 지정(Franchise) • 보조금(Grants)	• 구매권(Vouchers) • 시장공급(Market) • 자원봉사(Voluntary Service) • 자급자족(Self—Service)	정부의 서비스 판매 (Government Vending)

(2) 주체와 수단에 따른 구별

구분		주체	
		공공부문	민간부문
수단	권력	일반행정(정부의 기본 업무)	민간위탁(안정적 서비스 공급)
	시장	책임경영(공적 책임이 강한 경우)	민영화(시장탄력적 공급)

① 일반행정방식: 공공부문이 권력에 기반하여 수행하는 방식으로 공익성이 우선되어 정부가 직접 생산 · 공급해서 민간의 참여를 배제해야 할 경우 사용된다.

---

* 공급과 생산
  공급이란 정책결정, 생산자결정, 서비스에 대한 감독과 최종 책임 등을 말하며, 생산이란 서비스의 구체적인 전달이나 집행 등을 말한다.
** 정부 간 협약
  중앙과 지방 간 또는 지방 상호 간에 협정을 통하여 서비스의 생산 · 제공을 타 정부에 맡기는 방식이다.

② **책임경영방식**: 서비스의 배제성은 있지만 사회적 차원에서 중요성이 부각되어 정부의 직접적인 생산이 필요한 영역을 정부조직 내 혹은 정부산하의 독립조직을 설치하여 해당 서비스에 대한 생산과 공급을 담당하도록 설계하는 방식이다.

③ **민간위탁방식**: 서비스의 배제성이 있으며 공공성 기준이 상대적으로 완화될 수 있는 공공서비스 가운데 시민들에 대한 서비스 공급의 '책임'은 정부에 귀속되지만 '생산' 기능은 민간에서 수행하는 것이 효율적이라고 판단될 경우 민간에 위탁하여 생산하는 방식이다.

④ **민영화방식**: 민간부문에서 해당 서비스를 생산할 역량이 있으며, 공급이 시장탄력성에 있어 특별한 사회적 쟁점이 부각되지 않을 경우에 민간에게 서비스 공급의 책임과 생산을 맡기는 방식이다.

개념더하기 공공서비스 공급방식에 대한 접근방법의 비교

구분	복지국가적 공공서비스 공급체계	현대적(신공공관리주의적) 공공서비스 공급체계
지향이념 목표	• 민주성, 형평성 • 복지국가 구현, 국민적 최소한의 공공서비스 제공	• 효과성, 효율성 • 사회투자국가 구현, 사회적 가치투자로서 공공서비스 제공
민간부문과의 관계	조정, 통제, 관리	우호적 환경조성, 경쟁력 지원
주된 공공서비스	국방, 치안, 사회간접자본	개별적 사회서비스(돌봄, 의료, 교육 등)
제공방식	• 중앙정부가 표준적 프로그램을 설계 • 지자체와 비영리기관이 서비스를 전달 • 일부 계층에 대상을 한정 • 과다한 행정·재정비용 소요	• 시장과 소비자 중심의 프로그램 설계 • 시장기구를 통해 공급 • 모든 계층에 대상을 확대 • 자발적 거래를 통한 행정·재정비용 감축
성과관리 방식	• 공공서비스를 공급하는 단위로서 공급자들을 직접 통제 • 투입과 과정 중심의 통제	• 공공서비스를 사용하는 수요자 중심의 관리 • 산출과 결과 중심의 품질관리를 지향

4. 민간화 수단

(1) 정부기능의 민간이양: 민간이 더 잘할 수 있는 기능은 민간에서 운영하도록 정부기능을 완전히 민간으로 이양하여 시장이 완전하게 재화를 공급·생산하는 방식이다.

(2) 주식이나 자산의 매각: 정부보유 주식이나 자산을 민간에 매각하는 방식으로 소유권의 이전이다.

(3) 지정 또는 허가에 의한 독점판매권(Franchising)

① 정부가 민간기업에게 특별히 지정한 지역 내에서 특정 서비스공급에 관한 특허권을 부여하는 방식(예 유료주차장 운영권을 민간조직에게 부여하는 경우)이다.

② 정부가 공급을 결정하고 민간기구가 생산하여 사용하고, 비용은 서비스 이용자(소비자)가 공급자에게 직접 지불한다. 수익자부담방식이므로, 사회적 약자의 희생이 나타날 수 있다.

③ 정부가 비용을 부담하지 않는 점에서 민간위탁과 다르다.

(4) 면허제(Licensing): 일정구역 내에서 공공서비스를 제공할 수 있는 권리를 인정하는 협정을 말하는 것으로 정부가 운영해오던 특정자산 등에 대한 면허권을 부여하는 방식을 통하여 운영권을 민간에 부여하는 것이다. 소비자가 비용을 부담하며 민간이 운영하지만 공급에 대해서는 정부가 책임을 진다. 독점판매권도 넓은 의미의 면허의 일종이며, 독점 판매권이 독점적 허가방식이라면 면허제는 경쟁적 허가방식이다.

(5) 보조금의 지급(Subsidization): 재화나 서비스 성격상 공공성을 가지고 있으나, 공공부문만으로 서비스의 생산·공급이 수요에 미치지 못할 경우 이와 유사한 서비스를 제공하는 민간부문에 재정·실물지원을 제공하여 서비스를 생산하게 하는 제도이다(예 교육시설, 탁아시설, 사설 박물관운영에 대한 보조). 보조금 방식은 서비스가 기술적으로 복잡하여 서비스에 대한 요건을 명시하기가 구체적으로 곤란하거나 예측이 어렵고 서비스의 양과 질, 목표달성 방법을 정확히 알 수 없을 때 주로 이용한다.

① **보조금의 장점:** 가격을 낮춤으로써 이용자의 비용부담 경감 및 외부경제효과를 지닌 민간활동을 장려할 수 있다.

② **보조금의 단점:** 대리인 선정에 있어서 역선택 가능성의 문제 발생, 보조금 횡령이나 유용과 같은 대리인의 도덕적 해이의 가능성이 있다.

(6) 증서(바우처), 구매권 제공(Vouching): 특정 소비를 장려하기 위해 특정 재화나 서비스를 구매할 수 있는 이용권·증서를 지급하고 소비자가 이를 시장에서 자유로이 선택하도록 하고 그 비용은 정부가 지불한다. 증서(쿠폰)를 제공하는 방식으로 보조금수취권제도(소비보조금제도)라고도 하며 공공선택론자들이 선호하는 방식이다(예 경로우대 대상자에 대한 무료버스승차권 지급, 저소득층에 대한 식품구매권, 학자금증서 지급, 방과 후 수업제, 주택장기임대사업, 산모돌봄서비스 등).

① **명시형 바우처(수요자 바우처):** 쿠폰이나 카드를 수혜자에게 지급하는 방식으로 쿠폰이 수혜자에서 공급자로, 공급자에서 사업담당 부서로 환류하여 자금 지원이 완결되는 유형

㉠ 종이 바우처: 식품이용권과 같이 일반적으로 알려진 바우처로 종이 쿠폰 형태

㉡ 전자 바우처: 종이 바우처를 전자적으로 구현하여 이용권한이 설정된 휴대폰이나 신용카드 등을 이용하여 서비스 이용 및 지불 수단으로 사용(예 고운맘카드)

② **묵시형 바우처(공급자 바우처):** 직접적으로 정부가 개인에게 바우처를 제공하지는 않지만 소비자가 공급권한을 자유롭게 선택할 권한이 보장되고 개인이 특정 공급업체에게 서비스를 받은 경우 정부가 공급자에게 사후에 비용을 지불하는 유형(예 무상교육, 장애아 교육 및 보육 서비스를 일정 기관에게 받도록 기관을 지원하는 사업)

③ **바우처제도의 장·단점**

㉠ 장점: 선택권 보장을 통한 서비스 혜택자의 만족도 제고 및 취약계층을 보조하기 위한 정책수단으로 활용(형평성 확보)된다.

㉡ 단점: 서비스 혜택자의 서비스 누출 가능성, 서비스 혜택자의 역선택 가능성, 바우처 사용자에 대한 사회적 낙인효과가 있다.

(7) 지조(Self-Help): 공공서비스의 수혜자와 제공자가 같은 집단에 소속되어 서로 돕는 방식(예 주민순찰, 보육, 고령자 대책 등)이다.

(8) 자원봉사(Volunteer): 서비스의 생산과 관련된 현금 지출에 대해서만 보상받고 직접적인 보수를 받지 않으면서 정부를 위해 봉사하는 사람들을 활용하는 방식(예 주민복지, 안전모니터링 등)이다.

(9) 민관공동출자사업(준정부조직): 민간부문과 공공부문이 합작(공동출자)하여 공익성과 기업성을 조화시키면서 제도적인 이익을 극대화하는 방식이다.

(10) 규제 완화 및 경쟁 촉진: 현재 정부 또는 공기업이 독점하고 있는 재화나 서비스의 공급을 민간 영역에서도 공급할 수 있도록 허용하고 경쟁체제로 전환하는 방식(예 한국담배인삼공사의 담배 공급독점 완화, 기상예보, 우편서비스 및 법적 규제를 자율화하여 민간기업의 참여를 활성화)이다.

(11) 민간위탁(Contracting-Out; 계약공급)

① 의의: 정부가 계약을 통해 민간부문에 서비스의 생산(공급)을 맡기는 대신, 정부가 그 비용을 현금으로 지불하고 그 서비스에 대하여 일정한 책임을 지는 방식(예 쓰레기 처리사무의 용역계약, 민영교도소 설치)이다. 행정기능을 민간에게 완전히 이양하지 않고 행정기관이 그에 관한 권한과 책임을 여전히 유보하고 있으면서 민간에게 서비스 생산만 의뢰하는 내용의 계약을 체결하는 제도로서 외주(Out-Sourcing)라고도 한다.

② 대상사무: 조사·검사·검정·관리업무 등 국민의 권리·의무와 직접 관계되지 아니하는 사무로, 단순사실행위인 행정작용, 능률성이 더 많이 요구되는 사무, 전문지식과 기술을 요하는 사무, 단순 행정사무 등이 해당된다.

개념더하기 ▶ 영국의 의무경쟁입찰제도(CCT)와 최고가치제도(Best Value)

1. 의무경쟁입찰(CCT; Compulsory Competitive Tendering)
   공공서비스 공급 주체의 설정(Market Testing, 시장성 검증)과 관련하여 정부와 민간조직이 경쟁입찰방식으로 참여하게 의무화시키는 제도로 영국의 행정개혁인 Next Step 추진과정에서 등장하였다.

2. 최고가치제도(BV; Best Value)
   지방자치단체의 모든 공공서비스에 대해 중앙정부가 매년 성과평가를 실시하여 일정수준에 미달한 지방자치단체는 서비스 공급권한을 축소하고, 우수 지방자치단체에 대해서는 재정 지원 및 서비스 공급에 대한 책임 권한을 이양해주는 제도로, 블레어 총리는 CCT를 BV로 전환하였는데 그 목적은 공공서비스의 품질이 최고의 가치를 지향하도록 하기 위한 것이었다.

더 알아보기

민영화의 유형

유형	서비스 생산	비용부담자	서비스 종류 선택자	장점	단점
민간 위탁	민간	정부(기업에게 현금 지급)	정부	기업 간 경쟁입찰을 통한 정부재정부담 경감	지나친 이윤추구 공익저해
허가	민간	고객(소비자) → 수익자부담	정부	요금재 공급에 적합	독점에 의한 가격인상, 서비스의 질 저하
보조금	민간	정부(기업에게 일부 지원)+고객	정부	서비스가 기술적으로 복잡하여 양과 질을 통제할 수 없을 때 적합	자율적 시장가격 왜곡
바우처	민간	정부(소비자에게 비 현금으로 지급)	고객 (소비자)	소비자에게 선택권을 줌. 빈곤층을 위한 재분배	서비스 누출

---

(12) 사용자(수익자)부담주의: 공공기관이 제공하는 재화와 용역의 대가로 수혜자로부터 요금이나 비용을 징수[사회적 형평성(Equity; 공평성) 저해, 공공서비스 공급가격의 인상 우려 문제]한다.

(13) 민자유치: 사회간접자본 건설에 민간자본을 유치하여 건설하는 방식(BOT, BTL 등)이다.

개념더하기 ▶ 민자유치 방식

구분	BOT	BTO	BLT	BTL
의미	민간투자기관이 민간자본으로 공공시설을 건설하고, 시설 완공 후 일정기간 동안 민간투자기관이 소유권을 가지고 직접 운영하여 투자비를 회수한 다음, 기간 만료 시 시설 소유권을 정부에 이전하는 방식	민간투자기관이 민간자본으로 공공시설을 건설하고, 시설의 완공과 동시에 소유권을 정부에 이전하는 대신, 민간투자기관이 일정기간 시설을 운영하여 투자비를 회수하는 방식	민간의 투자자본으로 건설한 공공시설을 정부가 사업을 운영하며 민간에 임대료를 지불하는 방식으로, 운용 종료 시점에 정부가 소유권을 이전받는 방식	민간투자기관이 민간자본으로 공공시설을 건설하고, 완공시 소유권을 정부에게 이전하는 대신, 정부는 소유권과 운영권을 가지고 민간투자기관에게 임대료를 지급하도록 하여 시설투자비를 회수하는 방식
목표 수익 실현 방법	• 시민들로부터 이용료 수입이 부족할 경우 정부재정에서 보조금을 지급해 사후적으로 적정수익률을 보장받는 방식 • 적자보전협약에 의하여 최소운영수익(MRG) 보장(최소운영수입보장제도 적용)		• 정부가 적정 수익률을 반영하여 임대료를 산정·지급하므로 사전적으로 목표수익률 실현을 보장받는 방식 • 민간에게는 위험 부담이 거의 없음, MRG제도 없음	
운영기간 동안 시설소유 주체	민간	정부	민간	정부
소유권 이전시기	운영종료 시점	준공 시점	운영종료 시점	준공 시점
기대효과	민간의 창의력 활용, 민간부분의 유휴자금을 장기 공공투자로 유인, 이용자가 비용을 부담함으로 수익자 부담 실현, 미래세대와 현세대 간의 부담의 공평, 대규모 공공사업의 착수비 경감			

개념더하기 ▶ BTO-rs와 BTO-a 방식

1. 위험분담형 민자사업(BTO-rs; Build Transfer Operate-risk sharing)

   정부와 민간이 시설 투자비와 운영비용을 일정 비율로 나누는 새로운 민자사업 방식이다. 민간이 사업 위험을 대부분 부담하는 BTO와 정부가 부담하는 BTL로 단순화되어 있는 기존 방식을 보완하는 제도로 도입됐다. 손실과 이익을 절반씩 나누기 때문에 BTO 방식보다 민간이 부담하는 사업 위험이 낮아진다. 정부는 이를 통해 공공부분에 대한 민간 투자 활성화를 이끌어 낸다. 우리나라의 경우 포스코 건설로 민자유치가 결정된 '신안산선'에 이 방식이 적용되었다.

2. 손익공유형 민자사업(BTO-a; Build Transfer Operate-adjusted)

   정부가 전체 민간 투자금액의 70%에 대한 원리금 상환액을 보전해주고 초과이익이 발생하면 공유하는 방식이다. 손실이 발생하면 민간이 30%까지 떠안고 30%가 넘어가면 재정이 지원되며 초과이익은 정부와 민간이 7대 3의 비율로 나눈다. 민간의 사업 위험을 줄이는 동시에 시설 이용요금을 낮출 수 있으며 대표적으로 서울경전철 사업, 하수·폐수처리시설 등 환경시설에 적용하고 있다.

5. 민간화의 효용과 한계

(1) 효용

① 행정의 효율성 향상: 서비스의 충족을 민간부문에 의존하여 비용을 절감하고 선택의 기회를 넓히며, 특히 민영화는 주인-대리인 관계가 반복되는 복대리인이론*문제로 인한 누적적 비효율을 극복할

---

* 복대리인이론

역대리인이론은 민영화를 반대하는 근거이지만, 복대리인이론은 민영화를 찬성하는 근거이다. 복대리인이론은 공기업 운영 시 주인-대리인 문제가 반복됨으로써 대리인의 비효율 문제(도덕적 해이)가 반복되는 반면, 민영화 시 오히려 재산권 주체가 명확해져 도덕적 해이가 감소한다는 주장이다.

수 있다. 그러나 소유권이전과 함께 경쟁을 도입해야만 효율이라는 민영화의 근본목표 달성이 가능하다. 또한 정부조직의 경직된 제약을 제거하면 서비스의 공급이 효율적으로 운영된다.

② 행정서비스의 질: 경쟁으로 인한 비용이 절감하고 향상된 서비스를 제공할 수 있다.

③ 민간경제의 활성화: 정부부담을 줄여 업무수행의 효율화를 도모할 수 있으며, 자본시장의 저변 확대와 민간경제의 활성화가 기대된다.

④ 정부재정의 건전화: 부실공기업을 매각하여 정부 재정부채를 줄이며 새로운 재원(매각대금)의 확보로 공공재정이 확충되고 재정운영의 탄력성과 건전성이 높아진다.

⑤ 작은 정부의 구현: 민간이 행정에 참여를 하면서 공공부문이 작은 정부를 확립할 수 있게 하고 행정에 대한 민주적·자율적 통제를 강화한다.

⑥ 업무의 전문성 제고: 민간화는 민간기업의 전문적 지식과 기술, 재정적 부담능력 및 경영관리능력을 활용할 수 있어 업무를 전문적으로 처리할 수 있다.

⑦ 정치적 부담 감소: 활동이나 자산소유에 있어서 정부의 역할을 줄일 수 있다.

(2) 한계

① 행정책임 확보의 어려움

② 공급중단의 우려와 공급가격의 상승

③ 계약절차에 있어서의 부정 만연

④ 공공성의 침해

⑤ 역대리 문제 발생(도덕적 해이)

⑥ 형평성 저해

⑦ 시장실패 가능성 유발

개념더하기 〉 민영화의 지체 요인

1. 황금주의 문제
   공기업의 민영화 시 정부가 주식 전체를 양도하지 않고 일부 지분을 계속 보유함으로써 기업에 대해 정부가 권한을 계속 유지하면서 통제하려고 한다. 여기서 황금주란 주식은 한 주지만 강력한 의결권을 갖는 주식을 말한다.

2. 정부의 무한책임주의
   민간과 시장에 대한 불신은 정부로 하여금 비능률적인 상태에서도 지속적으로 공기업을 소유하게 만드는 요인이다.

3. 주무관청의 반대
   자신들의 권한을 확대하려는 관료의 속성이나 퇴직 후의 낙하산 인사의 자리를 확보할 수 있다는 매력이 공기업의 민영화를 소극적이게 하는 원인이 된다.

4. 노조의 반대
   민영화가 될 경우 구성원은 극단적인 노조활동을 할 수 없어 임금인상 요구의 억제효과가 있게 되며, 구성원들은 연공서열보다는 경쟁의 압력에 시달리게 되므로 대체로 민영화를 원하지 않는다.

5. 크림 탈취현상(Cream Skimming)
   공기업이 흑자를 낸다면 정부는 민영화하지 않으려 할 것이며, 적자를 낸다면 민간영역이 이를 인수하지 않으려고 하는 모순이 발생한다(빵속의 크림만 발라먹는 현상).

1. 의의

감축관리는 1970년대 자원난 시대에 행정의 효율성을 높이기 위한 일환으로 대두된 개념으로, 작지만 강한정부를 구축하기 위해 행정의 과다, 중복, 불필요하거나 비능률적인 요소를 제거하고, 행정의 효율성을 높이기 위한 활동이다(감축관리는 축소만을 의미하는 것은 아님).

2. 감축관리의 방안

정책종결 및 감축지향적 관리기법 도입(영기준예산, 일몰법), 규제완화와 행정절차의 간소화, 정부기능의 민간이양, 관리개선을 통한 생산성 제고

3. 감축관리의 저해요인

정책수혜자들의 기득권, 행정조직의 존속지향성 등

4. 감축관리 방향

전체적인 효율성을 증진시키되 구성원의 사기나 가외성 등의 효용성을 고려해야 한다.

03 시민사회와 NGO

1 시민사회와 NGO의 의의

1. 시민사회의 의의

시민사회는 문명화된 사회, 개인들의 자유와 권리가 보장되는 민주사회, 이기적인 욕망충족의 체계, 이윤동기에 의하여 형성된 부르주아 계급사회로 사상사에 따라서 각기 상이하게 이해된다. 그러나 최근에는 국가와 경제에 가려져 보다 심층적인 문화영역으로 시민사회를 강조한다. 하버마스(Habermas)와 같은 학자는 해당 사회에서 공론을 주도해나가는 사람들의 집회로서 공공영역 또는 생활세계 개념을 시민사회로 이해하고 있다.

2. 시민사회 주역으로서 NGO개념

NGO란 공공의 목적을 실현하기 위한 자발적인 비영리 시민단체를 의미한다. 세부적으로 표현하면 비정부성, 공익성, 연대성, 자원성, 공식성, 국제성이라는 개념적 특성을 가진 민간단체라고 할 수 있다(예 스위스의 국제적십자사, 우리나라의 YMCA, YWCA, 경제정의실천시민연합, 환경운동연합, 대한적십자사, 참여연대, 바르게살기운동 중앙협의회 등).

2 NGO의 등장배경

1. 정부실패

정부의 시장 개입은 다수결의 원칙에 따라 획일적인 서비스를 제공하기 때문에 다양한 시민의 요구를 충족시키지 못하는 결과를 초래한다. 이때 다양한 욕구를 신축적으로 충족시키기 위해 비영리단체가 등장하였다.

2. 시장실패

시장은 경쟁을 통한 효율성을 중시하는 메커니즘을 지니고 있다. 그리하여 수익자 부담원칙 등을 중시하고 이윤을 강조하기 때문에 시장은 소득분배의 불평등을 야기시키고 이윤이 없는 분야의 투자를 기피하게 된다. 이때 비영리단체가 부족한 공공재를 제공하거나 경제권력을 견제하고 사회적 약자를 보호하는 기능을 수행해야 한다는 것이다.

3. 국가권력에 대한 통제

국가권력에 의한 국민의 자유와 권리의 침해방지, 관료의 부패방지, 경제적 불평등에 대한 문제제기, 인권침해에 대한 감시, 환경파괴에 대한 지속적인 관심 같은 여러 분야에서의 국가권력에 대한 감시와 비판을 위해 비영리단체의 활동이 중시되고 있다.

4. 다원주의 사회의 등장

다양한 선호가 표출되어 경쟁하는 다원사회의 등장은 정부 혹은 시장이 충족시킬 수 없는 선호와 욕구를 잔존하게 만들었고, 이들 선호와 욕구는 NGO 등과 같은 자발적 단체에 의하여 수행되게 되었다.

5. 복지국가의 위기

자원난 시대(1970년대) 이후에 복지국가의 위기가 제기되면서 정부가 해왔던 복지기능이 NGO 등과 같은 자발적 단체에 의하여 수행되어야만 했다.

3 NGO의 특징과 유형

1. NGO의 특징

(1) **사적 영역의 조직**: 민간부문이 설립하고 운영하는 조직이다.

(2) **공식성(지속성)을 지닌 조직**: 영속성을 의미하지는 않으나 일회성 캠페인에 그치는 활동을 하는 비공식적이고 임시적인 조직은 NGO라고 볼 수 없다. 지속성을 지니기 위해서 집행부나 이사회 등의 의사결정기구를 가질 수 있다.

(3) **비영리 조직**: NGO는 지배구조와 유인구조가 정부나 영리부문과는 달리 편익 비배분의 제약 하에 있기 때문에 활동의 결과로 발생할 수 있는 편익을 조직구성원 누구에게도 배분할 수 없다.

(4) **자발적 자치조직**: 자원봉사 형태로 자발적 참여가 이루어지며 조직은 자치적으로 운영되어야 한다.

(5) **공익 추구**: 공익을 추구하되, 정부 및 시장부문과 독립적으로 운영되는 민간조직이다.

2. NGO의 유형

(1) 활동과 재정의 자율성을 중심으로 구분한 박상필의 모형

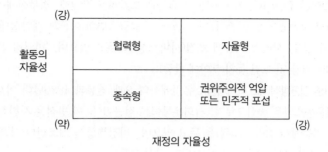

① **자율형**: 성숙된 선진사회에서 많이 발견되는 유형으로 우리나라도 시민단체에 대한 필요성과 긍정적 인식이 높아지면서 점차 자율형으로 변모해(소수의 NGO) 가고 있으나 취약한 재정력 극복, 갈등의 조정을 위해 사법부의 능력과 신뢰가 전제되어야 한다.

② **협력형**: 정부로부터 재정적 지원을 받지만, 활동은 정부의 간섭을 거의 받지 않는다. 여기서 협력이란 비정부조직이 조직 본연의 정체성과 관리능력을 가지고 기본이념에 반하지 않는 범위 내에서 자발성에 근거하여 필요에 따라 다른 조직과 협력하는 관계를 의미한다.

③ **권위주의적 억압 또는 민주적 포섭**: 민주적 포섭형은 사회가 어느 정도 민주화가 진전되면서 시민단체가 조직화와 정치화를 통하여 역량을 강화함에 따라 정부가 시민단체의 순응을 확보할 전략으로 명시적이거나 또는 묵시적으로 시민단체의 정책변화에 대한 요구를 수용하거나 시민단체의 유력인사를 정부의 주요 기관에 임용하는 식으로 포섭하는 방식을 의미한다. 이른바 적응적 흡수(Cooptation)를 시도하는 것이다.

④ **종속형**: 정부로부터 재정적 지원이 높아 상대적 활동의 자율성이 낮다고 볼 수 있다. 이러한 단체는 주로 관변단체적 성격이 강하다고 볼 수 있다(예 새마을운동협의회, 바르게살기운동협의회 등).

(2) 제도적 다원주의 수용여부와 권력의 대칭관계를 중심으로 구분한 코스턴(J. Coston)의 모형

① NGO와 정부 간의 관계설정을 기준으로 8가지 모형으로 분류한다.

② 제도적 다원주의*에 대한 정부의 수용 혹은 거부 여부, NGO와 정부 간의 관계의 공식화(Formalization) 여부, 정부와 NGO 간의 권력관계가 대칭적인지 혹은 비대칭적인지 여부를 기준으로 8가지로 분류하였다.

제도적 다원주의의 거부			제도적 다원주의의 수용				
억압형	대항형	경쟁형	용역형	제3자 정부형	협력형	보충형	공조형
NGO 불인정	쌍방적 대항관계	정부가 원하지 않는 경쟁관계	정부서비스 를 위탁처리	양자 간의 분업	기본적으로 정보 공유	기술, 재정, 지리적 보충	상호협조
공식 또는 비공식	비공식 ←——→ 공식				비공식 ←——→ 공식		
비대칭적 권력관계 ←————————————→ 대칭적 권력관계							

---

* **다원주의**
개인이나 집단이 저마다 가지고 있는 가치관·이념, 또는 추구하는 목표 등이 서로 다를 수 있다는 것을 인정하는 입장, 그것을 전제로 하여 사회현상을 파악하고 설명하는 입장이다.

(3) NGO의 활동내용 및 접근방식에 따른 구분

① **NPO이론 접근방식(서비스형):** 1970년대 이후 미국 복지사회의 자원조직에 대한 연구를 중심으로 전개된 NPO이론 접근이다. NPO이론의 접근은 초기의 시장실패, 정부실패이론과 같은 경제이론의 토대 위에서 출발했으며, 기존이론을 보완하는 공급측면의 이론과 계약실패이론 그리고 최근의 사회기원론이 있다. 서비스 기능에 초점(서비스형)을 두고 있으며, '비영리성'을 강조한다(사회복지, 교육 · 문화, 건강 및 보건 등의 분야에 활동).

② **사회운동이론 접근방식(애드버커시형):** 유럽에서의 오랜 전통과 1980년대 이후 개발도상국과 서구사회의 사회운동조직을 중심으로 한 사회운동이론 접근이다. 이 방식은 시민참여와 사회문제 등에 대한 Voice 기능에 초점(Voice형)을 두고 있으며, '비정부성'을 강조한다(사회문제 해결과 관련된 사회운동이나 시민참여, 계몽이나 정부비판, 감시 활동).

> **개념더하기** ▶ NPO
>
> '시민단체'라고 지칭되기도 하는 NPO는 국가마다 상이한데 미국은 NPO(Non Profit Organization, 비영리단체), 영국은 자발적 센터(Voluntary Sector), 유럽은 비영리, 비정부 제3섹터 등으로 사용되고 있다. 이처럼 시민사회에서 활동하는 다양한 단체는 NPO, NGO, 제3섹터, CSO, VO, 민간단체, 사회단체, 공익단체, 시민단체 등 여러 가지로 불리고 있다. NPO는 비영리단체로 번역하여 비영리병원과 사립학교에서 직능단체와 친목단체를 포함하는 넓은 의미로, NGO는 시민단체로서 NPO 중에서 공익을 추구하는 회원조직으로 볼 수 있다.

4 NGO의 기능과 한계

1. NGO의 기능

(1) 권력의 견제와 감시 기능: 지배계층의 권력횡포로부터 소수자와 약자를 보호한다.

(2) 복지부문에 대한 보완기능: 시민단체(NGO)는 환경, 소비자보호, 노동, 여성, 의료 등의 다양한 분야에 걸쳐 정부의 지속적인 관심을 불러일으키고 부족한 부분을 보완한다.

(3) 갈등의 조정기능: 이해관계의 대립에 따른 집단이기주의가 심화되고, 님비(NIMBY)와 핌피(PIMPY)현상과 같은 지역이기주의가 만연하고 있기 때문에 갈등의 조정자로서 시민단체의 역할은 더욱 커지고 있다.

(4) 시민교육의 수행: NGO는 민주시민에게 필요한 공공정신이라는 시민성을 교육하는 사회적 메커니즘이다.

(5) 의사소통과 시민참여의 활성화: NGO 내에서 개인은 공동체적 · 자율적이고 상호주관적 존재이기 때문에 자유로운 의사소통이 이루어진다. 이러한 의사소통의 활성화는 시민참여를 조장하여 민주주의의 질적 발전을 이끌 수 있다.

(6) 국제적 협조자 기능: UN, OECD 등 국제기구에 대한 영향력을 행사한다. 국제적으로 주요한 과제가 있을 경우 국경을 초월한 연대와 협조를 통해 해결방법을 찾아내고자 한다.

(7) 정책 제언자 기능: 지역사회나 사회문제 등의 문제를 발견하고 해결을 위해 직접 주체자로서 원인 파악, 문제에 대한 관심의 환기, 여론 형성, 시민 교육, 대안 제시, 약자들의 인권 대변, 이익집단 간 또는 지역 간 갈등 조정 등의 활동을 한다.

2. NGO의 한계

(1) 열악한 재정력: 재정에 있어서 취약성은 NGO가 특정이익에 얽매이게 하는 동기가 되고 있으며 자율적 활동을 제약하는 가장 큰 요인이 되고 있다(관변단체화).

(2) 전문성 부족: 활동이 명망가 중심으로 운영되고 있으며 그 전문성도 상당히 떨어진다.

(3) 폐쇄적 의사결정구조: 소수의 참여와 엘리트주의에 의하여 계층화되고 있으며, 그 결정에 대한 책임을 물을 수 있는 지배구조, 즉 이사회 등이 내실 있게 운영되고 있지 못하다.

(4) 참여율 저조: 빈약한 시민참여 수준은 '시민 없는 시민운동', '명망가 중심의 시민운동'이라는 용어로 표현되고 있다.

(5) 조정비용의 증가: 다양한 참여자들에 의한 정책결정과 집행이 효율성과 민주성 측면에서 장점으로 나타날 수 있지만 시민사회가 성숙되지 못한 경우 오히려 조정비용만을 증가시키는 결과를 초래할 수 있다.

(6) 무책임성: NGO와 같은 시민단체가 정책노선과 수준에 지나치게 이상주의적 관점에서 개입하는 경향이 있어 결과의 무책임성이 발생한다.

개념더하기 ▶ NGO의 기타 특징

1. NGO 실패모형(살라몬, Salamon)
   (1) 박애적 불충분성: NGO가 충분한 자원을 획득할 수 없다는 점 부각
   (2) 박애적 배타주의: 수혜자가 소수에 집중되어 서비스의 이용가능성에 격차
   (3) 박애적 온정주의: 활동과 방식이 자원을 가장 많이 제공하는 사람에 의해 결정
   (4) 박애적 아마추어리즘: 전문성의 부족

2. NGO 자원의 원천
   NGO가 동원할 수 있는 자원의 원천은 재단에 의한 기부, 정부가 제공하는 보조금, 회원이나 잠재적 회원으로부터의 회비 및 지원금 등이 있을 수 있다. 미국의 경우 이익집단이 재정의 2/3를 회원에게 의존하는 반면에, 공익단체의 경우 1/3~1/2을 회원에게 의존하고 나머지는 재단과 정부보조금에 의존하고 있다.

---

5 NGO 활성화를 위한 전제조건

1. 국가 · 시장 · 시민사회 간 관계 정립

(1) NGO-정부 간의 관계는 흔히 갈등적인 것으로 인식되기 쉽다. 그러나 거버넌스의 개념에서는 NGO-정부는 다양한 양태로 상호작용의 맞을 형성하여 공동의 목표 빌싱을 위해 노력하고 있다. 따라서 비정부조직의 기본적 역할은 국가, 시장, 비영리단체라는 삼자관계 균형 속에서 정립되어야 한다.

(2) 정부와 NGO와의 관계
   ① 대체적 관계: 공공재의 공급역할을 NGO가 담당
   ② 보완적 관계: 긴밀한 협조
   ③ 대립적 관계: 근본적 시각 차이에 의한 긴장
   ④ 의존적 관계: 정부가 비정부조직을 육성
   ⑤ 동반자적 관계: 파트너로서 서로의 존재를 인정(이상적 관계)

2. 재정력의 확충

세제혜택의 확대 및 독립재단을 통한 재정을 지원하고 있다.

3. 내부지배구조의 개선

이사회제도의 개선과 전문성 확보를 위해 위탁교육이나 전문성이 인정된 시민의 참여가 확보되어야 한다.

4. 정부-NGO 간의 파트너십 형성

NGO의 활발한 활동을 강화하고 참여적인 발전을 증진시키기 위해서 국가의 다양한 기재의 공적 적응성과 건강한 시민사회를 고무시킬 수 있도록 '담론적 정책결정'을 정착시킬 필요가 있다.

개념더하기 민관공동생산(Co-Production, 공동생산)

1. 의의
행정기관의 활동에 도움을 주고 기여하기 위한 주민들의 보조활동으로써 주민과 행정기관 간의 결합된 형태(자율방범대, 의용소방대, 시정모니터 등)이다.

2. 시민참여와 공동생산의 비교

구분	주민참여(시민참여)	공동생산
등장배경	행정통제	재정절감
시민과 행정 간의 관계	갈등관계 및 협력관계 다양	상호협력관계
참여자(주민)의 역할	자문자	생산자(생산자적 소비자)
활동내용	주로 정책결정 활동	주로 직접적인 서비스 생산이나 정책집행

---

04 사회적 자본

1 사회적 자본의 의의와 종류

1. 사회적 자본의 의의

(1) 개념: 인적 · 물적 자본 등 경제적 자본과 구분되는 자본으로 '공통의 목적을 위해서 협력을 바탕으로 사람들 사이의 사회적 구조로서 신뢰, 사회적 네트워크, 호혜성의 규범, 믿음, 규율 등으로 구성된 특성'을 의미한다.

(2) 사회적 자본의 특징
① 사회 내 인간의 활동을 통해 축적된다.
② 개인과 사회의 공식 · 비공식적 모든 활동과 가치관에 영향을 준다.
③ 사회의 규범, 신뢰, 네트워크를 형성한다.
④ 사회의 발전과 퇴보에 영향을 준다.
⑤ 사회의 변화에 따라 변화되고 축적될 수 있는 성질을 가지고 있다.

(3) 사회적 자본론의 대두배경
사회적 자본은 모든 사회과학에 적용될 수 있는 개념으로, 사회적 자본의 뿌리는 19세기 고전적 사회학에서 찾을 수 있다.

퍼트남 (Putnam, 1995)	상호이익을 증진시키기 위한 조정과 협력을 촉진시키는 네트워크, 규범 그리고 사회적 신뢰와 같은 사회조직의 특징들이며, 사회자본의 원천으로 사회적 연계망, 규범, 신뢰 등이 있다.
콜먼 (Coleman, 1990)	한 개인이 그 안에 참여함으로써 특정한 행동을 하는 것을 가능하게 만들어 주는 사회구조 혹은 사회적 관계의 한 측면을 강조하였다.
후쿠야마 (Fukuyama, 1997)	그룹과 조직에서 공공목적을 위해서 함께 일하도록 하는 사람들의 능력이며, 이러한 사람들 사이의 협력을 가능케 하는 한 집단의 회원들 사이에 공유된 어떤 일단의 비공식적인 가치 또는 규범 내지는 신뢰의 존재로서 정의하였다.
브렘과 랜 (Brehm & Rahn, 1977)	집단행동 문제들에 대한 해결을 촉진하는 시민들 사이의 협동적 관계망(사회적 연계망)으로 설명하였다.
페나 (Pennar, 1997)	개인적 행태에 영향을 주고, 경제적 성장에 영향을 주는 사회적 관계망으로 설명하였다.
부르디외 (Bourdieu, 1989)	사회적 자본이란 사람들의 협조행동을 활발하게 함으로써 사회의 효율성을 개선할 수 있는 신뢰, 규범, 네트워크 등 사회조직의 특성이다.

2. 사회적 자본의 주요 속성

(1) 자발적 네트워크: 개인 간 또는 집단 간의 관계를 이어주는 자발적(상향적)이며 수평적 · 협력적으로 형성되는 네트워크가 있다.

(2) 호혜주의: 구성원들은 자기에게 필요할 때 언젠가는 보답을 받을 것이라는 일반적 기대를 가지고 다른 사람들 그리고 공동체를 위해 봉사하는 '친사회적 행태(Prosocial Behavior)'를 가지고 있다. 친사회적 행태를 강화하는 사회적 규범은 비공식적 · 사회적 통제력을 지닌 것이며 공식적 · 법적 제재와 구별된다.

(3) 상호신뢰: 구성원들 사이에 상호신뢰와 협력을 바탕으로 한다.

(4) 공동체주의: 사회관계는 공동체주의적 지향성을 지닌다.

(5) 정치 · 경제발전의 윤리적 기반: 사회적 자본은 정치 · 경제의 발전을 지지해 주는 윤리적 기반이 된다.

(6) 국력과 국가경쟁력의 실체: 인적 · 물적 자본보다 사회적 자본이 국가경쟁력이나 국력의 실체로서 작용하며 심지어는 경제발전에도 중요한 영향을 미친다.

2 사회적 자본의 기능

1. 순기능

(1) 능력과 자산: 사회적 자본의 영향은 전체적으로 나타날 뿐 아니라 네트워크 내에서 개인의 행동을 촉진시키는 능력이자 자산의 역할을 수행한다.

(2) 거래비용 감소: 신뢰를 토대로 네트워크형 사회에서 나타나는 약한 유대와 구조적 공백은 사회적 관계 속에서 가외성의 필요성을 최소화시키고 거래비용을 감소시켜 능률성 제고에 기여한다.

(3) 학습의 원천: 사회적 자본 하에서 다양성은 갈등과 대립이 아닌 창의력과 학습의 원천으로 혁신적 조직의 발전을 이끈다.

(4) 협력과 효율: 협력적 행태의 촉진 및 행동의 효율성을 제고한다.

(5) 사회적 규범: 도덕적 · 윤리적 규범의 공유로 구성원에 대한 제재력을 발휘한다.

2. 역기능

(1) 형성의 불투명성: 사회적 자본은 정신적 · 무형적 자본이므로 경제적 자본에 비해 형성과정이나 규모가 불투명하고 불확실하다는 특징을 가지고 있다.

(2) 거래의 불분명성: 구체화되지 않은 의무, 불확실한 시간적 경계, 호혜성의 기대와 같은 조건이 작용하고 있어 불분명한 것이 일반적이다.

(3) 측정의 곤란: 측정이 용이하지 않고 측정지표도 지역 특성에 따라 달라져야 한다.

(4) 동조압력: 동조성이나 집단규범의 강요로 개인의 자유로운 행동이나 사적 선택을 제약한다.

(5) 집단 간 부정적 관계 유발: 과도한 폐쇄성과 집단결속성으로 집단이기주의 등의 다른 집단과의 관계에서 부정적 효과를 나타낼 수 있다.

---

05 환경변화에 따른 국가의 역할과 행정의 변천

1 정부의 역할변화

1. 절대군주국가(14~18세기)

(1) 의의: 시민혁명 이전에 군주의 절대적 · 자의적 지배로 이루어진 국가로 관헌국가, 경찰국가로서 왕권신수설에 기초하여 국가가 일방적으로 지시 · 명령 · 통제하는 국가를 의미한다.

(2) 특징
① 군주의 권력은 신이 부여한 신성불가침의 절대권력(왕권신수설)
② 행복촉진주의적 복지국가
③ 중상주의
④ 상비군과 관료제
⑤ 지배복종관계

2. 근대 입법국가(19세기)

(1) 의의: 시민혁명의 결과 탄생한 국가로, 법치주의 권력분립이 전제된 국가이며, 소극국가, 야경국가, 방임국가로 표현된다. 국가는 필요 최소한의 기능만 수행하고, 여타의 기능은 사회와 자율에 의해 운영되는 국가를 말한다.

(2) 특징
① **시민혁명**: 시민혁명을 통해 절대 왕정을 타파하면서, 자유와 평등이 주장되었고 그 결과로 절대 왕정 및 봉건 제도가 타도되었다. 시민계급이 사회의 주도권을 장악하고 자유주의와 개인주의가 확산되었으며, 자유로운 경제 활동이 보장되었다.
② **자유방임사회(고전학파 경제학)**: 애덤 스미스는 그 전 세기의 중상주의에 반대하며, 최저 정부를 제시했다. 이는 그가 경제성장을 이룩하려는 최선의 수단을 시장기능이라고 보았기 때문이다. 여기서 자유방임이라는 의미도 정부가 시장에 간섭하지 말라는 의미다. 정부는 시장영역에서 시장을 보완하는 위치에 머물러야 한다. 그에 의하면 정부의 역할은 치안, 국방 등 질서유지, 계약을 이행하고 재산을 보호하는 법질서 체계의 형성과 유지, 정부에 의한 재화공급이 사회전체에 유익한 경우로 한정되었다.

3. 현대 행정국가(1930∼1970년대)

(1) 의의: 행정국가는 실체적 개념이 아닌 기능적 개념이며, 행정부가 입법부와 사법부에 비해 우월성을 가지는 20세기 국가 또는 행정부가 국민생활의 여러 측면에 개입하는 적극국가로 복지국가, 급부국가를 의미한다.

(2) 등장배경

① **경제대공황 및 시장실패**: '보이지 않는 손'과 '세이(Say)의 법칙(공급이 수요를 창출한다)'이 설득력을 상실하고 급속한 경기침체와 대량실업 발생해 시장 실패로 이어졌다.

② **케인즈 경제학과 수정자본주의**: 정부의 적극적 개입을 통해 총수요를 확대해야 한다는 케인지언경제학이 대두되었다(필립스곡선에 기반한 고용·이자 및 화폐에 관한 일반이론). 시장경제에 사회주의 계획경제를 가미한 혼합경제(수정자본주의)가 나타났다.

③ **뉴딜정책과 정부개입**: 케인지언의 총수요정책(수요경제학)은 루즈벨트 대통령의 뉴딜정책으로 나타났고, 정부규제 및 조장(지원)기능의 확대는 거대한 가부장적 온정주의 정부를 탄생시켰다.

(3) 특징

① **양적 특징(구조적 측면)**

    ㉠ 행정기능의 확대(직능국가)와 업무량 증가

    ㉡ 공무원 수의 증가(파킨슨 법칙)

    ㉢ 재정규모 확대

    ㉣ 행정기구 팽창(행정조직의 증가)

    ㉤ 전문성(문제해결능력)을 지닌 조직의 증가: 공기업, 준정부조직(제3부문), 위원회조직

② **질적 특징(기능적 측면)**

    ㉠ 행정의 전문화·기술화·복잡화·통합화

    ㉡ 행정조사·통계 중시

    ㉢ 행정의 광역화·국제화

    ㉣ 행정의 적극적 역할: 사회안정화 기능(질서유지)과 사회변화·변동 유도 및 촉진기능, 수행행정의 사회복지기능 강화(복지국가 실현)

    ㉤ 정책결정 및 기획기능 중시

    ㉥ 인사행정의 적극화(소극적 실적주의와 폐쇄적 직업공무원제의 수정·보완)

    ㉦ 행정조직의 동태화(탈관료제적 구조의 이용 확대)

    ㉧ 예산제도의 현대화

    ㉨ 행정책임·행정통제의 중시(내부통제 중시), 행정의 분석·평가 및 환류 중시

    ㉩ 중앙집권화(기술적·지식적·비권력적 집권)

파킨슨 법칙(Parkinson's Law)

1. 의미
   (1) 공무원 수는 본질적 업무량(행정수요를 충족시키기 위한 업무량)의 증감과 무관하게 일정비율로 증가한다.
   (2) 본질적 업무량이 감소하는 경우에도 공무원 수는 증가한다.
   ≫ 파킨슨이 1914년부터 28년간 영국의 행정조직을 관찰한 결과 제시된 법칙
   ① 해운성(海運省): 1차대전 후 선박 수는 감소했지만 공무원 수는 증가했다(1914년 500척 → 1964년 11척, 인원은 8배 증가).
   ② 식민지성(植民地省): 윌슨의 민족자결주의 이후 영국의 식민지는 감소했지만 식민지성의 공무원 수는 증가했다.

2. 공무원 수의 증가 원인

부하배증의 법칙 (제1공리)	인간의 심리적 특성상 상관은 자신의 지위강화와 권력신장을 위해 동료보다 부하의 수를 늘리려는 경향이 있다.
업무배증의 법칙 (제2공리)	부하가 증대되면 파생적 업무(통솔을 위한 지시·보고·협조·감독 등)가 증가되어 파생적 업무를 담당하는 공무원 수가 다시 증가된다.

≫ 부하배증과 업무배증이 반복·순환되면서 본질적 업무량과 무관하게 공무원 수가 증가되는 것을 설명한다.

(4) 행정국가의 한계(신행정국가 등장배경)

① 정부실패로 인한 비효율
② 대의제의 쇠퇴와 대중민주주의의 발달, 외부통제(국회·법원·국민에 의한 행정통제)의 한계
③ 국민의 피동화와 정부에의 의존성 심화 – 복지국가의 한계, 자발적 참여나 민주주의 원리 경시
④ 행정권의 확대·집중화와 시민적 자유의 제약과 민간의 자율성 축소
⑤ 행정의 특수이익화 – 이익집단, 정당이 직접 행정에 접촉하여 공익을 침해
⑥ 신중앙집권화와 광역행정 등에 의한 지방자치의 약화
⑦ 조세저항 등 재원조달의 어려움, 정치적 지원의 약화, 신자유주의 이론의 득세
⑧ 행정의 과부하 초래(행정의 역할 비대로 과부하가 발생, 문제해결의 실패, 업무수행의 질 저하)

국가 규모에 관한 논쟁(공공재의 과소공급설과 과다공급설)

1. 공공재의 과소공급설(Under-Supply Hypothesis)

갤브레이스(J. Galbraith)의 의존·선전효과	사적재와 달리 공공재에 대한 선전이 없어 공적 욕구를 창출하지 못한다.
듀젠베리(Duesenberry)의 전시·과시효과	사적재는 주위의 시선을 의식해 과다지출하는 경향이 있지만 공공재의 경우는 약하다.
머스그레이브(Musgrave)의 조세저항	공공재는 자신이 부담한 비용에 비해 편익을 적게 누린다고 생각해(재정착각; Fiscal Illusion), 과다한 부담에 대한 저항이 발생하고 이로 인해 공공재의 과소공급이 발생한다. → 시민실패(조세저항으로 인한 적정 공공재의 공급 실패)
다운스(Downs)의 투표자의 합리적 무지	합리적 개인은 사적 이익을 추구하며, 정보 수집은 비용과 이에 따른 편익을 고려하여 정보수집 여부를 판단한다. 공공재의 경우 개인적 편익에 비해 비용이 너무 많으므로, 합리적 의사결정자는 공공재에 대해 적극적인 정보수집을 하지 않는다. 따라서 합리적인 판단을 하는 투표자는 합리적 무지의 상태에 있고, 이들은 공공서비스의 공급에 대해 정확하게 평가하지 못하고, 그 확대에 대해 저항하게 된다.

2. 공공재의 과다공급설(Over-Supply Hypothesis)

뷰캐넌(Buchanan)의 리바이어던 가설	현대의 대의민주체제가 본질적으로 정부부문의 과도한 팽창을 유발하는 속성을 지닌다. 일반대중이 더 큰 정부지출에 적극적으로 반대하지 않는 투표성향(투표의 거래나 담합)을 보이기 때문에 현대판 리바이어던의 등장을 초래한다. ≫ 포크배럴(Pork Barrel), 정치인의 단기적 결정, 정치적 보상체계의 왜곡 등과 관련됨
와그너(A. Wagner)의 법칙	인구성장 및 기술진보, 도시화의 진전 등으로 정부의 기능이 외연적으로 팽창함에 따라 재정규모 팽창(공공재의 수요는 소득탄력적이다)
보몰의 병리 (Baumol's Disease)	정부부문은 노동집약적인 서비스산업의 성격을 띠어서 비용절감이 힘들고 정부지출의 규모가 점차 커질 수밖에 없다(공공재에 대한 수요는 가격비탄력적 – 필수재).
피콕과 와이즈만(Peacock & Wiseman)의 대체효과(전위효과) = 단속적(斷續的) 효과 · 톱니바퀴 (Ratchet) 효과	전쟁 등의 위기 시에 국민은 조세에 대한 허용수준이 증가하고(문지방효과; Thread-Hold Effect), 위기 시에 한번 증대한 재정수준은 위기가 사라져도 단속적 효과(Ratched Effect, 톱니바퀴 효과)가 발생하여 새로운 재원이 새로운 사업계획을 추진하는 데 이용되어 원상태로 돌아가지 않는 것
제국형성 · 관료제국주의	조직의 관리자들은 불필요하게 인원, 예산, 기구, 권한 등을 무조건 확대하려는 경향을 지닌다. • 파킨슨 법칙: (본질적) 업무량의 증감과 무관하게 공무원 수 증가 → 인건비 증가 → 재정 팽창 • 니스카넨(Niskanen)의 관료이익극대화 가설(Budget Maximization): 관료들의 예산극대화 경향
재정착각(재정환상) (Fiscal Illusion)	재정착각이란 납세자들이 공공사업의 비용과 편익의 귀착에 대한 인식능력을 상실한 상황으로 정부서비스의 편익이 무형적이고 정부서비스 비용의 중요한 부분을 차지하는 조세 또한 납세자가 감지 못하는 경우가 많기 때문에 나타나는 착각현상이다. 즉, 소비세의 납세자는 조세부담의 진정한 몫을 제대로 인식하지 못한다. 소비세 부과는 물가상승을 수반하여 실질소득이 감소하지만, 납세자들은 이를 즉각적으로 인식하지 못하므로, 실질적인 세부담을 과소평가하고 공공재의 비용부담을 싼 것으로 생각하게 되는 재정착각에 빠진다.
양출제입(量出制入) 원리	정부운영 → 양출제입(量出制入): 지출을 고려하여 수입을 정함. → 정부의 수입과 지출은 직접 연계되지 않고, 반대급부 없이 강제징수하는 세금으로 수입을 확대하므로 낭비적 지출이 나타날 수 있다.
지출한도(Expending Belt)의 부재	정부지출의 팽창을 통제하는 대항력(길항력; Countervailing Force)의 부재로 인해 재정이 팽창한다.
간접세 위주 재정구조	간접세는 조세저항을 막을 수 있어서 간접세의 증가는 재정팽창을 유발한다.
할거적 예산결정구조	예산을 합리적 총체적으로 설정하지 못하고, 부문별로 결정 · 조정하는 편린적 · 할거주의적(Fragmentational) 과정을 거칠 경우 예산이 확대된다(중앙집권국가보다 연방제처럼 분권화된 국가의 재정규모가 더 팽창함).
개방형 무역구조	무역의존도가 높은 개방형 무역구조 하에서는 국가재정이 팽창된다.

4. 신행정국가(협치, 거버넌스, 1980년대~)

(1) 신행정국가의 등장배경

① 1980년대 들어서는 복지병이라고 불리는 복지국가 모델의 한계와 1970년대의 에너지 위기 이후의 스테그플레이션 현상에 대한 정부의 무력함이 드러나기 시작했다. 시장실패를 해결할 수 있다고 믿었던 정부였지만 그 폐해가 오히려 더 크다는 정부실패에 대한 인식이 확산되었다. 이 시기에 신보수주의 또는 신자유주의 사상의 흐름을 타고 정부의 기능축소, 민영화, 규제완화, 네트워크활용 등의 정책 방향을 갖는 '작은정부론'에 대한 시대적 요청이 강하게 대두했다.

② 영국의 대처 수상과 미국의 레이건 대통령*의 정책이 대표적인 예이다. 이후 뉴질랜드를 비롯한 영연방 국가들이 신공공관리론에 바탕을 둔 정부개혁을 시행한 것은 이러한 정부관을 반영한 것이다.

③ 지식정보화, 세계화, 시민사회화가 진행되는 21세기의 정부관은 단순히 큰 정부인지 작은정부인지의 관점이 아니다. '더 나은 정부(Better Government)'의 관점이 되어야 한다. 직접적인 서비스 제공과 규제보다는 방향타를 잡아주는 정부, 시민의 권리와 시민참여를 보장하는 정부, 시민의 삶의 질을 보장해 주는 정부가 되어야 한다. 정부의 관점은 이제 여기까지 변화되었다.

(2) 신행정국가의 특징

① **적극국가에서 규제국가로의 변화**

㉠ 적극국가: 복지정책, 경제안정화를 위한 적극적인 재정정책과 통화정책 실시, 의회, 행정부처, 공기업, 정당, 공무원 등의 배타적인 정책결정 네트워크를 특징으로 하는 국가이다.

㉡ 규제국가(친시장국가, 계약국가): 규제국가는 소극적 의미의 시장실패를 시정하는 일에 치중하면서, 그 과정에서 정책집행보다는 규칙을 제정하며, 관련 행위자들이 다원주의적(개방적) 정책결정상황에서 활동할 수 있는 환경을 조성하는 국가이다.

규제 유형	적극국가	규제국가
주요 기능	재분배, 거시경제 안정화	소극적 시장실패 시정
도구	세입 및 세출	규칙제정
정치적 갈등영역	예산배분	규칙제정에 대한 심의
특징적 제도	의회, 행정부처, 공기업	의회위원회, 독립규제기관
핵심행위자	정당, 공무원	규제자, 전문가, 판사
정책유형	재량적	규칙기속적, 법률적
정책문화	코포라티즘	다원주의
정치적 책임성	직접적 책임	간접적 책임

② **국가규모 감축**: 국가 전체의 기능 및 규모의 감축 여부는 나라별로 차이가 있으며, 아직도 변화과정에 있기 때문에 단정적으로 결론을 내리기 어렵다. 다만, 현시점에서 볼 때 분명한 것은 신자유주의 혹은 신우익 이데올로기의 주창자들이 주장하는 것처럼 실제로 국가의 기능과 규모에 큰 감축이 이루어졌다고 하기에는 아직 이르다는 것이다.

③ **국가 권위의 지속성**: 국가의 권력과 권위와 관련하여 감축이 중시되었음에도 불구하고 국가의 권위와 능력은 계속 유지되고 있다.

---

* 레이건 대통령과 대처 수상
레이건 대통령과 대처 수상 시대의 대표적인 정부관은 '작은 정부론'이다. '더 나은 정부론'은 신공공관리주의에 바탕을 둔 것으로 '작은 정부론' 이후의 정부관이다.

④ **복지혜택 제공자에서 시장형성자로의 권력 이동**: 국가역할 가운데 부를 재분배하고 복지정책을 수행하는 혜택의 제공자로서의 역할에서, 시장의 규칙을 제정하고 갈등을 해소하는 시장형성자로서의 역할이 중시된다.

⑤ **새로운 국정운영방식**: 영국에서 1979년 이후 추진된 신자유주의적 정부개혁은 전통적 국정운영 모형인 '대의민주제 모형'의 의회정체에서 분화된 정체로의 이행을 가져왔다.

전통적인 의회정체모형	새로운 분화정체모형
• 단방제 국가 • 내각정부 • 의회주권 • 장관책임과 중립적 관료제	• 정책연결망과 정부 간 관계 • 공동화 국가 • 핵심행정부 • 신국정관리(New Governance)

㉠ **정책네트워크와 정부 간 관계**: 정책네트워크는 일단의 자원의존인 조직이다. 단단하게 통합된 '정책공동체(Policy Community)'에서부터 느슨하게 통합된 '이슈네트워크(Issue Network)'까지 여러 가지 유형이 있다. 중심의 통제가 불완전한 가운데 상호의존적이고, 또한 지방화 등에 의해 분권화된 정부 간 연결망에 의해 전달된다.

㉡ **공동화 국가**: 공동화(Hollowing Out)는 위로는 유럽연합과 같은 국제기구로, 아래로는 구체적인 목적을 위한 행정단위로, 외부로는 책임운영기관이나 지방정부로 국가의 기능과 조직이 방출되고 있음을 의미한다.

㉢ **핵심정부**: 핵심정부란 중앙정부의 정책들을 통합하고 협조하도록 하거나 혹은 정부기구의 요소들 간의 갈등에 대한 행정부 내 최종조정자로서 행동하는 모든 조직과 구조들을 의미한다. 핵심행정부는 기능적 정책네트워크를 통제하고 감독하나 그 자체도 하나의 네트워크이며, 신행정국가에서 핵심정부의 전략적 방향잡기 기능은 보다 중시되고 있다.

㉣ **대리정부**: 1970년대 이후 '제3자정부(Third Party Goverment)' 또는 '대리정부(Government by Proxy)'라는 간접통치방식이 국가통치의 주요한 수단으로 급속히 부각하였다. 대리정부화는 미국과 같은 순수 연방제 하에서 중앙정부의 정책이나 프로그램들이 다른 하위정부단위들이나 준정부조직, 시중은행, 비공익단체, 병원 등을 통한 제3자정부에 의해 수행되는 현상을 의미한다.

㉤ **신국정관리**: 뉴거버넌스는 조직들 사이에 상호의존적 특성이 있어 자기조직적이고 조직 간 연결망이 중시된다. 뉴거버넌스 하에서 국가는 특권적이고 주권적인 위치를 점유하지는 못한다. 그럼에도 불구하고 네트워크를 간접적으로 불완전하게나마 조정할 수 있으며, 행위자들 사이는 비대칭적 상호의존성의 특징을 짓는다.

개념더하기 시장, 계층제(위계), 네트워크의 비교

핵심 특성	시장	위계조직	네트워크조직
규범적 기초	계약	고용관계	협력적 관계
의사소통수단	법적 · 강제적	위계	교호적 관계
갈등해소수단	재판	관리감독	평판
유연성	높음	낮음	중간
참여자의 몰입도	낮음	중간, 높음	중간, 높음
분위기	상호의심	공식적 · 관료적	개방적 · 호혜적
상대방 선택	독립적 · 자율적	강제적 · 의존적	상호의존적 또는 자율성

국가 역할과 행정의 변천

국가	18C 절대국가 (관헌국가, 경찰국가)	전환기	19C 근대입법 국가(방임, 소극, 야경국가)	전환기	20C 현대행정 국가(복지, 급부국가)	전환기	신행정국가 (거버넌스)
국가관	행복촉진적 국가관		자유주의, 평등주의		복지국가주의		신자유주의 → 공동체주의
국가 기능	• 군주＝국가 • 군주(국가)의 절대권력 행사 • 정치와 행정의 미분화 • 중앙집권	시민 혁명, 시장 만능, 권력 분립, 법치주의	• 입법권 > 행정·사법권 • 최소의 행정이 최선의 행정 • 소극적 기능 (치안·외교·질서·국방·조세) • 사회안정화 기능 • 정책집행 기능 • 국가와 사회의 이원성	1930년 경제 대공황 시장 실패 의회 실패 정부 개입	• 행정권 > 입법·사법권 • 최대의 행정이 최선의 행정 • 적극적 기능 (복지·급부·조정) • 사회변동 기능 • 정책결정 기능 • 국가와 사회의 동일성·이원성(국가우위)	1970년대 자원난 시대 정부 실패, 감축 관리, 민간화, 세계화, 정보화, 지방화	• 국가＝시장＝ 시민사회의 역할분담 강조 • 국가의 조정자로서 역할 강조 • 거버넌스의 등장 • 협치 강조(네트워크) • 국가와 사회의 구별이 모호해짐
사회 구성원	신민		시민 → 국민		국민		고객 → 시민
경제 사상	• 중상주의 • 국가의 강력한 경제개입		아담 스미스: 자유방임주의, 예정조화관, 보이지 않는 손(가격기구, 시장)에 의한 자원배분의 효율성 달성		• 수정자본주의 • 케인스: 개입주의, 유효수요이론정부의 적극적 개입에 의한 시장실패 치유		• 신고전주의 경제학 • 통화주의 등장 • 레퍼곡선 • 신자유주의 • 정부개입 축소
정치 행정	미분화		의회우위		행정우위		협치의 파트너
행정 개념	유럽 관방	• 유럽은 행정법학적 행정개념 • 미국은 정치와 행정의 미분화(엽관 → 실적)	관리	통치 – 행태 – 발전 – 정책		–	관리 – 뉴거버 넌스
정행 관계	–	–	이원	일원 – 이원 – 일원 – 이원		–	이원 – 일원
이념	–	자유	합법	능률	민주 – 합리 – 효과 – 형평	가외	생산 – 신뢰, 투명
행정의 양적 특징	전문적인 행정 체제의 부존재, 군주의 상비군 행정조직의 근간	행정기능의 소극성·재정규모의 빈약		• 공무원 수 증가 • 재정팽창 • 행정기구 증가 • 공기업, 준정부조직, 행정위원회, 막료(참모) 증가		• 감축관리 • 행정업무의 민영화 • 중간조직의 증가 • 행정국가보다 국가의 규모 축소, 권위는 지속	
질적 특징	–	• 정부의 소극적 기능 • 사회안정화 기능 • 대의제, 의회 우위 • 집행·관리작용 중시 • 엽관주의 → 실적주의 • 예산의 통제기능 – LIBS • 외부통제 중시 • 지방분권		• 행정의 전문화, 기술화, 복잡화, 통합화 • 행정기능의 적극화: 행정의 재량권 증대(준입법·준사법 기능), 행정의 사회복지기능 강화(복지국가 실현) • 정책결정 및 기획기능 중시(발전정책·기획 – 발전행정) • 행정조직의 동태화 • 인사행정의 적극화: 소극적 실적주의와 폐쇄적 직업공무원제의 수정·보완, 대표관료제·공무원단체 중시 • 예산제도의 현대화 • 행정책임, 행정통제의 중시 • 신중앙집권(기술적·지식적·비권력적 집권)		• 공공서비스 공급주체의 다원화 • 노정기<방향키(기획·전략기능 강조) • 탈관료제 조직, 고객지향·성과지향·분권과 시민참여 • 노동의 유연화, 인사권의 분권화 • 예산감축: ZBB, Sunset Law • 예산운영 신축성과 성과중심의 기업식 예산제도 도입(총괄배정예산, 산출예산, 지출통제예산, 지출대예산 도입, 발생주의·복식부기) • 신지방분권(협력적 분권)	

CHAPTER

03 행정이 추구하는 가치

01 가치와 행정이념

1 가치

1. 가치의 의의

행정철학을 행정의 궁극적 목적 및 행정과정 전반을 지배하는 바람직한 가치를 연구하는 분야이다. 가치의 본질과 인식 가능성 및 가치판단의 기준 등을 연구대상으로 하는 학문이라 할 때, 가치는 바람직한 것에 관한 사람들의 관념으로서 기본적으로 좋음(The Good, 선)과 옳음(The Right, 의)이라는 두 가지 개념으로 구성되어 사람들의 행동에 영향을 미친다.

2. 가치에 관한 유형(접근)

(1) 상대론과 절대론

① 상대론(목적론): 절대·보편적인 가치판단 기준은 존재하지 않으며, 행위의 결과를 기준으로 옳고 그름을 판단하는 것으로 최선의 결과를 가져오는 행위는 옳고, 그렇지 못한 행위는 옳지 않다는 입장이다(공리주의, 쾌락주의).

② 절대론(의무론): 결과와 상관없이 옳고 그름을 판단하는 보편적 원칙이나 절대적 기준이 선험적으로 존재한다고 믿는 입장이다. 행위의 동기를 기준으로 도덕적 의무나 법칙에 일치하는 행위는 옳고, 어긋난 행위는 그르다는 입장이다(존 롤스의 정의론).

(2) 카플란(Kaplan)의 유형

① 개인적 맥락: 개인이 갖고 있는 입장이나 선호·욕구 등을 가치로 파악하는 입장이다. 예를 들면 특정 정책문제에 대한 해결을 지지·찬성하는 경우이다.

② 표준적 맥락: 어떤 특정집단이 어떤 가치를 가지고 있다는 식으로 가치를 파악하는 경우이다. 예를 들면 '흑인과 백인 혼용 통학버스제도는 중류층 시민들의 눈에는 나쁜 정책으로 비친다'라는 식으로 표현되는 경우이다.

③ 이상적 맥락: 가치판단기준으로 개인적 선호나 특정집단의 가치관을 초월한 가치를 의미한다. 예를 들면 '흑인과 백인 혼용 통학버스제도는 그것이 사회적 형평을 증진시키기 때문에 바람직한 정책이다'라고 할 때의 사회적 형평과 같은 기준을 말한다.

(3) 고트너(Gortner)의 유형

① 미시적 차원의 가치: 개인적 안전과 성공에 관한 개인적 가치, 가족·친지의 수용과 존경에 관한 일차집단적 가치 등을 말한다.

② 중범위적 가치: 관료·기업가·협동적 가치와 같은 조직상의 가치, 전문성·자율성·헌신·공공봉사와 같은 전문직업상의 가치, 지역주의·인종주의와 같은 지역사회의 가치, 고객·이익집단·정치집단 등 유권자집단의 가치 등을 말한다.

③ 거시적 가치: 개인주의, 기회의 형평에 관한 사회적 가치, 민주적 · 한정적 정부에 관한 정치적 가치, 그리고 수정자본주의에 관한 경제적 가치 등을 말한다.

(4) 엔더슨(Anderson)의 유형(공공정책 결정의 기준)

① 정치적 가치: 정치집단이나 고객집단의 이익을 고려하는 판단기준
② 조직의 가치: 자신이 속한 조직의 생존이나 이권의 유지를 위한 가치기준
③ 개인적 가치: 자신의 복지와 지위, 명성을 고려하는 판단기준
④ 정책의 가치: 공공이나 도덕적 신념, 윤리기준에 의하는 것
⑤ 이념적 가치: 현실의 모습을 단순하게 제시하는 논리적으로 연결된 가치나 신념체계(제3세계 국가의 민족주의 결정 등)

개념더하기

1. 보즈먼(B. Bozeman)의 행정가치(정책으로서의 공익관)

합리주의	형식적 공익관	현실세계의 문제는 보다 과학적이고 체계적인 조사 · 분석으로 해결할 수 있다고 보는 입장이다.
이기주의	공익부재관	정책은 개인의 권력적 지위 향상이나 개인 및 집단의 이기적 목적의 충족을 위하여 존재한다고 본다.
보호주의	절차적 공익관	정책이란 특정한 사람들을 다른 사람들로부터 보호하기 위해 존재하며, 근본적으로 인간에 대한 부정적 견해에 입각하여 정부의 활동을 특정 계층에 대한 교도적 · 규제적 · 강제적인 것으로 본다.
이전주의	규범적 공익관	가진 자로부터 가지지 못한 자에게 재배분해주는 것이 복지국가의 정책철학이라고 전제한다.
중개주의	공리주의적 공익관	다원적 이익 간의 균형과 사회통합을 추구하는 다원적 사회관이나 집단정치에 중점을 둔다.
실용주의	다원적 공익관	점증주의적 정책결정모형으로, 현실상황에 따라 적절히 대처하는 것이 정책결정의 원리라고 본다.

2. 굿셀(Goodsell)의 가치지향

(1) 수단지향적 접근 방법 – 대의정부의 원리
행정과 공무원을 정치적 의사결정을 집행하는 피동적인 수단으로 보는 관점으로 정당화의 근거는 대의정부의 원리이다. 공무원들은 법령을 능률적 · 효율적으로, 성실하고 적시성 있게 집행해야 한다.

(2) 도덕성을 가치지향으로 삼는 접근 방법 – 고차원의 도덕성
행정보다 근본적인 도덕적 기초를 중시하는 관점으로 정당화의 근거는 고차원의 도덕성이다. 선거결과나 법령의 문구, 선거직공무원들의 명령 등에 구애받음이 없이 정의, 평등, 정직, 공정, 개인적 권리의 보호와 같은 기본적 가치들은 존중되어야 한다.

(3) 다수인지향의 관점 – 경제적 능률
관료적 권위주의를 버리고 행정에 시장논리를 도입하자는 관점으로, 정당화 근거는 경제적 능률이다. 공공선택론의 연구에 기초를 두고 있다.

(4) 다수인지향의 관점 – 다수인의 평등
공무원들이 고객과 시민의 요구에 직접 반응해야 한다는 관점으로, 정당화의 근거는 다수인의 평등이다.

(5) 임무지향의 관점 – 공익
공무원들이 자기 조직의 정당한 임무가 무엇인가에 관한 스스로의 관점에 충실한 직무수행을 하도록 요구하는 관점으로 정당화의 근거는 공익이다.

2 행정이념

1. 행정이념의 의의

(1) 행정이념은 행정이 지향하는 최고가치, 이상적인 미래상 또는 행정의 지도정신, 나아가 공무원의 행동지침 및 방향을 의미한다.

(2) 행정이념은 그 우선순위를 엄격히 구별할 수 있는 것이 아니라 상호보완적·상대적 성격을 띠고 있으며, 역사적·정치적·상황적 요인에 따라 그 평가기준이 달라진다.

2. 우선순위에 따른 행정이념

본질적 행정가치	• 가치 자체가 목적이 되는 가치, 결과에 상관없이 만족을 제공 • 행정을 통해 이룩하고자 하는 궁극적 가치 • 정의, 복지, 형평, 자유, 평등
도구적·수단적 행정가치	• 목적 실현을 가능하게 하는 가치 • 실제적인 행정과정에 구체적 지침이 되는 규범적 기준 • 사회적 자원의 배분 기준에 관한 민주성, 합법성, 능률성, 효과성, 효율성, 합리성, 대응성, 신뢰성, 중립성, 공개성, 투명성, 책임성 등

3. 행정이념의 변천

연대	행정이념	행정이론	개념
19세기 초	합법성	관료제이론	법률적합성
19세기 말	기계적 능률성	기술적 행정학, 과학적관리론	산출/투입
1930년대	민주성(사회적 능률성)	기능적 행정학, 인간관계론	국민을 위한 행정
1940년대	합리성	행정행태론	목표에 대한 수단의 적합성
1960년대	효과성, 생산성	발전행정론	목표달성도
1970년대	사회적형평성	신행정론	소외계층 위주의 행정
1980년대	생산성	신공공관리론	능률성+효과성
1990년대	민주성, 신뢰, 투명(인간주의)	뉴거버넌스	정부에 대한 국민의 믿음

1 공익

1. 공익의 의의

(1) 개념: 공익이란 국민에 대한 책임 있는 의사결정행위[슈버트(Schubert)의 공익론]로서, 불특정 다수인의 이익, 사회 전체에 공유된 기본가치, 공동이익을 의미한다. 행정의 이념적 최고 가치이며 행정이 추구해야 할 본질적인 가치로써 행정행위의 규범적 기능이 된다.

(2) 공익에 대한 관심의 대두요인

① 행정국가화 경향과 함께 행정인의 정책결정권, 자원배분권이 확대되면서 윤리나 가치판단의 문제가 중요하게 고려되었다.

② 집단이기주의의 재해석, 시민참여의 확보 등과 관련하여 행정행태의 윤리·철학적 준거기준의 필요성이 크게 부각되었다.

③ 정치행정일원론(신행정론)의 대두로 행정의 규범적 성격이 강조되고 행정에 의한 사회적 형평성 내지 사회정의의 실현이 중요시되고, 행정인의 적극적 역할을 강조한다.

④ 종래 최선의 공익결정방법으로 인정되어 온 다수결 원칙이 언제나 공익을 구현하는 유일한 방법인지에 대한 의문이 제기되면서 공익개념에 대한 관심이 높아지게 되었다.

(3) 공익의 성격과 효용

① 공익의 성격

㉠ 사회의 일반적·기본적 가치로서의 성격: 선험적으로 존재하거나 통치자에게 부여되는 것은 아니며 경험적·역사적으로 사회의 확립된 기본적 가치로서 존재한다.

㉡ 역사적·동태적 성격: 역사적·시대적 상황의 변동에 따라 그 의미·내용이 변동하고 있다.

㉢ 규범적 성격: 공익은 행정인이 준수하여야 할 최고의 행동규범이다.

㉣ 신축적·상대적·불확정적 성격: 급변하는 사회상황 속에서 공익에 대한 국민의 광범위한 동의를 지속적으로 확보하는 데 도움이 된다.

② 공익의 기능(효용)

㉠ 주관적이고 편협한 이익을 객관적이고 보편적인 이익으로 대체시키는 역할

㉡ 대립되는 이익들이 공존할 수 있는 계기 형성

㉢ 국가가 개인에게 요구하는 행위를 정당화

㉣ 정책 및 프로그램을 평가하는 기준

2. 공익에 관한 다양한 접근

공익(Public Interest)은 행정이 추구해야 할 본질적 가치로서, 행정행위의 주요한 규범적 기준이다. 그러나 그 개념에 대해서는 접근 시각에 따라 다양한 견해가 제시되고 있다.

(1) 과정설(소극설)

① 의의: 사익과 본질적으로 구별되는 공익이란 존재할 수 없으며, 공익이란 사익의 총합이거나 사익 간의 타협 또는 집단 상호작용의 산물이다.

② 과정설의 논거

　　㉠ 공익은 국민들이 향유하는 사익의 합계에 불과하다고 본다(민주주의 공익론의 핵심).

　　㉡ 사익들 간의 갈등이나 대립 시 타협의 결과 배분된 사익의 합계를 공익으로 본다[일종의 제로섬 게임(Zero-sum Game)을 전제로 타협의 결과 배분된 사익들의 합계가 공익이다].

　　㉢ 사익의 극대화가 공익의 극대화를 가져온다고 본다. 따라서 정부가 간섭하지 않고 자유로운 경제 활동이 보장되면 개인은 이익극대화를 위해 노력할 것이고, 시장기구에 의하여 자원의 최적배분 이 이루어져 경제발전, 즉 공익의 극대화를 가져올 수가 있다고 본다.

　　㉣ 대표 학자: 홉스(Hobbes), 흄(Hume), 벤담(Bentham), 베르그송(Bergson), 새뮤얼슨 (Samuelson), 리틀(Little), 애로우(Arrow), 벤틀리(Bentley), 슈버트(Schubert), 트루먼 (Truman) 등

③ 과정설의 문제점

　　㉠ 집단 간 힘의 불균형이 존재하는 경우 조직화되지 못한 일반시민이나 잠재집단의 이익, 약자의 이익이 반영이 곤란한 집단이기주의의 폐단이 발생할 수 있다.

　　㉡ 대립적 이익을 공익화할 때 사전평가기준이 없고 특수이익 간 경합·대립이 자동적으로 공익으로 전환된다는 것은 기계적 관념이다.

　　㉢ 도덕적·규범적 요인이 경시되고, 국가이익이나 공익이익의 존재를 고려하지 않으며, 토의나 비 판과정이 발달하지 못한 신생국가에는 적용이 곤란하다.

(2) 실체설(적극설)

① 의의: 사익을 초월한 실체적·규범적·도덕적 개념으로서, 공익과 사익의 갈등이란 있을 수 없다고 본다. 구체적으로 정의·형평·복지·인간존중 등 매우 다양하다.

② 실체설의 논거

　　㉠ 공동사회적 이익이 존재한다고 본다. 공익이란 개별이익과는 별개의 실체로서 선험적으로 존재 하는 것으로 파악하고 이것은 사익과 구별된다고 본다.

　　㉡ 공익으로서의 국민의 기본권과 중요 가치들이 실체로서 존재한다고 본다. 즉, 자유와 평등의 기 본권과 정의, 사회적 안정 등의 사회적 가치는 중요한 공익의 내용으로 단순한 사익의 합계가 아 닌 본질적으로 다른 속성을 지닌 것으로 본다.

　　㉢ 공익의 실체를 규정하기 위한 엘리트와 관료의 적극적 역할을 강조하고 정부는 국가우월적 지위 에서 목민적 역할을 강조한다.

　　㉣ 대표 학사: 플라톤(Plato), 아리스토텔레스(Aristoteles), 루소(Rousseau), 헤겔(Hegel), 마르 크스(Marx), 헬드(Held), 롤스(Rawls) 등

③ 실체설의 문제점

　　㉠ 실체설은 공동체가 개인과는 구별되는 자신의 의지를 지니고 공동체가 추구하는 이익이 공익이 라는 신비주의적 형이상적 공동체론을 주장한다. 이러한 견해는 전체주의적 독재체제나 침략적 민족주의를 유지하면서 개인의 인권을 유린하는 명분으로 악용될 가능성이 있다.

　　㉡ 인간의 규범적 가치관에 따라 공익관이 달라지므로 통일적 공익관을 도출하기 곤란하고 공익결 정에 있어 소수 엘리트들이 적극적 역할을 수행한다.

　　㉢ 공익개념이 추상적이며 국민 개개인의 주장·이익을 무시할 수 있다.

(3) 절충설

① 의의: 공익은 사익의 집합체나 사익 간 타협의 소신도 아니지만 사익과 전혀 별개의 것도 아니다.

② 절충설의 논거

　㉠ 과정설과 실체설을 절충한 것으로 이것은 민주성과 전문성을 모두 충족시키려는 방식으로 국민의 대표기관이나 집단을 결정과정에 참여하게 함은 물론 행정인들의 전문적인 직업윤리를 바탕으로 결정에 중요한 역할을 수행토록 하는 것이다.

　㉡ 대표 학자: 애플비(P. Appleby), 프리드리히(Friedrich), 뷰캐넌과 털록(Buchanan & Tullock), 헤링(Herring) 등

③ 절충설의 문제점

　㉠ 공익과 사익을 명확하게 설정해 국민일치의 소망을 분별하기는 곤란하다.

　㉡ 급격한 변동이 진행 중인 사회에서는 공익의 적절한 평가기준을 제시하지 못한다.

더 알아보기

실체설과 과정설의 비교

구분	과정설	실체설
공익	공익은 사익 간 갈등의 조정·타협의 산물	공익은 사익을 초월한 실체로 존재
관료	공익의 규정과 목민적 역할	사익 간 갈등의 조정자적 역할
의제설정	외부주도형	내부주도형
설명력	국가의 힘이 강력한 개도국	민주적 의견수렴절차가 발달한 선진국
장점	대립적 이익들을 평가할 수 있는 기준을 제시	민주적 조정과정에 의한 공익의 도출을 중시
한계	공익이 소수의 엘리트에 의해 규정됨으로써 권위주의가 발생될 가능성	가치관에 따라 공익관이 변경될 수 있고 소수의 집단에서 주도될 가능성

---

2 정의

1. 정의의 의의

(1) 정의(正義, Justice)는 역사가 오래된 가치개념으로 학자들에 의해 다양하게 정의되어 왔다. 여러학자들의 주장을 종합하면 결국 가치배분의 구체적 원칙에 관한 서술적 의미보다는 '옳다'라고 하는 정의적(情意的) 의미를 많이 담고 있는 가치개념이다. 그 속에서 형평과 평등이라는 사회적 가치의 배분 원리에 관한 서술적 의미를 끄집어 낼 수 있다.

(2) 정의의 다양한 개념

① 플라톤: 옳음(Righteousness, 義) 그 자체이다.

② 아리스토텔레스: 정의는 동등한 사람이 똑같은 배당을 받는 것을 의미하여, 불공정은 불평을 의미한다. 공정은 평등을 의미하는 것으로 본다.

③ 시즈윅(H. Sidgwick): 정의는 권리와 자유, 부담과 혜택을 공정하게 배분하는 것이다.

④ 롤스(J. Rawls): 정의를 공평으로 풀이하면서 배분의 정의가 무엇보다도 평등의 원칙에 입각해야 한다고 주장한다.

2. 롤스(J. Rawls)의 『정의론(The Theory of Justice), 1971』

(1) 정의의 원리가 도출되는 가설적 상황인 원초적 상태의 특징

① 당사자 간의 결정을 선택하는 절차상 동등한 권리

② 적절한 자원이 부족한 상태

③ 무지의 베일(Veil of Ignorance)*에 가려져 원초적 상태**에서 합의하는 규칙

④ 동기상의 조건으로써 상호무관심적 합리성

⑤ 최소극대화 법칙(Minimax Rule)에 의한 선택(최악의 상황을 가정하고 대안을 선택)을 가정

(2) 정의의 기본원리

① 정의의 제1원리 – 평등한 자유의 원리(Equal Liberty Principle): 모든 사람은 다른 사람의 유사한 자유와 상충되지 않는 한도 내에서 가능한 최대의 동등한 자유를 가져야 하며, 기본적 권리가 모든 사람에게 절대적으로 평등하게 부여되어야 한다는 자유우선의 원칙(선거권 및 피선거권, 양심의 자유 등)이다.

② 정의의 제2원리

  ㉠ 기회균등원리(Equal Opportunity Principle): 불평등의 근원이 되는 모든 직위와 직무의 기회는 모두에게 균등하게 개방 → 수평적 평등

  ㉡ 차등원리(Differece Principle): 저축의 원리와 양립하는 범위 내에서 가장 불리한 지위에 있는 자에게 최대한 이익이 되게 조정되어야 한다[최소극대화 원리(Minimax Rule)].

③ 원리 간의 관계: 제1원리는 제2원리에 우선하며, 제2원리에서는 기회균등원리가 차등조정의 원리에 우선한다. 전체적 자유 → 자유의 평등한 보장(1원리) → 기회균등원리 → 차등원리 → 총효용이나 총이익의 극대화의 순서로 이루어진다.

(3) 정의론의 특징 및 비판

① 정의론의 특징

  ㉠ 사회의 모든 가치는 평등하게 배분되어야 하며, 불평등한 배분은 가장 불리한 입장에 있는 약자들에게 이익이 많이 돌아가는 경우에만 정당하다고 본다.

  ㉡ 전통적 자유주의와 사회주의의 양극단을 지양하고 자유와 평등의 조화를 추구하는 중도적 입장을 취한다.

② 정의론의 비판: 원초적 상태에서 무지의 베일에 가려져 있는 당사자들이 반드시 최소극대화의 원칙에 따른다는 보장이 없다.

---

3 사회적 형평

1. 사회적 형평의 의의

(1) 개념

① 사회적 형평성이란 사회정의·평등과 유사한 것으로, 부유층이나 특정집단 대신 사회적·경제적·정치적으로 불리한 입장에 있는 계층을 위하여 국가의 특별한 배려에 의해 서비스 배분이 공평성과 평등성을 보장받는 것을 말한다.

---

* 　무지의 베일
　　사람이 자신의 사회적 신분, 재산, 지적 능력, 건강 심지어는 그가 속한 사회의 경제적·문화적 성격에 대해 전혀 알지 못하는 상태
** 　원초적 상태(Original Position)
　　그 상황 안에서는 모든 사람이 똑같은 입장이 되며 도덕적으로 행동할 것을 기대하는 이념적·가설적 상황

② 사회적 형평*(Social Equity)은 공공서비스의 평등성, 의사결정과 사업수행에 관련된 행정의 책임성 및 시민의 요구에 대한 대등성의 확보를 의미하며 효과성(Effectiveness), 효율성(Efficiency)과 함께 신행정론**의 3E로 언급된다.

③ 비용이나 편익(효과)의 구체적 구성에 대한 고려가 없는 능률성이나 효과성과는 형평성에 있어서는 비용의 부담자와 효과의 향유자가 누구인가의 문제가 중요시 된다. 정치권력을 배경으로 하여 사회적 가치나 이익을 강제로 배분하는 성질을 가진 공공정책은 비용과 편익을 일정한 기준에 따라 불평등하게 배분하는 성질, 즉 부분이익 선택성(Policy Selectivity)을 갖고 있기 때문에 구성원의 사회·경제적 지위에 큰 영향을 미친다.

(2) 대두배경

① **사회적 배경**: 1960년대 미국에서의 다양한 사회문제의 발생(격동기)과 가치중립의 한계 → 행정의 적극적 개입 필요, 특히 1960년대 흑인폭동은 사회적 약자에 대한 고려의 필요성을 부각시켰고, 정부의 적극적 개입에 의한 사회복지정책(존슨의 위대한 사회)이 추진되었다.

② **학문적 배경**: 신행정론의 등장 및 롤스(Rawls)의 정의론에 근거한다.

2. 사회적 형평의 이론적 기준과 유형

(1) 이론적 기준

① **실적·능력이론**: 자유주의자들의 주장으로서, 기회균등의 보장이라는 전제 하에 능력과 실적에 입각한 대우를 받고 가치배분, 상대적 평등(수직적 공평)을 중시한다. 개인의 자유로운 사회적·경제적 활동, 사유재산의 존중, 인간의 자기이익 추구, 경제적 생산성의 중요성 등을 강조한다. 실적·능력이론과 관련된 정책은 정부의 시장개입정책, 독과점 규제정책 등을 들 수 있다. 하지만 현실적으로 자신의 기여만큼 보상받지 못하거나 사회구조상으로 기회의 균등도 주어지지 않는 한계가 있다.

② **욕구이론**: 욕구이론은 부가가치가 인간의 능력이나 실적에 관계없이 욕구에 따라 배분될 때 사회적 형평이 가능하다고 보는 수평적 공평에 입각하고 있다. 연금제도, 보험제도, 실업수당제도 등을 들 수 있다. 하지만 재화나 가치는 한정되어 있는 반면 인간의 욕구는 무한하다는 점과 인간의 욕구에 대한 개념이 명확하지 않다는 한계가 있다.

③ **평등이론**: 모든 인간은 특별한 경우를 제외하고는 그 가치와 존엄성이 개인의 능력·자질의 차이에 관계없이 동등하게 존중되어야 하므로 재화나 가치도 균등하게 배분되어야 함을 강조한다.

(2) 사회적 형평성의 유형

① **배분적 정의와 평균적 정의(아리스토텔레스, Aristoteles)**

㉠ 평균적 정의(시정적 정의, 보상적 정의): 개인 상호 간 급부와 반대급부 사이에 균형을 유지하고, 사람에 따라 차별을 하지 않는 것(형식적 평등). 사람들이 얻은 이익과 손실을 산술적 비례에 따라 평등하게 나누는 것(물건의 인도와 대금의 지급, 자동차 사고 시 발생한 손해와 그 배상 사이의 균형, 범죄에 대한 같은 값의 보복처벌 부관)

---

* 사회적 형평
  프리드릭슨(Frederickson)은 사회적 형평은 공공서비스의 평등성, 의사결정과 사업수행에 관련된 행정관의 책임성, 시민의 요구에 대한 내응성의 확보를 의미한다고 보았다.
** 신행정론의 능률성
  신행정론이 사회적 형평을 강조한다고 해서 능률성을 포기한 것은 아니고, 어디까지나 형평한 배분을 위해 수단적인 측면에서 능률적 관리를 강조하는 것이다.

ⓛ 배분적 정의: 개인의 능력이나 공적에 따라 다르게 취급하는 것(실질적 평등). 명예와 재산을 공동체에 대한 사람들의 기여도와 공헌도에 따라 배당(예 능력이 많은 자는 더 많은 보수를 받고, 부자는 가난한 자보다 세금을 많이 내는 것)

② 수직적 평등과 수평적 평등(맥라와 와일드, D. Macrae & J. Wilde)

ⓖ 수평적 평등: 동일대상은 동일한 대우(동등한 여건에 있는 사람들을 동등하게 취급). 공공서비스를 제공하는 데 그 결정기준이 되는 특성에 상응하는 같은 양의 서비스를 받도록 하는 것(예 보통·평등선거, 동일노동 동일임금, 동등한 병역의무)

ⓛ 수직적 평등: 다른 대상은 다르게 대우(대등하지 아니한 상황 하에 있는 사람들을 서로 다르게 취급). 서로 다른 상황에 처해 있는 사람들이 좀 더 동등한 것을 목적으로 하는 판단의 기준

④ 자유와 평등

1. 자유

(1) 의미: 자유는 일반적으로 '제약과 간섭이 없는 상태'를 말하며, 책임감 없이 행동하는 방종과 구별된다.

(2) 자유의 유형

① 소극적 자유와 적극적 자유

ⓖ 소극적 자유: 간섭과 제약이 없는 상태로 개인의 자유를 강조하는 정부로부터의 자유(Freedom from Government)

ⓛ 적극적 자유: 정부의 간섭주의를 추구하는 정부에 의한 자유(Freedom by Government)

② 시민적·정치적 자유와 경제적 자유

ⓖ 시민적 정치적 자유: 철학적 개인주의* 입장으로, 신체자유, 프라이버시의 자유, 사상의 자유, 신앙의 자유, 표현의 자유 등이 있다.

ⓛ 경제적 자유: 경제활동의 자유와 재산의 자유로운 보유처분에 관한 자유

2. 평등

(1) 의미: 똑같은 원칙에 따르거나 같은 처지에 있는 사람을 똑같이 대우하는 것을 의미한다.

(2) 블래스토스(Blastos)의 정당한 분배의 원칙

① 필요에 따른 분배

② 각자의 가치에 따른 분배

③ 각자의 일에 따른 분배

④ 각자의 능력과 업적에 따른 분배

⑤ 각자가 체결한 계약에 따른 분배

---

* 철학적 개인주의

인간은 그 속에서 자신이 살아가는 정치체제로부터 독립된 실재라는 관점, 개인주의적 철학에 기초한 정치이론은 필연적으로 '제약의 결여'로서의 소극적 자유와 관련된다.

1 능률성, 합리성, 효과성, 생산성

1. 능률성(Efficiency)

(1) 의의: 최소 비용으로 최대의 산출을 얻으려는 것으로 투입에 대한 산출의 비율을 말한다.

(2) 배경: 19세기 말 행정국가가 대두됨에 따라 행정기능이 확대 · 강화로 인해 많은 예산이 필요하게 되고, 엽관주의의 비능률과 예산낭비로 인해 이를 극복하기 위해 과학적 관리론이 도입되면서 강조되었다.

(3) 능률의 유형

① 기계적 능률(Mechanical Efficiency)

㉠ 내용
- 투입(비용)의 극소화, 산출(편익)의 극대화
- 내적 능률성, 운영상 능률성, 단순한 비용 · 편익의 비교 – 수단의 합리성만 강조
- 대차대조표적 능률, 산술적 · 합리적 능률, 타산적 · 객관적 능률

㉡ 한계
- 질적 · 가치적 차원이나 목적을 등한시하고, 수단의 합리성에만 초점
- 조직 내 문제만을 주로 다뤄 고객인 국민과의 상호관계를 고려하지 않음
- 인간적 가치를 무시한 수량적 개념
- 민주성과의 충돌가능성

② 사회적 능률(Social Efficiency)

㉠ 내용
- 디목(Dimock)은 행정의 능률은 타산적 · 공리적 관점이 아니라 사회목적의 실현, 다원적 이익의 통합 · 조정 및 행정조직 내부에서의 구성원 인간가치의 구현에서 인식할 것을 주장(민주성)
- 합목적적 능률, 상대적 능률, 장기적 능률, 인간적 능률

㉡ 평가: 기계적 능률에 대한 반성과 행정의 가치규범을 반영하여 민주적 능률추구를 강조하지만 양적 · 객관적 평가기준이 모호하고, 능률개념 확대에 따른 능률개념의 모호화로 인해 능률개념의 유용성 · 실용성 · 이론적 정확성이 문제가 된다.

> **더 알아보기**
>
> 기계적 능률과 사회적 능률
>
> | 구분 | 기계적 능률 | 사회적 능률(민주성) |
> | --- | --- | --- |
> | 의미 | 투입에 대한 산출의 비율을 높이는 것 | 인간가치의 실현(조직 내 인간관리의 인간화) |
> | 행정이론 | 행정관리론, 고전적 조직론(과학적 관리론, 베버의 관료제, 원리접근법), 원리접근법 | 인간관계론(메이요, Mayo): 대내적 민주성 강조(인간 ≠ 기계) |
> | 관련 조직 | 공식적 조직, 관료제, 계층제 | 비공식적 |
> | 인간관 | 경제적 · 합리인, X이론 | 사회인, Y이론 |

2. 합리성(Rationality)*

(1) 합리성의 의의

① 일반적으로 합리성이란 이성적 과정(Reasoning Process)을 거친 판단, 즉 심사숙고한 판단을 의미한다.

② 행정학에서는 전통적으로 합리성을 주어진 목표를 달성하기 위한 수단의 적합성을 의미하는 것으로 쓰고 있다(목적-수단의 연쇄**, 목적-수단의 계층제).

③ 정책연구에서는 합리성의 개념을 경제학에서 빌려와 목표의 극대화 또는 과업의 최적화로 이해하였다.

④ 합리성을 목표의 극대화로 이해하려면 목표의 존재가 전제되어야 한다. 그런데 현실적으로 다수의 행위자가 참여하는 정책결정의 상황에서는 목표가 주어지지 않은 경우도 많다. 이러한 상황에서는 무엇이 합리적인가? 오늘날에는 다양한 형태의 합리성이 존재한다고 여겨지고 있다.

(2) 합리성의 유형

① 사이먼(Simon)의 내용적 합리성과 절차적 합리성의 구분

  ㉠ 내용적 합리성(Substantive Rationality): 목표의 극대화에 기초를 둔 개념으로, 주어진 조건과 제약요인의 한계 안에서 주어진 목표의 성취에 적합한 행동을 내용적 합리성이라고 한다. 내용적 합리성은 단 한 가지 기준, 즉 설정된 목표에 비추어 결정된다. 결정과정보다 결과에 관심을 갖는 결과적·객관적 합리성과 연관된다.

  ㉡ 절차적 합리성(Procedural Rationality): 인간의 인지력과 여러 상황들을 고려하여 얼마만큼 효과적이었는지를 의미하는 심리학적 개념이다. 결정과정이 이성적인 사유에 따라 이루어졌다고 말할 수 있는 정도이다. 결과보다는 결정이 생성되는 인지적·지적 과정을 중시하는 주관적·과정적·제한된 합리성과 연관된다.

② 맨하임(Manheim)의 유형

  ㉠ 실질적 합리성: 어떤 현상에 대한 지적 통찰력을 표현할 수 있는 사고작용을 의미하는데 합목적성이 포함된 목적가치성이라고 볼 수 있다.

  ㉡ 기능적 합리성: 주어진 목표달성에 기여하는 것을 의미하며 베버의 형식적 합리성과 유사하다.

③ 디징(Diesing)의 분류

  ㉠ 기술적 합리성(Technical Rationality): 기술적 합리성은 공공문제에 대한 효과적인 해결방안의 선택과 관련된다. 즉, 여러 가지의 대안 중 목표를 잘 달성할 수 있는 수단을 선택하면 기술적 합리성이 높아진다.

  ㉡ 경제적 합리성(Economic Rationality): 경제적 합리성은 공공문제에 대한 능률적인 해결방안의 선택과 관련된다. 보다 적은 비용으로 보다 많은 결과를 얻는 것을 말한다.

  ㉢ 법적 합리성(Legal Rationality): 법적 합리성은 '대안들의 합법적인 정도'를 의미하며, 확립된 법규와 선례에 대한 법적 일치성(Legal Conformity)에 따라 대안을 선택하는 것을 말한다.

---

* 합리성의 변천
  (1) 고전이론 – 절대적 합리성(합리모형)
  (2) 행태론 – 제한된 합리성(만족모형)
  (3) 현대이론 – 정치적 합리성(점증모형)
** 베버의 목적–수단의 연쇄
  베버는 목적–수단의 연쇄를 수단적 합리성 또는 형식적 합리성이라고 부르며 관료제는 형식적인 합리성이 가장 높은 조직이라고 평가하였다.

ⓔ 사회적 합리성(Social Rationality): 사회적 합리성은 가치있는 사회제도의 유지 및 개선능력, 즉 제도화의 촉진능력에 따라 대안을 선택하는 것과 관련된다. 사회적 합리성이란 사회를 구성하는 여러 요소들 사이에 상호의존성과 결속성의 질서체계라 할 수 있다. 이러한 상호의존성의 질서는 부분들 간의 상호조절을 통하여 발전하게 된다. 이러한 의미에서 사회적 합리성은 목적·수단의 개념이나 비용·효과의 비교개념과는 다른 차원의 합리성이다. 사회적 합리성의 사례로 업무에 있어 하위직 공직자와 고객의 민주적 참여 권리를 신장시키는 대안의 선택을 들 수 있다.

ⓜ 정치적 합리성(Political Rationality): 정치적 합리성은 정책결정구조의 합리성을 말한다. 즉, 정책결정구조가 개선될 때 정치적 합리성이 개선된다는 것이다. 보다 개선되고 올바른 정책을 결정할 수 있는 구조적 장치가 마련될 때 정치적 합리성이 나타나게 된다.

④ 베버(M. Weber)의 분류

ⓐ 형식적 합리성: 산업화나 관료제에 국한된 합리성으로 과학적·경제적·법률적 영역과 연관된 합리성이다.

ⓑ 실질적 합리성: 자유주의, 민주주의, 쾌락주의 등 일련의 가치전체를 표준으로 하는 행위를 말한다.

ⓒ 실천적 합리성: 주어진 목표달성의 가장 효과적인 방법이며, 개인의 이익을 위한 실용적·현실적 측면의 합리성을 말한다.

ⓓ 이론적 합리성: 현실의 경험에 대한 지적 이해, 연역과 귀납, 인과관계 규명 등 이지적 사유과정을 말한다.

⑤ 라인베리(Lineberry): 개인적 합리성, 집단적 합리성, 사회적 합리성으로 구분하고, 개인적 합리성(사익)의 총합이 집단적 합리성이나 사회적 합리성(공익)을 반드시 보장하지는 않는다(공유지의 비극, 죄수의 딜레마).

(3) 합리성의 저해요인

① 인간의 심리적 제약: 인간마다 지위, 역할, 가치관, 성격 등이 다르고 인지과정이 불안정함

② 목표의 모호성: 목표가 모호하거나, 목표에 대한 합의가 없는 경우가 발생함

③ 정보부족과 의사전달 장애: 합리적 분석·평가·선택에 필요한 정보가 부족하고 의사전달 체제에 장애가 있는 경우가 발생함

④ 불충분한 시간과 비용: 문제해결에 필요한 시간과 비용이 충분하지 않은 경우가 발생함

⑤ 외부의 비합리적 간섭: 기득권자들에 의한 저항, 정치적 압력, 이익단체의 압력 등 비합리적 요소들이 결정과정에 투입됨

⑥ 관료제 조직의 제약: 관료제의 경직성, 계서제에 의한 권위주의적 통제, 선례에 대해 지나친 존중, 조직 간의 대립 등이 합리성을 제약함

⑦ 변동과 불확실성: 조직 내외의 조건들의 변화가 불확실성을 높임

⑧ 문제의 복잡성: 문제의 복잡성이 높을수록 의사결정과정의 합리성이 제약됨

합리성의 분류

구분	경제학적 차원	심리학적 차원
의미	목표달성을 위한 최적 수단, 목표 · 수단 계층제	이성적 사고작용
맨하임	기능적 합리성(Functional Rationality)	실질적 합리성(Substantial Rationality)
시몬	내용적 합리성(Substantive Rationality)	절차적 합리성(Procedural Rationality)
베버	형식적 합리성(Formal Rationality)	실질적 합리성(Substantial Rationality)
디징	법적 · 기술적 · 경제적 합리성	정치적 · 사회적 합리성

3. 효과성(Effectiveness)

(1) 의의

① 효과성이란 행정목표의 달성도(Degree of Goal Attainment)를 의미한다.

② 대두배경: 1960년대 발전행정론이 대두되면서 행정의 발전 · 변화의 문제를 중요하게 생각하면서 목표를 달성을 중시하는 입장에서 등장하였다.

③ 효과성은 실적을 행정목표와 대비시켜 파악할 수 있으므로, 효과성의 측정 · 평가를 위해서는 행정기관의 목표가 명확하게 설정되어야 한다(예 도로포장을 위한 인적 · 물적 자원의 투입에서 포장면적은 산출, 차량의 원활한 통행은 효과).

(2) 효과성 측정모형

① 목표모형(MBO): 목표의 달성도를 기준으로 효과성 측정

② 체제모형(OD): 환경에 대한 적응, 생존 및 존속 등 결과보다는 과정, 산출보다는 자원의 충분한 투입 등을 중시

③ 내부과정모형: 조직 구성원들이 조직의 효과성에 만족감을 느끼는 경우, 조직내부변환 과정의 경제적 효율성이 높은 경우 조직의 효과성이 높다고 봄

④ 이해관계적 접근법: 조직의 다양한 활동을 통합적으로 보면서 조직의 여러 구성요소, 즉 이해관계자들에게 초점을 둠

⑤ 경쟁적 가치법(퀸과 로보그, Quinn & Rohrbauch)

　㉠ 이이: 이떤 조직이 효과적인가 하는 것은 가치 판단적인 것이라고 지적하고 상충되는 가치에 의한 통합적 분석틀을 제공

구분	조직	인간
통제	합리목표모형 • 목표: 생산성, 능률성 • 수단: 기획, 목표설정, 합리적 통제 • 성장단계: 공식화단계	내부과정모형 • 목표: 안정성, 통제와 감독 • 수단: 정보관리, 의사소통 • 성장단계: 공식화단계
유연성	개방체제모형 • 목표: 성장, 자원획득, 환경적응 • 수단: 유연성, 용이함 • 성장단계: 창업 · 정교화단계	인간관계모형 • 목표: 인적 자원발달, 능력발휘, 구성원 만족 • 수단: 응집력, 사기 • 성장단계: 집단공동체단계

ⓛ 조직성장단계에 따른 모형
- 창업단계: 혁신과 창의성 및 자원의 집결이 강조되므로 개방체제모형으로 조직효과성 평가
- 집단공동체단계: 비공식적 의사전달과 협동심 등이 강조되므로 인간관계모형 적용
- 공식화단계: 규칙과 절차 및 활동의 효율성 등을 중시하므로 내부과정모형 및 합리적 목표모형 적용
- 정교화단계: 조직이 외부환경에 적응하고 환경을 조정해가면서 조직 자체의 변화와 성장을 도모하는 구조의 정교화단계에서는 다시 개방체제모형으로 조직의 효과성을 평가

4. 생산성(효율성)

(1) **의의**: 생산성(Productivity)이란 공공부문에서 능률성과 효과성을 포괄하는 개념이다. 즉, 최소의 비용과 노력으로 최대의 산출을 얻으면서 산출물이 목표를 어느 정도 달성했는가를 나타내는 척도이다. 능률성과 효과성의 조화인 효율성과 같은 의미라 할 수 있다.

(2) **생산성 판단 시 고려사항**
① 객관적이고 공정한 생산성 측정(지표개발)
② 환경적 · 상황적 요소 통제

(3) **생산성 측정의 난점**: 명백한 산출단위의 부재, 명확한 생산함수의 부재, 정부활동의 다목적적 기능, 정부활동의 상호의존성, 적절한 자료 · 정보의 결여 등이 생산성 측정의 난점으로 제기된다.

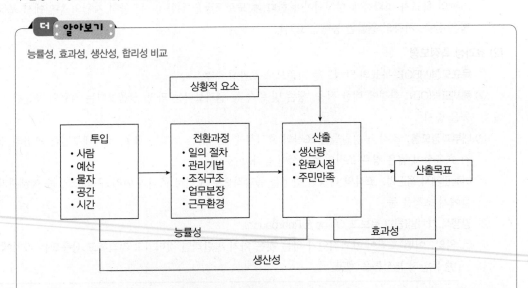

더 알아보기

능률성, 효과성, 생산성, 합리성 비교

- 효과성은 목표에 치중하여 그 달성도를 나타내는 개념인 반면, 능률성은 보다 수단적 · 기술적 측면에 중점을 두어 제한된 자원으로 산출의 극대화와 경제성을 추구하는 개념이다. 그리고 생산성은 능률과 효과의 개념을 포괄하는 것으로, 1980년대 신공공관리론의 등장과 함께 강조되었다.
- 합리성은 수단의 합목적성을 의미하며, 주로 의사결정단계에서 논의되는 개념이라면, 효과성은 목표의 달성도로 집행 이후 결과의 개념을 강조한다.
- 능률성, 합리성, 효과성, 생산성의 가치는 세부적 내용상 차이는 있지만 이념 간의 충돌보다는 상호 부합하는 측면이 강한 이념이다.

2 합법성, 민주성, 가외성, 신뢰성, 투명성

1. 합법성(Legality)

(1) 의의: 합법성이란 법률의 정신을 최대한 살리는 것으로 시민권의 신장과 자유권의 옹호가 중요했던 입법국가 시대에 등장한 행정이념이며, 법치행정의 원리를 말한다.

(2) 효용: 법적 안정성과 행정의 예측가능성 증대, 법 앞의 평등, 자의적 행정 방지, 행정의 객관성 · 공정성 확보, 행정의 통일성 · 일관성 확보 등 시민의 자유와 권리의 신장에 기여한다.

(3) 한계

① 현대행정의 복잡화 · 전문화로 인해 모든 행정을 규정하는 것은 곤란하므로, 적극적 행정을 위해 합목적적 행정행위도 요구된다. → 합목적성과의 조화가 필요

② 법률체계의 규범성 · 안정성만을 중시하므로 변화와 쇄신적 행정을 저해한다(행정의 경직성).

③ 합법성의 지나친 강조는 법규만능주의, 행정편의주의적 법해석, 형식주의, 동조과잉*을 초래한다.

2. 민주성(Democracy)

(1) 의의: 민주성은 다의적 개념으로, 정치형태(공화국, 국민주권)를 의미하기도 하고, 이념을 의미하기도 하며(인간의 존엄성, 자유, 평등), 생활의 원리(다원주의, 조정, 관용정신 등)로 인식되기도 하지만 행정에 있어 민주성은 행정과 국민관계(대외적 민주성)라는 측면과 행정조직 내부의 민주성(대내적 민주성)이라는 측면에서 논의된다.

(2) 대외적 민주성과 대내적 민주성

대외적 민주성 측면 (행정과정의 민주화, 행정 대 국민)	대내적 민주성 측면 (행정조직관리의 인간화)
공익과 인간의 자유 · 평등 · 존엄을 확보하기 위해 행정체제를 국민의, 국민을 위한, 국민에 의한 체제로 나아가게 하는 것	• 행정조직관리의 인간화 · 인격화 · 분권화 • 인간의 비합리적 · 감정적 · 사회심리적 요인 중시
• 책임행정, 행정윤리 · 공직윤리 확보 • 분권화, 주민참여(정책공동체, 국민투표, 선거) • 행정통제(외부통제 · 내부통제) • 관민협동체제 구축(공동생산) • 공개행정(행정PR, 정보공개, 공청회) • 대응성(반응성), 공익추구 · 대변 • 정치적 중립, 대표성(대표관료제) 행킹구제시노(행정쟁송, 행정절차, 행정상 손해전보)	• Y이론적 관리 – 자아실현욕구 존중 • 민주적 리더십 • 공무원의 능력 발전: 교육훈련, 승진, 근무성적평정, 직무확충 • 공무원의 사기: 자유로운 의사소통 및 갈등의 민주적 조정 (하의상달, 제안제도, 인사상담, 고충처리, 공무원단체) • 행정체제의 분권화, 권한위임, 직무충실화 • 성색결성 · 기획과정에서의 참여, MBO, OD

3. 가외성(加外性, Redundancy)

(1) 의의: 가외성은 초과분, 잉여분의 개념으로 당장 보기에는 무용하고 불필요한 낭비적인 것으로 보이나, 특정한 체제가 장래 불확실성에 노출되었을 때 발생할지도 모르는 적응의 실패를 방지함으로써 특정체제의 환경에 대한 신뢰성을 제고하는 것이다.

---

* 동조과잉(同調過剩)
목표보다 규칙 · 법규를 지나치게 중시하는 경향으로, 목표전환(목표보다 수단을 중시) 현상을 야기한다.

(2) **등장배경**: 가외성은 지금까지 능률성의 저해요인으로 파악되었으나 행정체제가 정보처리체계 또는 정책결정체계로 이행되면서, 단기적이고 미시적인 능률과 경제성의 추구보다는 장기적이고 거시적 관점에서 행정체제운영의 안정성과 신뢰성을 확보하려는 노력이 강화되었고, 그 중요성이 높아짐에 따라 린다우(M. Landau)가 행정학에 도입하였다.

(3) **특징**

① **중첩성(Overlapping)**: 어떤 문제발생이나 사업·과제 부여 시 여러 기관들이 상호의존성을 가지면서 이를 공동으로 관리하는 것을 말한다. 노이만(Neumann)은 조직체가 중첩성을 지니고 있어야 체제 내에서 발생하는 오류를 미리 진단할 수 있고, 또 이미 발생한 오류의 효과를 최소화시킬 수 있다고 주장한다. 재난이 발생한 경우 행정안전부와 국토교통부, 경찰, 소방서 등이 합류하여 처리하는 것을 예로 들 수 있다.

② **중복성(Duplication)**: 동일한 기능을 여러 기관이 독립적 상태에서 수행하는 것이다(예 정보기관의 경쟁).

> **개념더하기** 중복성과 융통성의 부여
>
> 구성원에게 꼭 맞게 짜여진 책임·권한을 부여하고 중복을 없게 하면 융통성을 가지고 조직목표를 수행하지 못하고 규칙준수 그 자체를 중시하는 동조과잉현상이 초래될 수 있다. 따라서 이러한 목표전환 현상을 회피하고 실질목표 달성에 기여하기 위해 중복성과 융통성을 부여할 필요가 있다.

③ **동등잠재력(등전위현상, Equipotentiality)**: 어떤 기관 내에서 주된 조직단위의 기능이 작동하지 않을 때에 동일한 잠재력을 지닌 다른 지엽적이고 보조적인 단위기관에 그 기능이 옮겨져서 수행되는 것으로, 이를 통해 기관은 고도의 적응력을 발휘한다. 병원·실험실의 자가발전시설을 그 예로 들 수 있다.

(4) **가외성의 기능(효용)**: 조직의 신뢰성 증진, 위험상태에 대한 적응성*, 상호작용으로 인한 창조성, 정보의 정확성 확보, 목표전환현상의 완화의 기능을 가지고 있다.

(5) **가외성의 한계**: 가외장치는 기능의 중복으로 갈등 가능성이 높고, 능률성과 충돌 가능성이 높다. 단, 단기적 능률과 가외성은 충돌하지만, 장기적 능률과 가외성은 조화가 가능하다.

(6) **가외성의 사례**: 권력분립(입법부·행정부·사법부), 연방주의(주정부와 연방정부), 대통령의 법률안 거부권제도, 지방자치단체장의 지방의회의결에 대한 재의 요구권, 재판의 3심제, 양원제(상원과 하원) 계선과 참모(막료), 합의제(위원회), 품의제(순차적 결재), 예비비, 복수의 대안·목표, 분권화, 직무대리가 있다.

> **개념더하기** 가외성과 감축관리의 조화
>
> 감축관리(Cutback Management)는 중복되거나 불필요한 인력 사업 조직을 정비하는 것이므로 가외성과는 표면적으로 서로 상반되는 관계에 있다. 그러나 둘 다 조직의 효과성을 증진시키기 위한 장치라는 점에서 궁극적으로는 대립되지 않고 조화를 이루는 것이다. 지나친 감축관리는 비능률을 초래할 가능성이 있으며, 특히 중요한 정보를 다루는 분야에서는 행정의 신뢰성과 안정성을 확보해야 하므로 어느 정도의 가외성을 허용해야 할 것이다.

---

* 적응성

적응성은 신뢰성과 직결되는 것으로, 하나의 부품이 고장날 때 다른 부품이 그 역할을 인수함으로써 위험사태에 대한 적응성은 커진다.

4. 신뢰성

(1) 행정신뢰의 개념

① 행정의 신뢰성이란 정부의 정책이나 각종 행태가 국민에게 믿을 만한 것으로 비쳐져 행정의 예측가능성을 높이고 정부와 국민 간의 일체감을 이루는 것을 의미한다.

② 특히 자연 · 물적 · 인적 자본이 전통적 개념의 자본이라면, 신뢰와 같은 사회적 자본(Social Capital)은 제4의 자본으로서 그 중요성이 새롭게 해석되고 있다.

> **개념더하기**   신뢰의 개념
>
> 신뢰에 대한 가장 대표적인 개념으로 메이어(Mayer), 데이비스와 슈만(Davis & Schoorman, 1995)은 신뢰를 '한 당사자가 다른 당사자를 감시하거나 통제할 수 있는 능력에 상관없이, 다른 당사자가 자신에게 중요한 어떤 행위를 적극적으로 수용하려는 태도'라고 정의하였다. 즉, 신뢰는 기본적으로 상대방이 나에게 해가 되는 행위를 할 가능성이 있음에도 불구하고 상대방이 그러한 행위를 하지 않을 것이라는 주관적 기대를 가지고 위험을 자발적으로 감수하는 태도라는 것이다.

(2) 신뢰의 중요성

① **윤리적 정부 구축**: 최근 OECD 국가들은 3E(Economy, Efficiency, Effectiveness) 뿐만 아니라, 추가적으로 'Ethics'를 강조하고 있으며, 투명하고 윤리적인 국가를 '좋은 거버넌스'의 전제 조건으로 인식하고 있는 바, 신뢰의 확보가 무엇보다 중요하다.

② **네트워크 사회의 진전에 따른 상호협력의 필요성**: 네트워크에서는 경쟁보다 상호협력과 협조가 중시되고, 시스템에 입각한 사고 및 타협과 합의의 구축이 강조되는 바(네트워크 윤리) 이를 위해서도 신뢰의 구축은 매우 중요하다고 할 수 있을 것이다.

③ **지식기반사회 신경제의 촉진**: 지식정보화는 신뢰와 투명성의 기반 위에서 세울 수 있는 사회이다. 또한 지식기반 경제의 확산과 발전도 신뢰의 투명성의 기반 위에서 가능하다.

(3) 행정신뢰의 기능

① **신뢰자본의 축적과 민주적 성취**: 사회적 자본이 축적될 경우 참여를 전제로 한 담론적 민주주의를 실현할 수 있다.

② **거래비용의 감소와 정책실효성 확보**: 신뢰가 축적될 경우 사람들 사이에서 예측된 기대와 의무를 형성하기 때문에 탐색비용, 계약비용, 감시 · 감독비용과 관련된 거래비용을 줄이고 상호이익을 위하여 협력할 수 있는 기회를 제공한다.

③ **집단행동의 딜레마 및 기회주의 극복과 제도학습의 기회제공**: 신뢰라는 자본은 활성화된 시민사회와 관련하여 올슨이 제시한 집단행동의 딜레마, 공유재산권과 관련하여 하딘이 제시한 공유지의 비극(Common's Tragedy), 그리고 거래비용이론과 관련하여 윌리엄슨이 제시한 기회주의 등과 같은 부정적 행태를 원천적으로 예방할 수 있다.

④ **예측가능성과 경제활동 제고**: 신뢰행정은 행정의 예측가능성을 높여주므로 국민들이 이를 믿고 각종 사업계획이나 행정지침을 결정할 수 있게 한다.

⑤ **조직적인 기술혁신과 상호 간의 의무와 협력의 강화**: 신뢰도가 높은 사회에서는 보다 폭 넓은 사회적 관계를 창출할 수 있기 때문에 조직적인 기술혁신이 용이해진다.

⑥ **정책대안 검토 부족**: 정책에 대해 지나친 신뢰를 가지고 있으면 정책대안에 대한 비판적 검토를 하기 어려워진다.

⑦ **정보격차 증가**: 신뢰가 증가할수록 기회주의 행동을 학습할 가능성이 커져 정보격차의 역기능이 더 커질 수 있다.

5. 투명성

(1) 의미: 정부와 국민과의 관계에 있어서 투명성이란 제도와 시스템, 그리고 정부활동에 대한 가시성과 예측가능성의 정도를 의미한다. 이러한 투명성은 행정의 공개수준과 정도에 따라 파악할 수 있는데, 공개는 행정과 시민 간의 관계에서 행정기관이 보유 및 관리하는 정보를 외부인에게 개시하는 일체의 행위를 의미한다.

(2) 투명성의 유형

과정투명성	의사결정과정의 투명성	의사결정과정에의 민간인 참여, 민원처리과정의 온라인상 공개
결과투명성	집행과정의 투명성	서울시의 청렴계약제, 시민옴부즈맨
조직투명성	조직자체의 개방성과 공개	인터넷 홈페이지를 통한 각종 규정, 정책, 고시, 입찰 등을 공시

(3) 투명한 행정이 국가 경쟁력을 높일 수 있는 이유

① 능률성 측면: 거래비용 감소와 경제성장

② 민주성 측면: 사회적 자본의 형성과 민주적 제도의 성취

③ 지식정보화사회의 도래와 지식혁신

(4) 투명성 제고방안

① 시민사회, NGO에 의한 감시와 통제

② 입법과정에서의 공청회, 국정감사

③ 채용시험자료의 공개, 투명성에 대한 교육강화, 그리고 객관적인 근무평정과 승진

④ 행정정보공개제도의 내실화

3 기타 행정이념 및 이념 간의 상호관계

1. 대응성(Reponsiveness; 반응성, 감응성)

(1) 국민의 요구·선호에 부응하여 행정활동을 하는 것(대외적 민주성, 고객위주행정)

(2) 신행정론(탈관료제), 공공선택론(민주행정 패러다임), 신공공관리론에서 중시

2. 중립성(Neutrality)

행정의 비정치성, 즉 정치로부터의 중립성을 의미하는 것으로 공무원의 신분보장, 전문화, 실적주의 등을 통하여 중립성을 보장할 수 있다.

3. 행정이념 간의 상호관계

(1) 조화관계

① 민주성 – 사회적 능률성: 사회적 능률성은 민주적 행정의 효과를 높임

② 능률성 – 효과성: 목표의 경제적 달성, 발전 강조

③ 합법성 – 민주성: 국민의 자유와 권익을 보호

④ 능률성 – 중립성: 행정의 기술성·도구성을 강조

⑤ 신뢰성 – 가외성: 행정의 안정성 추구

(2) 대립관계

가치지향적 개념	←	민주성	↔	기계적 능률성	→	수단 개념
가치성 · 대응성 · 합의성 · 정치성	←	민주성	↔	중립성	→	기술성 · 도구성 · 공정성 · 자율성
중첩 · 반복은 비능률	←	능률성	↔	가외성	→	중첩 · 여유분을 통한 안정성
산출과 성장의 극대화	←	능률성	↔	형평성	→	자원의 공평배분, 복지
결과+과정 · 절차 중시	←	합법성 · 민주성	↔	효과성	→	결과 중시
안정성	←	합법성	↔	대응성	→	신축성, 재량성

(3) 행정의 양대 이념(민주와 능률)

구분	능률성	민주성
이론	기계적 능률관, 과학적 관리론(경제인 · 합리인)	인간관계론(사회인), 신행정론
공익	실체설 · 규범설 · 적극설 · 전체주의	과정설 · 소극설, 다원주의
정책	합리모형, 엘리트론, 동원형, 내부접근형, 관리과학, 체제분석	점증모형, 다원론, 외부주도형
조직	• 독임제 조직 • 권위형 리더십(직무 · 과업 · 업무중심) • 집권, 중앙집권 • 고전이론 – 공식조직 • 조직목표 • Weber의 관료제, 계층제, 수직적 분화	• 합의제(위원회) 조직 • 민주형 리더십(인간 · 부하 · 관계중심) • 분권, 지방분권 • 신고전이론 – 비공식조직 • 개인목표 • 탈관료제, 수직적 분화의 완화
인사	• 실적주의 • X이론적 인간관리 • 관리주의파 중앙인사행정기관(비독립성) • 전문지식인의 채용	• 엽관주의 • Y이론적 인간관리 • 보호주의파 중앙인사행정기관(독립성) • 공직취임기회의 균등
재무	합리주의예산, 계획예산제도(PPBS), 현대적 예산의 원칙 및 전통적 예산의 원칙의 예외	점증주의예산, 전통적 예산의 원칙

04 행정학의 이해

01 행정학의 학문적 성격 및 접근 방법

행정학은 행정현상을 연구하는 학문이다. 즉, 행정의 개념을 어떻게 보느냐에 따라 행정학의 연구영역 또는 연구대상은 좁아지거나, 광범위해질 수 있으며, 어떤 입장 또는 관점에서 연구하는가에 따라서 매우 다양한 견해가 생겨날 수 있다.

1 행정학의 학문적 성격

1. 행정학의 성격

(1) **사회과학의 분과학문**: 연구대상인 행정현상의 복합적인 성격과 다면성으로 사회현상의 성격을 지닌다.

(2) **응용과학**: 순수과학이 아닌 이론·지식을 응용하여 행정현상을 연구하고 실제행정의 문제해결에 응용하는 실용적·임상적 학문이다.

(3) **전문직업적 성격(Professional)**: 전문직업인으로서의 행정가를 양성하는 것이 주요한 학문적 목표의 일부분을 차지한다(왈도는 행정학의 전문직업성 강조).

(4) **종합학문성(Interdisciplinary)·학제성(學制性)·연합과학성·협동과학성**: 행정현상의 복합적·다면적 성격으로 인해 인접학문과 교류하고, 타 학문의 이론과 지식을 수용하여 행정현상연구에 이용, 정치학, 경영학, 법학 등 여러 사회과학과 연결된 종합과학이다(행정학의 정체성 위기초래).

(5) **대립적 학문**: 행정학은 과학성과 기술성, 보편성과 특수성, 가치판단과 가치중립(사실판단) 등 갈등 대립하는 성격이 공존하는 학문이다.

2. 행정학의 학문적 성격에 대한 쟁점

(1) 과학성 VS 기술성

과학성(Science)	기술성(Art)
• 목적: 이론(Theory) 　과학성은 검증에 의해 증명된 원칙의 체계화된 지식을 중시한다. 과학성은 원인과 결과의 관계, 즉 인과관계를 밝혀 이론을 정립하는 것과 관련이 있다. 　과학이란 관찰가능한 현상을 기술하고 설명하며, 예측하는데 사용되는 객관적이고, 논리적이며, 체계적인 분석방법이다. 행정학에서 과학성은 이유를 중심으로 설명성, 인과성, 객관성 및 유형성을 강조한다. • 연구방법: 논리실증주의 　자연과학에서 강조하는 논리실증주의는 '이론 → 가설 → 사실조사 → 검증 → 이론'의 과정을 통해 이론을 정립하여야 한다고 주장한다. 논리실증주의를 통해 도출된 과학적 지식은 재생가능성, 객관성, 경험성을 특징으로 한다. • 해당이론: 정치행정이원론(행정관리설)이나 행태론에서 강조, 특히 행정행태설에서 강조하였다. 과학성을 강조한 학자로 사이먼(H. A. Simon), 랜다우(M. Landau)가 있다.	• 목적: 실제(Practice) 　왈도(Waldo)는 기술성(技術性)을 Art 또는 Profession으로 표시하고, 사이먼(Simon)은 Practice로 표현하였다. 사회현상은 자연현상과는 달리 그 반복성이 매우 낮으며, 사회과학에서 확립된 이론은 개연적인 확률로 표현될 뿐이다. 과도하게 단순화된 이론을 가지고 수많은 변수가 작용하는 실제현상을 정확히 설명하기 어렵다는 것이다. • 연구방법: 기법탐구 　행정학에서 기술성은 이와 같은 실제 적용과정에 초점을 두고 현실문제 해결이나 목표달성을 위한 기법을 중시한다. 즉 기술성은 실용성, 실천성, 처방성을 중시한다. • 해당이론: 행정학의 과학성을 의식적으로 배격하면서, 처방과 실천위주의 기술성을 강조한 학자로 마르크스(F. Marx), 세이어(W. S. Sayre), 왈도(D. Waldo)를 들 수 있다. 발전행정론이나 신행정론은 상대적으로 기술성을 강조하였다.
상호보완	• 과학성 없는 기술성 → 현실에 대한 정확한 진단이나 객관적 설명이 없이 내리는 처방은 허구성 · 피상성 · 위험성이 따르기 때문에 실천 · 처방을 강조할수록 과학성이 선행되어야 한다. • 기술성 없는 과학성 → 과학성 · 이론성의 지나친 강조는 현실적인 문제해결능력의 저하를 초래한다.

(2) 보편성 VS 특수성

보편성	특수성
• 일반적으로 통용되는 일반적 경향성 • 정책문제 해결을 위해 외국제도를 도입하는 것은 행정의 보편성 때문	• 역사 문화적 상황의 맥락성 • 외국제도의 도입시 상황의 유사성 여부를 고려해야 하는 것은 행정의 특수성 때문

(3) 가치중립 VS 가치지향

가치중립(사실지향)	가치지향
연구자의 주관적 가치판단을 배제하고 객관적 사실만을 추구하여 행정현상을 이해하고 파악하려는 연구이다. 여기에는 정치행정이원론, 행태론, 생태론 등이 있다.	가치란 주관적인 평가의식, 선과 악 또는 옳고 그름에 대한 판단으로서 이러한 규범적 · 당위적 · 재량적 차원의 연구를 가치중심적 연구라 한다. 여기에는 통치기능설, 발전행정론, 신행정론 등의 정치행정일원론이나 현상학, 비판행정학 등 대안적 접근이 이에 해당한다.

(4) 경험지향, 규범지향, 실천지향

① **경험적 지향(Empirical Orientation)**: 이것은 '있는 그대로의 질서'에 관하여 설명하고 예측하려는 것이다. 정부의 정책이나 사업의 안건을 세우고 집행함에 있어서 여러 가지 사회관계가 행정현상을 설명하고, 예측할 수 있는 정책집행을 위한 수단을 강구하기에 용이하다.

② **규범적 지향(Normative Orientation)**: 규범적 지향의 연구에서는 '있어야 되는 질서'가 무엇인지, 즉 바람직한 질서를 찾는 것이다. 다시 말하면 정의, 선, 정당성, 섭리, 도리, 순리, 합리 등의 기준에 부합된다고 생각하는 질서를 찾고 연구자의 견해를 주장하는 것이다. 행정부 또는 행정조직과 사업의 목적을 설정할 때에는 이러한 주장을 통하여 옹호될 수 있는 것이어야 한다.

③ **처방적 지향(Prescriptive Orientation):** 이것은 '있을 수 있는 질서'에 관하여 제안하는 것이다. 행정사업을 수행함에 있어서 규범적 주장에 의하여 옹호되는 목적을 설정하고, 그 목적을 달성하기 위하여 경험적 연구로부터 받아들인 설명과 예측을 수단으로 연결하면 실현가능성이 높은 행동방안이 강구되는 것이다.

2 행정학의 접근 방법

행정현상을 연구하는 데 있어서 여러 가지의 견해나 시각이 있을 수 있다. 행정학을 연구하는 견해나 관점을 의미하며 접근법이란 연구활동을 안내해 주는 일반적인 전략이나 정향이라고 할 수 있다.

1. 방법론적 개체주의와 방법론적 전체주의

방법론적 개체주의	방법론적 전체주의(신비주의)
• 의미: 전체를 부분으로 분해서 이해 환원주의(Reductionism)의 관점에서 개별 개체를 분석의 기초로 사회현상을 이해(개체합 = 전체, 사회명목론) • 한계: 부분의 합이 전체와 일치하지 않는 환원주의 오류, 구성(합성)의 오류 발생 • 관련이론: 행태론, 공공선택론, 전략적 선택이론, 현상학	• 의미: 전체는 개체의 단순한 합이 아닌 전체로서의 고유의 특성을 지닌다는 관점, 사회현상의 이해를 위해 전체를 분석 대상으로 삼는다(개체의 합 ≠ 전체, 사회실재론). • 한계: 집단의 특성이 개체의 특성으로 연결되지 않는 생태론적 오류 또는 분할의 오류 발생 • 관련이론: 체제론, 조직군 생태론

2. 미시적 접근과 거시적 접근

미시적 접근	미시와 거시의 연계	거시적 접근
• 개인의 단위나 개별 행위자와 관련된 요인 분석 • 행태론, 현상학	• 중간규모인 개별조직이나 특정한 문제 영역에 초점 • 신제도론, 행정문화론	• 사회 구조나 제도를 분석 • 구조주의, 기능주의

3. 귀납적 접근과 연역적 접근

(1) 귀납적 접근법: 개개의 사실을 종합하여 일반적인 법칙을 도출하는 접근법(A, B, C는 모두 죽었다 → A, B, C는 모두 사람이다 → 사람은 모두 죽는다)이다. 귀납법은 사례의 전부를 열거할 수 없으므로 경우에 따라 결론의 비약이 나타나기도 한다(예 행태론, 경험적 접근 등 경험과학).

(2) 연역적 접근법: 일반적 원리를 전체로 하여 특수한 다른 사실을 도출하는 접근법(사람은 죽는다 → A는 사람이다 → 그러므로 A는 죽는다)이다. 일반법칙을 전제로 해서 개별적인 명제를 성립시키는 논증을 연역이라 할 때가 많지만 협의로는 1개 또는 2개의 명제를 전제로 한 다음 다른 명제를 성립시키는 논리적 방법을 말한다(예 공공선택론, 계량적 모형 등, 계량행정학).

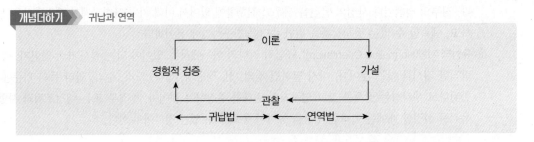
개념더하기 귀납과 연역

4. 결정론과 임의론

결정론	임의론(자발론)
모든 현상은 반드시 선행원인이 있다고 보고 그 인과관계를 규명(예 행태론, 생태론)	선행원인 없이도 특정현상이 발생할 수 있다고 보는 입장(예 발전행정론, 현상학)

5. 규범적 접근, 경험적 접근

(1) 규범적 접근이론

바람직하다고 생각하는 기준에 따라 행정현상을 접근하는 실천적 · 처방적 이론으로, 목표나 가치와 관련된다(예 신행정론, 현상학 등).

(2) 경험적 접근

현상을 있는 그대로 기술하고 설명하는 과학적 접근법으로, 사실과 관련된다(예 행태론).

6. 역사적 접근

역사적 접근은 과거와 현재가 서로 연관되어 있음을 강조한다. 과거를 보다 잘 이해하게 되면 현재의 문제를 보다 효과적으로 해결할 수 있다는 전제 아래 제도의 기원과 전개과정을 중시하는 발생론적 설명 방식을 사용한다. 즉, 현재의 일은 과거가 그 원인이기 때문에 역사적인 관점에서 연구는 원인과 해결책을 제시해줄 수 있을 것이라는 가정을 한다.

7. 법률적 · 제도적 접근

(1) 행정현상은 법률적 관점에서 설명하는 경향을 말한다. 즉 행정과 정책은 공시적 제도와 법률의 산물이라는 관점에서 행정현상을 이해하기 위해 헌법, 정부조직법 등을 분석한다.

(2) 법률적 · 제도론적 접근은 분석 대상을 공식적 제도나 법률에 기반을 두고 있기 때문에 제도 이면의 동태적 측면을 파악하기 어렵다.

8. 관리적 · 정치적 · 법적 접근법(로젠블룸, Rosenbloom)

구분	관리적 접근	정치적 접근	법적 접근
학자	Wilson, White, Taylor	Sayre, Appleby	Goodnow
행정의 본질	행정 = 관리(경영)	행정 = 정치 현상	절차적 적법성 강조
조직 · 가치	관료제, 능률성	대표성, 책임성	적법절차, 합법성
개인 사관	일반화된 사례	집단의 일원	구체적 사례
인식체계	과학적 방법	여론, 이익집단	재결(裁決) 선호
예산제도	합리주의예산	정치적(점증주의) 예산	권리기초예산

1. 존재론(Ontology)

   (1) 실재론(Realism): 정신의 존재를 부정하며, 사회현상은 불변하는 구조로 되어 있다고 가정

   (2) 명목론(관념론, Nominalism): 존재의 실체는 정신 또는 마음에서 형성된 개념(이름)이므로 어떤 개념이 설명하는 현상에 실제적인 구조는 존재하지 않는다고 보는 사상

2. 인식론(Epistemology)

   (1) 합리주의: 외부세계와 독자적 관찰자의 존재를 안다는 것은 불가능하다고 본다. 지식은 연역적 방법으로 추론·입증·지적 성찰 등을 통해 얻어지며, 지식을 얻기 위해 내관적(성찰적) 방법을 강조한다.

   (2) 경험주의: 지식은 직접 경험한 바에서 나오는 것으로, 단순히 직관적 이성으로부터 결과하는 것이 아니라고 본다. 철학적으로 절대주의에 기초하여 자연과학과 사회과학의 통합을 주장하고 귀납적 방법과 객관적 관찰에 의한 양적 연구방법을 추구한다.

   (3) 낭만주의: 외적 지각의 대상은 아이디어로 구성되어 있으며, 마음이 종국적인 실제이고 물질은 결국 마음에 달려 있다고 본다. 연구방법론으로서 해석적 방법을 추구한다.

   (4) 실증주의: 어떤 현상에 대한 지식이 과학적 방법에 의해 경험적으로 검증되어야 진실로서 인정될 수 있다는 입장이다. 지식은 획득될 수 있는 객관적인 실체라고 본다.

3. 방법론(Methodology)

   (1) 양적 연구방법과 질적 연구방법: 양적 연구방법은 객관주의와 결정론에 기초하고 있는 반면 질적 연구방법은 주관주의와 자유의지론에 기초하고 있다.

구분	양적 연구	질적 연구
대표적 언어	실험, 통계, 경험, 실증	현지작업, 민속학적 주관, 자연적 경험 근거
표본	대표본, 무작위, 대표성	소표본, 임의적, 이론적
자료 분석	연역법(통계이용)	귀납법(연구자의 분석)
연구 결과	정확, 좁은 범위, 환원성	포괄적, 총체적, 확장성
연구자/대상자 관계	없거나, 멀거나, 간접적, 외부자적 입장	매우 긴밀하고 직접적, 내부자적 입장
발견의 성격 규정	보편 타당적	개체적

   어떤 질문이나 주제는 양적 연구를 할 수도 있고 질적 연구도 할 수 있다.

   예 왕따의 원인(학생들에게 설문지를 배포·조사하고 그 결과를 통계 처리하는 것은 양적 연구, 학생 존재의 본질을 탐구하기 위해 참여 관찰하여 왕따 행위의 이유를 이해한다면 질적 연구에 해당한다.)

   (2) 객관주의와 주관주의: 객관주의(Objectivism)는 과학지향적인 법칙정립적 연구방법이며, 사회세계는 개인과 관련 없이 객관적으로 존재하는 실체라는 입장을 취한다. 이에 반해 주관주의(Subjectivism)는 반과학적인 사례기술적 연구방법이며 사회세계를 창조해내는 개인들의 주관적 관점과 경험을 강조한다.

4. 사회현상의 본질에 관한 여러 가정들

주관주의(주의주의, 主意主義)	객관주의(주지주의, 主知主義)
유명론 반실증주의 자유의지론 사례기술적 방법	실재론 실증주의 결정론 법칙정립적 방법
주관성	객관성

3 행정의 변수

행정활동에 영향을 주는 요인. 행정현상을 구성하는 요소나 변인(變因)으로 행정학의 주요 연구대상

변수	특징
구조 (Structure)	• 조직의 공식적 제도(법제 · 목표 · 직무배분 · 권한 · 책임 · 직책 · 절차 · 역할 · 의사전달체계) • 관료제론, 고전적 조직론, 귤릭(Gulick)의 POSDCoRB에서 강조
인간 · 행태 (People)	• 행동, 동기, 성격, 의사결정유형, 개인관계, 귀속감, 신뢰감, 충성심 • 신고전적 행정(조직)이론, 인간관계론, 행태주의, 행태과학, 동기부여이론, 신행정론, 현상학, 비판이론
환경 (Environment)	• 행정에 영향을 미치는 조직외적 요인(정치 · 경제 · 사회 · 문화 · 이데올로기 · 과학기술 등) • 생태론, 비교행정론, 체제이론, 발전행정론, 신행정론, 정책론, 현대조직론
기능 (Function)	• 외형적 법칙이나 제도가 수행하는 실제 기능 • 구조기능주의, 비교행정론, 체제이론

행정활동과 관련된 여러 변수
• 행정의 3대 변수: 인간, 구조, 환경(4대 변수로 가치관 · 태도 또는 기능을 추가)
• 정책의 3대 변수(구성요소): 정책목표, 정책수단, 정책대상집단(수혜자집단 · 비용부담집단)
• 조직구조의 기본변수: 복잡성(수직적 분화, 수평적 분화, 장소적 분산), 공식성, 집권성
• 인사행정의 3대 변수: 채용(임용), 능력발전, 사기

---

02 각국의 행정학 발달사

1 유럽의 행정학의 발달과정

행정학이 지닌 연구대상으로서의 역사성에도 불구하고, 유럽에서 17세기 이전까지 행정학은 독립된 학문 분야로 자리매김할 수 없었다. 행정학에 대한 체계적인 연구가 하나의 독립된 분과학문으로 정립되기 시작한 때는, 국민국가(Nation State)와 근대적 관료제가 형성되기 시작한 시점부터라고 할 수 있다.

1. 독일의 행정학

(1) 관방학(Cameralism)

① 의의 및 성립

ㄱ 관방학은 16세기 중엽부터 18세기 말엽까지 독일과 오스트리아 등지에서 중상수의와 중앙집권 적 통일국가를 시향하는 국가의 목표를 달성하기 위해 관료를 교육 · 훈련시키는 행정기술학의 일환으로 출발했다.

ㄴ 관방학은 정치적으로는 경찰국가체제 하의 절대주의적 지배과정 속에서 이루어진 것이고, 사회 적으로는 영국의 중상주의나 프랑스의 중농주의에 대응하기 위해 독일이 변형한 것이다. 이 기간 은 이른바 '행복촉진주의적 복지국가관' 하에 절대군주의 지배가 강하던 시대로 이 관방학은 절대 군주의 지배를 위한 통치술을 연구했다.

ㄷ 관방학의 내용은 절대군주제를 유지하는 데 필요한 정치적 · 경제적 · 사회적 활동에 관한 모든 영역을 다루고 있었다. 즉, 농업 · 임업 · 재정학 · 경제학 · 경찰학 등에 관한 영역들을 포괄하고 있다. 관방학에서 다루어진 교육 내용은 주로 정부의 공식적 기구와 기능을 서술하는 것이었고, 특히 정부관료의 업무와 행동윤리 등에 중점을 두었다.

② 관방학의 분화(경찰학의 등장): 17세기에 형성된 초기 관방학이 다양한 영역을 포괄하고 있기는 했지만, 관방학은 그 가운데서도 특히 재정학적 성격을 강하게 띠고 있었다. 그러다가 18세기에 들어오면서 계몽전제주의를 배경으로 한 경찰국가 체제의 정비와 함께, 초기 재정학 중심의 관방학이 분화의 과정을 거치기 시작하는데 이로부터 경찰학이 하나의 독립된 학문으로 분화하기 시작했다.

구분	전기 관방학(16~17세기)	1727년	후기관방학(18~19세기 초)
학자	오제(Osse), 젝켄도르프(Seckendorf)		유스티(Justi), 존넬펠스(Sonnelfels)
공공복지의 사상적 기초	신학		계몽사상
왕실재정과 국가재정의 한계	미분화상태[사(私)가계적 · 사경제적 이론을 포함한 재정학. 경제정책과 혼재됨]	프랑크푸르트 대학과 할레 대학에 관방학 강좌 설치	분화상태
내용	왕실의 경제적 수입을 유지 · 증식하는 데 주목적		경제정책과 재정학과 구별된 독자적인 경찰학의 체계 수립

③ 관방학의 쇠퇴: 프랑스 대혁명을 기점으로 19세기에 접어들면서 독일의 관방학은 쇠퇴기를 맞이하게 된다. 경찰학이 행정법학으로 대체되면서, 관방학은 심각한 쇠퇴를 겪게 되었고, 행정법학의 역할은 무엇보다도 국가 활동의 한계를 규정하고, 시민의 재산권과 자유 보호를 위한 국가의 간섭 배제에 역점을 두었다. 이로써 19세기 후반기의 행정학은 행정법에 의해 주도되는 행정학의 쇠퇴기라고 볼 수 있다.

개념더하기 유스티(Justi)

유스티는 그의 저서 『경찰학원리』에서 경찰학은 모든 국가 재산의 유지 및 증식을 연구하는 것이라고 하였다. 경찰학에서 유스티는 국가 목적을 두 가지로 보았는데 첫째 국가 재산의 증대와 유지, 둘째 국가 재산의 유효한 사용으로 보고, 국가 재산의 증대와 유지는 경찰학과 정치학이 담당, 국가 재산의 유효한 사용은 재정학이 담당할 것을 주장했으며, 다시 정치학과 경찰학을 분리하여 정치학은 국가 재산 유지의 전제가 되는 대내외적인 안전의 문제를 다루고, 경찰학은 행정 제도에 의거해서 국가 전체의 재산을 유지 · 증진시키고 이를 통해 복지를 실현시키는 것을 연구하는 학문으로 구분했다. 이에 따라 독일의 경찰학은 국가의 목적 또는 이념을 실현하기 위한 합목적적 국가 활동인 행정으로 인식하게 된 것이다. 그 결과 독일의 경찰학은 일종의 행정학으로 인식되었으며, 이후 국가 행정의 형성과 행정학의 완성에 중추적인 역할을 담당하게 되었다.

(2) 슈타인(Stein)의 행정학

① 의의: 슈타인은 국가와 구별되는 시민사회를 이분법적으로 구분하고, 이를 국가와 사회로 나누었다. 그리고 이에 기초해 국가 원리를 국가 의사 형성으로서의 헌정(Verfassung)과 국가 활동으로서의 행정(Verwaltung)으로 구분했다.

② 내용
  ㉠ 헌정: 국가라는 유기체를 구성하는 개인이 국가의 의사 결정에 참여하는 국가적 권리
  ㉡ 행정: 국가의 여러 기관에 의해서 수행되는 국가 활동을 의미하는 것
  ㉢ 슈타인의 행정학의 기본 틀은 이처럼 국가와 사회의 분리, 그리고 국가의 역할을 완수하기 위한 조직 내지 기능으로서의 헌정과 행정의 분리에 기초해 형성되었다.
  ㉣ 슈타인은 헌정과 행정은 불가분의 상호의존 관계에 있지만 각각 독자의 영역을 보유하고 있는 것으로 인식했다. 따라서 슈타인은 헌정과 행정의 관계를 행정법학과 같이 헌정이 행정에 대해 절대적 우월 관계에 있는 것으로 이해하지 않고, 양자 간에 서로가 우위를 점하는 이중의 관계로 설정했다.

ⓜ 행정학의 영역으로 외교, 군사, 사법, 내무, 경제 5대 영역을 제시했다.

③ 평가: 슈타인이 최초로 시민사회적인 행정과학을 창시했음에도 불구하고 행정학은 그의 시대에서 끝나고, 독일은 행정학의 정통적 위치를 미국에게 양보하는 입장으로 전락하고 말았다. 슈타인의 행정학이 독자적인 행정학으로 발전해 나가지 못하고 결국 마이어(O. Mayer)에 의한 법률학적 행정법학으로 자리를 굳혀가게 되었다.

2. 영국 행정학의 발달

(1) 행정학 성립 이전

① 정실주의 성행: 체계화된 공무원 제도가 정착되지 못하였다.

② 실적주의 확립을 통한 관료제도의 개혁 착수: 1870년 당시 수상이었던 글래드스턴(William E. Gladstone)이 근대적인 영국 공무원 제도를 확립시킨 '추밀원령(Order in Council)'을 제정함으로써, 공개경쟁시험에 의한 공무원 채용 제도와 계급 제도가 정착되기 시작하였다.

③ 영국의 경우 행정학의 범위에 공직 수행과 관련된 다양한 분야가 포함되어 있으며, 교양 위주의 행정학교육이 주류를 이루었다.

(2) 행정이론의 구축 시기(18세기): 스미스(A. Smith)나 벤담(J. Bentham), 그리고 밀(John S. Mill) 등과 같은 학자들의 연구는 오늘날의 의미에서 보자면 조직관리와 인사 영역에 주된 관심과 영향을 끼쳤으며, 영국 행정학의 초석을 제공하였다.

(3) 현대 행정학의 등장 시기(1900년대 초에서 1960년대 말)

① 영국 행정학은 확대일로에 있는 국가기구의 역사, 구조, 기능, 권력 관계 등을 분석하고, 나아가서 이들 국가기구의 작동 원리와 효과성을 연구하는 데 주된 관심을 기울였다.

② 왕립행정학회의 창설(1921): 실무에 종사하는 공무원들로 구성된 이 학회는 공무원 교육을 담당하기도 했으며, 1922년부터는 『행정(Public Administration)』이라는 학회지를 발간하기 시작했다. 이 학회의 활동과 학회지 발간 등을 통해 영국의 현대 행정학이 발전하는 계기가 마련되기 시작했다.

③ 영국 행정학은 미국과 달리 정치와 행정의 구분을 받아들이지 않았으며 윤리적 이상을 강조하였다.

(4) 미국 행정학의 도입: 영국은 독일이나 프랑스에 비해 미국 행정학의 영향을 많이 받았고 미국에서 정치행정이원론적 사고나 과학적 관리, 행정관리론 등의 분야를 주로 도입하기 시작했다.

(5) 행정이론의 확장 시기(1980년대): 행정이론의 확장 시기로 볼 수 있는 1980년대 이후 영국 행정이론이 발달 과정 특색은 지속적인 외국 이론의 수입과 함께 이를 뛰어넘는 자생적인 행정이론의 창출이라고 볼 수 있다.

① 지속적인 외국 이론의 수입이라는 측면에서 도입된 이론은 신마르크시스트 국가이론과 합리적 선택 이론이었다.

② 자생적 행정이론: 정책 네트워크 이론, 이중국가 이론과 후기 포드주의(Post Fordism) 등의 연구가 전개되었다. 뿐만 아니라 던리비(Dunleavy, 1991)는 관료제의 예산극대화(Budget Maximization) 모형을 비판하고, 합리적인 관료라면 자신의 부서를 계선 기능에서 참모 기능으로 변화시키려는 전략을 채택할 것이라는 내용의 관청형성모형(Bureau-Shaping Model)을 제시하였다.

③ 영국의 행정이론은 1980년대 이후부터 영국 정부가 채택한 신보수주의 이념에 따라, 시장 원리를 활용한 정부개혁 및 공기업 민영화 이론의 영역 등에서 세계를 선도해 나가고 있다. 그리고 학계에서도 신공공관리이론, 공기업 민영화, 거버넌스 등에 대한 연구를 활발하게 수행하고 있다. 특히 신공공관리이론과 거버넌스이론은 영국뿐만 아니라 각국에서 시도하고 있는 행정개혁에 이론적 기초를 제공해 주고 있다.

2 미국 행정학의 발달사

미국의 행정이론은 무국가성(無國家性) 또는 약한 국가성을 전제로 발전해왔다. 그것은 미국인들이 유럽식의 국가를 원하지도, 필요로 하지도 않았기 때문이었다. 그 결과 미국 행정은 다원주의적 국가론에 입각한 행정이론 체계를 발전시켜 왔다는 데 그 특색이 있다.

미국 행정이론의 발달 과정은 자신들의 현실적인 정치·경제·사회적인 문제와 행정의 기능 변화에 대응하면서 형성되어 왔다. 현실의 문제가 변함에 따라 행정학의 연구대상과 초점이 바뀌게 되었고, 이에 부합하는 새로운 이론과 접근 방법이 개발되는 과정을 거쳐 왔다.

1. 행정학 성립에 사상적 기초

(1) **해밀턴(Hamilton: 미국 초대 국무장관)의 행정사상(1789~1795):** 적극적인 정부역할의 증대를 목적으로 하였으며, 행정기능의 수행을 위해서는 그 책임에 상응하는 행정권한을 부여하였다. 행정의 효과성과 안정성을 확보하기 위한 적절한 재직기간 및 임기를 보장하였으며 행정가를 충원하는 데 있어서 보수의 지급과 훈련된 전문가를 선호하였다(중앙집권, 연방사상).

(2) **제퍼슨(Jefferson: 미국 제3대 대통령)의 행정사상(1801~1809):** 행정에 대한 대중의 자발적 참여를 가장 바람직하게 생각하였고, 행정권을 제한하기 위해 최대한의 분권화(分權化)를 지지하였다. 행정에 대한 주민의 감시와 감독을 강조하였으며, 개인의 권리보호, 행정권의 제한, 민중교육을 통한 행정업무에의 민중의 참여를 증진시키려고 노력하였다는 점 등이 있다(공화사상, 지방분권).

(3) **매디슨(Madison: 미국 제4대 대통령)의 행정사상(1809~1817):** 행정과정은 다원주의적으로 설계해야 하며 행정과정은 그 주된 목적이 정치적 합의와 사회적 안정을 증진하기 위하여 토론·중재·타협 등을 통한 이익들이 균형화와 이익중재적이어야 한다는 점을 강조하였다. 행정과정은 연방·주·지방의 전 수준에 걸친 복잡하고 계속적인 상호작용이며, 행정은 특정한 정책문제들에 중점을 두기보다는 제도적 견제와 균형에 중점을 두어야 한다고 하였다(도당, 견제와 균형 강조).

미국국부들의 행정사상 비교

구분	해밀턴(중앙집권주의자)	제퍼슨(지방분권주의자)	매디슨
행정과정의 이미지	통합된 과정(일원적)	참여과정	다원적 과정
행정의 목적	국가이익의 증진	영역제한	집단대표성을 통해 사회균형의 육성
행정재량권의 정도	넓은 전문적 재량권 인정	기능적 전문성으로 엄격히 제한	입법 · 사법 · 행정부 간의 상호 종속성
중앙집권 및 분권의 정도	권력과 상응된 책임을 전제로 한 적절한 중앙집권	권력남용을 배제하기 위해 권위의 분권화의 극대화	연방 · 주 · 지방 간의 균형된 개입 · 참여
공직의 선호유형	전문경력직	민중들 간의 비공식적 협력	과정지향적 협상타협을 중시
바람직한 행정가 스타일	실천자(Doer)	공복(公僕)	협상과 타협의 예술적인 실천자
주요 행정 관심영역	재정–군 문제	시민참여를 유도하기 위한 대중교육	제도적인 기관의 견제와 균형

(4) 잭슨식 민주주의(Jacksonian Democracy: 미국 제7대 대통령)와 행정개혁(1828~1849)

① 의의: 최초의 서민 출신 대통령으로 서부 개척민의 전폭적인 지지를 통해 당선되었다. 그는 '승리자에게 전리품이 속한다'라는 말을 통하여 공직의 인사교체제도(Rotation System)를 정립하여 공직이 귀족에 의해 사유화되었던 시기에 일반교양을 받은 사람이면 공직에 누구나 참가할 수 있게 하였다[엽관제도(Spoils System) 도입].

② 행정사상: 잭슨은 민주화를 위해 인사교체제도를 창시했으나 그 제도의 결과를 예측하지 못했다는 한계가 있다. 그러나 이러한 오점에도 불구하고 잭슨식 민주주의는 미국정치, 행정사에 커다란 족적을 남겼다. 잭슨 이전에는 국민을 위한 민주주의가 실행되었으나 1829~1837년에 와서는 국민에 의한 민주주의가 이루어지게 되었던 것이다.

2. 미국 행정학의 성립과 전개

(1) 고전기 행정학(1880~1930년대)

① 의의: '행정은 정치의 시녀'라는 엽관주의 입장에서 야기되었던 부패와 무질서, 관직의 남설(濫設), 비전문성 등은 결국 1883년 펜들턴법의 제정을 유도했으며, 행정의 정치로부터의 독립을 주장하게 되었다. 행정은 '정치권력' 현상이 아닌 '관리기술'로 파악되어야 한다는 입장(Wilson, White, Gulick, Taylor, Ford 등)이다.

② 특징

㉠ 행정관리설 및 능률주의, 정치행정이원론: 행정을 권력현상이 아닌 공공정책의 구체화, 즉 사무 · 관리 · 기술 · 집행현상으로 파악하고 기계적 능률을 추구한다.

㉡ 공식구조 중심주의 및 합리적 경제인관: 최적의 공식구조가 최적의 업무수행을 가져온다고 보고 인간을 합리적 경제인(X이론)으로 가정(피동적인 인간관)한다.

㉢ 과학적 관리와 원리접근법: 과학적 관리론의 영향으로 과학적 원리를 중시한다. → 원리주의

(2) 반발적 행정학: 신고전적 행정이론(1930년대)과 기능적 행정학(1940년대)

① **의의**: 과학적 관리론에 대한 반발로 등장한 1930년대의 인간관계론 등 신고전적 행정이론과 '보이지 않는 손'의 한계가 1929년 경제대공황에 의하여 드러남에 따라 행정권이 확대·강화되었다. 이에 정치와 행정의 유기적 연계성이 강조되면서 나타난 정치·행정일원론(통치기능설)의 입장(디목과 애플비 등)이다.

② **특징**: 과학적 원리와 정치·행정의 분리에 대한 반발

　㉠ 비공식구조와 사회인관: 인간관계론의 영향으로 공식구조보다는 비공식요인이나 대인관계 등의 인적자원 중시 → 과학적 원리 비판

　㉡ 정치행정일원론 및 공사행정이원론: 정치와 행정의 연속성을 강조하며 행정을 정책의 구체화 외에 정책결정과 형성과정으로 파악 → 행정과 환경의 유기적 관계성을 중시(환경유관론, 사회학적 접근)

　㉢ 사회적 능률: 행정에 의한 사회문제 해결과 다양한 이익의 통합 등 새로운 능률 기준 제시

(3) 현대행정학

① **행정학의 다원화기(국외 문제에 관심고조, 1950년대~)**

　㉠ 비교행정론 등장: '행정학의 연구가 비교연구가 되지 않는 한, 행정학이 과학이라는 주장은 공허한 이야기에 지나지 않는다'라는 달의 주장이 말해주듯이 미국의 경험을 행정학의 유일한 기반으로 삼는 것에 불만이 일어나게 되었으며, 이러한 불만이 비교행정의 연구로 발전하게 되었다.

　㉡ 발전행정론 등장: 발전행정은 1960년대 들어 미국의 팽창정책과 맞물려 약소국의 발전에 대한 관심을 가지게 되고 이들 국가를 어떻게 발전시킬 수 있는가라는 고민이 발생함으로써 본격적으로 연구되기 시작했다.

② **국내문제에 대한 관심고조(1970년대)**: 1960년대에 이르러 미국에서는 국내문제에 대한 관심이 고조되었다. 즉, 흑인·백인 간의 인종갈등의 문제, 존슨 대통령이 추진한 위대한 사회(Great Society) 운동, 베트남전 참전에 따른 국내 갈등고조 등의 문제가 발생한 것이다. 그런데 이러한 문제의 해결에 현실적으로 행정학이 도움이 되지 못하자 이 시기의 신진행정학자들은 적실성과 행동을 강조하는 정책학과 사회적 형평성의 확보를 중시하는 신행정학을 본격적으로 연구하기 시작했다.

　㉠ 정책학 등장: 제2차 세계 대전 이후 행정학은 행태주의에 지나치게 치중한 나머지 사회문제의 해결에 별로 큰 역할을 하지 못하였다. 이와 같은 행정학의 학문적 현실을 문제 삼고 보다 사회문제의 해결에 기여해야 한다는 주장이 제기되면서 정책학이 본격적으로 연구되기 시작했다.

　㉡ 신행정학 등장: 1970년대에 들어 기존의 행정이론, 특히 행태주의에 입각한 행정이론이 행정현실에서 일어나는 절박한 사회문제를 해결할 능력이 없으므로 이를 극복하고 행정이 사회적 적실성과 실천성을 갖추어야 한다는 이른바 가치주의, 인본주의를 지향하는 행정흐름이 전개되었는데, 이를 신행정론(NPA; New Public Administration)이라 한다.

③ 행정학 자체 연구를 위한 새로운 이론의 등장

ㄱ 공공선택이론: 공공선택이론은 합리모형의 정책결정수단으로서의 성격을 인정하면서도 전문적 능력을 가진 관료가 계층제 구조를 통하여 일방적으로 국가목적을 능률적으로 달성할 수 있다는 전통적인 윌슨식 행정관을 비판하면서 정치적 입장과 공공재의 선택을 중요시하는 민주적 행정관을 제시하였다. '정치·경제학적 접근'이라고도 하며, 공공선택이론은 1970년대 이후 정부관료제의 공공재의 생산과 공급에 관한 대표적인 연구로서, 공공부문에서도 다른 사회가치에 손실을 주는 일 없이 특정가치를 더 많이 성취하는 이른바 '파레토 최적'에서 가장 합리적인 정책결정이 이루어질 수 있다고 간주하는 접근법이다.

ㄴ 행정윤리론: 행정윤리에 관한 논의는 닉슨대통령의 1972년 워터게이트 사건 이후부터 본격화되었다. 또한 1960년대 중반부터 대대적으로 추진한 사회복지사업들의 부조리가 행정의 신뢰를 떨어뜨린 것에도 기인한다. 즉, 사업의 수혜자들이 부당하게 수당을 받는다는 것과 복지행정의 난맥상으로 인해 담당 행정관료들이 무책임한 예산낭비를 하고 있다는 비판이 가해지게 된 것이다. 이에 1970년대 중반 이후부터 1980년대 말까지는 행정상의 윤리규범에 관한 연구가 등장하여 행정이론상의 한 분야로서 확고한 위치를 차지하게 되었다.

ㄷ 신제도주의 이론: 최근 들어 신제도주의가 주목을 받고 있는데 이런 현상이 나타나는 이유는 다음과 같이 설명할 수 있다. 첫째, 구제도주의의 한계로 제도만의 기술적인 연구로는 제도가 실제 현실에서 어떻게 작용되는지에 대한 연계가 이루어지지 않는다는 주장을 들 수 있다. 둘째로는 기존의 구제도주의에 관심을 가지는 제도, 주로 법적 근거를 가지는 정부의 공식적인 조직에 대한 연구에 치중되었던 바 이를 통해 사회현상을 설명하는 데는 한계를 가진다는 주장이다. 이 때문에 신제도주의에서는 경제적 활동의 결과가 사회를 지배하는 정치적·사회적 제도인 일단의 규칙에 달려있는 것처럼 이 이론에서의 제도도 인간의 사회생활을 규율하는 일련의 규칙으로 봄으로써 그 연구의 범위를 확대시키고 있다.

ㄹ 대통령론: 대통령들이 새로운 정책을 추진할 때 관료조직으로부터의 저항을 극복하기 위해 행정부를 장악하려는 노력을 어떻게 체계적으로 하였는지에 대해서 학자들이 관심을 가지기 시작했다. 또한 대통령이 행정고위공직자를 자신의 사람으로 임명하려는 시도가 많은 것에 대해 학자들은 이것이 실적관료제를 위협하는 것으로 인식하게 되었다. 결론적으로 행정학에서 대통령에 대해 관심을 가지게 된 것은 행정부를 장악하기 위한 대통령의 리더십 행사를 이해하지 않고는 행정부의 정책결정이나 조직개편 노력, 예산관리 및 인사행정을 이해하기 어렵기 때문이다.

ㅁ 신공공관리론: 종전의 공공관리론은 사회문제의 해결을 위해 정부가 개입해야 하고 정부가 세운 정책을 실현하기 위해서 물적, 인적 자원을 도입하여 관리하는 것에 대한 학문을 의미한다. 신공공관리론자들은 시장실패를 해결하기 위한 정부개입은 오히려 정부실패를 야기하게 되었다고 주장하고 있다. 이에 민간부문의 관리방식을 정부부문에 도입하는 것을 시도하고 있다. 이러한 신공공관리론자들의 활동은 영미계 국가지도자들에 의해 받아들여져 정책화되고 있고 이는 행정학의 종전의 논리에 대한 수정을 요구하고 있다.

1. 패러다임(Paradigm)

(1) 패러다임의 의의

① 패러다임: 하나의 학문분야에 있어서 지배적인 접근방법을 '패러다임'이라고 부른다. 이러한 패러다임은 그 학문분야의 위대한 업적을 기초로 성립되는 경우가 많은데, 일단 패러다임이 성립된 학문을 '정상과학'이라고 부른다. 사회과학의 경우에는 정립된 학문분야를 총체적으로 지배하는 패러다임이 성립되기 어렵기 때문에 여러 가지의 패러다임적인 견해들이 경쟁하는 경우가 많다. 행정학의 경우에도 여러 가지 패러다임들이 공존하고 있다.

② 토마스 사무엘 쿤(T. S. Kuhn)의 『과학혁명의 구조(The Structure of Science Revolution), 1962』

  ⊙ 학문의 발전은 연구업적의 단순 누적이 아니라 패러다임 개념과 과학혁명임

  ⓒ 패러다임의 변동원인: 보다 나은 설명·이해·예측력을 가진 새로운 패러다임의 출현

  ⓒ 행정학은 패러다임 미확립 → 前 패러다임적(Pre-Paradigmatic) 과학

  ⓔ 과학의 발달

Pre-Paradigm Stage (前 패러다임 단계)	→	Normal Science Stage (정상과학)	→	Crisis Stage (위기)	→	Scientific Revolution Stage (과학혁명)	→	New Paradigm Stage (새로운 패러다임)

(2) 행정학의 패러다임의 변천: 헨리(N. Henry)는 '소재'와 '초점'이란 개념을 이용하여 다섯 가지 패러다임을 제시하였다.

예 국방부 공무원의 사기에 관한 연구에서 국방부 공무원은 소재를, 사기는 초점을 의미함

소재(Locus)	Where, Boundary	연구영역의 제도적 장소	어디서 담당하는 업무인가
초점(Focus)	What, Subject	연구영역의 특정대상	무엇을 하는가

① 패러다임 1(1900~1926, 정치행정이원론): 정치와 행정의 분리 시기 또는 정치행정이원론적 사조가 지배하던 때

  ⊙ 화이트(White)의 『행정학 입문』 – 정치는 정책결정, 행정은 집행(가치중립)

  ⓒ 정치기능과 행정기능의 분화 주장

  ⓒ 소재 중심 연구 – 정부관료제(정치적 영향을 받지 않는) → 미국 정부제도 중심 연구

  ⓔ 정치에 영향을 받지 않는 관료제의 효과적 운영을 중시하여 행정의 소재가 관료제에 있다고 봄

  ⓜ 행정에 대한 정치의 관여 금지, 관리의 과학적 연구, 가치중립적 과학으로서 행정학, 행정의 임무는 절약과 능률일 것 등을 행정학 분야의 명제로 제시

② 패러다임 2(1927~1937, 행정원리론: 정통행정이론의 발전 시기)

  ⊙ 윌러비(Willoughby)의 행정원리론, 귤릭(Gulick), 어윅(Urwick)

  ⓒ 행정에는 기업의 경영과 마찬가지로 과학적 원리가 있으며 그 원리의 발견 가능

  ⓒ 행정학의 과학화를 위해 능률을 행정학의 유일한 객관적 가치로 전제

    초점 강조 – 행정제도와 무관한 최선의 원리 규명에 관심

  ⓔ 행정의 초점은 행정원리의 전문성에 있으나, 시공을 초월한 행정의 원리가 있다고 보았으므로 소재는 불분명함

ⓒ 원리주의는 관료제의 성장 및 결과 등 조직전반을 다룬 베버(M. Weber), 고위행정관의 업무를 다룬 페이욜(H. Fayol), 과학적 관리법의 창시자로서 일상업무를 처리하는 과학적 방법을 발전시킨 테일러(F. W. Tayler) 등의 영향을 받음

패러다임	소재(Locus)	초점(Focus)	과학성, 정체성, 기술성
Paradigm 1 정치행정이원론	관료제(공무원조직)	불분명	불완전하나 정체성 추구
Paradigm 2 행정원리론과 도전기, 반응기	불분명	보편적 행정원리	과학성·정체성 ○, 기술성 ○
Paradigm 3 정치과학으로서의 행정학	정치(정부)관료제	불분명	과학성·정체성 ○, 기술성 ○
Paradigm 4 행정과학으로서의 행정학	불분명	전문적·과학적 관리기업	과학성·정체성 ○, 기술성 ○
Paradigm 5 행정학으로서의 행정학	공공이익	행정과학	행정의 정체성 확립 노력

2. 행정학의 정체성 위기(Identity Crisis)

(1) 의의

① 행정학의 정체성(주체성·독자성: Identity): 고유한 연구주제, 주제의 체계적 이론 정립, 개념적 경계의 명확성 → 행정학의 패러다임(어떤 시기에 공유되는 신념·가치·방법론·기술 전반을 구성하는 과학연구의 원형; 쿤(T. Kuhn)이 『과학혁명의 구조』에서 설명)

② 행정학의 정체성 위기(Identity Crisis): 행정학이 독자적 학문분야로서 성립할 수 있는가의 문제로, 정체성 위기는 연구목적, 달성 도구·방법론, 주제, 경계의 불명확성과 타 학문과 미구별상태이다. 이는 행정학의 종합과학성(Inter-Disciplinary)에서 연유된다.

③ 왈도(D. Waldo)는 1968년 『행정학 이론의 범위(Scope of the Theory of Public Administration)』에서 행정학의 주체성 위기를 지적하였다.

④ 일반적으로 정치행정일원론계의 행정학은 주제, 타 학문과의 경계를 가르치고 연구하는 독자적 방법에서 자기정체성을 구축하지 못하고 있어, 행정학의 정체성 위기를 겪게 된다.

(2) 정체성 위기에 대한 관점

① 왈도(D. Waldo), 헨더슨(Henderson): 행정학의 다형태화로 인한 초점의 결여

② 오스트롬(V. Ostrom), 헨리(H. Henry): 패러다임의 결여

(3) 정체성 위기의 극복방안

① 맥커디(H. E. McCurdy): 학제적 연구

② 리그스(F. W. Riggs): 행정학과 정치학의 상호보완적 관계. 정치학자는 행정을 제쳐놓고 정치에 관한 연구를 할 수 없고, 행정을 정치에서 분리시키는 것은 무의미하며 정치에서 행정적 요소를 배제할 수도 없다는 것

③ 왈도(D. Waldo): 전문직업적 연구(Professional Approach). 신행정론은 정치·행정일원론이지만, 행정학의 정체성 위기극복을 위한 차원에서 가치주의 행정학을 주장

④ 프리드릭슨(Frederickson): 신행정론, 격동에의 대응, 행정의 독립변수적 역할, 가치의 추구와 행정철학·행정도덕 중시

⑤ 오스트롬(V. Ostrom): 1970년대 이전을 'Wilsonian Paradigm'으로 보고 패러다임의 불충분성을 지적하면서, 새로운 패러다임으로서 '민주행정 패러다임'을 제시

05 행정학의 주요 접근

CHAPTER

01 고전적 접근(1900~1930년대)

1 관리적 접근(과학적 관리론, 행정관리론, 인간관계론)

1. 의의

관리적 접근은 행정을 관리현상으로 인식한 접근으로, 과학적 관리론과 행정관리론이 대표적인 관리적 접근을 취하고 있다. 이 두 이론은 차이점보다는 공통점이 많아 구별하지 않고 논의되기도 하지만 여기에서는 구별하는 측면에서 기술하기로 한다. 또한 인간관계론도 넓게 보면 관리적 접근이지만 시대적인 측면과 내용적인 측면에서 행정관리론, 과학적 관리론과 차이점이 부각되는 측면이 있기에 별도로 설명하기로 한다.

(1) 시대적 배경

① 1860년대에 있었던 남북전쟁을 계기로 미국의 시장 규모가 확대 → 기업의 대규모화 → 공장 제도의 도입(분업화) → 노동자들은 기계에 예속되는 상황에 직면 → 노동자들의 조직적 태업(Systematic Soldiering, 분업화와 기계화가 노동자들의 실업으로 이어질 것이라는 잘못된 믿음)

② 이와 같은 위기를 극복하기 위해 노동자와 기계화가 대립적인 관계가 아니라 상호 보완적인 관계에 있음을 보여줄 필요가 있어 능률증진운동(Efficiency Movement)이 일어나기 시작했는데, 이러한 능률증진운동은 이어서 관리과학화라는 방향으로 전개되어 나가기 시작했다.

(2) 관리적 접근의 두 흐름

① **과학적 관리론:** 테일러를 중심으로 한 과학적 관리론은 공장이나 운영적 수준에서 최적의 관리를 위한 노력, 즉 생산 방법의 합리화를 추구하고자 한 것이었다. 따라서 과학적 관리론은 일종의 미시적 접근 방법(Micro Approach)이다.

② **행정관리론:** 1927년 윌러비(W. F. Wiloughby)가 『행정의 원리(Principle of Administration)』를 출간한 이후 발전하기 시작한 일련의 지식 체계는 좀 더 조직적 수준에서 적용할 수 있는 광범위한 행정원리나 조직원리를 제시하기 시작했다. 즉, 거시적인 관점에서 여러 개념의 발전을 강조하였다.

③ **공통적 특성**
　㉠ 관리이론으로 통칭할 수 있는 과학적 관리론과 행정관리론은 단일의 가치 기준으로서 능률성을 추구했다.
　㉡ 관리이론은 조직의 능률성을 향상시키는 데 공식적 구조와 과정을 중시했다.
　㉢ 관리이론은 환경의 영향을 고려하지 않는 폐쇄체제적 관점에서 조직을 파악하고 있었다.
　㉣ 관리이론이 가정하고 있는 인간관은 합리적 · 경제적 인간이었다는 사실이다.

과학적 관리론과 행정관리론의 비교

구분		과학적 관리론	행정관리론
유사점		공식적 구조 중시, 기계적 능률, 폐쇄적 환경관, 동기부여의 피동성	
차이점	초점	근로자의 생산성 향상	관리자의 역할과 기능(조직의 효율적 운영)
	주요 내용	시간 · 동작 연구, 과업량 설정, 차별성과급	조직의 원리(명령통일, 계층제, 통솔범위 등)
	접근 방법	미시적 접근	거시적 접근

2. 과학적 관리론

(1) 과학적 관리론의 전제

① **의의**: 최소의 비용으로 최대의 성과를 달성하고자 하는 민간기업의 경영합리화 운동으로, 객관화된 표준과업을 설정하고 경제적 동기부여를 통하여 절약과 능률을 달성하고자 하였다.

② **과학적 관리론의 전제**

    ㉠ 과학적 분석에 의하여 유일한 최선의 방법을 찾을 수 있다.

    ㉡ 과학적 방법에 의하여 생산성을 향상시키면 근로자와 사용자를 다같이 이롭게 할 수 있다.

    ㉢ 합리적 · 경제적 인간관을 주장한다.

    ㉣ 조직의 목표는 명확하게 알려져 있고, 업무는 반복적이다.

③ **과학적 관리론의 배경**: 능률증진운동이 관리과학화로 전환되던 시점이, 바로 테일러(F. W. Taylor)가 필라델피아 철강회사에서 첫 실험을 진행하고 있을 때였다. 그는 이 실험을 통해 해결책을 관리론에서 찾고자 했다. 당시 관리 방식이 비능률적이었기 때문에 양자의 대립이 발생했다고 생각해, 생산 능률의 제고가 양자에게 모두 이익이 되는 것을 보여주고자 했던 것이다. 테일러의 과학적 관리론이 성립된 배경에는 이처럼 당시 미국의 경제적 환경이 작용했다.

(2) 과학적 관리론의 주요 내용

① **테일러 시스템(과업관리)**

    ㉠ 의의

        • 테일러(F. W. Taylor)는 대립하는 기업가와 근로자 모두에게 이익를 가져다 준다는 신념 하에 『과학적 관리의 원리, 1911』에서 능률을 지향하는 관리방안을 제시하였다.

        • 테일러 시스템은 시간연구와 동작연구를 통하여 합리적인 개인별 과업량을 설정하고 그 성과에 따라 차등임금을 지불하는 경영 방식을 말한다.

    ㉡ 내용: 과업의 설정, 공구의 표준화, 근로자의 과학적 선발과 훈련, 기능적 직장제, 차별성과급제, 예외에 의한 관리

② **포드(Ford) 시스템(동시관리)**: 포드자동차회사의 사장이었던 포드는 1914년 자신이 소유하고 있던 자동차공장에 컨베이어 시스템을 도입하여 대량생산과 이를 통한 원가절감(규모의 경제)을 이루어 낼 수 있었다. 이러한 새로운 생산관리방식을 포드 시스템 또는 동시관리라고 한다.

(3) 과학적 관리론*의 공헌과 한계

공헌	한계(한 쪽 면만을 지나치게 강조)

• 정치행정이원론(기술적 행정학) 성립
• 행정의 과학화 강조
• 능률적 행정에 기여
• 행정조직의 구조 · 분업화 · 직제에 관심
• 직위분류제 도입으로 과학적 인사관리 발전에 기여
• 행정개혁의 원동력
	• 기계론적 인간관(X이론적 인간관)
	  – 인간의 기계화 · 수동적 도구화
	  – 인간의 경제적 동기만 중시, 합리적 경제인으로만 파악
	  – 독립적 변수로서의 인간적 측면 경시
	• 능률원리 적용의 한계
	• 구조 중심의 변수
	• 폐쇄적 환경관
	• 분업화에 대한 비판(노동력 착취이론)
	• 하향적 · 단선적 행정과정(지시 · 통제형 행정과정)

3. 행정관리론

(1) 행정관리론의 내용과 특성

① 이론적 특성

ㄱ 조직의 전체적인 효율성을 증가시키기 위해 과학적 관리론과 같이 작업장 수준을 개선하는 것은 조직 전체의 합리화로 이어지는 데 한계가 있다는 인식으로 출발(과학적 관리론과 보완적 관계로 등장)하였다.

ㄴ 조직의 목적을 생산 현장에 연결시키는 과정의 합리화를 중시(관리자의 역할)하였다. 이때 요구되는 관리자의 역할 문제를 최초로 제기한 것이 행정관리론이다.

ㄷ 행정관리론은 행정의 정부 부문이나 민간 공통적 속성을 전제하고 어디서나 적용할 수 있는 행정이나 관리의 보편적 원리**를 발견하고, 관리층에서 맡아야 할 조직과 관리 작용의 원리들을 개척하는 데 주력했다.

ㄹ 능률을 기본적 가치로 채택하고 조직 단위들의 구조적인 관계, 관리 기능의 유형, 관리의 과정, 분업과 조직에 관련된 원리 등을 연구하는 데 치중했다.

ㅁ 원리론자들은 페이욜(H. Fayol), 폴렛(M. P. Follett), 귤릭(L. Gulick), 어웍(L. Urwick), 무니(J. D. Mooney), 라일리(A. C. Reiley) 등을 들 수 있다.

② 행정관리론의 주요 내용

ㄱ 페이욜의 관리 원리(관리원칙의 보편성을 찾고자 함)

• 페이욜(H. Fayol)의 관리이론은 기업이 수행하는 활동에 대한 분류로부터 출발했다.

• 기업이 수행하는 활동으로 기술 활동, 영업 활동, 재무 활동, 보안 활동, 회계 활동, 관리 활동 등이 있으며, 이 중 앞에 열거한 다섯 가지 활동을 계획하고 조직화하여 조정과 통제하는 활동을 관리 활동이라고 정의하면서, 관리 활동의 중요성을 강조했다.

• 페이욜은 관리 활동의 중요성을 역설하면서, 관리 활동이 효율적으로 수행되기 위한 14개의 관리 원리를 주장하였다.

---

*   과학적 관리론
  (1) 1906년 뉴욕시정연구소, 1910년 절약과 능률을 위한 위원회(테프트 위원회)에서 과학적 관리의 연구를 행정에 적극 도입할 것을 주장
  (2) 1921년 '예산회계법'이 제정되어 행정부 편성 예산제도가 확립
  (3) 1923년 '직위분류제'가 도입됨으로써 직무분석 및 평가에 의한 보수합리화가 촉진됨
** 행정원리 유형
  (1) 분화의 원리: 분업의 원리, 부성화의 원리, 참모조직의 원리, 기능 명시의 원리
  (2) 통합(조정)의 원리: 조정의 원리, 계층제의 원리, 명령통일의 원리, 명령계통의 원리, 통솔범위의 원리

페이욜은 프랑스의 광산기술자로 출발해 30대 초반에 경영자가 된 후 정년까지 광산회사에서 평생을 보낸 사람이다. 따라서 그가 75세가 되던 1916년에 출간한 『일반 및 기업관리(General and Industrial Management)』는 다른 학자들과는 달리 그의 경영 체험에 따른 결과물이다. 그런데 페이욜이 관리이론의 선두주자로서 출발했음에도 불구하고, 그의 영향력이 확산되기 시작한 때는 테일러와는 달리 20여 년이 경과한 후부터였다. 그 이유는 페이욜의 저작들이 1930년대에 이르러서야 미국에서 번역되었고, 1949년에 가서야 그의 저서가 번역되어 소개되었기 때문이다.

　　ⓒ 귤릭과 어윅의 POSDCoRB(원리접근법)
　　　• 귤릭(L. Gulick)과 어윅(L. Urwick)은 1937년에 발표한 『행정과학에 관한 연구(Papers on Science of Administration)』를 통해, 최고관리자가 수행해야 하는 기능으로 계획, 조직, 인사, 지휘, 조정, 보고, 예산을 열거했다.
　　　• 이러한 기능들은 이후 머리글자를 따라 POSDCoRB라 지칭하게 되었는데, 이는 관리자의 기능을 표시할 뿐만 아니라 행정학의 연구 범위와 대상을 지칭하는 것으로 간주되었다.
　　　• 관리계층을 연구대상으로 한다.
　　　• 귤릭은 분업을 조직의 기초이자 조직의 존재 이유라는 관점에서, 분업의 네 가지 기준을 '목적과 기능, 과정이나 절차, 일과 사람, 장소 또는 지역'으로 제시하였다.
　　ⓒ 무니와 라일리의 원리
　　　• 무니(J. D. Mooney)와 라일리(A. D. Reiley)는 GM 자동차 회사의 경영자로서, 자동차 회사에서의 실무 경험과 함께 정부조직에 대한 역사적 평가나 특히 가톨릭 교회와 군대조직에 대한 연구 자료들을 기초로 하여 1931년에 『미래의 기업』을 발간하였다.
　　　• 이들이 제시한 원리로 조정의 원리(Coordination Principle), 계층제의 원리(Scalar Principle), 기능적 원리(Functional Principle), 막료의 원리(Staff Principle)가 있으며, 특히 이 가운데서도 조정의 원리가 관리 중에서 가장 중요한 원리임을 강조했다.
③ 행정관리론의 공헌과 한계
　ⓐ 공헌: 조직의 보편적 원리를 탐구하고 그것을 정립하였다.
　ⓑ 한계
　　　• 관리를 보는 시각에 대한 비판: 관리를 정태적이고 비인간적인 과정(Static and Dehumanized Process)으로 파악함으로써 인간적 요인이 배제되는 결과를 초래한다.
　　　• 관리의 보편성이 지닌 문제: 조직 특성이 다름에도 보편직·관료적 관리를 강조한다.
　　　• 원리에 대한 정의가 불분명하다.
　　　• 원리의 보편성 정도에 대한 비판으로, 행정관리학자들 간에도 이에 대해서는 의견이 서로 다르다.

4. 인간관계론

(1) 의의

① 인간관계론의 개념: 1930년대 메이요(A. Mayo)를 비롯한 하버드 대학교 경영대학원 교수들은 호손 실험을 통하여, 인간의 감정과 비공식적 요소가 과학적 관리론과는 달리 작업능률을 향상시키는 중요한 요소라는 사실을 발견하고 인간적·민주적 관리를 주장하였는데, 이를 인간관계론이라 한다.

② 행정학에서의 위치: 인간관계론은 그동안 소외되어 왔던 조직 내의 인간과 인간관계에 초점을 맞추었다는 점에서 가히 혁명적이라 평가할 수 있고 공식적 구조에 치우쳤던 고전적 조직이론인 과학적 관리론과 대비하여 신고전적 관리이론, 신고전적 조직이론이라고 불린다.

(2) 인간관계론의 성립배경

① 과학적 관리론의 한계: 과학적 관리론은 노조와 학계로부터 비난을 받아 왔는데, 특히 전국노동자총연맹(1913)은 과학적 관리론이 인간을 기계부품화하고 상호 간의 경쟁 및 감시체제로 인한 비인간화를 초래한다고 맹렬히 비난하였다.

② 메이요의 호손공장 연구(Hawthorne studies, 1927~1932)에 의해 이론적 기반이 마련되었다.

> **개념더하기** 호손실험
>
> 메이요의 주도 하에 실시된 호손실험은 시카고의 웨스턴 일렉트릭사 호손공장에서 5년(1927~1932)에 걸쳐 종업원을 대상으로 행해진 일련의 실증적 연구결과를 말한다.
> 당초에 고전이론의 입장에서 물리적·육체적 작업조건의 변화가 노동생산성에 미치는 영향을 분석하는 것이었으나, 조명실험, 계전기조립실험 등을 통해 연구과정에서 정반대의 사실들을 아주 우연히 밝혀내게 되면서 과학적 관리론의 기본가정들을 뿌리째 흔들어 놓았다. 결국 생산성이 향상된 것은 연구의 관심집중, 회사를 대표한다는 의식, 구성원의 의견존중, 건강유의, 구성원의 집단의식 등이 원인이었으며, 인간적 고려가 생산성을 증가시키는 요인이라는 결론이 도출되었다.

(3) 인간관계론의 가정 및 내용

① 인간은 사회적 욕구를 지녔으며 사회적 유인에 의하여 동기가 유발된다(사회적 인간관, 비경제적 보상 중시).

② 조직구성원들의 사회적 욕구 충족은 원칙적으로 생산성의 향상에 연결된다(사회적 능률).

③ 조직참여자의 생산성은 육체적 능력보다 사회적 규범에 의하여 좌우된다.

④ 집단은 개인의 태도와 직무수행에 중대한 영향을 미친다. 관리층의 요구나 보상 또는 규범에 대하여 조직참여자들은 개인적으로서가 아니라 집단의 구성원으로서 반응을 보인다.

⑤ 조직참여자들은 관리층에서 사회적 욕구를 충족시켜 주는 만큼만 관리층의 요구에 응한다. 따라서 조직의 관리자는 기술적 능력뿐만 아니라 '사회적 기술(Social Art)'을 갖추어야 한다(관리자의 적극적 역할 중시).

⑥ 관리자들은 민주적 리더십을 발전시켜야 하며 원활한 의사전달통로를 발전시켜야 하고 상향적 참여를 촉진해야 한다.

⑦ 조직은 기술적·경제적 체제일 뿐만 아니라 사회적 체제(비공식적 체제)이다. 이 사회적 체제는 공식적 조직의 그것과 다른 규범 및 개인적 역할을 설정할 수 있다(비공식 구조에 관심).

(4) 인간관계론의 공헌 한계

공헌	한계
• 조직관의 변화(비공식 조직의 중요성 인식) • 능률관의 변화(사회적 능률 정립) • 인간관의 변화(감정적 · 사회적인 Y이론적 인간관으로 변화) • 인간관리의 민주화 · 인간화 • 적극적 인사행정 • 행태과학 발전에 공헌	• 지나친 대립적 · 이원론적 파악 • 비합리성 · 비경제성 · 심리적 · 감정적 요인을 지나치게 중시 • 공식 조직 · 외부 환경과의 관계 경시 • 경제적 동기 경시 • 자기 실현인관에 대한 인식 미약 • 보수주의 우려 • 연구대상으로 관리층 경시 • 보다 세련된 노동착취이론에 불과

더 알아보기

과학적 관리론과 인간관계론의 비교

구분		과학적 관리론	인간관계론
공통점		• 궁극적 목표: 경영합리화, 즉 능률성 · 생산성 향상 • 인간해석: 인간의 피동성, 동기부여의 외재성, 욕구체계의 단일성 파악 • 환경에 대한 인식: 폐쇄체제(외부환경 무시 → 보수성 · 정태성) • 연구대상: 하급 일반직원만 • 정치행정이원론과 기술적 행정학 발전에 기여 • 기술적 수단으로 인식한 수단적 능률관에 입각 • 인간가치: 인간을 목표달성을 위한 수단으로 인식(인간가치의 수단화) • 조직목표와 개인목표의 양립가능성 인정 및 조화관계로 인식	
차이점	연구의 중점	직무 중심	인간 중심
	분석대상	공식적 구조	비공식적 인간관계
	인간관	합리적 · 경제적 인간관(X인간)	사회적 인간관(Y인간)
	능률관	가치중립적 · 기계적 능률관	규범적 · 사회적 능률관
	동기부여 요인	경제적 유인체계 강조	사회심리적 욕구충족
	이론적 기초	시간과 동작연구	호손실험
	공헌	절약과 능률증진	민주성 확립

1. 행태론의 의의와 성립배경

(1) 의의

① 행태론적 접근방법은 이념, 제도, 절차 또는 구조보다는 개인 및 집단의 행태나 심리적 경향을 중심으로 행정현상을 분석하는 것이다(버나드와 사이먼, C. I. Barnard & H. A. Simon).

② 행태론이란 면접이나 설문조사 등을 통해 인간행태에 대한 규칙성과 유형성·체계성 등을 발견하여 이를 기준으로 종합적인 인간관리를 도모하려는 과학적·체계적인 연구를 말한다.

(2) 행태론의 성립배경 및 전개

① 기존의 정통행정학이 신봉해 왔던 원리주의가 검증을 거치지 않은 격언에 불과하다는 비판을 가하면서, 사이먼을 필두로 대두되기 시작한 행태주의는 행정의 과학화에 그 목표를 두고 성립하였다.

② 행정학에서 행태주의는 유럽의 경험주의와 실증주의에 영향을 받은, 논리적 실증주의에 기초한 과학화 운동의 일환으로 전개되었다고 볼 수 있다.

③ 행태주의가 지나치게 가치중립적인 나머지 1960년대 미국 내 급박한 사회문제의 해결에 도움을 주지 못하자 이스턴(Easton)은 적실성의 신조(Credo of Relevance)와 실천을 강조하는 후기행태주의 시작을 선언하였다.

2. 행태이론의 방향과 내용 및 특징

(1) 행태이론의 지향성(샤멋과 태넌하우스, Somit & Tanenhaus)

① 예측과 설명이 가능한 과학을 추구한다.

② 행태주의는 관찰될 수 있는 것 또는 이루어진 행위에만 연구의 관심을 둔다. 이런 측면에서 제도적 접근을 멀리해야 한다.

③ 자료는 양적으로 정리되어야 한다.

④ 연구는 이론 지향적이고 이론 추구적이어야 한다. 행태적 연구의 궁극적 목적은 정치 현상을 정확하게 묘사하고 그 관련성을 알 수 있도록 일반화를 시도하는 데 있다.

⑤ 행태주의는 순수연구적 입장을 추구한다. 따라서 행태주의적 정치과학은 구체적인 사회문제를 해결하는 데 목적을 둔 응용연구를 포기해야 한다.

⑥ 가치문제에 대한 진위는 과학적으로 검증될 수 있는 것이 아니기에 가치문제는 행태주의가 추구하는 영역 밖의 문제라는 입장이다. 그래서 행태주의자들은 거대담론에 관여해서는 아니 된다.

⑦ 행태주의는 간학문적인 입장을 추구한다.

⑧ 행태주의는 좀 더 자기 인식적이며 방법론에 대해 끊임없이 비판적인 입장을 취한다.

(2) 행태이론의 구성 내용(Simon): 행태주의를 구성하는 다양한 시각이 있지만 행정학에서 행태주의는 일반적으로 사이먼의 논리적 실증주의를 의미하므로 이를 중심으로 행태주의의 구성 내용을 살펴본다.

① 조직의 구조적인 측면보다는 조직구성원이 표출한 행태분석에 연구의 초점을 둔다(미시적·방법론적 개체주의). 다시 말해 행정인의 행동 양식을 통해서 행정현상을 파악하겠다는 것이다. 그러나 행동 양식에 연구의 초점을 둔다고 해서 집단현상을 무시하거나 소홀히 하는 것은 아니다.

② 가치와 사실을 구별하고, 가치를 연구의 대상에서 제외해야 한다고 주장한다. 이들의 주장은 행정학도 자연과학처럼 가치중립적인 연구 방법을 택함으로써 과학성을 높여야 한다는 것이다.

③ 계량적인 접근이나 기법을 선호한다. 행태론적 접근방법은 개별적인 행위의 집합을 통해서 전체를 추적하고 설명 검증성을 강조하기 때문에, 계량적인 접근이나 기법의 사용은 불가피하다.

④ 인간의 행위 설명에 초점을 두고 있기 때문에 종합 과학적인 성격을 다분히 띠고 있다.

⑤ 행정현상을 의사결정 과정(Decision-Making Process)으로 파악하고 있다(공사행정일원론). 행정조직은 하나의 집합체로서 의사결정의 단위이며, 개별적인 행정가도의 범주 내에서 의사결정을 한다. 조직의 과학적 설명이란 조직인이 어떠한 결정을 내리며, 이러한 결정을 내리는 데 어떠한 요소들이 영향을 주는가에 대한 설명이라는 것이다.

⑥ 행태주의에서는 행정을 다양한 욕구를 가진 개인 상호 간 또는 개인과 집단 간의 상호 작용의 동적 상호 작용(Dynamic Interplay)으로 파악하고 있다.

개념더하기 ▶ 사이먼(Simon)의 행태론

1. 사이먼과 집단의 중요성

사이먼은 인간 행위를 규제하는 것은 그가 소속된 집단의 규범이나 정신이라고 주장하면서 집단의 중요성을 강조하고 있다. 단지 이들이 등한시한 것은 인간 행위와 동떨어진 제도와 구조였던 것이다. 이들은 인간의 행위를 설명하는 범위 내에서 조직이나 집단의 역할을 강조하고 있다.

2. 형태이론의 가치와 사실

행정현상에서 왜(Why)와 어떻게(How)의 문제만 다루면 되었지 무엇을 해야 한다와 같은 가치적이고 윤리적인 문제를 다루어서는 안 된다는 것이다. 이들의 주장은 어떤 이론이나 검증 가능성이 있어야 하고, 이것이 없을 때에는 허구이지 이론은 아니라는 것이다. 행정현상은 철저하게 사실현상이지 가치현상이나 윤리현상은 아니라는 입장이다.

3. 종합 학문적 특성

인간 행위에 대한 종합적인 설명은 심리학·사회학·문화인류학의 도움을 필요로 하여, 이들 학문과의 상호 의존성을 강조하고 있다. 특히 행태론적 접근 방법은 관료들의 의식구조·행동양식·사고방식·가치관·선호성 등에 연구의 초점을 두기 때문에 행정문화를 중요시한다.

---

(3) 행태주의의 특성: 이스턴(D. Easton)은 행태주의 신조를 통해 행태주의의 특성을 정리하였다.

① **규칙성(Regularities)**: 정치행정의 행태에는 일정한 규칙이 있다. 따라서 그것을 일반화함으로써 이론을 정립할 수 있다는 것이다.

② **입증(Verification)**: 일반화 또는 이론화는 원칙적으로 사실이 경험적으로 입증되어야 한다.

③ **계량화(Quantification)**: 자료의 분석과 발견된 사실의 진술은 가능한 계량화가 필요하다.

④ **기술(Technique)**: 자료의 수집과 정확한 분석을 위해서는 조사기술이 필요하다.

⑤ **가치(Value)와 사실(Fact)의 분리**: 과학적·경험적 연구에서는 가치와 사실이 분리되고, 가치판단이 배제되어야 한다는 것이다.

⑥ **순수과학(Pure Science)의 추구**: 지식을 사회에 응용하기 앞서 인간의 행태를 과학적으로 이해하고 설명하는 순수과학을 확립하는 것이 중요하다.

⑦ **체계화(Systematization)**: 이론과 연구는 체계적·과학적으로 수행되어야 한다. 이론에 의하지 않는 연구는 지엽적일 수밖에 없고 사실적 자료로 증명되지 않는 이론은 쓸모 없는 것이다.

⑧ **통합(Integration)**: 집단이나 인간 행위를 정확하게 이해하기 위해서는 행정학과 인접사회과학의 밀접한 학문상의 통합이 이루어져야 한다는 것이다.

3. 행태론의 공헌과 한계

(1) 공헌

① 행태론은 논리적 실증주의에 의한 행정연구의 과학화에 기여하였다. 즉, 논리적 실증주의에 입각하여 경험적 검증 가능성이 있는 사실명제의 연구에 국한할 것을 주장함으로써 자연과학적인 방법으로 행정을 연구하는 데 기여하였다.

② 의사결정과정론과 사회심리학적 접근방법을 개발하였다. 행태론은 행정을 의사결정과정의 연속체로 파악하고, 의사결정을 둘러싸고 일어나는 권위, 갈등, 리더십, 동기부여 등에 관한 많은 과학적 이론 등을 사회심리학적 견지에서 연구·개발하였다.

③ 정치행정새이원론과 공사행정새일원론을 대두시켰다. 행태론의 대표적 학자인 사이먼은 정치와 행정을 연속체로 인식하면서도 연구방법에 있어서는 행정의 과학화를 위해서 가치판단적인 것과 사실적인 것을 구별하였다. 사이먼은 공행정과 사행정의 차이는 양적인 것으로 파악하였다.

(2) 한계

① 기술 및 과학적 방법에 치중한 나머지 연구대상과 범위에 제약을 가진다. 지나친 객관주의·조작주의·계량주의로 객관화할 수 없는 인간의 내면세계 등 주관적인 영역을 직접 다루지 못한다. 외부환경적 요인을 고려하지 못한 폐쇄적인 이론이다.

② 정책결정에는 대립적인 가치체계간의 선택을 할 수 밖에 없고 가치판단의 논리적인 배척은 비현실적이며, 가치중립적 입장은 절박한 사회문제를 처방하지 못하고 비현실적인 보수주의를 초래한다. 가치결정뿐만 아니라 수단을 선택하는 사실결정에 있어서도 가치판단이 개입된다.

③ 정치행정새이원론 및 공사행정일원론은 공행정의 특수성이나 행정의 공공성을 무시한다.

④ 합리성을 중시한 나머지 인간을 목표달성의 도구로 인식하는 수동적·원자적 자아관으로 인하여 인간의 능동적·주체적 측면을 간과하고 인간성의 상실을 초래한다.

> **개념더하기** 후기행태주의의 등장과 특징
>
> 1. 의의
>   후기행태주의는 행태주의가 지나치게 논리적 실증주의(Logical Positivism)와 논리적 경험주의(Logical Empiricism)를 과신했다고 비판하면서, 복잡한 사회문제 해결을 위해서 학문의 현실적합성과 행동을 강조하였다.
>
> 2. 특징
>   이스턴은 후기행태주의의 주요한 일곱 가지의 속성을 열거하면서 이들을 적실성의 신조라고 묘사했다.
>   (1) 본질이 기법에 우선해야 한다는 점을 강조하고 있다.
>   (2) 행태주의들이 역점을 두었던 사회 보존, 즉 점증적 변동을 통해 보수적 이데올로기를 강화해 왔는데, 후기행태주의는 이와 같은 이데올로기를 포기해야 한다는 주장이다.
>   (3) 행태주의는 정치 현실을 도외시한 채 실험실에서 이루어지는 분석과 같은 행위에만 몰두해 왔다는 것이다. 이런 점에서 후기행태주의는 실천성을 강조한다.
>   (4) 가치는 연구의 중심적 변수가 되어야 한다.
>   (5) 학자들의 지적 역할을 강조: 인간적 가치를 보호해야 할 책무가 학자들에게 있다.
>   (6) 지식인들이 사회 문제를 이해하고 그들 스스로가 이런 문제 속에 함께 속해 있다고 한다면, 지식인들은 행동으로 이를 해결하기 위해 무엇인가를 실천해야 한다는 것이다.
>   (7) 후기행태주의에서는 직업의 정치화가 필연적일 수밖에 없다는 입장이다.

1 생태론적 접근

1. 의의

(1) 개념: 행정이라는 것을 하나의 유기체로 파악하고, 그것을 둘러싸고 있는 환경이나 문화의 상호관계를 규명하려는 데 관심을 갖는 접근방법이라고 정의할 수 있다(개방적 접근, 행정을 환경의 종속변수로 인식, 거시적 접근).

(2) 도입 이유: 생태론에 대한 연구는 1950년대 기존의 미국 행정학 이론을 개발도상국(신생독립국)에 적용할 수 없는 것에 대한 의문이 제기되면서 시작되었다. 과거의 행정학 연구방법은 정태적인 제도중심의 기술적인 방법이어서 실제적인 문화·환경상의 행정현실을 밝혀내는 데는 여러 가지 제약이 있다.

2. 내용(생태론의 연구에서 가장 중요한 변수는 환경*이다)

(1) 행정현상을 자연적·사회적·문화적 환경상황과 관련시켜 이해하려 한다. 행정의 내용이나 운영은 행정 외적인 요인들에 의해서 영향을 받고 결정된다는 것이다.

(2) 행정의 외적인 것을 통해서 행정을 이해하기 때문에 보다 포괄적이고 종합적인 설명이 가능하게 된다. 여기서 비교행정학자들은 후진국의 행정을 이해하기 위해서 문화·전통연구의 초점을 둔다. 이때 환경론적 접근은 후진행정의 변칙적인 현상에 대한 설명을 가능하게 한다.

(3) 행위자의 수준보다 종합적 행위의 수준에서 행정을 설명한다. 즉, 미시적보다 거시적인 설명을 한다.

(4) 행정현상을 행정과 주위의 세력 간의 상호작용의 관계로 인식한다. 따라서 연구의 초점을 현상과 현상 간의 상호인과관계의 설명에 두기 때문에 처방적인 설명을 싫어한다.

3. 리그스(F. Riggs)의 생태론

(1) 의의 및 내용: 리그스는 문화횡단적 비교연구를 위하여 크게 농업사회와 산업사회라는 두 개의 사회로 나누고(사회이원론), 이 두 가지 사회모형을 기반으로 하여 새로운 이념형인 융합사회(Fused Society)와 분화사회 및 그 중간사회인 프리즘적 사회를 제시하였다(사회삼원론). 또한 그는 프리즘적 사회의 행정제도를 설명하고 있다.

농업사회와 산업사회의 행정행태상의 차이를 비교하기 위하여 문화적 배경 내지 환경적 변수를 다음과 같이 제시하였다.

---

* 행정에 영향을 미치는 7가지 환경

① 국민(People), ② 장소(Place), ③ 물리적 기술(Physical Technology), ④ 사회적 기술(Social Technology), ⑤ 욕구(Wishes)와 이념(Ideas), ⑥ 재난(Catastrophe), ⑦ 인물(Personality)

① 리그스(F. Riggs)의 사회이원론

환경변수	융합사회	분화사회
정치체제	• 정치권력의 근거는 천명 • 형식적 권력 < 실질적 권력	• 정치권력의 근거는 국민(주권재민) • 형식적 권력 > 실질적 권력
경제적 기반	자급자족적 경제체제, 폐쇄경제	시장경제, 상호의존적인 교환경제
사회구조	• 혈연적 · 개별적 사회구조 • 1차 집단 중심	• 기능적 분화와 실적 중심 • 2차 집단 중심
이념	육감 · 직관에 의한 인식이 지배적, 지식의 단일성	경험적 방법에 의한 인식 중시, 지식의 다양성, 평등성, 개인주의
의사전달	미약, 상의하달 중심	의사전달 원활(유동성이 높음), 하의상달, 수평적 전달이 잘됨

② 사회삼원론 프리즘적 모형

구분	융합사회	프리즘사회	분화사회
사회구조	농업사회	과도사회(전이사회) 굴절사회	산업사회
국가발전	후진국가	발전도상국가	선진국가
행정인	자유사상가	인텔리겐처	지성인
관료제모형	안방모형 공사 미구분	사랑방 모형 공사 구분과 미구분 혼재	사무실 모형 공사의 구분

빛	프리즘	
안방(Chamber)	→ 사랑방(Sala)	→ 사무실(Office)

개념더하기 ▶ 프리즘사회의 개념

1. 사회삼원론
   리그스(F. Riggs)는 사회삼원론을 제시하며 후진국의 행정행태를 사회문화적 맥락에서 파악하였으나 환경을 강조한 나머지 행정의 독자성을 간과하여 행정을 환경에 대한 종속변수로 취급하였다.

2. 프리즘사회
   모든 것이 굴절되어 외형(구조)과 실제(기능)가 일치하지 않는 사회를 말한다.

3. 사랑방 모형
   스페인어로 사랑방을 의미하는 살라(Sala)인 미분화된 사회인 안방과 발전된 사회인 사무실과의 중간 단계를 말한다. 헤디(Heady)는 사랑방 모형이 서비스의 불공평한 배분, 제도화된 부패, 법규 적용의 비능률성, 정실주의, 자기방어 동기에 의해 지배되는 관료, 공식적 기대와 실제행동 간의 두드러진 차이 등의 특징을 지닌 것으로 간주한다.

(2) 프리즘사회의 특징

① 가격의 부정가성으로 정찰가격이 없고 거래를 할 때 개별 가격을 부여하거나(Bazzar), 불확정 가격이 개인이 아닌 집단에 적용되는 집단 간 거래형태(Canteen)가 나타난다.

② 다분파성으로 씨족적 · 지역적 유대관계에 의해 결속되는 공동체가 존재하여 자주 상호 간의 대립투쟁이 시작되었다.

③ 전통적 요인과 현대적 · 분화적 특징이 혼합됨에 따라 이질성이 나타난다.

④ 공식적으로는 기능이 분화되어 있지만 실제로는 기능이 분화되어 있지 않는 부분도 있어 기능이 중첩되어 있다.

⑤ 전통적 규범과 현대적 규범이 공존하면서 그때그때 상황에 맞는 규범을 적용하면서 가치규범의 이중화(다규범성, 이기주의적 무규범성)가 나타난다.

4. 생태론적 접근의 공헌과 한계

(1) 공헌

① 행정을 문화와 환경의 테두리에서 고찰함으로써 행정은 어떤 국가나 시대를 막론하고 보편적인 특성을 갖는다는 견해를 넘어 행정이 문화적 환경의 차이, 시공의 차이에 따라 특수성을 지니고 있음을 파악케 하는 중요한 지적 도구를 제공해주었다.

② 후진국의 행정현상을 설명하는 데 크게 기여하였다.

③ 행정의 거시 · 보편적 이론보다는 중범위 이론의 구축에 기여하였다. 즉, 생태론적 접근법은 정치, 경제, 사회, 문화적 환경의 특성을 고려한 행정연구를 가능하게 함으로써 각 행정체제의 특수성을 규명할 수 있는 틀을 제공했다는 점에서 높은 평가를 받고 있다.

(2) 비판

① 결정론적 견해(Deterministic)를 취하며, 특정사회의 행정행태는 문화적 환경요인에 의하여 수동적으로 결정된다는 입장을 취하고 있다(행정과 그 환경의 관계를 정태적인 균형관계를 유지하는 체제로서 보았을 뿐 일정한 정향을 갖는 동적 체제로 보지 않았기 때문에 역동적인 발전을 논할 수가 없다).

② 행정은 환경에 의하여 영향을 받고 그 특징이 결정된다고 보기 때문에, 신생국의 발전에 대하여 숙명론적 관점을 취한다.

③ 환경이 행정에 영향을 끼칠 때 어느 요소가 어떤 방법으로 얼마만큼의 영향을 끼쳤는가를 분리해서 설명하기가 어렵고, 거시적이기에 미시적 단위에는 소홀하며 행정자체의 독자성과 논리에 대해서는 관심을 기울이지 않고 있다.

2 체제론적 접근

1. 체제론적 접근의 의의

(1) 개념

① 체제란 어느 정도의 독립성과 자기의 경계를 유지하면서 다른 대상이나 부분 및 요소들과 상호의존 · 상호관계 · 상호작용하는 전체, 집합 혹은 실체라고 할 수 있다.

② 체제이론이란 체제라는 개념을 기반으로 연구대상이나 해결해야 할 문제에 접근하는 방법을 말한다.

③ 체제론적 접근은 공동목표를 달성하기 위한 여러 관련 부분들의 상호관계를 이해하고 분석하는 데 유용한 분석도구이다.

④ 행정학에서 체제론적 접근방법은 사회전체를 하나의 체제로 보고 그 하위분야(정치, 경제, 행정)를 다시 하위체제로 보면서 모든 행위를 사회체제와 하위체제 간의 관계 속에서 파악하려는 접근법이다.

(2) 체제이론의 모태

① **체제이론의 모태로서 기능주의**: 기능주의는 전체론적 전통을 지지하는 입장을 취한다. 전체론은 개인의 행태와 상호작용의 측면에서는 전혀 설명될 수 없는, 좀 더 큰 실체에 분석적 우위성을 부여하는 시각이다. 기능주의적 사회학은 사회의 관념을 사회 체제로 전환시켰으며, 기능주의적 사회학에서 분석의 핵심이 되는 용어는 구조와 기능이다.

② **체제이론의 모태로서 일반체제이론**

   ⊙ 일반체제이론은 생물학에서 발전된 것으로서, 과학의 통합과 과학적 분석을 목표로 1920년 버탈란피(Ludwig Von Bertalanffy)에 의해 창시되었다.

   ⊙ 일반체제이론은 학문들이 제각기 폐쇄적으로 구획되어 있을 뿐만 아니라 학문 간의 교류가 차단되어 있어 이에 따른 불필요한 중복 연구가 발생하자 이를 지양하기 위해 시작되었다.

   ⊙ 결국 일반체제이론은 종전에는 간과되었던 사물을 바라보는 하나의 방식으로서 현실에 대한 일반적 측면에 관한 모형이라고 할 수 있다.

(3) 체제론적 접근방법의 전제

총체주의적 관점 **(전체성의 시각)**	체제는 구성부분들의 단순한 합계와는 다른 또는 그 이상의 특성을 지닌다는 전제하에 총체에 대한 거시적 분석을 시도한다.
목적론적 관점	모든 존재는 목적을 가지도록 설계되었거나 목적을 가진 것으로 본다.
계서적 관점	하위의 단순체제는 복잡한 상위의 체제에 속한다고 이해한다.
시간중시의 관점	체제들은 시간선상에서 변동하되 동태적 안정상태를 유지한다.

2. 체제이론의 특징과 기능

(1) 체제이론의 특징

① **분화와 통합**: 체제는 여러 하위체제로 구성·분화되며(분화성) 그들은 공동 목표하에 상호의존관계를 띠며 상호 조정·통합 된다.

② **환경과 상호작용**: 환경-투입-전환-산출-환류과정을 거쳐 환경과 상호작용을 한다.

③ **경계성과 균형성**: 하나의 체제는 경계(칸막이)라는 개념에 의해 다른 하위체제나 환경과 구별되며, 투입과 산출을 통해 환경과 균형을 유지한다.

④ **개방적 관점**: 체제는 환경과의 상호작용이 없는 폐쇄체제와 환경과 상호작용하는 개방체제가 있으며 현대체제는 개방한다.

⑤ **전체론적 인식**: 체제는 부분이 아닌 전체론적 해석이며 공동목표를 지닌다. 구성요소(하위체제)간의 단순한 무질서적 집합이 아닌 생명력을 가진 통일적 유기체이며 움직이는 질서와 안정성을 가진 집합체로 인식한다(백완기). 개방체제는 전체를 부분으로 쪼개어 부분적 구조와 기능간 관계를 통하여 전체를 이해하려는 선형적 인과관계(방법론적 개체주의)를 부정하고 정체적 통합관계를 연구하는 전체성을 중시한다.

⑥ **부정적 엔트로피와 부정적 환류**: 체제는 환경으로부터 에너지를 받고(투입) 체제 스스로 가치와 규범을 재생산(체제유지)함으로써 엔트로피의 증가를 막는(엔트로피를 낮추는, '부'의 엔트로피를 증가시키는) 작용을 한다.

⑦ **동적 균형 및 동적 항상성 추구**: 개방체제는 환경과의 불균형을 해소하기 위하여 부단히 동태적 적응을 하면서 에너지의 투입과 생산물의 유출을 계속하지만 체제의 특징은 불변한다.

⑧ **등종국성(Equifinality):** 상이한 시작조건과 진로를 통하여도 결국에는 동일한 최종 성과를 나타낸다는 것으로 최선의 유일한 문제해결 방법은 없다는 현대적 상황적응론적 인식(동일귀착성)이다.

⑨ **구조적 동질성(Isomorphism):** 개방체제는 다양한 환경에 적응할 수 있도록 내부의 구조나 기능 또한 환경에 적합하게 다양성을 유지할 것이 요구된다.

(2) 체제이론의 기능: 파슨스(T. Parsons)의 AGIL모형

체제는 언제나 균형 상태(Equilibrium)에 머물러 있으려고 할 뿐만 아니라, 환경과의 균형을 투입과 산출 기능에 의거해서 유지하려고 한다. 이 같은 특성을 지닌 체제는 다음과 같은 기능을 수행한다.

체제의 **적응 기능** (Adaptation)	체제가 환경으로부터 인적 · 물적 자원과 정보 자료를 획득하고 그것을 가공해 배분하는 기능
체제의 **목표달성 기능** (Goal Attainment)	체제가 추구하고자 하는 목표가 무엇인가를 설정하고 이를 달성하기 위해 환경으로부터 조달된 모든 자원을 체계화하고 활용함으로써 목표를 구체화하는 기능
체제의 **통합 기능** (Integration)	체제를 구성하는 여러 하위 체제 및 구성 요소의 활동을 조정 · 통합하는 기능
체제의 **유지 기능** (Pattern Maintenance)	체제가 기본적인 유형을 유지하고, 자신의 가치와 규범을 계속적으로 창조 · 재생산해 가는 기능(해체소멸 방지 → 부정적 엔트로피)

3. 행정체제모형(샤칸스키, Sharkansky)

정치 · 행정현상에 대한 체제적 접근방법의 도입은 부분들의 유기적 관계를 규명하는 길잡이 역할을 한다. 가장 대표적인 모형으로는 이스턴(Easton)의 정치체제모형과 샤칸스키의 행정체제모형이 있다.

[행정체제의 모형]

투입(Input) → 전환(Conversion) → 산출(Output)

환류(Feedback)

[개방체제로서 행정체제의 구성요소(Sharkansky)]

구분	내용
환경(Environment)	• 정책에 의하여 혜택을 받는 수익자, 고객 • 물자아 서비스 가격 • 경쟁조직 / 수혜자 / 이익집단 / 공중, 국민
투입(Input)	• 정책에 대한 요구 • 자원의 제공 • 행정인의 행동에 대한 지지와 반대, 무관심 등
전환(Conversion)	• 행정기관의 공식적인 구조 • 행정인이 결정을 내릴 때 따르는 절차 • 행정인의 개인적 경험과 성향
산출(Output)	• 정책, 행정규칙, 물자와 서비스 • 환경으로부터 투입을 받아 전환과정을 친 결과물
환류(Feedback)	• 행정개선, 행정통제, 행정개혁, 행정책임 • 기존의 결과물을 수정하거나 새로 투입

4. 체제론적 접근의 특징

(1) 총체주의적 관점: 거시적 분석. 전체는 부분의 총합 이상이라는 관점의 접근

(2) 목적론적 관점: 모든 체제는 목적을 가진 것으로 봄

(3) 계서적 관점: 하위의 단순 체제는 복잡한 상위의 체제에 속한다고 이해함

(4) 시간 중시의 관점: 체제들은 시간 선상에서 변동하되 동적 안정상태를 유지함

(5) 추상적 관념적 관점: 모든 과학을 하나의 접근으로 통합시키려는 관점의 일반적 모형

(6) 연합 학문적 관점: 학제적 성격(정치학, 사회학, 행정학 등)

5. 체제론의 공헌과 한계

(1) 공헌

① 거시적으로 전체를 보며, 그를 구성하는 부분 간의 상호의존성 분석에 기여

② 체제의 기능은 어느 체제에나 보편적으로 존재하는 것이므로 비교연구의 일반적 기준을 제시함으로써 신생국 행정체제의 비교연구를 위한 비교행정론의 발달에 기여

(2) 한계

① 현상유지적이어서 변화를 설명하기 곤란하며 정태적·균형적 성격을 띠게 되어 정치·사회의 변동을 충분히 설명할 수 없다(보수적 관점).

② 체제 기능의 연구에 중점을 두고 있으나 기능의 성질이나 하위체제 간의 구분·비중을 밝히기 어렵다.

③ 특수한 인물의 성격·개성·리더십 등이 큰 비중을 가지는 경우 이를 과소평가하기 쉽다(미시적 측면 간과).

④ 상위체제의 유지는 하위체제 간의 균형을 통해 가능하므로 균형유지를 추구하는 이론이라고 할 수 있다. 따라서 사회개혁을 위한 불균형적 전략의 도입이 불가능하다(후진국보다는 선진국에 적용).

⑤ 체제가 주도권을 쥐고 발전의 주도적 역할을 하는 현상에 대해서는 설명을 못하고 있다.

⑥ 체제이론에 따르면 사회과학에서 사용하는 많은 추상적 개념을 객관적이며 실재적인 생물학적 구조와 기능을 가진 실체인 것처럼 이해하기 쉽다.

---

3 비교행정론

1. 개념

비교행정은 여러 국가의 행정체제와 행태를 비교연구함으로써, 일반성 있는 이론 정립과 행정 개선을 위한 전략을 추출해 내려는 학문적인 노력이라 할 수 있다.

2. 발전 배경

(1) 제2차 세계 대전 후 식민 통치를 받던 많은 국가들이 새로 독립 → 미국과 소련의 냉전 → 원조사업 실패 → 신생국 내지 후진국의 행정에 관한 경험을 가진 학자들이 늘어남 → 비교행정연구 활성화

(2) 포드재단의 지원을 받은 비교행정연구회의 활발한 활동이 비교행정론의 발전에 기여하였다.

3. 비교행정연구를 위한 접근 방법

비교행정연구는 각국의 국가적 · 사회적 특수성을 초월해 행정체제를 비교할 수 있으며, 또한 권력과 제도 간의 인과 관계에 대한 경험적 이론의 구성을 가능하게 하는 모형을 필요로 한다.

여기에서는 리그스(F. W. Riggs)와 헤디(F. Heady) 그리고 헨더슨(K. M. Henderson) 등이 제안한 접근 방법들을 제시한다.

(1) 리그스가 제안한 접근 방법

규범적 접근 방법: 이념, 가치전제	→	경험적 접근 방법: 사실
개별적 접근 방법: 특정사례		일반 법칙적 접근 방법: 행정일반
비생태적 접근 방법: 환경배제		생태적 접근 방법: 환경고려

(2) 헤디가 제안한 접근 방법

수정된 전통적 접근 방법 (Modified Traditional Approach)	행정학의 일반적 주제들을 비교론적 관점에서 다루거나 서구 행정의 조직과 제도를 서술적인 방법으로 비교하고 고찰
발전 지향적 접근 방법 (Development Oriented Approach)	발전 목표의 달성을 위한 행정적 필수 요건이 무엇인가에 관심을 두고 연구
일반체제론적 접근 방법 (General System Approach)	유형(Typologies)과 모형(Model)의 형성에 더 많은 관심을 가지고 문화횡단적이며 포괄적인 이론 구성을 시도하고자 하는 접근(구조-기능분석, 투입-산출 체제분석)
중범위론적 접근 방법 (Middle Range Theory Approach)	일반체제이론모형이 지나치게 포괄적이고 추상적이어서 연구 대상을 좁혀 집중적으로 연구하는 것이 좀 더 효과적일 것이라는 입장(베버의 관료제모형)

(3) 헨더슨이 제안한 접근 방법

관료체제적 접근 방법 (Bureaucratic System Approach)	관료제와 정책에 초점을 두고 비교행정을 연구
투입-산출체제 접근 방법 (Input-Output System Approach)	시민의 요구와 지지가 체제에 투입되어 산출(정책)로 나타나는 관계를 연구
구성 요소 접근 방법 (Component Approach)	각국의 행정조직 · 예산 제도 · 행정위원회 · 일선행정기관 등 행정을 구성하는 요소들을 비교
발전적 접근 방법 (Development Approach)	헤디가 제안했던 발전 지향적 접근 방법과 동일
조직이 비교연구	가국의 관료제나 공기업을 비교하는 것뿐만 아니라, 공장 · 노동조합 · 병원 · 연구기관 등과 같은 조직을 비교

개념더하기   일반적인 비교 접근 방법

비교행정을 연구하기 위해 필요한 이론모형으로는 여러 가지가 있을 수 있으나, 일반적으로 가장 많이 사용되는 모형이나 접근 방법으로는 체제론적 접근 방법(General System Approach), 일반법칙적 접근 방법(Nomothetic Approach) 그리고 중범위이론적 접근 방법(Middle Range Theory Approach) 등을 들 수 있다.

4. 비교행정론의 공헌과 한계

(1) 공헌

① 미국 중심의 국내 행정 영역을 외국으로 확장함으로써 행정이론의 지평을 확대하였다.

② 제2차 세계 대전 이전까지는 연구방법상 다른 국가와의 비교연구가 주로 제도론적 접근 방법에 의존했던 데 반해, 상대적으로 기능적 접근 방법 등으로 전환함으로써 비교를 위한 합리적·과학적 기준을 제고하는 데 기여하였다.

③ 비교행정은 이전까지 행정의 특수성이 강조되어 오던 학문적 분위기를 반전시켜 보편적 행정이론의 구축을 모색하였다.

(2) 한계

① 독자적인 연구대상을 획정하기가 어렵다(비교정치론과 중복되는 부분이 많다).

② 비교행정연구에서 편견이 개재되기 쉽다(서구 선진국들의 행정체제를 무조건 발전된 형태로 보는 편견).

③ 비교행정의 연구대상을 어떤 차원으로 설정할 것인가의 문제가 있다(비교연구의 대상을 어떤 차원까지 확대해서 검증을 시도할 것인지는, 이론의 일반화와 실용화라는 두 측면에서 일종의 딜레마).

④ 비교행정연구회의 구성이 순수학자 중심이어서 실제와 유리된 상아탑의 성격을 벗어나지 못했고, 연구결과도 행정 현장에 별로 도움이 되지 못한다.

4 발전행정이론

1. 발전행정론의 개념 및 등장배경

(1) 개념

① **발전의 개념**: 발전이라는 개념은 매우 다의적으로 사용되고 있으나, 일반적으로는 현재보다 더 나은 바람직한 상태로의 변화를 의미한다.

② **발전행정의 개념**: 발전행정이란 국가 발전을 이룩하기 위한 국가의 모든 발전사업을 행정이 주도적으로 수행하며, 또한 그러한 역할과 기능을 수행하기 위해 자체의 능력 내지 역량을 발전시키는 것을 의미한다(발전사업의 관리＋행정의 발전).

(2) 발전행정이론의 등장: 1950년대의 기능주의에 입각한 비교연구는 출발과는 달리 보수성과 비실용성을 띠게 됨 → 신생국의 변화 발전을 촉진시키려는 변혁담당자들에게 유용한 지식을 제공 하지 못함 → 1960년대에 들어서면서부터 이에 대한 비판이 제기됨(정태성) → 정책적·규범적이며 동태성을 띤 행정연구의 필요성에 따라 발전행정론이 등장함

2. 발전행정의 특징

발전행정에서는 환경을 의도적으로 개혁해 나가는 행정인의 창의적·쇄신적인 능력을 중요시한다. 또한 행정을 독립변수로 간주해 행정의 적극적 기능을 강조한다.

(1) 정책결정 기능: 발전행정은 정치·행정이원론 대신 정치행정일원론의 입장을 취하고 있다. 따라서 행정을 국가 발전 목표의 달성을 위한 정책과 계획의 수립·집행 과정으로 파악하며, 행정인의 정책결정 능력 향상을 중요시한다.

(2) 효과성의 중시: 발전행정은 발전사업의 목표달성에 치중하므로, 추구하는 행정이념으로서 목표달성도를 의미하는 효과성을 중시한다.

(3) **발전행정인의 역할 강조**: 발전행정에서는 발전 지향성·창업가정신·성취 욕구를 가진 행정인의 독립변수적 역할을 강조한다.

3. 발전행정의 접근 방법

(1) **행정체제적 접근 방법**: 국가 발전을 위해 근대적인 행정구조나 관료제가 선행되어야 한다는 점을 강조한다.

① **균형적 행정발전형**: 행정 전반에 걸친 동시적·전면적인 발전 전략으로, 애플비(P. Appleby) 등이 취하는 입장이다.

② **불균형적 행정발전형**: 특정한 주요 국면의 행정 발전을 우선적으로 추진하고, 그것을 기반으로 하여 전체적인 발전을 도모하자는 관점이다.

(2) **사회체제적 접근 방법**: 행정체제는 사회체계를 구성하는 하나의 하위체계로 보고, 다른 하위 체제와의 상호 관계를 중요시하는 입장이다.

① **균형적 사회발전형**: 모든 체제가 함께 발전해야 된다는 입장으로 리그스(F. Riggs)와 파이(R. Pye)가 주요 학자이다.

② **불균형적 사회발전형**: 행정체제가 주도적인 역할을 하여 다른 분야의 발전을 유도해야 한다는 입장으로 와이드너(E. W. Weidner)와 에스만(M. J. Esman)이 주요 학자이다.

4. 발전행정론의 공헌과 한계

(1) **공헌**

① 발전행정이 군부독재의 정당화에 동원되기는 했지만, 그래도 발전행정론은 개발도상국의 국가 발전을 위해 현실적인 전략이나 정책을 개발하는 데 크게 기여했다.

② 이론적인 측면에서 발전행정은 조직의 기관 형성이나 관료의 의식 구조 등을 모형으로 체계화함으로써 발전모형을 구축하는 데 기여하였다.

(2) **한계**

① 발전행정은 주관적·규범적 성격으로 인해 과학성이 결여되고 경험적 검증을 거친 이론이 드물다.

② 발전은 가치판단의 문제로서 그 개념이 다의적이고 모호해 서구문화와 서구식 가치 위주의 발전 개념이 우선될 우려가 많다(서구적 편견).

③ 개발도상국의 관료제는 대규모의 피라미드 조직과 권력을 가지고 정치적 기능까지 담당하는 경우가 많아 정치 발전을 저해하기 쉽다는 점을 들 수 있다(행정의 독재가능성).

④ 발전행정은 필연적으로 정부 기능의 확대를 초래하기 때문에 행정기구·예산·공무원 수를 지나치게 팽창시키게 된다(행정기구의 비대화).

⑤ 목표달성을 강조하므로 외형적인 목표달성에 주력해 행정의 형식화가 될 수 있다.

⑥ 사회복지와 민주화보다는 자원 분배에 치중하게 되어 공정성·형평성의 문제를 초래하기 쉽다.

⑦ 발전행정은 발전목표 달성과 체제의 산출(정책이나 계획)에 지나치게 치중하여, 정책결정의 참여와 관련되는 투입 기능이 소홀하게 다루어질 수 있다.

비교행정론과 발전행정론의 비교

구분	비교행정론	발전행정론
이념	보편성 · 일반성 · 능률성 강조	특수성 · 전문성 · 효과성 강조
이론적 성향	균형이론(정태적 · 보수적)	변동이론(동태적 · 쇄신적)
행정인 자질	지식과 정보	발전 지향성과 쇄신성
방법론	기능주의	실용주의
시기	1950년대	1960년대
이론관계	두 이론은 어떤 면에서 상호 독립적인 측면이 있으나 비교행정이론은 이론적으로 발전행정이론을 위한 중간 역할을 했다고 볼 수 있다.	

04 행정학으로서의 행정학(1970년대)

1 신행정이론(NPA; New Public Administration)

1. 의의

(1) 신행정이론의 개념

① 신행정이론의 개념은 다양하지만 여러 학자들의 개념을 종합해보면, 무엇보다도 규범적 이론을 추구하면서 적절한 규범적 가치를 확인하고 그 가치의 실현을 위한 정책적 수단으로써 변동을 강조한 이론(정통이론에 반발한 이론)이다.

② 신행정학은 행태론의 논리실증주의에 대해 과학적 지식을 사회문제 해결에 적극 활용하지 못했다며 비판하는 입장을 취했다. 1960년대 말 미국 사회의 격동기 때 발생한 절박한 사회문제를 해결하기 위하여 현실적합성과 실천성, 참여를 통한 형평성의 추구를 중시했던 이론이다.

(2) 신행정이론의 등장 원인

① 이론적 측면에서의 등장 원인: 기존의 지배적 행정이론이었던 비교행정론과 행태주의가 지닌 이론적 적실성의 한계에 대한 반발 → 후기행태주의 열풍은 학문의 과학화를 위한, 지나친 행태적 접근이나 계량적이고 몰가치적인 학문적 노력의 당위성에 대해 제동을 걸게 된다(가치개입 강조).

② 현실적 측면에서의 등장 원인(격동기 사회)

㉠ 1960년대와 1970년대 초에 걸쳐 확산되기 시작한 정부와 행정에 대한 불신 분위기는, 새로운 가치영역의 인정과 그에 대한 관심의 환기를 가져오게 했다.

㉡ 이에 따라 소장 학자들을 중심으로 행정에 대한 새로운 인식 전환과 계량적 접근이 지닌 몰가치성의 한계에 대한 공감대 형성, 그리고 변화를 수용할 수 있는 새로운 학문적 체계를 집대성해야 한다는 필요성이 자연스럽게 제기되기 시작했다.

격동기 사회

베트남전의 개입과 확전에 따른 국민적 합의의 도출 실패, 도시 폭동과 인종 차별, 소득불균형의 심화 등 격동의 상황 (Turbulent Field)이 벌어졌다. 그리고 이 같은 문제들을 해결하고자 1965년부터 시행되기 시작한 존슨(L. B. Johnson) 행정부의 위대한 사회(Great Society) 프로그램이 하나의 장밋빛 환상으로 끝남에 따라 정부와 행정에 대한 국민들의 불신과 실망이 증폭되었다.

2. 신행정이론의 전개 과정

(1) 미국이 안고 있는 심각한 도시 빈민의 문제, 인종 분규의 문제 등과 연계된 분배적 정의 문제를 해결하고자 왈도(D. Waldo)를 구심점으로, 소장 학자들의 시대가 요구하는 새로운 패러다임 정립을 위한 제1차 미노브룩 회의를 1968년에 개최하고, 왈도(Waldo), 프리드릭슨(H. George Frederickson), 마리니(F. Marini), 페이지(R. S. Page) 등이 참여했다.

(2) 행정의 정체성 위기(Identity Crisis) 문제를 제기하면서, 이에 대한 새로운 대안으로 사회적 형평성, 인본주의적 철학, 적실성 있는 행정연구, 사회 변동에의 대응성 등을 강조하는 규범적 이론을 중심으로 한 새로운 방향을 설정하였다. 마리니(Marini, 1971)는 미노브룩 회의의 중요한 주제가 현실적합성, 후기실증주의, 소용돌이 환경에의 적응, 새로운 형태의 조직, 고객 중심의 조직이라고 정리하고 『신행정학을 지향하며』라는 저서를 발표했다.

3. 신행정이론의 내용과 특성

(1) 신행정이론의 특성

① 규범적 측면에서 본 신행정이론의 특성(정치행정일원론)

㉠ 규범적 성격(사회병폐를 구제하기 위해): 가치중립적인 입장을 취한 행태이론이나 절차적 중립성을 강조해 온 전통행정학을 비판하고, 행정이론이 추구해야 할 새로운 방향으로 규범적 성격을 강조하는 입장을 취했다.

㉡ 현실적합성(Relevance, 행정이론이 사회 문제에 대처하거나 또는 이를 해결할 수 있는 능력): 행정이론이 현실적합성을 높이려면 사회가 처해 있는 다양한 사회 문제들을 다룰 수 있어야 하며, 행정조직 또한 사회 문제들을 해결하기 위해 형태의 완벽함보다는 사회 변동에 적합한 융통성과 적응성을 갖도록 구성되어야 한다.

㉢ 사회적 형평성(Social Equality): 과거 정부기관으로부터 제공되는 행정서비스가 특정 집단이 지닌 접근능력에 의해 좌우됨으로써 불평등이 야기되었기 때문에, 행정이론이 앞으로는 행정서비스의 균등한 혜택을 보장할 수 있는 제도적 장치를 마련해야 한다는 것이다(사회적 약자 보호).

㉣ 변동의 강조: 사회적 형평성을 달성하기 위해 모든 부분에서 변화 내지는 변동이 촉발되어야 함을 강조한다.

신행정론이 변동을 강조한 이유

사회를 현재와 같이 유지해 나간다는 것은 결국 지배 계층에게만 유리한 환경을 그대로 조성하는 결과를 초래한다. 따라서 이같은 환경을 바꾸고 행정이 지배 계층의 예속을 벗어나기 위해서는 제도의 변동이 필요하다.
이런 측면에서 신행정이론은 변동의 한 방식으로 기존의 계층제와 관료제를 중심으로 하는 전통적 조직이론에 반발하면서, 분권화와 참여의 확대를 지향하는 반계층적 · 비관료제적 조직모형으로의 조직 개편을 주장하였다.

② 신행정이론과 전통행정이론과의 차별성

　　㉠ 가치 문제: 가치중립적인 입장을 취하고 있는 행태주의와 실증주의를 강력하게 비판 → 적극적으로 가치를 확인·창조하고, 이를 실현해야 한다는 후기행태주의(Post-Behavioralism)나 현상학적 그리고 실존주의적 입장을 취하고 있다.

　　㉡ 현실적합성: 기존의 행정이론들이 정치 체제의 현상 유지를 위해 최소 수혜 계층이 불평등한 차별 대우를 받고 있는 것을 묵과해 왔다고 비판 → 사회 정의의 차원에서 최소 수혜 계층에게 적실성 있는 행정이론을 모색해야 한다고 주장한다.

　　㉢ 사회적 형평성: 사회적 형평을 실현시킬 수 있는 정책수단, 조직구조, 관리방안들을 개발하여 적용해야 하고, 사회적 형평의 이념 및 방향이 행정이론과 실제는 물론 행정학 교육 및 공무원 교육에 반영되어야 한다고 강조한다.

> **개념더하기** 　신행정이론의 위치(다른 이론과의 관계)
>
> 기존 행정이론과의 관계와 관련해, 신행정이론이 지니고 있는 특성이 과거의 행정이론이나 규범들과 차별성이 있다고 해서 기존의 이론이나 규범들을 전적으로 부인하는 것은 아니다. 즉, 고전적 관료모형(Classical Bureaucratic Model)에서 강조되던 능률과 절약의 가치도 신행정이론에 포함되어 있다. 문제는 이러한 가치들 자체에 있는 것이 아니라, 이런 가치들을 성취하는 방법과 양태의 차이에 있는 것이다. 즉, 능률과 절약의 가치는 전통적 행정모형에서 취하고 있는 계층제, 관리통제, 권위 그리고 집권화와 같은 방식을 통해서만 성취되는 것이 아니다. 대신 느슨한 통제, 느슨한 관료제, 그리고 탈권위주의적 리더십에 의해서도 실현될 수 있다는 점이다. 즉 신행정이론은 능률과 절약과 같은 전통 행정학에서 강조되었던 가치들의 중요성을 부인하는 것이 아니라, 단지 능률적이고 절약하는 정부라 할지라도 여전히 빈곤과 불평등과 불의를 갖고 있을 수 있음을 강조하고 있는 데서 그 중요성을 찾을 수 있다. 그래서 신행정이론은 공공 서비스의 윤리적 차원에서 사회적 형평성의 중요성을 어느 이론에서보다 더 강조하고 있다.
>
> 3대 이념(3E): 사회적 형평성(Equity) > 효과성(Effectiveness) > 능률성(Efficiency)
>
> 이외에도 인간관계모형(Human Relations Model)과 공공선택모형(Public Choice Model)에서 강조하고 있는 근로자 만족, 개인 성장, 개인적 품위 유지, 시민의 선택과 같은 가치들도 신행정이론과 연관되어 있다. 결국 이러한 전통적 행정가치들은 사회적 형평성이라는 가치와 융합되면서 신행정이론의 모형을 이루고 있다고 할 수 있다.

4. 신행정이론의 공헌과 한계

(1) 신행정이론의 공헌

① 신행정이론은 가치 중립적이기보다는 규범적인 관점에서, 기술적이기보다는 처방적인 입장에서, 제도 지향적이라기보다는 고객 지향적인 행정과 행정학을 강조함으로써 전통 행정학의 패러다임에 비판을 제기하였다.

② 신행정이론이 강조하는 사회적 형평성의 가치는 전통 행정학이 소홀하게 다루었던, 행정이 추구해야 할 가치정향성에 일대 전환을 가져왔다.

③ 거대하게 비대화된 관료제 조직에 대한 재조명과 그에 대한 축소 지향의 처방 그리고 행정가치와 윤리의 문제를 제기한다.

(2) 신행정이론의 한계

① 가치주의는 아직 확립된 이론 축적과 연구를 결여하고 있다는 점에서 한계가 있다.

② 신행정이론이 1960년대와 1970년대의 시대 상황에 대한 인식에 기초한 이론이기 때문에 상황이 계속되지 않는 시점에서 신행정론자들이 주장한 내용들의 타당성에 의문이 있다.

③ 신행정이론은 완전한 의미에서 '새로운' 행정이론이기보다는 행정현상을 이전과는 다른 시각에서 접근하고자 하는 노력에 불과하다는 비판이 있다.

④ 대응성이나 시민 참여와 같은 가치들은 바람직하지만, 이런 가치들을 현실적으로 구체화시키는 데 많은 난관이 있음을 간과하였다.

2 현상학(Phenomenology, 現象學)

1. 의의

(1) 현상이란 인간의 인식대상과 의식의 관계에서 일어나는 경험적 서술을 의미한다. 현상학은 20세기 독일의 철학자 후설(E. Husserl)에 의해 일반철학운동으로 전개되었다.

(2) 사회적 행위의 해석에 있어서 이러한 현상 및 주관적 의미를 파악하여 이해하는 철학적·심리학적 접근법, 주관주의적 접근법(의식적 지향성 중시)으로, 실증주의·행태주의·객관주의·합리주의를 비판하면서 등장하였다.

(3) 형상에 대한 개인의 내면적 인식이나 지각으로부터 행태가 나온다고 주장하며, 이면에 내재된 동기나 의도에 대한 해석을 중요하게 생각했다.

2. 특징

(1) 인본주의 물화(物化)의 배격: 물상화(Reification)는 현상학의 주요 연구대상이다. 물상화는 인간의 주관적인 의지와 가치·목적성을 객관적인 형체에 몰입시켜 인간성 상실이 발생하는 현상이다. 즉, 수단이 목적이 되어 버리는 현상을 말한다. 현상학에서는 탈물상화를 위해서 간주관적으로 공유된 인간의 믿음과 상호작용에 대한 연구를 강조한다. 즉, 인간의 목표를 달성하기 위한 조직이 인간의 행위를 간섭, 통제하는 현실에서 인간소외, 인간성 상실의 원인을 밝히고 그 극복을 연구한다.

(2) 상호주관성·간주관성(Intersubjectivity) 강조: 사회현상에 대한 이해는 사람들 사이에 인식이 공유되는 상호주관성의 관점에서 이해되어야 한다. 즉, 현상과 사물에 대한 이해는 사람들 사이에 인식이 공유되는 부분을 연구해야 하며 이를 위해서는 상호주관성이나 감정이입, 열린 공간에서 자유토론을 강조한다.

(3) 행태가 아닌 행동연구(Action, Not Behavior): 행태에 대한 연구보다는 인간행동[Action=의도(동기)+행태]에 대한 연구를 주장한다. 하몬(M. Harmon)은 행동이론에서 인간행위의 가치는 그 행위 자체에 있는 것이지 그 행위가 야기하는 결과에 있지 않다고 주장하였다. 하몬은 행동의 과정을 중요하게 생각하며, 목적지향적인 과정이 아니라 문제의 본질을 구성원 간에 정확하게 이해하고 공유되며 상호 신뢰가 이루어지는 가운데 문제가 해결되는 과정임을 강조한다.

(4) 가치주의, 철학적 연구방법: 과학의 대상에서 제외되었던 도덕·철학도 생산적인 것으로 엄격한 경험과학으로 재정립이 가능하다고 주장하였다.

3. 현상학의 공헌과 한계

(1) 공헌

① 인간의 주관적 관념, 의식, 동기 등의 의미를 더 적절하게 다루고 이해할 가능성을 제시했다. 더 나아가 조직·사회현상 문제를 보는 데 있어 폭넓은 철학적 사고방식과 준거의 틀을 제공했다.

② 현상학은 인간행위에 대한 이해를 풍부하게 하여 연구의 적실성을 높일 수 있다. 또한 가치에 대한 연구를 강화시킨다.

③ 사회정의, 형평과 같은 규범성이 중시되는 신행정론의 이론적 바탕이 되었고, 행동지향적 행정인, 후기관료조직에 대한 교량적 역할을 하였다.

(2) 한계

① 지나치게 사변적이고 철학적이어서 주관적이고, 이해에 어려움이 있다.

② 현상에 대한 이해나 경험의 공유성을 강조하지만 공유의 범위를 확인하기 어렵다.

③ 행위의 목적과 의도를 중시하지만 구체적인 측정 · 관찰방법에 대해선 침묵한다.

④ 미시적 분석과 개별사례 연구로 인해 연구의 일반화 가능성이 낮다.

⑤ 인간행동의 많은 부분이 무의식이나 집단규범 또는 외적 환경의 산물이라는 점을 간과하고 있다. 즉, 의도적이지 않는 행동도 존재한다.

더 알아보기

현상학과 행태론의 비교

내용	현상학	행태론
접근방법	주관적 접근방법	객관적 접근방법
존재론	유명론(唯名論) 주관주의 · 내면주의	실재론(實在論) 객관주의 · 외면주의
인식론	반실증주의	실증주의
인간성	자발론적 자아(능동적 · 사회적)	결정론적 자아(수동적 · 원자적)
방법론	개개의 사례나 문제 중심	일반 법칙성
사회관	사회현상 ≠ 자연현상	사회현상 = 자연현상
설명의 초점	의도된 행동(Action: 주관적 · 내면적 의도)	표출된 행태(Behaivor: 객관적 · 외면적 모습)

개념더하기 하몬(Harmon)의 행위이론(Action Theory)

1. 의의

행정인의 능동적 자아가 사회적 신념체계에 의해 사회적 자아로 발전되는 과정을 설명한다.

2. 전제

자연과학과 사회과학을 구별하고, 행위의 의미 탐구하며, 능동적 인간을 전제로 하고있다.

3. 내용

하몬은 행위이론을 행정학의 한 패러다임으로 전제하면서 자아의 능동적 · 사회적 본성, 분석의 기초단위로서의 대면적 만남, 상호주관적 인식론이 그 핵심이 된다고 보았으며, 행정인이 행정현실을 경험적 사실로서만 인식해서는 안 된다고 보았다. 행위이론은 인간의 행위가 합목적적이고 의도적이며, 인간은 그들이 종사하고 있는 활동과 관련해서 그들 자신을 성찰할 수 있는 책임있는 행위자임을 암시한다. 또한 주체와 객체 간의 상호작용 과정을 통하여 조직은 창조되고 유지될 수 있으며, 행위지향적인 행정은 다른 개인들의 현실을 이해하고 공감할 수 있는 행위지향적인 개인들에 의해서만 가능하다고 본다.

3 비판이론적 접근

1. 비판이론의 의의

(1) 사회의 모습을 총체적으로 분석·비판하고 그것을 변화시킬 수 있는 것이 무엇인지 밝히려는 입장으로 특히 인간의 자율성을 억압하고 제약시키는 요인(관료제, 자본주의, 법률, 실증주의 등)을 밝히고, 의미 있는 인간생활을 설계하려는 철학운동이다.

(2) 칸트의 비판철학, 마르크스의 이데올로기 비판에 근거하여 1920년대 이후 독일의 프랑크푸르트학파 및 호르크하이머(Horkerimer), 아도르노(Adorno), 마르쿠제(Marcuse), 하버마스(Habermas) 등이 체계화하였다. 행정학에 있어서는 1970년대 후반 덴하르트(Denhardt), 던(Dunn) 등에 의하여 도입되었으며, 비판이성·해방이성의 맥락에서 행정을 이해한다.

2. 하버마스(Harbermas)의 인식론적 관점의 유형

이성의 유형	도구적·기술적 이성	실천적·해석적 이성	비판적·해방적 이성
의사결정방법	합리적 의사결정모형	직관적·초합리적 방법 적용	가치지향적·질적 대안 제시
지식의 목적	인간에 대한 통제	인간에 대한 이해(의미의 이해)	사회적 제약으로부터의 인간해방
사회적 실존의 차원	합목적 행위	소통, 간주관성	권력관계에 대한 비판적 통찰
해당 이론	실증주의(행태론)	현상학·해석학	비판과학

3. 비판행정이론의 가정

(1) 사회구조를 부인하고, 사회세계를 인간의식의 산출물로 보며, 사회실체를 구성하는 제도와 역할은 명목에 불과한 것으로 이해한다.

(2) 세계는 본질적으로 상대적이며, 연구대상과 직접 관련 있는 개인의 지각으로부터만 이해 가능하다(반실증주의).

(3) 인간에 대한 주의주의적 가정과 접근, 환경의 창조자인 능동적·자율적인 인간, 이성을 통한 인간의 자유실현 강조, 도구적 이성(행태론)에 대한 비판한다.

(4) 개별기술적 접근, 특정사례와 대상을 중심으로 접근한다.

(5) 공공영역이란 사회의 다양한 이익중추들이 사회의 규범적 의제정립과 관련된 대하에 침여하는 투내이다. 그런데 도구적 이성을 강조하고, 과학과 기술을 강조할 경우 공개적 논의는 필요치 않으며, 대중의 관여는 오히려 역기능적일 수 있다. 이와 같은 공공영역의 축소는 시민의 비정치화를 초래하게 된다(공공영역의 축소 비판).

4. 비판행정학의 기본개념

(1) **총체성(Totality)**: 사회는 고립된 부분이 아니라 전체적으로 연관된다(주관적·객관적 측면, 정치·경제·문화적 측면 등).

(2) **의식(Consicousness)·이성 중시**: 의식은 사회적 현상·상황을 규정하며 창조한다고 보며, 인간의 내면적 이성을 중시한다.

(3) **소외(Alienation)·극복, 인본주의**: 인간의 무력감, 고독, 물상화 등의 소외를 극복하려는 인본주의적 입장을 중시하고, 관료제가 인간소외에 미치는 영향과 원인을 규명한다.

(4) 비판(Critique) · 해방: 사회적 권력에 대한 획일화 · 타율화 · 절대화에 반대하는 비판적 이성의 회복을 통해 인간해방과 실존에 기여한다.

(5) 상호담론(相互談論): 왜곡 없는 자유로운 의사소통과 토론으로 참여배제, 인간소외, 권력과 정보의 비대칭성, 왜곡된 의사소통 등의 문제를 극복해야 한다고 주장한다.

5. 비판행정론의 공헌과 한계

(1) 공헌

① 관료제의 경직성과 비인간성 및 목표와 수단의 도치현상 등을 비판하고, 관료제와 조직의 병리와 개선책을 제시하였다.

② 비판론적 인식은 최근 소비자중심주의, 사회적 형평성, 작은 정부, 탈관료제화, 담론행정, 시민참여, 공공부문의 민간화, 거버넌스, 신공공서비스 등 후기산업사회의 행정개혁원리로 작용하였다.

(2) 한계

① 지나치게 비관적 · 부정적 시각에서 현실을 왜곡 · 과장되게 파악하였다.

② 전통적인 행정을 대체하여 시민의 자주적 결정을 보장할 수 있는 새롭고 구체적인 제도적 대안에 대한 설명이 미흡하였다.

05 | 제도에 관한 이론(1970년대 말~1980)

1 공공선택론[비시장적 의사결정(Non-Market Decision Making)의 경제학적 연구]

1. 개관

(1) 의의

① 민간부분에서 시장을 통하여 소비자의 선호가 전달되는 것처럼 공공부분에서는 정치적 과정을 통하여 국민들의 선호가 전달된다.

② 공공선택의 의미는 공공재의 생산에 있어서 그 의미를 파악할 수 있다.

③ 공공선택이론은 유권자, 정치가, 그리고 관료를 포함하는 정치제도 내에서 자원배분과 소득분배에 대한 결정이 어떻게 이루어지는지를 분석하고, 그것을 기초로 하여 정치적 결정의 예측 및 평가를 목적으로 한다. 이 장에서도 유권자(투표), 정치가, 그리고 관료들의 행동을 차례로 살펴본다.

> **개념더하기** 공공재특성에 관한 공공선택의 의미
>
> 공공재는 그 특성상 많은 사람들이 공동으로 소비한다. 따라서 공공재의 생산수준은 그것을 소비하는 사람들이 함께 결정해야 한다. 만약 공공재를 소비하는 사람의 수가 비교적 적다면, 그들은 함께 모여 가장 적합한 생산수준을 찾을 것이다. 이때 모든 사람들이 동일한 효용함수와 소득수준을 가지고 있다면 생산수준이나 그에 따른 비용분담에 대하여 쉽게 의견이 일치되겠지만, 현실적으로 효용함수나 소득수준이 같을 수 없으므로, 그들의 의견을 통합하여 최종적인 결과를 이끌어 내는 특정한 절차, 예를 들어 다수결에 의한 투표제도 같은 것이 필요하다. 그러나 다수결 투표는 시장과 달리 현시선호(Preference Revelation)의 문제와 문제의 해결을 위해서는 다수를 위해서 소수의 희생이 어느 정도까지 용납될 수 있는가에 대하여 기준이 있어야 하겠지만, 불행하게도 이러한 기준을 이끌어내는 데에는 가치판단이 개입될 수밖에 없다. 따라서 이 경우에는 경제학자들의 해박한 경제 지식보다는 정치가의 노련한 정치적 역량이 더 긴요할 수 있다. 이러한 면에서 공공선택이론은 경제학과 정치학의 접경지역에 위치하는 복합적인 성격을 가지고 있다고 할 수 있다.

(2) 등장배경

① 1963년 뷰캐넌(J. Buchnan), 털록(G. Tullock) 등 버지니아 학파가 집단적·정치적·사회적 의사결정과정에 경제학적 논리를 적용[1967년 공공선택학회지 『공공선택(Public Choice)』]

② 공공재나 외부경제와 같은 시장실패가 존재할 때 시장에 의해서 이루어지는 자원배분 상태는 비효율적이 되고, 이러한 비효율성이 정부 개입의 근거를 제공 → 정부의 정책결정이 정확히 어떠한 방식으로 이루어지는가에 관심이 증가하면서, 연구가 시작되었다.

③ 행정학에서는 1970년대 초부터 오스트롬(V. Ostorm)에 의해 논의 전개

(3) 특징

① 접근 방법: 방법론적 개체주의(Methodological Individualism)

    ㉠ 거시적 설명보다는 개인의 행동을 기본적 분석단위로 하여 정치·경제 및 행정현상을 분석한다.

    ㉡ 의사결정의 주체는 개인이지, 집단 그 자체는 선택행위를 할 수 없으며 정부·행정 기관 조직 등은 결정의 주체가 아니고 그 구성원인 개인만이 실제의 결정자라고 본다.

② 인간관: 경제적 인간(Homo Economicus) – 자기효용극대화

    ㉠ 정책결정에 참여하는 모든 개인(관료, 시민, 정치인)은 자기선호에 비춰 최고의 순이득을 가져올 대안을 선택하는 극대화전략(자기효용극대화)을 채택한다고 가정한다.

    ㉡ 관료도 더 이상 이타적인 존재가 아니라 경제인처럼 자신의 이익을 극대화하려 한다고 본다.

관료	관료의 (예산)이익극대화, 내부성[관료예산극대화(니스카넨, Niskanen), 최신기술에 집착, 정보획득과 통제]
이익집단	이익집단의 효용극대화, 포획현상, 철의삼각(하위정부), 지대추구행위
정치인	다운즈의 득표극대화모형(Vote Maximization), 중위투표자모형, 정치인의 단견(정책결정의 높은 시간할인율), 투표의 교환

③ 교환으로서의 정치(Politics as Exchange)

    ㉠ 사적재가 시장에서 교환이 이루어지는 것처럼 공공선택에서는 정치과정을 통해 공공재를 교환함으로써 정치인이나 관료는 자신의 이익을 추구한다. 즉, 정치작용도 일종의 교환이다.

    ㉡ 정치적 시장에서의 교환과 민간시장에서의 교환의 차이

민간시장에서의 교환	구분	정치적 시장에서의 교환
비용과 편익 일치, 교환 당사자에게 귀속	교환행위의 효과	교환에 참여하지 않은 제3자에게도 귀속, 비용 편익 불일치(외부효과)
가격에 의해 표명(명확)	선호표명	주로 투표에 의해 표명(왜곡가능성이 큼)
거래에 참여하는 모든 개인들은 균형 가격에서 자발적 합의	결정규칙	헌법과 법률에서 정한 규칙, 과반수 규칙, 2/3 규칙, 3/4 규칙 등 다양한 결정규칙 적용
한계비용과 한계편익이 일치하는 수준	결정의 특징	상호배타적인 대안 중에서 하나만을 선택하는 총괄적 결정의 성격

④ 재화와 용역의 공공성 및 정책의 파급효과(Spillover Effect): 공공정책은 공공재와 공공서비스를 사회에서 합리적으로 배분할 수 있는 수단이며, 하나의 정책이 다른 사회 전 분야에 직·간접적 영향을 미치기 때문에 이를 분석하는 정책분석기능을 중시한다.

⑤ 민주행정 패러다임: 능률성을 강조하면서도 민주성·대응성 중시, 고객 위주 행정

⑥ 기타 특징

  ⊙ 정치경제학적 접근

  ⓛ 연역적 이론

  ⓒ 정부실패의 원인을 설명하고 처방 제시

  ⓔ 의사결정권의 분산과 권위의 배분(지방자치 분권)

  ⓜ 공공서비스 공급장치의 다원화와 시장적 체제(경쟁체제) 강조

  ⓗ 동태화된 조직 중시

  ⓢ 지역 간 외부효과 극복을 위한 적정 공공재 공급구역 설정(공급구역 · 관할의 중점)

2. 투표이론

(1) 다수결투표제도에 의한 공공선택과정

① 의의: 다수결제도란 두 가지 대안 중에서 더 많은 표를 얻는 대안이 선택되는 제도를 의미한다.

② 다수결제도에 의하여 선택되는 균형: 다수결제도에 의하여 선택되는 균형이 어떠한 성질을 가지고 있는지 살펴보기 위해 세 명의 주민이 살고 있는 작은 마을에서 치안을 담당할 방범대원의 수를 결정하는 문제를 예로 들어보자.

[방범대원의 수에 대한 주민의 선호]

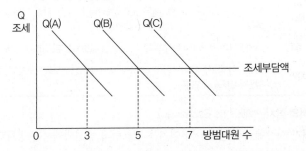

≫ Q는 방범대원에 대한 주민들의 한계편익을 나타낸다. 만약 한계편익이 조세부담액(한계비용)보다 크면 방범대원의 수가 증가할 때 순편익이 증가하고, 한계편익이 조세부담액(한계비용)보다 작으면 방범대원의 수가 감소할 때 순편익이 증가한다. 한계편익과 조세부담액이 일치하면 더 이상 순편익을 증가시킬 수 없으므로 순편익이 극대화된다. 따라서 주민 A는 세 명의 방범대원이 고용될 때, 주민 B는 다섯 명의 방범대원이 고용될 때, 주민 C는 일곱 명의 방범대원이 고용될 때 각자의 순편익이 가장 커진다.

[방범대원 수에 대한 주민들의 찬반 의사]

방범대원의 수	1	2	3	4	5	6	7
A	찬성	찬성	찬성	반대	반대	반대	반대
B	찬성	찬성	찬성	찬성	찬성	반대	반대
C	찬성	찬성	찬성	찬성	찬성	찬성	찬성
결과	가결	가결	가결	가결	가결	부결	부결

≫ 결론: 다수결에 의하여 결정되는 방범대원의 수는 다섯 명이 된다는 것을 알 수 있다. 즉, 다섯 명이라는 수는 그 어떤 수의 방범대원과 투표에 부쳐지더라도 다수결에 의하여 선택된다. 이렇게 다른 모든 대안에 대하여 다수결에 의하여 승리할 수 있는 안을 다수결투표제도의 균형이라고 정의한다.

출처: 노형규 · 원윤희, 『재정학』, 한국방송통신대학, 2013

(2) 중위투표자 정리(다수결투표제도의 균형)

① 중위투표자: 모든 투표자를 일정한 기준에 따라 나열했을 때 중간에 위치하는 투표자를 말한다(즉, 주민 B보다 더 많은 방범대원을 선호하는 주민의 수와 더 적은 방범대원을 선호하는 주민의 수가 한 명으로 같기 때문에 주민 B가 중위투표자가 된다).

② 중위투표자 정리: 다수결투표제도의 균형이 존재한다면, 그것은 중위투표자의 선호와 일치한다.

③ 정치적 의사결정에 대한 시사점

ⓐ 다수결투표제도가 다수를 행복하게 해주지는 못한다는 것이다. 오직 중위투표자만이 자신이 원하는 수준을 얻는다는 것이다(사례에서 다섯 명의 방범대원은 주민 A에게는 너무 많고 주민 C에게는 너무 적다).

ⓑ 중위투표자를 제외한 다른 투표자의 선호가 변할지라도 중위투표자의 선호가 그대로 있다면 투표 결과는 전혀 영향을 받지 않을 수 있다.

ⓒ 다수결투표제도의 균형이 개별투표자의 의견을 반영하지 못하므로 다수결투표제도에 의한 자원 배분이 비효율적일 수 있다.

ⓓ 양당제 하의 정치적 경쟁은 결과적으로 중위투표자의 환심을 사기 위해 서로 비슷한 합의 정치(Consensus Politics)를 도출하는 경우가 많다. 이 과정에서 득표극대화를 추구하는 정치인들은 선거구민의 의사를 충실하게 대변하기 위해 결국 중위투표자의 지지를 획득하는 방향으로 나아가야 한다(두 정당의 공약이 비슷해지는 이유).

(3) 투표의 순환

① 의의

ⓐ 다수결투표에 의할 때 투표의 균형점이 존재하지 않아 어떠한 결정도 이루어지지 않는 현상을 말한다.

ⓑ 순환현상을 초래할 수 있는 여러 개의 봉우리를 갖는 선호가 실제로 자주 나타나면, 다수결투표제도는 효과적인 공공선택기구로서 작동할 수 없다(다수결투표제도의 약점).

② 순환 사례

선호의 순위 \ 투표자	A	B	C
1	M	L	S
2	L	S	M
3	S	M	L

주민 A, B, C 세 사람이 새로 지을 학교 규모를 투표에 의해서 결정하기로 했다.

큰 규모(L), 중간 규모(M), 작은 규모(S)이며, 각각의 선호가 주어져 있다면 결국 다수결투표에 의하면 ① M: S=S 승리 ② S: L=L 승리 ③ L: M=M 승리, 즉 S는 M을 이기고 L은 S를 이기고 다시 M은 L을 이기므로 어느 것도 확실한 승자가 될 수 없다. 이러한 현상을 투표의 역설 혹은 다수결투표제도의 순환현상이라고 부른다.

③ 선호의 형태와 순환현상

ⓐ 단봉형 선호: 하나의 봉우리를 갖는 선호이다. 방범대원 결정과 관련된 사례[주민 A는 세 명에서, 주민 B는 다섯 명에서, 그리고 주민 C는 일곱 명에서 하나의 가장 높은 효용 수준(봉우리)을 가지고 있음을 알 수 있다]로, 투표의 순환현상이 발생하지 않는다(중위자값 존재).

ⓛ 다봉형 선호: 여러 개의 봉우리를 갖는 선호이다. 주민 A와 주민 C의 선호는 각각 M과 S에서 하나의 봉우리를 갖는다. 그러나 주민 B의 선호는 지금까지 보아온 것과는 달리 S와 L에서 두 개의 봉우리를 가지고 있다. 즉, 작은 규모(S)로부터 중간 규모(M)로 규모가 증가할 때 선호가 감소하고, 마찬가지로 큰 규모(L)에서 중간 규모(M)로 규모가 감소할 때 역시 선호가 감소한다. 이렇게 여러 봉우리의 선호를 가진 투표자가 있을 때에만 투표의 역설은 발생할 수 있다.

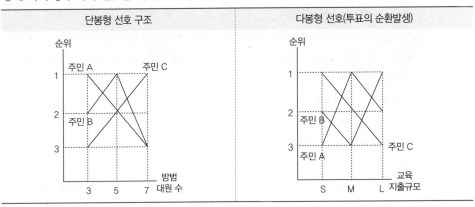

④ 순환현상*의 가능성

   ㉠ 복합적 안건에 대하여는 여러 봉우리의 선호가 나타날 수 있다.

   ㉡ 조세정책은 소득분배의 측면이 강하므로 순환현상의 발생 가능성은 상당히 높다고 할 수 있다.

⑤ 애로우(K. J. Arrow)의 불가능성 정리(Impossibility Theorem)

   ㉠ 의미: 개인이 하는 최선의 선택이 사회적으로도 최선의 선택이 되기 위해서는 몇 가지 전제조건(가능성 정리)이 충족되어야 하는데, 현실적으로 직접민주주의가 내포하고 있는 문제점으로 인해 전제조건이 충족되기 어렵다는 이론이다.

   ㉡ 가능성 정리: 개개인의 선호를 모두 합쳐서 사회 구성원에게 최선의 선택을 제시해주는 집합적 결정이 되기 위한 조건이다.

   ㉢ 파레토의 원리: 다른 사람의 손실 없이 한 사람의 상태를 유리하게 하는 정책은 파레토의 원리에 따라 당연히 선호되어야 한다[사회가 A에서 B로 변할 때 사회구성원 중 최소한 1인이 A를 B보다 선호하고, 나머지 구성원의 선호는 무차별(A와 B에 대해 동일한 선호)할 때 사회적 순위에서 A가 B보다 선호된다].

   ㉣ 이행성의 원리: 각 사회상태에 대한 선호 순서의 판단이 가능하고 그 선호체계가 일관성을 가져야 한다(A>B이고 B>C이면 A>C가 되어야 한다).

   ㉤ 독립성의 원리: 대안의 결정은 대안 자체에 대한 선호에 따라야 하고, 무관한 제3의 대안에 좌우되어서는 안 된다(A>B>C>D일 때, 비록 C가 제거되어도 A>B>D가 성립해야 하며 상이한 정책대안 간 상호의존성이 없어야 한다).

   ㉥ 비독재성 원리: 사회구성원의 전체 의사와는 상관없이 한 개인이 집단적 선택을 좌우해서는 안 된다.

---

* 순환현상 제약 요인
   (1) 일회성의 투표는 순환현상을 회피하고 균형을 가져올 수는 있지만 또 다른 부정적 결과를 초래한다(의제 조작 가능성).
   (2) 정치적 결탁(투표의 담합)에 의해서도 순환현상이 제한된다.

ⓐ 합의점: 애로우는 사회적 효용함수가 도출되기 위한 전체 조건을 동시에 충족시키는 민주적이고 합리적인 사회적 선택은 존재하지 않는다고 본다. 선거, 투표, 상호협의 등에 의한 의사결정은 사회적 최적선택안이 아니며, 현실에서는 투표의 교환과정에서 불필요한 두 개의 사업이 인정되어, 결국 정부예산팽창과 과잉생산에 의한 정부실패를 초래할 수 있다.

⑥ 정치적 결탁(Logrolling)

㉠ 개념: 다수결투표제도 하에서 표를 사는 것이 가능하다면 반대의 정도가 낮은 투표자에게 어느 정도 대가를 지불하고 찬성표를 던지게 함으로써, 두 표 이상의 찬성표를 던지는 것과 마찬가지의 결과를 가져올 수 있다. 이러한 투표의 교환 과정을 정치적 결탁이라고 한다.

㉡ 정치적 결탁에 대한 평가

- 긍정적 견해: 정치적 결탁이라는 용어가 부정적으로 들릴지 모르지만, 이것을 통해서 오히려 효율성이 개선될 수 있다. 정치적 결탁이 가지고 있는 이러한 긍정적인 효과는 개인들의 선호 강도가 다를 수 있음에도 불구하고 다수결투표제도가 이를 반영할 수 없다는 점에서 기인한다. 즉, 정치적 결탁은 소수의 이익을 보호해 줄 수 있는 방어막의 역할을 할 수 있다.
- 부정적 견해: 털록(G. Tullock)은 정치적 결탁이 정부지출을 비효율적으로 증가시키며, 특정 집단의 이익만 증진하는 야합이 될 수도 있다고 보았다.

> **개념더하기** 최적다수결: 정치적 비용의 극소화
>
> 1. 의의
>   뷰캐넌과 털록은 공공재 생산에 있어서 적정 참여자 수(최적다수결) 결정모형으로 비용극소화 모형을 제시하였다.
>
> 2. 정치적 결정비용(표결에서 발생하는 비용)
>   (1) 내부비용(Internal Cost): 의사결정과정에 소요되는 자원, 시간, 노력과 기회의 소모비용
>   (2) 외부비용(External Cost): 어떤 대안이 통과되었을 때 이로 인해 자신이 손해를 본다고 느끼는 사람들의 비용
>   (3) 최적다수결: 최적다수결은 내부적 비용과 외부적 비용의 합이 최소가 되는 점
>
> 3. 결론
>   참여자가 너무 많거나(만장일치) 적을 때(관료제) 정부실패가 발생할 수 있고, 만장일치나 다수결의 원칙에 의한 선거나 투표방식이 최선의 공공선택방법이 될 수 없으며, 적정참여자가 결정해야 한다고 주장한다.

3. 선거의 경제적 분석

선거과정을 이해하는 것은 공공부문의 경제활동을 공공선택이론 측면에서 분석하는 데 필수이다.

(1) 투표자의 합리적 무지(合理的 無知)

① 개념: 투표자가 가진 투표 행태의 특성 중에서 투표자가 자신이 내리는 정치적 선택의 결과들에 대하여 충분한 정보를 가지고 있지 않은데, 이러한 무지가 합리성에 기초하고 있다는 것이다(정보수집비용 > 정보수집으로 인한 편익).

② 합리적 무지로 인한 정치적 양상

㉠ 후보자들은 선거운동에 있어서 자신들의 정책에 대한 세밀하고 정확한 설명보다는 유권자들의 관심을 끌 만한 선동적 구호나 과장된 공약 또는 부적절한 논리들을 앞세운다.

㉡ 정치적 경기순환(Political Business Cycle)*이 발생한다.

---

* 정치적 경기순환(Political Business Cycle)
정치적 경기순환은 선거에 임박해서 경기를 호황으로 만들기 위하여 의도적으로 팽창적인 경제정책이 시도될 때 발생한다. 물론 의도적인 팽창정책은 장기적으로 인플레이션과 같은 부작용을 가져오지만, 유권자들이 이러한 장기적인 효과까지 잘 알지 못한다는 사실을 이용하여 정치가는 단기적으로 쉽게 유권자들이 느낄 수 있고 따라서 득표에 도움이 되는 팽창정책에 중점을 두게 되는 것이다.

(2) 정치가의 정치적 경쟁(득표의 극대화)

구분	정치가	기업가
공통점	• 공공재 생산의 결정자 • 유권자의 선호파악(다수표)	• 상품생산의 결정자 • 소비자의 선호파악
차이점	• 강제적으로 조세부과 • 몇 년에 한번씩 상품판매(선거공약)	• 소비자 선택 • 자신의 상품을 언제든지 판매

정치가의
득표극대화
전략
	• 유권자 특성
	  – 유권자는 순 편익을 계산하여 총순편익이 가장 큰 후보에게 표를 던진다.
	  – 유권자는 정치가가 과거에 어떤 행동을 하였고 지금은 어떤 정책을 수행하며 그러한 정책의 결과는 어떻게 나타날지에 대해 많은 것을 알고 있지 않다(합리적으로 무지).
	• 정치인 전략
	  – 정치적 결탁
	  – 편익은 쉽게 유권자의 눈에 보이지만 비용은 뒤에 숨어서 잘 보이지 않는 정책에 보다 중점을 둔다.
	  – 조세에 있어서 정치가는 소득세와 같은 직접세보다 상품세와 같은 간접세를 선호하는 경향이 있다.	

4. 관료제의 경제적 이해(관료들의 이기적 가정, 즉 예산극대화자)

(1) 니스카넨(Niskanen)의 관료이익(예산)극대화 가설(Budget Maximization)

① 의의: 니스카넨은 '관료는 자기가 차지하고 있는 자리가 가지는 힘을 극대화하려는 동기를 가지고 있다'고 보았다. 그리고 그 힘은 자신에게 배정되는 예산과 비례관계에 있다고 가정하였다. 즉, 관료는 예산극대화의 목표를 가지고 행동한다고 가정하였고 그는 이러한 가정에 따라 행동하는 관료가 생산하는 생산량이 비효율적으로 높은 수준이라는 결론에 도달했다.

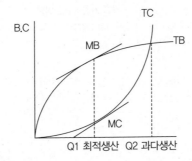

• TB: 총편익
• TC: 총비용
• MB: 한계편익
• MC: 한계비용
• 최적선택(Q1): MB＝MC(순편익 극대)
• 예산극대화(Q2): TB＝TC(순편익＝0)
• 정치인: Q1 선택
• 관료: Q2 선택

개념더하기　니스카넨 관료제모형의 공공재 공급 결정방법

• 관료는 공공재의 공급자이고 정치인(의회)은 공공재의 수요자이며, 양자는 쌍방독점관계에 있다. 관료는 공공재의 최적 공급수준을 결정할 때 비용제약을 받지 않고 총편익이 총비용 이상에 위치하는 수준에서 결정하려고 한다. 반면 정치인은 시민의 편익 극대화를 추구하므로 공공재의 한계편익과 한계비용이 일치하는 수준(총편익과 총비용의 차이가 최대인 수준)에서 결정하려고 한다. 따라서 공급자인 관료는 수요자인 정치인보다 공공재 공급의 최적수준을 더 높게 설정하여 자원의 낭비가 발생하게 된다.
• 관료의 비효율성은 투입의 낭비와 같은 기술적인 비효율이 아닌 본질적인 산출물 규모의 적정성과 관련된 경제적 비효율을 의미한다. 공공부문의 크기(총 조세금액)가 사회적인 최적수준보다 2배 가까이 이르게 되어 과잉생산을 초래하고, 자원낭비가 발생한다.

② 특징

　　㉠ 정치인, 관료 모두 개인의 효용함수에 따라 권력이나 예산극대화를 추구한다고 보는 공공선택모형과 달리 니스카넨은 정치가와 관료는 목적함수가 서로 다르다고 보았다.

　　㉡ 관료들은 승진, 소득, 명성 등의 자신의 이익을 극대화하기 위하여 예산을 극대화 하지만(Q2 선택) 정치인들은 순편익을 극대화하는 결정을 한다(Q1 선택).

개념더하기 ▶ 던리비(P. Dunleavy)의 관청형성모형

1. 의의

　　던리비는 기존의 공공선택이론이 이론의 기본가정과 방법을 적절히 사용하지 못했다고 비판한다. 특히 관료들은 자기부처의 예산을 극대화하려 한다는 니스카넨의 관료이익극대화 가설을 비판하고, 관료들은 일상적이고 통제의 대상이 되는 계선이나 집행기능은 책임운영기관 또는 준정부조직 형태로 분리해내고 대신 통제를 덜 받으면서 전략적 정책기능을 수행하는 참모조직을 더 선호한다는 모형이다. 관청형성론은 정부조직을 더 이상 팽창시키지 않는 대신 외부적으로 준정부조직을, 내부적으로 책임운영기관을 형성하는 과정을 설명한다.

2. 관청의 유형

　　(1) 전달기관: 고전적 관료제

　　(2) 봉사기관: 정부기관에 시설이나 용역을 제공

　　(3) 규제기관: 공 · 사 기관 규제

　　(4) 이전기관 및 계약기관: 예산의 상당부분을 사전기관에 전달

　　(5) 통제기관: 국가 자금 사용기관 및 정책집행방식을 감독

3. 예산의 유형

　　(1) 핵심예산: 행정기관의 운영비용

　　(2) 관청예산: 핵심예산+해당기관에 사적 부문에 직접 지불하는 지출

　　(3) 사업예산: 관청예산+해당기관에 의해 감독되지만 집행을 위해 다른 정부관청들에게 이전되는 자금

　　(4) 초 사업예산: 다른 기관들 스스로에 의해 예산이 확보되지만 해당 상급수준 기관에 의해 통제받는 자금

4. 결론 및 시사점

　　(1) 관료들의 효용은 일부 예산만 관련되며, 고위관료는 금전적 편익보다는 업무의 성격과 환경에서 오는 효용을 중시한다.

　　(2) 핵심예산, 관청예산과 관련된 기관(전달, 봉사, 규제, 계약기관)의 관료는 예산극대화 동기를 갖지만, 사업예산을 활용하는 기관(통제기관)의 관료는 예산극대화 동기를 별로 갖지 않는다.

　　(3) 가시적이고 책임이 수반되는 계선기능은 준정부기관이나 책임운영기관 등 다양한 정부조직을 형성하여 떠넘기고 자신들은 정치권력의 중심에서 참모기능을 선호한다.

　　(4) 관청형성은 정부팽창의 은폐수단, 퇴직 후 자리보장수단, 책임회피 등 다양한 이유가 존재하며, 니스카넨은 관료제의 확대를 강조하지만 던리비는 관료들도 무조건적으로 관료내부의 확대를 원치 않는다는 점에서 차이가 있다.

(2) 미구에—블랑제르(Migue Delanger) 모형: 관료들의 효용함수는 예산의 크기뿐만 아니라 직책과 관련해 누릴 수 있는 여러 특권에도 영향을 받는다고 본다. 관료는 업무량을 확대하는 자체가 목적이 아니라 재량적으로 사용할 수 있는 예산의 극대화를 추구한다고 보고, 이를 분석하여 관료의 비능률적 산출활동을 지적한다.

공공선택모형

주된 연구대상	학자
지대추구이론, 최적다수결모형	뷰캐넌 & 털록(Buchanan & Tullock)
투표정치이론	리커, 애로우(Riker, Arrow)
신제도론, 관료제의 분권화이론	오스트롬(Ostrom) 부부
집합적 행위, 이익집단의 형성	올슨(Olson)
정부규제와 이익집단의 역할	스티글러, 베커(Stigler, Becker)
정치적 경기순환론	프로이, 슈나이더(Frey, Schneider)

5. 오스트롬(Ostrom) 부부의 민주행정 패러다임

(1) 의의
① 전통적 행정학의 패러다임인 베버–윌슨식 행정관*에 대해 비판하면서 민주행정 패러다임을 제시하였다.
② 관료들이 일반인과 다르지 않으며, 권한이 분권화나 통제되지 못할 경우 악용될 우려가 있다고 보고, 다양하고 상이한 조직장치들이 공공재 공급을 위해 활용(의사결정권의 분산, 동태화된 조직 중시, 정책결정구조의 다조직적 배열 강조)되어야 한다고 주장하였다.

(2) 오스트롬(Ostrom)의 행정관
① 정치적 의사결정권한을 분리하여 정치권 행사는 제한·통제(부패가능성)한다.
② 행정은 정치적으로 무관심한 사항이 아니므로, 행정과 정치를 구분해서는 안 된다(정치행정새일원론).
③ 행정구조는 단일중심구조(계층구조)보다는 다중심적 구조이어야 한다.
④ 주민선호와 환경에 적응하려면 의사결정센터를 다원화시켜 권한의 분산과 관할권의 중첩이 필요하다(지방자치, 지방경찰제 실시).

(3) 행정개혁 처방
① 시민공동체 구성 촉진
② 적정한 공급영역의 설정(관할권의 중첩, 기능중심의 지방자치)
③ 준시장적 유인강조(수익자부담주의)
④ 고객 위주 행정

---

* 윌슨(Wilson)의 이론에 대한 비판
  정치행정이원론과 모든 정부에는 집권적 계층제에 의해 권력이 중심지와 원천에 통합되어 행사될 때 책임행정이 가능하다는 점, 전문적·힙리적인 행정관료가 반드시 좋은 행정을 실현한다는 주장 등에 대해 비판하였다. 현대행정은 복잡한 명령체계이며 다기능적 상황의 다조직적 관리방식을 강조하는 방향으로 조직형태를 변화시켜야 하기 때문이다.

1. 의의

주민의 자유로운 지방 간의 이동과 다수의 지방정부가 전제되는 경우 발로하는 투표(Vote by Foot)에 의해 지방공공재 공급의 적정규모가 결정될 수 있다는 이론이다.

2. 전제조건

(1) 완전한 정보: 모든 지방정부가 제공하는 서비스의 정보가 공개

(2) 완전한 이동성: 시민은 자신의 선호에 맞는 지방정부로 자유로운 이동이 가능

(3) 다수의 지방정부: 주민들이 선택할 수 있는 지방정부의 수가 많아야 함

(4) 외부효과의 부존재: 공공서비스로 인한 외부경제나 불경제가 없어야 하며, 국고보조금도 없어야 함. 외부효과나 보조금이 존재할 경우 이동이 불필요해짐

(5) 단위당 평균비용의 동일(규모수익 불변): 규모의 경제가 존재하지 않음

(6) 각 지방별 고정적 생산요소 존재: 모든 지방정부는 최소한 하나의 고정적인 생산요소가 있어야 하고 각 지방정부는 최적규모를 추구

(7) 최적규모 추구: 최저 평균비용으로 지방공공재를 생산할 수 있는 인구규모

3. 티부 가설의 내용

(1) 공공재는 중앙정부에 의해서만 공급될 수 있다는 사무엘슨의 공공재이론에 대한 반론으로 제시한다.

(2) 주민들의 자유로운 선택으로 지방공공재의 적정규모를 결정한다.

(3) 소규모의 지방자치의 당위성을 옹호하는 이론으로서 경쟁의 원리에 의한 지방행정의 효율성, 지역 내의 동질성과 소통·접촉은 높아지지만 지역 간 형평성은 저하될 우려가 있다.

4. 사무엘슨의 공공재이론

비경합성과 비배제성을 갖는 공공재에 대하여 사람들은 자신의 선호를 표출하지 않기 때문에 분권화된 시장 메커니즘에 의해서는 공공재의 효율적 공급이 어렵다고 인식한다. 따라서 공공재의 공급은 정부의 개입이 필요하고 중앙정부 차원의 공급이 이루어져야 한다.

6. 공공선택론의 공헌과 한계

(1) 공헌

① 경제학에서 발전된 공리의 적용을 통해 헌정주의가 예측하지 못했던 제도적 장치의 결함을 개선하는 데 기여한다.

② 정치철학 맥락에서 권력 남용으로부터 시민을 보호하려는 이념적 원리를 도출한다(자연권적 권리 확보).

③ 집합적 의사결정의 논리적 근거를 제시한다.

④ 연역적·법칙적 설명방식을 취하기 때문에 행정현상에 관한 추론의 방법을 이해하는 데 유용하다.

⑤ 정부실패를 설명하고 그에 대한 처방을 제시한다.

(2) 한계

① 도구적 합리성을 가지고 정치 상황을 사적 시장 상황과 동일시하려는 가정이다.

② 공공선택론에서 제시하는 모형이 지지를 받을 만한 경험적 증거가 별로 없다.

③ 자유시장의 논리를 공공부문에 도입하려는 공공선택론은 시장실패라는 나름의 고유한 한계를 가지고 있다.

홉스(T. Hobbes)는 도구적 합리성이라는 개념에 입각해 인간 본성에 대한 분석으로부터 이론을 전개했다. 인간에게 올바른 행위란 자기 이익에 일치하도록 하는 행위로서 자기 이익중심적 본능은 모든 인간의 공통적 속성이라는 것이다. 따라서 인간의 본능은 인간을 끊임없는 활동의 창조자로 만들어 구체적인 목적을 추구할 수 있게 하는데, 인간이 바라고 추구하는 모든 행위를 자연권으로 보았다.

2 신제도론

1. 의의 및 등장배경

(1) 제도의 개념과 기본전제

① 신제도주의제도의 개념(제도를 보는 시각차이 존재)

㉠ 제도란 균형을 이루고 있는 상태를 의미한다. 이는 개인들이 상호 간에 선호를 이해하고 이에 따라 최적의 행동을 선택한다면, 존재하게 되는 행태의 안정적 유형(Stable Pattern of Behavior)을 의미한다. 따라서 제도는 일정 시간 동안 어느 정도의 안정성을 전제로 한다.

㉡ 제도란 규범이나 규칙이라 할 수 있고, 공식적 또는 비공식적 권리들과 사람들이 다른 사람의 행동에 대해서 공정하고 안정적인 예상을 가능케 하는 규칙과 규범을 의미한다. 이런 점에서 제도는 사회나 정체(政體, Polity)의 구조적 특성(Structural Feature)를 지칭한다. 따라서 제도는 개인을 초월해 집단의 성격을 띠게 되며, 집단 구성원 간의 유형화된 상호작용을 전제하고 있다.

㉢ 제도란 인간의 행동을 인도하는 의미의 틀(Frame of Meaning)을 제공하는 상징체계인 문화라고 할 수 있다. 이런 측면에서 제도의 구성원들은 가치나 의미를 공유하고 있어야 한다는 사실이 중요하다.

㉣ 제도는 개인의 행위에 영향을 미칠 수 있어야 한다. 제도란 어떤 방법으로든 구성원들의 행위를 제약하는 면이 있어야 한다. 이때의 제약이란 공식적일 수도 있고 비공식적일 수도 있다.

② 신제도주의의 기본 전제*(제도를 분석해야 하는 이유)

㉠ 정치가 사회로부터 분화되어 있기 때문에 정치 제도는 상대적으로 자율적인 성격을 지닌다.

㉡ 역사적 발전에 대한 인식에서도 비효율성과 비적응성의 가능성을 받아들인다.

㉢ 정치적 행위는 의무나 책임과 같은 비공리적인 요인에 의해서도 좌우될 수 있으며, 정치에서의 의미와 상징적 행위의 역할을 대단히 중시한다.

㉣ 신제도주의에서 가장 강조하고 있는 것으로는 인간 행위의 형성에 결정적인 작용을 하는 정치적 구조의 역할을 하고 있다.

(2) 등장배경 및 신제도주의 유파

① 등장배경

㉠ 신제도주의(New Institutionalism)는 1970년대 말부터 정치학에 등장하였다.

㉡ 정치 현상을 설명하는 데 법적인 측면이나 공식적인 조직의 영향력에 치중하는 전통적 연구 방법 중 하나였던, 법적·제도적 접근을 새로운 내용으로 재구성한다는 의미에서 '신'제도주의로 불리게 되었다.

---

* 신제도주의의 기본 전제
신제도주의의 기본 전제는 정치적인 영역의 독립성, 국가의 자율적 성격을 강조, 정치적 사건과 변화를 설명할 때 제도나 조직이 미치는 영향력을 중요시해야 한다는 것이 있다.

ⓒ 신제도주의가 등장하게 된 배경은 행태주의에 대한 비판적 측면과 구제도주의와의 차별성이라는 양 측면에서 살펴볼 수 있다.

② 행태주의에 대한 비판으로 등장한 신제도주의

ⓐ 행태주의에서는 정치를 단순한 맥락적(Contextual)인 시각만 반영하는 것으로써, 국가가 독립변수가 될 수 있다는 사실을 지나치게 간과하고 있다는 문제를 가지고 있다.

ⓑ 행태주의에서는 정치 현상을 단순히 개인적 행위의 집합으로 간주하려는, 이른바 환원주의적(Reductionist) 관점에서 파악하였고, 그 결과 행태주의에서는 정치적 결과가 개인 행위의 단순한 집합이 아닌 조직구조나 행위의 규칙 등에 의해 좌우될 수 있다는 점을 간과했다.

ⓒ 공리주의적 관점에서는 인간의 행위를 자기 이익에 따른 계산의 산물로 이해하기 때문에, 정치적 행위가 규칙이나 규범 또는 전통과 같은 제도적 구조에 근거를 두고 이루어질 수 있다는 사실을 외면하고 있다는 비판이 있다.

ⓓ 기능주의적(Functionalist) 시각이 갖는 문제점을 들고 있다. 이 시각은 역사를 균형 상태에 도달하는 효율적인 메커니즘으로만 보고자 하기 때문에, 역사 발전에서 또 다른 기능성인 비유일성(Non-Uniqueness)이나 부적응성과 같은 기능성에 대해서는 관심을 두지 않는 한계를 드러냈다.

행태주의에 대비한 신제도주의

행태주의는 개별 국가의 특수성을 인정하지 않는 입장에서, 정치 현상의 보편성과 객관성을 강조하는 포괄적 이론을 개발하는 데만 주된 관심을 기울여 왔다. 행태주의 이론들을 적용하게 되면 산업화가 이루어진 국가들에서, 국가별·시기별 정책의 차이나 다양성을 설명하는 데 일정한 한계가 있다는 문제가 있었다. 이에 따라 산업화된 국가들이 상이한 정책을 채택한 이유가 무엇인지를 찾게 되었는데, 설명 요인으로 각국의 제도적 특성의 차이에 주목하게 되었다. 그리하여 각국이 채택한 정책의 차이를 설명할 수 있는, 독립변수로서의 제도가 다시 관심의 대상이 되었고 제도주의가 부활하게 되었다.

더 알아보기

행태론과 신제도론의 비교

비교	행태론	신제도론
차이점	방법론적 개체주의, 미시주의	거시와 미시의 연계
	제도의 종속변수성 (제도는 개인행태의 단순한 집합)	제도의 독립변수성 (제도와 같은 집합적 선호가 개인의 선택에 영향을 줌)
	정태적	동태적(제도의 사회적 맥락과 영속성 강조)
공통점	제한된 합리성 인정, 공식적 구조(제도)에 대한 반발	

③ 구제도주의(거시, 정태)와의 차별성을 강화한 신제도주의(거시, 미시 연계)

ⓐ 구제도주의에서는 행정기관, 의회, 대통령, 법원 등 유형적인 개별 정치 제도가 주된 연구대상이었다. 이에 반해 신제도주의는 제도들의 동태적인 관계 또는 전체적 패턴을 연구대상으로 한다는 점에서 차별성이 있다.

ⓑ 구제도주의의 연구방법은 제도에 관한 정태적 기술을 위주로 했다. 반면에 신제도주의에서는 제도를 중심 개념으로 정책 현상 등 다른 변수들과의 인과관계 분석과 가설 검증을 추구한다는 점에서 차별성이 있다.

구제도주의와 신제도주의 비교

비교	구제도주의	신제도주의
제도의 개념	공식적인 법령	공유하고 있는 규범
제도 범위	공식적 · 가시적 · 제도에 국한 예 법구조 · 정치제도 · 행정조직	비공식적 · 문화적 · 동태적 제도를 포함 예 정책참여자들 간의 역동적 연결관계, 노조와 자본시장의 관계, 문화, 관습 등
분석방법	행정 · 정치제도의 정태적 특성에 대한 비교 · 서술	다양한 제도 간 역동적 관계에 중점
제도의 특성	• 제도의 특성은 외생적 요인에 의해 결정됨 • 제도의 종속변수성	• 제도와 행위자 간 상호영향력의 인정 • 제도의 종속변수성 + 독립변수성
접근법	거시적 접근(인간에 대한 고려 없음)	거시(제도)와 미시(인간행태)의 연계

(3) 신제도주의의 유형과 특징: 신제도주의는 제도의 영향력이나 형성 · 발전에 따라 다양하게 분파되어 왔다. 신제도주의의 유형(유파)은 합리적 선택제도주의, 역사적 제도주의, 사회학적 제도주의로 나뉘어 발전했으며, 다음에서는 각 유형별 특성들을 중심으로 신제도주의가 지닌 특징을 살펴보고자 한다.

1. 공유자원과 신제도주의(하딘, G. Hardin)
   하딘은 그의 저서 「공유의 비극(The Tragedy of Commons)」에서 사적 소유권의 부재로 발생하는 낭비의 비효율성을 설명하였다. 공유자원은 잠재적 이용자를 배제하기 어렵고, 특정인의 잦은 사용은 타인의 사용을 어렵게 하는 특성이 있다. 이러한 공유자원의 낭비는 개인 간의 관계를 적절히 조율할 수 있는 '제도'가 미흡하기 때문에 발생하는 것으로 판단되었고, 이 문제의 해결에는 하딘이 제시한 사유재산권의 명확한 재정립 및 신제도주의가 많은 영향을 끼쳤다.

2. 공유재의 비극과 제도적 해결 방안(오스트롬, E. Ostrom)
   오스트롬은 1983년 「제도적 분석의 방법 – 규칙, 게임 그리고 공유자원(Rules, Games & Common–pool Resources)」에서 경제적 생산활동의 결과는 경제활동과 사회를 지배하는 정치적 · 사회적 제도인 일단의 규칙에 달려 있다고 보고 행위규칙(제도적 장치)을 중시하는 신제도론적 경제학을 행정학에 도입하였다. 하딘(Hardin)이 공유자원 낭비문제를 해결하기 위해 공유자원의 사유화를 대안으로 주장한 반면, 오스트롬은 사유화나 정부규제가 아닌 구성원들의 자기통치 및 자기조직화 원리에 맡겨 문제를 자치적으로 해결하는 것이 바람직하며, 공유재의 비극은 다양한 제도적 장치에 의해서 해결될 수 있기 때문에 보편적 이론을 경계해야 한다고 주장하였다.

2. 합리적 선택제도주의

(1) 기본적 입장: 합리적 선택제도주의(Rational Choice Institutionalism)는 개인의 행위가 자신의 개인적 효용을 극대화하고자 하는 이기심에 근거를 두고 있다(선호는 주어진 것으로 가정). 그렇지만 실제로는 제도가 부하하는 제약을 받지 않을 수 없게 되는데, 그것은 제도가 설정하는 규칙 내에서 움직이지 않을 수 없기 때문이다. 결국 개인은 자기 이익을 극대화하지만 제도의 규칙 내에서만 가능하다는 것이 기본 전제가 된다.

(2) 등장배경

① 합리적 선택제도주의가 등장하게 된 배경은 미국의 의회 형태와 밀접한 연관이 있다. 만약 국회의원들이 합리적인 선택을 한다고 가정할 때 서로 다른 개인적 선호도의 순위와 복잡한 의정상의 쟁점을 감안하게 되면, 의회의 입법 과정은 안정된 다수를 확보하기 힘들게 되어 있다(예컨대 법안의 처리는 수시로 이합집산을 통해 형성되는 다수로 말미암아 복잡한 순환을 거듭함). 그러나 실제 의회 입법과정은 상당한 안정성이 확보되어 있는데, 이러한 역설적인 현상을 설명하기 위해 학자들은 개인의 합리적 선택에 작용하는 제도에 관심을 돌리게 되었다.

② 이와 같은 관점에서 등장하게 된 정치학에서의 합리적 선택제도주의는 조직의 신경제학과 만나게 된다. 제도주의적 신경제학*은 특정한 조직 형태란 거래비용을 줄이기 위한 결과로 나타난다는 기본 논리를 내세우고 있는데, 이러한 설명은 정치 제도의 형성에도 그대로 원용된다.

(3) 특징

① 합리적 선택제도주의에서는 개인의 이기심을 전제로 한 철저히 계산된 행동을 중요시한다.

② 합리적 선택제도주의에서 개인들은 자기 이익을 극대화하기 위해 수단적으로 행동하지만, 제도가 부여하는 제약 속에서만 합리적 선택이 가능하다. 그리고 이때의 제도는 규칙을 의미하며, 규칙은 개인들이 조직 내에서 지켜야 할 폭넓은 행동상의 기준을 지칭한다.

③ 합리적 선택을 강조하는 제도적 분석은 정치적 결과를 가져오는데, 그것은 결정적으로 작용하는 전략적 상호 작용을 다루는 데 상당한 기여를 할 수 있다.

④ 합리적 선택제도주의에서 합리적인 개인들은 특정한 목적이나 가치를 달성하기 위해 제도를 고안해 내며, 개인 간의 교환 관계에서 규칙이나 절차 그리고 강행 메커니즘을 만들어 낸다고 보고 있다.

⑤ 제도는 이처럼 불확실한 관계를 확실하게 만들고자 하는 개인들의 노력으로 나타나는 것이기는 하지만, 궁극적으로는 개인에게 돌아가는 이득이 있어야 하고 개인들 간의 자발적인 합의에 의해 형성된다는 점에 그 중요성이 있다.

> **개념더하기**
>
> 오스트롬(E.Ostrom)의 합리적 선택에 기초한 제도분석모형(IAD; Institutional Analysis and Development Framework)
> 오스트롬은 '공유재의 비극 문제'를 해결하기 위해 필요한 유인구조와 상황에 대한 연구를 진행하였고, 개인이 직면하는 여건, 유인구조, 발생하는 비용 등을 고려하여 최선의 행위를 선택한다는 제도분석모형(IAD)을 개발하였다. 제도분석모형(IAD)에서 개인의 행위에 영향을 미치는 조건으로는 물리적 속성, 제도적 속성, 공동체 속성이 있다.
> (1) 물리적 속성(Physical/Material Conditions): 공공재/사적재에 따라 개인이 행위에 영향을 끼친다.
> (2) 규정(제약): 정책 · 법률과 같은 일련의 규정(제약)이 자격권한 및 보상함수 등을 통해 개인의 행위에 영향을 끼친다.
> (3) 공동체의 특징: 개인이 속한 공동체가 산업/농업사회인지, 도시/농촌인지 등의 요소(Attribute of Community)가 개인 행위에 영향을 끼친다.
> → 3가지 속성들이 상호작용 패턴을 통해 행위 결과를 규정한다.

---

*   제도주의적 신경제학
    제도주의적 신경제학은 특정한 조직 형태의 거래비용을 줄이기 위한 결과로 나타난다는 기본 논리를 내세우고 있는데, 이러한 설명은 정치제도의 형성에도 그대로 원용된다.

CHAPTER 05 행정학의 주요 접근 **123**

1. 조직의 필요성

경제활동에 있어서 시장에서의 거래 대신에 조직이 필요한 이유는 경제주체 사이의 제반자원이 '거래에 소요되는 비용 (거래비용)'을 최소화할 수 있는 형태로 경제활동이나 거래가 조직되어야 하기 때문이다.

> **사례**
> 과거 자급자족하던 시기, 한 동네에 디자이너인 사람(='나'라고 가정), 제봉사인 사람, 뜨개질하는 사람, 다리미질하는 사람 등이 살고 있었다. 그러던 어느 날 다른 동네에서 3일 안에 옷 100벌을 만들어 달라는 주문이 들어왔다. 이때 디자이너인 나는 옷을 만들기 위해 도와줄 사람들(=비정규직)을 찾아야 하고, 여기에는 비용이 들어간다. 또 갑자기 비정규직을 구하려고 하면 그들은 각자의 사정 때문에 일하러 오지 않고, 이러한 불편함 때문에 구속적인 노동계약을 하는 조직인 '기업'이 생겨난다. 결국 나는 한 달에 한 번씩 월급을 주는 방식, 즉 정규직이라는 구속적 계약을 맺으면 일하기 쉽다는 것을 알게 된다.

2. 코즈 정리(Coase Theorem)

외부성의 영향을 받는 모든 이해당사자들이 자유로운 협상으로 상호간 이해를 조정할 수 있다면(거래비용이 없다면), 정부의 개입 없이도 효율적 자원배분을 달성할 수 있다. → 물건에 소유권이 분명하게 설정되고, 그 소유권이 아무 비용 없이 이전될 수 있다면 완전경쟁은 외부효과를 내부화시켜 파레토 최적을 달성할 수 있다.

3. 거래비용과 제도의 문제

코즈는 '거래비용이 0이 아닌 조건 하에서는 애초의 권리획정이 경제시스템 작동의 효율성에 영향을 미친다'는 명제를 제시 → 상당한 거래비용이 존재하는 현실의 시장이 재산권을 포함한 시장에서 이루어지게 될 모든 거래와 계약관계를 규율하는 각종 시장제도가 거래비용을 최대한 감소시킬 수 있도록 바르게 설정되어 있을 때 그 사회는 경제적으로 효율적인 결과에 도달할 수 있다.

3. 역사적 제도주의

(1) 기본적 입장: 역사적 제도주의(Historical Institutionalism)는 제도가 개인의 행위에 미치는 영향을 비롯해서, 정치학에서 다루어지고 있는 다양한 정책 결과들이 역사적 성격을 띠게 된다는 점을 강조한다. 다시 말해 정부의 정책이 결정되면 그것은 이후로도 계속해서 영향력을 미치게 된다는 것이 핵심적인 논리이다.

(2) 특징

① 독립변수로서 제도의 중시

㉠ 역사적 제도주의에서는 독립변수로서 제도의 수단적 중요성을 인정하면서도, 새로운 제도의 도입과 정착은 매우 어렵다는 점을 동시에 지적한다.

㉡ 역사적 제도주의에서는 제도가 행위자들의 전략을 형성하고, 그들 사이의 협력과 갈등 관계에 개입함으로써 정치 상황을 구조화하고 정치적 결과에 영향을 미치는 것으로 보고 있다.

㉢ 역사적 제도주의에서는 제도의 영향력이 개인의 선호나 선택을 압도하는 결정적인 힘을 갖게 된다는 것을 강조한다.

㉣ 역사적 제도주의를 대표하는 스타인모(S. Steinmo) 등은 제도를 인간의 행위를 구조화하는 공식적 조직이나 비공식적 규칙 그리고 절차라고 정의하면서, 제도가 갖는 심대한 영향력을 강조했다.

㉤ 합리적 선택제도주의의 논리에 따르면, 제도는 개인이 직면하게 되는 전략적인 맥락을 형성할 뿐 궁극적인 결정은 개인의 선호와 선택에 좌우되는 것으로 보지만, 역사적 제도주의는 개인의 선호나 목표까지도 제도에 의해 형성될 수 있다는 점을 강조한다.

② 이론의 적용 범위(중범위 수준의 제도분석): 역사적 제도주의는 대규모의 공식·비공식적 조직들을 다루기보다는 중범위 수준의 제도들에 분석의 초점을 두고 있다.

③ 제도적 장치의 영향력

    ㉠ 역사적 제도주의는 시간이 경과하면서 제도가 정책형성에 미치는 다양한 결과를 비교·연구하는 데 큰 비중을 둔다.

    ㉡ 역사적 제도주의는 국가의 제도적 장치에 따라 정책적 결과가 다르게 나타날 수 있다는 것을 시간의 경과에 따른 분석으로 입증하고자 한다(제도적 영향력을 시간성과 결부시킴).

    ㉢ 전통적 시각에서는 역사적으로 큰 의미를 갖는 사회·경제적 사건들은 국가에 상관없이 어디서나 똑같은 결과를 가져온다는 인과론이 지배적이었다. 그러나 역사적 제도주의는 일률적인 가정을 배격하고 국가의 제도적 장치에 따라 정책 결과는 다르게 나타난다는 점을 강조하고 있다.

④ 감금 효과와 경로의존성

    ㉠ 역사적 제도주의가 보는 제도는 강력한 영향력을 행사할 뿐만 아니라 정책형성에 지속력을 발휘하는 것으로 간주된다. 정책이 결정되어 채택되면 그 정책은 이익집단이나 일반 대중 그리고 정치적 엘리트 등의 다양한 대상자들에게 유인 작용을 하고, 또한 행동상의 편의와 관련되는 자원을 주게 된다. 그런데 이때 영향을 받는 대상자들은 정책에서 오는 이득과 작용으로 인해 계속적으로 정책에 대한 이해관계를 갖게 되고, 또한 그로 말미암아 계속 정책을 지지하게 된다는 것이다. 사람들이 정책에서 빠져나오지 못하게 되는 이른바 잠금 효과(Lock-In Effects)가 발생하게 된다('정책 결정 → 잠금 효과 → 기존 정책의 지지'라는 일련의 과정으로, 제도가 일단 들어서면 시간이 경과함에 따라 쉽사리 그 틀이 변화될 수 없다는 특성을 강조).

    ㉡ 정책적인 지속성을 설명하기 위해, 경로 의존성(Path Dependency)이라는 또 다른 개념을 만들어 냈다. 정책적으로 내려진 어떤 선택이나 결정은 이후의 결정에 계속적으로 작용함으로써 특정한 경로를 이룬다는 논리이다.

4. 사회학적 제도주의

(1) 기본적 입장

① 사회학에서도 1970년대 말을 기점으로, 신제도주의의 움직임이 본격적으로 전개되었는데, 이를 사회학적 제도주의(Sociological Institutionalism)라고 한다(조직이론 분야에서 등장).

② 베버의 관료제모형에 근거한 근대적 조직들이 사용하고 있는 제도적 형태나 절차들은, 당면한 과제들을 수행하는 데 가장 효율적이기 때문에 채택된 것이 아니라는 입장을 취한다.

③ 단지 사회마다 고안되어 조직 내에 동화된 신화나 의식처럼, 극히 문화적인 특성을 지닌 실행들이라는 점을 강조한다.

④ 근대적 조직들은 목적과 수단의 효율성을 증대시키기 위해 만들어졌다기보다는, 사회마다의 문화적 실행의 산물로 이해될 수 있다는 것이다.

⑤ 사회학적 제도주의는 제도의 특성과 형성 과정이 문화적으로 설명될 수 있다는 기본 전제에서 출발했다고 볼 수 있다.

(2) 특징

① 제도의 인지적 측면 강조

    ㉠ 인지적인 영향력에 역점을 두는 입장에서는 제도가 인간의 행동에 필수적인 인지적 각본이나 범주 그리고 모형 등을 마련해 줌으로써, 개인의 행위에 결정적 영향력을 미치게 된다고 본다.

ⓛ 제도는 개인에게 무엇을 해야만 한다는 것을 단순히 밝혀줄 뿐만 아니라, 주어진 맥락에서 자기가 무엇을 할 수 있는가를 상상할 수 있는 길도 밝혀 줄 수 있다.

② 제도의 변환 과정

　ⓐ 사회학적 제도주의자들은 어떤 조직이 새로운 제도적 실행을 받아들이는 것은 그것이 조직의 수, 목적 효율성을 증대시키기 때문이라기보다는 제도적 실행이 조직과 구성원들의 사회적 정당성(Social Legitimacy)을 증대시키기 때문이라는 점을 부각시킨다.

　ⓛ 심지어 어떤 제도적 관행이 조직의 효율성을 고려하였을 때, 역기능적인 경우에서조차 사회적 정당성이 있으면 그대로 채택될 수 있다고 주장한다.

③ 제도적 동형성(Institutional Isomorphism)

　ⓐ 제도적 변화는 일정한 과정을 겪으면서 특정한 형태를 띨 수 있는데, 그 하나의 형태가 제도적 동형성의 개념이다.

　ⓛ 조직의 변화를 가져오는 영향력은 조직 자체에서 오는 것이 아니라, 전문적 조직이라는 거시적 수준에서 비롯되는 것으로 파악한다. 따라서 거시적 수준의 영향력은 모든 조직들에게 일률적인 변화를 가져오게 되어, 결과적으로 제도적 동형성이 이루어질 수 있게 된다는 것이다.

　ⓒ 제도적 동형성의 논리는 서로 상이한 사회적 · 정치적 여건 속에서 비슷한 형태의 제도가 왜 출현하게 되는가를 적절히 설명해 줄 수 있다.

더 알아보기

신제도주의의 비교

비교	합리적 선택 신제도주의	사회학적 신제도주의	역사적 신제도주의
제도의 개념	개인의 합리적(전략적) 계산	사회문화 및 상징	역사적 특수성(맥락)과 경로의존성
학문적 기초	경제학	사회학	정치학
중점	전략적 행위, 제도의 균형 중시	상징, 인지적 측면	감금효과, 경로의존성, 권력불균형, 역사적 과정
초점	개인중심 > 제도	개인 < 제도(문화)	개인 ≦ 제도(국가)
제도의 측면	공식적 측면 > 비공식적 측면	비공식적 측면(규범, 문화, 상징 의미, 신념, 인지구조 등)	공식적 측면 > 비공식적 측면
제도의 범위	좁음 (미시적: 개인 간 거래행위)	넓음 (거시적: 사회문화)	넓음(거시적: 국가, 정치체제=제도)
제도의 변화원인	전략적 선택, 비용편익 비교	동형화, 적절성의 논리	외부적 충격, 결절된 균형
개인의 선호형성	안정, 외생적 · 선험적	제한, 내생적 (사회가 개인을 창조)	제한, 내생적
접근법	연역론(일반이론 추구) 방법론적 개체주의	귀납적(경험적, 형이상학적 신비주의, 해석학, 민속학, 현상학적 연구)	귀납적 (사례연구, 비교연구)

5. 신제도이론의 공헌과 한계

(1) 공헌

① 신제도주의는 개인의 행위에 초점을 두는 행태주의와 그 연구방법이었던 방법론적 개체주의의 문제점을 극복하고자 등장한 새로운 움직임이었다. 따라서 신제도주의는 기존 연구방법론과 상당히 다른 시각에서 많은 장점이 있다.

② 개인의 선택과 행동을 제약하고 정치 현상과 관련되는 정책상의 결정을 좌우하는 제도의 영향력을 철저히 규명하였다.

③ 신제도주의적 접근방법은 기존 정치·행정이론의 문제점을 비판하고, 정치·행정 제도가 사회경제적 변화의 종속변수일 뿐만 아니라 독립변수이기도 하다는 점을 부각시켰다.

④ 제도적 구조가 환경의 변화에 단지 적응하기만 하는 것이 아니라 자체의 생명력을 가지고 지속하려는 사실을 지적함으로써 이론적 발전에 크게 공헌했다.

⑤ 신제도주의는 인간 행동의 지속적 구조가 자원이나 규칙 또는 가치들을 주어진 것으로 받아들이지 않고, 오히려 어떻게 이것들을 형성했는가 하는 점을 탐구하려고 했다는 측면에서 방법론적 독창성을 인정하였다.

(2) 한계

① 제도의 문제점

　㉠ 신제도주의는 제도가 개인의 선호와 이익에 미치는 영향을 강조한 만큼, 그 반대의 경우는 경시되고 있다는 데 문제가 있다.

　㉡ 신제도주의의 분석에서 제도란 강행구조를 전제로 한 법적 측면에서 명백한 규칙과 결정 과정을 수반하는 공식적인 장치임이 강조되기 때문에 사회과학에서 폭넓은 의미로 사용되는 구조의 개념보다는 다소 한정적인 의미를 갖는다.

　㉢ 제도의 영향력에 치중하는 나머지 제도가 형성되는 근원과 형성 과정 및 변환의 문제가 소홀하게 된다.

　㉣ 제도로서 모든 것이 설명된다는 이른바 제도결정론이라는 독단에 빠질 가능성이 크다는 점에서 문제가 있다.

② 방법론상의 문제

　㉠ 신제도주의는 개별 국가의 제도적 특징이 국가 간 정책적 차이를 효과적으로 설명해 줄 수 있음을 강조하고 있다. 그러나 개별 국가의 특성과 그것이 형성되어 온 사회적 맥락은 매우 다양하기 때문에 신제도주의 역시 구제도주의와 마찬가지로 역사적으로 형성된 개별 국가의 제도적 차이에 대한 보편적인 분석 방법을 결여하고 있다.

　㉡ 신제도주의는 역사적·비판분석적 접근 방법에 주로 의존하고 있다. 이와 같은 귀납적 접근 방법은 제도적 특성에 대한 설명을, 자칫 스토리텔링에 그치게 할 우려가 있다는 데 문제가 있다.

　㉢ 신제도주의는 제도 이외에 공공정책에 영향을 미치는 다른 변수들을 경시하고 있으며, 제도와 행위자 간의 상호 작용에 대한 문제를 해결하지 못하고 있다.

　㉣ 신제도주의는 정책을 설명하는 독립변수로서 제도의 일관성과 연속성을 가정하고 있기 때문에 제도 자체의 변화에 대한 문제를 명쾌하게 해결하지 못하는 한계를 가지고 있다.

　㉤ 신제도주의는 정치행위자의 상대적 자율성을 지나치게 주장함으로써 논점을 잃고 모호해질 우려가 있다.

1 신공공관리론(NPM; New Public Management)

1. 의의

(1) 신공공관리론이란 영국을 중심으로 한 신관리주의와 미국 중심의 기업가적 정부모형으로 대별할 수 있는데, 이 패러다임의 핵심은 고객 중심적 · 결과 중심적 · 경쟁 유도적인 정부의 개혁운동이다.

(2) 신공공관리이론은 시장이론을 반영하는 경향이기도 한데, 이는 시장이론에 대한 기대가 시대적으로 충만해 있었던 영 · 미 정부개혁(1970~1980년대)의 형태를 통해 나타나기 시작했다.

(3) 1990년대 들어 오스본(D. Osborne)과 게블러(T. Gaebler)가 이를 설득력 있게 정리함과 동시에, 고어(A. Gore) 부통령의 국가성과 평가위원회(National Performance Review) 보고서에 그 주장이 반영되면서 국제적인 흐름으로 확산되었고 새로운 패러다임을 구성하는 데 기여하게 되었다.

2. 등장배경

(1) 환경적 측면

① 1970년대 말부터 선진국에서 나타나기 시작한 과중한 복지비용 부담과 공공 부문의 비효율성으로 인한 재정적자에 대해, 유권자들의 개혁요구가 강하게 제기된 것을 들 수 있다.

② 민영화와 외부계약제의 도입 등에서 보듯이, 공공 부문의 생산성이 민간 부문에 비해 뒤떨어져 공공 부문의 성과가 저조하였다. 또한 정부개입의 효과성에 대한 의문과, 곤란한 환경에 적응할 수 있는 새로운 능력에 대한 요구에 의해 이 모형이 등장하게 된 것이다.

③ 세계화 추세에 따라 각국의 공통 관심사인 국가경쟁력의 강화에 대한 욕구가 각 국가에서의 신공공관리론의 도입을 촉구(대처총리에 의해 시작된 대처리즘, 뉴질랜드의 정부혁신, 연방정부의 기능감소를 주창하는 미국의 신연방주의, 클린턴 행정부의 정부재창조와 기업형 정부, 캐나다 등의 정부혁신 등)하였다.

> **개념더하기** ▶ 신공공관리론의 환경적 측면
>
> **1. 대처리즘(Thatcherism)**
> 신보수주의라고도 하며 1980년대 영국 대처행정부의 정부기능 축소정책이다. 1970년대 만성적인 스태그플레이션과 두 차례의 석유파동, 과다한 복지지출로 정부재정이 압박을 받게 되자 작은 정부론(감세와 재정지출의 축소), 공기업의 민영화, 규제완화, 복지재정의 축소 등을 주장하면서 국민생활에 대한 정부의 간섭을 줄이고 복지예산의 과감한 삭감으로 복지병을 치유하고 국민의 근로의욕을 고취시켜 복지국가의 위기를 극복하기 위한 것이었다. 유럽 우파정권(신우익)이 추진한 통치철학으로 미국 레이건행정부의 신연방주의와 함께 신자유주의의 기반이 되었다.
>
> **2. 신연방주의**
> 미국 레이건 행정부가 추진한 정부기능 감축정책으로 레이거노믹스(Reaganomics)라고도 한다. 케인스(Keynes)가 정부지출을 확대하기 위해 수요 측면의 정책을 강조했다면 통화주의의 영향을 받은 레이거노믹스는 고전적인 세이의 법칙(Say's Law)처럼 공급이 수요를 창출한다고 보고, 공급을 억제하려는 공급 위주의 정책으로서 그 주된 내용은 감세와 정부지출의 축소, 통화량의 감축을 본질로 한다. 전반적인 정책기조는 대처리즘과 유사하다.

(2) **이론적 측면**: 신공공관리이론이 기초하고 있는 이론적 토대는 민간 영역에서 발달한 이른바 신관리주의와 경제학이다.

    ① 신관리주의는 신테일러주의와 상호 교환적으로 사용되고 있는데, 이는 공공영역에 기업식 관리주의를 적용한 새로운 사조를 의미한다.

    ② 신공공관리이론에 영향을 미친 경제학은 주로 미시경제학(신제도주의 경제학과 조직경제학)을 의미하는 것으로, 공공선택이론과 주인-대리인이론, 거래비용이론 등이 이에 포함된다. 따라서 신공공관리이론의 이론적 토대는 관리주의와 공공선택이론, 주인-대리인이론, 거래비용이론 등이 상호 혼합된 복잡한 것이라고 할 수 있다.

3. 신공공관리론의 원리적 특징

(1) 원리적 특징

    ① **시장지향성**: 공공부문에 경쟁주의와 고객주의를 실현하는 것으로 공기업의 민영화와 공공서비스의 민영화 등으로 나타난다.

    ② **관리자의 신축성 제고**: 조직관리 · 인사관리 · 재무관리 등의 분야에 있어서 관리자에게 보다 많은 신축성을 부여해야 한다는 측면이다.

    ③ **성과의 중시**: 성과와 실적 중심의 관리를 중요시하며 성과지향적 정부를 구현하겠다는 의미를 담고 있다.

    ④ **소비자 중심주의**: 성과중시와 품질향상을 강조하고 행정서비스를 이용하는 고객의 요구에 지속적 관심을 기울여야 한다는 의미를 담고 있다.

(2) 주요 원리와 전통적 관료제와의 비교

    ① **오스본(D. Osborne)과 개블러(T. Gaebler)의 『정부재창조(Reinventing Government), 1992』**: 신공공관리의 개념을 오스본이 주장하는 기업가적 정부운영의 10대 원리를 중심으로 정리하면 다음과 같다.

전통적 관료제	기업가적 정부	정부재창조
노젓기(Rowing), 사공	방향키(Steering), 조타수	촉매적 · 촉진적 정부
행정메커니즘	시장 메커니즘(자율적 질서체계)	시장지향적 정부
집권적 계층제(명령 · 통제)	분권 · 참여 · 팀워크 · 협의 · 네트워크	분권적 정부
서비스 직접 제공	권한의 부여(Empowering)	지역사회가 주도하는 정부
투입중심 예산 →	성과 · 결과 중심 예산	성과 · 결과지향 정부
독점적 공급	경쟁 도입(민영화, 민간위탁)	경쟁적 정부
지출 지향	수익창출	기업가적 정부
규칙 · 규정 중심 관리	임무 · 사명 중심 관리	사명 · 임무 중심 정부
관료(행정) 중심	고객(국민) 중심	고객지향 정부
사후치료 · 치유	예측 · 예견과 사전예방	미래지향적 · 예견적 정부

    ② **기업형정부 구현을 위한 5C전략**: 오스본(Osborne)과 프래스트릭(Plastrick)

       ⊙ **핵심전략**: 정부가 수행해야 할 기능과 하지 말아야 할 기능을 체크함으로써 정부의 목표를 명확히 하고 방향잡기 등 핵심적 기능만 수행해야 한다.

       ⊙ **결과전략**: 정부의 비효율을 야기하는 독점적 요소를 제거하고 경쟁적 요소를 적극 도입함으로써 궁극적으로 결과에 중점을 두자는 것이다.

ⓒ 고객전략: 고객에 대한 책임을 확보하기 위해 고객이 다수의 정부서비스 공급자 중 하나를 선택할 수 있도록 경쟁을 촉진하고 고객에게 서비스 기준을 공표하여 품질을 보증하는 것이다.

ⓔ 통제전략: 관리자에 대한 중앙의 사전적 통제(내부규제)를 줄이는 대신 결과에 대하여 책임지도록 한다는 것으로 일선으로의 권한 위임이 핵심이다.

ⓜ 문화전략: 기업가적 조직문화를 창출하자는 것이다. 근본적으로 조직구성원들의 사고와 행태가 기업식으로 변화되어야 한다는 것이다.

4. 신공공관리론에 근거한 정부혁신의 주요 내용

신공공관리론은 고객중심적 행정관리, MBO, TQM 등 민간관리기법의 수용, 벤치마킹시스템, 다운사이징, 그리고 조직의 재구축·기술 및 과정의 재설계·새로운 사상의 관리목표의 재설정과 같은 각종 Re-기법, 그리고 시장성 테스트 등의 적용을 통하여 다양한 정부혁신을 모색하고 있다.

(1) OECD 국가의 정부혁신의 주요 내용

① 인력감축 및 조직구조의 개편: 기존의 정치·관료적인 이해관계를 탈피하고 정부기능의 축소 및 폐지, 민영화 또는 민간위탁, 계층제적 구조의 경직성을 탈피하기 위한 자율적 팀제 등 탈관료제 조직의 도입을 강조한다.

② 성과중심 체제로의 지향: 투입과 절차만이 아닌 산출과 결과에도 중점을 두며, 이를 위하여 목표의 명확화, 결과 달성을 위한 책임할당, 목표치의 설정, 적절한 인센티브 제공, 성과의 측정 및 보고, 필요한 사후관리 조치 등의 확립을 강조한다.

③ 지출가치(VFM; Value for Money)의 증대: 정부의 성과를 집약해서 나타내는 이른바 '지출가치'란 경제성, 능률성, 효과성을 반영한 예산이 결과(성과)로서 나타나야 함을 의미한다. 즉, '지출가치'를 높여 능률성을 증가시키고 낭비를 줄이며 효과성을 향상하자는 함의를 내포한다. 이를 위하여 성과 중심 예산, 사용자 부담원칙, 서비스 공급계약 및 비영리기관에 의한 서비스 공급, 파트너십 방식 등이 강조된다.

④ 권한 부여로 인한 융통성 증가: 정부관료제의 지나친 통제와 명령통일이 행정의 비효율을 낳았다는 인식 하에 조직과 관리자들에게 권한을 부여함으로써 혁신과 창의를 고취하고, 총괄예산제도 등을 통하여 예산범위 내에서 목표를 성취할 수 있도록 현지기관에 융통성을 부여한다.

⑤ 성과를 통한 책임과 통제의 강화: 신공공관리론에 근거한 행정개혁은 공공서비스 공급에 있어 민영화, 민간위탁 등을 통한 지방정부나 준독립(규제)기관, 준정부조직, 비영리조직, 공기업들과 그 외의 다른 민간조직과 같은 제3자적 주체에 의한 서비스 공급의 증가를 의미하기 때문에 책임의 분산에 대한 반작용으로서 책임과 통제가 강조된다. 이때 책임과 통제를 확보하기 위한 방법으로 전통적인 합법적·회계적 책임이 아니라 성과책임으로서 구체적인 운영목표와 결과달성의 책임소재 명확화, 성과정보제공 등이 활용된다.

⑥ 경쟁과 고객서비스 지향: 내부시장화를 통한 정부 내부의 경쟁이나 민영화 등을 통한 시장과의 경쟁을 강조한다. 그리고 경쟁을 통한 서비스 질의 향상은 고객지향적 행정의 취지와 일맥상통한다. 영국의 시민헌장, 캐나다와 미국의 서비스 기준제도, ONE-STOP 서비스제도 등이 대표적인 예라고 볼 수 있다.

⑦ 정부규제의 개혁과 정부 간 협력: 신공공관리적 정부개혁은 규제의 비용효과분석을 통하여 경제적 규제의 완화와 사회적 규제의 강화를 기본방향으로 하며, 자율적 규제 인센티브 도입을 강조한다.

⑧ **정책능력 강화**: 신공공관리론에 따른 행정개혁의 방향은 정책결정과 집행의 분리를 전제로 노젓기보다 방향키조정에 집중토록 하는 중앙정부의 정책능력 강화를 강조한다. 즉 정책과 관련하여 기획 및 결정기능은 중앙에서 담당하며, 집행기능은 책임운영기관화를 도모한다.

---

1. 벤치마킹시스템
   벤치마킹시스템은 미국의 제록스사가 처음으로 시도하여 성공한 것으로 유사한 기능을 지닌 선도업체를 기준으로 목표 수준이나 성과 또는 기준을 정하여 그 회사의 상품제조기술이나 조직, 그리고 경영기법 등을 적극적으로 받아들여 자기 회사의 생산과 경영에 응용하여 경쟁기업을 능가하고자 하는 경영기법이다.

2. Re-기법
   (1) 리스트럭처링: 리스트럭처링은 유·무형의 사회간접자본을 재구축하자는 것으로, 재구축이라는 말은 일반적인 사회간접자본 외에 투자역량강화, 교육환경 개선과 인적·지적 자본의 형성, 과학기술 수준의 제고와 학습역량의 극대화, 시민참여를 통한 사회통합역량의 강화 등이 포함되는 포괄적인 개념이라고 할 수 있다.
   (2) 리엔지니어링: 리엔지니어링은 프로세스 리엔지니어링을 의미하는 것으로·기존의 질 좋은 행정서비스를 제공할 수 있도록 재공정하자는 것이다. 이는 하향적 변동이라 할 수 있으며, 기존의 가정과 전통을 버리고 고객지향, 정보기술 활용, 조직혁신 등의 쇄신을 주 내용으로 하고 있다.
   (3) 리오리엔테이션: 리오리엔테이션은 자유경제의 시장원리와 성과지향적 경제원칙을 수용해서 '보호보다는 경쟁 그리고 규제보다는 자유'를 지향하는 새로운 관리목표의 재설정을 의미한다. 앞으로 자유로운 경제활동보장, 민간참여 기회의 확대 그리고 경쟁을 유도하여 무한경쟁시대에 대비하자는 것이다.

5. 신공공관리론의 공헌과 한계

(1) 공헌: 정부개혁의 논리로서 비대해진 정부조직 개혁의 이론적 근거를 제공하고, 국민을 고객으로 인식하면서 행정의 생산성과 대응성 제고에 기여하였다.

(2) 한계

① **일반화 측면**: 신공공관리론은 영·미계 국가의 맥락적 전통 위에서 성공한 것으로서, 각국의 역사적·문화적 전통이나 제도의 차이, 행정의 분야별 특수성으로 인해 일반화에 한계가 존재한다.

② **행정의 정치적 책임성 확보의 어려움**: 재량의 확대, 성과중심의 책임운영기관 등은 의회와 대통령의 통제를 어렵게 하여 대의민주주의의 기본원리인 정치적 책임성의 확보가 어렵다.

③ **계층 간의 형평성 약화**: 능률성, 효과성 중심의 성과지향적 행정은 수익자 부담의 원칙을 채택하여 계층 간의 형평성을 약화시킨다.

④ **성과 중심의 어려움**: 산출물의 추상성, 평가지표의 부재, 평가체계의 미확립 등으로 성과측정에 한계가 있다.

⑤ **공무원의 사기저하 측면**: 맹목적인 감축개혁 등으로 공무원의 사기가 저하된다.

⑥ **통합조정의 어려움**: 분권화와 재량의 증대로 인하여 조정·통합의 문제가 발생한다. 변화된 환경에서 정부는 이제 과거처럼 지시·명령·통제하는 리바이어던이 아니기 때문에 다양한 행위주체의 거부점을 통합조정하는 데 많은 시간과 비용이 들 것이다.

⑦ **정책과 집행(관리)의 분리문제**: 정책과 집행기능의 분리는 기술적으로 어려울 뿐 아니라 가능하다 해도 집행현장의 문제점 파악 등이 곤란하고 정책의 환류기능을 차단하여 오히려 정책역량을 약화시킬 수 있다.

⑧ **소비권의 한계**: 국민을 국정의 주체인 시민으로서가 아닌 객체인 소비자(납세자)로 보게 되는데 시민형과 달리 소비자형에서는 개인주의를 강조하여 소비자의 권리(소비권)가 강조된다.

⑨ 절차적 정당성 무시: 소통과 참여 등 절차적 정당성을 무시하고 성과 중심의 행정만 강조한다.

탈신공공관리론(Post-NPM)

1. 의의

탈신공공관리론은 신공공관리의 역기능적 측면을 교정하고 통치 역량을 강화하여 정치행정 체제의 통제와 조정을 개선하기 위해 재집권화 재규제를 주장하는 것이다.

2. 특징

(1) 구조적 통합을 통한 분절화 축소
(2) 재집권화와 재규제 주창
(3) 중앙정치의 행정적 역량 강화
(4) 민간 · 공공부문의 파트너십 강조
(5) 총체적 정부 또는 합체적 정부의 주도
(6) 역사적 문화적 환경 고려

[신공공관리론과 탈신공공관리론의 비교]

	비교국면	신공공관리론	탈신공공관리론
정부기능	정부 – 시장관계의 기본 철학	시장지향주의 – 규제완화	정부의 정치 · 행정력 역량 강화 – 재규제의 주장 – 정치적 통제 강조
	주요 행정가치	능률성, 경제적 가치 강조	민주성 · 형평성 등 전통적 행정가치 동시 고려
	정부규모와 기능	정부규모와 기능 감축 – 민간화 · 민영화 · 민간위탁	민간화 · 민영화의 신중한 접근
	공공서비스 제공의 초점	시민과 소비자 관점의 강조	
	공공서비스 제공 방식	시장 메커니즘의 활용	민간 – 공공부문의 파트너십 강조
조직구조	기본모형	탈관료제모형	관료제모형과 탈관료제모형의 조화
	조직구조의 특징	비항구적 · 유기적 구조, 분권화	재집권화 – 분권과 집권의 조화
	조직개편의 방향	소규모의 준자율적 조직으로 행정의 분절화(예 책임운영기관)	• 분절화 축소 • 총체적 정부 강조 • 집권화, 역량 및 조정의 증대
관리기법	조직관리의 기본철학	경쟁과 자율성을 강조하는 민간부문의 관리기법 도입	자율성과 책임성의 증대
	통제 메커니즘	결과 · 산출 중심의 통제	
	인사관리	경쟁적 인사관리, 개방형 인사제도	공공책임성 중시

NPA(신행정론) · NPM(신공공관리론) 비교

구분	NPA(신행정론)	NPM(신공공관리론)
차이점	진보주의	신보수주의 및 신자유주의
	1970년대	1980~1990년대 중반
	복지국가 – 형평성	감축관리 및 총체적 행정개혁 – 생산성
	신좌파	신우파
	행정가	기업가
공통점	관료제 문제 제기 – 탈관료제	정부실패 지적 – 탈관료제
	민주 참여	분권화
	대응성(소외계층)	대응성(고객)

2 (뉴)거버넌스론

본래 거버넌스라는 말은 정부의 존재와 더불어 오랜 세월 사용되어 온 개념이지만, 최근의 신행정국가의 대두와 더불어 일반적 의미에서 특수한 의미로 새롭게 해석되고 있다. 이런 의미에서 이를 신국정관리 혹은 뉴거버넌스(New Governance)로 지칭하기도 한다.

1. 의의 및 등장배경

(1) 거버넌스의 개념

① 거버넌스(Governance)란 가장 넓게는 사회문제를 해결하는 제반기제로서 국정관리, 협치(協治) 등 다양하게 정의된다.

② 뉴거버넌스(New Governance)란 기존의 정부라는 개념 하에서 의미하는 관주도적 행정에서 정부의 좋은 방향으로의 변화를 함축하는 통치의 새로운 운영방식을 의미한다.

③ 최근의 신행정국가의 대두와 더불어 국정운영에 기존의 불평등하고 정부우위적인 시장과의 관례를 청산하고 정부와 시장 그리고 시민사회가 자발적으로 협조하여 보다 효과적이고 민주적으로 국가를 운영하고자 하는 새로운 패러다임이라고 할 수 있다(연계망, 네트워크).

(2) 등장배경: 뉴거버넌스의 등장은 전통적 관료제 패러다임의 정부실패와 시대적 환경의 변화를 배경으로 한다. 즉, 전통적 행정국가가 1970년대 자원난 시대를 맞아 정부실패로 귀결되자 그 해결방법의 하나로 제시되었고, 여기에 시대적 환경의 변화가 가속되면서 오늘날 이 시대의 문제를 해결할 수 있는 희망을 담은 정치적 표어로까지 논의되고 있는 것이다.

그렇다면 뉴거버넌스 등장을 재촉했던 환경변화는 무엇인가? 피터스(G. Peters)는 다음과 같은 8가지 원인을 제시한다. 즉, 국가의 재정 위기, 시장을 향한 이데올로기적 전이, 세계화, 국가의 실패, 신공공관리의 출현, 사회적 변화와 증가하는 복잡성, 뉴거버넌스의 새로운 근원의 출현, 전통적 · 정치적 책임성의 유산 등을 제시하고 있다.

2. 거버넌스의 특징 및 다른 이론과의 관계

(1) 거버넌스의 특징

① **파트너십의 중시**: 거버넌스에서 중요한 것은 정부 내부의 기획이나 정책결정이 아니라, 정부와 사회 그리고 다양한 참여자들 사이의 상호작용이다.

② **유기적 결합관계의 중시(네트워크의 강조)**: 중앙·지방정부, 정치적·사회적 단체, NGO, 민간조직 등의 다양한 구성원들로 이루어진 네트워크이다. 네트워크는 계층제와 시장 모두와 구분되며, 다양한 네트워크에서 참여자들은 계층제적 질서 속의 구성원보다 덜 종속적이며, 시장체제의 구성원보다는 더 종속적인 상황 하에서 상호 독립적인 기능을 수행한다.

③ **공식적·비공식적 요인의 고려**: 거버넌스는 공식적 측면과 아울러 비공식적 측면도 중요시한다.

④ **정치적 특성의 강조**: 거버넌스는 명백한 결과보다 정치·경제·사회적인 문제들이 다소 정적인 정치체제 안에서 다루어지는 과정에 초점을 둔다.

⑤ **세력연합·협상·타협의 중시**: 행정의 임무와 구조적·과정적 기초를 결정하는 입법은 입법부 내외의 다양한 행동주체들이 형성하는 입법연합의 산물이라고 본다.

⑥ **정부는 네트워크 관리자로서 역할**: 비록 네트워크 상황에서 정부의 역할이 전통적인 정부처럼 우월한 것은 아니지만, 정부가 다른 사회적 참여자들과 동등한 것은 아니다. 정부는 네트워크 관리자로서 네트워크를 관리할 의지를 가지며 그 과정에서 중요한 행위자 역할을 해야 한다.

⑦ **다수준·다접근성**: 거버넌스는 다양한 모양과 형태를 띠면서 모든 수준의 정부에서 그리고 모든 수준의 정부내부 제도들 사이에서 상당한 수준으로 나타나고 있기 때문에 보는 시각, 범주, 수준 등에 따라 다양한 수준이 있고 다양한 접근이 가능하다(국가·정부 중심적 접근 외에 가장 광범위한 지구적 거버넌스, 지역공동체 수준의 지역 거버넌스, 개별 국가 외 국가 거버넌스, 시장 중심 거버넌스, 시민사회 중심 거버넌스, 가상공간의 사이버 거버넌스).

(2) 전통적 관료제와 거버넌스의 차이

비교	전통적 관료제	거버넌스
정부기능 및 정책지향	• 공공재의 독점적 생산 및 공급 • 정부독점 • 공급자 중심의 행정 • 규제와 기획기능 강조 • 해밀턴주의	• 공공기업가 및 조정자 • 정부 및 시장, 시민사회 주체 • 고객 및 시민 중심 • 규제완화, 자율규제, 공동체주의 강조 • 메디슨주의
정치·행정 및 민간과의 관계	• 정책형성은 정치지도자들이 주도 • 내부 역동성에 초점	• 관료들이 정책형성 역할 인정: 관료에 대한 통제의 이완과 재량적 부여 • 외적 민간과의 관계 강조
조직구조	• 관료제 • 조직구조의 항구성 • 분업 • 계층제: 고층구조 • 집권화 • 대규모 조직	• 네트워크(이슈네트워크 등) • 비항구적·유기적 구조 • 집단사고와 업무처리(참여모형) • 비계층적 구조: 저층구조 • 분권화, 권한이양 • 소규모 조직

(3) 신공공관리론과 (뉴)거버넌스의 공통점

　① 정부역할 축소

　② 방향잡기 강조

　③ 공적 · 사적 영역 간 이분된 것으로 이해하는 것을 거부

　④ 민관협력 등을 인정

(4) 신공공관리론과 (뉴)거버넌스의 차이점

　① 신공공관리론은 경쟁의 원리를 중시하지만, 뉴거버넌스는 시장주의에 입각한 경쟁보다는 신뢰를 기반으로 조정과 협조가 이루어진다.

　② 신공공관리론은 행정기능의 상당부분이 민영화, 민간위탁 등을 통해서 국가로부터 민간에게 이양되지만 뉴거버넌스에서는 국가의 역할을 부정하기보다는 민간의 힘을 동원하고, 공동체 구성원들의 참여에 의한 공적문제 해결을 중시한다.

　③ 뉴거버넌스는 다조직 네트워크와 지속적 상호작용, 그리고 국민을 주인으로 간주하는 주인중심적 접근을 하기 때문에 능동적이고 적극적인 참여를 강조하지만, 신공공관리론은 조직 내적인 관점에 초점을 두며, 목적 달성에만 관심을 두고 국민을 고객으로 간주하는 고객중심적 접근을 하기 때문에 수동적이다.

　④ 신공공관리론은 시장논리에 따라 행정의 생산성이나 효율성을 중시하지만 뉴거버넌스는 구성원 간의 참여와 합의를 중시하므로 행정의 민주성 등에 초점을 두게 된다.

　⑤ 뉴거버넌스는 정치적 권위의 영역 내에서 민주적 의사결정 영역에 관심을 갖는 정치적인 개념인 반면, 신공공관리론은 정치적 권위에 의한 집합적 선택을 반대하고 자발적 교환영역에 관심을 갖는 비정치적인 개념이다.

더 알아보기

신공공관리론과 뉴거버넌스의 비교

구분	신공공관리	뉴거버넌스
인식론적 기초	신자유주의 · 신공공관리	공동체주의 · 참여주의
관리기구	시장주의	서비스연계망(공동체)에 의한 공동생산
관리가치	결과(생산성)	과정(민주성, 신뢰)
관료역할	공공기업가	조정자
작동원리	시장 메커니즘	신뢰와 협력체제
서비스	민영화, 민간위탁	공동생산(시민 · 기업의 참여)
관리방식	고객지향	임무 중심
분석수준	조직 내	조직 간
정치성	정치행정이원론	정치행정일원론
정부역할	방향키(수비수)	방향키(심판관)

3. 뉴거버넌스 정부개혁 모형

(1) 피터스(G. Peters)의 모형
피터스는 정통적 정부모형에 대한 대안으로 시장·참여·신축·탈규제 정부모형의 4가지 신국정관리모형을 제시하였다. 전통적 관료제와 다른 행정개혁의 방향을 설정한 모형을 제시하고, 어느 한 모형에 집착할 것이 아니라 각 국가의 상황에 맞는 행정개혁의 추진을 권고하였다.

구분	전통적 정부모형	시장적 정부모형	참여적 정부모형	신축적 정부모형	탈내부규제 정부모형
문제의식	전근대적 권위	독점	계층제	영속성	내부규제
조직개혁	계층제	분권화	평면조직	가상조직	–
관리개혁	직업공무원제, 절차적 통제	성과급, 민간기법	총체적 품질관리 (TQM), 팀제	가변적 인사관리, 임시조직	재량권 확대
정책결정 개혁방안	정치·행정 구분	내부시장, 시장적 유인	전문가회의협의, 협상	실험	기업형 정부
공익기준	안정성, 평등	저비용	참여, 협의	저비용, 조정	창의성, 활성성 활동주의
조정방안	상의하달식 명령통일	보이지 않는 손	하의상달식	조직개편	관리자의 자기이익
공무원제 개혁방안	실적제	시장기제로 대체	계층제 축소	임시고용, SES	내부규제 철폐

- 탈규제적 정부모형은 정부내부의 규제를 철폐함으로써 공공부문에 내재하고 있는 잠재력과 독창성을 분출시키는 모형이다.
- 참여적 정부모형의 시장모형과는 거의 반대 입장으로, 시장을 거부하며 정부에 대해 신호를 보낼 수 있는 보다 정치적이고 민주적인 집단적 기제, 즉 참여를 모색하는 것이다.
- 신축적 정부모형은 조직의 영속성에 대한 비판에서 출발하여, 환경변화와 현 국정관리 속성의 변화에 따라 창조적 대응을 하기 위해서 신축적 조직인 임시조직이나 가상조직을 강조한다.
- 시장적 정부모형은 정부 관료제의 비효율성과 시장의 효율성에 대한 신뢰를 전제로 하며 이는 신고전 경제학에 기초한 것이다.

(2) 국가 중심, 시민사회 중심, 시장 중심의 거버넌스모형
거버넌스 내의 다양한 행동주체들 가운데 어떤 것을 중심으로 삼느냐에 따라 국가 중심 거버넌스, 시민사회 중심 거버넌스, 시장 중심 거버넌스로 구분할 수 있다.

① 국가 중심 거버넌스(관료주의와 관리주의 결합)
  ㉠ 의의: 국가 중심 거버넌스는 기본적으로 국가가 시장과 시민사회를 주도적으로 관리하는 입장을 지닌다. 이를 위해 기업가 정신을 정부에 도입하여 기업가적인 정부를 만들거나, 민간에서 개발한 효율적인 관리기법들을 정부에 적용하여 정부조직의 유연화를 추구해야 한다는 것이다.
  ㉡ 국가유형과 국가 중심 거버넌스이론의 유형: 학자들에 따라, 신공공관리론, 기업가적 정부, 좋은 거버넌스, 신축적 정부모형, 탈규제적 정부모형 등이 있다.
  ㉢ 국가 중심 거버넌스의 행정개혁: 기업가적 정부나 신공공관리론을 중심으로 하여 정부부문에 경쟁과 성과를 강조한다. 이 모형 하에서 행정개혁의 내용과 대상은 능률성·효율성·생산성·민주성·투명성 등 행정의 가치와 분권화 제고, 조직·인사·재무·성과관리제도 등 조직구조·의식과 행태·과정과 제도·관리기술 개혁·인원 감축 및 재조정을 핵심으로 한다.

② 시민사회 중심 거버넌스
  ㉠ 이론적 배경: 시민사회 중심 거버넌스는 기존의 대리인 체계가 갖는 대의민주주의 한계를 지적하고 시민사회가 책임 있게 시민을 대변할 수 있는 정부를 실현한다는 전제로 등장한 새로운 공동체운영방식이다.

ⓛ 시민사회 중심 거버넌스의 기본원리: 참여주의와 공동체주의로 구분할 수 있다.
- 참여주의: 참여주의 가운데 시민사회 중심 거버넌스가 중시하는 것은 시민들이 개인이나 NGO같은 집단으로 제도에 참여하는 것이다.

  첫째, 내부참여로서 분권화는 시민중심 거버넌스의 간접적인 효과로서 나타난다.

  둘째, 외부참여로서 시민참여는 정책결정이나 집행과정에 정책대상집단이나 일반시민을 참여시키는 것으로 직접민주주의 성격을 강화시키는 가장 중요한 측면이다.
- 공동체주의(신우파의 자원봉사주의와 신좌파의 시민주의): 공동체주의는 근대 개인주의의 보편화에 따른 윤리적 토대의 상실, 즉 고도산업사회화에 따른 도덕적 공동체의 와해와 이기적 개인주의의 팽배에 의한 원자화 등의 현상에 대한 대안 가운데 제시된 것으로, 응집성 있는 공동체를 다시 구축하고 공동문제를 구성원들이 직접 참여하여 해결한다는 주장이다. 공동체주의는 신우파 자원봉사주의와 신좌파 시민주의로 나뉜다.

ⓒ 시민사회 중심 거버넌스이론의 유형: 시민사회 중심의 거버넌스 유형으로는 로드스(Rhodes)의 사회−사이버네틱체제, 자치조직적 네트워크, 법인 거버넌스, 그리고 피터스(Peters)의 참여모형 등이 대표적인 유형들이다.

ⓐ 시민사회 중심 거버넌스의 행정개혁: 네트워크와 참여를 강조하는 시민사회 중심 거버넌스 하에서 행정개혁은 정부의 권한을 네트워크에 부여하는 것과 협동의 새로운 형태를 찾는 것이다. 이를 위하여 무엇보다도 요구되는 행정개혁은 다음과 같다.
- 행정개혁에 필요한 조건은 신뢰와 협동이다.
- NGO는 시민사회가 자율적으로 힘을 키워가는 열린 기회를 제공한다는 점에서 시민단체에 대한 기존의 정부지원방식이 보다 시민 주도적으로 이루어질 필요가 있다.
- 조세제도의 개혁에 의한 시민들의 시민사회나 정치사회에 대한 자율적 지원제도의 설립이다.

③ 시장 중심 거버넌스
ⓐ 시장 중심 거버넌스 원리: 시장 중심 거버넌스는 경쟁원리와 고객주의를 근간으로 하는 시장주의를 지향한다. 시장주의는 가격을 매개로 한 자원배분, 경쟁원리, 고객주의 등으로 요약된다.
ⓛ 시장 중심 거버넌스이론의 유형: 시장적 정부모형, 최소국가론 등이 있다.
ⓒ 시장 중심 거버넌스의 행정개혁: 무엇보다도 확고한 시장규칙의 형성과 집행이 필요하다. 민간의 자율성을 최대한도로 보장하기 위해서 시장개입적인 정부규제는 철폐되어야 하며, 분권화와 민간화 등의 개혁이 요구된다.

(3) 레짐이론(Regime Theory)
① 레짐의 의미
ⓐ 일반적 의미: 일반적으로 레짐은 정치체제, 정권을 의미
ⓛ 레짐이론의 의의: 지방정부 수준의 도시거버넌스이론(1980년대 후반부터 미국과 영국의 도시거버넌스에 대한 비교연구가 활발히 진행되면서 대두)

② 이론적 배경과 지향
ⓐ 로건과 몰로치(Logan & Molotch)의 성장연합이론 또는 성장기구론에 그 이론적 배경을 두고 있다. 성장연합과 반(反)성장연합의 대결에서 성장연합이 승리하여 도시의 성장과 개발을 주도해 나간다는 것인데 서로 다른 사회 영역, 즉 정부와 기업, 국가와 시장, 정치와 경제 등이 어떤 이유로, 그리고 어떠한 과정을 통해 도시개발을 위한 정책결정에서 합의와 협력을 이루어 내는가에 대한 이론적 설명을 도출하며, 부문 간의 협의와 조정문제에 초점을 둔다.

ⓒ 로컬 거버넌스로서 레짐은 특정한 도시의 권력구조를 설명하는 것이 아니라, 도시의 형태에 따라 어떠한 주체들이 중심세력을 형성하여 도시를 이끌어가고 있는지와 도시권력구조의 변화를 분석하는 데 유용하다.

③ 레짐의 유형

㉠ 스톤(Stone)의 유형

구분	현상유지 레짐 (Maintenance)	개발 레짐 (Development)	중산계층 진보 레짐 (Middle Class Progressive)	하층기회 확장 레짐 (Lower Class Opportunity Expansion)
추구 가치	현상 유지	지역 개발 · 성장 · 발전	자연환경 보호, 평등	저소득층 보호, 직업교육
구성원 간 관계	친밀성이 높은 소규모 지역사회, 갈등 없음. 기존의 사회경제적 관행을 유지하려는 레짐	갈등 심함	시민 참여 · 감시 강조	대중동원이 과제
생존능력	강함	비교적 강함	보통	약함

㉡ 스토커와 모스버거(Stoker & Mossberger)의 유형

구분	도구적 레짐	유기적 레짐	상징적 레짐
변화에 대한 인식	단기성과, 실용적 동기, 단기적 목표	현상유지	변화지향, 지배적 가치의 불확실성
구성원간 관계	정치적 파트너십	높은 결속력과 합의	경쟁적 동의
존속	단기적	안정적	과도적
대상	국제이벤트 유치를 위한 레짐(올림픽 게임)	소규모 도시지역 유기적 레짐을 유지	발전 · 변화 지향적 도시

07 포스트모더니티의 이론과 신공공서비스론(NPS)

1 후기산업사회(포스트모더니티)의 행정

1. 의의 및 대두배경

(1) 의의

① 인간의 물상화를 배격하고 인간의 이성과 자아를 회복하려는 인본주의운동이다.

② 구성주의, 상대주의, 다원주의, 해방주의를 토대로 탈영역, 탈전체, 탈물질, 탈규제, 탈계서, 탈제약, 탈근대, 해체와 해방 등을 제창하는 1980년대 이후의 후기산업사회에서의 행정이론을 포스트모더니즘의 행정이론이라고 한다.

(2) 대두배경(기존의 행정이론에 대한 회의와 비판)

① **전통적 행정이론**: 전통적 행정학은 행정관료제의 계층제, 전문성, 경력, 문서에 의한 행정, 행정인의 정치적 중립성 등이 정책집행의 반응성과 책임성을 높이고 행정의 능률과 효과성을 향상시킨다고 보았다.

② 전통적 행정이론에 대한 비판과 대안

    ⊙ 해석학과 행정이론: 행정인의 행태보다는 행위의 의미를 해석하고 이해해야만, 정의롭고 정당한 행정이 이루어질 수 있다. 행위이론에서는 행위자들 간 대면적 접촉에서 이루어지는 상호작용의 합의를 강조하고, 호혜성의 가치를 존중한다.

    ⓒ 비판행정이론: 사회제도와 관행의 모순을 지적하고, 정치경제의 구조적 모순으로부터 해방되어야 할 것을 주장한다.

    ⓒ 행정철학: 행정철학은 행정현상을 연구하는 경험주의적 논리를 인정하면서도 행정적 의사결정에서는 사실판단과 함께 가치판단이 중요하다고 강조한다.

2. 모더니티 행정이론

위에서 제시한 전통적 행정이론을 비판하는 이론(해석학, 비판이론, 행정철학) 역시 모더니티의 기본가정을 수용하고 있다. 그러나 이들 견해의 일부(해석학적 행정의 행위이론, 비판행정이론)는 포스트모더니티 행정이론과 공통점을 가지는 경우도 있다. 포스트모더니티 행정이론은 모더니티의 기본가정 자체를 비판하며, 모더니티 행정이론의 모순과 한계를 극복하려는 것이다. 주로 전통적 행정이론이 비판의 대상이 된다.

개념더하기   모더니터와 포스트모더니티의 행정이론

모더니티의 행정이론			포스트모더니티의 행정이론
전통적 행정이론		상대적으로 체계적인 정립	• 모더니티 자체의 마음가짐에 대한 회의와 그러한 마음가짐을 바탕에 두고 있는 행정이론의 한계와 모순에 대한 비판 • 합리성을 기초로 한 행정이론의 한계와 모순을 지적하고 대안에 관한 담론을 형성 • 포스트모더니티 행정이론이 가지는 대안으로서의 가능성 • 아직도 비체계적인 모습
전통적 행정이론에 대한 비판과 대안	해석학적 행위이론	비판적, 대안 제시, 다소 비체계적	
	비판행정론		
	행정철학		

(1) 모더니티: 모더니티의 이론은 인간의 합리성을 근거로 사회현상을 이해하고 설명하며, 예측하려고 하였다. 인간의 진리를 발견할 수 있고, 진리는 인간의 삶의 질을 높일 것이라는 입장이다.

(2) 모더니티 행정이론의 특징

    ① **특수주의(Particularism)**: 모더니티의 생각에 의하면, 학문영역이 분화되고 전문화될수록 더 합리적이다. 그러면서도, 학문적인 언명은 보편적이어야 한다는 생각을 지닌다.

    ② **과학주의(Scientism)**: 실증주의를 따르는 모더니티는 행정과학과 응용과학을 수립하고자 하였으며, 과학방법론을 절충적으로 사용할 것을 추구하였다.

    ③ **기술주의(Technologism)**: 행정은 기술이라고 할 수 있는데, 주로 과정에 관련된 낮은 수준의 기술, 즉 기법이라고 생각되기도 한다. 이렇듯 행정을 기술이라고 개념화하면, 이는 이론과 실제 간의 격차를 좁힐 수 있는 이점이 있다.

    ④ **기업과 기업가 정신(Enterprise and Entrepreneurship)**: 기업가 정신이나 자유기업의 자본가 정신을 중시한다. 자유기업의 이윤추구는 합리적이며, 기업가 정신을 효과적으로 발휘할 수 있으려면 자본주의 체제가 필요하다.

    ⑤ **해석학(Hermeneutics)**: 행정에 있어서 합리적 의미를 추구하는 것은 유용하다. 그러나 특정한 해석들은 언제나 새롭고 더 나은 해석의 여지가 있기 때문에 맹점과 반대명제가 나타난다.

3. 포스트모더니티 행정이론

(1) 모더니티에 대한 회의와 비판: 포스트모더니즘이 비판하는 것은 어떤 이론이나 특정한 패러다임이 아니라, 과학이 특권적 지위를 가진 이성의 형태나 진리의 매개체라는 모더니스트적인 사고의 근본가정에 관한 것이다. 오직 과학적 지식만이 확실한 근거를 가질 수 있다는 과학주의적 주장에 대한 이견(異見)을 제시한다. 그리고 포스트모더니즘은 과학은 가치 중립적이라거나 중립적이어야 한다고 하는 모더니스트적 생각을 비판하고 과학의 실천적 및 도덕적 의미를 강조한다. 포스트모더니스트들은 진리의 기준들은 맥락 의존적이라고 주장한다(모더니즘은 과학적 지식은 보편적이며, 특정한 맥락과 상관없는 방식으로 정당화될 수 있다는 믿음).

(2) 포스트모더니티 행정이론의 특징

① 파머(D. Farmer)는 반(反)관료제모형에서 포스트모던 행정의 특징을 다음과 같이 설명한다.

ㄱ 상상(Imagination): 상상은 소극적으로는 규칙에 얽매이지 않는 행정의 운영이며, 적극적으로는 문제의 특수성을 인정하는 것이다

ㄴ 해체(Deconstruction; 탈구성): 텍스트(언어, 몸짓, 이야기, 설화, 이론)의 근거를 파헤쳐보는 것이다.

ㄷ 영역해체(Deterritorialization; 탈영역화, 학문영역 간의 경계파괴): 포스트모더니티에 있어서의 모든 지식은 그 성격과 조직에 있어서 '고유' 영역이 해체된다. 즉, 지식의 경계가 사라진다.

ㄹ 타자성(Alterity): 나 아닌 다른 사람을 인식적 객체로서가 아니라, 도덕적인 타자로 인정하는 것이다. 타자성은 타인에 대한 개방성, 다양성의 선호(다른 것에 비해 어떤 특권적 지위를 누리는 의미가 없다는 것을 인정하는 것), 상위설화에 대한 반대(비현실적인 근거들을 해체하는 것), 기존질서에 대한 반대 등을 특징으로 한다.

② **구성주의**: 객관주의를 배척하고 현실은 마음(내면) 속에서 구성된다고 보는 주관주의로서 언어의 중요성을 강조한다.

③ **상대주의적·다원주의적 세계관**: 보편주의나 객관주의는 헛된 꿈이라 비판하고, 절대유일의 보편적 가치는 존재하지 않으며 다양한 가치가 공존한다고 본다.

④ **해방주의**: 비판 과학에서 묘사하는 해방주의 성향을 추구하며 탈물질화, 탈관료제화를 강조한다. 규칙이나 계급으로부터의 해방을 추구한다. 이는 개인이 거시적인 사회적 구조의 지시와 제약으로부터 해방되어야 하고 서로의 상이성(타자성)을 인정받는 자유로운 존재여야 한다는 원자적·분권적 사회로의 이행을 의미한다. 따라서 소품종 대량생산체제가 아닌 다품종 소량생산체제에서 제공되는 공공서비스가 더 바람직한 것이라고 주장한다.

⑤ **행동과 과정의 중시**: 조직과 행정을 정체된 존재가 아니라 계속적으로 만들어져 가는 과정으로 본다.

(3) 포스트모더니티 행정이론의 공헌과 한계

① **공헌**: 관료제의 한계를 극복하고, 행정이론이 행정을 쇄신하는 데 촉매적인 역할을 할 수 있게 해준다. 타자성이 말하는 개방성, 다양성의 선호, 거대설화의 거부, 기존체제에 대한 반대 등은 일종의 반행정을 지향하는 것인데, 그렇게 함으로써 경직된 관료제가 미시정치로써 시민들의 요구에 더 접근하고 진정한 담론을 통해 약화된 정치를 책임·보완할 수 있다.

② **한계**: 포스트모더니즘은 통일된 견해도 없고 말할 수 없는 것을 말하기 어려운 한계가 있다. 반면 모더니티의 행정이론은 언명은 명확하나 반대명제와의 모순이 발생할 수 있다.

4. 포스트모더니즘의 행정이론

포스트모더니티를 기반으로 등장한 대표적인 행정이론으로는 파머(D. Farmer)의 반관료제이론, 폭스와 밀러(Fox & Miller)의 담론이론 등이 대표적이다.

(1) 파머(D. Farmer)의 반관료제이론: 파머는 과학주의, 기술주의, 기업주의 등의 근대성을 탈피하고 탈근대성을 지향하자고 주장하면서, 포스트모더니즘 행정이론의 특징으로 상상, 해체, 탈영역화, 타자성 등을 제시한다.

(2) 폭스와 밀러(Fox & Miller)의 담론이론: 폭스와 밀러는 구성원 간 의사소통을 통한 담론을 행정의 중요한 요소로 인식한다.

(3) 덴하르트(Denhardt)의 신공공서비스론: 전통적 행정이론과 신공공관리론에 대한 반론으로 덴하르트가 제시한 신공공서비스론(고객이 아닌 주인으로서의 시민, 기업가 정신이 아닌 시민성, 시민에 대한 봉사 등)은 후기산업사회의 중요한 이론으로 자리 잡고 있다.

개념더하기 폭스와 밀러(Fox & Miller)의 담론이론(Discourse Theory, 1995)

1. 의의

폭스와 밀러는 행정을 '전문성을 바탕으로 수행되는 개념보다는, 시민들의 의견을 적극 청취하여 그들의 의도를 반영하는 담론적 행위로 보아야 한다'고 주장한다. 대의민주주의의 한계와 문제점을 비판하면서, 그 대안으로 참여적 공동체주의*, 헌정주의*, 담론이론 등을 제시하고 이 중 담론이론을 가장 적합한 관료제의 대안으로 평가한다.

2. 정통이론의 비판과 대안

폭스와 밀러는 현상학과 구조화이론에 기초를 둔 구성주의를 통해 관료제를 인식론적으로 비판하고, 관료제도의 기초가 되는 환류모형(욕구표출 → 대표선출 → 국정반영 → 행정집행 → 선거평가 등의 절차에 따라 국민의 의사가 대표자들에 의해 행정에 반영)에 입각한 민주주의 개념인 대의민주주의의 한계와 문제점(선출직 대표제도는 비현실적이고 책임성이 부족하며, 국민의 뜻이 언론에 의하여 조작되고, 선거정치는 정치현실로부터 분리된 상징에 불과함)을 지적하고, 그 대안으로서 참여적 공동체주의, 헌정주의(입헌주의), 담론이론을 제시한다. 이 중 헌정주의와 공동체주의는 현실성이 없는 이론이라고 비판하고 진정한 대안으로서 담론을 제시한다.

3. 담론 내용

정책과정에 참여하는 사람들이 생산적 담론을 통해서 업무를 수행해야 한다는 이론이다. 공공부문이 '관료기구'에서 '에너지 영역(Energy Field)'으로 대체되어야 한다고 주장한다. 에너지 영역은 정책네트워크, 기관 간 정책연합, 타협적 규제위원회 등 다양한 사회적 구성으로 이루어진다. 공공에너지 영역은 사회적 담론을 가능하게 하는 운동장으로, 정부는 국민과의 민주적이고 자유로운 담론을 통해서 국민이 원하는 의미를 파악하여 정책에 반영하는 것이다. 따라서 정책은 '합리적 분석'이 아니라 '의미의 포착'에 의해 형성되며 자유로운 토론이 행정의 핵심이다.

3. 담론의 규율

담론의 진지함(정직, 솔직), 상황에 적합한 의도(특정상황과 관련된 담론), 자발적인 관심(듣지만 않고 말을 함), 실질적인 기여(무임승차자 배제, 전문지식이나 아이디어 제공) 등인데 이것이 바로 담론의 보증이며 이 보증이 확보될 때에만 진정한 담론이 가능하다.

4. 담론의 형태

(1) 소수담론(전통관료제): 몇몇 엘리트 중심이나 소수에 의해 담론이 지배되는 경우로, 익명성으로 인해 참여자의 진실성을 확인할 수 없고, 참여자 간 논쟁의 긴장이 없으므로 사회적 의미를 도출하기 어렵다.
(2) 다수담론(이슈공동체): 무질서한 토론, 초점없는 인터넷 공간에서의 대화방 같은 담론. 대화의 규범이나 진실성 및 책임감이 결여된다.
(3) 적정수담론(정책공동체): 폭스와 밀러가 제시한 가장 바람직한 형태의 담론으로 산만한 토론들이 정책커뮤니티 등에 의하여 몇 개의 정책과제로 응집되어 책임감 있게 구조화된 상태의 담론이다.

---

* 참여적 공동체주의
   시민들의 직접 참여를 통해 행정의 정당성을 확보하자는 이론이지만, 공동체의 문제해결능력 부족, 시간·비용의 과다로 인해 비현실적인 이론이다.
** 헌정주의
   비선출직 공무원은 헌법적 가치에 먼저 충성하고 그 다음 선출직 공무원이나 그들에 의하여 임명된 정무직 공무원에 충성해야 한다.

2 신공공서비스이론

1. 의의

(1) 신공공서비스이론은 정부로 하여금 기업가의 지나친 능률성 이념을 강조해 온 신공공관리적 사조에 대한 반작용의 결과로 등장하였다.

(2) 관료들은 민주적 원칙에 입각해서 공공서비스를 제공해야 할 뿐만 아니라 공익, 거버넌스 과정, 민주적 시민 의식의 확대 등과 같은 민주적 이상의 실현을 위해 많은 관심을 기울여야 함을 강조한다.

(3) 특히 관료들의 태도와 관련해 말하기보다는 듣기를, 조정보다는 봉사를 강조한다.

(4) 결론적으로 신공공서비스이론은 지역공동체에 기초한 시민정신과 시민민주주의에 토대를 둔 담론이 강조해 온 민주성이나 형평성에 기초하여, 시민사회가 중심이 된 민주적 공동체를 구축하고자 하는 시대적 사조이자 정부의 소유주인 시민의 권리를 회복시키고 지역공동체의식을 복원하고자 하는 데 초점을 둔 연구 경향이라 볼 수 있다.

2. 등장배경

(1) 전통이론과 신공공관리론에 대한 비판

① 반응성과 효율성을 제고할 목적으로 비용 절감과 세금 감소 등과 같은 관리적 수단에 의존했던 신공공관리이론은 OECD 국가 내에서도 별 효과를 거두지 못한 것은 물론 발전도상국의 경우는 심각한 부작용만 초래했다.

② 신공공관리이론이 거버넌스로서의 위상을 가지고 있다고 해도, 이의 효용을 극대화하려면 한 기관이나 제한된 지역에 성과를 향상시킬 목적으로 시도해 본 후에 그 결과를 확산시키는 유기적 접근을 시도했어야 하지만, 지나치게 포괄적이며 급진적인 접근을 시도한 결과 오히려 국가 능력만을 감소시키는 결과를 초래했다는 점이다.

③ 신공공서비스이론은 이처럼 신공공관리이론의 잘못된 시각과 처방에 대한 반작용과 국가에 새로이 가해지고 있는 또 다른 변화에 대한 대응으로 등장했다.

(2) 제3의 대안 제시: 신공공서비스이론의 이론적 토대는 전통이론과 신공공관리이론이 배제해 왔던 맥락들에 대한 소생으로, 최근의 정치사회이론에서 중요한 영역들을 차지해 나가고 있는 민주적 시민이론, 지역공동체와 시민사회모형, 조직인본주의와 담론이론, 그리고 포스트모더니즘에 기초하고 있다.

> **개념더하기** 신공공서비스이론의 기초
>
> **1. 민주적 시민이론**
> 민주적 시민이론(Democratic Citizenship)은 대의민주정치가 지니고 있는 문제점에서 출발한다. 공공선택론자들이 주장하고 있는 바와 같이 대의민주주의 정치는 투표제도에 기초하고 있다. 그런데 시민들 개개인의 이익을 극대화하려는 전략에서 출발한 공공선택론적 가정에는 문제가 있다는 것이다. 따라서 이제는 단순히 개인 이익의 극대화라는 근시안적인 시각을 버리고, 사익보다는 공익적 관점에서 전체의 거버넌스를 위해 시민들이 참여해야 한다는 입장이다.
>
> **2. 시민사회모형과 개선**
> 시민사회모형은 지나친 다원화에 따른 원자적 사회에 대한 대안으로, 이를 통합하고 종합할 수 있는 새로운 모형으로 지역공동체에 대한 모형이 요구된다. 새로운 모형으로서 공동체주의는 단순히 분쟁을 해결하기 위한 절차로서의 민주주의가 아닌, 인간의 삶에 영향을 미치는 중요한 의사결정 과정으로서의 민주주의가 구축되어야 한다는 점을 강조한다. 그리고 이러한 과정에서 시민들이 적극적으로 참여해야 한다는 것을 아울러 강조한다. 이런 점에서 정부의 역할 중 특히 지방정부가 지역공동체를 유지하고 형성하는 데 중요한 역할을 담당해야 한다는 것이다.

3. 조직인본주의

조직인본주의는 전통적 조직이론이 주로 상의하달식의 계층적 관료제 조직을 통해 조직구성원의 객관화 · 비인간화 및 통제 중심의 조직 운영을 강조한 반면, 인간 행태에 대해서는 제한된 견해를 가졌다는 비판을 전제하고 있다. 따라서 조직인본주의는 공공서비스가 객관적인 효율성에 의해서만 평가될 성질의 것이 아니며, 관료의 도덕적 · 자율적 판단에 따른 사회적 형평과 대응성의 상호작용이 커다란 의미를 가짐을 강조한다.

3 신공공서비스이론의 구성 내용

1. 행정의 역할에 대한 시각

신공공서비스이론은 행정의 역할에 대해 신공공관리이론이 주장하고 있는 것처럼 방향 잡기에 두지 말고, 서비스를 제공하는 데 초점을 두어야 함을 강조한다.

(1) 정책에 대한 시각: 신공공서비스이론에서 정책은 다양한 여론과 이익의 혼합물인 동시에, 다양한 집단과 조직의 상호작용 결과로 나타났다. 때문에 정부는 사회를 움직이는 과정에서 중요한 역할을 담당하는 하나의 행위자에 불과하므로, 정부가 정책에 대한 책임을 전적으로 감내할 필요가 없다는 입장이다.

(2) 관료의 역할에 대한 시각: 신공공서비스이론에서 강조하는 관료의 역할은 과거와 같이 시민들을 통제하고, 사회를 새로운 방향으로 이끌어 가는 것이 아니라는 시각이다. 대신에 시민들로 하여금 공동의 이해 관계를 표명하게 하고 충족할 수 있도록 돕는 데 있다는 것이다.

2. 공익에 대한 시각

(1) 공익에 대한 시각: 신공공서비스이론에서 행정이 추구해야 할 공익에 대한 시각으로, 공익을 행정의 부산물이 아닌 목적으로 보아야 한다는 점이다. 이처럼 신공공서비스이론에서 보는 공익이란 공공선택론자들이 주장하는 것처럼 개인들의 이익을 단순히 합산해 놓은 것이 아니다. 다시 말해 공익이란 공유하고 있는 가치에 대해 대화와 담론을 통해 얻은 결과물로 보고 있다.

(2) 공익과 관련한 정부와 관료의 역할: 관료는 시민들이 담론을 통해 공유된 가치(Shared Values)를 표명하고, 이와 함께 공익에 대한 집단적 의미로 발전시킬 수 있는 활동의 장을 만드는 데 능동적인 역할을 해야 한다.

3. 전략적 사고와 민주적 행동에 대한 시각

(1) 비전 실현에 대한 정부의 역할: 합의된 비전을 실현하기 위해서는 그에 따른 역할과 책임을 설정하고 공유된 목적을 향해 움직일 구체적인 행동단계들을 개발해야 한다.

(2) 비전 실현에 대한 정치지도자의 역할: 정치지도자들에게 요구되는 중요한 역할로는, 시민들의 책임을 강화하는 일, 지역공동체의 결속을 다지는 일과 관련된 집단 및 개인들을 지원하는 일이다.

4. 시민과 정부에 대한 시각

(1) 시민에 대한 시각: 신공공서비스이론은 신공공관리이론의 입장과 달리 시민을 고객으로 대하지 말고 봉사하는 입장에서 출발해야 한다는 입장이다.

(2) 정부의 책임: 정부가 수행해야 할 책임의 범주는 단순히 시장 지향적인 이윤 추구를 달성하는 데 있는 것이 아니라 헌법, 법률, 공동체 가치, 정치 규범, 전문직업적 기준, 시민들의 이해 등에 이르기까지 광범위하다.

5. 인간과 가치에 대한 시각

(1) 인간에 대한 시각: 신공공서비스이론은 사람보다 생산성을 지나치게 중시하는 신공공관리이론의 시각을 비판하면서 생산성보다는 사람에게 가장 높은 가치와 초점을 부여하기를 권고한다.

(2) 가치에 대한 시각: 신공공서비스이론은 기업가적 정신보다 시민정신과 공공서비스의 가치가 조금 더 상위 개념임을 강조한다.

6. 신공공서비스이론에 대한 평가

(1) 긍정적인 측면

① 신공공관리이론이 시장지향적 편향 때문에 간과하거나 경시하였던 행정의 공공성을 재조명하였다.

② 신공공서비스이론은 급증하고 있는 시민 참여의 확대, 공익의 다원성에 대한 논의, 민주적 거버넌스가 활발하게 논의되고 있는 상황에서 행정의 역할을 규범적으로 제시하고 있다는 점에서 그 의의를 찾을 수 있다.

(2) 부정적 측면

① 시민의 공동체중심적 · 공익추구적 성향을 과신한다.

② 다양한 사회세력의 이익을 조정하는 정부의 역할을 과소평가한다.

③ 민주적 목적 성취를 위한 수단적 · 기술적 전문성을 소홀히 다룬다.

④ 신행정서비스이론이 지향하고자 하는 행정의 규범적 특성과 가치가 지나치게 강조됨으로써, 행정에서 요구되는 전문성 · 효율성 등의 실천적 또는 수단적 가치의 유지를 위한 상호 관계의 재정립에 대해서는 논의가 부족하다.

> **더 알아보기**
>
> 신공공관리론과 신공공서비스론의 비교
>
> | 구분 | 신공공관리론(NPM) | 신공공서비스론(NPS) |
> |---|---|---|
> | 이론과 인식의 토대 | 경제이론, 실증적 사회과학에 기초한 정교한 토의 | 민주주의 이론, 실증주의 · 해석학 · 비판이론 · 후기산업사회를 포괄하는 다양한 접근 |
> | 합리성모형 | 기술적 · 경제적 합리성 | 전략적 합리성 |
> | 행태모형 | 경제인 또는 자기이익에 기초한 의사결정자 | 정치적 · 경제적 · 조직적 합리성에 대한 다원적 검증 |
> | 공익에 대한 입장 | 개인들의 총 이익 | 공유가치에 대한 담론의 결과 |
> | 관료의 반응대상 | 고객 | 시민 |
> | 정부의 역할 | 방향잡기(시장의 힘을 활용한 촉매자) | 봉사(시민과 지역공동체 내의 이익을 협상하고 중재, 공유 가치의 창출) |
> | 정책목표의 달성 기제 | 개인 및 비영리기구를 활용해 정책목표를 달성할 기제와 유인체제를 창출 | 동의된 욕구를 충족시키기 위한 공공기관, 비영리기관, 개인들의 연합체 구축 |
> | 책임에 대한 접근 양식 | 시장지향적(개인이익의 총화는 시민 또는 고객집단에게 바람직한 결과 창출) | 다면성 · 복잡성(법, 지역공동체가치, 정치규범, 전문적 기준 및 시민들의 이익에 참여) |
> | 행정재량 | 기업적 목적을 달성하기 위해 넓은 재량 허용 | 재량이 필요하지만 제약과 책임이 수반 |
> | 기대하는 조직구조 | 기본적 통제를 수행하는 분권화된 조직구조 | 조직 내 · 외적으로 공유된 리더십을 갖는 협동적 구조 |

관료의 동기 유발	기업가정신, 정부규모를 축소하려는 이데올로기적 욕구	공공서비스, 사회에 기여하려는 욕구, 시민정신에의 부응

출처: 김태룡, 『행정이론』, 대영문화사, 2017

개념더하기 시차이론

1. 의의

(1) 시차이론 또는 시차적 접근이란 사회현상을 발생시키는 주체들(개인, 집단, 조직, 사회 또는 국가)의 속성이나 행태가 주체에 따라 시간적 차이를 두고 변화하는 사실을 사회현상 연구에 적용하는 연구방법을 의미한다(정정길).

(2) 시차이론의 논의는 제도적 요소들의 도입 순서 또는 선후 관계가 달라짐에 따라 그 결과에는 엄청난 차이가 있다는 사실에서 출발한다.

> **시차적 이론의 논의 사례**
> 예를 들어 총액예산제도는 그 취지가 운영기관의 장이 자율성을 가지고 기관의 생산성을 높이려는 의도로 도입된 제도라고 할 수 있다. 그런데 문제는 기관장의 자율성을 보장한다는 총액예산제도는 그 취지가 무색하게, 예산 배정을 상세하게 규제하는 규정들로 가득 차 있다는 점이다. 무엇 때문에 자율성을 보장한다는 총액예산제도에다가 오히려 자율성을 침해하는 규정들을 다시 부과시켜 기관장의 자율성을 봉쇄하고 있는가의 문제이다.
> 문제 제기에 대한 정답은 총액예산제도를 도입하려면 무엇보다도 먼저 선행 조건으로서 법치행정의 기반이 확고하게 구축되어 있어야 한다. 법치행정의 기반이 약하고 행정윤리도 원시적인 상태, 즉 선행 조건이 충족되지 못한 상태에서 총액예산 제도를 도입하게 되면 예산 낭비와 횡령 등 예산상의 혼란을 초래할 것이다.
> 이와 같이 실제적으로는 선행 조건으로서 법치행정이 구축되어 있지 않기 때문에, 자율성을 부여한다고 해놓고 이를 신뢰할 수 없어 각종 규제를 부과하게 된 것이다. 그 결과 이러한 규제의 부과는 자율성을 침해하게 되고, 원초적으로 의도했던 자율성의 바탕에서 생산성을 높이고자 도입했던 기관의 효과성은 기대할 수 없게 된다.

2. 시차이론의 등장 배경

시차이론 또는 시차적 접근 방법은 한국에서 도입된 각종 정부개혁이 효과를 보지 못한 이유를 파악하기 위해서 등장했다. 다시 말해 우리나라 행정개혁의 실패 현상을 설명할 수 있고 개혁의 효과성을 올릴 수 있는 처방적 방안을 연구하는 과정에서 착상한 것이, 시간이라는 차원에서 행정에 접근하고자 한 데서 비롯되었다고 할 수 있다.

3. 시차이론에서의 핵심 요소와 특징

(1) 시간에 대한 전제: 제도 개혁의 성과가 제도의 도입과 동시에 나타나는 경우는 드물다. 어느 제도이건 새로운 제도의 도입이 소기의 성과를 가져오기 위해서는 일정한 시간이 흘러야 한다. 그러므로 성공적인 제도 정착을 위해, 제도 변화에서 시간에 대한 가정이 어떻게 형성되어 있느냐에 따라 의사결정자가 제도의 도입과 관련된 자원 배분, 시기, 개혁전략 등을 선택하는 것이 달라질 수 있다.

(2) 제도 개혁에 영향을 미치는 시차적 요소: 새로운 제도나 정책을 도입하는 과정을 정확하게 파악해 적절한 전략을 수립·추진하기 위해서는 제도화 과정에서 작용하는 시간적 요소, 즉 변화에 소요되는 시간, 인과 관계의 시차성, 변화의 속도와 안정성, 숙성 기간, 선후 관계 등을 고려해야 한다.

(3) 숙성 기간(Maturation): 새로운 제도가 도입되어 소기의 효과를 낼 수 있을 정도로 효과가 발휘하는 데는 일정한 시간이 흘러야 하는데, 이를 숙성 기간이라고 한다. 따라서 제도 도입의 성공 여부나 효과를 판단하는 경우, 제도 도입 이후 어느 시점에서 평가를 하느냐에 따라 결과는 완전히 달라질 수 있다. 적어도 정책이나 제도의 효과는 숙성 기간이 경과한 이후에 평가하는 것이 합리적일 것이다.

(4) 변화의 속도와 안정성: 제도의 안정성은 제도화가 완료된 이후 그 제도가 안정적으로 지속되면서 영향력을 발휘하는 시간을 의미한다.

(5) 선후 관계·적시성·시간 규범

① 제도나 정책의 일부를 변화시키기 위한 충격을 어느 시기에 하느냐에 따라 결과가 완전히 달라질 수 있기 때문이다(적시성).

② 시간 규범(Timing Norms)이란 시간적으로 조절된 행동의 패턴으로서, 조직구성원들이 공유하고 기대하며 경험하는 시간 행동 패턴이라 할 수 있다.

행정학적 접근

연대	행정이론		인물	특징
16~18세기	유럽	독일 관방학	Justi	관방학을 최초로 체계화(유럽행정학의 기원)
		Stein 행정학	Stein	경찰개념을 헌정(정책결정)과 행정(정책집행)으로 분리
18세기 말	미국 행정학의 기초사상		Hamilton	연방주의 – 중앙집권, 능률행정, 정부의 적극적 역할, 행정부 우위
			Jefferson	공화주의 – 지방분권, 민주행정, 최소행정 = 최선행정, 입법부 우위
			Madison	다원주의, 다양한 이익집단 간 견제와 균형
			Jackson	엽관주의(공직경질제) 적용
1880년대 (19세기 말)	기술적 행정학 (행정 관리론)	고정적 행정이론	W. Wilson	『행정의 연구』(1887, 미국 행정학 효시), 행정학 창시자, 엽관 주의 비판
			Goodnow	『정치와 행정』(1990), 정치행정이원론 체계화
			L. White	『행정학 입문』 교과서 저술 – 최초의 행정학 교과서
		행정(관리) 원리론	Wiloughby	행정의 5대 원리 발견
			Gulick	능률 = 최고이념, 최고관리층 7대 기능(POSDCoRB), 부처편 성원리(4P)
			Fayol	전체관리 – 관리의 14대 원칙 제시
		과학적 관리론	Ford	동시관리, 기업의 사회봉사성 강조, 백색사회주의로 비판받음
			Taylor	과업관리(시간 및 동작 연구로 작업여건 표준화), 기업관리의 원리
1930년대	인간관계론		Mayo	호손실험, 사회적 인간, 생산성 향상 요인으로서 사회 심리적 요인
	기능적 행정학 (통치기능설)		Dimock	사회적 능률(민주성)
			Appleby	정치행정일원론, 『정책과 행정』 저술
1940년대	행정행태론 (행태주의)		H. A. Simon	논리실증주의, 고전적 원리 비판, 의사결정의 만족모형
			Barnard	행정을 협동적 집단행태로 파악, '관리자 기능론'
			Waldo	조직론을 고전 · 신고전 · 현대적 이론으로 구별
1950년대	생태론		Gaus	일곱 가지 환경요인 제시
			Riggs	사회이원론, 사회삼원론(프리즘적 사회, 사랑방 모형)
	비교행정론		Riggs	비교행정연구회 주도, 신생국행정체제(전이사회), 문화횡단적 연구
			Heady	비교행정접근법, 중범위이론
	체제론		Parsons	체제의 4대 기능(Agil모형)
			Sharkansky	행정체제론

1960년대	발전행정론	Esman	기관형성 중시 및 불균형적 접근법
		Weidner	불균형적 접근법
		Eisenstadt	균형적 접근법, 발전은 변동대응능력의 증진
1970년대	신행정론	Waldo	미노부룩 회의에서 신행정론 주장
		Fredeickson	사회적 형평성 주장
		Harmon	현상학적 접근, 조직행위(Action) 이론
1970년대 말	공공선택론	V. Ostrom	정부실패 원인 지적, 윌슨의 패러다임 비판, 민주행정 패러다임 주장
		Niskanen	관료이익극대화가설 – 관료의 예산극대화
		Leibenstein	X–비효율성(독점으로 인한 관리상 비효율)
1980년대	신공공관리론	Osborne, Gaebler	정부재창조: 기업형 정부(시장지향 · 고객지향 · 성과지향 정부)
1990년대	뉴거버넌스	Rhodes	공동체주의, 정부와 민간 간 신뢰와 협력, 시민으로서의 국민
	신공공서비스론	Denhardt	고객이 아닌 주인으로서의 시민, 기업가 정신이 아닌 시티즌십, 시민에 대한 봉사

개념확인

01 사이먼(H. A. Simon), 버나드(C. I. Bernard)는 행정관리설의 대표적인 학자이다. (○, ×)

02 공공재는 비배재성과 비경합성의 특징을 가지고 있는 재화로서 비용을 부담하지 않아도 공공재의 이익을 누릴 수 있어 무임승차의 문제가 나타나기도 한다. (○, ×)

03 정치 · 행정 일원론은 공공조직의 관리자들은 정책결정자를 위한 지원, 정보제공의 역할만을 수행한다. (○, ×)

04 정치행정 일원론에서 행정의 파급효는 정치적인 요소를 내포한다. (○, ×)

05 NGO는 자발적 자치조직으로 자원봉사의 형태로 자발적 참여가 이루어진다. (○, ×)

06 행정의 민주성이란 정부가 국민의사를 존중하고 수렴하는 책임 행정의 구현을 의미하며 행정조직 내부 관리 및 운영과는 관계없는 개념이다. (○, ×)

07 미국에서는 여러 가지 국내 문제가 발생했지만, 문제의 해결에 현실적으로 행정이 도움이 되지 못하자 정책학과 사회적 형평성의 확보를 중요하게 생각하는 신행정학이 본격적으로 연구되기 시작했다. (○, ×)

08 과학적 관리론은 최소의 비용으로 최대의 성과를 달성하고자 하는 민간기업의 경영합리화 운동으로, 사회적 동기부여를 통하여 절약과 능률을 달성하고자 했다. (○, ×)

09 리그스(F. W. Riggs)는 비교행정론의 접근방법이 경험적 접근방법, 일반 법칙적 접근방법, 생태적 접근방법으로 전환되어야 한다고 주장했다. (○, ×)

10 공공선택론은 시장의 교환처럼 공공선택에서도 정치과정을 통해 공공재를 교환함으로써 정치인이나 관료들이 자신의 이익을 추구한다고 보았다. (○, ×)

11 역사적 신제도주의가 보는 제도는 약한 영향력을 행사할 뿐만 아니라 정책형성에 지속력을 발휘하지 못한다. (○, ×)

12 신공공관리론은 엄격한 분업 및 통제시스템을 지양하고 형평성보다는 생산성 및 성과중심의 행정을 지향한다. (○, ×)

13 신공공관리론은 투입을 통한 공공서비스의 확대보다는 성과 중심의 행정구현을 통한 공공영역의 축소를 중시한다. (○, ×)

14 거버넌스는 공식적 측면과 아울러 비공식적 측면도 중요하게 생각하는 특징이 있다. (○, ×)

15 포스트모더니즘의 행정이론에서 파머(D. Farmer)는 구성원 간 의사소통을 통한 담론을 행정의 중요한 요소로 인식하는 담론이론을 주장했다. (○, ×)

> **OX정답확인**
>
> **01** × **02** ○ **03** × **04** ○ **05** ○ **06** × **07** ○ **08** × **09** ○ **10** ○ **11** × **12** ○ **13** × **14** ○ **15** ×

01

다음 중 행정학에서 정의하는 행정의 개념에 대한 설명으로 옳은 것은?

① 왈도에 따르면, 행정은 정의할 수 없고 기술할 수 있을 뿐이다.

② 넓은 의미의 행정은 협동적 인간 노력의 한 형태로 정부조직 전체에 해당한다.

③ 좁은 의미의 행정은 공공 목표를 달성하기 위한 최적의 수단을 선택하는 행동이다.

④ 정부 이외 공사조직의 네트워크가 강조되는 거버넌스로서 행정도 있다.

02

정치·행정 일원론에 대한 설명으로 옳은 것은?

① 행정국가의 등장과 연관성이 깊다.

② 윌슨(Wilson)의 「행정연구」가 공헌하였다.

③ 정치는 의사결정의 영역이고, 행정은 결정된 내용을 집행한다고 보았다.

④ 행정은 경영과 비슷해야 하며, 행정이 지향하는 가치로 절약과 능률을 강조하였다.

03

다음 중 진보주의, 보수주의 정부관에 대한 설명으로 가장 옳은 것은?

① 진보주의 정부관은 합리적이고 이기적인 경제인의 인간관을 전제로 한다.

② 보수주의 정부관은 자유를 옹호하며, 정부의 개입을 허용한다.

③ 진보주의 정부관은 효율성과 공정성, 번영에 대한 자유시장의 잠재력을 인정한다.

④ 보수주의자의 정의는 행복의 극대화, 공동선과 시민의 미덕을 강조한다.

04

다음 중 시장실패에 대한 설명 중 가장 옳지 않은 것은?

① 자원배분의 효율성을 저해하는 불완전경쟁은 시장실패의 원인이다.

② 제3자에게 의도하지 않은 이득이나 손해를 주는 현상은 시장실패의 원인이 되기도 한다.

③ 공공조직의 내부성(internalities)은 시장실패의 원인이다.

④ 시장실패에 대응하기 위해 정부는 공적 유도를 통한 시장에의 개입을 시도한다.

05

다음 중 정부와 시민사회 간의 관계에 대한 설명으로 옳지 않은 것은?

① 좋은 거버넌스에서는 시민단체의 역할을 강조한다.
② 우리나라에서는 시민단체의 자율성을 위하여 정부가 재정지원을 하지 않는다.
③ 정부와 시민단체의 지나친 유착은 시민단체의 정체성 문제를 야기한다.
④ 정부와 시민단체 간의 균형을 위해서는 정보의 공유가 필요하다.

06

다음 설명으로 옳은 것은?

이것은 불확실한 상황에서의 오류 발생 가능성을 최소화하고 체제의 신뢰성을 높이기 위해 강조되는 행정가치이며, 여러 기관에 한 가지 기능이 혼합되는 중첩성(Overlapping)과 동일 기능이 여러 기관에서 독립적으로 수행되는 중복성(Duplication) 등을 포괄하는 개념이다.

① 가외성(Redundancy)
② 합리성(Rationality)
③ 효율성(Efficiency)
④ 책무성(Accountability)

---

01 정답 ④

① 왈도가 아니라 포르스토프이다.
② 정부뿐 아니라 일반 대규모 조직 모두에 해당한다.
③ 넓은 의미의 행정에 대한 것이다.

02 정답 ①

② 우드로 윌슨(W. Wilson)의 「행정의 연구」(The Study of Administration)는 정치행정이원론을 주장하였다.
③·④ 정치는 의사결정의 영역, 행정은 결정된 내용을 집행하는 것으로 구분한 이론은 정치행정이원론이다. 이는 집행을 담당하는 행정은 경영과 유사하게 운영되어야 하며 '절약과 능률'을 최고가치로 추구해야 한다고 본다.

03 정답 ③

①·②·④ 반대되는 설명이다.

04 정답 ③

공공조직의 내부성은 관료들이 공익보다는 사익을 추구하는 현상으로 시장실패가 아니라 정부실패의 요인이다.

05 정답 ②

② 우리나라는 비영리민간단체지원법(2000)에 의하여 비영리민간단체에 보조금 등 재정지원을 하고 있다.

06 정답 ①

제시문은 가외성(Redundancy)에 해당하는 개념이다.

07

다음 중 행정학의 기술성과 과학성에 대한 설명으로 옳지 않은 것은?

① 기술성은 행정의 활동 자체를 처방하고 치료하는 행위를 말한다.
② 과학성 위주의 기존의 행정학은 현실 문제를 해결할 수 없는 적실성이 결여된 학문이라고 비판한 대표적인 학문 사조는 행태주의이다.
③ 과학이란 어떤 형상도 우연히 일어나는 것은 없고, 선행 원인이 있다는 결정론에 기초를 두고, 사회 및 자연현상의 인과적 설명에 초점을 두는 객관적 지식이다.
④ 행정학의 과학성 문제는 인간 행태에 대한 과학적 연구를 강조하던 행태주의 연구 경향에 의해 주요하게 제기된 것이다.

08

다음 중 관방학에 관한 설명 중 옳지 않은 것은?

① 관방학의 쇠퇴는 계몽적 복지국가 사상, 자연법사상, 법치주의의 등장으로 야기되었다.
② 유스티(Justi)는 국가의 활동은 국가 재산증대와 유지, 국가 재산의 유효한 사용으로 보고, 전자는 정치학과 경찰학, 후자는 재정학의 영역으로 보았다.
③ 정치학은 국가 재산의 유지가 전제가 되는 대내외적인 안전문제를 다루는 학문이며, 경찰학은 행정제도에 의해서 국가 전체의 재산을 유지·증진하며, 복지기능과 관련된 것을 다룬다.
④ 독일에서 관방학 몰락 이후에 슈타인 행정학이 등장하였으나, 마이어(O. Mayer)에 의한 법률학적 행정법학으로 자리를 굳혀가게 되므로, 미국에 행정학의 주도권을 넘겨주게 되었다.

09

테일러(Taylor)의 과학적관리론에 대한 설명으로 옳지 않은 것은?

① 관리자는 생산증진을 통해서 노·사 모두를 이롭게 해야 한다.
② 조직 내의 인간은 사회적 욕구에 의해 동기가 유발된다고 전제한다.
③ 업무와 인력의 적정한 결합은 노동자가 아닌 관리자에 의해 결정되어야 한다.
④ 업무수행에 관한 유일 최선의 방법을 찾기 위해 동작연구와 시간연구를 사용한다.

10

다음 중 행정관리론에 대한 설명 중 옳지 않은 것은?

① 조직의 전체적인 효율성을 증가시키는데 과학적 관리론과 같이 작업장 수준의 개선은 조직 전체의 합리화로 이어지는데 한계가 있을 수밖에 없기에, 조직목적을 생산현장에 연결시키는 과정의 합리화가 요구되는 것은 물론 관리자의 생산성도 그에 못지않게 중요하다는 측면에서 관리자의 문제를 최초로 제기한 것이 행정관리론이다.
② 행정관리론은 행정은 정부부분이나 민간부문을 막론하고 그것이 어디 있건 동일한 행정이라고 보았다.
③ 행정관리론은 이에 따라 능률을 기본적 가치로 채택하고 조직 단위들의 구조적인 관계, 관리 기능의 유형, 관리의 과정, 분업과 조직에 관련된 원리 등을 연구하는 데 치중하였다.
④ 행정관리론자들로 페이욜(H. Fayol), 귤릭(L. Gulick), 어윅(L. H. Urwick), 사이먼(H. Simon) 등이 있다.

11

다음 과학적 관리론과 인간관계론에 관한 설명 중 공통점으로 옳지 않은 것은?

① 생산성의 추구가 목적이다.
② 관리계층을 연구 대상으로 한다.
③ 인간을 관리 대상으로 보았다.
④ 능률적인 관리 방법에 대한 연구이다.

12

다음 중 1950년대 행태주의 행정학에 대한 기술로 옳지 않은 것은?

① 행정학은 제2차 세계 대전 이후부터 본격적으로 행태주의의 영향을 받게 되었다.
② 행태론은 관리 기술이 아닌 조직 내 개인 간 행태, 즉 행정 행태를 경험적 조사 방법을 통해 분석하는 것을 연구의 중심 주제로 삼았다.
③ 행정인의 행태에 관심을 집중했기 때문에 심리적 동기에 대한 연구는 미약했다.
④ 사이먼은 행정 과정은 결정 과정이라는 기본 명제를 제시하면서 의사결정을 행정 연구의 핵심으로 삼아야 한다고 주장했다.

07 　　　　　　　　　　　　정답 ②

과학성 위주의 기존의 행정학은 현실 문제를 해결할 수 없는 적실성이 결여된 학문이라고 비판한 대표적인 학문 사조는 신행정학이다.

08 　　　　　　　　　　　　정답 ①

자연법사상, 법치주의의 등장은 관방학을 쇠퇴시킨 요인이다.

09 　　　　　　　　　　　　정답 ②

사회적 욕구에 의한 동기유발은 인간관계론에 해당하는 내용으로, 과학적 관리론은 조직 내의 인간은 금전적 보상에 의해 동기가 유발된다고 본다.

10 　　　　　　　　　　　　정답 ④

사이먼은 행태론자로 원리론을 형식적 격언이라고 비판하였다.

11 　　　　　　　　　　　　정답 ②

관리계층을 연구 대상으로 한 것은 어윅(L. H. Urwick)과 귤릭(L. Gulick)의 원리접근법(POSDCoRB)이라고 할 수 있다.

12 　　　　　　　　　　　　정답 ③

분석의 초점은 행정인의 사회적·심리적 동기에 대한 연구로까지 확대되었다.

13

다음 중 행정학의 발전과정에 관한 설명으로 옳지 않은 것은?

① 사이먼(H. Simon)은 행정관리론에서 개발된 전문화의 원리, 명령통일의 원리, 부성화의 원리 등은 상호 간에 모순성이 존재한다고 지적하면서 이러한 원리들은 과학적인 실험을 거치지 않은 직언에 불과하다고 논박하였다.

② 파슨스(T. Parsons)는 사회체제가 생존하기 위한 필수적인 4가지 기능으로 적응기능, 목표달성기능, 통합기능, 체제유지기능을 제시하였다.

③ 리그스(F. Riggs)는 후진국 행정체제에 대한 '프리즘적 사랑방 모형'을 설정하여 문화후진국의 행정행태를 사회문화적 맥락에서 파악하고 행정의 독자성을 인정하여 독립변수로 취급 하였다.

④ 행위이론을 주장한 하몬(M. Harmon)은 해석사회학, 현상학, 상징적 상호 주의 및 반실증주의의 입장에서 행정을 다루었다.

14

신공공서비스론의 특성에 대한 설명으로 옳지 않은 것은?

① 정부의 역할은 시민에 대한 봉사여야 한다.

② 공익은 개인적 이익의 집합체이기 때문에 시민들과 신뢰와 협력의 관계를 확립해야 한다.

③ 책임성이란 단순하지 않기 때문에 관료들은 헌법, 법률, 정치적 규범, 공동체의 가치 등 다양한 측면에 관심을 기울여야 한다.

④ 생산성보다는 사람에게 가치를 부여하기 때문에 공공조직은 공유된 리더십과 협력의 과정을 통해 작동되어야 한다.

15

다음 중 현상학적 접근 방법에 대한 설명으로 옳지 않은 것은?

① 사회현상은 인간의 상호작용을 통하여 형성되므로 결국 사회는 사회의 구성요소인 인간들의 상호작용으로 구성된다.

② 행정현상에 대한 엄밀한 분석을 위해서는 인간 의식 밖에 있는 행정구조에 초점을 맞추어야 한다.

③ 연구자와 연구대상 간의 감정이입을 통한 상호주관성에 입각하여 사회현상을 분석한다.

④ 훗설의 일반철학운동으로 창시되었고, 하몬의 행위이론을 통해 행정학에 도입되었다.

16

다음 중 공공선택론에 대한 설명으로 옳지 않은 것은?

① 정부를 공공재의 생산자로 규정하며, 시민들을 공공재의 소비자로 규정한다.

② 자유시장의 논리를 공공부문에 도입함으로써 시장실패라는 한계를 안고 있다.

③ 시민 개개인의 선호와 선택을 존중하며 경쟁을 통해 서비스를 생산하고 공급함으로써 행정의 대응성이 높아진다.

④ 뷰캐넌(J. Buchanan)이 창시하고 오스트롬(V. Ostrom)이 발전시킨 이론으로 정치학적인 분석도구를 중시한다.

17

다음 중 신제도주의에 대한 설명 중 가장 옳지 않은 것은?

① 경로의존성 연구는 행위자, 제도 및 조직 간의 질서를 중시하는 사회학적 신제도주의에서 비롯되었다.
② 사회학적 신제도주의는 제도 간 동형화를 인정한다.
③ 합리적 선택의 신제도주의 계열에는 공공선택이론·거래비용경제학·대리인이론 등이 있다.
④ 역사적 신제도주의는 분석수준면에서 방법론적 개체주의보다는 전체주의적 입장을 취한다.

18

다음 중 뉴거버넌스(New Governance) 에 대한 설명으로 옳지 않은 것은?

① 정치행정이원론의 성격이 강하고 결과에 근거한 관리를 중요시한다.
② 구성원 간의 참여와 합의를 바탕으로 행정의 민주성과 신뢰성을 강조한다.
③ 국가의 역할을 부정하지 않고 네트워크 양식을 통해 민간의 역량을 동원 하여 공적인 문제를 해결하고자 한다.
④ 국민을 고객으로만 보는 것을 넘어 국정의 파트너로 본다.

13 정답 ③

리그스(F. Riggs)는 사회삼원론을 제시하며 후진국의 행정행태를 사회문화적 맥락에서 파악하였으나 환경을 강조한 나머지 행정의 독자성을 간과하여 행정을 환경에 대한 종속변수로 취급하였다.

14 정답 ②

개인적 이익의 집합체(총합)는 신공공관리론의 공익 개념이다. 신공공서비스론은 시민들 간 담론을 통해 도출한 공유가치를 공익으로 본다.

15 정답 ②

현상학은 미시적 관점의 접근으로 구조보다 인간 내면 세계의 이해를 강조한다.

16 정답 ④

공공선택론은 뷰캐넌(J. Buchanan)이 창시하고 오스트롬(V. Ostrom)이 발전시킨 정치경제학적 분석으로 공공부문에 경제학적인 분석도구를 적용한 것이다.

17 정답 ①

경로의존성 연구는 역사학적 신제도주의에서 비롯되었다.

18 정답 ①

뉴거버넌스가 아니라 신공공관리론에 대한 설명이다. 뉴거버넌스는 시장논리에 입각하여 결과나 효율만을 중시하는 신공공관리론에 대한 비판적 입장을 견지한다.

정책학

CHAPTER

01 정책학의 기초

01 정책학의 의의 및 전개

1 정책학의 성립 · 발달

1. 정책학의 의의

고도로 복잡해진 현대사회 속에서 나타나는 각종 사회문제의 해결을 위한 정책의 결정, 집행, 평가 등에 관한 이론과 방법을 연구하고, 정책과정에 대한 지식과 정책과정에 필요한 지식을 탐구하는 학문이다.

2. 정책학의 기원 · 발전

(1) 기원: 라스웰(H. Lasswell)

① 정책학은 1951년에 발표된 라스웰(H. Lasswell)의 「정책 지향」이라는 논문에서 시작

② 인간이 부딪히는 근본적 문제들의 해결하여 인간의 존엄성 실현

③ 라스웰은 정책학이 추구해야 할 기본 속성으로 의사결정은 사회과정 속에서 이루어져야 한다는 맥락성, 문제지향성, 연구방법의 다양성을 주장

④ 라스웰의 두 가지 기본 연구방향

정책과정에 관한 지식	정책과정에 대한 과학적 연구에 의한 경험적 지식
정책과정에 필요한 지식	과정에 대한 처방적 · 규범적 지식, 정책의 실증적 내용에 대한 지식

(2) 1950년대 행태주의 득세: 행태주의적 연구는 인간의 행태를 강조하고 가치판단을 배제한 과학적 방법과 계량화에 집착하였다(논리실증주의).

(3) 1960년대 미국 사회의 격동기: 1960년대 중반부터 존슨(L. B. Johnson) 대통령이 흑인을 비롯한 저소득층을 위한 사회복지정책을 추진하면서 이에 필요한 지적 지원을 크게 제공하지 못한 정치학에 대한 비판이 고조되기 시작했다. 이스턴(D. Easton)은 정치학의 새로운 혁명으로서 후기행태주의가 시작되었음을 선언하고 과학적 방법과 기법을 현실에서의 중요한 사회문제의 해결에 적용할 것을 주창하게 되었다.

(4) 정책학의 재출발: 드로어(Dror)의 정책학

① 드로어는 정책학을 보다 나은 정책결정을 위한 방법 · 지식 · 체계를 다루는 학문이며, 설정된 목표를 효과적 · 능률적으로 달성하는 데 주안점을 두고 있다.

② 정책학의 목적은 사회지도체제, 즉 정책결정체제에 대한 이해를 증진시키고 이를 개선하는 것이라고 파악하였다.

③ 정책학은 정책결정의 방법 · 지식 · 체제에 관심을 기울이고 실제 내용에 대하여 직접적인 관심을 가지지 않는다.

④ 연구의 대상으로 대안의 개발, 대안의 비교 · 선택을 위한 정책분석, 정책결정의 전략, 기본 정책결정 등을 제시하였다.

⑤ 최적 정책결정모형을 제시하고 초합리성을 정책과정에 포함시켰다.

⑥ 처방적 접근과 범학문적 접근을 주장하였다.

3. 정책학의 목적

정책학의 궁극적 목적은 인간사회의 근본적인 문제 등을 해결하여 인간의 존엄성을 실현하는 것이다. 이러한 궁극적 목적을 실현하기 위한 중간목표로 정책과정의 합리화를 제고해야 하며, 구체적 목표로는 정책과정의 합리화를 위한 지식을 제공하는 것이다.

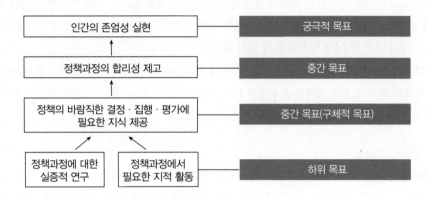

2 정책학 연구의 준거의 틀 및 연구 방법과 대상

1. 정책학 연구의 준거의 틀

[정책학 연구의 틀]

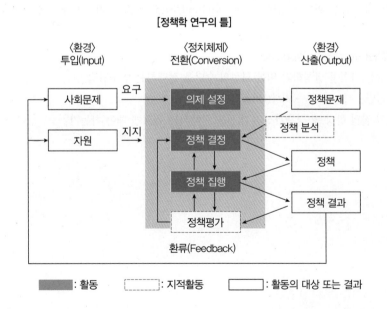

2. 연구의 대상 및 범위(목표, 수단, 정책대상)

(1) 정책목표와 관련된 것으로서 목표의 적실성과 상황적 맥락, 다수 목표 간의 상호관계, 정책결정자의 가치관과 결정규칙 간의 우선순위, 정책목표의 상위수준에 있는 정치이념의 내용과 대안적 사회질서의 수용가능성, 그리고 정책목표의 하위수준에 있는 사업목표의 분석, 목표의 달성 정도와 기대하지 못한 이차적인 효과들 및 전체로서의 사회에 대한 정책의 체제적 결과들의 의미분석 등이다.

(2) 정책수단과 관련된 것으로서 정책목표를 달성하기 위한 프로그램과 단위 사업들인 실질적 정책수단의 능률성, 효과성, 정치적 합리성, 형평성 및 실현가능성의 분석, 그리고 보조적 또는 실천적 정책수단으로서의 순응확보수단, 집행기구, 집행인력, 자금 및 공권력 등의 내용분석 등이다.

(3) 정책대상자와 관련해 정책의 혜택을 받는 수혜집단과 희생을 당하는 정책 비용부담 집단 및 혜택과 희생의 수준, 그리고 이 양자 간의 균형성, 이들 정책 관련자들에게 정책 결과가 공평하게 배분된다고 판단되는가의 여부 및 이의 정치적 함의 분석 등이다.

(4) 정책과정상의 여러 활동은 정책의제 설정, 정책결정, 그리고 정책집행상의 여러 활동이라고 할 수 있다. 이때의 분석 초점은 정책문제 자체의 분석과 정책가들의 여러 활동의 분석뿐만 아니라 정책과정 전체의 특성을 규명하는 것까지 포함된다.

3. 연구의 방법

(1) 실증적 접근(Positive Approach): 행태주의에서 채택하는 과학적 방법과 유사하다. 실증적 연구는 가설을 설정하고 이를 검증하는 과학적 방법을 사용하게 되며, 이를 통해 사회현상에 대한 법칙과 이론의 개발이 가능해진다[사실판단(True/False), 존재의 문제, 정책과정은 어떻게 이루어지며 무엇에 영향을 받는가?].

(2) 규범적 접근(Normative Approach): 바람직한 가치가 무엇인가에 대한 가치판단을 전제로 하여 무엇이 옳고 그른지에 대한 판단을 시도한다[선/악(Good/Bad), 당위(Sollen), 좋은 정책이란? 바람직한 정책과정은?].

(3) 처방적 접근(Prescriptive Approach)
① 바람직한 가치를 달성하기 위한 최선의 수단을 선택하는 연구방법이다.
② 가치판단+사실판단 → 처방(How?)
③ 정책의 질적 향상 및 정책과정의 개선을 위해서는 어떻게 해야 하는가?

1 의의 및 특성

1. 정책의 개념

정책(Policy or Public Policy)의 개념은 일률적으로 정의하기는 곤란하지만 사회문제를 해결하여 바람직한 사회상태를 구현하기 위해 권위 있는 정부기관이 결정한 기본적인 방침이라 할 수 있다.

2. 정책의 성격

(1) **목표지향성**: 정책은 바람직한 목표상태를 지향하는 의식적 변동노력이다. 목표가 때로는 모호할 수도 있고 수정될 때도 있으나 어떤 경우이든 정책에는 반드시 목표가 있다.

(2) **수단지향성**: 정책에는 반드시 목표를 달성하기 위한 수단을 내포한다.

(3) **의도적 행동**: 정책은 바람직하지 않은 상태를 바람직한 상태로 바꾸겠다는 정부의 의도가 내포되어 있다.

(4) **가치 배분성**: 정책은 정책대상자에게 사회적 가치를 부여하거나 박탈하는 영향을 준다. 이 영향에 따라 정책대상자를 수혜자와 희생자(비용부담자)로 구분한다.

(5) **문제 해결 지향성**: 정책은 대부분 그 사회가 직면한 현안문제를 해결하고자 하기 때문에 문제 해결 지향적 특성을 지닌다.

(6) **인과성**: 정책에 내포된 목표와 수단 간에는 인과적 연결 관계가 있다.

(7) **공식성**: 정책은 권한 있는 정부당국이 공식적으로 결정한 것이다.

(8) **합리적 분석과 협상의 산물로서의 양면성**: 정책은 대안선택을 위해 합리적인 분석과 비교평가의 방법을 사용하지만, 한편으로는 이해관계집단들 간의 상호작용을 통한 협상의 산물이 되기도 한다.

(9) **강제성과 제약성**: 정책은 대상집단에 강제적이며 제약을 가한다.

3. 법률 · 정책 · 계획(기획)의 상호관계

(1) **의의**: 정책이라는 용어는 계획, 법률 등의 단어들과 혼용되어 사용된다. 그러나 계획을 넓은 의미인 사회계획으로 바라볼 때 계획은 정책의 상위개념으로 볼 수 있다. 반면 중요한 정책은 강제력을 지닌 법률로 구체화된다.

(2) **구별**

구분	강제력 · 집행력	구체성	포괄성 · 일관성
법률	아주 강함	강함	약함
정책	강함	강함	약함
기획	약함	약함	강함

4. 정책의 구성요소(정책의 3대 구성요소: 목표, 수단, 대상)

정책의 구성요소에는 정책목표, 정책수단, 정책대상, 정책산출 등이 있다.

(1) 정책목표: 정책을 통하여 구현하고자 하는 사회 또는 상태이다. 즉, 정책을 통한 바람직한 미래상 또는 미래에 대한 비전을 말한다.

(2) 정책수단: 정책목표를 달성하기 위하여 정부기관이 사용할 수 있는 각종 수단으로 규제, 유인, 자원투입 등이 있다.

(3) 정책대상: 정책의 집행을 통하여 구조, 가치관, 문화, 질서, 규범, 행태 등을 바꾸고자 하는 개인이나 집단(수혜집단, 희생집단) 또는 사회 · 경제적 · 물리적 조건 등이 있다.

(4) 정책산출(Policy Outputs)과 정책성과 · 결과(Policy Outcomes) 그리고 정책영향(Policy Impacts)

① **정책산출**: 정책의 집행으로 나타나는 일차적인 결과이다. 예컨대 실업자대책프로그램에 의하여 수혜를 받는 인원이나 범죄예방프로그램에 의하여 적발되었거나 검거된 범법자의 수 등이 이에 해당된다.

② **정책성과**: 정책대상자들에게 일어난 변화를 말한다. 실업자대책프로그램으로 실업자의 수가 감소되는 경우나 범죄예방프로그램으로 연간 범죄발생건수가 감소한 것을 말한다.

③ **정책영향**: 정책의 집행으로 나타난 변화이다. 실업자대책프로그램으로 소득수준이 향상되었거나 생활만족도 및 사회귀속감이 높아졌다든지, 범죄예방프로그램으로 질서의식이 향상되고 치안상태가 좋아지는 것 등을 의미한다.

개념더하기 ▶ 잉그람과 슈나이더(Ingram & Schneider)의 '정책대상집단의 사회적 구성' 모형과 정책설계

1. 의의

현실 정책은 합리성에 따른 객관적이고 공정한 집행과 정책에 의한 편익 제공보다는 어떤 집단에게는 종종 혜택이 부여되고, 다른 집단에게는 부담이 많이 부여됨으로써 집단 간의 혜택 불균형이 발생하는 불공정한 모습을 보여준다. 이러한 현상에 대해 사회적 구성주의의 관점에서 잉그람과 슈나이더는 대상집단의 사회적 구성이론을 주장하였다.

2. 대상집단의 분류

대상집단은 각 집단이 가지고 있는 정치적 권력의 범위와 각 집단에 대한 사회적 인식을 통해 4개의 집단으로 구분이 가능하며, 정책결정자는 이러한 기준을 통해 각 집단에게 정책에 있어서의 혜택과 부담을 할당한다.

(1) 정치적 권력: 대상집단이 다른 집단과 쉽게 연합을 형성할 수 있는지, 얼마나 많은 자원을 보유하고 동원할 수 있는지, 집단 구성원들이 높은 전문성을 가지고 있는지의 여부로 결정된다.

(2) 사회적 형상(인식): 공공정책에 영향을 받는 사람들이나 집단들의 긍정적 혹은 부정적 인식으로 이러한 이미지는 정책, 문화, 사회화, 역사, 미디어 등을 통해 형성된다.

정치적 권력 (Political Power) \ 사회적 형상(인식) (Social Image)	긍정적(Positive)	부정적(Negative)
강(Strong)	수혜집단(Advantaged) – 과학자, 퇴역군인, 노인층	주장집단(Contenders) – 부장, 노동조합
약(Weak)	의존집단(Dependents) – 어린이 어머니들, 장애인 등	이탈집단(Deviants) – 범죄자 테러리스트 등

3. 사회적 구성과 정책설계

선출직 공무원, 언론, 이익집단 및 정당 등과 같은 행위자들은 이러한 정책설계에 있어 공공정책에 연관된 실제를 사회적으로 구성하는 과정에 참여하며, 정책결정자들이 사회현상의 특정한 형성을 받아들이도록 지속적으로 노력한다. 그리고 정치가와 공무원들은 해당 정책을 유권자들에게 제시하면서 정책적 입장을 설명하고 이를 정당화한다. 따라서 정치

적 권력이 강하며 사회적 인식이 긍정적인(투표에 있어서 강한 영향력을 행사할 수 있는) 수혜집단에 대해서는 정책목표 달성과 큰 연관이 없더라도 혜택 위주의 정책이 부여되고, 정치적 권력이 약하며 사회적 인식도 부정적인(선거로 인한 보복의 위협이 적으며, 일반대중도 처벌에 대해 용인하는) 이탈집단에 대해서는 특별한 효과가 없을지라도 부담위주의 정책이 부여된다.

4. 결론
(1) 정책설계는 서로 다르게 구성된 대상집단들에게 정부가 어떻게 행동할 것이고 어떻게 그들이 정부에 의해 다루어질 것인지에 대해 여러 가지 메시지를 보낸다. 이러한 메시지들은 대상집단의 정책적인 적응과 참여 패턴에 영향을 미친다.
(2) 공공정책에 있어서 대상집단들에 대한 수혜와 부담의 할당은 대상집단의 정치적 권력의 외연과 그들에 대한 긍정적 혹은 부정적 사회인식에 의해 결정된다.
(3) 도구, 규칙, 근거, 그리고 제공 구조 등을 포함한 정책설계는 대상집단의 사회적 인식과 정치적 권력에 따라 서로 다르게 나타난다.
(4) 정책결정자, 특히 선출직 정치인들은 공적 승인 혹은 허가에 있어서 대상집단의 사회적 형성에 대응하고, 영속시키고, 생성하는 데 도움을 준다.
(5) 대상집단의 사회적 인식은 바뀔 수 있고, 정책설계는 그러한 변화를 위한 중요한 요소 중 하나이다. 사회적 인식의 대안을 위한 원인은 종종 이전 정책설계의 예견되지 않은 혹은 의도되지 않은 결과에서 발견된다.
(6) 정책결정 변화의 맥락에 있어서, 정책설계의 차이는 정책 변화의 서로 다른 패턴과 관계가 있다.

2 정책목표

1. 의의

정책을 통하여 달성하고자 하는 바람직한 미래상태로서 방향성과 미래성, 정책의 존재이유, 가치판단에 의존한 주관성과 규범성을 갖는다.

2. 정책목표의 요건

(1) **적합성**: 정책목표의 가치가 사회적으로 바람직한 것이어야 한다.
(2) **적정성**: 목표가 주어진 문제를 해결하기 위한 수단으로 과도, 과소의 유무를 판단해야 한다.
(3) **내적 일관성**: 공식적으로 내세운 목표와 실제목표 사이에 간격이 없어야 한다.

3. 정책목표의 기능

(1) 정책이나 조직이 나아갈 방향을 설정하고 활동에 대한 지침을 제시
(2) 사회구성원들에게 정부존재의 이유와 활동, 임무를 정당화시켜주는 기능
(3) 구성원들로 하여금 미래지향적 행동과 사고를 환기시키는 기능
(4) 정책대안의 탐색 및 분석의 기준
(5) 정책평가의 기준으로써 기능을 하며, 이외에도 정부정책에 대한 국민 고지기능, 선거전에서 상징적 전략, 사회 통합기능을 수행
(6) 조직 권위의 수용범위를 확대하는 기능을 수행
(7) 조직구성원의 응집성 확보로 조정과 통합을 촉진

4. 정책목표의 유형

(1) 공식성
① 공식적 목표: 행정조직이 공식적으로 추구하는 목표(각종 법규·문헌 형식)
② 실질적 목표: 행정조직이 현실적으로 추구하는 목표(운영목표, 비공식적 목표: 양자는 일치 또는 모순될 수도 있으나 일치되는 것이 바람직함)

(2) 사회적 기능(에치오니, Etzioni)
① 질서목표: 강제조직의 목표, 사회적 일탈방지, 사회질서유지
② 경제목표: 공리조직의 목표, 사회공동체를 위한 재화·용역의 산출
③ 문화목표: 규범조직의 목표, 문화가치를 창조·유지·발전, 상징적 가치를 창출

(3) 계층성
① 상위목표: 일반적·추상적·거시적·종합적·장기적·무형적·질적·전략적(정치적 책임기준)
② 하위목표: 개별적·구체적·미시적·부분적·단기적·유형적·양적·전술적(법적 책임기준)

(4) 유형성
① 무형목표: 상위목표와 유사한 성격(일반적·추상적·거시적·종합적·장기적·무형적·질적·전략적 성격)이다. 행정의 신축성·융통성 확보, 대립되는 이해관계의 광범위한 흡수·포용, 상황변화에 대한 적절한 대응이 용이하나, 결과의 계량적 측정이 곤란하여 구체적 행동기준이 되지 못하고, 목표전환의 우려가 있다.
② 무형적 목표의 장·단점

장점	단점
• 행동이나 해석상의 융통성 확보 가능 • 상황변화에 대한 적절한 대응 용이 • 대립되는 이해관계 등의 광범위한 흡수·포용	• 결과의 계량적 측정 곤란 • 목표의 전환 우려 • 단기적·구체적 업무기준이 되지 못함

③ 유형목표: 하위목표와 유사한 성격(개별적·구체적·미시적·부분적·단기적·유형적·양적·전술적 성격)이다. 실제 행동지침이 되며, 단기적 목표와 관련성이 높고, 목표달성도의 측정이 용이하다.

(5) 목표의 수 기준: 복수목표와 단수목표
① 단수목표: 목표가 단일한 경우의 목표(대체로 사조직에서 설정)
② 복수목표: 목표가 다수성을 지닌 경우의 목표(대체로 공영역에서 설정)
③ 복수목표의 장·단점

장점	단점
• 특정목표의 달성이 다른 목표달성에 기여할 수 있는 부수효과 • 다원적 욕구의 충족으로 심리적 침체감 방지 • 유능한 인재의 유치에 도움 • 목표의 등전위현상을 통해 목표의 대치(전환)현상 방지	• 목표 간 갈등·대립의 발생 가능성 • 목표 간 우선순위 선정의 어려움 • 목표의식의 분산으로 집중적 노력이 어려워 목표달성 곤란 • 목표가 상이한 하위구성원 간에 자원획득에 대한 경쟁 심화

(6) 경험성 유무

유형	치료적(소극적) 목표	창조적(적극적) 목표
개념	문제발생 이전에 존재하던 상태로 되돌아 가려는 목표(환경정화)	과거에 경험해보지 않은 상태를 창조하려는 목표 예 2019년도 1인당 국민소득 3만 달러 달성
정부성격	작은 정부, 선진국	큰 정부, 후진국
구별실익	정책목표의 결정이나 정책수단의 탐색방법, 정책수단의 성질이나 정책관련자의 정책에 대한 태도 등이 달라질 수 있음	

(7) 준거집단 기준

① **사회적 목표**: 사회의 기대에 부응하는 목표로, 가장 광범위하고 추상적인 목표(사회 전체)

② **산출목표**: 조직과 접촉하는 고객의 기대에 부응하는 목표(고객)

③ **체제목표**: 최고관리자가 관심을 갖는 조직의 유지, 생존, 적응 및 성장과 관련된 목표(최고관리자)

④ **생산목표**: 투자자가 원하는 목표(투자자)

⑤ **파생적 목표**: 조직이 본래 추구하던 목표 이외의 조직의 존재나 활동으로부터 파생되는 목표

5. 정책목표의 상호관계

하나의 정책이 여러 가지 정책목표를 지니고 있는 경우 이들 목표는 경우에 따라서 상호모순·충돌하기도 하고 서로 보완적이기도 하며 때때로 독립적이기도 하다. 또한 어떤 경우에는 동일한 수준에 있는가 하면 어떤 경우에는 상하 관계에 있을 수도 있다. 목표들이 서로 상하 관계에 있을 경우 우리는 목표-수단의 계층제를 이루고 있다고 표현할 수 있다. 이때 어떤 요소가 상위목표를 지니면서 하위수단에 대해서는 그 자신이 목표로서 역할을 하는 경우에는 도구적 목표라고 부른다. 상위목표가 없는 목표는 최종목표라 한다.

6. 목표의 변동

(1) 목표의 전환(Displacement: 왜곡·대치·전도·전치·도치)

① 의미

ㅇ 종국적 가치를 수단적 가치로 전환시키는 것을 말한다. 조직이 궁극적으로 달성해야 할 목표를 망각·왜곡하여 그것을 수단으로 격하시키거나 수단을 오히려 목표의 지위로 격상시키는 것이다.

ㅇ 관료제 병리현상의 일종이다.

② 발생원인

ㅇ 소수 간부의 권력욕

- 최고관리자, 소수 간부가 일단 권력을 장악한 후 조직의 본래 목표를 추구하기보다는 권력과 지위의 유지·강화를 위해 목표를 전환시킨다[미헬스(Michels)의 과두제의 철칙(Iron Law of Oligarchy)].

- 힘이 강한 활동적인 소수의 이익집단으로 인하여 잠재집단이나 조용한 다수의 권익이 무시될 수 있다. 특히, 이익집단 자체 내에서 소수 간부들의 권력욕에 따른 문제점을 지적하였다.

ㅇ 구성원들에게 규칙·법규·절차의 엄수를 강요할 경우 규칙·절차 자체가 목적이 되어 형식주의(Red-tape), 의식주의, 양식주의, 동조과잉을 초래한다[머튼과 굴드너(Merton & Gouldner)의 동조과잉(Over-Confirmity)].

ㅇ 목표의 지나친 무형성으로 인한 유형(하위) 목표의 중시(베르너와 헤이븐스, Werner & Havens)

ⓔ 조직 내부 문제의 중시, 전문화에 따른 훈련된 무능과 할거주의(셀즈닉, Selznick)

ⓜ 조직의 경직화와 변화에의 저항(블라우, Blau)

ⓗ 목표의 과다측정(Over-Measurement)과 전시행정 · 과시행정

(2) 목표의 승계(Succession)

① 조직의 목표가 달성되었거나 달성이 불가능한 경우, 실현가능한 새로운 목표를 찾아 설정하는 것을 말한다.

② 목표의 승계는 조직의 동태적 보수주의를 초래하여 목표달성 후에도 조직이 존속하는 요건으로 작용한다.

📖 88올림픽조직위원회는 올림픽 이후 국민체육시설관리공단으로 바뀌었다.

(3) 목표의 다원화(Multiplication): 기존목표에 새로운 목표를 추가한다(목표의 질적 변동).

📖 대학이 학문탐구 목표 외에 사회봉사 목표까지 추가하는 경우

(4) 목표의 확대(Expansion): 목표의 범위를 확대하거나 상향 조정한다(목표의 양적 변동).

📖 일간지를 발행하던 신문사가 주간지 · 월간지 발행까지 확대하는 경우, 월드컵 16강 진출을 목표로 했으나 전력증강 등의 이유로 4강 진출로 목표를 높여 잡은 경우

(5) 목표의 종결 · 폐지: 목표가 달성되면 목표가 종결 · 폐지된다.

(6) 목표의 비중변동: 복수목표에 있어서 목표 간 우선순위나 비중이 변화한다.

📖 행정이념의 우선순위 변화(합법성 → 기계적 능률 → 사회적 능률 → 효과성 → 형평성)

3 정책수단

정책수단이란 정부 또는 정책결정자가 정책목적 달성을 위하여 활용할 수 있는 도구를 말한다.

1. 전통적 수단 분류

(1) 규제도구: 강제력 행사를 통해 정부가 원하는 행동을 준수하게 한다(채찍).

(2) 경제적 도구: 정부가 국민들에게 재화와 서비스를 제공하거나, 제공하지 않음으로 특정 행동을 유도한다(당근).

(3) 정보제공: 강제력이나 경제적 인센티브를 개입시키지 않고 정보 및 지식의 전달을 통하여 국민의 행동 변화를 추구하는 것이다(설교).

2. 목표-수단의 연쇄관계에 따른 유형

실질적 정책수단(도구적 정책수단)	실행적 정책수단(보조적 정책수단)
• 정책목표를 달성하기 위한 프로그램과 단위 사업 • 각 정책대상 분야마다 달라지는 정책수단으로 분야별 다양한 실질적 정책수단이 존재함	• 실질적 정책수단을 현실로 구체화시키는 수단 • 모든 정책에서 공통적으로 필요한 집행기구, 인력, 예산, 순응확보수단, 공권력 등

3. 후드(Hood)의 통치자원의 유형에 따른 분류

후드(1986)와 후드 & 마게츠(2007)는 정부가 사용할 수 있는 통치자원(Governing Resources)을 네 가지 범주로 분류할 수 있다고 보았다. 즉, 정부가 국민의 행태 변화를 유도하기 위하여 사용할 수 있는 기본적 수단을 정부가 보유한 정보, 권위, 자금, 공식조직으로 분류하였다.

4. 살몬(Salamon)의 분류

(1) 직접적 정책수단

① **정부소비(Government Consumption)**: 정부가 직접 지출하는 인건비와 물품구매 등 전통적 소비활동을 말한다.

② **경제적 규제(Economic Regulation)**: 시장실패의 문제를 해결하기 위하여 정부가 시장에 개입하여 가격, 산출량, 시장진입 등을 통제하는 정부행동의 도구이다.

③ **대출(Loan)**: 정부기관의 자금으로 기업 등에게 직접 대출을 하는 형식의 자금지원을 말한다.

④ **정보제공(Public Information)**: 정부가 보유하고 있는 정보를 제공하는 것이다. 정보제공은 정부가 달성하고자 하는 정책의 목표를 국민에게 전달하여 국민들이 스스로 반응하여 정보를 사용하게 하도록 하며, 나아가 그 정보를 숙지하고 행동으로 옮기도록 유도하는 방법이다.

⑤ **공기업(Public Enterprise)**: 정부가 출자하여 운영 및 경영상의 책임을 지는 기업을 말하며 이들 기관을 통하여 공공서비스를 직접 제공하게 된다.

(2) 간접적 정책수단

① **사회적 규제(Social Regulation)**: 사회구성원들의 삶의 질을 향상시키고자 환경, 노동, 보건 등의 분야에서 규칙 제정을 통해 시장행위자들로부터 발생하는 외부비용에 대한 책임을 규정하여, 개인 및 기업의 사회적 행동을 규제하는 행위를 의미한다.

② **계약(Contracting)**: 민영화의 한 방식으로 민간 계약자와 위탁계약을 통해 간접적으로 재화 및 서비스를 공급하는 방식이다.

③ **대출보증(Loan Guaranty)**: 기업 등이 시중은행에서 대출을 받을 경우, 정부가 보증인으로서 시중은행의 배상 조건에 따라 책임지는 행위를 말한다.

④ **보조금(Grant)**: 특정 조직이나 개인의 행태적인 변화를 유도하기 위해 정부가 제공하는 자금을 의미한다.

⑤ **조세지출(Tax Expenditure)**: 기존의 사회적 · 경제적 목적을 달성하기 위해 전통적인 조세시스템을 이용하여 특정 활동 또는 특정 집단에게 세제상의 혜택을 제공하는 행위를 의미한다.

⑥ **공적 보험(Insurance)**: 사회보장정책의 주요 수단으로서 국민을 상해 · 질병 · 노령 · 실업 · 사망 등의 위협으로부터 보호하기 위해 국가가 법에 의하여 강제성을 띠고 시행하는 보험을 말한다.

⑦ **사용료 · 과징금**: 정부기관이 제공하는 서비스 이용료 및 법령위반에 대하여 과해지는 금전적인 제재를 말한다.

⑧ **손해책임법**: 제조물책임법과 같이 물품을 제조하거나 가공한 자에게 그 물품의 결함으로 인해 발생한 생명 · 신체의 손상 또는 재산상의 손해에 대하여 배상의무를 부과함으로써 소비자를 보호하기 위한 규제 수단이다.

⑨ **바우처(Voucher)**: 수혜자에게 현금 지급 대신 특정 재화나 서비스를 살 수 있는 상품권을 발행하는 방식이다.

살몬(Salamon)의 정책수단별 산출활동, 전달수단, 전달체계

구분	정책수단	산출활동	전달수단	전달체계
직접수단	정부소비	재화 또는 서비스	직접제공	공공기관
	경제규제	공정가격	진입 또는 가격규제	규제위원회
	직접대출	현금	대출	공공기관
	공기업	재화 또는 서비스	직접제공/대출	준공공기관
간접수단	사회적 규제	금지	규칙	공공기관/피규제자
	계약	재화 또는 서비스	계약 및 현금지급	기업, 비영리기관
	보조금	재화 또는 서비스	보조금제공, 현금지급	지방정부, 비영리기관
	대출보증	현금	대출	민간은행
	보험	보호	보험정책	공공기관
	조세지출	현금, 유인기제	조세	조세기관
	사용료, 과징금	재정적 제재	조세	조세기관
	손해책임법	사회적 보호	손해배상법	사법제도
	바우처	재화 또는 서비스	소비자 보조	공공기관/소비자

출처: 남궁근, 『정책학』, 법문사, 2017

5. 전달주체와 전달방법에 따른 분류

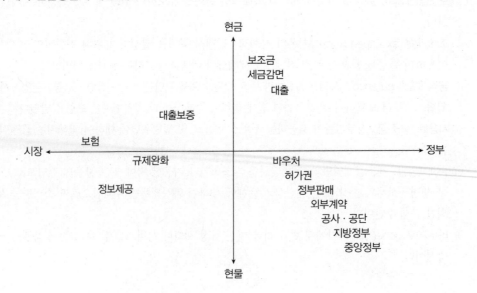

지금까지 정책을 정치과정의 산출물로 정치과정에 의해 결정된다고 보아 정책을 종속변수로 파악하였으나, 정책유형론에서는 정책내용이나 정책유형에 따라 정치과정(정책결정과정)이나 정책집행과정이 달라질 수 있다는 관점으로 정책을 독립변수로 파악하였다.

1 로위(Lowi)의 분류(정책유형에 따라 정책결정과정이 달라진다고 보고 정책유형을 구분)

강제력		적용대상(적용영역)	
		개인의 행위	행위의 환경(사회 전체)
적용방법 (행사방법)	간접적	배분정책	구성정책
	직접적	규제정책	재분배정책

1. 구성정책(Constitutional Policy)

(1) 헌정(憲政)수행에 필요한 운영규칙과 관련된 정책: 주로 정부기구의 구조와 기능의 변화와 관련되며, 정치체제에서 투입을 조직화하거나 체제의 구조와 운영에 관련된 정책으로, 정책결정과정에 정당이 중요한 영향을 미친다(예 선거구 조정, 정부기관 신설·폐지·변경 등). 대외적 가치배분에는 직접적인 영향을 주지 않지만 대내적으로는 게임의 법칙이 일어나며, 총체적 기능과 권위적 성격이 특징이다.

(2) 보수 VS 혁신 대립 갈등: 대체적으로 미국과 같이 정치적으로 안정된 상황에서는 헌정질서에 대한 변동이 미약하므로, 새로운 정책이 거의 없기 때문에 그 중요성이 크게 인식되지 않았다. 그러나 후진국에서는 헌정의 기본질서에 관련된 제도가 수시로 변경되었고 지방의회 의원선거, 지방자치단체장 선거 등 정부의 기본구조에 관한 기본 틀이 정착되지 않았기 때문에 구성정책의 범주가 중요하고, 현상유지 세력과 변경을 시도하는 세력 간에 갈등 대립도 심하게 나타나고 있다.

2. 배분정책(Distributive Policy; 분배정책)

(1) 국민에게 권리나 이익·편익·서비스를 배분하는 정책이다(예 보조금 지급, 국공립학교 건설, SOC 확충 등 급부행정).

(2) 정책내용이 쉽게 세부단위로 구분되고, 각 단위가 다른 단위와 개별적·부분적으로 처리될 수 있다. 정책이 여러 사업들로 구성되고, 이 사업들의 집합이 하나의 정책으로 구성된다.

(3) 수혜집단은 개인·집단·지역사회 등 특정적이지만, 비용이 일반국민의 세금에서 나오므로 비용부담 집단은 불특정적이다.

(4) 수혜집단과 비용부담집단 간 정면대결의 필요가 없다(Non-Zero-Sum Game). 국민의 세금에 의해 정책비용이 지불되고 정책의 혜택이 분배되므로, 경쟁의 대상이 존재하지 않기 때문이다.

(5) 수혜자집단들이 서비스와 편익을 더 많이 배분 받으려는 포크배럴(Pork Barrel)이 나타나거나 승자와 패자 간 정면대결의 필요성이 없으므로 서로 상부상조하는 로그롤링(Logrolling) 현상이 발생한다.

(6) 이익집단, 의회 해당 상임위원회, 소관관료조직의 삼두마차가 철의 삼각을 형성하여 결정적인 역할을 한다.

(7) 정책평가에 있어 수혜자의 평가활동 참여는 미미하나 정부, 의원의 경우 대국민 홍보를 위해 평가자료를 적극 활용한다.

3. 규제정책(Regulatory Policy)

(1) 개인이나 일부집단에 대해 재산권 행사나 행동의 자유를 제한·억제하여 반사적으로 다른 많은 사람들을 보호하려는 정책이다(예 환경오염과 관련된 규제, 독과점규제, 최저임금제도 등).

(2) 비용부담집단은 주로 특정한 개인이나 기업이지만, 수혜집단은 주로 일반대중이므로 불특정적이다.

(3) 정책결정 시 비용부담집단과 수혜집단이 명백히 선택되므로, 분배정책과 달리 양 집단 간 정치적 투쟁과 갈등이 심하다.

(4) 주된 정치단위는 이익집단이고, 정치단위 간 이합집산이 거듭되어 안정성·지속성이 매우 낮다(다원주의적 결정, 포획, 지대추구).

(5) 규제대상집단(비용부담집단)의 정치적 반발이 심하고, 이들의 저항을 극복하기 위해 정책집행 시 공권력(강제력 행사)이 필요하며, 인권 및 재산권 침해가 뒤따르므로 국가권력의 남용을 막기 위해 법적 근거를 요구하는 경우가 많다.

4. 재분배정책(Redistributive Policy)

(1) 정부가 사회적·경제적 보상의 기본적 관계를 재구성하는 것과 관련된 정책, 부·소득·재산 등의 가치를 고소득층에서 저소득층으로 이전하는 것을 목적으로 한다(예 누진세, 사회보장비 지출, 직업훈련사업, 실업자구제사업 등).

(2) 고소득층으로부터 저소득층으로의 소득이전을 목적으로 하는 정책으로, 소득분배의 실질적 변경을 가져온다.

(3) 재산권 행사가 아니라 재산권 자체를, 평등한 대우가 아니라 평등한 소유를 목적으로 한다(예 누진세, 사회보장비 지출).

(4) 수혜집단(저소득층)과 비용부담집단(고소득층) 모두가 계층분화에 따라 특정적이며, 정책대상집단이 전국적으로 분포되어 있는 점에서 배분정책과 구별된다.

(5) 빈부 간 계급대립적 성격이 강하며(계급정책), 계층 간 부(富)의 배분이 시장원리가 아닌 정부정책에 의해서 조정·통제되므로 정책과정 전반에서 강력한 이해대립과 사회계급, 복지혜택, 평등, 정의, 국가의 역할 등에 관한 이념논쟁(이데올로기적 대립)을 야기한다.

(6) 비용부담집단이 특정되어 있으므로 비용부담집단의 저항이 심하게 나타나며 정책이 주로 엘리트(지배계층)에 의해 이루어진다(엘리트론적 시각). 즉, 대통령의 주도 하에 정상연합회에서 정책내용이 실질적으로 결정되고 의회지도자가 조정역할을 한다.

로위의 정책영역과 정치적 관계 요약

구분	개념	특징	예	정책결정 과정상 특징	주도세력
구성정책	행정체제 정비	체제정책·입헌정책, 대외적인 가치배분과는 무관	정부기관 신설, 선거구역 확정	게임의 법칙 (권위적·총체적 성격)	정당
배분정책	재화·서비스 배분	다수에게 이익이 분산되는 개별화된 정책, 갈등 없음	SOC, 보조금, 국공립학교 등	포크배럴, 로그롤링 (철의 삼각)	의회
규제정책	제약과 통제	법률로 표현, 집단 간 갈등	진입규제, 독과점규제	다원주의 (포획과 지대 추구)	이익집단
재분배정책	부의 이전	계급 간 투쟁으로 집행 곤란, 집권적·독자적·안정적 결정	사회보장정책, 계급·이전정책	엘리트 이론	엘리트

1. 포크배럴(Pork Barrel)

연방의회의원이 출신지역의 환심을 사기 위해 정부로 하여금 정부교부금을 얻는것과 관련된 현상이다. 포크배럴은 '소금에 절인 돼지고기를 넣어 둔 통'으로, 미국 남부에서 농장주가 통에서 돼지고기를 꺼낼 때 모여드는 노예의 모습에 비유한 용어다. 정치인·국회의원들이 정치적 생색을 내기 위해 자기 지역구나 특정지역 주민의 환심을 사려는 교량건설, 고속도로, 부두, 댐 등과 같은 지역개발사업에 정부예산을 끌어오는 이기적인 행위를 지칭한다.

2. 로그롤링(Logrolling): Vote Trading(투표의 교환·거래·매수)

이권(利權)이 걸린 몇 개의 법안을 관련 의원들이 서로 협력하여 통과시키는 행태를 가리키는 미국 의회용어로서, 통나무를 운반할 때 서로 협력하여 굴리기를 하는 데서 유래되었다. 분배정책의 결정 및 집행에서 포크배럴과 같은 다툼이 있는데도 참여자들 간 정면대결보다는 갈라먹기식의 결정이 이뤄진다. 담합에 의하여 자신의 선호와는 무관한 대안에 투표하는 행동을 보이는 집단적 의사결정행태가 이루어지는데, 의원들이 의회에서 안건을 처리할 때 선호의 강도에 차이가 있을 경우 나타나며, 자신이 선호하는 이슈에 대한 지지를 얻는 조건으로 자신은 선호하지 않지만, 타인이 선호하는 이슈를 지지해주는 거래를 하는 것이다.

≫ 포크배럴과 로그롤링은 불필요한 사업의 증가로 인한 정부팽창과 재정적자를 초래하여 정부실패요인이 되기도 한다.

2 알몬드(Almond)와 파웰(Powell)의 분류(체제적 관점)

1. 추출정책(Extractive Policy)

추출정책은 정부가 민간부문에서 인적·물적 자원을 추출하는 정책이다. 민간부문에서 부(富)를 추출하는 조세정책, 인적 자원을 추출하는 징병제도, 공적 사업을 위한 강제적 토지수용 등이 그 예이다.

2. 분배정책(Distributive Policy)

분배정책은 정부가 국민들에게 권리나 이익 또는 서비스를 분배하는 정책이다. 즉, 정부가 적극적으로 국민들이 필요로 하는 재화나 서비스를 직접 산출·제공하거나 사회 전체에 유익한 사업을 시행하기 위해 정부가 민간부문의 활동에 현금이나 현물을 지원하여 활동을 증진시키는 것과 같은 내용의 정책이다. 정부가 수행하는 사회간접자본(고속전철, 항만시설, 공항시설 등) 구축을 위한 정책 또는 기업의 수출을 증진시키기 위해 정부가 기업에 제공하는 각종의 지원정책 등이 이에 속한다.

3. 규제정책(Regulatory Policy)

규제정책은 개인이나 집단의 재산권 행사나 행동의 자유에 제한을 가하여 다수의 이익을 보호하기 위한 정책이다. 정부가 수행하는 각종의 경제적 규제(가격, 독과점 및 불공정거래 등에 대한 규제) 또는 사회적 규제(환경, 산업안전 및 보건, 소비자안전, 사회적 차별 등에 대한 규제)에 대한 활동 등이 이에 해당된다.

4. 상징정책(Symbolic Policy)

정치지도자들이 국민들에게 역사, 용기, 과감성, 지혜 등을 강조하거나, 평등·자유·민주주의 등의 이념을 호소할 때 사용하며, 미래의 업적 또는 보상을 약속하는 정책을 말한다. 이러한 상징정책은 국민들 사이에 정치체제 및 정부의 정통성에 대한 인식을 좋게 하고, 정부의 정책에 대한 순응을 확보하려는 것이다. '국민의 정부'에 있어서 '제2건국운동', '신지식인운동' 등이 이런 예에 속한다고 볼 수 있다.

3 리플리(Ripley)와 프랭클린(Franklin)의 분류(정부관료제가 달성하려는 정책목적을 기준으로 분류)

1. 배분정책

안정적 정책집행을 위한 정례적 가능성이 높고 반발이 적어 가장 집행이 용이한 정책이다.

2. 보호적 규제정책(Protective Regulatory Policy)

개인이나 집단의 권리행사나 행동의 자유를 구속·통제하여 일반 대중을 보호하려는 정책이다. 일반적인 규제정책으로 대부분의 사람들에게 해로운 활동 및 조건은 금지되고 이로운 활동은 요구된다.

예 식품 및 의약품의 허가, 근로기준설정, 최저임금제, 독과점규제 및 공정거래에 관한 법률, 특정요금을 싸게 받는 공공요금정책(교차보조의 성격을 지니는 보호적 규제)

3. 경쟁적 규제정책(Competitive Regulatory Policy)

① 다수의 경쟁자 중에서 특정한 개인이나 단체에게 일정한 재화나 서비스, 권리 등을 공급할 수 있도록 하면서 공익을 위해 서비스 제공의 일정한 측면을 규제하는 정책이다.

② 지대추구행위(Rent Seeking)의 발생가능성이 크다.

③ 해당 재화·용역의 희소성과 그 할당방식에 관해 일반대중의 이해관계가 얽혀 있으므로, 정부개입이 필요하다.

④ 보호적 규제정책과 배분정책이 혼합된 혼합정책의 성격을 지닌다. 즉, 피규제자에게 부대이익을 제공해주며, 동시에 각종 규제장치를 통해 공익증진을 꾀하는 복합적 성격을 지니므로, 경쟁의 승리자는 정부로부터 보조를 받는 효과가 있는 동시에 특정한 행위를 반드시 이행할 의무도 가진다.

예 고속버스 노선허가, 방송국 설립인가, 이동통신 사업자선정, 의사면허 등

4. 재분배정책

부, 소득, 재산 등의 가치를 고소득층에서 저소득층으로 이전하는 것을 목적으로 하는 정책이다. 누진세제도와 정부가 시행하고 있는 직업훈련사업, 영세민 보호를 위한 생활보호사업, 노인 및 장애자를 보호하기 위한 사업 또는 실업자를 구제하기 위해 정부가 수행하는 각종 구제사업 등이 이에 해당된다.

분배정책과 재분배정책의 비교

구분	분배정책	재분배정책
비용부담자와 수혜자	• 비용부담자: 불특정 다수(공공재원) • 수혜자: 불특정 다수	• 비용부담자: 고소득층 • 수혜자: 저소득층
관련자 관계	비영합게임(Non-Zero-Sum Game)	영합게임(Zero-Sum Game)
참여자의 행태	상호불간섭이나 상호수용	이데올로기상의 심각한 갈등
주요행위자	관료 또는 하위정부	대통령(엘리트주의적 시각)
사상	자유주의, 형식적 평등, 능률성	이전주의, 계급주의, 결과적 평등, 형평성
의사결정	구유통치와 통나무굴리기식 의사결정	계급대립적 성격
특징	정책의 내용이 하위단위로 세분되고 다른 단위와 독립적으로 처리될 수 있음(세부사업의 집합이 하나의 정책을 구성함)	세부사업들이 사업 간에 강한 결속력과 연계관계를 가지고 있어서 세부사업단위로 독립적인 집행 불가능
순응도와 자율성	높음	낮음
저항, 갈등	낮음	높음

개념더하기   재분배정책의 실시와 관련된 소득분배 지표

1. 로렌츠곡선

로렌츠곡선은 인구의 누적비율과 소득의 누적점유율 사이의 대응관계를 그림으로 나타내는 방법이다. 그림에서 점 a는 최하층 40%의 인구가 국민총소득의 20%를 차지하는 것을 뜻한다. 이와 같이 최하위층 x%의 인구가 전체 국민총소득에서 차지하는 소득 비중을 좌표로 이어 그린 그림은 곡선 OaB로서, 이를 로렌츠곡선이라 한다. 로렌츠곡선이 내각선 OB에 가까울수록 소득불평등이 개선된 상태를 의미하며, 반대로 직각선 OAB에 가까워지면 약화되는 것을 뜻한다.

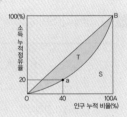

2. 지니계수

로렌츠곡선은 각국의 소득분배 상태나 한 나라의 시기별 소득분배 상태를 한 눈에 비교할 수 있다는 장점을 가진다. 그러나 여러 나라를 비교할 때에는 나라의 수만큼 곡선을 그려야 한다는 불편한 점이 있다. 이러한 단점을 보완하여 소득분배 상태를 하나의 계수로 나타낸 것이 지니계수인데, 위의 그림에서 면적 T를 면적 OAB로 나눈 값[T÷(S+T)]이며, 그 값이 클수록 소득이 불평등하게 분배된 것을 나타낸다. 지니계수는 0에서 1 사이의 값을 가진다.

3. 10분위 분배율

한 나라의 전체 가계를 소득 수준에 따라 저소득에서 고소득으로 배열하였을 때, 첫 번째 10%를 1분위, 다음 10%를 2분위라 한다. 10분위 분배율은 이러한 계층별 소득 분포 자료에서 하위 40%의 소득 계층의 소득이 상위 20%의 소득 계층의 소득에 비해 차지하는 비율을 말한다. 10분위 분배율이 클수록 분배의 형평성이 높은 것을 나타낸다.

$$（10분위 분배율）=\left(\frac{하위 40\% 인구의 소득 점유율}{상위 20\% 인구의 소득 점유율}\right)$$

4. 소득 5분위 배율

모든 가구를 소득 순에 따라 5개 집단으로 나눈 후, 소득 수준이 가장 높은 5분위(상위 20%)의 소득을 가장 낮은 1분위(하위 20%)의 소득으로 나눈 값으로, 완전히 평등한 소득분배 상태를 이룬 사회는 그 값이 1이 되며, 소득 5분위 배율의 값이 클수록 소득분배가 불평등하다는 것을 의미한다.

5. 엣킨슨 지수

균등분배의 전제 하에서 지금의 사회후생수준을 가져다 줄 수 있는 평균소득이 얼마인가를 주관적으로 판단하고 그것과 한 나라 1인당 평균소득을 비교하여 그 비율을 따져보는 것이다. 즉, 엣킨슨 지수는 {1 − (균등분배 대등소득÷사회전체 평균소득)}으로 산출한다. 엣킨슨 지수는 0과 1 사이의 값을 가지는데, 0에 가까울수록 분배가 평등하고 1에 가까울수록 불평등하다.

6. 빈도함수

소득계층별 인구특성이 비선형적이고 저소득층에 비하여 고소득층이 적은 상황에서 인구와 소득수준 간의 관계를 설명하는 분석기법이다.

4 솔즈베리(Salisbury)의 분류

구분		수요자의 요구패턴	
		통합	분산
공급자의 결정패턴	통합	재분배정책	규제정채
	분산	자율규제정책	배분정책

자율규제는 정부가 직접 규제하지 않고 규제대상에게 규제 기준을 설정할 권한과 집행까지 위임하는 형태의 정책유형으로 대상집단이 자기 이익을 보호하는 수단으로 규제를 바라고 지지한다는 점에서 일반규제정책과 다르다. 변호사회, 의사회, 공인회계사회, 약사회 등의 면허제도, 이들 집단들은 자율적으로 직업윤리, 내부업무수칙 등을 마련해 놓고 소속 집단구성원들에 대하여 자율 통제한다.

5 윌슨의 정책 유형 분류(규제정치이론)

규제는 공익을 위한 것이라는 규제의 공익이론과 사익을 위한 것이라는 규제의 사익이론(스티글러의 규제의 경제사회이론) 모두를 비판하며, 규제입법과 규제정책은 다양한 원인을 가지고 있다고 보았다. 어떤 정치적 상황에서 어떤 정치적 원인이 어떻게 작용하고 있는가를 정부규제로부터 그 비용과 혜택이 소수의 집단에게 집중되는지 아니면 다수의 일반 국민에게 분산되는지에 따라 정치적 상호작용의 형태가 어떻게 달라지는지 분석하였다.

구분		편익	
		소수에 집중	다수에 분산
비용	소수에 집중	• 이익집단 정치 • 편익을 얻는 집단과 비용을 부담하는 집단 사이의 갈등, 제로섬 게임으로 간주됨	• 기업가적 정치 • 공익을 추구하는 집단과 지도자들이 공익을 위하여 정책결정자를 설득하지만 비용을 부담하는 집단의 강한 반대에 부딪힘
	다수에 분산	• 고객지향 정치 • 정책결정자, 규제자, 피규제자가 긴밀한 '고객' 관계를 형성	• 다수결의 정치 • 비교적 느슨한 집단 또는 그들을 위해 일하는 지도자가 실질적 또는 상징적으로 정책을 추진함. 때때로 약한, 모호한 정책을 채택하게 함

1. 고객지향 정치

(1) 의의: 수혜집단은 신속히 정치조직화하고, 입법화를 위한 정치적 압력을 행사하여 정책의제화가 비교적 용이하게 이루어진다. 경제적 규제가 여기에 속한다.

(2) 특징

① 경쟁을 약화시키고 기존사업 종사자들에게 높은 수익성을 보장하게 된다.

② 해당 산업에 대한 신규사업자의 진입이 어렵게 된다.

③ 규제의 수혜자는 조직화되어 규제기관의 정책과정에서 강한 영향력을 행사한다.

④ 일반국민에게 필요 이상의 희생을 감수하게 하는 상황이 발생하게 되어 진정한 고객이 일반국민인가 해당 산업 직종의 종사자들인가에 대한 논란이 있다.

⑤ 정부규제가 도입되는 과정에서 은밀한 막후교섭, 로비 등이 나타나며 내부접근형, 음모형에 의해 정책의제화가 되며 수혜집단, 해당 관료조직, 의회 해당 상임위원회 간에 철의 삼각이 형성되기도 한다. 또한 무의사결정이 이루어지기도 한다.

⑥ 조직화된 소수가 다수를 이용하는 미시적 절연(Micro Decoupling)에 해당한다.

예 농산물의 최저가격규제, 수입규제, 직업면허(변호사 자격 등), 택시사업인가 등 대부분의 경제적 규제정책

개념더하기   미시적 절연과 거시적 절연

정부실패의 요인인 비용과 수익의 절연에는 두 가지 형태가 있다.
- 미시적 절연: 편익은 조직화된 소수에게 돌아가고 비용은 조직화되지 못한 다수가 부담
- 거시적 절연: 조직화된 소수가 다수를 이용하지 못하는 현상으로 편익은 다수에게 돌아가지만 비용은 소수가 부담

(3) 문제점

① 규제기관이 피규제기관에 포획되는 현상이 발생한다. 다수의 비용부담집단에서는 집단행동의 딜레마가 발생한다.

② 공익목적을 위한 규제가 사익적 규제로 변질되어 정부규제를 받는 산업, 집단, 기업이 사실상 진정한 고객으로 바뀐다.

1. 의의

공통의 이해관계가 걸려있는 문제에 대해 무임승차하려는 생각으로 아무런 행동이 나오지 않는 현상으로 주로 시장실패를 설명하는 데 활용된다.

2. 극복방안

(1) 정부규제론(Government Regulation): 개도국에서 주로 활용

(2) 사회자본론(Social Capital): 선진국에서 활용

(3) 사유화론: 소유권의 명확화로 공유자원의 문제 해결

2. 기업가적 정치(운동가의 정치)

(1) 의의: 고객정치상황과 반대로 환경오염규제, 소비자보호입법 등과 같이 비용은 소수의 동질적 집단에 집중되어 있으나 편익은 불특정 다수에게 넓게 확산되어 있는 경우이다. 사회적 규제가 여기에 속한다.

(2) 기업가적 정치상황에서 정부규제가 가능한 이유

① 경제사회적 위기나 재난의 발생과 같이 점화계기를 만나 정부규제 입법이나 정책이 채택될 수 있다.

② 정권변동기에 정치적 정통성의 확보를 위해서 혁신적 정책으로서 채택될 수 있다.

③ 공익단체의 주도적 활동에 언론기관 기자, 의회의원, 정치인들이 협력하여 본 유형의 규제정책들이 채택될 수 있다.

(3) 특징

① 사회적 분위기와 정치적 계기의 형성을 통해 정책을 의제화하며 이를 위한 상징 조작을 한다.

② 규제입법을 요구하는 사회적 분위기와 일반국민의 도덕적 지지로 인하여 입법 내용이 엄격해진다.

③ 기업집단의 로비, 법의 공정한 절차보장, 정부조직 및 예산 사정을 감안하여 절차규정에 있어서는 많은 예외적 규정 및 법의 엄격성을 완화하기 위한 규정이 반영된다.

④ 규제기관은 피규제집단과 적대적 관계에 놓이게 되면 피규제산업에 포획될 가능성이 있다.

> **예** 환경오염규제, 자동차안전규제, 유해성 물품에 대한 규제, 산업안전규제 등 대부분의 재분배정책이나 사회적 규제정책

3. 이익집단 정치

(1) 의의: 정부규제로 예상되는 비용, 편익이 모두 소수의 동질적 집단에 귀속되고 그것의 크기도 각 집단의 입장에서 볼 때 대단히 크기 때문에 양자가 모두 조직화와 정치화의 유인을 강하게 갖고 있고 조직력을 바탕으로 각자의 이익확보를 위해 상호 날카롭게 대립하는 상황이다. 규제가 경쟁적 관계에 있는 강력한 두 이익집단 사이의 타협과 협상에 따라 좌우되는 특징을 보이며 일반적으로 소비자 또는 일반국민의 이익은 거의 무시된다.

① 이해관계집단의 쌍방이 대등한 역학관계에 있기 때문에 정부는 중립적인 이해조정자로서의 역할을 하게 되며 정부규제의 내용은 쌍방이 동의할 수 있는 수준에서 서로의 권리와 의무를 정하는 협약의 형태를 띠게 된다.

② 쌍방이 막강한 정치조직적 힘을 바탕으로 첨예하게 대립하는 경우로서 규제기관이 어느 한쪽에 장악될 가능성이 약하다.

③ 어느 쪽에서도 집단행동의 딜레마가 생기지 않으며 세력 확장을 위해 국외자와 연합이나 정치적 상징 등 규제채택과정의 가시성이 높다.

> 예 노사관계에 대한 각종 규제, 대기업과 중소기업 간의 관계에 관한 규제(중소기업 고유업종 지정제도, 대기업 여신규제 등), 의약분업을 둘러싼 논쟁 등

4. 대중적 정치(다수의 정치)

(1) 의의: 정부규제로 인한 비용과 편익이 쌍방 모두 이질적 불특정 다수에 미치지만 개개인으로 보면 대수롭지 않은 경우이다. 이러한 상황에서는 어느 누구도 해당 규제로부터 항상 특별히 큰 이익이나 손해를 보는 것이 아니므로 그러한 규제를 강력하게 요구하거나 반대하는 집단이 존재하지 않는다.

(2) 정치적 의제가 가능한 이유: 사회발전에 따라 새로운 사상이나 신념이 대두하고 일반국민의 정서가 뒷받침되며 이것을 정치적 이슈화하여 주도적 역할을 담당하려고 하는 영향력 있는 기업가적 정치인의 노력·활동에 의하여 가능해진다.

(3) 특징

① 대중적 정치상황에서 규제 필요성 제기는 이익집단보다는 공익집단에 의해 먼저 이루어진다.

② 정부의 대응조치를 촉구하는 여론 형성이 중요하다.

③ 규제에 대한 이념적 반대가 극복되어야 하며 규제를 함에 있어서 상황의 변화, 사회인식의 변화, 법원의 입장도 중요하다.

④ 규제담당기관이 얼마나 적극적으로 이러한 유형의 규제업무를 집행하는 것은 규제기관의 책임자, 임명권자의 의도에 크게 좌우된다.

> 예 독과점 및 불공정거래에 관한 규제, 신문·방송·출판물의 윤리규제, 사회적 차별에 대한 규제, 낙태에 대한 규제, 종교활동에 대한 규제

6 규제 정책

1. 정부규제의 개념

바람직한 경제사회 질서의 구현을 위해 정부가 시장에 개입하여 기업과 개인의 행위를 제약하는 것을 말한다.

2. 규제의 목적

규제의 정당성은 시장실패, 즉 독점이나 외부효과 등에 의한 자원배분의 비효율성을 극복함과 동시에 소득분배의 불공평성 문제를 해결하는 데 있다.

3. 규제의 유형

(1) 영역별 분류: 경제적 규제와 사회적 규제

① 경제적 규제

㉠ 개념: 전통적 규제로서 기업의 본원적 활동에 대한 규제이다. 기업의 본원적 활동이라 하면 기업의 설립 혹은 개인사업의 개시, 제품의 가격, 생산량, 품질, 거래상대방과 거래방법 및 조건 등에 대한 의사결정 및 행위를 망라한다.

ⓛ 사례: 기업의 본원적 활동에 대한 규제로서 독과점 금지 및 불공정거래 규제, 가격규제(최고가격, 최저가격 등 요금승인), 진입규제·퇴거규제, 품질규제, 직업면허, 수입규제 등이 이에 해당한다.

ⓒ 목적: 개념이 목적에 입각한 것이 아니고 대상에 초점을 맞추어져 내려진 것이라서 목적을 획일적으로 말할 수 없으나 경제적 규제도 나름의 다양한 목적을 가지고 있다.
- 소비자 보호의 목적: 독과점 규제, 부당이득 방지, 부당한 가격차별의 방지, 교차보조를 통한 서비스 공급의 확대
- 생산자 보호의 목적: 과당경쟁의 방지, 산업육성, 불공정한 기업 간의 경쟁방지

> **개념더하기** 교차보조(내부보조)
>
> 교차보조 또는 내부보조란 동일산업 내에서 한 부문의 결손을 다른 부문에서 나오는 이익금으로 충당하는 것을 말한다. 이런 현상은 철도, 우편, 전신, 전력, 수도 등 공익서비스 산업분야에서 가격규제의 경우 특히 많이 나타난다. 예를 들면 시내전화 사용자에게 보다 값싼 서비스를 제공하기 위해 시외전화 사용자에게 평균비용보다 높은 요금을 부과하고 그 수익으로 시내전화의 결손을 충당하는 것과 같다. 정부규제는 바로 이런 교차보조를 통해 보조가 없이는 서비스 공급이 불가능하거나 불충분한 부문에 서비스 공급을 가능하게 함으로써 공익을 실현하는 기능을 판단하는 것이 바로 포스너(Posner)의 이론이다.

② 사회적 규제
ⓙ 개념: 기업의 사회적 행동에 대한 규제이다. 기업의 사회적 행동이란 환경오염, 근로자의 보건 및 안전에 대한 위협, 소비자권익의 침해, 근로자에 대한 차별대우 등과 같이 기업 내부적으로 국한되는 것이 아니고 사회적 영향을 야기한 기업행동을 말한다. 사회적 규제는 기업의 사회적 책임을 강제하기 위한 규제 혹은 기업의 사회적 횡포를 막는 규제로 정의 내리지만, 기업만을 대상으로 하는 것이라고 보기는 어렵고 사회구성원을 규제 대상으로 삼는 경우도 있다.

ⓛ 사례: 소비자 보호 규제(소비자보호법), 환경규제(환경보전법), 산업안전규제(산업안전법), 사회적 차별 규제[고용·임금 등의 남녀차별(남녀고용평등법), 장애인에 대한 고용차별, 인종차별, 학력이나 출신지역에 따른 차별 등에 대한 규제], 식품규제(식품위생법), 근로규제(근로기준법), 범죄규제(형법) 등이 있다.

ⓒ 목적: 사회적 규제는 경쟁의 적정화와는 관계가 없는 규제로서 국민의 삶의 질을 확보하고, 인간의 기본적 권리를 신장시키며, 경제적 약자를 보호하고 사회적 형평성을 확립하기 위한 것이다.

③ 경제적 규제와 사회적 규제

구분	경제적 규제(광의)		사회적 규제
	경제적 규제(협의)	독과점 규제	
규제 대상	• 개별기업(차별적 규제) • 기업의 본원적 활동 • 규제범위 협소(진입, 가격, 생산량, 거래대상, 방법)	• 모든 산업(비차별적 규제) • 기업의 본원적 활동(설립, 생산, 판매, 퇴출 등)	• 모든 산업(비차별적 규제) • 기업의 활동과정에서 나타나는 부수적 측면을 규제 • 기업의 사회적 책임 • 규제범위 광범(국민·소비자·노동자 보호, 공해, 안전, 보건, 차별 등)
규제의 이론적 근거	자연독점같은 경우는 전형적인 시장실패 현상으로 정부규제가 필요한 분야이지만 경제적 규제는 대체로 시장경쟁의 효과성·공평성에 대한 불신에서 비롯되고, 이것은 경제적 규제의 이론적 근거가 사회적 규제에 비해 약함을 보여준다.		• 시장실패: 환경(외부효과), 소비자문제(정보의 불충분성), 작업장 안전 및 보건문제 • 시장실패 외: 사회적 차별문제

예	진입규제, 퇴거규제, 가격규제, 품질규제 등	불공정거래규제, 합병규제, 경제력 집중 억제 등	의약품 규제, 식품안전규제, 자동차안전규제, 범죄자규제, 산업안전규제, 보건규제, 환경규제, 차별규제 등
재량여부	재량적 규제	비재량적 규제	비재량적 규제
규제역사	전통적 규제	전통적 규제	1960년대 선진국에서 시작
시장경쟁	경쟁 제한	경쟁 촉진	직접적 관계 없음
정치경제학적 속성	포획 및 지대추구 발생(동조로 인한 규제실패 우려)	포획 및 지대추구 없음(대립현상)	포획·지대추구 없음(대립현상), 공익집단역할 중요
규제 기관의 차이	주로 미국적 상황에서지만 경제규제는 독립규제 위원회의 설치를 통해 이루어짐		주로 행정부에 속한 부처의 내부조직
규제개혁 방향	완화 대상	유지 또는 강화	유지 또는 강화
규제개혁 목표	부패 방지, 경쟁 촉진	경쟁 촉진, 폭리 등 횡포방지	삶의 질(QOL) 향상, 기본권 신장, 약자 보호

개념더하기 ▷▷ 독과점 규제와 경제적 규제

독과점 규제가 기업활동에 관한 '게임'의 규칙과 조건만을 설정하고 '게임' 자체는 기업들의 자율에 맡기는 방식의 규제인 것에 비해 경제적 규제는 가격·품질·생산량·진입·퇴출 등 기업의 운영에 깊숙이 개입하는 방식의 규제이다. 이러한 의미에서 독과점 규제가 비재량적 규제인 데 비해서 경제적 규제는 재량적 규제라 할 수 있다.
경제적 규제는 정부가 기업활동에 직접적으로 개입하기 때문에 시장경쟁의 제한을 그 기본적 속성으로 한다. 따라서 경제적 규제는 특정 규제대상산업에 있어서 정부가 시장경쟁을 배제함으로써 시장기구를 대체하는 것이라고도 말할 수 있다.
독과점 규제는 자본주의 시장경제체제의 유지를 목적으로 하므로 이 정책이 보호·유지하려는 것은 '경쟁 그 자체'이지 '경쟁 사업자'가 아니다. 요컨대, 독과점 규제는 자본주의 시장경제의 고도화에 따른 시장의 독과점화에 대응해서 자본주의 시장경제체제의 유지에 불가결한 일정 수준의 경쟁을 확보하기 위한 것이다.

개념더하기 ▷▷ 포획 및 지대추구

1. 포획(Capture)
   지대추구(로비)에 의하여 규제주체가 규제객체에 포섭되어 이익집단의 포로가 됨으로써 그들의 요구나 주장에 동조하고 호응하는 것

2. 지대추구(Rent Seeking)
   정부의 시장개입이 초래하는 사회적 비용을 설명하는 1967년 털럭(Tullock)이 이론이다. 정부가 하나니 규제 등으로 시상에 개입하여 녹점적 상황을 만들게 되면 이로 인하여 시장에서는 독점지대(반사이익)가 발생하게 되고 그렇게 되면 이익집단들이 독점적 상황을 유지하기 위하여 기술개발보다는 정부에의 로비 등 비생산적인 용도에 자본을 사용하게 되어 낭비와 사회적 손실이 발생한다는 것

1. 정의

규제 샌드박스란 국민의 생명·안전에 저해되지 않을 경우에 한하여 기존 규제를 면제하거나 유예시켜 새로운 제품·기술·서비스에 대한 실증특례 및 임시허가(시장출시)를 지원하는 '혁신의 실험장'을 의미한다. 이 제도는 핀테크 산업 육성을 위해 영국에서 처음 시작되었으며, 우리나라도 문재인 정부 시기 규제개혁 방안 중 하나로 채택했다. 샌드박스는 아이들이 안전하게 뛰어놀 수 있는 모래 놀이터를 의미한다.

2. 실증특례

새로운 제품·서비스를 사업화하기에 앞서 안전성 등에 대한 시험·검증이 필요한 경우, 기존 규제에도 불구하고 제한된 구역·기간·규모 안에서 테스트를 할 수 있도록 해주는 우선시험·검증 제도이다.

법령에 규정된 허가기준·규격·요건이 모호하거나 기존의 기준·요건을 적용하기 곤란한 경우, 타 법령이 금지하는 경우 등에 특례를 신청할 수 있다. 단, 타 법령에서 금지하는 경우 임시허가 신청은 불가능하다.

3. 임시허가

안전성 측면에서 검증된 신제품·서비스의 시장출시를 위해 일정기간 동안 임시로 허가를 부여하는 '선 출시허용, 후 정식허가' 제도(선 허용, 후 허가)이다.

(2) 규제 수단에 따른 구별(명령지시적 규제*와 시장유인적 규제)

명령지시적 규제(직접규제)	시장유인적 규제(간접규제)
• 처분 • 차별금지입법 • 환경기준(기술기준, 성과기준), 안전기준, 고용기준, 보건기준 등 • 규칙 제정 • 명령(시정명령)	• 고용부담금제도 • 등급사정 • 정보공개: 표시, 공시 • 공해배출 부과금 제도 • 공해권 경매(거래)제도(오염허가서) • 보조금제도 • 상해세
• 기준의 법정화 • 재량 없음, 경직성 • 정치적 설득력 및 수용성 높음 • 처벌 강함(형사처벌)	• 신축적 규제 • 재량 및 선택권 인정 • 설득력 및 수용성 약함 • 처벌 약함(과징금)

(3) 규제 목적에 따른 분류(리플리와 프랭클린의 분류 참조 p.172)

① 경쟁적 규제

② 보호적 규제

(4) 규제 대상에 따른 규제의 유형

수단규제	정부가 목표달성을 위하여 필요한 기술이나 행위 등 수단을 사전적으로 규제하는 것
성과규제	특정 사회문제 해결에 대한 목표달성 수준을 정하고 피규제자에게 이를 달성할 것을 요구하는 규제
관리규제	수단과 성과가 아닌 규제과정(규제절차)을 규제하는 것

---

* 명령지시적 규제의 효과

일반적으로 사회적 규제의 경우 명령지시적 규제가 시장유인적 규제보다 효과가 높은 것으로 알려져 있다. 기준이 법정화되어 있고 사회정의 구현 등 정치적·도의적 측면에서 설득력이 강하여 정치적 수용성이 높기 때문이다.

4. 규제 폐단

(1) 경제적 비효율과 기회의 불공평 야기: 비효율적 기업이 정부규제의 보호 속에 의존하며, 시장경쟁 제한 (진입규제)으로 피규제산업이 초과이윤을 얻고 반면 소비자 이윤은 침해당한다. 경쟁억제에 따른 기술개발의 필요성을 느끼지 못해 정부의 시장개입의 결과 경제의 활력이 위축되고, 전반적인 시장경제의 효율성 약화된다.

(2) 관료부패의 가능성: 기업의 포획이나 지대추구현상 등에 의하여 부패가 발생하게 되고 이는 규제실패로 연결되고 관료의 부정부패가 조장되기 마련이다.

(3) 정부기구의 급격한 팽창: 규제를 담당할 행정기구와 인력, 조직, 예산이 발생한다.

(4) 경제활동의 제약으로 혁신적 기업들의 성장 저해: 경제행위의 이윤이 독점력에 의해 확보되기 때문에 새로운 제품을 개발하고 수요자의 기호를 맞추기보다는 이익집단을 형성하고 기득권 유지에 노력한다.

(5) 공익의 저해: 규제의 비용이 분산되고 규제의 편익은 집중될 때 조직화된 소수에 의한 포획현상이나 지대추구에 의한 '고객정치형태'가 나타난다고 한다. 이는 전체 국민의 공익을 저해되는 경우가 발생한다.

(6) 규제의 악순환: 규제가 생기고 나면 쉽게 사라지지 않고 예상치 못한 문제가 발생한다. 이를 보완하기 위해 규제가 또 다른 규제를 낳아 피규제자의 비용부담이 늘어난다.

(7) 규제의 역설: 과도한 규제가 과소한 규제를 초래하는 현상으로, 기업의 상품정보공개가 의무화될수록 소비자의 실질적인 정보량이 줄어든다.

> **개념더하기** ▶ 규제의 악순환 모형
>
> 1. 비눗방울 효과(Bubble Effect)
> 일정 용기 안에 비눗방울이 가득 차 있으면 하나가 터져야 다른 하나가 생기듯이 규제도 총량범위 내에서 추가 신설을 허용해야 한다는 원리를 말한다.
>
> 2. 스크랩 앤 빌드(Scrap and Build)
> 적극적으로 노후 시설을 폐기하고 능률적인 시설을 갖추는 것을 말하며 규제총량제와 관련된다. 규제의 총량이 정해져 있으므로 새로운 규제를 도입하기 위해서는 기존규제를 폐지해야 한다는 의미이다.
>
> 3. 끈끈이 인형 효과(Tar-Baby Effect)
> 해리스(J. C. Harris)의 소설 속 토끼들이 검은 칠을 한 인형(Tar Doll)을 친구로 착각해 주변에 자꾸 모여든 것처럼, 새로운 규제 제도를 도입할 때 당초 예상하지 못했던 문제점이 드러나 이를 시정하기 위한 또 다른 규제가 추가적으로 도입되는 현상을 의미한다.
>
> 4. 풍선효과
> 풍선의 한 곳을 누르면 다른 곳이 불거져 나오는 것처럼 문제 하나가 해결되면 또 다른 문제가 생겨나는 현상이다.

5. 규제개혁 방향

(1) 규제개혁의 3단계(OECD)

① 규제완화	규제총량 감소
② 규제품질관리	개별규제의 질적 관리(규제영향분석)
③ 규제관리	전반적인 규제체계까지 관심을 갖는 거시적 접근 → 규제체계의 정합(整合)적 설계

(2) 한국 규제개혁의 원칙과 목적

① 규제개혁의 목적

㉠ 규제의 경직성·왜곡 시정, 경쟁·자율·혁신유도 → 높은 경제적 성과가 목적

㉡ 사회적 가치를 보호 → 정부의 효과성 향상과 사회안정, 통합성 제고가 목적

㉢ 국가 간 규제 차이로 인한 마찰과 갈등을 최소화 → 세계경제의 통합에 이바지

② 규제개혁의 원칙

㉠ 경제적 규제는 완화·폐지

㉡ 사회적 규제의 강화

㉢ 제도적·지속적 규제개혁

㉣ 열거주의에서 포괄주의* 방식으로 전환

③ 우리나라 규제개혁 사례

㉠ 한시적 규제유예: 기존에 유효한 규제를 일정한 기간 동안 한시적으로 집행을 중단하거나 완화하여 적용하는 제도로 2009년부터 경기도에서 시행되고 있다.

㉡ 덩어리 규제개혁: 부처별로 지엽적인 규제완화보다 규제를 분야별로 묶어 일괄적으로 개혁하는 제도로 이를 위해 복잡한 규제내용을 알기 쉽게 지도로 작성한 규제지도를 작성·발표하고 있다.

㉢ 규제영향분석: 규제담당자들이 문제해결을 위한 정책대안을 탐색·설계할 때, 규제와 비규제대안을 망라하여 폭넓게 비교검토하고, 규제의 도입이 불가피한 경우에도 규제의 비용·편익, 파급효과, 집행의 실효성 등을 균형 있게 고려하여 최선의 규제대안을 선택·제시토록 하여 합리적 규제의사결정을 유도하는 방법을 의미한다. 우리나라 행정규제기본법에 도입되어 있는 규제영향분석은 사전심사제에 해당하며, 규제영향분석은 정치적 이해관계의 조정과 수렴의 기회를 제공한다. 정부규제로 인해 발생하는 다양한 갈등 상황에서 규제영향분석을 통해 사회적 비용과 사회적 편익에 대한 합리적이고 객관적인 분석 결과가 도출될 경우, 갈등 당사자들은 규제영향분석 결과를 토대로 자신들의 주장을 한 번 더 검토하게 될 것이고, 그 과정에서 서로의 주장이 보다 합리적으로 변하여 정치적 이해관계의 조정과 수렴이 이루어질 수 있다.

CLINK 행정규제기본법

1. 제1조(목적)
   이 법은 행정규제에 관한 기본적인 사항을 규정하여 불필요한 행정규제를 폐지하고 비효율적인 행정규제의 신설을 억제함으로써 사회·경제활동의 자율과 창의를 촉진하여 국민의 삶의 질을 높이고 국가경쟁력의 지속적인 향상을 도모함을 목적으로 한다.

2. 주요 내용
   (1) 규제 법정주의(제4조)
   (2) 규제의 등록 및 공표(제6조): 모든 규제는 규제개혁위원회에 등록·관리
   (3) 규제의 신설, 강화에 대한 원칙과 심사(제2장)
   (4) 규제개혁위원회의 구성
   ≫ 위원회는 위원장 2명을 포함한 20명 이상 25명 이하로 구성한다. (제25조)

---

* 열거주의(Positive System)와 포괄주의(Negative System)

  (1) 열거주의(Positive System): 모든 것을 금지하고 예외적으로 규제·금지가 되지 않는 사항을 나열하는 방식의 원칙

  (2) 포괄주의(Negative System): 제한·금지하는 규정 및 사항을 나열하고 나머지를 자유화하는 방식의 원칙 → 포괄주의는 열거주의보다 상대적으로 더 자유로운 제도이다.

02 정책환경 및 정책과정의 참여자

01 정책환경과 정책결정요인론

1 정책환경

1. 의의

정책내용과 정책과정에 영향을 주고받는 관계에 있는 모든 외재적 변수와 조건, 정책체제와 관련된 모든 외부적 변수의 총체로 정책은 정책환경의 변화를 목적으로 하지만, 직 · 간접적으로 정책환경의 영향을 받는다. 끊임없이 변하는 정책환경은 기존 정책을 수정하거나, 새로운 정책에 대한 정책수요를 창출하기도 한다. 또한 정책환경의 특정 조건과 변수는 관련 정책의 내용과 과정에 일정한 제약과 한계를 설정하기도 하며, 특정 정책을 발안(發案)하고 수용하게 하는 조건과 가능성의 여건을 조성하기도 한다.

2. 정책환경, 정치제도, 정책의 관계종합

환경
- 정치적 환경: 민주화, 정치이데올로기, 국가적 분위기, 정치문화
- 경제적 환경: 부와 소득수준, 산업구조, 소득분배 등
- 사회적 환경: 노령화, 여성참여, 도시화, 학력 등
- 과학기술환경: 기술진보, 교통통신, 컴퓨터, 인터넷 등
- 국제적 환경: 외국의 정책, 국제기구 등 정책영역별 국제 레짐

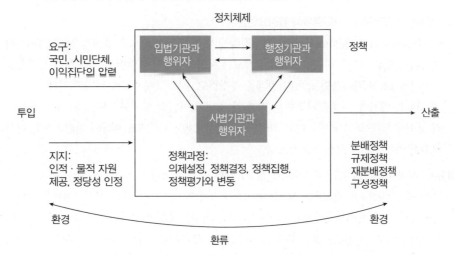

2 정책결정요인론(Policy Determinants Theory)

1. 의의

정책결정요인론은 정책의 내용을 결정 또는 좌우하는 요인이 무엇인가를 밝히는 이론이다. 정치체제는 환경과 지속적인 상호작용을 한다. 환경으로부터 정치체제로 투입이 들어가면 전환과정을 거쳐 산출로서 정책이 나온다. 정책내용의 결정요인이 환경으로부터의 투입(사회경제적 요인)인지 정치체제의 특성(정치적 요인)인지의 논쟁이 정책결정요인론이다.

2. 정책결정요인론의 전개

(1) 초기 정치행정학자들의 연구 → 정치적 결정요인론

① 정책을 단순히 정치체제의 산출물로만 파악하며, 환경의 투입내용에 따라 정책내용이 달라지는 것으로 본다.

② 체제론적 시각, 생태론적 접근, 비교행정 · 비교정치학

③ 1940년대 키(V. O. Key)와 라카드(Lockard)의 참여경쟁모형: 미국 남부의 백인 농장주들은 저소득층의 정치적 영향력 증대를 막기 위해 정당 간의 경쟁을 축소시켜 흑인에 대한 사회보장비 지출을 적게 만들었다. 그들은 정당 간 경쟁이 치열할수록 투표자의 다수를 차지하는 저소득층의 영향력이 증대될 수 있다고 생각하였다. 다시 말해 대단위 농장이 많다는 경제적 환경이 경쟁을 제약하고 경쟁이 적을수록 사회보장지출이 적은 것으로 요약된다. 즉, 정책의 내용을 결정하는 것은 정치적 요인이다.

(2) 경제학자들의 연구

① 패브리칸트(S. Fabricant)는 사회 · 경제적 환경(1인당 소득, 도시화, 인구밀도 등의 사회 · 경제적 요인)이 정책에 영향을 미친다는 연구결과를 제시하였다.

② 브레이저(H. Brazer) 역시 시정부 단위에서 타 정부의 보조와 인구밀도가 정책에 큰 영향을 미친다고 주장하였다.

③ 이와 같이 두 경제학자의 연구에서 모두 소득수준이 재정지출에 영향을 미치는 가장 큰 변수임을 보여줌으로써 당시 정책을 정치체제의 산물로 보고 있던 정치행정학자들에게 커다란 충격을 안겨주었다.

(3) 정치학자들의 재연구 → 사회경제적 결정요인론

① 도슨(Dawson)과 로빈슨(Robinson): 정책결정에 대한 정치적 요인의 중요성을 입증하려 시도했으나, 오히려 정치적 요인은 허위변수이고 실제로는 사회 · 경제적 요인이 더 중요하다는 결론을 내었다.

② 참여경쟁모형이 제시했던 순차적 관계를 부정하고, 사회경제적 변수는 정치체제와 정책 모두에 대해 영향을 미치며, 사회복지정책은 정당 간 경쟁이 아니라 도시화 · 산업화 · 소득 등의 사회 · 경제적 요인에 영향을 크게 받는다고 파악한다. 정치체제는 환경으로부터의 변환과정을 담당하는 매개변수적 역할도 하지 못한다고 보았다.

(4) 절충론: 사회경제적 결정요인론 + 정치적 결정요인론

① 크누드(C. Cnudde)와 맥크론(D. McCrone): 정치변수와 정책이 혼란관계라는 결론을 냈다.

② 사회경제적 변수들의 우월성은 인정하였으나, 사회경제적 변수뿐만 아니라 정치적 변수도 지출에 독립적 영향을 미친다는 것을 증명하려 하였다. 정책에 따라서는 정치적 변수가 사회경제적 변수에 의한 허위상관을 제외하고도 정책에 독립적인 영향을 미치는 경우도 있음을 증명하였다(정치적 변수의 정책에 대한 독립변수성 인정).

3. 정책결정요인론 문제점

(1) 극단적 평가

① 과대평가: 사회경제적 환경변수가 정책에 미치는 영향

② 과소평가: 정치적 변수(정치체제의 특성)가 정책에 미치는 영향

(2) 계량화가 곤란한 변수의 무시

(3) 각종 변수

① 사회경제적 변수: 정책을 좌우하는 중요한 변수들을 모두 포함한다.

② 정치적 변수: 정책을 좌우하는 정치체제의 특성이 포함되지 못한다.

(4) 정책수준의 문제

① 정책의 상위수준(총지출규모): 국민소득수준(사회경제적 변수)의 영향을 많이 받는다.

② 정책의 하위수준(세부사업별 예산편성): 정치적 변수의 영향을 많이 받는다.

③ 정책의 영역별 혹은 유형별로 영향력의 강도가 달라지며 상위수준정책은 소득수준의 영향을 많이 받지만, 하위수준정책은 정치적 변수의 영향을 많이 받는다. 정책결정요인론은 상위수준에서의 연구에 한정되어 정치적 변수가 경시되었다.

(5) 정치체제의 매개경로적 역할을 무시, 정치체제나 정책의 환경에 대한 영향력을 무시

(6) 정치체계의 환경에 대한 영향 무시

3 정책과정

1. 정책과정의 의의

정책과정(Policy Process)은 정책을 결정하고 이를 실천에 옮기는 과정이다. 즉, 문제인식의 유발로부터 정책의 형성·집행·평가를 거쳐 종결에 이르는 일련의 전과정을 의미한다.

(1) 의제 형성과정: 정책형성이란 사회문제가 정부의 관심을 받아 정책의제로 채택될 때까지 일련의 과정을 지칭한다. 이 과정은 '문제의 정부귀속화과정', '정부의 문제인지과정' 또는 '정책의제 형성과정'이라고도 불린다. 정책형성과정은 전체의 정책과정을 태동시키는 과정이며, 기능적으로는 정책결정체제에 대한 환경의 요구 및 지지의 투입과정이 된다.

(2) 정책결정과정: 정책결정(Policy Making)은 주로 정부기관에 의한 장래의 활동지침의 결정을 의미한다. 결정은 둘 이상의 대안 중에서 하나를 의도적으로 선택하는 행위 및 과정을 말한다.

(3) 정책집행과정: 정책집행(Policy Implementation)은 결정된 정책을 실천에 옮기는 과정이다. 여기에는 정책집행 담당기관이 정책을 실현하는 활동, 대상집단이 정책실현을 수용하는 활동, 정책산출의 효과가 실제로 발생하게 하는 활동, 관련자들이 발생된 정책효과를 인식하게 하는 활동 등이 포함된다.

(4) 정책평가과정: 정책평가(Policy Evaluation)는 정책의 전체 국면을 측정·평가하여 그 결과를 정책결정에 환류하는 과정이다. 넓은 의미의 정책평가는 정책과정의 과정적 측면과 정책산출 및 그 효과를 모두 대상으로 하며, 좁은 의미로는 정책효과의 평가만을 지칭한다.

라스웰(Lasswell)	7단계	정보단계 – 건의단계 – 처방단계 – 발동단계 – 적용단계 – 평가단계 – 종결단계
드로어(Dror)	3단계	상위정책결정단계 – 정책결정단계 – 정책결정이후단계
앤더슨(Anderson)	5단계	문제인식과 정책의제 형성단계 – 정책형성단계 – 정책채택단계 – 정책집행단계 – 정책평가단계
존스(Jones)	5단계	문제정의단계 – 형성·합법화단계 – 집행단계 – 평가단계 – 종결단계
팔룸보(Palumbo)	5단계	의제설정단계 – 정책결정단계 – 정책집행단계 – 정책평가단계 – 정책종결단계
호그우드 & 피터스 (Hogwood & Peters)	7단계	의제설정단계 – 정책결정단계 – 합법화단계 – 조직화단계 – 집행단계 – 평가단계 – 종결단계

02 정책과정의 참여자

1 공식 참여자

1. 국회

(1) 입법부인 국회는 정책결정의 역할이 헌법상 부여된 기관이다.

(2) 국회는 입법을 통해서 정책을 결정하고 정책집행을 통제한다. 그리고 예산심의, 결산심의, 국정조사와 국정감사를 통해 정책과정에 참여하고 사실상의 정치적 영향력에 의해 정책과정을 통제한다.

(3) 그러나 최근에는 행정이 복잡화·전문화됨에 따라 기능이 현저히 약화*되었다. 이로 인해 의회의 법률 제안이 적어지고 있을 뿐만 아니라 골격입법의 형성으로 행정부의 재량권은 더욱 커지고 있다.

(4) 정책과정에서 입법부의 역할은 정치체제에 따라 달라진다. 일반적으로 내각책임제보다 의회와 행정부 간의 견제와 균형에 입각해 있는 대통령중심제에서 입법부는 보다 중요한 역할을 수행한다.

2. 법원, 헌법재판소

(1) 법원이 정책과정에서 수행하는 역할은 비교적 소극적이고 사후적이다. 그러나 사법심판기능과 법해석 기능을 통해 정책과정에 참여한다.

(2) 헌법재판소의 판단은 국가의 정책결정에 중대한 영향을 미칠 수 있다. 정책의 합헌 또는 위헌 여부를 결정하기 때문이다. 특히 최근에는 새만금 간척사업 사례, 군가산점 사례, 신행정수도 건설 특별법에 대한 위헌결정에서 보듯이 사법부 및 헌법재판소의 판결에 의한 정책결정기능이 광범위하게 나타나고 있다.

(3) 다원주의 사회일수록 사법부의 판단에 의존하는 경향이 강해진다.

---

* 행정국가에서 입법부의 권한 약화 이유
입법부가 행정부에 비하여 조직규모가 작고, 전문요원이 확보되어 있지 않으며, 입법의원들은 선거직이므로 전문화 내지 관료화를 기대하기 어렵다.

3. 행정부

행정부는 정책과정에 깊게 간여한다. 법률에서 위임한 정책을 결정·집행하고, 정책에 관한 입법을 제안하며, 법률의 시행에서 재량권을 행사한다. 정책집행에 필요한 예산을 편성하는 것도 정책과정 참여의 중요수단이 된다.

(1) 행정부의 정책기능 확대: 행정이 국정을 주도하는 행정국가화의 진전은 행정에 의한 정책결정과 정책간여의 폭을 현저히 넓혀 놓았을 뿐만 아니라, 입법이 모호하거나 법적 규정이 없는 영역에서 행정의 정책적 역할이 확대되었다. 또 행정부에서 제안하는 법률안을 국회에서 추인하는 식으로 통과시키는 경우가 늘어났다.

(2) 대통령

① 행정부 내의 정책과정에서 뿐만 아니라 거버넌스 전체의 정책과정에서 강력한 영향력을 행사한다. 집권적이고 권위주의적인 정치·행정문화가 강할수록 대통령의 영향력은 커진다.

② 대통령은 공식적인 직위와 직책을 부여받은 헌법기관으로서 정책과정에 관한 법적 권한을 행사한다. 그에 더하여 여러 가지 비공식적 역학관계를 통해 그리고 개인적 역량에 의해 정책과정에 영향을 미친다.

③ 비공식적 역학관계의 대표적인 예: 정당정치에 의한 국회장악과 개별적 정책현안에 관한 세력연합의 형성이다. 대통령의 정책과정에서의 영향은 국내정책보다는 국방 및 외교정책에서, 분배정책보다는 재분배정책에서 보다 크게 나타난다*.

(3) 정부관료제: 정책과정 전반에 걸쳐 능동적인 투입을 하기도 하고 대통령의 뜻을 변질시키기도 하고 대통령의 방침에 저항하기도 한다. 정책과정에 영향을 미치는 '관료제 권력(Bureaucratic Power)'의 출처는 정부관료제의 방대하고 복잡한 구조, 관료의 전문성, 재량권의 세 가지로 요약할 수 있다. 정책과정에서 행사되는 정부관료제의 권력은 내재적 및 외재적 조건의 영향을 받으며 내재적 요인으로는 해당 조직의 공무원들이 보유하는 전문성과 정보, 조직의 응집력 그리고 리더십의 효율성을 들 수 있고 외재적 요인으로는 여론의 지지, 국회의원들의 지지, 고객집단의 지지, 다른 정부기관의 지지와 협력 등을 들 수 있다.

4. 지방자치단체

(1) 자치단체장: 우리나라는 기관대립형 강시장 의회제를 채택함으로 정책참여자 가운데 지방자치단체의 상이 가장 영향력이 크다.

(2) 지방의회: 조례제정, 행정사무 감사 조사권 등을 통해 정책에 개입한다.

---

2 비공식 참여자

1. 정당

현대민주정치는 원칙적으로 대의정치(代議政治)이며 그 기초는 정당정치이다. 정당들은 유권자들의 문제인식을 감지하고 이를 정책의제화하기 위해 이익을 결집한다. 또 국회와 행정부에 정책대안을 제시하며 지지하는 정책의 채택과 집행을 위해 압력을 행사한다. 여당, 야당 모두 비공식 참여자이나 여당은 공식적 성격도 일부 갖는다.

---

* 재분배정책에서 대통령의 영향이 크게 나타나는 이유
재분배정책의 경우 정상연합에 의해 그 실질적인 내용이 결정되는데, 이때 대통령의 역할이 중요하게 작용하기 때문이다.

2. 이익집단

이익집단들은 그 구성원들의 이익을 증진시키기 위해 구성한 것이다. 이익집단은 구성원들의 이익을 보호하기 위해 문제를 제기하고 선호하는 정책을 추진하는 활동을 한다. 또한 분산된 이익을 표출·결집시키고 그 의지관철을 위한 압력을 행사하고, 대립적인 이익들의 조정에도 기여할 수 있다.

3. 언론

언론 또는 대중매체는 정책과정에서 아주 중요한 정보유통의 일익을 담당하고 국민과 정책과정을 잇는 연결망의 역할을 수행한다. 언론은 사실보도와 비판의 기능을 통해 정책의제설정을 촉발하고 정책결정에 영향을 미친다. 또한 정책집행과 정책평가의 과정을 감시한다.

4. 시민

조직화되지 않은 시민 개개인도 다음과 같이 정책과정에 영향을 미칠 수 있는 직간접적인 수단을 갖는다. 각종 선거에 참여, 국회에 청원 제출, 법원에 행정심판 청구, 헌법재판소에 헌법소원 제기, 민원행정절차에 따라 진정·제안·처분요구, 여론조사에 응하는 것, 시민운동단체에 참여, 정책에 관한 공청회에 참여하고 전문가로서 자문을 갖는다.

5. NGO

특정사회문제의 정책의제화를 위해 NGO 상호 간의 전략적 연대, 제도적·비제도적 방식의 사용, 새로운 정보통신기술의 활용으로 시민사회로부터 정치적 지지기반을 확대하고 문제해결을 위해 가능한 정책대안의 제시 등으로 정책의제설정에 중요한 영향력을 행사한다.

(1) NGO는 자신들이 추구하는 목표·가치가 정책화될 수 있도록 내부적 자원을 동원하여 고위 정책결정자들에게 지식, 자료를 제공하게 된다.

(2) 정부를 대신하여 특정 정책의 중재자 역할을 할 수 있다.

(3) 공익적 관점에서 정책집행에 대한 감시와 비판기능을 수행한다.

더 알아보기

비공식 참여자

구분	목적	이해관계	기능	중립성	운동방향
이익집단	이익극대화	경제적 이해관계	이익표출	없음	대립적
정당	정권획득	정치적 이해관계	이익집약	없음	대립적
정책공동체	정책건의·비판	없음	–	있음	단일방향
NGO	정책감시·여론형성	없음	–	있음	단일방향
시민참여	간접적 참여(대표선출), 직접적 참여(주민투표, 국민발안, 공청회, 심의회 등)				
언론기관	정보공개 및 이슈의 제기, 여론의 조성 등				

03 정책참여자의 권력에 기초한 모형

현실적인 정책형성에서 정책참여자들은 모두 같은 정도로 참여하지 않는다. 정책형성에서 실질적인 영향력은 행위자에 따라 다르므로 영향력이 큰 행위자가 누구인지를 찾기 위한 연구가 이루어졌다. 이러한 맥락에서 정치적 자원을 가장 많이 보유한 집단들과 이들 사이의 상호관계에 관한 이론화가 시도되었으며, 이러한 이론을 권력 관계모형이라고 부른다. 여기에는 엘리트론, 다원론, 조합주의론 등이 속해 있으며, 최근에 대두된 정책네트워크모형이 포함된다.

1 엘리트론(Elitism)

외부통제 모형	국가는 외부 엘리트에 의해 통제되는 하나의 기구로 이해된다.
자율적 행위 모형	국가는 외부에 의해 통제되기보다 행정엘리트의 선호를 반영한다.
조합주의적 망	국가는 외부 엘리트들이 하나의 통제체제로 통합된 망과 같다.

1. 의의

사회는 권력을 가진 소수엘리트와 대중으로 구분되며 소수엘리트만이 중요한 정책결정에 참여한다. 엘리트의 이해와 대중의 이해는 일치하지 않으며 엘리트는 정책결정에서 대중을 대표하지 않는다. 엘리트는 동질적인 집단으로 사회체제의 기본가치 및 체계보존에 합의하며 이러한 현상이 유지되는 것을 선호한다. 즉, 엘리트들은 보수적이며, 현재의 경제 · 정치체제가 유지되는 것을 원한다.

2. 고전적 엘리트이론(19C 말 이후 – 유럽)

(1) 의의: 고전적 엘리트론에서는 소수집단에 대한 민주적인 다수통제는 기만에 불과하다고 본다. 소수엘리트 집단은 유권자를 매수하고, 협박하며, 교묘한 선전을 통해 선거과정을 조종하여 자신의 목적을 달성할 수 있다고 본다. 선거권자는 엘리트가 받아들일 수 있는 사람들 중에서 지도자를 선택하게 된다는 것이다.

엘리트론자들은 지배엘리트의 존재가 모든 사회에서 필수적인 특징이라고 보며, 소수지배가 역사의 모든 시점에서 확증되었고, 따라서 엘리트에 의한 지배가 여러 국가에서 역사적으로 증명된 하나의 법칙이라 주장하였다.

(2) 특징

① 고전적 엘리트이론에서는 사회 · 조직이라는 집단이 구성되면 소수엘리트에 의한 지배는 필연적이라는 '과두제의 철칙'을 핵심으로 한다. 즉, 사회는 권력을 가진 엘리트와 가지지 못한 일반대중으로 구별되며 소수의 동질적이고 폐쇄적인 정치지도자(엘리트)가 다수의 대중을 지배한다.

② 고전적 자유민주주의론에 회의를 가지고 이에 대해 비판한다.

③ 엘리트들은 다른 계층에 책임을 지지 않으며 자신들의 이해관계를 고려하여 정책결정을 한다.

④ 파레토(V. Pareto)[The Governing Elite(통치 엘리트), Circulation of Elites(엘리트의 순환)], 모스카(G. Mosca)[The Ruling Class(지배계층)], 미헬스(R. Michels)[The Iron of Oligarchy (과두제의 철칙: 소수가 지배하는 것은 필연적 법칙)] 등의 연구

3. 미국의 엘리트론(1950년대)

(1) 밀스(Mills)의 지위접근법(미국사회 전체를 지배하는 권력엘리트 연구): 밀스는 현대 미국사회에서 권력은 계급 또는 개인의 능력과 같은 속성이 아니라 제도에서 나온다고 보았다. 권력엘리트는 중요한 결과를 초래하는 결정을 내리는 지위를 차지한 사람, 즉 현대사회에서 주요한 계층구조와 조직을 움직이는 사람들로 구성된다는 것이다. 그러므로 밀스는 미국 사회 전체를 지배하는 권력엘리트를 파악하기 위하여 정치적으로 중요한 정부, 군대, 기업의 지도자를 엘리트로 보는 소위 제도적 접근방법을 채택하였다.

여기서 밀스는 특히 군부엘리트와 산업엘리트 사이의 연계관계를 군·산복합체로 표현하여 미국의 정책결정에 핵심적인 역할을 담당하는 것으로 주장하였다.

(2) 헌터(Hunter)의 명성접근법(조지아 주 애틀랜타 지역사회의 권력구조에 관한 연구): 일반대중은 사회적 명성이 있는 소수자(기업인·변호사·고위관료 등)가 담배연기 자욱한 방에서 결정한 것을 조용히 수용한다고 주장하였다.

4. 다원론자의 반론과 신엘리트론

엘리트론을 비판한 달(Dahl)의 다원주의를 비판하면서 신엘리트이론이 제기되었다(1960년대 초). 신엘리트론자들은 달 등의 이론이 명시적으로 드러나 보이는 정치권력의 행사과정만을 분석하는 한계를 보였다고 비판하였다. 즉, 정책문제 채택과정에 엘리트가 보이지 않는 권력을 비밀리에 행사하는 무의사결정의 영역이 있음을 강조하면서 기존 엘리트집단의 이익이나 기득권 옹호를 위하여 대중 및 약자의 이익이 무시된다는 무의사결정이론을 제시하고 있다.

> **개념더하기** 바흐라흐와 바라츠(Bachrach & Baratz)의 무의사결정론[달(Dahl)의 다원론에 대한 비판]
>
> **1. 무의사결정론(Non-Decision Making)의 의의**
> (1) 무의사결정론은 사회문제 중에서 어떤 문제는 정책의제로 채택되고 어떤 문제는 방치·기각되는가에 대한 물음에서 출발한 이론으로 모든 사회문제가 정책의제화하지 못하는 현상을 설명하고자 한다.
> (2) 무의사결정이란 정책의제설정 과정에서 지배엘리트의 이해관계와 일치하는 사회문제만 정책의제화된다는 이론이다. 즉, 무의사결정이란 의사결정자의 가치나 이익에 대한 잠재적인 도전을 억압하고 방해하는 결과를 초래하는 결정을 의미한다.
> > **예** 우리나라가 1960~1970년대 경제성장과 안보 이데올로기에 치중하여 인권, 노동, 환경, 복지 등에 관한 문제를 짓눌러 온 현상
> (3) 모든 사회문제는 거의 자동으로 정책의제화한다는 다원적인 점증모형에 대한 반발로써 이는 신엘리트이론으로 평가된다.
> (4) 바흐라흐(Bachrach)와 바라츠(Baratz)는 행태주의자인 달(Dahl)의 실증적 접근방법이 단순한 명성에 의해 엘리트의 권력행사를 파악하는 헌터의 방법보다는 우수하지만, 엘리트의 권력행사에 관한 또 다른 측면을 고려하지 못했다고 비난하면서 '정치권력의 두 얼굴'을 통해 무의사결정론을 제시하였다.
>
> **2. 발생원인**
> (1) 기득권 옹호를 위한 것이다. 즉, 지배계급이 자신들이 불리하게 될 사태를 방지하고자 사용한다. 과잉충성, 즉 행정관료가 지배엘리트에 대한 지나친 충성심에서 스스로 대립적인 견해를 공론화하지 않는 것이다.
> (2) 지배적 가치에 의한 집착이다. 즉, 당시대의 정치문화에 어긋나는 문제는 정책의제화되기 어렵다.
> (3) 특정문제들에 대해서 정치적 편견을 가지고 있을 때에는 정책의제화되기 어렵다.
> (4) 관료의 이익과 상충될 때 나타난다.
>
> **3. 정치권력의 두 얼굴(Two Faces of Power)**
> (1) 밝은 측면: 지배엘리트가 자신들에게 유리한 방향으로 정책결정이 이루어지도록 하는 측면이다.
> (2) 어두운 측면: 지배엘리트에게 불이익이 되거나 바람직하지 않다고 생각되는 특정 쟁점들이 정부 내에서 논의되지 못하도록 봉쇄하는 보이지 않는 권력작용을 말한다. 정책의제 형성을 억제하는 권력의 제한적 측면, 권력의 제2의 측면으로 무의사결정에 해당된다.

4. 정책과정과 무의사결정

무의사결정은 주로 정책의제설정 과정과 관련되지만, 정책과정 전반을 통해 나타나기도 한다.

(1) 정책의제설정단계: 엘리트의 이익에 반하는 사회적 이슈와 공중의제의 확산·진입을 막고 정부의제화를 저지한다(무의사결정의 전형적인 양상, 협의의 무의사결정).

(2) 정책결정단계: 고려되는 정책대안의 범위나 내용을 한정·수정시켜서 내용은 없고, 상징에 그치는 정책대안이 채택되도록 영향력을 행사한다.

(3) 정책집행단계: 정책집행에 필요한 예산을 없애거나 정책집행자를 매수하여 정책집행을 실질적으로 막는다.

(4) 정책평가·환류단계: 다시 편견을 동원하여 자신의 이익에 반대되는 정책을 종결시키고 기존의 정책으로 회귀하게 압력을 행사한다.

5. 무의사결정의 수단

(1) 폭력: 가장 직접적인 무의사결정의 수단으로서 기존 질서의 변화를 주장하는 요구가 정치적 이슈가 되지 못하도록 테러행위를 자행하는 방법

(2) 권력: 현재 부여된 기득권을 박탈하여 위협하거나 새로운 이익을 부여하여 매수(적응적 흡수)

(3) 편견의 동원(Mobilization of Bias): 새로운 주장에 대해 지배적 규범을 동원하여 매도하거나, 확립된 절차나 규칙에 위반하는 것으로 낙인을 찍는 방법으로 문제의 부정적 성격을 강조(예 반공·국가안보 명분으로 정치탄압)

(4) 편견의 수정·강화: 가장 강도가 약한 방법으로 기존의 절차·규칙·규범을 수정·보완하여 정책의 요구를 봉쇄

≫ 첫 번째 방법이 가장 직접적인 수단이며, 뒤로 갈수록 간접적이고 우회적인 방법이다.

≫ 주의: 무의사결정은 관료의 무능과 관계가 없고, 공익이념에 배치되기 때문에 의제화를 막는 것도 아니며, 정책의 제설정과정에서의 설득력이 높으나, 의제설정과정에서만 나타나는 현상은 아니다.

2 다원론(Pluralism)

다원론에서는 일반 대중들이 정책의제설정에 상당한 영향력을 행사하고 있다고 보는데, 그 중요한 제도적 통로가 이익집단과 주기적인 각종 선거라고 본다. 대의민주주의 정치제도에서 주요 공직자가 공식의제 채택 및 정책형성과정에서 권한을 행사하는 것은 사실이지만 그들이 계속 정치적 지위를 유지하기 위해서는 다시 선출되어야 하므로 일반대중의 요구에 따라 그 권한을 행사하게 된다.

풍향계 정부	국가는 사회 내 이익집단 간의 힘의 균형을 반영하는 풍향계이다.
중립 국가관	국가는 조정자, 심판자, 개입자로서 중립적 공익을 추구한다.
브로커형 국가	국가는 자기이익을 추구하는 공식·비공식적 조직들로 구성된다.

1. 고전적 다원주의론(초기 다원론, 이익집단론, 집단과정이론)

(1) **의의.** 다원론은 다양한 시각이 존재하지만 일반적으로 권력은 소수의 엘리트에 집중되어 있는 것이 아니고 널리 분산되어 있으며, 특정 사회문제에 관심을 가진 이해관계세력은 영향력의 행사에 동일한 정도의 접근가능성을 가지고 있다고 본다. 따라서 다원론에 의하면 어떤 문제든 정책문제화된다.

(2) **주요이론**

① 벤틀리(Bentley)와 트루만(Truman)의 이익집단론: 이익집단의 요구에 따라 정책을 결정하고 집행하는 것이 가장 민주적이라고 주장한다. 미국의 정치체제는 잠재이익집단론과 중복회원이론의 두 가지 메커니즘에 의해 소수의 특수이익에 좌우되지 않고 다양한 이익집단의 주장과 요구에 부응할 수 있다고 본다(낙관적 이익집단론).

잠재이익집단론	정책결정자는 말 없는 '잠재적 이익집단'의 이익을 고려하기 때문에 '활동적 소수'를 위한 특수이익만을 추구하기 곤란하다는 이론이다. 여기서 잠재적 이익집단이란 실질적으로 조직화되어 있지는 않지만 공유된 이해관계를 보유하므로 자신들의 이익침해가능성이 있는 경우 조직화될 수 있는 상태의 집단을 말한다.
중복회원이론	이익집단 구성원은 하나의 집단에만 소속되어 있는 것이 아니라 여러 집단에 중복적으로 소속되어 있기 때문에 특수이익의 극대화가 곤란하다는 입장이다.

② **공공이익집단론**: 특수이익보다는 공익에 가까운 주장을 하는 이익집단의 이익이 정책에 반영될 것이라는 이론이다. 이 이론 역시 특수이익보다는 공공의 이익이 추구된다는 점에서 다원주의적 시각 하에 있다.

(3) 반론 – 로위(Lowi)의 이익집단 자유주의: 고전적 다원주의(낙관적 이익집단론)에 대한 반발로 이익집단들의 자유로운 활동에 맡겨두면 조직화된 집단(활동적 소수)의 이익만 반영되고 조직화되지 못한 다수의 이익은 반영되기 곤란하다는 이론이다.

(4) 일반적 특징

① **권력의 분산**: 서구 민주주의 체제에서는 권력(경제적 부, 사회적 명성, 정부의 공식적 지위, 정보 등)이 다양한 세력에게 분산되어 있다. 다만, 권력이 균등하게 배분되어 있지는 않고 분산된 불공평의 형태를 띠고 있다.

② **동등한 접근기회**: 사회의 각종 이익집단은 정부의 정책과정에 동등한 접근기회를 가지고 있으나 이익집단 간의 영향력에는 차이가 있다. 영향력의 차이는 이익집단 내부의 문제(구성원의 수, 재정력, 응집력 등)에 기인하는 것이지 정부의 차별적인 접근 허용에 기인하는 것이 아니다.

③ **균형**: 이익집단들 간에 영향력의 차이는 존재하지만 전체적으로 균형을 유지한다. 그 이유는 잠재적 이익집단의 존재와 이익집단에의 중복가입에 기인한다.

④ **게임의 규칙에 의한 경쟁**: 이익집단 간에는 상호경쟁이 이루어지고 있지만 기본적으로 게임의 규칙을 준수하는 데 합의를 하고 있다.

⑤ **정부의 역할**: 정책과정의 주도자는 경쟁하는 이익집단들이며 정부의 역할은 갈등적 이익을 조정하는 중개인(브로커형 국가) 혹은 게임 규칙의 준수를 독려하는 심판자(중립국가관)로서 다양한 이해관계 집단의 요구를 수동적으로 받아들이는 소극적인 역할만을 수행한다(풍향계 정부).

2. 로버트 달(R. Dahl)[『누가 통치하는가?(Who Governs?), 1961』, 뉴 헤이븐시 연구]

달(Dahl)은 정치적 자원이 분산되어 동일한 사회계층 출신의 소수엘리트가 전체 지역사회를 지배하지 못하고, 정책영역별로 영향력을 행사하는 엘리트들이 각각 다르고, 엘리트 간 서로 경쟁과 갈등이 일어나며, 대중도 선거나 정치참여를 통해 엘리트나 정책에 영향력을 행사할 수 있다고 보기 때문에 미국사회는 공식적으로는 소수가 정책과정을 좌우하고 있지만, 실질적으로는 다수에 의한 정치가 이루어진다고 보았다.

(1) 정치적 영향력 및 권력은 사회 계층에 널리 분산되어 있으며, 정치제도상 중요지위를 차지하는 자들은 정치적 지위를 유지하기 위해 일반시민의 요구에 따라 권한을 행사한다. 따라서 공식적으로는 소수가 정책과정을 좌우하고 있지만, 실질적으로는 다수에 의한 정치가 이루어지고 있다.

(2) 정치적 자원(부, 자금, 명성, 인망, 정부의 공식지위, 정보, 시간적 여유 등)은 권력에 한정되지 않고 다양하며 권력이 균등하게 분배되어 있지는 않지만, 정책과정에 영향을 미칠 수 있는 어떤 자원이 부족한 집단은 그 자원을 대신하는 다른 정치적 자원을 보유하여 종합적으로 보면 서로 비슷한 정치적 영향력을 나누어 가지고 있다.

(3) 엘리트는 일원적이지 않고 출신배경도 다원적이며, 각 정책의 분야와 쟁점에 따라 상이한 엘리트가 존재하며 그들 간 상호경쟁과 갈등이 존재한다.

(4) 엘리트집단 간 경쟁에서 이기기 위해 지지자인 비엘리트의 주장이나 요구를 수용해야 하므로, 엘리트의 전횡을 막고 사회 다수의 의사대로 진행된다. 따라서 어떠한 사회문제도 정치체제로 침투될 수 있다.

3. 신다원주의(Neo-Pluralism)

(1) 등장배경

① 다원론이 가지고 있는 문제점, 즉 이익집단의 중요성을 지나치게 강조하여 정책결정에 있어 관료와 정부의 이해관계와 영향력을 무시한 점, 정부에 가해지는 외적인 환경이나 구조적인 제약을 고려하지 못한 점, 정책과정에서의 이데올로기의 역할을 고려하지 못한 문제점에 대한 인식이 미국정치학계에서 신다원론의 등장을 초래했다.

② 신다원론에서도 집단 간 경쟁의 중요성은 여전히 인정하고 있지만 집단 간의 대체적 동등성의 개념을 수정하여 특정 집단이 다른 집단보다 더욱 강력할 수 있다는 점을 분명히 하였다.

(2) 특징

① 자본주의 국가에서 정부는 중립적 조정자가 아니라, 정책과정에서 기업집단에게 특권적 지위를 부여할 수밖에 없는 특성이 있다. 불황과 인플레이션은 정부의 존립기반을 위태롭게 하므로, 재집권을 위해 사적 영역의 수익성을 보장해야 하기 때문이다. 이런 이유 때문에 정부는 기업의 이익에 더욱 반응적이며, 불평등구조를 심화시켜 왔다.

② 정부는 이익집단의 투입활동에 수동적으로 반응하기보다는 전문화된 체제를 갖추고, 능동적으로 활동한다. 현대사회의 복잡한 사회문제를 해결하기 위해서 정부는 과학적 방법들을 활용하여 합리적인 정책결정을 해야 한다.

③ 현재의 다원주의 국가에서 이루어지는 선거, 이익집단의 압력, 의회의 견제 등 외부통제에는 한계가 있으므로, 국가관료들 간의 내적 견제, 정부기구의 분화 등 내부통제가 강화되어야 한다. 또한 불평등구조의 심화를 방지하기 위해서는 구조적 개혁이 필요하다.

3 조합주의(Corporatism)

1. 의의

(1) 이익집단들이 단일적 · 위계적 · 비경쟁적인 전국규모의 이익대표체계를 형성하고, 한편으로는 국가이익을 대변하면서 그 대가로 특정 범주의 이익공동체의 요구를 독점적으로 정책과정에 투입하는 이익대표체계이다.

(2) 이익집단이 국가권력에 의해 위계적으로 조직되고, 집단의 지도자 선정이나 요구와 지지의 표명에 있어 국가의 통제를 받아들이는 대가로 각 이익 범주에서 구성원의 이익을 대표할 독점적 권리를 부여받는다.

다원주의	기본적 분석대상을 집단으로 삼고 그들 간 대등한 경쟁관계를 전제로 하며, 국가의 수동적 성격과 이익집단의 국가에 대한 투입기능을 강조
조합주의	국가 이익확대와 사회질서 유지를 위한 국가의 적극적 사회개입을 특징으로 하며, 국가의 능동적 성격과 국가의 이익집단에 대한 통제기능에 중점

2. 유형 – 슈미트(P. Schmitter)의 분류

(1) 국가조합주의(State Corporatism): 제3세계 및 후진자본주의에서 국가가 일방적으로 주도하는 이익대표 체계이다. 국가가 통치력을 강화하기 위해 강제적으로 편성한 이익대표체계로, 정책결정과정에 대한 이익집단의 통제정도에 따라 융합적 조합주의와 배제적 조합주의로 나뉜다.

　① **융합적 조합주의(Inclusive Corporatism):** 국가가 근대화 과정에서 노동계급 집단들을 새로운 정치 적·경제적 질서 속에 통합하려는 노력에 의해 국가와 사회의 관계를 새롭게 정립하려는 유형으로 국가, 자본, 노동이 수평적으로 협력체제를 형성하게 된다.

　② **배제적 조합주의(Exclusive Corporatism):** 강압적인 수단들을 통하여 노동계급을 탈정치화시키고 관 료적으로 재조직화하여 국가와 사회의 관계를 새롭게 구성하였다. 국가와 자본이 지배동맹을 형성 하여 기업가집단 등의 이익표출활동은 허용하면서, 노동자들이나 농민들의 이익표출활동을 탄압하 고 지도부를 이용화하는 등 이익집단은 오히려 그 구성원들을 통제하기 위하여 존재하였다.

(2) 사회(신)조합주의(Societal Corporatism): 사회에서 자발적으로 조직된 이익집단이 국가기관에 침투해 들어가는 다원주의의 변형 형태로 사회경제체제의 변화에 순응하려는 이익집단의 자발적 시도로부터 생성되었다.

> **개념더하기** ▶ 사회조합주의(사회코포라티즘, Societal Corporatism: 신조합주의)
>
> • 서구 선진자본주의국가에서 의회민주주의를 통하여 발전한 특정한 이익대표체제이다. 신조합주의는 1970년대 오일쇼크 로 인해 복지국가의 한계가 드러나면서 비대한 정부에 대한 치유전략으로 영·미계의 신자유주의에 대응하여 유럽국가 (독일, 스웨덴, 노르웨이, 오스트리아 등)에서 등장하였다.
> • 신자유주의가 민영화를 추구한다면 신조합주의는 완전고용목표를 포기하지 않고 사회적 합의를 통합하여 임금인상 억 제와 고용안정을 추구한다. 또한 다국적 기업과 같은 중요 산업조직이 국가 또는 정부와 긴밀한 동맹관계를 형성하고 이 들이 경제 및 산업정책을 함께 만들어간다고 설명한다.

3. 조합주의 모형의 특징

(1) 조합주의 체제 하에서 이익집단은 기능적으로 분화된 범주를 가지고 단일적·강제적·비경쟁적·위계 적으로 조직화되며 이익집단들 간에는 협력적인 모습이 나타나고 수행하는 기능에 따라 상대적인 중요 성 및 서열이 정해진다.

(2) 조합주의에서 국가(정부)는 중립적이지 않고 자율성을 가지며 국가와 이익집단 간에 편익의 상호 교환 관계가 성립한다. 이익집단은 국가목표 달성을 위해 협력적인 모습을 보이며 합의형성은 제도화하게 된다.

(3) 정책결정과정에서 정부와 이익집단은 공식화된 제도 내의 합의 형성을 이루며, 집행과정에서는 합의 내용을 대리집행(또는 집행을 보조하는 역할)하기 위하여 성원에 대한 규제, 순응확보에 주력하게 된 다.

(4) 이익집단은 구성원의 이익뿐만 아니라 사회적 합의를 목표로 하는 정부의 의도에 따라 결성되기 때문 에 정부목표의 달성에도 높은 가치를 부여하여 사회적 책임, 사회적 조화 등의 가치를 중요시한다.

4 기타 권력 관계 모형

1. 베버주의(Weberianism)

국가의 공공성과 합법적인 강제력을 중시하여 국가를 사회의 공동선(公同善)과 국가 자신의 이익을 능동적으로 추구하는 의지적인 행위자일 뿐만 아니라, 절대적인 지배권을 향유하는 초계급적인 실체로 규정하였다.

2. 신베버주의(Neo-Weberianism): 헤겔(Hegel)의 전통을 이음

국가와 통치엘리트의 기능적 고유성과 독자성을 주목하고, '국가의 내재적 자율성'을 강조한다. 국가가 지배계급의 이익을 초월하여 국가 자신의 이익을 추구한다는 점에서, 국가는 도구성을 탈피하고 자율성을 향유한다고 본다.

국가는 이해를 조정하는 수동적 심판관(다원주의)이 아니며, 자본가계급의 심부름만을 하는 것(마르크스주의)도 아니고, 엘리트의 이익에 좌우되는 것(엘리트론)도 아닌 스스로 결정하는 힘을 지닌 실체이다.

국가가 국제관계, 특히 다른 나라와의 경제관계에 관한 정책결정에서는 특정기업의 이익이 아닌 국가 이익을 옹호하는 결정을 하게 된다고 한다.

3. 신마르크스주의(Neo-Marxism)

경제를 지배하고 있는 자본가계급이 국가를 다시 장악한다고 보는 이론으로 정통 마르크스주의와 다른 점은 국가가 어느 정도 자율성을 가지고 있음을 강조한다는 점이다. 정부가 아닌 민간부문이 실질적인 결정권을 장악한다는 점에서 신베버주의와 구분된다.

> **개념더하기** ▶ 이론 간의 상호 융합경향
>
> 신마르크스주의의 내용은 헌터의 주장(명성적 접근법) 및 밀스(군─산 복합체)의 주장과 유사하며, 국가의 자율성을 어느 정도 인정한다는 점에서 신베버주의와도 구분이 모호해진다. 또한 무의사결정을 주장하는 신엘리트론은 현대판 미국적 신마르크스주의로 볼 수 있게 되어 학파 간 구분이 어렵다는 문제가 있다.

4. 종속이론(Dependency Theory)

제2차 세계 대전 이후 남미학자들에 의해 주로 주장된 것으로서, 마르크스주의의 국제적 측면에 관한 이론이라고 볼 수 있다. 종속이론은 후진국의 저발전 문제를 선진국에서 바라보는 근대화 이론과는 다른 철학에 근거하여 설명하려는 이론이다. 즉, 근대화 이론이 각국의 발전문제를 개별적으로 다루면서 후진국의 저발전을 국내적 변수의 산물로 보는 반면에, 종속이론은 세계를 중심부와 주변부 국가로 구분하여 후진국의 저발전을 주변부로부터 중심부로 유출되는 경제적 잉여 때문이라고 본다.

5. 관료적 권위주의(BA이론; Bureaucratic Authoritarianism) - 오도넬(O'Donnell)

종속이론과 배제적 국가조합주의를 기초로 하여 발전한 이론으로 후발자본주의, 즉 종속적이고 불균형적이며, 외연적으로 산업화가 어느 정도 이루어진 제3세계(주로 남미)의 자본주의 발전을 다루는 것이다.

관료적 권위주의에서는 일단 정치적으로 활성화되었던 민중부문이 정치적·경제적으로 배제된다는 것에 주목한다. 관료적 권위주의는 사회상층부의 이익을 대변하는 기술관료적 정책결정 및 국가목표를 위해서 정치적으로 활성화되고 있는 사회의 하위계층을 탈정치화(정치로부터의 배제)시키는 것으로서 배제적 국가조합주의와 관련된다.

6. 신중상주의*(Neo-Mercantilism)

관료적 권위주의가 남미국가들의 경우를 중심으로 등장한 이론이라면 신중상주의는 우리나라를 포함한 동아시아 신흥공업국가들을 중심으로 경제 발전과정에서 국가의 역할을 논의한 과거 산업자본주의 등장 이전 상업자본주의 시대에 외국무역을 통하여 국가가 부강해질 수 있다는 중상주의의 현대적 재현이라고 할 수 있다. 후진국이 발전을 위해 부국 강병주의를 채택하고 추진하는 국가운영방식 등을 가리키는 일종의 통치 이념이다.

> **더 알아보기**
>
> ### 권력관계모형
>
> **1. 주도권소재에 따른 구분**
> (1) 국가 중심적 접근 방법: 국가조합주의, 베버주의, 중상주의
> (2) 사회 중심적 접근 방법: 다원주의(이익집단론), 엘리트주의, 마르크스주의
>
> **2. 권력의 분산성**
> (1) 권력분산, 균형: 다원주의
> (2) 권력집중, 불균형: 국가조합주의, 엘리트주의, 마르크스주의
>
> **3. 국가의 역할**
>
> | 주장이론 | 국가가 정책에 주된 영향을 미치는 국면 |
> | --- | --- |
> | 다원주의 | 국가는 중립자이며 소극적 역할, 이익집단이 주도적 역할 |
> | 신다원주의 | 국가는 전문성적 능동적 주체, 기업이익에 편향된 정책 |
> | 신베버주의 | 국가는 능동적 존재(국가는 절대적 자율성을 지님) |
> | 마르크스주의 | 국가는 자율성이 없는 주체(국가는 자본계급의 수단) |
> | 신마르크스주의 | 국가는 어느 정도 자율성을 가진 주체 |
> | 종속이론 | 국가는 허상, 자본(중심부의 자본)이 정책을 주도 |
> | 조합주의 | 국가는 능동적 존재, 이익집단의 활동을 규정하는 실체 |
> | 관료적 권위주의 | 국가는 능동적 존재, 대자본·관료·군부의 연합이 주도적 역할 |
> | 신중상주의 | 국가는 압도적·능동적 존재 |

5 정책네트워크

1. 의의

현대민주국가의 정책과정은 대개 복수의 행동자와 세력이 참여하고 영향력을 행사한다. 그리고 정책과정 참여자들은 고립적으로 행동하기보다 그들 사이의 각종 연계를 통해 집합적으로 행동하는 것이 보통이다. 정책학은 이러한 정책과정의 현실을 연구하기 위해 네트워크 분석의 접근 방법을 발전시켜 왔으며 이를 인도하는 것이 정책네트워크라는 개념이다. 즉, 정책네트워크는 특정한 정책과정에 참여하는 개인이나 조직 등의 행동주체들이 형성하는 상호 의존적 연계의 망이다.

---

* 신중상주의에서의 국가 역할
정부는 부국강병책을 실현하기 위하여 부족한 자본을 조달하고 투자대상을 결정하며 공기업을 통한 직접생산을 담당하기도 하며, 이의 체계적 추진을 위해 국가 종합계획을 수립·시행한다. 이 과정에서 수출의 경쟁력을 확보하기 위해 환경비용의 극소화, 저농산물 가격 정책, 저임금 정책을 실시한다. 이에 저항하는 노동집단이나 농민세력을 탄압하여 사회적 안정을 유지한다.

2. 등장배경

정책네트워크의 등장배경에는 경제위기 해결을 위한 정책적 관여의 증가, 정책문제의 복잡성 증대, 정부 활동에 대한 시장논리 도입의 필요성 증대, 비정부조직의 발전, 정부운영의 분권화, 정부활동 영역별 전문성 향상, 이익집단정치의 발전, 정부와 민간의 파트너십 발전에 대한 필요성 증대 등이 있다.

3. 정책네트워크의 주요 속성

(1) 정책문제별 형성: 정책네트워크는 정책영역별 또는 정책문제별로 형성된다.

(2) 다양한 참여자: 정책네트워크를 구성하는 행동자, 즉 참여자는 정부부문과 민간부문의 개인 또는 조직이다. 참여자에는 공식적 참여자도 있고 비공식적 참여자도 있다. 참여자들은 자기목표성취를 위해 일정한 게임의 규칙에 따라 경쟁하고 협력한다.

(3) 연계의 형성: 참여자들은 상호작용의 과정을 통해 연계를 형성한다. 그러한 연계는 정책선호에 관한 의사표시, 전문지식이나 기타 자원의 교환, 상호신뢰 구축의 통로가 된다. 참여자들이 형성하는 연계는 다소 간의 의존관계와 교환관계를 매개한다.

(4) 경계의 존재: 정책네트워크는 참여자와 비참여자를 구분하는 경계가 있다. 경계의 제한성과 명료성은 상황에 따라 다르다.

(5) 제도적 특성: 정책네트워크는 참여자들의 상호작용을 규정하는 공식적 · 비공식적 규칙의 총체라고 하는 제도적 특성을 지닌다.

(6) 가변적 현상: 정책네트워크는 외재적 및 내재적 원인에 의해 변동할 수 있다.

4. 정책네트워크 유형

정책네트워크는 여러 가지 기준에 의해 다양하게 분류되고 있다. 분류기준의 예로 참여자들의 수와 특성, 참여자들의 이해관계, 교환되는 자원, 상호 의존성의 수준, 협동 또는 갈등, 권력배분양태, 자율성, 안전성, 지속성, 공식성 또는 비공식성, 정책영역 또는 문제의 성격 등이다. 이러한 분류기준의 적용에 의해 분류한 정책네트워크의 유형은 다양하지만 그중에서 인용과 논의의 빈도가 가장 높은 것은 세 가지이다. 여기서 세 가지의 중요한 네트워크 유형이라고 하는 것은 하위정부, 정책공동체, 정책문제망(이슈네트워크)을 말한다.

개념더하기 정책네트워크

구분	외부참여	주된 참여자	의존성	배재성	지속성
정책커튼 (Policy Curtain)	없음	정부부처	–	매우 높음	–
철의 듀엣 (Iron Duet)	매우 제한적	정부부처, 소수 전문가 집단	높음	높음	높음
철의 삼각 (Iron Triangle)	제한적	관료, 의회상임위, 이익집단	높음	높음	높음
정책공동체 (Policy Community)	비교적 제한적	정부부처, 약간의 전문가	보통	보통	보통
이슈망 (Issue Network)	제한없음	정부부처, 이해 관계자 집단	낮음	낮음	낮음

(1) 하위정부(철의 삼각)

① 의의: 소정부라고도 하는 하위정부는 비교적 소수의 엘리트들이 협력하여 특정한 정책영역의 정책
결정을 지배하는 양태의 정책네트워크이다. 참여자는 해당 정책분야에 관련된 국회의원(상임위, 분
과위의 구성원)과 그 보좌관, 행정관료, 그리고 이익집단의 대변자이다. 세 부문, 즉 국회·행정
부·이익집단의 행동자들이 교호작용하고 협력하는 체제이기 때문에 하위정부는 '철의 삼각' 또는
'삼각 동맹'이라고도 부른다.

② 특징: 하위정부모형은 주로 미국정치제에서 정책결정구조의 특징을 기술하는 모형으로 제시되었으
며, 하위정부 참여자들은 지속적인 상호작용을 통해 협력관계를 형성한다. 하위정부에서의 정책결
정은 참여자들 사이의 협상과 합의로 이루어진다. 하위정부에서 형성되는 연계관계의 안정성은 높
으며, 하위정부의 자율성 또한 높다. 하위정부모형은 대통령과 공공의 관심이 덜하고 일상화 수준이
높은 분배 정책결정과정을 설명하는 데 유효하게 쓰일 수 있다.

③ 약화요인: 시민운동의 확산, 이익집단의 증가와 그들 사이의 경쟁격화, 국회 분과위 또는 의원들의
정책관할중첩 증대, 정책문제의 복잡성 증대 등 일련의 조건들은 하위정부모형의 적실성을 크게 약
화시켰다.

(2) 정책공동체

① 의의: 정책공동체는 1980~1990년대 논의된 모형으로 어떤 정책영역에서 관련 행정기관과 그 소속
공무원, 개별적인 정치인과 정치인집단, 이익집단과 그 리더, 대학·연구·기관·정부조직 등에 근
무하는 전문가들이 구성하는 정책네트워크이다. 참여자의 범위는 하위정부의 경우보다는 넓고 정책
문제망의 경우보다는 제한적이다. 정당과 의회를 중심으로 한 미국식 논의의 한계를 극복하고자 로
즈(Rhodes) 등 영국 학자들을 중심으로 발전된 뉴거버넌스와 연관된 개념이다.

분야별 정책공동체의 참여자*들은 공통된 관심과 상대방이 유용하게 활용할 수 있는 자원을 가지고
상호작용하는 과정에서 문제와 해결대안에 관한 공통된 이해를 형성하고 협력한다. 참여자들은 공
동체라는 심리적 유대감을 형성한다. 참여자들 사이에 갈등이 빚어질 수 있는 가능성을 배제할 수
없으나 원칙적으로 상호 협조의 과정을 통해서 정책을 결정한다.

② 정책문제망과 비교한 정책공동체의 상대적 특성

㉠ 참여자가 제한적이라는 것

㉡ 모든 참여자가 자원을 가지고 교환관계를 형성한다는 것

㉢ 참여자들 사이에 권력균형이 이루어져 있다는 것

㉣ 참여자들이 기본가치를 공유하며 그들 사이의 접촉빈도는 높다는 것

㉤ 연계작용이 지속적·안정적이며 그에 대한 예측가능성이 높다는 것

㉥ 정책결정을 둘러싼 권력게임을 승패가 아니라 공동의 이익을 추구하는 포지티브섬 게임
(Positive-Sum Game)으로 본다는 것

---

* 정책공동체의 참여자
정책공동체의 한 유형으로 인식공동체가 있다. 특정분야의 정책문제에 대한 전문성과 권위있는 지적능력을 지닌 전문 직업가들의 연계망이다. 인식을 같이 하며 협조적이고
책임감이 높다.

(3) 정책문제망(이슈네트워크)

① 의의: 미국에서 철의 삼각을 비판하며 대체하려던 개념으로 1970년대 후반 헤클로(Heclo)에 의하여 논의된 모형이다. 정책문제망은 특정한 정책문제에 이해관계가 있거나 전문적 지식을 가진 참여자들이 구성하는 정책네트워크로, 정책문제망의 경계는 모호하고 개방성은 높기 때문에 관심 있는 사람들은 누구나 자유롭게 참여할 수 있다. 참여자들 가운데는 환류에 대한 기대없이 각자의 의견과 정보를 전달하는 데 그치는 등 정책결정에 직접적인 영향을 미치지 못하는 사람들도 있다. 또한 정책문제망의 연계관계는 느슨하게 구성되어 있고 대부분의 행동규칙은 비공식적이며 정책문제망들 사이의 중첩이 심하다.

② 정책공동체와 비교한 정책문제망의 특성
  ㉠ 참여자의 범위가 넓고 경계의 개방성이 높다는 것
  ㉡ 교환할 자원을 가진 참여자는 한정적이라는 것
  ㉢ 참여자들 사이의 권력배분은 불균등하다는 것
  ㉣ 참여자들의 공동체의식은 약하며 그들 사이의 접촉빈도는 유동적이라는 것
  ㉤ 연계작용의 안정성은 낮으며 그에 대한 예측가능성도 낮다는 것
  ㉥ 참여자들 사이에 갈등이 있고 지배적 집단이 일방적으로 정책을 결정하는 경우가 많기 때문에 권력게임을 제로섬 게임(Zero-Sum Game)으로 본다는 것

더 알아보기

정책공동체와 이슈네트워크의 비교

차원		정책공동체	이슈네트워크
구성원	참여자 수	매우 제한됨, 일부 집단은 의식적으로 배제됨	다수
	이익유형	경제적 및 또는 전문적 이해가 지배적임	다양한 범위의 이해관계를 모두 포함
통합	상호작용 빈도	정책이슈에 관련된 모든 사항에 대해 모든 집단이 빈번하고 높은 수준의 상호작용을 함	접촉빈도와 강도가 유동적임
	연속성	구성원, 가치, 결과가 장기간 지속됨	접근의 변화가 매우 유동적임
	합의	모든 참여자가 기본가치를 공유하고 결과의 정통성을 수용함	일정한 합의가 있으나 갈등이 역시 존재
자원배분	네트워크 내 자원배분	모든 참여자가 자원을 보유함, 관계는 교환관계가 기본임	일부 참여자가 자원을 보유하지만 제한적 합의 관계가 기본임
	참여조직 간 자원배분	계층적, 지도자가 구성원에게 자원을 배분할 수 있음	구성원을 규제할 수 있는 자원과 능력의 배분이 다양하고 가변적임
	권력	구성원 간 균형이 이루어짐, 한 집단이 지배적일 수 있으나 공동체의 유지는 포지티브섬 게임	자원보유, 접근성의 불균등을 반영하여 권력이 균등하지 않음, 권력은 제로섬 게임(승자와 패자가 있음)

5. 정책네트워크 변동

정책네트워크는 동태적인 현상이기 때문에 시간의 흐름에 따라 변하는 것은 당연하다. 중요한 계기가 생기면 네트워크의 유형까지 달라지는 근본적인 변화가 일어나기도 한다.

(1) 변동유발 요인
 ① 외재적 요인: 경제적·시장적 요인, 이념적 요인, 지식·기술적 요인, 제도적 요인
 ② 내재적 요인: 정책네트워크 내부행동자들의 선택

(2) 변동저항 요인: 환경이 변화하고 변동요청이 생기더라도 정책네트워크 참여자들은 변동에 드는 거래비용이 변동의 이익을 능가한다고 판단하는 경우 변동에 저항한다. 정책네트워크를 특정한 경제적 이익집단이나 전문직업집단이 지배하는 경우 그들의 이익이나 전문적 신념에 어긋나는 변동에 저항하며 일반적으로 정책네트워크의 지속적인 관계가 안정되면 일상화의 수준이 높아지고 변동에 저항하는 관성이 생긴다. 이런 경우 해당 정책네트워크의 문제점이 널리 알려지고 쟁점화되지 않는 한 변동은 좀처럼 일어나지 않는다.

> **더 알아보기**
>
> 철의 삼각, 이슈네트워크, 조합주의 비교
>
> | 구분 | 철의 삼각 | 이슈네트워크 | 조합주의 |
> |---|---|---|---|
> | 정치적 제휴 | 안정 | 불안정 | 안정 |
> | 의사 결정 영역 | 분절됨 | 분산됨 | 분절됨 |
> | 참여자 수 | 제한됨 | 무제한 | 제한됨 |
> | 중심적 권위 | 존재하지 않음 | 존재하지 않음 | 존재함 |
> | 권력 | 분해됨 | 매우 분해됨 | 제도적 배열에 의해 결집됨 |
> | 최종적인 의사결정점 | 각 부문별로 존재 | 존재하지 않음 | 중앙지시에 따라 영역별로 존재 |
> | 집단 | 자발적 | 자발적 | 강제적 |
> | 의사결정과정에서의 접근성 | 폐쇄적 | 개방적 | 폐쇄적 |
> | 문제해결 | 해결됨 | 종종 해결되지 않음 | 해결됨 |
>
> 출처: 남궁근, 『정책학』, 법문사, 2017

CHAPTER

03 정책의제설정

01 정책의제설정의 기초

1 정책의제설정의 의의

1. 정책의제설정의 개념 – 사회문제의 정부 귀속화 과정

정책의제설정(Policy Agenda Setting)이란 정부가 여러 가지 사회문제 중에서 정책적 해결을 위하여 사회문제를 정책의제(Policy Agenda)로 채택하는 과정을 말한다.

2. 대두배경

(1) 지금까지 연구는 사회문제라는 요소보다는 일단 정책결정체제에 투입된 이후의 진행과정에 주로 관심을 두었다.

(2) 1960년대 초 흑인폭동을 계기로 어떤 사회문제는 정부에서 해결하려고 노력하는데, 어떤 사회문제는 공식적 거론도 없이 방치되는가에 의문에서 정책의제설정연구가 활성화되었다.

3. 정책의제설정의 중요성

(1) 사회문제의 해결을 위해 신중한 검토를 시작함으로써 문제해결의 첫 단계

(2) 문제해결에 대한 지지집단과 반대집단이 등장하여 정치적 갈등이 시작됨

(3) 정책대안이 실질적으로 제시되고 기술적 · 정치적 실현가능성 면에서 정책대안의 범위가 제한됨

(4) 정책의제화의 차이에 따라 정책의 방향, 성격, 내용이 달라지고 정책과정상 차이가 발생함

4. 정책의제설정 과정의 특징

(1) 주관성: 정책문제를 정의하는 집단이나 사람의 이해관계, 가치관, 능력, 심리상태 등에 따라 인위적으로 영향을 받는다(가치성 또는 규범성).

(2) 인공성: 주관성과 동일한 성격의 것으로 이해집단의 상호작용이 이루어지는 정치적인 과정이기 때문에 객관성이 제약된다.

(3) 정치성: 정책문제의 정의과정에서의 정책대상 집단간에 수혜의 극대화 및 피해(비용)의 최소화를 위한 고도의 정치적 투쟁 · 협상 · 타협이 전개되므로 객관적 합리성이 제약된다.

(4) 동태성: 정책문제는 여러 문제와 얽혀 있고 환경변화에 따라 그 성격과 해결책이 달라지며 문제는 늘 변함없이 한곳에 머물러 있지 않는다(복잡다양성 또는 상호의존성 · 연관성).

(5) 역사성: 정책문제는 역사적 산물인 경우가 많다(친일청산정책 등).

(6) 공공성: 정책문제는 공익이라는 당위론적 가치를 지향하는 방향으로 정의되어야 한다.

(7) 기타

① 표출되지 않는 문제는 채택되지 않는다는 표출성

② 해결가능성이 없는 대안은 채택되지 않는다는 해결가능성

③ 여러 사회문제 중에서 선별적으로 채택된다는 여과성

④ 수혜집단과 피해집단의 이해관계가 공존하는 차별적 이해성

5. 정책의제설정 이론의 초점

정책의제설정에 관한 연구에서는 사회문제가 정책의제로 전환되는 과정, 정부에서 다루어지고 있는 사회문제와 다루어지지 않는 사회문제의 차이, 그리고 그 이유가 무엇인지를 설명하려고 시도한다. 의제설정이론(Agenda Setting Theory)은 이른바 정책의제설정에 대한 실증적(혹은 경험적)·기술적 연구에 해당되며 어떤 사회적 문제들이 어떠한 요인 때문에 정책의제로 설정되는지에 관하여 연구한다.

2 정책의제의 정의와 구조화

1. 정책의제의 의의

(1) 정책의제의 개념: 정부가 공식적으로 다루기로 결정한 정책문제, 정책적 해결의 필요성을 가진 사회문제

(2) 정책의제의 설정(Poilicy Agenda Setting): 정책문제를 정의하는 행위로서 정부가 정책적 해결을 위해 사회문제를 공식적인 정책의제로 채택하는 과정으로 사회문제의 정부귀속화과정을 의미한다.

(3) 정책의제 정의의 중요성과 오류

① 정책의제 정의의 중요성: 정책의제는 정책대안을 개괄적으로 파악할 수 있도록 해주고, 갈등관계나 경쟁관계에 있는 여러 가지 정책목표와 정책수단들 사이의 우선순위를 암시해준다. 또한 타당한 정책목표의 설정을 위해서 필요하다. 의제를 정확히 파악하지 못하면 타당한 목표설정이 불가능하게 되고, 실제 문제가 발생해도 해결하지 못하는 오류에 빠지게 된다.

② 정책오류의 유형: 정책결정자에게 제안된 정책문제 해결방안에 대한 잘못된 지식과 정보의 산출

오류 유형	의미	대안 선택
제1종 오류(α error) 수단선택의 오류	정책대안이 실제 효과가 없는데, 있다고 잘못 평가하여 잘못된 대안을 채택하는 오류	• 효과 없는 대안의 채택 • 옳은 귀무가설을 기각 • 틀린 대립가설 채택
제2종 오류(β error) 수단선택의 오류	정책대안이 실제 효과가 있는데, 없다고 잘못 평가하여 올바른 대안을 기각하는 오류	• 효과 있는 대안의 기각 • 틀린 귀무가설을 인용 • 옳은 대립가설을 기각
제3종 오류(meta error) 문제인지오류	근본적 오류, 문제정의·목표설정이 잘못되어 대안의 선택까지 잘못하는 오류	잘못된 목표를 위한 대안의 선택

2. 정책문제의 구조화

(1) 의의: 정책문제를 정의하기 위해서 문제상황의 개념화를 생성하고 검증하는 과정으로 문제의 감지, 문제의 탐색, 문제의 정의, 문제의 구체화를 포함하는 개념이다.

(2) 던(W. Dunn)의 정책문제의 구조화 방안

① **경계분석**

ⓐ 개인이나 집단의 문제형성체계, 즉 메타문제(Meta-Problem)가 완전한 것인가를 추정하는 방법으로 여기서 메타문제란 관련문제들의 집합 내지는 문제군을 의미한다. 경계분석은 문제의 위치, 그 문제가 존재했던 기간, 문제를 형성해 온 역사적 사건들을 구체화하는 것이다.

ⓑ 방법: 포화표본추출*(어떤 정책에 대하여 의견이 다른 일단의 개인이나 집단의 선정) → 문제표현의 도출(추출된 개인이나 집단으로부터 정책문제의 다양한 해석 도출) → 경계추정(도출된 문제표현을 바탕으로 누적도수분포도를 작성하여 정책문제의 경계 확정)으로 이루어진다.

② **계층분석:** 문제상황의 발생에 영향을 줄 수 있는 가깝고 먼 다양한 원인들을 창의적으로 찾아내기 위한 방법

ⓐ 가능성 있는 원인: 멀기는 하지만 주어진 문제상황의 발생에 기여하는 사건이나 행위

ⓑ 개연성 있는 원인: 과학적 연구나 직접적 경험에 입각하여 문제라고 판단되는 상황의 발생에 중요한 영향을 끼쳤다고 믿어지는 원인

ⓒ 행동 가능한 원인: 정책결정자에 의하여 통제 또는 조작대상이 되는 원인

③ **유추분석(시네틱스):** 과거에 등장하였거나 다루어 본 적이 있는 유사한 문제에 대한 분석을 위해 활용할 수 있는 방법

ⓐ 인적(개인적) 유추: 마치 그 자신들이 문제를 경험하고 있는 것처럼 상상

ⓑ 직접적 유추: 둘 이상의 실제 문제상황 사이의 유사한 관계를 탐색

ⓒ 상징적 유추: 주어진 문제상황과 어떤 상징적 대용물(모형 또는 시뮬레이션)이나 과정 사이의 유사한 관계를 발견

ⓓ 환상적(가상적) 유추: 문제상황과 어떤 상상적인 상태 사이에 유사성을 자유롭게 상상하고 탐험

④ **가정분석****: 문제상황의 인식을 둘러싼 여러 대립적인 가정들을 창조적으로 통합하기 위한 기법으로 정책문제와 관련된 집단들이 문제상황에 대한 합의를 도출하기 어려운 경우 도움을 줄 수 있는 방법

⑤ **분류분석**

ⓐ 분류분석이란 문제시되는 상황을 정의하고 분류하기 위해 사용되는 개념들을 명확히 하는 기법이다. 문제상황을 인지하게 되면 정책분석가는 그들의 경험을 분류해야 한다.

ⓑ 분류분석의 두 가지 절차, 즉 논리적 분할(어떤 계급을 선택하여 그것을 구성성분으로 쪼개는 것)과 논리적 분류(상황, 대상, 사람을 보다 큰 집단이나 계급으로 결합)에 기초한다.

---

* 포화표본추출
먼저 쟁점과 관련된 사람들 가운데 가장 영향력이 있다고 생각되는 한 사람을 추출한 후, 그 사람에게 다른 두 사람을 추천받되, 한 사람은 쟁점을 바라보는 관점을 공유하는 사람으로 추천받고 다른 한 사람은 전혀 다른 견해를 가진 사람으로 추천받는다. 그 다음 추천된 두 사람에게 같은 방법을 반복해 필요한 표본의 수만큼 표본을 확보한다.

** 가정분석의 예시(논변지도작성)
가정분석의 특수한 기법으로 정책논증의 요소(근거, 보강, 반론)에 대하여 그 개연성과 중요성이 얼마나 높은지를 판단하는 방법으로 다양한 이해관련자들의 가정에 대한 견해를 바탕으로 개연성 높은 정책주장을 도출하는 데 도움을 준다.

⑥ 주관적 · 직관적 방법

　　㉠ 브레인스토밍(집단토의): 대안의 질보다 양에 초점을 맞춘다. 오스본(A. Osborn)에 의해 제시된
　　　방법으로, 집단적 토의를 통해 문제상황을 식별하고 개념화하는 데 도움을 주며 즉흥적이고 자유
　　　분방하게 여러 아이디어를 창안하는 집단 자유토의기법이다.

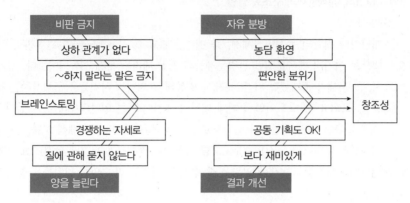

　　㉡ 정책델파이: 익명의 격리된 전문가들의 의견을 수렴하는 방법
⑦ 복수관점분석: 문제를 특정 관점에서만 보지 않고 합리적 · 기술적 관점, 조직적 관점, 개인적 관점
　　등 다양한 관점을 체계적으로 적용하여 문제를 정의한다.

더 알아보기

정책문제의 구조화 기법

방법	목적	절차	지식출처	성과 기준
경계분석	메타문제 경계추정	포화표본추출, 문제도출, 축적	지식체계	한계에 있어서 정확성
분류분석	개념의 명료화	개념의 논리적 분할 및 분류	개별분석가	논리적 일관성
계층분석	가능하고, 개연적인 행동 가능한 원인 식별	원인의 논리적 분할 및 분류	개별분석가	논리적 일관성
시네틱스	문제들 사이의 유사성 인식	개인적 · 직접적 · 상징적 · 환상적 유추 구성	개별분석가 및 집단	비교의 개연성
브레인스토밍	아이디어, 목표, 전략의 생성	아이디어 생성과 평가	집단	의견의 일치
복수관점분석	통찰력 생성	기술적 · 조직적 · 개인적 관점의 사용	집단	개선된 통찰력
가정분석	갈등 있는 가정들의 창조적 통합	이해관련자 식별, 가정 도출, 도전, 집합, 통합	집단	갈등

3 정책문제와 정책의제의 유형

1. 문제의 사회적 구성

일반적으로 문제는 시정조치 또는 구제방안이 필요한 욕구, 조건, 또는 상황을 말한다. 몸무게가 많이 나가는 사람이 활동하는 데 불편을 느끼게 되어 체중을 줄여야겠다고 생각했다면 그 사람은 체중초과를 개인문제로 여기는 것이다. 그런데 어떤 사회에서 많은 사람들이 비만을 문제로 생각한다면 이는 사회문제 또는 공공문제가 된다.

2. 정책이슈

(1) 정책이슈란 문제의 본질과 그 해결방안에 관하여 이해관련자의 견해가 대립되는 정책문제를 말한다. 정책문제의 본질을 어떻게 규정하느냐에 따라 해결방안이 크게 달라질 수 있다.

(2) 콥과 엘더(Cobb & Elder)는 사회문제에서 정책이슈가 창출되는 과정에서 주도자(Initiator)와 촉발장치(Trigger Device)*의 역할이 중요하다는 점을 지적한다.

(3) 실질적 이슈와 상징적 이슈(노화준)

① 실질적 이슈: 사회에 영향을 미치는 실질적 영역에 있어서 의견불일치 또는 논쟁이다. 예를 들면 경부대운하를 건설하여야 하는지, 군 복무자 가산점을 부활하여야 하는지 등과 같이 국민생활에 실질적으로 영향을 미치는 이슈이다.

② 상징적 이슈: 국민정서나 애국심 또는 자존심에 영향을 미치는 영역에서 의견불일치를 말한다. 예를 들면 국민교육헌장이나 국기에 대한 맹세의 내용을 바꿀지에 관한 논쟁을 사례로 들 수 있다.

> **개념더하기**　　의제설정의 촉발장치
>
> 1. 촉발 메커니즘의 개념
>   촉발 메커니즘(Triggering Mechanism)은 일상적인 문제를 많은 사람들이 공유하는 공적 반응으로 전환시키는 결정적인 사건 또는 사건의 집합을 말한다(예를 들면 우리나라에서는 자연재해의 한 유형인 지진에 관한 대책을 가지고 있지 않다가 1995년 일본 고베 지진을 계기로 지진에 대한 대책을 수립하였다. 미국은 2001년 9·11 테러를 계기로 국토안보부를 창설하는 등 대테러대책을 종합적으로 수립하였다).
>
> 2. 촉발 메커니즘의 요소
>   어떤 사건 또는 사건의 집합이 정책의제설정의 촉매제로서 영향을 미치는 촉발 메커니즘의 가치는 범위, 강도, 지속시간, 그리고 자원이라는 네 가지 요소의 상호작용에 따라 결정된다.
>   (1) 범위(촉발 메커니즘에 의하여 영향을 받는 지리적 영역 내의 사람의 수): 만약 어떤 사건이 상당수의 사람들에게 큰 영향을 미칠 경우, 그에 대한 조치를 요구하는 기반이 넓어질 것이다. 그러나 사건이 비교적 소수에게만 영향을 미친다면, 그러한 소수가 변화를 주도할 능력을 가진 정치적 행위자들로 인정받기 어려울 것이다.
>   (2) 강도(대중들이 인지하는 그 사건의 강도): 만약 예기치 않은 사건에 대한 국민의 인지강도가 낮을 경우, 그 사건을 계기로 정책의 변화를 요구할 만큼 강력한 영향을 미치지 않을 것이다. 그러나 그 사건이 대중의 관심, 특히 공포와 분노 형태의 관심을 표명할 경우 정책결정자가 관심을 가질 가능성이 높다.
>   (3) 지속시간(사건이 전개되는 시간의 길이): 어떤 요소들은 즉시 사라지지만, 어떤 요소들은 상당기간 유지되며, 일반적으로 촉발 메커니즘의 지속기간이 길수록 유리하다. 그러나 짧은 지속기간에도 불구하고 강력한 영향을 미치는 경우가 있다. 미국의 경우 스리마일 섬의 원전 방사능 누출사고는 짧은 지속시간에도 불구하고 큰 영향을 미쳤다.
>   (4) 자원: 네 번째 요소는 촉발 메커니즘과 관련된 자원의 규모이다. 문제를 방치할 경우에 입게 될 비용으로, 화폐비용이나 인명 손실과 같은 비용이다. 방치할 경우 손실이 클수록 의제화가 유리하다. 미국의 경우 9·11 테러로 막대한 인명과 재산피해를 보았다.

---

*　주도자(Initiator)와 촉발장치(Trigger Device)
　주도자란 사회문제를 이슈화시키는 데 주도적인 역할을 담당하는 사람 또는 집단을 말한다. 한편 촉발장치 또는 촉발메커니즘은 일반대중의 주목을 끌게 되는 계기가 되는 사건을 말한다.

3. 정책의제의 의미와 유형

(1) 정책의제의 의미: 정책의제란 의회, 행정부를 포함하여 공식적인 권한을 가진 정부당국에서 정책적 해결을 의도하여 선택한 정책문제를 말한다. 그런데 정책의제의 개념을 넓은 의미로 사용하면 '정부 당국이 선택한 문제'뿐만 아니라 많은 국민들이 '정부 당국에서 처리해야 한다고 생각하는 정책문제'까지 포함한다. 후자를 공중의제라고 부른다.

(2) 정책의제의 유형

① 버크랜드(Birkland)의 의제화의 수준에 따른 분류

㉠ 의제모집단: 어떤 정치체제에서 의제가 될 가능성이 있는 모든 정책이슈와 공공문제를 말한다.

㉡ 공중의제(Public Agenda): 정치체제 구성원들의 가치판단에 따라 문제의 범위나 대중의 관심도 및 정부의 관할영역 등을 이유로 정부가 해결해야 한다고 믿고 있는 정책이슈나 사회문제를 의미한다. 공중의제는 체제의제, 환경의제, 토론의제로도 표현된다.

> **개념더하기** ▶ 공중의제가 되기 위한 조건
>
> • 많은 사람이 그 문제와 이슈를 알고 있거나 인식하고 있을 것
> • 상당수의 사람들이 그 문제에 대하여 정부의 조치가 필요하다는 공감대가 형성되어 있을 것
> • 그리고 그 문제를 해결하는 것이 정부의 정당한 권한 범위 내에 포함되어 있다는 인식을 공동체의 구성원이 공유할 것

㉢ 정부의제(Government Agenda): 공식적 권한을 가진 정책결정자가 신중하고 적극적으로 검토하는 문제들로 구성된다. 정부의제는 제도의제(Institutional Agenda) 또는 공식의제(Formal Agenda, Official Agenda)라고 부르기도 한다. 좁은 의미에서 정책의제란 바로 정부의제를 의미한다.

㉣ 결정의제(Decision Agenda): 법률적으로 결정권한을 가진 기관에서 구체적인 대안을 마련하여 결정을 앞두고 있는 의제를 말한다. 킹던(Kingdon)은 정부당국자가 관심을 가지고 있는 주제의 목록인 정부의제와 그 목록 중 유효한 결정을 앞두고 있는 의제의 목록인 결정의제를 구분하였다.

> **개념더하기** ▶ 정책의제의 종류
>
> | 구분 | 아이스턴
(Eyestone) | 콥과 엘더
(Cobb & Elder) | 앤더슨
(Anderson) | 차이 |
> |---|---|---|---|---|
> | 정부
채택 전 | 공중의제
(Public Issue) | 체제적 의제
(Systematic Agenda) | 토의의제 | 문제를 확인하는 데 그치고 문제의 극복방안이나 대안을 담고 있지 못하는 경우가 많다. |
> | 정부
채택 후 | 공식의제
(Official Issue) | 제도적 의제
(Institutional Agenda) | 행동의제 | 구체적이고 안건의 수가 공중의제의 경우보다 적다. |

② 기타 의제유형

기준	유형	내용
무의사결정과 숨겨진 의제 (Hidden Agenda)		엘리트론자들은 무의사결정에 따라 중요한 공공의제가 사장되어 정부의제로 진입하지 못하게 되는데 이같이 사장된 의제를 '숨겨진 의제(Hidden Agenda)'라고 부르기도 한다.
정책결정자의 재량	선택의제	의제선택의 재량권이 있는 의제
	강요의제	정책결정자의 재량이 없이 의무적으로 고려해야 할 의제
문제발생의 반복성	반복의제	필수적 의제, 정기적·비정기적으로 반복되는 의제 예 예산배정, 공무원 봉급 인상문제
	신의제	특수한 상황변화로 야기되는 문제
위장의제, 가의제 (Pseudo Agenda)		정책결정자가 이익집단의 요구를 무마시키거나 정치권력유지를 위해 겉으로만 관심을 표명하거나 문제의 내용과 성격이 왜곡·조작된 의제
운영의제(Operational Agenda)		의제처리의 방법이나 절차에 관한 의제로, 의제에 관한 의제라 할 수 있다.

4 정책의제의 설정과정과 유형

1. 정책의제의 설정 과정

(1) 존스(Jones)의 정책의제설정과정

① **문제의 인지(Perception):** 정치체제의 구성원들이 시정조치 또는 구제방안이 필요한 욕구, 조건 또는 상황을 알게 되는 것을 말한다.

② **문제의 정의(Definition):** 객관적인 상황과 그 영향을 해석하여 해결해야 할 문제를 규정하는 것이다.

③ **결집(Aggregation):** 정의된 문제들이 그 문제와 관련되는 많은 사람들의 이해관계가 얽힌 문제로 전환되고, 그리하여 많은 사람들이 공통적으로 인식하는 문제로 부각되는 단계이다.

④ **조직화(Organization):** 문제의 관련 당사자들이 그 문제를 보다 효과적으로 정책의제가 되도록 조직적 활동을 행하는 단계이다.

⑤ **대표(Representation):** 공공문제의 정책의제화를 주도하는 집단이 활용할 수 있는 대정부 접근통로를 말한다. 대정부 접근통로를 통하여 정부당국자에게 그 문제의 심각성과 중요성을 설득하여 해결방안 모색이 필요하다는 것을 인식시킬 수 있으면 그러한 문제는 정부의제로 진입할 수 있다.

(2) 콥(Cobb)과 엘더(Elder)의 모형(일반적인 정책의제설정의 과정)

① **사회문제(Social Problem):** 개인문제가 불특정 다수인에게 장기간에 걸쳐 반복적으로 일어난 문제

② **사회적 이슈(Social Issue):** 사회적 쟁점이라고도 하며 집단들 간에 문제의 원인과 대책에 대해 논쟁의 대상이 되어있는 문제로서 이 단계에서 일반인의 관심이 집중되고 여론이 환기된다(확장단계). 유사사건의 반복적 발생이나 적절한 상징의 활용은 이슈화를 촉진시키는 계기가 되는데 특히 예상치 못한 사건이나 사고로 특정문제가 갑자기 공중의제로 급속히 부각되는 상황이나 계기를 촉매장치라고 한다.

③ **체제의제(Systemic Agenda; 공중의제, 토의의제, 환경의제):** 일반대중의 주목을 받을 사치가 있으며, 정부가 문제해결을 하는 것이 정당한 것으로 일반국민이 인정하는 문제(정책적 해결·고려의 필요성이 높아진 문제)로서 사회 전체적 거시적 시각에서 다루어지는 의제이다. 아직 구체화·공식화·문제화되지 않는 의제로서 공중의제 또는 환경의제라고도 한다.

④ 제도의제(Institutional Agenda; 공식의제, 행동의제, 정부의제): 정부의 공식적인 의사결정에 의해 그 해결을 위하여 심각하게 고려하기로 정부가 스스로 명백히 구체적으로 밝힌(언명 또는 표명한) 정부 내부의 미시적 시각의 문제로서 정부의제 또는 행동의제

개념더하기 ▶ 정책의제 설정과정

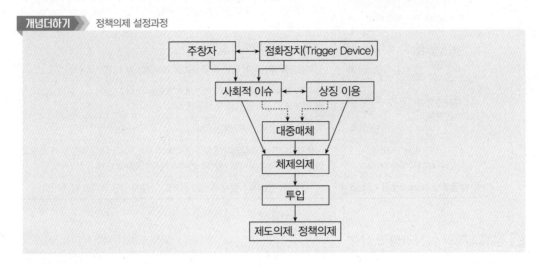

(3) 콥(Cobb)과 로스(Ross)의 모형

① 이슈제기(Initiation): 개인이나 집단에 의해 불평·불만이 표출되는 단계
② 구체화(Specification): 표출된 불만이 구체적이고 특정한 요구로 전환
③ 확산(Expansion): 여러 이익집단·사회단체로 요구가 확대되어 감
④ 진입(Entrance): 정부의제로 채택

(4) 아이스턴(Eyestone)의 모형

사회문제(Social Problem) → 집단에 의한 사회문제의 인지 → 다른 의견을 가진 집단의 관여 → 사회쟁점화(Social Issue) → 공중의제(Public Agenda) → 쟁점 창도자의 활동 → 공식의제(Official Agenda) → 정책결정 → 집단에 의한 관련 쟁점의 표출

2. 의제설정과정의 유형

콥과 로스(R. Cobb & J. Ross)는 의제설정의 유형을 주도집단에 따라 외부주도모형(Outside Initiative Model), 동원모형(Mobilization Model), 내부접근모형(Inside Access Model)으로 구분하였고 메이(May)는 이러한 세 가지 모형에 네 번째 모형인 공고화모형(Consolidation Model)을 추가하여 의제설정을 유형화하였다.

단계	외부주도형	동원형(내부주도형)	내부접근형(음모형)
제기	환경에서 논제 제기(개인·집단의 고충 표명)	정부 내에서 논제 제기(정책결정자가 새로운 정책을 공표)	정부 내에서 논제 제기(정책결정자나 측근자가 정책안 제시)
구체화	매스컴·이익집단 등이 논의를 구체화(고충을 구체적 요구로 전환, 대안의 제시)	정부가 구체화(공표된 정책의 세목 결정)	정부가 구체화(일반적 대안을 구체적 대안으로 전환)
확산	다른 환경집단에게 논제의 중요성을 인식시킴(대중매체·상징 활용)	관주도 하에 공중에게 정책의 중요성·유용성을 인식시킴(대중매체·상징 활용)	

진입	공중의제의 정부의제화(정부기관의 관심 표명)	정부의제의 공중의제화(정책에 대한 공중의 지지 표명)

(1) 외부주도모형: 사회문제 → 공중의제 → 정부의제

① 외부주도모형(Outside Initiative Model)은 민간집단에 의해 이슈가 제기되어 먼저 성공적으로 공중의제에 도달한 후 최종적으로 정부의제에 이르는 유형을 말한다.

② 외부집단은 새로운 집단을 끌어들이거나 기존 이슈에 연결시켜서 동조세력을 규합한다. 이슈의 확대에 성공하여 비교적 다수의 집단이 그것을 공식적인 행위가 필요한 문제로 여기게 되면 공중의제가 된다. 공중의제로부터 정책결정자의 진지한 관심을 끌게 되면 정부의제로 전환된다.

③ 정부의제의 지위를 확보했다고 하여 당연히 정부당국의 최종결정이나 실제의 정책집행이 원래 고충집단이 의도했던 대로 이루어진다고 보장되는 것은 아니며, 문제와 해결방안이 변형될 수 있다.

④ 강요된 정책문제(Pressed Issue: 일반 국민의 압력에 의해 채택) – 허쉬만(Hirshman)

　　예 1987년 6·29선언, 경실련의 주장에 의한 주택임대차보호법 제정, 페놀오염사건 이후 낙동강 수질개선, 복수노조허용

⑤ **적용체제:** 다원화·민주화된 선진국 모형(이익집단이 발달하고 정부가 외부의 요구에 민감하게 반응, 언론기관·정당의 역할 중요)

⑥ 정책과정상 주도집단과 반대집단 간 시간 끌기(Muddling Through)가 심하여 점진적 해결에 그치는 수가 많다.

⑦ 정책은 대립되는 이해관계자들 간 타협·조정의 산물이므로, 정책내용이 상호 충돌·모순적이며 단기적·단편적 성격을 지닌다(배분정책에서 두드러짐).

⑧ 외부주도형은 의사결정비용은 증가하나 집행에 대한 순응확보를 위한 노력이 필요 없으므로, 집행비용은 감소한다.

(2) 동원모형: 사회문제 → 정부의제 → 공중의제

① 동원모형(Mobilization Model)은 정책결정자가 제기하여 자동적으로 정부의제가 되고, 그 성공적인 집행을 위하여 공중의제로 전환되는 유형을 말한다.

② 새 프로그램이나 정책이 저명한 정치지도자에 의해 제기될 경우에 자동적으로 정부의제가 되는데 지도자의 발표가 구체적인 경우는 거의 없으므로 관련 정부기관에서 국민의 협조와 지지, 물적 자원의 획득, 그리고 행태유형의 변화를 유도하기 위하여 구체화된 프로그램을 제시하게 된다[채택된 정책문제(Chosen Issue) – 허쉬만(Hirshman)].

③ 상당수의 국민이 정부 프로그램을 중요한 문제에 대한 대책으로 인식하게 되면 정부의제가 공중의제로 전환된다. 이같이 정부당국자가 정부의제를 공공의제로 전환시키려 노력(행정PR*)하는 이유는 새로운 프로그램이 집행에 성공하려면 일반 대중의 지지를 획득해야 되기 때문이다.

④ 정부의 힘이 강하고 민간부문의 이익집단이 취약한 후진국이거나 카리스마적 지도자가 있는 경우에 나타난다. 선진국의 경우에도 정치지도자가 특정 사회문제 해결을 주도하는 경우 나타난다. (예 경부고속철도, 초고속정보통신기반 구축, 가족계획사업, 새마을운동, 88 서울올림픽 유치)

⑤ 정책결정이 더 분석적이며, 산출로서의 정책내용도 종합적·체계적·장기적 성격을 띤다(예 후진국 경제개방계획).

---

* 　행정PR
　　행정 PR은 정부나 행정기관이라는 PR의 주체가 '널리 알린다'고 하는 활동을 펼치는 것으로 일정 기간에 공중을 대상으로 특정한 결과를 얻기 위해 '계획하고, 설계하며, 집행하는' 상호 커뮤니케이션 활동을 말한다.

(3) 내부접근모형(음모형): 사회문제 → 정부의제

① 정책은 정부기관 내부의 집단이나 정책결정자와 빈번히 접촉하는 집단에 의해 제안된다. 이들은 상당한 전문적 지식과 이해관계가 있는 전문가집단이거나 정부기관이다.

② 이 모형에서는 정책제안이 정부의제의 위치로 올라갈 정도로 충분한 압력을 정책결정자에게 행사하기 위해 제안을 구체화하고 확대하지만 그러한 확대의 범위는 정책의 통과나 집행에 영향을 미치는 특정 소수집단에 한정시킨다. 즉, 정책의 주창자들이 공공의제로 전환시키려 하지 않고 비밀을 유지하려 하기 때문에, 일반 대중이 광범위하게 관여하지 않는다.

③ 정책결정자와의 접촉이 빈번하고 용이한 집단에 의해 주도되며, 부(富)와 권력이 집중된 나라에서 주로 나타나나, 선진국에서도 특수이익집단이 비밀리에 정부의 혜택을 보려는 경우(무기구매계약)나 외교·국방정책 등에서 나타난다. 후진국에서는 경제개발계획 등에서 많이 나타난다.

예 이동통신사업자 선정, 기업정리 시 인수자 선정, 국방·외교정책

④ 동원형과 다른 점은 주도 세력이 낮은 지위에 있는 고위관료이며, 또 공중의제화하는 것을 막으려 한다는 점이다.

(4) 공고화모형(굳히기모형): 정책의제설정에서 주요한 관심사는 정책문제와 관련된 정책하위체제의 성격, 즉 정부부문 행위자 또는 민간부문의 행위자 중 누가 과정을 주도하는지, 그 해결방안에 대하여 대중이 어느 정도 지지하는지에 관한 것이다. 위에서 살펴본 의제설정의 세 가지 기본모형에 추가하여 메이(May)는 새로운 패턴인 공고화모형(Consolidation Model)을 추가하였다.

① 공고화모형은 이미 대중의 지지가 높은 정책문제에 대하여 정부가 그 과정을 주도하여 해결을 시도하는 유형이다.

② 정부가 이미 존재하는 대중의 높은 지지를 공고화하여 정책결정단계로 나아가면 된다. 정부가 이와 같이 대중의 지지를 결합하고자 하는 것은 그 정책이 결정된 이후 집행이 유리하기 때문이다.

> **더 알아보기**
>
> 의제설정의 주도자와 대중의 관여 정도에 따른 분류
>
> | 구분 | | 대중의 관여 정도 | |
> | --- | --- | --- | --- |
> | | | 높음 | 낮음 |
> | 의제설정의 주도자 | 민간 | 외부주도(Outside-Initiation) | 내부접근(Inside-Access) |
> | | 정부 | 공고화(Consolidation) | 동원(Mobilization) |

더 알아보기

의제설정의 네 가지 모형의 특징 요약

모형	내용
외부주도모형	• 자유민주주의 국가: 시민집단 주도 • 민간집단에서 이슈가 제안되고 확산되어 먼저 공공의제가 되고 뒤이어 정부의제에 이른다.
동원모형	• 일당제 국가: 정책결정자 주도 • 이슈는 정부에 의해 정부의제에 오른 다음, 일반 대중에게 확산된다.
내부접근모형	• 관료적 권위주의 국가: 상당한 전문적 지식과 이해관계가 있는 전문가 집단 또는 정부기관이 주도 • 정책결정에 특별한 접근권이 있는 영향력을 가진 집단이 정책을 제안하지만 공개적으로 확대되고 경쟁하는 것을 바라지 않는다.
공고화모형	• 국가의 유형과 관계없음: 정책결정자 주도 • 민간집단의 광범위한 지지가 형성된 이슈에 대하여 정책결정자가 지지의 공고화를 시도하여 정부의제와 공공의제로 동시에 설정된다.

5 정부의제 진입기회와 정책의 창

1. 정책과정의 흐름과 정부의제진입의 기회

(1) 개관: 킹던(Kingdon)의 흐름창모형을 중심으로

① 정책의제설정과 정책대안의 선택과정을 주도면밀하게 연구한 결과 의제설정과정은 정치적 행위자가 주도하며, 대안선택은 전문가들이 주도적 역할을 한다고 밝히고 있다.

② 정부의제로 진입하는 기회, 즉 '정책의 창(Policy Window)'이 열리고 닫히는 데 영향을 미치는 요인을 정책과정의 복수 흐름과 관련하여 제시하였다.

③ 정책과정을 문제 흐름, 정책 흐름, 정치 흐름의 세 가지 독립적인 흐름으로 개념화할 수 있으며, 각 흐름의 주도적인 행위자도 다르다고 보았다. 킹던은 정치 흐름과 문제 흐름이 합류할 때 정책의제가 설정되게 되고, 정책 흐름에 의해서 만들어진 정책대안은 이들 세 개의 흐름이 서로 같이 만나게 될 때 정책으로 결정될 기회를 갖게 된다고 보았다. 이러한 복수 흐름을 토대로 정책의 창이 열리고 닫히는 이유를 제시하고 그 유형을 구분하였는데, 세 흐름을 합류시키는 데 주도적인 역할을 담당하는 정책기업가의 노력이 중요하다고 보았다.

> **개념더하기** 흐름의 세 가지 요소
>
> 1. 문제 흐름(Problem Stream)
>   현실 세계의 정책문제들과 이에 대한 기존 정부개입의 효과에 관한 정보로 구성된다.
>
> 2. 정책 흐름(Policy Stream)
>   정책문제를 분석하고 가정한 정책대안을 분석한 정보의 흐름이다. 즉, 정책 흐름이란 어떤 정책문제에 대한 해결책인 정책대안의 흐름이다. 어떤 정책문제가 이슈화되어 정책의제가 되는 것과는 상관없이 학자, 분석가, 그리고 직업관료들이 계속 연구하면서 일정한 흐름을 형성하고 있다.
>
> 3. 정치 흐름(Political Stream)
>   선거, 입법부의 지도적 지위의 경선 등 정치적 사건들에 의해서 형성된다.

(2) **정책의 창의 열림과 닫힘**: 정책의 창(Policy Window)이란 정책의제설정과 정책대안선택의 기회를 말한다. 정부의제설정은 문제 흐름과 정치 흐름이 합류하면서 정책의 창이 열려야 이루어진다. 그런데 정책의 창은 매우 좁고 희소한 자원이다. 정책의 창은 오래 열려 있지 않고 금방 사라진다. 아이디어가 반영될 수 있는 시간은 오지만 금방 사라진다는 것이다. 정책의 창이 열릴 경우에도 아무런 행동없이 지나치게 되면, 그 창은 오랫동안 다시 열리지 않을 수도 있다.

① 정책의 창이 열리는 이유

   ㉠ 기본적으로 정책의 창은 정책과정의 세 흐름 중 정치 흐름과 문제 흐름의 변화에 의해 열리는데, 정치 흐름에 의하여 열리는 경우가 가장 많다.

   ㉡ 정권교체, 의회 내 정당의석 분포 변화, 이데올로기적 경향 변동, 국민여론의 변동 같은 정치 흐름의 변화가 정부고위관료나 정책결정과정에 가까운 사람들로 하여금 새로운 문제에 주의를 기울이게 하여 정책의 창이 열리게 한다. 이중에서도 정권교체가 가장 분명하고 광범위한 영향을 미치는 정치 흐름의 변화이다.

   ㉢ 문제 흐름에 의해 열리기도 한다. 즉, 정책의 창은 촉발 메커니즘과 같은 우연한 사건에 의해 열릴 수도 있다.

   ㉣ 우연한 사건의 특정 정책문제의 심각성을 인식하게 한다. 정책주창자들에게는 그 문제에 대하여 그들이 개발해 놓은 정책대안을 해결책으로 제시할 수 있는 절호의 기회가 되는 것이다.

② 정책의 창이 닫히는 이유

   ㉠ 정책과정의 참여자들이 그들의 관심대상인 정책문제가 어떠한 정책결정이나 입법에 의해 충분하게 다루어졌다고 느끼는 경우가 있다.

   ㉡ 정책과정의 참여자들이 어떤 형태로든지 정부의 행동을 유도하지 못했을 경우에 정책의 창은 닫히게 된다.

   ㉢ 정책의 창을 열게 했던 사건이 정책의 장에서 사라지는 경우도 종종 있다.

   ㉣ 만약 인사이동이 정책의 창을 열게 하는 계기가 되었다면, 또 다른 인사이동이 정책의 창을 닫게 하는 계기가 될 수 있다.

   ㉤ 어떤 경우에는 문제에 관한 대안이 존재하지 않기 때문에 정책의 창이 닫히는 경우가 있다.

개념더하기 ▶ 정책의 창 모형 흐름

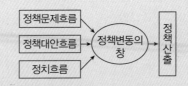

- 정책문제흐름: 지표의 변동, 위기 또는 재난 등으로 발생
- 정책대안흐름: 정치체제의 분화정도, 정책가의 활동, 이익집단의 개입 등
- 정치흐름: 여론 및 정권변화, 국회 의석수변화 등

- 문제 흐름(Problem Stream)에서 주요 참여자는 대중매체와 정책이해 당사자들이다.
- 정책 흐름(Policy Stream)의 주요 참여자는 학자, 연구자, 정책주창자, 직업관료, 그리고 정책전문가들이다.
- 정치 흐름(Political Stream)의 주요 참여자는 대통령, 의회의 지도급인사, 정당지도부, 이익집단의 대표자들이다.

그러므로 의제설정과정의 주도적 행위자는 문제 흐름과 정치 흐름을 주도하는 대중매체와 이익집단, 그리고 대통령, 의회 지도자, 정당지도자들이다. 킹던은 특히 의제설정과정에서 공식 행위자인 대통령이 주도적인 역할을 담당하고 있음을 밝히고 있다. 한편 정책대안 선정에서는 정책 흐름을 주도하는 학자, 분석가, 그리고 직업관료들이 상당한 영향을 행사한다는 것이다.

(3) 의제설정의 파급효과: 정책의 창이 어떤 정책의제를 위해 열리면 그와 비슷한 성질·형태의 정책의제를 위해서 정책의 창이 열릴 확률이 높아진다. 이러한 현상을 파급효과(Spillover)라고 할 수 있다. 일단 한 번 열려진 창을 잘 이용한다면 미래에 다가올 정책의제에 관한 토론을 주도할 수 있는 원칙이 확립될 수 있다.

(4) 합류의 중요성: 문제와 정치 흐름이 정부의제(Government Agenda)를 설정할 수 있다. 그런데 문제, 정치, 정책의 세 흐름이 모두 합류한다면 결정의제(Decision Agenda)가 될 가능성이 크게 높아진다. 정책 흐름 근처에서 정책대안들이 끊임없이 제시되고, 토론되며 수정된다. 문제가 제기된 이후 그 해결책을 고려하는 문제해결 모형과는 달리 정부 주변에는 정책대안들이 그 대안에 잘 어울리는 문제를 찾아다니고 또 그 대안의 채택가능성을 높여주는 정치적 사건이나 여건을 기다리며 떠돌게 된다. 그런데 만약 세 흐름 중 하나라도 빠지게 되면 그 주제는 결정의제가 되기 어렵다. 만약 정부의제의 지위에서 결정의제의 지위로 진입하지 못하게 되면 정책의 창은 닫히고 관심은 다른 주제로 옮겨가게 된다.

(5) 의제설정과 정책기업가의 역할: 정책기업가(Policy Entrepreneurs)는 문제, 정치, 정책의 세 흐름을 합류시키는 데 주도적인 역할을 담당하는 사람이다. 정책기업가는 자신이 가진 시간·에너지·명성·재력 등의 자원을 기꺼이 투자하는 정책주창자라고 정의되며 그들은 투자의 대가로 미래에 나타날 물질적·정치적 이윤을 기대한다.
정책기업가는 다음과 같은 세 가지 자질을 갖추어야 한다. 첫째, 다른 사람들이 그 사람의 의견에 귀를 기울여 줄 수 있는 사람이어야 한다. 둘째, 정책기업가는 훌륭한 정치적 네트워크와 협상기술을 가지고 있어야 한다. 셋째, 인내력과 끈기가 있어야 한다.

6 정책의제설정에 영향을 미치는 요인

1. 정책문제의 특성에 기인한 요인

(1) 문제의 중요성

① 사회적 유의성(有意性)·중요성(Social Significance): 피해의 정도가 중대·심각하고, 피해범위가 넓을 경우 의제화가 용이하다.

② 시기의 적실성·적합성(Temporal Relevance): 사회문제가 오랫동안 누적되어 온 것이거나 근본적·장기적으로 지속될 것으로 예상되는 경우 의제화가 용이하다.

(2) 해결책의 존재: 사회문제가 보다 근본적이고 장기적으로 지속될 것으로 예상될 경우 쉽게 의제화되나 문제의 해결책이 없으면 오히려 정책의제로 채택될 가능성은 저하된다.

(3) 문제의 외형적 특성

① 기술적 단순성 · 복잡성: 단순하고 이해가 쉬운 문제일수록 의제화가 용이하고, 기술적 복잡성이 높아 해결하기 어려운 경우 의제화가 곤란하다.

② 문제의 구체성 · 추상성: 문제가 명확하고 구체적일수록 이해하기 쉬우므로 의제화가 용이하다는 견해가 있고, 오히려 문제가 추상적 · 포괄적이고 불분명한 경우 반대세력을 감소시켜 정책의제화가 용이하다고 보는 견해도 있다. 즉, 정책문제가 구체적일 경우 지지기반이 상실되거나, 비용부담집단의 저항으로 인해 정책의제화가 곤란해질 수 있다는 것이다(상대적 관점에서 접근).

(4) 문제의 내용상 특성

① 정책유형에 따른 정책의제화의 용이성

배분정책 > 경쟁적 규제정책 > 보호적 규제정책 > 재분배정책

② 크렌슨(M. Crenson)의 문제특성론(대기오염의 비정치화): 문제해결로 유발되는 편익이 분산되어 있고 비용이 집중되어 있는 경우에는 의제 채택이 어렵다.

㉠ 국민 모두에게 중요한 대기오염에 관한 문제가 정치쟁점화되지 않는 이유를 설명한다.

㉡ 전체적 이슈화와 부분적 이슈, 전체적 편익과 부분적 편익, 전체적 비용과 부분적 비용의 개념을 활용

㉢ 공해문제는 전체에게 피해를 주는 전체적 이슈이며, 문제가 해결되면 전체적 편익을 가져오지만 문제해결에 부분적 비용이 필요하다. 전체적 이슈의 경우 정책으로 인해 문제가 해결될 때 혜택을 보는 전체 국민은 이를 과소평가하기 쉽지만, 부분적 비용을 부담하는 특정집단의 강력한 반대로 인해 정책의제화가 곤란하다.

㉣ 전체적 이슈이면서 부분적 비용을 수반하는 정책문제: 공해문제, 대중교통문제, 범죄예방문제, 정부조직 개혁문제

(5) 선례와 유행성: 비슷한 선례가 있는 문제는 표준운영절차에 따라 쉽게 의제화되고 해결책이 강구되며, 일종의 유행처럼 되어 있는 문제 역시 의제화가 용이하다.

(6) 극적 사건과 위기: 문제를 극적으로 부각시키는 사건 · 위기 또는 재난 등은 정치적 사건과 더불어 문제를 정부의제화시키는 양대 점화장치(Triggering Device)이다.

> **개념더하기** 　정책문제 정의 시 고려요소
>
> - 관련요소: 정책문제를 유발하는 사람들과 사물의 존재, 상황요소를 찾아내는 작업
> - 가치판단: 문제의 심각성 및 피해 집단 파악, 연관된 사람들이 원하는 가치가 무엇인가를 판단
> - 인과관계: 관련요소들의 관계를 원인, 매개, 결과로 나누어 파악
> - 역사적 맥락: 관련요소들의 역사적 발전과정, 변수들의 관계 변화과정 파악

2. 주도집단

(1) 주도집단의 정치적 자원(집단의 규모 · 응집력 · 재정력 · 구성원의 지위)이 클수록 정책의제화가 용이하다.

(2) 공식적 참여자인 대통령 · 행정부가 주도하므로, 동원형 · 내부접근형은 외부주도형보다 정책의제화가 용이하다.

(3) 외부주도형은 반대집단을 누르고, 정책결정자에게 영향력을 행사할 수 있는 정치적 힘에 따라 정책의 제화 정도는 상이하다.

(4) 체제이론에서는 체제의 문지기(Gate-Keeper, 대통령·수상)가 원하는 경우 정책의제화가 용이하다.

3. 정치적 요인

(1) **정치체제의 구조**: 정치체제의 구조가 집권적이고 권위주의적인 후진국에서는 동원형과 내부접근형이 대부분이나, 분권적이고 민주적인 선진국에서는 상대적으로 외부주도형이 주류이다. 대체로 민주적인 정치체제일수록 정책의제화가 용이하다.

(2) **정치이념과 정치문화와의 관계**
> 예 1960~1970년대 반공이념, 경제성장 제일주의에 따른 환경·노동·복지문제의 경시

(3) **정책담당자의 태도**: 정책담당자가 방관적 태도보다 후원적 태도, 후원적 태도보다는 주도적 태도일수록 정책의제화가 용이하다.

(4) **정치적 사건**: 점화장치(Triggering Device) 역할을 하는 정치적 사건의 발생
> 예 선거에 의한 정권교체

02 정책의제설정에 관한 이론(권력관계모형 참조)

1 특정문제만 의제화된다는 이론

1. 사이먼(Simon)의 의사결정론(주의집중능력의 한계)

(1) **인간의 의사결정단계**: 주의집중 → 설계 → 선택

(2) 인간은 연속적으로 정보를 처리하는 기계이므로, 정보인지능력에 한계가 있어서 일시에 많은 문제에 주의를 기울일 수 없다. 조직체도 인간과 마찬가지로 주의집중(Attention Directing: 정책의제설정 단계에 해당)능력에 한계가 있으며, 정치체제도 마찬가지라고 생각한다. 주의집중능력의 한계로 인해 소수의 사회문제만이 정책문제로 채택된다.

(3) 사이먼의 이론은 왜 여러 사회문제 중에서 일부만 정책문제화가 되는지에 대해서는 설명할 수 있으나 왜 특정의 문제가 정책문제로 채택되고 다른 문제는 제외되는가에 대한 설명은 하지 못한다.

2. 체제이론[이스턴(D. Easton)의 체제 문지기의 선호]

정치체제에는 능력상 한계로 인해 체제 내 전체 부하(負荷) 업무량의 감소를 위해 채택할 문제 수를 줄여 야 한다. 요구나 이슈의 정치체제나 그 하위체제에의 진입 여부를 결정하는 과정을 게이트키핑(Gate-Keeping)이라 하고, 진입 여부를 결정하는 개인·기관·집단을 체제의 문지기(Gate-Keeper)라고 한 다. 체제의 과중한 부담을 회피하기 위해 체제의 문지기가 선호하는 문제만 정책문제로 채택된다 (Filtering, Coding).

3. 엘리트이론(권력관계모형 참조)

지배엘리트의 의식과 가치관, 이해관계 등이 정책의제형성에 결정적인 영향을 미치며, 지배엘리트의 이익 과 합치되는 문제만 정책의제화된다.

4. 이익집단의 영향력

(1) 하위정부론(Subgovernment)・철의 삼각(Iron Triangle): 국가의 중요정책이 의회 상임위원회, 정부관료, 이익집단이라는 철의 삼각에 의해 결정된다. 3자 간의 이해관계가 장기적・안정적이고 호혜적인 동맹관계가 형성되어 그들의 이익만을 반영한다.

(2) 포획이론(Capture Theory): 공익목적을 위해 설치된 규제기관이 피규제기관과의 빈번한 접촉, 정부의 피규제산업에의 의존, 퇴직 후 일자리 보장 등의 이유로 포획되어 공익보다는 피규제산업의 기득이익을 대변・보호하게 된다는 이론이다.

(3) 지대추구이론(Rent-Seeking Theroy): 정부의 시장개입이 초래하는 사회적 비용을 설명하는 이론으로 정부가 시장에 개입하여 경쟁을 제한하거나 독점적 상황을 만들게 되면, 이로 인해 시장에서는 독점지대가 발생하여 독점자원 소유자에게는 기회비용을 초과하여 이윤이 돌아가게 된다는 것이다. 이익집단들은 이러한 독점적 상황을 유지하기 위해 경쟁체제라면 기술개방 등에 투자할 자금을 정부에의 로비 등 비생산적 용도에 사용하게 되어 사회적 손실이 발생한다.

(4) 이익집단 자유주의(로위, Lowi): 다양한 이익집단의 요구를 골고루 정책과정에 반영하기 곤란하고 응집력・영향력이 강한 대규모 특정이익집단(Special Interest Group)의 이익이 정책에 반영되며, 조직화되지 않은 소규모 이익집단의 이익은 정책과정에서 배제될 것이라는 입장이다. 침묵적 다수보다는 활동적 소수(Active Minority)의 이익만 반영되며 공유지의 비극이 발생할 수 있다.

개념더하기 　정책의제 채택과정모형

포자모형	의제채택의 유리한 환경이 조성될 때 정책의제화가 이루어진다는 모형
정책흐름모형	흐름창모형 및 쓰레기통모형 등 조직화된 무정부상태에서의 의제설정을 설명하는 모형
이슈관심주기모형	이슈관심의 주기가 있기 때문에 하나의 문제에 대하여 일반 대중은 오랜기간 관심을 가지지 못한다는 모형
동형화이론	정부 간 정책전이현상을 동형화로 이해
혁신확산이론	시간의 경과에 따라 새로운 아이디어와 기술이 확산되는 과정과 방식을 설명
사회적구성론	의제설정은 인과관계가 아니라 구조화 행위의 연관성 속에서 사회적으로 만들어지는 구성

2 다양한 문제가 의제화된다는 이론

1. 다원주의

정치적 영향력 및 권력은 사회 각 계층에 널리 분산되어 있으며(정치권력의 실질적 소재의 다원화), 정치제도상 중요지위를 점하고 있는 자들은 정치적 지위를 유지하기 위해 일반 시민의 요구에 따라 권한을 행사한다. 따라서 공식적으로는 소수가 정책과정을 좌우하고 있지만, 실질적으로는 다수에 의한 정치가 이루어지고 있으며, 어떠한 사회문제도 정치체제로 침투될 수 있다(달, 린드블롬, 폴스비, 윌다브스키). 집단과정론(트루먼, 벤틀리)은 다양한 이익집단의 이해관계가 골고루 정책에 반영되는 근거로 잠재이익집단론(Potential Group)・중복회원론(Multiple Membership)을 든다.

2. 킹던(J. Kingdon) – 정책의 창(Policy Window)

의제설정과정 참조(p.210)

04 정책분석

01 정책분석의 의의 및 절차

1. 정책분석의 개념

(1) 광의의 정책분석: 정책결정 · 집행 · 평가 등 정책과정 전반에 관한 연구를 의미하기도 하나, 주된 관심은 정책의 사전적 분석에 있으므로 사후적 평가인 정책평가와 구별된다.

(2) 협의의 정책분석: 합리적 정책을 결정하기 위한 정책대안의 체계적인 탐색 · 평가와 대안의 선택에 관한 전략, 필요한 지식과 정책정보*를 창출 · 제공하는 활동을 의미한다.

2. 정책분석의 목적과 중요성

정책분석은 동태적이고 급변하는 복잡한 사회문제를 파악하며 정책결정을 개선하려는 정책과학의 주요 처방으로, 정책결정자의 판단의 질을 높여 정책결정의 합리성을 제고하려는 것이다. 또한 정책결정과 정책집행 결과에 대한 책임을 따지는 기초가 되는 정보를 산출해주며, 국민 각자가 정책이 자기에게 미치는 영향을 판단하여 자기의 이익을 투입하기 위한 활동을 하는 데 도움을 줄 수 있는 정보를 산출해준다는 점에서 그 중요성이 높다.

3. 정책분석의 특징

(1) 인간의 이성과 증거를 토대로 대안의 결과를 예측하고 비교 · 지적 · 분석적 활동이지, 협상과 타협 또는 권력적 관계에 의존하는 정치적 활동이 아니다.

(2) 계량적 측면뿐만 아니라 질적 · 비합리적 · 정치적 측면을 모두 고려하는 포괄적인 지적 · 분석적 활동이다.

(3) 정책분석은 합리적인 정보제공을 통해 정책결정자의 합리적 판단을 도와주는 활동이다(분석이 결정을 대신하는 것은 아니다).

(4) 정책분석은 합리적이고 상식적인 활동이므로 전문가만 수행할 수 있는 작업이 아니라 여러 사람들에 의해 다양한 형태로 이루어진다.

---

* 정책정보의 종류
  (1) 기술적 정책정보: 일상적인 지원정보로서 하층부의 구조적화된 문제 해결에 유용
  (2) 전략적 정책정보: 환경 및 미래목표나 행동노선 선택을 위한 정보로서 상층부의 비구조화된 문제 해결에 유용

4. 정책분석가의 유형과 정책제안

(1) 정책분석가의 역할 유형(젠킨스와 스미스, Jenkins & Smith)

구분	객관적 기술자 모형	고객 옹호자 모형	쟁점 옹호자 모형	정책토론 옹호자 모형
역할 인식	객관적·중립적 정보제공 자로 인식	분석의뢰자에 대한 봉사자 로 인식	바람직한 가치를 추구하는 규범적 존재인 정책창도가 로 인식	정책토론의 촉진자로 인식
관심의 초점	• 문제해결방법 제시에 초점 • 경제성과 능률성에 관심	분석의뢰자의 이익에 관심	바람직한 가치에 관심	정책토론의 자료 개발에 관심

(2) 던(W. Dunn)의 정책제안 유형

① 사실적 주장: 객관적인 사실에 근거하여 관찰될 수 있는 특성을 기술하는 것('기인되었다, 영향을 미쳤다' 등의 진술, 사실)

② 평가적 주장: 객관적 사실에 가치가 결부된 주장으로 정책의 어떤 측면이 '가치가 있다, 없다'라고 확언하는 것('좋다, 나쁘다, 옳다, 그르다' 등의 진술, 가치)

③ 창도적 주장: 정부가 마땅히 어떤 행동을 취해야 한다고 확언하는 것

(3) 정책분석과 체제분석의 비교

정책분석	체제분석
비용·효과의 사회적(외적) 배분 고려	자원배분의 내적 효율성(비용·편익의 총 크기) 중시
정치적 합리성과 공익성(정치적 실현가능성)	경제적 합리성
계량분석·비용편익분석 외에 질적 분석 중시	계량분석·비용편익 분석 위주
가치문제 고려하는 목표분석	가치를 고려치 않는 수단 분석
정치적·비합리적 요인 고려	정치적 요인을 고려치 않음
정치학·행정학·심리학·정책과학 활용	경제적(미시)·응용조사·계량적 결정 이론

5. 정책분석의 절차[정책의 구성요소 참조(p.162)]

'문제 인지 및 정의, 목표설정 → 대안탐색, 개발 → 대안의 결과예측(불확실성) → 대안의 비교·평가 → 대안 건의'의 과정을 거친다. 이하에서는 정책분석의 중요한 쟁점을 논하기로 한다.

1 정책대안의 탐색 개발

1. 의의

(1) **정책대안**: 정책목표를 달성해 줄 수 있는 채택 가능한 정책수단이다.

(2) **대안 탐색**: 문제를 해결할 수 있는 가능한 모든 정책대안을 발굴하는 것으로 대안의 식별과 창출을 포함한다.

2. 정책대안의 원천

(1) **과거의 정책, 현존정책**: 동일하거나 유사한 정책문제에 대하여 과거 채택했거나 현재 시행 중인 정책

(2) **외국, 타 지자체의 사례**: 정책에 대한 정책목록을 참조하거나, 타 정부의 정책사례 벤치마킹

(3) **정책이론 · 모형의 활용**: 정책목표와 정책수단 간 인과관계를 내포하는 과학적 지식 · 이론으로부터 대안 도출

(4) **주관적 · 직관적 방법**: 여러 전문가의 의견을 물어 대안 탐색, 브레인스토밍, 정책 델파이, 생선-뼈 기법* 등이 있다.

2 대안의 결과예측

정책목표가 확정된 후 이를 달성할 수 있는 정책수단들이 광범위하게 개발되거나 탐색된 후에 정책수단들 하나하나가 집행될 경우 어떠한 결과가 나타나게 될 것인지를 미리 예상해 보아야 한다.

1. 역사적 (투사) 접근

(1) **의의**: 과거의 모든 시계열 데이터를 토대로 미래를 예측하는 방법이다. 경험적 · 귀납적 · 미래예측 기법의 성질을 가지고 있다.

(2) **역사적 추세예측기법**

① **시계열분석**: 과거의 변동추이를 시간적으로 분석하여 그것을 토대로 미래의 결과를 전망해보기 위한 비인과적 기법이다. 시간을 독립변수로 하여 미래를 예측하려는 동태적 종단분석으로서 동일시점에서 여러 사례를 비교 · 분석하는 정태적인 횡단분석과는 반대개념이며, 시계열분석은 다음 세 가지 기본 가정에 기초하고 있다.

㉠ 지속성: 과거에 관찰된 방식이 미래에도 지속될 것이다. 만약 과거에 에너지 소비가 증가해왔다면, 미래에도 계속해서 똑같이 증가할 것이다.

㉡ 규칙성: 관찰된 과거 경향 속에서의 변화가 미래에도 규칙적으로 반복될 것이다. 만약 20년 혹은 30년마다 전쟁이 일어났으면 미래에도 이 주기가 반복될 것이다.

㉢ 자료의 신뢰성과 타당성: 자료가 일관성을 띠고 있어서 경향에 대한 측정이 신뢰할 수 있고 타당한 것으로 가정한다.

---

* 생선-뼈(Fish-Boning) 기법

정책대안을 개발하고 탐색하는 데 생선뼈와 같은 구조를 이용하여 아이디어를 구조화하고 선택하는 기법이다. 예를 들어 대학진학에 실패했을 경우 큰 골격 뼈는 주요 대안이 되며, 가지 뼈는 하위대안을 보여주기 때문에 자신의 선택을 구조화하여 집중적으로 검토 가능한 기법이다. 이 기법의 장점은 대안이 그렇게 많지 않을 것 같은 경우에 창의적이고 논리적 사고에서 사용될 수 있고, 아이디어들을 구조화하기 때문에 아이디어 선정과 집중적 평가에 유용하다는 점이다.

② 선형경향 추정: 선형성이 강한 시계열분석으로 추세연장의 표준적인 방법이다. 시간을 독립변수로 한 회귀분석을 이용하여 미래의 정확한 추정치를 얻는 방법이다.

③ 비선형 시계열: 선형성, 지속성, 규칙성의 조건을 만족시키지 않는 시계열로 진동, 순환, 성장, 쇠퇴, 격변 등이 있다.

④ 자료변환: 시계열의 값을 적절히 변환하여 회귀방정식에 이용하는 방법이다.

2. 이론적 접근

(1) 의의: 이론적 가정과 과거자료를 바탕으로 미래 사회상태를 예견할 수 있도록 도와준다. 이러한 이론적 접근 방법은 연역적 논리에 기초하여 정책대안의 결과를 예측하며, 예견이라고 한다. 이론적 예측은 인과관계에 관한 가정들에 기초하기 때문에 이론으로부터 도출된 인과모형이 필요하다. 인과모형을 만드는 데 자주 이용되는 방법은 경로 분석(Path Analysis)이다.

(2) 이론적 예측기법

① 회귀분석: 종속변수와 독립변수 간의 관계형태 크기를 정확하게 추정하는 통계기법으로, 회귀분석은 선형경향추정에서 사용하였던 최소자승법을 똑같이 이용하지만 이론에 기초한 변수들을 사용한다는 점에서 다르다. 독립변수가 하나인 단순회귀분석뿐만 아니라, 독립변수가 여러 개인 다중회귀분석을 이용하는 경우가 많다. 회귀분석은 이론적 모형화에 특히 유용하다. 이것은 종속변수와 독립변수 간의 관계형태에 대하여 요약된 측정치를 제공하기 때문이다. 그리고 분석가는 회귀분석을 통하여 변수 간의 인과관계를 확인할 수 있다. 그러나 예견이나 추정을 하는 것은 회귀분석 자체가 아니라 회귀분석에 이용된 이론이라는 점을 기억해야 한다.

② 인과모형에 의한 방법

㉠ 모형은 현실에서 필요하고 중요한 측면만을 뽑아 표현한 것, 즉 현실의 추상적 표현이다.

㉡ 모형의 작성방법: 해결해야 할 정책문제의 발생원인, 정책대안을 추진했을 때 나타날 결과를 탐색하고, 각 원인 또는 결과변수 및 요소들 간 상호관계를 나타내 주어야 한다. 모형을 통해 원인변수와 결과변수의 인과관계를 규명함으로써 정책대안의 결과예측이 가능하다.

③ 분산분석(변량분석): 두 개 이상 다수의 집단(표본)을 비교하고자 할 때 총 평균과 각 집단의 평균 차이에 의해 생긴 집단 간 분산의 비교를 통해 가설검정을 하는 방법을 말한다.

④ 이론지도 작성: 논증 또는 이론적 가정의 인과구조를 지도로 나타내어 가정을 확인하고 체계화하는 기법을 말한다.

3. 직관적(추측, 판단) 접근

(1) 의의: 전문가나 지식인들의 내적 통찰력과 같은 주관적 판단을 근거로 예측하는 것이다. 이 방법은 미래에 대한 어떤 주장을 해놓고 이를 뒷받침할 수 있는 정보나 가정을 추론해 나가는 회귀적 논리 혹은 역류적 논리에 기초하여 정책대안의 결과를 추측하여 예측한다.

(2) 직관적 예측기법

① 델파이(Delphi)기법

㉠ 의의: 델파이 방법은 1948년 랜드(Rand) 연구소에서 개발되어 서면으로(익명성) 전문가들의 의견을 종합하여 미래에 대한 주관적 예측과 합리적인 아이디어를 만들려는 시도로 고안되었다. 델파이기법에서 의견 분석은 컴퓨터가 통계적·계량적으로 분석·처리를 해주지만, 의견의 소스가 주관적이므로 질적 미래예측방법에 해당한다.

ⓛ 도입목적: 델파이기법은 위원회나 전문가토론 또는 다른 집단토의에서 나타나는 외향적이고 공격적인 성격을 지닌 몇몇 사람이 발언을 독점하거나, 공개적으로 다른 사람의 의견에 반대하기가 어렵다거나, 한 번 공개적으로 제시한 의견을 바꾸기 싫어한다거나 하는 등의 약점을 극복하기 위해서 고안되었다.

ⓒ 절차: 문제의 명확화 → 참여자의 선정 → 질문지 작성 → 1차 응답의 결과 분석(통계처리) → 후속 질문지의 개발(1차 응답결과를 통계적으로 처리한 요약된 정보 제공) → 응답 및 질문의 3~4회 반복 → 통계처리 및 보고서 작성

ⓔ 특징
- 익명(Anonymity): 익명을 엄격하게 보장하고 실제로 분리된 개개인으로서 답변한다.
- 반복(Iteration): 개개인의 판단을 집계하여 몇 회에 걸쳐 참가한 모든 전문가에게 다시 알려준다. 이렇게 함으로써 사회학습의 기회를 제공하고 이전의 판단을 수정하도록 해준다.
- 통제된 환류(Controlled Feedback): 종합된 판단의 전달은 질문지에 대한 응답을 요약한 수치의 형태로 이루어진다.
- 통계처리(Statistical Group Response): 개인들의 응답을 요약한 것은 중앙경향치(주로 중앙값), 분산도(사분편차), 도수분포(막대그림표, 도수다각형) 등의 형태로 제시된다.
- 전문가 합의(Expert Consensus): 예외는 있지만 이 기법의 주요한 목표는 최초의 산물로서, 그리고 중요한 산물로서 전문가들 사이의 합의가 도출될 수 있는 조건을 마련하는 것이다.

ⓜ 장·단점

장점	단점
• 통제된 환류과정을 반복하므로 주제에 대한 계속적 관심과 사고를 촉진 • 응답자의 익명성이 보장되므로 외부의 영향력으로 인한 결론의 왜곡이나 표현의 제약을 방지 • 응답결과가 통계적으로 정확히 처리되어 전문가의 주관적 판단을 종합해 비교적 객관적인 확률분포로 전환할 수 있음 • 응답집단을 보다 크게 하고 단계를 많이 반복하면 비교적 정확하고, 신뢰할 만한 정보를 얻을 수 있음 • 단계가 거듭되면서 전문가의 의견접근 속도가 예상 외로 빨라지고, 의견의 현저한 전환이 발생함	• 익명성으로 인한 응답자의 불성실한 대답 • 응답자 답변의 조작가능성(설문지의 구성 여하에 따라 응답이 크게 좌우됨) • 비판기회의 결여로 아이디어 창출에 한계 • 동원된 전문가들의 역량 및 대표성의 문제 • 합의 유도로 인한 소수의견 묵살 가능성 • 주관적 판단에 의존하므로 과학성 결여 • 정치적 의사결정상 이해관계의 개입으로 객관성 결여

② **정책델파이(Policy Delphi)**

ⓛ 의의: 정책델파이는 전통적 델파이의 한계점을 건설적으로 극복하여 정책문제의 복잡성에 맞는 새로운 절차를 만들어 내려는 시도이다. 정책델파이는 주요 정책이슈의 잠정적인 해결책에 대하여 있을 수 있는 강력한 반대의견을 창출하고자 하는 것이다. 정책델파이는 전통적 델파이와 같은 두 가지 원칙(반복과 통제된 환류)에 기초하지만 다음과 같은 절차와 특징을 가지고 있다.

ⓒ 절차: 이슈의 구체화 → 창도자 선정[눈덩이(Snowball) 표본추출 이용] → 질문지 설계 → 1차 질문 결과 분석 → 후속질문 개발→ 회의소집 → 최종보고서 작성

ⓔ 특징
- 선택적 익명(Selective Anonymity): 익명성은 예측의 초기단계에서만 유지되고, 환류과정부터는 상반되고 특이한 주장에 대해서는 익명성을 보장하지 않으며, 회의를 통해 상반된 주장에 대한 밀도 있는 토론을 거치게 된다.

- 식견 있는 다수의 창도(Informed Multiple Advocacy): 참가자를 선발하는 과정은 '전문성' 자체보다는 이해관계와 식견의 기준에 바탕을 둔다. 따라서 델파이 집단을 구성할 때 조사자들은 특정 상황에서 가능한 식견있는 창도자집단을 대표할 수 있도록 노력해야 한다.
- 양극화된 통계처리(Polarized Statistical Response): 개인의 판단을 집약할 때, 불일치와 갈등을 의도적으로 부각시키는 수치가 사용된다. 전통적인 측정치(중앙값, 범위, 표준편차) 역시 사용될 수 있지만, 정책델파이는 여기에 개인 간 혹은 집단 간의 차이를 나타내는 여러 가지 수치를 보충한다.
- 구성된 갈등(Structured Conflict): 갈등은 정책 이슈의 정상적인 모습이라는 가정에 입각하여 대안과 결과를 창조적으로 탐색하는 데에 의견상의 차이를 이용하려는 모든 시도가 이루어진다. 또한 대립되는 입장에 내재된 가정과 논증을 표면화시키고 명백하게 하기 위해 노력한다. 따라서 정책델파이의 결과는 완전히 제한이 없다. 합의가 이루어질 수도, 갈등이 계속될 수도 있다는 뜻이다.
- 컴퓨터(인터넷)를 이용한 회의방식도 활용한다.

더 알아보기

전통적 델파이와 정책델파이의 차이점

구분	전통적 델파이	정책델파이
적용영역	일반문제에 대한 예측	정책문제에 대한 예측
익명성	철저한 익명성	선택적 익명성(중간에 상호교차토론 허용)
통계처리	통계처리를 통한 의견의 평균치 · 중위값 발견	의견차이나 갈등을 부각시키는 양극화된 통계처리
합의	전문가 간 합의의 도출	조성된 갈등 – 극단적 · 대립적 견해의 유도와 존중
응답자	동질적 정책전문가를 응답자로 선정	정책전문가와 이해관계자 등 다양한 응답자 선정
토론	없음	컴퓨터를 통한 회의방식도 활용
유사점	반복조사, 통제된 환류(응답자의 의견의 종합은 질문지에 대한 응답결과를 정리한 수치의 형태로 전달)	

③ **교차영향분석**: 교차영향분석은 다른 사건이 일어났느냐 일어나지 않았느냐에 기초하여 미래의 어떤 사건이 일어날 확률에 대해서 식견 있는 판단을 이끌어 내는 기법으로, 전통적 델파이를 보완하기 위하여 특별히 고안되었다. 교차영향분석의 목적은 다른 관련 사건의 발생을 촉진하거나 억제하는 사건을 식별하는 것이다.

④ **실현가능성 평가기법**: 실현가능성 평가기법은 정책대안의 선택 또는 정책집행과정에서 정책관련자들의 행태를 예측할 수 있도록 도와주는 방법이다. 주관적인 추정에 기초하여 이슈에 대한 입장(지지, 반대, 무관심할 확률), 가용자원, 자원의 상대적 서열 등을 분석하고, 특정 정책대안이 채택 또는 집행될 가능성이 어느 수준인가를 판단할 수 있는 정보를 제공한다.

⑤ **변증법적 토론(지명반론자기법, Dialectical Discussion Method)**: 토론집단을 대립적인 찬 · 반 두 개의 팀으로 나누어 토론을 진행하는 과정에서 합의를 형성해 나가는 기법이다. 구체적으로 특정대안에 대해 찬성하는 역할, 반대하는 역할을 지정하고 이들이 각각 자신의 역할에 충실한 토론을 하는 과정에서 대안의 장점과 단점을 최대한 노출시키고 의견수렴의 과정을 거쳐 합의를 형성하는 기법이다.

⑥ **명목집단기법(Nominal Group Method)**: 집단적 문제해결에 참여하는 개인들이 개별적으로 해결방안에 대해 구상하고 그에 대해 제한된 집단적 토론을 한 다음 해결방안에 표결을 하는 기법으로 토론

이 비조직적으로 방만하게 진행되는 것을 막고 좋은 의견이 고루 개진되는 것을 보장하기 위한 방법이다.

개념더하기　던(W. Dunn)의 정책대안 결과예측 방법

접근방법	근거	기법	결과적 산출물
역사적 예측(추세연장법) (Extrapolative Forecasting)	역사적 경향분석, 귀납적 추론	시계열분석, 지수가중법, 자료전환법, 선형경향 추정, 지수평활법, 격변방법 등	투사(Projection)
이론적 예측 (Theoretical Forecasting)	이론 · 모형 연역적 추론	투입 · 산출분석, 회귀분석, 경로분석 선형계획(Lp), 상관관계분석, 시뮬레이션	예언(Prediction)
직관적 · 주관적 예측 (Intuitive Forecasting)	주관적 판단, 역류적 추론	델파이, 브레인스토밍, 교차영향분석, 실현가능성 평가, 정책델파이, 역사적 유추, 패널토의, 비계량적 시나리오 등	추측(Conjection)

3 불확실성과 의사결정분석

1. 정책분석에서의 불확실성

(1) **의미**: 정책분석에서 불확실성은 정책대안의 성공에 영향을 미치는 요소들에 대한 예측 불가능성이라고 정의할 수 있다.

(2) **불확실성의 발생 원인**
　① 정책문제의 복잡성
　② 정책목표와 수단 간의 인과관계의 부재
　③ 정책대안과 관련된 정보
　④ 정책환경의 가변성
　⑤ 정책담당자의 지식, 시간, 비용부족 등

2. 의사결정분석

의사결정자는 확실치 않은 미래 상황에 직면하여 문제를 분석할 수 있는 논리적인 준거틀(Framework)을 익히고 응용할 수 있어야 한다. 이러한 준거틀을 제시할 수 있는 이론과 기법을 의사결정분석(Decision Analysis)이라고 할 수 있다.

(1) **의사결정의 상황**
　① **확실한(Certain) 상황**: 의사결정에 필요한 모든 정보가 제공되어, 어떤 대안을 택할 때 어떤 결과가 나타날 것인지를 확실히 아는 경우를 말한다. 이러한 상황에서 쓰이는 관리과학기법들에는 선형계획법(LP), 목표계획법(GP), 수송 네트워크모형 등이 있다.
　② **불확실한(Uncertain) 상황**: 의사결정에 필요한 확실한 정보가 없고, 결과상황이 발생할 확률도 모르는 경우를 뜻한다(넓게는 위험한 상황도 포함).
　③ **위험한(Risky) 상황**: 확실한 상황처럼 의사결정에 필요한 정보가 확실치는 않지만, 대안들의 성격이나 결과상황들의 발생확률은 알고 있는 경우를 뜻한다. 위험한 상황에서는 대기행렬이론, 동적 계획법, 시뮬레이션 등의 관리과학기법이 사용된다.

(2) 의사결정의 평가기준: 불확실한 상황 하에서의 의사결정에 쓰이는 평가기준에는 맥시맥스(Maximax)기준, 맥시민(Maximin)기준, 평균기대값기준, 미니맥스(Minimax)후회기준 등이 있다. 한편 위험한 상황 하에서의 의사결정의 경우에는 최대기대가치기준, 최소기회손실기준 등이 있다.

구분	조건부 값이 이익	조건부 값이 비용
낙관기준	Maximax	Minimin
비관기준	Maximin	Minimax

개념더하기 기준에 따른 선택결과

선택될 수 있는 대안은 X라는 신상품의 생산(A1), Y라는 신상품의 생산(A2), Z라는 기존상품의 생산(A3) 등 세 가지이다. 발생할 수 있는 결과상황은 시장성이 좋은 경우(S1), 시장성이 보통인 경우(S2), 시장성이 나쁜 경우(S3) 등 세 가지이다. 결과들을 화폐단위로 표시하면 아래 표와 같이 각 대안과 상황에 따라 아홉 가지로 나타날 것이다. 이와 같이 결과를 표로 정리한 것을 청산표(淸算表, Payoff Table) 또는 청산행렬(Payoff Matrix)이라고 한다.

[시장성의 정도에 따른 각 상품의 생산대안의 청산표]

(화폐단위: 억 원)

대안	시장성		
	좋음(S1)	보통(S2)	나쁨(S3)
신상품X 생산 (A1)	30	10	−10
신상품Y 생산 (A2)	20	14	5
신상품Z 생산 (A3)	15	15	15

출처: 김지원, 『정책 분석론』, 한국방송통신대학교, 2016

1. 맥시맥스(Maximax)기준

최상의 조건(상황)이 발생할 것이라는 낙관적인 가정 하에서 각 대안의 예상결과를 비교하여 최선의 대안을 선택하는 방법, 결과가 비용이나 손실 등으로 표시되었을 경우에는 최소의 결과들 중에서 최솟값을 찾아야 한다. 이런 경우를 미니민(Minimin)기준이라고 하는데, 사실상 맥시맥스기준과 같은 것이다.

(단위: 억 원)

상황 \ 대안	S1	S2	S3	최대기댓값	
A1	30	10	−10	30	← 최대
A2	20	14	5	20	
A3	15	15	15	15	

2. 맥시민(Maximin)기준

최악의 상황이 발생한다는 비관적 가정을 기초로 대안을 선택한다. 따라서 이 기준을 비관적 기준이라고도 한다.

(단위: 억 원)

상황 \ 대안	S1	S2	S3	최대기댓값	
A1	30	10	−10	−10	
A2	20	14	5	5	
A3	15	15	15	15	← 최대

3. 평균기댓값기준, 라플라스(Laplace)기준

결과상황의 발생확률을 모르기 때문에 각 상황에서의 발생확률이 동등할 것으로 가정하고 기댓값을 구하여, 이 평균기댓값들을 비교하여 최선의 대안을 택하는 방법

$E(A1) = (30 + 10 - 10) \div 3 = 10$(억 원)

$E(A2) = (20 + 14 + 5) \div 3 = 13$(억 원)

$E(A3) = (15 + 15 + 15) \div 3 = 15$(억 원)

따라서 대안 A3의 평균기댓값이 가장 크므로 최적안으로 선택될 것이다.

4. 미니맥스(Minimax)후회기준

새비지(Savage)에 의하여 처음 소개되었기 때문에 새비지의 기준이라고도 한다. 미니맥스후회기준의 목적은 의사결정자가 미래의 상황을 잘못 판단하여 생기는 기회손실, 즉 후회를 최소화하는 데 있다. 각 기회손실의 값은 각 결과상황별로 계산하는데, 각 상황 하의 최대결과치(예상이득)에서 다른 대안의 결과치를 뺀 값이다.

[상황별 각 대안의 기회손실표]

(단위: 억 원)

대안＼상황	S1	S2	S3	후회값의 합계
A1	0	5	25	30
A2	10	1	10	21
A3	15	0	0	15 ← 최소

5. 위험한 상황 하에서의 평기기준

위험한 상황은 넓은 의미에서 불확실한 상황에 포함될 수 있으며 함께 고려하는 것이 보통이나, 여기에서는 상황의 발생확률을 강조하기 위하여 분리하여 설명한다.

(1) 최대기대가치기준: 각 대안의 기댓값을 구한 다음 이 기댓값을 비교하여 최적대안을 선택하는 방법이다. 특히 기댓값이 화폐단위로 표시될 경우를 기대화폐가치(EMV; Expected Monetary Value)라고 하는데, 각 대안별 기대화폐가치를 비교하여 최대가 되는 대안을 선택하게 된다.

다음은 가정된 각 결과상황 발생확률이다. 시장성이 좋을 가능성이 30%, 보통일 가능성이 40%, 나쁠 가능성이 30%라고 가정할 때 이를 청산표로 표현하면 다음과 같다.

[상황별 각 대안의 청산표]

(단위: 억 원)

대안＼상황	S1 (p=0.3)	S2 (p=0.4)	S3 (p=0.3)
A1	30	10	−10
A2	20	14	5
A3	15	15	15

표로부터 각 대안의 기대화폐가치(EMV)를 구하면 다음과 같다.

$EMV(A1) = (0.3 \times 30) + (0.4 \times 10) + \{0.3 \times (-10)\} = 10.0$(억 원)

$EMV(A2) = (0.3 \times 20) + (0.4 \times 14) + (0.3 \times 5) = 13.1$(억 원)

$EMV(A3) = (0.3 \times 15) + (0.4 \times 15) + (0.3 \times 15) = 15.0$(억 원)

따라서 세 번째 대안 A3의 기대화폐가치가 가장 크므로 A3가 최적대안으로 선택된다.

(2) 최소기회손실기준: 기대기회손실(EOL; Expected Opportunity Loss)을 최소로 하는 대안을 선택하는 기준을 뜻한다. 이 기준은 앞에서 설명한 미니맥스후회기준과 같이 의사결정자가 미래의 상황을 잘못 판단하여 생기는 손실을 최소화하고자 하는 방법이다.

기대기회손실(EOL)을 구하면 다음과 같다.
EOL(A1)=(0.3×0)+(0.4×5)+(0.3×25)=9.5(억 원)
EOL(A2)=(0.3×10)+(0.4×1)+(0.3×10)=6.4(억 원)
EOL(A3)=(0.3×15)+(0.4×0)+(0.3×0)=4.5(억 원)
따라서 A3(기존상품 Z생산)라는 대안의 기대기회손실이 가장 작으므로 최적대안으로 선택된다.
우리는 앞에서 기대화폐가치(EMV)기준에 의하여 선택된 최적대안도 A3였고, 여기에서 기대기회손실(EOL)기준에 의하여 선택된 최적대안도 A3임을 알 수 있다.

개념더하기 ▶ 불확실성의 대처 방안

1. 적극적 방안
   (1) 상황에 대한 정보의 획득: 불확실성을 야기하는 변수들에 대한 정보를 수집하여 불확실성을 줄인다. 시간을 지연시키며 정보를 획득하거나, 예측가능성 제고의 기회를 탐색
   (2) 미래예측기법의 활용: 이론 · 모형의 개발, 정책실험, 정책델파이 · 브레인스토밍(난상토론)
   (3) 불확실성을 일으키는 상황이나 변수를 통제(환경에 대한 제어와 통제): 불확실성을 야기하는 환경을 통제가능한 내생변수화하여 불확실성을 발생시키는 상황 자체를 통제, 환경과의 협상 · 흥정, 적응적 흡수
   (4) 보험: 최악의 경우를 극복할 능력이 없을 때 보험을 이용해 불확실성에 대비

2. 소극적 방법
   (1) 최악의 가정(보수적 접근): 최악의 경우가 나타날 것으로 보고, 각 대안의 최악의 결과를 예측하여 그중 가장 최선의 대안을 선택하며 가장 간단한 위험회피형 태도
   (2) 가외성(중복성: Redundancy) · 신축성 등 추가안전장치의 마련
   (3) 복수의 대안 제시
   (4) 민감도분석(Sensitivity Analysis): 비용 · 편익분석에서 주로 사용하는 것으로, 모형에서의 변수가 불확실할 때, 이 변수가 취하리라고 생각되는 가능한 값들을 모두 고려하여, 하나하나의 값들에 따라 정책대안의 결과가 각각 어떻게 되는가를 파악하는 방법으로 정책대안의 결과들이 모형상의 변수(내생변수)의 변화에 얼마나 민감한지를 파악하는 분석법
   (5) 상황의존도분석(Contingency Analysis of Test): 민감도분석과 동일하나, 외생변수나 조건변수인 정책상황의 변화 및 발생확률에 정책대안의 결과들이 얼마나 민감하게 반응하는지를 파악하기 위한 분석법
   (6) 악조건가중분석(A Fortiori Analysis): 가장 우수한 정책대안에서는 최악의 상태가 발생하고, 나머지 대안에서는 최선의 상태가 발생한다고 가정하고 다시 특정했을 경우 여전히 최초의 대안이 가장 우수한 대안으로 판단되면 이를 채택하는 방법
   (7) 분기점분석(Break-Even Analysis): 악조건가중분석 결과의 최선 및 차선으로 예선되는 대안들이 동등한 결과를 산출하기 위해서는 불확실성의 요소들에 대하여 어떤 가정을 해야 하는지 파악하여, 가장 발생가능성이 높은 대안을 최선의 대안으로 채택하는 방법. 악조건가중분석의 결과 대안의 우선순위가 달라지는 경우 대안들의 동등한 결과를 가져오기 위해 어떤 가정이 필요한지 밝히는 이론

3. 기타 방안
   표준화 · 공식화 · 한정적 합리성의 확보, 문제의식적 탐색(Heuristic: 문제를 발견하고 그것을 해결하겠다는 의지적 자세, 시행착오를 거치면서 문제의 해결책을 찾으려는 접근), 환경변화에 대응한 조직구조의 변화(분권화) 등이 있다.

4 정책대안의 평가

1. 대안 선택의 기준

정책대안의 평가기준이란 정책대안들을 비교하여 정책대안들 간의 우선순위를 정하는 기준으로 소망성 기준과 실현가능성 기준으로 나누어 볼 수 있다. 이 중 실현가능성을 우선적으로 고려한다.

(1) 소망성(Desirability) 기준(정책목표가 의도하는 기준): 정책대안이 얼마나 사회적으로 바람직스러운 것인가를 나타내는 것을 의미한다. '무엇에 비추어' 바람직한 것으로 보는가에 따라 소망성의 구체적 기준으로 효과성, 능률성, 형평성, 적합성, 적절성 등이 있다[나카무라와 스몰우드(Nakamura & Smallwood)의 기준].

효과성	일반적으로 목표달성의 정도를 의미라며 기술적 합리성과 밀접한 관련이 있다. 효과성을 소망성의 기준으로 사용하면 정책목표를 가장 잘 달성할 수 있는 정책대안이 가장 바람직한 것으로 평가된다. 하지만 이 기준은 목표를 달성하기 위해 투입한 정책비용을 고려하지 않는다.
능률성	투입·산출의 비율을 의미하며 목표의 달성과 성취에 초점을 둔다. 능률성은 효과성과 달리 정책효과뿐만 아니라 정책비용을 함께 고려하여 최선의 대안을 선택할 수 있다는 장점이 있다. 그러나 정책효과와 정책비용이 누구에게 돌아가는가에 대한 형평성의 문제를 고려할 수 없는 약점을 지니고 있다.
형평성	비용과 편익이 여러 집단 사이에 동등하게 배분되었는지의 여부를 의미한다. 능률성과 효과성에서는 편익이 전체적으로 어느 정도 발생하는가를 측정하지만, 형평성을 편익이 누구에게 돌아가는가의 문제를 고려하는 기준이다.
적합성	정책대안의 사회적 중요가치를 반영 여부를 말한다(방향성).
적절성	정책대안이 문제해결에 기여할 수 있는 정도를 말한다(충분성).
대응성	성취된 정책과 결과가 특수 이해관계 집단의 욕구, 선호, 가치 등을 만족시켜주는지를 확인한다.
노력	노력은 결과를 고려하지 않고, 정책활동에 투자되는 질적·양적 투입이나 에너지를 의미한다.

(2) 실현가능성(Feasibility): 정책대안이 정책으로 채택되어 그 내용이 충실히 집행될 가능성과 채택된 후의 집행가능성을 의미한다.

기술적 실현가능성	현재 이용 가능한 기술의 실현 가능성(과학기술의 발전수준, 전문인력)
경제적·재정적 실현가능성	이용 가능한 재원으로 정책 또는 정책대안이 예산 또는 사회적 자원으로 실현 가능성
행정적 실현가능성	집행조직, 집행요원 및 전문인력 등의 이용 가능성
법적·윤리적 실현가능성	정책대안이나 정책의 내용이 타 법률의 내용과 모순되지 않아야 하며, 도덕적·윤리적 제약을 받지 않을 가능성
정치적 실현가능성	정치체제에 의한 정책대안의 채택·집행 가능성

> **개념더하기** 능률성 평가기준
>
> 1. 파레토(Pareto) 기준
>   파레토 최적상태란 어느 한 사람에게도 손실을 끼치지 않고는 다른 사람들의 후생을 증진시킬 수 없는 경제적으로 효율적인 상황이다. 정책대안 평가기준으로서 파레토기준은 만일 어떤 정책이 시행되어 아무도 더 나빠지지 않으면서도 많은 사람들의 후생이 증가하면 이를 바람직한 정책으로 본다. 즉, 어느 누구도 최초의 상태보다 낮은 효용수준을 가지면 안 된다. 개인의 효용은 이질적이므로 효용 간 교환이 불가능하다고 본다. 소득분배의 상황은 이미 주어진 것으로 보고, 그 상태에서 사회전체의 효용을 극대화하려 한다.
>
> 2. 칼도-힉스(Kaldo-Hicks) 보상기준
>   사회전체적인 총후생(총효용)이 총비용(총손실)보다 크면 그것으로 보상이 가능하다는 전체론적 입장이다. 어떤 정책의 시행으로 이득을 본 자에게 보상을 해주고도 남을 때 사회전체적 복지나 후생은 증가하며, 이러한 정책이 바람직하다(비용·편익분석의 NPV법과 유사). 개인의 효용은 동질적이므로, 효용 간 교환이 가능하다고 본다.

2. 정책모형

(1) 의의: 정책대안이 가져올 결과를 예측하기 위하여 복잡한 현실을 단순화시킨 추상적이고 극단적인 대치물을 의미한다. 이는 대안의 탐색을 돕고 결과를 예측하게 해주는 기능을 한다.

(2) 모형의 구성요소: 모형은 독립 또는 종속변수 및 요소들 간의 상호관계의 방향 및 강도로 구성된다.

(3) 모형의 역할

① **정책대안의 창출**: 문제를 명확화 하여 제거 및 통제가 가능한 경우에는 그 문제를 제거 및 통제하고, 불가능할 경우에는 그 심각성을 완화하는 방법으로 대안을 개발한다.

② **정책대안의 결과예측**: 독립변수(원인변수)를 조작하여 대안이 가져올 결과를 예측한다.

3. 체제분석

(1) 의의

① **개념**: 체제분석(Systems Analysis)은 의사결정자가 주어진 문제를 가장 합리적이고 경제적인 방법으로 해결하기 위한 대안을 선택하는데 도움을 주기 위한 가장 합리적인 접근방법이다. 핵심적인 수단은 비용편익분석과 비용효과분석이 있다.

② **목적**: 능률성 또는 실현가능성 차원의 분석을 위한 방법으로 능률적 정책대안의 결정을 위한 분석방법이다.

(2) 체제분석의 단점

① 목표의 계량적 측정*에 어려움이 있다.

② 제약요인(시간, 비용, 자료)과 목표 및 목표달성수단의 유동성 등의 제약이 수반된다.

③ 불확실하고 복잡한 문제의 분석에 있어서 객관성과 과학성에는 한계가 있다.

④ 계량적 분석의 중시로 질적 요인과 질적 분석이 경시될 우려가 있다(정치적 합리성·형평성이 고려되지 못함).

(3) 체제분석의 특징

① 정책이 지향하는 기본가치를 탐구하고 장기적 목표를 중시한다.

② 경제적·기술적 합리성 외에도 정치적 변수(정치적 합리성, 정치적 실현가능성, 정치적 요구 등), 사회적 합리성, 사회적 형평성, 초합리성 등을 고려한다.

③ 새로운 계량화 척도, 다차원적 목표의 충족, 불확실성 등과 관련되는 복잡하고 보다 광범위한 문제들을 다룬다.

④ 정책대안의 쇄신을 강조한다.

⑤ 최적화의 기준을 충족시키지 않으나 이미 알려진 다른 대안보다는 나은 대안을 밝힌다.

⑥ 계량적 분석과 질적 분석을 모두 강조한다.

---

*   목표의 계량적 측정

활동변수의 계량적 측정은 별 문제가 되지 않는다. 구체적 수치로 나타날 수 있기 때문이다. 그러나 중간목표나 사업목표가 측정 가능하려면 목표의 조작화가 필요하게 된다. 중요한 목표, 상위목표일수록 계량화가 어렵고 이 경우에는 질적 방법을 최대한 활용하여야 한다.

5 비용편익분석(CBA; Cost Benefit Analysis)

1. 의의

(1) 정책목표를 달성하기 위하여 예상되는 여러 대안들에 대해 편익과 비용을 계량적으로 비교·평가하여 사업의 경제적 타당성과 자원배분의 우선순위를 결정하는 기법이다.

(2) 관련된 모든 편익·비용을 화폐적 가치로 계량화하여 현재가치로 할인한 후 비교·평가한다.

(3) 비용편익분석은 이와 같은 정부의 공공사업을 현명하게 선정하는 데 이용되는 절차와 방법이며, 사업의 우위에 대한 판정기준은 칼도-힉스기준을 사용하고 있다.

(4) 1933년 미국에서 테네시강 유역 개발공사나 농림성의 사업 선정의 기준으로 활용되었고, 주로 수자원 관리의 사업타당성 분석에 이용된다.

2. 절차

(1) 목표의 설정

(2) 정책대안의 발견과 사업존속기간의 결정(비용소요기간과 편익이 발생하는 기간 측정)

(3) 비용·편익의 추계(화폐가치로 환산)와 현재가치로 할인

(4) 비교기준에 의한 대안의 비용·평가[B/C비, 순현재가치법(NPV), 내부수익률기법]

(5) 민감도 분석(대안의 우선순위에 영향을 주는 상황변수의 변화에 따른 비용·편익의 영향을 계량적으로 측정)

(6) 대안의 우선순위 제시

> **개념더하기** ▶ 내부수익률(IRR)
>
> - 투자로 인한 현금유입액의 현재가치와 현금유출액의 현재가치를 일치시키는 할인율(NPV = 0을 만드는 할인율)
> - IRR이 존재하지 않거나 복수로 존재할 가능성이 있다.
> - 가법성[Additivity, $f(a+b)=f(a)+f(b)$]이 불성립한다.
> - 이상적인 투자안의 조건 중에서 '기업가치의 극대화와 부합한다'는 조건을 충족시키지 못할 수 있다.

3. 비용(Cost)의 추계

(1) 미래에 발생한 비용만 계상하며, 과거에 이미 발생한 매몰비용은 고려하지 않고, 기회비용 입장에서 평가한다.

(2) 기회비용*판단은 자원의 투입에 따른 진정한 가치, 즉 완전경쟁시장에서 형성되는 잠재가격(Shadow Price: 그림자가격)으로 평가한다. 잠재가격이 필요한 이유는 현실의 시장이 완전경쟁시장이 아니므로 시장가격이 진정한 사회적 가치를 반영하지 못하기 때문이다.

---

* 기회비용
특정대안 선택 시 포기된 대안 중 제일 많은 이익을 기대할 수 있는 것의 가치이다.

1. 비교가격

시장에 있는 비교가능한 혹은 유사품목에 대한 가격을 사용하는 것이다.

2. 소비자선택

소비자들의 행태를 관찰함으로써 불가측가치(예 교통시간)의 가치를 추정한다.

3. 파생수요

시장가격이 없는 불가측가치에 대해 그 이용자들이 지불하는 간접비용에 의해 추정한다. 예를 들어 무료공원시설을 이용하는 사람들이 그곳에 가기 위해 지불하는 여행비용을 이들 시설의 사용료로 계산하는 것이다.

4. 서베이분석

분석가가 시민들에게 특정서비스를 받는 것에 대해서 얼마의 대가를 지불하고자 하는가에 관한 의견조사를 토대로 가격을 추정한다.

5. 보상비용

원하지 않는 외부비용이 발생한 경우 그것을 시정하는 데 필요한 비용으로 가격을 추정한다.

4. 편익(Benefit)의 추계

(1) 앞으로 발생할 편익을 현재의 화폐가치로 환산하여 평가하되 소비자잉여 개념(어떤 재화나 서비스에 대하여 지불하고자 하는 값과 실제로 그들이 지불한 값의 차이)을 사용하며, 주된 효과와 부수적 효과, 내·외부적 효과, 긍정·부정적 효과, 직·간접적 편익, 유·무형적 편익, 파급효과까지 고려한다.

(2) 소득의 이전만 초래하는 현금적·금전적 편익은 제외하고 실질적 편익을 측정해야 한다.

5. 비용과 편익의 할인율

할인이란 같은 금액이라도 미래에 발생하는 것은 현재의 것보다 가치가 적기 때문에 미래에 발생할 비용과 편익을 현재가치로 환산하는 것이다. 따라서 미래의 모든 편익과 비용을 현재가치로 환산하기 위해서는 할인해야 하며, 이때 적용되는 이자율을 할인율이라 한다.

(1) 할인율의 종류

① 민간할인율(Private Rate of Returns): 민간자본시장에서 형성된 시장이자율 중심으로 결정되는 이자율, 위험보상이나 수익률보장에 따라 너무 높게 책정되어 있으므로, 조정이 필요하다. 민간할인율을 적용하면 편익의 과소평가로 인해 필요한 사업이 투자가치가 없다고 평가되어 못하게 될 우려가 있다.

② 사회적 할인율(Social Rate of Returns): 공공사업에 주로 사용한다. 공공사업은 미래세대의 복지에 기여하고 외부효과가 발생하므로, 이를 반영시키기 위해 민간이자율보다 낮게 설정된 사회적 할인율을 적용할 것이 요구된다.

③ 자본의 기회비용: 자원이 공공사업에 사용되지 않고 민간사업에 사용되었을 때 획득할 수 있는 할인율로 민간의 전체산업 평균수익률을 적용한다.

(2) 현재가치로의 전환

① 대안들의 비교평가를 위해서는 비용과 편익을 동일시점의 현재가치로 평가되어야 한다.

② 현재가치의 계산

$$P = A \left[\frac{1}{(1+i)^n} \right] \quad (\text{P: 현재가치, A: 미래의 비용, n: 기간, i: 할인율})$$

- 현재가치(P)와 할인율(i)은 반비례 → 할인율이 클수록 현재가치는 작아지고 장기사업이 불리해짐
- 사업의 기간(n)이 길어질수록 현재가치(P)는 작아짐

6. 비용편익분석의 평가기준(편익-B, 비용-C)

(1) **순현재가치(NPV; Net Present Value)**: 편익에서 비용을 뺀 개념으로 경제적 타당도를 평가하는 최선의 척도이며, NPV가 0보다 크면 경제적 타당성이 있다(NPV > 0). 이 방법은 자원의 제약이 없을 경우에 이용하며, 자원의 제약이 있더라도 규모가 동일한 사업 간에는 순현재가치법을 사용한다. 그러나 사업의 규모가 다를 경우 이 기준은 한계를 지닌다. 규모가 클수록 순현재가치가 크게 나타나 대규모사업에 유리하다는 단점이 있기 때문이다.

(2) **편익비용비율(Benefit/Cost Ratio)**: B/C > 1이면 사업의 타당성이 있다고 판단하는 방법으로 이 방법은 예산의 제약으로 순현재가치가 큰 대규모사업을 채택하기 어려울 때 적절히 사용되며, 순현재가치 기준은 대규모 사업이 유리해지는 한계가 있으므로 이러한 한계를 보완하기 위해 사업의 규모가 다를 경우 보조적으로 이용한다. 그러나 이 방법은 사회적 비용(외부비용: ⊖외부효과)을 편익감소 또는 비용 추가에 넣느냐에 따라 값이 달라진다.

개념더하기 편익비용비와 순현재가치법

편익비용비와 순현재가치법은 어떤 것을 적용하느냐에 따라 경제적 타당성 여부는 바뀌지 않지만 여러 사업이 경쟁적일 경우 어떤 기법을 적용하느냐에 따라 사업의 우선순위가 달라진다.

대안	현재편익	현재비용	순현재가치	NPV우선순위	편익/비용	B/C법 우선순위
A1	800억	400억	400억	①	2	③
A2	200억	150억	50억	④	1.33	④
A3	100억	20억	80억	③	5	①
A4	600억	250억	350억	②	2.4	②

의사결정상황	사업 간 상호의존성	자본제약 여부	판단의 기준
하나의 사업만 선택			NPV > 0
여러 사업 중 하나를 선택			NPV 극대화
여러 사업 중 다수를 선택	독립적	자본제약 있음	B/C > 1에 의한 우선순위
		자본제약 없음	NPV > 0에 의한 우선순위
	상호의존적	자본제약 있음	NPV를 극대화하는 실행가능한 사업조합을 선택
		자본제약 없음	NPV를 극대화하는 사업조합을 선택

(3) 내부수익률(IRR; Internal Rate of Return): IRR은 할인율을 몰라 현재가치를 계산할 수 없을 때 사용하는 일종의 투자수익률(주관적 기대수익률)로서 미리 정해져 있지 않고 사업성격, 경제여건 등을 감안하여 그때그때 결정한다.

(4) 투자 여부 판단기준

① IRR은 객관적으로 설정된 지표인 객관적인 요구수익률(RRR; Required Rate of Return, 기준수익률 · 요구수익률)보다 더 높을 경우 투자가치가 있으며, IRR이 클수록 좋은 대안이다.

② IRR이 할인율[투자계획에 소요되는 자금의 기회비용(Opportunity Cost)]보다 크면 채택하는데, 적용할 적정할인율이 사전에 정해져 있지 않으면 결정자는 최저한계선을 미리 정해 놓고 대안평가를 한다. 평가결과 IRR이 한계선을 넘으면 긍정적 대안으로 고려하며, IRR이 사회적 할인율을 상회하면 일단 투자가치가 있다고 평가한다.

(5) 자본회수기간

① 투자비용이 회수되는 데 걸리는 시간(비용변제기간)을 의미하며 재정력이 부족하여 자금의 회수가 중요해진 때 적용되는 기준으로, 일반적으로 이 기간이 짧을수록 우수한 사업으로 판단한다.

② 낮은 할인율은 장기투자에 유리하고, 높은 할인율은 단기투자에 유리하다(높은 할인율은 초기에 편익이 높은 사업에 상대적으로 유리).

(6) 비용편익분석의 효용과 문제점

① 효용

㉠ 불확실성의 감소와 의사결정의 객관화: 복잡한 문제를 체계적으로 정리 · 분석하여 객관적 · 과학적 의사결정에 기여한다.

㉡ 경제적 합리성 기준에 의한 능률적 대안의 파악을 통해 합리적 자원배분을 가능하게 한다.

㉢ 비용 · 편익을 단일척도인 화폐가치로 비교하므로 정책 간 경계를 넘어 다양한 정책, 사업 간 정책 우선순위의 비교가 가능하다.

㉣ BC분석은 행정과정에서 의사결정을 행하는 것이 아니라, 정책결정자의 판단에 도움을 준다.

② 문제점

㉠ 비용과 편익의 계량화(화폐가치로 환산) 곤란

㉡ 형평성 평가 곤란

㉢ 정치적 합리성이나 정치적 실현가능성을 고려하지 않으므로, 정치적 갈등의 문제를 다루지 못함

6 비용효과분석(CEA; Cost Effectiveness Analysis)

(1) 비용편익분석의 한계를 극복하기 위한 분석방법으로, 편익이 비금전적 단위(물건이나 용역의 단위, 기타 측정 가능한 효과 등)로 측정할 수 있는 경우 어떤 대안이 적은 비용으로 의도한 성과를 낼 수 있는지 분석하는 방법

(2) 각 대안의 비용이 동일하여 효과(효력)만 비교하거나, 효과(편익)가 동일하여 비용만 비교하는 경우에 적합하다.

비교		비용편익분석(BC분석)	비용효과분석(EC분석)
측정단위		비용 · 편익 모두 화폐가치로 측정	효과(편익)의 현재가치 계산이 힘들 때 사용효과(산출 · 결과)를 물건 · 서비스단위 등으로 표현, 측정단위가 다양함
		비용과 편익을 동일기준(NPV, B/C)으로 비교	비용과 효과(편익)의 측정단위가 달라 동일기준으로 양자의 비교가 곤란한 경우 사용
변화요소		가변비용 또는 가변편익의 문제유형분석 – 비용과 편익이 같이 변화	고정비용 또는 고정효과의 문제유형분석 – 비용이나 효과 중 하나가 반드시 고정(비용일정 시 최대효과, 효과일정 시 최소비용)
적용범위		동종사업 간이나 이종사업 간 비교에 모두 활용	동종사업 간 비교 시 사용, 이종사업 간 비교 곤란
중점		경제적 합리성에 치중, 능률성 중시	목표 · 수단 간 기술적 · 도구적 합리성에 치중, 효과성 분석
시관		장기분석에 이용	단기분석에 이용
이용대상		양적 분석에 적합	외부경제, 무형적 · 질적 가치의 분석에 적합, 공공재나 준공공재에 적용 용이

03 정책분석의 차원 및 유형

1 정책분석의 유형

일반적 의미의 정책분석은 3차원(협의의 정책분석, 체제분석, 관리과학)으로 구분된다. 정책분석은 정책분석 > 체제분석 > 관리과학의 관계로 대체로 정책분석 쪽으로 갈수록 정치적 고려가 많아지는 상위차원의 분석으로 공공부문에 적합하고, 관리과학 쪽으로 갈수록 정밀한 계량적 분석으로 민간부문에 적합하다.

정책분석의 유형	광의의 정책분석		
	관리과학(OR)	체제분석(SA)	협의 정책분석(PA)
의의	수단 · 방법의 최적화를 추구하는 하위자원분석	부분적 최적화를 추구하는 경제적 분석	정책의 선호화를 추구하는 포괄적 · 거시적 분석
기법	관리결정의 계량적 기법(LP, PERT, 회귀분석 등)	OR+상위수준 정책문제(OR을 보완)	SA+질적 · 정치적 요인 분석(SA를 보완)
분석차원	능률성 차원 – 'Will'	실현성(경제성) 차원 – 'Can'	당위성(소망성) · 형평성 차원 – 'Should'
분석목적(초점)	• 행동대안마련 • 운영계획수립	• 정책목표설정 • 자원배분	• 기본논리설정 • 기본방향
정보의 성격	• 어떻게(How to) • 능률적 달성방법	• 무엇을(What to) • 실현가능한 정책대안	• 어디로(Where to) • 정책의 기본목표 · 방향
분석형태	계산(양적 분석)	계산(양적 분석)과 판단(질적 분석)	판단(질적 분석)

1. 관리과학

(1) 의의와 특징

① 관리과학(Management Science) 또는 운영연구(Operations Research)란 체제가 가지고 있는 문제에 대하여 최적해를 제공함으로써 체제를 통제할 수 있도록 체제의 운용과 관련된 과학적 방법·도구·기법 등을 응용하는 것 → 과학적·합리적·경제적·수리적·계량적·객관적 분석기법

② 계량적·수리적으로 문제해결의 최적방안을 밝히려는 기법으로 주로 컴퓨터를 활용

③ 심리적·사회적 측면보다 경제적·기술적 측면 강조, 전체적인 체제접근법, 수단의 최적화 강조

④ 서술적·현실적·실증적 모형보다는 규범적·이상적 모형을 지향

⑤ 당면한 목표를 구현하기 위한 최적 방안을 탐구하는 것이 목적이며, 경제적 합리성을 중시

⑥ 주로 이론·모형을 활용한 연역적 분석기법, 과학적·미시적 방법 활용

(2) 한계

① 인간의 가치 및 목표 측면 경시, 폐쇄적 모형으로서 환경요인을 고려하지 못함

② 계량적 대상에 한정 → 비계량적 문제(정치적 요구, 인간의 비합리성, 가치문제, 불확실성 상황)에 적용 곤란

(3) 관리과학의 기법

① 대기행렬이론(Queueing Theory, Waiting Theory): 어떤 서비스 체계에서 고객이 도래하는 수가 시간마다 일정하지 않을 때 가장 적정한 서비스 시설(시설규모와 절차, 통로 수, 대기규칙 등)을 결정하기 위해 대기행렬을 관리(대기행렬 길이와 대기시간)하고자 하는 이론이다. 고객에게 신속·친절하고 원활한 서비스를 제공(대기비용의 감소)하기 위하여 어느 정도의 서비스 시설(규정·절차·통로 등)을 보유·운영할 것인지에 대한 체계적인 계획을 수립하여 최적의 서비스 시설을 만들기 위해 활용된다.

② 게임이론

㉠ 의의: 경쟁주체가 상대편의 대처행동을 고려하면서 자기의 이익을 효과적으로 달성하기 위해 수단을 합리적으로 선택하는 행동을 수학적으로 분석하는 이론이다.

㉡ 게임의 종류

영합게임(영화게임) (Zero-Sum Game)	• 게임참가자들의 손해와 이익의 합이 영(0) • 자원이 유한하여 상대방 간의 이익이 상반되는 경우(예 재분배정책)
비영합게임(비영화게임) (Non Zero-Sum Game)	• 게임참가자들의 손해와 이익의 합이 영(0)이 아닌 게임 • 자원이 유한하지 않아 상대방 간 이득이 완전히 상반되지 않는 상태(예 분배정책)

③ PERT(Program Evaluation Review Technique)/CPM(Critical Path Method)

㉠ 1958년 지금까지의 관리기법으로서는 도저히 관리하기 어려운 대규모의 우주개발사업, 원자로의 건설, 군수사업, 각종 건설사업 등 소요시간을 단축하고 비용을 절감할 목적으로 개발하였다.

㉡ 비반복적·비정형적인 대규모사업을 최단시간·최단경로로 수행하기 위해 네트워크를 활용하는 경로망 관리기법 또는 시간공정관리기법, 사업계획평가검토기법이다.

㉢ 대규모의 비정형적 사업을 체제적 관점에서 세부사업으로 분해하여 개개의 작업 사이에 시간적 순서 및 상호관계를 조사해 하나의 통제된 계획공정관리를 실시하여 관리자의 계획과 관리 및 통제를 돕는다.

④ 선형계획법(LP; Linear Programing), 비선형계획, 동적 계획: 일정한 제약조건 하에서 편익의 극대화나 비용의 최소화가 가능한 최적분배점을 발견함으로써, 한정된 자원을 가장 효율적으로 이용하기 위한 수리계획모형의 하나이다.

⑤ 기타 기법: 회귀분석, 시계열분석, 인공두뇌학(Cybernetics), 모의실험(Simulation), 의사결정분석(Decision Analysis), 목표계획법(Goal Programming), EDPS, MIS, 민감도분석

개념더하기 ▶ PERT의 원칙

- 공정의 원칙: 모든 계획공정(활동)은 반드시 완성되어야 한다.
- 단계원칙: 착수단계와 완료단계를 제외한 모든 작업단계는 선행활동과 후행활동을 가져야 한다.
- 활동원칙: 모든 작업활동은 그 선행작업단계가 완료되지 않으면 착수되지 못한다.
- 연결원칙: 활동선은 앞 단계로 되돌아갈 수 없고, 완성방향으로 일방통행원칙이 적용되어야 한다.

2. 체제분석(System Analysis)

(1) 체제분석의 의의

① 의사결정자가 문제해결을 위한 대안을 선택하는 데 도움을 주기 위한 체계적·과학적 접근방법으로, 핵심적인 수단은 비용편익분석과 비용효과분석이다.

② 문제를 체계적 관점에서 파악하고, 대안들을 광범위하게 탐색·개발하여 BC·EC분석으로 대안을 비교·평가한 후 최적대안을 선택한다. 정책분석은 체제분석을 공공정책에 적용한 것이다.

③ 관련된 문제를 체계적 관점에서 조직적·체계적으로 분석한다.

④ 가능한 한 문제의 분석에서 계량적·수리적(數理的) 방법을 주로 활용하고 질적 분석을 가미한다.

⑤ 대안 및 행동방안을 검토하는 기준으로서 경제적 합리성을 중시한다.

⑥ 개방체제적 시각 → 불확실한 환경이나 요인을 고려한다.

⑦ 합리모형적 시각이지만 부분 최적화를 추구한다.

⑧ 자원의 합리적 배분을 위한 계획예산제도(PPBS)와 밀접한 관련을 가지며, 계획예산제도의 핵심기법이다.

(2) 정책분석과 체제분석

① 유사점

㉠ 대안들을 과학적·체계적으로 분석하여 복수의 대안 중 최적보다 나은 대안을 선택

㉡ 계량적 분석도 활용

㉢ 개방체제적 시각

㉣ 종합학문적 성격

② 차이점

체제분석	정책분석
• 사실문제 중시, 가치선택 문제는 고려하지 않음 • 정책결정 자체에 관심	• 정책이 함축하는 가치문제(기본가치 · 목적가치) 중시 • 정책결정 이후의 집행 · 관리의 측면에도 관심
자원배분의 효율성, 비용 · 편익의 비교 · 평가	비용 · 편익의 사회적 배분을 고려한 거시적 통합
경제적 합리성(경제적 실현가능성, 능률성, 효과성)	경제적 합리성＋정치적 요인(정치적 합리성 · 실현가능성, 공평성, 공익도 고려)
부분적 최적화(Optimization): 대안의 객관적 최적화 추구	정책의 선호화(Preference) 추구
• 계량적 분석(BC분석) 위주 • 합리적 요소, 비정치적 변수 • 복잡한 정치적 문제의 해결에는 역효과	• 계량적 분석＋질적 분석 • 비합리적 요소, 인간의 경험적 지식(인지 · 직관) 고려 • 복잡한 정치문제, 장기적 안목에서 보다 나은 결정
계획예산제도(PPBS) 등 한정된 분야에 적용	사회 전 분야에 적용
경제학 · 응용조사 · 계량적 결정이론 활용	정치학 · 행정학 · 심리학 · 정책과학 활용

(3) 체제분석의 단점

① 목표의 계량적 측정에 어려움이 있다.

② 제약요인(시간, 비용, 자료)과 목표 및 목표달성수단의 유동성 등 제약이 수반된다.

③ 불확실하고 복잡한 문제 분석에 있어서 객관성과 과학성에는 한계가 있다.

④ 계량적 분석의 중시로 질적 요인과 질적 분석이 경시될 우려가 있다(정치적 합리성 · 형평성이 고려되지 못함).

3. 광의의 정책분석(Policy Analysis)

(1) 의의: 정책목표를 달성하기 위한 최선의 대안을 선택하도록 도움을 주는 정책의 사전적 평가로서, 정책의 수단과 목표의 구성논리를 해명하려는 과학적 설명과 분석기술을 활용한 탐색과 예측 및 평가의 과정

(2) 특징

① 정책이 지향하는 기본가치를 탐구하고 장기적 목표를 중시한다.

② 경제적 · 기술적 합리성 외에도 정치적 변수(정치적 합리성, 정치적 실현가능성, 정치적 요구 등), 사회적 합리성, 사회적 형평성, 초합리성 등을 고려한다.

③ 새로운 계량화 척도, 다차원적 목표의 충족, 불확실성 등과 관련되는 복잡하고 보다 광범위한 문제들을 다룬다.

④ 정책대안의 쇄신을 강조한다.

⑤ 최적화의 기준을 충족시키지 않으나 이미 알려진 다른 대안보다 나은 대안을 밝힌다(정책의 선호화).

⑥ 계량적 분석과 질적 분석을 모두 강조한다.

정책분석기법 정리

1. 정책과정별 분석유형(던, W. Dunn)

정책과정	분석초점	분석기법	
정책의제 설정	문제의 구조화	경계분석	온전한 문제를 형성하기 위해 문제의 경계를 설정하는데 쓰이는 기법(문제의 주요 국면을 간과하는 일이 없도록 하기 위한 분석기법)
		분류분석	문제상황을 정의하고 분류하는 데 사용되는 각종 개념의 명료화
		계층분석	가능하고·개연적이고·행동가능한 원인 식별(원인을 발견하기 위한 분석기법)
		시네틱스	문제들 사이의 유사성 인식
		복수관점분석	통찰력 제고
		가정분석	갈등 있는 가정들의 창조적 조합
		브레인스토밍	아이디어, 목표전략의 형성
		논법지도작성	가정평가
정책형성	예측	연장적 예측	추세연장(전통적 시계열분석 등)
		이론적 예측	이론(회기분석, 상관분석 등)
		판단적 예측	식견 있는 판단(델파이기법, 교차영향분석 등)
정책채택	제안	비용편익분석, 비용효과분석	

2. 분석의 성질별 분류

양적·정량적 (定量的)분석	• 시계열분석(이동평균법, 지수평활법, 목측법, 흑선법, 최소자승경향추정법, 전기수요법, 분해법) • 인과분석(회귀분석·상관분석, 요인분석, 계량경제모형) • 비용편익분석, 비용효과분석, 민감도분석
질적·정성적 (定性的)분석	• 문제구조화의 재방법(경계분석, 분류분석, 계층분석, 시테틱스, 복수관점분석, 가정분석) • 직관적·주관적 예측(델파이, 브레인스토밍, 교차영향분석, 유추법)

3. 결정론적 모형, 확률적 모형, 전략산출모형, 전략평가모형

상황	전략산출모형	전략평가모형
확정적 상황(결정론적 모형)	선형계획, 비선형계획, 정수계획, 통제이론, 네트워크모형	비용편익분석, 비용효과분석, 결정론적 시뮬레이션, 투입산출모형
불확정적 상황(확률론적 모형)	동적 계획, 의사결정분석, 다차원결정분석, 재고관리, 추계통제	게임이론, 시뮬레이션, 회귀분석, 대기행렬이론, 재량경제모형

① 결정론적 모형(확정적 상황): 결과를 확정적으로 예측 가능하며 어떤 행동대안의 선택결과가 주어지는 것으로 일정 투입의 양에 대한 산출량을 확정적으로 알 수 있는 상황이다.

② 확률적 모형(불확정적 상황): 상황에 따라 다르게 결과를 예측하면서 상황의 발생확률을 밝힌다. 투입이나 산출에 대한 확률분포를 포함하며, 각 확률값에 대하여 최소한 하나의 산출량의 범위가 주어지는 경우의 모형이다.

③ 전략산출모형: 정책대안이 분석결과의 사용자에 의하여 완전히 결정되는 것이 아니고, 최적대안은 어떤 연산방식에 따라 일정한 단계를 밟아 가면 어떤 일정한 범주에 속해 있는 대안들 가운데 최선의 대안이 자동적으로 산출되는 모형이다.

④ 전략평가모형: 분석결과의 사용자가 먼저 가능한 대안들을 만들고, 분석가는 주어진 대안들을 분석모형의 도움을 받아 분석·평가한 다음, 최적안을 의사결정자에게 건의하게 되는 것이다.

CHAPTER 05 정책결정

01 정책결정의 의의 및 과정

1 정책결정

1. 정책결정의 의의

행정기관이 국가 목표를 설정하고, 그것을 달성하기 위한 정책대안을 작성해 그 결과를 예측·분석하고 채택하는 동태적인 과정을 말한다. 즉 정책결정은 정책이 추구하는 미래의 바람직한 상태 즉 목표 상태를 결정할 뿐만 아니라, 정책목표 달성의 수단으로서의 정책대안을 개발·분석·채택하는 일련의 과정을 말한다.

2. 정책결정의 특징

(1) 공공성·공익성, 복잡성, 행동지향성, 미래지향성

(2) 정치성(협상과 타협, 권력적 작용)과 합리성(분석적 성격)

(3) 최적 대안을 선택하기 위한 규범적 가치판단의 과정

(4) 미래의 바람직한 행동대안 선택

(5) 다원적 구성요소로 이루어진 체계적 과정

(6) 시간에 따라 변화하는 동태적 과정

3. 정책결정의 유형

(1) 정형적 결정과 비정형적 결정

① 정형적 결정: 선례가 있거나 또는 문제 해결을 위한 명확한 방법이나 기준이 컴퓨터의 프로그램처럼 미리 정해져 있어서, 문제가 제기될 때마다 번거롭게 처음부터 정책형성의 과정을 밟을 필요 없이 그 선례나 프로그램에 따라 정책을 결정하는 것을 말한다. 정형적 결정은 조직 계층의 하부로 내려 갈수록 많이 나타난다.

② 비정형적 결정: 선례가 없어서 처음부터 정책형성 과정을 밟아 대안을 선택해야 하는 정책결정방법 이다. 그 결정자가 직면하는 문제가 과거에 없었던 전혀 새로운 것이거나 문제의 핵심이 명확하지 않거나, 문제가 매우 까다로워 그 해결에 불확실성이 수반할 우려가 있기 때문에 사전에 많은 조사 와 토론 및 심사숙고를 필요로 하는 결정을 말한다. 비정형적 결정은 조직 계층의 상부로 올라갈수 록 많이 나타난다.

(2) 전략적 결정과 전술적 결정

① **전략적 결정**: 결정의 대상은 정책이나 계획을 통해 조직이 달성하려는 미래의 바람직한 상태이다. 따라서 추상적이거나 포괄적인 것이 그 대상이 된다. 정책결정이나 기획과정에서 산출된 정책목표나 기본계획을 달성하는 구체적인 방법을 결정하는 전술적 결정과 구별된다.

② **전술적 결정**: 최고 관리층이 내린 전략적 결정을 실천에 옮기기 위한 수단·기술의 결정이므로 이는 중간 관리층이 담당하는 경우가 많다.

≫ 전략적 결정이 전술적 결정을 위해 그 방향과 방안을 제시해 주는 지침적 결정이라 한다면 전술적 결정은 전략적 결정을 실천에 옮기기 위한 수단적 결정인 셈이다.

(3) 가치결정과 사실결정

① **가치결정**: 목표나 방향의 설정 등 윤리성과 당위와 선에 관련된 의사결정으로서 에치오니의 통합적 결정에 해당한다.

② **사실결정**: 수단이나 방법의 채택 등 경험적으로 관할할 수 있고 대상에 대한 검증이 가능한 결정으로 에치오니의 수단적 결정에 해당한다.

(4) 정책결정 VS 의사결정

구분	정책결정(Policy Making)	의사결정(Decision Making)
주체	정부, 공공기관	모든 조직·개인(정부 or 민간)
결정사항	정부 활동지침 → 정치성·공공성 강함	합리적 대안 선정 → 합리성이 강함
추구가치	공익	공익 또는 사익
성격	강제성·법규성·권위적 성격이 강함	상대적으로 강제성·법규성이 약함
대상	일반 국민	모든 사회성원
계량화	계량화 곤란(질적 요인 및 불확실성 때문)	계량화 용이
유사점	• 목표지향성·미래지향성: 목표를 설정하고, 목표달성을 위한 대안을 탐색·선택한다. • 의사결정 > 정책결정: 정책결정은 의사결정의 부분 집합	

4. 정책결정의 참여자

(1) 공식적 참여자

① **입법부(의회)**: 국민의 대표기관이자 민의의 대변기관으로서 입법권을 통하여 행정을 감시하고 강력한 정책 결정권을 행사한다. 다만 최근 행정국가에 의하여 행정부의 재량권과 준입법권이 늘어나면서 의회의 입법기능이 약화되고 있다.

② **대통령 행정수반**: 대통령제하에서 대통령은 국가원수이자 행정수반으로서 임명권·준입법권(대통령령)을 행사하고, 모든 정책의 집행을 감독하는 권한과 책임을 진다. 대통령의 결정권한은 국내정책에서는 미약하지만 국방·외교정책에서 보면 분배정책보다는 재분배정책에서 크게 나타난다.

③ **행정부처**: 행정부처의 공식적 권한은 원래 의회가 법률의 형태로 결정한 정책과 대통령이 결정한 주요 정책을 충실히 집행하는 것이었으나 최근 사회문제 해결에 고도의 전문성과 기술성이 요구되면서 사회경제적 위기에 대한 신속하고 일관성 있는 대응의 필요성 증가 등으로 지속적 확대가 이루어지고 있다.

④ **사법부**: 법원은 법률의 해석과 판단을 통해 정책에 참여한다. 사법부의 판결은 기존의 제도나 정책에 대한 사후적 판단의 성격을 띠지만 그 자체가 정책결정을 의미하는 경우가 많다.

⑤ **지방정부**: 자치단체장과 관료 및 지방의회도 지역단위의 정책결정을 담당하는 중요한 참여자이다.

(2) 비공식적 참여자

① **정당**: 정당은 정권획득을 목적으로 구성된 결사체이며 정치과정에서 주로 이익결집기능(Interest Aggregation)을 수행한다. 이익의 결집이란 각종 요구들을 행정 및 정치체제에 정책대안으로 전환시키는 기능을 말한다.

② **이익집단**: 구성원들의 공통된 이익을 증진함을 목적으로 하는 결사체로서 이익집단의 전형적인 정치적 역할은 이익표출이고, 압력단체로서 활동한다. 이익집단의 역할은 트루먼(Truman), 달(Dahl) 등 다원론자에 의해 특히 강조되고 있다. 다원론자들은 이익집단이야말로 정당한 정치적 요구를 정부에 전달하는 가장 민주적인 정책중재자라고 믿는다.

③ **NGO(비정부기구)**: 시민사회의 자발적인 행동을 기초로 하여 공익을 추구하는 민간기구로서 현대시민사회에서 정책과정의 중요한 파트너로서의 역할을 수행한다.

④ **시민**: 시민은 공직자를 선출하는 간접적 참여와 정책과정에 직접 의사를 반영하는 직접 참여(주민투표나 주민발안 등)를 통해 정책과정에 영향을 미친다.

⑤ **전문가집단(정책공동체)**: 전문가들은 대개 정책집행과정보다는 정책결정과정에서 더 중요한 역할을 하며, 정책대안을 창출·제시하고 대안을 비교·평가하며 정책에 대한 비판적 평가를 수행한다. 최근에 전문가들은 정책공동체의 형태로 정책에 참여한다.

⑥ **언론**: 신문, 방송, 인터넷, 포털사이트뉴스 등 언론은 대중매체를 통하여 여론을 형성하고 사회문제를 제기한다.

개념더하기 ▶ 품의제(稟議制)

1. 의의
품의제란 행정기관 내부에서 행정방침 결정이나 행정처분을 할 필요가 있을 때 해당 행정 사무담당자가 문서를 기안해 결정권을 가진 상사의 승인(결재)을 얻는 정책결정과정

2. 장점
상하 간의 의사전달통로로 제공, 사전심사와 조정(일종의 가외성 장치로서 역할), 정책결정과 집행의 유기적 연결(기안자가 곧 실질적 집행자)

3. 단점
의사결정과정 지연으로 인한 적시성과 능률성 저해, 상급자의 하급자에 대한 의존, 주사행정(主事行政)의 폐단, 지도력의 부족 초래, 상부에의 문서과다, 수직적·종적 의사전달의 성격으로 인해 부서 간 횡적 협조의 곤란과 할거주의 초래

2 정책결정과정*

정책이 결정되는 과정은 정책분석(분석절차 참조)+대안선택이라고 보면 된다. 하지만 여기에서는 논의 편의상 정책결정과정을 간략하게 소개하기로 한다.

1. 정책문제의 정의와 정책수요의 측정

정책문제의 정의단계는 정책을 통하여 해결하여야 할 문제가 무엇인지를 정확하게 규정하는 것이다. 이 단계에서는 정책수요를 정확하게 추정하여야 한다. 정책수요의 추정이란 사실 확인절차를 거쳐서 현재상황이 정책목적에 반영된 바람직한 상태와 얼마나 차이가 나는지, 즉 바람직한 상황과의 편차의 정도를 추정하는 것을 의미한다.

2. 정책목표의 설정과 구체화

정책목표란 정책의 실현을 통하여 달성하고자 하는 바람직한 미래상태를 의미한다. 정책목표의 구체화 단계는 계획의 기간과 자원의 범위 내에서 달성될 수 있는 구체적 목표를 설정하여 조작적 · 계량적 용어로 표현하는 단계이다. 목표의 구체화 단계에서는 다음의 네 가지를 확인하여야 한다.

(1) 시정하고자 하는 조건 또는 달성하고자 하는 상태

(2) 그와 같은 조건이 존재하는 한정된 모집단

(3) 목적달성에 필요한 기간

(4) 목표로 설정된 변화의 정도와 방향 등

3. 대안적 행위노선의 설계

이 단계는 구체적인 정책목적을 달성할 수 있는 여러 수단을 개발하고 확인하는 단계로서 정책과정 중에서 가장 창조적인 단계이다. 정책결정과정에 들어가기 전에 대안들이 이미 정해져서 정책결정자는 단순히 확인만 하면 되는 경우도 있다. 그러나 좀 더 목표지향적이거나 장기적인 시계를 갖는 정책결정의 경우에는 이미 알려진 정책 대안들만 고려하는 수준에서 훨씬 더 나아가서 새로운 대안들을 탐색하고 개발하게 된다.

4. 대안적 행위노선의 결과예측 비교평가

이 단계는 각각의 대안적 행위노선을 집행했을 때 나타나는 긍정적 · 부정적 효과를 분석하는 단계이다. 결과는 항상 현상에 관한 기존지식이나 그에 관한 합리적인 가정에 근거를 두고 추정된다. 이 단계에서 대안적 행위노선과 그 목표 사이에 추정된 인과적 관계를 검증하는 연구를 진행하여야 하는데, 보통 시간부족으로 생략되기가 쉽고, 이성적인 판단에 의존하는 경우가 많다.

5. 행위노선의 선택

정책결정자가 목표를 달성하는 데 가장 바람직하다고 생각하는 대안을 선택하는 단계이다. 선택된 대안은 앞 단계에서 분석된 둘 또는 그 이상의 대안들의 조합으로 이루어질 수도 있다. 때로는 선택단계에서 정치적 · 경제적 · 기술적 실현가능성을 분석하기도 한다.

---

* 정책결정과정
    정책의제 형성 → 정책목표의 설정 → 정보의 수집 · 분석 → 대안의 작성 · 탐색 · 개발 → 모형의 작성 → 예상결과 예측 및 대안의 평가 → 우선순위 선정기준 선정 → 우선순위 선정 → 종합판단

02 정책결정모형

1 합리성(Rationality)의 의미

일반적으로 합리성이란 이성적 과정을 거친 판단, 즉 심사숙고한 판단을 의미한다. 행정학에서의 합리성은 전통적으로 '주어진 목표를 달성하기 위한 수단의 적합성을 의미하는 것'으로 쓰고 있다. 베버(M. Weber)는 이를 수단적 합리성 또는 형식적 합리성이라고 부르며 관료제가 형식적인 합리성이 가장 높은 조직이라고 평가하였다.

정책연구에서는 합리성의 개념을 경제학에서 가져와 목표의 극대화 또는 과업의 최적화로 이해하였다. 즉, 목표의 존재를 전제로 목표성취에 가장 부합되는 수단을 선택하고 이에 따르는 행위를 합리적인 행위라고 본 것이다. 그런데 현실적으로 다수의 행위자가 참여하는 정책결정의 상황에서는 목표가 주어지지 않은 경우도 많다. 이러한 상황에서는 무엇이 합리적인가? 오늘날에는 다양한 형태의 합리성이 존재한다고 여겨지고 있다.

2 개인차원의 의사결정 모형

정책결정의 모형은 합리모형과 합리성의 제약을 인정하는 모형으로 구분할 수 있다. 합리모형이란 '합리적인 개인'이 해결해야 할 문제와 자신이 선택한 결과에 대한 완전한 지식을 가지고 앞에서 살펴 본 정책결정의 일반적 절차를 순차적으로 거쳐서 결정하는 것을 말한다. 합리모형은 실제 상황에서는 직접 적용되지도 않고, 강력한 제안자도 없다. 그럼에도 불구하고 합리모형은 정책결정과 의사결정에 관한 이론적 논의에서 준거기준이 되고 있다.

1. 합리적 · 종합적(포괄) 모형

(1) 의의: 합리모형이란 특별한 주창자가 있는 것이 아니고, 의사결정자가 목표달성의 극대화, 또는 문제해결의 최적해(가장 좋은 결과)를 구하는 것을 전제로 할 때 따라야 할 과정이나 절차를 의미하는 것으로 쓰인다. 의사결정의 합리적 · 종합적 모형의 핵심에는 개별 의사결정자의 특성에 관한 두 가지 전제가 있다.

① 이들은 자기이익을 추구하며 자신들의 이해관계와 선호가 의사결정 상황 이전에 설정된 원자화된 존재이다.

② 인간을 합리적 사고방식을 따르는 경제인(Economic Man)으로 전제하면서, 정책결정자는 전지전능(Omniscience)한 존재라는 가정 하에 문제 · 목표를 완전히 파악하고, 대안을 포괄적으로 탐색 · 평가할 수 있는 지적능력이 존재한다.

(2) 주요 내용

① 해결해야 할 문제의 내용을 완전히 파악하고 달성할 목표를 분명하게 정의한다.

② 문제를 해결하고 목표를 달성할 수 있는 대안들을 광범위하게 탐색한다.

③ 대안들이 선정되어 실행되었을 때 나타나는 모든 결과를 완전하게 예측한다.

④ 대안들을 비교 · 평가하는 대안선택의 명확한 기준이 존재한다.

⑤ 대안선택의 기준을 적용하여 최선의 대안을 선택한다.

(3) 정책결정 절차상의 특징: 목표수단을 분석, 완전한 합리성 추구, 전체의 최적화, 결정에 있어서의 수리적 · 연역적 분석, 의사결정에 있어서의 동시적 · 단발적 문제 해결

(4) 평가

① 효용

㉠ 합리적 인간(Rational Man)의 가정은 인간의 본성에 관하여 분명하고, 간결하며 단순한 개념을 제시하고 있다.

㉡ 합리모형은 경험적으로 잘못된 것으로 밝혀졌지만, 전능한 합리성을 전제로 하는 고전적 이론은 컴퓨터의 보급과 수리모형의 발전을 계기로 부활시켰으며, 확실성을 의사결정모형에 확률로 포함시키는 데 기여하였다.

㉢ 급속한 경제발전을 필요로 하는 개발도상국의 쇄신적 결정과 관련된다.

② 한계

㉠ 실제 의사결정과정에서는 사전에 달성할 목표가 정의되기가 어렵고, 대안탐색에 있어서도 한정된 수의 대안만을 탐색하며, 그 결과도 몇 가지만 예측하는 등의 과정을 거치기 때문에 최선의 대안이 선택되기 어렵고, 비현실적이다.

㉡ 합리모형은 현실의 정책결정상황을 적절하게 묘사하지 못하고 있다는 비판을 받고 있다. 즉, 기술적 · 실증적 이론으로서 타당성이 적다는 것이다(사이먼, 사이어트, 마치 등의 학자, 린드블롬과 윌다브스키 등 점증주의 계열 학자).

㉢ 현실적 분석과정에서의 비용(인적 · 물적 자원 · 시간적 제약)이나, 비계량적 · 질적 · 주관적 문제의 분석이 곤란하다.

㉣ 매몰비용이 존재하는 경우 합리성이 제한된다.

㉤ 인간사회의 동태적 요소를 경시하는 폐쇄이론이다.

> **개념더하기** 합리모형의 처방적 평가
>
> 대체로 학자들은 합리모형에서 바람직한 정책결정이 이루어질 수 있는 절차를 제시하고 있다고 보고 있다. 이러한 절차에 따르는 것이 현재에는 어렵다고 하더라도, 앞으로는 실현될 가능성이 높아지고 있다. 실제로 각종 정책분석기법이 개발되고 있고 계속 발전하고 있는 컴퓨터, 통신기술 등을 활용한다면 합리모형에서 주장하는 절차에 근접하게 될 수도 있을 것으로 보인다. 그러나 린드블롬(Lindblom)이나 브레이브룩(Braybrooke)과 같은 점증주의 계열 학자들은 합리모형의 전제나 절차가 인간에게는 불가능할 뿐 아니라 처방적 측면에서도 바람직하지 않다고 주장한다. 왜냐하면 그들은 분석적 · 절차적 합리성보다는 관련 당사자들 간의 합의가 더욱 소중한 가치라고 믿기 때문이다.

2. 만족모형(Satisficing Model) – 사이먼과 마치(Simon & March)

(1) 의의

① 사이먼과 마치에 의해 사회심리적으로 접근된 이론으로, 합리모형을 비판하면서 등장하였다.

② 개인의 심리적 제약요인을 고려하는 개인적 · 행태론적 의사결정모형, 인지모형이며 현실적 · 실증적 모형이다.

(2) 주요 내용

① 사이먼의 만족모형(Satisficing Model) 또는 제한된 합리성(Bounded Rationality) 이론은 앞에서 살펴본 합리적 모형에 대한 비판, 그리고 절차적 합리성의 제안 등과 같은 맥락에서 제시되었다.

② 사이먼은 의사결정자인 인간의 정보처리능력에는 한계가 있다는 점과, 의사결정자가 완전한 대안탐색 및 완전한 분석을 수행하는 데 필요한 시간 부족 등과 같은 제한된 합리성을 지적하면서 만족모형을 합리적 모형의 대안으로 제시하였다.

③ 실제 정책결정자의 정책결정과정에서는 정보처리능력 내지는 인지능력의 한계 때문에 최적의 대안이 아니라 만족할 만한 대안이 선택될 수밖에 없다고 본다. 그 이유는 정책결정의 과정에서 정책결정자는 모든 대안을 탐색하는 것이 아니라 소수의 대안만을 무작위적이고 순차적으로 탐색하게 된다. 즉, 어떤 대안이 탐색된 경우에 그 대안이 가져올 결과를 예측해 본 다음, 그 결과가 만족스럽지 못할 경우에 다른 대안을 떠올려서 그 대안의 결과를 예측하는 식으로 대안탐색이 계속된다. 이후 결정자가 만족하기에 충분한 대안이 떠오르면 그 대안을 선택하여 결정을 끝낸다. 이때 정책결정의 기준은 결정자의 주관적인 만족이다.

④ 만족화란 개별 의사결정자가 특정문제의 해결방안을 찾을 때 적용하고자 하는 최소한의 기준을 말한다. 대안적 해결방안을 검토할 때 최소한의 기준을 충족하는 첫 번째 해결방안이 채택된다. 이 경우 다른 대안을 탐색하는 일은 중단된다.

⑤ 사이먼은 종합적인 합리성의 요구조건을 충족하는데 필요한 정보가 과다하고, 인간의 분석적 능력은 너무 낮기 때문에 관리자가 경제적 인간으로서 합리적 결정을 내리는 것은 불가능하다고 보았다. 관리자를 행정인으로 가정하고 있다.

(3) 평가

① 효용
⊙ 만족모형은 합리모형에 따른 정책결정이 이루어지기 어렵다는 점을 체계적으로 지적한 최초의 이론으로 평가된다.
ⓒ 실제로 의사결정이 일어나는 현상을 비교적 정확하게 기술하고 설명하고 있다는 평가를 받고 있다. 따라서 기술적 · 설명적 이론으로는 상당한 타당성을 인정받고 있다.

② 한계
⊙ 규범적 · 처방적 측면에서의 만족모형의 약점은 첫째, 그렇지 않아도 책임회피의식과 보수적 사고방식에 빠지기 쉬운 정부공무원들에게 의사결정에서 만족모형을 적용하라고 권할 수는 없다. 둘째, 만족 여부는 결정자의 주관적인 기대수준에 달려 있는데, 이러한 기대수준은 의사결정자에 따라서 다르고, 같은 결정자라고 하더라도 유동적이다.
ⓒ 쇄신적 결정 곤란: 현상유지적 · 보수적이며, 쇄신적 · 창조적 대안이나 최선의 대안발굴을 포기해버리기 쉽다.
ⓒ 일상적 의사결정은 만족수준에서 이루어질 수 있지만, 중대한 의사결정에서는 합리적 · 분석적 결정이 이루어질 가능성이 높다.
ⓔ 개인적 차원의 모형으로, 조직 · 집단적 차원의 설명은 곤란하다.

3. 점증주의 모형(Incrementalism Model) - 린드블롬(C. Lindblom), 윌다브스키(A. Wildavsky)

(1) 의의
① 점증주의 모형은 린드블롬이 합리모형의 절차에 따른 정책결정이 적용되기 어렵다는 점을 지적하고, 현실적으로 이루어지는 정책결정현상을 설명하고 이해하는 모형(현실적 · 실증적 모형)으로 제시한 것이다. 여기에는 린드블롬 이외에도 브레이브룩(Braybrooke), 윌다브스키 등이 가세하였는데, 이들은 실제 정책의 결정이 점증적인 방식으로 이루어질 뿐 아니라 점증적으로 결정되는 것이 '다원적 정치체제'에서 바람직하다는 입장을 견지한다.

② 점증주의 모형은 합리모형의 비현실성을 지적한 점에서는 만족모형과 공통점이 있으나, 만족모형에서는 주로 개별적인 정책결정자의 인지능력의 한계에 초점을 맞추고 있는 반면에, 점증주의에서는 다수의 정책결정자들로 구성되는 정책결정의 상황적 특성에 초점을 맞추어 적절히 조정·타협하는 '정치적 합리성'을 추구한다. 만족모형에서는 정치적 합리성을 고려하지 않는다.

개념더하기   점증주의의 합리모형에 대한 비판

- 린드블롬(C. Lindblom)은 합리모형의 비현실성을 비판하고, 실제의 정책결정은 점증적(현실적·실증적 모형)일 뿐 아니라 점증적이어야 바람직하다(처방적·규범적 모형)고 주장하였다.
- 윌다브스키(Wildavsky)는 점증모형을 예산과정의 분석에 적용하면서, 규범주의적 합리모형이 비합리적·자의적 요인이라고 배격한 정치적 요인을 적극적으로 평가하였다.

---

(2) 린드블롬(Lindblom)의 발전

① **단순 점증주의(Simple Incrementalism)**: 초기 합리모형과 구분하기 위한 점증주의이다(기존 정책+α).

② **분절적 점증주의(Disjointed Incrementalism)**: 민주체제에 적합한 정치원리로 좀더 복잡한 문제를 해결한다.

③ **전략적 분석 점증주의(Strategic Incremental Analysis)**: 복잡한 정책문제를 단순화하기 위해 신중하게 선택한 대안(전략선택)에 한정하여 분석하는 것으로 린드블롬은 점증주의에 대한 비판에 대해 전략적 분석이란 새로운 개념을 추가하여 종래의 주장을 수정하였다. 이는 합리모형 쪽으로 크게 이동한 것이며, 이론 및 쇄신적 정책분석을 수용할 수 있는 근거를 마련한 모형이다(합리모형+점증주의).

(3) 주요 내용

① 달성해야 할 목표를 결정하는 것과 그 달성을 위한 정책대안을 선정하는 것이 별개의 것으로 밀접하게 관련되어 있다. 즉, 정책대안의 선택에 앞서 목표나 가치기준을 설정하는 것이 어렵기 때문에 대부분의 경우에 목표와 수단이 동시에 선택된다. 때로는 수단이 선택되어야 목표가 분명해지는 경우도 있다.

② 목표와 달성수단이 뚜렷하게 구분되지 않기 때문에 목표-수단분석은 부적절하다.

③ 어떤 정책대안이 좋은 대안인지를 판단하는 기준은 정책관련자들의 합의사항이다. 따라서 정책대안의 판단기준으로서 분석적·기술적 합리성보다는 정책관련자들의 동의가 중요시된다. 어떤 경우에는 정책목표에 대한 합의 없이 정책수단에 대한 합의가 이루어지는 경우도 있다.

④ 정책결정자의 지적능력과 정보의 제한 때문에 대안에 대한 포괄적 분석은 제한된다.

⑤ 정책대안의 비교와 선택은 부분적·순차적으로 이루어진다. 즉, 정책결정이 한꺼번에 이루어지는 것이 아니라 정책문제의 일부분에 대한 정책결정이 이루어지며(Piecemeal-Disjointed Policymaking), 또한 시행착오를 통한 계속적인 수정과 보완이 이루어진다.

(4) 점증주의의 필요성 · 타당성 · 발생원인

① **제한된 합리성만이 가능한 실제상황:** 새로운 정책을 만들 경우 정책결정자의 인지능력 · 정보 · 시간 · 비용 및 사회환경적 요인상 한계

② **매몰비용 과다:** 기존정책에 상당한 인적 · 물적 자원 투자 → 계속 유지 또는 약간 수정에 만족

③ **정치적 실현가능성:** 기존정책은 다양한 정치세력과의 타협의 산물이므로, 정책결정자는 과거의 타협을 부정하는 새로운 정책을 만들기보다는 가능한 한 과거의 정책과 거의 유사한 정책을 제시하여 계속적으로 사회적 지지를 확보하려 한다. 사회 전체적으로 합의된 목적과 가치는 거의 불가능하므로, 다원적 사회에서 전체적인 정책계획을 수립하기보다는 기존의 사업을 계속하는 것이 훨씬 용이하다.

④ 새로운 정책이나 상이한 정책의 영향에 대한 불확실성

(5) 평가

① **효용**

㉠ 점증주의는 특히 사회가 안정화 된 미국과 같은 다원주의 국가에서 정책결정의 실상을 비교적 정확하게 기술한다.

㉡ 린드블롬은 합리적 정책결정이 이루어질 수 있는 두 가지 조건으로 참여자 사이의 목표에 대한 합의와 다양한 대안이 초래할 결과를 정확하게 추정할 수 있는 지식기반을 지적하였으나, 정상적인 상황에서는 이러한 조건이 충족되기 어렵기 때문에 점증주의가 정책이 결정되는 과정을 정확하게 묘사한다.

② **한계**

㉠ 점증적 변화정도의 기준이 모호하다. 실제로 비점증적 결정도 많고, 안정된 사회라도 점증적으로만 결정되는 것도 아니다.

㉡ 주먹구구식 결정을 합리적 · 민주적인 것으로 미화한다. 즉, 분석적 · 합리적 결정을 경시한다.

㉢ 정책들 간의 상호 모순과 일관성을 저해(분산적 결정)한다.

㉣ 기존정책이 그대로 유지되므로, 정책결정 오류의 반복과 시행착오가 누적되어 오류의 점증적 확대가 이루어진다.

㉤ 정책결정의 기본방향 및 평가기준이 결여되어 급격한 변화를 경험하는 불안정한 사회(개도국, 권위주의 사회)에는 부적합하며 변화에 대한 적응력이 약하다.

㉥ 사회가치의 근본적인 재배분을 필요로 하는 정책보다 항상 정치적으로 실현 가능한 임기응변적 정책의 모색에 집중하며 단기정책에만 관심을 갖게 되고, 장기정책은 등한시하여 위기상황이나 장기적 정책에 부적절하다(전년도 답습주의).

㉦ 정치적 반대를 고려하므로, 축소 · 종결은 곤란하다(눈덩이 굴리기식 결정).

합리모형과 점증모형의 특징 비교

구분	합리모형	점증모형
의사결정자	합리적 경제인	정치인
목표수단, 상호작용	• 목표와 수단의 엄격구분(선후 · 계층성) • 수단은 목표에 합치되도록 선택 • 목표의 명확한 정의 • 목표 – 수단분석 활용	• 목표와 수단의 상호의존성 · 연쇄관계 • 목표를 수단에 합치되도록 재조정 · 수정 • 목표의 불명확성 • 목표 – 수단분석은 제한적
대안의 범위	• 대안 수는 무한정 • 현실의 제약조건이 없다는 가정	• 대안 수는 한정 • 현실의 제약조건 수용
결정의 범위	근본적 결정(Root Approach)	지엽적 결정(Branch Approach)
접근방식	• 이상적 · 규범적 · 연역적 접근 • 이론의존도 강함, OR · SA(BC분석) 활용 • 알고리즘, 체계적 · 과학적 접근	• 현실적 · 실증적 · 귀납적 접근 • 이론의존도 약함 • 체험적, 주먹구구식, 이전투구식 결정
분석 · 결정의 특징	포괄적 · 총체적 · 단발적 · 1회적 결정, 하향적 결정	분절적 · 분할적 · 계속적 · 점진적 · 지속적 결정, 상향적 결정
결정양식	전체 최적화(부분의 합 ≠ 전체), 거시적 · 하향적 · 집권적	부분 최적화(부분의 합＝전체), 미시적 · 상향적 · 분권적
현실(기득권)	기득권 불인정(매몰비용 고려 안 함)	기득권 인정(매몰비용 고려)
적용사회	전체주의 · 권위주의 사회	다원주의 사회
관련 이론	공익의 실체설(적극설)	공익의 과정설(소극설), 다원주의

4. 혼합(탐사 · 주사 · 관조)모형*(Mixed Scanning Model: 제3모형 – 에치오니, A. Etzioni)

(1) 의의

① 에치오니는 완전 · 분석적인 의사결정모형인 합리모형은 지나치게 이상적이며 비현실적이며, 점증모형은 지나치게 근시안적이며 보수적이라고 비판하였다. 그래서 양자를 변증법적으로 통합한 제3의 모형으로서 혼합탐색모형을 제시하였다. 이 모형은 공공정책의 결정을 두 가지로 나누어 설명한다.

ⓐ 근본적 결정 또는 맥락적 결정: 전반적이고 근본적인 방향을 올바로 설정하려는 목적을 지닌 것을 말한다.

ⓑ 세부적 결정 또는 세목적 결정: 근본적 결정에서 설정된 맥락 하에서 '점증적'으로 결정하는 것이다.

② 혼합모형의 대표적인 사례는 에치오니의 혼합탐색모형과 드로어의 최적모형이다.

(2) 주요 내용

① 혼합탐색모형의 결정전략은 먼저 특정한 정책결정에 관련될 가능성이 큰 영역을 개괄적으로 탐색하고, 그 가운데에서 특별한 주의를 기울여야 할 좁은 영역을 고른다. 이것이 '근본적 결정'이다. 다시 선정된 좁은 영역 내를 면밀하게 탐색한 결과를 토대로 결정한다. 이것이 '세부적 결정'에 해당된다. 반면에 합리모형은 넓은 영역을 빠짐없이 탐색하여 결정하는 것이고, 점증모형은 처음부터 좁은 영역에 한정된 탐색을 진행한 후에 결정하는 것이다.

---

* 혼합탐사모형
합리와 만족이 아닌, 합리모형과 점증모형을 변증법적으로 혼합하였다.

② 개괄적인 광역탐색과 뒤이은 면밀한 지엽탐색은 한 차례에 국한되지 않는다. 즉, 구체적인 상황에 따라서 여러 차례 탐색을 되풀이할 수도 있다.

③ 각 단계의 탐색에 어느 정도의 시간과 자원을 투입하여야 할 것인가 하는 문제는 여러 가지 요인을 고려하여 융통성 있게 해결하여야 할 전략적인 문제이다.

④ 혼합탐색의 틀 속에서 기본적 결정과 세부적 결정의 결정전략은 구분된다. 즉, 기본적 결정은 중요한 대안을 포괄적으로 검토하되, 그 주요 결과만을 개괄적으로 예측하며(개괄적인 광역탐색), 세부적 결정은 근본적인 결정의 테두리 내에서 소수의 대안만을 검토하되, 그 대안이 초래할 결과를 세밀하게 분석하여 결정한다(면밀한 지엽탐색).

에치오니는 혼합탐색모형이 합리모형이나 만족모형과 같이 인간의 결정행태에 국한되는 것이 아니라 능동적 사회에서의 사회지도체계의 조직원칙이라고 주장하였다.

개념더하기 ▶ 모형별 사회와 능동적 사회

1. 에치오니가 주장하는 모형별 사회
   (1) 합리모형은 결정권한이 집중되어 있는 전체주의적 사회체제에 적합하다.
   (2) 점증모형은 다원적이고 합의지향적인 민주주의 사회에 적합한 모형이다.
   (3) 혼합탐색모형은 이른바 능동적 사회에 적합한 모형이라고 본다.

2. 능동적 사회의 특징
   (1) 민주주의 사회체제보다 높은 수준의 합의형성능력
   (2) 새로운 지식공학과 사회과학적 방법에 의한 통제
   (3) 민주정치체제의 과소기획과 과잉기획 간의 중간 정도의 사회

더 알아보기

혼합주사모형

구분	기본적 · 근본적 결정 (Fundamental Decision)	세부적 · 부분적 결정 (Bit Decision)
개념	• 세부결정을 위한 테두리나 맥락을 결정하는 행위 • 환경의 급변, 전체적 문제상황의 변화 시 행함	• 기본적 결정의 구체화 · 집행 • 안정된 상황에서 단기적 변화에 대처
대안탐색 (고려할 대안의 수)	중요한 대안을 포괄적으로 모두 고려(포괄적 합리모형)	기본적 결정의 범위 내에서 소수의 대안만 고려(점증주의)
대안분석 (각 대안의 결과 예측)	대안들의 중요한 결과만을 개괄적으로 예측(합리모형의 엄밀성을 극복)	대안의 결과는 세밀하게 분석(포괄적 합리모형)

구분	합리모형	점증모형	혼합모형 (기본적 결정)	혼합모형 (세부적 결정)
고려할 대안의 수 (대안탐색)	포괄적	한정적	포괄적	한정적
각 대안의 결과예측	포괄적	한정적	한정적	포괄적

(3) 평가

① 효용

    ㉠ 비현실적인 것으로 평가를 받는 합리모형의 절차를 좀 더 현실에 가깝게 실현할 수 있는 전략을 제시했다는 점에서 높이 평가된다.

    ㉡ 기본적 결정과 세부적 결정을 차별화하여 상황에 따라 융통성 있는 결정이 가능하다.

    ㉢ 단기적 변화에 대처하면서 동시에 장기적 안목을 가질 수 있다.

② 한계

    ㉠ 학문세계에서는 이론의 독창성이 학문적 명성평가의 주요 기준이라 할 수 있는데, 혼합탐색모형은 점증모형이나 만족모형에 비해 독창성이 떨어진다.

    ㉡ 기본적 결정과 세부적 결정의 기준을 명확히 제시하지 못한다.

    ㉢ 기본적 결정과 점증적 결정 간의 상호 전환이 용이하지는 않다.

5. 최적모형(Optimal Model) - 드로어(Y. Dror)

(1) 의의

① 에치오니와 마찬가지로 드로어도 합리모형과 점증모형의 양자에 모두 불신을 가지고, 새로운 이론으로서 최적모형을 제시하였다. 드로어는 린드블롬의 점증주의, 특히 '진흙탕 싸움'이 과학이라기보다는 타성(Inertia)을 정당화한다고 비판하였고, 합리모형과 점증모형을 재검토한 규범적·처방적 모형이다.

② 직관·판단력·창의력과 같은 초합리적 요인을 고려한 규범적·처방적 모형 → 합리성과 초합리성을 체제론적 입장에서 구축한 규범적인 정책결정이론

③ 합리적 결정의 효과가 비용보다 클 경우에는 합리모형을 적용하며, 정책결정에 투입될 자원·시간·노력 등을 정책결정의 각 단계에 가장 효율적으로 배분해야 한다.

(2) 주요 내용[최적 = 경제적 합리성(양적 모형) ± 초합리성(질적 모형)]

① 가치, 목표, 그리고 결정의 기준을 명백하게 제시한다.

② 대안발견에 있어서 새로운 대안발견을 위해 의식적인 노력을 기울이며, 창조적이고 혁신적인 대안이 나올 수 있도록 의식적으로 자극을 가한다.

③ 위험최소화전략 또는 혁신전략 가운데 어떤 전략이 바람직한지에 관하여 결정하고 여러 가지 대안에 투입되는 기대비용을 사전에 평가한다.

④ 위험최소화전략이 바람직한 것으로 평가될 경우, 계속하여 한정된 비교전략을 채택해야 한다. 한편 혁신전략이 바람직한 것으로 평가될 경우에는 유용한 지식과 직관(Intuition)에 입각해서 각 정책대안이 초래할 모든 가능한 결과를 예측하고, 중요한 기대결과를 발견하는 작업이 뒤따라야 한다.

⑤ 전체 정책결정의 네 단계에 대한 솔직하고 충분한 논의가 이루어진 후에 합의를 통하여 최적의 정책을 검토한다.

⑥ 당면한 문제가, 보다 광범위한 분석이 필요할 정도로 중요한 문제인지를 결정하기 위한 의식적 노력이 필요하다.

⑦ 이론과 경험, 합리성과 초합리성*을 동시에 고려하여 정책을 결정한다.

---

*   초합리성의 필요
    자원·시간·노력이 부족하고 상황이 불확실한 경우, 특히 선례가 없거나 매우 중요한 비정형적 결정에는 직관·창의·판단과 같은 초합리적 요소가 필요하다.

⑧ 정책결정의 질을 높이기 위해 과거의 경험에 의한 체계적 학습과 이니셔티브, 창의성을 자극하는 한편, 지적능력을 고취시키는 일련의 작업이 이루어져야 한다.

(3) 정책결정체제(정책과정의 환류성 · 순환성 · 가외성 · 중복성): 최적모형은 사회체제 전체의 입장에서 정책형성체제가 어떻게 전반적으로 합리적으로 운영되어 '최적화(Optimization)'된 결과가 나타날 수 있게 하느냐에 관심을 가진다. 드로어는 또한 최적화가 가능하려면 정책형성체제가 전체적으로 잘 설계되어 있어야 한다고 보았다. 그러므로 드로어의 모형은 정책결정자 개인차원의 결정문제에 초점을 맞춘 사이먼의 모형이나 정책결정체제 내에서 정책결정의 특징을 설명하려 한 린드블롬과는 달리 정책결정체제 전반을 그 모형 속에서 취급하고 있다. 그는 넓은 의미의 정책결정을 크게 세 단계로 나누고 이들을 다시 세분하여 18개 국면으로 나누었다.

① **상위(초)(Meta)정책결정단계:** 첫 번째 상위정책결정단계는 정책결정체제를 어떻게 설계할 것인가에 관한 결정이다.

② **정책결정(Policymaking):** 합리모형에서의 결정과정과 유사한 절차이다.

③ **정책결정 이후(Post-Policymaking):** 정책결정단계에서 결정된 정책이 집행 · 평가되며, 마지막인 18단계는 모든 단계가 상호 연결되는 의사전달과 피드백 통로이다.

개념더하기 ▶ 최적모형의 정책결정단계와 국면

1. Meta-Policymaking Stage (7단계) → 초합리성 적용	2. Policymaking Stage (7단계) → 합리모형 적용	3. Post-Policymaking (3단계)
① 가치의 처리 ② 현실의 처리 ③ 문제의 처리 ④ 자원에 대한 조사 · 처리 · 개발 ⑤ 정책결정체제 설계 · 평가 · 재설계 ⑥ 문제 · 가치 · 자원의 할당 ⑦ 정책결정전략의 결정	⑧ 자원의 세부적 할당 ⑨ 우선순위에 의한 구체적 목표설정 ⑩ 우선순위에 의한 중요 가치 설정 ⑪ 좋은 대안을 포함한 주요 대안 마련 ⑫ 각 대안의 비용 · 편익의 예측 ⑬ 대안의 비교 및 최선의 대안 발견 ⑭ 최선의 대안에 대한 비용 · 편익 평가	⑮ 정책집행을 위한 동기부여 ⑯ 정책의 집행 ⑰ 집행 후의 정책평가

⑱ 의사전달과 환류: 모든 국면들을 가로지르고 연결하는 역할 – 새로운 정보가 모든 국면으로 상호 연결되므로 의사전달 및 환류의 망이나 기제가 중요하다.

▷ 이러한 단계를 거치면서 최적화가 이루어지고 정책결정자 개개인의 합리성뿐 아니라 정책결정자의 직관, 통찰력과 판단 등과 같은 초합리성도 중요하다는 것이다.

---

(4) 평가

① **공헌**

㉠ 정책결정이 이루어지는 기본적인 틀인 정책결정체제에 대한 결정의 중요성을 부각시켰다.

㉡ 영감, 직관, 통찰력과 같은 초합리적 요소가 합리적 분석 못지않게 중요하다는 점을 부각시켰다는 것도 중요하다.

② **비판**

㉠ 최적의 기준이 불분명, 초합리성의 의미 불분명, 초합리성과 합리성과의 구별이 불명확하다.

㉡ 사실상 직관이나 통찰력 등도 훈련에 의해 어느 정도 길러진다는 점을 생각한다면 드로어는 바람직한 정책결정을 위하여 브레인스토밍, 정책델파이 등 질적인 정책분석기법의 중요성을 지적한 것으로 판단된다. 그러나 초합리적이라는 요소가 너무 강조되는 경우에 바람직한 결정이 이루어

질 수 있는가는 의문이다. 즉, 직관, 영감, 통찰력 등의 초합리성을 지나치게 강조하면 신비주의에 빠질 수 있고, 비합리적인 권위주의적·비민주적 결정을 미화시킬 수 있다.
ⓒ 경제적 합리성을 추구하여 사회적·정치적 결정과정의 측면을 경시한다.

3 집단차원의 의사결정모형

1. 쓰레기통모형

(1) **의의**: 쓰레기통 모형(Garbage Can Model)은 코헨, 마치와 올즌(Cohen, March & Olsen)(1972)이 조직구성원 사이의 응집력이 아주 약한 상태, 즉 조직화된 무정부 상태(Organized Anarchy) 하에서 의사결정이 이루어지는 과정을 설명하려고 시도한 모형으로 대표적인 기술적 모형 가운데 하나다(조직화된 무정부 상태의 긍정적·건설적 측면 강화).

(2) **조직화된 무정부상태의 특징(전제조건)**: 이들은 대학과 같이 불확실성이 지배적인 상황을 조직화된 무정부상태라고 규정하고, 이러한 상태에서는 다음과 같은 세 가지 특징이 나타난다고 보았다.
① **선호의 불확실성(Problematic Preferences)**: 의사결정 참여자들이 무엇이 바람직한지에 관한 선호가 분명하지 않은 상태에서 결정에 참여한다. 이와 같이 조직의 목표가 분명하지 않고 의사결정 참여자의 선호가 분명하지 않은 상황을 선호의 불확실성이라고 부른다.
② **불명확한 기술(Unclear Technology)**: 불명확한 기술이란 목표와 수단사이의 인과관계가 명확하지 않다는 것이다.
③ **일시적 참여자(Fluid Participants)**: 의사결정에 참여하는 사람의 구성에 변동이 있다는 것이다. 조직에서 의사결정 참여자들은 시간이 지남에 따라 바뀔 수 있으며, 그들이 의사결정에 몰입하는 정도는 의사결정의 '영역'에 따라 상당히 다를 수 있다. 이들 학자들은 조직화된 무정부상태의 특징이 나타나고 있는 조직이 상당히 많으며, 특히 공공조직, 교육조직, 그리고 비합법적인 조직에서 많이 나타나고 있다.

(3) **의사결정의 4요소**: 어떠한 상황에서도 의사결정이 이루어지려면 문제, 해결방안, 참여자, 선택기회 등 네 가지 요소가 필요하며 이들 요소들이 서로 독자적인 흐름을 형성한다고 본다.

문제	해결해야 하는 정책문제
해결방안	문제해결을 위한 정책대안
참여자	의사결정 가능한 지위에 있는 사람
선택기회	의사결정을 위한 회의

(4) **쓰레기통의 과정**: 위의 네 가지 흐름이 완전히 독립적인 것은 아니지만 상당히 독립적인 흐름을 형성하고 있다. 조직에서의 선택은 이러한 네 가지 흐름이 우연히 합류할 때 이루어지므로 선택은 이들 흐름의 패턴에 상당히 영향을 받는다.

(5) **쓰레기통 속의 의사결정 방식**: 쓰레기통모형은 대학행정의 상황을 가정한 시뮬레이션 결과를 토대로 제시한 것이다. 쓰레기통모형에서 나타나는 결정의 방식은 다음과 같은 세 가지이다.
① **문제해결**: 하나의 선택기회에서 일정한 기간 동안 작업이 이루어진 후 문제가 해결되는 경우이다. 문제에 따라 걸리는 시간은 달라지지만 이러한 결정방식에서는 문제가 정상적인 절차를 거쳐 해결된다.

② 날치기: 하나의 선택기회에서 그 문제가 제기되지 않았는데도(그 문제는 다른 선택기회에서 처리하도록 예정되어 있었는데), 의사결정자들이 다른 문제들을 결정하고 남은 에너지를 가지고 그 문제의 해결방안을 재빨리 선택하는 경우를 말한다. 이럴 경우 그 문제에 충분한 시간과 에너지를 투입하지 못하여 제대로 된 해결방안이 선택되었는지 알 수 없으며, 문제 자체가 미해결인 채로 남아있는 경우가 많다.

③ 진빼기: 어떤 선택기회에 너무 많은 문제를 처리하게 되어 있는 경우, 의사결정자들이 그 문제들을 실질적으로 해결할 수 없는 상황이 된다. 그러한 경우 상당수 문제들에 대한 의사결정은 이루어지지 않으며 다른 선택기회로 넘겨진다. 그러므로 실제로 문제는 해결되지 않고 남아있게 된다.

(6) 평가

① 효용: 조직의 목표가 모호하고, 목표 간 갈등이 존재하며, 조직 내외에서 제기되는 문제에 대한 이해가 부족한 상황에서, 의사결정자가 다른 업무에도 마음을 두고 있는 상황에서도 결정이 이루어지고 문제가 해결된다는 것 자체가 상당한 성취라는 것이다(코헨, 마치와 올슨). 쓰레기통모형은 이후 킹던(Kingdon)이 정책의 창(Policy Window) 모형 또는 다중흐름모형(Multiple Stream Model)으로 발전시켰다.

② 한계: 쓰레기통모형의 주요 문제는 쓰레기통모형을 문장으로 표현한 언어모형 또는 비공식모형과 컴퓨터 시뮬레이션 모형 또는 공식모형 사이에 차이가 너무 많다는 점, 그리고 모형에 쓰인 개념 가운데 일부의 의미가 분명하지 않아 개념상 혼란을 초래한다는 점이다.

2. 사이버네틱스모형(Cybernetics Model)

(1) 의의

① 사이버네틱스는 인공두뇌학을 말하며 그 창시자인 와이너(Wiener)에 따르면 사이버네틱스는 동물과 기계에 있어서 커뮤니케이션과 제어에 관한 이론을 의사결정과정에 적용한 것이다.

② 와이너는 정보의 획득과 환류에 의한 제어가 학습과 재생의 핵심 메커니즘이라고 보았다. 이를 통해 정책결정과 정책문제에 관한 정보를 단순화하는 것이다.

③ 스타인부르너(Steinbruner)는 사이버네틱스를 응용하여 정부관료제에서 이루어지는 정책결정을 묘사하고자 하였고, 정책결정 현상을 바라보는 시각을 전통적인 분석적 패러다임(Analytic Paradigm)과 사이버네틱 패러다임(Cybernetic Paradigm)으로 구분하였다.

④ 사이버네틱스모형의 기본전제는 실제로 정부의 복잡한 문제들이 비교적 단순한 메커니즘에 의해 결정이 이루어지는 경우, 대개의 정책문제들이 성공적으로 해결된다.

(2) 사이버네틱스모형의 특징

① 비(무)목적적 적응모형: 달성하고자 하는 목표나 가치의 극대화가 아닌 '현상유지'를 추구한다.

② 반응목록에 의한 불확실성의 통제: 한정된 범위의 변수들에만 집중하고, 나머지 수많은 정보들은 무시함으로써 불확실성을 통제

③ 적응적 의사결정: 하위부서 단위 간의 결정문제를 분리하여, 한정된 변수에만 관심을 쏟아 순차적으로 문제해결 → 정책결정은 하위단위의 맥락속에서 이루어짐

④ 집단적 의사결정: 조직은 다양한 목표를 가진 개인들의 연합이므로 개인의 의사결정논리가 그대로 적용되지 않음

⑤ 도구적 학습: 결과예측 후 합리적 대안을 선택하는 인과적 학습이 아닌 '도구적 학습 · 시행착오적 학습'에 의존함

(3) 평가

① 효용

    ㉠ 복잡한 환경에도 불구하고 단순한 의사결정 메커니즘에 의하여 적응성이 매우 높게 나타나는 결과에 대해 설명한다.

    ㉡ 정부관료제에 의한 정책결정의 실제 양상이 합리모형에서 상정하는 것과는 현실적으로 상당한 거리가 있음에도 불구하고 많은 경우 성공적으로 문제해결이 이루어진다는 점을 잘 설명할 수 있다.

② 단점: 문제의 복잡성이 심각하여 하위문제들로 분해될 수 없을 경우에는 사이버네틱스 패러다임으로는 결정할 수 없다.

개념더하기 　분석적 패러다임과 사이버네틱적 패러다임의 비교

구분	분석적 패러다임	사이버네틱적 패러다임*
성격	완전한 합리성	제한된 합리성
인간관	전지전능인	인지능력의 한계 인정
문제해결	알고리즘(연역적 방식)	휴리스틱(귀납적 방식)
학습	인과적 학습	도구적 학습(시행착오적 학습)
선택대안	최적해	그럴 듯한 대안
대안분석	동시적 · 단발적	순차적 분석

개념더하기 　패러다임별 문제해결 방법

1. 알고리즘(Algorithm)

    문제해결에 도달하는 과정이 알려져 있는 상황 하에서 기계적 절차에 따라 목표상태에 도달하게 되는 재량적 · 수학적 연산(演算)기법(인과적 · 합리적 학습 또는 관리과학)

2. 자기발견식 접근(Heuristic)

    복잡한 문제를 푸는 데 있어 알려진 과정이 없이 시행착오를 반복 · 평가하여 자기발견적으로 문제를 해결하는 방법이다(도구적 · 시행착오적 학습이나 만족모형). 의사결정은 다양한 변수를 고려해야 하나, 현실적으로 정보부족과 시간제약으로 인해 완벽한 의사결정이 곤란하다. 휴리스틱은 가장 이상적인 방법을 구하는 것이 아니라, 현실적으로 만족할 만한 수준의 해답을 찾는다. 모든 변수와 조건을 검토할 수 없으므로 분석의 초기 단계에서는 모든 변수를 고려하지 않고, 중요 변수만을 분석하고 점차 변수의 범위를 넓혀간다. 문제상황을 여러 부문으로 구분하고 이를 각각 분석해 가장 이상적인 방법을 구한 후 전체적인 관점에서 종합한다(부분최적화, 수먹구구식 설정, 시행식오 빈복).

---

3. 회사모형(Firm Model: 연합모형)

(1) 의의

① 사이어트(Cyert)와 마치(March)가 제시한 모형으로, 개인적 의사결정에 치중한 만족모형을 한층 더 발전시켜 조직의 의사결정에 적용시킨 모형이다. 회사모형은 조직을 결정자에 의하여 일사분란하게 움직이는 조직체로 인식하는 것이 아니라 조직을 여러 가지 개성과 목표를 가진 하위조직들의 연합체로 인식한다는 점에서 연합모형으로 불리기도 한다.

---

* 　사이버네틱 메커니즘의 대표적 사례

　사이버네틱 메커니즘의 대표적인 사례인 자동온도조절장치가 있다. 자동온도조절장치의 작동원리는 실내온도를 모니터하여 미리 설정된 실내온도의 범위(예를 들면, 20~25℃)보다 낮아지면 난방기구가 작동되고, 올라가면 냉방기구가 작동되도록 하는 것이다. 실내온도가 일정한 범위로 유지되도록 사전에 프로그램된 메커니즘이 작동하여 의사결정이 이루어지는데 그 초점은 실내온도의 상태를 유지하는 것이다.

② 전제

      ㉠ 이윤극대화 뿐만 아니라 다른 목표도 존재

      ㉡ 완전한 합리성이 아닌 제한된 합리성 추구

      ㉢ 최적대안이 아닌 만족스러운 대안 선택

(2) 주요 특징

① 갈등의 준해결(Quasi-Resolution of Conflict)

      ㉠ 조직은 단일의 유기체가 아니라, 상이하고 독립된 목표를 가진 반독립적 하위조직 간의 연합체 → 상이한 목표추구에 따른 갈등 발생 → 갈등의 해결방법이나 통합적 기준이 없으므로, 갈등의 완전한 해결은 불가능하며 전체목표라는 단일기준에 의해 해결되기보다는 상호 간 협상을 통해 잠정적으로 해결되는 준해결 상태에 머물게 된다.

      ㉡ 갈등의 준해결 발생이유: 독립된 제약조건으로서의 목표(조직의 목표는 하위조직의 행동에 대하여 제약조건으로 작용할 뿐임), 국지적 합리성, 받아들일 만한 수준의 의사결정, 목표의 순차적 관심(조직은 목표를 동시에 고려하지 않고 순차적으로 고려)

② 불확실성의 회피: 환경은 유동적이므로 대안이 가져올 결과를 불확실한 것으로 보아, 장기적 전략보다는 변화에 즉각 환류·반응할 수 있는 단기계획을 선호하고(단기적 환류의 이용), 적극적으로 환경을 통제하거나 타협함으로써 불확실성을 회피하고자 한다.

③ 문제중심적 탐색: 조직은 모든 대안을 합리적으로 탐색하지는 않으며 시간과 능력의 제약으로 인해 적극적으로 문제를 발견하고 목표를 설정하는 것이 아닌, 문제가 나타나는 경우에만 문제해결책(대안)으로 찾게 된다. 조직은 문제가 해결되지 않는 한 계속적으로 대안을 탐색하게 되고 해결책이 없는 경우에는 목표의 수준을 수정한다.

④ 조직의 학습: 조직은 경험에 의하여 학습하고, 갈등해결방법을 배운다. 조직은 과거의 경험에 의해 목표를 설정하고, 문제해결방법을 찾는다. 조직의 학습은 조직의 목표, 관심의 규칙, 대안탐색절차 등에 변동을 가져오며, 목표의 적응, 관심대상 규칙의 적응, 대안탐색 규칙의 적응 등을 통해 이루어진다.

⑤ 표준운영절차*(SOP; Standard Operating Procedure)의 중시

      ㉠ 일반적 SOP: 장기적 행동규칙, 장기적 환류에 따라 서서히 변하게 하여 장기적 합리성을 도모한다. 일반적 SOP의 기능 → 불확실성의 회피, 장기적 합리성 도모(계속적인 조직의 재설계보다는 일단 적절한 절차로 알려진 규칙을 유지), 단순·반복적 업무추진이 용이

      ㉡ 구체적 SOP: 단기적 행동규칙, 일반적 SOP를 집행하기 위한 것, 단기적 환류에 의해 변화한다. 종류는 업무수행규칙, 기록과 보고, 정보처리규칙, 계획과 기획에 관한 규칙이 있다.

(3) 평가

① 효용

      ㉠ 조직의 의사결정을 설명하고 이해하는 데 기여한 점

      ㉡ 조직 내 갈등과 의사전달의 왜곡이 발생하는 원인을 규명한 점

      ㉢ 복잡한 문제를 요소로 분해하여 여러 가지 프로그램과 SOP 개발의 중요성을 강조한 점

      ㉣ 현실의 의사결정을 잘 설명하는 귀납적 모형이라는 점

---

*   표준운영절차(SOP)

     표준운영절차는 조직의 장기적 적응과정에서 학습된 행동규칙, 조직업무수행의 기준이 되는 표준적 규칙 또는 절차이다.

② 한계

　　㉠ 조직 내의 비합리적인 의사결정을 분석하지 못한 점

　　㉡ 조직 내의 수평적 관계만을 분석함으로써 상하관계 등에서 나타나는 수직적·권력적 측면이 의
　　　사결정에 미치는 영향을 소홀히 취급한 점

　　㉢ 단기적 SOP를 중시함으로써 보수적 성격을 지니고 있는 점

　　㉣ 회사라는 기업 조직의 행태분석에 초점을 두고 있어 공공조직에 적용하는 것에는 한계가 있다는 점

4 정책결정과정에 관한 앨리슨(Allison)의 모형

1. 쿠바 미사일 위기와 Allison의 주장

(1) 쿠바 미사일 위기 개요: 쿠바 미사일 위기란 1962년 10월 22일부터 11월 2일까지 11일간 미국과 소련
이 핵전쟁 위기까지 갔다가 멈춘 사건을 말한다. 사건은 미국 CIA가 1962년 10월 4일 U-2기 정찰을
통하여 미국에서 불과 140여 킬로미터 떨어진 쿠바에 소련이 사정거리 1,700~3,500km에 핵탄두를
탑재할 수 있는 중거리 탄도미사일 기지를 비밀리에 건설 중인 것을 발견한 데에서 시작한다. 이에 미
국은 쿠바 주위에 해상 봉쇄선을 설정하고, 쿠바에 대한 전면공격태세를 갖춘 다음 소련에 24~48시간
이내에 미사일을 철수할 것을 요구하는 '최후통첩'을 보냈다. 당시 미국의 케네디 대통령은 그러한 결정
을 내리면서 전쟁 확률이 1/3과 절반 사이라고 판단하였다. 다행스럽게도 소련이 미사일을 철수함으로
써 핵전쟁의 위기는 해소되었다.

(2) 연구 질문

　① 앨리슨의 모형은 최선의 개념틀은 없다는 전제 하에서 여러 가지 각도에서 정책결정현상을 분석·
　　설명하고 처방하려는 다원적 관점의 모형이다.

　② 앨리슨은 쿠바 미사일 위기에 대한 케네디 행정부의 대응방안 결정을 설명하면서 집단적인 의사결
　　정을 구성원들의 응집성을 기준으로, 성질별로 분류하여 세 가지 상호배타적인 의사결정모형을 제
　　시하였다. 앨리슨이 제시한 모형은 구체적으로 합리적 행위자모형(Model Ⅰ), 조직과정모형(Model
　　Ⅱ), 관료정치모형(Model Ⅲ)이다.

2. 세 가지 패러다임

앨리슨은 쿠바 미사일 기제에 관한 연구질문에 대하여 설명하고 예측할 수 있는 세 가지 패러다임의 기본
요소로 분석의 기본단위, 패러다임을 조직화하는 개념, 지배적인 추론패턴, 주요 명제 등의 네 가지 요소
를 들고 그에 따라 세 가지 모형을 정리하였다.

(1) 합리적 행위자(목표)모형의 패러다임(모형Ⅰ)

　① 분석의 기본단위: '선택'으로서 정부행위

　② 의사결정 문제: 국가 또는 정부는 조정과 통제가 잘 된 유기체. 합리적이고 단일한 결정자임

　③ 합리적 결정: 조직구성원 또는 참여자들은 전략적 목표를 극대화하는 합리적 결정을 함

　④ 적용가능계층: 조직 전반에 걸친 적용 가능

(2) 조직과정(행태)모형의 패러다임(모형 II)

① 분석의 기본단위: '조직의 산출물'로서 정부행위

② 의사결정 문제: 국가 또는 정부는 느슨하게 연결된 하위조직들의 연합체(회사모형의 전제와 유사)

③ 합리성 제약: 조직갈등의 준해결과 제한된 합리성을 추구함. 하위조직의 연합체로 참여자들간의 응집성이 약함

④ 적용가능계층: 하위조직은 불확실성의 탈피를 위하여 규칙을 습득하고, 표준운영절차(SOP)나 프로그램목록에 따라 대안을 탐색

(3) 정부(관료)정치모형의 패러다임(모형 III)

① 분석의 기본단위: '정치의 결과물'로서 정부행위

② 의사결정 문제: 정부행위자는 다수의 개별 경기자이며 독립된 자유재량을 가진 참여자들 개개인이 의사결정의 주체가 됨(쓰레기통모형의 전제와 유사)

③ 정치적 결정: 참여자들간의 응집성이 매우 약하며, 개인들은 자신이 가진 정치적 자원을 이용하여 정치적 게임규칙에 따라 목표달성을 이룸

④ 적용가능계층: 조직의 상위계층에 적용할 가능성이 큼

3. 세 가지 모형 비교

이상의 내용을 종합·비교해보면, 앨리슨은 세 가지 모형이 정·반·합의 관계가 아니라 하나의 조직이나 정책에 동시에 적용 가능하다고 보았다. 구체적으로 쿠바 미사일 위기 시에 해상 봉쇄 결정은 모형 I 로 일부 설명이 가능하나, 설명되지 않는 부분은 모형 II로 설명되었고, 모형 II로도 설명되지 않는 부분은 모형 III으로 설명될 수 있었다고 주장하였다.

비교	합리적 행위자 모형 (Rational Actor)	조직과정모형 (Organizational Process)	관료정치모형 (Burearcratic Politics)
조직관	조정과 통제가 잘된 유기체	느슨하게 연결된 반독립적인 하위조직들의 연합체	독립적인 개인적 행위자들의 집합체
응집성	강함	약함	매우 약함
행위자의 목표	조직전체 목표	조직전체 목표＋하위조직의 목표	조직전체 목표＋하위조직의 목표＋행위자 개인의 목표
목표의 공유도	매우 강함	약함	매우 약함
정책결정 일관성	매우 강함	약함	매우 약함
권력의 소재	조직의 두뇌와 같은 최고지도자가 보유	반독립적인 하위조직에 분산됨	개인적 행위자들의 정치적 자원에 의존
정책결정 양태	최고지도자의 명령과 지시	SOP에 의한 관습적 결정	정치적 결정(타협·협상)
적용 계층	조직의 전계층	조직의 하위계층	조직의 상위계층
합리성	완전한 합리성	제한된 합리성	정치적 합리성

5 기타 의사결정에 관한 논의

1. 집단적 의사결정

(1) 의의: 위원회나 팀제와 같은 수평적 조직에서 행해지는 의사결정이나 관료제에 의해서 행해지는 의사결정도 집단적 의사결정이다(집단적 결정이 개인적 결정보다 반드시 우수하다는 보장은 없음).

(2) 집단적 의사결정의 방법

① **무반응에 의한 결정:** 토론 없이 아이디어의 제안이 지속적으로 이루어지다가 채택할 만한 아이디어가 나오면 선택하는 방법

② **권한에 의한 결정:** 다양한 아이디어를 제안하고 토론하지만 구성원들이 해결책에 관한 최종결정을 내리는 것이 아니라, 위원장과 같은 권한 있는 사람이 최종결정을 내리는 방법

③ **소수에 의한 결정:** 특정구성원이 다른 구성원들에게 반대의 기회를 주지 않고 자기의견을 관철시키는 방법

④ **다수결에 의한 결정:** 투표 등을 통해 다수가 지지하는 해결책을 선택하는 결정방법

⑤ **합의에 의한 결정:** 모든 구성원들이 집단적 의사결정에 자기 몫의 영향을 미쳤다고 생각하고 결과에 승복하도록 하는 결정방법

⑥ **만장일치에 의한 결정**

(3) 집단적 의사결정의 이점

① 다양한 시각을 의사결정에 활용할 수 있다.

② 의사결정의 결과에 대한 수용도와 실행가능성을 높일 수 있다.

③ 결정의 정당성을 높일 수 있다.

④ 모호한 상황을 타개한다.

(4) 집단적 의사결정의 한계

① **무임승차:** 적극적으로 참여하려 하지 않는 현상

② **동조압력:** 집단이 지향하는 문화적 가치와 목표를 수용하도록 강요하는 현상

③ **소수파의 영향력:** 소수가 의사결정을 지배

④ **집단극화(집단적 변환; Group Shift):** 집단이 개인보다 더 극단적인 결정을 하는 현상

⑤ **집단사고(집단착각; Group Think):** 개인들이 집단을 형성하면서 집단응집성과 합의에 대한 압력으로 각자의 목표나 가치, 영감, 창의력 등이 발현되지 못하고 비판적인 사고가 억제되어 획일적인 방향으로 의사결정되는 현상(만장일치에 대한 환상, 획일적인 사고, 집단동조의식, 집단규범 등으로 나타남)

> **개념더하기** 집단사고의 폐단
>
> - 목표와 대안의 불완전한 조사
> - 선호된 대안이 가져올 위험성에 대한 검토의 실패
> - 애초에 기각된 대안의 재검토에 대한 실패
> - 빈약한 정보탐색
> - 정보처리에 있어서의 선택적 편견
> - 상황적응적 계획수립의 실패 등

1. 브레인스토밍(Brainstorming)

   반박하거나 비판하지 않는 것을 원칙으로 하며, 어떤 의견이든 제시할 수 있다. 그러나 의견취합이 어려울 수 있다.

2. 스토리보딩(Storyboarding)

   브레인스토밍에서 나온 여러 의견들을 정리한 후 각 의견의 장단점을 토론하는 방식이다.

3. 델파이 기법(Delphi Technique)

   전문가의 의견을 익명으로 받기 때문에 편견에서 자유로울 수 있고, 답변하는 사람 역시 의견을 제안하거나 수정할 때 심리적 부담이 적다.

4. 명목집단기법(Nominal Group Technique)

   서면으로 의견을 제출하지만 의견이 정리되는 동안 서로 비평을 주고받지 못하도록 한다. 의견이 정리된 후에는 무기명 투표를 통해 최종 의사결정을 내린다.

5. 캔미팅(Can Meeting)

   음료를 마시면서 회의하는 방식. 갈등이 예상되거나 관계가 아직 무르익지 않았을 때 활용하면 효과적이다.

6. 변증법적 토의

   찬성과 반대, 두 팀으로 나눈 후 서로 토론하게 하여 최종 의견을 내는 방식으로, 반대팀은 반대안을 제시하여야 하며, 이를 통해 주제의 장단점을 명확하게 드러낸다.

7. 지명반론자 기법(Devil's Advocate Method)

   지정된 반론자들이 고의적으로 본래 대안의 단점과 약점을 적극적으로 지적하는 방식으로, 반대안을 제시하지는 않는다. 수정을 거쳐 최종 대안을 산출한다.

2. 위기 시 의사결정의 특징

(1) 위기의 개념: 자연재해, 기술적 재해(대형교통사고, 가스누출 등), 사회적 갈등이나 국제적 대립과 같은 요인으로 인하여 위험이 발생

(2) 의사결정에서의 위기: 위기란 어떤 한 사회의 기본적인 구조와 사회적 가치규범 등에 대하여 심각한 위험이 발생하여 극심한 압박과 고도의 불확실성 속에서 의사결정을 내려야 하는 것

(3) 위기상황에서의 의사결정의 일반적인 특징

① 시간적 압박, 고도의 불확실성 때문에 관료제적 의사결정방식이 부적합하다.

② 신뢰할 만하고 능력 있는 소수의 동반자들끼리 비공식적으로 의사결정이 이루어진다.

③ 견제와 균형 또는 분산화된 의사결정보다는 신속한 개입을 할 수 있는 위기관리조직이 선호된다.

④ 집단사고에 빠질 우려가 있다.

⑤ 상향적 및 하향적 커뮤니케이션의 양이 증가한다.

⑥ 관료적 정치가 성행한다.

⑦ 정보의 내용보다 정보의 출처에 더 높은 우선순위를 둔다.

3. 정책딜레마 모형(Policy Dilemma Model)

(1) 개념: 정책딜레마는 정책결정을 해야 하지만 상충되는 정책 대안들 가운데서 어떤 것도 선택하기 어려운 상태를 말한다. 복수의 정책대안이 선택상황에 나타났을 때, 어느 한 대안의 선택이 가져올 기회손실이 너무 커서 선택이 불가능하거나 매우 어려운 상황을 의미한다. 정책딜레마는 선택상황 자체가 정책실패의 원인을 내포하는 이러지도 저러지도 못하는 상태이다.

(2) 발생조건

① 선택요구의 압력: 대안들 가운데서 하나를 반드시 선택해야 한다는 요청이 강하다.

② 정책대안의 특성

　㉠ 명료성: 상호 갈등적인 정책대안들이 구체적이고 명료함

　㉡ 분절성, 단절성: 대안들이 상충 적·단절적이어서 상호 절충이 불가능

　㉢ 선택의 불가피성: 갈등적 대안들을 함께 선택할 수 없음

　㉣ 균등성: 대안들의 가치를 직접 비교할 수는 없으나 각각의 결과가치 또는 기회손실이 비슷함

　㉤ 갈등적 대안들을 대체할 방안을 만들 수 없음

③ 행태적·상황적 조건

　㉠ 대립당사자들이 정부를 불신하는 경우

　㉡ 갈등집단 간의 권력균형이 이루어져 있는 경우

　㉢ 갈등집단들의 내부응집력이 강한 경우

　㉣ 대안선택에 걸린 이해관계가 큰 경우

　㉤ 특정대안의 선택으로 이익을 보는 집단과 손해를 보는 집단이 명확히 구분되는 경우

　㉥ 갈등집단 간의 자율조정기능이 취약한 경우

　㉦ 정책문제에 대한 정부조직의 관할이 중첩되는 경우

　㉧ 갈등당사자들이 정책대안의 이익이나 손실을 과장하는 등 계략적 행동을 하는 경우

　㉨ 갈등당사자들이 정책결정의 회피나 지연을 용납하지 않는 경우

(3) 대응행동

① 소극적 대응: 정책결정의 회피(포기), 결정의 지연, 결정책임의 전가, 다른 정책에 의해 문제가 해결된 것처럼 보이게 하는 상황의 호도 등이 있다.

② 적극적 대응

　㉠ 딜레마 상황의 변화를 유도하는 것

　㉡ 특정 딜레마 상황으로부터 관심을 돌리기 위해 새로운 딜레마 상황을 조성하는 것

　㉢ 정책문제의 재규정을 시도하는 것

　㉣ 상충되는 정책대안들을 동시에 선택하는 것

　㉤ 이른바 스톱고 정책*(Stop-Go 政策)을 채택하는 것

　㉥ 선택한 대안의 정당성을 높이기 위해 상징조작을 하는 것

---

* 　스톱고 정책
　　정책대안을 선택, 결정한 후 이를 번복하거나, 수정함으로써 상충되는 정책을 바꾸거나, 선택된 정책대안의 집행을 왜곡하는 대응방법

1. 의사결정모형의 분류

산출지향모형	현실적 · 실증적 모형	• 현실에서 이루어지는 의사결정을 기적 · 설명, 경제적 합리성 제약 • 대안의 선택과정상 여러 가지 현실적 제약의 연구에 중점 예 만족모형, 점증모형, 회사모형, 쓰레기통모형
	이상적 · 규범적 모형	인간행동의 합리성을 전제로 규범적 당위성(Sollen)을 강조, 경제적 합리성 중시, 합리모형
	다차원 모형	혼합주사모형, 최적모형, 앨리슨모형
과정지향모형 (참여자중심 모형)	정책결정의 산출 · 결과의 분석에 중점, 과거지향모형보다는 상대적으로 처방성이 강함. 행정학자들이 주로 연구(예 합리모형, 만족모형, 점증모형, 혼합주사모형, 최적모형)	
	공공정책의 결정과정의 분석에 중점, 참여자 중심, 기적적 · 설명적 성격이 강함. 정치학자들이 주로 연구(예 체제모형, 집단모형, 엘리트모형, 게임모형, 제도모형)	
개인적 차원	합리모형, 만족모형, 점증모형, 최적모형, 혼합모형	
집단적 차원	회사모형, 쓰레기통모형, 흐름 · 창모형, 앨리슨모형	

2. 헨리(N. Henry)의 의사결정모형 유형론

패러다임	특징	예
점증주의적 패러다임	지식과 정보의 불완전성과 미래예측의 불확실성을 전제. 새로운 정책 결정을 기존의 상태에 바탕을 둔 점증적 정책변동 중시	엘리트주의, 집단모형(다원주의), 체제모형, 제도모형, 신제도모형, 조직화된 무정부상태모형 등
합리주의적 패러다임	지식 · 정보의 완전성과 미래예측의 확실성을 전제, 최적 대안의 선택 추구	기술평가 · 예측모형(비용편익분석 등), 합리적 선택모형, 공공재 모형
전략적 계획 패러다임	전략적 계획의 틀에 맞추어 합리와 점증을 절충한 능동적 모형. 장기적 관점에서 양적 요인과 질적 요인을 함께 고려	혼합주사모형, 최적모형 등

CHAPTER

06 정책집행

01 정책집행(Policy Implementation)의 의의

1 정책집행의 기초

1. 정책집행의 의의

(1) 개념: 정책집행이란 결정된 정책의 내용을 실현시키는 과정이다. 정책내용은 크게 보아 정책목표와 정책수단으로 구성되는데 정책수단의 실현이 그 핵심이며, 정책집행이란 정책수단을 실현하여 소기의 정책목표를 달성하고자 하는 과정을 말한다.

(2) 정책과정에서 정책집행의 중요성

① 정책집행이 이루어져야 정책의도가 실현될 수 있다. 즉, 정책이 집행되지 않고서는 의도했던 정책목표가 실현될 수 없다는 것이다.

② 실질적 정책내용이 집행단계에서 결정된다.

③ 국민생활과 직결되는 활동이다. 정책결정은 정부내부 활동, 즉 블랙박스 내부에서 이루어지는 활동인 반면에 정책집행 활동은 정부가 문제를 해결하는 단계에서 이루어지는 활동이다(존스, Jones: 정부가 정책의 대상 집단과 직접 접촉하기 때문에 국민이 피부로 느끼게 된다).

2. 정책집행과 정책결정

정책결정과 집행의 양자 관계는 고전적 관점에서는 명확하게 구별하나 현대적 관점에서는 엄격히 구별하진 않으며, 집행에 있어 정치적 성격을 어느 정도 인정하는 입장이다.

(1) 고전적 집행론: 정치행정이원론, 정책결정과 정책집행의 이질성과 단일방향성, 정책결정자와 집행자의 분리

(2) 현대적 집행론: 정치행정일원론, 정책결정과 정책집행의 동질성과 순환성, 정책결정자와 집행자의 연관성

3. 정책집행의 절차

(1) 정책지침 작성: 결정된 정책을 현실적으로 집행 가능하도록 구체화, 표준운영절차(SOP)의 개발·작성

(2) 인적·물적 자원의 확보 및 배분: 집행담당기관이나 집행대상자에 대한 인력·예산·시설·정보 등 필요한 자원 확보

(3) 조직화: 정책집행기구 설치 및 집행절차의 정형화

(4) 실현활동: 정책지침에 따라 정책대상자에게 서비스를 제공하거나 규제활동을 함(혜택·제한의 전달)

(5) 감시·환류: 집행과정의 점검·평가 및 시정조치

1 고전적 행정모형과 집행관

1. 의의

정책집행에 대한 고전적 연구는 행정학의 영역에서 이루어진 것으로 연구대상에서 정책집행의 특정적 측면(행정조직 내부의 운영)만이 강조되고, 정책집행을 극히 단순 기계적인 것으로 가정함으로써 정책집행이 조직 외부의 관련집단과의 관계 속에서 정책이 구체적으로 실현되는 과정이라는 측면을 간과하고 있다.

2. 고전적 행정학의 특징

1970년대 이전까지 정책집행에 관한 본격적인 연구가 이루어지지 않았던 이유는 고전적 행정학의 특징과 관련이 있으며, 그 특징은 다음과 같다.

(1) 계층제적 조직구조: 고전적 행정학에서 정부조직의 구조에 의한 설명은 베버(M. Weber)의 관료제 이론이 기초가 되고 있다. 정책결정자와 정책집행자 사이에는 엄격한 상하계층의 구분이 있고, 정책결정권한은 상위직에 주어져 있으며, 하위직 공직자는 상위직의 명령을 받아 법규정에 정해진 집행방식대로 신속하고 충실하게 정책을 집행할 때 가장 이상적인 관료제가 된다는 것이다.

(2) 정치행정이원론: 정치와 행정은 별개로 분리·구분되는 활동이며, 행정정책의 집행기능 및 관리기능을 강조한다. 정치와 분리하여 행정의 고유영역을 확보했다는 측면에서 의미가 있으며, 엽관주의를 지양하고 공무원이 합리적으로 행정을 집행해야 한다는 실적주의를 발전시켰다.

(3) 과학적 관리와 능률성의 강조: 고전파 행정학에서는 행정이 기초해야 할 과학적·객관적 합리성의 기준으로 능률성을 중시한다. 테일러는 능률성의 기초로 3S[전문화(Specialization), 표준화(Standardization), 단순화(Simplification)] 원칙을 강조하였다.

(4) 정책만능주의: 사회가 어떤 문제에 직면하면 정책을 수립하고, 법률을 제정하면 모든 문제가 해결된다고 본다.

(5) 정태적 정책관: 정책결정은 특정한 시점에 있어서 개인이 내린 것이며, 정책은 집행과정에서 변화하지 않는다.

(6) 목표수정 부당론: 문서에 표명된 정책목표는 충실히 실행되어야 하며, 집행과정에서 수정되어서는 안된다.

3. 고전적 집행관의 특징

(1) 정책결정과 정책집행의 이질성: 한계가 분명하고 상호 구분되며 중복이 없다. 정책결정은 정치적 성격, 정책집행(집행상 의사결정)은 비정치적·기술적·전문적 성격을 가진다.

(2) 정책결정과 정책집행의 단일방향성: 정책결정의 시간적 선행성, 정책결정의 정책집행에 대한 일방적인 영향 관계를 가진다.

(3) 정책결정자와 집행자의 분리: 정책결정자가 결정·지시한 내용에 따라 정책집행자는 전문적 기술을 가지고 충실히 집행만 하며 재량권은 없다.

4. 고전적 정책집행론에 대한 비판

(1) 정책결정에 관한 많은 연구를 통하여, 정책형성이 고전모형에서 보여주는 것보다 훨씬 복잡하다는 점이 지적되었다(정책결정과정은 점증적 과정을 거친다).

(2) 행정과 조직행태에 관한 연구에서 정책과정의 중간단계인 정책집행이 과거에 생각한 것보다 훨씬 복잡하다는 것이 밝혀졌다.

(3) 정치와 행정은 명백히 구분되지 않고, 집행자도 정치적으로 중립적일 수 없다.

(4) 정책집행자에게 재량권을 부여할 경우 정책의 능률성·생산성 확보도 가능하다.

(5) 고전적 정책모형은 정책집행을 진공상태에서 파악한다.

개념더하기   집행의 정치적 성격의 의미(고전적 집행관에서 인정하지 않은 집행의 성격)

1. 집행과정에서 구체적 정책내용의 결정
   정책의 집행과정에서는 사전에 분명하게 결정된 정책의 내용이 단순하게 집행되는 것만은 아니며, 정책의 내용을 분명히 하고 수정·보완하는 정책결정의 성격을 가진 활동이 빈번하게 이루어진다.

2. 이해당사자 간의 협상과 타협에 의한 집행
   정책의 집행은 진공상태에서 이루어지는 것이 아니라 집행과정을 둘러싼 환경과의 상호작용 속에서 이루어진다.

3. 공식집행자의 실질적 결정권 행사
   공식적 정책집행자란 헌법이나 법률에 의하여 공식적으로 정책집행자로서의 지위가 인정된 개인이나 기관을 말하며 주로 관료나 행정부처를 지칭한다. 이와 대조적으로 정책결정권한이 부여된 대통령이나 국회의원 등은 공식적 정책결정자에 해당된다. 그러나 공식적인 역할분담에도 불구하고 실질적으로 정책의 주요 내용을 결정하는 권한을 집행자로 규정된 행정부처의 관료가 장악한다.

---

2 현대적 집행연구의 배경과 전개과정

정책집행에 관한 연구는 1970년대에 본격적으로 시작되었다. 프레스만과 월다브스키의 집행론(Pressman & Wildvsky, 1973)이 현대적 집행연구의 출발점으로 여겨지고 있다.

1. 현대적 집행연구의 등장배경(미국을 중심으로 설명)

미국에서 1970년대 정책집행에 관한 연구가 활발하게 이루어진 배경은 다음과 같다.

(1) **1960년대 사회문제에 관한 입법의 영향**: 1960년대 존슨(Johnson) 행정부가 '위대한 사회(Great Society)'라는 캐치프레이즈를 내걸고 사회문제에 관한 많은 법률을 통과시키는 데 성공했다. 그러나 사회문제에 관한 법률 중에는 입법과정에서 타협의 필요성이나 정책문제의 불확실성으로 인해 그 내용이 모호한 법률이 많았고 이러한 법령은 정책집행자에게 커다란 부담이 되며, 정책집행과정에서 예기치 않은 난관에 봉착하기도 하였다. 이같이 각종 사회복지정책의 실패와 그 원인을 둘러싼 학문적·실무적 논란이 정책집행에 대한 연구의 중요성을 부각하게 한 근본적인 배경으로 작용하였다.

(2) **엄격한 권력분립**: 미국은 대통령제 국가이며, 대통령제는 무엇보다도 행정부(집행)와 국회(결정)의 상호 독립(또는 분리), 즉 권력분립을 그 본질적 요소로 한다. 그런데 입법부가 자체 내의 정치적인 사정으로 모호한 법률을 많이 제정해 원천적으로 정책집행에 많은 문제가 제기되었다.

(3) 연방제의 특성: 사회정책은 연방정부가 수립하고, 그러한 정책의 집행에 필요한 재원도 연방정부에서 나온다. 연방정부, 주정부 및 지방자치정부가 권력을 나누어 가질 경우 정책집행 단계가 길어지고 각 단계가 거부점(Veto-Point)으로 작용할 수 있다. 또한 미국과 같이 인구는 많고 자치단체의 규모가 작은 경우에는 연방정부의 보조금을 받는 집행단위의 수가 지나치게 많아 연방정부의 통제가 어렵다.

2. 현대적 집행연구의 전개과정

(1) 프레스만과 윌다브스키의 사례연구가 현대적 집행연구의 출발점으로 여겨지고 있다.

(2) 하그로브(Hargrove)는 집행연구를 '잃어버린 연계(Missing Link)'로 표현하면서 정책집행에 관한 체계적 · 분석적 연구의 필요성을 지적하였다.

(3) 1970년대 이후 고긴(Goggin)과 동료들은 집행연구를 3세대로 구분할 수 있다고 보았다.

> **개념더하기** 고긴(Goggin)과 동료들의 집행연구 세대 구분(1990)
>
> 1. 제1세대의 집행연구(초기)
>   1970년대에 이루어진 단일사례연구들로 정책집행을 비관적인 관점에서 실패가능성이 높은 것으로 보았다. 제1세대 집행연구자들의 공헌은 정책집행의 이슈를 학자공동체뿐만 아니라 일반국민들에게 확산시켰다는 것이다.
>
> 2. 제2세대 집행연구자(1970년대 후반)
>   이론적 틀과 가설을 제시하면서 이론형성을 추구하였다. 이 기간 중 하향적 접근방법과 상향적 접근론자*들 사이에 논쟁이 전개되기도 하였다.
>
> 3. 제3세대 집행연구[1980년대 말~1990년대 초, 고긴(Goggin), 오툴(O'Toole)]
>   하향식 접근방법과 상향식 접근방법을 결합하여 이론적 모형을 구축하려고 시도하였다. 동시에 제3세대 연구자들은 분명한 가설을 구체화하고, 이러한 가설을 검증하기 위한 적절한 조작적 정의와 경험적 관찰을 강조하였다.

3. 프레스만과 윌다브스키(Pressman & Wildavsky)의 사례연구

현대적 집행론은 프레스만과 윌다브스키의 오클랜드(Oakland) 사례연구(1973)를 계기로 폭발적으로 증가하였다. 이 연구는 미국 경제 개발청(Economic Development Administration)가 미국 캘리포니아주 오클랜드에서 시행한 실업자 구제정책의 실패를 다루었다.

(1) 실패 이유

① 참여기관과 참여자가 과다하여 문제가 발생하였다. 다양한 집단이 정책집행에 관여하였는데 이들이 정책 내용에 대한 이해정도, 이해관계 및 지지정도가 다르기 때문에 공동활동의 복잡성이 증가하여 다음과 같은 두 가지 문제를 발생시켰다.

㉠ 참여집단의 동의와 결정을 얻어야 하기 때문에 의사결정점(Decision Point) 또는 협의점(Clearance Point)이 많아지고 이러한 의사결정점은 거부점이 될 수 있었다.

㉡ 의사결정점에서 정책의 내용이 수정되고 변경될 가능성이 크다.

② 리더십의 지속성 문제이다. 중요한 지위에 있는 지도자가 교체되어 집행에 대한 기존의 지지와 협조를 무너뜨렸다.

---

* 정책집행에 대한 하향적 · 상향적 관점
(1) 미터, 혼, 나카무라, 스몰우드, 마즈매니언, 사바티어 등으로 대표되는 하향적 집행론자들은 정책집행을 상층부에서 정의한 정책의도를 계층적으로 집행하는 것으로 보았다.
(2) 립스키, 잉그램, 엘모어, 히언, 힐로 대변되는 상향적 접근방법에서는 정책집행을 일선 관료들의 일상적 문제해결전략으로 구성되는 것으로 보았다.

③ 부적절한 정책수단의 선택이 문제가 되었다. 취업하는 실업자에게 임금을 보조하는 방법을 선택하는 대신에 오클랜드 사업에서는 공공시설(예 항만시설, 비행기 격납고)의 건설을 통하여 일자리를 창출하려 하였다.

④ 부적절한 집행기관을 선정하였다. 경제개발처는 경기가 좋지 않은 지역의 경기회복을 담당하는 기관이었는데, 경기가 전반적으로 호황이었던 오클랜드 지역의 실업자 구제정책을 맡게 되어 관습적으로 공공시설 확충이라는 부적절한 정책수단을 채택하였다.

> **개념더하기** 　공동활동의 복잡성 모형
>
> 1. 공식: $P = A^n$
>   (1) P: 성공적 정책집행 확률
>   (2) A: 하나의 의사결정점에서 정책집행 성공확률
>   (3) n: 의사결정점의 수
>
> 2. 결론
>   정책의 성공적 집행가능성은 의사결정점의 수에 반비례한다. 예컨대, 50개의 상호독립적인 의사결정점이 있는 경우 각 의사결정점을 통과할 수 있는 확률이 90%라 하더라도 모든 의사결정점을 통과할 수 있는 확률은 약 0.5%에 불과하다.

(2) 연구 결론

① 정책설계(Policy Design)와 정책집행의 밀접한 상호관계가 강조되어야 한다는 것이다. 집행은 정책으로부터 분리되어서는 안 되며 정책설계 이후에 일어나는 과정으로 보아서는 안 된다는 것이다.

② 정책입안자는 보다 적절한 정책집행기관을 고려하여야 한다.

③ 행위의 기저에 있는 정책이론을 신중하게 고려하여야 한다.

④ 리더십의 지속성이 성공적인 집행을 위해 중요한 요건이다.

⑤ 정책의 단순화가 바람직하다. 복잡한 정책프로그램은 차질이 발생할 가능성을 증가시킨다는 것이다.

> **개념더하기** 　정책설계
>
> 1. 정책설계
>   정책목표의 달성을 위하여 일련의 정책수단을 조합하는 과정이다.
>
> 2. 대두배경
>   정책집행이 정책형성의 연장선상에 있다는 상향적 집행의 관점이 강조되면서 종래의 상향적 집행과 하향적 집행의 통합적 관점에서 중시되었다.
>
> 3. 정책설계를 위한 구성요소
>   (1) 정책목표의 명확화
>   (2) 바람직한 정책수단의 선택
>   (3) 적절한 인과모형의 설정(정책수단과 정책목표에 대한 명확한 인과모형의 설정)
>   (4) 정책의 구체적 목표 설정(목표가 직접적인지, 간접적인지, 목표의 실현을 위해 누구의 행태를 구체적으로 변화시켜야 하는지, 대상 집단의 행태 변화를 예상할 수 있는 수단의 선택인지 등을 고려)
>   (5) 사업집행방법의 구체화 및 집행체제를 마련할 주체의 선정

4. 정책집행의 유형화

프레스만과 윌다브스키의 집행론 출간 이후 정책집행의 실패를 다룬 상당수의 사례연구가 발표되었다. 그런데 소수사례 연구의 문제점은 그러한 사례연구결과를 일반화시키는 것이 어렵다는 점이다. 그러므로 여러 사례를 관찰한 후 집행과정에서 관련집단 사이의 상호작용 행위를 유형화하여 분류를 시도한 연구가 등장하였다. 여기에서는 이들 중 맥러플린과 나카무라, 스몰우드의 유형 분류를 소개한다.

(1) 맥로린(Mclaughlin)의 상호작용 유형 분류: 맥로린은 「상호 적응으로서의 구현(Implementation as Mutual Adaptation), 1976」이라는 논문에서 정책집행과정에서 정책결정자와 정책집행자 사이에 존재하는 상호작용의 유형을 세 가지로 분류하였다.

① **상호적응(Mutual Adaptation):** 상호적응유형은 정책형성자와 정책집행자가 협의하면서 서로 적응하여 정책집행이 성공하는 유형이다.

② **코업테이션(Co-Optation):** 정책집행자가 자금만 사용하고 본래의 정책의도와는 다른 용도로 지출한 경우이다.

③ **부집행(Non-Implementation):** 부집행은 아예 집행이 이루어지지 않은 경우를 말한다.

(2) 나카무라와 스몰우드(Nakamura & Smallwood)의 분류: 나카무라와 스몰우드는 정책결정체제의 행위자(공식적 정책결정자)와 정책집행체제의 행위자(공식적 정책집행자) 간의 연계관계를 중심으로 정책집행의 유형화를 시도하였다.

공식적인 정책결정자와 공식적인 정책집행자 간의 권력관계의 성격을 기초로 정책집행의 유형을 다섯 가지로 분류하였으며, 다섯 번째 유형으로 갈수록 공식적인 정책집행자가 정책결정 권한을 실질적으로 행사하게 된다. 그와 더불어 집행에 차질이 발생하여 실패가능성도 높아진다.

① **고전적인 기술관료형:** 정책결정자와 집행자의 관계에 대한 기본가정은 다음과 같다.

ㄱ 정책결정자는 명확한 목표를 제시하며 정책집행자는 그 목표를 따른다.

ㄴ 정책결정자는 계층제적 명령구조를 확립하고 자신이 설정한 목표달성을 위해 특정 정책집행자에게 기술적 권위(Technical Authority)를 위임한다.

ㄷ 정책집행자는 그러한 목표를 달성할 수 있는 기술적 역량을 가지고 있다.

② **지시적 위임형:** 정책결정자가 정책목표를 달성하는 데 필요한 규칙을 포함하여 각종의 행정적 조치를 취할 수 있는 일반적인 권한을 위임하는 유형으로 기본가정은 다음과 같다.

ㄱ 정책결정자는 명확한 목표를 제시하며 정책집행자는 그 목표가 바람직하다는 데 의견을 같이 한다.

ㄴ 정책결정자는 정책집행자 집단에게 목표를 달성하도록 지시하며 그 정책집행자에게 재량적 행정권한을 위임한다.

ㄷ 정책집행자는 그러한 목표를 달성하는 데 필요한 기술적·행정적 협상능력을 가지고 있다.

③ **협상형:** 정책결정자와 정책집행자 사이에 정책목표나 정책목표의 달성수단에 관하여 반드시 합의를 보고 있지는 않다. 이 모형의 기본가정은 다음과 같다.

ㄱ 공식적인 정책결정자가 정책목표를 설정한다.

ㄴ 정책결정자와 정책집행자들 사이에 목표가 바람직하다는 점에 반드시 의견이 일치하지는 않는다.

ㄷ 집행자들과 정책결정자들 사이에 또는 다른 집행자들 사이에 목표와 목표달성수단에 관하여 협상이 이루어진다.

④ **재량적 실험가형**: 정책결정자가 구체적인 정책을 수립할 능력이 없고 따라서 집행자에게 광범위한 재량권을 기꺼이 위임하려 할 경우에 채택된다. 이 모형에 내재하는 기본가정은 다음 세 가지이다.

㉠ 공식적인 정책결정자는 추상적인 정책목표를 지지하지만 지식의 부족 또는 기타 불확실성 때문에 목표를 분명하게 제시할 능력이 없다.

㉡ 정책결정자는 정책집행자에게 목표를 구체화시키고 목표달성수단을 강구할 수 있는 광범위한 재량권을 부여한다.

㉢ 집행자는 이 과업을 기꺼이 수행하려 하며, 또한 수행능력도 가지고 있다.

⑤ **관료적 기업가형**: 집행자가 정책결정자의 권한을 장악하고 정책과정의 통제권을 행사하는 데 여기에서 작용하는 기본원칙은 다음과 같다.

㉠ 집행자가 스스로 정책목표를 수립하고 공식 정책결정자가 이 목표를 받아들이도록 확신할 수 있는 충분한 권한을 보유하고 있다.

㉡ 집행자는 정책결정자와 교섭하여 그들의 정책목표를 달성하는 데 필요한 수단을 확보한다.

㉢ 집행자는 그들의 정책목표를 달성하려고 노력하며 달성할 능력도 보유하고 있다.

집행유형	정책결정자	정책집행자	차질 가능성	정책평가기준
고전적 기술 관료형	• 정책결정자가 구체적 목표를 설정한다. • 정책결정자는 목표달성을 위해 집행자에게 '기술적 문제'에 관한 권한을 위임한다.	집행자는 정책결정자가 설정한 목표를 지지하며 이러한 목표를 달성하기 위해 기술적 수단을 강구한다.	수단의 기술적 실패	효과성
지시적 위임형	• 정책결정자가 구체적 목표를 설정한다. • 정책결정자는 집행자에게 목표달성에 필요한 수단을 강구할 수 있도록 행정적 권한을 위임한다.	집행자는 정책결정자가 설정한 목표를 지지하며 집행자 상호 간에 목표를 달성하기 위한 행정적 수단에 관하여 교섭이 이루어진다.	• 수단의 기술적 실패 • 교섭의 실패(복잡성, 교착상태)	능률성
협상형	• 정책결정자는 목표를 설정한다. • 정책결정자는 집행자와 목표 또는 목표달성수단에 관하여 협상한다.	집행자는 정책결정자와 목표 또는 목표달성수단에 관하여 협상한다.	• 수단의 기술적 실패 • 협상의 실패(교착, 부집행) • 코업테이션, 기만	만족도
재량적 실험가형	• 정책결정자는 추상적 목표를 지지한다. • 정책결정자는 집행자가 목표달성수단을 구체화시킬 수 있도록 광범위한 재량권을 위임한다.	집행자는 정책결정자를 위하여 목표와 수단을 구체화시킨다.	• 수단의 기술적 실패 • 모호성 • 코업테이션 • 책임부재	대응도
관료적 기업가형	정책결정자는 집행자가 설정한 목표와 목표달성수단을 지지한다.	집행자가 정책목표를 설정하고 정책목표의 실행수단을 강구한 다음 정책결정자를 설득하여 목표와 수단을 받아들이게 한다.	• 수단의 기술적 실패 • 코업테이션 • 책임부재 • 정책의 선매	체제유지도

1 하향적 모형(Top-Down Model)

1. 의의

하향적 모형에서는 정책결정자가 분명한 정책목적을 제시하고 집행단계를 통제할 수 있는 능력이 있다는 점을 강조하였다. 즉, 정책결정자가 설정한 정책목표에서 출발하여 이를 달성할 수 있는 조건과 전략을 찾고자 하였는데 정책결정기구에서 결정한 정책내용, 상부집행기구의 집행지침, 일선집행현장의 집행활동의 순서로 앞으로 나아가면서 연구하였으므로 이를 전방향적 연구방법(Forward Mapping)이라고도 부른다.

2. 하향적 접근 방법의 주요 내용

(1) 정책은 성과를 측정할 수 있는 명확하게 정의된 목표를 가지고 있다.

(2) 하향식 집행전략은 정책목표를 명확하고 일관되게 정의될 수 있게 하는 능력에 크게 의존한다.

(3) 정책은 목표의 실현을 위해 명확하게 정의된 정책수단을 가지고 있다.

(4) 정책은 단독법령 또는 다른 권위 있는 정책의 진술로 표현된다.

(5) 최상부에서 정책메시지가 시작되고 그 안에서 집행이 이루어지는 '집행연계조직'이 존재한다.

(6) 정책설계자들은 집행자의 능력과 헌신에 대해 충분한 지식을 가지고 있다.

3. 하향적 접근 방법의 평가

(1) 정책결정자가 설계한 정책을 중심으로 정책집행의 전체적인 틀을 체계적으로 파악할 수 있다.

(2) 연구자들이 제시한 변수들은 일종의 체크리스트로서 집행과정을 점검하는 데 사용할 수 있다.

(3) 정책목표와 그 달성을 중시하는 접근방법으로 객관적인 정책평가가 가능하다.

(4) 집행과정에서 법적 구조화의 중요성을 일깨워주었다.

4. 하향적 접근 방법의 단점

(1) 일선집행관료의 능력과 대상집단의 반응, 반대세력의 전략과 입장 등 집행현장에서 중시되는 요소를 파악할 수 없다.

(2) 이 모형은 단독 법령 또는 다른 권위 있는 정책의 진술로 표현되는 경우에 적용할 수 있는데 그러한 경우가 적기 때문에 이 모형의 적용가능성이 제한된다.

(3) 목표와 목적에 대한 분명한 합의가 없을 경우에 성과를 제대로 평가하기 어렵다.

(4) 정책집행자(주정부, 지방자치단체)의 반대가 있을 경우, 집행의 어려움을 간과하였다.

(5) 너무 많은 요소를 나열하여 그들 간의 우선순위를 잘 알 수 없다.

5. 하향적 접근의 주요 연구

(1) 미터와 혼(Van Meter & Van Horn)의 집행연구
미국의 학자인 미터와 혼(1975)은 집행모형 구축의 필요성을 강조하였다. 이들은 정책집행을 정책이 결정되어 산출로 이어지는 연속적 과정으로 파악하여 그 과정에서 발생하는 일들을 모형화하여 설명하고자 하였다. 이 모형은 정책집행의 성과를 설명하는 여섯 가지 범주의 변수로 구성된다.
① 정책의 목표와 기준
② 가용자원
③ 조직 간 관계
④ 집행기관의 특성
⑤ 경제 · 정치 · 사회적 환경의 특징
⑥ 집행자의 성향 및 반응

(2) 바츠다츠(Bardach)의 집행게임*

① **개요**: 바츠다츠는 1967년 통과된 미국 캘리포니아 주의 정신장애자의 치료 및 시민권 회복을 위한 개혁법안의 집행과정에 대한 사례연구를 토대로 효율적인 정책집행을 저해하는 다양한 '집행게임'을 유형별로 정리 · 분석한 다음, 이를 극복할 수 있는 전략을 제시하였다.

② **집행의 정의**: 바츠다츠는 집행과정을 느슨하게 연관된 '게임'이 실행되는 과정으로 보고 정책집행과정을 각 참여자들이 궁극적 결과와 전략적 이익을 얻기 위해 서로 책략을 사용하는 수많은 행위자들이 지배한다는 의미에서 '게임'이라는 개념을 사용하였다.

③ **장점**
ㄱ. 정책결정자가 설계한 정책을 중심으로 정책집행의 전체적인 틀을 체계적으로 파악할 수 있다.
ㄴ. 하향적 집행론자들이 제시한 변수들은 일종의 체크리스트로서 집행과정을 점검하는데 사용할 수 있다.
ㄷ. 정책목표와 그 달성을 중시하는 접근방법으로 객관적인 정책평가가 가능하다.

④ **단점**
ㄱ. 일선 집행관료들의 능력과 정책대상 집단의 반응, 반대세력의 전략과 입장 등 집행현장에서 중시되는 요소를 소홀히 할 가능성이 크다.
ㄴ. 이 모형은 단독 법령 또는 다른 권위 있는 정책의 진술로서 표현되는 경우에 적용할 수 있는데, 그런 경우가 적은 현실에서는 그 적용가능성이 제한된다.
ㄷ. 목표와 목적에 대한 분명한 합의가 없을 경우에 성과를 제대로 평가하기 어렵다.
ㄹ. 정책집행자의 반대가 있을 경우에 나타날 수 있는 집행의 어려움을 간과하였다.
ㅁ. 너무 많은 요소를 나열하여 그들 간의 우선순위를 잘 파악할 수 없다.

---

*   집행게임의 핵심
바츠다츠는 특히 '정책의 성공적인 집행을 위하여 다양한 행위자들의 상호 연관된 행위를 어떻게 통제하고 지도할 것인가?'에 연구의 초점을 두었다. 이 문제가 바로 그가 말하는 집행게임의 핵심이 된다.

⑤ 집행에 장애가 되는 게임
　㉠ 자원의 전용으로 특정 사업요소를 획득하거나 창출하는 데 사용되어야 할 자원, 특히 예산을 잘 못 사용하는 경우를 말한다.
　㉡ 목표의 왜곡으로 집행단계에서 원래의 목표가 축소 또는 왜곡되거나 새로운 목표가 추가됨으로써 본래의 목표달성을 어렵게 하는 경우를 말한다.
　㉢ 정책집행기관에 명목적으로만 기여하는 등 여러 가지 방법으로 통제를 회피하는 유형이다.
　㉣ 에너지 분산으로 생산적인 행동으로부터 개인 또는 조직의 에너지를 유출시키는 일련의 게임을 말한다.
⑥ 처방
　㉠ 다양한 집행 상황에서 나타나는 어려운 문제에 대처하기 위해 '시나리오 작성(Scenario Writing)'을 통하여 원하는 목표를 달성할 수 있는 방향으로 게임을 구조화할 것을 제안한다.
　㉡ 집행과정에서 게임의 조정(Fixing the Game)*을 처방한다.

(3) 사바티어와 마즈매니언(Sabatier & Mazmanian)의 집행과정 모형화

① 의의: 사바티어와 마즈매니언이 공동으로 수행한 연구는 하향식 접근 방법의 대표적인 모형으로 정책문제 자체가 가지는 특성, 정책을 구성하는 법령의 내용(법령의 집행구조화 능력), 그리고 정책과 직접 관련이 없는 여러 가지 상황요인(비법률적 변수)이 정책집행의 성공 또는 실패에 영향을 미친다고 본 것이다.
② 집행 영향요인
　㉠ 문제의 용이성: 인과관계 및 적절한 기술의 존재, 대상집단 행태의 다양성, 대상집단의 규모, 요구되는 행태변화의 정도
　㉡ 법적 요인(집행에 대한 법규의 구조화능력): 법규상 목표의 우선순위의 명확성, 재원, 집행기관의 계층적 통합성(Hierarchical Integration), 집행기관의 결정규칙, 집행담당공무원 및 집행기관의 자세, 국외자(局外者)의 공식적 참여와 감독
　㉢ 정치적 요인(비법률적 변수): 사회 · 경제 · 기술적 상황과 여건, 대중매체의 관심, 일반대중의 지지, 관련집단의 자원 및 태도, 지배기관의 후원과 관심
③ 사바티어와 마즈매니언(1981)의 효과적인 정책집행을 위한 조건
　㉠ 타당한 인과모형으로 정책수단과 정책목표를 달성할 수 있도록 인과성을 가져야 한다.
　㉡ 명확한 정책지침과 대상 집단의 순응이 극대화 되어야 한다.
　㉢ 집행과정에서 정책목표의 우선순위가 변화되지 않아야 한다.
　㉣ 유능하고 헌신적인 집행 관료가 있어야 한다.
　㉤ 정책집행을 위한 프로그램에 대해 사법부, 입법부, 행정부의 지지가 확보되어야 한다.

---

* 게임의 조정(수정)
　정책집행이 성공하려면 강력한 권한과 권위를 가진 정책조정자(Fixer)가 완벽한 후속조치(Full Follow-Through)에 관심을 가지고 게임을 수정해 나가야 한다는 것이다. 정책조정자의 역할은 전형적으로 정책의 채택에 깊이 개입한 영향력 있는 의원이나 행정부의 고위공무원이 담당하여야 한다.

1. 정정길 교수의 구분
    (1) 정책의 특성과 자원
        ① 정책내용의 명확성과 일관성
        ② 정책내용의 소망성
        ③ 정책집행수단 및 자원의 확보
        ④ 정책의 기타 특성(정책의 중요성과 행태변화 정도, 문제상황의 특성)
    (2) 정책결정자 및 정책관련집단의 지지 및 정책유형별 차이
        ① 정책결정자의 지지 및 태도
        ② 대중 및 매스컴의 지지
        ③ 정책대상집단의 태도 및 정치력
        ④ 정책유형별 정책집행 차이
    (3) 집행조직과 담당자
        ① 정책내용과 관련된 요인
        ② 정책결정 및 집행기관과 관련된 요인
        ③ 순응주체와 관련된 요인 등

[대상집단의 규모 · 조직화와 집행의 용이성]

구분	규모 및 조직화의 정도	
	강	약
수혜집단 > 희생집단	집행 용이	집행 용이
수혜집단 = 희생집단	집행 곤란	집행 용이
수혜집단 < 희생집단	집행 곤란	집행 용이

≫ 분배, 경쟁적 규제, 보호적 규제, 재분배정책으로 갈수록 집행이 어렵다.

2. 유훈 교수의 구분
    (1) 정책변수
        ① 정책목표의 명확성
        ② 인과이론의 타당성
    (2) 집행변수
        ① 집행기관의 내부구조
        ② 집행기관의 규정
        ③ 집행기관 책임자의 적극성과 리더십
        ④ 집행 담당기관 공무원의 성향
        ⑤ 집행기관 상호 간의 관계
        ⑥ 외부인사의 참여
        ⑦ 재원
    (3) 환경적 및 맥락적 변수
        ① 사회경제적 상황
        ② 지배기관의 지원
        ③ 관련 이익집단의 적극성과 자원
        ④ 대중의 관심과 지지 등
    (4) 정책문제의 성격
        ① 대상집단 행태의 다양성
        ② 대상집단의 규모와 구조
        ③ 요구되는 행태변화의 정도
        ④ 타당한 이론 및 기술의 활용가능성

2 상향적 접근 방법(Bottom-Up Approach)

1. 의의

상향적 모형(Bottom-Up Model)에서는 하향적 모형을 비판하면서 일선관료를 정책전달의 주요 행위자로 보며 정책집행을 집행자의 네트워크 내에서의 교섭과정으로 보았다. 이들은 집행현장에서 집행문제가 처리되는 과정을 객관적으로 기술하고자 하였는데, 일선 집행현장에서 일선관료와 대상집단의 행태연구에서 시작하여 상부집행기구의 집행지침, 정책결정기구에서 결정한 정책내용을 파악하는 방식을 채택하므로 후방향적 연구(Backward Mapping)라고도 부른다.

2. 상향적 접근 방법의 주요 내용

상향적 접근 방법은 일선집행자의 관점에서 시작하는 정책집행의 연구를 말한다. 상향적 연구방법을 채택한 대표적인 학자로는 립스키, 앨모어, 히언, 헐 등이 있으며, 집행연구의 상향적 접근 방법은 하향적 집행방법에 대한 다음과 같은 비판에서 시작되었다.

(1) 하향식 접근 방법에 의한 집행연구는 정책 대상집단과 일선관료의 영향을 간과함으로써 정책집행 현상을 총체적으로 살펴보기 어렵다.

(2) 결정된 정책의 집행을 주도하는 집단이 없거나 정책집행이 다양한 주도기관에 의하여 집행되는 경우 하향식 접근 방법에 의한 설명이 어렵다.

(3) 하향식 접근 방법에 따른 정책연구는 일선 집행관료나 정책대상집단이 집행과정에서 자신들에게 유리하게 정책을 변화시키려는 전략을 간과하는 경향이 있다.

(4) 하향식 접근 방법은 정책형성과정과 정책집행과정을 분리하고 있는데, 이들을 분리하는 것은 실질적으로 어려울 뿐 아니라 실익이 없다는 것이다. 이와 같이 정책결정과 집행을 분리하는 것은 단일조직이 정책을 결정하고 집행하는 모든 과정에 관여할 수 있음을 간과한 것일 뿐 아니라, 일선집행기관과 정책대상집단들이 때로는 중앙정부 차원에서 결정된 사항을 무시하거나 간과한다는 사실을 설명하지 못한다는 것이다.

3. 상향식 접근 방법의 평가(하향식 접근의 약점 극복)

(1) 정책집행과정의 상세한 기술과 집행과정의 인과관계 파악이 가능하다. 집행현장연구를 통하여 실질적 집행효과, 복수의 집행업무를 담당하는 집행자의 우선순위와 집행전략, 반대세력의 전략과 입장, 집행의 부작용 및 부수효과를 파악하는 것이 가능하다.

(2) 정책집행현장을 연구하면서 공식적 정책목표 외에도 의도하지 않았던 효과를 분석할 수 있다.

(3) 공공부문과 민간부문의 조직 등 다양한 집행조직의 상대적 문제해결능력을 파악하는 것이 가능하다.

(4) 집행현장에서 다양한 공공프로그램과 민간부문의 프로그램이 적용되는 집행영역을 다룰 수 있다.

(5) 시간의 경과에 따른 행위자들 간의 전략적 상호작용과 변화를 다룰 수 있다.

4. 상향적 접근 방법의 문제점

(1) 일선집행관료의 영향을 지나치게 강조하고 집행의 거시적 틀의 중요성을 경시한다.

(2) 집행실적의 객관적 평가가 어려워진다는 것으로 공식적 정책목표의 달성도를 파악하기 어렵다. 일선관료를 중시하는 집행지상주의에 빠지면 공식적 정책목표의 실현이라는 기본명제를 도외시할 수 있다는

것이다.

(3) 일선집행요원들이 쉽게 느낄 수 없는 사회적 · 경제적 · 법적 요인들이 무시되기 쉽다. 집행관료와 대상집단의 인지 중심으로 연구가 진행되면 그들의 인지능력을 벗어난 거시적인 정치, 사회, 경제 및 법적요인과 국제환경의 동향 등이 소홀히 다루어질 수 있다는 것이다.

(4) 선거직 공무원에 의한 정책결정과 책임이라는 고전적 대의민주주의 원칙에 위반된다.

(5) 일관된 분석틀을 구성하기 어렵다는 것이다.

5. 상향적 접근의 주요 연구

(1) 립스키(Lipsky)의 일선관료제

① **의의**: 일선관료들이란 교사, 일선경찰관과 법집행공무원, 사회복지요원, 보건요원 등 일반 국민들과 직접 접촉하는 공무원들이며, 일선관료들이 사실상 재량권을 많이 행사하기 때문에 이들이 실질적인 정책결정자라고 본다. 립스키는 정책집행을 담당하는 일선관료(Street-Level Bureaucrats)들의 업무환경과 그들이 불확실성과 업무스트레스를 극복하기 위해 고안한 장치들에 관하여 연구하였다.

② **일선관료들의 업무환경**

㉠ 일선관료들이 수행할 것으로 기대되는 업무와 비교하면 자원이 만성적으로 부족하다.

㉡ 서비스 수요는 공급을 충족하기 위하여 많은 재량권을 부여하는 경향이 있다.

㉢ 일선관료들이 업무를 수행하는 기관에 대한 목표기대는 애매하고, 모호하며, 갈등적이다.

㉣ 목표달성을 지향하는 성과의 측정이 불가능한 것은 아니지만 매우 어렵다.

㉤ 고객들은 대체로 비자발적이다.

③ **일선관료들의 적응방식 – 단순화와 상례화**

㉠ 단순화와 관례화(Simplification & Routinization): 수단적으로 효율성을 증대시키거나 부담을 경감하기 위해 업무를 쉬운 형태로 전환시키거나 습관적 · 규칙적 형태로 상황을 재정립

㉡ 불확실한 상황에의 대응 행태: 불확실한 상황에서 직무를 수행하면서도 직무목표가 달성될 수 있고, 실제로 달성되고 있는 것처럼 행동하며, 불확실성을 극복하기 위하여 업무처리를 단순화

㉢ 서비스 초과수요의 해결형태로서 서비스의 할당 · 배급 · 제한: 서비스에 대한 정보제공의 제한, 간접적으로 금전적 부담 부과, 고객을 기다리게 하여 시간적 대가를 부담, 정신적 · 심리적 대가의 부담, 긴 대기행렬 조성

㉣ 자신에게 이익이 되는 제한된 수의 선택된 고객에게만 관심

㉤ 한정된 프로그램(사업) 및 해결책에만 관심: 정형화된 사안에 우선순위를 부여하며, 예방적 행동이나 문제를 사전에 밝히는 활동 또는 계속 점검하는 활동보다는 고객이 결정을 요구하는 사안에 더 큰 우선순위를 부여

④ **결론**: 일선관료들은 상당한 재량권을 행사하는 데 불확실성과 업무스트레스를 극복하기 위하여 업무를 단순화하고 상례화한다는 것이다. 그러므로 일선관료들이 실질적으로 집행되는 정책내용에 영향을 미친다.

(2) 엘모어(Elmore)의 후방향적 집행연구: 엘모어(1980)가 제시한 후방향적 집행연구는 집행과정의 최하위 수준인 집행현장에서 발생하는 상황과 일선관료의 행태에 관한 분석에서 집행연구를 시작한다. 최하위 수준에서 집행 관련 현황이 파악되면 차상위 단계로 올라가면서 필요한 재량과 자원을 파악한다. 엘모

어는 사례연구로 연방정부의 청년층 고용 및 훈련프로그램을 검토하여, 집행체계가 과연 문제해결을 위하여 효과적인 것인가를 다루었다.

정책효과가 나타나는 일선의 실제적 상황을 기초로 하여 정책결정을 내려야 한다는 것이 후방향적 접근 방법의 핵심논리이며 정책집행 성공의 핵심요소라고 여기는 것은 일선 집행관료들의 지식과 전문성이 충분하게 발휘될 수 있도록 적절한 재량권과 자원을 부여하는 것이다.

개념더하기 전방향적 연구

전방향적 연구(Forward Mapping)는 후방향적 연구와 대조되는 접근 방법이다. 전방향적 접근 방법은 하향적 접근 방법과 유사한 것으로 정책결정자의 의도를 파악하는 데에서 연구를 시작하여 정책집행단계를 분석한 다음, 최종적인 집행성과를 원래 의도한 정책목표와 비교하는 연구방법이다.

(3) 히언(Hjern)과 동료들의 집행구조* 연구: 집행구조(Implementation Structure)가 집행연구의 새로운 분석단위가 되어야 한다고 본다. 정책집행은 다양한 차원의 정부 간 관계, 정책과 관련된 집단의 총체적 구조에 의해 이루어지기 때문에 집행연구는 '집행구조'를 분석단위로 이루어져야 한다고 본다. 그런데 이러한 집행구조는 하향적으로 설계되는 것이 아니라 집행하게 될 정책과 관련하여 현장에서 자생적으로 형성된다는 것이다. 집행네트워크에는 공공부문만 포함되는 것이 아니라 민간부문의 기관도 포함된다.

더 알아보기

상향적 접근과 하향적 접근의 비교

비교	하향적 · 전방향적 접근	상향적 · 후방향적 접근
분석 목표	성공적 집행의 좌우요인 탐구(예측/정책건의)	집행현장의 실제 상태를 기술 · 설명
정책과정모형	단계주의자 모형	융합주의자 모형
집행과정특징	계층적 지도	분화된 문제해결
민주주의모형	엘리트 민주주의	참여 민주주의
평가기준	• 공식적 목표의 달성도(효과성) • 정책결정자의 의도를 실현하는 것이 성공적 정책집행이라고 파악 • 정치적 기준과 의도하지 않은 결과도 고찰하지만 이는 선택기준	• 평가기준 불명확(집행과정에서의 적응성 강조) • 집행의 성공은 결정자의 의도에의 순응 여부보다는 집행자가 주어진 여건 하에서 역할의 충실한 수행이라는 상황적 기준을 중시
전반적 초점	정책결정자가 의도한 정책목표를 달성하기 위해 집행체계를 어떻게 운영하는지에 초점을 둠	집행네트워크 행위자의 전략적 상호작용
적응상황	핵심정책이 있고 비교적 구조화된 상황에 적합	핵심정책이 없고 독립적인 다수행위자가 개입하는 동태적 상황에 적합
Berman	정형적 집행	적응적 집행
Elmore	전방향적 집행(Forward Mapping)	후방향적 집행(Backward Mapping)
Nakamura	고전적 기술자형, 지시적 위임가형	재량적 실험가형, 관료적 기업가형

---

* 집행구조
 집행구조란 특정분야의 정책집행과 관련된 모든 행위자들, 즉 행위자들이 사용하는 자원, 전략, 협상, 계약 등을 포함한 개념이다.

버먼(Berman)은 정책집행을 정형적(거시적) 집행과 적응적(미시적) 집행으로 구분하고 상향적 집행에 해당하는 적응적(미시적) 집행이 중요하다고 하였다. 적응적 집행은 정책집행의 문제는 정책과 제도적 환경과의 상호작용에 의해 발생한다고 보고, 제도적 환경을 거시적 집행구조(중앙정부에서 지방의 집행조직에까지 이르는 관련 정책분야의 전 참여자와 활동)와 미시적 집행구조(현지의 서비스 전달조직)로 구분하였다. 그리고 성공적인 집행은 미시집행 국면에서 발생하는 정책과 집행조직의 특성 사이의 상호적응이 이루어질 때 가능하다고 보았다.

거시적 집행구조의 통로	행정	정책을 구체적인 정부프로그램으로 전환하는 것을 말한다.
	채택	구체화된 정부프로그램을 지방정부가 받아들이는 것을 의미한다.
	미시적 집행	지방정부가 채택한 사업을 실행사업으로 변화시키는 것을 의미한다.
	기술적 타당성	정책성과가 산출되기 위한 마지막 통로로서 정책목표와 정책수단의 인과관계를 말한다.
미시적 집행구조의 통로	동원	동원은 집행조직에서 사업을 채택하고 실행계획을 세우는 국면이다.
	전달자의 집행	채택된 사업을 실제로 집행하는 단계이다. 전달자의 집행 국면의 핵심은 적응(Adaptation)이다.
	제도화	채택된 사업을 정형화·지속화시켜 나가는 것이다.

3 통합모형 또는 통합적 접근

1. 의의

정책집행연구를 위한 통합적 접근 방법(Synthesizers) 또는 절충이론(Hybrid Theories)은 하향적 접근 방법과 상향적 접근 방법의 개념적 취약점을 회피하기 위하여 두 모형의 요소들을 종합하여 집행과정을 연구하는 방법을 의미한다. 통합적 접근 방법을 주장한 학자들은 엘모어(1985), 사바티어(1986), 고긴(1990), 샤프(1978), 윈드호프(1980), 리플리와 프랭클린(1982), 윈터(1990) 등이다. 이들은 하향적 접근 방법의 관심사인 효과적인 정책집행을 출발점으로, 상향적 접근 방법과 다른 이론의 요소를 그들의 모형에 통합하려고 시도하였다.

2. 통합모형에 대한 평가

(1) 하향적 집행론과 상향적 집행론 사이의 양극화된 논쟁의 약점을 극복하게 했다.

(2) 정책형성과정을 고찰하지 않고서는 정책집행을 분석하기 어렵다는 점을 일깨웠다.

3. 주요 연구

(1) 사바티어(Sabatier)의 통합모형: 원래는 하향적 접근의 대표적인 학자였던 사바티어는 나중에 새로운 통합모형을 제시하였다. 그는 하향적 접근과 상향적 접근의 각각의 장·단점을 평가한 후 그들의 한계를 극복할 수 있는 방법으로 비교우위접근법과 통합모형을 제시하였다.

① 비교우위접근법: 하향적 또는 상향적 접근 방법 중 하나의 접근 방법이 다른 접근 방법에 비해 상대적으로 높은 적용 가능성이 있는 조건을 발견한 후, 그러한 조건에 따라 둘 중 하나의 접근 방법을 개별 집행연구의 이론적 틀로 이용하는 접근법이다.

하향적 접근법이 유용한 경우	상향적 접근법이 유용한 경우
특정한 지배정책이 집행현장을 좌우하는 경우	지배적인 정책이나 법규가 없는 경우
연구자가 평균적·일반적인 과정과 반응에만 관심을 갖는 경우	공공부문과 민간부문의 다양한 참여자가 존재하는 경우
정책집행에 영향을 미치는 변수들 간의 인과관계 등 이론적 발전이 잘 이루어져 있는 경우	상이한 지역적 상황과 중앙·지방 간 역할관계에 관심을 갖는 경우
성공적 정책집행을 위한 조건을 잘 충족하고 있는 경우	지역 간의 다양성에 연구의 초점이 있는 경우

② 정책지지(창도)연합모형

ㄱ 의의: 다양한 집행 관련자를 분석단위로 한 상향적 접근방법을 기본으로 하면서, 사회경제적 조건과 법적 수단이 어떻게 참여자들의 행태를 제한하는지를 살피는 하향적 접근 방법을 결합한 통합모형으로 정책학습과 이에 따른 정책변동을 중시하는 모형이다.

ㄴ 상향적 접근의 활용: 정책문제나 정책하위체제에서 논의를 시작하여 다양한 공공부문과 민간부문에서의 행위자들의 전략적 행위(지지연합 간 갈등과 타협)에 초점을 맞춘다.

ㄷ 하향적 접근의 활용: 법적·사회경제적 요소(외적 조건)들이 행위자들의 전략에 미치는 영향을 검토하고 특정 정책과 전략 간의 인과적 가정의 타당성을 검토한다.

ㄹ 정책학습*과 정책산출: 지지연합들은 정책지향적 학습을 통해 자신의 정책방향이나 전략을 수정하거나 강화해 나간다. 신념체계의 수정은 핵심신념을 집행하기 위해 필요한 행정적·입법적 수단에 집중되며 핵심신념 자체가 변화되기는 어렵다.

ㅁ 평가
  • 정책변동을 이해하기 위한 가장 유효한 분석단위는 특정 정부기관이 아니라 정책문제에 관심을 가지는 공공 및 민간조직의 행위자들로 구성된 정책하위 시스템이다.
  • 정책변동의 요인으로는 정책(하위)체제에 영향을 미치는 외부적 조건, 연합기회구조, 내부적 요인(다수파 지지연합이 소수파로 전락되는 등의 지지연합의 재편성), 정책학습 등이 있다.
  • 이 모형은 정책하위시스템 내의 지지연합 간 경쟁 및 갈등과 타협의 과정을 중시한다. 특히 갈등은 정책중개인에 의해 조정되며, 이를 통해 법령의 형태로 정책이 결정되면 집행관료들이 정책을 채택하여 대상집단에 집행이 이루어지고 이는 정책결정과정에 다시 환류된다.
  • 이 모형은 정책결정과 정책집행의 상호작용을 중시한다는 점에서 종전의 정책과정 단계모형(정책결정과 정책집행의 단일방향적 인식)의 한계를 극복할 수 있다.
  • 이 모형은 정책변화과정을 이해하기 위해서는 10년 이상의 장기간이 필요하다고 본다.

---

* 정책학습
정책과정에서 올바른 결론을 유도할 수 있는 지식의 축적과 응용과정으로 정책실패나 시행착오를 통해서 장기적으로는 정책의 성공을 유도하게 되는 과정을 말한다.

(2) 엘모어(Elmore)의 통합모형

① 복수의 이론적 모형을 사용하여 집행을 설명하였다.

    ⊙ 엘모어(Elmore)의 복수의 이론적 모형

구분	체제(시스템) 관리모형	관료적 과정모형	조직발전모형	갈등협상모형
핵심요소	조직을 합리적 가치극 대자로 인식	조직의 속성으로 관료의 재량과 루틴 강조	조직구성원의 참여와 헌신 강조	조직을 갈등의 장으로 인식
성공적 집행 조건	효율적인 관리통제	조직의 루틴과 새로운 정책의 통합	결정자와 집행자 간 합의	협상 과정의 존속 여부
집행실패 원인	미숙한 관리	새로운 정책과 현존 루틴의 부조화	합의의 결여	정책의 성공 여부는 협상자의 위치에 따라 달라지는 상대적 개념
정책집행을 분류한 이유	정책집행을 네 가지 모형으로 분류한 이유는 집행과정을 목표가 결과로 연계되어 영향을 주고 받는 과정으로 볼 경우 집행과정에 관한 보다 타당성이 높은 설명이 가능			
적용상황	결정된 정책의 목표가 집행과정에서 어느 정도 성취되었는지를 설명하고 집행과정에서 야기된 문제들을 해결하여 목표를 효과적으로 달성하려면 집행과정에 관하여 '시스템 관리'와 '관료적 과정' 관점의 연구가 도움이 된다.		집행과정에 영향을 미칠 수 있는 '일선기관'과 '정책대상집단'의 행위에 초점을 맞추어 보면 정책집행을 '조직발전' 측면과 '갈등과 협상' 과정으로 취급할 필요가 있다.	

    ⊙ 후방향적 연구의 개념을 전방향적 연구의 아이디어와 통합: 정책결정자는 정책변화를 위하여 정책수단과 가용자원을 고려하는 데에서 출발하여야 한다(전방향적 접근). 그러나 또한 집행자와 대상집단의 인센티브 구조를 확인하여야 한다는 것이다(후방향적 접근).

(3) 매틀랜드(Matland)의 통합모형

① 의의: 매틀랜드는 집행에 영향을 미치는 변수를 찾는 데 중점을 둔 기존의 집행연구와 달리, 양 접근방법이 어떠한 상황 하에 더 잘 적용되는지 그리고 이때 중요해지는 집행변수가 무엇인지를 탐색하였다. 즉, 집행구조의 상황에 따라 양 접근방법의 설명력이 달라진다고 보고 모호성과 갈등을 기준으로 4가지 상황을 설정하였다.

② 4가지 상황에 따른 집행 형태

구분		갈등	
		낮음	높음
모호성	낮음	관리적 집행(하향적 접근이 유용)	정치적 집행
	높음	실험적 집행	상징적 집행(상향적 접근이 유용)

(4) 리플리와 프랭클린(Ripley & Franklin)의 정책유형별 정책집행: 리플리와 프랭클린(1982)은 로위(1972)의 정책유형 분류를 기초로 배분정책, 규제정책, 그리고 재분배정책을 구분하고, 각 유형에는 서로 다른 이해관계자 집단이 관여하며 집행단계에서 갈등의 유형 및 수준도 다르다고 주장하였다. 즉, 정책집행 과정도 다른 과정과 마찬가지로 정치적 성격이 강하므로 그러한 차이가 나타난다는 것이다.

(5) 윈터의 통합모형

① **의의**: 윈터는 하향론과 상향론적 관점을 진정으로 종합하려 하기보다는 수많은 개별적인 집행연구 중에서 그 원천을 따지지 않고 가장 효과적인 이론적 요소들을 통합하여 하나의 결합모형으로 만들고자 시도했다.

② **특징**: 이 모형에서는 종속변수와 집행과정의 결과를 평가하는 기준으로 공식적인 정책목표와 관련된 성과와 결과에 초점을 맞추고 있다. 집행결과에 영향을 미치는 요소들을 두 가지 범주, 즉 정책형성과정과 정책설계, 그리고 집행과정에 영향을 미치는 요소들로 범주화하였다.

③ **모형**

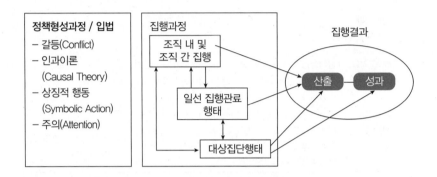

(6) 샤프, 오툴, 키커트(Scharpf, O'Toole, Jr. Kickert)의 정책집행 네트워크

① 샤프는 정책집행연구에 정책네트워크의 개념을 도입하여 독립적이지만 상호의존적인 행위자들 사이에 조정과 협력이 이루어지는 과정을 중요시하였다.

② 오툴은 정책집행을 담당하는 조직 내 특성과 정부조직 간 네트워크라는 관점에서 연구한 대표적인 학자이다. 초기에는 조직 내의 문제가 정책집행에 미치는 영향을 다루었다. 최근에는 정책집행을 위한 조직 간 과정(Inter-Organizational Process)에 관한 모형을 구성하고 계량적인 경험적 연구를 통하여 검증하고자 시도하였다.

③ 키커트, 클리진, 코펜얀도 집행에서 네트워크 관리의 중요성을 강조하고 있다.

(7) 고긴(Goggin)의 통합모형

① **의의**: 고긴과 그의 동료들(1990)은 관찰사례 수를 증가시킬 수 있는 비교사례연구 또는 통계적 연구설계의 바탕위에서 이론의 검증을 시도하는 제3세대 집행연구를 주장하였다.

② 제3세대 집행연구란 '설명하고 예측할 수 있는 중범위 집행이론을 개발·검증하는 연구'를 말한다.

③ 제3세대 접근에서 '과학적'이란 다음과 같은 맥락에서 이해될 수 있다고 본다.

　㉠ 집행과정을 묘사할 때 사용하는 중심 개념들을 분명하게 정의한다.

　㉡ 다양한 정책집행사례를 충분히 검토할 수 있도록 '행태와 유형'을 범주화시키는 것이다.

　㉢ 정책집행모형을 구성하는 다양한 변수와 요인들을 측정이 가능하도록 조작화함으로써 정책집행모형으로부터 유추된 가설을 검증하는 것이다.

④ 이러한 맥락에서 고긴과 동료들은 정책집행에 과학적으로 접근할 수 있는 중범위 이론인 정책결정자와 집행자 사이의 의사소통모형을 제시하였다.

1 성공적 정책집행의 판단

정책집행과 성공적 집행은 구별된다. 관료나 대상자가 정책에 순응하여 정책수단이 실현되었더라도 정책목표가 반드시 달성되는 것은 아니다. 정책수단이 실현되었더라도 정책목표가 달성되지 않았다면 정책집행은 이루어졌으나 성공적인 집행이라고는 할 수 없다. 정책수단이 실현되지 못한 것은 부집행에 해당하며, 정책목표가 달성되지 못한 것은 정책집행의 실패이다. 설사 정책목표를 달성하였다고 해도 비용이 많이 들어간 경우에는 성공적 집행이라고 할 수 없을 것이다. 이런 이유에서 정책성공을 위한 필요조건으로 순응이라는 개념이 정책집행에서 중요시된다.

2 순응의 개념과 중요성

1. 개념

(1) 순응(Compliance)이란 특정 행동규정에 일치하는 행위자의 행동을 말하며, 불응(Non-Compliance)이란 그러한 규정과 일치하지 않는 행동을 의미한다. 이러한 논리를 정책과정에 적용할 때에 정책집행에 있어서 순응이란 정책결정자가 결정한 정책의 내용 및 지침과 일치하는 정책집행과정의 참여자, 즉 정책집행자 및 정책대상집단의 행태를 의미한다.

(2) 일반적으로 순응은 내면적 가치관의 변화까지를 포함하지는 않는다. 즉, 마음속으로 어떻게 생각하는지를 따지지 않고 외면적인 행동이 정책이나 법규에서 요구하는 것에 따르면 순응으로 보는 것이다.

2. 중요성

정책이 의도한 목적을 달성하려면 다음과 같은 조건이 충족되어야 한다. 첫째, 정책집행과정의 참여자, 즉 정책집행자 및 대상집단이 정책결정자의 의도대로 행태를 변화시켜야 한다. 둘째, 이와 같은 행태의 변화가 원래 의도한 효과를 나타낼 것이라는 인과관계의 이론에 결함이 없어야 한다. 따라서 정책집행에 있어서 참여자의 순응은 정책효과가 나타나기 위한 충분조건(Sufficient Condition)은 아니지만 효과가 나타나기 위하여 꼭 있어야 하는 필요조건(Necessary Condition)*인 것이다.

3 순응의 주체

1. 공식 정책집행자

(1) 공식 집행자에는 중앙정부 각 부처의 공무원과 지방정부 공무원이 포함된다.

(2) 공식정책집행자의 불응
① 공식 정책집행자가 능력의 부족 등으로 정책지시의 내용을 이해하지 못함
② 정책의도를 파악하고 있으나 이를 실행할 수 없을 때
③ 정책집행에 고의적으로 저항

---

* 순응과 정책 집행의 성공 관계
순응요인이 확보됐다고 해서 집행이 성공한다고 확신할 수 없다. 왜냐하면 집행과정에서 참여자의 행태변화가 특정한 결과를 초래하리라는 가정 또는 이론 자체에 결함이 있는 경우도 있기 때문이다. 그러므로 순응은 성공적 집행의 필요조건이지 충분조건은 아니다.

(3) 불응의 유형

① 고의적인 의사전달의 조작

② 집행의 지체·연기

③ 정책의 임의변경

④ 부집행, 형식적 순응

⑤ 정책의 취소 시도

2. 중간매개집단

중간매개집단(Intermediaries)이란 공공정책의 집행을 돕기 위하여 공식 정책집행자로부터 집행의 책임을 위임받은 개인 및 집단을 말한다. 중간매개집단은 2차 집행자, 제3섹터 조직 등 다양한 이름으로 불린다. 만약 중앙정부의 정책을 집행하고 있다면 중간매개집단은 지방정부의 공무원, 공공기관 및 집행을 위임받은 민간부문의 행위자에 해당된다. 그런데 지방정부의 정책을 집행할 경우에는 지방공무원은 공식 정책집행자이며 중간매개집단은 지방공공기관 및 집행을 위임받은 민간부문의 행위자에 해당된다. 따라서 중간매개집단에는 공식 정책집행자로부터 집행책임을 위임받고 독립성을 유지하면서 정책집행을 돕는 정부기관, 공공기관, 비영리기관 및 영리기관이 포함될 수 있다.

3. 정책대상집단

정책대상집단 또는 정책대상자란 정책의 적용을 받는 집단이나 사람들을 의미한다. 정책은 일반적으로 사회문제의 해결을 목표로 하는데 사회문제를 해결하려면 그 문제의 해결과 관련된 정책대상집단의 행태변화가 필수적이다.

4. 정책의 순응요인 vs 불응요인

순응요인	불응요인
• 정책의 내용 요인 • 정책결정 및 집행기관과 관련된 요인 • 순응주체와 관련된 요인	• 정책의 모호성 및 불명확성, 기존가치체계와의 대립 • 정책의 정통성 결여 • 결정자의 권위에 대한 신념이나 믿음의 결여 • 정책집행자의 형식적 집행태도와 집행자에 대한 불신 • 집행자의 소극적 성향이나 재량권 남용

4 불응의 원인과 대책

1. 불분명한 의사전달에 기인한 불응

정책의 내용이 정책집행의 참여자 개개인에게 명료하게 전달되지 못했기 때문에 불응이 발생하는 경우이다. 이에 대한 대책으로 분명한 정책내용을 좀 더 효과적인 전달수단을 사용하여 대상집단이 이해하기 쉽게 전달해야 한다. 그러나 집행기관에게 자율성을 더 부여하기 위한 방법으로 의도적으로 정책의 내용을 추상적으로 규정하는 경우도 있으므로, 이에 대한 대책도 사안별로 고려하여야 할 것이다.

2. 부족한 자원에 기인한 불응

순응에 필요한 자금, 능력, 시간, 또는 에너지 등 자원이 부족하여 불응하는 경우가 있다. 이와 같은 유형의 불응에 대한 대책은 필요한 자원이 공급될 수 있을지를 파악하는 것이다.

3. 정책에 대한 회의에 기인한 불응[다수의 시민불복종(Civil Disobedience)]

대상집단이 정책내용 자체에 대하여 의혹이 있을 때에 불응하는 경우를 말한다.

(1) 목표에 대한 불응 대책: 가치관의 재정립

(2) 수단에 대한 불응 대책: 규정된 행태와 정책효과 간의 인과관계에 관한 정책결정자의 가정을 지지하는 새로운 증거를 제시하거나 전문가의 설득을 통하여 완화

4. 순응에 수반하는 부담에 기인한 불응

정책대상집단이 정책의 목표와 그 달성수단에 대하여 동의하는 경우에도, 정책에 순응하는 경우에 지불해야 하는 희생 또는 부담이 클 경우 불응하게 된다. 경제적 비용에 기인하는 불응의 대책으로는 순응에 대한 유인*(Incentives)이 필요하다.

5. 권위에 대한 불신에 기인한 불응

정책결정 및 집행기관의 정통성이 약하면, 일반 국민은 아무런 이유 없이 정책에 순응하지 않으려는 경향이 발생하고, 정책대상집단은 특히 자신들에게 불이익을 주는 정책에 불응하는 경향이 크다.

이와 같은 유형의 불응에 대한 대책으로는 국민들로 하여금 권위에 대한 존중의식과 정부정책의 정당성에 대한 믿음을 가질 수 있도록 하고, 권위의 소재(Locus)와 범위에 관하여 국민적 합의(Consensus)를 도출하여야 한다.

> **개념더하기** 순응의 확보방안
>
> 1. 규범적 전략: 도덕적 설득
>   대상집단의 이성적·정서적 공감대를 형성함으로써 순응의 의무감을 갖게 하는 전략이다. 계몽, 교육, 홍보, 상징조작, 정보제공 등이 설득전략의 수단으로 사용된다.
>
> 2. 보상적 전략: 유인 또는 보상
>   순응을 하는 경우 순응주체에게 혜택을 제공하여 자발적으로 순응하도록 하는 유인 또는 보상전략이다. 시장원리에 충실하고 분권화된 체제에 가장 효과적이고 능률적이나, 대상집단의 도덕성 사부심이니 경예를 손 상시킬 수 있고, 간접적 유인전략이기 때문에 효과측정이 어려우며, 비용이 많이 든다는 단점이 있다.
>
> 3. 강제적 전략: 처벌 또는 강압
>   불응행위에 대해서 벌금, 구속과 같이 처벌의 위험을 가함으로써 순응을 확보하려는 전략이다. 구체적인 수단에는 처벌, 벌과금, 격리, 자격·권리의 박탈 등 가장 보편적이고 다양한 수단들이 있다.
>
> 4. 촉진전략
>   순응을 촉진하는 방향으로 정책을 해석하고 지원·관리하는 방법이다.

---

*   유인
    유인이란 순응할 경우에는 조세감면과 같은 보상을 약속하고, 불응할 경우에는 벌금을 부과하거나 유치장에 감금하는 등 제제하겠다고 위협하는 것이다.

07 정책평가

01 정책평가의 본질과 목적 및 유형

1 정책평가의 의의

1. 의의

(1) **협의**: 정책평가란 정책의 내용이나 집행 및 그 영향을 정책목표와 관련해서 객관적이고 체계적으로 재검토하는 과정이다.

(2) **광의**: 정책 결과가 바람직한가(효과성, 능률성, 공평성)를 평가하는 사후평가(총괄평가) 외에 정책이 제대로 집행되고 있는가를 평가하는 과정평가(형성평가)나 정책결정단계에서 평가를 의미하는 정책분석도 포함한다. 이 중 핵심은 총괄평가이다.

2. 정책평가론의 전개와 발달

(1) 1964년 존슨 행정부의 위대한 사회(The Great Society) 건설을 위해 추진한 사회정책사업들의 실패 → Head Start Program(예 국립무료유아원사업) 평가보고서 발표 → 보수주의자들의 비판과 사회정책 사업전반에 대한 평가 요구

(2) 1960년대에 시작되어 1970년대부터 폭발적으로 증가한 정책평가연구는 처음에는 총괄평가로 시작되었고 나중에는 과정평가도 포함하게 되었다.

3. 정책평가의 목적

(1) 평가의 가장 중요한 목적으로서 일종의 환류 기능

(2) 정책의 정당성 확인, 정책개선에 필요한 정보의 제공, 정책과정 참여자의 지지 확보

(3) 정부재정 부문의 팽창, 정책담당자의 책임성 확보

(4) 정책수단과 정책결과 간의 인과관계를 확인 · 검증하여 이론을 구축하고 학문적 인과성을 밝혀줌으로써 사회과학의 발전에 기여

(5) 왜곡된 평가를 막고 체계적 · 과학적인 평가(정책평가조사)로 유도함으로써 정책 실험 및 비용 절감

4. 정책평가의 필요성(이종수 외)

(1) 목표가 얼마나 잘 충족되었는가 파악

(2) 성공과 실패의 원인 구체화

(3) 프로그램의 성공을 위한 원칙 발견

(4) 여러 기법을 사용하는 실험과정으로 유도하여 효과성 증진

(5) 목표 달성을 위해 사용된 수단과 하위 목표의 재규정

5. 비합리적 목적의 평가

(1) 의사(擬似) 평가, 사이비 평가(Pseudo Evaluation): 이해관계자, 정책결정자, 전문가, 집행자, 평가자 등이 정당하지 못한 목적(자신들에게 유리한 개인적·정치적 목적)으로 정책을 평가하므로 던(W. Dunn)은 사이비 평가를 방지하기 위해 평가성 검토(평가성 사정: 예비평가)가 필요하다고 주장하였다.

(2) 의사평가의 원인과 형태: 정치적·권력적 요인이 작용하여 본래의 평가목적을 벗어나는 왜곡된 방향으로 평가하는 것으로, 기만(표면상 좋게 보이는 측면만 선택하여 평가), 호도(실패 은폐), 매장(사업의 무력화나 파괴), 가장(객관성을 가장한 제스처), 평가 지연 또는 회피가 있다.

6. 정책평가의 한계

(1) 정책평가는 계량적인 평가보다는 민주성 또는 형평성과 같은 추상적인 가치를 평가해야 하는 경우가 많으며 이를 배제해서도 안 된다. 때문에 기술적으로 평가하기가 어려우며, 평가기법이나 평가시점에 따라 평가결과가 달라질 수 있다는 한계를 지닌다.

(2) 정책효과의 광범위성으로 인하여 원인과 결과 간의 인과관계의 입증이 어렵다.

(3) 정책효과의 광범위성으로 인하여 통제집단의 선정이 어렵다. 또한 원래의 대상집단이 아닌 집단에 대한 정책의 확산효과 등을 파악하기 어렵다.

(4) 평가가 가져올 정치적 결과에 대한 두려움으로 관료들은 대체로 평가에 비협조적이다.

(5) 내부평가의 경우 공정한 평가의 가능성에 한계가 있으므로 공정한 평가를 내리기 위해서는 제3의 독립된 전문행정기관을 구축할 필요가 있다.

(6) 행정 관료들은 일반적으로 평가자체에만 집중하고 평가결과를 잘 활용하지 않는다. 정책평가결과를 행정관리도구로 적극적이고 용이하게 활용할 수 있도록 학습조직의 구축이 필요하다.

2 정책평가의 유형(과정평가, 총괄평가 중심)

평가주체	내부평가	조직 내부 정책담당자(자체평가)나 조직 내 다른 구성원이 평가
	외부평가	조직 외부의 제3자가 평가, 평가의 공정성 확보
평가방법	비과학적·주관적 평가	일반대중·정책관계자의 상식적, 주먹구구식, 개인적 경험·느낌에 의한 평가로 평가의 신뢰도에 문제
	과학적·객관적 평가	과학적 방법·논리를 적용, 과학적 조사방법을 동원해 사실에 부합한 평가, 실험적·비실험적 방법, 논리적 방법(이론적 유추), 신뢰도가 높음
평가대상	총괄평가	산출, 결과, 영향을 평가
	과정평가	과정, 절차, 인과관계의 경로(협의의 과정평가)
책무성 유형	행정적 평가	정책집행자가 효율적으로 정책과 프로그램을 관리했는가?
	사법적 평가	정책집행자의 활동이 법규와 회계규칙에 일치했는가?
	정치적 평가	정책결정자의 정치적 판단을 평가
평가의 단위에 의한 분류	기관평가	중앙정부의 부처단위, 지방정부의 기관단위로 이루어지는 평가로 하나의 기관에서 복수의 정책을 추진하는 것이 특징
	정책평가	정책내용을 중심으로 평가
	프로그램평가	정책을 달성하기 위한 수단이 프로그램이며, 프로그램 중심으로 평가

평가 시기	사전평가	정책결정이 이루어지기 전에 계획된 정책과 행위의 효과 및 결과를 미리 추정. 일반적으로 사전평가는 정책분석이라 함(교통영향평가, 환경영향평가 등)					
	진행평가	• 정책이 집행되는 도중에 이루어지는 평가. 정책집행과정에서 집행과정을 개선하려는 목적으로 실시(예 찌개를 끓이면서 맛을 살펴본 다음 그 결과에 따라 양념을 추가하는 것) • 모니터링 역시 진행 중인 프로그램에 대한 평가로 적절한 지표를 활용하여 평가함. 최근 신공공관리론에서는 모니터링의 성과지표를 중시					
	총괄평가	집행이 완료된 후에 의도한 성과를 달성했는지를 평가					

프로그램 진행단계에 따른 구분	단계	투입 (Input)	활동 (Activitie)	산출 (Output)	결과(Outcome)		
					단기 정책영향	중기 정책영향	장기 정책영향
	주요 내용	〈자원〉 • 돈 • 인력 • 시설 • 장비 및 보급품	〈서비스〉 • 피신처 • 훈련 • 교육 • 상담 • 멘토링	〈산물〉 • 교육시간 • 상담횟수 • 배부된 교재 • 서비스 전달 시간 • 참여자 수	〈학습〉 • 지식 • 기술 • 태도 • 가치 • 의견 • 동기 등의 변화	〈행위〉 • 행태 • 실제 • 결정 • 사회적 행위 등의 변화	〈상황〉 • 사회적 • 경제적 • 시민사회 • 환경적 상황 등의 개선
	금연 캠페인 사례	〈예산〉 • 자원 • 작업	〈광고 디자인 및 테스트〉 • 광고 제작 • 광고 시간 구매	TV 광고 실시	시청자의 광고 시청	• 시청자의 태도변화 • 시청자의 흡연량 감소	흡연 관련 질병발생률 감소

1. 형성평가(Formative Evaluation, 도중평가, 진행평가)

정책이 집행되는 도중, 사업계획을 형성·개발하는 과정에서 수행되는 평가로서 과정평가·도중평가·진행평가 등으로 불린다. 정책이 집행되는 과정이 적절한지를 확인하고 정책 수단에서 최종 목표까지 연계되는 인과 관계가 적절한지 등 정책집행 과정에서 발생하는 문제점을 해결하려는 목적으로 수행되는 평가이다. 정책 프로그램에 대한 피드백을 위해 주로 내부 평가자와 외부 평가자의 지문에 의해 평가를 진행하며, 그 결과는 정책집행에 환류된다.

2. 총괄평가(Summative Evaluation; 사후평가)

(1) 의의

① 총괄평가란 집행이 완료된 후 정책이 사회에 미친 영향이나 충격 등 그 효과를 평가하는 것으로 효과평가 또는 영향평가가 핵심이다.

② 정책수단과 정책효과 간의 인과관계를 추정하는 것으로 일반적으로 정책평가라 할 때에는 총괄평가를 말한다. 기준에 따라 효과성 평가, 능률성 평가, 공평성 평가, 영향 평가 등으로 나뉜다.

③ 총괄평가는 평가결과에서 산출된 정보를 정책결정과정에 환류하여 현재 평가의 대상이 되고 있는 정책의 지속추진 여부를 결정하고 정책내용의 수정에 필요한 정보를 제공하는 데 그 목적이 있다.

(2) 내용

① 효과성 정책결과(Outcome) 평가: 정책목표의 달성 정도에 대한 평가

의도한 정책효과가 그 정책 때문에 발생했는지의 여부 및 발생한 정책효과의 크기는 정책목표와 대비하여 어느 정도인지의 여부이다(목표의 달성 정도). 의도했던 정책효과뿐만 아니라, 부수효과(Side-Effect)도 판단해야 한다.

② 능률성 평가: 효과나 편익이 투입된 비용에 비춰 정당화되는가를 평가

③ 정책영향평가: 정책실시에 따른 충격·영향을 평가, 정책영향=정책효과+정책비용

④ 공평성(형평성) 평가: 정책효과와 비용의 사회집단 간·지역 간 배분 등이 공정한지의 여부

⑤ 적합성 평가: 목표가 주어진 사회적 상황에 바람직한 것인가를 평가, 수단·전략보다는 목표의 가치 자체를 평가

3. 과정평가(Process Evalution)

(1) **의의**: 정책집행과정을 대상으로 하여 분석하는 활동이다. 이를 통하여 보다 효율적인 집행전략을 수립하고 정책내용을 수정·변경하며, 정책의 추진 여부의 결정에 필요한 정보를 제공하며, 정책효과의 발생경로를 밝혀 총괄평가를 보조하는 기능을 수행한다. 과정평가는 평가의 내용과 목적에 따라 집행과정평가, 좁은 의미의 과정평가, 시간적 기준에 따라 형성평가, 시간적 과정평가로 나누기도 한다.

(2) **과정평가 내용**

① **집행과정평가(형성평가·집행분석)**

㉠ 의의: 원래의 집행계획이나 집행설계에 따라 의도한 대로 정책집행이 이루어졌는지 확인·점검하는 집행분석을 의미하는데, 평가가 집행 도중에 이루어지므로 형성평가(Formulative Evaluation)라고도 한다. 집행과정평가는 계속적인 점검을 통하여 하게 된다. 점검, 즉 모니터링이란 하나의 사업을 집행하는 과정에서 발생하는 사건들에 대한 구체적 정보의 수집과 관리의 활용이다.

㉡ 모니터링의 기능: 순응, 일치, 감사, 회계, 설명

㉢ 모니터링의 종류

집행모니터링 (Program or Activity Monitoring)	• 프로그램 모니터링, 행정적 모니터링 • 프로그램에 대한 투입과 활동들이 프로그램(집행)계획에 따라 원래 의도한 대로 충실하게 집행되고 있는지 점검 → 정확성 평가
성과모니터링 (Performance Monitoring)	집행활동의 결과인 산출, 성과를 주기적으로 점검(진도점검)
균형성 분석	동일 프로그램(사업) 내에서 여러 단위사업을 동시에 추진할 경우 단위사업 간 균형적 추진 여부, 적시추진 여부, 내용의 적합성 여부 등을 점검

㉣ 목적: 집행과정평가는 보다 효율적인 집행전략을 수립하기 위하여 정책내용의 수정·변경에 필요한 정보의 제공과 집행요원의 책임성 확보를 위하여 실시한다.

② **협의의 과정평가(사후적 과정평가, 인과관계경로평가)**

㉠ 총괄평가(효과성 평가)의 완성을 위한 보완적 수단으로 정책의 효과가 어떤 경로를 통하여 발생하였는지, 그렇지 않은 경우 어떤 경로에서 문제가 있었는지 등을 밝히는 것으로 사후적 과정평가라고도 한다.

㉡ 정책(사업)활동 → 하위(중간)목표 → 정책(사업)목표에 이르는 과정에서 변수 간의 인과관계경로를 규명(예) 정부미 방출 → 쌀 공급 증가 → 쌀값 안정 → 서민생계 안정)

㉢ 정책효과 발생의 인과경로를 밝혀서 총괄평가를 보완하고 정책실패의 중요한 원인 중 하나인 인과경로의 잘못을 밝힌다. 즉, 정책효과는 어떤 경로를 거쳐 발생하는지, 정책효과가 발생하지 않은 경우 어떤 경로에 오류가 있는지, 보다 강한 영향을 미치는 경로는 없는지를 판단한다.

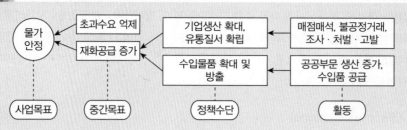

구분			내용	예시
총괄 평가	사전적	착수직전분석	정책에 대한 예비평가	물가안정 사업을 시행하기 전에 검토
	사후적	협의의 총괄평가 (일반적 정책평가)	사업목표의 달성 여부 평가	물가안정이 달성되었는지 평가
		평가결산(평가종합)	제3자의 재평가	물가안정사업에 대한 평가를 다시 평가
과정 평가	사전적	형성평가	집행도중에 집행상황을 점검(집행모니터링, 성과모니터링)	사업도중에 외환 생산, 유통관리가 제때에 제대로 이루어지는지, 관리에 따른 성과가 나타나고 있는지 점검
		평가성 검토	평가에 대한 예비검토	물가안정사업에 대한 평가를 사전에 검토
	사후적	협의의 과정평가	인과관계 매개경로 확인·검증	'수입물품 확대 → 수입품 공급 → 물가안정'의 인간관계 경로 확인·검증
		집행과정평가 (집행분석)	투입 및 활동상황 평가	매점매석 단속을 제때에 제대로 했는지 평가

4. 기타 정책평가

(1) **평가성 검토(Evaluation Assessment; 평가성 사정)**: 본격적 평가가 실시되기 이전에 평가의 유용성(소망성)과 실행가능성을 검토하는 것(예 모의고사, 예비고사)이다. 혹은 평가가 정책성과를 향상시키는 데에 공헌할 수 있는가(평가의 소망성) 등을 검토하는 사전적 평가이다.
→ 평가의 공급과 수요가 올바로 합치되도록 유도

(2) **메타평가(Meta-Evaluation)**: 기존평가들의 방법·절차·결과 등이 제대로 되었는가를 검토하고 종합적으로 평가하는 것이다. 정책평가의 결과를 다시 평가하는 것으로 주로 총괄평가에 적용한다. 기존의 평가자가 아닌 제3의 기관(상급기관, 독립기관, 외부전문기관 등)이 기존의 평가에서 발견했던 사실을 다양한 관점에서 재분석하는 것을 말한다.

(3) **착수직전 분석(사전분석)**: 새로운 프로그램의 평가를 기획하기 위하여 착수하기 직전에 수행하는 평가 작업으로 평가기획과 유사하며 맥락분석 또는 조망적 평가종합에 해당한다.

평가종합(메타분석)은 메타평가와 다른 것으로 하나의 정책이나 프로그램의 수행을 통하여 무엇을 배우는가 하는 것을 판단하기 위하여 기존의 평가에서 발견했던 사실들을 재분석 하는 것으로 이론적 연구보다는 기존의 평가에서 얻은 경험적 분석결과들이 실제로 얼마나 이용가능한가 등이 다루어진다.

1 정책평가의 기준

정책평가의 기준은 개별정책의 성격과 특성에 따라 다를 수 있지만 앞에서 살펴본 정책대안의 비교평가 기준이 공통적으로 적용된다. 이는 정책평가와 정책분석이 유기적으로 연계되어 있음을 알 수 있게 해준다. 여기에서는 던(W. Dunn)이 제시한 기준과 나카무라와 스몰우드(Nakamura & Smallwood)의 기준을 중심으로 설명한다.

1. 던(W. Dunn)의 기준

(1) 효과성(Effectiveness)

(2) 적합성(Appropriateness)

(3) 적절성(Adequacy)

(4) 능률성(Efficiency)

(5) 형평성(Equity)

(6) 대응성(Responsiveness)

2. 나카무라와 스몰우드(Nakamura & Smallwood)의 기준

평가기준	내용
목표달성도 · 효과성	행정관료가 선호하는 고전적 기준으로 정책이 의도한 목표를 달성하였는지의 여부로서 목표의 명확성이 중요하며 비용을 고려하지 못하고 목표가 명확하지 않으면 적용이 곤란하다는 단점을 가짐
경제성 · 능률성	비용을 최소화하면서 정책효과 및 산출의 질과 양을 극대화하는 것을 성공적 집행으로 보고 수단의 극대화에 중점을 둠
지지자의 만족도	조직의 외부집단인 주민(선거구민)의 정책지지 및 관련 집단의 정치적 지지를 이끌어내고 이해관계나 갈등을 잘 받아들이며 타협 · 조정했는가 하는 정도
수혜자에 대한 대응성	소비자나 고객 등 정책수혜집단의 만족도를 중시. 정책의 혜택이 수익자의 인지된 욕구에 어느 정도 대응하고 있는가를 중요시하는 것으로 프로그램의 신축성 · 적응성 등을 중시
체제유지	정책이 크게는 국가체제나 정부, 작게는 집행기관의 유지 · 발전 등에 어떤 도움을 주었는지를 평가

2 정책평가의 절차

평가의 일반적 절차는 첫째, 정책평가의 목적을 확인하고 평가기준을 설정한다. 둘째, 평가의 대상을 구체적으로 확정한다(인과모형 설정). 셋째, 평가방법(연구설계)을 결정한다. 넷째, 자료의 수집과 분석을 한다. 다섯째, 평과결과를 제시한다. 여섯째, 평가결과를 활용한다. 이상의 절차 중 첫째와 둘째는 흔히 평가성 검토라고도 한다. 이하에서는 이 절차 순서에 따라 그 내용을 검토하기로 한다.

1. 평가목적 확인 및 기준설정

정책평가의 목적을 확인하고 평가의 대상을 구체적으로 식별·확정하는 단계로 대체적으로 평가목적은 정책담당자 입장에서는 정책결정이나 집행과정에 필요한 정보의 제공을 받고, 국민의 입장에서는 정책책임자의 책임성을 확보하고 학자의 입장에서는 학문적 기여를 평가목적으로 들 수 있다. 뿐만 아니라 이 단계에서는 평가기준도 설정할 필요가 있다.

2. 평가성 사정과 인과모형 설정

(1) 의의: 본격적인 평가에 앞서 수행하는 일종의 예비평가로서 평가의 유용성과 실행가능성을 검토하는 것을 말한다.

(2) 평가성 검토의 필요성

① 평가가 불가능한 사업의 부분들은 예비평가를 통해 본 평가 이전에 제외함으로써 평가의 효율성을 제고한다.

② 평가성 검토에서 밝혀진 내용이 본 평가의 지침 역할을 한다.

③ 정책관련자로 하여금 현재 추진 중인 사업의 평가 가능성을 향상시키도록 유도하며 현재 추진하는 사업의 목표, 활동에 대한 수정·보완을 하도록 한다.

(3) 평가성 검토의 내용과 절차

① 사업의 정의와 사업모형 파악

㉠ 목표-수단의 계층제 또는 사업구조의 어느 수준까지 평가의 대상으로 할 것인가를 규정한다.

㉡ 사업모형의 파악: 평가대상의 사업범위가 결정되면 사업의 구체적 내용에 대한 정확한 파악이 있어야 한다. 사업모형은 투입에서부터 활동, 중간목표, 사업목표에 이르는 사업의 구성요소들과 이들 간의 인과관계를 묘사하는 것으로 세 가지 유형으로 나누어 볼 수 있다.

- 문서상 모형: 공식문서에 나타난 사업모형으로, 문서검토와 면접을 통하여 정책결정자의 의도 파악
- 관리자 모형: 공식적 사업모형에 따라 집행관리자가 추진하려는 사업의 요소와 인과관계 파악
- 집행현장 모형*: 실제로 집행현장에서 일하는 집행담당자들이 추진·실행하고 있는 사업의 내용을 밝히는 사업모형

② 평가 가능한 모형의 작성: 문서 모형, 관리자 모형, 현장 집행모형을 종합하여 평가 가능한 모형으로 만든다. 평가 가능한 모형이란 실현 가능한 모형으로 이 모형 속에 포함된 변수들이 측정 가능하다는 것을 의미한다.

---

* 진행현장 모형의 주의점
  사업모형에 나타난 활동들이 실현될 수 있고, 활동들과 중간목표 사이 혹은 중간목표와 사업목표 사이에 인과관계가 존재하는 모형을 작성하여야 한다.

1. 의의

　인과관계란 독립변수와 종속변수 간의 관계를 말하는 것으로 정책평가(총괄평가)란 정책수단(독립변수, 원인변수)과 정책목표 또는 효과(종속변수, 결과변수) 간의 인과관계를 밝히는 것이다.

2. 인과관계의 조건(밀, J. S. Mill)

　어떤 정책이 집행된 후 정책목표가 달성되었다고 하여 그 정책과 정책목표의 달성 간에 인과관계가 존재한다고 단정할 수 없다. 인과관계가 존재하려면 다음 3가지 조건이 충족되어야 한다.

　(1) 시간적 선행성: 정책(독립변수)은 목표달성(종속변수)보다 시간적으로 선행해야 한다.

　(2) 공변성: 정책과 목표달성은 모두 일정한 방향으로 변화해야 한다(독립변수가 변화하면 결과변수도 변화해야 한다)는 상호연관성(규칙적 동양성, 상시연결성)

　(3) 비허위적 관계 경쟁가설배제: 정책 이외에 다른 요인(경쟁적 요인)이 목표 달성에 영향을 미치지 않았음을 입증해야 한다. 즉, 경쟁가설(허위관계)이 아님을 입증해야 한다.

3. 인과적 추론과 관련된 변수

　(1) 독립변수: 어떠한 결과(정책효과)를 가져오게 하는 원인이 되는 변수

　(2) 종속변수: 원인변수에 의하여 나타난 변화나 효과, 즉 결과변수

　(3) 허위변수: 원인변수(독립변수)와 결과변수(종속변수)가 전혀 관계가 없는데도(또는 통계적 상관관계만 존재하는데도), 두 변수 모두에 영향을 미쳐 두 변수 간 인과관계가 있는 것처럼 보이게 하는 숨어 있는 제3의 변수
　　→ 실제의 원인변수는 결과변수에 영향을 미치지 않지만, 직접적 영향을 미친 것으로 잘못 판단할 수 있다.

　(4) 억제(억압)변수: 허위변수와 반대로 두 변수가 서로 상관관계가 있는데도 없는 것으로 나타나게 하는 제3의 변수(예 수업 중 잡념이 강의 효과를 질식시킨 경우)로서 억제변수는 독립변수와 종속변수 간의 사실적인 인과관계를 약화시키거나 소멸시켜버리게 된다.
　　→ 억제변수를 제거하면 결과변수가 나타난다.

　(5) 왜곡변수: 두 변수 간 사실상의 관계를 정반대의 관계로 나타나게 하는 변수

　(6) 혼란변수(교란변수): 원인변수와 결과변수 간 부분적 인과관계가 존재하는 상황에서 두 변수에 영향을 미쳐 인과관계의 관련성 정도의 파악에 혼란을 가져오는 숨어 있는 제3의 변수 → 원인변수의 결과변수에 대한 영향을 과대 또는 과소 추정할 수 있다.

　(7) 매개변수: 독립변수와 종속변수의 사이에서 독립변수의 결과인 동시에 종속변수의 원인이 되는 변수

　(8) 선행변수: 인과관계에서 독립변수에 앞서면서 독립변수에 대해 유효한 영향력을 행사하는 변수(선행변수가 의미를 가지려면 선행변수, 독립변수, 종속변수가 상호 관련이 있어야 하고, 선행변수를 통제할 때에 독립변수와 종속변수 간의 관계가 사라져서는 안 되며, 독립변수를 통제할 때 선행변수와 종속변수와의 관계가 사라져야 한다)

> (선행변수) → (독립변수) → (매개변수) → (종속변수)

　(9) 구성변수: 포괄적 개념의 하위변수(예 사회계층은 포괄적 개념이며, 교육수준, 수입, 직업, 가족적 배경 등은 이를 구성하는 하위범수) → 구성변수가 잘못 서정되면 구성적 타당도가 저하된다.

3. 평가설계 또는 연구설계

(1) 의의: 본격적인 평가활동을 효율적으로 수행하기 위한 체계적인 평가계획을 수립하는 활동으로 평가설계의 기본적인 요소들에는 획득할 정보의 종류와 원천, 표본추출, 자료수집의 방법 및 시기와 횟수가 있다. 평가방법을 구체적으로 결정하는 단계로 총괄평가는 주로 양적 · 실험적 방법, 과정평가는 주로 질적 · 비실험적 방법을 사용한다.

(2) 평가전략과 평가설계의 유형: 평가전략이란 평가를 위하여 제기된 질문들에 대한 대답을 찾는 데 적용되는 접근방법을 말한다.

① **표본조사**: 모집단을 구성하는 단위들 가운데 실제 조사대상으로 추출된 표본에 대하여 조사하는 방법으로, 평가에 제기되는 질문이 주로 기술적이거나 규범적인 경우에 적용되는 연구방법이다. 표본조사방법에는 횡단면 연구, 패널연구, 일정한 규범적 기준을 가지고 표본조사와 평가를 시행하는 기준에 의한 연구 등이 있다.

② **사례연구**: 어떤 현상이 매우 복잡하여 단순한 표본조사로는 그것에 대한 파악이 어려운 경우에 적용되는 방법으로 어떤 사건의 전개과정, 변화양태 등을 깊이 이해하고 설명하고자 할 때 적용한다. 연구방법으로는 단일 사례연구, 다종 사례연구, 기준에 의한 사례연구가 있다.

③ **현지실험**: 일상적인 상황 속에서 과학적인 실험조사설계 원리를 도입하여 정책영향을 평가하기 위한 방법으로 정책수단과 정책효과 간의 인과관계를 규명하고자 할 때 사용된다. 진실험, 준실험 설계가 있다.

④ 표본조사, 사례연구, 현지실험에 의한 평가전략들은 새로운 자료를 수집하여 정책평가를 실시하는 방법들이지만 시간, 예산 등의 제약으로 인하여 새로운 자료수집이 곤란할 때는 기존의 자료를 수집하여 이들을 비교·분석하고 종합하여 평가한다. 이에는 2차적 자료분석, 평가 종합이 해당한다.

평가전략	평가설계	평가질문의 유형	자료이용가능성	자료수집 분석방법
표본조사	횡단면 연구, 패널연구, 기준에 의한 연구	기술적·규범적	새로운 자료수집	계량적
사례연구	단일 사례연구, 다종사례연구, 기준에 의한 사례연구	기술적 사례연구, 규범적 사례연구	새로운 자료수집	질적·계량적
현지실험	진실험, 준실험	원인과 효과	새로운 자료수집	질적·계량적
기존자료 조사	2차 자료분석, 평가종합	기술적·규범적·원인과 효과	이용 가능한 자료	계량적 > 질적

4. 자료수집, 분석

평가설계에 따라 자료를 수집하고, 수집된 자료를 분석함으로써 본격적인 평가활동을 수행하는 단계, 자료의 수집, 분석방법에는 양적 방법과 질적 방법이 있다. 평가의 유형에 따라 총괄평가는 주로 양적 방법, 집행과정평가는 주로 질적 방법을 사용하고 협의과정평가는 양적·질적 방법을 병용한다.

5. 의사교류 및 평가결과 제시

평가활동을 마친 후에는 평가자, 평가의뢰인 등 평가와 관련 있는 사람들 간의 원활한 의사소통이 필요하고 이후 공식적인 보고서를 통해 발표한다.

6. 평가결과의 활용

평가결과가 환류되어 다음 정책결정 및 집행과정에 유용하게 활용되도록 평가자의 창조적 역할이 필요하다.

1 정책평가의 타당도

1. 정책평가의 타당도의 개념

(1) 정책평가의 타당도: 정책평가가 정책의 효과를 얼마나 진실되게 평가해 내느냐의 정도를 말한다.

(2) 정책평가의 타당도의 유형(쿡과 캠벨, Cook & Campbell): 구성적 타당도 → 통계적 결론의 타당도 → 내적 타당도 → 외적 타당도의 순차적인 확보가 필요하며, 전 단계의 타당성이 달성되지 못하면 이후 단계의 타당성 확보가 곤란하다.

2. 정책평가에 있어서의 타당도의 유형

정책평가의 타당도(Validity)란 측정이나 절차가 정확하게 이루어진 정도를 의미하는 것으로 다음 4가지가 있다.

(1) 구성적 타당도: 처리, 결과, 모집단 및 상황들에 대한 이론적 구성요소들이 성공적으로 조작화된 정도

(2) 통계적 결론의 타당도: 정책효과를 찾아낼 만큼 충분히 정밀하고 강력하게 연구설계(평가기획)가 이루어진 정도로서 제1종 및 제2종 오류가 발생하지 않은 정도

(3) 내적 타당도: 원인변수와 결과변수 간의 관찰된 관계로부터 도달하게 된 인과적 관계 추론의 정확도

(4) 외적 타당도(External Validity)

① 어떤 특정한 상황에서 내적 타당성을 확보한 정책평가가 다른 상황에도 그대로 적용될 수 있는 정도

② 타당성의 일반화 정도, 경험적 타당성: 조작화된 구성요소들 가운데에서 관찰된 효과들이 당초의 연구가설에 구체화된 그것들 이외에 다른 이론적 구성요소들에까지도 일반화될 수 있는 정도

→ 특정 정책에 관하여 특정 집단을 대상으로 특정 시기에 특정 상황에서 연구한 결과로 다른 집단·시기·상황에 일반화시킬 수 있는 범위

개념더하기 내적 타당도 저해요인

1. 피그말리온(Pygmalion) 효과
   연구자가 연구대상에게 기대를 하기 때문에 실험의 효과가 좋게 나오는 현상(자기충족적 예언)
   예 뛰어난 학생에게 교사가 뛰어난 학생이고 믿고 기대와 격려를 할 경우 평범한 학생이 실력이 크게 향상되는 현상

2. 플라시보(Placebo, 위약) 효과
   연구자가 무의식적으로 제시하는 단서에 연구대상이 반응함으로써 연구자가 원하는 방향으로 행동하게 되는 현상(위약 효과)
   예 의사가 환자에게 가짜 약을 주면서 효능이 있다고 속이고 투여하였는데 실제로 환자의 상태가 좋아지는 현상

개념더하기 외적 타당도

• 외적 타당도는 내적 타당도를 전제로 한다. 이는 어느 하나가 중요하고 중요하지 않은 관계가 아니라 둘 다 중요하지만, 내적 타당도가 먼저 확보되어야 외적 타당도를 고려할 수 있다는 것이다.

• 양자를 모두 높게 하는 실험설계가 이상적이지만, 현실적으로는 한 형태의 타당도는 다른 형태의 타당도를 희생하여 이루어진다. 외생변수의 영향을 제거하여 내적 타당도를 높이기 위해 엄격한 인위적 환경을 만들 경우 현실적 상황에 적용할 수 있는 외적 타당도, 즉 일반화 가능성은 감소하게 된다.

3. 타당도 위협요소

(1) 내적 타당도의 저해요소

유형		의미	통제방안
다른 요인에 의한 변화	성숙요소	• 단순히 시간이 경과함에 따라 대상집단의 특성이 변하는 것이다. • 만약 어떤 대상에 특정 정책을 집행한 후 특성이 달라졌을 경우, 그것이 그 기간 동안 대상집단의 성숙효과인지 아니면 정책의 효과인지를 구별하기 어렵다.	• 통제집단 구성 • 실험(조사)기간의 제한 • 빠른 성숙을 보이는 표본 회피
	역사요소	• 조사기간(정책집행기간) 중 우연히 발생한 사건으로 결과변수가 영향을 받는 경우이다. • 이러한 사건에는 정치 · 경제 · 사회 · 자연환경적 사건들이 있으며 이것으로 대상집단의 특성이 변할 수 있다.	• 통제집단 구성 • 실험(조사)기간의 제한
표본의 대표성 관련 요인	선발요소	• 정책이나 프로그램 집행 후 실험집단과 비교집단 간 결과변수에 대한 측정값의 차이가 정책집행의 효과라기보다 단순히 두 집단구성원들이 다르기 때문에 나타나는 경우이다. • 자기선발요인: 특히 실험집단이 자원자들로 구성될 경우 선발요인은 유력한 경쟁가설로 등장할 수 있다. • 내적 타당도를 저해하는 요소를 외재적 요인과 내재적 요인으로 나눌 경우 내적 타당도를 저해하는 유일한 외재적 요인이다.	• 무작위배정 • 사전측정
	상실요소	• 정책집행기간 중 대상집단의 일부가 탈락하여(상실되어) 남아있는 대상이 처음의 관찰대상 집단과 다른 특성을 나타낼 때 효과추정이 어려워진다. • 일반적으로 중도에 탈락한 사람들보다 끝까지 남아 있는 사람들의 성취수준이 높다. • 탈락률은 하나의 집단을 대상으로 관찰할 때에도 문제가 되지만, 실험집단과 비교집단의 탈락률이 서로 다를 경우 문제가 더욱 심각하다.	• 무작위배정 • 사전측정
	회귀인공요소	• 극단적인 사전측정값을 갖는 사례들을 재측정하면 평균값으로 회귀하려는 경향이 있다. • 이런 현상 때문에 극단값을 갖는 구성원으로 실험집단을 구성하면 실제로는 정책효과가 없어도 효과가 있는 것으로 나타나고, 효과를 과대(과소) 추정하게 된다.	• 극단적인 측정값을 갖는 집단 회피 • 신뢰성 있는 측정도구 사용
관찰 및 측정 방법 관련 요인	검사요소 (Testing)	• 정책이나 프로그램의 실시 전과 실시 후에 유사한 측정을 반복할 경우 조사 대상자들이 그 측정방법에 익숙해져서 측정값에 영향을 미치는 현상이다. • 검사효과 때문에 정책의 효과를 과대 혹은 과소하게 추정함으로써 내적 타당성이 낮아지게 된다.	• 사전검사를 하지 않은 통제집단과 실험집단 활용 (예 솔로몬 4집단 설계) • 사전검사의 위장 • 눈에 띄지 않는 관찰 방법
	측정수단요소 (Instrumentation)	측정기준과 측정수단이 변화함에 따라 나타나는 차이를 말한다.	표준화된 측정도구 사용

기타 요인	선발과 성숙의 상호작용	두 집단의 선발상 차이뿐 아니라 두 집단의 성숙 속도가 다름으로 인한 현상이다.	
	처치와 상실의 상호작용	두 집단에 대한 다른 처치로 인하여 두 집단으로부터 구성원들이 다르게 상실되는 현상이다.	
	오염효과	통제집단의 구성원이 실험집단 구성원의 행동을 모방하는 오염 또는 확산효과로서 모방, 정책의 누출(이전), 부자연스러운 반응 등이 이에 포함된다.	

(2) 외적 타당도의 저해요소

저해요인	개념
① 호손 효과(Hawthorne Effect)	실험집단 구성원이 실험의 대상이라는 사실로 인하여 평소와는 다른 특별한 심리적·감각적 행동을 보이는 현상으로 외적 타당도를 저해하는 대표적 요인. 실험조작의 반응효과라고도 하며, 1927년 호손 실험 결과로 발견
② 다수적 처리에 의한 간섭	동일집단에 여러 번의 실험적 처리를 실시하는 경우 실험조작에 익숙해짐으로 인한 영향이 발생하며 그 결과를 처치 받지 않은 집단에게 일반화하기는 곤란
③ 표본의 대표성 부족	두 집단 간 동질성이 있더라도 사회적 대표성이 없으면 일반화하기 곤란
④ 실험조작과 측정의 상호작용	실험 전 측정(측정요소)과 피조사자의 실험조작(호손효과)의 상호작용으로 실험결과가 나타난 경우 이를 일반화하기 곤란
⑤ 크리밍 효과(Creaming Effect)	효과가 크게 나타날 사람만 의도적으로 실험집단에 배정한 경우 그 결과를 일반화하기가 곤란 → 선정(선발)과 실험조작(호손효과)의 상호작용

2 신뢰도

1. 의의

측정도구의 일관성에 관한 것으로 동일한 측정도구가 동일한 현상을 되풀이해서 측정했을 경우 동일한 결론이 나오는지의 확률을 의미한다.

2. 타당도와의 관계

신뢰도는 타당도의 필요조건이다. 따라서 신뢰도가 낮으면 타당도도 낮아지나 신뢰도가 높다고 하여 반드시 타당도가 높아지는 것은 아니다. 즉, 타당도가 낮아도 신뢰도는 높을 수 있으나, 신뢰도가 낮으면 타당도는 낮아진다. 일관성 있게 같은 결과를 가져오지 못하는 평가는 타당하다고 볼 수 없기 때문이다.

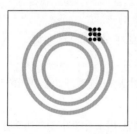
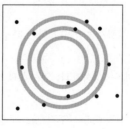

신뢰도 높음 - 타당도 낮음　　　신뢰도 낮음 - 타당도 낮음　　　신뢰도 높음 - 타당도 높음

3. 신뢰도 검증 방법

재검사법	동일한 측정도구를 동일한 대상자에게 상이한 시점에서 두 번 측정하여 비교하는 방법
평행양식법(동질이형법)	유사하다고 인정되는 두 가지 측정도구를 사용하여 결과를 비교하는 방법
반분법	하나의 측정도구에서 반으로 나누어 검사하여 비교하는 방법

3 정책평가의 방법(정책실험, 사회실험)

1. 비실험설계(前실험설계: Pre-Experimental Design)

(1) 의의

① 비실험적·전(前)실험적 설계에 의해 자료를 수집하고, 이들을 통계적 방법(다중회귀분석, 인과관계 분석, 시계열분석)으로 분석하는 방법을 말한다.

② 실험적 설계와 달리 사전적으로 비교집단(통제집단)을 구성하지 않으며, 편의상 일종의 비교집단을 사후적으로 설정하기도 한다.

(2) 주요 실험방법

① 단일집단 사후측정설계: 단일집단을 대상으로 정책에 의해 변화된 종속변수의 양을 측정하여 효과를 추정하는 방법이다(정책이 집행되기 이전 상태를 측정하지 않음).

② 단일집단 사전·사후 측정연구: 단일집단을 대상으로 정책에 의해 영향을 받기 전과 후를 측정해 정책에 의한 변화를 추정해내는 평가연구 설계방법이다.

③ 정적집단 비교설계: 실험집단과 통제집단을 사용하되, 두 집단에 대한 사전측정을 하지 않고 사후 측정의 결과만 비교해 정책의 효과를 평가하는 방법이다.

(3) 변수통제방법

① 통계적 통제: 정책에 참여한 대상과 그렇지 않은 대상과의 차이를 통계적 기법(시계열분석, 회귀분석) 등을 통하여 추정해내어 그 차이를 제거하는 방법이다.

② 포괄적 통제(주관적 통제방법): 정책을 집행한 대상집단에 일어난 변화를 유사한 집단에 정책을 집행하면 이러한 변화가 일어날 것이라고 기대하는 규범이나 목표들과 비교하여 정책효과를 판단하는 방법이다.

③ 잠재적 통제(주관적 통제방법): 정책을 집행한 대상집단에 일어난 변화에 대하여 전문가나 참여자들에게 질문한 다음 이들의 의견을 토대로 정책효과를 추정하는 방법이다.

(4) 장·단점

① 장점: 인위적 실험이 아니므로 실행가능성이나 외적 타당도가 상대적으로 높다.

② 단점

㉠ 정책실시 전·후의 비교설계 → 성숙효과, 역사효과 발생 → 경쟁가설을 제거하지 못함 → 내적 타당성 저하

㉡ 의사비교집단 설정비교 → 선정효과(사후적으로 구성된 비교집단이 정책대상집단과 비동질적) → 내적 타당성 저하

2. 실험설계

실험대상을 실험집단(Experimental Group)과 통제(비교)집단(Control Group)으로 나누어, 실험집단(정책대상집단)에게는 일정한 처리(정책집행, 정책내용 실현)를 가하고, 통제집단에게는 처리를 가하지 않게 하여, 일정한 시간이 지난 후 양 집단에 나타나는 결과변수상 차이를 처리의 효과(정책효과)로 판단한다.

(1) 준실험(Quasi-Experiment)

① 의의: 무작위배정에 의한 실험집단과 통제집단의 구성(동질적 구성)이 곤란하거나 불가능할 경우 짝짓기(Matching) 방법을 이용하여 실험집단과 통제집단을 구성(비동질적 구성), 정책효과를 평가하는 방법으로, 실험집단과 통제집단이 비동질적인 점에서 진실험과 다르다(실험 전 측정치가 다름).

② 준실험에서 사용되는 외생변수의 통제 및 설계방법

　㉠ 축조에 의한 통제(Constructed Control): 짝짓기에 의해 두 집단을 구성해 허위 · 혼란변수를 제거하려는 것을 축조된 통제라고 한다.

　　• 비동질적 통제집단설계(사전테스트 비교집단설계): 사전측정 후 비슷한 점수를 받은 대상자를 짝 지어 실험집단과 통제집단에 배정한 후 실험집단에만 정책을 처리하여 두 집단 간 변화상태를 비교하는 것

　　• 사후테스트 비교집단 설계: 정책이 처리되고 난 후 정책평가를 요청받았을 때 사후에 비교집단을 설계하여 실험집단과 비교하는 것

　　• 회귀불연속설계: 두 집단을 무작위적 · 동질적으로 구성하는 진실험과 달리 명확한 기준에 의하여 두 집단을 다르게 구성하여 집단 간 회귀분석의 결과 나타난 불연속의 크기를 비교하는 것

　　　예 장학금을 지급받은 학생이 지급받지 않은 학생에 비하여 성적이 상승하였는지를 판단할 때 평점 3.7이 장학금 지급 · 비지급의 구분점(Cutting Point)이라고 하면 장학금 지급의 효과는 두 회귀직선의 불연속의 크기를 나타낸다.

　㉡ 재귀적 통제

　　• 단절적 시계열 분석에 의한 평가: 통제집단을 설계하기 힘들 경우 실험집단에 대한 정책 실시 전후의 시계열자료를 이용하는 방법

　　• 단절적 시계열 비교집단 설계에 의한 평가: 단절적 시계열분석과 비동질적 통제집단설계를 결합한 방식으로 비동질적인 통제집단과 실험집단의 정책실시 전후 시계열자료를 비교하는 것

　　　예 CCTV 설치가 범죄발생에 미치는 영향평가: 전국 모든 설치가능 지역에 CCTV를 설치하는 것을 가정하면, 지역 간의 차이와 같은 변수로 인해 실험집단과 통제집단을 선정하는 것이 불가능하다. 이런 경우 특정 지역을 선정하여 CCTV 설치 후, 범죄발생 변화를 조사하고 동일 지역에서의 CCTV 설치 전 범죄발생의 추이를 비교함으로써 정책영향평가를 할 수 있다.

③ 장점

　㉠ 인위적 상황의 조성 없이 자연스러운 사회상태에서 실현 → 외적 타당성 높음

　㉡ 동질적 구성의 필요성이 없음 → 실행가능성 높음

연구자가 자연스럽게 일어나는 어떤 현상의 인과관계를 추정할 때 혼란요인이 되는 요소들을 이용하는 것(제거)을 의미한다. 이는 준실험에 가까운 실험설계이다.

예 범죄율과 상관없이 경찰관수 증감이 발생하는 자연스러운 상황에서 두 변수의 변화를 측정[경찰관 수(독립변수) → 범죄율(종속변수), 반대도 가능]

④ 단점: 선정·성숙·사건요인의 영향 → 내적 타당성 저하(선정과 성숙의 상호작용, 실험 중 일어나는 집단 특유의 사건 등의 요인의 작용으로, 내적 타당성이 저하됨)

⑤ 보완책

    ㉠ 준실험의 약점은 두 집단을 비동질적으로 구성했기 때문이므로, 진실험에 가깝게 양 집단을 가급적 동질적으로 구성해야 한다(비교집단의 합리적 선택이 필요).

    ㉡ 어떤 '명백한 기준'을 이용해 두 집단을 구성한다(예 회귀불연속설계, 단절적 시계열분석).

> ≫ 회귀불연속설계나 단절적 시계열분석을 준실험의 일종으로 보기도 한다.

(2) 진실험(Ture Experiment)

① 기본 논리: 실험대상을 무작위로 두 집단에 배정하여 두 집단 간의 동질성을 확보

    ㉠ 실험집단에는 일정한 처리를 가하고 통제집단에는 비교를 위하여 처리를 가하지 않는다.

    ㉡ 일정한 시간이 경과한 후에 두 집단 간의 차이를 비교하여 그 차이를 조작 또는 처리의 결과로 간주한다.

② 진실험의 약점

    ㉠ 실행가능성의 문제: 진실험이 지니는 최대의 약점은 실험실과는 상이하게 다른 사회라는 상황에서 정책대상자들을 실험집단과 통제집단에 무작위로 배정하고 실험집단에게만 정책내용을 제공하는 것이 실행 가능한가의 문제이다.

    ㉡ 외적 타당성의 약점: 외적 타당성이란 특정한 상황에서 추진된 정책(실험)의 효과를 다른 상황에서도 일반화시킬 수 있느냐에 관한 것이다. 진실험의 경우 외적 타당성과 관련하여 특히 문제가 되는 것은 호손효과이다.

    ㉢ 내적 타당성의 문제: 진실험은 다른 방법보다 내적 타당성에 강점이 있음에도 불구하고, 내적 타당성의 문제점 또한 존재한다(상실요소, 모방효과, 정책내용의 누출, 부자연스런 행동 반응효과 등).

더 알아보기

실험과 타당성의 관계

구분	진실험	준실험	비실험
내적 타당성	높음	낮음	아주 낮음
외적 타당성	낮음	높음	아주 높음
실현가능성	낮음	높음	아주 높음

인과관계의 설명을 위한 조사설계는 인과관계의 3가지 조건*을 어느 정도 갖추었느냐에 따라서 진실험연구, 준실험연구 및 비실험연구로 분류된다.

구분		독립변수의 조작 가능성(Manipulation)	
		가능(Experiment)	불가능(Non-Experiment)
실험상황 (Setting)	실험실 (Laboratory)	True Experimental Study (진실험연구)	
	현장 (Field)	Quasi-Experimental Study (준실험연구)	Non-Experimental Study (비실험연구)

4 정부업무평가 – 정부업무평가기본법의 주요 내용

1. 의의

(1) 정부업무평가에 관한 기본적인 사항을 정함으로써 중앙행정기관·지방자치단체·공공기관 등의 통합적인 성과관리체제의 구축과 자율적인 평가역량의 강화를 통하여 국정운영의 능률성·효과성 및 책임성을 향상시키는 것을 목적으로 한다.

(2) 개별평가에서 통합평가지향, 직접평가에서 자체평가 위주, 단편적 성과관리에서 체계적 성과관리를 통한 정부정책의 효율성을 증대하기 위해 제정하였다.

2. 정부업무평가의 체계

정부업무 평가 기본계획	→	성과관리계획 수립	→	집행·점검	→	평가	→	환류

- **정부업무 평가 기본계획**
  - 정부전체업무의 성과관리 및 정부업무평가에 관한 정책목표와 방향을 설정한 기본계획
  - 정부업무평가위원회의 심의·의결을 거쳐 국무총리가 수립

- **성과관리계획 수립**
  - 성과관리 전략계획 (행정기관의 장 – 3년마다 수정·보완)
  - 성과관리 시행 계획 (행정기관의 장 – 연도별)

- **집행·점검**
  - 예산·인력 등 자원 투입
  - 정책품질관리를 통한 과정관리
  - 계획추진 실태 점검

- **평가**
  - 정부업무평가 기본계획(국무총리 – 3년마다 수정·보완)

- **환류**
  - 문제정책의 개선 (평가결과의 반영)
  - 예산배분에 활용 (재정사업 자율평가)
  - 조직관리, 인사·보수 관리에 반영 – 평가 결과 공개 → 국회 소관 상임위원회에 보고

---

* 인과관계의 3가지 조건
  (1) 공동변화 입증을 위한 비교(Comparison)
  (2) 시간적 선행성 입증을 위한 실험변수 조작(Manipulation)
  (3) 경쟁적 가설에 의한 설명가능성을 배제하기 위한 통제(Control)

3. 평가주관기관과 평가대상기관

(1) 주관기관: 국무총리는 정부업무평가위원회의 심의 · 의결을 거쳐 정부업무의 성과관리 및 정부업무평가에 관한 정책목표와 방향을 설정한 정부업무평가 기본계획을 수립해야 하며, 최소 3년마다 계획을 수정 · 보완해야 한다(정부업무평가기본법 제8조).

(2) 정부업무평가위원회: 정부업무평가위원회는 과거 민간전문가 중심의 정책평가위원회를 대신하여 2인의 위원장(국무총리와 민간위원장)을 포함한 15인 이내의 위원으로 구성된 정부업무평가위원회와 위원회로부터 위임받은 사항을 처리하기 위한 실무위원회가 평가업무를 총괄하도록 하고 있다(정부업무평가기본법 제10조).

(3) 평가대상기관: 중앙행정기관, 자치단체, 중앙행정기관 또는 지방자치단체의 소속기관, 공공기관(지방공사 및 지방공단, 연구기관 등 포함)(정부업무평가기본법 제2조)

4. 종류 및 절차

(1) 중앙행정기관 평가

① **자체평가:** 중앙행정기관의 장은 그 소속기관의 정책 등을 포함하여 자체평가를 실시하여야 한다. 중앙행정기관의 장은 자체평가위원회를 구성 · 운영하며, 평가의 공정성, 객관성을 확보하기 위해 자체평가위원회의 2/3 이상을 민간위원으로 하여야 한다. 세출예산이나 기금으로 운영하는 사업 중에서 부처별로 전체 성과목표 중 매년 1/3에 해당하는 재정사업을 자율평가대상으로 하고 있다(정부업무평가기본법 제14조).

② **재평가:** 국무총리는 자체평가 결과를 확인 · 검토 후 평가의 객관성 · 신뢰성에 문제가 있다고 판단되는 때에는 위원회의 심의 · 의결을 거쳐 재평가를 실시할 수 있다(정부업무평가기본법 제17조).
→ 일종의 메타평가(상위평가)

(2) 지방자치단체 평가(정부업무평가기본법 제18조)

① **자체평가:** 지방자치단체의 장은 그 소속기관의 정책 등을 포함하여 자체평가를 실시하여야 한다. 지방자치단체장은 자체평가위원회를 구성 · 운영하며, 평가의 공정성, 객관성을 확보하기 위해 자체평가위원회의 2/3 이상을 민간위원으로 하여야 한다.

② **평가지원:** 행정안전부장관은 평가지표, 평가방법 등에 대해 자치단체를 지원할 수 있다.

③ **국가위임사무 등에 대한 합동평가:** 자치단체의 국고보조사업 등 국가위임사무 그 밖에 대통령령이 정하는 국가의 주요 시책 등에 대하여 행정안전부장관은 관계 중앙행정기관의 장과 합동으로 평가를 실시할 수 있다.

(3) 특정평가: 국무총리는 둘 이상의 중앙행정기관 관련 시책, 주요 현안시책, 혁신관리 및 대통령령이 정하는 대상부문에 대하여 특정평가를 실시하고 그 결과를 공개하여야 한다.

(4) 공공기관 평가: 공공기관 평가는 기관의 특수성 및 평가의 객관성을 위하여 공공기관의 외부기관이 실시한다. 공공기관은 공공기관 운영에 관한 법률에 의한 평가를 공공기관 평가로 본다.

5. 평가결과의 활용

(1) 평가결과의 공개: 평가를 담당하는 기관의 장은 평가결과를 전자통합평가체계 및 인터넷 홈페이지 등을 통하여 공개해야 한다.

(2) 평가결과의 보고: 국무총리는 매년 각종 평가결과보고서를 종합하여 이를 국무회의에 보고하거나 평가 보고회를 개최한다. 또한 중앙행정기관의 장은 전년도 자체 평가결과를 지체 없이 국회 소관 상임위원 회에 보고하여야 한다.

(3) 평가결과의 반영(예산·인사 등): 중앙행정기관의 장은 평가결과를 조직·예산·인사 및 보수체계에 연 계·반영하여야 한다.

(4) 평가결과에 따른 자체 시정조치 및 감사: 중앙행정기관의 장은 평가결과 정책 등에 문제점이 발견된 때 에는 지체 없이 정책의 집행·중단·축소 등 자체 시정조치를 취해야 한다.

(5) 평가결과에 따른 보상: 중앙행정기관의 장은 평가결과에 따라 포상, 성과급 지급, 인사상 우대 등의 조 치를 취해야 한다.

개념더하기 정책평가기구

평가기구	평가대상	주관부처
복권위원회	복권의 발행·평가	기획재정부장관
공기업, 준정부기관 경영평가단	공공기관 경영실적평가	
보조사업평가단	자치단체 등에 대한 국고보조사업	
지방자치단체 합동평가위원회	국가위임사무에 대한 합동평가	행정안전부장관
책임운영기관 운영위원회	책임운영기관 성과평가	
지방공기업정책위원회	지방공기업 경영평가	

5 정책평가에서의 지표

1. 정책지표의 의의

(1) 지표(Indicator): 어떤 한 체제의 조건과 변화에 대한 간결하고 포괄적이며 균형 있는 판단을 제공하는 규범적인 공공통계

(2) 지표의 종류

① 경제지표

   ⊙ 지표 가운데 가장 역사가 오래된 것

   ⓒ 어떤 체제의 경제변화를 이해하고 경제정책을 수립하는 데 여러 가지로 공헌

   ⓒ 사회복지와 생활의 질에 대한 관심이 고조

     → 정부의 적극적인 사회복지정책의 필요성 증가

     → 1960년대 초부터 사회지표 개발 · 보급 시작

② 사회지표

   ⊙ 한 사회의 주요 상태와 조건에 대한 간결하고도 포괄적이며 균형 있는 판단을 제공할 수 있는 규범적 통계이며 복지의 직접적인 측정 수단

   ⓒ 유사한 개념: 사회회계, 사회보고, 사회정보 등

③ 정책지표(Policy Indicator)

   ⊙ 정책문제를 정의하고 윤리적인 가치라는 관점에서 정책대안들 가운데 공공선택(Public Choice)을 가이드하기에 적합한 지표

     → 경제지표, 사회지표, 환경지표를 정책지표로 활용

   ⓒ 정책지표는 주된 관심이 정책의 평가와 분석에 적합한 공공통계량, 경제 · 사회 환경지표는 주된 관심이 사회변화의 모형을 기술하는 데 적합한 공공통계량

④ 정책지표의 활용

   ⊙ 정책목표로 사용

   ⓒ 점검과정에서 정책이나 프로그램과 관련된 인과모형의 원인과 결과에 대해 새로운 지식을 얻는 데 사용

   ⓒ 집행 후 평가과정에서 정책지표에 나타난 변화를 토대로 종합적인 평가

2. 정책지표의 종류

유형	내용
성과지표	성과에 관한 지표 예 범죄율, 1인당 국민소득, 교육성취도에 관한 지표
구조지표	성과의 기초가 되는 구조에 관한 지표 예 학생 100명당 교원 수, 인구 100명당 의사 수, 병원의 침대 수
외생변수지표	관심의 대상이 되고 있는 한 체제의 밖에서 결정되는 외생변수를 나타내는 지표
내생변수지표	체제 내의 상황과 조건을 나타내는 내생변수를 나타내는 지표

6 정책환류, 학습, 변동

1. 정책환류

(1) 적극적 환류(Positive Feedback): 목표나 기준의 수정

(2) 소극적 환류(Negative Feedback): 오차나 오류의 수정

2. 정책학습(Policy Learning)

(1) 의의

① 정책실패를 통해 더 나은 정책을 결정할 수 있는 방법을 얻는 과정 또는 올바른 결론을 유도할 수 있는 지식의 축적과 응용 과정이다.

② 학습의 기본적 원칙은 환류에 대한 적응이다. 그 결과가 긍정적이면 그와 연관된 루틴을 반복하거나 재생할 확률이 높아지고, 부정적이면 감소한다는 것이다.

③ 정부의 정책학습에 관한 관심은 1960년대 이후 사회적 · 정치적 · 경제적 · 기술적으로 광범위한 변화가 진행되는 시기에 이루어졌다.

(2) 유사개념

① 수렴: 산업화의 과정 및 그 결과에 따라 각국의 사회복지 등의 영역에서 제도와 정책의 유사성이 증가되는 패턴을 의미하는 것으로 사용되었다.

② 확산: 전통적으로 확산 또는 전파라는 아이디어는 어떤 국가나 자치단체의 관습, 정책, 프로그램을 다른 국가 또는 다른 지방자치단체에서 후속 또는 순차적으로 채택하는 것을 말한다.

③ 학습: 학습주체가 시행착오를 토대로 목표와 수단을 수정하고 보완해 나아가는 과정을 말한다. 수렴 또는 확산이라는 용어는 학습주체의 역할을 피동적인 것으로 본 반면에 학습에서는 학습주체의 역할을 능동적인 것으로 본다는 점에서 큰 차이가 있다.

(3) 학습의 유형

① 수단적 정책학습: 집행수단이나 기법에 치중한 학습으로 집행수단을 적용한 후 환류 과정을 분석하고 학습한 다음 집행설계를 변경함으로써 성과를 창출하는 학습

② 사회적 정책학습: 사업목표에 대한 태도뿐만 아니라 정부활동의 본질과 타당성까지도 검토하는 학습

③ 정치적 정책학습: 정치적 변화에 대한 찬성과 반대의 주장을 통해 새로운 정치적 정보를 받아들여 그들의 전략과 전술을 변화시키는 학습

④ 내생적 학습과 외생적 학습(하울렛 & 라메쉬)

구분	내생적 학습	외생적 학습(사회적 학습과 유사)
학습의 주체	소규모적이며, 기술적으로 전문화된 정책 네트워크(정책 하위체계 내부)	대규모적이며, 누구나 참여하는 정책 커뮤니티(일반대중을 포함한 공동체)
학습의 대상	정책의 환경(Setting) 또는 정책의 수단들	문제에 대한 인지(Perception) 또는 정책목적 그리고 아이디어

3. 정책변동

(1) 의의

① 정책과정 중 획득하게 된 새로운 정보·지식이 다른 단계로 환류되어 정책내용(정책목표·정책수단·정책대상집단 등)과 정책집행방법(정책집행 담당조직·정책집행절차)에 변화가 나타나는 것이다.

② 호그우드와 피터는 정책의 변동이나 환류의 형태를 정책혁신, 정책유지, 정책승계, 정책종결로 분류하였다.

(2) 정책변동의 양태

① **정책혁신**: 완전히 새로운 정책을 결정하는 것으로 현재의 정책이나 활동이 없고 이를 담당하던 정책수단(조직·예산 등)도 없는 '무'에서 새로운 정책을 만드는 것이다.

② **정책유지**: 정책의 기본적 특성이나 정책목표·수단 등이 큰 폭의 변화 없이 모두 그대로 유지된다. 정책의 구체적 내용(집행절차, 예산액, 사업내용)에 있어서 부분적 대체나 완만한 변동은 있을 수 있다.

③ **정책승계**: 기존 정책의 목표는 변경시키지 않고, 내용(담당조직, 예산, 사업)의 일부나 전부를 변경시키는 것으로 정책변동 중 가장 넓은 범위를 설명한다. 정책공간의 과밀화로 완전히 새로운 정책의 등장은 거의 불가능하므로 중시된다.

㉠ 선형승계(정책대체): 기존 정책이 폐지되고, 새로운 내용의 정책수립(부분대체, 정책환원, 정책재도입)

㉡ 정책통합(두 개 이상의 기존 정책이 하나로 통합)과 정책분할(하나의 정책이 두 개 이상으로 분리)

㉢ 부분적 종결: 정책의 일부가 종결되고 축소된 새로운 형태의 정책이 나타나는 것

㉣ 비선형승계(복합적 승계): 정책유지, 대체, 종결, 추가 등이 세 개 이상 복합적으로 나타나는 것

④ **정책종결**: 기존 정책·담당조직·예산이 소멸되고, 다른 정책으로 대체되지 않는 것, 감축관리의 일환

㉠ 종결의 원인

- 문제의 소멸·고갈·해결(정당성의 상실): 기존 정책의 효과로 정부가 해결해야 할 문제가 해결되었거나, 문제의 중요성이 없어지는 경우

- 환경적 엔트로피(환경적 기반의 약화, 환경의 쇠퇴): 경제·재정 등 환경적 기반이 약화되면 정책의 축소·폐지가 불가피하다. 공공조직의 활동을 현재수준으로 뒷받침할 환경의 능력이 쇠퇴하면, 조직의 해체·소멸을 초래할 환경적 엔트로피가 나타나게 된다.

- 조직의 정치적 취약성: 조직 내의 갈등·알력·지도력의 약화 및 대외적 이미지의 악화 등은 환경의 감축 요구에 대한 조직대응을 취약하게 한다.

- 조직의 위축: 정부조직은 역할 혼동, 통합이 없는 조직분화, 규칙과다, 책임전가 등 일련의 역기능적 요인으로 빚어지는 조직의 위축으로 인하여 감축관리를 한다.

- 정책의 오류, 정책유효성의 저하

- 자원의 한계(재정적 부담)

㉡ 정책종결 전략: 시험적인 관측기구나 예고제의 배격, 동조세력의 확대와 외부 인사의 참여, 기존 정책의 폐해와 새로운 정책 도입의 홍보, 부담의 보상이나 대가의 제공, 제도적 장치의 확립(ZBB, 일몰법), 종결목표의 한정, 종결보다 새로운 정책의 채택을 더욱 강조

구분	정책혁신	정책승계	정책유지	정책종결
변동과정	의도적	의도적	적응적	의도적
담당조직	새로운 조직 탄생	적어도 하나 이상의 조직변동	의도적인 조직변동이 없음	기존조직이 없어짐
해당법률	새로운 법률 제정	법률 개정	일반적으로 법률의 개정이 불필요함	관련 법률 폐지
정부예산	새로운 정부지출	기존 정부지출 수준 어느 정도 유지	상황에 따른 예산책정 (예산과목에 변동없음)	모든 정부지출 종결

개념더하기   기획론

1. 기획의 의의
   (1) 기획의 개념: 행정목표가 설정되고 이를 효율적으로 달성하기 위한 수단인 정책이 결정되면, 정책의 효율적 집행을 위한 사전적 · 예정적 준비활동이 전개되는데, 이를 기획이라 한다.
   (2) 기획의 특성
     ① 미래지향성
     ② 합리성
     ③ 합리적 과정이지만 가치관 내지 무형적 요인과도 관련됨
     ④ 통제성
     ⑤ 인위적 · 의도적 · 연속적 · 계속적 준비과정
     ⑥ 목표지향성, 동태적 과정, 행동지향성(집행지향성, 실천지향성), 변동지향성
   (3) 기획의 발달요인
     ① 산업발전과 인구의 도시집중 억제를 위한 도시계획의 발달
     ② 1929년 세계대공황의 영향으로 계획경제, 계획적 민주주의 요청(뉴딜정책)
     ③ 소련의 1929년 제1차 경제개발 5개년 계획 성공
     ④ 제1 · 2차 세계 대전을 통한 경험: 전쟁수행과 전후복구계획(마샬플랜)
   (4) 기획의 정향과 종류(애코프, Ackoff, 1981)

기획의 정향		기획의 종류	관심영역
능동주의	상호작용주의	규범적 기획(Normative Planning)	수단과 장 · 단기목표 및 이상의 선택
선도주의	미래우선주의	전략적 기획(Strategic Planning)	수단과 장 · 단기목표의 선택
반동주의	복고주의	기술적(전술적) 기획(Tactical Planning)	수단과 단기목표의 선택
무위주의	현재주의	조작적 기획(Operational Planning)	수단의 선택

   ① 무위(無爲)주의(현재주의, Inactivism): 현재의 상태에 만족하는 것으로서 문제의 근본 원인을 해결하기보다는 분절적 점증주의 혹은 대충 헤쳐나가는 것을 선호한다. 고전적 기획관과 유사하다.
   ② 반동주의(복고주의, Reactivism): 현실에 만족하지 않고 미래에도 희망을 두지 않으면서 구습적인 전통을 지키려는 극단적인 보수성을 띤다. 인공물이나 효율성보다 사람의 가치를 중심으로 하며 문제의 원인만 제거하면 문제가 스스로 사라진다고 보는 기계론적 세계관의 입장이다. 권위주의적이고, 온정적인 위계질서와 같은 조직형태에 의존하려는 경향이 있다.
   ③ 선도주의(미래우선주의, Preactivism): 과거로 돌아가거나 현재에 만족하지 않고 미래를 위해 변화를 가속화하고 주어진 기회를 최대한 이용하려는 데에 노력을 집중하며 오늘날 대부분의 국가에서 볼 수 있는 유형이다. 기술로 해결할 수 없는 문제는 거의 없다고 보고 경제적 최적화를 추구하며, 변화와 성장을 목적으로 하므로 미래를 예측하고 예측된 미래에 대한 준비를 하는 것을 그 특징으로 한다.
   ④ 능동주의(상호작용주의, Proactivism, Interactivism): 과거나 현재에 집착하지 않으며, 미래에 대해서도 설렘을 보이지 않는다. 미래라는 것은 우리와 비슷한 다른 사람들이 현재와 미래 사이에 무엇을 하느냐에 달린 것이라고 보는 것이다. 즉, 미래는 대부분 창조의 대상이라는 것이다. 기획이란 바람직한 사회의 설계와 그러한 설계를 실현하기 위한 수단의 도출이다. 무위주의자들은 단순히 만족하고 선도주의자들은 최적화를 추구하지만, 능동주의자들은 기획의 규범적 기능을 중시한다.

2. 국가기획과 민주주의

(1) **국가기획 반대론**: 하이에크(F. Hayek)는 『노예로의 길(The Road to Selfdom), 1944』에서 국가기획제도를 도입하면 의회제도를 파괴·무력화시켜 독재를 초래, 시민의 정치적·경제적 자유와 권리의 침해, 이질성·복합성·융통성이 없는 극히 단조로운 경제사회의 탄생 등으로 자유민주주의 국가들이 전체주의 국가로 전락할 것이라고 보았다.

(2) **국가기획 찬성론**

① 파이너(H. Finer)는 『반동(반응)으로의 길(The Road to Reaction), 1945』에서 시민의 자유와 권리를 보장하는 기획이 가능하며(경제위기, 실업문제, 빈곤, 재난 등에 대한 해결책을 강구하기 위한 기획이 가능함), 자본주의의 균형 있는 발전, 질서 있는 현대사회로의 발전을 위해서 국가기획이 불가피하고 타당하다고 보았다.

② 만하임(K. Mannheim)은 『우리 시대의 진단(Diagnosis of Our Times), 1998』에서 자유방임적 경쟁사회나 독재주의가 아닌 민주적 통제방식에 의한 계획적 사회로의 이행이 필연적이라고 보면서, 민주주의 전통(다원적 가치관·다양성의 인정)에 입각하여 자유를 위한 기획을 주장하였다.

국가기획 반대론	국가기획 찬성론
• 하이에크(F. Hayek)의 『노예로의 길(1944)』 • 국가기획은 국민을 피동화시키고, 대의제도를 약화시킴 • 립먼(W. Lipman), 프리드먼[M. Friedman(통화주의)], 몽펠랑 협회	• 파이너(H. Finer)의 『반동으로의 길(1945)』 • 자유와 민권의 향유를 늘리기 위해 국가기획 필요 • 만하임(K. Mannheim), 프롬(E. Fromm), 루이스(A. Lewis)

3. 기획의 유형

구분기준	유형	특징
계층별	정책기획	규범적 기획, 입법기획 → 정책결정기능, 기본적·종합적 기획
	전략기획	목표설정기능, 정책기획과 전술기획의 중간적 성격의 기획
	전술기획	운영기획, 행정기획 → 세부적·사업적 성격의 기획, 각 부처단위의 기획
강제성 정도	중앙집권적 강제기획	사회주의 국가의 기획
	유도기획	구속성·강제성 없음(프랑스의 모네 기획)
이용 빈도	단용계획	1회에 한해 사용되는 비정형적 계획 또는 임시계획
	상용계획	반복적으로 사용되는 정형적 계획
고정성 여부	고정기획	기간이 고정된 계획
	연동계획= 연차계획 (Rolling Plan)	• 중·장기 계획의 집행과정에서 계획집행상 신축성 유지를 위해 매년 계획내용을 수정·보완하되, 계획기간을 계속 1년씩 늦추어가면서 동일한 연한의 계획을 유지하는 제도(**예** 중기재정계획) • 장점 - 장기적인 비전과 미래설계 속에서 구조적인 변화를 기한다는 장기계획의 장점과 실제와의 괴리가 적으므로, 계획의 실현가능성과 타당성이 높다는 단기계획의 장점과 결합(장기적 전망에 입각하여 당면 계획을 계속적으로 수정·보완함으로써 계획의 이상과 현실을 조화) - 점증주의 측면 도입 - 적응성 확보 - 기획과 예산의 조화 • 단점 - 일정기간 후 목표달성 및 종료에 대한 매력을 주지 못하므로, 일반 국민에의 호소력이나 정치지도자 및 정책결정자의 관심도가 낮음(집권당의 선거공약으로 활용 곤란). 특히 개발도상국의 경우 고정계획보다 호소력 미흡 - 매년 수립·수정해야 하므로 방대한 인적·물적 자원 소요

1. 총괄적(Synoptic) 기획

합리적·종합적 접근으로 개발도상국에 많이 적용된다. 국제기구들의 기술원조계획에 의한 자문활동에 많이 적용된다. 대부분의 문제를 체제접근의 관점에서 보며, 관련 변수들을 단순화시켜 모형을 구성하고 계량적 분석을 많이 활용하여 지표와 문제, 수단과 제약조건 등이 거시적으로 명확하게 제시된다는 장점이 있지만 문제의 복잡성, 제한된 정보와 자원, 인간능력의 한계 등으로 비현실적이라는 비판을 받는다.

2. 점진적(Incremental) 기획

논리적 일관성이나 최적의 해결책보다 계속적인 조정과 적응을 추구하는 접근법이다. 전략적·단편적 점진주의라고 불린다. 민주사회 및 시장경제체제 하에서는 이익갈등의 조정과 절충에 의하여 분권적인 의사결정과 기획이 이뤄져야 한다고 본다. 합리적 선택을 모색하지만, 정책대안(수단)과 예상되는 결과의 추출·평가 시 완전정보에 의한 종합적 분석이 불가능하므로 제한된 수의 대안만을 고려한다. 임기응변적인 문제해결방식에 불과하며, 사회개혁이나 근대화계획 등에 부적합하다는 비판을 받는다.

3. 교류적(Transactive) 기획

공익이라는 불확실한 기준을 내세우기보다는 어떤 결정에 의해 직접적으로 영향을 받는 사람들과 대면접촉을 통해서 계획을 수립하고, 자료조사나 통계분석보다는 개인 상호 간의 대화를 통한 발전과정에 보다 중점을 두며, 인간의 존엄성과 효능감을 중시한다.

4. 창도적(Advocacy) 기획

1960년대 법조계에서 형성된 피해구제절차로부터 비롯된 것으로 강자에 대항하여 약자의 이익을 보호하는 데 활용된다. 대기업으로부터 공해를 입게된 주민과 극빈자 등의 권익을 보호하는 데 기여하고, 주로 지역사회 주민집단의 이익을 대변하고 주창하는 성격이다. 사회에는 다원적인 가치가 혼재하므로, 창도적 기획에서는 이론상 단일의 계획보다는 복수의 다원적인 계획들을 수립하는 것이 바람직하다고 본다. 사회정의라는 기준을 중시하며, 막후의 협상을 공개적인 기획과정으로 흡수한다.

5. 급진적(Radical) 기획

자발적 실행주의 사조에 기초를 두고 단기간 내에 구체적 성과를 가져올 수 있는 집단행동을 실현시키려는 접근 방법이다. 단편적인 지역사회문제의 해결보다는 사회·경제 전반에 걸친 거시적인 개혁을 시도한다.

개념확인

01 전통적 삼분법에 근거하여 정책수단을 규제, 인센티브, 권위로 분류할 수 있다. (○, ×)

02 바우처는 역사가 길고 가장 광범위하게 사용되는 정부의 정책수단(Policy Tool)이다. (○, ×)

03 로위(Lowi)의 정책유형 중 선거구의 조정 등 헌법상 운영규칙과 관련된 정책은 구성정책이다. (○, ×)

04 윌슨(Wilson)은 1887년 '정치와 행정(Politics & Administration)'이라는 논문에서 정치와 행정의 분리를 주장하였다. (○, ×)

05 다원주의(Pluralism)에서 이익집단들 간의 영향력 차이는 주로 정부의 정책과정에 대한 상이한 접근기회에 기인한다. (○, ×)

06 정책영역별로 영향력을 행사하는 엘리트들이 각기 다르다. (○, ×)

07 콥(Cobb)과 로스(Ross)가 유형화한 정책의제설정모형 중 사회문제 → 정부의제 → 공중의제의 순서로 전개되는 것은 '동원형'이다. (○, ×)

08 정책, 사업 등에 대한 타당성을 평가하는 비용·편익분석(Cost Benefit Analysis) 결정을 위한 기준에 해당하는 것은 생산성(Productivity) 지표이다. (○, ×)

09 의사결정모형에서 합리모형은 국가권력이 사회 각 계층에 분산된 사회에서 주로 활용된다. (○, ×)

10 혼합주사모형은 범사회적 지도체제(Societal Guidance System)로서의 틀을 갖춘 능동적 사회에 적용하는 것이 바람직하다. (○, ×)

11 에치오니(Etzioni)가 제시한, 근본적인 결정은 합리모형에 의하고 세부적인 대안은 점증모형에 의하는 정책결정 모형은 혼합주사모형(Mixed Scanning Model)이다. (○, ×)

12 공익의 실체설에서는 적법절차의 준수에 의해 공익이 보장된다고 설명한다. (○, ×)

13 공익의 실체설에서 공익은 '사회구성원이 보편적으로 공유하는 이익'을 의미한다. (○, ×)

14 과정설은 개인의 사익을 초월한 공동체 전체의 공익이 따로 있다고 보는 견해이다. (○, ×)

15 합리성 제약요인 중 하나는 다수 간의 조화된 가치선호이다. (○, ×)

16 사바티어의 통합모형은 정책하위시스템 참여자의 활동에 영향을 미치는 요소를 상향식 접근방법으로 도출하였다. (○, ×)

17 사바티어의 통합모형에서 정책하위시스템에는 서로 다른 목표를 가진 지지연합이 있다. (○, ×)

OX정답확인

01 × **02** × **03** ○ **04** × **05** × **06** ○ **07** ○ **08** × **09** × **10** ○ **11** ○ **12** × **13** ○ **14** × **15** ×
16 × **17** ○

01

다음 중 정책유형의 분류에 대한 설명으로 가장 옳지 않은 것은?

① 로위(Lowi)는 정책을 강제력의 행사방법과 강제력의 적용대상에 따라 분배정책, 구성정책, 규제정책, 재분배정책으로 구분하였다.

② 분배정책은 참여자들 간의 정면대결보다는 갈라먹기식(Logrolling)에 의해 이루어지며, 이해관계보다는 이데올로기가 작용한다.

③ 구성정책은 헌정수행에 필요한 운영규칙과 관련된 정책으로 선거구의 조정, 정부의 새로운 조직이나 기구의 설립, 공직자의 보수 등에 관한 정책 등이 이에 해당된다.

④ 규제정책은 분배정책에 비해 피규제자(피해자)와 수혜자가 명백하게 구분된다.

02

로위(Lowi)의 정책유형과 그에 대한 설명으로 옳은 것 만을 모두 고르면?

㉠ 규제정책은 특정 개인이나 집단에 대한 선택의 자유를 제한하는 유형의 정책으로 강제력이 특징이다.

㉡ 분배정책의 사례에는 FTA협정에 따른 농민피해 지원, 중소기업을 위한 정책자금지원, 사회보장 및 의료보장정책 등이 있다.

㉢ 재분배정책은 고소득층으로부터 저소득층으로 소득이전을 목적으로 하기 때문에 계급대립적 성격을 지닌다.

㉣ 재분배정책의 사례로는 저소득층을 위한 근로장려금 제도, 영세민을 위한 임대주택 건설, 대덕연구개발 특구 지원 등이 있다.

㉤ 구성정책은 정부기관의 신설과 선거구 조정 등과 같이 정부기구의 구성 및 조정과 관련된 정책이다.

① ㉠, ㉡, ㉢

② ㉠, ㉢, ㉤

③ ㉡, ㉣, ㉤

④ ㉢, ㉣, ㉤

03

다음 중 정책네트워크이론(모형)에 대한 설명으로 옳지 않은 것은?

① 정책네트워크이론의 대두배경은 정책결정의 부분화와 전문화 추세를 반영한다.
② 철의 삼각(Iron Triangle) 모형은 소수 엘리트 행위자들이 특정 정책의 결정을 지배한다는 점을 강조한다.
③ 이슈네트워크(Issue Network) 모형은 쟁점을 둘러싼 정책참여자들 간의 상호작용을 중시한다.
④ 정책과정에 대한 국가 중심 접근 방법과 사회 중심 접근 방법이라는 이분법적 논리를 극복하지 못하고 있다.

04

다음 중 정책문제의 구조화에 이용되는 기법들 중 연결이 옳은 것은?

① 경계분석(Boundary Analysis) - 문제의 구성요소 식별
② 계층분석(Hierarchy Analysis) - 문제상황의 원인 규명
③ 유추분석(Analogy Analysis) - 상충직 진제들의 창조적 통합
④ 분류분석(Classification Analysis) - 문제의 위치 및 범위 파악

01 정답 ②

이해관계보다 이데올로기가 작용하는 정책은 진보와 보수 등이 대립하는 재분배정책이다.

02 정답 ②

ⓒ 사회보장 및 의료보장정책은 사회적 약자를 지원해주기 위한 재분배정책에 해당한다.
ⓔ 대덕 연구개발 특구 지원은 특정집단에 편익을 배분해주는 분배정책에 해당한다.

03 정답 ④

정책네트워크이론은 이분법적 논리를 극복한다는 장점을 지닌다.

04 정답 ②

문제의 구성요소 식별은 분류분석, 문제상황의 원인 규명은 계층분석, 상충적 전제들의 창조적 통합은 가정분석, 문제의 위치 및 범위의 파악은 경계분석을 의미한다.

05

다음 중 일반대중의 주목을 받을 만한 가치가 있으며 정부가 문제를 해결하는 것이 마땅한 것으로 인정되는 사회문제로서 올바르게 나열된 것은?

> ㉠ 공중의제 ㉡ 토의의제 ㉢ 제도의제 ㉣ 정부의제
> ㉤ 환경의제 ㉥ 공식의제 ㉦ 행동의제 ㉧ 체제의제

① ㉠, ㉡, ㉤, ㉧　　② ㉢, ㉣, ㉤, ㉧
③ ㉢, ㉣, ㉥, ㉦　　④ ㉠, ㉡, ㉢, ㉦

06

다음 중 정책델파이에 대판 설명으로 옳지 않은 것은?

① 일반적인 델파이와 달리 개인의 이해관계나 가치판단이 개입될 수 있다.
② 정책문제 해결을 위한 정책대안을 개발하고 그 결과를 예측하기 위해 만들어진 방법이다.
③ 대립되는 정책대안이나 결과가 표면화되더라도 모든 단계에서 익명성이 보장되어야 한다.
④ 정책문제의 성격이나 원인, 결과 등에 대해 전문성과 통찰력을 지닌 사람들이 참여한다.

07

다음 중 비용편익분석에서 순현재가치기법에 대한 설명으로 옳지 않은 것은?

① 높은 시간적 할인율은 장기투자에 유리하다.
② 순현재가치가 0보다 클 때 그 사업은 추진할 가치가 있다.
③ 순현재가치가 큰 값을 가질수록 우수한 대안이다.
④ 편익의 총현재가치에서 비용의 총현재가치를 뺀 것이다.

08

다음 중 정책결정이론의 하나인 혼합탐사모형에 대한 설명으로 옳은 것은?

① 목표가 달성될 수 있는 대안을 광범위하게 설정한다.
② 복잡한 상황을 단순화시켜 대안의 중요한 결과만을 예측한다.
③ 정책결정은 근본적인 결정과 세부적인 결정의 지속적인 상호작용에 의해 이루어진다.
④ 조직화된 무정부 상태를 긍정적인 측면에서 체계적으로 분석하고자 한다.

09

다음 중 정책결정모형과 그 내용의 연결이 옳지 않은 것은?

① 쓰레기통모형 – 문제, 해결책, 수혜자, 선택기회의 흐름
② 만족모형 – 행정인(administrative man)
③ 조직과정모형 – SOP와 프로그램 목록
④ 최적모형 – 초합리성 강조

10

다음 중 사바티어(P. Sabatier)와 마즈매니언(D. Mazmanian)이 효과적인 정책집행을 위해서 필요하다고 본 전제조건에 해당되지 않는 것은?

① 정책결정의 내용은 타당한 인과이론에 바탕을 둔 것이어야 한다.
② 법령은 명확한 정책지침을 가지고 대상 집단의 순응을 극대화시켜야 한다.
③ 집행과정에서 정책목표의 우선순위를 탄력적이고 신축적으로 조정하여야 한다.
④ 유능하고 헌신적인 관료가 정책집행을 담당해야 한다.

11

다음 중 정책집행의 하향식 접근과 상향식 접근에 대한 설명으로 옳지 않은 것은?

① 상향식 접근은 정책문제를 둘러싸고 있는 행위자들의 동기, 전략, 행동, 상호작용 등에 주목하며 일선공무원들의 전문지식과 문제해결능력을 중시한다.

② 상향식 접근은 집행이 일어나는 현장에 초점을 맞추고 그 현장을 미시적이고 현실적이며 상호작용적인 차원에서 관찰한다.

③ 하향식 접근은 하나의 정책에만 초점을 맞추므로 여러 정책이 동시에 집행되는 경우를 설명하기 곤란하다.

④ 하향식 접근의 대표적인 것은 전방향접근법(Forward Mapping)이며 이는 집행에서 시작하여 상위계급이나 조직 또는 결정단계로 거슬러 올라가는 방식이다.

12

정책평가와 관련하여 실험결과의 외적 타당성을 저해하는 요인으로 옳지 않은 것은?

① 연구자의 측정기준이나 측정도구가 변화되는 경우

② 표본으로 선택된 집단의 대표성이 약할 경우

③ 실험집단 구성원 자신이 실험대상임을 인지하고 평소와 다른 특별한 반응을 보일 경우

④ 실험의 효과가 크게 나타날 것으로 예상되는 집단만을 의도적으로 실험집단에 배정하는 경우

05 정답 ①

공중의제로 체제의제, 환경의제, 토의의제로도 표현된다.

06 정답 ③

정책델파이의 참가자들은 예측의 초기단계에서만 익명으로 응답한다(선택적 익명성).

07 정답 ①

순현재가치는 할인율이 높을수록, 할인기간이 길수록 작아진다. 따라서 높은 시간적 할인율은 단기투자에 유리하다

08 정답 ③

①은 합리모형, ②는 점증모형, ④는 쓰레기통모형에 대한 설명이다.

09 정답 ①

쓰레기통모형에서 필요한 의사결정의 4가지 요소는 문제의 흐름, 해결책의 흐름, 결정자의 흐름, 선택기회의 흐름이다. 수혜자는 포함되지 아니한다.

10 정답 ③

법규상 목표가 명확하고 구체적이어야 효과적인 정책집행이 가능하다고 보았다.

11 정답 ④

하향식 접근의 대표적인 것은 엘모어가 제시한 전방향접근법(Forward Mapping)이며 이는 상위의 결정기관에서 시작하여 하위의 집행기관까지 내려오면서 집행을 연구하는 것이다. 집행에서 시작하여 상위계급이나 조직 또는 결정단계로 거슬러 올라가는 방식은 상향식(후방향: Backward Mapping) 집행이다.

12 정답 ①

연구자의 측정기준이나 측정도구가 변화하여 실험 결과에 영향을 미치는 측정도구요인은 내적 타당성 저해요인이다.

조직론

01 조직연구의 기초

01 조직연구의 기초

1 조직의 개념과 성격

1. 조직의 개념

조직이란 일정한 환경에서 일정한 목표를 추구하기 위하여, 의도적으로 구성한 인간들의 집합체이자 사회적 체제로, 일정한 경계를 갖고, 체계화된 구조와 구성원들의 상호작용을 통해, 외부환경에 적응하는 인간들의 사회적 집단이나 협동체제를 말한다(다프트, Daft).

2. 조직의 성격

(1) 인간으로 구성되는 사회적 실체(Social Entity)

(2) 목표지향성(Goal-Directed)

(3) 구조화된 활동체제(Structured Activity Systems)

(4) 조직의 계속성(Continuity)

(5) 침투 가능한 경계(Permeable Boundary)

(6) 환경과의 상호작용

2 행정학의 핵심 테마로서의 조직

1. 조직, 행정학 연구의 핵심 분야

행정에 대한 이해는 조직에 대한 학습을 통해서만 완벽해 질 수 있다. 인간의 모든 활동이 조직을 통해 이루어지듯이, 정부가 사회문제를 해결하기 위한 정책을 수립하고, 이를 집행하고 평가하는 과정 안에는 어김없이 조직이라는 것이 자리잡고 있기 때문이다.

2. 조직의 사회적 기능과 역할

조직의 역할은 공공행정과 공공정책에 있어서 매우 중요하다. 행정은 일차적으로 조직과 그 속에 있는 사람을 관리하는 것이다. 그리고 거의 모든 공공정책은 조직에 의해 집행된다. 이런 사실은 공공서비스 전달의 질을 유지하고 높이는 데 필수적인 공공조직을 이해하고 개선시킬 필요성을 더욱 절실하게 해주고 있다.

3. 현대 조직의 특성

(1) 대규모화
① 행정 기능의 확대
② 행정 기구의 팽창
③ 공무원 수의 증가
④ 재정 규모의 팽창

(2) 복잡화, 네트워크화
현대사회의 중요한 특징 중 하나는 다원화에 따른 사회관계의 복잡화 현상이다. 조직의 복잡화 현상에 따라 오늘날에 있어서 행정조직은 행정 기능의 다양화와 함께 사회·경제적 이해관계의 조정과 발전을 위한 정책결정 등을 위해 행정의 전문성, 기술성 등이 요구되고 있다.

(3) 기동화
후기 산업사회의 발달은 과학, 기술, 문명의 도움을 받아 더욱 기동성을 갖게 될 것이므로 이러한 기동화에 따라 현대 행정은 광역행정 및 중앙집권적인 관리체제로 변모해가는 추세에 있다.

02 조직이론의 접근

1 조직이론의 개념 및 유용성

이론이란 실제 상태를 추상화한 것으로, 일련의 상호 관련된 개념들, 그리고 그 개념들 간의 관계에 대한 정의 및 명제를 말한다.

조직이론이란 조직현상을 기술하고 설명하면서 예측하는 데 활용되는 일련의 서로 관련된 개념과 원리라고 할 수 있다. 조직이론은 우리가 '조직이란 무엇인가', '주어진 환경 속에서 어떻게 행동하는가', 그리고 '다른 상황 속에서는 어떻게 행동할 것인가'를 이해하는 데 도움을 줄 수 있다.

2 조직연구의 접근 방법

1. 구조적 접근

(1) 의의
구조적 접근은 조직의 목표, 기술 그리고 역할을 강조한다. 조직의 목적과 환경의 요구에 가장 적합한 조직구조를 개발하는 방법을 찾고자 한다. 조직은 구성원이 맡게 될 업무를 배분하게 되며 이들의 다양한 활동을 조정하기 위해서 계층제를 두게 된다. 그리고 이러한 활동들을 규칙화한다. 이때 문제가 발생하게 되면 문제를 해결하기 위해서 구조를 재설계하게 된다.

(2) 특징
구조적 접근의 고전이론(과학적 관리론, 베버관료제론, 원리주의 등), 상황이론·전략적 선택이론·자원의존모형·조직군 생태학이론과 관련된다. 주류 조직이론 접근 방법으로서 산업화 시대에 적응한 접근법이다. 오늘날 환경변화에 따라 다른 접근 방법의 보완이 요구된다.

2. 인적·자원적 접근

(1) 의의
인적·자원적 접근은 조직과 인간의 상호관계를 강조한다. 인간의 욕구, 능력 그리고 선호와 공식적 역할이 잘 어울리도록 노력한다. 조직이 잘 돌아가지 않고 문제가 생기는 것은 인간의 욕구가 제대로 충족되지 않기 때문이므로 이들의 선호를 충족시켜 주는 방법을 찾게 된다.

(2) 특징: 구조적 접근에서는 조직의 합리성이 중심 주제였으나 인적 · 자원적 접근에서는 조직과 개인의 상호작용이라는 또 하나의 차원을 추가한다. 조직에서 가장 중요한 자원이 사람이라는 인식을 가지고 출발한다. 그리고 조직은 적절한 보상 수단을 통하여 인간의 동기를 유발시켜 생산성 향상뿐만 아니라 인간의 성장, 발전까지도 도모할 수 있다는 생각으로, 인간과 조직의 욕구가 적절하게 조화를 이룰 수 있는 관리전략을 개발하는 데 중점을 둔다. 인적 자원의 기초를 두고 있는 것은 메이요(E. Mayo)의 호손연구와 버나드(C. I. Barnard)의 연구이다.

3. 정치권력적 접근

(1) 의의: 정치권력적 접근은 조직의 가장 중심적인 주제를 권력, 갈등, 희소자원의 배분이라고 본다. 조직이 문제가 되는 경우는 권력이 불균등하게 배분되어 있거나 또는 지나치게 넓게 분산되어 있어서 아무것도 할 수 없는 경우이다. 해결책은 게임의 규칙을 잘 만들고 정치적 기술을 익히게 하는 것이라고 할 수 있다.

(2) 특징: 정치권력적 접근은 구조적 접근방향(↔ 조직목표가 최고관리자와 같은 조직구성원에 의해서 결정되는 측면과 비합리적인 측면 등의 경시)과 인간관계론적 접근방법(↔ 조직 내 목표 간의 갈등과 권력현상 경시: 목표공유의 비현실성, 권력자의 이익반영) 중 무엇이 문제인지 그리고 정치적 접근방법은 조직을 어떻게 이해하는지 차례로 설명하고자 한다.

4. 문화상징적 접근

(1) 의의: 문화상징적 접근은 조직을 통합하는 것이 목표나 정책이 아니라 공유된 가치와 문화라고 생각한다. 그리고 규칙이나 정책, 권위 등에 의해서 조직이 움직이기보다 이야기, 신화, 의식 등에 의해서 조직활동이 이루어진다고 이해한다. 조직은 일종의 극장이나 카니발, 그리고 드라마로 표현된다. 조직이 잘 돌아가지 않는 것은 조직 내 각 행위자들이 관객이 요구하는 역할을 제대로 수행하지 못하거나, 상징이 그 의미를 잃어버리거나, 또는 의식과 형식이 그 효능을 잃어버린 것을 의미한다. 따라서 조직이 겪고 있는 문제의 해결은 상징이나 신화 또는 의식에 의해서 극복할수 있다.

(2) 특징: 상징적 접근은 여러 학문분야(사회학, 정치학, 문화인류학, 심리학 등)에 그 뿌리를 두고 있는데, 의미 · 신념 · 신뢰의 개념에 초점을 맞추고 있다. 혼란, 불확실성, 혼돈을 극복하기 위해 사람들은 다양한 상징을 만들어낸다. 이러한 상징을 통해 조직현상을 설명하는 것을 문화상징적 접근이라고 한다.

5. 환경과의 상호작용에 따른 접근

(1) 폐쇄체제: 조직과 환경과의 관계를 고려하지 않는 이론으로 고전적 조직이론(과학적 관리론, 관료제론, 행정관리론)과 신고전적 조직이론(인간관계론)이 이에 해당한다.

(2) 개방체제: 조직과 환경과의 상호작용을 강조하는 이론으로 현대적 조직이론(체제이론, 상황이론 등)은 이를 강조한다.

3 조직이론의 분류

1. 왈도(Waldo)의 분류

일반적으로 조직이론은 시대별로 고전이론(과학적 관리론), 신고전이론(인간관계론, 행태론), 현대이론 등으로 구분되어 왔다. 이러한 구분은 그 경계가 명확한 것은 아니며 새로운 내용과 낡은 내용이 중첩되어 있고 고전이론도 광범위하게 적용되고 있다. 또한 현대이론의 여러 가지 모형도 상호 간에 엄격한 경계가 있는 것은 아니며 1990년대에 들어와서는 조직현상에 관한 경쟁적 설명보다 이론의 혼합적 적용 필요성이 강조되고 있다.

구분	고전적 이론	신고전적 이론	현대적 이론
인간관	합리적 · 경제적 인간관	사회적 인간관	복잡한 인간관
가치	기계적 능률성	사회적 능률성	다원적 목표 · 가치 · 이념
주요 연구대상	공식적 구조 (관료제 · 계층제)	비공식적 구조	체계적 · 유기적 구조
주요 변수	구조	인간(형태)	환경
환경과의 관계	폐쇄적	대체로 폐쇄적 (환경요소 중시)	개방적
연구방법	원리접근 (형식적 과학성)	경험적 접근 (경험적 과학성)	복잡적 접근 (경험과학, 관련과학 활용)
관련이론	• 과학적 관리론(테일러, Taylor) • 행정관리론(귤릭과 어윅, Gulick & Urwick) • 관료제론(베버, Weber)	• 인간관계론(메이요, Mayo) • 환경유관론[셀즈닉(Selznick), 파슨즈(Parsons), 버나드(Barnard)] • 행정행태론(사이먼의 경험주의 이론)	• 사이먼(Simon)의 의사결정모형 • 생태론 • 체제모형(스콧, Scott) • 후기관료제이론 • 비교조직론(하디, Hardy) • 신행정론, 상황적응이론 • 쇄신이론(톰슨, Thompson)

2. 스콧(Scott)의 조직이론 분류

(1) 스콧은 조직이론을 조직환경의 고려 여부에 따라 폐쇄모형, 개방모형으로, 조직의 합리적 존재 여부에 따라 합리모형, 자연모형으로 구분하고 지배적 조직이론모형을 다음 표와 같이 시기별·분석수준별로 폐쇄·합리모형, 폐쇄·자연모형, 개방·합리모형, 개방·자연모형으로 분류하였다.

분석 수준	폐쇄·합리모형 (1900~1930) [유형 I]	폐쇄·자연모형 (1930~1960) [유형 II]	개방·합리모형 (1960~1970) [유형 III]	개방·자연모형 (1970~) [유형 IV]
사회·심리적 수준	• 과학적 관리론 [Taylor(1911)] • 의사결정론 [Simon(1945)]	인간관계론 [Roy(1952), Whyte(1959)]	합리적 제약이론 [March & Simon(1958)]	• 조직화이론[Weick] • 애매성·선택이론 [March & Olsen(1976)]
구조적 수준	• 관료제이론 [Weber(1904~5)] • 행정관리이론 [Fayol(1919)]	• 협동체제론 [Barnard(1938)] • 인간관계이론 [Mayo(1945), Dation(1959)]	상황적응이론 [Lawrence & Lorsch(1967), Udy(1959), Blau(1970), Pugh et al.(1969)]	• 사회기술체제론 [Miller & Rich(1967)] • 전략적 상황적응이론 [Hickson(1971), Pfeffer(1978)]
생태적 수준	폐쇄	폐쇄	거래비용이론 [Willoamson(1975), Ouch(1980)]	• 조직군생태이론 [Hannan & Freeman(1977), Aldrich(1979)] • 자원의존이론 [Preffer & Salancik(1979)] • 마르크스이론 [Braveman(1974), Edwards(1979)] • 제도화이론 [Selznick(1949), Meyer & Rowan(1977), Dimaggio & Powell(1983)]
조직관	공식적 구조	비공식적 구조	이론적 결핍	조직의 능동성, 개방성, 민주성 강조
인간관	합리적 경제인	사회인	인간에 대한 연구 미흡	비공식성·비합리성
장점	• 조직의 효율성 강조 • 정확성, 안정성, 책임성의 요구	• 인간의 사회적 욕구 강조 • 조직의 비공식적 요인을 개척함 • 환경과의 상호 작용 확인	• 환경을 이론에 반영 • 유기체로서의 조직 강조	• 조직의 비합리적인 동기적 측면 중시 • 자기조직화 및 학습 중시 • 조직의 효과적 생존 강조
단점	• 인간적 가치관과 환경의 중요성 간과 • 조직의 비공식적 요인 경시	• 조직의 비공식적 측면만을 강조 • 인간의 심리적·사회적 측면만을 강조	• 조직의 전략적 선택 무시 • 조직과 환경을 지나치게 실물적으로 파악	처방성 부족

(2) 조직이론 특징

① **폐쇄 · 합리체제모형**: 조직은 외부환경과 단절된 폐쇄체제이며 조직구성원이 합리적으로 행동한다고 파악한다. 이 모형은 조직의 효율성을 강조하였으나 인간적 가치와 환경의 중요성을 충분히 인식하지 못하였으며 조직의 비공식적 요인을 고찰하지 못하였다.

② **폐쇄 · 자연체제모형**: 조직을 폐쇄체제로 보면서도 사회적 · 자연적 관점에서 조직구성원의 인간적 요인과 비공식구조에 중점을 둔다. 이 이론은 인간의 사회적 욕구와 조직의 비공식적 요인을 강조하였으나 지나치게 심리적 · 사회적 측면에만 치중하였다.

③ **개방 · 합리체제모형**: 조직환경의 중요성을 강조하면서 조직을 합리체제로 인식한다. 이 이론은 조직을 유기체로 보고 환경을 충분히 고려하였으나 조직의 전략적 선택의 중요성을 과소평가하고 조직과 환경을 너무 실물적으로 본다.

④ **개방 · 자연체제모형**: 환경의 중요성을 강조하면서 조직을 합리체제로 보는데 반발하며 조직의 존속이나 비합리적 · 권력적 · 정치적 측면에 중점을 둔다. 이 모형은 근래 각광을 받고 있으나 처방을 충분히 제시하지 못한다는 비판을 받고 있다.

---

03 조직이론의 변천 I (고전이론, 신고전이론)

조직이론이 지향하는 바는 조직이 어떻게 기능하고 또 다른 사회의 수준 및 부분들과 어떻게 연관되는가에 대한 이해를 향상시켜주고, 조직을 바람직하고 유효하게 설계하고 관리하기 위하여 가치 있는 지식과 통찰력을 제고해주는 데 있다.

1940년대까지 조직이론계를 풍미했던 과거 고전기(古典期)의 공식적 구조 중심의 연구경향에 대한 반성이 있었고, 이 반성의 결과로 신고전기(新古典期)에 접어들면서 인간관계론을 중심으로 한 비공식적 연구 중심의 접근방법이 나타나서 조직이론계에 유행하였다.

1 고전적 조직이론(귤릭, Gulick)

1. 과학적 관리론(행정이론부문 참조)

(1) 과학적 관리론이 조직이론 내용 구성에 공헌한 점

① 계획은 집행과는 구별되어야 한나는 사고방식으로 과학적 관리론에서 처음 주장했다.

② 권위와 책임을 명확하게 해야 한다고 주장했다.

③ 통제활동을 위해서는 표준을 사용해야 한다는 것도 당시에 개발된 이론이다.

④ 노동자들을 위한 유인제도(Incentive System)를 만들었다.

⑤ 과학적 관리론은 분업에 의한 업무전문화(Task Specialization)를 주장했다.

⑥ 예외에 의한 관리원칙(Principle of Management by Exception)을 제시했다. 이 원칙은 관리자는 일상적인 것은 부하에게 위임하고 자기는 예외적인 것에 대해서만 통제해야 한다는 것을 의미한다.

⑦ 기능 조직(Functional Organization) 구성에 기여하였다.

2. 관료제론(관료제론에서 후술)

(1) 의의: 베버(Weber)는 권위의 원천을 합리적·합법적 권위, 전통의 힘에 의한 권위, 카리스마 권위 등으로 나누고 합리적·합법적 권위에서 움직이는 관료제 조직이 가장 효율적인 조직이라고 하였다. 또한 현대 사회의 복잡한 조직에 효과적으로 적용될 수 있다고 보았다.

(2) 관료제의 특징

① 분업(Division of Labor)의 원리: 전문화의 원리

② 엄격한 계층제(Hierarchy)의 원리: 상·하 직위 간의 명령과 통제 강조

③ 규칙의 강조: 공식적·명문화된 규칙에 의한 통제(관리) 강조

④ 비정의성(Impersonality)의 정신: 공사분리 강조

3. 조직원리론(구조형성에 관한 원리)

(1) 의의

① 원리주의의 기본핵심은 행정에는 어떠한 나라에서나 적용될 수 있는 보편타당한 과학적 원리가 존재한다는 것이다.

② 원리주의에 속하는 학자들로서 폴레(M.P. Follet), 윌러비(W. F. Willoughby), 페이욜(H. Fayol) 및 무니(D. Mooney) 등을 들 수 있으며, 대표적인 학자로는 굴릭(H. Gulick)과 어윅(L. Urwick)을 들 수 있다. 여러 학자들이 주장한 원리들을 종합해보면, 크게 분화에 관한 원리와 통합에 관한 원리로 분류할 수 있다.

분화에 관한 원리	통합조정에 관한 원리
• 분업의 원리 • 부처편성(부성화)의 원리 • 동질성의 원리 • 참모조직의 원리 • 기능명시의 원리	• 조정의 원리 • 계층제(계서제)의 원리 • 통솔범위의 원리 • 명령통일의 원리 • 명령계통의 원리 • 목표의 원리: 조직 내의 모든 활동은 조직의 목표에 직·간접적으로 기여해야 한다는 원리 • 집권화의 원리: 권한구조를 집권화하여 능률을 높여야 한다는 원리 • 권한과 책임 일치의 원리

(2) 분화에 관한 원리

① 전문화(분업)

㉠ 전문화(분업)의 원리: 행정능률은 전문화가 되면 될수록 능률이 올라간다는 것이다. 본래 전문화는 작업과정을 세분해서 한 사람이 세분된 일부분만을 담당케 함으로써 작업의 전문화를 통한 인간의 전문화가 일어난다.

순기능	역기능
• 업무의 세분화를 통해 업무를 익히는 데 걸리는 시간을 단축시킴 • 반복적 업무 수행을 통해 업무의 능률적 수행 촉진 • 특정분야의 전문가 양성에 유리	• 사람들이 일의 보람을 느끼지 못하게 한다는 점 • 의사전달의 애로와 조정의 필요를 크게 한다는 점 • 바람직한 인간관계의 형성을 방해한다는 점 • 인적 전문화를 방해한다는 점 • 피로와 권태감을 크게 한다는 점 등에서 비판

ⓒ 전문화의 유형
- 수직적 분업과 수평적 분업: 수평적 분업은 전문화(분업)의 원리를 의미하며, 수직적 분업은 계층제의 원리를 의미한다.
- 일의 전문화와 사람의 전문화: 일의 전문화란 업무를 세분화·단순화하여 반복적·기계적 업무로 단순화시키는 것을 의미하며, 사람의 전문화란 교육·훈련 등을 통해 전문가를 양성하는 것을 의미한다. 일반적으로 분업의 원리는 일의 전문화를 의미한다.
- 상향적 분업과 하향적 분업: 상향적 분업은 작업현장 중심의 분업체제를 의미하며(과학적 관리론에서 중시), 하향적 분업은 최고관리층의 기능을 중심으로 한 분업체제를 의미한다(원리주의의 POSDCoRB모형에서 중시).

② 부서화(Departmentalization)
ⓐ 개념: 개별직위와 직무를 상호의존성이 높은 직무를 중심으로 부서로 묶어 분류
ⓑ 부서화의 방식
- 기능부서화(Functional Grouping): 유사기능 혹은 업무과정을 수행하거나 유사한 지식이나 기술을 가진 구성원을 같은 부서로 묶는 방식
- 사업부서화(Divisional Grouping): 구성원을 조직의 생산물에 따라 같은 부서로 묶는 방식
- 지역부서화(Geographic Grouping): 특정한 지역 내의 소비자나 고객에 봉사하기 위해 조직 구성원을 조직하는 방식
- 혼합부서화(Multi-Focused Grouping): 두 개의 부서화 대안을 동시에 수용하는 방식
ⓒ 부서화의 원리: 귤릭은 분업을 조직의 기초이며 이유라고 하면서 분업화의 기준인 부서편성의 원리를 제시하고 있다. 부서편성의 원리는 조직을 편성하는 기준을 말하는데 그 기준으로서 목적·과정·고객 및 장소의 네 가지를 들고 있다. 즉, 조직이 네 가지 기준에 의해 편성될 때, 행정능률은 올라간다는 것이다.

기준	의의	장점	단점
목적·기능별	목표나 기능에 따라 조직을 편성하는 방법(외교부, 교육부, 국방부)	정부 기능에 대한 국민의 이해 용이	할거주의 야기
과정·절차별	동일한 과정·절차·수단을 기준으로 부처를 조직화하는 방법(통계청, 조달청, 국세청, 감사원)	• 행정의 전문화 용이 • 최신 기술의 최대한 활용	목표보다는 수단을 중시함으로써 목표전환 초래
대상·고객별	동일 수혜자 또는 동일 대상물을 기준으로 부처조직을 편성하는 방법(노동부, 국가보훈처, 산림청, 문화재청 등)	• 입무의 소징 용이 • 국민과 정부의 접촉 용이와 행정에 대한 통제 용이	• 고객집단이나 이익집단의 부당한 영향 우려 • 마일(Mile)의 법칙*
지역·장소별	행정활동이 수행되는 장소에 따라 조직을 편성하는 방법(지방 세무서, 지방 병무청 등의 일선기관)	지역적 특성에 부합한 행정	전국에 통일적인 정책수립 곤란

③ 참모조직의 원리: 계선과 참모를 구별하고 참모는 일반계서의 명령계통으로부터 분리해야 한다는 원리이다.
④ 동질성의 원리: 각 조직단위가 같은 종류의 활동만으로 구성되게 해야 한다는 원리이다.
⑤ 기능명시의 원리: 분화된 모든 기능 또는 업무는 명문으로 규정하여야 한다는 원리이다.

---

* 마일(Mile)의 법칙
공무원이 자신이 속한 조직, 지위, 신분을 대변하는 현상

(3) 통합 조정의 원리

① 계층제의 원리

○ 의의: 권한·책임 및 의무의 정도에 따라 직무를 상·하로 등급화시키고 이 등급 간에 명령복종과 지휘감독체계를 확립하는 것을 말한다. 즉, 계층제는 목적과 기능에 따라 직무가 상·하로 구분되는 명령복종의 관계이고 지위와 역할이 계서화된 체계라고 할 수 있으며, 관료제조직을 구조적으로 형성시켜 주는 모체가 되고 있다.

○ 계층의 필요성: 통솔범위의 한계(통솔범위와 계층은 반비례관계), 권한 위임의 통로이다.

순기능	역기능
• 지시, 명령, 권한 위임과 의사소통의 통로 • 조직 내 갈등과 분쟁을 조정·해결하는 내부통제수단 • 지시와 감독을 통해 행정조직의 질서와 통일성의 확보 및 조직의 안정성 유지 • 지시, 명령을 통한 신속하고 능률적인 업무 수행 • 권한과 책임 한계 설정 기준 • 승진 유인을 제공, 인간의 상승욕구 자극	• 의사전달의 왜곡 • 동태적인 인간관계의 형성 저해 • 기관장의 독재화 우려 • 환경변화에 신축적인 적응 곤란(경직화) • 구성원의 개성·창의성 계발과 활동 저해 • 할거주의 초래 • 피터(Peter)의 원리 야기 • 자아실현인의 활동무대로 부적합 • 집단사고의 가능성 증대 • 현대적 인간관인 자아실현인, 복잡인과 부조화

© 계층제의 특징

• 계층의 수: 구성원 수의 증가는 조직계층 수와 정비례 관계에 있다.
• 계층제와 분업의 관계: 분업은 업무의 성질에 따른 수평적 분업과 업무의 권한과 책임에 따른 수직적 분업으로 구분된다. 계층제는 수직적 분업과 관련된다.
• 계층제와 통솔범위의 관계: 통솔범위가 넓어지면 계층의 수는 적어지고 통솔범위가 좁아지면 계층의 수는 많아진다(역관계).
• 계층수준과 업무: 계층수준이 높을수록 비정형적 업무를, 낮을수록 정형적 업무를 담당한다.

② 계층의 양태

구분	고층구조	저층구조
특징	• 통솔범위가 좁고 계층의 수가 많은 구조 • 기계구조(관료제)	• 통솔범위가 넓고 계층의 수가 적은 구조 • 유기구조(탈관료제)

개념더하기 ▶ 역기능의 유형

1. 할거주의
   자신이 속한 부서나 종적인 서열만을 중시함으로써 횡적 관계를 형성하는 타 부서에 대한 협조와 배려를 하지 않는 배타적인 관료제 병리현상을 말한다.

2. 피터(Peter)의 원리(관료를 무능화시키는 승진제도)
   피터의 원리는 조직 내 구성원들이 무능력 수준까지 승진한다는 원리를 의미한다. 이 원리에 의하면 각 계층의 유능한 자가 승진하고 나면 무능한 자만 남아 모든 계층이 무능력자로 채워지게 된다는 것이다. 따라서 계층제를 전제로 하는 관료제의 병리현상이라 할 수 있다.

② **통솔범위의 원리**

    ㉠ 의의: 통솔범위의 원리는 인간의 능력과 주의력에 있어서 한계가 있기 때문에 1인의 상관이 직접 감독할 수 있는 부하의 수는 제한되어 있어야 하는 원리를 말한다. 즉 통솔의 범위가 너무 커 부하의 수가 너무 많게 되면 통솔은 약화된다는 것이다.

    ㉡ 통솔범위의 결정요인(확대요인): 신설조직보다는 기성조직, 안정된 조직의 경우, 공간적으로 분산되어 있는 경우보다는 동일장소에 집중되어 있는 경우, 업무의 성질이 단순하고 반복적 · 표준화된 동질적 업무를 다루는 경우, 정보통신기술 등 의사전달기술이 발달한 경우, 부하들이 유능하고 감독자의 능력이 우수한 경우에 통솔범위는 확대된다.

③ **명령통일의 원리**

    ㉠ 의의: 명령통일은 조직 내에서 한 사람이 두 사람 이상으로부터 명령과 지시를 받을 때 혼란과 갈등이 생기기 때문에, 명령을 내리고 보고를 받는 사람이 반드시 한 사람이어야 한다는 것을 의미한다. 명령통일을 잘 지키고 이를 위해서 권한이 계층적으로 배열될 때 행정능률은 올라간다고 주장한다.

    ㉡ 문제점: 명령통일이 가능하고 또 바람직한 경우에는 명령통일의 원리를 적용해야 하지만 업무의 연관성이 높은 경우, 관리의 기능별 전문화가 필요한 경우, 갈등의 발생 시점부터 그것을 신속히 해소시킬 필요성이 큰 경우에는 복수의 상관으로부터 명령을 받도록 하는 장치를 마련해야 한다.

④ **조정의 원리**

    ㉠ 의의: 행정조정이란 행정의 목표를 효율적으로 달성하기 위하여 조직의 각 단위 및 구성원의 노력과 행동을 질서정연하게 배열하고 통일시키는 작용으로, 오늘날 행정조직은 전문화 · 세분화되어 있으므로 전체적인 조화와 통합을 위하여 조정이 중요하다. 무니(Mooney)는 조정의 원리를 조직의 목표달성과 직결되는 제1의 원리로 표현한 바 있다.

    ㉡ 조정의 저해요인 및 극복방안

저해요인	극복방안
• 행정 기능의 다원화 • 전문화, 분업화로 인한 할거주의 • 이익단체의 압력 • 조직목표나 이해관계의 차이	• 조정기구(위원회, 회의 등) 및 계층제(권위)에 의한 조정 • 부서 간 인사교류 확대 • 상위목표 강조 및 의사결정의 참여

1. 논의의 맥락: 부처편성으로 인한 부처할거주의 해소의 필요성

   조직 내에서 개인의 과업이 충실히 수행되었다 할지라도 그것은 조직 전체 과업의 일부분에 불과하기 때문에 조직은 각각의 개인 과업을 적절히 상호 조정하기 위해 이들을 통합하는 수단이 필요하게 된다.

2. 수직 조정

   (1) 계층제: 계층제는 보고와 명령이 체계이다. 이는 업무의 조정과 협력이 상관과 부하 사이로 전달되는 것을 의미한다(부총리제도의 신설).

   (2) 규칙과 계획: 반복적·일상적 문제들은 보고와 결재 없이 수행하도록 규칙과 계획을 수립한다. 규칙은 의사소통 없이 조정을 가능하게 하는 표준 정보자료이다. 계획은 장기적인 조정 기능을 수행한다.

   (3) 계층 직위의 추가: 조직과제가 증대되면 계층제와 규칙·계획의 방법으로는 조정이 불가능해진다. 이러한 경우 수직적 계층직위를 추가하여 상관의 통솔범위를 줄이고 다시 밀접한 의사소통을 가능하게 한다. 주로 스태프를 고용하거나 새로운 라인을 신설하는 경우도 있다.

   (4) 수직 정보시스템: 정보화 시대에 의사소통은 정보시스템으로 이루어진다. 의사소통의 증가는 조정의 증가를 의미한다. ICT기술은 수직 정보시스템을 가능하게 한다.

[수직 조정]

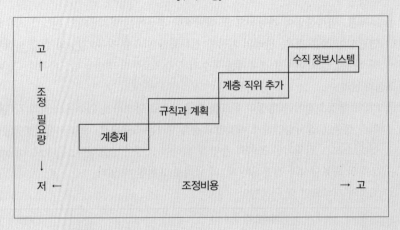

3. 수평 조정: 조직 간 조정

   (1) 정보시스템: 부처 간에 통합적인 정보공동이용시스템의 구축과 정보의 공동활용 등으로 부처 간에 업무조정을 원활히 한다.

   (2) 직접 접촉: 문제관련자들끼리 직접 만나서 조정을 하는 방법이다. 연락책을 두어 조직 내에서 연락과 의사소통만 전담하게 된다.

   (3) 임시 작업단(Task Force): 태스크포스는 특정 과업을 수행하기 위해 소집되며 과업이 해결된 후에는 해체되는 임시위원회로서 일정 기간 동안 주어진 문제를 집중적으로 연구 검토하여 집단 사이의 견해를 수렴하고 문제의 해결을 모색한다. 한편 여러 부서가 관련된 경우에는 임시 작업단을 구성하는 것이 바람직하다. 임시 작업단은 하나의 문제에 관련된 여러 부서의 대표들이 모인 위원회로서 여러 부서 간에 조정문제를 해결해 준다.

   (4) 사업관리자(Project Manager): 연락 역할 담당자란 조직이 여러 부서로 세분화되어서 부서 간 의사소통 문제가 중요하게 대두될 때 종적 경로를 거치지 않고 부서 간의 직접적인 의사전달로 효과적인 조직활동이 가능하도록 하는 방법을 말한다. 수평적 연결을 담당할 직위를 신설하는 방법이다. 부처 밖에 위치하여 각 부서들 간에 문제를 조정하는 역할을 한다.

   (5) 프로젝트 팀(Project Team): 사업팀은 영구적인 사업집단으로서 가장 강력한 수평조정 장치이다. 관련 부서들 사이에 장기적이고 강력한 조정을 이끌어내는 조정방안이다. 대규모 사업, 중요한 혁신 등의 업무에서 필요로 한다. 팀 조직은 태스크포스와 같은 임시조직인데, 서로 다른 분야에 전문기술을 보유하고 있는 소수의 조직구성원들이 공통된 목표 하에 과업을 달성하기 위하여 형성하는 조직형태이다. 우리나라에서도 조직의 환경이 더욱 급격히 변화하고 산업이 복잡해짐에 따라 많은 민간 기업에서 팀 조직을 도입하고 있으며, 정부 역시 행정개혁의 차원에서 과제별 팀제의 도입을 추진하고 있다.

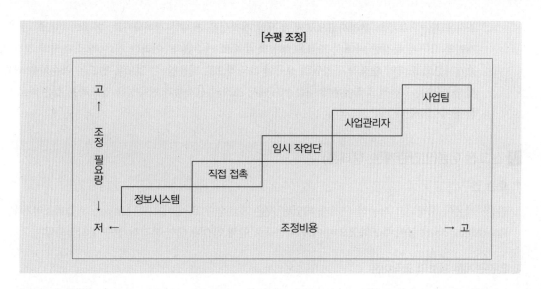

[수평 조정]

(4) 원리론의 평가: 고전적인 조직의 원리는 특히 사이먼을 중심으로 하는 행태론자들에 의하여 '격언'에 불과하다고 비판을 받았다. 이것은 원리주의가 추상적인 주장에 불과하지 과학적인 검증을 거치지 못했음을 의미한다(형식과학, 원리들 간의 상충).

그러나 고전적인 조직원리론이 오늘날의 과학적 연구의 안목에서 볼 때, 위와 같은 과학적인 연구에 이르지 못했다 할지라도, 조직형상에 대한 개념화 내지 그 운영상의 보편적 원칙을 발견하고자 하는 학문적 노력이었다는 측면에서 그 공헌의 의의는 있다고 할 것이다. 특히 무니와 라일리가 지적한 조정원리의 중요성은 오늘날 거버넌스 시대에도 가장 중요한 원리라는 점에서 타당하다.

4. 고전적 조직이론의 공헌과 비판

(1) 장점

① 조직의 존재 의의 면에서 조직은 주로 생산과 관련된 경제적 목표를 달성하기 위해 존재한다는 것이다. 따라서 조직은 합리적 실체로서 합리적 목표를 효과적으로 달성할 수 있다고 믿는다. 이러한 목표를 달성하기 위해 조직은 여러 가지 조건 또는 상황에 부합하도록 조직을 설계하고 운영할 수 있다는 믿음을 가지고 있다.

② 조직은 환경의 영향과 개인적인 선호가 억제되고 합리성의 규범에 따를 때 가장 효과적으로 움직일 수 있다는 전제를 하고 있다. 조직은 합법적인 규칙과 권위에 기초할 때 개인의 오류를 세거될 수 있다는 것을 전제하였다.

③ 조직의 효과적인 운영을 위해 전문화와 분업, 조정과 통제가 반드시 필요하다고 믿었다. 즉, 전문화와 분업을 통해 조직의 생산성을 극대화하고 조직의 효과성을 제고할 수 있다는 것이다.

④ 조직의 구성원들은 합리적인 경제 원리에 따라 행동한다는 가정을 한다. 따라서 인간은 경제적 · 물질적 보상에 의해서만 동기가 유발될 수 있다는 합리적 또는 경제적 인간관에 기초하고 있다.

(2) 비판

① 가장 중요한 비판은 합리적 인간관에 대한 가정이다. 조직 내 개인을 경제적 보상에 의해서만 움직이는 존재로 본 점과, 인간의 사회적 성격은 무시하고 조직에 종속적인 부속품으로 간주한 점은 비판을 면하기 어렵다.

② 조직을 환경으로부터 분리시킴으로써 조직의 경직성을 전제한 점이다. 즉, 환경의 변화와 조직 내 개인의 요구에 둔감한 나머지 조직을 행위의 주체로 간주했다. 이러한 점은 결국 조직의 경직성을 증가시켰고 조직의 환경과 구성원의 요구에 효과적으로 대응할 수 없도록 만드는 악순환을 거듭하게 만들었다. 고전적 조직이론에 대한 비판에서 조직의 신축성과 반응성을 강조하는 것은 바로 이러한 점에 기인한다.

2 신고전 이론(인간관계론, 행태론)

1. 호손 연구

인간관계론이 시작되고 학문적 근거가 되었던 것은 '호손연구'로 메이요(E. Mayo), 뢰슬리스버거(F. J. Roethlisberger) 등이 주도하였으며 이들의 연구로 인해 인간에 대한 본격적 연구가 시작되었다.

2. 인간관계론 계보의 조직이론

(1) **비공식조직**: 비공식조직은 비가시적이며, 살아있는 조직으로 감정적인 요소에 기반해서 구성된 조직 내의 부분질서라고 부를 수 있다.

(2) **리더십이론**: 리더십이론에서 핵심적인 조직변수로 삼는 리더 자체가 바로 조직 내 인간의 중요성에 주목하는 것이다.

(3) **의사전달이론**: 의사전달이론은 조직 내 인간 상호 간의 의사전달 또는 이들의 의사전달행태에 주목하는 것으로 대표적인 인간관계론 계열의 이론영역 중 하나이다.

(4) **동기부여이론**: 인간의 행위유발요인에 대한 체계적인 연구의 영역이다.

(5) **갈등이론**: 갈등이 사회질서에 있어서는 파괴적일 수 있지만, 질서를 유지하는데 기여할 수도 있다.

---

04 조직이론Ⅱ(현대조직이론)

1950년대를 기점으로 종전의 조직이론에 대한 반성이 일어 조직현상의 보다 완전한 이해를 위해 고전기의 분석틀과 신고전기의 분석틀을 결합시켜 통합적인 관점과 모형을 구성하고 발전시키려는 노력이 시작되었으며 이 노력은 오늘날까지 계속되고 있다. 그리하여 오늘날 조직이론계에서는 여러 가지 통합적 모형들이 등장하고 있다.

1 체제이론과 상황이론

1. 일반체제이론

(1) **일반체제이론의 주요 개념**: 체제란 두 개 이상의 상호의존적인 부분, 구성요소 또는 하위 체제로 구성된 환경적인 상위 체제와 구별되는 경계에 의하여 그 윤곽이 드러나는 단일(單一)의 전체(全體)이다.

(2) **체제의 종류**

① 폐쇄체제: 자급자족적(Self-Contained)이며 환경과는 격리된 체제를 말한다. 그런데 엄격한 의미에서 폐쇄체제는 이론상으로만 존재하며, 실제로 모든 체제들은 그것을 둘러싸고 있는 환경과 상호작용을 한다.

② 개방체제: 환경과 에너지교환을 하는 체제를 말한다. 개방체제는 외부환경과의 동태적 관계를 유지하며, 환경으로부터 그 투입물을 서비스나 산물로 변형하여 산출한다.

2. 상황이론

(1) 일반체제이론과 상황이론: 상황이론은 체제이론을 전제로 하면서 어떤 조직문제를 다루는 데 필요한 특정한 방도를 제시할 목적을 갖고서 조직체제 및 그 하위 체제 그리고 환경 간의 상호관계를 분석하고 규명해 봄으로써 체제이론의 추상적인 내용을 구체화시켜 준다.

(2) 상황이론의 주요 관점

① 상황이론에서는 조직은 복수의 하위 체제로 구성된, 그리고 환경적인 상위 체제와 구별되는 경계에 의하여 윤곽이 드러나는 하나의 체제라는 점이 전제되어 있다.

② 조직과 환경 간의 상호관계뿐만 아니라 하위 체제와 환경 간의 관계 및 하위체제들 간의 상호관계를 이해하고 또한 이러한 상호관계의 유형(Patterns of Interrelationships)이나 각 변수들의 윤곽을 명확히 밝히고자 한다.

③ 조직의 다변량적인 본질을 강조하고, 조직이 변화하는 조건과 특정한 환경에 그때그때 어떻게 대처해 나가는가를 규명하고자 한다.

④ 상황이론이 지향하는 바는 궁극적으로 특정한 상황에 가장 적합한 조직설계와 관리활동을 제시하는 데 있다.

⑤ 조직과 환경 간에 그리고 복수의 하위 체제들 사이에는 어떤 부합점이 있을 것이라는 점을 가정하고 있다.

⑥ 모든 상황에 적합한 보편적 원리(Universal Principle)를 거부한다.

(3) 상황이론의 기준

① 체계적으로 수집된 경험적 자료에 근거를 둔 조직에 관한 연구일 것

② 다변량적인(Multivariate) 연구일 것

③ 조직이 상이한 조건 하에서 어떻게 기능하는가를 이해하고 설명하려는 의미에서 상황적응적인 연구일 것

④ 접근방법이 폭넓고 다양하게 허용되는 연구일 것

(4) 주요 상황이론적 연구

① 번스와 스토커의 연구: 기계적 방식(Mechanistic Style)은 안정된 조건에서 적합한 반면, 유기적 방식(Organic Style)은 가변적 상황에서 적합하다고 결론을 내렸다.

② 우드워드의 연구: 우드워드는 생산회사 조직을 그 조직이 사용하는 기술의 유형에 따라 다음의 세 가지 집단으로 분류하여, 이들 각각의 생산체제에 부합하는 상황이 다르다는 것을 입증하였다.

③ 로렌스와 로시의 연구: 로렌스와 로시의 연구는 다음과 같이 요약될 수 있다.

  ㉠ 만약 환경이 불확실하고 이질적이면 조직은 상대적으로 비구조화 되어야 하고, 또한 관리참모들 사이에 영향력은 넓게 분산되어야 한다.

  ㉡ 만약 환경이 안정되고 동질적이면 경직된 구조가 적합하다.

  ㉢ 만약 외적 환경이 매우 다양하고 내적 환경이 고도로 분화되어 있다면, 조직구조 내에는 매우 복잡한 통합장치가 있어야 한다.

(5) 상황이론 연구들의 공통점

① 조직은 개방체제로서 항상 환경(기술 포함)과 연관되어 있고, 환경으로부터 많은 영향을 받는다.

② 조직들이 처하고 있는 환경들은 동일하지 않다.

③ 조직이 환경의 변화에 따라 그 변화된 환경에 적합하게 되려면 조직의 설계나 관리, 구조 등 내적 조직변수(Internal Organization Variables)가 달라져야 한다.

④ 조직의 외적 환경변수와 내적 조직변수 간에는 일정한 상호관계 유형(Patterns of Relationship)이 있다.

⑤ 이상의 연구들은 위에서 언급한 상호관계 유형 중에서 조직의 효과성(Effectiveness)이나 능률(Efficiency)을 가장 높일 수 있는 유형을 제시하려고 한다.

2 조직군 생태론, 제도화 이론

1. 조직군 생태론[해넌(Hannan), 프리만(Freeman)]

(1) 의의: 조직군 생태학은 환경결정론의 관점을 띤다. 이 이론은 마치 다윈의 자연선택이론처럼 환경에 적응한 조직만이 유지, 발전할 수 있다는 것이다(극단적 결정론).

(2) 극단적 환경결정론

① 환경을 독립변수, 조직을 종속변수(수동성·소극성)로 인식 → 조직환경의 절대성 강조 → 전략적 선택이나 집단적 행동의 중요성을 경시하고, 조직형태와 환경특성 간의 적합성과 관련되는 조직의 관리과정을 무시

② 조직변동이 외부환경의 선택에 의하여 좌우된다. → 환경이 최적화의 주체

③ 분석대상인 조직군(Populations of Organizations): 생물학의 자연선택·적자생존이론을 적용하여 분석수준을 개별조직에서 조직군으로 바꾼다.

④ 동일성 원칙[Principle of Isomorphism, 유질동상(類質同像)·동형이성(同形異性)의 원리]

　㉠ 동일성 원칙(조직구조와 환경요소 간 1:1 관계 존재)에 입각해, 조직구조는 환경요소로 편입하거나 도태된다.

　㉡ 신뢰도와 책임성이 높아 환경에 동질적인 조직은 조직군에 편입·선택되고, 신뢰도와 책임성이 낮아 환경에 이질적인 조직은 도태된다.

(3) 환경의 적응과정

① 조직은 환경에 가장 잘 적응하는 방향으로 변화, 환경에 적응하지 못한 조직은 도태된다.

② 조직의 적자생존은 변이, 선택, 보존의 3단계 적응과정을 거친다.

　㉠ 변이(Variation): 계획적 변화 또는 우연적 변화

　㉡ 선택(Selection): 구조동일성의 원칙에 의해 환경적소로부터 선택되거나 도태

　㉢ 보전(Retention): 선택된 특정조직이 환경에 제도화되고 그 구조를 유지하는 것. 관료제의 구조적 타성은 조직의 적응능력에 장애요인으로 작용

③ 적응단계에서 가장 중요한 개념은 적소이다. 적소(適所)란 특정조직군이 다른 조직군과 경쟁하여 생존할 수 있는 공간을 말하며 모든 조직은 생존을 위하여 환경의 수용능력을 내포하는 적소를 찾으려고 한다.

(4) 비판: 조직 자체의 전략적인 성격에 대해서는 관심을 기울이지 않았다. 즉, 환경에 적응하려는 수동적인 조직만을 강조한 결과, 조직 스스로 창조적이고 혁신적인 노력을 통해 현실에 주어진 제약을 뛰어넘으려는 노력에는 무관심했던 것이다.

2. 제도이론[메이어와 스콧(Meyer & Scott), 로언(Rowan), 포웰(Powell), 주커(Zucker)]

(1) 의의: 제도이론은 조직에서의 구조 · 행위 · 절차 등은 조직 내의 공식적 규칙이나 합리적 행위규범 혹은 능률에 바탕을 둔 합목적적(合目的的) 구도 안에서 만들어지기보다는 환경에 존재하는 여러 가지의 제도적 요소들, 예컨대 사회적 규범, 가치, 신념, 전제, 당연한 관행 등의 영향을 받아 편성되고 통제된다고 보고 있다. 조직은 자신을 포함한 유사조직들에 대한 제도화된 생각이 환경 내에 존재하고, 조직은 자신의 생존을 위한 정당성(Legitimacy)을 확보하기 위하여 이러한 제도화된 생각을 받아들여 조직의 속성들에 편입시키게 된다는 것이다.

(2) 조직이 제도화의 결과를 따르려는 이유

① 조직이 제도화의 결과를 따름으로써 자신의 활동에 필요한 자원을 구할 수 있다.

② 조직은 제도적 룰에 동조함으로써 존립의 정당성을 획득하고 나아가 장기적으로 조직의 안정을 기할 수 있다.

3 조직경제학 – 신제도주의 경제학(주인 – 대리인이론, 거래비용* 경제학)

합리적 선택에 기초를 둔 신제도이론은 넓게 신제도경제학(New–Institution Economics)이라고도 불리는데, 기본적으로 종래의 신고전경제학(Neo–Classical Economics)이 가지고 있던 기본 가정들에 대한 비판에서 출발한다. 신제도경제학은 이러한 가정을 완화함으로써 역동적인 이론을 전개한다. 이러한 가정의 완화가 극명하게 보이는 것은 거래비용의 문제이다.

- 신고전경제학 가정: 시장에서 이루어지는 마찰(비용)없는 거래를 전제
- 신제도경제학: 시장기구를 이용하는 데 일정한 거래비용의 존재를 인정

조직경제학에서의 쟁점은 '거래비용이 너무 커서 최적의 해결책을 제시하지 못할 경우 어떠한 유인구조가 이러한 비용을 감소시킬 수 있을까'라는 맥락에서 논의가 출발한다.

1. 주인–대리인이론

(1) 주인–대리인 관계의 본질과 가정

① **주인–대리인 관계의 본질:** 주인–대리인 관계는 한 사람(주인)이 다른 사람(대리인)으로 하여금 자신의 이익과 관련된 행위를 그의 재량으로 해 줄 것을 내용으로 하는 계약이 있을 때 성립된다. 따라서 국민과 대통령, 국회, 정부관료제, 공기업 등 우리나라 정치 · 행정 참여자들의 관계와 각각의 조직 내에서의 구성원들의 관계를 위임자–대리인 관계의 연쇄로 파악할 수 있다.

예 국민(주인)–국회의원(대리인), 지주(주인)–소작농(대리인), 소송당사자(주인)–변호사(대리인), 주주(주인)–경영자(대리인) 등의 관계가 주인–대리인 관계

---

*　거래비용

　거래비용이란 거래자가 시장이라는 제도를 사용할 때, 수반되는 비용이라고 개념화할 수 있는데, 이는 구체적으로 상품의 질을 파악하는 데 측정비용(Measurement Cost)과 구매자를 찾는다거나 거래가 제대로 이행되는지를 감독하는 것과 같은 정보비용(Information Cost) 등을 포함한 것이다.

② 대리인이론의 가정

  ㉠ 합리적 인간형 가정: 대리인이론에서 위임자와 대리인은 효용을 극대화하려고 하는 합리적인 존재이다. 예를 들어 대리인은 자신의 노력으로 인한 손해가 효용의 감소로 연결되기 때문에 위임자의 요구대로 행동하지 않으려는 동기가 있다. 그렇지 않다면 대리인 문제는 발생하지 않는다.

  ㉡ 주인과 대리인의 이해관계 상충: 주인과 대리인은 각각 자신의 효용과 이익을 극대화하려고 하기 때문에 상충되는 이해관계를 가진다. 합리적인 인간형을 전제로 할 때, 상급자는 하급자가 더 많은 일을 하기를 바라는 반면에, 대리인은 가급적 작은 노력으로 최선의 보상을 받기를 원한다.

  ㉢ 정보의 비대칭성(Information Asymmetry): 위임자는 대리인이 알고 있는 정보를 알고 있지 못하거나 대리인의 행동을 관찰할 수 없다는 것이다. 정보가 비대칭적인 경우 대리인은 이러한 기회를 자신에게 유리하도록 이용하려는 '기회주의적 속성'을 갖는데 이것은 자신의 이익을 극대화하려는 행위자의 합리성 가정에 기인한다.

(2) 대리인 문제의 유형과 차선의 해

① 대리인 문제의 유형

  ㉠ 도덕적 해이(Moral Hazard): 대리인이 주인을 위한 업무를 수행할 때, 주인은 대리인의 행위나 노력을 효과적으로 관찰하거나 통제하는 것이 어렵고, 이를 위해서는 과도한 비용이 소요되기 때문에 대리인은 과업의 수행에 필요한 주의와 노력을 기울이지 않을 인센티브를 갖게 되는 것을 의미한다(숨겨진 행동에 관한 정보의 비대칭성: Information Asymmetry of Hidden Action). 도덕적 해이는 위임계약 체결 후(Post-Contractual)의 정보의 비대칭성으로 인해 발생하는 문제이다. 위임자가 대리인의 행동을 관찰할 수 없을 때 위임자와 대리인 사이에 이 문제가 발생한다.

  ㉡ 역선택(Adverse Selection): 위임계약 체결단계(Pre-Contractual)에서 정보의 비대칭성으로 인해 발생하는 문제이다. 정보의 비대칭 상황에서 대리인이 위임자가 가지고 있지 않은 정보를 소유하고 있을 때가 있다. 이로 인한 대리인과 위임자 사이의 문제를 상반된 선택이라 한다.

② 대리인 비용과 차선의 해(Second-Best Solution): 대리인 문제가 발생하면 위임자와 대리인의 관계는 가장 바람직한 관계에서 이탈하여 차선의 관계로 전락한다. 최선의 결과와 차선의 결과로 인한 차이는 위임자에게 미치는 손실인데 이것이 대리인 비용이다. 이러한 차선의 해결책은 최선의 해결책에 비해 대리인, 위임자 모두에게 손해이다. 이를 줄이기 위한 방법이 차선의 해인데, 사람의 욕구나 불확실성은 통제가능성이 매우 낮으므로, 주로 정보의 비대칭을 줄이는 노력이 주가 된다.

(3) 정보의 비대칭성을 완화하는 방법

① 불확실성과 위험부담: 주인이나 대리인이 통제할 수 없는 상황의 변화가 불확실성에 관한 문제이며, 불확실성에 기인하는 손실을 주인과 대리인이 어떻게 분담할 것인가에 관한 문제가 위험부담의 문제이다. 효율적인 위험부담이론(Theory of Efficient Risk Sharing)에 의하면, 위험부담에 전혀 비용을 느끼지 않는 위험중립적인 계약당사자가 모든 위험을 부담하여야 한다. 즉, 위험회피자가 위험을 부담한다는 것은 효율적이지 않다는 것이다. 대리인의 보수를 100% 성과급에 의존한다면, 위험회피자인 대리인에게 너무 큰 위험을 지우는 것이 되고 따라서 비효율적인 위험부담이 된다. 반면에 월급과 같은 고정급은 대리인에게 아무런 위험부담이 없지만, 대리인에게 더 열심히 업무를 수행할 인센티브를 제공하지 않는다. 이러한 예에서 보듯이 인센티브와 위험부담 사이에는 일종의 상충관계(Trade Off Relationship)가 발생하며 효과적인 인센티브와 위험부담의 균형을 유지하는 것이 보수지급에서 가장 본질적인 문제라고 할 수 있다.

② 정보의 비대칭성을 완화하는 방법: 일반적으로 주인－대리인 관계에서 발생하는 정보의 비대칭적 상황에서 대리인과 주인의 이익을 일치시키는 방법으로는 다음과 같은 대안이 제시되고 있다.

　㉠ 신호 보내기(Singnalling): 대리인 스스로가 자신의 능력과 지식에 관한 정보를 주인에게 드러내는 방법

　㉡ 적격심사(Screening): 주인에게 차별화된 복수의 계약을 제공하여 대리인으로 하여금 선택하게 함으로써 능력과 지식에 대한 정보를 얻는 방법

　㉢ 다수의 대리인(Multiple Agents): 다수의 대리인을 고용함으로써 대리인 간의 경쟁, 상호통제, 정보의 제공 등을 피하는 방법

　㉣ 비대칭성 완화: 조직 내에서 정보체계(Information System)나 공동지식(Knowing Pool)을 구축하여 정보의 비대칭성 자체를 완화하는 방법

　㉤ 적절하게 고안된 인센티브를 제공: 가장 기본적이고 고전적인 방법으로 성과급의 도입 등

　㉥ 대리인의 능력과 업무성과에 관한 명성(Reputation)

개념더하기 청지기이론(Stewardship Theory)

청지기이론은 대리인이론과 달리 부하를 집단이기주의자, 친조직적, 그리고 신뢰할 가치가 있는 것으로서 묘사한다.

구분		대리이론	청지기이론
기본 전제	인간모델	경제적 인간	자기－실현적 인간
	행태	이기주의	집단주의
구별 기준	심리학적 메커니즘 · 동기	보다 낮은 서열/경제적 욕구 (심리학적, 안전, 경제적)	높은 서열 욕구 (성장, 성취, 자기－실현)
	사회적 비교	외부적, 다른관리자	내부적, 주인
	정체성	낮은 가치 몰입	높은 가치 몰입
	파워	제도적(합법적 · 강제적 · 보상적)	개인적(전부적 · 지시적)
	관리철학	통제 지향	연루 지향
	위험지향	통제 메커니즘	신뢰
구조적 메커니즘 · 시간프레임		단기	장기
	목적	비용 통제	성과 향상
	문화적 차이	개인주의, 높은 파워 거리	집단주의, 낮은 파워 거리

---

2. **거래비용경제학(Transactions Cost Economics) [시장 및 위계이론(Market & Hierarchies Theory) － 윌리엄슨(Williamson)]**

(1) **의의**: 의사결정에 따르는 비용을 최소화하기 위한 조직화 원리를 추구하는 이론으로 대리인이론을 조직이론에 적용한 것으로, 조직 내 · 외에서 이루어지는 거래(의사결정), 즉 소유자와 관리자, 관리자와 부하, 공급자와 생산자, 판매자와 구매자 간의 거래 등을 분석하여 그 비용을 최소화하려는 조직화의 원리를 찾는다.

(2) 거래비용의 개념: 윌리엄슨은 거래비용을 '경제제도를 운영하는 비용(조정비용, 협상비용, 분쟁관리비용, 보증비용)'으로 보고 있다. 그러나 노스(North)는 거래비용을 정보획득비용(속성측정비용과 감시, 통제, 집행비용)으로 본다.

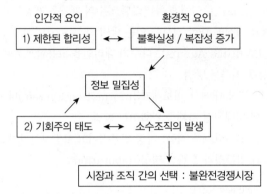

[환경의 불확실성과 시장실패의 원인]

(3) 거래비용 결정요소: 윌리엄슨 거래비용을 결정하는 요소로 제한된 합리성(Bounded Rationality), 기회주의(Opportunism), 자산전속성(특정성)*(Asset Specificity), 불확실성(Uncertainty), 거래빈도(Frequency)를 들고 있다.

한편 노스는 거래비용이 사회적·정치적·경제적 제도의 원천이며, 그중에서 법, 제도를 거래비용의 중요한 변수로 보고 있다. 이때 제도(Institution or Rules)란 사회에 적용되는 게임의 규칙으로 일상생활에 구조를 제공함으로써 불확실성을 감소시켜 준다.

> 거래비용＝f(자산전속성, 거래빈도, 불확실성, 법·제도·기술·시장)

(4) 거래의 내부화(조직통합)

① 시장이 관료제적 조직보다 효율적이려면 시장실패를 치유하는 데 소요되는 거래비용이 관료제적 조정비용**보다 적어야 한다.

② 시장에서 거래비용이 관료제적 조정비용보다 크면 거래비용 최소화를 위해 거래의 내부화가 이루어진다.

③ 조직의 계층제적 구조는 시장실패 상황에서 집단적 행동의 이익을 얻게 하는 수단이며, 기회주의의 발동을 억제한다.

④ 조직은 기회비용 최소화를 위해 시장기능이 완전경쟁상태에 가까워 효율적인 경우 시장메커니즘을 통해 필요한 자원을 조달하지만, 시장실패현상이 있는 경우 기업의 위계조직을 통해 필요한 자원을 조달하게 된다.

---

* 자산전속성(특정성)

자산특정성이란 자산의 성질상 거래의 대상이 그 사용처나 사용자를 쉽게 떠날 수 없어서 이를 억지로 떠나게 하는 경우 손해를 수반하는 정도를 의미한다. 예컨대 판매자가 물건을 특정한 사람이 아닌 다른 사람에게도 쉽게 팔 수 있고 또한 물건을 특정한 사람이 아닌 다른 사람으로부터도 쉽게 구입할 수 있는 경우는 자산의 특정성이 낮다. 자산특정성이 높을 경우 거래 당사자의 기회주의적 행동은 증가하게 되며 거래비용을 증가시킨다.

** 관료제적 조정비용

조직 내부적으로 합리성 제고, 기회주의 희석, 불확실성 제거에 소요되는 비용

| 시장에서의 거래비용 > 관료제 내부조정비용 | → | 조직통합이(거래의 내부화) 효율적 |
| 시장에서의 거래비용 < 관료제 내부조정비용 | → | 시장거래가 효율적 |

따라서 내부조직은 불확실성이 높은 환경에서 의사결정자의 제한된 합리성을 경제화(Economize)시켜 주는 존재이다.

(5) M형 조직(Multi-Divisionalized Organization; 다차원적 조직) → 조직 내 거래비용 최소화를 위한 조직형태

① 전통적인 기능별 조직인 U형 조직(Unitary Organization; 단일·단순 조직)과 대칭되는 조직으로, 기능의 유사성이 아니라 일의 흐름에 따라 편제된 흐름별 조직이다.

② 조직이 대규모화되어도 전통적인 조직과 달리 기능이 중첩되어 있어 부문 간 조정이 원활하다.

③ 오스트롬(Ostrom)의 다중공공관료제(다조직적 구조)나 구조적 상황론자인 민츠버그(Mintzberg)의 분화형태조직(Divisionalized Form; 수직적으로는 분권, 수평적으로는 분화)과 유사한 조직이다.

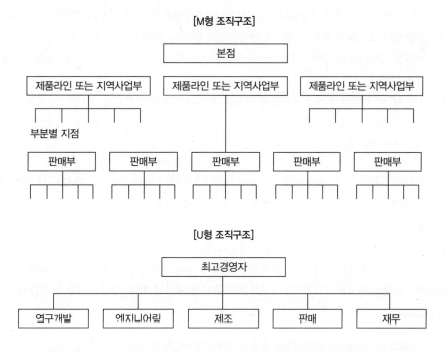

[M형 조직구조]

[U형 조직구조]

(6) 평가: 정부조직에 시장원리를 도입하여 거래비용의 최소화 가능성을 제시하고 공공부문 민간화의 이론적 근거를 제시한다는 장점이 있는 반면, 효율성 및 시장원리만을 강조한 나머지 민주성과 형평성을 고려하지 못한다는 한계를 지니고 있다.

4 전략적 선택이론, 자원의존론, 공동체 생태학이론

1. 전략적 선택이론

전략적 선택이론은 조직의 생존과 발전을 좌우하는 것은 환경이 아니라 관리자의 자율적 판단과 인지에 의하여 이루어진다는 입장, 즉 조직 내의 권력을 가진 자들에 의해 자율적으로 선택된 구조나 제도가 그 조직의 구조가 된다. 따라서 초점은 관리자의 의지와 상황에 집중되며 외부환경의 변화에 대한 자발적인 내부적응이 조직효과성의 주된 관건이 된다.

2. 자원의존이론

자원의존이론에서 조직은 조직의 생존에 필요한 자원이나 기능을 조직 내부에서 모두 확보할 수 없기 때문에 이러한 자원과 기능을 공급할 수 있는 조직 외부의 요소들과 거래관계를 형성해 나간다고 주장한다. 그리고 거래관계의 형성은 결국 조직과 환경 간의 상호의존을 발전시키고 이렇게 발전된 의존관계는 조직의 입장에서는 하나의 환경적인 제약요인으로 등장하게 된다.

자원의존이론 역시 최종 목표는 조직의 유효성을 증가시키는 것인데 조직의 환경에 대한 자원의존도와 불확실성을 감소시키는 것이 필요하다. 조직이 환경의 영향을 받는다는 것은 동일하나, 상황을 변화시킬 수 있다는 점에서 조직의 변화는 특정인의 의사결정의 산물로 본다.

또한 전략적 선택이론이 일반적 환경에 주목한 반면 자원의존이론은 개별적이고 구체적인 조직 간의 관계에 관심을 갖는다.

자원의존이론의 견해에서는 조직운영에 필요한 자원의 안정적인 흐름을 확보하고, 재화 및 서비스 교환에서 일어날 수 있는 미래의 불확실성을 감소시키는 등, 이에 따른 문제를 해결하기 위해 조직구조를 정비하고 관리능력을 제고해야 한다고 본다.

3. 공동체 생태학이론(Community Ecology), 공동전략이론(Collective Strategy) [전략적 네트워크이론, 조직 간 네트워크이론 – 비어드와 데스(Beard & Dess,1988)]

기존이론이 환경에 능동적으로 대처해 나가는 조직들의 공동적 노력을 설명하지 못함을 비판하고, 조직을 생태학적 공동체 속에서 상호의존적인 조직군의 한 구성원으로서 파악하였으며, 조직의 공동전략에 의한 능동적 환경적응과정을 설명한다. 조직들은 환경에 능동적으로 대처해 나가기 위하여 조직들 상호 간에 호혜적인 관계를 형성하고, 그러한 상호작용의 특성에 따라서 여러 가지 상이한 조직관계가 형성된다.

> **개념더하기** 조직들이 상호 간 호혜적 관계(공동전략)를 형성하는 이유
>
> - 필요성: 정부규제에 대응하기 위하여 조직 간 교환관계나 연합을 형성
> - 불균형: 중요 자원이 조직 간에 산재된 경우 이의 획득을 위해 조직 간의 관계를 형성
> - 호혜성: 공동 목표나 이익 추구를 위해 관계 형성
> - 효율성: 투입 대 산출의 비의 향상을 위해 관계 형성
> - 안정성: 자원의 희소성 등으로 유발되는 환경의 불확실성 감소를 위해 관계 형성
> - 정당성: 사회적 규범이나 신념에 부응하기 위해 관계 형성

더 알아보기

거시조직이론의 분류

1. 환경인식에 따른 분류 – 에스틀리와 반 데 벤(Astley & Van de Ven)

분석수준 \ 환경인식	결정론	임의론
개별조직	〈체제 구조적 관점〉 • 구조적 상황론(상황적응론)	〈전략적 선택 관점〉 • 전략적 선택이론 • 자원의존이론
조직군	〈자연적 선택 관점〉 • 조직군 생태학 이론 • 조직경제학 • 제도화이론	〈집단적 행동 관점〉 • 공동체 생태학 이론

2. 조직과 환경 간의 관계에 대한 이론의 분류 – 에스틀리와 반 데 벤의 변형

분석수준 \ 행동정향	환경결정론	수동적 적응론	자유의지론
미시적 수준	관료제 이론	상황적합이론	전략적 선택이론 자원의존이론
거시적 수준	조직경제학 조직개체군 생태학	제도이론	조직 간 관계론 공동체 생태학

출처: 김호섭 외, 『새조직행태론』, 대영문화사, 1999

(1) 결정론과 임의론
① 결정론적(Deterministic) 입장: 개인이나 조직의 행동은 환경의 구조적 제약에 의해 결정되고 조직은 이에 수동적으로 반응한다는 입장(실증주의자들의 시각). 인과론
② 임의론적(Voluntaristic) 입장: 개인이나 조직이 자율적으로 환경에 대해 행동하며, 적극적으로 환경을 형성한다고 보는 입장. 자발론
(2) 개별조직과 조직군이론
① 개별조직적 관점은 단위조직의 입장(구조적 상황론 등)을 의미
② 조직군 관점은 조직을 개체로 보지 않고 집합체(군)로 이해하는 입장(조직경제학 등)

	전통적 조직모형		현대적 조직모형	
단순성 (Simplicity)		• 환경 변화 없음 • 정태성 • 좋은 구조가 좋은 성과를 결정	복잡성 (Complexity)	• 환경 변수가 다양함 • 환경 불확실성 증가 • 무질서와 혼돈상태 • 혼돈 속의 질서
계선성 (Hierarchy)		• 명령통일원칙 • 단일구조 중시 • 고전적 관료제 모형 중시	이질적 계선성 (Heterarchic)	• 다원화된 명령계통 및 의사전달 통로 • 다원구조 중시
기계적 (Mechanical)		• 각각의 부분들이 각각의 독립된 기능을 수행 • 조직 = 기계, 구성원 = 부품, 최고관리층 = 머리, 집행자 = 손, 발	홀로그램적 (Holographic)	• 전체와 부분의 연결 • 자기조직화의 원리 • 현장에서 암묵지가 창의성을 제고 • 결정과 집행의 이원적 구분을 부정함 • 각 단위들이 자율적으로 과제 수행
선형적 인과성 (Linear Causality)		• 원인과 결과가 명확 • 자연현상 = 사회현상	상호적 인과성 (Mutual Causality)	• 준인과적 관계 • 비선형성 강조 • 변수 간 상호 영향을 미치는 상관관계 중시 • 순환고리 • 변증법적 인과관계
결정적 (Determinate)		원인이 반드시 존재함	비결정적 (Indeterminate)	원인이 반드시 존재하지 않을 수 있음
조립적 (Assembled)		• 조직 = 기계 • 부분의 합 = 전체	형태적 (Morphogenic)	• 조직 = 생물학적 유기체 • 부분의 합과 전체가 불일치할 수 있음
객관적 (Objective)		• 조직은 객관화된 실체 • 실재설	관점적 (Perspective)	• 조직은 명목적 · 주관적 • 관념적인 구성주의에 입각

5 혼돈이론(카오스이론, 복잡성이론, 비선형동학)

1. 의의

혼돈이론은 카오스(Chaos)를 연구하여 폭넓고 장기적인 변동의 경로와 양태를 찾아보려는 접근 방법이다. 예측불가능한 현상, 무질서하게 보이는 복잡한 현상의 배후에는 정연한 질서가 감추어져 있음이 밝혀지는데, 그 법칙의 전모를 밝히는 것이 카오스 연구의 목적이다. 혼돈이론이 강조하는 것은 결정론적인 비선형적 · 역동적 체제에서의 불규칙적인 행태에 대한 질적 이론으로, 행정학에서도 복잡성과 불확실성이 갈수록 심화되는 상황에 대응하는 노력의 일환으로 혼돈이론을 발전시키고 있다.

2. 혼돈이론의 대상으로서 혼돈의 개념

(1) 불안정하고 불규칙적인 혼돈상태: 혼돈이론의 대상인 혼돈상태는 예측 · 통제가 아주 어려운 복잡한 현상(행태 · 거동)이다. 이는 시간의 흐름에 따라 비선형적으로 변동하는 역동적 체제이며, 불안정적이고 불규칙하기 때문에 고도로 복잡하다.

(2) **결정론적 혼돈(Deterministic Chaos)**: 완전한 혼돈이 아닌 한정적인 혼돈이며, 질서 있는 무질서 (Orderly Disorder)이다. 우연과 필연이 공존하며, 그것 나름대로 하나의 체계나 질서라고 할 수 있다. 개별 요소와 사건들은 예측이 곤란하지만, 넓고 장기적 시각에서 변화 양태를 파악할 수 있다. 혼돈이론의 연구를 통해 처음에는 혼돈상태인 것 같던 현상에서 어떤 질서를 발견하고 예측가능성도 높일 수 있다.

(3) **초기민감성을 가진 혼돈**: 처음에 입력하는 데이터인 초기적 조건을 조금만 바꿔도 그 결과가 큰 폭으로 변한다면 초기민감성이 높다는 것을 의미한다. 혼돈은 초기조건들의 사소한 변화에도 서로 전혀 다른 방식으로 반응하는 현상이다. 혼돈의 초기민감성을 나비효과(Butterfly Effect)라고도 한다.

개념더하기 선형성과 비선형성의 차이점

선형관계	비선형관계
주어진 원인은 단지 하나의 결과만을 갖는다.	주어진 원인이나 행동은 여러 가지 다른 영향이나 결과를 초래할 수도 있다.
부분의 합이 곧 총합이라는 점에서 부가적 특질을 갖는다. 선형체제는 부분 구성요소로 쪼개어질 수 있고, 각 부분 구성요소를 연구하고 설명한 후 이를 다시 결합하면 전체에 대한 설명을 할 수 있다.	부분의 합은 총합보다 크기 때문에 시너지 효과를 보인다. 따라서 전체로서의 체제가 나타내는 행태의 패턴을 이해하려면 전체적 혹은 체제적 접근법을 택해야만 한다.
초기조건에 민감한 반응을 보이지 않는다.	초기조건에 고도로 민감한 반응을 보이며, 체제의 사소한 오차나 오류가 체제의 행태에 엄청난 질적 변화를 일으키는 방향으로 증폭될 수 있다.

---

3. 혼돈이론의 주요 특징

혼돈이론은 혼돈 야기의 조건과 진행경로를 이해하고 혼돈 속의 규칙성을 발견하여 혼돈의 미래를 예측하려 한다.

(1) **장기적인 행태변화의 일반적 성격을 탐구하는 질적 연구에 역점을 둔다**: 복잡한 문제에 대한 질서와 무질서, 균형과 불균형, 안정과 변화 등의 상반된 두 측면을 통합적으로 인식한다. 또한 혼돈이론은 복잡한 문제를 단순화하려 하지 않고 사소한 것처럼 보이는 조건들도 생략하지 않고 복잡한 현상을 있는 그대로 파악하려 한다. 따라서 복잡한 문제를 단순화하려는 계량적 연구를 비판하고 질적 연구를 추구한다.

(2) **대상체제, 즉 행정조직은 개인과 집단, 그리고 환경적 세력이 교호작용하는 복잡한 체제이다.**

(3) **혼돈을 발전의 불가결한 조건으로 이해하여, 회피와 통제의 대상보다는 긍정적 활용대상으로 삼는다.**
  ① 조직의 자생적 학습능력과 자기조직화 능력을 전제한다.
  ② 혼돈이론의 처방적 선호는 반관료제적이다. 전통적 관료제 조직의 통제중심적 성향과 구조적 경직성을 타파하여 창의적 학습과 개혁을 촉진하기 위해서 제한적 무질서를 용인하고, 필요하다면 이를 의식적으로 조성해야 한다고 처방한다.
  ③ 혼돈정부는 자연과학의 혼돈이론이나 비선형역학을 정부조직에 적용한 것이다.

1. 자생적 학습능력
   (1) 단일고리학습: 조직의 기본적인 가정이나 규범, 목표에는 변화 없이 기존의 규칙과 행동방식을 정교화하고 개선하는 학습으로 기존의 운영규범이나 지식체계 하에서의 오류를 발견하고 수정해 나간다(부정적 환류). 체제이론에서 중시되는 학습으로 학습효과가 국소적이다.
   (2) 이중순환(고리)적 학습: 지배적인 가치나 규범, 전략에 의문을 품고 새로운 조직 가치와 규범, 전략, 행위 방안 등을 도입해 나가는 학습으로 근본적인 사고방식의 전환이나 기본가정상의 획기적인 전환을 가져온다(긍정적 환류). 혼돈이론에서 중시되며 근본적인 사고방식의 전환으로 전면적인 학습효과가 나타난다.

2. 자기조직화
   자기조직화란 생명체가 계속적으로 스스로를 쇄신하며 체제적 통합성을 유지할 수 있도록 변동과정을 통제하는 것을 의미한다. 따라서 자기조직화란 한편으로는 체제의 항상성을 유지하면서, 다른 한편으로는 지속적으로 변화하고 환경과 더불어 창조를 계속하는 특성이다.

4. 평가

복잡한 행정조직체제를 연구하는 데 유용한 안목을 제공한다. 복잡한 체제의 총체적 이해를 촉진할 수 있는 관념적 틀을 제공한다고 볼 수 있다. 그러나 아직까지 경험적 연구와 현실세계에서의 적용에 필요한 길잡이를 제공한다고는 볼 수 없다. 학제적 연구의 통합도 이루지 못하고, 관념적 혼란도 해소하지 못하고 있다는 평가가 제기된다.

CHAPTER 02 조직구조

01 조직구조와 유형

1 조직구조의 의의

1. 조직구조의 개념

조직구조는 권위관계(Authority Relationship)나 통제체계(Control System) 등에서 나타나는 조직 내 사람들 간의 체계화된 상호관계의 패턴을 의미한다.

2. 조직구조 구성요소

(1) 역할: 사회적인 관계에서 어떤 위치를 차지하는 사람들이 해야 할 것으로 기대되는 행동이나 행위의 범주를 의미한다. 역할은 조직 내에서 일, 직무, 업무, 임무 및 기능이라고 표현하기도 하며, 특정한 역할은 관련되는 다른 역할들과 결부되어 규정된다. 이러한 역할은 역할 담당자들이 달라지더라도 일정한 속성을 가지며 유사성과 규칙성, 예측가능성을 갖는다.

(2) 지위: 지위는 특정 조직에 있어서 계층적 서열·등급·순위를 나타내며, 지위의 차이가 보수와 편익, 권한과 책임 차등의 근거가 된다.

(3) 권한과 권력: 조직구성원들이 유형화된 상호작용을 하기 위해 필요한 요소들로서 전자(권한)는 조직의 규범에 의하여 그 정당성이 승인된 권력을 의미하며, 후자(권력)는 개인 또는 조직단위의 형태를 좌우할 수 있는 능력을 의미한다.

(4) 규범: 역할, 지위, 권력의 실체와 상호관계를 당위적으로 규정하는 것을 말한다. 규범이 행동의 보편화된 기준이라면, 역할은 더 분화된 행동의 처방이라 할 수 있다

2 조직구조의 기본변수(공식성, 집권성, 복잡성)

1. 공식성

(1) 개념: 공식화는 업무의 수단과 목적이 문서화된 혹은 비문서화된 규제를 통해 분명하게 특정되어 문서화되는 것이다.

(2) 공식성의 증가: 조직의 규모가 클수록, 단순하고 반복적인 직무일수록, 안정적인 환경일수록, 집권화된 조직일수록, 외부로부터 감시와 통제가 많을수록 공식성이 높아진다.

(3) 필요성과 문제점

필요성(장점)	단점
• 다양한 조직구성원의 행위를 정형화함으로서 구성원의 행위 통제 • 매뉴얼화를 통해 업무 시간과 노력이 절감 • 불확실성을 감소시켜 행동의 예측과 통제 가능성을 높임 • 행정의 일관성과 안정성을 유지하며 공정하고 공평한 과업 수행 • 일상적인 업무의 대폭적인 하부위임 가능 • 관리자의 직접적인 감독 필요성 감소	• 민주적 가치와 관련해서 공식화는 개인적 자유, 평등, 반응성과는 크게 배치 • 공식화는 조직구성원들이 누구이고, 이들이 무슨 업무를 수행하든지 간에 이들의 행위를 통일시켜, 결과적으로 조직구성원들의 평등을 감소시킬 수 있음 • 공식화는 조직구성원로 하여금 규칙 자체를 위해 규칙을 준수하는 현상을 심하게 유발[동조과잉(목표대치현상)] • 유동적 상황 하에서 탄력적 대응력 저하

2. 집권성(집권화, 분권화)

(1) 개념: 어떤 조직에서는 결정권한이 상위수준인 관리자에게 있어 하위수준의 관리자들은 단지 상위수준의 관리자가 제공한 지침만을 수행하는 역할로 받아들여진다. 한편, 또 다른 조직에서는 의사결정권이 행정서비스를 직접 제공하는 활동을 담당하고 있는 하위수준의 관리자에게로 이전되어 있기도 하다. 전자의 경우를 집권화라고 하고, 후자의 경우를 분권화라고 한다.

(2) 집권화와 분권화의 요소

집권화의 요소	분권화의 요소
• 소규모인 경우에는 집권화의 필요성이 크다. • 역사가 짧은 조직에서는 집권화의 필요가 많다. • 동일 내용의 업무를 동일한 방법으로 취급하기를 원한다면 집권화의 필요성이 크다. • 환경을 위기로 인식하면 이에 대처하기 위해 집권화의 필요성을 느끼게 된다. • 상하 구성원 간에 능력의 차이가 커 하부층은 능력이 매우 미약하고, 상부층 직원들이 주로 유능한 자들로 구성되어 있는 경우에는 집권화할 수밖에 없다. • 일반적으로 집권적 관리가 분권적 관리에 비해 경비가 적게 든다(규모의 경제). • 리더의 권력욕의 정도, 제도보다 자기 개인의 영향력이 많이 미쳐야 된다고 생각하는 정도, 공격적이고 활동적인 리더십의 정도가 강할수록 집권화된다. • 교통 · 통신 및 정보통신기술의 발달로 의사결정이 필요한 정보가 집중될 때 집권화 된다.	• 대규모 조직이 분권화의 필요성이 더 크다. • 오래된 조직에서는 분권화하기 용이하다. • 업무를 분권화하여 처리하게 되면, 집행 면에서 많은 절차와 문서가 간소화되고, 더 신속한 운영을 할 수 있게 된다. • 지방의 실정에 적합한 결정을 할 수 있기 위해서는 분권화가 필요하다. • 일선, 지방, 또는 하위계층의 직원들에게 장차 더 높은 계층의 관리자로 일할 수 있는 능력을 배양하게 하기 위하여 이들에게 미리 권한을 위임해 주어서 경험을 쌓도록 하는 것이 필요하다. • 분권화는 하위층 사람들의 사기앙양을 위해서도 필요하다. • 분권화는 관리의 민주화를 실현하기 위해서도 필요하다. • 환경이 불확실하여 격동적인 환경에 신속하게 대응하고자 할 때 분권화 된다. • 인적 전문화 및 조직 구성원의 능력 향상을 도모하고자 할 때 분권화 된다. • 조직이 기술수준의 고도화에 대응하고자 할 때 분권화 된다.

3. 복잡성

(1) 개념: 복잡성에는 두 가지 구성요소가 있다.

① **기술적 복잡성**: 기술적인 섬세함과 생산시스템이 예상가능한 정도를 의미한다.

② **구조적 복잡성**: 홀(Hall)은 이런 구조적 복잡성에 대해 수평적 분화(Horizontal Differentiation), 수직적 분화(Vertical Differentiation), 공간(장소)적 분산으로 다시 나누어 설명하고 있다.

(2) 복잡성의 가설적 특징

① 복잡성이 높을수록 조직몰입도는 낮아진다.

② 복잡성이 높을수록 유지관리조직의 규모가 커짐에 따라 행정농도가 높아진다.

③ 복잡성이 높을수록 통솔범위는 좁아진다.

④ 조직이 복잡해지면 사업변동률이 증가한다.

⑤ 조직이 복잡해지면 개혁의 착안단계에서는 유리하지만(다양한 혁신적 아이디어의 개발), 개혁의 시행단계에서는 불리하다(조정과 통합의 어려움).

⑥ 사업의 범위가 넓을수록 수평적 분화가 촉진되고, 난이도(곤란성)가 클수록 수직적 분화가 촉진되어 조직은 복잡해진다.

(3) 복잡성의 주요 요소

① 수평적 분화는 조직이 수행하는 업무를 조직구성원들이 횡적으로 분할하여 수행하는 양태를 말한다. 이러한 수평적 분화는 크게 직무전문화와 부문화로 다시 세분되어 고찰할 수 있다. 직무전문화가 되면 될수록 그 조직은 더욱 복잡성을 띠게 된다. 조직 내에 집단화해야 할 전문적인 지식이나 기술을 필요로 하는 직무의 수가 많으면 많을수록 부문화는 많아지고 그 조직의 복잡성은 더욱 높아지게 된다.

② 수직적 분화는 조직구조에 있어서 계층의 수, 즉 권한계층의 최상층부터 최하층에 이르는 계층의 수를 증가시키는 것으로 이런 수직적 분화가 증가될수록 복잡성이 증가한다.

③ 공간적 분산의 지표로는 공간적으로 분리된 업무수행장소의 수, 물적 시설이 장소적으로 분산되어 있는 정도를 말하며, 분산된 시설과 주사무소의 거리, 공간적으로 분산된 인원수 등을 들 수 있다.

개념더하기 ▶ 직무설계(Job Design)

- 개념: 조직을 구성하는 기본요소인 직위가 담당하는 직무를 설계
- 전문화(분업)의 원리: 수평적 측면인 직무의 범위와 수직적 측면인 직무의 깊이를 결정

구분		수평적 분화(전문화)	
		높음	낮음
수직적 분화 (전문화)	높음	비숙련업무	일선관리업무
	낮음	전문가적 업무	고위관리업무

---

4. 조직구조의 주요 변수들 간의 관계

(1) 복잡성 또는 분화는 그 자체의 수준만으로 공식화에 영향을 미치는 것이 아니라, 복잡성 또는 분화의 방향이 수직적이거나 수평적인 경우에 따라서 공식화에 영향을 미친다.

(2) 복잡성과 집권화는 대체로 상호 반대관계를 보이는 경향이 있다.

(3) 공식화와 집권화의 관계는 분명하지 않으며, 아래 표와 같이 조직의 특성에 따라 다르게 나타난다.

공식화/집권화	낮음(분권화)	높음(집권화)	비고
낮음	전문가 조직 (업무와 관련한 기술적 문제처리)	전문가 조직(전략적 조직 의사결정 관련, 고위관리업무)	유기적 조직
높음	• 전문가 조직(인사관리문제 관련) • 일반조직(사업부제)	단순작업적 조직 (비숙련업무)	기계적 조직
비고	높은 의사결정 참여	낮은 의사결정 참여	참여 수준

3 조직구조의 유형

조직구조를 다양하게 나눌 수 있지만 여기서는 기계적 구조와 유기적 구조를 중심으로 논의한다.

1. 기계적 구조와 유기적 구조

(1) **기계적 구조**: 기계적 구조는 안정적인 환경, 반복적인 정형화된 업무를 다루는 조직에 효과적이기 때문에 높은 전문성·공식성을 가진 조직, 높은 복잡성, 집권화된 구조, 수직적 구조 등과 친화성을 가진다. 엄격하게 규정된 직무, 많은 규칙과 규정, 집권적 권한, 분명한 명령체계, 좁은 통솔범위, 낮은 팀워크를 지닌 조직으로 내적 통제에 따른 예측가능성이 높다는 장점이 있다.

(2) **유기적 구조**: 유기적 구조는 동적이고 선례가 없는 비정형화된 업무에 효과적인 조직구조이기 때문에 낮은 공식성, 낮은 수직적 분화의 특성을 가지며 업무가 전문화에 의하여 명확하게 구분되지 않기 때문에 중복성이 있는 전문가로 구성된 조직과 친화성을 가진다.

[기계구조와 유기구조(번스와 스토커, Burns & Stalker)]

구분	기계적 구조	유기적 구조
기본변수	복잡성, 공식성, 집권성↑	복잡성, 공식성, 집권성↓
장점	예측가능성	적응성
조직 특성	• 좁은 직무범위 • 표준운영절차(SOP) • 분명한 책임 관계, 계층제 • 낮은 팀워크 • 공식적·몰인간적 대면 관계 • 좁은 통솔범위	• 넓은 직무범위 • 적은 규칙·절차 • 모호한 책임 관계, 분화된 채널 • 높은 팀워크 • 비공식적·인간적 대면 관계 • 넓은 통솔범위
상황 조건	• 명확한 조직목표와 과제 • 단순한 분업적 과제 • 성과측정이 가능 • 금전적 동기부여 • 권위의 정당성 확보	• 모호한 조직목표와 과제 • 분업이 어려운 복합적 과제 • 성과측정이 어려움 • 복합적 동기부여 • 도전받는 권위
조직	관료제	탈관료제

2. 다프트(Daft)의 조직구조 유형

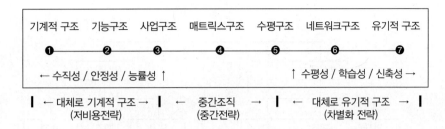

다프트는 조직구조의 유형을 기계구조와 유기구조로 나누고 양극단 사이를 기능구조, 사업구조, 매트릭스구조, 수평구조, 네트워크구조로 분류하여, 어떠한 조직구조가 배타적으로 기계적 구조 또는 유기적 구조에 해당하는 것이 아니라 연속되는 개념으로 이해한다(❶ → ❼로 갈수록 유기적 구조).

(1) 기계적 구조(Mechanistic Structure): 고전적이고 전형적인 관료제조직(M. Weber)으로서 엄격한 분업과 계층제, 명확히 규정된 직무, 많은 규칙과 규정(높은 공식화와 표준화), 비정의성, 집권화, 분명한 명령복종체계, 좁은 통솔범위, 낮은 팀워크, 경직성, 내적 통제의 강화, 폐쇄체제 등이 특징이다.

(2) 기능구조(Functional Structure)

① **특징:** 조직 전체 업무를 공동 기능별(인사, 회계)로 조직화한 형태이다.

② **장점**

　㉠ 전문화의 이점이 극대화됨

　㉡ 동일 기능에 동일 자원을 사용함으로써 낭비와 중복을 막을 수 있음(규모의 경제실현)

　㉢ 부처 인원이 동질적이기 때문에 부처 내 의사소통과 일치감이 높음

　㉣ 수평적 조정의 필요성이 낮을 때 효과적임

③ **단점**

　㉠ 부처할거주의 발생(기능 간 조정이 어려움)

　㉡ 환경변화에 둔감(기능전문화에 따른 비효율 발생)

　㉢ 전문화된 무능이 나타남

(3) 사업구조(Divisional Structure), 산출물 구조, 전략사업 단위구조

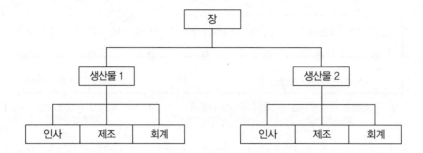

① 특징
  ㉠ 사업구조는 산출물에 기반을 둔 조직구조 유형이다.
  ㉡ 특정 지역, 특정 고객, 한 제품에 집중할 수 있게 모든 기능적 직위가 부서 내에 배치된 자기완결적(Self-Contained Unit) 구조이다.
  ㉢ 기능구조보다 분권적인 조직구조를 가진다.
  ㉣ 불확실한 환경, 외부 지향적 조직 목표를 가진 조직, 비정규적인 조직기술을 사용하는 조직에서 효과적이다.

② 장점
  ㉠ 산출물 내(부서 내) 각 기능 간 조정이 잘 이루어진다.
  ㉡ 자기완결적 기능 단위로 기능 간 조정이 용이하므로 환경변화에 신축적·대응적이다.
  ㉢ 특정 산출물별로 운영되기 때문에 다양한 고객만족도를 제고할 수 있고, 성과에 대한 책임성 소재가 분명하여 성과관계에 유리하다.

③ 단점
  ㉠ 각 기능의 중복으로(인사담당이 분산) 낭비와 비능률을 내포하고 있다.
  ㉡ 사업구조의 부서 내 조정은 증진되지만, 자율적으로 운영되는 부서 간의 조정은 어려워진다.
  ㉢ 산출물 간 경쟁이 발생하면 조직 일체감이 손상된다.

(4) 매트릭스구조(Matrix Structure)

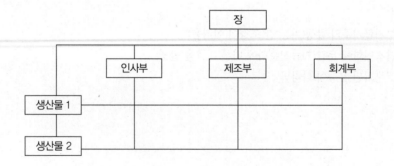

① 특징
  ㉠ 기능구조와 사업구조를 화학적(이중적)으로 결합하여 이중적 권한구조를 가지는 조직구조로, 기능부서의 전문성과 사업부서(프로젝트구조)의 신속한 대응성을 결합한 조직이다.

ⓒ 이원적 권한 체계(Dual Line of Authority)를 갖는다. 즉, 조직구성원은 동시에 두 상관에게 보고하는 체계를 가진다. 따라서 탁월한 인간관계 기술이 필요하다.

ⓒ 조정 곤란이라는 기능구조의 단점과 비용 중복이라는 사업구조의 단점을 해소하려는 조직으로 수직적으로는 기능부서의 권한이 흐르고, 수평적으로는 사업구조의 권한구조가 지배하는 입체적 조직이다.

② 매트릭스(행렬) 조직구조의 탄생조건

ⓐ 매트릭스 조직구조가 유용한 경우는 두 가지 영역의 문제에 동일한 비중의 관심을 기울일 때이다.

ⓑ 고도의 정보처리능력이 요구되는 상황과 하나의 자원이 동시적으로 충족될 때이다.

ⓒ 무엇보다도 중요한 조건은 새로운 기능을 기존 조직체계 내에서 하나의 단위가 해결할 수 없는 경우에 창조될 수 있다.

③ 장점

ⓐ 부족한 자원을 공유해야 할 때 효과적이다.

ⓑ 외부환경의 불확실성에 대해 신축적 대응성을 갖출 수 있다.

ⓒ 개인들은 다양한 경험을 통해 전문기술의 개발과 더불어 좀 더 넓은 시야와 목표관을 가질 수 있어 동기부여 효과가 있다.

④ 단점

ⓐ 이중 권한 체계로 인해 기능부서와 사업부서가 갈등이 발생할 경우 개인은 혼란, 갈등에 빠진다.

ⓑ 갈등해결에 요구되는 시간과 비용으로 조정비용이 발생한다.

(5) 수평구조(Horizontal Structure)

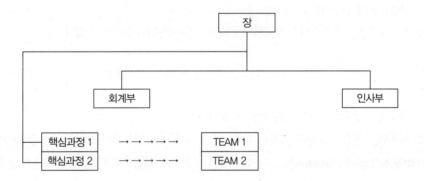

① 특징

ⓐ 수평구조는 핵심업무 과정을 중심으로 조직화하는 방식이다.

ⓑ 특정 업무 과정에서 일하는 사람들을 하나의 팀으로 모아 의사소통과 조정을 증진시키는 구조이다. 팀은 자원사용권과 의사결정권을 가지며 팀 전체의 책임은 과정 조정자가 진다.

ⓒ 과거에는 태스크포스, 교차 기능팀이 시도되었고 최근에는 상설팀이 조직 전반에 도입되었다.

② 장점

ⓐ 고객 수요 변화에 신속하게 대응함으로써 조직의 신축성을 크게 제고할 수 있다.

ⓑ 부서 간의 경계가 없어 조직전체의 관점에서 업무를 이해하게 되고 팀워크와 조정에 유리하다.

ⓒ 조직 구성원들에게 자율관리, 의사결정 권한과 책임을 위임함으로써 사기진작, 동기부여의 수단이 된다.

③ 단점

　　㉠ 핵심적인 업무가 무엇인가에 대한 사전 분석이 필요하고, 자율적인 문화, 창의적인 사고를 가진 조직인을 필요로 한다.

　　㉡ 팀원들의 무임승차 현상이 발생하게 되면 업무의 공동화 현상이 나타날 수 있다.

(6) 네트워크조직(Network Structure)

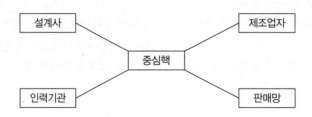

① 특징

　　㉠ 조직의 자체 기능은 핵심역량 위주로 합리화하고 여타 부수적인 기능은 외부기관들과 계약관계를 통해 연계하여 수행하는 유기적인 조직이다.

　　㉡ IT기술의 확산으로 가능하게 된 조직으로 연계된 조직 간에는 수직적 계층구조가 존재하지 않으며 자율적으로 운영된다.

② 장점

　　㉠ 전 지구적으로 최고 품질과 최저 비용의 자원들을 활용할 수 있으면서도 대단히 간소화된 조직구조를 갖는다.

　　㉡ 환경변화에 신축적이고 신속한 대응이 가능해진다.

　　㉢ 가치창조업무에 집중하기 때문에 사기부여, 직무만족을 유도할 수 있다.

③ 단점

　　㉠ 계약관계에 있는 외부기관을 직접 통제하기 어렵다. 여러 외부 기관들과의 협력에 따른 대리인 문제가 발생한다.

　　㉡ 제품의 안정적 공급과 품질관리에 어려움이 있다.

　　㉢ 모호한 조직경계에 따라 조직의 정체성이 약해 응집력 있는 조직문화를 가지기 어렵다.

(7) 유기적 구조(Organic Structure): 가장 유기적인 조직으로 학습조직이 대표적이다. 학습조직은 공동의 과업, 소수의 규칙과 절차(낮은 표준화), 비공식적이고 분권적인 의사결정, 구성원의 참여, 지속적인 실험(시행착오) 등이 특징이다.

조직구조의 기본변수에 영향을 미치는 상황변수로는 조직의 규모, 기술, 환경, 권력, 전략, 문화 등 다양하게 제시되고 있다.

1 규모

1. 개념

조직의 규모는 일반적으로 조직을 구성하는 '조직구성원의 수'로 측정하지만, 과업의 크기, 조직책임의 범위로 측정하기도 하며, 기타 물적 수용능력, 인력, 투입 또는 산출 및 자원 등으로도 측정된다. 이러한 측정지표의 변화는 상황변수인 조직규모에 영향을 미치고 이것은 또다시 조직의 기본변수에 영향을 미친다.

2. 특징

(1) 규모와 복잡성의 관계는 정(+)의 관계를 가진다. 규모가 커지면 커질수록 수직적 계층의 수는 증가하고, 수평적 분화도 늘어난다.

(2) 규모와 집권화의 관계는 부(−)의 관계를 가진다. 규모가 커짐에 따라 한 사람의 관리자가 전체를 통제하는 것은 불가능하다. 따라서 규칙과 규정에 근거한 권한위임(분권화)이 더욱 많이 이루어질 가능성이 있다.

(3) 규모가 커지면 유지관리부문이 많아져 행정농도가 높아진다(반대의 견해도 있음).

(4) 규모가 커질수록 공식성이 높아지고, 구성원의 비인간화, 사기 저하, 조직몰입도 저하, 응집도 저하 등 역기능을 초래한다.

2 기술

1. 의의

(1) **개념**: 조직에 있어서 기술이란 '조직 내에서 투입물을 산출물로 변환시키는 전환과정에서 사용하는 지식, 정보, 도구, 기법 등'의 총체를 의미한다.

(2) **기술적 복잡성과 구조**: 조직은 자기가 사용하는 기술에 따라서 그에 알맞은 구조 또는 체계를 갖추어야 효과성을 올리는 데 도움이 된다. 이런 의미에서 기술과 구조 간 논의는 전통적인 이론과 같이 모든 조직에 적용하는 획일적인 이론을 제시하지 않고, 조직별로 그 이론이 달라야 한다.

2. 기술유형

(1) 톰슨(J. Thompson)의 기술유형

① **분류기준(기술과 상호의존성)**: 톰슨에 의하면 기술이 조직의 내부적 상호의존성(구조)을 규제한다고 하면서 기술을 다음과 같이 분류하고 있다.

길게 연결된 기술	여러 행동이 순차적으로 의존관계를 이루는 경우로서 상품을 대량생산할 때 유용하다. 부서 간 상호의존성은 연속적(Sequential) 의존관계가 발생한다(자동차부품조립, 대량생산조립라인).
중개적 기술	조직이 상호 의존하기를 원하는 고객들을 연결하는 기술을 말한다(은행, 우체국, 보험회사, 전화회사, 직업소개소 등).
집약적 기술	특정 대상물에 변화를 가져오기 위하여 다양한 기술이 적용되는 경우를 말한다(종합병원, 연구실험실, 전쟁 시 전투부대).

② **상호의존성**: 톰슨은 이상과 같이 기술을 분류한 다음에 이와 조직구조의 관계를 규명하고자 했다. 그는 조직의 구조는 내부적 상호의존성이라 보고, 다시 다음과 같은 세 가지 유형이 있다고 보았다.

순차적 상호의존성	이것은 부분들 사이에 직접적인 의존관계가 있으며, 그 성질의 한 부분이 특정 단계의 일을 완성하면 그것이 다른 부분의 투입으로 작용하는 관계를 통하여 성립하는 것을 말한다.
집단적 상호의존성	이것은 구조의 일부가 책임을 적절히 수행하지 않으면 전체조직이 위기에 직면하게 되고, 따라서 여타 부분이 곤란을 받게 되는 것을 말한다.
교호적 상호의존성	이것은 한 부분의 생산이 다른 부분의 투입으로 작용하고, 동시에 후자의 산출이 전자의 투입으로 작용하는 경우이다.

③ **결론**: 이상 세 가지 상호의존성의 관계를 보면 모든 조직은 집단적 상호의존성을 가지고 있으며, 좀 더 복잡한 조직은 집단적 상호의존성과 순차적 상호의존성을 가지고 있다. 또 가장 복잡한 조직은 집단적 상호의존성, 순차적 상호의존성, 교호적 상호의존성의 세 가지를 모두 가지고 있다. 이러한 세 가지 상호의존성은 조정의 난이도의 시각에서 보면, 집단적 상호의존성의 조직에서는 조정이 비교적 용이하고, 순차적 상호의존성의 조직은 중간이며, 조직에서 교호적 상호의존성의 조정이 가장 곤란하다. 한편 이상 세 가지의 상호의존성은 필요한 조정의 내용을 의미하며, 각각 다음과 같은 조정방법을 쓰게 된다고 한다.

ⓐ 집단적 상호의존성 하에서는 '표준화에 의한 조정'을 필요로 한다.

ⓑ 순차적 상호의존성 하에서는 '계획에 의한 조정'을 필요로 한다.

ⓒ 교호적 상호의존성 하에서는 '상호적응에 의한 조정'을 필요로 한다.

이상 톰슨의 이론모형을 요약하면 아래 표와 같다.

기술	구조	조정방법	복잡성	공식화	조정난이도
길게 연결된 기술	순차적 상호의존성	계획에 의한 조정	중간	중간	중간
중개적 기술	집단적 상호의존성	표준화에 의한 조정	낮음	높음	용이
집약적 기술	교호적 상호의존성	상호적응에 의한 조정	높음	낮음	가장 곤란

(2) 페로우(Perrow)의 기술유형론

① 의의: 페로우는 문제의 분석가능성(전환과정에 적용되는 표준적 · 객관적 절차의 수립가능성)과 과업의 다양성(전환과정에서 발생하는 새로운 사건의 발생빈도) 차원에 따라 기술을 4가지로 구분한다.

구분		과제 다양성	
		낮음(소수의 예외)	높음(다수의 예외)
분석 가능성	낮음 (불가능)	장인기술(Craft): 고급유리그릇 생산 • 대체로 유기적 • 중간의 공식화 • 중간의 집권화 • 중간의 통솔범위 • 작업 경험 • 수평적, 구두 의사소통	비일상적 기술(Non-Routine): 새로운 프로젝트 • 유기적 구조 • 낮은 공식화 • 낮은 집권화 • 적은 통솔범위 • 훈련 및 경험 • 수평적 의사소통, 회의
	높음 (가능)	일상적 기술(Routine): 표준화된 제품 생산 • 기계적 구조 • 높은 공식화 • 높은 집권화 • 넓은 통솔범위 • 작업 경험 • 수직적, 문서 의사소통	공학기술(Engineering): 자동차 엔진 생산 • 대체로 기계적 • 중간의 공식화 • 중간의 집권화 • 중간의 통솔범위 • 공식훈련 • 문서 및 구두 의사소통

② 루틴과 구조: 페로우는 기술의 개념을 조직 속의 의사결정자인 개인 차원에서 파악하고 있다.

　㉠ 기술의 개념
　　• 루틴이라고 하는 것은 첫째, 확립된 기술이 있어서 그것만 적용하면 업무의 완전한 수행이 보장된다는 것을 의미하고, 둘째, 이 기술의 적용대상이 되는 원료도 본질적으로 항상 유사한 것들이라는 것을 의미한다.
　　• 비루틴이라고 하는 것은 확립된 기술이 없어서, 어떤 방법을 적용하여도 그 결과가 불확실하다는 것을 의미한다. 또 원료도 표준화되어 있지 않거나 고객이 다양한 주문을 하기 때문에 업무에 다양성이 있어야 하는 경우를 의미한다.

　㉡ 기술과 구조: 이상과 같은 기술개념이 구조, 즉 집단들의 재량성, 그들의 권력, 집단 내에 있어서의 조정방법, 집단 간의 상호의존성과 어떤 관계를 갖는지를 보면, 각 조직은 그들의 기술의 차이에 따라서 구조도 다르게 설정하는 것이 효율적이다.

구분		재량범위	권력	조정	집단권 의존도
장인기술	중간관리층	소	약	계획	저
	하급관리층	대	강	환류	
일상기술	중간관리층	소	강	계획	저
	하급관리층	소	약	계획	
비일상기술	중간관리층	대	강	환류	고
	하급관리층	대	강	환류	
공학기술	중간관리층	대	강	환류	저
	하급관리층	소	약	계획	

③ 결론

   ⊙ 일상기술은 기계적 구조, 비일상기술은 유기적 구조, 공학기술은 대체로 기계적 구조, 장인기술은 대체로 유기적 구조가 효과적이다. 결국 각 조직(부서)들은 상이한 조직 기술을 사용하면서 그에 맞는 조직구조를 요구한다는 점이다.

   ⓒ 대체로 조직전반이 제조(생산, 집행)기술을 사용하는 경우에는 기계적 구조에 의해 운영되지만 조직 내 연구개발 부서와 같이 비일상기술을 사용하는 부분은 유기적 구조를 취해야 한다.

개념더하기   기술유형별 정보의 종류와 정보통신기술

장인기술	일상기술	비일상기술	공학기술
소량의 풍성한 정보 • 하이터치 • 개인적 관찰 • 면접회의	소량의 분명한 계량적 정보 • 보고서, 규정집, 계획표 • TPS	다량의 풍성한 정보 • 하이테크 및 하이터치 • 면접회의, MIS, DSS	다량의 계량적 정보 • 하이테크 • 데이터베이스, MIS, DSS

(3) 우드워드(Woodward)의 기술유형론

① 의의: 우드워드는 생산회사 조직을 그 조직이 사용하는 기술의 유형에 따라 다음의 세 가지 집단으로 분류하여, 생산기술이 조직구조에 미치는 영향을 설명한다. 관리계층의 수, 일선감독자의 통솔범위, 행정농도 등 모두 기술의 영향을 받고 있으며, 조직의 성공도는 기술과 그에 적합한 구조유형의 부합도와 연관됨을 발견하였다.

소단위 생산체제	이 체제에서는 맞춤양복과 같은 상품이 고객들의 개별적인 주문에 따라 생산된다. 이 체제의 경우 기술적 복잡성은 다음에 설명할 대량생산체제나 연속생산체제의 경우보다도 덜하다.	유기적· 비관료제적 조직
대량 생산체제	이 체제에서는 동일한 종류의 상품이 동일한 주문에 따라 한꺼번에 대량으로 생산된다. 이러한 대량생산체제의 경우 기술적 복잡성은 소단위생산체제와 연속생산체제의 중간 정도이며, 이 체제의 예로 대규모 제과회사나 대량생산형의 기성복회사를 들 수 있다.	기계적· 관료제적 조직
연속 생산체제	이 체제의 경우 기술적 복잡성이 가장 높다. 이 생산체제 하에서는 예컨대 가솔린이나 화학품 같은 가장 복잡한 장치에 의해 만들어지는 물품이 계속적으로 생산된다.	유기적· 비관료제적 조직

② 기술적 복잡성(생산과정의 통제가능성과 그 결과의 예측가능성 정도)

   ⊙ 기술적 복잡성과 조직의 규모는 무관하다.

   ⓒ 기술적 복잡성이 커질수록 관리계층의 수, 행정농도는 증가(권위의 계층 수 증대, 관리자 및 감독자의 비율 증가)한다.

   ⓒ 소단위생산체 → 대단위생산체 → 연속생산체로 갈수록 기술의 복잡성은 증가한다.

   ⊜ 기술적 복잡성이 매우 높거나 낮은 조직은 유기적 구조가 적합하고, 중간인 조직은 기계적 구조가 적합하다.

③ 결론

　　　㉠ 소량생산체제 → 대량생산체제 → 연속생산체제로 갈수록 기술적 복잡성이 증대하고 관리계층의 수가 증가하여 구조가 더 복잡하고 공식화되며, 집권화된다.

　　　㉡ 기술적 복잡성이 높을수록 직접 생산에 종사하는 사람들의 비율이 적어진다.

　　　㉢ 대량생산의 경우에는 통솔범위가 넓으나 연속생산은 통솔범위가 매우 좁다. 그리고 대량생산의 경우 주로 공식적인 절차나 규칙에 의한 통제와 의사소통이 주를 이루는 반면, 소량생산체제나 연속생산체제는 생산통제를 숙련노동자의 노하우에 의존하거나 생산공정 자체를 자동적으로 통제하게 된다.

3 환경, 전략

1. 환경

(1) 의의: 조직이 통제하기 곤란하고, 조직활동에 영향을 미치는 상황적 요인이다.

(2) 환경과 조직 구조

　① 환경변화가 정태적·일상적인 경우 → 기계적 구조
　　동태적이고 격변하는 경우 → 유기적 구조

　② 불확실성이 높을 경우 → 분권화된 조직, 유기적 조직, 포괄적인 기획과 예측이 유리
　　불확실성이 낮을 경우 → 집권화된 조직, 공식적 조직, 생산지향적인 조직이 유리

(3) 환경과 불확실성

구분		환경의 복잡성(고려해야 할 환경요소의 수)	
		단순	복잡
환경의 변화성 (외부환경 변화의 예측가능성)	안정적	낮은 불확실성 – 소수의 환경요소 – 안정적 변화 – 기계적 구조 예 음료수병 제조업	다소 낮은 불확실성 – 다수의 환경요소 – 안정적 변화 – 기계적 구조 예 대학, 병원
	동태적	다소 높은 불확실성 – 소수의 환경요소 – 동태적 변화 – 유기적 구조 예 유행 의류 제조업	높은 불확실성 – 다수의 환경요소 – 동태적 변화 – 유기적 구조 예 전자산업

2. 전략

(1) 의의: 전략이란 조직목표달성을 위한 환경과의 상호작용 계획으로, 챈들러(Chandler, 1962)는 '조직구조는 전략에 뒤따른다'라는 주장을 하였다.

(2) 전략의 유형

저비용 전략(Low Cost Strategy)	차별화 전략(Differentiation Strategy)
• 내부지향적인 안정성 위주의 전략 • 능률적 시설관리, 비용절감, 생산비용을 확보하려는 계획 • 경제성과 능률성을 적극적으로 추구하여 경쟁자에 비해 가격 경쟁력을 확보하려는 계획	• 외부지향적이고, 모험을 취하는 전략 • 시장에 독특한 혁신적 산출물을 개발하여 경쟁자와 차별화를 추구함으로써 시장 점유율을 높이려는 전략
기계적 구조	유기적 구조

더 알아보기

1. 조직의 구조변수

구분	변수	특징
기본변수	복잡성	• 수평적 분화(전문화): 일의 전문화와 사람의 전문화 • 수직적 분화: 계층화(계층의 수, 계층제의 깊이 등) • 장소적(지역적) 분산: 공간적 확산 정도 • 기술적 복잡성(기술적인 섬세함, 생산시스템이 예상가능한 정도를 의미)
기본변수	공식성	직무가 정형화·표준화된 정도: 높은 공식성 VS 낮은 공식성
기본변수	집권성	의사결정권의 상위계층으로의 집중상태: 집권성 VS 분권성
상황변수	규모	수용능력: 대규모 VS 소규모
상황변수	기술	투입을 산출물로 전환시키는 방법: 일상적 기술 VS 비일상적 기술
상황변수	환경	단순성과 복잡성, 안정성과 동태성 등: 확실한 환경 VS 불확실한 환경

2. 조직구조의 기본변수와 상황변수의 관계

상황변수 / 기본변수	규모		기술		환경	
	대규모	소규모	일상적	비일상적	확실·안정	불확실·불안정
복잡성	↑	↓	↓	↑	↓	↑
공식성	↑	↓	↑	↓	↑	↓
집권성	↓	↑	↑	↓	↑	↓

4 정부부처

1. 정부조직도(18부* 4처 17청 7위원회)

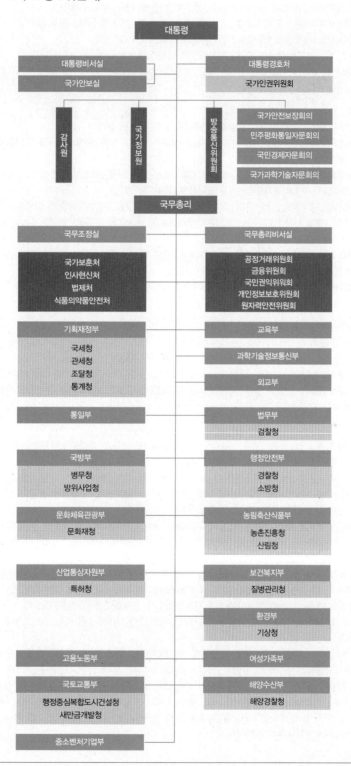

```
                              대통령
        ┌───────────────────────┴───────────────────────┐
   대통령비서실                                      대통령경호처
   국가안보실                                        국가인권위원회
        │
   ┌────┴──────┬──────────┬──────────┐
   감          국          방         국가안전보장회의
   사          가          송         민주평화통일자문회의
   원          정          통         국민경제자문회의
               보          신         국가과학기술자문회의
               원          위
                           원
                           회
                              국무총리
        ┌───────────────────────┴───────────────────────┐
   국무조정실                                        국무총리비서실

   국가보훈처                                        공정거래위원회
   인사혁신처                                        금융위원회
   법제처                                            국민권익위원회
   식품의약품안전처                                  개인정보보호위원회
                                                     원자력안전위원회

   기획재정부                                        교육부
   국세청
   관세청                                            과학기술정보통신부
   조달청
   통계청                                            외교부

   통일부                                            법무부
                                                     검찰청

   국방부                                            행정안전부
   병무청                                            경찰청
   방위사업청                                        소방청

   문화체육관광부                                    농림축산식품부
   문화재청                                          농촌진흥청
                                                     산림청

   산업통상자원부                                    보건복지부
   특허청                                            질병관리청

                                                     환경부
                                                     기상청

   고용노동부                                        여성가족부

   국토교통부                                        해양수산부
   행정중심복합도시건설청                            해양경찰청
   새만금개발청

   중소벤처기업부
```

---

* 복수차관 부처

　행정각부에 장관 1명과 차관 1명을 두되, 장관은 국무위원으로 보하고, 차관은 정무직으로 한다. 다만, 기획재정부 · 과학기술정보통신부 · 외교부 · 문화체육관광부 · 보건복지부 · 국토교통부에는 차관 2명을 둔다.

1. 대통령

대통령은 정부의 수반으로서 법령에 따라 모든 중앙행정기관의 장을 지휘·감독한다.

(1) 대통령경호처: 대통령 등의 경호를 담당하기 위하여 대통령 경호처를 둔다(처장은 정무직).

(2) 대통령비서실: 대통령의 직무를 보좌하기 위하여 대통령비서실을 둔다.

(3) 국가안보실: 국가안보에 관한 대통령의 직무를 보좌하기 위하여 국가안보실을 둔다.

(4) 국가정보원: 국가안전보장에 관련되는 정보·보안 및 범죄수사에 관한 사무를 담당하기 위하여 대통령 소속으로 국가정보원을 둔다.

2. 국무총리

국무총리는 대통령의 명을 받아 각 중앙행정기관의 장을 지휘·감독한다.

(1) 부총리: 국무총리가 특별히 위임하는 사무를 수행하기 위하여 부총리 2명을 둔다(기획재정부장관과 교육부장관이 각각 겸임).

(2) 국가보훈처: 국가유공자 및 그 유족에 대한 보훈, 제대군인의 보상·보호 및 보훈선양에 관한 사무를 관장하기 위하여 국무총리 소속으로 국가보훈처를 둔다(처장과 차장은 정무직).

(3) 인사혁신처: 공무원의 인사·윤리·복무 및 연금에 관한 사무를 관장하기 위하여 국무총리 소속으로 인사혁신처를 둔다(처장 1명과 차장 1명을 두되, 처장은 정무직으로 하고, 차장은 고위공무원단에 속하는 일반직 공무원으로 보한다).

(4) 법제처: 국무회의에 상정될 법령안·조약안과 총리령안 및 부령안의 심사와 그 밖에 법제에 관한 사무를 전문적으로 관장하기 위하여 국무총리 소속으로 법제처를 둔다.

(5) 식품의약품안전처: 식품 및 의약품의 안전에 관한 사무를 관장하기 위하여 국무총리 소속으로 식품의약품안전처를 둔다.

3. 중앙행정기관의 설치와 조직

(1) 중앙행정기관의 설치와 직무범위는 법률로 정한다.

(2) 중앙행정기관의 보조기관은 이 법과 다른 법률에 특별한 규정이 있는 경우를 제외하고는 차관·차장·실장·국장 및 과장으로 한다. 다만, 실장·국장 및 과장의 명칭은 대통령령으로 정하는 바에 따라 본부장·단장·부장·팀장 등으로 달리 정할 수 있으며, 실장·국장 및 과장의 명칭을 달리 정한 보조기관은 이 법을 적용할 때 실장·국장 및 과장으로 본다.

4. 행정각부

행정각부에 장관 1명과 차관 1명을 두되, 장관은 국무위원으로 보하고, 차관은 정무직으로 한다. 다만, 기획재정부·과학기술정보통신부·외교부·문화체육관광부·국토교통부에는 차관 2명을 둔다.

(1) 기획재정부: 기획재정부장관은 중장기 국가발전전략수립, 경제·재정정책의 수립·총괄·조정, 예산·기금의 편성·집행·성과관리, 화폐·외환·국고·정부회계·내국세제·관세·국제금융, 공공기관 관리, 경제협력·국유재산·민간투자 및 국가채무에 관한 사무를 관장한다.

(2) 교육부: 교육부장관은 인적자원개발정책, 학교교육·평생교육, 학술에 관한 사무를 관장한다.

(3) 과학기술정보통신부: 과학기술정보통신부장관은 과학기술정책의 수립·총괄·조정·평가, 과학기술의 연구개발·협력·진흥, 과학기술인력 양성, 원자력 연구·개발·생산·이용, 국가정보화 기획·정보보호·정보문화, 방송·통신의 융합·진흥 및 전파관리, 정보통신산업, 우편·우편환 및 우편대체에 관한 사무를 관장한다.

(4) 외교부: 외교부장관은 외교, 경제외교 및 국제경제협력외교, 국제관계 업무에 관한 조정, 조약 기타 국제협정, 재외국민의 보호·지원, 재외동포정책의 수립, 국제정세의 조사·분석에 관한 사무를 관장한다.

(5) 통일부: 통일부장관은 통일 및 남북대화·교류·협력에 관한 정책의 수립, 통일교육, 그 밖에 통일에 관한 사무를 관장한다.

(6) 법무부: 법무부장관은 검찰·행형·인권옹호·출입국관리 그 밖에 법무에 관한 사무를 관장한다.

(7) 국방부: 국방부장관은 국방에 관련된 군정 및 군령과 그 밖에 군사에 관한 사무를 관장한다.

(8) 행정안전부: 행정안전부장관은 국무회의의 서무, 법령 및 조약의 공포, 정부조직과 정원, 상훈, 정부혁신, 행정능률, 전자정부, 개인정보보호, 정부청사의 관리, 지방자치제도, 지방자치단체의 사무지원·재정·세제, 낙후지역 등 지원, 지방자치단체 간 분쟁조정, 선거·국민투표의 지원, 안전 및 재난에 관한 정책의 수립·총괄·조정, 비상대비, 민방위 및 방재에 관한 사무를 관장한다.

(9) 문화체육관광부: 문화체육관광부장관은 문화·예술·영상·광고·출판·간행물·체육·관광, 국정에 대한 홍보 및 정부발표에 관한 사무를 관장한다.

(10) 농림축산식품부: 농림축산식품부장관은 농산·축산, 식량·농지·수리, 식품산업진흥, 농촌개발 및 농산물 유통에 관한 사무를 관장한다.

(11) 산업통상자원부: 산업통상자원부장관은 상업·무역·공업·통상, 통상교섭 및 통상교섭에 관한 총괄·조정, 외국인 투자, 중견기업, 산업기술 연구개발정책 및 에너지·지하자원에 관한 사무를 관장한다.

(12) 보건복지부: 보건복지부장관은 보건위생·방역·의정(醫政)·약정(藥政)·생활보호·자활지원·사회보장·아동(영·유아 보육을 포함한다)·노인 및 장애인에 관한 사무를 관장한다.

(13) 환경부: 환경부장관은 자연환경, 생활환경의 보전, 환경오염방지, 수자원의 보전·이용 및 개발에 관한 사무를 관장한다.

(14) 고용노동부: 고용노동부장관은 고용정책의 총괄, 고용보험, 직업능력개발훈련, 근로조건의 기준, 근로자의 복지후생, 노사관계의 조정, 산업안전보건, 산업재해보상보험과 그 밖에 고용과 노동에 관한 사무를 관장한다.

(15) 여성가족부: 여성가족부장관은 여성정책의 기획·종합, 여성의 권익증진 등 지위향상, 청소년 및 가족(다문화가족과 건강가정사업을 위한 아동업무를 포함한다)에 관한 사무를 관장한다.

(16) 국토교통부: 국토교통부장관은 국토종합계획의 수립·조정, 국토의 보전·이용 및 개발, 도시·도로 및 주택의 건설, 해안·하천 및 간척, 육운·철도 및 항공에 관한 사무를 관장한다.

(17) 해양수산부: 해양수산부장관은 해양정책, 수산, 어촌개발 및 수산물 유통, 해운·항만, 해양환경, 해양조사, 해양수산자원개발, 해양과학기술연구·개발 및 해양안전심판에 관한 사무를 관장한다.

(18) 중소벤처기업부: 중소벤처기업부장관은 중소기업 정책의 기획·종합, 중소기업의 보호·육성, 창업·벤처기업의 지원, 대·중소기업 간 협력 및 소상공인에 대한 보호·지원에 관한 사무를 관장한다.

개념더하기 대통령령(행정기관의 조직과 정원에 관한 통칙)에 따른 행정기관의 유형

1. 부

정책수립 및 집행의 기본단위로, 기능별 또는 행정대상별로 설치하는 기관이다. 부에는 장·차관을 각각 1인씩 배치하며, 만약 부의 업무가 이질적으로 구성된 경우에는 전문성을 고려하여 2인 이상의 차관을 두는 복수차관제(현재 6부)를 운영한다.

2. 처

국무총리 소속으로, 주로 정책수립을 담당하며 여러 부에 관련된 기능을 통합적으로 관할하는 참모적 업무를 수행한다[국가보훈처장, 장관급으로 격상(2017.7)].

3. 막료부처(교차기능조직)

모든 처가 막료기관은 아니며, 2019년 상반기를 기준으로 법제처(법제), 인사혁신처(인사), 행정안전부(조직·정원), 기획재정부(예산), 조달청(물자)만 해당된다.

4. 청

행정 각부 소속의 중앙행정기관으로, 부의 사무 중 독자성이 높고 집행적인 성격의 사무를 독자적으로 관장한다. 업무의 범위가 전국적이며, 정책수립보다는 주로 정책집행에 중점을 둔다.

예 사법기관인 법무부는 정책수립 역할을 수행하며, 산하에 집행업무를 수행하는 검찰청을 둔다.

5. 부와 소속청

국세청·관세청·조달청·통계청(기획재정부), 경찰청(행정안전부), 문화재청(문화체육관광부), 농촌진흥청·산림청(농림축산식품부), 특허청(산업통상자원부), 새만금개발청·행복중심복합도시건설청(국토교통부), 기상청(환경부)

6. 원

대통령 직속기관으로, 국가안보 및 안위와 관련된 업무를 수행한다(국가정보원, 감사원).

7. 실

대통령 및 국무총리를 보좌하기 위한 기관으로, 대통령비서실·대통령경호실·국가안보실(대통령 직속), 국무총리비서실·국무조정실(국무총리 직속)을 둔다.

8. 위원회

한시적 중앙행정기관으로, 행정기관이 담당하는 사무에 관한 자문, 조정·협의·심의·의결 등의 역할을 수행하며, 복수의 구성원으로 이루어진 합의제 기관이다(단, 국가인권위원회는 독립기관).

국가행정기관	본부중앙행정기관 독임제(단독제) 부·처·청	본부조직	최고관리층	장관, 처장, 청장
			보조기관 (계선기관)	차관·차장·실장·국장·과장 등(본부장·단장·부장·팀장 명칭 가능)
			보좌기관 (막료기관)	담당관·단장·부장·반장 등(명칭은 기관 자율)
		부속기관		시험연구기관, 교육훈련기관, 문화기관, 의료기관, 제조기관, 자문기관
	특별지방행정기관 (일선기관)			지방병무청, 지방경찰청, 지방고용노동청, 지방국토관리청, 국립검역소, 유역환경청, 세무서, 경찰서 등
	합의제			각종 위원회
지방자치단체 (보통지방행정기관)	광역자치단체			특별시, 광역시, 특별자치시, 도, 특별자치도
	기초자치단체			시, 군, 자치구

2. 책임운영기관(Agency)

(1) 개념: 정부가 수행하는 사무 중 전문성이 있어 성과관리를 강화해야 하는 사무이지만 인사·예산 등 운영부분에서 자율성 보장하는 행정기관을 말한다. 책임운영기관은 행정기관이며, 소속 직원의 신분도 공무원이다. 보통의 행정기관과 유사한 성격을 가지고 있지만 기관 운영을 하는 데 상당한 자율성을 갖는다는 점에 차이가 있다.

(2) 대두배경: 이론적인 측면에서는 신공공관리론, 관청형성모형 등이 근거가 되며, 현실적인 측면에서는 1988년 영국의 Next Steps에서 '책임운영기관(Executive Agency)'라는 이름으로 최초로 도입되었으며, 이후 서구선진국의 대부분 국가에서 다양한 이름으로 이 제도를 활용하고 있다. 우리나라도 1999년 책임운영기관의 설치 및 운영에 관한 법률을 제정하고 이 법률에 근거하여 현재 40여 개 기관이 운영되고 있다.

(3) 책임운영기관의 특징 및 적용대상

① **특징**: 집행기능 중심의 조직, 성과중심의 조직, 개방화된 조직, 융통성(자율성)과 책임의 조화, 내부시장화된 조직

② **대상사무**: 공공성이 강한 사무, 성과관리가 용이한 분야, 내부시장화가 필요하고, 자체재원확보가 가능한 분야, 서비스의 통합이 필요한 분야

③ **한계**: 민영화의 회피수단, 책임한계의 모호성, 정책결정과 집행의 분리문제, 정부팽창의 은폐수단으로 악용

더 알아보기

중앙책임운영기관 VS 소속책임운영기관

구분	중앙책임운영기관	소속책임운영기관
기관장의 신분	• 정부조직법에서 정하는 신분(현재 특허청장은 정무직 공무원) • 임기 2년, 1차에 한하여 연임 가능	• 임기제 공무원 • 2년 이상 5년 이내에서 소속중앙행정기관의 장이 정함 • 채용요건은 소속중앙행정기관의 장이 정하여 인사혁신처장에게 통보함
소속공무원에 대한 임용	• 중앙책임운영기관의 장은 고위공무원단에 속하는 공무원 외의 소속 공무원에 대한 일체의 임용권을 가짐 • 중앙책임운영기관 소속 공무원의 임용시험은 중앙책임운영기관의 장이 실시함	• 중앙행정기관의 장이 소속책임운영기관 공무원에 대한 일체의 임용권을 가짐 • 소속책임운영기관 소속공무원의 임용시험은 기관장이 실시함
평가	중앙책임운영기관의 장 소속 하에 중앙책임운영기관운영심의회를 두고, 행정안전부장관 소속 하에 책임운영기관운영위원회를 둠(운영위원회의 평가가 우선함)	중앙행정기관의 장 소속 하에 소속책임운영기관운영심의회를 두고, 행정안전부장관 소속 하에 책임운영기관운영위원회를 둠(운영위원회의 평가가 우선함)

5 준정부부문(공공기관)

1. 준정부부문의 의의

준정부부문은 그 범위가 명확하지 않으며 점점 더 모호해지는 측면이 있다. 구체적으로 부처 조직들과 독립된 조직으로서 부처의 정책을 수행하기 위해 조직된 조직, 공공기능을 수행하면서 정부의 보조와 통제를 받는 NGO, 정부와 계약관계 또는 보조금 지원을 받으면서 정부정책을 수행하는 기업 등이라 할 수 있으며, 그 명칭도 각종의 공사, 공단, 협회, 기금, 정부출연기관, 정부보조기관이나 사업단 등으로 다양하다. 이하에서는 공공기관의 운영에 관한 법률을 중심으로 논의하기로 한다.

2. 공공기관*의 의미(공공기관의 운영에 관한 법률 제4조)

기획재정부장관은 국가 · 지방자치단체가 아닌 법인 · 단체 또는 기관으로서 다음의 어느 하나에 해당하는 기관을 공공기관으로 지정할 수 있다.

---

* 공공기관으로 지정할 수 없는 기관
(1) 구성원 상호 간의 상호부조 · 복리증진 · 권익향상 또는 영업질서 유지 등을 목적으로 설립된 기관
(2) 지방자치단체가 설립하고, 그 운영에 관여하는 기관
(3) 방송법에 따른 한국방송공사와 한국교육방송공사법에 따른 한국교육방송공사

(1) 다른 법률에 따라 직접 설립되고 정부가 출연한 기관

(2) 정부지원액(법령에 따라 직접 정부의 업무를 위탁받거나 독점적 사업권을 부여받은 기관의 경우에는 그 위탁업무나 독점적 사업으로 인한 수입액을 포함)이 총수입액의 2분의 1을 초과하는 기관

(3) 정부가 100분의 50 이상의 지분을 가지고 있거나 100분의 30 이상의 지분을 가지고 임원 임명권한 행사 등을 통하여 당해 기관의 정책 결정에 사실상 지배력을 확보하고 있는 기관

(4) 정부와 (1)부터 (3)까지 어느 하나에 해당하는 기관이 합하여 100분의 50 이상의 지분을 가지고 있거나 100분의 30 이상의 지분을 가지고 임원 임명권한 행사 등을 통하여 당해 기관의 정책결정에 사실상 지배력을 확보하고 있는 기관

(5) (1)부터 (4)까지 어느 하나에 해당하는 기관이 단독으로 또는 두 개 이상의 기관이 합하여 100분의 50 이상의 지분을 가지고 있거나 100분의 30 이상의 지분을 가지고 임원 임명권한 행사 등을 통하여 당해 기관의 정책결정에 사실상 지배력을 확보하고 있는 기관

(6) (1)부터 (4)까지 어느 하나에 해당하는 기관이 설립하고, 정부 또는 설립기관이 출연한 기관

3. 공공기관의 구분

(1) 기획재정부장관은 공공기관을 공기업·준정부기관과 기타공공기관으로 구분하여 지정하되, 공기업과 준정부기관은 직원 정원이 50인 이상인 공공기관 중에서 지정한다.

(2) 기획재정부장관은 공기업과 준정부기관을 지정하는 경우 공기업은 자체수입액이 총수입액의 2분의 1 이상인 기관 중에서 지정하고, 준정부기관은 공기업이 아닌 공공기관 중에서 지정한다.

6 공기업

1. 개념

공기업이란 '국가 또는 지방자치단체가 수행하는 사업 중 기업적 성격을 지닌 것'을 말한다. 행정조직의 형태로서 공기업의 정의는 ① 국가 또는 공공단체가 출자 및 관리하는 공익사업체여야 한다. ② 기업적인 성격, 즉 수익성이 있어야 한다.

2. 공기업의 발달요인

(1) 일반적 요인

① **민간자본의 부족**: 막대한 자본이 소요되는 거대사업(철도, 전력 등)은 민간자본으로는 감당하기 어렵기 때문에 정부가 투자하여 담당하게 된다.

② **국방·전략상의 고려**: 군수산업이나 방위산업체 등은 군수품의 효율적인 조달과 기밀유지를 위하여 정부가 직접 경영하는 것이 바람직하다.

③ **독점적 서비스**: 사업의 성격상 독점적(전매사업)인 경우 기업은 이윤의 극대화를 추구하고 민간독점의 사례가 발생할 수 있으므로 정부가 직접 경영하게 된다.

④ **국가 발전**: 국민 복지나 국가 발전을 위한 특정사업(원자력 등)을 국가가 직접 경영해야 한다는 정책에 의하여 공기업화가 이루어지기도 한다.

(2) 개발도상국의 경우

① 경제개발을 강력하게 추진하기 위하여 특정분야의 사업에 대해 정부가 선도적 역할을 하는 경우가 있다.

② 국가재정 문제로 세입 증대를 위해 정부가 특정사업(담배, 인삼)을 직접 경영한다.

③ 주택·에너지자원·도로 등의 공공수요에 대한 원활화를 위해 정부가 이와 관련된 사업을 직접 경영할 수 있다.

④ 식민지 지배에서 해방 이후 기간산업을 정부가 인수함으로써 공기업화가 이루어진다.

3. 공기업의 유형

(1) 정부부처형 공기업

① 개념: 일반 행정기관과 같이 정부조직법의 적용을 받으며, 행정부의 부처와 같은 조직 형태를 지닌 공기업을 말한다.

② 특징

㉠ 매년 국회의 의결을 거친 예산으로 운영

㉡ 기업성보다 공익성에 더 큰 비중을 둠

㉢ 일반 행정기관과는 달리 정부기업예산법을 적용하여 특별회계를 마련하고, 독립채산제*를 취함

㉣ 소속 직원은 공무원의 신분

㉤ 당사자 능력이 없기 때문에 민사소송이 제기될 경우 국가의 명의로 진행이 됨

(2) 공사형 공기업

① 개념: 자본금 전액이 정부로부터 출자되고 독립적인 특수법인의 형태를 지닌 공기업, 공공단체의 일종이다.

② 특징

㉠ 특별법에 의해 설립이 되었고, 자본금이 정부로부터 출자 됨

㉡ 공공성과 기업성을 동시에 추구함

㉢ 정부에서 임명된 임원이 운영하며, 최종적 책임은 정부가 짐

㉣ 임원은 준 공무원이지만 직원은 공무원의 신분이 아님

㉤ 특별한 회계예산 제도의 적용을 받지만 운영상에는 상당한 독립성을 가짐(예산·회계·감사에 관한 법령의 적용을 받지 않으며 재정상 독립채산제를 채택하고 예외적으로 우리나라의 경우에는 감사원의 감사만은 받음)

㉥ 법인으로서 당사자 능력을 가짐

(3) 주식회사형 공기업

① 개념: 회사법(또는 특별법) 규정에 의해 설립되며 정부가 그 주식의 전부 또는 일부를 소유하는 공기업을 말한다.

② 특징

㉠ 상법에 의해 운영하기 때문에 정부가 주식의 매입 또는 매도 등의 조작을 통하여 정부의 경제정책을 탄력성 있게 추진

---

* 독립채산제

독립채산제는 산하기관의 재정을 모(母)기관의 재정으로부터 분리해 운영하는 제도를 말한다. 공기업을 국가 또는 지방자치단체의 재정에서 분리해 독자적으로 경영하는 것도 독립채산제에 속한다. 독립채산제는 ① 수지적 합의 원칙, ② 자본 자기 조달의 원칙, ③ 이익금의 자기처분 원칙을 모두 충족할 경우에 성립된다.

ⓛ 공공성보다 기업성에 더 큰 비중을 둠

ⓒ 정부와 민간에서 공동출자를 하며 정부는 정부출자금에 대해서만 책임을 짐

ⓔ 임원은 주주총회에서 선출하며 소속 직원의 신분은 회사원임

ⓜ 주식회사형 공기업은 법인이므로 당사자 능력을 가짐

더 알아보기

구분	정부부처형	공사형	주식회사형
독립성	법인격 · 당사자 능력 없음	법인격 · 당사자 능력 있음	
설치근거	정부조직법	특별법	회사법 또는 특별법
출자재원	정부예산(전액)	전액 정부출자	50% 이상 정부출자(주식보유)
이념	공공성>기업성	공공성+기업성	공공성<기업성
직원	공무원	임원: 준공무원, 직원: 회사원	
예산회계	국가예산, 특별회계 (정부기업예산법)	독채산제(공공기관 운영에 관한 법률)로 운영	
예산성립	국회의결 필요	국회의결 불필요(의사회 의결로 성립)	
조직	독임형(이사회 없음)	합의제(의결기관)와 독립형(집행기관)이 분리된 이중기관제	
기관 예	우편, 우채국예금, 조달, 양곡관리, 책임운영기관(특별회계기관)	대한석탄공사, 한국철도공사 등	한국전력공사, 한국가스공사 등

4. 공공기관의 구분

(1) 공기업

① **시장형 공기업**: 자산규모가 2조 원 이상이고, 총수입액 중 자체수입액이 대통령령이 정하는 기준인 85% 이상인 공기업

② **준시장형 공기업**: 시장형 공기업이 아닌 공기업

시장형 공기업(16)	(산업부) 한국가스공사, 한국광물자원공사, 한국남동발전(주), 한국남부발전(주), 한국동서발전(주), 한국서부발전(주), 한국석유공사, 한국수력원자력(주), 한국전력공사, 한국중부발전(주), 한국지역난방공사, 강원랜드(주) (국토부) 인천국제공항공사, 한국공항공사 (해수부) 부산항만공사, 인천항만공사
준시장형 공기업(20)	(기재부) 한국조폐공사 (문화부) 그랜드코리아레저(주) (농식품부) 한국마사회 (산업부) 한국가스기술공사(주), 대한석탄공사, 한국전력기술(주), 한전KDN(주), 한전KPS(주) (국토부) 제주국제자유도시개발센터, 주식회사 에스알, 주택도시보증공사, 한국도로공사, 한국수자원공사, 한국철도공사, 한국토지주택공사, 한국부동산원 (해수부) 여수광양항만공사, 울산항만공사, 해양환경관리공단 (방통위) 한국방송광고진흥공사

(2) 준정부기관

① **기금관리형 준정부기관**: 국가재정법에 따라 기금을 관리하거나 기금의 관리를 위탁받은 준정부기관

② **위탁집행형 준정부기관**: 기금관리형 준정부기관이 아닌 준정부기관

기금관리형 준정부기관(13)	(교육부) 사립학교교직원연금공단 (문화부) 서울올림픽기념국민체육진흥공단, 한국언론진흥재단 (산자부) 한국무역보험공사 (복지부) 국민연금공단 (고용부) 근로복지공단 (중기부) 기술보증기금, 중소벤처기업진흥공단 (금융위) 신용보증기금, 예금보험공사, 한국자산관리공사, 한국주택금융공사 (인사처) 공무원연금공단
위탁집행형 준정부기관(83)	(기재부) 한국재정정보원 (교육부) 한국교육학술정보원, 한국장학재단 (과기부) (재)우체국금융개발원, (재)한국우편사업진흥원, (재)우체국물류지원단 (외교부) 한국국제협력단 (문화부) 국제방송교류재단, 한국관광공사 (복지부) 건강보험심사평가원, 국민건강보험공단, 한국사회보장정보원, 한국노인인력개발원 등

(3) 기타 공공기관: 기획재정부장관은 공공기관 중 공기업과 준정부기관을 제외한 기관

기타 공공기관(218)	경제인문사회연구회, 과학기술정책연구원, 국토연구원, 대외경제정책연구원, 산업연구원, 에너지경제연구원 등

개념더하기 공공기관의 운영에 관한 법률

1. 공공기관의 임원(기관장, 이사, 감사)
   (1) 기관장(임기 3년)
      ① 공기업의 기관장: 공기업의 장은 임원추천위원회가 복수로 추천하여 운영위원회의 심의·의결을 거친 사람 중에서 주무기관의 장의 제청으로 대통령이 임명한다.
      ② 준정부기관장: 준정부기관의 장은 임원추천위원회가 복수로 추천한 사람 중에서 주무기관의 장이 임명한다.
   (2) 이사(상임이사, 비상임이사)(임기 2년)
      ① 공기업 이사
         ㉠ 상임이사: 공기업의 상임이사는 공기업의 장이 임명한다.
         ㉡ 비상임이사: 공기업의 비상임이사는 임원추천위원회가 복수로 추천하는 경영에 관한 학식과 경험이 풍부한 사람(국·공립학교의 교원이 아닌 공무원을 제외한다) 중에서 운영위원회의 심의·의결을 거쳐 기획재정부장관이 임명한다.
      ② 준정부기관 이사
         ㉠ 상임이사: 준정부기관의 상임이사는 준정부기관의 장이 임명한다.
         ㉡ 비상임이사: 준정부기관의 비상임이사는 주무기관의 장이 임명한다.
   (3) 감사(임기 2년)
      ① 공기업의 감사: 공기업의 감사는 임원추천위원회가 복수로 추천하여 운영위원회의 심의·의결을 거친 사람 중에서 기획재정부장관의 제청으로 대통령이 임명한다.
      ② 준정부기관의 감사: 준정부기관의 감사는 임원추천위원회가 복수로 추천하여 운영위원회의 심의·의결을 거친 사람 중에서 기획재정부장관이 임명한다.

구분	기관장	상임이사	비상임이사	감사
공기업	주무기관의 장의 제청으로 대통령이 임명	공기업의 장이 임명	기획재정부장관이 임명	기획재정부장관의 제청으로 대통령이 임명
준정부 기관	주무기관의 장이 임명	준정부기관의 장이 임명	주무기관의 장이 임명	기획재정부장관이 임명

2. 공공기관의 이사회
   (1) 이사회의 설치: 공기업·준정부기관에 공공기관 운영에 관한 사항을 심의·의결하기 위하여 이사회를 둔다.
   (2) 구성: 이사회는 기관장을 포함한 15인 이내의 이사로 구성한다.
   (3) 의장
      ① 시장형 공기업과 자산규모가 2조 원 이상인 준시장형 공기업의 이사회 의장이 선임비상임이사가 된다.
      ② 자산규모가 2조 원 미만인 준시장형 공기업과 준정부기관의 이사회 의장이 기관장이 된다.
   (4) 회의: 이사회의 회의는 이사회 의장이나 재적이사 3분의 1 이상의 요구로 소집하고, 이사회 의장이 그 회의를 주재한다. 이사회는 재적이사 과반수의 찬성으로 의결한다.
   (5) 선임비상임이사
      ① 공기업·준정부기관에 선임비상임이사 1인을 둔다.
      ② 선임비상임이사는 비상임이사 중에서 호선(互選)한다. 다만, 시장형 공기업과 자산규모가 2조 원 이상인 준시장형 공기업의 선임비상임이사는 비상임이사 중에서 기획재정부장관이 운영위원회의 심의·의결을 거쳐 임명한다.

3. 공공기관운영위원회
   공공기관의 운영에 관한 사항을 심의·의결하기 위하여 기획재정부장관 소속 하에 공공기관운영위원회를 두며, 기획재정부장관이 위원장이 된다.

개념더하기 ▶ 공공기관의 운영에 관한 법률 개정(2018) 내용

1. 공공기관의 구분 세분화
   기획재정부장관은 기관의 성격 및 업무 특성 등을 고려하여 기타공공기관 중 일부를 연구개발을 목적으로 하는 기관 등으로 세분하여 지정 가능하다.

2. 비위행위자에 대한 조치
   (1) 기획재정부장관 또는 주무기관의 장은 공공기관의 임원이 금품비위, 성범죄, 채용비위 등 대통령령으로 정하는 비위행위를 한 사실이 있거나 혐의가 있는 경우 수사기관과 감사기관에 수사 또는 감사를 의뢰하여야 한다. 이 경우 기획재정부장관 또는 주무기관의 장은 해당 임원의 직무를 정지시키거나 그 임명권자에게 직무를 정지시킬 것을 건의·요구할 수 있다.
   (2) 기획재정부장관 또는 주무기관의 장은 수사기관 등의 수사 또는 감사 결과에 따라 필요한 경우 해당 공공기관 임원을 해임하거나 그 임명권자에게 해임을 건의·요구할 수 있다.
   (3) 기획재정부장관 또는 주무기관의 장은 공공기관의 임원이 비위행위 중 채용비위와 관련하여 유죄판결이 확정된 경우로서 특정범죄 가중처벌 등에 관한 법률 제2조에 따라 가중처벌되는 경우 운영위원회의 심의·의결을 거쳐 그 인적사항 및 비위행위 사실 등을 공개할 수 있다.
   (4) 기획재정부장관 또는 주무기관의 장은 공공기관의 임원이 비위행위 중 채용비위와 관련하여 유죄판결이 확정된 경우 해당 채용비위로 인하여 채용시험에 합격하거나 승진 또는 임용된 사람에 대하여는 운영위원회의 심의·의결을 거쳐 해당 공공기관의 장에게 합격·승진·임용의 취소 또는 인사상의 불이익 조치(이하 '합격취소 등'이라 한다)를 취할 것을 요청할 수 있다.
   (5) 기획재정부장관 또는 주무기관의 장은 비위행위 중 채용비위의 근절 등을 위하여 대통령령으로 정하는 바에 따라 공공기관 인사운영의 적정 여부를 감사할 수 있으며, 필요한 경우 관계 서류를 제출하도록 요구할 수 있다. 기획재정부장관 또는 주무기관의 장은 인사감사 결과 위법 또는 부당한 사실이 발견되면 지체 없이 해당 공공기관의 장에게 그 시정(是正)과 관련자에 대한 인사상의 조치 등을 요구하여야 한다.

1. 개념

(1) 사회적 기업이란 영리기업과 비영리기업의 중간 형태로, 사회적 목적을 우선적으로 추구하면서 재화·서비스의 생산·판매 등 영업활동을 수행하는 기업(조직)을 말한다.

(2) 사회적 기업 육성법에서는 사회적 기업을 취약계층에게 사회서비스 또는 일자리를 제공하여 지역주민의 삶의 질을 높이는 등의 사회적 목적을 추구하면서 재화 및 서비스의 생산·판매 등 영업활동을 하는 기업으로서 고용노동부 장관의 인증을 받은 기관으로 정의하고 있다.

(3) 영리기업이 주주나 소유자를 위해 이윤을 추구하는 것과는 달리, 사회적 기업은 사회서비스를 제공하고 취약계층에게 일자리를 창출하는 등 사회적 목적을 조직의 주된 목적으로 추구한다는 점에서 차이가 있다.

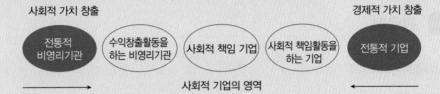

2. 사회적 기업*의 유형

(1) 일자리제공형: 조직의 주된 목적이 취약계층에게 일자리를 제공

(2) 사회서비스제공형: 조직의 주된 목적이 취약계층에게 사회서비스를 제공

(3) 지역사회공헌형: 조직의 주된 목적이 지역사회에 공헌

(4) 혼합형: 조직의 주된 목적이 취약계층 일자리 제공과 사회서비스 제공을 혼합

(5) 기타형: 사회적 목적의 실현여부를 계량화하여 판단하기 곤란한 경우

3. 사회적 기업의 인증

(1) 사회적 기업은 고용노동부장관의 인증을 받아야 한다.

(2) 인증요건

① 민법에 따른 법인·조합, 상법에 따른 회사·합자조합, 특별법에 따라 설립된 법인 또는 비영리민간단체 등 대통령령으로 정하는 조직 형태를 갖출 것

② 유급근로자를 고용하여 재화와 서비스의 생산·판매 등 영업활동을 할 것

③ 취약계층에게 사회서비스 또는 일자리를 제공하거나 지역사회에 공헌함으로써 지역주민의 삶의 질을 높이는 등 사회적 목적의 실현을 조직의 주된 목적으로 할 것

④ 서비스 수혜자, 근로자 등 이해관계자가 참여하는 의사결정 구조를 갖출 것

⑤ 영업활동을 통하여 얻는 수입이 대통령령으로 정하는 기준 이상일 것

⑥ 회계연도별로 배분 가능한 이윤이 발생한 경우에는 이윤의 3분의 2 이상을 사회적 목적을 위하여 사용할 것(상법에 따른 회사·합자조합인 경우만 해당한다)

(3) 인증효과: 경영·기술·세무·노무(勞務)·회계 등의 분야에 대한 전문적인 자문 및 정보 제공 등의 지원과 교육훈련 지원, 시설비 등의 지원, 공공기관의 우선 구매, 조세감면 및 사회보험료의 지원, 사회서비스 제공 사회적 기업에 대한 재정 지원이 이루어진다.

---

* 사회적 기업과 마을기업(Community Business)

(1) 사회적 기업: 취약계층에게 일자리나 사회서비스를 제공하여 지역 주민의 삶의 질을 높이는 등 사회적 목적을 추구하며, 재화·서비스의 생산·판매 등 영업 활동을 수행하는 기업을 말한다. 사회적 기업 육성법에 따라 대한민국 고용노동부 장관이 인증한다.

(2) 마을기업(자립형 지역공동체사업): 지역에 산재한 각종 특화자원(향토·문화·자연·자원 등)을 활용하여 주민 주도의 비즈니스를 통해 안정적 소득과 일자리를 창출하는 마을 단위 기업 또는 지역공동체이다. 행정안전부장관이 최종 선정한다.

03 조직의 양태와 조직유형

01 관료제

1 관료제이론의 의의

1. 관료제의 어원

관료제(官僚制, Bureaucracy)라는 용어는 1745년에 구르네(M. De Gournay)가 처음으로 사용한 데서 그 어원을 찾을 수 있다. 구르네에 따르면 책상과 사무실을 의미하는 'Bureau'라는 단어에, 통치를 의미하는 그리스어 접미어인 'Cracy'를 붙여 관료제가 되었다는 것이다. 이에 따라 관료제는 관리들의 통치를 의미하는 것으로 사용되기 시작했다.

2. 관료제의 개념

관료제 개념은 그 다양성과 불안정성으로 인해 개념을 규정하기란 쉬운 일이 아니다. 이를 입증이라도 하듯 동일한 학자에게서 조차도 관료제의 개념은 달리 정의되고 있는 실정이다.

개념더하기 관료제의 개념(메리엄, C. E. Merriam)

학설	내용	학자	특징
구조적 개념설	계층제 형태를 지닌 대규모 조직	M. Weber, Merton, P. Blau	관료제의 보편성 · 순기능 강조
기능적 개념설	통치권력을 장악한 특권집단	H. Laski, H. Finer, Janowitz, Clair, Hayek	보편성 상실, 합리성, 역기능 · 병리, 권력성 강조
종합적 개념설	구조적 측면+기능적 측면	F. W. Riggs	순기능+역기능

그러나 관료제에 대한 이 같은 다양한 개념 정의에도 불구하고 베버가 관료제이론을 전개한 이후 관료제 개념을 둘러싼 보편적 현상 가운데 하나는, 관료제 개념을 조직구조의 특성이라는 관점에서 접근하기 시작했다는 것을 들 수 있다. 따라서 여기에서는 베버의 시각에 입각한 관료제의 개념 정의를 따르고자 한다. 즉, 관료제에 대한 베버의 시각으로, 관료제를 일련의 구조적 특질과 기능 양식을 갖춘 조직으로 관리 능률을 극대화하는 사회기구로 보고자 한다.

2 베버(M. Weber)의 관료제이론(근대 관료제)

1. 의의

독일의 사회학자 막스 베버(1864~1920)는 관료제를 이론적으로 체계화한 대표적인 학자이다. 관료제에 관한 이론의 원형(原型)은 독일의 저명한 사회과학자인 베버의 이념형(Ideal Type)에서 유래한다. 베버는 19세기 말 급속히 산업화되고 있는 유럽국가들에게 복잡한 공식조직들의 운영을 촉진하는 하나의 방법으로 관료제 개념을 제시하였다. 베버는 대규모조직의 활동들이 합리적이고 이해·예측이 가능하고, 능률적인 것이 되도록 묘사하고 있다. 베버는 관료제체제의 구축을 옹호하지 않았지만, 현대사회에 가장 능률적인 조직형태가 나타나고 있음을 서술하고 있다. 관료제 개념의 의도는 직무 혹은 과업을 그것을 수행하는 사람과 분리시킴으로써 개인적·인간적 측면 보다는 조직적·운영적 측면에서 과업을 규정할 수 있게 하는 것이다.

(1) 관료제이론의 명제와 전제: 베버가 주장한 관료제이론의 근본적 명제는 관료제에 정당성을 부여하는 권위의 근거가 합리성에 기초한 합법성으로부터 나온다는 데 있다.

다시 말해 업무를 수행할 때 조직은 다음과 같은 세 가지의 권위 유형에 의존한다는 것이다. 첫째, 카리스마적 권위(Charismatic Authority)로서 이는 특정 인물이 소유하고 있는 비범한 자질에 대한 믿음 때문에 그로부터의 명령이 정당화되는 경우이다. 둘째, 전통적 권위(Traditional Authority)로서 이는 전통이나 관습에 의해서 명령이 정당화되어 왔기 때문에 이에 복종하게 되는 경우이다. 셋째, 법적 권위(Legal Authority)로서 이는 법규에 규정되어 있기 때문에 명령에 복종하는 경우인데, 베버는 바로 이 같은 법적 권위에 기초한 조직 형태를 관료제라고 보았다. 따라서 베버는 이러한 정당성 개념을 기초로 합법적 권위 체제를 지닌 조직으로 관료제를 상정했다.

> **더 알아보기**
>
> 지배의 유형
>
> | 지배의 유형 | 권위의 정당성 근거 | 관료제 유형 | 시대 |
> | --- | --- | --- | --- |
> | 전통적 지배 | 전통·신성함·미신 | 가산관료제 | 절대군주국가 |
> | 합법적(합리적) 지배 | 법규 | 근대관료제 | 근대입법국가 |
> | 카리스마적 지배 | 초인적 자질·능력에 대한 경외심 | 카리스마적 관료제 | 독재국가 |

(2) 이론의 특색: 베버는 18세기 이후 서구의 근대화 과정에서 생성된 대규모 공공조직들의 공통된 특징을 통찰하고, 합리적이고 작업능률을 극대화할 수 있는 이상적 조직형태로서 관료제에 대한 이념형을 설정하였다.

① **이념형:** 베버는 18세기 이후 독일을 비롯한 유럽의 근대화과정에서 생성된 대규모 공공조직들(프로시아 군대 및 관료조직)의 전형적인 특징을 통찰하고, 이에 근거하여 고도의 사유 과정을 통해 합리적이고 능률적인 조직 형태로써 이상적이고 추상적인 조직의 조건을 제시하였다. 바로 이 점에서 베버의 관료제는 이념형의 모습을 지니고 있다(가설로서의 연구).

② **보편성:** 베버는 공·사행정을 막론하고 모든 조직이 계층제적 형태를 띤 관료제구조라고 보았다.

③ **합리성:** 베버의 이념형은 인간본질의 합리적이고 예측가능하며 질서정연한 측면에 착안한 합리적·공식적 모형이다.

(3) 근대 관료제의 성립요인

① 화폐경제의 발달과 산업화

② 행정사무의 양적 증대와 질적 변화

③ 관료제적 조직의 기술적 우위성

④ 물적 관리수단의 집중화

⑤ 사회적 차별의 평균화

⑥ 사회의 세속화

2. 관료제의 특징

합리성에 기초한 합법적 권위 체제를 지닌 조직 형태로서의 관료제는 다음과 같은 특징을 지니고 있다.

(1) 권한과 관할 범위의 규정: 모든 직위의 권한과 관할 범위는 법규에 의하여 규정된다. 권한은 사람이 아니라 직위에 부여되며, 사람은 직위를 정함으로써 권한을 행사할 수 있게 된다.

(2) 계층제적 구조: 권한의 계층이 뚜렷하게 구획되는 계서제 속에 모든 직위들이 배치된다. 계서제는 상명하복의 질서정연한 체제이다. 어떤 관료가 다른 관료를 지휘·감독하는 권한을 갖는 것은 계서제상의 지위에 근거한다. 따라서 계서제 속에서 상위직은 하위직을 감독하고, 하급자는 상급자의 감독과 통제하에 임무를 수행한다.

(3) 문서주의: 관료의 업무수행에 있어서는 반드시 문서로 근거를 남겨야 한다. 따라서 관료제는 문서작성자와 보관자를 필요로 하며 문서철은 사무실에 보관하고 필요에 따라 이용한다.

(4) 비정의성·몰개인성: 업무의 수행은 안정적이고 세밀하게 이루어져야 하며 규칙과 표준화된 운영절차에 따라 이루어지도록 되어 있다. 따라서 이념형으로서의 관료는 증오나 애정과 같은 감정을 갖지 않는 비정의적(Impersonality)인 태도로 형식 합리성의 정신에 따라 직무를 수행해야 한다.

(5) 관료의 전문화와 전임화: 임무수행에 필요한 전문적 훈련을 받은 사람들이 관료로 채용된다. 채용의 기준은 전문적 능력이다. 관료들은 원칙적으로 상관에 의하여 임명된다. 그들이 구비해야 할 지식의 주축을 이루는 것은 임무수행을 규정하는 제반법규에 관한 지식이다. 관료로서 직업은 항구적인 '생애의 직업'이다. 즉, 잠정적인 직업이 아니라 일생동안 종사하는 직업이다.

(6) 일반규칙 준수의 원칙: 사무관리는 일반법칙(총칙)을 따라야 한다. 이는 담당하는 사람에 따라 사무관리가 달라져서는 안 된다는 것을 의미한다.

3. 관료제 내에서의 관료의 지위

(1) 관직은 하나의 직업이라는 것이다. 관직이라는 직업을 가지기 위해서는 명확히 규정된 교육이나 자격을 소유하거나 특정한 시험을 통과해야 한다. 그래서 관직은 자신의 모든 능력을 발휘해서 종사해야 하는 전임성이 요구된다. 또한 관료는 전임성으로 인해 관직으로 생계를 유지할 수 있게 된다.

(2) 순수한 형태의 관료제에서는 관료가 상관에 의해 임명된다.

(3) 관료의 개인적 지위는 피지배자에 비해 높은 사회적 존경을 향유한다.

(4) 임명된 관료의 지위는 종신적이며, 고정된 봉급과 연금을 받는다. 그런데 이때 지급되는 봉급은 수행한 일에 의해서 결정되는 것이 아니고, 지위와 근무 기간에 따라서 주어진다.

(5) 관료는 계층제에서 경력직으로 인식되는데, 그것은 관료가 하위직에서 상위직으로 상승 이동을 할 수 있기 때문이다.

4. 평가

이상에서 설명한 특성을 지니는 조직 형태를 관료제라고 하는데, 관료제 형태는 이 세상에 존재하는 모든 조직의 평균적인 모습은 아니라고 할 수 있다. 그러나 그렇다고 해서 관료제의 이념형이 실제 현실에 존재하지 않는 것은 아니다. 다만 현상을 설명하기 위해 만들어진 것이 이념형이기 때문에 이념형을 통해 실제 현실의 특정한 모습을 추상적으로 유추해 볼 수 있다는 점에서 그 의의가 있다.

3 관료제의 순기능과 역기능

1. 순기능

베버는 합리성에 토대를 둔 합법적 권위체제를 지닌 관료제모형을 설정함으로써 조직의 능률과 객관성·일관성, 그리고 안정성과 질서를 추구할 수 있을 것으로 예측했다.

(1) 합리성·합법성 중시 → 객관성, 공정성: 비인사주의·비합리성 억제, 법규행정, 예측가능성·일관성

(2) 능률적 집행체제: 집행의 표준화·획일화·신속화, 전문성

(3) 권한과 책임한계의 명확화

(4) 조정·통합: 갈등의 제도적 조정, 분업체제의 원심적 다양화를 구심적으로 통합하는 통로

(5) 합리주의(실적·능력)에 의한 충원, 공직기회균등 → 민주성

(6) 성취주의, 능력주의, 보편주의 → 연고주의, 사인주의, 귀속주의 배제

2. 역기능

(1) 관료제의 역기능 모형

① **머튼의 모형:** 머튼은 관료제의 역기능이 최고관리층의 통제 욕구(Demand for Control)에서 비롯된다고 보았다. 다시 말해 일반적으로 조직 내의 최고관리층은 조직구성원의 책임과 행동에 대한 예측성을 담보하기 위해 조직을 통제한다. 이에 따라 최고관리층은 조직구성원들의 행태 일관성과 신뢰성 확보를 요구하게 되는데, 조직은 신뢰성을 확보하기 위해 표준운영절차(SOP; Standard Operating Procedures)와 규칙을 제정하고, 조직구성원들이 이를 따르고 있는가를 확인하고 시정하기 위해 통제를 행한다는 것이다. 그런데 이와 같이 표준운영절차나 규칙 등을 통해 통제를 가하게 되면, 조직구성원은 정해진 규칙대로만 움직이기 때문에 오히려 행태의 경직성만을 초래하게 된다. 따라서 이러한 행태의 경직성은 다시 고객의 불만을 높이는 부작용으로 작용함으로써 문제는 더욱 악화된다. 게다가 고객들의 불만감은 다시 조직의 경직성을 강화하는 요인으로 되돌아온다는 문제가 있다. 이에 따라 고객들의 요구를 반영하기 위해 최고관리층은 다시 교정행위나 통제를 하게 되지만, 그것은 또다시 의도하지 않은 그릇된 방향으로 악순환만을 거듭하게 된다는 것이다. 결국 최고관리층의 지나친 통제 욕구로 인해 조직이 의도하지 않은 부작용을 초래하게 된다는 것이 머튼의 역기능론이다[동조과잉(Overconformity)에 의한 목표전환(Goal-Displacement)].

② **셀즈닉의 모형:** 셀즈닉(Selznick, 1949)은 머튼이 통제의 필요성으로 규칙과 표준운영절차를 강조한 데 반해, 권한의 위임을 강조했다는 점에서 차별성이 있으나 셀즈닉의 모형 역시 조직 상층부의 통제 필요성에서 출발한 모형이라고 할 수 있다. 다시 말해 통제의 필요성에 따라 조직은 권한위임을 제도화한다는 것이다. 이와 같은 조직 하부로의 권한위임은 조직구성원의 전문 능력을 연마하고, 이를 통해 조직의 목표 달성을 촉진하게 된다. 그러나 권한위임은 하위조직으로 갈수록 번거로운 부

문주의를 초래하게 되고, 이해 관계의 분립을 야기한다(할거주의). 결국 통제의 필요성 때문에 이루어진 권한위임이 조직의 전체적인 목표달성에 기여하는 것이 아니라, 오히려 하위조직들 간의 부문주의에 의해 자신들의 목표 내면화에 기여한다는 것이 셀즈닉의 지적이다. 따라서 관료제가 안고 있는 부문주의로 인해 권한위임은 원래의 의도를 달성하지 못하고, 하위조직의 하위목표만을 내면화하는 데 기여하는 이른바 역기능이 발생하게 된다.

③ **굴드너(Gouldner)의 모형**: 조직상층부의 통제의 필요성으로 인한 규칙의 사용 → 조직 내 권력관계의 가시성 상실(대인관계의 긴장성 저하) → 직무집단의 생존본능은 규칙사용을 강화 → 실제업무활동은 최소화 → 조직의 목표와 성과 간의 괴리 확대, 결국 권력 관계의 가시성을 감소시켜 조직목표를 달성하고자 한 규칙이 목표 달성은 고사하고 오히려 조직 내의 대인관계에 긴장감마저 조성하는 역기능을 가져온다는 것이 굴드너모형이다.

④ **톰슨의 모형**: 톰슨(V. A. Thompson)은 관료제의 역기능이라는 용어 대신에 관료제의 병리(Bureaupathology)라는 용어를 사용했다. 톰슨이 열거하고 있는 관료제의 병리 현상으로 첫째, 조직 목표와 개인 목표 간의 갈등에서 초래되는 조직의 경직화, 둘째, 관례적인 행태의 준수에서 비롯되는 변화에 대한 저항, 셋째, 고객에 대한 무관심과 거만함 그리고 그들과의 갈등, 넷째, 권한만을 주장하는 현상 등을 들고 있다.

⑤ **크로지어(Crozier)의 관료제현상론(The Bureaucratic Phenomenon)**
  ㉠ 관료제의 병리: 인간조직 내에서 불가피하게 일어나는 여러 가지 현상으로, 부적응성 · 부적당성 · 역기능
  ㉡ 병리적 현상의 발생원인: 관료조직의 비인격적 관계(Impersonal Relationship)
  ㉢ 관료제는 과오로부터 배웠기 때문에 스스로 행동 교정이 불가능한 조직

⑥ **블라우와 톰슨(Blau & Tompson)**
  ㉠ 법규에 의한 지배의 문제점과 관료제 조직에서의 개인의 소외문제를 다룸
  ㉡ 블라우(Blau): 개인의 조직에서의 사회적 관계의 불안정성이 동조과잉, 변화에 의 저항을 초래

⑦ **다운스(Downs)**: 세력권 투쟁(Territorial Struggle)

(2) 관료제의 병리현상(역기능): 이상과 같이 관료제의 순기능에 역점을 두었던 베버의 관료제모형은 관료제가 안고 있는 내적 특성으로 인해 베버가 예측하지 못했던 역기능이나 문제점들을 야기했다.

① 번문욕례와 형식주의
  ㉠ 규정 속에 포함된 정신보다는 표면적 문구 해석에 입각해서 의사결정이 이루어지며, 이른바 번문욕례가 지배한다.
  ㉡ 형식주의(Formalism)가 증가하는 문제점을 들 수 있다. 관료제에서는 행태의 신뢰성과 적합성이 요구되는데, 이를 위해 관료제는 형식적인 규칙과 절차에 집착하게 된다.

② 관료독선주의 및 권위주의: 관존민비적 사고나 권위주의 · 계급주의 · 비밀주의 및 국민에 대한 무책임성을 말한다(관료를 위한 집단으로 전락).

③ 무사안일주의와 상급자의 권위에 의존: 업무에 대한 규정과 절차가 정해지면, 이에 따라 조직구성원의 책임이 결정된다. 그런데 관료적 책임은 능률을 위해 고안되었던 관료들의 기술에 의해 쉽게 회피될 수 있다는 문제를 안고 있다(책임회피).
  ㉠ 책임과 의사결정을 회피하기 위해 상관의 권위에 의존하거나 부하에게 책임을 돌리는 방법으로, 혹은 선례답습의 방식으로 책임 전가현상이 이루어진다.

ⓛ 관료제 내의 여러 단위 간의 빈번한 회의와 협상 등을 통해 책임의 분산마저 이루어짐에 따라, 원래 의도했던 관료적 책임은 사라지는 문제가 야기된다.

④ **권력구조의 이원화와 갈등**: 계서적 권한(행정적 권한)과 지시할 능력(전문적 권위) 사이에 괴리가 존재하거나 상사의 계서적 권한과 부하의 전문적 권력의 충돌로 갈등과 불만이 발생한다(피터의 원리에 기인함).

⑤ **할거주의(국지주의)와 갈등**: 관료들이 자기가 속하는 조직만을 종적으로 생각하고, 타부서에 대한 배려가 없어 결과적으로 조정과 협조가 어려워지게 하는 할거주의(Sectionalism)가 발생한다. 이것은 관료들이 장기간 단일 부서에 속해서 타부서에 대한 이해가 부족하거나 부서 간에 자기에게 유리한 자원의 획득을 위한 경쟁에서 발생한다.

⑥ **변동에 대한 저항(교착상태)**: 관료제가 기본적으로 지니고 있는 속성으로 변화에 대한 저항이 있다. 이같이 관료제가 변화에 대한 저항을 보이는 주된 원인은 관료제가 본질적으로 선례답습적이며 현상유지적인 데 있다. 그러므로 의도적·계획적인 노력을 하기 전에는 관료제의 변화를 유도하거나 촉진하기란 대단히 힘들다.

⑦ **과두제의 철칙**: 소수의 상관(지배자)과 다수의 부하(피지배자)로 구성되는 피라미드 형태를 취하며, 상위의 몇몇 지도자가 조직을 계속적으로 지배하기 위해 원래의 조직 목표를 망각하고, 목표 실현의 수단을 더 중요시하는 목표대치현상이다.

⑧ **동조과잉(Overcomformity)과 목표·수단의 대치현상**: 동조과잉이란 본래 수단으로 간주되었던 규칙의 준수가 형식주의를 초래하게 되어 그 자체가 목표가 되는 현상이다. 목표달성을 위한 규칙·절차의 준수를 강조할 경우 규칙·절차에 지나치게 영합(迎合)·동조하게 되어 규칙준수를 절대시하게 되는 동조과잉을 통해 목표전환을 초래한다.

⑨ **비인간성, 인간소외**: 조직 내 대인관계의 지나친 몰인정성(Impersonality)은 냉담과 무관심·불안의식 등으로 나타나 인간성을 상실시키고 인간적 발전을 저해한다.

⑩ **전문화로 인한 무능, 훈련된 무능(Trained Incapacity)**: 관료제는 고도의 전문가를 요구하게 되며, 극히 한정된 분야의 전문성을 지니고 있어서 타분야에 대한 이해도 부족하고, 생각이나 이해의 신축성이 적어지므로 관료제의 관리자로서 부적합하다.

⑪ **피터(Peter)의 원리, 무능력자의 승진**: 관료제의 규모가 커지면 승진의 기회가 확대되고, 무능한 사람들이 높은 자리를 차지하게 되며, 조직의 능률이 저하된다. 계층제적 관료조직의 구성원이 각자의 능력을 넘는 수준까지 승진한다는 피터의 원리가 작용하여 모든 직위가 무능력자로 채워지는 경향이 있다.

⑫ **민주성·대표성의 제약**: 행정에 대한 외부통제력이 약화되어 관료의 자율성이 확대되면, 그 결과로 책임회피 현상이 나타나 국민의 자유가 침해당하는 등 관료제의 대표성·민주성이 저해될 우려가 있다.

⑬ **무리한 세력팽창**: 관료제는 자기보존 및 세력확장을 도모하려 하기 때문에 그 업무량과는 상관없이 기구와 인력을 증대시키는 경향이 있다.

관료제의 순기능과 역기능

특징	순기능	역기능
계층제	조직 내의 수직적 분업체계, 질서유지, 명령·복종체계 수립	조직 내 의사소통의 왜곡과 지연, 무사안일주의, 의사결정의 교착, 상급자의 권위에의 의존, 책임의 회피와 전가, 권력의 집중현상
법·규칙의 강조	조직구조의 공식성 제고, 조직 활동과 절차의 정확성 촉진, 공평·공정·통일적인 업무수행, 조직활동의 객관성·예측가능성·일관성 확보	동조과잉, 목표전환, 획일성과 경직성, 조직목표와 성과의 차질, 변화에 대한 저항, 반응성의 결여, 형식주의, 무사안일주의
비인간화	객관적 사실과 법규에 근거한 행정발전 촉진, 공평무사한 업무처리	비인간적인 관료 양성, 조직성원의 기계화·소외·부적응에 따른 인격적 관계의 상실
연공서열 중시	직업공무원제 발전, 행정의 안정과 재직자 보호	'피터의 원리'의 작용에 따른 무능력자의 승진과 무자격자의 보호(베블런, Veblen)
전업성·전임성	업무의 능률적 집행, 직업에 전념	훈련된 무능, 변동에 저항
문서주의	공식성·객관성 확립, 결과보존	번문욕례(Red-Tape; 형식주의, 의식주의, 서면주의)
폐쇄체제	–	적응성·융통성 결여, 환경변화에 대한 대응능력 부족

4 관료제와 민주주의

1. 갈등관계

(1) 대외적 민주주의 저해

① 관료의 특권집단화

② 관료독선주의

③ 정치사회적 권력이 소수 권력엘리트나 공무원에 집중

④ 정책결정상 역할과다로 인한 행정통치(Administocracy) 경향

(2) 대내적 민주주의 저해

① 권한의 독점과 과두제화(과두제의 철칙)

② 독단적 결정

③ 자발적 임의단체(Voluntary Association)의 관료제화 경향

2. 조화관계

(1) 법 앞의 평등

(2) 공직임용에의 기회균등

(3) 민주적 목표의 능률적 달성

(4) 경제발전 및 국민생활수준 향상에 기여

(5) 전문적 기술로 의회의 입법활동 보완

3. 조화 가능성

관료제는 여러 면에서 민주주의를 위협하고 있지만 동시에 민주주의사회의 경제적 · 사회적 발전에 있어 관료제의 주도적인 역할이 뒷받침되었다는 점을 부인할 수 없다. 따라서 관료제가 민주주의를 저해할 위험성을 가능한 감소시키고 능률적인 관료제를 충분히 활용하기 위해서는 관료제의 민주화, 대표관료제를 통한 대응성 · 책임성의 제고, 공공선택이론의 민주행정 패러다임, 행정책임성의 향상(프리드리히의 도덕적 책임론), 관료제의 외부통제강화, 참여관료제, 시민참여확대 등의 방안을 모색해야 할 것이다.

> **개념더하기** 예이츠(D. Yates)의 관료적 민주주의
>
> 예이츠는 '관료제적 민주주의'에서 정부관료가 과연 민주주의라는 정치적 가치와 능률이라는 행정적 가치를 조화시킬 수 있는가 하는 문제를 집중적으로 분석하였는데, 그에 의하면 제도개혁을 통하여 관료제에 대한 통제전략을 잘 수립하면 양자의 조화가 가능하다고 보고 있다. 그 제도적 개혁의 주요 과제로 할거주의 타파를 위한 최고집행자의 조정권한 증대, 정부의 기획능력 향상, 부처 내 갈등조정기구의 설치, 관료제의 갈등을 해결하기 위한 소각료제(Mini-Cabinets)의 설치, 각 부처별 대국민 서비스 부서의 설치, 지역서비스센터의 건설 등이 있다.

5 관료제이론의 수정

1. 1930년대 사회학자(관료사회학) – 부분적 수정

(1) **인간관계론**: 사회적 인간

(2) **블라우(P. Blau)**: 비공식적 측면의 순기능 연구

(3) **머튼(P. Merton)**: 역기능(병리) 지적

(4) **셀즈닉(Selznick)**: 환경과의 상호작용 강조 – 적응적 변화, 적응적 흡수(포용)

(5) **베버(Weber)**: 관료제를 가치중립적 도구로 인식하여, 관료제 내 · 외부에서 일어나는 권력현상을 경시

2. 1960년대 발전론자 – 전면적 수정

(1) 가치중립보다는 쇄신 · 발전지향

(2) 계층제를 지휘감독체제가 아닌 수직적 분업 · 협동 체제로 파악, 계층제 완화(평면조직)

(3) 전문적 지식도 중요하지만, 사회전반에 대한 이해와 발전지향성이 더 필요

(4) 합법성에 치중하는 형식적 합리성이 아닌 실질적 합리성(합목적성) 강조

(5) 권한의 명확화는 신축적 처리를 방해함, 발전행정 저해

3. 1970년대 신행정론(후기관료제, 탈관료제) – 극단적 비판

(1) 관료제의 변동대응능력 결여를 비판하고, 비계층적 · 비관료적 협력체제로서 새로운 조직방식 모색

(2) **탈(후기)관료제론(Post-Bureaucratism)**: 기계적 · 집권적 · 정태적 조직에서 탈계층적 · 적응적 · 유기적 조직(Adhocracy)으로 전환

(3) 베니스(Bennis)는 '관료제의 종언'을 예고함

4. 1980년대 신공공관리론

신공공관리론은 관료제의 법규 중심 행정이 경직성과 비효율성을 야기한다고 비판하고 규칙과 규정으로부터 관료의 해방을 주장하는 관료해방론을 제시하면서 성과에 의한 통제를 강조하였다.

5. 1990년대 거버넌스론

피터스는 관료제의 대안모형으로 참여모형, 신축모형, 탈내부규제모형, 시장모형을 제시하였다.

> **개념더하기** 관료제 옹호론
>
> 관료제에 대한 그동안의 비판적 시각의 반작용으로 최근 관료제에 대한 옹호론이 제기되고 있다. 1930년대 이후 전개된 비판적 시각이 관료제에 대한 지나친 부정적 시각에서 출발하고 있다고 지적하고 균형 잡힌 시각을 회복하려는 일단의 시도들이다.
>
> 1. 코프먼(Kaufman)과 페로우(Perrow)의 입장
>   (1) 관료제는 지방주의나 집행권을 억제하고 책임을 증진시킨다는 점에서 민주적일 뿐만 아니라 다른 조직에 비해 관료제가 상대적으로 능률적이다.
>   (2) 관료제의 기본정신인 합리성과 공평성은 아무리 탈관료제모형이 일어난다고 해도 소멸될 수 없다.
>   (3) 관료제의 대안조직인 동태적 조직들도 일단 문제를 해결하고 나면 다시 관료제로 돌아간다.
>
> 2. 굿셀(Goodsell)의 입장
>   (1) 관료제에 대한 부정적 시각은 관료제에 대한 이해 부족에서 나온 것이 많다고 주장한다.
>   (2) 관료제가 끊임없이 팽창하고 있다는 가설은 입증되지 않았으며, 관료제는 대내외적으로 통제를 받고 있다.
>   (3) 관료제의 성과가 낮은 이유는 정부부문이 본래 독점성이 강하고 목표가 무형적이며 실패하기 마련인 정책을 추구하는 경우가 많기 때문이지 관료제의 내재적 문제는 아니다.

02 탈관료제 I

1 의의

1. 논의의 전개

서구사회의 자본주의가 성장을 지속하던 안정적 환경에서는 고전모형의 관료제가 효율적이었으나, 오늘날의 후기산업사회(정보화 사회)는 조직환경의 급변성·예측불가능성으로 인해 고전적 관료제에 대한 많은 수정이 가해지고 있다.

2. 개념

1960년대 중반 이후, 계층적 구조(Weberian Paradigm)를 비판하면서, 비관료제·탈관료제·비계층제 구조를 표방하고 조직의 상황적응성, 인간화, 분권화, 참여민주주의를 실현하는 조직을 모색하는 일련의 경향을 탈관료제 이론이라고 한다.

2 주요 모형

1. 주요 모형의 특징

(1) 임무와 문제해결능력의 중시: 계서적 지위중심주의나 권한중심주의를 배척하고 임무(일)중심주의·능력중심주의를 처방한다. 권한은 문제해결 능력을 가진 사람이 행사한다. 따라서 구성원의 능력을 최대

한 발휘하여 혁신을 촉진할 수 있는 조직이다.

(2) 비계서적 구조: 고정적인 계서제의 존재를 거부하고, 비계서적인 저층형의 구조설계를 처방한다.

(3) 잠정성의 구조: 일상적 업무의 내적 효율성을 추구하지 않으며, 조직 내의 구조적 배열뿐 아니라 조직 자체도 필요에 따라 생성 · 변동 · 소멸되는 잠정적인 것이어야 한다고 처방한다.

(4) 경계관념의 혁신: 조직과 환경 사이의 높고 경직된 경계(칸막이, 이음막, 분업)를 바꾸어 경계를 타파하고 고객을 동료처럼 대한다.

(5) 상황적응성의 강조: 표준화(SOP)를 거부(배격)하며 조직의 구조 및 업무수행 등이 창의적이고 상황적 조건에 부응하도록 처방한다.

(6) 문제의 집단적(협력적) 해결: 전문성이 통합되고 문제해결과 의사결정은 집단적인 과정을 통해서 처방한다. 상하 간 명령적 관계가 아니라 공개적 의사전달과 자율적 · 참여적 · 협동적 관계를 선호하며, 팀워크(협업) 중심의 자발적 참여에 의한 결과지향적 산출을 중시한다.

(7) 선택적 분권화: 전문가들에게 의사결정권이 위임되기도 하고 하급자에게 분권화가 되기도 한다.

(8) 행정농도가 높은 조직: 계선(현상유지)보다 막료(변화지향)가 큰 비중을 차지하는 유기적 조직이다.

(9) 낮은 조직구조변수: 낮은 수준의 복잡성(분화), 낮은 공식화(규칙화, 표준화), 낮은 집권성, 비일상적 기술 등

(10) 낮은 효율성 · 안정성: 탈관료제조직은 관료제조직에 비하여 구조적 정밀성 및 안정성이 낮고 갈등과 대립이 심하여 전반적으로 효율성이 낮은 조직이다. 따라서 관료제조직을 대체 · 부정한다기보다는 상호 공존 · 보완관계로 보아야 한다.

2. 베니스(W. Bennis)의 적응적 · 유기적 구조(Adaptive—Organic Structure)

베니스는 환경의 급속한 변동, 고도의 환경적 분화, 직업적 유도성의 조화, 조직 내 업무의 비정형화, 기술의 고도화 등의 여건 변화에 따라 이러한 변화에 대응할 수 있는 조직모형으로서 적응적 · 유기적 구조를 처방하였다.

(1) 잠정적 체제(Temporary System): 비계층적 구조, 구조적 배열의 잠정성

(2) 자율의 구조(Structure of Freedom): 권한보다 능력이 지배, 민주적 리더십에 의한 감독

3. 화이트(O. White)의 이론

화이트는 고객중심적 지향성을 강조하는 반관료제적 모형인 변증법적 조직을 제시하였다. 이것은 변증법적 과정의 정 · 반 · 합을 다 거친 통합적 모형이 아니라 전통관료제에 반대하여 스스로를 계속적으로 발전시키는 단계에 있는 조직의 모형이다. 고객중심 조직의 원리로는 구조 유동성의 원리, 전통적인 경계개념의 타파에 관한 원리 등이 있다.

4. 세이어(Thayer)의 이론

세이어는 계서제의 원리가 타파되지 않고는 진정한 조직 혁명은 일어날 수 없다고 주장하면서 탈관료제화의 가장 큰 약점을 비계서적인 구조의 형성에 두었다. 세이어는 계서제로 인해 나타난 문제들은 계서제의 완전한 타파로만 해결할 수 있다고 하면서 의사결정권의 이양, 고객의 참여, 조직경계의 개방 등을 통해 계서제 소멸을 주장하였다.

5. 키크하르트(L. Kirkhart)의 연합적 이념형(Consociated Ideal Type)

(1) 1960년대 후반 신행정학 운동을 반영, 베니스의 적응적·유기적 구조에 기초를 두고 이를 보완하였다.

(2) 후기산업사회를 배경으로 기초적 업무단위로서 프로젝트 팀, 조직 간 자유로운 인력이동, 변화에 대한 적응, 권한체제의 상황적응성(다원적 권한구조), 구조의 잠정성, 조직 내의 상호의존적 및 협조적 관계, 고객의 참여, 컴퓨터의 활용, 사회적 계층화의 억제, 개방적 의사전달, 전문성 지향(전문직원의 두 가지 기술: 생산활동에 필요한 업무처리기술 + 개인과 집단이 서로 협력하고 신뢰하게 하는 기술) 등을 강조하였다.

6. 골렘뷰스키(Golembiewski)의 견인이론적 조직구조

(1) 의의: 관리이론을 압력이론(Push Theory)과 견인이론(Pull Theory)으로 대별하고, 조직의 구조와 과정은 견인이론의 처방에 따라야 한다고 주장

(2) 압력이론: 고통스러운 결과를 피하기 위해 일하도록 만드는 방안을 처방 → X이론적 시각

(3) 견인이론: 자유로운 분위기, 일하면서 보람과 만족을 느끼게 하는 방안을 처방 → Y이론적 시각(견인이론은 인간이 자율규제적이며, 직무수행을 통해 만족을 얻으려는 존재임을 전제로 한다)

(4) 견인이론의 기본원리
① 분화보다는 통합을 중시
② 억압보다는 행동의 자유(기계적 구조가 아니라 유기적 구조)를 중시
③ 단정보다는 새로운 것을 중시
④ 기능보다는 일의 흐름을 선호

(5) 견인이론에 입각한 조직구조의 특성
① 전체적인 일의 흐름을 중요시하는 구조로서 분권화, 사업관리, 기능의 복합적 중첩, 목표관리, 자율적인 사업담당반 등 여러 가지 적응적 장치를 내포한다.
② 수평적 분화의 기준은 기능의 동질성이 아니라, 일의 흐름에 관련된 상호관련성이다.
③ 권한의 흐름은 하향적·일방적인 것이 아니라, 상호적이며 상하·좌우로 권한관계가 형성된다.
④ 업무의 성과(결과)에 대한 평가를 평가활동의 기본으로 삼고, 자율규제를 촉진하기 때문에 통솔범위를 넓힐 수 있다.
⑤ 각 사업담당반의 자율적 통제를 내재화시킴으로써 외재적 통제와 억압을 최소화한다.
⑥ 변동에 대한 적응을 용이하게 한다.

7. 토플러(A. Toffler)의 애드호크라시(Adhocracy)

(1) 토플러는 관료제를 '보이지 않는 정당'에 비유하며, 여당도 야당도 아닌 상태에서 선거결과에 관계없이 영구히 집권하면서 정책결정과정에 막강한 권한을 행사하는 '제3의 정당'이라고 지적한다.

(2) 미래의 충격에서 임시적·유동적·유기적 구조로 애드호크라시를 제시한다. 정보화사회에서는 산업사회의 관료제조직 대신에 유기체적인 조직이 보편화될 것을 예측했다. 애드호크라시는 낮은 복잡성에 의한 수평적 분화, 낮은 공식성에 의한 전문화, 분권화된 의사결정을 특징으로 한다.

8. 린덴(Linden)의 이음매 없는 조직(Seamless Organization)

산업화 시대의 소비자 · 생산자 중심적 사회의 분산적 관료제 구제에서 벗어나 소비자 중심적 사회에 적합한 모형으로 이음매 없는 조직을 제시하였다. 이음매 없는 조직은 분할적 · 분산적 조직에서 벗어나 수평적 · 수직적 통합이 이루어진 유기적 조직이며, 고객과의 전통적인 경계관념을 타파하고, 소비자의 요구에 부응하는 서비스를 제공한다.

9. 맥커디(McCurdy)의 반(反)관료제적 조직의 구조형성원리(종합)

탈관료제 모형론자들의 접근방법을 종합적 검토 후 반(反)관료제적 · 후기관료제적 조직의 구성원리를 제시한다.

(1) 권한체계
① 임무중심주의, 능력중심주의
② 권한의 유동성
③ 문제해결능력을 가진 자가 권한행사

(2) 계층성: 비계층적 · 비계서적 구조(Flat Structure)

(3) 조직의 존속 · 구조배열: 잠정성(필요에 따른 생성 · 변화 · 소멸)

(4) 직업의 유동성(Professional Mobility)

(5) 업무수행 기준 · 절차: 상황적응성(변증법적 조직)

(6) 고객관계
① 고객을 동료처럼 대함
② 경계 타파
③ 고객요구의 수용

(7) 문제해결, 의사결정
① 집단적 과정을 거침(협력 · 팀워크)
② 상하 간 자율적 · 참여적 · 협동적 관계

(8) 의사전달의 공개성

(9) 낮은 수준의 조직구조의 기본변수(복잡성 · 공식성 · 집권성 모두 낮음)

(10) 비일상적 · 비성영적 기술

3 탈관료제 조직의 평가

1. 장점

(1) 실험성, 유연성, 적응적 유동성, 잠정성, 기동성을 특징으로 하므로 환경변화에 신속한 대응이 가능하다.

(2) 조직의 초기발전단계에 유용하다.

(3) 다양한 전문지식을 가진 사람(전문가)들의 협력을 통한 문제해결을 강조하므로 조직의 성과향상이 촉진된다.

(4) 집단적 문제해결이 강조되므로 상황에 따른 인적자원의 효율적 활용 및 엘리트의 순환 촉진이 이루어진다.

(5) 과업 자체가 기술적이고 비정형적인 경우 매우 유용하다.

2. 한계

(1) 구조적 측면: 인간성에 초점을 맞추기보다는 환경과의 관계에 편중하고, 환경과의 관계에서 조직구조의 변경과 재설계문제에 대한 관심을 갖는다.

(2) 구성원 측면: 명령계통의 다원화, 끊임없는 긴장과 갈등으로 심리적 불안감을 야기한다.

(3) 업무수행 측면: 이질성이나 의사결정의 지연 등을 극복하는 노력이 요구된다.

구분	관료제(Bureaucracy)			탈관료제(Adhocracy)*		
특징	폐쇄성 – 기계적 · 정태적 · 경직적 구조 (예측가능, 안정, 표준, 정밀)			개방성 – 유기적 · 동태적 · 신축적 구조 (신축, 가변, 유동, 학습)		
	• 명령 · 복종관계 • 정당성의 근거는 직위 • 일상적 · 정형적 조직활동 • 생애적 · 전임성, 역할의 특정성이 강함			• 상하 간 자율적 · 협동적 관계 • 정당성의 근거는 전문지식, 비일상적 · 비정형적 조직활동 • 직업의 유동성 보장, 역할의 특정성이 약함		
고객관	• 조직과 환경(고객)과의 경직된 경계 • 관중심행정, Fordism(대량생산 – 공급자 중심)			• 고객과 행정의 경계타파(탈경계) – 고객을 동료처럼 대함 • 고객중심행정, Post – Fordism(다품종 소량생산 – 소비자 중심)		
조직구조의 기본변수와 상황변수	기본변수			기본변수		
	복잡성	공식성	집권성	복잡성	공식성	집권성
	↑	↑	↑	↓	↓	↓
	상황변수			상황변수		
	규모	기술	환경	규모	기술	환경
	소규모	일상적 · 정형적	안정 · 확실	대규모	비일상적 · 비정형적	불안정 · 불확실
구조적 특징	• 좁은 직무범위(엄격하게 규정된 직무) • 표준운영절차(많은 규칙과 규정) • 분명한 책임관계, 계층제 • 낮은 팀워크 • 공식적 · 몰인간적 대면관계 • 좁은 통솔범위			• 넓은 직무범위 • 적은 규칙 · 절차 • 모호한 책임관계, 분화된 채널 • 높은 팀워크 • 비공식적 · 인간적 대면관계 • 넓은 통솔범위		

---

* 애드호크라시

애드호크라시는 계층제 형태를 띄지 않기 때문에 오히려 권한과 책임이 모호하여 조직 내 갈등이 발생할 가능성이 높다. 수평구조인 팀제의 경우 팀장의 조직 장악력이 부족할 경우 계층이 없음으로 인한 갈등이 생길 수 있고 매트릭스조직도 기능적 구조와 사업구조가 결합되어 명령계통이 이원화된 관계로 역시 신속한 결정이 어렵고 갈등이 발생할 소지가 높은 조직이다.

1. 의의

　(1) 개념: 토플러의 『미래의 충격(Future Shock), 1970』에서 애드호크라시 개념 제시. 임시적·역동적·유기적 조직을 의미

　(2) 대두배경: 행정환경의 급변. 즉 비일상적·비정형적·유기적으로 처리해야 할 문제의 증가, 정보·과학기술의 발달에 따른 고도의 전문성·복합성이 요구되는 상황 하에서 기존의 관료제조직이 환경적응력이 약하므로, 환경변화에 적절히 대응할 수 없게 되자 논의가 시작됨

2. 동태적 조직의 유형

　(1) 대학형태구조(동료조직; Collegial Structure): 대학, 연구소에서 흔히 활용되는 조직형태로, 고도의 기술이나 전문적 지식을 가진 사람들이 모이는 수평적인 단체

　(2) 평면조직(Flat Structure): 수직적 계층제가 완화된 수평적 조직

　(3) 자유형조직(Free Structure): 고도로 분권화된 기구에게 구조의 자율성을 보장하여 환경에 탄력적으로 적응

　(4) 대국대과(大局大課)주의, 과제폐지(課制廢止): 조직을 세분화한 것에 따른 할거주의 방지를 위해 국(局)이나 과(課)의 규모를 크게 하여 협업을 강조

　(5) 사업부제조직

　(6) 연결핀(Link-Pin)조직: 리커트(R. Likert)가 제시, 조정부서 간 연결(2개 부서 구성원으로 참여해 두 집단에 걸쳐 소속됨. 자기계층 상하를 연결. 협조적 태도와 상호작용기술·구조 필요)

　(7) 수평구조: 조직구성원을 핵심 업무과정 중심으로 조직하는 방식

　(8) 매트릭스 조직(Matrix: 행렬조직, 복합조직): 매트릭스구조는 기능구조와 사업구조의 화학적 결합을 시도하는 조직구조로서 기능부서 통제 권한의 계층은 수직적으로 흐르고, 사업부서 간 조정권한의 계층은 수평적으로 흐르는 이원적 권한체계를 지님

　(9) 위원회구조(Committee Structure): 의사결정이 다수에 의해 내려지는 구조

　(10) 막료(참모)조직(Staff), 담당관제

　(11) 지식정부조직: 학습조직, 연성조직, 네트워크조직(아메바형 조직), 팀제, 가상조직, 자생조직, 하이퍼텍스트형조직 등

03 탈관료제Ⅱ(지식정보화 사회의 조직모형)

1 정보화 사회의 개념 및 특징

1. 정보화 사회의 개념

정보화 사회는 토지, 자본, 노동과 같은 유형적이고 고정적인 생산요소를 활용해서 상품을 생산하고 이를 유통함으로써 사회의 자원을 배분하던 과거 산업사회와는 널리, 정보의 확산과 연계를 통해 지속적인 지식성장을 가능하게 하고, 이를 기반으로 사회 자원이 끊임없이 재생산되고 분배될 수 있는 사회로 정의할 수 있다.

2. 정보화 사회의 특징

(1) 그야말로 정보화가 민간과 정부의 운영 등 사회전체적으로 큰 비중을 차지하는 사회를 말한다.

(2) 정보화 사회를 움직이는 힘의 원천은 상상력이 풍부한 지식이다.

(3) 정보 그 자체가 중요한 자원이 된다.

(4) 정보의 양이 폭발적으로 증가한다.

(5) 인간의 욕구가 다양화된다.

(6) 시간적이고 공간적인 한계가 극복될 수 있는 사회이다.

(7) 시간적·공간적 한계의 극복뿐만 아니라 업무 영역 간에도 경계의 한계가 극복될 가능성이 크게 예측되는 사회이다.

(8) 열린사회인 동시에 경쟁사회이기도 하다.

3. 정보화 사회에서의 효과적인 조직설계 방향

(1) 정보 도입이 용이한 조직구조

(2) 고객에 대한 대응성이 높은 조직

(3) 기민성과 유연성을 가진 조직

(4) 조직의 낮은 계층화

(5) 조직 간 네트워크의 통합

(6) 조직의 높은 분권화 수준

(7) 학습조직 체계의 마련

2 정보화 사회에서 제시되는 새로운 조직구조

1. 수평적 조직

(1) **개념**: 수평적 조직은 조직을 업무과정을 중심으로 설계하여 조직 내의 수직적 계층이 감소되는 조직을 말한다.

(2) **특징**

① 업무, 기능, 지리적인 위치보다는 다기능적인 핵심과정을 중심으로 구조가 만들어진다.

② 조직설계와 성과는 개인보다는 책임조직에 기반해 이루어진다.

③ 각 핵심과정은 과정소유자가 전적으로 책임을 진다.

④ 팀의 구성원들은 팀 단위의 성과에 기반해 의사결정을 위한 기술, 도구, 권한 등을 부여받는다. 팀 구성원들은 서로 다른 구성원의 업무를 수행할 수 있게 훈련되며, 주요한 조직업무를 완성하기 위해서 기술들을 연계하는 것으로 충분하다.

⑤ 팀은 자유롭고 창조적인 사고를 할 수 있으며, 새로운 도전에 대해서 유연하게 반응할 수 있다.

⑥ 고객들은 수평적인 협조가 이루어지도록 요구한다.

⑦ 지속적인 향상을 위한 개방성, 신뢰성, 협동성과 같은 문화가 형성된다.

(3) **수평적 조직에 대한 평가**

① 수평적 조직의 장점

㉠ 가장 큰 장점은 조직규모에 비해 관리계층의 규모가 작아서 관리비용면에서 효율적이다.

㉡ 기능부서 사이에 경계가 없기 때문에, 조직구성원들은 부서의 한정된 목표보다는 좀 더 넓은 조직 전체의 목표에 대해 관심을 가지게 된다.

㉢ 수평적 구조는 조직의 중요한 의사결정에 대한 책임을 공유하게 함으로써 조직에 기여할 수 있게 하고 이들에게 조직 내에서 보다 좋은 삶의 질을 누릴 수 있는 기회를 준다.

② 수평적 조직의 단점

　㉠ 관리자들이 핵심과정을 결정하고, 고객들이 원하는 것을 제공해주는 곳을 잘 결정하지 못하면 조직 성과에 도움을 주기는커녕 많은 피해를 줄 수도 있다.

　㉡ 전통적인 관리자들은 이전에 가지고 있던 권한을 포기하도록 강요된다.

　㉢ 업무의 다기능적 특성으로 인해서, 종업원들에게 전문적인 기술을 배우고 유지할 수 있게 해주지 못한다면 수평적 구조는 심화된 지식과 기술의 발전에는 한계가 있을 수도 있다.

2. 팀 조직

(1) 개념: 팀 조직이란 하나의 조직 내에 속한 일종의 하위집단으로, 상호보완적인 기술을 가지고 있는 두 사람 이상으로 이루어진 구성원들이 서로 공유하고 있는 목표를 달성하기 위해 매우 긴밀하게 협력을 하고, 그 결과 도출된 성과에 대해서는 공동으로 책임을 지는 조직이라고 정의해 볼 수 있다.

(2) 팀 조직의 특징

① 집단을 구성하는 정도의 인원으로 구성된다.

② 공동의 목표와 과업을 달성하기 위해 존재한다.

③ 상호보완적인 기술(Complementary Skills)을 가진 사람들로 구성된다.

④ 구성원들은 개인으로서 뿐만 아니라 팀 조직 전체로서 책임을 진다.

⑤ 구성원들은 공동으로 목표달성을 위한 접근 방법을 개발한다.

⑥ 그 형태가 매우 다양하다.

(3) 팀 조직의 유형

① 프로젝트 팀(Project Team: 특별작업반, 사업조직): 특정 사업·목적의 달성을 위해 임시적으로 조직 내 인적·물적 자원을 결합하여 만든 문제지향적 동태적 조직 − 계층제 구조가 아니라, 직무의 상호연관성이라는 직무상의 횡적 관련을 중시하여 전통적인 관료제 조직과 공존하며 기능을 통합하기 위해 조직된 잠정적인 조직이다.

② 테스크포스(Task Force: 전문담당반·전문기동반·전문조사반): 특별한 임무나 목적을 수행하기 위하여 각 조직 내의 필요한 전문가를 차출하여 한 사람의 책임자 아래 입체적으로 편성한 조직이다.

더 알아보기

프로젝트 팀과 테스크포스의 비교

구분	프로젝트 팀(Project Team)	테스크포스(Task Force)
구조	수평적 구조	입체적(수직적＋수평적) 구조
존속기간	임시적·단기적 성향	장기적 성향
규모	소규모(부분 내 설치)	비교적 대규모(부문 간 설치)
설치 근거	법적 근거를 요하지 않음	법적 근거를 요함
성향	인적 성격 강함 − 성원교체가 조직변화 초래	물적 성격 강함 − 성원교체와 조직변화 무관
소속관계	소속기관에서 탈퇴하지 않고 일시차출 [겸임, 시간제(Part Time)근무]	정규부서에서 이탈해 전임제(專任制)로 근무 (파견근무)

(4) 팀 조직에 대한 평가

① 팀 조직의 장점

- ㉠ 팀 조직에는 생산성 증대, 품질 향상, 종업원의 업무조건 향상, 비용절감, 이직율과 결근율의 감소, 갈등감소, 혁신증대, 조직의 적응성과 유연성 증대와 같은 장점이 있다.
- ㉡ 팀 조직의 운영이 인본주의적인 이데올로기에 의해 촉진되기도 한다. 즉 팀 조직은 종업원들에게 업무만족도와 자긍심을 줄 수 있는 중요한 방법일 수 있고, 종업원의 업무환경을 향상시키는 방안일 수도 있다.
- ㉢ 팀 조직은 또한 관리자와 종업원 사이의 갈등을 줄여줄 수도 있다. 즉, 성공적인 팀 조직을 운영한다는 것은 이들 사이의 원망과 불신을 매우 크게 감소시킬 수 있게 되는 것이다.
- ㉣ 생산성과 품질의 향상 등으로 경쟁력이 강화된다.

② 팀 조직의 단점

- ㉠ 팀구성원들 상호 간에 협력하려는 의지가 약할 수 있다.
- ㉡ 관리층이 팀 조직을 도입하는 데 적극적인 지지를 보내지 않을 수도 있다.
- ㉢ 팀 사이에 협력적 분위기가 이루어지지 못할 경우에도 심각한 문제를 초래할 수 있다.

3. 네트워크 조직

(1) 네트워크 조직의 개념:
네트워크 조직은 기본적으로 둘 이상의 조직들이 강한 연계를 가지면서 환경에서 제기되는 복잡한 문제들을 해결하기 위해 공동으로 대응하는 상황을 말한다고 볼 수 있다. 즉, 조직 내에서 모든 기능을 수행하는 것을 벗어나 핵심자원만 보유하고 나머지는 네트워크를 통해 자원을 공유(예 전략적 제휴, 아웃소싱, 컨소시엄)함으로써 초경쟁 시대의 새로운 가치창출을 위한 대안적 조직을 말한다.

(2) 특징

① 공동의 조직목표를 추구한다.

② 구성단위들은 높은 수준의 독자성을 지니며, 신뢰나 협력관계의 구축이 필수적이다.

③ 구성단위들은 수평적 관계를 유지하며, 그 형태와 분석수준에 따라 매우 다양하다.

④ 느슨하게 결합된 조직(Loosely – Coupled Organization)이다.

⑤ 단일의 리더를 전제로 하는 관료제와 달리, 네트워크 조직은 역량 있는 여러 명의 지도자를 필요로 한다.

⑥ 관료제 조직만큼 상하계층이 뚜렷하지 않다. 모든 계층은 함께 노력하고 조직 전체의 한 부분으로 기능한다. 따라서 각 구성단위 조직들의 연결구조는 원칙적으로 수평적이며 유기적이다.

⑦ 환경이 제공하는 복잡한 문제를 해결하기 위해 수직적 통합(계층통합)뿐만 아니라 수평적·공간적으로 공식적인 조직 경계를 뛰어넘는(공간적 통합) 통합 메커니즘을 갖춘 조직이지만 업무성취에 관한 과정적 자율성이 높은 조직이다(집권과 분권의 조화).

(3) 네트워크 조직의 유형

① 집권형(중심 – 분권형): 중간조직이 다른 참여조직들의 활동을 집권적으로 조정할 수 있는 네트워크

② 분권형(군집형): 중심조직이 없이 참여조직 간 수평적 상호조정을 통해 활동하는 네트워크(참여단위들의 네트워크 가담은 자발적이며, 자율성과 독자성이 높음)

(4) 네트워크 조직에 대한 평가

① 네트워크 조직의 장점

㉠ 조직의 개방화에 대비한 활동능력을 배양해준다.

㉡ 조직의 네트워크화는 내부조직을 슬림화하는 데 기여한다.

㉢ 수평적 통합화 능력을 배양하는 데 기여한다.

㉣ 조직구성원들의 동기부여를 시키는 데 기여한다.

㉤ 혁신을 통해 경쟁력을 제고해준다.

② 네트워크 조직의 단점

㉠ 네트워크에 의해 조직의 전략이나 행동이 제약을 받을 수 있다.

㉡ 네트워크와 환경과의 원활한 상호교류가 이루어지지 않을 가능성이 있다.

㉢ 네트워크관리상 외부환경과 상호관계가 적절하게 이루어지지 않으면, 기술, 경영노하우 등을 네트워크 외부에 있는 조직과 공유하는 과정에서 지식이 쌍방향으로 흐르지 않고 일방적으로 유출되어 네트워크 파트너가 경쟁자로 둔갑할 가능성이 존재한다.

㉣ 네트워크는 신뢰를 바탕으로 존재하기 때문에 상대방이 바뀌는 경우 예상치 못한 기회주의에 봉착할 가능성이 크다.

㉤ 네트워크 내의 조직들에 대해서는 상호신뢰에 기반한 유연하고 유기적인 시스템을 구축할 수 있지만 네트워크 밖에 있는 조직에 대해서는 폐쇄적인 성격을 띨 수도 있으므로 사회 전체적으로는 효율성을 떨어뜨릴 수도 있다.

4. 학습조직

(1) 학습조직의 개념
학습조직은 조직구성원들이 지식을 공유하고 이를 활용하여 끊임없이 새로운 지식을 창출·축적해낼 뿐만 아니라, 조직행태를 변화시키고 조직성과를 향상시키는 조직의 역동적 모습을 의미한다.

(2) 학습조직의 특징

① 조직을 학습이 일어나는 장소로 인식한다.

② 조직 자체가 학습을 촉진하기 위한 메커니즘을 갖추고자 한다.

③ 어떤 실체가 있는 구체적인 조직이라기보다는 조직의 모습과 조직구성원들의 역할이 어떠해야 하는가에 대한 일종의 태도 혹은 철학이다.

④ '안정적 상태'를 가정하지 않는다.

⑤ 문제해결(Problem Solving)에 중요한 가치를 두고 있다.

⑥ 문제해결을 위한 과정에 조직구성원들의 참여를 강조한다.

⑦ 집합적 행동이 중요시된다.

(3) 학습조직에 대한 평가

① 학습조직의 장점

㉠ 급변하는 환경에 신속하게 대응할 수 있는 능력을 제고시켜준다.

㉡ 조직의 민주성을 제고시켜주기도 한다.

㉢ 조직의 대응성을 제고시켜준다.

㉣ 수평적이며 분권화된 조직을 지향한다. 따라서 정보화 시대에 요구되는 조직유형에 부합된다고 할 수 있다.

② 학습조직의 단점

　　㉠ 학습조직이 지향하는 목표가 구성원들 사이에 적절히 공유되지 않으면 학습내용이 조직혁신에
　　　적합한 것이 되기 힘들다.

　　㉡ 학습내용이 조직변화의 방향과 부합한다고 하더라도, 만약 기득권을 저해시키거나 구성원들에게
　　　물질적 · 심리적 부담을 주는 것으로 이루어지게 되면 조직구성원들이 적극적으로 학습하려는 의
　　　욕을 보이지 않게 된다.

개념더하기 　셍게(P. Senge)의 학습조직이 되기 위한 5가지 수련

셍게에 의하면 학습조직이란 개방체제모형과 자기실현적 인간관을 전제로 한 조직으로 구성원의 지식 욕구를 끊임없이 창
출하고, 창의적인 사고방식으로 전환시켜주며, 집단적 열망이 충만하여 구성원들이 학습을 지속해가는 조직이다. 이를 위
하여 셍게는 5가지 수련을 제시한다.

1. 시스템적 사고(Systems Thinking)
　학습조직에서는 조직에 영향을 미치는 사건, 조직, 환경들의 상호관련성을 장기적이면서 전체적으로 조망하는 시스템적
　인 사고가 중시된다. 이러한 기본적인 원리 하에 조직이 학습하기 위해서는 다음의 기술적인 4가지 원리가 필요하다.

2. 전문적 소양(자기완성 · 자기숙련, Personal Mastery)
　학습하는 개인이 없으면 조직학습도 없으므로, 개인이 스스로 지속적으로 자신의 비전과 에너지를 충만하게 북돋고, 현
　실을 인지하고 능력과 기술을 습득해가야 한다.

3. 사고의 틀(Mental Models)
　학습조직의 구성원들은 현실세계를 객관적으로 이해하고 어떤 활동을 할 것인가에 대한 깊은 이해와 형상화를 통해 기
　존 사고방식을 깨는 과정을 겪어야 한다. 이러한 숙고의 과정이 새로운 것들을 받아들이는 자세를 형성하기 때문이다.

4. 공동의 비전(Shared Vision)
　학습조직은 조직구성원들에게 단순히 비전을 듣게 하는 것이 아니라 조직의 비전에 스스로 열의를 갖고 몰입하게 하여
　결국 학습을 촉진한다.

5. 팀 학습(Team Learning)
　학습조직은 대화를 통해 구성원들이 함께 사고하고 조직의 의미를 자연스럽게 구체화토록 함으로써 전체 시스템적 사
　고에 도움을 준다.

---

5. 가상조직

(1) 개념: 가상조직이란 기본적으로 인터넷과 같은 정보통신기술의 발달로 인해 조직 간 물리적 거리가 사
　라짐에 따라 조직들이 시간 · 공간적 경계를 초월하여 가상공간(Cyber Space)에서 의사교류를 하게
　되고, 이를 통해 이전보다 밀접하게, 그리고 효율적으로 문제를 해결해나가는 모습을 의미한다고 할 수
　있다.

(2) 특징

① 일종의 네트워크 조직이다.

② 정보통신기술을 기반으로 이루어지는 조직이다.

③ 각각의 조직단위들이 갖고 있는 상호의존적인 핵심역량을 기반으로 연계된다.

④ 네트워크에 참여하는 사람이나 집단이 다양한 자원을 서로 제공해서 전체기능을 수행하기 때문에
　영구적이라기보다는 잠정적이고 임시적인 조직이다.

⑤ 전통적인 조직이론에서 말하는 기존의 조직개념에서 조직의 물리적 측면이 배제된 조직이다.

⑥ 일반조직과 달리 물리적 차원에서 조직의 경계를 확인하기 어렵다.

⑦ 분산된 조직구조를 가진다.

⑧ 관료제 조직의 계층제에 따른 통제와 달리 분산된 조직구조에 기초한 분산된 통제에 의존하고 있다.

(3) 가상조직에 대한 평가

① 가상조직의 장점

㉠ 산재해 있는 조직구성원들을 매우 긴밀한 정보교환이 가능한 그룹으로 묶어 낼 수 있다는 장점이 있다.

㉡ 모든 업무를 매우 민첩하게 시행할 수 있어서 문제를 정확히 파악하여 신속한 해결을 할 수 있게 된다.

㉢ 업무수행 도중이라도 언제든지 목적에 따라 또는 시장의 변화, 고객 요구의 변화 등 기업을 둘러싼 환경 변화에 따라 새로운 팀의 참여 또는 기존 조직의 재구성을 가능케 하는 유연한 조직구조를 보유한다.

㉣ 가상조직은 상호의존적인 조직들 간의 핵심역량을 공유하고 연계시키는 것을 활성화 할 수 있다.

㉤ 무엇보다도 이러한 가상조직의 특성은 고객지향적 서비스를 구현하게 한다.

② 가상조직의 단점

㉠ 가상조직에 대한 전체적인 통제력이 상실될 경우 심각한 문제가 발생할 수 있다.

㉡ 가상조직이 모든 경우에 적합한 조직은 아니라는 점도 지적되고 있다.

㉢ 정보화로 인해 지식기반 인프라에 의해 업무가 진행되면서 제품에 대한 소유권을 결정하는 문제, 이들 문제가 발생할 때 책임소재의 문제, 문제를 둘러싼 조직 간 문화의 차이에 대한 판단과 같은 가치판단과 그 기준을 설정하는 데 심각한 갈등이 초래될 수 있다.

㉣ 가상조직의 장점이기도 한 업무장소의 유동성이 경우에 따라서는 문제로 지적되기도 한다.

㉤ 협조적 분위기를 갖춘 수평적 조직이 아니고, 고도로 관료화된 조직에서는 가상조직이 실패할 가능성이 크다.

6. 메타조직(Meta Organization)

(1) 개념: 메타조직은 각각 개별적으로 존재하는 조직들이 장기간에 걸쳐 서로 밀접하게 연결됨으로써 상호 간에 의존도가 심화되어 서로서로 도움을 받지 않으면 환경으로부터 제기되는 다양한 문제를 해결하는 것이 사실상 불가능해지는 조직들의 집합이다.

(2) 특징

① 전통적으로 조직의 독자성을 강조하는 시각과는 달리 조직 간의 관계를 중요시하고 있다는 점이다.

② 네트워크조직 등 새로이 등장하고 있는 조직에서는 조직 간 관계의 임시적인 성격을 강조하고 있으며 또한 조직들 간의 상호평등을 강조하고 있는 데 반해, 메타조직(Meta Organization)에서는 조직들 간의 비교적 장기적이고 고정적인 관계에 초점을 두고 있으며, 조직 간 관계에 있어서도 평등화를 강조하기 보다는 업무를 중심으로 구축된 부분적으로 집권화된 성격에 주목하고 있다.

(3) 메타조직에 대한 평가

① 메타조직의 장점

㉠ 메타조직에서는 구성원들 간의 안정적인 관계를 강조하기 때문에 환경의 변화에도 조직이 매우 견고하고 안정적으로 임할 수 있게 된다.

㉡ 메타조직에서는 조직 간 관계에서 나타나는 다양한 문제에 대해 나름대로의 표준적인 처리방식이나 예측가능한 방식으로 대응이 이루어질 수 있다.

② 메타조직의 단점: 메타조직을 구축하는 것은 쉬운 일이 아니다. 메타조직 내의 조직들은 상이한 자료 형식을 활용하게 되지만, 이의 활용을 위해 중요한 용어나 범주에 대한 상호인증이 이루어질 필요가 있는데, 이것은 시간이 많이 드는 일이기도 하다. 더구나 이 과정에서 저항을 초래하여 상당기간 교착상태에 머무를 수도 있다.

7. 운형조직(Organized Cloud)

(1) 개념: 분명히 다른 목적을 추구하는 각각 다른 조직들이 서로 상호작용을 통해 보다 나은 방식으로 문제를 해결해 나가는 것을 운형조직이라 한다.

(2) 특징

① 운형조직의 대표적인 특징은 데이터베이스에 의존하고 있다는 것으로, 이들이 공유할 수 있는 데이터베이스가 강력할수록 운형조직을 통한 문제해결은 보다 의미있는 것이 된다.

② 조직들 간에 공통의 목표를 가지고 있지 않다. 다만, 운형조직 내에서는 마치 여행사들이 모두 비행기 좌석과 호텔방을 예약하길 원하듯이 서로 유사한 목표를 갖고 있기는 하다.

③ 누군가에 의해 관리되지 않는다. 즉, 조직구성원들에게 명령을 내릴만한 중앙의 권위가 존재하지 않는다. 다만, 이러한 구조에서는 나름대로의 의사결정 메커니즘을 가지고 있으며, 감독체계, 멤버십에 대한 규칙, 잘못을 했을 경우의 처벌 메커니즘을 가지고 있다.

(3) 운형조직에 대한 평가: 운형조직이 원활하게 작동하기 위해서는 조직간 암묵적 규칙이 신뢰할 수 있게 정립되어 있어야 한다. 운형조직은 주로 시장에서 이루어지는 구성원 간 관계를 설명하는데 용이하다.

8. 하이퍼텍스트(Hypertext) 조직 – 노나카 이쿠지로 & 히로타카 다케우치

지식경영을 위해, 지식의 창조·활용·축적 측면을 구성요소로 하고 있는 조직이다.

(1) 프로젝트팀 층(지식창조): 제품개발 등의 새로운 지식을 창조하는 일을 한다. 팀 구성원은 다양한 사업단위에서 차출되어 하나의 프로젝트가 끝날 때까지 팀에 전속하며 원래 소속된 부서에서는 완전히 손을 떼고 프로젝트에만 전념하는 시스템이다.

(2) 비즈니스 시스템 층(지식활용): 통상적 업무의 효율성을 높이기 위해서 명령과 실행의 피라미드형 위계질서에 입각한 기존의 관료제적 구조가 이용된다. 이 층은 전통적인 '계층·분업·전문화'를 특징으로 하지만, 지식을 활용하기 위한 최적의 프로세스를 내재화하고 있다.

(3) 지식베이스 층(지식기반층): 프로젝트팀에서 창출된 지식이 재분류되고 재구성된다. 지식베이스는 양쪽에서 창출된 전혀 다른 성격의 지식이 축적되고 교환되는 장소로 '저장소 겸 교환소'의 역할을 수행한다.

9. 삼엽조직(클로버형 조직)

직원의 수를 소규모로 유지하면서 산출을 극대화하기 위해 조직을 세 가지 파트(삼엽)로 구분한다. 구체적으로 제1엽(핵심직원 – 소규모 정규직 노동자), 제2엽(계약직 노동자), 제3엽(비정규직 시간제, 임시직 노동자)으로 구분한다.

(1) 세 집단(전문직 근로자, 계약직 근로자, 신축적인 근로자)으로 구성된 네트워크형 조직으로, 지식정보화에 의해 나타나는 새로운 미래 조직의 형태이다.

(2) 삼엽조직의 조직구조와 고용 체계는 직원의 수를 소규모로 유지하는 반면에 산출의 극대화를 가능하도록 설계된다. 따라서 조직구조는 계층 수가 적은 날씬한 조직이 되며, 고품질의 상품과 서비스를 동시에 공급할 수 있는 장점을 지닌다.

10. 기타 조직

(1) 자생조직

(2) 홀로그램형(Holograms)조직

(3) 심포니 오케스트라형 조직

(4) 후기기업가조직

(5) 프로세스조직

(6) 역피라미드형 조직

(7) 꽃송이조직(클러스터 조직; Cluster Organization)

개념더하기 ▶ 프로세스조직

1. 프로세스
   측정 가능한 투입물(Input)을 측정가능한 산출물(Output)로 전환하는 부가가치가 있는 일련의 활동으로 리엔지니어링에 의하여 기존 경영조직을 근본적으로 다시 재설계하여 획기적 경영성과를 도모할 수 있도록 프로세스를 기본단위로 재설계한 조직

2. 프로세스 조직의 특징
   프로세스조직은 반복적 · 정형적 · 안정적이며 식별 가능한 프로세스의 존재 하에, 기존 업무처리방식 조직시스템을 근본적으로 재설계하고 정보기술을 활용해야 한다. 이를 통해 고객요구에 신속한 대응, 간접인원 축소, 조직성과의 획기적 향상 및 초우량 고객서비스, 그리고 종업원 근로의 질적 향상 등을 도모할 수 있다.

---

04 조직의 분류와 유형

1 조직의 분류

1. 공식조직 vs 비공식조직(공식성을 기준으로 분류)

공식조직이란 조직 목표를 달성하기 위하여 법령 등에 의해 공식적으로 업무와 역할을 할당하고 권한과 책임을 부여한 조직을 의미하며, 비공식적 조직이란 구성원들 간의 접촉이나 인간관계로 인해 공식조직 내에 형성되는 조직으로 구조가 명확하지 않은 조직을 의미한다.

구분	공식조직(제도적 조직)	비공식조직(자생적 · 비제도적 조직)
개념	인간의 감정을 배제하고 기능적 합리성의 원칙에 따라 인위적으로 제도화된 조직	현실적인 인간관계를 토대로 자연발생적으로 형성된 조직(예 공식조직 내의 동창회, 계, 동호회, 향우회)
강조이론	고전이론(과학적 관리론, 원리접근법, 베버의 관료제)	신고전적 조직론(인간관계론)
형태	외면적 · 외재적 · 가시적	내면적 · 내재적 · 비가시적
활동성격	전체적 질서를 위한 활동, 비교적 대규모	부분적 질서를 위한 활동, 비교적 소규모
목적	공적 성격의 목적 추구	사적 성격의 목적 추구

(1) 공식조직과 비공식조직과의 관계

① 조직은 양 측면을 모두 가지며, 양 조직 간 협동관계와 적대관계가 혼재한다.

② 비공식조직은 공식조직 단결성 유지, 공식조직의 의사전달기능 보완, 쇄신적 분위기를 조성하는 역할을 통해 공식조직과 상호보완관계를 형성한다.

③ 비공식조직이 공식조직과 대항적 성격을 띠는 경우 응집성이 커서 조직의 생산성에 미치는 역기능이 커지므로, 상호 보완과 공존의 관계로 발전시키는 것이 바람직하다.

(2) 비공식조직의 순기능과 역기능

순기능	역기능
• 심리적 안정감, 귀속감, 사기앙양 • 구성원의 불평과 불만을 해소시켜줌으로써 구성원의 심리적 욕구 충족 • 공식조직(계층제)의 경직성 완화 → 신축성 · 적응성 증진 • 사기 증진을 통한 쇄신적 분위기 조성과 업무의 능률적 수행에 도움 • 쇄신적 분위기 조성 – 창의성 고취 분위기 조성 • 공식적 의사소통망의 보완 • 공식조직의 응집력을 높이는 작용 • 지식과 경험의 공유를 통한 지도자의 능력 보완	• 적대감정 형성(공식조직과 비공식조직, 비공식조직 간) • 개인적 불안을 비공식적 조직의 불안으로 확대 • 비생산적 규범(Norm) 형성 가능성 • 파벌조성과 정실행위의 만연 우려(혈연 · 지연) • 관리자의 소외 및 공식적 권위의 약화 • 비공식적 의사전달의 역기능(왜곡, 근거 없는 정보)

(3) 비공식조직의 특징

① 공식조직 내에 존재하며 복합적이고 다양한 기능을 수행한다.

② 공식조직으로부터 끊임없이 영향을 받는 타율성을 지닐 뿐만 아니라 그 존폐 여부가 공식조직의 통제에 달려 있다.

③ 공식조직에 비해 훨씬 동태적이고 변칙적이며, 조직 내의 응집성 정도는 공식조직보다 더 높다.

④ 자기 특유의 생활에 적합한 행동규범과 기준을 발전시키고, 감정의 논리가 지배할 뿐만 아니라 구성원의 통제에 있어서도 사회적 통제에 의한다.

⑤ 비공식적 조직 내에도 특유의 신분체제나 지위체제가 존재한다.

2. 계선(Line) VS 막료(Staff) – 담당직무 성질에 따른 구분

비교	계선(系線: Line)	막료(幕僚)·참모(參謀: Staff)
의의	상하 명령복종관계를 가진 수직적·계층적 구조의 계열을 형성하는 기관으로서, 정책을 결정하고 법령을 집행하며 국민에게 직접 접촉하고 봉사하는 기관을 말한다.	계선기관이 원활한 기능을 수행할 수 있도록 지원·보조·촉진함으로써 조직의 목표달성에 간접적으로 공헌하는 기관으로 자문·권고·협의·정보의 수집과 판단·기획·통제·인사·회계·법무·공보·조달·조사·연구 등의 기능을 수행한다.
예	기관장 → 차관 → 실·국장 → 과장	• 보조형 막료: 조직을 유지·관리·보조하는 기관으로 계선기관에 서비스를 제공하는 기관(인사, 예산, 조달, 문서 및 사무관리 등의 기능 수행) • 자문형 막료: 좁은 의미의 참모기관으로 기획·조사·자문·연구 등의 기능을 담당하는 기관
	정부조직법상 보조기관: 차관·차장·실장·국장	정부조직법상 보좌기관: 차관보, 담당관*
특징	• 대체로 계층제적 성격 • 조직목표달성에 직접 기여, 직접적 행정책임 • 국민이 직접 접촉 • 의사결정권·명령권·집행권 행사 • 수직적 명령복종관계 • 일반행정가 • 보수적·실용적, 현실적 경험·기존가치 존중	• 대체로 비계층제적 성격 • 조직목표달성에 간접적으로 기여, 간접적 행정책임 • 국민과 직접 접촉하지 않음, 계선에 직접 접촉·봉사 • 원칙적으로 의사결정권·명령권·집행권이 없음 • 수평·대등한 관계 • 전문행정가 • 혁신적·이상적 성향
장점	• 권한과 책임의 명확화로 능률적 업무수행 • 신속한 결정으로 시간과 경비 절약 • 적은 운영 비용 • 강력한 통솔력 행사 • 소규모 조직에 적합	• 전문적 지식과 경험 활용을 통한 합리적·창의적 결정 • 계선기관 장의 활동영역과 통솔범위 확대 • 계선의 업무경감 • 계층제의 경직성 완화, 변화에 대한 신축성·적응성 증대 • 계선기관 간 수평적 업무조정
단점	• 전문가의 지식과 경험 활용 곤란 • 대규모 조직에서는 최고관리자의 과중한 업무부담 • 계선의 업무량 증가 • 폐쇄성·보수성·경직성, 관료제의 병리 우려 • 최고관리자의 주관적·독단적·자의적 결정의 우려	• 계선기관과의 대립·충돌 가능성 • 결정의 지연 가능성 • 참모기관에 소요되는 경비의 과다 • 막료의 계선권한 침해 가능성 • 조직규모의 확대 가능성

(1) 골렘뷰스키(Golembiewski)의 계선과 막료의 관계

① **중립적·열등적 도구모형(NⅡ형):** 전통적 모형. 계선이 주(主)가 되고, 막료는 2차적, 보조적 존재로 계선에게 봉사한다.

② **변형된 자아모형(Alter-Ego형):** 막료는 지휘관의 지휘권 행사를 지원한다.

③ **동료모형(Colleague형):** 현대적 모형. 참모는 계선과 동등하거나 하나의 팀을 형성한다. 막료는 계선에게 종속되지 않고 독립적 권한을 가지며, 상호 협조·협상관계에 의한 목표달성에 중점을 둔다.

≫ ① → ② → ③으로 갈수록 참모의 지위가 상승하고, 막료가 의사결정에 적극적으로 참여할 때 조직은 효율적으로 운영된다.

---

* 담당관제도

(1) 중앙행정기관의 장관·차관·차장·실장·국장 또는 부장과 외교통상부 및 행정자치부의 본부장 밑에서 정책의 기획, 계획의 입안, 연구·조사, 심사·평가 및 홍보 등을 통하여 보좌하는 기관으로 1970년에 채택

(2) 담당관은 전문적 지식을 활용하여 정책의 기획, 계획의 입안, 연구·조사, 심사·평가 및 홍보와 행정개선 등에 관하여 행정기관의 장이나 그 보조기관을 보좌

1. 행정농도의 개념
   (1) 전통적 견해: 참모조직을 전체공무원 수로 나눈 비율
   (2) 현대적 견해: 유지관리업무에 종사하는 구성원(간접인력: 참모조직과 관리직의 업무)의 수를 전체 공무원의 수로 나눈 비율

$$행정농도 = \frac{유지 \cdot 관리인력}{전체인력}$$

2. 막료(참모)비율이 적을수록, 비관리직 비율이 클수록, 행정농도는 낮다.
   행정조직에 하급자가 많고 비관리자가 많으면 행정농도는 낮아지지만, 오히려 조정을 요하는 관계의 수가 증가하여 감독자가 많아지게 되고, 조직 내 인간관계의 수가 증대되면 행정농도는 증가한다.

3. 후진국보다 선진국의 행정농도가 높다.

4. 행정농도가 낮을수록 경제성 · 생산성이 제고되고, 행정농도가 높을수록 조직동태화 · 민주화 측면이 강화된다.

3. 단독제 VS 위원회제(Committee, 합의제 행정기관) – 의사결정양식에 따른 구별

1인이 의사결정을 하며, 1인이 그 결정에 책임을 지는 조직을 단독제 혹은 독임형이라 하고, 다수가 의사결정을 하고 다수가 책임을 지는 조직을 위원회라 한다.

(1) 위원회 조직의 특징

① 합의제조직: 단독제(독임형)의 전통적 행정기관과는 달리 위원회는 복수의 구성원으로 이루어지는 합의제조직으로 다원적 의사결정체제

② 계층제의 완화, 분권화: 계층제의 경직성 완화, 분권화, 동태적 조직의 일종

③ 민주적 성격: 다수의 참여, 토론, 합의 · 조정, 분권적 · 참여적 조직

④ 탈관료제적 조직: 계층제 조직에 비해 수평화된 유기적 · 탈관료제적 조직의 일종

⑤ 위원회의 유형

유형	개념	의결	집행	사례
자문위원회	• 자문기능만 수행 • 구속력 있는 의결기능은 없음	×	×	노사정위원회
의결위원회	• 구속력 있는 의결기능만 수행 • 집행기능은 없음	○	×	공직자윤리위원회, 징계위원회
행정위원회	구속력 있는 의결기능과 집행기능을 모두 수행	○	○	금융위원회, 공정거래위원회

(2) 장점

① 결정의 공정성 · 객관성 · 중립성 · 신중성

② 결정의 합리성 · 전문성 향상(민간전문가의 참여)

③ 행정의 계속성(임기의 차등화, 위원의 부분적 교체), 안정성(가외성 장치)

④ 계층제의 경직성 완화, 관료주의의 완화

⑤ 자유로운 의견교환으로 창의적 결정 가능

⑥ 각 부문 간 이해관계와 의견대립을 조정 · 통합, 이견 조정 – 수평적 조정(수평적 의사전달, 할거주의 완화), 다수의 지지 · 신뢰 획득

⑦ 민주성(인간관계와 의사소통의 원활화, 다수의 참여)

⑧ 행정국가의 출현에 따른 권력재분배에 유익

(3) 단점

① 정치적 이슈를 중화시키기 위한 수단으로 악용

② 결정의 신속성·기밀성의 유지 곤란

③ 비용·시간·노력의 과다 소모로 행정의 비능률성 야기

④ 책임회피로 책임성의 저하

⑤ 타협적 결정의 가능성

⑥ 사무국의 우월화 현상(사무국이 의제통제 등을 통해 위원회를 지배) 야기

⑦ 이익대표성에 의해 압력단체의 활동무대로 전락할 가능성

(4) 위원회 조직의 유형

① **자문위원회**: 조직 전체에 대한 자문에 응하게 할 목적으로 설치된 참모기관 성격의 합의제 기관으로, 위원회의 결정은 정치적 영향력만 가질 뿐 법적 구속력은 없다(행정관청이 아님).

② **행정위원회(합의제 행정관청)**: 일반적인 위원회로, 원칙적으로 법률에 의해 설치되며, 그 결정은 법적 구속력을 갖는다. 즉, 행정관청적 성격을 지니며, 일반적으로 준입법권, 준사법권, 정책·기획·조정업무 등을 수행한다(금융위원회, 공정거래위원회, 방송통신위원회 등).

③ **조정위원회**: 조직 간, 개인 간 상이한 여러 의견·입장을 조정·통합할 목적으로 설치된 합의제 조직으로, 위원회의 결정은 자문의 성질만 가진 경우도 있고 법적 구속력(의결권)이 있는 경우도 있다(예 경제장관회의, 환경분쟁조정위원회, 행정협의 조정위원회 등).

> **개념더하기** ▶ 독립규제 위원회(Independent Regulatory Commission)
>
> 1. 의의
>   (1) 광의의 행정위원회의 일종으로, 행정부로부터 독립해 준입법적·준사법적 기능을 수행하고 위원의 신분이 보장된 합의제 행정기관
>   (2) 19세기 말 미국에서 산업경제의 급격한 발달로 초래된 경제적·사회적 문제를 규제하기 위해 발전. 1887년의 주간통상위원회를 시초로 '머리없는 제4부'로 불림
>
> 2. 발달배경(설치이유)
>   (1) 시장실패로 인해 기존의 입법부·사법부가 담당할 수 없는 전문적·기술적인 사회·경제 문제에 대한 규제사무 확대
>   (2) 행정부의 권력강화 비대화를 방지하기 위해 규제사무의 소관을 결정하는 차원에서 설치
>
> 3. 성격
>   (1) 독립성: 입법부·사법부 및 대통령으로부터 지속성·안정성이 보장됨
>   (2) 합의성: 다수의 위원, 홀수로 구성, 공정성·안정성을 위해 부분적 교체
>   (3) 준입법권·준사법권: 소속사무에 대해 법률의 범위 내에서 규칙제정권을 가지고, 필요한 제재나 이의신청에 대한 결정권을 가짐(권력통합적 기관)
>
> 4. 문제점
>   (1) 독립성으로 인해 대통령이 독립규제위원회의 정책과 타 행정기관의 정책 간의 조정을 하기가 어려워, 일관성 있는 정책수행이 곤란하므로 정책의 통합성 결여
>   (2) 성격상 일반행정기관보다 민주통제가 곤란하고, 복잡한 사회적·경제적 조건의 변동에 대한 대응력이 약함 – 브라운로위원회(1937)에서는 독립규제위원회를 통제가 곤란한 '의회의 팔' 또는 '머리없는 제4부(The Headless Fourth Branch)'로 보고 해체를 주장
>   (3) 준입법·준사법적 기능을 수행하므로 권력분립에 위배
>   (4) 합의제로 인한 업무처리의 지연, 책임상 혼란

미국과 같이 규제적 기능을 완전히 수행하는 독립규제위원회 제도는 존재하지 않으나, 이와 유사한 위원회로 공정거래위원회, 금융통화운영위원회, 중앙선거관리위원회, 중앙노동위원회, 방송통신위원회 등이 있다. 이 위원회들은 경제문제와 무관하거나 규제보다 자문기능이 강한 점에서 차이가 있으며, 독립성의 정도에서도 차이가 있다.

2 조직유형

1. 블라우와 스콧(Blau & Scott)의 분류(조직의 주요 수혜자에 따른 분류)

구분	주요 수혜자	특징	예
호혜적 조직	조직 내 조직 구성원	민주적인 절차가 강조되는 조직이지만 시간이 지날수록 집권화되는 조직(Michels의 과두제의 철칙)	정당, 노동조합, 계모임 등
기업조직	조직 내 조직 소유자	경쟁적 상황에서 능률의 극대화가 중시되는 조직	사기업·은행·생산조직 등
봉사조직	조직 외 고객 집단	고객에 대한 전문적 봉사를 강조하는 조직이지만 고객의 요구와 행정적 절차의 마찰 갈등이 존재	병원·학교·사회사업기관 등
공익조직	조직 외 일반국민	국민의 참여와 통제를 위한 민주적 절차 중시	행정기관·경찰·군대 등

2. 에치오니(Etzioni) 유형(지배 복종의 관점)

에치오니는 지배방식과 복종방식이 일치하는 조직을 세 가지로 유형화 하고 나머지는 이원 접합조직이라 하였다.

구분	소외적(굴종적) 복종	계산적(타산적) 복종	도의적(규범적) 복종
강제적 지배	• 강제적 조직 • 강제수용소·교도소 등		
보수적 지배		• 공리적 조직 • 사기업체	
규범적 지배			• 규범적 조직 • 종교단체·대학교·일반병원

3. 카츠와 칸(Katz & Kahn)의 분류, 파슨스(Parsons)의 분류(기능에 따른 분류)

기능	내용	카츠와 칸(Katz & Kahn)	파슨스(Parsons)
적응기능	환경에 대한 적응기능을 수행하는 조직	적응조직 (대학·연구기관·조사기관 등)	경제적 조직 (회사·공기업 등)
목표달성기능	사회체계의 목표를 수립, 집행하는 기능	경제적·생산적 조직 (회사·공기업 등)	정치적 조직 (행정기관·정당 등)
통합기능	사회 구성원을 통제하고 갈등을 조정하는 기능	정치적·관리적 조직 (행정기관·정당 등)	통합조직 (사법기관, 경찰, 정신병원 등)
현상유지기능	체제유지기능: 사회체제의 유형 유지 기능	현상유지조직 (학교·종교단체·가정 등)	체제유지조직 (학교·교회·가정 등)

4. 카리스마(권력) 분포구조에 따른 조직의 유형

구분	특징	예
T구조(Top구조)	권력자가 조직의 상층부에 위치	회사 등과 같은 공리조직
L구조(Line구조)	권력자가 조직의 상하로 걸쳐 있음	관료제조직
R구조(Rank구조)	권력자가 횡으로 분포되어 있음	대학이나 연구소 등 동태적 조직

5. 콕스(Cox. Jr.)의 유형(조직의 문화에 따른 분류)

(1) 의의: 콕스는 문화론적 시각에서 문화적 다양성에 대한 조직의 방침, 문화변용의 과정, 구조적 통합의 수준, 비공식적 통합의 수준, 인적 자원관리상의 제도적 · 문화적 편견, 집단 간 갈등 등을 기준으로 조직을 유형화한 것이다.

(2) 유형

구분	획일적 조직	다원적 조직	다문화적 조직
문화적 다양성에 대한 조직의 방침	묵살되거나 적극적으로 봉쇄	용납되거나 묵살	존중되고 촉진
문화변용의 과정	동화	동화	상호적이며 다원화
문화적 이질집단 간의 구조적 통합의 수준이나 비공식적 통합의 수준	없음	부분적이거나 한정적	상호공존
인적 자원관리상의 제도적 · 문화적 편견	제도적 · 문화적 편견의 만연	제도적 · 문화적 편견의 존재	제도적 · 문화적 편견의 최소화나 제거
집단 간의 갈등	구성원들의 높은 문화적 동질성에 의한 집단 간의 갈등이 최소화	상당한 수준의 집단 간 갈등 존재	문화적 다양성을 능동적으로 관리하기 때문에 집단적 갈등은 최소화

6. 민츠버그(Mintzberg)의 5가지 조직유형 – 복수국면 접근 방법(조직성장 경로모형)

(1) 의의: 조직구조는 조직의 역사, 규모, 기술, 환경 및 권력 등과 같은 여러 상황 변수들에 의해 결정되며, 이들 상황변수와 조직구조 간의 적합도를 높여야만 조직 효과성을 제고할 수 있다고 주장한다.

(2) 조직의 구성성분

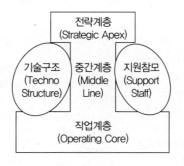

① **전략계층**: 전략적 방향을 설정
② **작업계층**: 제품이나 서비스를 생산
③ **중간관리층**: 작업계층을 통제하고 감독하며, 자원을 공급

④ **기술구조**: 조직 내의 과업 과정과 산출물이 표준화되는 시스템을 설계하는 분석가들로 구성되어 있는 곳

⑤ **지원참모**: 핵심운영층의 업무를 간접적으로 지원

(3) 조직구조의 설계: 조직의 각각의 부문 중 어느 부문이 두드러지냐에 따라 조직은 다음의 다섯 가지 유형으로 구분된다.

두드러진 부문	조직구조
전략부문	단순구조
핵심운영부문	전문적 관료제
중간라인부문	사업부제(분할구조)
기술구조부문	기계적 관료제
지원막료부문	임시조직, 애드호크라시

(4) 조직의 특징

구분	분류	단순구조	기계적 관료제	전문적 관료제	사업부제 구조	애드호크라시
조정 기제와 구성 부문	조정 기제	최고관리자 직접 통제	• 조직적 분화 • 업무(작업)표준화	• 수평적 분화 • 기술표준화	• 하부단위 준자율적 • 산출표준화	• 수평적 분화 • 상호조절
	구성 부문	최고(전략)층	기술구조	핵심운영층 (작업계층)	중간관리층 (중간계선)	지원참모
상황 요인	역사	신생조직	오래된 조직	가변적	오래된 조직	신생조직
	규모	소규모	대규모	가변적	대규모	가변적
	기술	단순	비교적 단순	복잡	가변적	매우 복잡
	환경	단순, 동태적	단순, 안정적	복잡, 안정적	단순, 안정적	복잡, 동태적
	권력	최고관리층	기술관료	전문가	중간관리층	전문가
구조적 특성	전문화	낮음	높음	높음(수평적)	중간	높음(수평적)
	공식화	낮음	높음	낮음	높음	낮음
	통합 · 조정	낮음	낮음	높음	낮음	높음
	집권 · 분권	집권	제한된 수평적 분권	수평 · 수직적 분권	제한된 수직적 분권	선택적 분권
예	예	신생조직	행정부, 교도소	학교, 종합병원	재벌기업	연구소
장단점	장점	• 신축성, 적응성이 높음 • 유지비용이 적게 듦	• 효율성이 높음 • 전문성 제고 • 예측가능성 증진	• 전문성이 높음 • 전문가들에게 자율성 부여	• 적응성, 신속성이 높음 • 성과관리 용이 • 책임성이 높아짐	적응력과 창조력 증진
	단점	• 장기적 전략결정 소홀 • 권력남용의 우려	• 상하 간 갈등 • 환경부적응 • 부처할거주의의 발생	• 환경부적응 • 전문화된 무능과 갈등 발생	• 권한 간 마찰 • 활동과 자원의 중복으로 인한 비용 증가	• 책임불분명, 갈등 유발 • 잠정적인 작업 체계로 심리적 긴장감 조성

7. 케이델(R. Keidel)의 조직의 양태

케이델은 조직의 유형을 자율적 조직·협동적 조직·통제적 조직으로 구분하면서, 미래의 바람직한 조직 양태는 자율적 조직과 협동적 조직의 혼합양태라고 하였다.

구분		통제적 조직	자율적 조직	협동적 조직
전략	수혜자	주주 또는 출자자	고객	조직구성원
	성향	감독자 중심 성향	각 행동자 중심의 성향	작업집단 중심의 성향
	능력	경비절감	분화, 전문화	융통성(적응성)
구조	조직도표	계층 수는 많고 명료한 보고 관계	계층 수는 적고 명료한 보고 관계	계층 수는 적고 무정형적 보고 관계
	물적 시설의 배치	계획된 교호작용이 가능하도록 배치	직원 각자의 독자적인 행동을 지지하도록 배치	사람들의 자유롭고 자발적인 교호작용이 가능하도록 배치
	상호의존성	순차적 업무관계	수평적인 업무관계는 개별적이며 각 행동자는 따로 따로 조직 전체에 기여	상호적 업무관계
체제	보상체제	계서적 보상체제	개인을 대상으로 하는 보상체제	상부상조적 보상체제
	회의체제	의사결정장으로서의 회의체계	토론의 장으로서의 회의체제	집단발전의 장으로서의 회의체제
	의사결정 체제	집권적 의사결정	분권화된 의사결정	공동적·협력적 의사결정체제

04 조직과 환경

01 조직환경의 의의와 환경관

1 환경의 의의

1. 개념

조직환경은 '조직경계 밖에서 존재하면서 조직 전부나 일부분에 영향을 미칠 수 있는 가능성을 갖고 있는 모든 요소'이다.

(1) 일반 환경: 잠재적 환경, 간접적 환경, 이차적 환경

(2) 특정한 환경: 특수 환경, 현재적(顯在的) 환경, 직접적 환경, 일차적 환경

2. 행정이론과 환경

(1) 폐쇄적 관점: 과학적 관리이론, 행정관리이론, 인간관계론, 행태론 등은 모두 폐쇄적으로 조직의 내부만을 들여다보았다.

(2) 개방적 관점: 조직의 내부문제도 자세히 생각하면 환경의 문제와 매우 밀접한 관계가 있다. 이런 이유로 생태론 이후에는 조직을 환경까지 고려한 개방체제로 본다.

3. 조직과 환경과의 관계

조직은 사회로부터 구성원·금전·물자 등을 공급받으면 구성원들이 갖고 있는 조직기술과 가공 기술을 적용해서 존립목표에 맞는 산출물을 생산한다. 이 과정을 우리는 조직 내부에서 투입을 산출로 전환시키는 과정이라고 부른다. 일반적으로 산출된 것은 대부분 사회에 공급되지만, 그중의 일부는 다시 자기 조직의 투입으로 들어가게 된다.

2 환경의 구분

1. 에머리와 트리스트(Emery & Trist)의 단계적 변화 모형: 일반환경의 유형

환경이 어떻게 변화하는가에 대해 에머리와 트리스트는 다음과 같은 네 가지의 진화과정을 밟는다고 하였다.

(1) '정적·임의적 환경'이다. 이것은 대상조직에 관련된 선과 악이 비교적 불변상태에 있고, 또 임의적으로 분포되어 있는 상황이다.

(2) '정적·집약적 환경'이다. 환경에 적응하기 위해 정보를 수집하고 전략적인 계획을 세운다.

(3) '교란·반응적 환경'이다. 이 조직환경에서는 유사한 체제가 등장하고, 이로 인해 질적 변화가 일어난다.

(4) '소용돌이의 장'*이다. 조직 환경 속에서 동태적인 과정이 일어난 결과 구성원들의 교호작용뿐만 아니라, 환경 내에서의 토착적인 과정에도 변화가 일어난다. 그 결과 교호작용의 복잡성과 급속한 변화는 구성원들로 하여금 예측을 곤란하게 하고 자기의 행동의 영향을 통제하기 곤란한 상태로 만들어 버린다.

2. 카츠와 칸(Katz & Kahn)의 환경 구분

(1) 격동성(역동성)과 안정성(Turbulence-Stability): 환경변화의 범위와 정도 및 예측가능성

(2) 동질성과 이질성(Homogeneity-Heterogeneity): 환경요소의 다양성에 관한 것

(3) 집약성(군집성)과 무작위성(Clustering-Randomness): 환경 자체가 얼마나 조직화되어 있느냐에 관한 것

(4) 궁핍성과 풍족성(Scarcity-Munificence): 환경에 존재하는 자원의 풍족함의 정도에 대한 것

3 대상조직의 다른 조직(환경)에 대한 전략

1. 톰슨·매큔의 이론

(1) 경쟁(Competition): 경쟁이 생겨나는 이유는 같은 자원에 공동으로 의존하고 있기 때문이다. 이러한 경쟁은 그 전제조건으로 모든 참가자들이 정해진 규칙을 지킬 것을 요구한다.

(2) 협상(Bargaining): 협상이란 일부는 양보하고 다른 일부는 획득하는 관계를 말한다. 어떤 기업이 납품업자에게 가격할인을 요구하는 경우, 납품업자는 이를 받아들이는 대신 제품의 질을 떨어뜨리는 경우가 이에 해당한다.

(3) 흡수(Cooptation): 흡수는 자기에게 반대하는 세력을 약화시키기 위한 수단으로 사용된다.

(4) 연립(Coalition): 연립이란 2개 이상의 조직들이 공동목표를 위하여 결합하는 것을 말한다. 동종기업들 간에 '카르텔'을 형성하는 것과 2개의 정당들이 연합하는 것은 대표적인 연립의 예이다.

2. 벤슨의 이론

(1) 협조전략(Cooperative Strategies): 모든 조직들이 거의 대등한 위치에 있는 경우, 네트워크에 참가하고 있는 사람들이 모두 선택권을 행사하는 상황 속에서 합의와 공동계획 등이 만들어지는 것을 말한다.

(2) 방해전략(Disruptive Strategies): 한 조직이 상대조직의 자원공급능력을 위협하는 행동으로서, 상대방에 대한 강요를 통해 네트워크상의 변화를 유도하고자 하는 것이다.

(3) 조징진략(Manipulative Strategies): 사원의 흐름에 대한 환경의 체약소건늘을 의도적으로 변경시키고자 하는 것이다.

(4) 권위전략(Authoritative Strategies): 네트워크를 형성하고 있는 조직 간의 관계를 일방적으로 권위(정통성 있는 명령)에 의하여 재배열하는 것을 말한다.

---

* 소용돌이의 환경(Turbulent Environment)
테리베리(S. Terreberry)는 오늘날 조직의 환경을 이런 '소용돌이의 환경'이라 하고, 첫째, 조직은 소용돌이의 환경 속에 있으며, 둘째, 조직은 더욱 자율성을 상실해 가고 있으며, 셋째, 다른 조직이 환경구성인자로서 더욱 중요한 기능을 하게 된다고 하였다.

3. 스콧(W. R. Scott): 환경에 대한 조직의 대응

(1) 완충전략(Buffering): 조직의 능력을 넘어서는 환경의 영향이 있을 때, 조직을 안정적으로 유지하기 위해 완충장치를 통한 환경의 영향을 최소화시키려는 소극적 전략을 말한다.

① 분류(Coding): 환경의 요구를 투입하기 전에 사전 심의해 배척하거나 처리할 부서를 결정하는 전략

② 비축(Stock–Filing): 필요한 자원이나 산출물을 비축하여 환경의 변화에 대비하는 전략

③ 형평화(Leveling): 환경에 적극 접근하여 투입이나 산출요인의 변이성을 감소시키는 전략(예 심야 전기요금 할인제도, 10부제)

④ 예측(Forecasting): 비축이나 형평화로 해결이 곤란할 때 공급이나 수요의 변화를 예견하고 대비하는 전략

⑤ 성장(Growth): 조직의 권력, 수단, 기술 등을 늘려 조직의 기술적 핵심을 확장시키는 전략

(2) 연결전략(Bridging): 조직 간의 연결을 통해 공공으로 문제를 해결하거나 환경을 구성하는 집단과의 관계를 원하는 방향으로 재편하려는 적극적 전략을 말한다.

① 권위주의: 중심조직이 지배적 위치를 차지해 외부조직이 필요로 하는 자원과 정보를 통제하는 전략

② 계약: 다른 조직과의 공식적·비공식적 자원교환을 위한 협상과 합의 전략

③ 경쟁: 다른 조직과의 경쟁을 통하여 능력을 향상시키거나 서비스의 질을 개선

④ 합병: 여러 조직이 자원을 통합하고 연대하여 공동으로 대처하는 전략

4. 셀즈닉(Selznick)의 전략

(1) 적응적 변화: 변화하는 환경에 조직을 적응시킴으로써 조직의 안정과 발전을 유지하는 과정, 조직의 구조나 기술, 행태 등을 환경에 맞추는 과정

(2) 적응적 흡수: 조직의 안정과 존속에 대한 위협을 회피하기 위해 조직의 정책이나 리더십 및 의사결정기구에 외부의 위협적 요소(영향력 있는 비판적 인물 등)를 흡수하여 적응하는 과정

5. 마일즈와 스노우(Miles & Snow)의 환경에 대한 대응전략

(1) 방어형 전략: 경쟁업체가 자신의 영역으로 들어오지 못하도록 적극 경계하는 매우 안정적·소극적·폐쇄적인 전략(저비용 전략)

(2) 탐색형 전략: 공격형 전략으로, 새로운 제품과 시장기회를 찾는 차별화 전략

(3) 분석형 전략: 방어형과 탐색형의 장점을 모두 살려 안정과 변화를 동시에 추구하는 전략

(4) 반응형 전략: 수동적인 낙오형의 전략으로, 비일관적이고 불안정한 전략

4 조직과 환경변동

1. 사회변동에의 적응과 반항(환경의 종속변수)

조직은 원래 그 성질이 보수적이며, 시간의 경과와 더불어 이런 보수적 경향은 더욱 심해지기 때문에, 그 결과로 조직은 생존을 위협받아 때때로 소멸되기도 한다.

2. 사회변동역군으로서의 조직(환경의 독립변수)

(1) 무의식적이고 간접적인 사회변동은 조직의 목표가 직접적으로 사회변동을 추구하는 것은 아니지만, 목표추구를 위한 여러 사업이 간접적으로 사회변동의 효과를 낳는 것이 대표적이다.

(2) 의식적 · 직접적인 사회변동은 정부나 정당, 이 밖에 많은 자발적 조직들이 스스로 사회변동의 역군으로 자처하면서 자기의 목표 및 사업을 통해 사회변동을 이루고자 한다.

3. 혁신의 원천으로서의 환경

환경은 조직혁신(Organization Innovations)을 위한 아이디어와 힘의 원천이라고 할 수 있다. 혁신은 환경에의 적응과 환경의 개조과정에서 발생하는 것이 대부분이다. 새로운 교육과 훈련을 받은 자가 혁신가가 되고, 도시가 농촌보다 혁신적인 것은 이와 같은 환경의 영향인 것이다.

05 조직 행동(행태)론

01 조직과 개인

1 조직 속의 개인의 의의

조직은 공동목표를 달성하기 위한 인적 집합체제이다. 따라서 인간이 존재하지 않는 조직이란 있을 수 없으며 효과적인 조직운용을 위해서는 조직 내 인간의 본질을 이해하고 그들의 행위가 어떻게 이루어지는가를 파악하여 관리해야 한다.

2 개인과 조직 간의 관계

1. 상호 조화관계

조직은 개인에게 보수나 지위, 역할, 자격을 부여함으로써 조직목표 달성을 위한 합리화를 추구하며, 개인은 가치관, 태도와 지식 및 기술을 조직에 제공함으로써 조직의 보상을 이끌어내 만족화를 추구한다(고전이론).

2. 갈등 · 대립관계

개인이 조직에 대하여 나타나는 가치관, 신념, 태도, 동기, 개성에 따른 상이한 성향인 개인의 변이성과 개인 욕구의 다양성으로 인해, 조직의 합리화와 개인의 만족화 간의 충돌이 발생한다(현대조직이론).

> **개념더하기** 아지리스(C. Argyris)의 갈등의 악순환모형
>
> 아지리스는 조직과 개인이 목표를 추구하는 과정에서 나타나는 상호작용을 상호 대립의 악순환과정으로 인식하였다.
>
> 1. 심리적 에너지의 중요성
>   조직활동을 위해서는 심리적 에너지가 중요하며, 이것은 개인의 심리적 성공 경험이 증가할수록 증가한다. 반대로 심리적 실패의 경험이 증가할수록 감소한다.
>
> 2. 심리적 성공의 조건
>   (1) 개인은 우선 자신을 존중하고 자신감을 더욱 많이 가져야 한다.
>   (2) 조직은 개인에게 조직의 목표를 정해 주고 그 달성방법을 정해 주며, 또한 달성방법을 목표에 정확히 연결시킴으로 개인의 업적을 효과적으로 평가할 수 있게 하고, 개인에게 도전할 수 있는 기회를 증가시켜야 한다.
>
> 3. 조직이 내세우는 가치관
>   (1) 조직 내에서의 중요한 대인관계란 오직 조직목표의 성취에 공헌하는 것뿐이다.
>   (2) 조직은 언제나 합리성만을 내세우고 사람들의 느낌이나 감정 따위는 무시한다.
>   (3) 대인관계에 대하여 조직이 영향력을 행사할 수 있는 가장 효과적인 방법은 일방적 지시, 강요, 통제 및 이와 유사한 조치들이다.
>
> 4. 개인 · 조직 간 불일치
>   (1) 개인과 조직 간 불일치 상태의 증가 요인
>   ① 계서제의 하부로 내려갈수록

② 지시형 지도가 증가할수록

③ 관리에 있어서 여러 가지 통제방법들이 많이 사용될수록

④ 장기계획은 있으나 그 집행이 부적절할수록

⑤ 직무의 내용이 전문화될수록

⑥ 조직이 전통적인 공식적 원리를 철저하게 사용할수록

(2) 개인·조직 간 불일치의 결과

① 불일치 때문에 생기는 양자 간의 충돌 정도는 불일치의 정도에 비례한다.

② 개인은 좌절감·실패감·단견(短見) 등을 갖게 되고, 개인 간·집단 간에 갈등이 생긴다.

5. 개인의 적응행동

(1) 다른 사람에게 양보하지 않고 폐쇄적이며 절대로 모험을 하지 않으려 한다.

(2) 남의 의견이나 행동에 쉽게 동조하고 그에 따르며, 남에게 더욱 의존하는 경향이 많아지고, 조직 외부의 일(예 노동조합의 활동)에 더욱 많은 관심을 갖게 된다.

(3) 결근을 하거나, 조퇴를 하거나, 자기에게 할당된 생산량을 낮추거나, 작업의 속도를 지연시키는 등 모든 일에 무관심한 일이 증가하게 된다.

(4) 한편으로는 자기의 권익이나 자기 부서의 권익을 적극 옹호하고, 이로 인하여 부서 간의 경쟁이 심해지고 의사결정의 양상이 비효과적으로 전개된다.

6. 개인·조직 간의 악순환과정(Vicious Circle Process)

(1) 원래 건설적인 일에만 사용해야 할 심리적 에너지가 역기능적인 일을 위하여 많이 소모된다. 역기능적인 행동을 보호하고 은폐하기 위한 여러 가지 활동은 물론 심리적인 에너지를 소모하게 된다.

(2) 역기능적인 행동을 보호하기 위한 장치로서의 활동들은 조직생활의 일부가 되고, 반복·강요되며, 더욱 많은 비건설적이며 곤란한 문제점들을 유발한다.

(3) 역기능적 행동들의 대부분은 심리적으로 개인의 실패감·좌절감·갈등 등의 경험만을 증가시킨다.

3 개인의 조직에의 적응 모형

1. 프레스터스(R. Presthus)의 모형(상승형, 무관심형, 애매형)

(1) 상승형: 이들은 대체적으로 그 성격이 실패를 인정하지 않는 낙관형이며, 조직 내 생활에 대하여 매우 만족하는 높은 사기의 소지자들이다. 이런 사람은 조직이 해야 할 일, 시키는 일 등에 쉽게 자기를 적응시키며, 성격상 지나칠 정도로 단순화하며 이상화하는 일을 잘한다. 이들은 권력욕이 남달리 많은데, 이것은 실패를 두려워하는 불안정한 성격의 소유자임을 말한다. 이들은 권위에 대하여 높은 존경을 표시하며, 조직을 위하여 좋은 것이면 개인의 이익은 희생되어야 한다고 생각한다.

(2) 무관심형: 계서제의 하위층에 있는 자들은 무관심형이라고 할 수 있다. 이들은 조직이 내세우는 가치를 마음속으로 받아들이지 않으며, 따라서 자신의 충성심을 조직에 바치지 않는다. 이들은 자기의 개성과 자율성을 자신의 일부를 개방하지 않는 것, 그리고 심리적으로 철수하는 것을 통해서 찾는다.

(3) 애매형: 연구 또는 참모직에서 발견할 수 있다. 애매형은 조직이 내세우는 성공·노력 등의 약속을 거절하지도 않고, 그렇다고 하여 이를 얻기 위하여 경쟁하지도 않는다. 애매형은 그 성격이 내성적이며, 지적인 흥미가 많고, 대인관계에서의 교제 범위도 좁다. 조직에 대한 조종과 통제를 인정하지 않으려 하고, 관료제의 규칙과 그에 의한 감독에 대하여 반항한다. 이들은 조직 속의 권위를 한편으로는 대단치 않게 보면서 또 다른 한편으로는 이를 두려워한다. 애매형은 변화의 역군으로서, 그 독창적인 기능은 높이 사야 하지만, 관료제에는 매우 부적당한 성격이라고 할 수 있다.

2. 코턴(C. Cotton)모형(독립인, 외부흥미형, 조직인, 동료형)

(1) 독립인(Independent Man): 타인 또는 조직에 대한 자기 의존성을 최소화하고, 자기에 대한 영향력 행사의 기도를 무시하거나 회피하는 자를 말한다.

(2) 외부흥미형: 이것은 하위권력자가 자기의 목표에 대한 만족을 상위권력자 이외의 다른 원천에서 찾는 방법으로부터 도출된 것이다.

(3) 조직인(Organization Man): 이것은 하위권력자의 입장에서 자기가 중개하는 목표에 대하여 상위권력자가 동기상의 투자를 증가시키도록 권력 균형화하는 것에서 암시받아 도출된 유형이다.

(4) 동료형(Collegial): 이것은 하위권력자에 의하여 중개되는 목표달성의 여러 가지 원천에 상위권력자가 접근하는 것을 거절 또는 방해하는 유형을 의미한다.

4 개인의 조직에 대한 태도

1. 직무만족

직무에 대한 개인적 태도는 조직요인(보수), 근무부서 요인(동료와의 관계), 개인적 요인(욕구, 자아실현)에 의하여 좌우되며, 결과는 이직률 및 결근율로 나타난다. 그러나 직무만족도와 생산성의 관계는 높은 정(正)의 상관관계를 보이지 않는다.

2. 직무몰입(직무관여)

직무의 기본적인 요구수준을 넘어서 열의를 가지고 자발적으로 직무를 수행하려는 정도이다. 직무몰입을 결정하는 요인으로는 직무의 자율성, 다양성, 정체성 등이 있다. 대체로 직위분류제를 취하는 경우 직무몰입이 높다.

3. 조직몰입

(1) 개념: 조직에 대해 갖고 있는 개인적 태도로서 자신이 소속되어 있는 조직을 개인이 얼마나 동일시하며, 그 조직에 얼마나 헌신하고자 하는가의 정도를 말한다. 조직몰입은 직무몰입 등에 비하여 좀 더 포괄적이고 지속적인 개념이다.

(2) 조직몰입의 유형
① 타산적 몰입: 보상과 비용의 함수관계로 발생하는 몰입이다.
② 행위적 몰입: 행위의 명확성, 반복불가능성 등에 의한 몰입이다.
③ 태도적 몰입: 조직의 목표와 가치를 내재화하는 몰입이다.

4. 조직시민행동(Organizational Citizenship Behavior)

(1) 개념: 조직시민행동은(OCB) 역할 외 행동을 말한다. 직무명세서에 기재된 행동이 역할 내 행동이라면, 직무명세서 외에 행동이 역할 외 행동이다. 즉, 조직시민행동은 반드시 내가 해야 할 업무가 아님에도 불구하고 자발적으로 조직의 효과성을 위하여 노력하는 행동을 말한다. 이러한 행동이 많아질수록 구성원들 간의 관계가 원만해지고, 직무만족도가 높아지며, 조직의 성과를 높일 수 있다.

(2) 유형

① **이타적 행동**: 타인을 도와주려는 친사회적 행동

② **양심적 행동**: 양심에 따라 조직이 요구하는 이상의 봉사나 노력을 하려는 행동(예 쓰레기를 줍는 행동)

③ **신사적 행동**: 정정당당하게 행동하는 것으로 남의 험담을 하지 않는 것

④ **예의적 행동**: 자기 때문에 남이 피해보지 않도록 미리 배려하는 행동

⑤ **공익적 행동**: 조직 활동에 책임의식을 갖고 솔선수범하는 행동

02 동기부여

1 동기부여의 의의

1. 동기부여의 개념

동기부여를 나타내는 'Motivation'은 라틴어의 움직인다는 뜻에서 온 것으로 구성원들이 조직의 목표를 달성하기 위해 노력을 발휘하고자 하는 자발성을 향상시키는 것을 의미한다. 어떤 사람이 동기부여되었다고 말할 때 그는 바람직한 결과를 얻기 위해 열심히 일하는 것을 의미한다. 동기부여는 목표지향적인 지속적 노력의 정도이다.

2. 동기부여의 구성요소

(1) 노력: 동기부여된 사람은 동기부여되지 않는 사람보다 목표달성을 위한 노력을 더 많이 한다.

(2) 지속성: 목표달성에 공헌하기 위해서는 지속적 노력이 중요하다.

(3) 방향: 동기부여가 목표달성에 공헌하기 위해서는 노력의 방향이 목표 달성에 유리한 방향으로 발휘되어야 한다.

(4) 목표: 동기부여된 행동은 그것이 지향하는 목표가 있어야 한다.

(5) 동기부여와 성과의 관계: 동기부여의 목표는 조직의 성과를 향상시키는 것이다.

3. 동기부여에 대한 견해

(1) 전통 모델(Traditional Model): 생산에 대한 관심

보봉의 근로자들은 게으르고 주로 화폐에 의하여 동기부여된다는 것으로, 과학적 관리법의 창시자인 테일러는 이러한 동기부여 방법이 근로자를 착취하는 것보다는 추가적인 산출에 따라 급여가 상승되기 때문에 근로자의 이해관계를 가장 잘 반영한다고 보았다. 소득의 증가와 세분되고 일상화된 공장의 일을 교환한다고 본 것이다.

(2) 인간관계 모델(Human Relation Model): 인간에 대한 관심

장기적인 생산성을 유지하기 위해서는 인간적 요소를 고려해야 된다는 관점으로 1930년대에 인간관계 운동으로 널리 알려지게 되었다. 이 모델을 통해 사람들이 일에서 유용하고 중요한 존재로 대우 받기를 원한다는 방향으로 인간관이 변화하였으며, 이러한 욕구는 화폐만큼 중요하다고 보았다. 따라서 동기부여에 대한 접근에서는 사회적인 것을 강조하였다.

(3) 인적 자원 모델(Human Resource Model): 사람과 생산성에 대한 관심

최근에는 인간관계론이 인간에 대하여 갖는 가정이 작업에서의 인간행동을 이해하는 데 불완전하다는 것을 인식하게 되었다. 작업행동에 영향을 미치는 요인은 많고 복잡하다. 인센티브 시스템의 특성, 사회적 영향, 직무의 특성, 감독 스타일, 근로자의 욕구와 가치관, 작업환경에 대한 지각 등의 수많은 요인이 작업행동에 영향을 미친다.

이 접근법에서는 근로자들은 사람에 따라서 직무로부터 요구하는 보상이 다르다고 생각한다. 근로자들은 일에서의 자율과 자기통제를 통하여 조직에 공헌하기를 원한다고 보았다. 말하자면 근로자들을 인적 자원으로 인식한다. 인적 자원의 욕구와 목표를 조직의 목표와 통합시키는 것이 행정의 책임이다.

4. 동기부여 이론의 체계

(1) 내용이론: 내용이론은 무엇(What)이 동기부여에 영향을 미치는가에 대한 이론으로, 그에 대한 해답을 욕구에서 찾는다. 내용이론에는 교환모형, 통합모형, 복잡인모형이 있다.

① **교환모형:** 인간을 경제적 합리인으로 보고 경제적 보상을 통해 동기부여가 가능하다고 보는 합리적 경제인 모형과 인간을 사회인으로 보고 사회성과 집단성의 보장을 통해 동기부여가 가능하다고 보는 사회인모형이 있다.

② **통합모형:** 인간을 자아실현인으로 보고 개인목표와 조직목표의 조화를 위한 통합적 관리전략의 모색을 통해 개인목표와 조직목표의 조화를 추구하는 모형이다(행태론의 동기부여 이론 – 매슬로우의 욕구단계이론, 알더퍼의 E·R·G이론, 맥그리거의 X·Y 이론, 허즈버그의 욕구충족요인이론 등).

③ **복잡인모형:** 개인욕구의 다양성과 변이성을 인정하고 상황적응적 관리를 중시하는 현대적 모형으로 Z이론 계열의 이론이 여기에 속한다.

(2) 과정이론: 과정이론은 인간의 욕구 충족과 동기부여 사이에 직접적인 인과관계를 인정하지 않고 인간 행동의 동기유발이 어떠한 과정(How)을 거쳐 이루어지는가에 초점을 둔 연구로, 동기유발에 관련된 변수 간의 관련성이나 동기부여 과정에서 인간의 지각과정과 기대요인의 작용을 강조한다. 내용이론을 보완하는 데 초점이 있으며 목표설정이론, 공정성이론, 기대이론 등이 있다.

2 내용이론

1. 매슬로우(Maslow)의 욕구단계이론(만족–진행형)

(1) 매슬로우이론의 전제: 매슬로우의 욕구계층이론은 1940년대에 소개된 이후 1950년대에는 임상심리학에서 주로 적용되다가 1960년대 초기에 산업조직의 인간행동 이해를 위하여 적용되기 시작했다.

① 사람은 충족되지 못한 욕구들을 충족하기 위하여 동기화되어 있는 존재이며 그러한 욕구에는 생리적 욕구, 안전의 욕구, 소속 및 애정의 욕구, 존경의 욕구, 자기실현의 욕구 등이 있다. 이러한 욕구 가운데 충분하게 만족되지 않는 욕구 때문에 긴장이 발생하며, 이러한 긴장을 감소시켜 형평 상태를 유지하기 위해 행동이 발생한다. 일단 욕구가 충족되면 그것이 다시 결핍되어 긴장을 유발할 때까지 동기로서의 힘을 상실하게 된다.

② 사람마다 추구하는 욕구는 다소 다르기는 하지만 보통의 건강한 사람들에게는 공통적인 욕구의 계층이 있다. 일단 낮은 계층의 욕구가 충족되면 그 다음 계층의 욕구가 동기화의 원인이 된다.

(2) 욕구의 계층

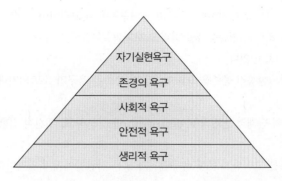

① **생리적 욕구(Physiological Need):** 생리적 욕구는 동기의 시발점이며 가장 강력한 욕구이다. 굶주림, 갈증, 성, 수면 등이 이에 해당한다. 조직에서 제공할 수 있는 생리적 욕구의 충족수단은 통풍, 냉·난방장치 등과 같은 작업조건과 임금이 이에 해당된다. 생리적 욕구가 충족되어야 그 이상의 상위욕구의 지배를 받게 된다.

② **안전의 욕구(Safety Need):** 일단 생리적 욕구가 충족되면 욕구계층상의 상위 욕구인 안전의 욕구가 행동을 조직화하는 역할을 한다. 이것은 물질적 욕구나 타인의 위협과 재해로부터의 안전을 확보하는 것과 관련된 것이며 조직이 제공할 수 있는 안전욕구의 충족수단은 고용의 보장, 생계수단의 보장, 안전한 작업조건 등이다(경제·사회적 패배자들은 비교적 안전욕구의 지배를 받고 있는 사람들이 많다).

③ **사회적 욕구 혹은 애정의 욕구(Social Need or Love Need):** 생리적 욕구와 안전의 욕구는 초기의 욕구 이론상에서 말하는 1차적 욕구이다. 1차적 욕구가 충족되면 2차적 욕구의 가장 기초적인 욕구인 사회적 욕구가 행동의 원인이 된다. 이것은 애정, 사랑, 소속, 관계의 욕구이다. 조직이 제공할 수 있는 사회적 욕구의 충족수단은 작업집단에서의 인간관계, 우호적인 감독자 등이다. 매슬로우는 문명화된 사회의 정상인은 사회적 욕구가 적절하게 충족될 수 있다고 보았다.

④ **존경의 욕구(Self-Esteem Need):** 집단과 조직에서 노동을 통하여 생리적 욕구와 안전의 욕구가 충족되면 타인과의 관계에 관심을 두고 집단에 소속하여 그 관계를 통하여 애정을 주고받는 것이 가장 지배적인 욕구가 된다. 또 정상인의 경우 그러한 관계를 통하여 타인으로부터 존경을 받고 집단이나 조직에서 자신이 중요한 존재라는 것을 느끼고 싶어 하게 된다. 이 욕구는 자율성, 존엄성, 타인으로부터의 존경으로 구성되어 있으며 조직이 이 욕구의 충족을 위하여 제공할 수 있는 수단은 포상, 상위직 승진, 동료나 상사의 인정, 더 큰 책임의 부여, 중요 업무의 할당 등이다. 자존심이 충족되면 자신감, 자기 가치감 등을 갖게 되며, 이러한 욕구들이 극단적으로 충족되지 못하면 열등감과 무력감에 빠지게 된다.

⑤ **자기실현욕구(Self-Actualization Need):** 매슬로우는 이 욕구를 자기완성(Self-Fulfillment)에 대한 갈망을 나타내는 것이며 잠재력을 지닌 인간이 그러한 잠재력을 실제로 발휘하려는 욕구라고 정의하였다. 자아의 발전과 이상적 자아를 실현하고 싶은 욕구이다. 조직이 이러한 욕구의 충족을 위하여 제공할 수 있는 수단은 도전적 과업, 창의성 개발, 잠재능력 개발기회 제공 등이다.

(3) 비판

① 실제 인간의 욕구는 동태적이며, 욕구의 단계구분은 비고정적이고 불명확하다.

② 하나의 욕구가 하나의 행동을 유발한다고 보기 때문에 두 가지 이상의 욕구가 하나의 행동을 유발할 수 있음을 간과하고 있다.

③ 욕구는 지속적·반복적 충족을 요하며, 한 번 충족된 욕구가 소멸되거나 동기유발과 무관한 것은 아니다.

④ 욕구발현과정의 단계적 전진성(Progression)만 강조하고, 후진적 진행(퇴행)(Regression)을 부인하고 있다.

⑤ 욕구의 개인차를 고려하지 못해 욕구단계가 모든 사람들에게 획일적이다.

2. 알더퍼(Alderfer)의 ERG이론

(1) 욕구의 종류: 알더퍼는 매슬로우의 욕구단계설을 존재의 욕구(E; Existence), 관계의 욕구(R; Relatedness), 성장욕구(G; Growth)로 압축하여 ERG이론을 제시하였다.

매슬로우(Maslow)		알더퍼(Alderfer)
자아실현의 욕구		성장욕구(G)
존경욕구	자기존중	
	타인의 인정	
사회적 욕구		관계욕구(R)
안전욕구	신분보장	
	물리적 안전	존재욕구(E)
생리적 욕구		

(2) 욕구의 세 가지 원리

① **욕구충족의 원리**: 각 단계의 욕구가 덜 충족될수록 그에 대한 욕구가 커짐

② **욕구강도의 원리**: 하위욕구가 충족되면 상위욕구의 강도가 더 커짐

③ **욕구좌절의 원리**: 상위욕구가 충족되지 않을수록 하위욕구가 증대

[알더퍼의 이론 도식화]

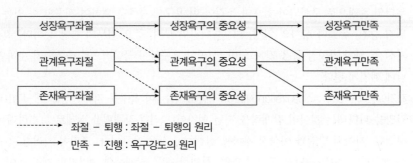

```
----------▶  좌절 - 퇴행 : 좌절 - 퇴행의 원리
──────────▶  만족 - 진행 : 욕구강도의 원리
```

(3) 매슬로우이론과의 비교

① **공통점**: 생존욕구, 관계욕구, 성장욕구 순으로 욕구의 계층을 정리한 것과 일정한 욕구의 충족은 그 욕구의 중요성에 영향을 미칠 뿐만 아니라 그보다 상위욕구의 중요성에도 영향을 미친다는 점에서는 매슬로의 이론과 유사하다.

② **차이점**

     ㄱ) ERG이론에서는 상위욕구의 충족이 결핍될 경우 하위욕구의 중요성이 커진다고 본다. 알더퍼는 하위욕구가 충족되기 전에도 상위욕구가 출현할 수 있다고 보았다. 이것이 좌절-퇴행의 원리이다.

     ㄴ) 매슬로우가 한 번에 하나의 욕구씩 단계적으로 충족된다고 본 반면에 알더퍼는 하나 이상의 욕구가 동시에 작동될 수 있다고 보았다. 존재욕구와 관계욕구가 만족되지 않았을 경우에도 성장욕구가 작동될 수 있으며, 동시에 작동될 수도 있다.

     ㄷ) ERG이론은 매슬로우의 이론과 대동소이하나 욕구계층과 그 작동에 대하여 보다 현실적인 접근을 했다고 볼 수 있다.

3. 허즈버그(Herzberg)의 욕구충족 2요인

(1) 동기-위생이론의 개요
허즈버그는 일에 대한 사람들의 태도를 조사하였다. 사람들이 일로부터 원하는 것을 파악하기 위하여 '직무로부터 극단적으로 만족한 경우와 불만족한 경우'를 질문하여 위생요인과 동기요인으로 구분하였다.

불만요인(Dissatisfier) = 위생요인(Hygiene)	만족요인(Satisfier) = 동기요인(Motivator)
• 불만유발 또는 불만해소에 작용 • 생산성 향상과 직접적 관계 없음(동기의 감소를 막아주는 요인) • 불만의 역은 불만이 없는 상태 • 불만의 역이 만족은 아님	• 만족 또는 직무수행 동기유발에 작용 • 생산성 향상과 직접 관련됨(동기의 증가요인) • 만족의 역은 만족이 없는 상태 • 만족의 역이 불만족은 아님
직무환경적 요인	직무 자체 요인
조직의 정책과 관리·감독, 물리적 환경(소음·조명), 신분안정, 보수, 대인관계(상사·동료·부하직원과의 관계)	직무상 성취감·인정감, 직무 자체(보람 있는 일), 책임의 증대, 성장·발전, 직무충실화(Job Enrichment), 승진
아담(Adam)적 존재	아브라함(Abraham)적 존재

(2) 동기-위생유인이 증가

① 불만과 만족은 서로 별개의 차원이며, 불만의 반대나 역이 만족은 아니다.

     ㄱ) 만족의 반대는 불만이 아니라 만족이 없는 상태, 불만의 반대는 만족이 아니라 불만이 없는 상태이다.

     ㄴ) 불만·위생요인과 만족·동기요인은 서로 별개이며 독립적이다.

② 동기와 생산성의 상관관계

     ㄱ) 불만요인의 제거 → 동기의 감소를 줄여주는 소극적 요인, 근무태도변화에 단기적 영향을 줄 수 있으나, 장기적으로 생산성을 높여주지는 못함

     ㄴ) 만족요인의 확대 → 자기실현욕구를 자극, 적극적 만족을 유발, 동기유발에 장기적 영향

     ㄷ) 불만의 제거는 동기부여의 필요조건이지만 충분조건은 아니므로, 생산성 증대와 직접적 관계가 없고 작업의 손실을 막아줄 뿐이며, 만족·동기요인이 생산성을 직접 향상시키는 충분조건이다.

     ㄹ) 조직원의 만족감과 동기유발을 위해 직무충실화를 주장한다.

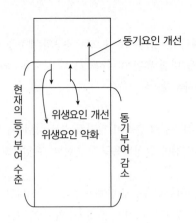

동기요인 개선

위생요인 개선
위생요인 악화

현재의 등기부여 수준

동기부여 감소

(3) 동기-위생이론의 문제점과 시사점

① 공헌

    ㉠ 이 이론은 직무태도를 중심으로 직무동기를 최초로 연구한 현장연구이다.

    ㉡ 직무수행을 통하여 일 자체에서 얻을 수 있는 내재적 보상과 만족의 중요성을 강조함으로써 이전까지 직무내용이 아니라 직무환경요인의 관리를 중시하던 방식을 변화시키는 데 영향을 미쳤다.

    ㉢ 허즈버그의 동기-위생요인에서 동기요인은 매슬로우의 욕구단계설에 나타나는 상위욕구와 유사하며 위생요인은 하위욕구와 유사하다. 이 이론은 고차원의 욕구충족을 추구하는 성장지향적인 직무설계에 시사하는 바가 크다.

② 비판

    ㉠ 허즈버그가 사용한 방법론의 한계에 따른 비판이다.

    ㉡ 직무의 만족이 동기부여의 원인이라는 증거가 없음에도 불구하고 이 이론은 직무의 만족만이 동기부여의 힘이 있다고 주장하고 있다.

    ㉢ 직무만족을 측정할 수 있는 전체적 요인을 개발하지 않았다. 사람들은 자기직무의 어떤 부분은 싫어하지만 어떤 부분은 좋아할 수도 있다.

    ㉣ 이 이론은 상황요인을 무시했다는 비판을 받는다.

    ㉤ 만족 → 생산성이라는 인과관계를 검증 없이 제시했다는 점이다.

4. 맥그리거(D. McGregor)의 X이론, Y이론(Theory X, Theory Y)

(1) 의의

① 이 이론들은 모두 조직의 생산성 향상이라는 목표를 위해 개발된 이론이라는 점에서는 공통점을 가지고 있으나, 인간관에 따라 관리전략·동기부여방법이 달라야 함을 주장하였다.

② 명령·통제를 강조하는 전통적 X이론을 비판하고, 개인과 조직의 통합을 강조한 이상적 Y이론을 제시하였다.

구분	X이론	Y이론
인간 특성	경제인·합리인 • 인간은 본성적으로 일하기 싫어하고 게으르다. • 인간은 외적 강제에 의해 피동적으로 따를 뿐이다. • 인간은 안전을 원하고 변화에 저항적이다. • 인간은 본질적으로 자기중심적이며 조직의 필요에 무관심하다. • 인간은 야망이 없고 책임지기 싫어한다. • 인간의 동기유발은 주로 생리적 욕구나 안전욕구를 자극함으로써 가능하다.	자아실현인 • 인간은 자기표현과 자제의 기회를 참여를 통해 발견하면 자기행동의 방향을 스스로 정하고 자율적으로 자기를 규제한다. • 인간은 이기적으로만 행동하는 것이 아니며 타인을 위해 행동하기도 한다. • 적절한 조건만 갖추어지면 책임지기를 원하며 책임있는 행동을 수행한다. • 인간의 동기유발은 생리적 욕구, 안정욕구, 소속욕구, 존경욕구, 자아실현욕구 등 모든 욕구의 자극을 통해 가능하다.
관리 기법	• 관리층은 금전·물자·인간·기계 등의 생산요소를 조직화할 책임을 지고 있다. 이 책임의 수행에 있어서 경제적 보상을 극대화하는 것만이 유일한 기준이어야 한다. • 위와 같은 목적을 위하여 직원들의 동기를 자극하고, 조직 측의 요구를 충족시키는 방향으로 이들의 행동을 통제·변화시키기 위하여 지휘한다. • 직원들은 수동적이며, 특별히 설득당하거나 처벌받거나 통제당하지 않으면 조직의 요구에 때로는 반항까지 하기도 한다.	• 권위는 공식적인 것뿐만 아니라 비공식적 근원으로부터도 발생하며, 상향적·하향적·횡적으로 흐르며, 또 이를 장려해야 한다. • 감독은 일반적이며, 통솔범위가 넓어야 한다. 상관이 부하에게 권한을 위임해야 하며, 분권적 구조를 가져야 한다. • 직무는 개인의 전인성(全人性)을 인정하여 만들어진 것이라야 한다. 직무다양화(Job Enlargement)를 통하여 자기 직무에 대해 만족할 수 있게 해야 한다. • 업적평가는 직무를 수행하는 본인이 할 수 있게 해야 한다.

(2) 비판

① 지나친 2분법(상대적·복합적인 인간의 욕구체계를 지나치게 양극화, 단순화)

② Y이론의 이상주의(인간자율성에 대한 과도한 신뢰)

③ X이론과 Y이론 중 어느 것이 실제 효율적인지는 상황조건에 달려있음

5. 아지리스(Argyris)의 성숙-미성숙이론

(1) 의의

① **인간의 발전**: 인간의 성격은 미성숙상태로부터 성숙상태로 변화, 조직은 구성원을 성숙한 인간으로 관리해야 한다.

② **조직의 대응**: 아지리스는 기계구조는 X이론에 입각해 있다고 본다. 그리고 이러한 공식조직의 원리는 인간이 미성숙인이라는 가정 하에 설계된 것으로 조직구성원들에게 미성숙인에 맞는 임무를 부여하여 인간적 발전을 저해한다고 주장한다(갈등의 악순환).

③ **발전방안**: 아지리스는 결론적으로 인간 성숙상태에 따라 조직설계나 관리기법도 변화되어야 함을 주장한다.

(2) 미성숙-성숙의 연속선

미성숙	→	성숙
수동적	→	능동적
의존성	→	독립성
행동 방법의 한정	→	다양한 행동 능력
변덕스럽고 얕은 관심	→	깊고 강한 관심
단기적인 안목	→	장기적인 안목
종속적 지위에 만족	→	대등하거나 우월한 지위 만족
자아의식의 결여	→	자아의 의식과 자기통제

6. 리커트(Likert)의 관리체제분류

리커트는 관리체제를 참여도에 따라 체제Ⅰ, 체제Ⅱ, 체제Ⅲ 및 체제Ⅳ로 분류하였다. 이 중 체제Ⅰ과 체제Ⅱ는 권위형이라고 하는데, 이들은 X이론에 상응한 관리체제라고 할 수 있다. 권위형 가운데 체제Ⅰ은 극단적인 권위적 통제를 내용으로 하기 때문에 착취형 · 권위형이라고 부르고, 체제Ⅱ는 다소 완화되거나 절충된 권위형이기 때문에 온정적 권위형이라고 한다. 체제Ⅲ 및 체제Ⅳ는 참여형의 범주에 속한다. 참여형은 인간관계론적 인간관과 Y이론에 접근하는 관리체제라고 할 수 있다. 참여형 가운데서 체제Ⅲ은 협의형 · 참여형이라 부르고, 그보다 훨씬 근본적인 참여와 상호신뢰를 내용으로 하는 체제Ⅳ는 참여집단형이라 부른다.

7. 샤인(Schein)의 복잡한 인간

샤인은 역사적인 등장순서에 따라 인간의 모형을 네 가지로 분류하고 각 인간모형에 상응하는 관리전략을 설명하였다. 네 가지의 인간관 또는 인간모형이란 합리적 · 경제적 인간, 사회적 인간, 자기실현적 인간, 복잡한 인간을 말한다.

> **개념더하기** 복잡인 특성
>
> 1. 인간은 복잡하며 동시에 다의성을 갖고 있다.
> 2. 인간은 조직생활을 통하여 새로운 동기를 습득할 수도 있다.
> 3. 조직의 종류에 따라서, 그리고 한 조직 내에서도 부서의 여하에 따라서 인간의 동기는 다를 수 있다.
> 4. 인간은 각종의 다른 동기에 의해서도 조직 속에서 생산적인 활동을 할 수 있다.
> 5. 인간은 그의 동기, 능력 그리고 작업의 성질에 따라서 여러 가지 종류의 관리방법에 적응할 수가 있다.

8. 머레이(Murray)의 명시적 욕구이론

머레이는 미리 정해진 순서에 의해서 욕구가 충족되는 것이 아니라 복수의 욕구가 동시에 인간의 행동에 동기부여를 한다고 보았으며, 각각의 욕구에는 욕구를 충족시킬 것이라고 기대되는 대상인 방향과, 욕구의 중요성을 나타내는 강도의 두 가지 요소가 있다고 하였다. 또한 욕구가 발로되기 위해서는 적당한 환경이 조성되는 것이 필수적이라고 주장하였다.

9. 맥코비(McCoby)의 2개 요인이론

맥코비는 동기부여 이론을 외적 요인과 내적 요인의 두 가지 유형으로 구분하여 외적 요인과 내적 요인이 모두 긍정적일 때 동기부여가 이루어질 수 있다고 주장하였다.

구분		내적 요인(심리적 만족, 보람)	
		부정적	긍정적
외적 요인 (승진, 보수, 안전)	부정적	소외	좌절
	긍정적	불만	동기부여

10. 맥클리랜드(McClelland)의 성취동기(Achievement Need)

(1) 의의

① 모든 사람들이 단일의 동일한 욕구계층을 지니고 있다는 매슬로우의 욕구단계이론을 비판하면서 개인의 행동을 동기화하는 욕구는 학습되는 것이므로 개인마다 다르다고 주장한다.

② 맥클리랜드는 욕구를 과거의 쾌락이나 고통과 연합되어 있는 일정한 단서들에 의하여 발생하는 강한 감정의 연합체로써 욕구는 학습된다고 보았다. 성취욕구가 높은 사람은 성취를 일으키는 상황이 유쾌한 감정을 유발시키는 단서가 된다. 개인의 욕구는 유쾌하거나 불쾌한 단서들과 연합되도록 학습되기 때문에 성취욕구가 높은 사람들은 성취를 함으로 유쾌한 상황을 만들려고 노력한다.

(2) 맥클리랜드의 욕구 유형

① 성취욕구(Need for Achievement): 이 욕구는 우수해지고, 정해진 표준을 달성하며 성공을 추구하는 욕구이다.

② 관계욕구(Need for Affiliation): 이것은 타인과 관계를 맺고 소속하고 싶은 욕구이다. 사랑을 주고받기를 좋아하고 그것을 통하여 친밀감을 느끼고 이해받기를 원한다.

③ 권력욕구(Need for Power): 이것은 타인에게 영향력을 행사하여 사람들이 자기가 원하는 방향으로 행동하게 하려는 욕구이다.

(3) 성취욕구의 특징

① 개인적 책임성(Personal Responsibility): 성취욕구가 높은 사람은 개인적 책임, 피드백, 적절한 수준의 위험이 수반되는 직무상황을 추구하는 것을 선호한다. 이러한 조건이 충족되면 성취욕구가 높은 사람들은 높은 수준으로 동기가 부여된다. 이들은 개인기업을 운영하고 대규모 조직의 경우 자기 통제적인 부서를 책임지는 것을 좋아한다.

② 과업 지향성(Task-Oriented): 능률적으로 일을 수행하거나 자신의 능력을 도전적으로 시험하는 데 흥미를 느낀다. 성취를 통해서 결과적으로 얻게 되는 보상보다는 성취 그 자체를 목적으로 한다.

③ 성취 가능성에 대한 자신감(Self-Confidence): 성취욕구가 높은 사람들은 성취 가능성을 긍정적으로 확신하고 나름대로의 자신감을 갖는다.

④ 정력적, 혁신적 활동(Energetic, Revolutionary Activity): 성취욕구가 높은 사람들은 혁신이 필요한 상황에서 일을 잘 성취하는 경향이 있다.

⑤ 미래지향성(Future-Orientation): 성취욕구가 높은 사람들은 미래에 발생할 상황을 예견하여 현재의 행동을 이끌어 가는 경향이 있다. 미래지향적인 문제해결 상황에서 성취욕구가 발생하는 것이다.

(4) 성취욕구와 국가발전: 맥클리랜드는 청교도 윤리라는 사회사상이 서구 사회에서 경제발전의 원동력이 되었다는 베버의 가설을 수용하여, 성취욕구가 높은 국민들로 구성된 국가는 성취욕구가 낮은 국민들로 구성된 국가보다 더 나은 국가발전을 이룩할 것이라고 주장하였다.

(5) 성취욕구이론의 시사점

① 성취욕구이론은 관리자, 특히 최고관리자의 행동을 이해하는 데 기여하였다. 즉, 성취욕구가 직무수행에 중요한 영향을 미친다는 것을 분석한 것이다.

② 성취욕구가 높은 사람의 특징인 계산된 위험의 선호, 책임선호, 수행결과에 대한 지식을 알고자 하는 욕구, 미래지향성 등은 행정의 효율성에 중요한 영향을 미친다.

③ 성취욕구이론은 욕구가 학습된다고 봄으로써 욕구의 구성과 작용이 문화에 따라 상이할 수 있고 또한 훈련에 의하여 성취욕구를 개발할 수 있다는 것을 제시하였다.

④ 이 이론은 욕구이론을 거시경제 수준으로 확대하여 성취욕구가 경제발전의 주요 변수가 된다는 것을 지적하였다.

11. 핵만과 올드만(Hackman & Oldham)의 직무특성이론

(1) 의의: 핵만과 올드햄은 직무의 특성이 직무수행자의 성장욕구 수준에 부합될 때 직무가 그 직무수행자에게 더 큰 의미와 책임감을 주고 이로 인해 동기유발 측면에서 긍정적인 성과를 얻게 된다고 주장한다. 즉, 직무수행자의 성장욕구 수준이 낮더라도 직무의 특성이 부합하면 동기유발이 가능하다고 보는 이론이다(개인차이를 고려한 연구).

(2) 직무특성적 변수

직무상태	정의	심리상태 변수
기술 다양성 (Skill Variety)	근로자가 직무수행에서 다양한 기능과 능력을 발휘할 수 있는 정도이다.	직무에 대해 느끼는 의미성
직무 정체성 (Task Identity)	직무에서 정체성의 정도를 말하는 것으로서 근로자가 수행하는 직무가 범위가 좁고 전문화되어 전체의 과업 중 매우 적은 부분일 경우 과업 정체성이 낮다고 할 수 있다.	
직무 중요성 (Task Significance)	자신이 수행하는 직무의 내용이 조직 내·외부에 미치는 영향이 클 경우 과업의 중요성이 높다.	
자율성 (Autonomy)	종업원이 직무수행의 일정과 방법에 대해 재량권을 많이 가지고 있을 경우에는 자율성이 높다.	책임감
환류 (Feedback)	자신이 수행한 직무의 질과 양에 대한 정보를 어느 정도 얻을 수 있는가를 말한다.	결과에 대한 지식

(3) 잠재적 동기지수(MPS; Motivating Potential Score) 공식(자율성과 환류가 동기유발에 강한 영향을 미침)

$$잠재적\ 동기지수 = \frac{기술다양성 + 직무집행성 + 직무중요성}{3} \times 자율성 \times 환류$$

공식에 의하면, 극단적으로 자율성과 환류 중 어느 한 가지만 없어도 잠재적으로 동기가 전혀 부여되지 않는다. 환류가 이루어지거나 자율성이 인정되는 직무이면서 구성원의 성장욕구가 강할 때 동기부여 효과가 크다. 결국, 직무특성과 성과를 개인의 성장욕구 수준으로 연결시킨 것일 뿐 기본적으로 개인의 욕구수준에 따라 동기부여 효과가 달라진다는 기본전제는 욕구이론을 토대로 하는 것이다.

(4) 성장욕구 수준에 따른 동기부여

① 성장욕구 수준이 높을 경우: 직무수행을 위해 다양한 기술이 필요하고 직무정체성과 중요성을 높여주며 더 많은 자율성을 부여하고 직무수행의 결과를 즉각 알 수 있도록 한다. 그러면 그 직무수행자는 자신의 직무에 대해 큰 의미와 책임감을 경험하게 되어 직무수행의 결과를 알게 됨으로 인해 직무 자체에 대한 내재적 동기가 유발되어 작업의 질과 만족도가 상승하고 이직과 결근이 줄어들게 된다.

② 성장욕구 수준이 낮을 경우: 직무수행자에게 정형화할 수 있고 단순한 직무를 제공함으로써 직무 자체에 대한 내재적 동기가 유발되고 작업의 질과 만족도가 상승하여 이직과 결근이 줄어들게 된다.

개념더하기 ▷ Z이론(Theory Z)

1. 의의

맥그리거의 전통적인 X, Y이론의 한계점(이분법)을 지적하면서 현대인의 복잡한 심리상태를 묘사하기 위해 제시된 다양한 모형들이 Z이론이다. Z이론은 개념, 정의, 내용이 학자마다 상이하다.

2. Z이론

(1) 룬스테트(Lundstedt)의 Z이론 – 방임형 관리

룬스테트는 X형 조직을 독재형 조직, Y형 조직을 민주형 조직, Z형 조직을 자유방임형 조직이라 구분하고 자유방임형 조직에서 인간은 타인의 간섭을 싫어하고 자유로운 상태를 추구하므로, 자유방임형 리더십이 필요하다고 본다.

(2) 롤리스(Lawless)의 Z이론 – 상황적응적 관리

변동하는 환경 속에 존재하는 인간과 조직, 집단은 변동하는 객관적 사실을 파악하여 업무환경, 조직특성 등을 고려한 융통성 있고 상황적응적인 관리전략을 세워야 한다고 주장한다.

(3) 라모스(Ramos)의 Z이론 – 괄호인

X이론의 인간을 작전인, Y이론의 인간을 반응인, Z이론에 해당하는 제3의 인간모형을 괄호인(호형인, 비판적 이성인)이라 명명한다. 괄호인이란 이지(理智)를 대표하는 인간으로, 자기 내부세계나 환경을 떠나서 환경적 조건을 괄호 안에 넣고, 자아(Ego)를 객관적으로 검토 · 비판할 수 있는 능력의 소유자이다.

(4) 베니스(Bennis)의 Z이론 – 탐구형 인간

베니스는 적응적 · 유기적 조직인 후기관료제모형의 인간형으로 탐구형 인간을 상정하고 이들을 관리하는 방안으로 개인에 대한 재량권 부여, 자율화, 행동양식의 비프로그램화 등을 강조한다.

(5) 오우치(W. G. Ouchi)의 경영가족주의, Z이론

① 의의: 오우치는 1970년대 후반 일본의 경제가 미국의 경제를 압도하자 미국기업들이 일본의 기업 경영방식을 배워야 한다는 의미에서 미국의 경영방식(A이론)과 일본의 경영방식(J이론)을 결합한 경영방식을 제시하면서 이 이론을 Z이론(미국기업에서 이루어지는 일본식 경영)이라 명명하였다(J관리, Z관리가 A관리보다 성과가 높다고 주장).

② 특징

구분	전형적 일본조직(J)	Z유형의 미국조직(Z)	전형적 미국조직(A)
평가	엄격한 평가의 느린 승진(연공서열 중시)		신속한 평가와 빠른 승진
통제	비공식적 · 암시적 · 묵시적 통제		공식적 · 가시적 통제
인간에의 관심	총체적 관심(Holistic Concern)		개인의 조직 내 역할에 관심
의사결정	집단적 의사결정(합의의 과정, 품의제)		개인적 의사결정
책임	집단책임	개인책임	개인책임
고용	종신고용(가족주의경영)	장기고용	단기고용(실적제)
경력경로	비전문화된 경력경로 (순환보직)	다기능적 경력경로	전문화된 경력경로

내용이론

McGregor	X이론			Y이론		Z이론
Lundstedt	권위형 · 독재형			민주형		자유방임형
Ramos	작전인(Operational Man)			반응인(Reactive Man)		괄호인
Argyris	미성숙인			성숙인		
Likert	권위형–System Ⅰ · Ⅱ			민주형–System Ⅲ · Ⅳ		
Maslow	생리적 욕구	안전욕구	소속 · 애정 욕구	존경욕구	자아실현 욕구	
Schein	경제인 · 합리인		사회인	자아실현인		복잡인
Alderfer	존재 · 생존(Existence)		관계(Relatedness)	성장(Growth)		
Herzberg	불만 · 위생요인			만족 · 동기요인		
McClelland	친교 · 소속욕구			권력욕구	성취욕구	
Hackman과 Oldham	직무특성이론 M(잠재적 동기지수) =(기술다양성+직무정체성+직무중요성)/3×자율성×환류					상황이론
이론적 배경	고전적 조직이론			현대조직이론, 후기인간관계론		
동기부여	물질적 욕구, 하급욕구			정신적 욕구, 고급욕구		
Leadership	독재형 · 권위형 / 직무 · 과업 · 업무 중심 리더십			민주형 / 인간 · 부하 · 관계 중심 리더십		
Golembiewsky	압력(Push)이론 – 관료제			견인(Pull)이론 – 탈관료제		

개념더하기 공공봉사동기이론(페리, J. Perry)

1. 공공봉사동기의 의의

공공봉사동기(PSM; Public Service Motivation)에 대한 정의는 다양하지만, 국민과 사회, 그리고 국가를 위해 봉사하려는 이타적 동기를 가지고 공익 증진 및 공공의 목표 달성을 위해 헌신적으로 기여하고자 하는 공무원들의 고유한 동기로 정의할 수 있다[페리와 와이즈(Perry & Wise), 1990].

(1) 공공봉사동기의 기본명제

① 개인의 공공서비스동기가 크면 클수록 개인이 공공조직의 구성원이 되고자 하려는 가능성이 더욱 클 것이다.

② 공공조직에서는 공공서비스동기가 성과와 정(+)의 관계에 있다.

③ 높은 공공서비스 동기수준을 갖는 사람을 유인하는 공공조직은 개인성과를 효과적으로 다루기 위하여 실용적인 인센티브에 보다 적게 의존할 것이다.

(2) 공공봉사동기의 등장 배경: 공공봉사동기 개념은 성과급과 같은 외재적 보상과 구조적 · 관리적 기법을 통해 조직성과를 향상시키려는 신공공관리론적 개혁에 대한 비판과 반성으로부터 출발했다.

공공부문의 종사자들은 민간부문의 종사자들과 다르게 자신의 일을 직업이라기보다는 소명 · 의무라고 여기며, 대중과 공공의 이익에 봉사하려는 희망에 의해서 동기부여되고, 외재적 보상보다도 내재적 보상을 우선시하는 윤리에 의해서 특징지어진다고 한다[휴스턴(Houston), 2000]. 따라서 공공부문의 관리에 있어 민간과 차이가 있기 때문에 이를 반영한 관리체계가 필요하다.

2. 공공봉사동기(PSM)의 세 가지 차원
    (1) 합리성 차원(Rational Dimension): 공직 종사자들도 합리적 계산, 즉 자신의 효용의 극대화라는 이기적 동기로 공직 봉사를 한다는 것이다. 공무원이 특정 정책을 수립하고 적극 추진하거나 동일시하는 것은 자신의 자아실현적 욕구를 충족시키는 차원에서 정책과 자신을 동일시하여 나타난다는 것이다.
    (2) 규범성 차원(Normative Dimension): 공익의 본질적 차원으로서 이타적인 것을 의미한다. 소수가 아닌 전체 이익에 대한 봉사를 해야 한다는 의무감, 정부는 국민 전체를 위해 존재하기 때문에 복종해야 한다는 의무감, 사회에서 강자 보다는 약자에게 좀 더 우호적으로 정책이 실행되어 형평성이나 정의를 실현해야 한다는 의무감 등이 이런 규범성을 구성하는 요소이다.
    (3) 감성적 차원(Emotional Dimension): 이성에 의한 계산이나 의무감보다는 감정적으로 생기는 봉사를 해야겠다는 느낌이 동인이 되는 동기이다. 사회적으로 중요한 정책을 보고 느끼는 감정이나 애국가를 부를 때나 국기를 볼 때 생기는 애국심 등이 예이다.
3. 행정학에서 PSM 연구의 의의 및 시사점
    (1) 기존 동기이론의 한계 보완: 사적부문과 다른 공공조직의 동기부여의 특성 설명에 유용
    (2) PSM과 공무원의 무사안일의 관계: 공공봉사동기↑ ⇒ 무사안일↓
    (3) PSM과 조직성과의 관계: 연구결과에 따르면 일반적으로 공직의 보람 때문에 공무원이 된 사람들은 그렇지 않은 사람들에 비해 조직 내에서 긍정적인 행태를 보이며, 구체적으로 공무원의 공공봉사동기는 직무만족과 조직성과의 향상에 긍정적인 영향을 미친다.

3 과정이론

1. 목표설정이론 – 로크(Locke)

(1) **의의**: 1960년대 말에 로크는 목표를 달성하기 위한 작업 의도가 동기부여의 주요 원천이라고 제안하였다. 즉, 목표의 제시에 의하여 근로자들은 무엇을 해야 하는지(의식적 목표), 그리고 기대에 합치되기 위해서 얼마나 노력해야 하는지(성취의도)를 알 수 있다.

(2) **목표설정 기능**: 설정된 목표에 따른 일정한 기능 수행은 목표의 특성, 즉 목표의 난이도와 구체성에 의해 결정된다고 보았다.

① **목표의 난이도(Difficulty)**: 목표달성에 필요한 능숙성의 정도와 성과의 수준을 의미한다. 목표설정이론은 달성 가능한 수준에서 난이도가 높은 목표를 설정한다면 조직원의 노력의 강도(Intensity)를 높여 동기부여를 이끌어낼 수 있다고 본다.

② **목표의 구체성(Specificity)**: 목표의 구체성은 목표를 양화(量化)하여 구체화하는 것을 의미한다. 일반적으로 목표가 정량적으로 설정되면 구체적인 목표라 할 수 있다. 구체적인 목표는 조직인에게 노력의 방향을 제시해 준다. 따라서 '최선을 다하라'라는 식의 목표는 노력의 방향이나 강도 중 어느 것도 충족시키지 못하기 때문에 개인의 성과를 높이기 어렵다.

2. 공정성이론(형평성이론, Equity Theory) – 아담스(J. S. Adams)

(1) 의의: 공정성이론(Equity Theory)에서 나타나는 공정성의 개념은 아리스토텔레스의 정의론, 페스팅거의 인지 부조화이론, 호만즈(Homans) 등의 교환이론에 그 근거를 둔 것으로 아담스가 개발하였다. 이 이론은 모든 사람이 공정하게 대접받기를 원한다는 전제에 기초를 두고 있으며 동기부여, 업적의 평가, 만족의 수준 등에서 공정성이 중요한 영향을 미친다고 본다. 공정성의 평가기준은 절대적이라기보다 일정한 보상을 받기 위해 자신이 투입한 노력과 그 결과로 받은 보상의 비율을 준거인물의 그것과 비교하는 상대적인 것이다.

(2) 공정성이론을 구성하고 있는 기본요소

① 투입: 직무수행에 바친 노력, 기술, 교육, 경험이 해당된다.

② 산출: 투입에 대한 대가로서 개인이 받게 되는 수익을 의미하며 여기에는 보수, 승진, 직무만족, 학습기회 등이 해당된다.

③ 준거인물: 자신의 투입에 대한 산출의 비율을 비교하는 대상인물을 의미한다.

(3) 공정성이론의 내용

① 공정성·불공정성: 본인의 투입에 대한 산출의 비율과 비교인물의 비율과 비교하여 발생한 지각으로 어떤 개인이 자기 자신의 투입에 대한 산출의 비율이 비교대상의 투입에 대한 산출의 비율과 동일하다고 지각하게 되면 공정성을 느끼게 되고, 비교대상의 투입에 대한 산출의 비율보다 크거나 작다고 지각하면 불공평하게 느끼게 된다.

② 공정성이론은 자신이 타인과 비교하여 형평의 원리에 어긋나는 대우를 받으면 그것을 감소시키기 위해 동기가 유발된다고 본다.

⊙ 과대보상에 의한 불공정성: 산출에 대한 만족을 감소시키거나 앞으로의 투입을 증가시킴으로써 공정성으로 이동한다.

ⓛ 과소보상에 의한 불공정성: 산출에 대한 만족을 증가시키거나 앞으로의 투입을 감소시킴으로써 공정성으로 이동한다.

(4) 문제점과 시사점

① 문제점: 과소보상에 대한 불공정성의 연구는 이 이론의 타당성을 입증하나, 과대보상의 경우에는 종업원들이 불공성을 느끼지 않거나 지각 자체를 왜곡하는 경우가 많다는 점에서 이 이론은 문제점을 가지고 있다.

② 시사점

⊙ 공정성이론은 관리자들에게 조직에서 발생하는 사회적 과정을 인식할 필요가 있음을 시사한다.

ⓛ 공정성에 대한 지각은 주관적이기 때문에 관리자들은 구성원들에게 공정한 대우를 받고 있다는 것을 확신시킬 수 있는 방법을 찾아야 한다.

3. 기대이론(Expectancy Theory)

기대이론은 수단성이론(Instrumentality Theory), 혹은 기대-유의성이론(Expectancy-Valence Theory)이라고도 불리며 브룸(V. Vroom)과 포터-로울러(Porter & E. Lawler)의 이론이 가장 널리 수용되고 있다. 기대이론을 도식화하면 다음과 같다.

①의 관계는 노력-성과의 관계로서 개인이 쏟아붓는 노력이 일정한 성과를 가져오리라고 생각하는 주관적 확률이다.
②의 관계는 성과-보상의 관계로서 특정의 성과가 자신이 원하는 결과를 가져다 줄 것이라고 믿는 정도이다.
③의 관계는 조직의 보상이 개인의 욕구나 목표를 만족시키는 정도로서 개인이 조직의 보상에 대하여 부여하는 매력치이다.

기대이론은 개인동기의 크기가 '어떤 결과에 부여되는 가치'와 '특정한 행동이 그것을 가져다 줄 것이라는 기대'에 달려있다고 설명한다. 동기부여의 내용보다 과정적 차원을 중시한다.

(1) 브룸(Vroom)의 기대이론: VIE이론

① 의의: 개인이 높게 평가하는 가치와 개인이 선호하는 결과를 얻을 확률에 대한 평가인 기대가 동기를 결정한다.

② 주요 개념 요소

ㄱ 결과-보상(Outcomes or Reward)
   • 1차 수준 결과(First Level Outcomes): 1차 수준 결과는 개인의 노력에서 조직의 성과와 관련된 것이다. 개인이 조직에서 어떤 프로젝트의 완성을 할당받았을 때 그 성과의 수준은 기간 전에 완성하는 것과 같이 높은 생산성을 달성할 수도 있고 경우에 따라서는 기간 내에 완성하지 못하는 결과가 발생할 수도 있다.
   • 2차 수준 결과(Second Level Outcomes): 2차 수준 결과는 1차 수준 결과가 가져다 줄 것이라고 생각하는 임금 인상, 승진 등과 같은 보상을 의미한다. 개인에게 귀속되는 결과이다.

ㄴ 기대: 노력의 결과 1차 수준 결과를 가져오리라고 믿는 확률이다(주관적 확률).

ㄷ 유의성(Valence): 1차 수준 결과와 2차 수준 결과에 대하여 개인이 느끼는 매력의 정도이다. 1차 수준 결과에 대한 유의성은 2차 수준 결과의 유의성에 수단성을 곱하여 결정한다.

ㄹ 수단성(Instrumentality): 1차 수준 결과가 2차 수준 결과를 가져오게 되리라고 믿는 주관적 확률이다.

③ 동기부여의 강도(Motivational Force)

M(Motive)=f(Expectancy, Instrumentality, Valence)

M(Motive)=$(A \rightarrow P_1)(P_1 \rightarrow P_2) \times V$ (A: 개인의 능력 또는 노력, P_1: 1차 성과, P_2: 2차 성과, V: 유인가)

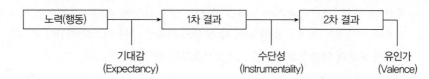

④ 평가: 브룸의 기대이론은 내용이론이 제시하지 못한 동기부여의 과정에서 오는 기대감과 유의성을 공식화해 동기부여의 과정을 설명하고 있으나 동기부여의 방안을 구체적으로 제시하지는 못한다.

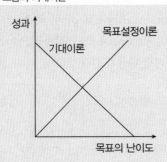

1. 로크의 목표설정 이론
   인간행동은 가치와 의도(Intention to perform) 또는 목표(Goals)에 의해 결정되며 목표가 어려울수록 동기부여효과가 커진다.

2. 브룸의 기대이론
   목표의 난이도가 쉬울수록(기댓값이 높을수록) 동기부여효과가 커진다.

(2) 포터와 로울러(Porter & Lawler)의 기대이론(업적 · 만족이론)

① 의의: 포터와 로울러는 브룸의 이론을 수정 · 보완해서, 다음과 같은 동기부여 모델을 제시하였다. 즉, 보상의 가치는 브룸의 유의성과 같은 개념이며, 노력 대 보상의 확률에 대한 지각은 기대(E)와 수단성(I)을 합한 개념이다. 이 양자가 노력의 수준을 결정한다. 브룸의 기대이론에서는 동기부여 수준에 능력을 곱하면 성과가 결정되었으나, 포터와 로울러 모델에서는 역할지각을 추가하였다.

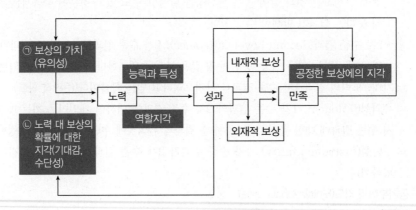

② 동기유발의 과정

   ⊙ 개인의 노력 수준이 결정요인: 일정한 노력을 할 경우 그 노력이 보상을 가져 올 노력 대 보상의 확률에 대한 지각과 그 보상에 대해 개인이 부여하는 보상의 가치이다.

   ⓒ 보상*의 가치: 과거에 유사한 노력을 한 결과 받은 보상에 대해서 느꼈던 보상의 공정성 지각으로부터 피드백을 받는다. 또한 노력 대 보상의 확률에 대한 지각도 개인이 자신의 성과에 대해서 내재적 보상과 외재적 보상을 받은 경험으로부터 피드백을 받는다.

---

*   보상
   (1) 외재적 보상: 조직의 통제 하에 있는 보수, 승진, 안전(주로 하급욕구충족)
   (2) 내재적 보상: 개인 스스로 얻는 보상, 자기실현욕구, 성장욕구(주로 고급욕구 충족) → 내재적 보상을 더 중시

ⓒ 성과: 개인의 노력과 능력이 상호작용하고 조직이 자신에게 할당한 역할이 적합하면 일정한 성과가 발생한다.

ⓔ 만족: 조직은 이 성과에 대해 내재적 보상과 외재적 보상을 한다. 사람에 따라서 양자로부터 느끼는 만족의 정도는 상이하다. 개인은 자신의 성과와 받은 보상을 비교하여 공정성을 느끼면 만족하게 된다.

ⓜ 근무성과와 보상에 대한 만족도의 환류: 보상에 대한 만족도는 앞으로의 동기유발과정에서 다시 그러한 보상의 유의성에 영향을 주고, 노력의 결과 거둔 실제 성과는 앞으로 노력하면 성과가 있을 것이라는 기대감에 영향을 주면서 동기유발과정이 전체적으로 반복된다. 이 이론은 브룸의 이론보다 구성원들이 수행하고 있는 작업 관련 변수를 더 구체화시켰다는 장점이 있다.

(3) 기대이론의 공헌과 한계

① 공헌
  ㉠ 왜 구성원들이 잘 동기부여되지 않는가를 설명해준다.
  ㉡ 개인의 목표와 노력과 보상, 성과 및 개인목표를 연결시켜 동기부여를 설명한다.

② 한계
  ㉠ 기대이론은 내용이 너무 복잡하여 타당성의 검증이 어렵다.
  ㉡ 만족이 큰 쪽으로 인간의 행동이 동기부여 된다는 쾌락주의적 가정에 대한 비판이 있다.
  ㉢ 기대이론은 명확한 목표가 존재하고 성과와 보상의 관계가 확실하며, 보상자원이 풍부한 상황에서만 적합하다는 한계점을 가지고 있다.

4. 학습이론 – 강화이론

(1) 학습이론의 의의

① 학습의 개념: 학습은 경험의 결과 발생하는 비교적 영속적인 행동의 변화이다.

② 학습이론의 계보
  ㉠ 행동주의적 학습이론(Behavioral Learning Theory): 파블로프(Pavlov), 손다이크(Thorndike), 스키너(Skinner) 등의 이론이다. 이 중에 파블로프의 학습이론을 고전적 조건강화이론(Classical Conditioning Theory)이라 하고, 스키너의 것을 조작적 조건강화이론(Operant Conditioning Theory)이라 한다.
  ㉡ 인지학습이론(Cognitive Theory of Learning): 학습과정에서 인지의 역할과 중요성을 강조하는 학습이론이다. 고전적 조건강화나 조작적 조건강화와 같은 이른바 자극반응이론은 학습과정에서 인간의 내적 측면은 고려하지 않고 보상이나 처벌과 같은 외적 요인만을 지나치게 강조한다. 인지학습이론은 바로 행동주의 학습이론이 지니는 이러한 한계점을 극복하고 인간의 학습과정을 보다 깊게 이해하려는 취지에서 시작된 것이다. 대표적인 학자는 톨만(Tolman)이다.
  ㉢ 사회학습이론: 인간의 행동이 사람의 인지와 행동 및 환경의 상호작용에 의하여 형성된다고 본다. 반두라(Bandura)는 상호결정주의(Reciprocal Determinism)를 통하여 이것이 가능하다고 보았다. 따라서 사회학습이론에서는 학습자가 학습을 상당한 정도의 통제력을 갖는 역동적이고 상호작용적인 과정으로 본다.

(2) **고전적 조건강화이론**: 파블로프는 개를 이용한 조건반사 실험을 이용하여 인간의 행동변화도 자극과 반응의 관계인 S–R로 설명할 수 있다고 보았다. 그러나 고전적 조건강화이론은 반응자의 반사적 행동에만 초점을 두었다는 비판을 받는다. 이 이론은 자극에 대한 결과로서 비자발적인 반응의 설명에 한정되어 있다. 보다 복잡한 학습기제를 설명하는 데 이 접근법은 한계를 가지고 있다.

[고전적 조건강화이론과 조작적 조건강화이론]

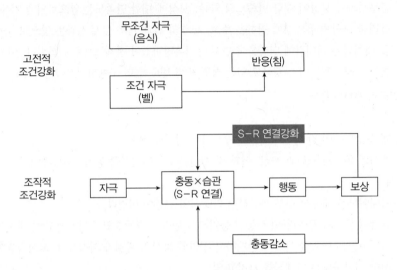

(3) **조작적 조건강화이론**

① 조작적 조건강화이론에서는 강화의 효과, 바람직한 행동 등에 초점을 둔다.

② 손다이크(Thorndike)는 행동은 활동의 결과 받은 보상에 의하여 영향을 받는다는 효과의 법칙*(Law of Effect)을 주장하였다.

③ 스키너는 인간의 행동이 행동의 결과, 즉 보상이나 벌에 의하여 영향을 받는다고 주장하였다. 인간의 행동을 결정하는 것은 내적 정신과정이 아니고 외부환경에서 제공되는 상과 벌이며 이 중에서 상을 주는 것을 강화(Reinforcement)라고 본다. 스키너의 행동공식은 S(자극) → R(반응) → C(보상)로 표시할 수 있다.

(4) **조작적 조건강화이론에 의한 행동변화**: 조작적 조건강화이론의 강화개념을 활용하여 조직행동의 변화전략에 적용한 것이 강화전략이다. 강화의 일정계획은 강화전략에 학습기간을 적용한 것이다.

① 강화전략과 행동변화

㉠ 적극적 강화(Positive Reinforcement): 바람직한 행동을 했을 경우에 매력적인 결과를 제공하는 것이다(예 부하가 특정 상황에서 업무수행을 잘 했을 경우 감독자가 부하를 칭찬).

㉡ 소극적 강화(Negative Reinforcement): 회피학습(Avoidance Learning)이라고도 하는 것으로 바람직한 행동을 했을 경우 불쾌한 조건을 제거하는 강화전략이다(예 근로자가 일을 정확하게 수행하고 정시에 출근했을 경우 감독자는 근로자를 꾸지람하거나 괴롭히는 것을 삼가는 것).

---

* 효과의 법칙
동일한 자극에 대한 반응은 여러 가지가 있을 수 있으며 특정 반응에 보상을 받고 그 결과 유기체가 만족하면 그 행동은 계속하여 발생할 가능성이 높은 반면에 보상을 받지 못하여 불만족한 반응은 발생할 가능성이 낮아진다는 법칙이다. 긍정적이고 유쾌한 결과를 초래한 행동은 반복되지만 부정적 결과나 보상을 받지 못한 행동은 소거된다는 것이다.

ⓒ 소거(Extinction): 바람직하지 못한 행동을 했을 경우 적극적 강화를 하지 않는 것이다(예 근로자가 계속 지각할 경우 감독자로부터 칭찬을 받지 못하며 추가급 추천도 받지 못하는 것).

ⓓ 처벌: 바람직하지 못한 행동을 했을 경우 불쾌한 결과를 제공하는 것이다 (예 계속적으로 지각하는 근로자를 공개적으로 꾸짖거나 벌금을 부과하는 것).

② **합성전략**: 조직에서 관리자들이 가장 손쉽게 사용하는 관리전략은 적극적 강화전략과 벌을 사용하는 합성전략(Strategy Mix)이다. 이것은 전통적인 사람관리 전략인 당근과 채찍의 법칙을 사용하는 것이다. 그러나 가장 이상적인 합성전략은 적극적 강화와 소거를 사용하는 것이다. 맥그리거(McGregor)는 벌의 효율적 관리를 위해 뜨거운 난로의 법칙(Hot Stove Rule)을 제안하였다.

개념더하기 ▶ 뜨거운 난로의 법칙

1. 즉시성
즈거운 난로에 손을 대면 금방 뜨겁듯이 바람직하지 못한 행위를 한 즉시 처벌이 부과되어야 한다는 것이다.

2. 사전 경고
벌겋게 단 난로는 만지면 뜨겁다는 것을 누구나 알 듯이 바람직하지 못한 행동에는 처벌이 가해진다는 것을 사전에 경고해야 한다.

3. 비정의성(Impersonality)
뜨거운 난로는 언제, 누가 손을 대더라도 뜨겁듯이 벌을 주는 사람의 감정에 따른 차별적인 벌을 시행해서는 안 된다는 것이다. 일관성 있는 벌의 시행이 필요하다.

---

③ 강화의 일정

강화 일정	의미	실행 효과	강화중단 시 효과 및 사례
고정 비율 강화	바람직한 반응을 정해진 횟수만큼 했을 때 강화를 실시하는 방법이다(예 정시 출근을 세 번 할 때마다 칭찬을 하는 경우). 이 방법에 의하여 강화를 하게 되면 종업원들은 강화를 받기 위해 일정한 횟수의 반응을 채우려 하기 때문에 강화의 효율성이 높은 방법이다.	높고 안정적인 성과	즉시 소거, 성과단위 급여
변동 비율 강화	강화의 비율 자체를 변동시키는 것이다(예 어떤 경우에는 다섯 번 정시 출근했을 때마다 칭찬하다가, 어떤 경우에는 열 번 정시 출근했을 때마다 칭찬하는 경우). 이 방법은 강화의 일정계획 중 강화의 효율성이 가장 높은 방법이다.	매우 높은 성과	천천히 소거, 일정한 개수를 판매하면 보너스 지급. 그러나 일정한 개수를 변화시킴
고정 간격 강화	바람직한 행동을 했을 경우 일정한 간격마다 강화를 하는 방법이다(예 근로자가 어느 정도의 성과를 내면 매 주말마다 급여를 주는 경우, 매 주말마다 정시에 출근한 종업원을 칭찬하는 경우). 이 방법은 강화가 끝나면 바람직한 행위의 빈도가 감소하며 다음 강화시점의 근처에서 반응률이 증가하는 단점을 가지고 있다.	핑균직인 혹은 불규칙적인 성과	즉시 소거, 주급 급여
변동 간격 강화	강화의 간격을 변경시키는 강화일정이다(예 어떤 경우에는 수요일에 상사가 정시 출근한 근로자를 칭찬하고 어떤 경우에는 주말에 칭찬을 하는 강화방법). 이 방법은 종업원이 예측하지 못하는 불규칙적인 간격으로 강화요인을 제공하는 것이기 때문에 고정간격법보다는 강화의 효율성이 높다.	중간 이상의 성과	천천히 소거, 월단위 성과 평가. 급여는 매월 수시로

5. 기타 과정이론

(1) 앳킨슨(J. Atkinson)의 기대모형: 인간은 동일한 작업에 대하여 성공하려는 적극적 동기와 그 작업을 하지 않음으로써 실패를 피하려는 소극적 동기를 가지고 있는데, 이 양자 간의 상호작용에 의하여 인간의 동기가 결정된다고 보는 이론이다.

(2) 번(E. Berne)의 의사거래분석: 인간은 어버이 · 어른 · 어린이의 자아상태를 가지고 있으며, 이것이 자극을 받으면 반응을 일으키는 것이 인간의 행동이라고 본다. 따라서 관리자는 세 가지의 자아상태 중 어느 것이 지배적인가를 판단해서 관리해야 한다는 이론이다.

---

03 리더십(Leadership; 지도력)

1 리더십의 의미와 이론의 전개과정

1. 리더십의 개념

(1) 리더십이란 조직 구성원에게 동기를 부여하고 조직의 목적을 달성할 수 있도록 영향력을 행사하는 것이라고 할 수 있다.

(2) 리더십은 목표를 전제로 행동이 전개되는 것을 의미하고, 지도자와 추종자 간의 관계에서 일어난다.

(3) 지도자가 추종자에게 일방통행적 행동을 강요하는 것은 아니며 어디까지나 상호작용의 과정을 통해서 발휘된다.

(4) 지도자의 권위를 통해 발휘되나, 공식적 계층제의 책임자만이 리더십을 갖는 것은 아니다.

2. 리더십의 구성 요소

(1) 지도자: 지도 역할을 하는 사람을 말하므로 반드시 계층의 상위층에 있는 사람을 의미하는 것은 아니다.

(2) 집단: 두 사람 이상이 모여 공동의 목표를 성취하기 위한 것이 집단이므로 리더십은 이 집단속에서 일어나는 것이다.

(3) 추종자: 리더십을 발휘하려면 추종자가 있어야 하고 추종자의 추종행위는 자발적인 것이어야 한다.

(4) 상황: 지도자가 조직 내에서 활동하는 데 고려해야 할 일련의 가치 및 태도체계이다.

> **개념더하기** 나들러(Nadler, D.)의 리더의 역할
>
> - 리더는 비전화를 통해 조직의 바람직한 미래상을 창조한다.
> - 조직구성원들을 비전의 달성을 향해 움직이도록 활성화한다.
> - 도전적 역할을 잘 수행할 수 있도록 구성원들을 유능하게 한다.
> - 이러한 바탕 위에 조직의 변화를 추진할 수 있는 구조를 만들고 실천한다.
> - 변화에 필요한 행동과 합치되는 정도에 따라서 보상과 처벌을 관리한다.
> - 통제는 시스템의 변화와 혁신을 측정하고 교정하기 위한 조치이다.

3. 리더십이론의 전개

(1) 리더십 연구의 시작

① 과학적 관리론 등 고전적 행정학(구조중시): 합리적 · 기계적 인간관 - 단순히 경제적 욕구만 충족시켜 주면 동기부여가 된다고 파악 → 리더십에 관심을 두지 않음

② 1930년대 인간관계론(인간 중시 - 구성원의 사회적 · 심리적 측면 중시), 1960년대 발전행정론(가치관 · 태도 중시 - 발전행정인의 독립변수적 역할 중시) → 행정인의 리더십 중시, 연구의 본격화

(2) 리더십이론의 변천[리더십의 유효성 L = f(f, l, s)(f: 추종자, l: 리더, s: 상황)]

연구내용 \ 이론	연구모형	특성
특성론 (1920~1950년대)	개인적 특성 → 리더와 비리더의 구별	리더와 비리더를 구별할 수 있는 특성이나 특징이 존재
행동이론 (1950~1960년대)	리더행동 → 성과, 종업원 유지	리더십의 가장 중요한 측면은 리더의 특성이 아니라 리더가 여러 상황에서 실제로 하는 행동이다. 성공적인 리더와 비성공적인 리더는 그들의 리더십 유형에 의해 구별된다.
상황이론 (1970년 이후)	• 리더행동 → 성과, 만족 기타변수 • 상황요인: 과업, 특성, 집단성격	리더의 유효성은 그의 유형뿐만 아니라 리더십 환경을 이루는 상황에 의해서도 결정된다. 상황에는 리더나 하위자들의 특성, 과업의 성격, 집단의 구조, 상황의 유형 등이 포함된다.
신속성론 (1980~1990년대)	최고관리자의 자질 특성에 관한 연구	변혁적 리더십, 서번트리더십, 슈퍼리더십

2 리더십 특성이론(자질론, 속성론)

1. 특성이론의 의미

리더십에 대한 첫 번째의 관점은 '리더 자신이 어떤 특성을 구비하는 것이 바람직한가'에 대한 것이다. 초창기에 리더십을 연구하였던 학자들이 관심을 둔 대상은 역사상 유명했던 위대한 인물들이었다. 연구자들은 이 위대한 인물들이 어떻게 막강한 영향력을 행사하는 리더가 될 수 있었던가에 관심을 집중하였다. 그 결과 연구자들은 거의 공통적으로 이 리더들이 보통사람보다 우수한 어떤 자질을 지니고 있기 때문이라는 의견을 모으게 되었다.

이상과 같이 효과석인 리더를 만드는 리더의 자질을 찾아내려는 연구들을 특성이론(Trait Theory)이라 한다. 특성이론에서는 리더가 일정한 특성을 가지고 있으면 어떠한 상황에서든지 효율적인 리더가 될 수 있다고 생각한다.

2. 특성론의 유형

(1) 단일적(통일적) 자질론: 지도자는 하나의 단일적 · 통일적 자질을 구비한다고 보아 이러한 자질을 가진 자는 어떤 상황에서든 지도자가 된다고 본다.

(2) 성좌적 자질론: 이 견해는 단일적 · 통일적 자질론을 보완하기 위해 등장한 이론으로 여러 가지 자질의 결합에 의해 지도자의 인성을 파악하려는 견해이다.

3. 특성이론의 내용

(1) 신체적 특성(Physical Characteristics)

(2) 사회적 배경(Social Background)

(3) 지능과 능력(Intelligence and Ability)

(4) 성격(Personality)

(5) 과업관련 특성(Task-Related Characteristics)

4. 특성이론의 한계

(1) 특성이론은 이상과 같이 좋은 리더를 만드는 많은 자질을 연구했음에도 불구하고 리더와 비리더를 구분할 수 있는 특성의 일반화에는 실패하였다.

(2) 특성이론이 상황요인을 고려하지 않고 있다는 점을 들 수 있다.

(3) 이 이론은 누가 리더인가를 확인해 주기는 하지만 리더가 어떻게 해서 하급자들에게 영향력을 행사하는지를 제시해 주지 못한다.

3 리더십의 행동이론(행동 유형론)

행동 유형론은 특정 리더가 나타내는 행동에 초점을 둔 연구로 효율적인 리더에게는 타인과 구별되는 행동적 특성이 있다는 입장이다.

1. 행동이론의 의미

특성이론의 초점이 어떤 특성을 가진 리더가 효과적인가(What is the leader?)를 규명하는 것이라면, 행동이론(Behavioral Theory)의 초점은 어떠한 행동을 하는 리더가 효과적인가(What does the leader do?)를 밝히는 것이었다.

행동이론도 특성이론과 마찬가지로 모든 상황에서 가장 잘 작용할 수 있는 유일최선의 리더십 유형을 찾으려는 시도를 하였다.

> **개념더하기** 특성론과 행동이론의 차이
>
> 특성이론에 따른다면 조직이나 집단에 가장 적합한 사람을 선발하면 조직은 성공할 수 있다. 공식적 직위가 요구하는 자질을 가진 사람을 선발하면 된다. 그러나 행동이론에 따를 경우 요구되는 행동을 하도록 사람을 훈련시켜야 한다. 특성이론을 적용하면 리더는 태어나는 것이고 행동이론을 적용하면 조직의 효율성을 향상시키기 위해 필요한 리더의 행동을 가르치면 된다.

2. 행동(행태)이론의 분류

(1) 리더의 행동차원을 기준으로 분류

① 2원론

민주적 리더십	권위적 리더십
• 종업원 중심적 리더십 • 관계지향적 리더십 • 배려 주도 • P형	• 직무중심적 리더십 • 과업중심적 리더십 • 구조 주도 • M형

② 3원론: 과업지향적인 스타일과 관계지향적인 스타일에 유효성을 결합한 것이다.

(2) 연구자와 연구기관별 분류

① 아이오와(Iowa) 대학의 연구

② 오하이오(Ohio) 대학의 연구

③ 미시간(Michigan) 대학의 연구

④ 블레이크(Blake)와 모우턴(Mouton)의 연구

3. 연구자와 연구기관별 분류를 중심으로 접근

(1) 아이오와 대학의 연구: 화이트(White)와 리피트(Lippitt)의 리더십 유형론

① **연구 전개**: 1939~1940년에 아이오와 대학 연구팀은 권위적 리더(Authoritarian Leader), 민주적 리더(Democratic Leader), 방임적 리더(Laissez-Faire Leader) 유형을 중심으로 청소년들의 행동을 관찰해 보았다. 세 가지 리더십 유형의 기본적인 차이점은 그룹 내에서의 의사결정 권한이 어디에 집중되느냐 하는 것이었다. 권위적 리더는 그룹을 위해 리더가 의사결정을 하고, 결정된 사항을 그룹 구성원에게 알린다. 반면에 민주적 리더는 그룹 구성원들이 그들의 활동에 대하여 스스로 의사결정을 하도록 한다. 방임적 리더는 부하에게 결정권을 대폭 위임한다.

② **연구 결과**: 그룹 구성원들은 권위적 리더보다 민주적 리더를 더 선호하고, 그룹 내에서의 적대행위는 민주적 그룹에서보다 권위적 그룹과 방임적 그룹에서 분명히 더 높은 것으로 나타났다. 또한 그룹의 생산성은 다른 두 유형의 리더보다 민주형 리더가 더 높은 것으로 나타났다.

(2) 오하이오 대학의 연구

① **연구 전개**: 오하이오 대학의 연구팀들은 리더십을 이루는 구성요인은 배려와 구조 주도의 두 차원으로 구분하고, 두 가지 국면에 의해 리더의 행동을 4가지로 구분하였다.

ⓐ 배려(Consideration)란 리더와 그의 집단구성원들 사이의 관계에 있어 우정, 상호신뢰, 존경 등을 표시하는 행위를 말하는 것이다.

ⓑ 구조 설정(Initiating Structure)에서 구조(구조화)란 간단히 말해 직무나 인간을 조직화하는 것을 말한다(**예** 집단의 각 구성원의 역할을 정하고 직무수행의 절차를 정한다거나 지시, 보고 등을 포함한 집단 내의 커뮤니케이션 경로를 설정한다든가 하는 것).

② 미시간 대학의 초기연구나 리커트의 연구와의 차이: 리더십 스타일을 단일 차원에 의한 양극단으로 나누어 접근하였으나, 오하이오 대학의 연구에서는 처음으로 리더의 행위를 단일선상이 아닌 두 개의 다른 차원으로 표시하였다.

	낮음 ← 구조 설정 → 높음	
높음 ↑ 배려 ↓ 낮음	㉠ 낮은 구조 설정, 높은 배려	㉡ 높은 구조 설정, 높은 배려
	㉢ 낮은 구조 설정, 낮은 배려	㉣ 높은 구조 설정, 낮은 배려

③ **결론**: 구조 高, 배려 高의 스타일이 가장 효과적인 리더십 스타일임을 보여주고 있다. 오하이오 대학의 연구는 비판도 적지 않게 받고 있지만 한편 리더의 행위를 정의하고 설명함에 있어 상당히 체계적이고 상세한 노력을 했다고 할 수 있다. 그런 점에서 리더십의 이론적 기초를 마련하는 데 공헌하였으며, 현재의 연구에 토대가 되고 있다는 점에서 인정을 받고 있다.

(3) 미시간 대학의 연구

① **연구의 전개**: 1940년대 말부터 1950년대 초까지 미시간 대학의 SRI(Social Research Institute)에서 리커트(Likert) 등이 중심이 되어 리더의 행동과 집단과정 및 집단성과의 관계를 연구하였다. 이 연구에서는 직무 중심적 리더와 부하 중심적 리더로 분류하였다.

② **결론**: 집단의 성과와 만족감을 높이기 위해서는 이러한 부하중심적인 리더의 태도와 행동이 효과적이라는 것이 리더십 행동이론의 일반적인 결론이다. 그러나 집단의 생산성과 구성원의 만족감 사이에는 높은 수준의 일관성 있는 관계가 나타나지 않았다.

> **개념더하기** 직무중심적 리더십과 부하중심적 리더십
>
> 1. 직무중심적 리더십
>   생산과업을 중요시하고 생산방법과 절차 등 세부적인 사항에 관심을 가지며 공식기관과 권력에 비교적 많이 의존하면서 부하들을 치밀하게 감독하는 행동스타일을 말한다.
>
> 2. 부하중심적 리더십
>   부하와의 관계를 중요시하고 부하의 욕구충족과 발전 등 이들의 개인적 문제에 많은 관심을 갖고 권한을 위양하면서 부하에게 자유재량을 많이 주는 관리 행동스타일을 말한다.

(4) 블레이크(Blake)와 모우턴(Mouton)의 관리(매니제리얼)그리드(Managerial Grid)

① **연구의 전개**: 블레이크와 모우턴은 리더십을 2차원으로 생각한 관리그리드(Managerial Grid)의 개념을 정립하였다. 이들은 오하이오 주립대학의 구조 주도적, 배려적 리더십 연구개념을 연장시켜 리더의 행동 유형을 구체화시키고 효율적인 리더십 행동을 훈련시키기 위한 기법으로 이것을 개발하였다.

블레이크와 모우턴은 관리그리드를 만들어서 리더가 지향할 수 있는 방향을 두 차원으로 구분하였다. X축에는 생산에 대한 관심의 정도를 파악할 수 있도록 9등급으로 나누고, Y축에는 인간에 대한 관심의 정도를 파악할 수 있도록 역시 9등급으로 나누었다. 따라서 이론적으로는 81가지의 리더의 유형이 있는 것으로 이해할 수 있다. 이 중에서 기본적인 형태로서 (1·1)형(무관심형), (9·1)형(과업형), (1·9)형(친목형), (5·5)형(타협형), (9·9)형(단합형, 팀형)을 들 수 있다.

② **결론**: 이론에 따르면 가장 바람직한 리더십 유형은 팀(9 · 9)형이라고 결론지었다. 팀(9 · 9)형은 생산과 관계의 유지에 모두 지대한 관심을 보이는 유형으로 종업원의 자아실현의 욕구를 만족시켜주고 신뢰와 지원의 분위기를 이루며 한편으로는 과업달성을 강조하는 유형이다. 그러나 팀(9 · 9)형 리더십이 바람직한 것으로 보이지만, 이런 유형의 리더십이 항상 효과적인가에 대하여는 의문의 여지가 있다.

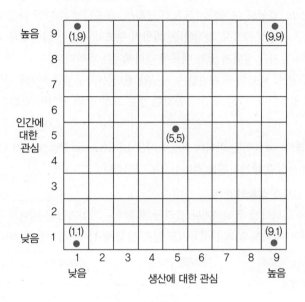

4. 행태론적 접근의 평가

(1) 리더의 행태만이 리더십의 효과성을 결정하는 유일한 요인이 아니라는 점을 간과하고 있다. 즉, 효과적인 리더의 행동은 상황에 따라 다르다는 사실을 간과하고 있다.

(2) 대부분의 행동이론들은 리더의 행동을 과업지향적인 것과 인간지향적인 것으로 구분하여 인간지향적인 정도가 높은 리더나 양자가 모두 높은 리더가 집단에서 높은 유효성을 달성한다고 주장하고 있다. 그러나 그 후의 실증적연구들은 이러한 관계를 밝혀내지 못하고 있다.

4 리더십 상황이론

리더십의 특성이론이나 행동이론의 일관된 과제는 유일한 이상적인 리더십 형태를 발견하려는 것이었다. 그러나 이들 연구들은 모두 리더십의 유효성 측면을 적절하게 설명하지 못하고 있다. 따라서 어떤 상황에서나 효과적으로 적용될 수 있는 단일의 리더십 스타일이란 환상을 깨고 리더십의 유효성을 상황과 연결시키려는 상황이론이 등장하게 되었다.

1. 피들러(Fiedler)의 상황이론

피들러는 리더십의 유효성이 리더와 집단구성원의 상호작용 유형과 상황의 호의성에 의하여 결정된다고 주장하였다.

(1) 상황의 특성: 상황의 호의성을 결정하는 변수는 리더와 구성원의 관계의 질, 과업의 구조화 정도, 리더의 직위권한의 강·약이다.

① **리더와 구성원 간의 관계**: 리더와 구성원 간의 관계의 질이 상황의 호의성을 결정하는 변수이다. 구성원들이 리더를 신뢰하고 존경하며 리더를 받아들이는 정도가 높을 때는 과업의 구조화나 직위권력이 약할 경우라도 리더는 구성원들에게 큰 영향력을 행사할 수 있다.

② **과업의 구조화**: 과업의 구조화는 목표의 명확성, 목표달성 수단의 다양성, 의사결정의 구체성, 의사결정의 검증 가능성 등으로 측정한다. 과업의 구조화 수준이 높을수록 언제, 누가, 무슨 일을, 어떻게 실행해야 할지가 정해져 있기 때문에 리더에게는 유리하다.

③ **리더의 직위권한**: 리더의 직위권한은 직무와 관련하여 구성원들에게 영향력을 행사할 수 있는 보상과 처벌의 권한이다. 다른 조건이 동일할 경우 보상 등의 권한이 강할수록 리더에게는 유리한 상황이 된다.

(2) 리더의 행동 특성: 피들러는 리더의 행동특성을 LPC(Least Preferred Co-worker) 척도를 통하여 과업지향적 리더십과 관계지향적 리더십으로 구별한다.

(3) 결론: 리더의 행동과 상황의 관계

리더십 상황이 리더에게 유리하거나 불리한 경우에는 과업지향적 리더가 효과적인 반면, 리더십 상황이 리더에게 유리하지도 않고 불리하지도 않은 상황에서는 관계지향적 리더가 효과적이라고 하였다.

효과적인 리더십의 유형	과업지향 리더십		관계지향 리더십		과업지향 리더십	
리더십 상황	유리한 상황 ◄				► 불리한 상황	
상황 요건	리더와 부하의 관계	좋은 관계			나쁜 관계	
	과업구조	구조화	비구조화	구조화	비구조화	
	직위권력	강 / 약	강 / 약	강 / 약	강 / 약	
	상황적 유리성	매우 유리함		적당히 유리함	매우 불리함	

2. 허시(Hersey)와 블랜차드(Blanchard)의 상황론

(1) 허시이론의 의미

① 허시와 블랜차드는 부하의 성숙도를 상황변수로 채택하여 리더십의 수명주기 이론(Life Cycle Theory of Leadership)을 제시하였다.

② 이 이론에서는 리더십 스타일을 관계지향적인 것과 과업지향적인 것으로 구분하였다. 리더는 부하의 성숙도에 적합한 리더십을 행사할 때 유효성을 확보할 수 있다고 보았다.

(2) 부하의 준비성(성숙도): 부하의 준비성(Readiness)은 특정 과업의 성취를 위한 능력*과 자발성**(의지)이다. 이것은 자질이 아니라 특정 과업의 수행을 위하여 준비된 정도이다.

높음	중간		낮음
R4	R3	R2	R1
능력 높음, 의지 강함	능력은 있으나 의지는 약함	의지는 있으나 능력이 약함	의지, 능력이 없음

---

* 능력
능력은 개인이나 집단이 특정 과업이나 활동을 위하여 준비한 지식, 경험, 기능 등을 말한다.
** 자발성
자발성은 개인이나 집단이 특정 목적의 달성을 위하여 가지고 있는 자신감, 몰입감, 동기부여 등의 수준이다.

(3) 결론

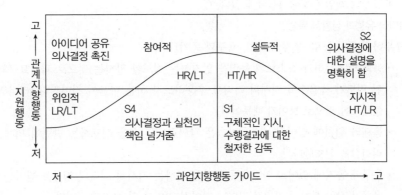

[리더의 행동]

[부하의 준비성]

높음		중간		낮음
R4	R3		R2	R1
유능, 자발성 있고 자신감	유능, 자발성 없고 불안정		무능, 자발성 있고 자신감	무능, 자발성 없고 불안정
	부하주도		리더주도	

3. 하우스(House)와 에반스(Evans)의 경로-목표이론(동기부여 기대이론에서 출발)

(1) 의의

① **경로-목표이론(Path-Goal Theory)**: 리더의 행동이 부하의 동기부여에 미치는 영향을 분석한 이론으로서 1970년대에 하우스(House) 등에 의하여 제시되었다.

② **목표-경로의 의미**: '목표-경로'라는 용어는 부하의 작업목표와 개인적 목표의 지각과 이들 두 목표 사이를 연결하는 통로에 리더가 미치는 영향을 강조하기 위하여 사용되었다.

③ **리더의 역할**: 효율적인 리더는 조직의 목표를 달성하면 부하 개인의 목표도 달성될 수 있다는 믿음을 증가시키고 조직목표 달성과정의 방해물을 제거하는 리더이다. 리더는 부하에게 지정된 성과를 달성하기 위해 부하가 해야 할 일을 인식시키고, 부하의 역할을 명백히 하며, 그 성과가 달성되었을 때 부하가 원하는 것을 취득할 수 있다는 주관적 확률을 증가시킴으로써 동기부여가 된다.

(2) 리더의 행동과 상황변수

① **리더의 행동**: 경로-목표이론에서 리더가 선택할 수 있는 리더십 유형은 다음과 같다.

ⓐ 지시적 리더십(Directive Leadership): 이는 수단적 리더십(Instrumental Leadership)이라고도 하며, 계획, 조직, 통제와 같은 공식적 활동을 강조하는 스타일이다. 즉, 이 스타일은 구체적 지침과 표준, 작업스케줄을 제공하고 규정을 마련하여 하급자들로 하여금 그들에게 기대되는 것을 알게 해 준다.

ⓑ 지원적 리더십(Supportive Leadership): 하급자들의 복지에 관심을 두며 지원적 분위기 조성에 노력한다. 그리고 구성원들 간에 상호 만족스러운 인간관계 발전을 강조한다.

ⓒ 참여적 리더십(Participative Leadership): 이는 하급자들에게 자문을 구하고 그들의 질문을 끌어내어 이를 진지하게 고려하며, 하급자들과 정보를 공유하는 스타일이다.

② 성취지향적 리더십(Achievement-Oriented Leadership): 도전적인 작업목표를 설정하고 성과개선을 강조하며 하급자들의 능력 발휘에 대해 높은 기대를 설정하는 스타일이다. 이 경우 목표달성의 책임은 하급자들에게 있다.

② 리더십 유형과 상황적 특성

㉠ 부하의 특성(능력, 통제의 위치, 욕구와 동기)

- 능력이란 부하가 스스로의 능력을 인지하는 정도를 말하는 것으로 과업요구와 관련되어 인지된 정도가 높을수록 지시적 리더를 수용하고자 하는 마음이 적어진다. 리더의 지시적 행동은 불필요한 것으로 보이기 때문이다.
- 통제의 위치에 있어서 내재론자들은 참여적 리더십을 선호하는 반면에 외재론자들은 지시적 리더십을 선호한다.
- 욕구와 동기에 있어서 안전욕구가 강한 부하는 지시적 리더의 행동을 받아들이겠지만 존경의 욕구가 강한 부하는 지원적 리더나 참여적 리더를 더 선호할 것이다.

㉡ 환경적 요소: 부하의 통제범위 밖에 있는 것으로 매우 중요한 요소들을 내포하고 있다. 이런 요소들은 부하의 과업, 조직의 공식권한 시스템, 작업집단 등이다. 과업 구조화의 정도가 낮을수록 지시적 리더가 적합할 것이다. 또한 작업집단의 성숙도에 따라서 이에 요구되는 리더십 행동도 다르므로 작업집단이 성숙해짐에 따라 리더십 행동 유형도 달라져야 한다. 조직의 공식권한 시스템도 리더십 행동에 영향을 미치는데 방침, 규율, 절차 등이 명백한 조직에서는 지시적 리더가 요구된다.

(3) 결론: 경로−목표이론에서는 상황적 특성에 적합한 행동 유형을 선택함으로써 부하를 동기부여시켜 리더십 효율성을 향상시킬 수 있다고 본다.

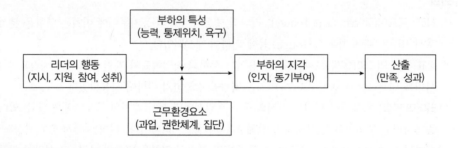

4. 브룸(Vroom)과 예튼(Yetton)의 규범이론

(1) 의의: 브룸과 예튼은 여러 가지의 상이한 조건에서 관리적 의사결정에 구성원들을 참여시키는 정도를 리더십이라고 보고 의사결정의 참여정도는 상황에 따라야 한다고 주장하였다. 브룸과 예튼은 의사결정의 유효성이 의사결정의 질과 의사결정의 수용도 및 의사결정의 상황적합성에 의하여 결정되며 의사결정의 유효성을 리더십의 유효성으로 보았다.

(2) 리더십의 유형: 리더십의 규범이론에서는 리더십 유형을 부하들을 의사결정과정에 전혀 참여시키지 않는 독재형1, 독재형2, 자문형1, 자문형2, 최종 의사결정을 집단이 하도록 하는 완전 참여형까지의 다섯 가지 유형으로 구분하고 리더가 상황에 따라 적정하게 리더십 유형을 선택할 것을 요구하고 있다.

(3) 의사결정 규칙과 리더십 유형의 선택: 리더십 전략의 선택은 해결해야 할 문제의 성격에 의하여 좌우된다. 문제진단에 이용할 수 있는 규칙은 다음과 같다. 이 중 앞의 셋은 의사결정의 질을, 나머지 넷은 의사결정의 수용도를 확보하려는 규칙이다.

리더−정보 원칙, 목표합치 원칙, 구조화되지 않은 문제 원칙, 수용 원칙, 갈등 원칙, 공평성 원칙, 수용우선 원칙과 같은 의사결정 규칙을 기초로 의사결정수(Decision Tree)를 활용하여 적절한 리더십의 유형을 선택할 수 있다.

(4) 결론: 규범이론은 리더가 실제로 의사결정을 어떻게 하는가를 이해하게 해주고, 적절한 시기에 어떻게 리더가 질 높은 의사결정을 할 수 있도록 훈련시켜야 하는가에 대하여 방향을 제시해 주었다는 점에서 큰 진전을 이룩한 이론이라 할 수 있다.

5. 레딘(Reddin)의 3차원 모형

이 모형은 구조설정과 배려의 두 차원에 따라 리더 행동의 기본 유형을 4가지로 분류(분리형, 헌신형, 관계형, 통합형)하고 이를 효과성 차원에 접목하였다. 이들 유형은 상황의 적합성 여부에 따라 효과적일 수도 있고 비효과적일 수도 있다.

(1) 분리형: 과업과 인간관계 모두 최소의 간섭만 한다.

(2) 헌신형: 인간관계보다는 과업만을 중시한다.

(3) 관계형: 과업보다는 인간관계를 중시한다.

(4) 통합형: 인간관계와 과업 모두를 중시한다.

6. 텐넨바움(Tannenbaum)과 슈미트(Schumidt)의 상황이론

(1) 리더십 유형의 연속적 분포: 권위형과 민주형 사이에 다양한 형태의 리더십이 존재하며, 이 이론에서는 리더십이 지도자, 피지도자, 상황변수에 따라 달라진다고 본다. 이때 리더의 행태에 영향을 미치는 상황변수는 리더의 권위, 부하의 재량권, 집단적 요소, 조직적 요소 등이 있으며 이러한 상황변수에 따른 리더의 행태는 부하의 행태에 영향을 미침으로써 조직의 효과성을 결정한다.

(2) 이 이론에 의하면 리더의 권위와 부하의 재량권은 반비례한다. 리더의 권위는 크고 부하의 재량권이 작은 경우 독재적 의사결정이, 리더의 권위와 부하의 재량권이 적절할 경우 협의적 의사결정이, 리더의 권한은 작고 부하의 재량권이 큰 경우 공동의사결정이 이루어진다.

7. 유클(Yukl)의 다중연결모형(Multiple Linkage Model)

(1) 의의: 유클의 다중연결모형은 리더십에 관한 기존의 이론들을 통합하여 리더의 11가지 행동을 원인변수로 보면서 6가지의 매개변수와 3가지 종류의 상황변수를 이용하여 부서의 효과성을 설명한다.

① 11가지 원인변수: 명확한 행동, 지원적 행동, 갈등관리 및 협동심 제고, 동기유발, 인정 및 보상적 행동, 계획 및 조직화, 문제해결, 협의 및 권한이양, 통제 및 정보수집, 정보전파, 교제망 개발 및 유지

② 6가지의 매개변수: 부하들의 노력, 부하들의 능력 및 역할 명료성, 과업의 조직화, 집단 내 협동 및 응집력, 지원 및 자원의 제공, 다른 부서와의 업무조정

③ 3가지 종류의 상황변수: 리더행동에 대한 상황적 제약, 매개변수에 직접적 영향을 미치는 상황변수, 매개변수의 상대적 중요성을 결정하는 상황변수

(2) 결론: 조직의 효과성은 단기적으로는 리더가 매개변수에서 부족한 면을 얼마나 시정하는가에 달려 있으며, 장기적으로는 상황변수를 얼마나 유리하게 만드는가에 달려 있다.

(3) 상황이론의 평가

① 상황변수를 종합적으로 분석하지 않고 단지 한 두 가지의 상황변수만을 편의적으로 선택하여 사용하고 있어 일반화에 한계가 있다.

② 상황론적 접근은 지나치게 수많은 단편적인 상황마다 적합한 리더의 특성이나 행동을 파악한다는 점에 한계가 있다.

③ 리더십에 대한 연구라기보다는 상황에 관한 연구라는 비판을 받는다(리더십을 종속변수로 이해).

5 최근의 리더십 연구

1. 변혁적(전환적) 리더십(Transformational Leadership)

(1) 의의

① 번스(Burns) 및 바스(Bass), 왓슨과 레이니(Waston & Rainey, 1978)가 주장한 전환적 · 변혁적 리더십이란 종래 행태론자들이 합리적인 교환관계를 토대로 주장한 보수적인 교환적 · 거래적 리더십에 대비되는 개념으로서 안정보다는 변화에 능동적으로 적응하거나 변화를 유도하는 최고관리층(최상층)의 리더십을 말한다. 변혁적(전변적) 리더십은 인간의 행태나 상황뿐 아니라 리더의 개인적 속성도 다시 재생시키고 있으므로 신속성론에 해당하며, 기본적으로 카리스마적 · 영감적 리더십과도 깊숙이 연관된다.

② 변혁적 리더십에 반대되는 것으로서 교환적 리더십은 부하의 이기심에 호소하여 그들을 동기부여시킨다. 즉 정치적 리더의 경우에 자기에게 투표한 사람에게 직무의 제공이나 정부와의 계약을 약속하거나, 기업의 리더들이 구성원들의 작업 노력과 급여, 지위 등의 교환을 매개로 사람들에게 영향력을 행사하는 경우가 그 예에 속한다. 반면, 번즈는 교환에는 가치관도 포함된다고 보았으며 이러한 가치관에는 정직, 공정, 책임, 호혜주의 등이 있다.

(2) 변화 주도적 리더십의 요소

① **이상적 영향력 혹은 카리스마**: 변화 주도적 리더는 매력 있는 비전과 사명을 선포함으로써 부하들이 리더를 존경하고 신뢰성을 가지며 자신감을 가지고 리더와 자신들을 동일시하도록 한다. 이러한 리더는 비전에 의하여 부하를 각성시키고 영감을 갖도록 한다.

② **영감주입(Inspiration)**: 카리스마적 동일시가 없어도 영감은 발생한다. 변화 주도적 리더는 공유목표와 무엇이 옳고 중요한지에 대한 상호 이해를 발표함으로써 부하들에게 영감을 제공한다. 또한 리더는 자극을 주는 이야기를 함으로써 부하들에게 낙관주의적 사고와 비전을 제시하고 미래에 대한 열정을 갖도록 한다.

③ **개별적 고려(Individualized Consideration)**: 이것은 리더가 부하의 발전욕구를 이해하고 공유함으로써 각각의 부하를 독특하게 다루는 것을 의미한다. 리더는 부하의 현재의 욕구충족 상태를 인식할 뿐만 아니라 잠재력 개발을 극대화하려는 시도를 한다. 변화 주도적 리더는 개인적 성장에 지원적인 조직문화를 개발한다.

④ **지적 자극(Intellectual Stimulation)**: 변화 주도적 리더는 부하의 아이디어와 가치관에 지적 자극을 가함으로써 문제를 새로운 각도에서 바라보도록 한다. 부하는 고무되어 자신의 신념, 가정, 가치관 등에 의문을 가지며 경우에 따라서 리더에게도 의문을 갖도록 한다. 창의성을 부양시키고 문제해결을

위해 직관과 논리적 방식을 갖도록 함으로써 부하의 미래문제에 대한 해결능력을 개발한다.

(3) 거래적 리더십과 변혁적 리더십의 비교

구분	거래적 리더십	변혁적 리더십
변화관	안정지향·현상유지, 폐쇄적, 소극적	변화지향, 개방체제적, 적극적
관리계층	하위관리층, 중간관리층	최고관리층
관리전략	리더와 부하 간 교환관계나 통제	영감과 비전제시에 의한 동기유발
	즉시적·가시적인 보상으로 동기부여	자아실현 같은 높은 수준의 장기적인 개인목표를 동경하도록 동기부여
행위표준	부하들이 명령·지시에 충실할 것을 의도	변환적이고 새로운 시도에 도전하도록 부하를 격려
문제해결	부하에게 문제를 해결하거나 해답을 찾을 수 있는 곳을 알려 줌	질문을 하여 부하 스스로 해결책을 찾도록 격려하거나 함께 일함
이념	능률지향 – 단기적인 효율성과 타산	적응지향 – 장기적인 효과와 가치의 창조
조직구조	기술구조(기술 위주)나 기계적 관료제에 적합	경계작용적 구조, 단순구조나 임시조직에 적합
리더십 사용	과소사용	리더십을 통해 고차원 욕구 활성화

개념더하기 거래적 리더십의 특징

- 조건적 보상: 노력에 대한 보상의 교환을 약속, 성과를 인식함
- 능동적인 예외적 관리: 규칙과 기준을 위반한 일탈자를 찾아 주의해서 보고 교정적 행동을 취함
- 수동적인 예외적 관리: 단지 기준을 충족시키지 못했을 경우에만 개입함
- 방임: 책임을 포기하고 의사결정을 회피함

---

2. 서번트 리더십(Servant Leadership)

(1) 의의: 서번트 리더십은 그린리프(Greenleaf)가 1970년에 헤세의 『동방순례(Journey to the East)』를 읽고 『리더로서의 하인(The Servant as Leader)』이라는 책을 출판하면서 정립된 이론이다. 그린리프는 '서번트 리더가 되기 위해서는 먼저 리더 자신이 서번트가 되어야 한다. 섬기고 싶다는 자연스런 느낌으로부터 시작해야 한다. 그 다음은 리드하고 싶은 열망을 일으키는 의식적 선택을 해야 한다. 서번트 리더인가에 대한 최고의 검증은 섬김을 받고 있는 사람들이 점점 더 건강해지고, 지혜로워지며, 자유로워지고, 자율적이 되어가는가? 즉, 섬김을 받고 있는 사람들도 서번트가 되어가고 있는가? 이다'라고 주장했다.

(2) 서번트 리더가 갖추어야 할 요건(Spears)

① 경청과 동정(감정이입) 그리고 치료: 경청은 단순히 다른 사람의 이야기를 듣는 것이 아니라 진지하게 귀 기울이는 것이다. 경청은 다른 사람의 시각에서 사안을 이해하는 감정이입을 가져오고 이를 통해 리더와 공동체 안의 사람들의 신뢰가 강화되게 한다. 그리고 리더의 경청과 진심어린 감정이입으로 조직원 개개인의 내면에선 잠재적인 치유가 일어난다. 이는 리더들이 부하의 입장에서 보고 느낄 수 있어야 함을 의미한다.

② 인지: 부하의 강약점을 관찰하여 알려준다.

③ 설득: 지위에 따른 권위보다도 설득을 통해 결정한다는 것이다. 설득은 강요와 달리 리더와 조직원이 의사결정에 주인의식을 갖고 동참한다는 장점이 있다.

④ **개념화와 예견**: 서번트 리더는 일상의 현실을 넘어 큰 비전을 형성하는 개념화에 대한 능력이 필요하다. 개념화는 조직을 위한 가장 바람직한 비전을 보다 명확히 판단하는 능력이라 할 수 있다. 예지력은 미래를 예측할 수 있는 능력인데 이는 개념화와 직접적인 관련이 있다.

⑤ **청지기 의식과 사람들의 성장에 관심을 기울이기**: 서번트 리더십에서 청지기(리더)는 업무에 대한 책임뿐 아니라 조직원의 복지에까지 책임을 느끼며 사람의 성장에 관심을 기울인다. 사람들의 성장에 관심을 기울인다는 것은 개인의 관심사를 이해하고, 의사결정과정에 조직원의 참여를 권장하며, 그들의 능력발전을 위하여 적극적으로 지원하는 것을 의미한다.

⑥ **협동**: 서번트 리더는 조직 내에 공동체를 건설하고 공동체 의식의 형성을 조장함으로써 조직 내의 불신을 극복하고 구성원들 간의 신뢰를 형성한다.

3. 카리스마적 리더십

(1) 의의: 카리스마적 리더십은 리더의 특출한 성격과 능력에 의하여 추종자들이 특별히 강한 헌신과 리더와의 일체화를 이끌어내는 리더십이다. 카리스마적 리더십의 핵심은 리더에 대한 추종자들의 개인적 일체화 그리고 헌신이다.

카리스마적 리더들은 초인적이거나 적어도 범인과 구별되는 특출한 능력을 가진 사람들이다. 카리스마적 리더들은 독특하고 강력한 성격과 비전의 힘으로 추종자들의 존경·신뢰·충성 그리고 헌신을 이끌어낼 수 있는 사람들이다.

(2) 카리스마적 리더의 행동요건: 뛰어난 비전, 개인적 위험의 감수, 관습에 얽매이지 않는 전략의 구사, 상황에 대한 정확한 평가, 부하들에 대한 계몽, 자신감의 전달, 개인적 권력의 활용, 사명감, 부하들에 대한 충성심의 고취 등

4. 커와 저미어(Kerr & Jermier)의 리더십 대체물 접근법

리더십의 중요성을 감소시키는 상황적 요소로서 리더십을 불필요하게 만드는 요인인 대체물과 리더십의 중요성을 감소시키는 중화물을 제시하고 있다.

요인	영향받는 리더의 행동	
	지시적 리더십(구조)	지원적 리더십(배려)
부하의 경험·능력·훈련	대체물	–
부하의 전문가적 지향	대체물	대체물
구조적·일상적·애매하지 않은 과업	대체물	–
과업에 의해 제공되는 환류	대체물	–
내적으로 만족되는 과업	–	대체물
응집력이 높은 집단	대체물	대체물
공식화(명백한 계획·목표·책임영역)	대체물	–
부하의 조직의 보상에 대한 관심	중화물	중화물
조직보상에 대한 리더의 통제 부족	중화물	중화물
리더와 부하 간의 공간적 거리	중화물	중화물

5. 그랜(Graen)과 댄소로우(Dansereau)의 수직적 쌍방관계 연결이론 → 리더·멤버 교환이론

(1) 의의: 리더는 모든 부하들을 동일하게 취급하지 않는다는 가정에 따라 리더와 부하 간에는 상이한 종류의 쌍방관계가 형성되기 때문에 리더십 연구는 그러한 쌍방관계에 초점을 두어야 한다고 주장한다.

① 내집단(In-Group): 리더는 자신이 신뢰하는 소수의 부하들과 내집단을 형성하여 그들과 특별한 관계를 맺는다. 일반적으로 이러한 내집단은 책임과 자율성이 있는 특별임무를 수행하며, 이에 따라 특권도 누린다.

② 외집단(Out-Group): 내집단에 속하지 않는 부하들을 외집단이라고 하며 리더와 함께하는 시간이 적고 리더의 관심을 적게 받는다.

(2) 결론

① 일반적으로 내집단의 구성원들이 외집단의 구성원들보다 근무성과와 만족도가 높다.

② 리더가 각각의 부하들과 내집단 또는 외집단으로 다르게 관계를 맺는 근거는 분명하지는 않지만 리더와 부하 간의 상호적합성과 부하의 능력에 따라 결정된다.

개념더하기 기타 리더십

1. **셀프 리더십(Self Leadership)과 슈퍼 리더십(Super Leadership)**
   포스트모던의 사회는 자신을 동기부여하여 과업을 성실히 수행하는 리더십이 중시된다. 즉, 조직구성원 누구나 리더로서의 기능을 수행해야 하는 네트워크화된 지능의 시대에는 스스로 문제를 발견하고 자기 자신을 동기화시켜 문제를 해결해나가는 셀프 리더십과 다른 사람들로 하여금 스스로를 리드하도록 사람들 내부의 셀프 리더십을 자극하고 활성화할 수 있는 슈퍼 리더십이 필요하다.

2. **문화적 리더십(Cultural Leadership) – 커닝햄(Cunningham)과 그레소(Gresso)**
   문화적 리더십은 문화와 의식을 통해 구성원들에게 수범을 보이는 성직자에서 나타나는 리더십을 의미한다. 문화적 리더는 규범과 가치, 신념 등의 강화를 통해 리더십을 행사한다.

3. **발전적 리더십**
   발전적 리더십은 항상 변동을 긍정적인 기회로 받아들이고 변동에 유리한 조건을 만드는 데 헌신하는 리더십이다. 이것은 조직개혁과 경쟁대비능력 향상이 직원(추종자)들의 손에 달려있다는 인식을 기초로 하는 리더십이다.
   발전적 리더십의 기본정신은 '종복의 정신(Servantship)'이다. 발전적 리더는 부하직원들을 상전처럼 받들 수 있는 사람이다. 발전적 리더는 부하직원들과 동고동락하고 자기 자신보다는 부하들의 필요를 우선시하는 사람이다. 추종자들을 신뢰할 수 있고 헌신적으로 일하려는 존재라고 생각하는 리더이다.

4. **촉매적 리더십**
   촉매적(觸媒的) 리더십은 정부부문의 리더십을 준거로 삼는 개념이다. 제프리(Jeffrey S. Luke)의 정의에 의하면 촉매적 리더십은 연관성이 높은 공공의 문제들을 다루는 데 촉매작용을 할 수 있는 리더십이다.

5. **분배된 리더십**
   분배된 리더십은 리더십의 책임을 단일의 명령계통에 집중시키지 않고 여러 사람에게 분배한 리더십이다. 분배된 리더십의 양태는 위임된 리더십, 공동의 리더십, 동료의 리더십 등 세 가지이다. 위임된 리더십은 대규모의 복잡한 조직에서 최고관리자들이 관리의 기능을 분담하여 수행하는 경우의 리더십이다. 공동의 리더십은 하나의 직위를 두 사람에게 맡겨서 한 사람은 임무지향적 역할을 수행하고 다른 한 사람은 인간관계지향적 역할을 수행하게 할 때의 리더십이다. 동료의 리더십은 대상집단의 구성원 전체에 리더십 기능을 분배하고 여러 사람이 동시에 리더의 자세로 활동하도록 할 때의 리더십이다.

6. **탭스코트(D. Tapscott)의 상호연계적 리더십(정보화 사회의 리더십)**
   탭스코트는 정보화 사회의 조직은 상호연계적 리더십의 발휘를 통해 다양한 개인들의 역량이 효과적으로 결합되어야 한다고 주장한다. 정보화 사회의 조직구성원은 각자가 복잡한 정보사회에 대한 이해를 바탕으로 한 명백하고 공유된 비전을 가져야 하고, 이를 위해 조직구성원 전체가 끊임없는 학습의지를 지녀야 하며, 조직구성원 누구나 리더로서의 기능을 수행해야 하는 네트워크화된 지능의 시대에 적절하고 효과적으로 기술을 사용하는 것은 획기적 변혁의 원동력이 된다고 주장한다.

1. 갈등의 의미

(1) 의미: 갈등은 목표의 양립 불가능성, 사실에 대한 해석의 차이, 행동기대의 불일치 등으로 인하여 발생하는 것으로 한 집단이 자신들이 관심 있는 어떤 것에 대하여 다른 집단이 부정적으로 생각하고 있다고 지각하는 것 때문에 발생하는 과정이다(갈등의 개념요소: 지각된 것, 반대, 양립 불가능성, 상호작용 등).

(2) 갈등관계에 있는 집단 특징

① 내집단(In-Group)과 외집단(Out-Group)의 구분이 뚜렷해진다.

② 일단 갈등이 인지되면 집단 내의 응집력은 강해진다.

③ 외집단의 구성원을 적으로 파악한다.

④ 위협을 받는 집단의 구성원은 우월성을 느끼며 자신의 능력과 위치를 과대평가한다.

⑤ 갈등에 처한 집단 관계는 의사소통의 양이 감소하며 의사소통을 하는 경우에도 적대적이거나 부정적이다.

⑥ 갈등에서 패배하면 집단응집력은 감소하고 구성원 간의 긴장이 증가되어 희생양을 찾아 비난하게 된다.

⑦ 갈등은 개인수준에서의 경향이 아니라 집단 간 상호작용의 산물이다.

(3) 갈등관(로빈스, Robbins)

① **인식부재론:** 인간이 기계부품으로 인식된 나머지 갈등에 대한 인식 자체가 전혀 없다(과학적 관리론, 고전적 조직이론).

② **전통적 관점(Traditional View) – 인간관계론:** 1930~1940년대의 집단행동을 보는 관점에서 비롯된 것이다. 갈등은 의사소통이 방해를 받고, 사람간의 개방성과 신뢰성이 부족하며 근로자들의 요구에 관리자들이 적절한 반응을 하지 못하여 발생하기 때문에 역기능적 결과를 초래한다고 본다.

③ **행태적 관점(Behavioral View) – 행정행태론:** 1940년대 후반에서 1970년대 중반까지 지배했던 입장으로, 갈등을 조직 내에 불가피하게 존재하는 자연스러운 현상으로 인식하고 조직관리자는 이를 적절히 해소해야 한다고 본다. 행태론자인 코저(Coser)는 갈등을 사회화의 한 형태로 파악하고, '어떤 집단도 전적으로 조화될 수는 없으며 조화와 부조화, 통합과 해체를 요한다. 갈등은 파괴적일 수만은 없으며 협력과 마찬가지로 나름대로의 사회적 기능을 지니고 있다'고 주장하였다. 행태적 관점은 갈등을 불가피한 것으로 받아들이지만 갈등관리에 있어서 갈등의 해소를 강조한다.

④ **교호(상호)작용론적 관점(Interactional View) – 갈등조장론:** 1970년대 후반부터 갈등에 대한 현대적인 관점인 상호작용주의적 견해는 갈등이 없는 조직이나 집단은 조화적이고, 평온하며, 조용하고, 협동적이며, 정태적이고, 무관심하며, 변화와 혁신에 반응하지 않는다고 본다. 상호작용주의적 관점에서는 조직의 변화와 혁신을 위해서는 갈등을 적절한 수준까지 조장해야 한다고 생각한다.

2. 갈등의 기능

(1) 순기능

① **창의력의 향상:** 창의력을 발휘하여 보다 참신한 아이디어를 제시할 수 있도록 하기 위해서는 개방적인 분위기 조성 → 개방적인 토론과정에서는 자유로운 태도가 허용되기 때문에 구성원들 상호 간의 비판이나 의견대립으로 인한 갈등을 피할 수 없게 된다.

② **좋은 의사결정:** 상호 간의 비판이나 대립을 통한 적당한 갈등은 이 경우에도 참여자들의 창의력을 고취시키는 데 도움이 되며, 나아가 의사결정의 질을 높이는 데 긍정적으로 기여하게 된다.

③ **응집성의 증가:** 외부로부터의 위협이 있게 되면 이는 집단의 지위와 구성원의 긍지에 대한 공동의 위협으로 간주되어 집단구성원 간의 응집성이 강화된다.

④ **능력의 새로운 평가:** 사람들은 보통 자기의 능력을 잘못 평가하는 경향이 있다. 그러나 일단 갈등을 겪고 난 다음에는 자신의 능력에 대하여 비교적 객관적인 평가를 내릴 수 있게 된다.

(2) 갈등의 역기능

① **목표달성 노력의 약화:** 자기의 목표만을 너무 고집하게 되면 갈등이 오래도록 지속되거나 극단적으로 발전하게 되는데, 이러한 상황에서 당사자들은 그들이 합심하여 달성해야 할 공동의 목표에 대해서는 관심을 기울일 수 없게 된다.

② **심리상태의 변화:** 갈등관계에 있는 당사자들은 항상 긴장해야 되며 심리적으로 초조하고 불안한 상태에 있게 된다.

③ **서비스 질의 저하**

3. 갈등의 유형

구분	유형	특징	
갈등주체(의사결정자) (Simon & March)	개인적 갈등	의사결정자 개인 – 비수락성, 비비교성, 불확실성	
	의사결정주체 간 갈등	조직적 갈등	조직 내집단 간 갈등 – 상하계층 또는 동일계층 간(계선과 참모)
		조직 간 갈등	상·하급기관 간, 중앙·지방정부 간, 부처 간
갈등의 성격 (L. R. Pondy)	협상적 갈등	이해당사자 간(예 노·사 임금협상의 갈등)	
	관료제적 갈등	상·하 계층 간	
	체제적 갈등	동일수준의 개인·집단 간	
조직에 미치는 영향 (L. R. Pondy)	마찰적 갈등	조직구조에 변화를 초래하지 않는 갈등	
	전략적 갈등	조직구조에 중대한 변화를 초래하는 갈등	
개인심리적 유인가 (Miller & Dollard)	접근 – 접근 갈등	두 가지 대안이 모두 긍정적 가치를 지닌 경우	
	회피 – 회피 갈등	두 가지 대안이 모두 부정적 가치를 가진 경우	
	접근 – 회피 갈등	한 가지 대안이 긍정적 가치와 부정적 가치를 함께 지닐 경우 선택 여부의 갈등	
조직에 미치는 영향	소모적 갈등	조직의 팀워크와 단결을 깨고 조직의 생산성을 저해하는 역기능적·파괴적 갈등	
	생산적 갈등	조직성과나 조직혁신에 도움을 주는 건설적 갈등	
갈등의 내용	수직적 갈등	• 조직의 상·하 계층 간에 발생하는 갈등 • 권한, 목표, 업무량, 근무조건, 보수, 노·사 간 갈등 등	
	수평적 갈등	• 동일 계층의 개인이나 부서 간에 발생하는 갈등 • 목표의 분업구조, 과업의 상호의존성, 자원의 제한 등	

구분	비수락성 (Unacceptability)	비비교성 (Incomparability)	불확실성 (Uncertainty)
원인	대안들이 만족기준을 충족시키지 못하여 선택에 곤란을 겪을 때 발생	최선의 대안이 어느 것인지 비교할 수 없어 선택에 곤란을 겪을 때 발생	각 대안이 초래할 결과를 알 수 없을 때 발생
해결 방안	• 새로운 대안 탐색 • 만족화 수준을 낮추는 방법	우선순위선정 기준 또는 비교기준의 명확화	• 미래 예측을 위한 과학적 분석 및 탐색활동 증가 • 정보수집

4. 갈등의 원인

(1) 의사소통

① 의사소통의 부족

② 훈련의 차이

③ 선택적 지각

④ 부적절한 정보

⑤ 전달경로의 여과나 왜곡

(2) 구조

① 개인 간, 집단 간의 직무요구가 상이하다.

② 집단의 규모가 크면 활동이 전문화될 가능성이 크고 따라서 갈등이 발생할 가능성이 많다.

③ 집단구성원의 근무기간이 길수록 갈등이 적어진다.

④ 책임이 명확하게 규정되어 있으면 갈등의 발생가능성이 적어진다.

⑤ 권한의 명백성이 적으면 집단 간의 투쟁이 커지고 따라서 갈등이 발생할 가능성이 크다.

⑥ 집단이 추구하는 목표가 상이하고 다양할수록 업적판단의 기준이 다르기 때문에 갈등이 발생한다.

⑦ 철저한 감독을 하는 리더십 스타일은 그렇지 않은 스타일에 비해 갈등을 야기할 가능성이 많다. 그러나 참여의 정도가 지나치면 갈등을 발생시킨다는 견해도 있다.

⑧ 한 구성원이 손해를 본만큼 다른 구성원이 득을 보는 상황에서는 보상시스템이 갈등의 원인이 된다 [제로섬 상황(Zero-Sum Situation)].

⑨ 업무의 상호의존성이 클수록 갈등가능성이 커진다.

(3) 개인적 변수

① 가치관 차이

② 의견 불일치

③ 획득한 보상에 대한 판단 차이

5. 갈등관리

갈등에 대한 현대적 관점은 갈등이 무조건 나쁘기 때문에 없어야 한다고 보지 않는다. 조직을 활력 있게 하기 위해서는 적절한 수준의 갈등을 유지해야 한다. 말하자면 기능적 갈등을 창조하는 것이다.

(1) 갈등의 해소전략

① 사이먼과 마치(Simon & March)의 갈등해결방안

분석적 · 합리적 방법	문제 해결	당사자 간 목표에 대해 기본적으로 합의된 경우, 당사자 간에 합리적이고 객관적인 정보나 자료를 수집하여 제시하고 쇄신적인 대안을 모색함으로써 갈등을 해결하는 것
	설득	하위목표에 대한 의견대립을 조정하는 방법으로 기본목표와 하위목표 간의 모순을 제거하고 일치성을 추구함으로써 갈등을 해결하는 것
비분석적 · 정치적 방법	협상	이해당사자 간 직접적인 양보와 획득에 의해 갈등을 해결하는 것
	정략	제3자(여론이나 대중의 지지 등)의 도움에 의존하여 갈등을 해결하는 것

② 토머스(Thomas)의 갈등관리모형: 갈등 당사자를 만족시켜 주려는 노력인 협력성(Cooperativeness)과, 자신의 관심사를 만족시키려는 노력인 단정성(Assertiveness)의 두 차원을 통해 다섯 가지의 갈등처리방식을 제시한다.

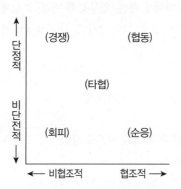

회피	비협조적이고 비독단적인 갈등처리 유형이다. 이것은 갈등은 존재하지만 그 상황에서 철회하거나 억누르는 것이다. 반대의견을 가진 상대방을 무시하거나 피한다.
경쟁	상대방을 압도하여 자기의 주장을 관철하려는 것으로 상대방이 자기 주장을 받아들이도록 강요하는 것이다. 갈등에 처한 한 개인이나 집단이 타인이나 타집단에 미치는 영향을 전혀 고려하지 않고 자신의 이익만을 만족시키려 할 때 경쟁이 발생한다.
순응	자신의 목적을 희생해서라도 상대방의 이해관계를 만족시키려는 유형이나, 당사자 간의 관계를 유지하기 위해 한 집단이 자기희생적인 상태를 기꺼이 선택하는 것이다.
타협	갈등에 처한 양 집단이 자신의 이해관계를 조금씩 포기한 유형이다. 이런 상황에서는 명백한 승자나 패자가 없다. 이 경우의 갈등해결은 양 집단 모두를 만족시키지 못한다.
협동	갈등에 처한 두 집단이 서로의 필요를 충족시키려고 하는 유형으로 협조를 통하여 서로 득이 되게 하려는 것이다. 여러 가지의 견해를 조정하기보다는 양자의 차이를 명백히 함으로써 문제를 해결하려고 한다. 원원전략(Win–Win)의 해결책을 추구한다.

③ 일반적인 갈등 해소 방안

㉠ 타협(Compromise): 대립된 주장의 부분적 양보를 통해 공동의 결정에 도달

㉡ 협상(Bargaining): 당사자 간 1 대 1의 직접적 교섭

㉢ 중재(Arbitration): 제3자의 중재

㉣ 정략(Politics): 기본목표나 이해관계조절을 위해 직접적인 갈등당사자 외에 제3자의 도움에 의존(여론이나 지지세력의 동원)

㉤ 아이디어에 의한 조정(Adjustment): 조직구성이 공감하는 아이디어를 통해 상호 간 목표와 가치 및 인식에 있어서 공통적 양해 도출

㉥ 완화(Smoothing): 대립적 의견이나 이해관계를 모호하게 하고, 공통적인 요인을 내세우려는 잠정적 해결책. 갈등당사자 간의 상이성·상충성은 덮어두고, 유사성이나 공동이익을 강조

㉦ 자원·시간의 증대: 희소자원 획득을 둘러싼 경쟁 완화

㉧ 강압, 상관의 명령: 계층적·공식적 권위를 이용한 조정

㉨ 갈등당사자 태도 개조: 갈등가능성 있는 인적 변수 조절 → 교육훈련(감수성훈련, 실험실훈련)

㉩ 구조적 요인의 개선: 인사교류, 조정담당직위·기구 신설, 이의제기제도, 갈등유발 조직단위의 합병(대국·대과주의, 지위체제 개편, 업무분배 변경, 보상체계 개편, 의사전달 촉진)

㉪ 기타: 회의·위원회에 의한 조정, OD·MBO 등 행태과학적 기법을 통한 태도변화, 리더십의 활용, 공동의 적 제시

(2) 갈등조장 전략

① 공식적·비공식적 의사전달통로의 의도적 변경

② 경쟁의 조성

③ 조직 내 계층 수 및 조직단위 수 확대와 의존도 강화

④ 계선조직과 막료조직의 활용

⑤ 정보전달의 통제(정보량 조절: 정보전달억제나 과잉노출)

⑥ 의사결정권의 재분배

⑦ 기존구성원과 상이한 특성을 지닌 새로운 구성원의 투입(구성원의 유동), 직위 간 관계의 재설정

개념더하기 ▶ 협상의 전략

1. 분배적 협상

이것은 자원이 한정되어 있고 승-패의 상황에서 취할 수 있는 협상전략이다. 물건을 사고 파는 과정에서 발생하는 협상이 그 예이다. 한 쪽이 손해를 보면 상대방은 그만큼의 득을 보고 그 손해와 득을 합하면 영이 되는 제로섬적인 것이다. 사용자와 노동조합의 협상도 대부분 이에 속한다. 노동조합의 요구사항은 사용자의 입장에서는 대부분 비용을 수반하는 것이기 때문이다.

2. 통합적 협상

이 전략은 승-승의 게임이 가능한 상황에서 발생한다. 이 협상은 끝난 뒤 양자가 모두 승리감을 맛보며 협상 테이블을 떠난다. 외상대금을 잘 갚지 않는 대리점 주인과 이것을 정리하려는 회사의 판매 관리자 간의 통합적 협상을 예로 들면, 회사는 대리점의 은행보증을 조건으로 제품을 계속 공급하는 것이다.

1 권력

1. 의의

권력이란 '상대방의 행동을 자신이 의도하는 방향으로 조종하고 움직이게 할 수 있는, 즉 영향을 미칠 수 있는 능력 또는 잠재력'이라고 할 수 있다.

2. 권력의 특징

(1) 권력은 두 사람 이상의 상호 간의 관계에서만 존재한다.

(2) 권력은 상대방의 저항을 극복하고 그들로 하여금 권력의 작용이 없었다면 하지 않을 일을 권력을 행사하는 사람의 의지대로 하게 할 수 있는 힘이다.

(3) 권력은 상황특정적이다.

(4) 권력관계는 동태적이며 가변적인 것이다.

[권한, 권력, 리더십, 영향력의 관계]

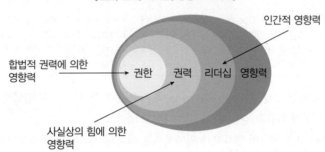

3 권력의 원천

(1) 조직 내부: 지식, 응집력, 리더십, 공식적 지위, 경력, 준거, 개인적 연계

(2) 조직 외부: 조직에 대한 환경의 지지, 고객집단의 규모와 범위, 행정기관에 대한 국회의 지지

(3) 권력의 확보전략: 객관적 기준의 선택적 사용, 외부전문가의 영입, 무의사결정(Non-Decision Making), 연합형성, 적응적 흡수(Cooptation), 위원회제도

4. 권력의 유형

(1) 권력의 원천에 따른 구분 – 프렌치(French)와 레이븐(Raven): 권력의 기초를 보상성(Reward), 강요성(Coercion), 준거성(Reference) 및 전문성(Expertise)에 두고, 여기에서 파생되는 권력을 각각 보상적 권력, 강요적 권력, 준거적 권력 및 전문가적 권력이라고 부른다.

권력의 원천	의의	특징	권력행사에 대한 반응
준거적 권력	리더의 개인적인 성격특성에 기반을 둔 권력이다. 이것은 복종자가 자기 행동의 모형을 권력행사자로부터 찾으려고 할 때에 성립한다.	• 부하에 대한 공정한 대우 • 부하들의 이익보호 • 부하들의 욕구와 감정에 민감하게 대처 • 역할모형화 시도	몰입가능성 높음
전문적 권력	전문적 권력(Expert Power)은 리더가 가지고 있는 전문적인 기술 및 지식에 기반을 둔 권력이다.	• 전문가적 이미지 증진 • 전문성에 관한 신뢰의 계속적 유지 • 결단력 있고 자신있게 행동 • 지속적인 정보수집 • 부하들의 관심사 파악	몰입가능성 높음
정통적 권력 (합법적 권력)	정통적 권력(Legitimate Power)은 권력행사의 상대방이 권력행사 주체의 영향력 행사권을 인정하고 그에 추종해야 할 의무가 있다고 생각하는 것을 바탕으로 하는 권력을 말한다.	• 예의 바르고 성의 있게 지시 • 자신감 있게 지시 • 권력을 규칙적으로 행사 • 복종을 강조 • 적절한 명령계통을 통해 지시 • 부하들의 관심사에 민감하게 대처	복종가능성 높음
보상적 권력	상대방이 가치 있다고 생각하는 보상을 줄 수 있는 능력에 근거를 둔 권력	• 합리적이고 실행가능성 있는 지시 • 윤리적이고 적절한 지시 • 부하들에게 바람직한 보상을 제공	복종가능성 높음
강압적 권력	강압적 권력(Coercive Power)은 공포에 기반을 둔 권력이다. 이것은 권력행사가 상대방을 처벌할 수 있을 때에 생기는 권력을 말한다.	• 부하에게 조직 내의 규정과 벌칙을 고지 • 처벌하기 전에 경고 • 처벌은 일관성 있고 일률적으로 시행 • 처벌에 대한 신뢰성 유지	저항가능성 높음

(2) 올슨의 분류: 권력의 유형(Types of Power)을 사용된 자원의 성질과, 권력행사자의 의도성이라는 두 가지 기준에 의하여 다음과 같은 네 가지로 나누고 있다.

① **힘(Force)**: 이것은 권력의 행사자가 의도적으로 권력행사를 위한 자원을 투입하고자 할 때에 성립한다. 힘은 다시 세 가지로 나뉘어서, 유인(Inducement) 또는 보상(Compensation), 제약(Constraint) 또는 박탈(Deprivation), 설득(Persuasion) 또는 확신(Convincement) 등으로 구분된다.

② **지배(Dominance)**: 이것은 조직의 구성원이 자기의 원래 활동이나 역할을 효과적으로 하면 생기게 되는 권력을 말한다.

③ **권력형태로의 권위(Authority)**: 이것은 명령을 받는 사람 속에서 권위행사자에게 정통성을 부여할 때에 성립하는 것이다.

④ **매력(Attraction)**: 이 권력은 권력행사자가 상대방에게 매력이 있어야 된다.

(3) 에치오니(Etzioni)의 권력분류

① **강제적 권력(Coercive Power)**: 육체적 징벌이나 징벌의 위협, 행위의 제한을 통하여 좌절감을 가지게 하거나, 음식 · 성 · 안일 등과 같은 욕망충족을 강제적으로 규제하는 등 물리적 · 육체적 강압을 주요 통제수단으로 함으로써 얻어지는 권력을 말한다.

② **보수적 권력(Remunerative Power)**: 물질적 자원과 보수(급료 · 이익배당 · 용역과 재화의 배분)를 통제수단으로 함으로써 얻어지는 권력을 말한다.

③ **규범적 권력(Normative Power)**: 위신 · 존경 · 애정 · 관용과 같은 사회적 상징을 조작 · 통제함으로써 얻어지는 권력을 말한다.

(4) 직위권력과 개인권력

① **직위권력**: 사람과는 관계없이 그 직위 자체로 인해 부여받은 권력을 의미한다. 직위권력은 직권력 및 합법적 권력과 연관되며 권한과 유사하다.

② **개인권력**: 직위와 관계없이 그 개인 자체로 인해 발생하는 권력을 의미하며, 리더십 및 준거적 권력과 연관된다.

③ **직위권력과 개인권력의 상호작용**: 직위권력과 개인권력 모두를 갖고 있는 구성원은 전체권력이 가장 강하지만 직위권력과 개인권력이 모두 낮은 상태의 구성원은 전체권력이 가장 약한 상태이다. 또한 두 가지 권력 중 하나의 권력은 많지만 다른 권력을 적게 가진 구성원은 중간 정도의 전체권력을 갖게 된다.

2 권위(Authority)

1. 의의

(1) 개념: 권위는 정당성이 부여된 제도화된 권력으로서 조직구성원들에게 일반적으로 수용되는 권력을 의미한다.

(2) 권위의 특징

① **정당성**: 권위는 정당성이 부여된 권력이지만, 권력은 정당성이 없는 경우도 있음

② **자발성**: 복종은 수용자의 자유의사에 따름(권력은 상대방 의사와 무관하게 발생)

③ **사회성**: 개인적 속성이 아니라, 상대방의 존재를 전제로 한 사회적 관계

④ 타인의 행태를 결정하며, 리더십 발휘의 성공요건이 됨

2. 본질

(1) 하향적 권위설(명령권리설): 고전적 조직이론은 부하들의 심리적 수용과는 관계없이 권위를 상관이 부하에게 명령할 수 있는 권리(Right-to-Command)로 파악 → 권위의 기계적 · 형식적 측면 강조

(2) 상향적 권위설(수용권설): 인간관계론 및 행태론에서의 권위는 상관의 계층제적 직위와는 상관없이 상관의 권위에 대한 부하의 수용(Acceptance)정도에 따라 좌우됨 → 권위의 실질적 · 실효적 측면 강조

3. 권위의 기능

(1) 권위는 상의하달, 정당성의 부여, 부하에게 유인 제공 등의 기능을 하지만, 권위자체를 복석시키거나 적절한 동기부여 없이 일방적으로 권위만을 강조할 경우 하의상달 곤란과 상하 간의 갈등, 행정성과의 저하, 행정의 형식화, 권위주의가 초래됨

(2) 의사결정의 전문성 확보: 권력보다 권위에 의한 행정이 합리성 · 효율성이 높은 의사결정을 가능케 함

(3) 조직단위의 활동 조정: 조직의 공동목표달성을 위해 공헌하도록 조직구성원을 통합시키고, 조직단위활동을 일관성 있게 전체적으로 조정하여 결정기능의 집중화가 가능

(4) 규범준수와 개인적 책임의 이행 확보

4. 권위의 수용

(1) 권위수용의 변수

① 인간관계 · 충성심 · 일체감 · 심리적 친밀감

② 윤리적 신념(신뢰성)

③ 보수 · 지위 · 위신(보상성 · 처벌성)

④ 경력 · 전문기술(전문성)

⑤ 개인적 친분

(2) 버나드(C. I. Barnard)의 무관심권과 사이먼(H. A. Simon)의 수용권

비교	무차별권(무관심권; Zone of indifference) – 버나드	수용권(Zone of acceptance) – 사이먼
권위	상관의 의사전달을 수용하게 하는 능력	상관의 의사결정을 따르도록 하는 힘
권위 도달의 형태	버나드는 조직의 명령을 수용성의 정도에 따라 구분하였다. ① 상관의 명령이 부하에게 명백히 수용되지 않는 경우 ② 수용도, 불수용도 아닌 중립적인 경우 ③ 아무런 이유 없이 수용되는 경우 그중 ③을 무차별권(부하가 상관의 권위를 의심하지 않고 상관의 명령을 받아들이는 한계)으로 파악한다.	특정 개인이 타인의 의사결정에 따르는 경우를 구분하였다. ① 타인의 의사결정에 대해 의사결정의 장단점을 검토하여 장점에 대해 확신을 가지는 경우 ② 의사결정의 장단점을 충분히 검토해 보지 않고 따르는 경우 ③ 의사결정이 잘못되었다는 것을 확신하면서도 따르는 경우 그중 ②, ③의 경우가 권위의 수용권에 해당한다고 보았다.
권위 수용의 범위와 특징	• 조직목표가 정당하고 명확하며 조직계층수가 적을 경우 무차별권은 확대되고, 현실적 목표에 대해 의견대립이 있고 조직계층수가 많은 경우 무차별권이 축소됨 • 권위의 실질적 성격과 상향적 권위에 중점 • 한계: 권위가 수용되는 사회적 · 심리적 원인을 규명하지 못함	• 공식적 권위라도 수용권 내에 들지 못하면 실효성이 없음 • 자아의식이 강하고 교육수준이 높을수록 수용권은 좁아짐 • 결정을 전체적으로 고찰하여, 권위의 수용범위를 예측할 수 있음
차이	명령 수용 이전의 논리적 구별	명령이 수용된 후 수용 이유의 구별

5. 권위의 유형

(1) 베버(Weber)의 분류 – 정당성의 근거에 따른 분류

① **전통적 권위**: 지배의 정당성을 전통이나 지배자의 권력에 두는 권위로 가산적 관료제에서 나타난다.

② **카리스마적 권위**: 지배의 정당성을 지배자 개인의 초월적 자질이나 능력에 두는 권위로 지도자가 사라지면 조직의 혼란이 발생한다. 보통 카리스마적 권위가 상실될 때는 전통적 권위나 법적 권위형태로 변화된다.

③ **합법적 권위**: 정당성의 근거를 법에 두는 권위를 의미하며 근대관료제에서 나타난다.

(2) 사이먼(Simon)의 분류 – 권위 수용의 근거에 따른 기준

① **정통적 권위**: 복종이 규범적 · 윤리적으로 정당하다는 신념(규칙, 절차)

② **제재(격려)의 권위**: 소극적 제재(불리: 해임 · 징계), 적극적 보상(유리: 승진 · 승급)의 행사능력, 부하 또는 외부인사도 가질 수 있음(예 부하의 태업행위)

③ **동일화의 권위**: 집단 · 인물에의 소속감, 일체감(일체화의 권위)

④ **신뢰의 권위**: 권위수용의 심리적 동기가 신뢰를 바탕으로 형성

(3) 행정적(관료제적) 권위와 전문적(기술적) 권위

① 행정적 권위(Administrative Authority) = 계층제적 권위: 행정조직 구성원의 의무·활동을 조정·통합하여 조직목적에 부합하게 하고 각 부문 간 조정역할을 수행하는 힘

② 전문적 권위(Professional Authority) = 기능적 권위: 행정전문화 경향에 따라 특정분야의 전문지식, 기술, 경험에 기반을 둔 영향력

06 의사전달, 행정 PR

1 의사전달

1. 의의

(1) 개념: 복수의 행위주체가 정보를 상호 교환하여 의미를 공유하는 쌍방적 상호교류과정이다.

(2) 구성요소: 발신자, 수신자, 전달내용, 통로, 수단, 의도상의 효과

(3) 의사전달에 대한 이론의 변천

① 고전적 조직이론: 의사전달을 소홀히 하여 조직원리나 주요활동에 포함시키지 않음. 계층제 원리 속에 암시된 공식적·상의하달적(하향적) 의사전달만 인식

② 인간관계론·행태론: 버나드, 시몬, 마치 등에 의해 하의상달, 비공식조직의 의사전달 등 의사전달 전반에 걸쳐 관심 표명

③ 현대조직이론: 정책결정을 포함한 모든 의사결정에 있어서 그 내용과 방법에 중요한 영향을 미치는 요인으로서 파악되며, 정부와 국민 간의 의사전달이라 할 수 있는 공공관계(행정 PR)로까지 그 영역이 확대됨

2. 의사전달의 유형

(1) 공식성 유무에 따른 유형

① 공식적 의사전달: 공식조직 내에서 계층제적 경로와 과정을 거쳐 공식적으로 행해지는 의사전달을 의미하며 고전적 조직론에서 강조한다.

⑩ 비공식적 의사전달: 계층제나 공식적인 직책을 떠나 조직구성원 간의 친분·상호신뢰와 현실적인 인간관계 등을 통하여 이루어지는 의사전달을 의미한다.

비공식 의사전달의 장점과 단점(반대로 해석하면 공식적 의사전달의 장·단점)

1. 장점
   (1) 형식에 구애되지 않아 신속성, 융통성, 적응성이 높음
   (2) 구성원의 긴장·소외감 해소, 개인적 욕구 충족
   (3) 배후사정까지 자세히 전달
   (4) 공식적 의사전달 보완
   (5) 관리자에 대한 조언 역할
   (6) 구성원 간 행동의 통일성 확보

2. 단점
   (1) 수직적 계층 하에서 상관의 공식적 권위 손상
   (2) 공식적 의사전달기능을 마비시킴
   (3) 책임소재의 불분명
   (4) 개인적 목표에 역이용, 목표의 전환 가능

(2) 방향과 흐름에 따른 유형

① 상의하달: 고전적 조직에서 중시하는 하향적 의사전달[명령(구두명령, 문서명령), 일반정보(기관지, 편람, 예규집, 구내방송, 게시판, 행정백서)]
② 하의상달: 상향적 의사전달(보고, 품의, 의견조사, 제안, 면접, 고충심사, 결재제도)
③ 횡적 의사전달: 수평적 의사전달(사전심사, 사후통지, 회람·공람, 회의, 위원회, 레크리에이션)
④ 대각선적 의사전달: 서로 다른 수준과 다른 집단에 속한 개인 간 의사전달

3. 의사전달의 기능과 원칙

(1) 의사전달의 기능

① 조정수단
② 의사결정·정책결정의 합리화
③ 조직통솔(리더십 발휘)수단
④ 사기앙양과 참여촉진

(2) 의사전달의 원칙

① **명료성의 원칙**: 이해하기 쉽게 명확하고, 평범한 언어를 사용해야 한다.
② **일관성의 원칙**: 전달내용 간에 모순이 없도록 해야 한다.
③ **적시성의 원칙**: 적절한 시기와 시간을 맞추어야 한다.
④ **적량성의 원칙**: 전달되는 정보의 양은 책임도와 활용도에 따라 조정되어야 한다.
⑤ **분포성의 원칙**: 의사전달은 조직 전체에 적절히 배포되어야 한다.
⑥ **적응성과 통일성의 원칙**: 융통성과 신축성을 지녀야 함과 동시에 조직 전체의 입장에서 통일성을 확보해야 한다.
⑦ **관심과 수용의 원칙**: 수신자 측에서 관심과 수용이 이루어질 때 보다 충분히 이루어질 수 있다.

4. 의사전달 과정과 의사전달망

(1) 과정: 의사전달은 발신자가 정보를 발신함으로써 시작되며 수신자가 인지 및 해독하고 다시 환류시키는 것으로 한 순환주기를 이룬다.

① 발신자 → ② 코드화* → ③ 통로 → ④ 수신자 → ⑤ 해독 → ⑥ 환류

(2) 의사전달망(네트워크)

① 의의: 의사전달 네트워크란 조직 구성원들 간에 이루어지고 있는 의사전달의 반복적인 상호작용의 패턴을 의미한다.

② 의사전달망의 유형 – 바벨라스(Bavelas)

형태		신속성	모호한 상황에의 대응도	중심적 위치	중심도	만족도	의사전달의 왜곡
기계구조, 권위형 집중도 높음	윤형	빠름	낮음(단순·일상적 업무에 적합)	있음	가장 높음	낮음	중간
	Y형	빠름	낮음		높음		중간
	연쇄형	빠름	낮음		높음		가장 심함
유기구조, 민주형 개방도 높음	원형	느림	높음	없음	낮음	높음	중간 이상
	개방형		높음(복잡·불확실한 업무에 적합)		가장 낮음		가장 약함

③ 의사전달망의 개방도와 집중도

㉠ 개방도: 의사전달의 채널수를 의미하며 원형·연쇄형(선형)일수록 개방도가 높다. 개방도가 높으면, 정보의 양이 풍부해진다.

㉡ 집중도(중심도): 정보의 독점도를 의미하며 윤형·Y형·연쇄형(선형)일수록 집중도가 높다.

㉢ 개방도·집중도의 특성: 개방도와 집중도는 의사전달채널의 수와 관련된 것으로, 반비례 관계이다.

5. 의사전달의 저해요인과 촉진방안

(1) 전달자와 피전달자 측면

저해요인	촉진방안
• 가치관·사고방식의 차이 • 지위상의 차이 • 전달자의 의식적 제한 • 전달자의 자기방어 • 원만하지 못한 인간관계로 인한 수용거부	• 상호접촉 촉진(공동교육훈련, 인사교류, 회의, 토론) • 대인관계 개선, 개방적 분위기 조성 • 하의상달의 활성화(권위주의적 행정행태 개선)

---

* 코드화
발신자가 전달하고자 하는 생각이나 정보, 감정 등을 언어, 몸짓, 기호 등 특정 형태로 변환시키는 과정을 말한다.

(2) 전달수단 및 매개체

저해요인	촉진방안
• 정보과다 • 정보의 유실과 불충분 • 매체의 불완전성 • 다른 업무의 압박 • 지리적 거리 • 환류의 봉쇄	• 매체의 정밀성 · 정확성 제고 　– 언어 · 문자의 정확화, 약호화 · 계량화 • 행정정보체계(PMIS), 전자정부 확립 • 의사전달의 반복과 환류 메커니즘 확립 • 정보통로 · 채널의 다양화 · 다원화

(3) 조직구조 측면

저해요인	촉진방안
• 집권적 계층구조 • 할거주의, 전문화 • 비공식적 의사전달의 역기능 • 정보전달채널의 부족	• 계층제의 완화 • 분권화 • 정보의 분산 • 전문화의 한계 극복

2 행정 PR(공공관계, Public Relation)

1. 의의

(1) 개념: 행정에 대한 일반국민의 태도를 평가하고 이에 근거하여 정부의 정책 · 절차를 국민의 의사에 합치시켜 국민의 이해와 수용을 얻기 위한 활동계획을 수행하는 관리기능을 의미한다.

(2) 행정 PR의 과정

① **정보투입과정(공청기능, Input)**: 공청기능을 통해 문제와 민의(民意)를 파악

② **전환과정**: 일단 파악된 민의에 따라 국민의 신뢰와 이해 · 지지를 얻을 수 있는 방안 강구

③ **정보산출과정(공보, Output)**: 국민에게 공보 · 홍보기능을 수행하는 과정으로 행정 PR이 의도하는 목적에 따라 다양한 방법으로 정보를 산출

④ **환류과정(Feedback)**: 정책 · 정부활동에 대한 국민의 반응을 지속적으로 파악 · 분석 · 평가하여 투입 · 산출을 매개

2. 기능

(1) 주지(국민지지 획득)기능: 신임확보기능, 국가의 시책 · 성과를 국민에게 알려 이해와 협조 유도

(2) 방어기능: 국회 · 언론 · 정당 · 이익단체들의 국가시책에 대한 공격 · 비판 중화

(3) 안정기능: 위기 시 민심을 수습하고 대중의 욕구불만을 해소

(4) 중개기능: 정부 입장을 천명하고 국민의 여론을 집약

(5) 교육기능: 국민의 가치관, 행태, 지적 능력을 보다 바람직한 방향으로 향상

(6) 적응기능: 급변하는 환경에 즉각 대응할 수 있는 행태변화의 유도

3. 행정 PR의 성격

(1) 성격
① 수평성: 정부와 국민이 대등한 관계에서 상호 이해와 협력을 증진하기 위한 과정
② 교류성: 공청과 공보
③ 의무성: 행정 PR은 국민의 알권리 충족 차원에서 의무성을 전제로 함
④ 객관성(진실성): 객관적 사실만을 전달
⑤ 교육성(계몽성): 행정 PR은 국민에 대해서 계몽적 교육의 성격을 지님
⑥ 공익성: 집권당의 홍보나 여론을 호소할 목적으로 사용되어서는 안 되며, 공익과 일치되어야 함

(2) 유사개념과 비교
① 의사전달과의 차이: 의사전달은 구성원 간의 의견교류. 행정 PR은 국민과 행정 간의 의견교류
② 선전과의 차이

구분	행정 PR	선전(Propaganda)
목적	공익, 쌍방적 이익	사익, 혹은 일방적 이익
방법	사실의 전달(합리적 이성에 호소)	감정에 호소
성질	수평성 · 상호교류성 · 객관성 · 의무성	수직성 · 일방성
요구주체	정부 · 지방자치단체	기업
객체(대상)	국민(공중)	소비자
공통점	상대방의 동의와 협력을 얻기 위한 기술의 활용	

4. 행정 PR의 필요성(순기능)과 문제점

(1) 필요성
① 국민과 정부 간의 신뢰관계 및 협력관계 형성
② 정부활동에 대한 국민의 지지와 이해 · 협조 획득
③ 행정의 민주화 · 합리화의 조화
④ 민주주의의 요청(국민의 알 권리 충족)
⑤ 다수인의 의견반영으로 정책의 공익성 · 객관성 확보
⑥ 행정수요를 파악하여 행정에의 민의 반영
⑦ 정부업적에 대한 과시욕구 충족을 통한 공무원의 사기 진작
⑧ 국민형성 촉진

(2) 우리나라 행정 PR의 문제점
① 화재경보적 PR: 임시방편적 · 즉흥적 · 단기적 · 사후적 행정 PR
② 공청기능 · 정보투입기능 무시: 국민의 참여제도 미흡
　㉠ 쌍방적 의사소통채널 미비
　㉡ DAD(Decide-Announce-Defense): '전격결정 – 발표 – 방어' 형식
③ 행정 PR에 대한 불신: 권위주의 시대의 잔재로 행정 PR에 대한 시민의 불신이 강함
④ 정권유지중심적 PR, 선정적 PR: 주로 정권 유지 · 강화를 위한 공보행정
⑤ 지나친 국가기밀의 강조: 안보상 · 외교상의 정보 등 기밀을 요하는 정보에 대한 지나친 강조로 행정 PR이 제약된다(정보 은폐).

⑥ 지역조건이나 특수성을 무시한 획일적 홍보
⑦ 행정 PR에 대한 인식부족(정보의 진실성 · 객관성 경시)
⑧ 행정 PR기관의 전문성 부족
⑨ 언론 · 매스컴을 통한 여론조작 · 상징조작 차원의 행정 PR
⑩ **국민의 무기력화:** 미디어의 암시와 조작에 의한 일방적인 행정 PR은 국민을 자율성이 상실된 무기력한 대중으로 전락시킬 우려가 있다.

개념더하기 ▶ 행정정보 공개

1. 정보공개의 의의
   (1) 광의: 공공기관이 보유하고 있는 정보를 외부인에게 공개하는 일체의 행위(능동적)
   (2) 협의: 국민이나 주민의 청구에 의한 의무적인 정보공개. 공공기관이 보유한 정보에 대해 국민으로부터 청구가 있는 경우 당해 정보를 청구자에게 의무적으로 공개하도록 하는 제도(수동적)
   (3) 정보공개의 목적 · 필요성: 정보공개의 목적은 국민의 알권리 충족, 국정운영의 투명성 확보와 행정통제, 국민의 국정참여보장, 행정의 부패방지, 행정개혁 촉진 등이다.
   (4) 제도 연혁
      ① 1992년 지방자치단체(청주시)에서 최초로 행정정보 공개 조례를 제정
      ② 중앙정부에서는 1996년 공공기관의 정보공개에 관한 법률이 제정됨
   (5) 외국의 행정정보공개제도
      ① 스웨덴: 출판의 자유에 관한 기본법(1766)
      ② 미국: 정보자유법(1966)
      ③ 프랑스: 행정문서의 접근의 자유(1978)
      ④ 독일: 정보공개법(2006)

2. 공공기관의 정보공개에 관한 법률의 주요 내용
   (1) 총칙
      ① 목적(제1조): 이 법은 공공기관이 보유 · 관리하는 정보에 대한 국민의 공개 청구 및 공공기관의 공개 의무에 관하여 필요한 사항을 정함으로써 국민의 알권리를 보장하고 국정(國政)에 대한 국민의 참여와 국정 운영의 투명성을 확보함을 목적으로 한다.
      ② 정보공개의 원칙(제3조): 공공기관이 보유 · 관리하는 정보는 국민의 알권리 보장 등을 위하여 이 법에서 정하는 바에 따라 적극적으로 공개하여야 한다.
      ③ 적용범위(제4조)
         ㉠ 정보공개에 관한 일반법으로서의 지위
            • 정보의 공개에 관하여는 다른 법률에 특별한 규정이 있는 경우를 제외하고는 이 법에서 정하는 바에 따른다.
            • 지방자치단체는 그 소관 사무에 관하여 법령의 범위에서 정보공개에 관한 조례를 정할 수 있다.
         ㉡ 적용제외: 국가안전보장에 관련되는 정보 및 보안 업무를 관장하는 기관에서 국가안전보장과 관련된 정보의 분석을 목적으로 수집하거나 작성한 정보에 대하여는 이 법을 적용하지 아니한다.
   (2) 정보공개청구권자와 공공기관의 의무
      ① 정보공개청구권자(국민, 외국인도 가능, 제5조)
         ㉠ 모든 국민: 모든 국민은 정보의 공개를 청구할 권리를 가진다. 이해관계인에 한정하지 않으며, '모든 국민'에는 자연인뿐만 아니라 법인 및 법인격 없는 단체도 포함되고 이 경우 설립목적을 불문한다. 따라서 시민단체 등에 의한 행정감시를 목적으로 하는 정보공개청구도 가능하다. 지방자치단체는 정보공개법 제5조에서 정한 정보공개청구권자인 '국민'에 포함되지 아니한다.
         ㉡ 외국인(가능): 외국인의 정보공개 청구에 관하여는 대통령령으로 정한다.
            • 국내에 일정한 주소를 두고 거주하거나 학술 · 연구를 위하여 일시적으로 체류하는 사람
            • 국내에 사무소를 두고 있는 법인 또는 단체

(3) 정의(제2조)
① 개설
 ㉠ 정보공개
  • '정보'란 공공기관이 직무상 작성 또는 취득하여 관리하고 있는 문서(전자문서를 포함한다. 이하 같다) · 도면 · 사진 · 필름 · 테이프 · 슬라이드 및 그 밖에 이에 준하는 매체 등에 기록된 사항을 말한다.
  • '공개'란 공공기관이 이 법에 따라 정보를 열람하게 하거나 그 사본 · 복제물을 제공하는 것
 ㉡ 공공기관
  • 국가기관: 국회, 법원, 헌법재판소, 중앙선거관리위원회, 중앙행정기관(대통령 소속기관과 국무총리 소속기관을 포함한다) 및 그 소속기관, 행정기관 소속 위원회의 설치 · 운영에 관한 법률에 따른 위원회
  • 지방자치단체
  • 공공기관의 운영에 관한 법률 제2조에 따른 공공기관
  • 그 밖에 대통령령으로 정하는 기관

> **공공기관의 정보공개에 관한 법률 시행령 제2조(공공기관의 범위)**
> 공공기관의 정보공개에 관한 법률(이하 '법'이라 한다) 제2조 제3호 라목에서 '대통령령으로 정하는 기관'이란 다음 각 호의 기관 또는 단체를 말한다.
> 1. 유아교육법, 초 · 중등교육법, 고등교육법에 따른 각급 학교 또는 그 밖의 다른 법률에 따라 설치된 학교
> 2. 삭제(2021.6.22)
> 3. 지방자치단체 출자 · 출연 기관의 운영에 관한 법률 제2조 제1항에 따른 출자기관 및 출연기관
> 4. 특별법에 따라 설립된 특수법인
> 5. 사회복지사업법 제42조 제1항에 따라 국가나 지방자치단체로부터 보조금을 받는 사회복지법인과 사회복지사업을 하는 비영리법인(이하 생략)

② 공개대상정보
 ㉠ '공공기관이 보유 · 관리하는 정보'이다.
 ㉡ 이 경우 그 문서 등이 반드시 원본일 필요는 없고 사본도 해당된다.
 ㉢ 대상정보가 폐기되었거나 공공기관이 더 이상 그 정보를 보유 · 관리하지 않게 된 경우에는 공개를 청구할 수 없다.
 ㉣ 공공기관이 사경제의 주체라는 지위에서 행한 사업과 관련된 정보라도 정보공개법의 적용대상인 정보에 포함된다.
③ 비공개대상정보(제9조)

> ① 공공기관이 보유 · 관리하는 정보는 공개대상이 된다. 다만, 다음 각호의 어느 하나에 해당하는 정보는 공개하지 아니할 수 있다.
> 1. 다른 법률 또는 법률에서 위임한 명령(국회규칙 · 대법원규칙 · 헌법재판소규칙 · 중앙선거관리위원회규칙, 대통령령 및 조례로 한정한다)에 따라 비밀이나 비공개 사항으로 규정된 정보
> 2. 국가안전보장 · 국방 · 통일 · 외교관계 등에 관한 사항으로서 공개될 경우 국가의 중대한 이익을 현저히 해칠 우려가 있다고 인정되는 정보
> 3. 공개될 경우 국민의 생명 · 신체 및 재산의 보호에 현저한 지장을 초래할 우려가 있다고 인정되는 정보
> 4. 진행 중인 재판에 관련된 정보와 범죄의 예방, 수사, 공소의 제기 및 유지, 형의 집행, 교정(矯正), 보안처분에 관한 사항으로서 공개될 경우 그 직무수행을 현저히 곤란하게 하거나 형사피고인의 공정한 재판을 받을 권리를 침해한다고 인정할 만한 상당한 이유가 있는 정보
> 5. 감사 · 감독 · 검사 · 시험 · 규제 · 입찰계약 · 기술개발 · 인사관리에 관한 사항이나 의사결정 과정 또는 내부검토 과정에 있는 사항 등으로서 공개될 경우 업무의 공정한 수행이나 연구 · 개발에 현저한 지장을 초래한다고 인정할 만한 상당한 이유가 있는 정보. 다만, 의사결정 과정 또는 내부검토 과정을 이유로 비공개할 경우에는 의사결정 과정 및 내부검토 과정이 종료되면 제10조에 따른 청구인에게 이를 통지하여야 한다.
> 6. 해당 정보에 포함되어 있는 성명 · 주민등록번호 등 개인에 관한 사항으로서 공개될 경우 사생활의 비밀 또는 자유를 침해할 우려가 있다고 인정되는 정보(이하 생략)

(4) 정보공개의 절차
① 청구방법(제10조)
㉠ 문서 또는 구술: 정보공개 청구서를 제출하거나 말로써 정보의 공개를 청구할 수 있다.
② 정보공개 여부의 결정(제11조)
㉠ 공개 여부의 결정기간
- 그 청구를 받은 날부터 10일 이내에 공개 여부를 결정하여야 한다.
- 공공기관은 부득이한 사유로 기간 이내에 공개 여부를 결정할 수 없을 때에는 그 기간이 끝나는 날의 다음 날부터 기산(起算)하여 10일의 범위에서 공개 여부 결정기간을 연장할 수 있다. 이 경우 공공기관은 연장된 사실과 연장 사유를 청구인에게 지체 없이 문서로 통지하여야 한다.
㉡ 제3자에 대한 통지: 공공기관은 공개 청구된 공개대상정보의 전부 또는 일부가 제3자와 관련이 있다고 인정할 때에는 그 사실을 제3자에게 지체 없이 통지하여야 한다.
③ 정보공개심의회(제12조): 정보공개 여부 등을 심의하기 위하여 정보공개심의회를 설치·운영한다.
④ 정보공개 여부 결정의 통지(제13조)
㉠ 정보공개결정을 한 경우: 공개의 일시 및 장소 등을 분명히 밝혀 청구인에게 통지하여야 한다.
㉡ 정보의 비공개결정을 한 경우: 문서로 비공개 이유와 불복(不服)의 방법 및 절차를 구체적으로 밝혀야 한다.
⑤ 비용부담(제17조): 정보의 공개 및 우송 등에 드는 비용은 실비(實費)의 범위에서 청구인이 부담하되, 공개를 청구하는 정보의 사용 목적이 공공복리의 유지·증진을 위하여 필요하다고 인정되는 경우에는 비용을 감면할 수 있다.

(5) 권리보호
① 정보공개청구권자의 권리보호
㉠ 개설
- 정보공개청구인은 정보공개와 관련한 공공기관의 결정에 대하여 불복이 있는 때에는 이의신청, 행정심판 및 행정소송을 제기할 수 있다.
- 이의신청 및 행정심판은 임의절차로서 청구인은 이의신청이나 행정심판을 거치지 않고 직접 행정소송을 제기할 수 있다.
㉡ 이의신청(제18조)
- 청구인이 정보공개와 관련한 공공기관의 비공개 결정 또는 부분 공개 결정에 대하여 불복이 있거나 정보공개 청구 후 20일이 경과하도록 정보공개 결정이 없는 때에는 공공기관으로부터 정보공개 여부의 결정 통지를 받은 날 또는 정보공개 청구 후 20일이 경과한 날부터 30일 이내에 해당 공공기관에 문서로 이의신청을 할 수 있다.
- 공공기관은 이의신청을 받은 날부터 7일 이내에 그 이의신청에 대하여 결정하고 그 결과를 청구인에게 지체 없이 문서로 통지하여야 한다. 다만, 부득이한 사유로 정하여진 기간 이내에 결정할 수 없을 때에는 그 기간이 끝나는 날의 다음 날부터 기산하여 7일의 범위에서 연장할 수 있으며, 연장 사유를 청구인에게 통지하여야 한다.
㉢ 행정심판(제19조): 청구인이 정보공개와 관련한 공공기관의 결정에 대하여 불복이 있거나 정보공개 청구 후 20일이 경과하도록 정보공개 결정이 없는 때에는 행정심판법에서 정하는 바에 따라 행정심판을 청구할 수 있다. 이 경우 국가기관 및 지방자치단체 외의 공공기관의 결정에 대한 감독행정기관은 관계 중앙행정기관의 장 또는 지방자치단체의 장으로 한다.
㉣ 행정소송(제20조): 청구인이 정보공개와 관련한 공공기관의 결정에 대하여 불복이 있거나 정보공개 청구 후 20일이 경과하도록 정보공개 결정이 없는 때에는 행정소송법에서 정하는 바에 따라 행정소송을 제기할 수 있다.
② 제3자의 비공개 요청(제21조)
㉠ 공개청구된 사실의 통보 및 비공개요청: 공공기관은 공개 청구된 공개대상정보의 전부 또는 일부가 제3자와 관련이 있다고 인정할 때에는 그 사실을 제3자에게 지체 없이 통지하여야 하며, 그 통지를 받은 날부터 3일 이내에 해당 공공기관에 대하여 자신과 관련된 정보를 공개하지 아니할 것을 요청할 수 있다. 제3자는 해당 공공기관에 문서로 이의신청을 하거나 행정심판 또는 행정소송을 제기할 수 있다. 이 경우 이의신청은 통지를 받은 날부터 7일 이내에 하여야 한다.

구분	정보공개심의회	정보공개위원회
업무	정보공개 여부를 심의	정보공개에 관한 정책수립, 제도개선, 기준마련, 정보공개운영실태 평가 등
소속기관	국가기관, 지방자치단체 및 공공기관의 운영에 관한 법률에 따른 공기업	행정안전부장관
위원회의 구성	위원장 1명을 포함하여 5명 이상 7명 이하의 위원	위원장과 부위원장 각 1명을 포함한 9명의 위원
외부전문가 위촉	위원장을 제외한 위원의 2분의 1	위원장을 포함한 5명
위원의 임기	법률에는 규정이 없다. 단, 대통령령에 규정이 있다. • 임기는 2년. 1차에 한하여 연임 가능 • 다만, 공무원인 위원의 임기는 그 직위에 재직하는 기간으로 한다.	• 위원장 · 부위원장 및 위원의 임기는 2년으로 하되, 연임할 수 있다. • 다만, 공무원인 위원의 임기는 그 직위에 재직하는 기간으로 한다.
공통사항	• 비밀누설 금지 • 벌칙적용에서 공무원의제	

[정보공개심의회와 정보공개위원회의 비교]

LINK 개인정보 보호법

제1조(목적)

이 법은 개인정보의 처리 및 보호에 관한 사항을 정함으로써 개인의 자유와 권리를 보호하고, 나아가 개인의 존엄과 가치를 구현함을 목적으로 한다.

제3조(개인정보 보호의 원칙)

(1) 개인정보처리자는 개인정보의 처리 목적을 명확하게 하여야 하고 그 목적에 필요한 범위에서 최소한의 개인정보만을 적법하고 정당하게 수집하여야 한다.

(2) 개인정보처리자는 개인정보의 처리 목적에 필요한 범위에서 적합하게 개인정보를 처리하여야 하며, 그 목적 외의 용도로 활용하여서는 아니 된다.

(3) 개인정보처리자는 개인정보의 처리 목적에 필요한 범위에서 개인정보의 정확성, 완전성 및 최신성이 보장되도록 하여야 한다.

(4) 개인정보처리자는 개인정보의 처리 방법 및 종류 등에 따라 정보주체의 권리가 침해받을 가능성과 그 위험 정도를 고려하여 개인정보를 안전하게 관리하여야 한다.

(5) 개인정보처리자는 개인정보 처리방침 등 개인정보의 처리에 관한 사항을 공개하여야 하며, 열람청구권 등 정보주체의 권리를 보장하여야 한다.

(6) 개인정보처리자는 정보주체의 사생활 침해를 최소화하는 방법으로 개인정보를 처리하여야 한다.

(7) 개인정보처리자는 개인정보의 익명처리가 가능한 경우에는 익명에 의하여 처리될 수 있도록 하여야 한다.

(8) 개인정보처리자는 이 법 및 관계 법령에서 규정하고 있는 책임과 의무를 준수하고 실천함으로써 정보주체의 신뢰를 얻기 위하여 노력하여야 한다.

제7조(개인정보 보호위원회 설치)

개인정보 보호에 관한 사무를 독립적으로 수행하기 위하여 국무총리 소속으로 개인정보 보호위원회(이하 "보호위원회"라 한다)를 둔다.

(1) **민감정보의 처리 제한(제23조)**: 개인정보처리자는 사상·신념, 노동조합·정당의 가입·탈퇴, 정치적 견해, 건강, 성생활 등에 관한 정보, 그 밖에 정보주체의 사생활을 현저히 침해할 우려가 있는 개인정보로서 대통령령으로 정하는 정보(이하 "민감정보"라 한다)를 처리하여서는 아니 된다.

(2) **고유식별정보의 처리제한 강화(제24조)**: 개인정보처리자는 일부 경우를 제외하고는 법령에 따라 개인을 고유하게 구별하기 위하여 부여된 식별정보로서 대통령령으로 정하는 정보(이하 "고유식별정보"라 한다)를 처리할 수 없다.

(3) **주민등록번호 처리의 제한(제24조의2)**: 법령에서 구체적으로 주민등록번호의 처리를 요구하거나 허용한 경우, 정보주체 또는 제3자의 급박한 생명, 신체, 재산의 이익을 위하여 명백히 필요하다고 인정되는 경우, 주민등록번호 처리가 불가피한 경우로서 행정안전부령으로 정하는 경우를 제외하고는 주민등록번호를 처리할 수 없다.

침해와 권리구제

① 개인정보 보호법은 개인정보에 관한 일반법으로서 공공·민간 부문을 가리지 않고 개인정보처리자 일반을 대상으로 하여 적용된다. 즉, 공공기관뿐만 아니라 비영리단체 등 업무상 개인정보파일을 운용하기 위하여 개인정보를 처리하는 자는 모두 개인정보 보호법에 따른 개인정보 보호 규정을 준수하여야 한다.

② 개인정보 보호법은 공공·민간부문에 모두 적용되지만, 공·사법 구별에 따라 개인정보 침해에 대한 권리구제도 그 법 영역이 어디인지에 따라 달라진다. 즉, 개인정보처리자가 공공기관인지 그 밖의 법인, 단체 및 개인 등인지에 따라 행정소송법에 의한 행정소송 또는 민사소송법에 의한 민사소송으로 권리구제방법을 달리하게 된다.

③ 개인정보의 열람요구, 정정·삭제요구 및 처리정지 등 요구에 대한 거부나 부작위는 행정심판법이나 행정소송법상의 처분이나 부작위에 해당하므로 이에 대해 행정심판이나 행정소송을 제기할 수 있다.

④ 한편 개인정보 보호법은 개인정보단체 소송제도를 도입하였다. 개인정보처리자가 공공기관인 경우에는 행정소송으로, 그렇지 아니한 경우에는 민사소송으로 제기될 수 있다.

⑤ 개인정보 보호법은 소송에 대한 대체적 분쟁해결을 위해 개인정보 분쟁조정위원회와 분쟁조정절차에 대해 규정하고 있다.

---

07 조직문화

1 조직문화의 의의

1. 개념

조직문화란 사회문화의 하나의 하위체제로서 조직구성원들이 공유하는 보편적인 생활양식 및 행동양식의 총체를 의미한다. 즉, 조직구성원들이 지니는 신념, 규범, 인지, 상징, 이념, 사고방식, 의식구조, 가치체제 등의 정신적 구성물이라 할 수 있다.

2. 특성 및 기능

(1) 특성

① **학습성**: 문화는 선천적·유전적으로 나타나는 행동이 아니라 후천적 학습에 의해 형성되는 생활양식이다(개인의 사회적 행동이 문화적 환경 속에서 형성되고 변화될 수 있음을 보여줌).

② **공유성**: 문화는 한 사회의 구성원 다수가 공통적으로 가지고 있는 생활 양식이다(사고와 행동의 동질성을 형성하여 타인의 행동을 예측하고, 이해할 수 있게 해 줌으로써 원활한 사회적 상호작용의 토대가 됨).

③ **전체성(총체성)**: 문화는 여러 구성 요소들이 상호 유기적으로 결합된 하나로서의 총체이므로 부분이 아닌 전체로서 의미를 갖는 생활양식이다(문화 요소 간 상호 연관성으로 인해 한 부분의 변동은 다른 부분의 연쇄적인 변동을 초래함).

④ **변동성**: 문화는 시간이 흐르면서 그 형태나 내용, 의미가 변화하는 생활 양식이다(새로운 환경에 적응하기 위해 인간이 끊임없이 변화를 추구함으로써 나타남).

⑤ **축적성**: 문화는 세대 간 전승되면서 새로운 요소가 추가되어 점점 더 풍부해지는 생활 양식이다(문화가 발전할 수 있는 원동력).

(2) 기능

① 순기능

ㄱ 조직의 응집력과 일체감을 높여준다.

ㄴ 일탈행위에 대한 통제 기능을 수행한다.

ㄷ 조직의 정체성을 제공한다.

ㄹ 조직의 안정성과 계속성에 기여한다.

ㅁ 조직몰입도를 증진하여 조직의 생산성을 높인다.

ㅂ 조직구성원 간 모방과 학습을 통한 사회화를 유도한다.

② 역기능

ㄱ 초기에는 문화가 조직의 응집성을 제고하는 순기능을 지니지만 장기적으로 경직성을 띠게 되어 변화와 개혁의 장애요소가 된다.

ㄴ 집단사고의 폐단으로 인해 조직의 유연성과 창의성을 저해한다.

2 한국의 행정문화와 선진국의 행정문화

1. 한국의 행정문화

한국 행정문화를 부정적으로 인식하는 입장은 일반적으로 논의되는 한국 행정문화의 특징으로 '가족주의', '의식주의', '일반주의', '의리주의' 등의 부정적 속성을 지니고 있다고 지적한다. 그리고 이러한 주의를 생성시킨 원인으로 '농업사회' 전통과 '유교적 가부장제' 사회의 전통을 지적하고 있다.

(1) 권위주의

① **의의**: 위계질서와 지배·복종의 관계를 중요시하는 문화라는 특징을 가지고 있다. 따라서 인간관계를 수직적인 틀 속에서 규정하고 이해하려 한다.

② **장점**: 상급자의 리더십을 강화함으로써 갈등을 억제하고, 정책의 추진력을 확보할 수 있다.

③ **단점**: 독단적 의사결정 및 긴급민비적 행태를 조장하고, 상급자에게 맹종하는 과잉동조와 과잉충성과 같은 행태를 조장한다.

(2) 운명주의와 연고주의

① **의의**: 운명주의는 개인이나 조직의 행로와 성공여부가 초자연적·신비적으로 결정되며, 그것은 개인이나 조직의 통제 밖에 있다고 믿는다. 이러한 운명주의는 문제해결 수단으로 후원–고객관계라는 연고주의에 의존하는 성향이 강하다. 이 연고주의는 가족·족벌 등의 혈연, 지연, 학연, 직업관계 등 일차적인 유대를 다른 사회적 관계보다 중요시한다.

② **장점**: 인간관계를 개선하는 데 기여하며, 집단의 응집성을 강화한다.

③ **단점**: 일차집단 구성원으로서의 행동양식을 다른 사회관계에까지 확장 또는 투사함으로써 행정의 공정성과 객관성이 결여된다.

(3) 가족주의와 온정주의

① 의의: 가족주의는 혈연으로 맺어진 가족의 관계를 다른 사회적 관계에까지 확장시키는 현상이다. 온정주의는 인정 · 우정 · 의리 · 상호신뢰 등 감성적 유대관계를 중시한다.

② 장점: 관료제의 경직성을 완화하고, 조직의 응집성을 강화한다.

③ 단점: 정실인사와 부패를 조장, 행정의 공평성을 저해한다.

(4) 형식주의와 의식주의

① 의의: 형식주의는 외형(공식적인 것 · 선언된 것)과 내실(비공식적인 것 · 실제적인 것)이 괴리되는 현상으로, 내실보다는 외형과 형식에 더 치중한다. 한편 의식주의는 각종 의식 등이 외양의 문제에 집착하는 특성을 말하지만, 형식주의와 엄격하게 구별하지는 않는다.

② 단점: 형식과 절차를 더 중요시하는 목표대치를 조장하고, 허례허식 · 번문욕례와 같은 폐단으로 인한 낭비와 함께 행정의 효율을 저해한다.

(5) 계서주의와 일반주의

① 의의: 계서주의는 조직 내의 사회적 계층화를 존중하고 신분에 따른 계층질서를 강조하는 서열의식이 강하다. 일반주의는 역할의 분화와 전문화보다는 통합과 융통성을 존중한다.

② 장점: 인사행정의 융통성과 관리자의 안목이 확대된다.

③ 단점: 행정의 비전문화로 행정효율이 저하된다.

2. 한국의 행정문화에 대한 평가

한국의 전통적 행정문화는 '관존민비행정' 내지는 '수탈행정'과 같은 부정적인 면도 있지만, 문화전통의 근간이 우리나라의 역사적 특수성에 근거한 것이므로 전면 부정하기에는 한계가 있다. 또한 그동안 행정문화에 관한 논의의 틀 자체가 제1세계와 제3세계, 선진국과 개도국, 문명과 전통 등과 같은 문화절대론적 사고를 가진 서구중심적 사고관의 관점에서 논의된 것이기에 한국의 행정문화는 언제나 부정적으로 인식되어서는 아니될 것이다.

3. 선진국의 행정문화

(1) 합리주의

(2) 성취주의 · 실적주의 · 개인주의

(3) 상대주의 · 다원주의 · 세속주의

(4) 모험주의

(5) 중립주의

(6) 사실정향주의

(7) 전문주의

(8) 민주주의

3 문화이론

1. 문화중립론과 문화기속론

정책이나 제도를 도입함에 있어서 사회 또는 조직의 문화가 어느정도 역할을 할 것이라는 주장은 거의 누구나 인정될 수 있는 주장이다. 그러나 문화가 제도의 성패에 본질적인 영향을 미쳤는가에 대해서는 의견이 갈린다.

(1) 문화중립론: 문화중립론 시각에서는 문화적 차이에 상관없이 유사한 관리기법은 유사한 효과를 낳는다. 이러한 문화중립론은 문화를 하나의 실체로 인정하지 않는다.

(2) 문화기속론(결정론): 문화기속론적 시각에서는 문화적 차이가 관리기법의 적용을 어렵게 한다는 것이다. 이러한 문화기속론은 문화를 하나의 실체로 보면서 문화가 사회구성원들의 행동양식과 사고방식을 결정 내지 영향을 준다고 본다.

2. 신문화이론

(1) 신문화이론의 의의

① 문화의 공통요소를 찾아내고 이를 통해서 문화적 요소가 사회현상에 어떤 현상에 어떤 영향을 가져오는지를 설명하기 위해 더글라스(Douglas), 윌다브스키(Wildavsky) 등의 학자들에 의해 개발된 이론이다. 이들은 문화를 광의로 해석하는 데, 문화를 가치와 신념체계뿐만 아니라 사회적 관계, 삶의 양식 등을 함께 가리키는 용어로 이해하고 있다. 이들은 문화적 편향, 사회적 관계, 삶의 양식 등의 개념을 구분하고, 개념들 간의 관계를 규정하고 있다.

② 신문화이론은 인간의 선택이 사회적 맥락에 의해 이루어지기도 하면서 이와 반대로 사회적 맥락을 이루는 것을 전제로 하고 있다. 신문화이론에서는 개인이 자신이 속한 사회환경을 유지하고 구성하는 데 적극적인 역할을 하고 있다. 따라서 이 이론은 개인형태에 영향을 미치는 사회적 요인 및 사회적 맥락을 변화시키는 개인의 역할을 밝히기 위해 사회적 맥락을 개념화하고 있다(문화결정론 극복).

(2) 문화 유형과 조정기제

① **문화 유형**: 더글라스는 사회적 관계를 집단, 망으로 설명하고 있다. 즉, 이들 간의 조합을 통하여 개인주의, 운명주의, 계층(위계)주의, 평등주의라는 네 가지 제도(문화)로 일반화하고 있다. 위의 네 가지 문화 유형은 사회 밑바탕을 이루고 있는 사회관계를 비롯해서 가치, 그리고 이와 관련된 사회 세노와의 차이로 형성된 독특하고 총괄적인 생활방식이다.

	낮은 집단	높은 집단
높은 망	운명주의	계층주의
낮은 망	개인주의	평등주의

㉠ **개인주의(Individualism)**: 개인주의를 구성하는 사회관계는 역할과 집단이 약하다는 특징이 있기 때문에 개인의 자유로운 선택의 폭이 상대적으로 큰 반면에 집단으로부터의 구속력은 약하다. 따라서 시장에서 계약관계로 대표되는 특유의 사회관계가 성립한다.

- **자연관**: 자연은 관대하며 자정능력을 갖고 있기 때문에 외부규제가 불필요하다고 믿는다.
- **인간관**: 자기이익을 추구한다.
- **공평관**: 기회의 공평을 중시하며, 실패는 개인의 탓으로 돌린다.

ⓛ 운명주의(Fatalism, 전체주의): 운명주의 문화란 집단의 응집력이 약한 반면, 사회역할이 강하여 대부분 결정이 외부에서 이루어지는 경우이다. 국민들은 정책에 대해서 특별한 선호를 지니지 않는다. 특별한 선호를 지녀보아야 별로 영향을 끼치지 못한다고 생각하기 때문이다.
- 자연관: 자연은 변덕스러움, 자연으로부터 무엇을 기대할지 모르며 경험으로부터 배울 수도 없다고 생각한다.
- 인간관: 다른 사람들을 위험하여 믿을 수 없다고 보아 자신들을 고립시킨다.
- 공평관: 공정성이란 존재하지도 않으며 실패는 운이 따르지 않았기 때문이다.

ⓒ 계층(위계)주의(Hierarchy): 사회역할과 집단 모두 강하여 두 구성원 간의 상호관계를 정립할 때 서로가 서로에 대한 권리와 의무를 상하관계로 규정하여, 그 위치에 따라 한 사람은 지배자가 되는 반면에 다른 한 사람은 피지배자로 형성되는 관계를 말한다. 이러한 논리는 구성원들뿐만 아니라 집단과 사회전체에도 적용되어 사회가 하나의 커다란 위계질서를 형성하게 된다.
- 자연관: 법이 지배하는 공간에서만 관대하다고 믿으며 그러한 한계가 어디인지는 자격을 갖춘 전문가에 의해서만 발견될 수 있다고 생각한다.
- 인간관: 인간은 자아추구적이지도 배려적이지도 않다.
- 공평관: 공정성은 법 앞의 평등이며, 모험은 관리될 수 있고, 실패는 기존 절차를 준수하지 않는 일탈자에게 있다고 믿는다.

ⓔ 평등주의(Equalitarianism): 사회역할은 약한 반면에 집단은 강하게 조직화되기 때문에 사회역할이 어느 특정한 기준(인종, 성별, 사회신분 등)을 통해 상호 간의 권리와 의무를 엄격하게 정의하진 않지만(구성원 간 평등 강조), 공동체를 바탕으로 외부와의 경계선을 설정하고 자신들의 가치가 반영된 규범에 의해 공동생활을 영위한다(외부와의 차별 강조).
- 자연관: 자연이 무상하고 덧없다고 믿는다. 그들은 자연이 깨지기 쉽고 상호 복잡하게 연결되어 있어 작은 실수라도 전체의 붕괴가 초래될 수 있다고 믿는다.
- 인간관: 인간은 배려적이며 협동적이라고 본다.
- 공평관: 공정성은 결과의 평등이며, 모험은 무모하고, 실패를 '체제' 탓으로 보며, 제도적 복지가 필요하다.

② 조정기제: 문화 유형에 따라 서로 의존하는 조정기제가 다르다. 예를 들어 계층주의자는 권위에 기초한 국가에 의존하고, 개인주의자는 계약관계에 기초한 시장에 의존하고, 평등주의자는 참여와 동의가 보장된 공동체에 의존하고, 운명주의자는 유력자와 사적인 후원관계에 의존한다.

[문화유형과 조정기제]

	낮은 집단	높은 집단
높은 망	후견주의	국가
낮은 망	시장	공동체

(3) 사회변화: 문화이론은 사회관계와 가치가 상호보완 관계를 이룰 때는 사회가 안정적으로 유지되지만, 사회관계와 가치가 서로 어긋나고 상호 갈등이 심화되면 불안정해지고 변화하기 시작한다. 예컨대 자본주의의 대두라는 역사적·거시적 변화는 중세기 무역의 부흥에 따른 개인주의의 위계주의 대체라고 볼 수 있다.

삶의 양식의 생존가능성은 사회적 관계와 문화적 편향이 서로 지지하는지의 여부에 의존하는데, 네 가지 삶의 양식인 계층주의, 평등주의, 운명주의 및 개인주의만이 이러한 조건을 만족시키며 생존할 수 있다고 주장한다[톰슨(Thompson), 엘리스와 윌다브스키(Elis & Wildavsky), 1990].

> **개념더하기** 홉스테드(Hofstede)의 문화 유형론
>
> 길트 홉스테드의 문화차원이론(Cultural Dimensions Theory)은 어느 사회의 문화가 그 사회 구성원의 가치관에 미치는 영향과 그 가치관, 행동의 연관성을 요인분석으로 구조를 통하여 설명하는 이론이다. 홉스테드는 1960년대와 1970년대에 IBM이 수행한 세계 고용인 가치관 조사 결과를 검토하기 위해 요인분석법을 사용하여 처음으로 이 모델을 만들었다. 이 이론은 관측되는 문화 간 차이점을 수치화하여 설명하려 한 최초의 시도에 속한다.
>
> 초기 이론에서는 문화적 가치관을 분석한 네 가지의 차원을 제시하였다. 개인주의-집단주의(Individualism-Collectivism), 불확실성 회피(Uncertainty Avoidance), 권력 거리(Power Distance; 사회 계급의 견고성), 남성성-여성성(Masculinity-Femininity; 과업 지향성-인간 지향성)이 그것이다. 이후 홉스테드와 별도로 홍콩에서 연구가 수행되었고, 이로 인해 홉스테드는 종래의 패러다임에서 논의되지 않았던 요소들을 보충하기 위해 다섯 번째 차원인 장기 지향성(Long-Term Orientation)을 추가했다.
>
> 홉스테드의 작업은 비교문화심리학의 주요한 연구 전통을 정립했으며, 문화상대주의에 입각하여 각 문화가 그 자체로서 고유한 가치를 지닐 뿐 상대적 우열관계는 존재하지 않는다고 보고 문화 유형에 따른 조직관리의 방침을 밝혔다.

4 조직문화의 순환(형성 → 보존 → 변동 → 개혁)

1. 문화의 형성

조직구성원들이 대내적인 통합과 대외적인 생존 및 적응 등에 관한 문제를 해결해 준 방안을 수용하는 데서 문화의 형성이 시작된다.

2. 문화의 보존(사회화: Socialization)

문화보존은 사회화를 통해서 이루어진다. 사회화란 구성원들의 생활양식의 총체(문화)를 학습해 가는 과정을 말한다. 그러나 이런 과정 중에서 문화가 원형을 유지할 수도 있지만 약간의 변용이 이루어지기도 한다.

3. 문화 변동

조직문화는 안정적인 특성을 지니지만 시간의 흐름에 따라 변동(가변성)된다.

4. 문화의 개혁

의식적·계획적 노력으로 문화를 바람직한 방향으로 변화시키는 것이다.

05 조직발전과 조직관리기법

01 조직발전(OD; Organization Development)

1. 조직발전의 의의

(1) 개념

① 조직발전이란 효과성을 제고하기 위해 조직구성원의 가치관·신념·태도 등의 행태를 변화시키고자 하는 계획적·복합적인 관리전략이다.

② 조직혁신의 접근법 중 인간·행태적 접근방법: 인간적 가치의 향상+조직전체의 효율성

(2) 유사개념과의 비교 – 조직혁신과의 비교: 조직혁신은 구조, 관리, 행태, 서비스 등 조직의 모든 부분에서의 의식적·계획적 변화를 의미한다. 반면 조직발전은 이러한 의식적·계획적인 총체적 변화 중에서도 인간의 행태변화에 초점을 맞추고 있다.

2. 조직발전의 과정·절차

(1) 문제인지, 자료수집(Data Gathering): 조직발전의 대상과 필요성 인지, 조직 내의 실제문제를 인지, 조직발전을 위한 자료수집

(2) 조직진단(Organizational Diagnosis), 대안작성: 문제해결을 위한 대안과 실행계획을 수립, 문제의 성격을 규명하고, 기본적인 실행계획수립

(3) 행동개입(Action Intervention): 실제적 행동단계, 변화과정의 핵심으로서 조직발전의 기법을 동원해 실제적 행동에 돌입

① 1단계(기술적 개입): 시설의 재배치, 작업도표, 조직구조 변동

② 2단계(행정적 개입): 조직의 정책절차와 관련

③ 3단계(사회적 개입): 인간관계문제에 관한 개입

(4) 평가·환류(Feedback)

> **개념더하기** 　조직진단(Organizational Diagnosis)
>
> 1. 조직진단의 의의
>   조직의 구조·기능·인력·업무프로세스와 같은 하드웨어적 진단뿐만 아니라 문화·행태와 같은 소프트웨어적 진단까지 포괄하는 종합적인 개념 → 조직의 효과성을 제고
>
> 2. 조직진단의 주체
>   (1) 조직 내부자: 시간과 비용이 적게 들고 실현가능성이 높은 처방을 마련할 수 있다. 단, 조직 내부의 이해관계에 얽매여 근본적인 해결책을 도출하기 어렵다.
>   (2) 조직 외부자: 조직진단 전문성을 보유하여 객관적인 처방을 마련할 수 있다. 단, 조직 내부의 저항에 부딪힐 가능성이 크다.

3. 조직진단의 범위
  (1) 환경분석 및 전략설정: 조직 생존에 중요한 영향을 미치는 내·외부 환경변화 요인을 체계적으로 분석하여 조직이 향후 나아가야할 전략적 방향을 설정(SWOT 분석 활용)
  (2) 기능진단: 조직이 현재 수행하고 있는 기능체계 실태를 분석하고 목표달성에 적합한 기능체계를 구축
  (3) 구조진단: 조직운영과정의 수직적 계층과 수평적 분화 수준을 분석하고 조직구조를 재설계
  (4) 프로세스 진단: 행정서비스 제공 과정의 프로세스를 분석하여 비효율적 과정을 제거하도록 재설계
  (5) 문화·행태 진단: 조직 성과향상을 저해하는 문화·행태 요소를 분석하고 제거방안을 마련
  (6) 인력진단: 인적자원의 효율적 활용을 위해 업무량, 업무수요를 분석하여 적정 인력규모 도출
  (7) 재정진단: 조직운영에 필요한 재원 규모, 조달능력, 재정력, 부채수준 등을 분석
  (8) 서비스 진단: 조직이 생산하는 서비스의 질, 내용, 고객 만족도 등을 조사
  (9) 성과관리 진단: 조직목표 달성을 위한 성과관리체계 문제점을 분석하여 개선방안을 도출

4. 조직진단의 과정
  (1) 조직문제의 정의 단계: 현재 조직이 당면한 핵심적인 문제를 확인하고 규명
  (2) 예비진단 단계: 문제에 처방된 대안에 새로운 진단방법이나 접근방법이 필요한지 검토
  (3) 자료 수집과 분석 단계: 조직진단을 담당하는 팀이 조직의 실태에 대한 자료를 수집하고, 다양한 처방안(대안)을 개발
  (4) 보고서 제출 및 설명회 개최 단계: 조직진단을 담당한 팀이 진단 요구자에게 조직의 문제점과 처방안(대안)을 마련
  (5) 실행안 마련 단계: 처방안(대안)을 기초로 하여 구체적인 실행방안 마련

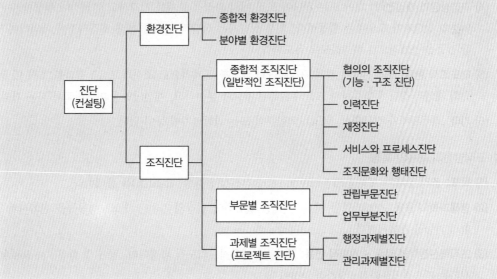

3. 조직발전의 기법

(1) 감수성훈련(Laboratory or Sensitivity Training)·T집단훈련(T-Group Training)
  ① 구성원의 가치관 변화를 위한 기법으로서, 행태과학의 지식을 이용하여 자신·타인·집단에 대한 태도·행동을 변화시킴으로써 조직에 있어서의 개인의 역할이나 조직목표를 잘 인식시켜 조직개선에 기여하게 하려는 것이다.
  ② 조직 내 각 계층에서 모인 피훈련자들(낯선 구성원)을 10~16명 단위(1~2명은 훈련자)로 하여, 하나의 훈련집단(T-Group; Training Group)을 만든 다음 그들을 외부와 격리된 실험실(인위적으로 계획된 장소)에 수용하여 실시한다.
  ③ 참여자가 스스로의 태도와 행동을 반성하고(자기인식), 타인의 입장과 태도를 이해하며(대인관계 개선), 자신의 행동이 타인에게 미치는 영향을 인지(집단행동화 과정)하도록 유도함으로써 조직의 목표와 개인의 목표를 합치시키고, 대인관계를 원활히 할 수 있는 능력과, 조직과 각 구성원의 역할을

명확히 인지할 수 있는 능력을 향상시키려는 것이다. 이 기법은 개방적 대인관계를 조성하고, 조직의 역할·인식 제고 및 상호협력 관계 증진, 신뢰·협동의 태도를 함양하는 데 장점이 있으나 단점으로 많은 시간과 노력이 필요하고, 다수의 참여가 곤란하며, 개인보다 집단의 가치를 중시하며, 사생활 침해의 우려가 있다.

(2) **관리망훈련(Managerial Grid Training) − 블레이크(Blake)와 모우턴(Mouton)**: 감수성훈련을 발전·확대시킨 포괄적 접근 방법으로 생산에 대한 관심과 인간에 대한 관심의 이원적 변수에 입각한 다섯 가지 리더십 유형을 만들고 두 가지 요소를 모두 중시하는 관리방식을 통해 개인·집단 간의 인간관계뿐만 아니라 조직 전체의 효율화를 추구하는 방법이다.

(3) **팀빌딩기법(Team Building: 작업집단개선기법)**: 수직적 계층제는 상하 간 수직성이 강해 자율적 집단형성을 어렵게 하므로, 응집력이 높은 집단을 형성시켜 의사소통을 원활히 하고, 하나의 팀으로서 자율·협동·수평적 인간관계를 도모하는 것이다. 작업집단의 구성원들이 협조적인 관계를 형성하여 임무수행의 효율화를 도모할 수 있게 하려는 작업집단 개선기법으로, 집단문제의 진단회의, 가족집단회의(직무배정과 상호갈등이 대상), 역할분석회의 등이 있다.

(4) **과정상담과 개입전략**: 개인 또는 집단이 조직 내의 과정적 문제를 지각하고 이해하며 해결할 수 있도록 외부의 상담자가 도와주는 활동이다. 외부 상담자는 상담과 면접을 통해 조직과정에 개입하며 당사자 간 갈등을 공개적으로 해결하도록 유도한다.

(5) **태도조사 환류**: 조직전체에 걸쳐 구성원들의 태도를 체계적으로 조사하고, 그 결과를 조직 내 모든 계층의 개인과 집단에 환류시켜 그들의 환류된 자료를 분석하고, 개선방안을 마련하도록 하는 기법이다.

(6) **기타**: 직무확대와 직무충실, MBO, 역할분석 또는 역할연기법 등이 있다.

4. 조직발전의 목표와 특징

(1) **목표**: 조직 전체의 효과성(Effectiveness)·건전성(건강성; Health)을 증대한다.

(2) **행태과학의 응용**: 행태과학적 지식·기법을 활용하여 인간의 가치나 태도·행동들을 변화시켜 조직문화의 기능을 개혁시킨다.

(3) **조직혁신전략의 일종 − 계획적 변동**: 체계적·계획적·의도적 과정이며, 평가 및 환류(Feedback)가 중시되는 지속적·순환적·장기적 과정이다.

(4) **성장이론, Y이론적 인간관, 자아실현인**: 인간의 발전가능성에 대한 낙관하며, 인간의 성장·자아실현욕구를 중시한다.

(5) **집단의 중요성 강조**: 총체적 조직체제의 변동을 위한 노력의 일환으로, 조직 내 집단변동을 추구한다.

(6) **하향적 변화**: 최고관리층에 공식적 지휘본부를 두고, 최고관리층의 참여와 배려 하에 상위계층에서부터 하향적으로 진행된다. 그러나 단순히 계층제를 통해 인위적·일방적으로 실시되는 것은 아니며, 최고관리층과 하위계층이 협력하며 자율적 참여를 강조한다.

(7) **과정지향성**: 집단 및 조직의 과정에 초점을 두고, 특히 인간적·사회적 과정과 문제해결을 지향한 협동적 과정을 중시한다.

(8) **자료에 기초한 진단적 방법**: 경험적 작용에 바탕을 둔 임상적 과정을 중시한다.

5. 조직발전의 한계

(1) 구조적 · 기술적 요인 경시, 비용 · 시간의 소요, 다수의 OD전문가 확보 곤란

(2) 이상적인 관리방식으로 성장이론과 협동적 모형을 중시하나, 이러한 이론과 모형이 좋다는 문화적 편견에 얽매여 보편성과 상황적응성을 외면할 우려 존재

(3) 외부전문가에 대한 조직의 지나친 의존으로 인한 외부전문가의 독선

(4) 훈련효과의 장기적 지속성 문제, 소집단 위주에서 행해진 훈련효과의 제약성

(5) OD의 성과 평가의 곤란성 – 정부조직의 산출에 대한 평가의 곤란성

(6) 최고관리층의 빈번한 교체로 인한 단기적 정책효과를 요구하는 정치적 압력 → OD의 일관성 있는 추진 곤란

(7) 관료제 내의 복잡한 과정과 절차로 인해 사업집행의 적시성 확보가 어려움

02 　조직관리기법

1 목표에 의한 관리(MBO; Management By Objectives)

1. MBO의 의의

조직구성원 간 면대면 접촉을 통해 목표가 설정되고 추적되는 산출관리체제이다. 구체적으로 MBO의 개념을 정의하면 'MBO란 상하 조직구성원들의 참여과정을 통해 조직의 공통목표를 명백히 설정하고, 그에 따라 조직 구성원들이 개개의 목표 내지 책임 분야를 결정하여 생산활동을 수행하도록 하며 활동 결과를 평가하고 피드백하여 궁극적으로 조직의 효율성을 향상시키고자 하는 관리체제이다'

2. MBO의 역사

(1) MBO의 기본개념은 1950년대 이후부터 구체적인 관리기법으로 체계화되기 시작했으며, 피터 드러커 (Peter Drucker)를 통해 크게 유행하였고, 다른 많은 학자들에 의해 오늘날까지 발전되어 왔다. 오늘날에는 MBO라는 이름이 적시되어 있지 않을 뿐이지 목표기획체제(Goals Planning System), 성과추적체제(Performance Tracking System) 등의 이름으로, 많은 정부기관은 사실상 MBO체제를 활용하여 많은 일들을 처리하고 있다.

(2) 공공부문에서는 1973년 미국의 닉슨(Nixon) 대통령이 PPBS를 대신할 예산관리기법으로 도입하였다 [목표관리(MBO)는 조직관리기법이지만 공공부문에 예산관리기법으로 도입].

3. MBO의 구성요소(목표설정, 참여, 환류)

(1) 달성 날짜가 정해진 주요 목표

(2) 달성 날짜가 정해진 각각의 목표를 달성하는 데 거치는 과정들

(3) MBO의 진행과정을 점검하고 토론하기 위해 관리자와 부하 간에 이루어지는 정기적인 회합

(4) 연말의 평가 및 다음 주기의 MBO 계획에의 피드백

(5) 목표설정의 지침(MBO의 핵심)

① 목표는 조직의 중요한 영역에 관심을 가져야 한다.

② 목표는 확장목표여야 한다. 즉, 목표는 되도록 과거의 목표보다 더 범위가 확장되고 더 많은 성과를 지향하는 것이어야 한다.

③ 목표는 달성할 수 있는 범위 내의 것이어야 한다.

④ 목표는 명확할 뿐만 아니라 산출지향적인 달성점(Achievement Point)으로 연계되어야 한다(단기적이고 구체적 목표, 계량적 목표를 중시).

4. MBO의 운영과정

(1) MBO를 위한 준비: MBO의 진행에 대한 조직구성원들의 이해가 필요하고 현실성 있으며 실현가능성이 있는 목표를 설정하기 위해 현재 조직이 처해 있는 상황, 조직구성원의 욕구, 조직이 처한 문제와 이슈들이 정확히 진단되어야 한다. 이 단계에서 부하들의 직무를 명확히 정의해야 한다. 즉, 부하의 직무의 내용, 직무와 관련된 의무, 요구, 책임 같은 것이 명확히 정리되어야 한다.

(2) 목표의 설정: 조직이 실제로 달성하고자 하는 미래의 상태인 목표를 명확히 해두는 창조적 단계이다. 여기서 목표라고 할 때에는 비교적 단기적이면서 측정 가능한 구체적인 목표를 말한다. MBO의 목표설정은 상관과 부하직원들의 적극적 참여를 기본으로 한다. 즉, 상관과 부하들의 협의를 통하여 목표가 설정된다.

(3) 목표의 수행: 목표의 수행 단계는 설정된 목표를 달성하기 위한 계획을 수립하고 이 계획에 입각하여 목표를 달성시키기 위한 행동과정이다(자율적·분권적 분위기).

(4) 목표의 평가: 평가를 통해 그 결과를 활용함으로써 관리자에게 앞으로 나아갈 방향에 대한 현재의 위치를 확인해 준다. 나아가 평가결과는 관리자로 하여금 목표 완수를 위한 의사결정을 가능하게 해준다. 이런 목표의 평가는 크게 두 가지로 정리될 수 있다.

① **중간평가**: 평가기간 중 종업원과 관리자가 공통으로 목표달성을 향한 과정을 점검하는 것을 말한다.

② **최종평가**: 목표수행이 끝나고 난 뒤에 종업원과 관리자가 목표수행의 결과를 검토하는 것을 말한다.

> **개념더하기** ▶ 합의에 의한 목표설정
>
> • 상관의 중요한 목표와 연결되어야 한다.
> • 부하직원의 가장 중요한 책임을 반영해야 한다.
> • 현존하는 자원의 범위 내에서 합당한 노력을 할 경우에 달성될 수 있는 것이어야 한다.
> • 상관이 기획과 직원들의 발전과 같은 측면을 관리하는 것을 포함해야 한다.
> • 사람들이 그 의미를 잘못 해석하거나 그 의미에 대해 의견의 불일치가 발생하지 않도록 명확히 규정되어야 한다.

5. 피드백(시정조치)

MBO의 마지막 단계는 목표 수행에 대한 평가 결과가 다음의 목표를 설정하는 데 피드백되는 과정이다.

6. MBO의 장점

(1) MBO는 목표수행과정에서 참여자들 간에 빚어질 역할 갈등을 줄여 준다.

(2) 조직관리의 민주화를 촉진시킬 수 있다.

(3) 관료제의 병폐를 완화하거나 제거할 수 있다.

(4) 조직 참여자들의 사기를 높여 준다(참여).

(5) MBO는 조직의 미비점을 신속히 발견할 수 있게 해준다.

(6) MBO는 과정 대신에 산출 내지 결과를 강조한다(효과성 제고).

(7) MBO는 정보의 상·하향을 개선시켜 준다.

(8) MBO는 계선관리자(Line Manager)들로 하여금 하위 집행기관 내 기획도 하게 한다.

(9) MBO는 인사평가를 보다 쉽게 해 준다(다면평정의 기초제공).

(10) 조직목표와 개인의 목표를 일치시킨다.

7. 문제점

(1) 적합한 목표를 설정하기가 어렵다.

(2) MBO는 성과의 질적인 측면보다는, 양적인 측면만 강조하는 경향이 있다.

(3) MBO를 실제로 운영하는 데는 많은 시간이 걸리고 관리자들은 과중한 서류작업의 부담을 지게 된다.

(4) 단기 부분 목표만을 강조하는 경향이 있다(장기 목표 경시, 전체 목표 경시).

(5) 인간중심적인 관리방식에 대한 경험이 없는 조직에 이 제도를 도입할 경우 MBO에 대해서 매우 소극적이고 저항감 있는 태도를 보이기 쉽다.

(6) 조직의 환경이 급변할 경우에 이에 시급히 대처할 수 있는 관리방안으로는 부적합하다(폐쇄적 관점).

(7) MBO는 조직체제가 권위주의적인 관리자에 의해 운영되고, 신축성이 없는 관료주의적 정책이나 규칙에 의해 지배되고 있는 경우에는 성공하기 어렵다.

(8) Y론적 인간관에 대한 편견이 내재되어 있다.

더 알아보기

MBO와 OD의 비교

비교	MBO(목표관리)	OD(조직발전)
목적	단기적 목표성취, 결과 중시	장기적 과정 중시
운영방향	상향적(구성원의 참여)	비교적 하향적(최고관리자의 개혁의지)
주도자	내부인사(능간센터등 등 계선 흥보)	외부전문가 참여
관련기법	일반관리기법	행태과학적 지식활용
관점	목표모형	체제모형(MBO보다 포괄적 전략)
계량화	계량화된 양적 목표를 중시	주관적·질적 의식의 변화(계량화와 무관)
공통점	• Y이론적 관리방식 • 대내적 민주성, 조직목표의 조화, 능력발전·사기 중시 • 조직의 내부갈등문제를 부정적으로 보지 않고, 갈등의 건설적 해결을 중시 • 조직의 효과성 향상 • 평가·환류 중시 • 조직의 변화와 쇄신을 추구하는 조직동태화 전략, 관료제의 경직성 완화 • 갈등을 부정적으로만 인식하지 않고 건설적 해결 강조 • 팀워크 중시	

2 성과점검체제(PMS; Performance Monitoring System)

1. 성과점검체제의 의의

성과점검체제는 산출이 일상적이고 변하지 않는 것이어서 목표를 설정하고 관측하기 위한 면대면의 교섭이 별로 필요하지 않을 경우에 활용된다.

2. 성과점검체제의 특징(MBO와 차이점)

순수한 형태의 성과점검체제는 다음 표와 같이 MBO와 다르다.

구분	MBO	성과점검체제
측정된 산출에서의 변화	산출은 사업이 변화할 때마다 같이 변화하고 특정사업에 한정되어 측정	일부의 변화, 계속되는 산출 범주
자료의 범위	개별 관리자와 그들의 사업단위를 포함	전체적인 부서와 사업소를 포함
포괄되는 업무의 유형	보통 사업	보통 계속적인 운영
목적 설정	면대면 협상을 통해서 설정	자주 일방적이며, 과거의 성과 혹은 공학적인 기준에 의한 것
자료수집과 점검	관리자에 의해 수행되고, 면대면 회의에서 토론됨	참모에 의해 수행되고, 정기적인 메모 혹은 보고서에 의해 배포되는 정보

3 총체적 품질관리(TQM; Total Quality Management)

1. TQM의 의의

(1) **개념**: TQM이란 품질관리 차원에서 고객의 요구와 기대를 만족시켜주기 위해 수량적 방법의 이용과 종업원의 참여를 통한 조직의 과정·산출물 및 서비스 품질의 계속적 개선을 지향하는 총체적이며 종합적인 관리체제 내지 조직의 접근 방법이라고 할 수 있다.

(2) **대두배경**: TQM은 원래 미국의 통계학자인 데밍(Deming)에 의해서 고안되었으나, 먼저 제2차 세계대전 직후 폐허가 된 일본에서 받아들여져 전후 일본 기업들의 성공 근간이 되었으며, 1970년대 후반부터는 경쟁력을 잃은 미국의 기업들로 역수출된 관리기법이다.

2. 전통적 관리와 TQM

전통적 관리	총체적 품질관리
품질의 수준은 전문가가 이미 설정한 기준에 의해 규정된다.	고객의 요구와 기대가 품질의 수준을 규정한다.
관리전문가들에 의해 미리 설정된 표준을 벗어나지 않는 한 실수와 낭비를 용인한다.	실수가 용인되는 지점까지 상품이나 서비스를 생산할 수 있는 체제가 될 수 있도록 작업관리과정을 계속적으로 개선하는 데 초점을 둔다.
품질통제는 상품이나 서비스가 생산되고 난 뒤에 그것을 조사, 평가하는 것이다.	일선관리자에게 권한을 부여함으로써 품질 통제와 품질보증이 사전에 이루어질 수 있게 해준다. TQM에서의 품질개선의 문제는 상향적으로 이루어지는 것이다.
X이론에 입각한 테일러식의 관리방식으로 구조면에서 중앙집권적 계층질서를 강조한다.	Y이론에 입각한 관리방식으로 구조면에서 보다 분권적이고 수평적인 계층제를 강조하여 수평적인 조직구조를 주장한다. 즉, 참모기능의 많은 부분이 작업자와 일선관리자에게 간다.

품질과 생산을 향상시키기 위해 자동차와 컴퓨터 같은 기술진보에 과도하게 의존하려 한다.	기술진보를 무시하지는 않으나 그보다는 오히려 작고 점증적이어도 작업이 이루어지는 방법을 지속적으로 향상시킴으로써 얻을 수 있는 수확에 더 중요성을 두고 있다. TQM에서는 이를 지속적 과정개선(Continuous Process Improvement)이라고 한다.
고객의 요구에 대한 이해가 애매하다.	내부와 외부고객들의 요구를 이해하고 이를 충족시켜주기 위한 체계적 접근 방법을 활용한다.
관리자 혹은 전문가들에 의한 문제해결과 의사결정이 구조화되고 체계화되어 있지 않다. 즉, 문제해결과 의사결정이 주로 가정과 직감에 의존하여 이루어진다.	자료지향적이다. 즉, 사실에 의한 관리를 중시하고 있다. 그래서 TQM의 경우 문제해결과 의사결정은 정밀한 자료와 과학적 절차를 이용한 사실에 기초하여 이루어진다.

3. MBO와 비교

구분	목표관리	총체적 품질관리
안목	단기적 · 미시적 시각	장기적 · 거시적 시각
보상	개인별 보상 중시	팀 보상 중시
환경	폐쇄체제적 관점(내부)	개방체제적 관점(고객참여)
초점	. 결과지향, 사후적	과정, 절차, 문화지향, 사전적 · 예방적
계량화	양적 목표 중시, 계량화 중시	질적 목표(정성적 목표) 중시, 계량화 중시하지 않음
지향점	효과성 지향(대내지향)	고객 지향(대외지향)
목표	상하 간 합의	고객요구
공통점	Y이론적 관리, 민주적 · 분권적 관리, 팀워크 강조, 구성원의 참여 중시	

4. TQM의 과정

(1) **실시 여부 검토 단계:** 구성원들은 자신이 하는 일과 업무의 양을 기술하고 고객이 누구이며, 고객을 위해 향상시켜야 할 업무과정이 무엇인지를 식별한다.

(2) **계획 단계:** 업무수행과정에서 결함 · 지연 · 재작업이 자주 발생하는 곳이 어디인지를 확인하고 그 원인을 규명한다.

(3) **집행 단계:** 업무과정을 개선하기 위한 대책을 마련하고 이를 시험적으로 시행해 본다.

(4) **결과 도출 단계:** 개선안의 시험적 실시가 성공적이면 이를 조직 전체에 도입한다.

(5) **장기적인 제도화 단계:** 지속적인 평가와 환류과정을 통해 위 개선작업 단계들의 결점이 없어질 때까지 업무수행과정을 개선해 나간다.

5. 데밍(Deming)의 경영전환을 위한 14가지 지침

(1) 생산과 서비스의 향상을 위한 목표를 지속적으로 만들어라.

(2) 철학을 새롭게 하라.

(3) 사후의 일괄적인 평가시스템에의 의존에서 탈피하라.

(4) 가격에만 의존하는 계약체계를 중지하라.

(5) 운영과 서비스 체제에 있어서 지속적인 개선을 하라.

(6) 직무훈련에 있어서의 현대적 방법을 만들어라.

(7) 리더쉽에 대한 현대적인 방법을 만들어라.

(8) 두려움을 없애라.

(9) 부서 간의 장벽을 없애라.

(10) 업무에 있어서 슬로건이나 훈계 및 수사적인 목표를 없애라.

(11) 업무의 기준과 업무 할당을 없애라.

(12) 업무 수행에 있어 자긍심을 저해하는 요소를 제거하라.

(13) 교육프로그램을 활성화하라.

(14) 위의 13가지를 지속적으로 지지할 수 있는 최고관리층에 있어서의 제도화된 구조를 형성하라.

6. 공공부문의 조직에 있어서의 TQM

(1) TQM을 공공부문에 도입해야 하는 필요성
① 고객만족의 향상
② 조직 구성원의 적극적 참여를 통한 사기 진작
③ 조직 자체의 생존 및 행정의 대응성 강화
④ 행정의 민주화

(2) 공공부문에 TQM을 도입할 때 예상되는 문제점
① 민간부문을 대상으로 개발된 것이므로 공공조직에 적합하지 않다.
② 고객을 정확하게 규정하기 어렵다.
③ TQM에서 중요시되는 과정이 경시되고 있다.
④ TQM에 적합한 조직문화를 갖기 어렵다.
⑤ TQM의 도입과 운영에 제약을 많이 받는다.

(3) 공부문에 대한 TQM 도입의 한계
① 기본적으로 투입이 중시되고 때로는 산출이 중요시되며 엄격한 규칙에 입각한 절차의 통제가 높은 관심의 비중을 차지하고 있는 공공부문의 조직에서, 품질 향상을 위한 절차의 활용을 기본적인 논리로 삼고 있는 TQM이 성공적으로 실시되기는 어렵다.
② 공공조직에서는 정책결정자 또는 최고관리자들의 이직이나 전직이 빈번하고 신분도 상위직으로 갈수록 불안정하여, TQM에 적합한 조직문화를 조성하기 어렵다.
③ 공공부문의 경우 관리자들의 업무수행은 규칙이나 법률에 과도하게 구속되어 있으므로, TQM을 위해 위험부담을 무릅쓰고 혁신을 시도하는 행위를 허용하지 않는다.

1. 6시그마 운동

시그마(δ)란 통계학에서 표준편차를 의미하나 품질관리에서는 불량정도를 표시하는 척도로 사용된다. 고객만족이 곧 품질이라는 인식 하에 철저한 통계와 데이터에 근거해 불량률 제로를 추구하는 통계적 품질관리전략의 일종이다.

2. ISO 9000

각각 ISO 9001, 9002, 9003, 9004로 군을 이루고 있다. 우선 ISO 9000은 품질관리 및 품질보증의 규격선택 · 사용을 위한 일반 지침으로서 ISO 9001, 9002, 9003 중 어떤 것을 품질보증 모델로 선택할 것인가에 대한 지침을 제시하며, 또한 ISO 9004는 품질관리 및 품질체계의 요소에 대한 지침을 제시한다. 품질보증의 직접적인 척도로서 ISO 9001은 설계 · 개발 · 생산 · 설비 · 서비스, 9002는 생산 · 설비 · 서비스, 9003은 최종검사 및 시험에 대한 표준화한 규격을 제시하며 9001의 적용범위가 가장 넓다.

3. ISO 14000

국제표준화기구(ISO)에서 기업의 환경경영시스템에 대한 요구사항을 규정한 규격으로 기업활동의 전과정에 걸쳐 지속적 환경성과를 개선하는 일련의 경영활동을 위해 조직이 구축한 환경경영시스템이 규격에 적합한지를 제3자 인증기관에서 객관적으로 평가하여 인증해 주는 제도이다.

4. 범세계적 품질관리(GQM; Global Quality Management)

초국가적 품질관리운동으로 범세계적인 네트워크 구축을 통해 매우 다양한 각국 고객의 만족을 추구하는 품질관리기법이다.

5. 통계적 품질관리(SQC; Standard Quality Control)

고객만족을 위한 품질향상을 위하여 통계적 표준을 설정하고 준수하도록 하고 이에 따른 데이터를 분석 · 평가하여 피드백하도록 하는 품질관리기법이다.

6. ISO 26000

사회적 책임표준관리로, 기업의 윤리경영지침에 해당한다.

4 업무처리 재설계(BPR; Business Process Reengineering)

1. BPR의 의의

(1) 개념: 업무처리 재설계(BPR)는 업무 프로세스(Business Process)를 기본적으로 다시 생각하고 근본적으로 재설계(Radical Redesign)하여 성과 중심, 고객 중심의 행정체제를 달성하자라는 것으로, 업무처리 과정절차에 초점을 맞추고 있는 급진적 행정개혁 전략이다.

(2) RPR 추진을 위하여 반드시 지켜야 할 원칙[해머와 챔피(Hammer & Champy), 1993]

① 업무 자체보다는 업무의 결과를 중심으로 조직화하라.

② 프로세스의 결과를 이용하는 사람이 해당 업무를 수행하게 하라.

③ 정보처리업무는 정보를 실제로 생산하는 업무에 포함시켜라.

④ 지리적으로 분산되어 있는 자원을 마치 중앙에 집중되어 있는 것처럼 취급하라.

⑤ 병행 업무에 대해서는 결과의 통합이 아닌, 과정의 연결을 시도하라.

⑥ 의사결정점을 실제로 업무가 수행되는 곳에 두고, 통제를 처리과정의 일부로 만들어라.

⑦ 정보의 압력은 발생지역 단 한 곳에서만 이루어지게 하라.

(3) BPR 추진 절차

① **사업비전과 프로세스별 목표의 개발**: 비용절감, 작업시간 절감, 작업환경 개선, 권한위임과 같은 구체적인 사업 비전과 프로세스별 목표를 찾아내고 이들의 우선순위를 확정한 후 최종목표치를 정량화시켜 확정한다.

② **재설계 대상 핵심 프로세스의 규명**: 프로세스의 성과에 강한 영향을 미치는 핵심 프로세스 또는 문제가 되는 병목 프로세스를 찾아내어 재설계대상 프로세스로 확정하고 각 프로세스별 책임자를 선정하는 작업을 수행한다.

③ **기존 프로세스의 이해와 측정**: 프로세스 재설계에 앞서, 일단 발견된 문제는 더 이상 반복하지 않고, 정확한 측정과 분석을 통하여 향후 개선의 기준으로 삼기 위하여 필요한 단계이다. 문제와 오류를 해결하고 개선된 프로세스를 위해 완전한 프로세스와 신중히 비교·분석해야 한다.

④ **필요 정보기술의 탐색**: 요구되는 정보기술을 탐색하는 단계이다.

⑤ **프로세스 원형의 설계 및 구축**: 프로세스를 실제로 구축하게 되지만 이는 프로세스 재설계의 마지막이 아니라 원형을 이용해 순환적 수정을 통하여 최적의 프로세스를 찾아나가는 형태이다.

5 고객관리(시민헌장, 행정서비스 헌장제를 중심으로)

1. 고객지향적 정부의 의의

고객지향적 정부란 고객의 입장과 시각에 입각한 정부로서, 고객에게 행정서비스에 관한 선택과 평가의 기회를 부여함으로써 실현되는 것이라고 할 수 있다. 이러한 고객지향적 정부 하에서는 국민이 정부에 대한 주인이며, 동시에 고객인 국민에게 최적의 방법으로 높은 질의 행정서비스를 제공함으로써 국민을 최대한 만족시켜주는 정부를 목표로 삼는다.

2. 고객지향적 정부의 구체방안

(1) 고객접점 최우선: 고객인 국민과 정부의 행정서비스가 가장 먼저 접촉되는 현장서비스 접점에서 행정서비스 실태를 파악하고 이를 토대로 효과적 공공고객만족(CS)관리의 출발점으로 삼아야 한다.

(2) 정기·정량·정성적 측정: 제공되는 행정서비스에 대한 고객만족도를 정량적·정기적으로 측정하는 것이 공공고객만족 관리의 또다른 중요한 전략이다.

(3) 관리자 주도: 공공고객만족 관리의 확산에는 정책결정자 및 관리자들의 지대한 관심과 추진능력이 절대적으로 필요하다.

(4) 서비스기준제도의 도입: 시민헌장제도

(5) 리엔지니어링, TQM 등 고객만족도 향상을 위한 관리기법 도입

3. 고객지향행정에 대한 비판(한계)

(1) 고객 범위의 모호성: 규제행정과 같은 경우 규제기관에게는 피규제 기업들이나 죄수들과 같이 행정기관의 서비스를 요구하지 않는 이른바 비자발적인 고객을 고객의 범주에 포함시킬 수 있는지가 문제된다.

(2) 고객들 사이에 요구상충: 더욱 심각한 문제는, 다양한 고객집단들 사이에 행정서비스에 관한 견해와 이해관계가 엇갈려 어느 한 고객집단을 위한 행정이 다른 고객집단들에게는 손실을 끼칠 수 있다.

(3) 고객의 행정 욕구 파악에 관한 불투명성

(4) 고객지향과 행정의 민주성과의 관계: 고객만족 행정의 개념은 지나치게 소비자 관점이므로 시민의 정치적 성격을 훼손시킨다.

4. 시민헌장제도(행정서비스 헌장제도)

(1) 의의: 시민헌장제도는 각 공공기관에 대하여 의무조항을 명시하고 일반국민이 당연히 누려야 할 권리도 명시하고 있다. 제공될 서비스의 기준을 설정하여 불이행시에는 일반국민들이 시정조치를 요구할 수 있도록 하였다.

(2) 시민헌장제도의 기본원칙

① **서비스의 표준화:** 공공서비스는 이에 대한 분명한 표준이 설정되어야 하며, 설정된 표준은 그 서비스가 전달되는 경로에 적절하게 공표되어 이용자가 합리적으로 이용할 수 있어야 한다. 표준은 관례법령에 기준을 두고 정확하여야 하며, 관계직원의 도움에 관한 사항, 서비스 대기기간들이 반드시 포함되어야 한다.

② **정보와 공개:** 공공서비스의 과정에는 어떠한 비밀이 있어서는 안 된다. 시민들은 어떠한 서비스가 제공되고 있는지에 대하여 완전하고도 정확한 정보를 쉽게 접할 수 있어야 한다.

③ **선택과 상담:** 공공부문의 서비스는 어디에서나 처리가 가능하도록 하며 시민들이 이를 선택할 수 있어야 한다. 서비스를 받은 경험이 있는 시민의 의견은 상담을 통해 체계적으로 수렴되어야 한다.

④ **정중함과 도움:** 공공서비스는 어떠한 차별도 없이 공평하게 공급되어야 하며 언제나 정중하고 친절한 담당직원의 도움을 받을 수 있어야 한다.

⑤ **잘못된 서비스의 시정과 보상체계:** 서비스가 잘못된 경우에는 적절한 설명이나 사과를 받아야 하며, 즉각적이고도 효과적인 구제조치가 이루어져야 하고, 불평을 처리할 절차가 잘 안내되어 있어야 한다. 또한 설정되고 공표된 서비스 기준이 의미를 가지려면 서비스 기준에 미달되었을 경우 어떤 방식으로든지 고객에 대한 보상메커니즘이 있어야 한다.

⑥ **비용에 대한 인식:** 정부는 가용 가능한 자원의 범위 내에서 공공지출을 가장 경제적이고도 효율적인 방법으로 집행할 의무를 진다.

(3) 시민헌장의 도입 사례

① **영국:** 영국의 경우 서비스에 대한 고객만족도를 제고하고 고객지향적 행정을 구현하기 위하여 행정서비스 기준을 설정하고 이를 시민의 권리로 인정하는 '시민헌장제도'를 도입하였고 이후 1996년 블레어의 노동당 정부에 의한 '서비스 제일주의'로 연결되어 계속 강조되어 오고 있다. 영국 시민헌장에서 정한 서비스 원칙에 따라 각 기관에서는 기관별 특성이나 서비스의 종류에 따라 구체적인 헌장을 마련하여 시행하고 있다. 이러한 영국의 대표적인 시민헌장으로는 철도청의 승객헌장, 교육고용부의 학부모헌장* 및 구직자헌장, 국세청의 납세자헌장, 보건부의 환자헌장 등을 늘 수 있다.

② **미국 등:** 미국, 캐나다 등 대부분의 OECD국가에서도 이와 유사한 서비스기준제도를 운영하고 있다.

③ **시민헌장제의 평가**

㉠ **장점:** 종전에 존재하던 정부와 국민의 암묵적·추상적 관계를 구체적·계약적 관계로 전환시켜줌으로써 행정에 대한 주민들의 근접통제의 물리적 한계를 극복해주는 계기가 된다.

㉡ **단점:** 공공서비스의 무형성으로 인하여 질을 구체화·객관화하기가 어렵고 모든 행정오류를 금전으로 연계시켜 보상하려는 편협한 경제적 논리에 젖어 있다는 지적과 지나치게 서비스기준을 표준화·구체화시킨 나머지 공무원의 창의성과 행정의 유연성을 저해한다는 비판을 받는다.

---

* 　학부모헌장

영국 교육고용부의 학부모헌장은 크게 다섯 가지 사항을 규정하는데, 학부모의 알권리는 물론 잘못된 경우의 시정 권리까지 규정하고 있다. 이 헌장에 따라 학교는 모든 학부모에게 1년에 최소한 1번은 아동의 학업진도보고서를 서면으로 통보하여야 한다. 여기서는 국가교육과정에 따른 과목별 성취도와 그들의 시험 결과, 그리고 출석률 등 일반적인 진전사항이 포함되어 있어야 한다.

④ 우리나라의 행정서비스 헌장제도: 우리의 경우 1997년 마련된 행정서비스 헌장제정지침(대통령훈령)에 의거하여 시작되었다.

　　㉠ 중앙행정기관 및 그 소속기관에 적용함을 원칙으로 한다. 지방자치단체, 법령에 의하여 행정권한을 가지고 있거나 위임 또는 위탁받은 법인·단체 및 그 기관은 이를 준용할 수 있다.

　　㉡ 행정기관의 장은 헌장을 제정하거나 개선한 때에는 이를 국민이 충분히 알 수 있도록 관보 등에 게재하거나 일정한 장소에 게시하여야 한다.

　　㉢ 헌장의 제정 및 개선 원칙
- 서비스는 고객의 입장과 편의를 최우선으로 고려하는 고객 중심적일 것
- 고객에게 제공되는 서비스의 내용은 고객이 쉽게 알 수 있도록 구체적이고 명확할 것
- 행정기관이 제시할 수 있는 가장 높은 수준의 서비스를 제공할 것
- 서비스제공에 소요되는 비용과 고객의 편익이 합리적으로 고려된 서비스의 기준을 설정할 것
- 서비스와 관련된 정보와 자료를 쉽고 신속하게 얻을 수 있도록 할 것
- 잘못된 서비스에 대한 시정 및 보상조치를 명확히 할 것
- 제공된 서비스에 대한 고객의 여론을 수렴하여 이를 서비스의 개선에 반영할 것

　　㉣ 평가: 각 부처의 헌장 이행 여부를 행정안전부가 매년 평가하고 있다.

6 전략적 관리(SM; Strategic Management)

1. 전략의 의의

(1) 전략의 개념: 전략은 조직의 목표를 설정하거나 달성하기 위한 통합된 의사결정, 행동, 계획이라는 개념에서부터 이러한 개념 외에 목표, 의사결정, 계획 등을 구현하기 위한 수단 모두를 포함하는 것이다.

(2) 특징
① 전략은 조직의 목표와 관련된다.
② 전략은 일련의 의사결정과 조직활동의 과정을 포함하는 것이어야 한다.
③ '조정(Matching)'은 전략과 전략적 관리에 있어서 매우 중요한 요소이다.

(3) 전략의 유형
① 기능적 전략: 기능적 전략(Functional Strategies)은 보통 1년 이내의 짧은 기간 동안에 조직의 다양한 기능들을 목표지향으로 전환하려는 의사결정과 그 실행을 의미한다.
② 경쟁적 전략: 조직에서 경쟁적 전략은 조직이 특정 사업에서 어떻게 경쟁하는지에 관한 내용을 담고 있다. 경쟁적인 전략은 조직의 발전을 위해서 경쟁의 장점으로 어떤 것이 있는지 말해준다.
③ 협동적 전략: 조직의 상위 수준에는 '우리가 어떤 사업에 속해 있고 또 속하길 원하며, 우리가 속한 사업에서 무엇을 할 것인가'라는 보다 장기적이고 광범위한 문제에 대해 고려하는 협동적 전략(Corporate Strategies)이 있다.

> **개념더하기** ▶ 마일스(R.Miles)와 스노우(C.Snow)의 전략유형
> - 투기적 전략: 혁신과 성장 지향, 새로운 시장개척이나 성장기회 탐색, 위험 감수에 관한 전략
> - 방어적 전략: 현재 시장 보호, 안정적 시장 유지, 현재 고객의 유지관리에 관한 전략
> - 분석적 전략: 혁신에 대한 적절한 강조, 현재 고객 만족 유지에 관한 전략
> - 대응적 전략(반응적 전략): 분명한 전략 없이 환경변화에 대응하는 전략

2. 전략적 관리의 개념 정의 및 특징

(1) 전략적 관리의 정의: 전략적 관리는 조직의 구성원들이 현재의 상황을 해석하고, 전략을 결정하고 이를 실행하며, 필요에 따라 전략을 평가하고 변경하는 일련의 과정을 말한다.

(2) 전략적 관리의 특징

① **외부지향적 성격**: 전략적 관리는 조직이 외부환경과 상호작용하는 것을 강조한다.

② **내부지향적 성격**: 전략적 관리는 조직의 다양한 기능적 영역과 활동 간에 상호작용을 하는 데 초점을 맞춘다.

③ **미래지향적 성격**: 전략적 관리는 조직의 미래지향적인 선택에 초점을 맞추고 있다.

3. 전략적 관리의 과정

전략적 관리의 단계에 있어서 이런 각각의 단계는 조직 전략에 있어서의 개발, 변형 등을 포함한다.

(1) 상황의 분석(SWOT 분석을 주로 사용): 상황의 분석은 조직의 맥락을 살펴보고 외부환경을 고려하며 조직 내부의 상황을 살펴보는 것을 포함한다. 이런 상황의 분석은 전략적 관리의 차별성을 보여주는 중요한 요소가 된다. SWOT 분석은 전략적 관리에서 이런 상황분석을 위해 가장 광범위하게 활용되고 있는 것으로 조직이 환경에서 나타나는 기회와 위협을 파악하고 조직의 강점과 약점을 인식하여 전략적 도전방법을 찾아내어 여러 형태의 전략적 반응을 유도하기 위한 기법이다. 즉, SWOT 분석은 조직이 처한 현재 상태를 조직 자체의 강점(Strength), 약점(Weakness), 조직이 처한 기회(Opportunity), 위협(Threat)의 요인으로 구분하여 분석함으로써 미래의 위협에 대비하고 기회를 포착하기 위해 조직이 어떤 전략을 수립하고 집행해야 할 것인지를 일목요연하게 정리해 볼 수 있는 분석기법인 것이다.

(2) 전략의 형성(SWOT 매트릭스 활용): 전략의 형성은 적절한 조직의 전략을 선택하고 디자인하는 것을 의미한다. 이렇게 전략을 형성하는 방법은 먼저 조직의 미션과 비전을 확인하고, SWOT 분석을 통해 전략을 구체적으로 도출하는 것이다.

구분		환경	
		위협(Threats)	기회(Opportunities)
역량	약점(Weakness)	방어적 전략(WT전략)	방향 전환적 전략(WO전략)
	강점(Strength)	다양화 전략(ST전략)	공격적 전략(SO전략)

① **WT전략(방어적 전략)**: 조직이 처한 약점과 위협요인에 주목하여 이를 최소화하는 것을 말한다.

② **WO전략(방향 전환 전략)**: 조직이 스스로의 약점을 최소화하고 기회를 최대한 활용하려는 전략을 말한다.

③ **ST전략(다양화 전략)**: 환경으로부터의 위협에 대처할 수 있는 조직의 강점에 주목하는 전략이다. 즉, 이 전략은 강점을 극대화하고 위협요소를 극소화하는데 그 목적이 있는 것이다.

④ **SO전략(공격적 전략)**: 공격적 전략은 조직의 강점과 기회를 모두 극대화하려는 것을 말한다.

(3) 전략의 집행: 전략의 집행 단계는 전략적 관리를 통해 소기의 성과를 달성하기 위해 수립된 전략에 따라 구체화된 운영계획을 옮기는 단계라고 볼 수 있다.

(4) 전략의 평가: 전략의 평가에는 평가대상의 장점이나 가치를 판단, 의도했던 목표나 요구의 달성정도, 이러한 평가가 의사결정에 얼마나 기여하고 있는지에 대한 검토가 이루어져야 한다.

(5) 계속적으로 반복되는 전략적 관리: 전략의 형성, 집행, 평가가 지속적인 순환 과정이라는 것을 인식해야한다. 성과가 나오면 조직에서는 어떤 수준에서든지 각각의 구성원들이 그 의미를 평가하고 전략에 있어서 필연적으로 적절한 수정을 하게 된다.

4. 공공부문에 있어 전략적 관리의 적용 제약요인

(1) 임무와 목표의 추상성: 공공부문에서 설정하는 조직의 목표는 보통 지나치게 추상적이므로 공공영역에서 각 사업부서에 무슨 일을 해야 할지를 결정해 주는 것은 확실히 어려운 문제라는 것이다.

(2) 창의성과 혁신성에 따른 오해: 특정한 상황 아래에서는 창의적이고 혁신적인 계획이라고 할지라도 이런 창의성과 혁신성에는 기본적으로 오해가 있을 수 있다.

(3) 정치적인 제약: 전략적 관리가 도입되어 성공에 이르려면 의사결정과정에서 조직의 자율성이 많이 부여되어야 하지만, 공공부문의 조직은 보통 정치적인 제약을 받을 수 있는데, 이 경우 독자적인 전략적 결정을 내리기가 어렵다.

(4) 행정 책임성: 전략적 기획은 정치적 의사결정을 대체하지 못한다. 대신 조직에 혜택을 줄 수 있는 방식으로 제기된 문제에 대해 해결책을 제시함으로써 정치적인 의사결정을 향상시키는 데 도움을 줄 수 있다.

(5) 시간적 제약: 공공부문은 단기적인 시계를 가지고 있어서 장기적인 사고방식과 관리방식을 기반으로 하는 전략적 관리의 도입 및 정착이 어려울 수 있다.

(6) 관리자의 재량권 부족

> **개념더하기** 그레이너(Greiner)의 조직성장이론 – 위기관리(Crisis Management)
>
> **1. 의의**
> 그레이너는 조직의 성장 단계를 5단계로 나누고, 조직이 각 단계에서 점진적 성장과 혁신적 변화를 반복하면서 성장한다고 본다. 즉, 각 단계마다 점진적 변화요인과 혁신적 변화요인(위기)이 상이하기 때문에 성장 단계에 따라 위기대응전략을 제시한다.
>
> **2. 조직성장 단계**

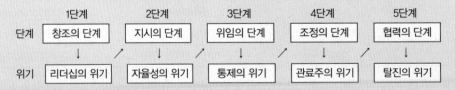

> (1) **제1단계(창조의 단계)**: 소규모 신설조직 조직단계로서 구성원 간 돈독한 비공식 관계가 형성된다. 조직 초기에는 모든 일을 창업주가 맡아서 수행하면서 점진적인 성장을 이룩하게 된다. 그러나 점차 조직의 규모가 커지면서 창업주의 통솔범위의 한계로 인한 리더십의 위기가 발생하게 된다.
> (2) **제2단계(지시의 단계)**: 리더십의 위기를 극복하기 위해 담당부서에 전문경영인을 두어 점진적인 성장을 이룩하게 된다. 그러나 전문경영인에 의한 지나친 지시와 감독은 자율성(상실)의 위기를 발생하게 한다.
> (3) **제3단계(위임의 단계)**: 자율성의 위기를 극복하기 위해 부서의 권한위임에 초점을 두고 점진적인 성장을 이룩하게 된다. 그러나 권한위임에 의한 분권적 경영은 일선관리에 대한 통제를 상실하게 되는 통제의 위기를 발생하게 한다.
> (4) **제4단계(조정의 단계)**: 분권적 경영위기를 극복하기 위해 기업 전체의 업무를 통제하는 장치가 기능별로 설립되어 각 사업단위를 효과적으로 조정함으로써 점진적 성장을 이룩하게 된다. 그러나 공식적인 제도와 절차를 다시 중시하게 되어 형식주의(문서주의)를 야기함으로써 관료주의의 위기를 발생하게 한다.
> (5) **제5단계(협력의 단계)**: 문서주의 위기를 극복하기 위해 구성원 간의 협력을 강조하는 유연한 조직관리(팀제 등)로 점진적 성장을 이룩하게 된다. 그러나 팀워크와 창조적 쇄신에 대한 강한 압력에 지쳐서 탈진(피로감)의 위기를 발생시킨다.

7 균형성과표(BSC; Balanced Score Card)

1. 의의

(1) BSC 방법론은 성과평가 시스템으로, 현재 세계적으로 각광을 받고 있는 새로운 경영방법론이다. 1992년 하버드 대학교의 카플란(Robert S. Kaplan)교수와 르네상스 솔루션사의 노턴(David P. Norton)이 공동으로 개발한 균형성과측정 기록표를 의미한다.

(2) BSC는 조직의 사명과 전략들을 전략적인 측정 및 관리 시스템을 위한 틀을 제공하는 포괄적인 측정지표들의 집합으로 바꾸어 주는 일련의 툴이다.

(3) BSC는 과거의 재무 측정 지표들을(例 투하자본 수익률) 포함하고, 또한 미래 성과를 창출하는 성과 동인들에 대한 측정지표를 보완하고 있다.

(4) BSC는 독창적인 4가지 관점(재무적, 고객, 내부 비즈니스 프로세스, 그리고 학습과 성장의 관점)에 의하여 조직의 전략과 비전을 가시화 하고, 목표를 달성할 수 있게끔 이끌어 준다.

2. 성과측정지표

(1) 재무관점: 우리 조직은 주주들에게 어떻게 보일까?

(매출신장률, 시장점유율, 원가절감률, 자산보유 수준, 재고 수준, 비용 절감액 등)

(2) 고객관점(외부시각): 재무적으로 성공하기 위해서는 고객들에게 어떻게 보여야 하나?

(고객확보율, 고객만족도, 고객유지율, 고객 불만 건수, 시스템 회복시간 등)

(3) 내부프로세스 관점: 프로세스와 서비스의 질을 높이기 위해서는 어떻게 해야 하나?

(전자결재율, 화상회의율, 고객 대응 시간, 업무처리시간, 불량률, 반품률 등)

(4) 학습 및 성장관점(미래시각): 우리 조직은 지속적으로 가치를 개선·창출할 수 있는가?

(성장과 학습지표, 업무숙련도, 사기, 독서율, 정보시스템 활용력, 교육훈련 투자 등)

3. 기존의 성과평가시스템과 BSC의 차이점

(1) BSC에는 네 가지 관점 내에 포함되어 있는 지표들 간의 인과관계가 설정되어 있다.

(2) BSC는 내부 비즈니스 프로세스와 고객 서비스 및 제품의 개선이 어떻게 재무적 성과로 나타나는지를 보여준다.

(3) BSC는 결과 평가지표와 동인 평가지표가 균형을 이루고 있다.

(4) BSC의 평가지표는 조직의 행동과 프로세스를 변화시킬 수 있다. 따라서 각 평가지표는 바람직한 성과를 가져올 수 있도록 변화관리 프로그램과 반드시 연결되어야 한다.

4. 핵심지표 간 관계

BSC는 위 4가지 질문들이 독립적으로 존재하는 것이 아니라 전략적 관점에서 서로 유기적으로 연계되어 있다. 기업 중심의 BSC에서는 재무관점이 가장 상위의 지표가 되며, 학습 및 성장관점이 가장 하위의 지표가 된다. 즉, 가장 하부적인 학습 및 성장관점이 내부 프로세스 관점에 영향을 주고, 내부 프로세스 관점이 고객관점에 영향을 주며, 고객관점이 결국 최상위의 관점인 재무관점에 영향을 준다.

5. BSC 도입 이점

(1) 재무 관점의 평가지표를 통해 단기적인 성과(Short-Term Performance)에 관심을 기울이는 동시에, 나머지 세 관점의 평가지표로 장기적인 성과(Long-Term Performance)의 향상에 기여하는 성과 동인의 관리가 가능하다.

(2) 주주와 고객을 위한 외부 평가지표(External Perspective: 재무, 고객)와 내부 비즈니스 프로세스, 학습과 성장이라는 내부 평가지표(Internal Perspective) 간에 균형을 이룬다.

(3) 재무지표(Financial Measure)와 비재무지표(Non-Financial Measure) 간의 균형결과(Outcome Measure)와 동인지표(Performance Driver) 간의 균형을 이룬다.

6. BSC 설계

BSC의 설계의 일반적 수행단계는 미션과 비전의 재정립, 전략목표와 성과목표 개발, 목표에 따른 지표개발, 성과관리시스템의 구축, 혁신·변화관리 마인드 제고를 위한 교육과 훈련, 시스템의 안정적인 관리를 위한 보안대책 및 장애대책의 제시 등으로 구성되며 워크숍과 교육, 가이드 제시 및 과제물 검토 등을 통하여 수행한다.

(1) 미션: 미션이란 우리 기관의 존재 이유 또는 사명을 의미한다.

(2) 비전: 5~10년 내에 기관이 이루어 내고자 하는 꿈이 실린 목표를 설정하고 바람직한 미래의 모습을 제시하는 것을 의미한다.

(3) 전략목표: 전략목표는 비전달성을 위한 핵심과제 또는 전략과제로 "비전달성을 위해 '무엇'을 할 것인가"에 대한 답을 찾는 'What'의 개념이다.

(4) 성과목표: 전략목표를 성과지표와 논리적으로 연계시키기 위해서는 전략목표 달성에 요구되는 핵심 성공요인인 성과목표가 파악되어야 한다[전략목표 – 성과목표 – 성과지표(성과목표달성 여부 측정)의 논리적 과정을 거치게 됨].

7. 공공부문에의 적용

(1) BSC는 사업단위의 성과표이다. 따라서 공공부문에 도입 시 필연적으로 팀제가 구성되어 있어야 한다.

(2) 지표들 간 인과관계 재배열: BSC의 성과지표 중 재무관점을 인과적 배열의 최상위에 둔다. 그러나 공공 영역에서는 재무적 가치가 궁극적 목적이 될 수 없기 때문에 기업과는 다른 BSC의 인과구성이 필요하 다. 구체적으로 기관의 특성이 사기업에 가까운 경우, 재무관점이 포함되는 것이 당연하겠지만, 기관 외적인 메커니즘에 의해 예산이 할당되는 경우 재무측면은 하나의 제약조건으로 보고 사명달성의 성과 또는 고객관점을 가장 상위에 두는 것이 바람직하다. 하지만 공공부문의 고객 확정이 어렵다는 난점이 있다.

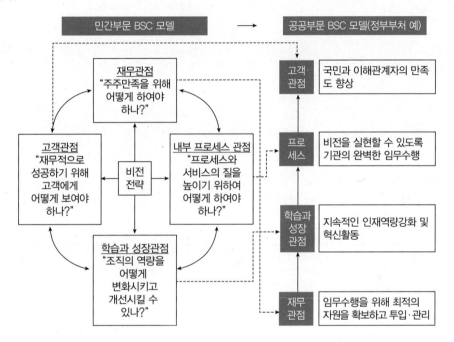

성과평가모형

논리모형	논리모형(Logic Model)은 단기적인 산출물이나 성과보다는 직무활동이 설정된 성과목표를 성취하는 과정이나 인과경로를 중시한다.
목표모형	산출이나 성과, 목표달성도를 중심으로 하는 평가
성과표준평정법	성과표준평정법(Performance Standard Appraisal)은 구체적이고 측정 가능한 성과수준을 명시하고 성과를 평가하는 방법이다.
균형성과평정법	균형성과평정법(Balanced Score Card)은 내부와 외부, 결과와 과정 등 다양한 관점을 균형 있게 고려하여 평가하려는 방법이다.
행태관찰평정법	행태관찰평정법(Behavioral Observation Scales)은 성과와 관련된 직무행태를 관찰하여 행동의 발생빈도를 측정하여 척도로 표시한다.

개념확인

01 거시조직이론 중 조직군 생태학이론은 조직의 주도적 선택을 강조한다. (○, ×)

02 공동체 생태학이론은 조직의 내적 논리를 강조한다. (○, ×)

03 자원의존이론은 환경에 피동적인 조직의 특성을 강조한다. (○, ×)

04 조직의 규모가 클수록 분권화되는 경향이 있다. (○, ×)

05 네트워크조직은 조직의 정체성과 응집력을 강화시킬 수 있다. (○, ×)

06 블라우(Blau)와 스콧(Scott)은 기능을 중심으로 조직의 유형을 분류하였다. (○, ×)

07 파슨스(Parsons)는 경찰조직을 사회통합기능을 수행하는 통합조직으로 분류하였다. (○, ×)

08 에치오니(Etzioni)는 민간기업체를 공리적 조직으로 분류하였다. (○, ×)

09 아담스(Adams)의 공정성 이론은 조직에서 정당한 보상이 얼마나 중요한지를 보여준다. (○, ×)

10 매슬로(Maslow)의 욕구계층이론은 두 가지 이상의 욕구가 동시에 작용해 복합적으로 하나의 행동을 유발한다고 주장한다. (○, ×)

11 리더십 상황이론에는 블레이크(Blake)와 머튼(Mouton)의 관리그리드 이론이 있다. (○, ×)

12 허시(Hersey)와 블랜차드(Blanchard)의 경로 – 목표이론에 의하면 부하의 성숙도에 따라 리더의 역할이 달라져야 한다. (○, ×)

13 블레이크와 머튼(Blake & Mouton)은 관리그리드 모형에서 과업 지향, 인간관계지향이라는 기준을 활용하여 리더십 유형을 분류하였다. (○, ×)

14 허시(Hersey)와 블랜차드(Blanchard)는 부하가 가장 미성숙한 상황에서 점점 성숙해간다고 할 때, 가장 효과적인 리더십 유형을 지시형 → 설득형 → 참여형 → 위임형이라고 정의한다. (○, ×)

15 소식말선 기법인 감수성 훈련은 실임실훈련 혹은 T – 집단훈련이라는 명칭으로 불린다. (○, ×)

16 조직발전 기법인 감수성 훈련은 갈등과 상호관계에 관련된 능력을 개선할 목적으로 사용된다. (○, ×)

17 조직의 목표와 조직원의 목표를 통합하여 조직의 목표 달성을 유도한다. (○, ×)

18 목표관리제는 조직문화가 권위주의적일수록 효과적이다. (○, ×)

19 목표와 산출을 연계하여 조직원이 직무에 몰입하도록 유도한다. (○, ×)

> **OX정답확인**
>
> **01** × **02** × **03** × **04** ○ **05** × **06** × **07** ○ **08** ○ **09** ○ **10** × **11** × **12** × **13** ○ **14** ○ **15** ○
> **16** ○ **17** ○ **18** × **19** ○

01

다음 중 신고전적 조직이론의 특징으로 가장 옳지 않은 것은?

① 사회적 능력과 사회적 규범에 의한 생산성 결정
② 계층적 구조와 분업의 중시
③ 비경제적 요인과 비공식집단의 중시
④ 의사소통과 참여의 중시

02

다음 중 귤릭(Gulick)의 조직 설계의 고전적 원리에 대한 설명으로 옳지 않은 것은?

① 전문화의 원리란 전문화가 되면 될수록 행정능률은 올라간다는 것을 의미한다.
② 명령통일의 원리는 명령을 내리고 보고를 받는 사람이 한 사람이어야 한다는 것을 의미한다.
③ 통솔범위의 원리는 부하들을 효과적으로 통솔하기 위해 부하의 수가 한정되어야 한다는 것을 의미한다.
④ 부서편성의 원리는 조직편성의 기준을 제시하며, 그 기준은 목적, 성과, 자원 및 환경의 네 가지이다.

03

다음 중 외부환경의 불확실성에 대응하는 조직구조상의 특징에 따라 기계적 조직과 유기적 조직으로 구분하는 경우에, 유기적 조직의 특성에 해당하는 것을 모두 고른 것은?

㉠ 넓은 직무범위	㉡ 분명한 책임관계
㉢ 몰인간적 대면관계	㉣ 다원화된 의사소통 채널
㉤ 높은 공식화 수준	㉥ 모호한 책임관계

① ㉠, ㉣, ㉥
② ㉡, ㉢, ㉤
③ ㉡, ㉣, ㉤
④ ㉠, ㉢, ㉥

04

다음 중 관료제 병리에 관한 연구 내용과 학자 간 연결이 옳지 않은 것은?

① 굴드너(Gouldner) – 관료들이 규칙의 범위 내에서 소극적으로 행동하는 무사안일주의를 초래한다.
② 굿셀(Goodsell) – 계층제 조직의 구성원이 각자의 능력을 넘는 수준까지 승진하게 되는 병리현상이 나타난다.
③ 머튼(Merton) – 최고관리자의 관료에 대한 지나친 통제가 관료들의 경직성을 초래한다.
④ 셀즈닉(Selznick) – 권한의 위임과 전문화가 조직 하위체제 간 이해관계의 지나친 분극을 초래한다.

05

다음 중 애드호크라시(Adhocracy)에 대한 설명으로 가장 옳지 않은 것은?

① 애드호크라시는 특정 업무를 수행하기 위해 다양한 분야의 전문가가 일시적으로 구성된 후 업무가 끝나면 해체되는 경우가 많다.

② 애드호크라시는 문제해결 지향적인 체계이다.

③ 애드호크라시는 변화가 심하고 적응력이 강한 임시적인 체계이다.

④ 애드호크라시는 수평적 조직형태를 갖추고 있기 때문에 권한과 책임을 둘러싼 갈등은 발생하지 않는다.

06

동기요인 이론에 대한 설명으로 옳지 않은 것은?

① 아담스(Adams)의 공정성 이론에 따르면 공정하다고 인식할 때 동기가 유발된다.

② 매클리랜드(McClelland)의 성취동기이론에 따르면 개인들의 욕구가 학습을 통해 개발될 수 있다.

③ 브룸(Vroom)의 기대이론에서 기대감은 특정 결과는 특정한 노력으로 인해 나타날 수 있다는 가능성에 대한 개인의 신념으로 통상 주관적 확률로 표시된다.

④ 앨더퍼(Alderfer)의 ERG이론에 따르면 상위욕구 충족이 좌절되면 하위욕구를 충족시키고자 할 수 있다.

01 정답 ②

계층적 구조와 분업을 중시하는 이론은 고전적 조직이론이다.

02 정답 ④

굴릭(Gulick)은 부서편성의 원리를 목적(기능), 과정(절차, 수단), 고객(수익자), 취급별(대상별), 지역(장소)으로 구분하였다.

03 정답 ①

㉠, ㉣, ㉺만 유기적 구조의 특징에 해당한다. 나머지는 모두 기계적 구조의 특징이다.

04 정답 ②

굿셀(Goodsell)이 아니라 피터(Peter)가 주장한 병리현상이다.

05 정답 ④

애드호크라시는 계층제 형태를 띠지 않기 때문에 오히려 권한과 책임이 모호하여 조직 내 갈등이 발생할 가능성이 높다. 수평구조인 팀제의 경우 팀장의 조직 장악력이 부족할 경우 계층이 없음으로 인한 갈등이 생길 수 있고 매트릭스조직도 기능적 구조와 사업구조가 결합되어 명령계통이 이원화된 관계로 역시 신속한 결정이 어렵고 갈등이 발생할 소지가 높은 조직이다.

06 정답 ①

아담스(Adams)의 공정성(형평성) 이론은 투입 대비 산출을 다른 사람과 비교하여 불공정하다고 인식할 때 동기가 유발된다고 본다.

07

다음 중 조직구성원의 동기유발이론에 대한 설명으로 옳지 않은 것은?

① 허즈버그(F. Herzberg)의 이론은 실제의 동기유발과 만족 자체에 중점을 두고 있기 때문에 하위욕구를 추구하는 계층에 적용하기가 용이하다.

② 앨더퍼(C. Alderfer)의 이론은 두 가지 이상의 욕구가 동시에 작용되기도 한다는 복합연결형의 욕구단계를 설명한다.

③ 브룸(V. Vroom)의 이론은 동기부여의 방안을 구체적으로 제시하지 못하는 한계가 있다.

④ 맥그리거(D. McGregor)의 이론에서 X이론은 하위욕구를, Y이론은 상위욕구를 중시한다.

08

다음 중 리더십에 관한 설명으로 가장 옳지 않은 것은?

① 특성론적 접근법은 주로 업무의 특성과 리더십 스타일 사이의 관계에 초점을 맞춘다.

② 행태론적 접근법은 리더의 행동과 효과성 사이의 관계에 관심을 갖는다.

③ 상황론적 접근법에 기초한 이론의 예로 피들러(F. Fiedler)의 상황적합적 리더십이론, 하우스(R. J. House)의 경로 – 목표모형 등을 들 수 있다.

④ 변혁적(Transformational) 리더십이 거래적(Transactional) 리더십보다 늘 행정에 유용한 것은 아니다.

09

다음 중 조직 내 갈등에 대한 설명으로 옳지 않은 것을 모두 고른 것은?

㉠ 갈등은 조직에 항상 부정적인 영향을 미치므로 적절한 방안을 통해 해소해야 한다.

㉡ 갈등관리방안 중 협동(Collabora-tion)은 갈등 당사자들이 서로 양보하여 갈등을 해결하는 것으로 분명한 승자나 패자가 없다.

㉢ 업무의 상호의존성이 높을수록 갈등이 증가할 소지가 크다.

㉣ 갈등해소를 의한 경쟁(Competi-tion)전략은 신속하고 결단력이 필요한 경우나 구성원들에게 인기 없는 조치를 실행할 경우 사용될 수 있다.

㉤ 조직이 무사안일에 빠져있을 경우에는 타협(Compromise)을 통해 갈등을 해소할 수 있다.

① ㉠, ㉤

② ㉡, ㉣

③ ㉠, ㉡, ㉣

④ ㉠, ㉡, ㉤

10

다음 중 조직의 의사전달에 대한 설명으로 옳지 않은 것은?

① 공식적 의사전달은 의사소통이 객관적이고 책임소재가 명확하다는 장점이 있다.

② 비공식적 의사전달은 의사소통 과정에서의 긴장과 소외감을 극복하고 개인적 욕구를 충족시킨다는 장점이 있다.

③ 공식적 의사전달은 조정과 통제가 곤란하다는 단점이 있다.

④ 참여인원이 적고 접근가능성이 낮은 경우 의사전달체제의 제한성은 높다.

11

다음 중 총체적 품질관리(TQM)에 대한 설명으로 옳지 않은 것은?

① 모든 조직구성원들은 한편으로 공급자이면서 다른 한편으로는 고객인 이중적 역할을 수행하는 것으로 본다.

② 환경의 불확실성을 통제하기 위하여 단기적 전략과 교정적·사후적 통제에 치중한다.

③ 목표관리제(MBO)와 달리 총체적 품질관리(TQM)의 관심은 외향적이어서 고객의 필요에 따라 목표를 설정하는 것을 강조한다.

④ 하급직원들에게 힘을 실어주는 일과 분권화를 촉구하지만 계층제의 완전한 폐지를 주장하지는 않는다.

12

균형성과표(BSC)에 대한 설명으로 옳지 않은 것은?

① 조직의 장기적 전략 목표와 단기적 활동을 연결할 수 있게 한다.

② 재무적 성과지표와 비재무적 성과지표를 통한 균형적인 성과관리 도구라고 할 수 있다.

③ 재무적 정보 외에 고객, 내부 절차, 학습과 성장 등 조직 운영에 필요한 관점을 추가한 것이다.

④ 고객 관점에서의 성과지표는 시민참여, 적법절차, 내부 직원의 만족도, 정책 순응도, 공개 등이 있다.

| 정답 및 해설

07 정답 ①

허즈버그(F. Herzberg)의 욕구충족 2개 요인이론은 불만요인(위생요인)보다는 동기요인(만족요인), 즉 동기유발과 만족자체에 중점을 두고 있기 때문에 상위욕구를 추구하는 계층에 적용하기가 용이하다.

08 정답 ①

리더십이론에서 업무의 특성과 리더십 스타일 사이의 관계에 초점을 두는 것은 행태론적 접근법의 특징이다.

09 정답 ④

갈등에는 순기능도 존재하므로 조직에 항상 부정적인 영향을 미친다고 할 수 없으며, 갈등의 해소전략 중 협동은 여러 가지의 견해를 조정하기보다는 양자의 차이를 명백히 함으로써 문제를 해결하려고 하는 것이다.

10 정답 ③

공식적 의사전달은 발신자와 수신자가 명확하기 때문에 조정과 통제가 용이하다는 장점이 있다.

11 정답 ②

TQM은 환경의 불확실성을 통제하기 위하여 장기적 전략과 예방적 통제에 치중 한다.

12 정답 ④

정책순응도만 고객 관점이고, 시민참여, 적법절차, 내부 직원의 만족도, 공개는 프로세스 관점이다.

I wish you the best of luck!

15주 ALL-IN-ONE

행정학

(주)시대고시기획

혼자 공부하기 힘드시다면 방법이 있습니다.
SD에듀의 동영상강의를 이용하시면 됩니다.

www.sdedu.co.kr ➜ 회원가입(로그인) ➜ 강의 살펴보기

이 책의 차례

인사행정론

www.edusd.co.kr

CHAPTER

01 인사행정의 기초

01 인사행정의 의의 및 특징

1 인사행정의 의의 및 과정

1. 인사행정의 개념과 기능

(1) 개념

① 인사행정이란 정부활동의 효율적 수행을 위하여 인적 자원을 동원(임용)하고 관리(능력발전과 사기 앙양)하는 활동을 의미한다.

② 행정기능의 확대 · 변화는 인사행정에도 영향을 미치고 있다. 과거에는 모든 행정이 통제 중심의 소극적인 것이었으나 사회변화와 더불어 신축적 · 적극적으로 되어 가고 있으며 그 범위가 확대되고 있다.

(2) 기능: 인사행정의 기능은 인적 자원 활용의 합리화, 조직운영의 민주화, 사무처리의 능률화를 통한 행정목표의 효율적 달성을 목표로 하고 있다.

2. 인사행정의 구성요소와 과정

(1) 3대 구성요소

① 임용: 인력계획, 모집, 시험, 배치 등

② 능력발전: 교육훈련, 근무성적평정, 승진, 전직, 전보, 제안 등

③ 사기앙양: 보수, 연금, 신분보장, 인간관계, 고충관리, 인사상담, 복지, 행정윤리 등

(2) 과정

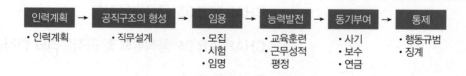

2 인사행정의 특징

1. 인사행정과 인사관리의 비교

(1) 유사점: 조직에 필요한 인적 자원을 동원 · 개발 · 관리하는 체제이다.

(2) 차이점

인사행정(공행정)	기업의 인사관리(사행정)
공공성 · 공익성, 비시장성, 독점성	수익성 · 경제성, 시장성
법정성 · 법적 규제가 강함(경직성)	법적 제약 약함(신축성 · 탄력성)
신분보장 강함	신분보장 약함
정치성(정치권력의 영향을 많이 받음) · 대표성(국민 전체의 이익을 대변)	경영성 · 합리성
복무상의 제약성(행정의 안정성 · 계속성 · 중립성의 요구로 인해 임용자격 · 시험, 정치적 활동, 단체행동권 등이 제약)	정치적 기본권, 노동 3권 가짐

2. 현대 인사행정의 특징

(1) 개방 체제적 · 가치 갈등적 성격: 인사행정에 대한 환경으로부터의 요구는 서로 상반되는 내용을 포함하기도 하고, 시대에 따라 변화하거나 우선순위가 바뀌기도 한다. 따라서 인사행정은 상호 경쟁적인 요구나 가치를 수용하고 이를 적절한 수준에서 조화시켜야 한다.

(2) 환경종속성: 특정한 정부의 인사행정을 지배하는 가치나 기본원칙은 그 정부가 속해 있는 정치적 · 경제적 · 사회적 · 문화적 환경의 특수성에 따라 결정된다.

(3) 인적 자원관리 관점: 인력을 조직목표 달성의 핵심적인 자산, 즉 인적 자원으로 인식하고 인적 자원의 관리를 조직의 전략적 관리와 연계를 강조한다.

(4) 종합 학문적 접근방법: 인사행정에 대한 체계적 연구나 효율적인 관리전략의 수립은 정치학, 산업심리학, 인사심리학, 조직행동론, 관료제론, 사회학, 노동경제학 등 종합 학문적 관리에서 접근해야 하며, 공무원 노동시장의 탄력성을 강조한다.

---

02 인사행정의 변천

1 인사제도 변천 개관

1. 절대관료제(16~18세기)

관료들은 대부분 군주의 사병이며 엄격한 복무규율과 구속을 받았으나, 신분을 보장받았다. 또한 이 당시 관료의 임용기준은 신분이었으며, 군주의 재정확보를 위해 관직을 귀족에게 판매하는 행위가 성행했다.

2. 정실주의와 엽관제도

영국은 입헌군주국가 시대 이후 신분에 의한 임용과 정치적 기준에 의한 임용을 강조하고, 미국은 1829년 잭슨 대통령의 집권과 더불어 엽관제도가 도입되어, 민주행정의 풍토를 다지는 데 기여하였다.

3. 실적제도(1883~1930년대, 과학적 관리법, 고전적 인사)

엽관주의의 폐해 극복을 위한 노력으로 1883년 펜들턴법이 제정되어 연공서열을 우선하는 것이 아니라 능력과 자격에 따라 공무원을 임용하는 실적제도가 정착되었다.

4. 신고전적 인사(1930~1940년대)

초기 실적주의가 반엽관의 정서가 강했기 때문에 지나친 과학적 인사만을 강조하게 되어 인간 가치가 경시됨에 따라 임용 이후 능력발전, 사기 등의 관리가 강조되었다.

5. 적극적 인사(1950년대 이후 대표관료제, 성과지향 인사행정, 인적 자원관리)

실적주의가 지니는 인사행정의 소극성·경직성·집권성·형식적 기회균등의 문제를 극복하기 위해 최근 실적주의에 다양한 인사방식을 가미한 적극적 인사행정, 인적 자원관리, 관리융통성 모형 등이 대두되었다.

개념더하기 ▶ 엽관제도와 실적제도

엽관제도	1829(잭슨 대통령의 연두교서) 1820(4년 임기법) 1774(워싱턴·제퍼슨의 내각 구성)		
실적제도	미국	1978(공무원제도개혁법) 1947, 1953(후버위원회) 1939, 1940(해치법) 1937(브라운로위원회) 1883(펜들턴법) 1871(그랜트위원회) 1868(젠크스 법안)	**실적주의 원칙** • 전기실적주의(엽관의 폐해 시정): 공직취임의 기회균등, 정치적 중립, 신분보장 • 후기실적주의(적극적 인사행정): 인사행정의 전 과정(채용, 교육훈련, 승진, 근무성적평가, 보수)에서 인적 자원을 능력, 자격, 성과에 의해 관리한다.
	영국	1870(제2차 추밀원령) 1855(제1차 추밀원령) 1853(노스코트-트레벨리언 보고서)	

2 엽관주의(獵官主義, Spoils System)

1. 의의

(1) 개념

① 공무원의 인사관리나 공직임용에 있어 그 기준을 정치성·당파성·충성심에 두는 인사제도이다.

  ㉠ 민주국가의 선거에서 승리한 정당이 정당활동에 대한 공헌도와 충성심의 정도에 따라 공직에 임명하는 제도이다.

  ㉡ 'Spoils'는 전리품을 의미하며, 선거에서 승리한 정당이 관직을 전리품처럼 임의로 처분할 수 있는 제도로, 공직경질제라고도 한다.

② 엽관제의 이론적 정당성은 정당에 의한 행정공무원의 지배이며 민주주의 원리를 소박하게 실현한다는 데에 있다. 즉, 공무원의 임면은 민의와 직결되어야 한다는 이념 때문이다(정치적 책임성 확보, 국민에 대한 대응성). 다수 국민의 지지를 획득한 정당은 그 공약을 충실히 실현하는 방법으로서 자기의 심복이나 여당 운동원을 실제 행정담당자로 임명한다.

(2) 성립과정

① 미국은 3대 제퍼슨(Jefferson) 대통령 당시 공직의 25%를 공화당원들로 임명하여 엽관주의의 기반을 조성하였다.

② 1820년 먼로(Monroe) 대통령이 공무원들의 임기를 국회의원과 일치시킨 '4년 임기법(Four Years Law)'을 제정하여 엽관주의를 법제화했다.

③ 서부개척민의 지지를 받아 정권을 잡았던 미국의 7대 잭슨(Jackson) 대통령은 마시(Marcy) 의원의 '전리품(Spoils)은 승리자에게 속한다'는 슬로건 아래 공직을 널리 민중에게 개방하고 선거공약이나 정당이념을 강력히 이행하며, 참신한 국민의 의사를 국정에 반영할 수 있다는 민주적 신념으로 정권교체에 따라 공무원을 교체하는 엽관주의를 1829년에 도입하였다.

(3) 영국 정실주의(情實主義, Patronage System)

① **영국의 정실주의**: 1688년 명예혁명 후 내각책임제가 발전함에 따라 의회에 대한 국왕의 세력이 약화되었을 뿐만 아니라, 관리에 대한 실권이 국왕에서 의회의 다수당으로 이동하게 되었고, 이에 따라 1714년 하노버 왕조 이후부터 국왕이 아닌 정당의 지도자들이 선거운동의 공로자들에게 관직과 연금을 부여하는 제도로 바뀌었다.

② 엽관주의와 정실주의의 차이
  ⊙ 초기의 은혜적 정실주의(18C 중엽 이전의 국왕중심기): 국왕이 총애하는 신하나 반항적인 의회를 조정하기 위하여 자기편이 되는 의원에게 관직(종신직)을 주는 것(군주와 친근한 집단을 임용)
  ⊙ 후기의 정치적 정실주의(명예혁명 이후의 의회중심기): 명예혁명 이후 내각책임제도가 발전됨에 따라 정당의 지도자가 관직을 정치적 고려에 의하여 제공하는 관례 확립(미국의 엽관주의와 유사)

비교	발달국가	임용기준	신분보장	대량경질
엽관주의	미국	정치성(충성심, 당파성)	신분보장 안 됨	대폭경질(정권 교체 시)
정실주의	영국	정치성+신분·혈연·지연	신분보장 됨	소폭경질(공석 발생 시)

(4) 우리나라의 엽관주의: 우리나라에서 정당이 중심이 되는 엽관주의는 이승만 정권의 권력강화를 위한 1952년 자유당 창당을 계기로 대두되어, 1956년 선거 후 부분적으로 성행하였으나 대폭 경질이나 민주정치 발달과 관련 없이 이뤄졌으므로 미국의 엽관주의보다 오히려 영국의 정실주의와 유사하다. 우리나라는 공식적으로 엽관주의를 법제화한 적은 없지만 실제로는 지연에 의한 인사, 학연, 정치적 충성도에 따른 다양한 인사가 이루어지고 있다.

2. 엽관주의의 발달배경

(1) 정당정치의 발달: 행정부가 강력한 의회의 통제로부터 벗어나려는 수단으로서 정당이 발달하였고 정당의 유지, 정당원의 통솔·통제, 선거전 등을 위해 정당에의 충성도를 활용하는 엽관주의의 존재가 요청되었다.

(2) 행정의 단순성·소극성: 행정은 질서유지적인 단순업무가 주를 이루었으며, 누구나 임무를 수행할 만큼 용이했으므로 고도의 전문적·기술적 능력이 요구되지 않았다.

(3) 민주정치의 발전과 국민의 지지: 잭슨 대통령은 자신을 지지해준 대중에게 공직을 개방하는 것이 그들의 의사를 정책에 반영하고, 민주정치를 가능하게 한다고 믿었다. 미국의 엽관주의는 집권정당과 관료기구와의 동질성을 확보하고, 공직을 일반 국민에게 개방하여 민주주의를 실현하기 위한 실천적인 인사원리로서 채택되었다.

(4) 대통령의 지지세력 확보(공무원의 충성심 확보), 정치적 보상기회 필요: 대통령 중심제 하에서 대통령이 장려한 정책추진을 위해 행정수반에 대한 충성심 있는 인재의 등용이 필요하였다.

3. 엽관주의의 장·단점

(1) 장점

① **정치적 책임성 확보**: 공무원을 정당에 충성하는 사람들로 임용함으로써, 정당이념의 수행과정에서 공무원들의 적극적인 지지와 노력을 통해 정당이념을 철저히 실현할 수 있다.

② **관료의 특권화 방지와 평등이념에 부합**: 관직이 선거결과에 따라서 경질됨으로써 공직을 장기간 담당할 수 없기 때문에 공무원의 특권화 내지 관료주의화를 막을 수 있다. 또 관직이 개방됨으로써 평등의 이념에 부합되어 평등이념을 실현할 수 있다.

③ **공직침체화의 방지**: 공직의 경질을 통하여 관료사회에 새로운 기풍을 불어 넣어 신진대사를 가능하게 하며 관료사회의 침체를 막을 수 있다.

④ **민주적 통제의 강화와 행정의 민주화**: 국민의 지지를 받은 정당의 당원이 임용되므로 국민에 의한 민주적 통제가 가능하고, 국민의 요구에 따른 행정이 수행되므로 행정이 민주화될 수 있다. 또한 시민의 요구에 위배될 때 다음 선거에서 지지받지 못하여 공직을 유지할 수 없기 때문에, 시민에 의한 민주적인 통제를 가능하게 하여 책임 있는 정치가 가능하다.

⑤ **정책변동에의 대응과 정치적 리더십 강화**: 중대한 정책변동에 대응이 유리하고 관리자 양성이 용이하며, 정치적으로 승리한 선출직 공무원이나 국정지도자들이 관료집단에 대한 통제를 용이하게 함으로써 관료제의 대응성을 높이고 정치적 리더십 강화에 기여한다.

(2) 단점

① **행정의 부패 초래**: 관료는 신분이 보장되지 않는 정당관료제 하에서 관직에 계속 머물기 위하여 공금을 남용하여 정치자금으로 헌납하는 등 행정의 부패를 초래한다.

② **책임없는 행정**: 관료가 정당사병화됨으로써 국민이 아니라 정당을 위해 봉사하게 되어 행정책임을 확보하기가 어렵게 된다.

③ **행정의 비전문성과 안정성의 미확보**: 정권교체 시마다 공무원이 대량 경질되므로 경험을 갖춘 유능한 공무원이 배제되어 행정의 무질서와 비전문화·비능률화가 초래된다. 또한 정치변화에 따른 빈번한 교체로 행정의 중립성·안정성·지속성·계속성의 확보가 어려워진다.

④ **예산 낭비**: 불필요한 관직의 남발과 매관매직(賣官賣職), 행정의 비능률적인 수행 등으로 예산의 낭비가 심각해진다.

⑤ **기회균등의 정신 위배**: 모든 사람은 누구나 일정한 자격만 갖추면 공직에 취임할 수 있다는 기회균등의 정신에 위배된다(실적제도와 충돌).

3 실적주의(Merit System)

1. 의의

(1) 개념

① 실적주의란 공직임용의 기준을 개인의 객관적인 능력·자격·성적에 두는 인사행정제도를 말한다.

② 엽관주의의 병폐를 극복하기 위하여 도입된 실적주의는 반엽관주의라는 소극적 성격을 띠고, 주관적 요인을 완전히 배제하려는 것이기 때문에 과학적 인사행정의 확립을 위한 기반이 되었다.

(2) 발달배경

① 엽관제의 폐해를 극복하기 위하여 대두되었다.

② 과학적 관리에 의한 인사행정의 필요성에서 대두되었다.

③ 행정국가의 등장이나 능률적인 인사행정의 요청에 의해서 대두되었다.

④ 역사적으로 볼 때 1882년 당시 집권당이었던 공화당이 중간선거에서 참패함으로써 다가오는 1884년 대통령 선거에 대한 자신감 상실로 엽관주의를 폐지하였다.

(3) 실적주의 구성요소

① 정치적 중립: 관료가 모든 국민의 봉사자가 되도록 하기 위하여 정치적 중립이 요구된다.

② 공무원의 신분보장: 공무원은 법에 저촉되지 않는 한 본인의 의사에 반하여 신분상의 불이익을 받아서는 아니 된다.

③ 능력·자격·실적 중심의 공직임용: 공무원의 임용은 능력·실적·자격 중심으로, 공개경쟁채용 시험제도를 전제로 한다.

④ 인사행정의 합리화·과학화·객관화: 과학적 관리론의 영향을 받아 인사행정의 합리화·과학화·객관화를 추구한다.

⑤ 공직취임의 기회균등: 공직은 모든 국민에게 개방되며, 성별·종교·사회적 신분·학벌 등을 이유로 어떠한 차별도 받지 않는다.

⑥ 초당적·독립적 중앙인사기관의 설치와 인사권의 집권화: 공정하고 독립적인 인사행정을 위해 초당적 기구로서 독립된 중앙인사기구를 설치·운영하여 인사행정을 통일적이고 집권적으로 수행한다(실적주의의 구성요소라 보기 힘들다는 견해도 있지만, 펜들턴법에서 정치적 임용을 막기 위한 중앙인사기구 설치를 강조).

⑦ 개방형 임용: 유능한 인재를 임용하기 위해 개방형 임용을 활용한다(미국은 실적주의 확립 후 직위분류제를 채택하여 개방형을 취했으나, 영국은 실적주의 이후 계급제를 채택함으로 폐쇄형을 취했다).

2. 실적주의 수립과정

(1) 영국의 정실주의 극복

① 1853년 노스코트-트레벨리언 보고서(Northcote and Trevelyan Reports): 실적주의 공무원제, 공개경쟁시험, 독립적인 중앙인사기관 설치 등을 제시한 행정개혁보고서

→ 당시 정실주의의 수혜자였던 공무원의 비판을 받았고, 신흥계급인 중산층만이 우호적이었다.

② 1855년 1차 추밀원령(Order in Council): 독립적인 인사위원회 설치

③ 1870년 2차 추밀원령(영국 실적주의 확립)

　ⓐ 공개경쟁시험제도의 확립(일반 교양과목)

　ⓑ 계급의 분류(공무원을 행정, 집행, 서기, 서기보 계급으로 구분)

　ⓒ 재무성의 인사권 강화

(2) 미국

① 성립 배경: 1868년 젠크스(Jenkes) 법안과 1871년 그랜트(Grant)위원회의 활동에 의해 실적주의가 주창되기 시작했으며, 공화당은 1882년 하원의원선거 패배 이후 차기 대선에서의 패배를 예측하고, 자신들이 임명했던 공무원을 보호할 목적으로 1883년 펜들턴(Pendleton)법을 제정(미국 실적주의 확립)하였다.

② 실적주의의 확립 – 펜들턴법(1883)

　ⓐ 공개경쟁시험제도에 의한 임용제도 채택

　ⓑ 초당적·독립적 중앙인사행정기관(CSC; 인사위원회) 설치

　ⓒ 시험에 합격한 공무원에 대한 시보임용 기간제의 채택

ⓔ 공무원의 정치헌금 및 정치활동의 금지(공무원의 정치적 중립을 최초로 규정)

ⓜ 시험제도가 실제적 성격을 가지면서 전문과목 위주의 시험과목 편성

ⓗ 정부와 민간부문 간 폭넓은 인사교류 인정

ⓢ 제대군인에 대한 특혜 인정

③ **펜들턴법 이후**: 1920년 퇴직법, 1923년의 직위분류법, 1939년의 해치법(Hatch Act; 정치적 중립 강화) 등의 법제적인 보완을 거쳐 발전해 오다가 1978년에는 공무원개혁법을 통해 중앙인사기구를 개편하고 고위공무원단을 채택하였다.

더 알아보기

미국의 실적주의와 영국의 실적주의

구분	개방형 여부	초점	직업공무원제	공직분류	시험과목
미국	개방형 실적주의	직무 중심	미확립	직위분류제	전문과목
영국	폐쇄형 실적주의	재직 공무원 중심	확립	계급제	교양과목

---

3. 실적주의의 장·단점

(1) 장점

① 공무원의 임용에 있어서 정실이나 당파성을 배제하고 객관적인 능력·자격·성적을 중시함으로써 행정의 합리화·과학화·객관화를 지향할 수 있다.

② 공개경쟁시험제도에 의해 실적을 평가함으로써 인사행정의 합리화를 도모할 수 있다.

③ 성별·인종·종교·지역·학력상의 차별을 배제하고 공직에서 기회균등을 기하여 헌법의 기본이념에 부합된다.

④ 공무원의 신분을 보장함으로써 지식·경험이 풍부하고 유능한 공무원의 확보와 정치적 중립성을 확립하고, 이를 통한 행정의 능률화·전문화·기술화를 기할 수 있다.

(2) 단점

① 합리적인 인사행정을 추구한 나머지, 인사처리 기준에 얽매여 적극적으로 유능한 인재를 유치하기가 어려워져 인사행정의 소극화를 초래한다.

② 인사행정의 지나친 집권화를 초래하여 창조적이고 민주적인 인사행정을 어렵게 한다.

③ 객관적인 인사절차나 법규에 지나치게 집착하여 인사행정의 형식화를 초래할 우려가 있다.

④ 공무원의 지나친 신분보장은 행정수반의 강력한 정책수행을 어렵게 한다.

⑤ 일부 계층 또는 집단에 대하여 불리한 제도로 작용하여 형평성을 저해할 우려가 있다.

⑥ 시험 응시기회의 균등만을 보장할 뿐 소득격차에 따른 교육기회의 불평등을 고려하지 못하여 형평성·대표성 확보가 어렵다.

⑦ 중앙인사기능의 강화와 엄격한 기준의 적용으로 실질적 행정수요에 부응하는 인사가 이루어지기 어렵다.

⑧ 신분보장으로 인한 관료특권화를 야기하여 행정에 대한 민주통제가 곤란하다.

⑨ 신분보장으로 인하여 공무원의 무사안일주의와 복지부동을 야기한다.

⑩ 정치적 중립으로 인하여 정치적 변동에 대응하는 데 한계가 있다.

1. 실적주의의 대두요인
   (1) 청교도적 윤리: 실적은 보상받을 만한 가치가 있으며, 경쟁시험 등의 업적에 따라 보상한다는 감정을 존중
   (2) 개인주의: 다른 사람들과 경쟁 속에서 그 자신의 실력에 따라 평가된 개인을 중시
   (3) 평등주의: 사회적 배경의 차이에도 불구하고 모든 사람들을 동등하게 취급
   (4) 과학주의: 모든 인간문제는 객관적·과학적으로 발견할 수 있는 올바른 해결책이 존재
   (5) 분리주의: 비정치적인 실적과 과학주의에 의거한 독립적 인사업무의 수행을 중시(중앙인사기관의 독립성)
   (6) 일방주의: 최고통치자로서 정부가 정당한 절차를 거쳐 결정했을 경우 최종적인 것으로서의 정부 정책

2. 실적주의의 위협요인
   (1) 모셔는 전문가주의, 직업공무원제, 단체협상(공무원 노조) 등이 실적주의에 강력히 도전하고 있다고 본다.
   (2) 관료의 전문가주의는 노동조합과 더불어 정부의 정책결정에 대하여 그들의 영향을 증대시킴으로써 인사행정의 일방주의에 도전하게 된다.
   (3) 직업공무원제도와 공무원 단체는 경쟁을 피하고자 승진의 기준으로 실적이 아닌 연공서열만을 주장함으로써 실적주의의 근간인 개인주의나 평등주의를 저해한다.
   (4) 노동조합은 인사위원회의 전통적인 독립성을 침해함으로써 인사행정의 과학적·독립적 수행이라는 분리주의를 위협한다.

4 적극적 인사행정

1. 의의

실적주의의 한계를 비판하고 실적주의와 엽관주의의 조화 및 인간관계론적 인사행정을 추구하는 것을 말한다. 즉, 인사관리에 있어 인간적·적극적·신축적이며 분권적인 인사행정을 지향하는 것을 말한다.

2. 대두배경

(1) 1930년대 인간관계론: 인간을 사회인으로 파악하고 인간적 요소를 중시

(2) 대표관료제의 가미: 공직구성에 비례대표제 방식(성, 지역, 계층, 인종, 학벌)을 적용

(3) 1960년대 후기 인간관계론: 인간을 Y이론적 시각에서 자아실현인으로 파악하고 인적자원관리(HRM; Human Resources Management), QWL(Quality of Working Life, 노동생활의 질) 강조

(4) 1980년대 신공공관리론: 개방형과 계약직 임용의 확대, 성과급 도입 등 성과지향적 인사행정

1. 의의
   후기 인간관계론이란 과거 조직 내부의 민주적 인간관리를 중시했던 인간관계론의 전통을 이어받아 통제중심의 실적주의 인사의 한계를 보완하고자 등장한 인간중심의 현대적 인사관리활동의 총칭이다. 따라서 후기 인간관계론은 인간을 자아실현적 존재로 보고 Y이론적 관리에 의해 개인목표와 조직목표의 통합과 조직 내 참여적 민주주의를 구현하려는 인적 자원관리활동을 강조한다.

2. 관련 학자와 주요 내용
   후기 인간관계론자들은 탈관료제, 동기부여 이론, 현상학적 접근을 중시하는 일련의 학자군을 의미한다. 골렘뷰스키의 견인이론(규범적 조직관, 조직인본주의 강조), 베니스의 적응적 조직, 매슬로우의 자아실현적 인간관에 입각한 조직 관리, 맥그리거의 Y이론적 관리방식, 아지리스의 성취욕구 충족을 통한 관리, 허즈버그의 직무충실과 직무확대 등 직무재설계에 의한 조직 구성원의 만족 추구, 하모와 메이어의 현상학적 접근을 통한 인적 자원관리, MBO, OD, TQM 등 민주적 조직관리기법 등이 해당된다.

3. 현실적 대두배경 – 실적주의의 한계

(1) 인사행정의 비융통성: 과학적 · 합리적 인사행정의 지나친 강조로 비융통성(경직성) 초래

(2) 인사행정의 소극성: 당파성과 정실배제의 지나친 강조로 인사행정의 소극성 야기

(3) 인사행정의 집권성: 중앙인사기관에 지나친 인사권 집중으로 실제 운영기관의 실정 무시

(4) 과학적 인사관리의 결함: 과학적 인사관리로 인한 조직구성원의 인간적 요소 과소평가

4. 주요 내용

(1) 적극적 모집

(2) 과학적 인사관리(엄격한 실적주의)의 지양

(3) 재직자의 능력발전

(4) 인사권의 분권화

(5) 대표관료제의 가미

(6) 계약직 공무원의 활용(임용의 융통성)

(7) 공무원노조의 허용(공무원의 권익보호)

(8) 복지제도 및 재직자의 사기관리

개념더하기 인적자원관리와 전략적 인적자원관리

특징 \ 분류	인적자원관리(HRM)	전략적 인적자원관리(SHRM)
분석	개인의 심리적 측면	조직의 전략과 인적자원관리
초점	직무만족, 동기부여, 조직시민행동의 증진	활동의 연계 및 조직의 성과
범위	개별 인적자원관리 방식들의 부분적 최적화를 추구(미시적 시각)	인적자원관리 방식들 간의 연계를 통한 전체 최적화를 추구(거시적 시각)
시간	인사관리상의 단기적 문제해결	전략 수립에의 관여 및 인적자본의 육성
기능 및 역할	• 조직의 목표와 무관하거나 부수적 · 기능적 · 도구적 · 수단적 역할 수행 • 통제 메커니즘 마련	• 인적자본의 체계적 육성 및 발전 • 권한 부여 및 자율성 확대 유도

5 대표관료제(Representative Bureaucracy)

1. 의의

(1) 개념

① 사회를 구성하는 모든 주요 집단으로부터 인구비례에 따라 관료를 충원하고, 그들을 정부관료제 내의 모든 직무분야와 계급에 비례적으로 배치함으로써, 정부관료제가 사회의 모든 계층과 집단에 공평하게 대응하도록 하는 인사제도이다.

② 대표관료제는 전통적인 관료제가 정책결정 등 실질적으로 의회를 대체하여 '보이지 않는 정당'의 기능을 하게 됨에 따라 그 논의의 필요성이 더욱 증가하였다.

③ 대응성의 확보에 실패한 임명직 관료집단을 어떻게 민주적으로 행동하도록 통제하는가와 관련된 쟁점이다(대표관료제는 외재적 책임을 확보하기 위한 수단이지만, 통제방법으로 보면 비공식 내부통제에 속함).

(2) 대표관료제의 이념

① 국민의 정치적 대표성 보장, 정부관료제의 민주화, 외집단의 고용기회 확대를 위해 개발

② 공직취임의 실질적 기회균등, 행정의 민주적 가치와 공익 추구, 관료제 내부통제 확대, 사회적 형평

2. 대표의 의미

(1) 소극적 · 수동적 대표관료제(Passive Representative Bureaucracy): 전체사회 인구구성의 특성을 그대로 관료제의 구성에 반영하는 관료제의 인적 구성 측면을 강조한다. 관료는 다른 사람을 위하여 실제로 행동하는 것이 아니라 단지 그들을 상징적으로 대표할 뿐이다.

(2) 적극적 · 능동적 대표관료제(Active Representative Bureaucracy): 관료제 구성이 전체사회 인적 구성의 특성을 그대로 반영할 뿐만 아니라 관료들이 출신집단 · 출신계층 · 출신지역의 이익을 적극적으로 대변하고 그들에게 책임을 지는 것이다.

(3) 대표관료제의 대두배경

① 실적주의의 한계, 형식적 기회균등에 대한 수정 요구: 공직취임에 있어서 실질적 기회균등을 확보하지 못한다.

② 사후적 외부통제의 한계: 행정관료의 전문화로 인해 입법 · 정책결정과정에 중대한 영향을 미치지만 외부통제에는 한계(내부통제의 필요성 증가)가 있다.

③ 소외계층에 대한 대응성 상실

④ 민주성 · 대표성과 중립적 능률성의 조화 추구

(4) 대표관료제의 전개

① 킹슬리(J. D. Kingsley)의 대표관료제(Representative Bureaucracy, 1944): 대표관료제라는 용어를 처음 사용한 킹슬리는 1944년 발표한 『대표관료제: 영국 관료제의 해석』에서 대표관료제의 구성적 측면을 강조하며 대표관료제를 사회 내의 지배적인 세력들을 그대로 반영하도록 구성된 관료제라고 정의하였다.

② 라이퍼(V. Riper)의 대표관료제: 라이퍼는 대표관료제의 개념을 확장하여 사회적 특성뿐만 아니라 사회적 가치나 대표까지도 대표관료제의 요소로 포함시키고 있다.

③ 크랜츠(Kranz)의 대표관료제: 대표관료제 개념을 비례대표로 확대한다. 관료제 내의 출신집단별 구성비율이 총인구 구성비율과 일치해야 할 뿐만 아니라, 관료제 내의 모든 직무분야와 계급의 구성비율까지도 총인구비율에 상응하게 분포되어 있어야 한다고 주장한다.

④ 모셔(Mosher)의 대표관료제: 모셔는 대표관료제에서의 대표성을 적극적 대표성과 소극적 대표성으로 구분하고 적극적 대표성을 강조할 경우 집단이기주의의 발현으로 소수집단에 불리한 결과를 초래하여 민주주의를 위협한다고 보아 '관료는 다른 사람들을 위하여 실제로 행동하는 것이 아니라 단지 그들을 상징적으로 대표할 뿐이다'라고 주장하였다.

⑤ 로젠블룸(Rosenbloom)의 신행정론: 시민권법(Civil Right Act, 1964)과 고용평등기회법(Equal Employment Opportunity Act, 1972)을 통해 인종, 소수인, 여성 및 불이익을 받는 집단이 고용에서 차별받는 것을 시정하기 위한 사회정책인 우대적 조치를 추진하였다.

3. 대표관료제의 적용 사례

(1) 미국의 제도

① 적극적 고용증진계획에 의한 고용평등기회법(Equal Employment Opportunity Act, 1972): 인종, 피부색, 성, 종교, 연령, 과거의 국적 또는 합법적 임용기준이 될 수 없는 요인을 기초로 어떤 개인을 불리하게 취급하거나, 그의 임용기회를 박탈하는 것을 효과적으로 막기 위한 일련의 인사정책, 절차, 운영방법을 지칭한다.

② 소수 집단 우대정책(Affirmative Action, 호혜적·우대적·적극적 조치): 과거의 차별을 보상하는 보상적 처우에 의하여 비(非)혜택집단의 구성원들이 공직에 적절히 대표되게 하려는 시책이다.

(2) 우리나라의 대표관료제 사례(균형인사제도)

① 양성평등채용목표제: 시험실시단위별 채용목표인원(이하 '목표인원'이라 함)은 시험실시단계별 합격예정인원에 30%를 곱한 인원수로 한다. 다만, 검찰사무직렬은 20%로 한다.

② 여성관리자 임용 확대: 인사혁신처장은 중앙행정기관 등의 여성관리자 임용 확대를 위하여 각 기관의 연도별 임용 목표비율을 포함한 중장기 계획을 수립하여 시행할 수 있다. 단, 여성관리자 임용 비율이 기관 전체 여성 비율을 초과한 기관은 관리자급의 양성평등을 위한 계획을 수립하여 시행한다(균형인사지침).

③ 장애인공무원 인사관리: 신규채용인원의 1천분의 36(2024년 이후: 1천분의 38) 이상을 장애인으로 채용하되, 장애인 공무원 수가 의무고용 비율의 미만이면 그 비율의 두 배 이상을 채용하여야 한다(장애인고용촉진 및 직업재활법 제27조).

④ 이공계공무원 인사관리: 5급 공무원 공개경쟁채용, 경력경쟁채용, 임기제공무원 임용 등 채용경로에 관계없이 정부 전체 5급 및 이에 준하는 신규채용 총 인원의 40%(연구직·지도직은 산정비율에서 제외)를 이공계 인력으로 채용하도록 노력하여야 한다.

⑤ 지방인재채용목표제: 시험실시단위별 채용목표인원(이하 '목표인원'이라 함)은 시험실시단계별로 당초 합격예정인원의 20%(7급 공무원 공개경쟁채용시험은 30%)를 곱한 인원수로 한다.

⑥ 저소득층 공무원 채용
  ㉠ 9급 공개경쟁채용시험: 선발예정인원의 2% 이상
  ㉡ 9급 경력경쟁채용시험: 부처별 연간 신규채용인원의 1% 이상

⑦ 기타: 지역인재 7급 수습직원, 기능인재추천채용제 등

개념더하기 ▶ 우리나라 공직에서 다양성 관리정책

- 양성평등정책(양성평등채용목표제)
- 장애인 우대정책(장애인 의무고용제, 장애인 구분모집제)
- 이공계인력 우대정책
- 지방인재 임용확대제
- 기능인재 추천 채용제
- 저소득층 공무원 채용
- 유연근무제: 시간제 근무제, 시차출퇴근제, 재택근무제, 원격근무제, 집중근무제, 유연복장제
- 가족친화적 편익 프로그램(가족친화적 휴가제, 육아지원, 노인부양 편의제공),
- 선택적 복지제도: 맞춤형 복지(기본항목＋자율항목)
- 대체인력뱅크 운영: 한시임기제 공무원 활용)

4. 대표관료제의 효용

(1) 정부관료제의 대응성·책임성 제고와 관료제의 대외적 민주성 향상

(2) 실질적인 기회균등과 사회적 형평성의 제고

(3) 비공식적 내부통제의 강화

(4) 실적제의 폐단 시정

(5) 정부관료제의 정통성 강화

(6) 소외집단의 요구에 대한 정부정책의 대응성 향상

5. 대표관료제의 문제점

(1) 소극적 대표와 적극적 대표의 불명확한 관계(재사회화)

(2) 관료가 출신집단의 이익을 대표할 수 있는 제도적 장치가 현실적으로 마련되어 있지 못함

(3) 조직의 목표보다 출신집단의 이익을 우선적으로 추구할 경우에는 조직으로부터 여러 형태의 제재나 불이익을 받음

(4) 대표관료제를 엄격하게 적용할 경우 소수집단 우대정책처럼 실제로는 할당제를 강요하는 결과를 낳고, 역차별의 문제를 야기함

(5) 실적주의와의 상충(전문성 저해, 정치적 중립성 저해)

(6) 적극적 대표가 지나치게 활성화되어 정부관료제 내의 각 관료집단들이 자신들의 출신집단의 이익을 극대화하기 위해 경쟁할 경우, 사회적 형평성을 제고하기보다는 오히려 소수집단에 더욱 불리한 결과를 초래함

(7) 대표관료제를 통한 책임성 확보는 경험적으로 입증되지 않았으며, 공무원 수의 구성에 있어서 인구비례에 따른 정태적 균형을 유지하는 것은 기술적으로 곤란함

(8) 집단중심의 사고로 개인중심의 자유민주주의 원리에 어긋남(자유주의 원리와 충돌)

(9) 대표관료제는 관료제 전체의 대표성을 강조하지만, 관료제에서 권력과 영향력이 전체적으로 균등하게 배분되어 있지 않으며, 정책결정은 주로 고위관료 또는 연합관료 엘리트가 주요 영역에서 주도함

(10) 내부통제의 강화는 외부통제를 받지 않기 위한 수단으로서 작용할 수 있다는 비판이 있음

1. 개념

중앙인사행정기관이란 정부의 인사행정을 전문적으로 연구하고 정책을 수립하며 집행을 총괄하는 중앙인사기구를 말한다.

2. 설치 이유 및 목적

(1) 국가기능의 확대 · 강화로 인하여 공무원의 수가 증가함으로써 인사전담기구의 필요성 인식

(2) 인사행정의 공정성 · 중립성을 위해 합의성과 독립성을 가진 인사기관이 요구됨

(3) 공무원의 권익보호를 위하여 제3자적인 중립적 인사기관의 설치가 전제되어야 함

(4) 엽관주의 · 정실주의를 배제하고 각 부처 인사행정을 전체적으로 조정 · 통제할 수 있는 강력한 상설 인사기관이 필요

3. 중앙인사기관의 기능

(1) **준입법적 기능**: 법률의 위임범위 안에서 인사행정 전반에 관한 규칙을 제정

(2) **준사법적 기능**: 소청심사재결, 징계처분

(3) **집행기능**: 임용, 교육, 훈련, 승진, 보수, 연금 등을 인사법령에 따라 집행

(4) **감독기능**: 중앙인사기관은 법령에 따라 부처 인사기관을 감독하는 기능

(5) **권고적 · 보좌적 기능**: 행정수반의 인사행정에 관한 정책에 대해 권고적 · 보좌적 기능

4. 중앙인사기구의 조직적 성격

중앙인사기관은 독립성 · 합의성 · 집권성의 구조적 특징을 지니고 있었다. 그러나 최근에는 인사행정에서 인사권이 분권화되고 중앙인사기구의 형태가 다양화됨에 따라 비독립성, 단독성, 분권성이 강조되는 추세이다.

(1) **구조적 특성**

특성	장점	단점
독립성	• 엽관주의 압력 배제 • 행정부패와 무질서 방지 • 인사행정의 객관성 · 공정성 확보 • 인사권자의 전횡 방지	• 인사기능은 막료기능이므로 계선기관으로부터의 분리는 불가능 • 책임한계 불분명 및 통제 곤란 • 행정수반의 강력한 정책추진 곤란
집권성	• 실적주의 확립에 기여 • 인사행정의 통일성 확보 • 효과적인 조정 및 인사통제	• 각 부처 기관장의 사기 저하 • 적극적 인사행정의 어려움 • 인사행정의 경직화, 부처 상황에 맞는 인사 제한
합의성	• 인사행정의 신중성 · 공정성 · 전문성 • 인사행정의 중립성 확보 • 인사행정의 계속성 확보	• 책임소재 불명확 • 신속한 결정의 어려움 • 타협적 의사결정

(2) 인사기관의 유형

구분	합의형	단독형
독립형	독립합의형 [인사위원회(CSC), 실적제도보호위원회(MSPB)]	독립단독형
비독립형	비독립합의형	비독립단독형[인사관리처(OPM), 인사혁신처]

① **독립합의형(위원회형)**: 중앙인사기관이 행정부로부터 독립된 위원회 형태를 지닌 조직 형태
  ㉠ 사례: 미국 연방인사위원회(FCSC, 1883~1978), 1978년 실적제보호위원회(MSPB; Merit System Protection Board), 연방노사관계청(FLRA; Federal Labor Relation Authority) 등
  ㉡ 장점: 엽관주의 폐해 방지 및 실적주의 확립, 행정부패 및 무질서 방지, 정치적 중립 보장, 인사권자의 전횡과 독단 방지, 의사결정의 신중성, 공정성 확보, 위원들의 부분교체제를 통한 인사행정의 계속성 확보
  ㉢ 단점: 막료기능을 행정수반으로부터 분리함으로써 책임한계의 불분명 및 인사통제 곤란뿐만 아니라 강력한 정책 추진 곤란·책임소재의 불분명으로 인한 책임전가 현상, 신속한 결정의 어려움으로 시간과 비용의 과다 소모

② **비독립단독형**: 중앙인사기관이 행정수반의 직접적 통제를 받으며, 의사결정도 행정수반에 의하여 임명된 한 사람의 기관장이 하는 일반 행정부처와 같은 조직 형태(집행부 형태)
  ㉠ 사례: 한국의 인사혁신처, 미국의 인사관리처(OPM; Office of Personnel Management), 영국의 인사관리처(OPS; Office of Public Service) 등
  ㉡ 장점
    • 행정수반이 국가의 주요정책을 신속하고 강력하게 추진함으로써 능률적 행정 수행
    • 인사행정의 책임소재 분명
    • 인사행정의 신속성 확보
    • 행정환경변화에 신속한 대응
  ㉢ 단점
    • 초당적 문제해결의 어려움
    • 행정수반의 능률적이고 신속한 인사행정의 강조로 공무원의 권익 침해 가능성
    • 단독제 기관장의 독선적·자의적 결정
    • 기관장 변경 시 인사정책의 변화가 야기되어 인사행정의 일관성·계속성 결여

③ **절충형**: 독립합의형과 비독립단독형의 장점을 취하기 위한 조직 형태
  ㉠ 비독립합의형: 중앙인사기관이 독립성은 없으나 합의제 의사결정구조를 갖춘 형태(과거 우리나라의 중앙인사위원회)
  ㉡ 독립단독형: 중앙인사기관이 독립성이 있으며, 한 사람이 의사결정을 하는 형태

5. 우리나라의 중앙인사기관(행정부 중심)

(1) 인사혁신처

① 의의: 공무원의 인사·윤리·복부 및 연금에 관한 사무를 관장하기 위하여 국무총리 소속으로 인사혁신처를 둔다. 인사혁신처에 처장 1명과 차장 1명을 두되, 처장은 정무직으로 하고, 차장은 고위공무원단에 속하는 일반직 공무원으로 보한다[비독립 단독형(차관급)].

② 기능: 공무원이 인사정책 및 인사행정의 운영의 기본방침에 관한 사항과 인사집행(고시, 교육훈련 등) 및 소청심사기능 수행(징계기능은 징계위원회의 기능), 각 부처에 대한 인사운영 감사권과 개방형 대상직위 지정 협의 및 직무분석 기능

③ 조직구성

ㄱ 인재정보기획관, 공무원노사협력관, 재해보상정책관, 기획조정관, 인재채용국, 인사혁신국, 인사관리국, 윤리복무국

ㄴ 소속기관: 소청심사위원회, 국가공무원인재개발원

(2) 소청심사위원회

① 소청: 징계처분과 기타 그 의사에 반하는 불리한 처분이나 부작위에 대하여 공무원이 불복하는 경우, 관할소청심사위원회에 그 심사를 청구하는 제도를 말한다.

② 행정부 공무원의 소청은 인사혁신처 소속기관인 소청심사위원회에서 담당한다. 소청심사위원회는 합의제 행정기관으로, 위원장 1명을 포함한 상임위원 5명과 7명의 비상임위원으로 구성한다.

③ 기능: 소청사건의 결정은 재적위원 3분의 2 이상의 출석과 출석위원 과반수의 합의에 따르되, 의견이 나뉠 경우에는 출석위원 과반수에 이를 때까지 소청인에게 가장 불리한 의견에 차례로 유리한 의견을 더하여 그중 가장 유리한 의견을 합의된 의견으로 본다.

ㄱ 소청심사위원회의 결정은 처분 행정청을 기속한다.

ㄴ 행정소송은 소청심사위원회의 심사·결정을 거치지 않으면 제기할 수 없다(필요적 전심절차).

ㄷ 소청심사위원회의 결정에 의하면 근무성적 평정의 결과는 소청의 대상이 되지 않는다.

ㄹ 소청결정에 대한 중앙인사기관장의 재심청구권은 폐지한다.

ㅁ 중앙고충처리 기능도 소청심사위원회가 담당한다.

ㅂ 공무원의 징계사유가 금품 및 향응 수수, 공금의 횡령·유용인 경우에는 해당 징계 외에 금품 및 향응 수수액, 공금의 횡령액·유용액의 5배 내의 징계부과금 부과처분이 가능하도록 징계부과금제도가 신설됨에 따라 소청심사위원회는 징계뿐만 아니라 징계부과금에 대한 소청심사도 담당한다.

개념더하기 미국의 인사기관

1. 1883년 펜들턴법에 의해 설치된 인사위원회(CSC)(독립합의형)
   1978년 카터(Carter) 대통령 때 폐지

2. 인사관리처(OPM; Office of Personnel Management)(비독립단독형)
   (1) 처장은 대통령이 임명하고 임기는 4년이다.
   (2) 대통령의 공무원 규칙 제정을 보좌하고 실적주의 원칙 적용에 대해 대통령에게 조언한다.

3. 실적제도보호위원회(MSPB; Merit System Protection Board)(독립합의형)
   (1) 법령에 정해진 사항(불이익처분, 근무성적평정 등)의 심사·판정 및 최종처분을 행한다.
   (2) 우리나라의 소청심사위원회와 유사하다.

4. 연방노사관계원(FLRA; Federal Labor Relations Authority)(독립합의형)
   연방노사관계원의 권한은 직원의 노동기본권(파업권 제외)을 보호하는 것이다.

CHAPTER 02 공직구조의 형성

01 공직의 분류(국가공무원을 중심으로)

공직의 분류란 인사행정의 효율적인 수행을 위해서 다양한 기준에 따라 공직을 질서있게 배분한 것이다. 공직분류는 정부활동의 기본이 되는 인적 자원을 동원하고 배분하는 인사관리의 토대로서 인사행정의 기준과 방향을 제시해 준다.

1 국가공무원과 지방공무원 – 임용주체를 기준으로 하는 분류

1. 국가직 공무원

중앙정부(국가)가 임용하고, 국가사무를 처리하는 공무원을 말한다(국가공무원법).

2. 지방직 공무원

지방자치단체가 임용하고 지방사무를 수행하는 공무원을 말한다(지방공무원법).

3. 국가공무원과 지방공무원의 비교

구분	국가공무원		지방공무원	
법적 근거	국가공무원법		지방공무원법	
임용권자	• 5급 이상 – 대통령 • 6급 이하 – 소속장관 또는 위임된 자		지방자치단체의 장	
보수 재원	국비		지방비	
공직 분류	일반직	직급, 직렬별로 분류되는 공무원	일반직	직군, 직렬별로 분류되는 공무원
		연구·지도직: 2계급		연구·지도직: 2계급
	특정직	법관, 검사, 경찰공무원, 소방공무원, 군인, 군무원, 헌법재판소 헌법 연구관, 국가정보원 직원, 경호공무원 등	특정직	자치경찰공무원, 공립대학 교육공무원 등
	정무직	대통령, 국무총리, 국회의원 등	정무직	• 지방자치단체장 • 특별시의 정무부시장
	별정직	국회수석 전문위원	별정직	광역시·특별자치시의 정무부시장
공무원 구성	• 전체 공무원 중에 차지하는 비중이 65% • 국가공무원 중 특정직이 가장 많음		• 전체 공무원 중에 차지하는 비중이 35% • 지방공무원 중 일반직이 가장 많음	

2 경력직과 특수경력직 – 실정법상

1. 경력직 공무원

(1) 의의: 경력직 공무원이란 실적과 자격에 따라 임용되고 그 신분이 보장되며 평생 동안 공무원으로 근무할 것이 예정되는 공무원을 의미한다(직업공무원).

(2) 종류

① 일반직 공무원

㉠ 일반직 공무원은 직업공무원의 주류를 형성하며, 1급부터 9급까지의 계급으로 구분하고, 직군과 직렬별로 분류한다. 다만, 고위공무원단에 속하는 공무원은 그러하지 아니한다. 또한 특수 업무 분야에 종사하는 공무원, 연구ㆍ지도ㆍ특수기술 직렬의 공무원은 대통령령이 정하는 바에 따라 계급 구분이나 직군 및 직렬의 분류를 적용하지 아니할 수 있다.

㉡ 전문경력관직위

- 전문경력관직위 지정: 법원행정처장은 일반직 공무원 직위 중 순환보직이 곤란하거나 장기 재직 등이 필요한 특수 업무 분야의 직위를 전문경력관직위로 지정할 수 있다. 특수 업무 분야 등 전문경력관직위의 지정에 필요한 사항은 법원행정처장이 정한다.
- 직위군 구분: 전문경력관직위의 군은 직무의 특성ㆍ난도 및 직무에 요구되는 숙련도 등에 따라 가군, 나군 및 다군으로 구분한다.
- 임용: 대법원장은 법원행정처장에게 전문경력관 가군의 임용권을 위임한다. 대법원장은 전문경력관 나군 및 다군의 임용권을 소속기관의 장에게 위임한다.

② 특정직 공무원

㉠ 특수 분야의 업무를 담당하는 공무원으로, 법률에서 특정직 공무원으로 지정하는 공무원을 말한다(법관, 검사, 외무공무원, 경찰공무원, 소방공무원, 교육공무원, 군인, 군무원, 헌법재판소 헌법연구관 및 국가정보원의 직원과 검찰총장, 경찰청장).

㉡ 특정직 공무원은 담당 직무가 특수하여 거기에 필요한 별도의 인사법령이 적용되며, 별도의 계급 체계를 가지고 있다.

개념더하기 ▶ 임기제 공무원

1. 의의

전문지식, 기술이 요구되거나 임용관리에 특수성이 요구되는 업무를 담당하게 하기 위하여 근무기간을 정하여 임용되는 경력직 공무원으로 폐지된 계약직 공무원들이 대부분 임기제로 전환되었다(2013. 12).

2. 특징

(1) 임기 동안 신분이 보장되는 경력직 공무원이며, 일반직과 동일한 직급ㆍ직위ㆍ명칭 사용이 가능하다.

(2) 개방형 직위에 임용되는 공무원(외부에서 임용되는 경우)이나 책임운영기관장, 시ㆍ도선거관리위원회의 상임위원 등이 해당된다.

3. 종류

일반임기제, 전문임기제, 시간선택임기제, 한시임기제 공무원

1. 의의

통상적 근무시간(주 40시간, 일 8시간)보다 짧은 시간을 근무하는 조건으로 신규채용하는 일반직 공무원(임기제 공무원 제외), 유연근무제(Flexible Work)의 대표적인 유형이다.

2. 시간선택제 공무원 임용령 개정

근무시간을 기존 최장 25시간에서 35시간(1주)으로 확대, 7급에서 6급으로 근속승진기준을 기존 22년에서 15년으로 단축하였다.

3. 특징

(1) 경력경쟁채용으로 선발하며 정년까지 신분보장이 되고, 5급 이하 직위를 대상으로 채용하고 승진소요최저연수 · 보수 및 수당은 근무시간에 비례하지만 복리후생적 수당과 1년 단위 승급은 전일제 공무원과 동일하다.

(2) 영리업무 및 겸직은 원칙상 금지되나, 기관장 허가 시 겸직 가능하다.

(3) 전일제 전환은 경쟁에 따른 신규채용절차를 거쳐야 한다. 전일제로 임용시 어떠한 우선권도 인정하지 않는다.

(4) 연금은 공무원연금이 아니라 '국민연금'을 적용한다.

2. 특수경력직

(1) **의의**: 경력직 이외의 공무원으로 실적주의나 국가공무원법의 획일적 적용을 받지 않고 특수한 직무를 담당하는 공무원(직업공무원 예외)으로 계급구분이 없고, 정치적 임용이 필요하다.

(2) **종류**

① **정무직 공무원**

㉠ 선거로 취임(정치적 임용)하거나 임명에 있어서 국회의 동의를 요하는 공무원(대통령, 국회의원, 지방자치단체장, 지방의회의원, 감사원장, 대법원장과 대법관, 헌법재판소장과 재판관, 중앙선거관리위원회 위원, 국무총리 등)

㉡ 고도의 정책결정업무를 담당하거나 이러한 업무를 보조하는 공무원으로서 법령에서 정무직으로 지정하는 공무원(국무위원, 국무조정실장, 국가정보원장 및 차장, 국회의 사무총장, 선거관리위원회의 사무총장, 감사원위원, 헌법재판소 사무처장 등)

② **별정직 공무원**

㉠ 비서관 · 비서 등 보좌업무 등을 수행하거나 특정한 업무 수행을 위하여 별도의 자격 기준에 따라 임용되는 공무원으로서 법령에서 별정직으로 지정되는 공무원(주로 공정성 · 기밀성이 요구되거나 특별한 신임을 요하는 직위에 임용된다)

㉡ 국회수석전문위원, 감사원 사무차장, 특별시 · 광역시 · 도 선관위 상임위원, 국가정보원 기획조정실장 등

1. 인사청문의 의의

헌법상 국회의 임명동의가 필요하거나 국회에서 선출하도록 되어 있는 공직자, 개별법에서 국회의 인사청문을 거치도록 되어 있는 공직자에 대해서 그 적격성 여부를 국회차원에서 사전 검증하는 제도(미국은 상원에서 실시)이다.

2. 국회 인사청문기관은 인사청문특별위원회와 소관 상임위원회로 이원화되어 있다.

3. 인사청문대상공직자

(1) 인사청문특별위원회의 인사청문대상자
① 헌법상 임명에 국회의 동의를 요하는 직위(대법원장 · 헌법재판소장 · 국무총리 · 감사원장 및 대법관)
② 국회에서 선출하는 헌법재판소 재판관 3인 · 중앙선관위 위원 3인

헌법재판소 재판관과 중앙선거관리위원회 위원

• 헌법재판소 재판관: 9명의 재판관으로 구성되며 9명의 재판관은 모두 대통령이 임명하되, 3인은 국회에서 선출하는 자를, 3인은 대법원장이 지명하는 자를 임명한다.

국회선출	대법원장 지명	대통령 단독임명
3인	3인	3인

• 중앙선거관리위원회 위원: 9명의 위원으로 구성되며, 3인은 국회에서 선출하고, 3인은 대법원장이 지명하며, 3인은 대통령이 임명한다. 선거관리위원회 위원장은 위원회에서 호선한다.

국회선출	대법원장 지명	대통령 단독임명
3인	3인	3인

(2) 소관 상임위원회 인사청문대상자
① 국회에서 선출하지 아니하는 헌법재판소 재판관 6인, 중앙선거관리위원회 위원 6인
② 모든 국무위원
③ 각 개별법에 의해 국회에 인사청문이 요구된 자(방송통신위원회 위원장, 국가정보원장, 국세청장, 경찰청장, 검찰총장, 합동참모의장의 후보자 등)

4. 인사청문회 기간, 절차, 효력

(1) 기간: 위원회는 임명동의안 등이 회부된 날부터 15일 이내에 인사청문회를 마치되, 인사청문회의 기간은 3일 이내로 한다. 국회는 임명동의안 등이 제출된 날부터 20일 이내에 그 심사 또는 인사청문을 마쳐야 한다.

(2) 첨부서류: 임명동의안 첨부서류에는 ① 직업 · 학력 · 경력에 관한 사항, ② 공직자 등의 병역사항신고 및 공개에 관한 법률의 규정에 의한 병역신고사항, ③ 최근 5년 간의 소득세 · 재산세 · 종합토지세의 납부 및 체납 실적에 관한 사항, ④ 범죄경력에 관한 사항 등을 제출

(3) 절차
① 인사청문특별위원회, 소관상임위원회는 인사청문회를 열어, 공직후보자를 출석하게 하여 질의를 행하고 답변과 의견을 청취하는 방식으로 한다(청문진행은 공개가 원칙이나, 위원회의 의결로 공개하지 않을 수 있다).
② 국회의장은 임명동의안 등이 제출된 때에는 즉시 본회의에 보고하고 위원회에 회부하며, 그 심사 또는 인사청문이 끝난 후 본회의에 부의하거나 위원장으로 하여금 본회의에 보고하도록 한다.
③ 위원장은 위원회에서 심사 또는 인사청문을 마친 임명동의안 등에 대한 위원회의 심사경과 또는 인사청문경과를 본회의에 보고한다. 국회의장은 공직후보자에 대한 인사청문경과가 본회의에 보고되면 지체 없이 인사청문경과 보고서를 대통령에게 송부하여야 한다.

5. 인사청문 결정의 효력

국회의 동의를 요하는 자들이 국회의 본회의에서 동의를 받지 못하는 경우 대통령은 임명할 수 없으나, 국회인사청문회의 심사경과보고서 또는 인사청문경과보고서의 내용은 법적 구속력이 없다. 즉, 대통령이 이를 정치적으로 존중할 것인지의 문제이지 법적인 문제는 아니다.

3 계급제와 직위분류제 – 분류대상별 분류[사람(신분) 중심, 일 중심]

1. 계급제(Rank System)

(1) 개념

① 학력 · 경력 · 자격 · 능력과 같은 공무원이 가지는 개인적 특성을 기준으로 유사한 개인의 특성을 가진 공무원을 하나의 범주나 집단으로 구분하여 계급을 형성하는 제도, 즉 업무의 성격 보다는 공직을 수행하는 사람을 중심으로 신분상의 격차인 계급이라는 관념에 기초를 두고 공무원의 상대적 지위, 자격 및 능력에 따라 상이한 대우와 직책을 부여하는 제도이다.

② 농업사회적 전통이 강한 영국 · 독일 · 프랑스 등의 서구권 국가과 우리나라 · 일본 등의 아시아 국가에서 채택한다.

(2) 특징

① **4대 계급제**: 교육제도상의 계층이나 신분계층과 관련하여 4개의 계층으로 구분한다.

② **폐쇄형 인사제도**: 대개 신규채용되는 공무원은 누구나 원칙적으로 당해 계급의 최하 위직에 임용되며 상위 계급은 내부승진에 의해 충원된다.

③ **계급 간의 차별**: 각 계급별로 학력 · 경력 · 출신성분 등에 큰 차이가 있고, 사회적 평가나 보수 등의 차이가 크며, 계급 간의 승진도 매우 곤란하다.

④ **고급공무원의 엘리트화**: 고급공무원의 수는 소수, 높은 학력 요구, 보수 등의 인사면에서 높은 대우, 사회적으로도 높은 평가를 받게 한다.

⑤ **일반행정가 지향성**: 공직 채용 후, 다양한 경험 · 지식을 축적시켜 조직 전체나 국가전반의 시각에서 업무를 파악 · 처리할 수 있는 일반행정가를 지향하고, 계급제는 인사이동의 탄력성이 높아 순환보직의 범위가 넓으며 상위직에 올라갈수록 그 범위가 넓어진다.

(3) 계급제의 장 · 단점

계급제의 장점	계급제의 단점
• 특정 직무에 대한 전문적 지식이나 기술보다 장래의 발전 가능성과 잠재력을 지닌 사람을 채용하므로 장기적으로 보면 좀 더 유능한 인재를 공직에 흡수할 수 있다. • 전직 · 전보가 용이하고 승진의 폭이 넓으므로 인사관리의 탄력성이 크고, 따라서 공무원이 조직 단체에 대한 폭넓은 시각과 이해력을 갖게 되어 공무원의 능력이 다방면에 걸쳐 발전할 수 있고, 일반 행정가의 양성에 유리하다. • 공무원들로 하여금 직업직 연대의식과 일체감을 갖게 하고, 부처 간 조정이 용이하다. • 일반적으로 폐쇄형으로 운영되므로 공무원의 신분보장과 직업공무원제의 확립이 용이하다. • 계급수가 직위분류제의 직급 수에 비하여 적기 때문에 인사관리가 수월하고 비용도 절감되며, 분류구조와 보수체계가 단순하고 융통성이 있으므로 인력활용의 융통성과 효율성을 높여준다.	• 동일계급 하에서는 직무종류 · 성격에 관계없이 동일보수가 지급되므로 직무급 체계를 확립하기 어렵다. • 여러 직책을 옮겨다니기 때문에 행정의 전문화에 부응하지 못한다. • 직급 간 차별이 심하므로 독단적 결정의 가능성이 높고 엘리트의식에 빠지기 쉬워 의사결정의 합리화나 적실성을 기대하기에 어렵다. • 폐쇄형을 유지하므로 무사안일에 빠지거나 특권집단화 할 가능성이 높다. • 직위에 알맞은 적임자를 채용 · 배치하지 못하여 행정의 능률이 저하된다. • 직위 간의 직무경계가 불명확하여 갈등이 생길 소지가 많으며, 업무의 전가가능성이 높아 행정업무의 지연 및 민원인에게 불편을 초래할 가능성이 높다.

2. 직위분류제

(1) 의의

① 직무 또는 직위라는 관념에 기초하여 직무의 종류·성질에 따라 직류·직렬·직군별로 수직적 분류를 하고 직무의 곤란도(난도)·책임도를 기준으로 직급·등급별로 수평적 분류를 하는 제도이다.

② 계급제(공무원의 개인적 특성에 따라 종적으로 구분하여 계층 구분)와 달리 직무의 특성·차이를 중심으로 공직구조를 형성하는 직무지향적 제도이다.

(2) 발전배경: 농업사회로부터 관료제의 전통이 별로 없이 산업화된 미국과 그 영향을 받은 캐나다, 필리핀 등에서 채택되었다. 미국에서는 엽관제의 개방형적 요소와 직무수행에 필요한 지식과 기술에 의한 임용이라는 실적제의 요소를 모두 충족시켜준다는 점에서 직위분류제가 발전하였다. 미국은 과학적 관리론의 영향(직무급: 동일한 직무에 대한 동일한 보수)과 실적주의의 영향으로 1912년 시카고 정부에서 최초로 채택했고, 연방정부에서는 1923년 직위분류법을 채택하여 도입하였다.

(3) 직위분류제의 특징

① 권한책임의 명확화

② 조직구조와 공직구조가 일치

③ 개방형 충원방식

④ 전문행정가 지향성

⑤ 인사행정의 합리화·객관화

⑥ 동일직무 동일보수 구현

⑦ 상하 간의 계급의식이 약함

(4) 직위분류제 구성요소

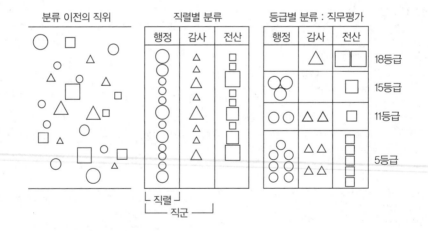

구분	내용	예
직위	한 사람의 근무를 필요로 하는 직무와 책임의 양	기상통보관, 예보관
직급	직무의 종류와 곤란성·책임도가 유사한 직위의 군(동일직급에 속하는 직위에 대해서는 임용자격·시험·보수 등에 있어서 동일한 취급)	행정 7급
등급	직무의 종류는 다르지만 직무의 곤란도·책임도가 유사하여 동일한 보수를 줄 수 있는 직위의 군	9급 서기보
직군	직무의 성질이 유사한 직렬의 군	행정직군, 기술직군
직렬	직무의 종류가 유사하고 그 책임과 곤란성의 정도가 서로 다른 직급의 군	행정직군 내 행정직렬, 세무직렬
직류	같은 직렬 내에서 담당 분야가 같은 직무의 군	행정직렬 내 일반행정직류, 법무행정직류

(5) 직위분류제 수립절차: 직무조사 → 직무분석 → 직무평가 → 직급명세서작성 → 정급

① **직무조사(직무기술서의 작성)**

　　㉠ 분류될 직위의 직무에 대한 객관적 정보를 수집하고 기록하는 작업이다.

　　㉡ 직무조사에서는 직무의 내용, 책임도, 곤란성, 자격 요건 등에 관한 모든 자료를 수집해야 한다.

　　㉢ 직무조사에는 질문지법, 면접법, 관찰법 등을 사용한다.

② **직무분석**

　　㉠ 직무기술서를 토대로 직무를 종류별로 구분하는 작업이다.

　　㉡ 직무의 종류가 같거나 유사한 직위들을 묶어 직류·직렬·직군을 형성하는 종적인 분류작업이다 (사실상 횡적인 분업과 유사).

　　㉢ 직렬의 폭을 어느 정도로 한정할 것인가와 혼합직의 축소가 가장 중요한 쟁점이 된다.

③ **직무평가**

　　㉠ 직무를 책임도·난도·곤란성·복잡성 등의 기준을 통해 각 직위가 내포하고 있는 상대적 가치를 구분하는 횡적인 분류방법이다(사실상 종적인 분업과 유사).

　　㉡ 직무평가에 의하여 직급이 결정되고, 등급이 결정된다.

　　㉢ 직무평가의 일차적 목적은 직무의 상대적 수준에 따라 조직 내의 보수 격차를 결정하는 데 있다.

④ **직급명세서의 작성:** 직급명세서란 직무분석과 직무평가에 따른 각 직위의 직급별 특성을 설명한 것으로 원래 정급의 지표를 제시하기 위한 것이나 모집, 선발, 훈련, 근무성적 평정 등 인사관리의 기준을 제시해 주는 문서라고 할 수 있다. 직급명세서에는 각 직급별로 직급명칭, 직무 개요, 직무수행의 예시, 자격 요건 등을 명시하여야 한다.

⑤ **정급(定級) 및 유지·관리:** 해당 직급에 직위를 부여하는 행위

구분	직무분석(Job analysis)	직무평가(Job evaluation)
기준	직무의 종류와 성질	직무의 책임도 · 난도(곤란도)
결정 내용	직군 · 직렬 · 직류	등급 · 직급
분류 구조	수직적 · 종적 분류	수평적 · 횡적 분류
분업	수평적 · 횡적 분업 – 일의 종류별 전문화	수직적 · 종적 분업 – 상 · 하 계층제 형성
기초 자료	직무기술서	직무분석 자료
목적	직무중심의 객관화 · 과학화 · 합리화	특히 보수의 공정성 · 합리화(직무급)

구분		특징	비고
비계량적인 방법 (직무 전체)	서열법	• 가장 단순한 방법으로서 직무기술서의 정보를 검토한 후 직무 상호 간에 직무전체의 중요도를 종합적으로 비교하여 가는 방식이다. 비계량적인 방법으로 단순기능을 수행하는 작은 규모의 조직에서 사용할 수 있다(상호비교방식). • 서열법은 단순하고 경제적이며, 짧은 시간에 평가를 용이하게 마칠 수 있다는 장점이 있다. 그러나 직무의 수가 많아지면 평가가 상당히 어려워진다. 더구나 평가자의 주관이 개입할 소지가 가장 많기 때문에 다른 방법에 비해 신뢰성이 가장 낮을 수밖에 없다.	직무와 직무의 비교(상대평가)
	분류법 (등급법)	• 전체를 종합적으로 판단하여 미리 정해 놓은 등급기준표와 비교해서 등급을 결정하는 방식이다. 등급기준표라는 비교기준을 준비하고 있다는 점에서 서열법보다 정교한 방식이지만 아직 계량적 측정을 도입하는 단계에는 이르지 못하고 있다.	직무와 등급기준표의 비교(절대평가)
계량적인 방법 (직무의 구성요소)	점수법	• 점수법은 계량적인 척도를 도입하면서도 평가가 비교적 쉽고 명료하다는 점에서 가장 널리 이용되고 있는 방법이다. 직무를 구성하는 하위의 여러 요소로 나누어 그 요소별로 가치를 점수화하여 측정한다. 요소별 점수를 합산한 총점은 직무의 상대적 가치를 나타낸다. • 기업체에서 가장 많이 활용되는 기법으로 체계적이고 과학적이어서 평가결과의 타당성과 신뢰성이 인정되나 평가절차가 복잡하고 까다로워 평가요소의 점수화가 임의적이라는 단점이 있다.	직무와 직무평가 기준표의 비교 (절대평가)
	요소 비교법	• 요소비교법도 점수법과 마찬가지로 직무를 요소별로 계량화하여 측정한다. 차이점은 등급화된 척도에 따라 직무를 평가하는 것이 아니고, 대표가 될 만한 직무들을 선정하여 기준직무로 정해 놓고 각 요소별로 평가할 직무와 기준직무를 비교해 가며 점수를 부여한다는 것이다. • 요소비교법은 점수법에 비해 보다 객관적인 평가가 될 수 있으며 각 평가요소에 대하여 관찰가능한 직무와 직무를 직접 비교하기 때문에 그만큼 주관성을 줄일 수 있다. 또한 보수액을 사용하는 경우 평가대상직무의 보수를 바로 산출해 낼 수 있다는 장점이 있다. 그러나 요소비교법은 그 어느 방법보다도 요소비교표를 만들기까지 복잡한 과정이 필요하다.	직무와 직무의 비교(상대평가)

비교기준 구분	직무평가의 방법			
	서열법	분류법	점수법	요소비교법
사용빈도	가장 적음	둘째나 셋째	가장 많음	둘째나 셋째
비교방법	직무와 직무	직무와 기준표	직무와 기준표	직무와 직무
특징	서열을 전체적으로 평가	등급기준표에 직무를 배치	직무평가기준표에 따른 평가요소별 배점	대표직위의 선정과 요소별 보수액 배분
척도의 형태	서열	등급	요소별 점수	대표직위별 점수
평가방법	비계량적 방법	비계량적 방법	계량적 방법	계량적 방법
평가대상	직무 전체	직무 전체	직무의 평가요소	직무의 평가요소

개념더하기 ▶ 직무평가방법의 예시와 추가 설명

1. 서열법

각 직무의 중요도 · 곤란도 · 책임도 등을 종합적으로 판단하여 직무간 상대적 가치나 조직에 대한 기여도에 근거하여 직무를 가장 높은 것에서부터 가장 낮은 것으로 서열을 정하는 방법

직무	갑 평가자	을 평가자	병 평가자	정 평가자	평균	서열
A	1	1	2	2	1.3	1
B	5	4	5	5	4.7	5
C	2	2	1	1	1.7	2
D	4	5	4	4	4.3	4
E	3	3	3	3	3.0	3

2. 쌍대비교법

직무등급을 설정하는 방법

(1) 1단계: 각 직무들을 비교하여 직무의 상대적 가치가 높은 직무의 이름을 빈칸에 표시함

(2) 2단계: 각 직무별로 수를 집계(A: 3, B: 4, C: 2, D: 5, E: 1, F: 0)

(3) 3단계: 2단계에서 높은 숫자를 가진 직무부터 서열을 정함(1순위: 직무D, 2순위: 직무B, 3순위: 직무A, 4순위: 직무C, 5순위: 직무E, 6순위: 직무F)

구분	직무A	직무B	직무C	직무D	직무E	직무F
직무A		D	A	D	A	A
직무B			B	D	B	B
직무C				D	C	C
직무D					D	D
직무E						E
직무F						

3. 분류법(Job–Classification Method)

앞에서 언급한 제반 요소로써 직무의 가치를 단계적으로 구분하는 등급표를 만들고 평가직무를 이에 맞는 등급으로 분류한다. 이 경우에 등급분류는 직무의 수, 복잡도 등에 따라서 달라진다. 즉, 상·중·하의 3등급으로 간단하게 분류할 수도 있고, 또는 더욱 세분해서 다수 등급으로 구분할 수 있다.

Class 1	Class 2	Class 3	Class 4
임원	숙련 기술자	준 숙련 기술자	준 숙련 기술자
사무관리인, 지배인, 감독관	구매 관리자, 현금 관리인	기계 운영자, 계기판 운영자	사무보조원, 화재관리인

4. 점수법과 요소비교법의 비교

(1) 점수법: 책임·숙련·피로·작업환경 등 4항목을 중심으로 각 항목별로, 각 평가 점수를 매겨 점수의 합계로써 가치를 정한다.

(2) 요소비교법: 급여율이 가장 적정하다고 생각하는 직무를 기준직무로 하고 지식·숙련도 등 제반 요인별로 서열을 정한 다음, 평가직무를 비교함으로써 평가직무가 차지할 위치를 정한다.

(3) 점수법과 요소비교법의 공통점

① 각각의 직무들을 평가하는 기준을 지식, 책임, 대인관계, 영향력, 근무조건으로 요소화하여 각 요소들을 평가하고 그 평가 결과를 집계하여 직무가치를 평가한다.

② 서열화 등급을 상대적 점수로 환산한다.

　例 3등은 8점, 4등을 7점 부여

③ 평가요소별 가중치를 곱하여 최종 직무점수를 산정한다.

　例 1등 10점, 2등 9점, 3등 8점, 4등 7점, 5등 6점, 6등 5점

④ 각각의 직무를 평가하는 세부 요소(평가기준)들은 위의 사례에 있는 것처럼 제시된 요소로 고정되어 있는 것은 아니며 조직과 직무의 특성에 따라 달라진다.

　例 무역, 외교 업무를 수행하는 국제적 조직(회사, 정부)에서는 직무들을 크게 외국어를 사용하는 직무와 사용하지 않아도 되는 직무로 분류하고, 외국어를 사용하는 직무에서 직무평가 기준(요소)에는 외국어라는 요소가 포함되어야 한다.

(4) 점수법과 요소비교법의 차이점

① 점수법은 각 직무들을 평가할 때 '점수'로 평가하는 방식이다.

[점수법 사례]

직무평가 요소	척도단계	가중치	요소별 평가점수	직무 평가 점수
기술	1–2–3–4–5	40	160	
노력	1–2–3–4–5	30	90	340
책임	1–2–3–4–5	20	80	
작업조건	1–2–3–4–5	10	10	
회사 가치와 전략 실현을 위해 필요한 평가 요소 결정	• 각 척도별 특성을 반영할 수 있는 단계 설정 • 척도별 유형 　– BARs 방식 　– 구간 척도	• 각 평가요소의(공통/직군별) 상대적 중요도 결정 • 가중치 결정방법 　– AHP에 의한 결정 　– 정성적 판단에 의한 결정	• 사전, 1차, 2차 직무평가 실시 • 평가자 　– 담당 임원 　– 팀장 　– TFT	• 직무등급 초안 작성 • 직무등급 조정 • 직무등급표 작성

② 요소비교법은 각각의 평가지표에 대해서 각 직무들을 '비교'하는 방식을 사용한다.

[요소비교법의 사례]

구분		직무					
평가요소	가중치	직무A	직무B	직무C	직무D	직무E	직무F
기술	30%	1	3	2	4	6	5
책임	30%	2	4	1	5	6	3
대인관계	20%	3	5	1	4	5	2
영향력	10%	1	4	3	4	5	2
직무조건	10%	5	4	1	2	3	6
직무점수			690				

③ 점수법의 경우에는 각 요소로 직무를 평가한 결과가 동점이 나올 수 있지만, 요소비교법의 경우에는 동점이 나올 수 없다.
　　예 지식 수준으로 평가했을 때 A직무 4점, B직무도 4점, F직무도 4점(점수법)
　　　지식 수준으로 평가했을 때 A직무 1위, B직무도 1위, F직무도 1위(요소비교법)
④ 요소비교법이 점수법에 비해 더 적극적으로 직무가치를 달리 책정하려는 방법이다.

(6) 직위분류제의 장 · 단점

직위분류제의 장점	직위분류제의 단점
• 직무급 확립을 통한 보수의 형평성 제고(직무급) • 직위가 요구하는 직무의 내용, 성격, 자격요건에 따라 채용시험, 교육훈련, 전보 · 전직, 승진 등을 시행함으로써 인사행정의 합리적 기준을 제공한다. • 개인이 가지고 있는 능력과 경험, 자격요건을 직무의 특성과 연계시켜주므로 직무 중심의 인사행정을 수행할 수 있게 된다. • 직무의 특성이나 성격 및 내용을 구체적으로 나타냄으로 근무성적평정을 객관적으로 할 수 있는 기준을 확립한다. • 직책이 요구하는 자격을 밝히는 직위분류제의 확립은 교육훈련 수요 파악을 용이하게 한다. • 직무의 내용이나 수준이 명확하게 나타나므로 직위 간의 권한과 책임의 한계를 명확히 해준다. • 행정의 전문화가 향상된다. • 인건비 산출의 근거를 제공함으로써 예산행정의 능률화를 촉진하고 국민에게 공무원의 서비스와 인건비 간의 논리적 관계를 밝혀 줌으로써 행정의 민주적 통제에 기여한다. • 분업화된 조직구조와 공직분류가 연계된다.	• 직위분류제는 특정 직위의 전문가를 요구하므로 일반적 관리 능력을 가진 일반행정가의 확보나 양성이 어렵다. • 직위분류제는 동일 직렬에서의 승진이나 전보는 가능하나 다른 직렬로의 전직이 어렵기 때문에 인사관리의 탄력성과 신축성이 결여된다. • 업무통합의 어려움(협조와 조정 곤란)이 있다. • 직위분류제는 특정 직위의 직무 수행 능력에 관한 인물의 적합성을 최우선으로 하기 때문에 공무원의 장기적인 발전가능성이나 잠재력을 더 중시하는 직업공무원제의 확립을 어렵게 한다. • 공무원의 신분이 특정 직위나 직무와 관련되어 있기 때문에 조직개편이나 직무의 불필요성 등으로 직무 자체가 없어진 경우 공무원의 신분 보장이 위협을 받는다. • 인간적 요소를 고려하지 않는다(인간소외). • 직위분류제는 직무수행에 필요한 투입에 초점을 두고 있으며, 산출을 소홀히 한다. • 개인이 수행할 직무를 분석단위로 삼고, 거기에 관심을 집중시키는 편협한 안목 때문에 직위관리를 일반관리 기능으로부터 고립시킨다.

3. 직위분류제와 계급제의 비교(조화)

최근 영국과 같이 계급제 채택국가는 사회분화에 따른 행정의 기술화·전문화를 충족시켜야 하므로 직위분류제적 요소를 도입·확대 적용하고 있고, 미국처럼 직위분류제에 비교적 충실했던 국가에서는 지나친 직무의 분화로 인한 행정의 통합과 신축성 결여 때문에 계급제적 요소를 도입하고 있다. 이와 같이 대부분의 국가는 직위분류제와 계급제를 절충하여 혼용하면서 각 제도의 장점을 취하려 하고 있다. 그 예로 직위분류제와 계급제의 조화로서 고위공무원단제도가 운영되고 있다.

구분	직위분류제	계급제
분류 대상	직무중심, 직무의 종류와 성질+직무의 책임도와 난이도(종적 분류+횡적 분류)	인간중심, 신분, 개인의 능력이나 자격
채택국가	미국, 캐나다, 필리핀	영국, 독일, 프랑스
행정가*	전문행정가	일반행정가
시험과 채용 (임용)	시험과목은 전문과목 위주, 시험과 채용의 연계성 높음(내용타당성 높음)	시험과목은 일반교양과목 위주, 시험과 채용의 연계성 낮음(내용타당성 낮음)
조직구조와 관계	공직분류와 조직구조와의 연계성 높음	공직분류와 조직구조와의 연계성 부족
인력계획	단기적 직무수행능력 중시	장기적 발전가능성 중시
배치전환 인사이동	• 배치전환의 비신축성·비융통성 – 동일직군 내 이동 • 배치전환기준의 공정성·합리성(적재적소 배치)	• 배치전환의 신축성·융통성 – 능력발전 중시 • 배치전환 기준의 비합리성
조정, 협조	훈련된 무능(전문가) → 수평적 조정·협조 곤란	일반행정가 → 수평적 조정·협조 용이
임용방식	개방형	폐쇄형
신분보장	약함	강함
승진·보상기준	개인의 직무능력과 성과	연공서열과 계급
직업 공무원제	확립 곤란	확립 용이
보수	직무급(동일직무, 동일보수) 보수체계의 합리적 기준, 업무와 보수관의 공평성	생활급(사회윤리적 요인 고려) 보수의 적정화·현실화

4 개방형과 폐쇄형 – 고위직 외부충원 허용 여부

1. 폐쇄형

(1) **의의:** 농업사회 전통이 강한 나라에서 발전한 것으로 하위직만 외부충원을 허용하여 승진제도를 통해 관리자를 내부에서 양성하는 방식이다[계층구조의 중간에 외부로부터 신규임용을 허용 안 함(계급제와 결합)].

(2) **장점**

① 신분보장이 강화되어 행정의 일관성·안정성 확보에 유리

② 재직공무원의 승진기회가 확대되어 사기 앙양

③ 이직률이 낮아 직업공무원제의 확립에 유리

④ 장기경험을 활용하여 행정능률 향상

⑤ 경력위주의 승진제도이므로 객관성 확보에 유리

---

* 일반행정가와 전문행정가
   (1) 일반행정가: 특정분야에 대한 전문지식보다는 행정일반에 관한 폭넓은 지식과 경험을 갖춘 행정가
   (2) 전문행정가: 특정분야에 대한 깊이 있는 전문지식과 경험을 갖춘 공무원

(3) 단점

    ① 전문성 확보 곤란

    ② 무사안일 · 복지부동 등 관료주의화 및 공직사회의 침체 초래

    ③ 관료주의화로 인한 행정의 대응성 저해

    ④ 관료에 대한 민주통제 곤란

    ⑤ 공직에 우수한 인재 등용 곤란

2. 개방형

(1) 의의: 산업사회 전통이 강한 나라에서 발전한 것으로 하위직뿐 아니라 중 · 상위직까지 외부충원을 허용하여 전문관리자를 외부에서 영입하는 방식이다[공직의 모든 계급이나 직위를 불구하고 신규임용 허용(직위분류와 결합)].

(2) 장점

    ① 공직 내 · 외에서 공직후보자를 선택하므로 우수 인재 확보에 유리

    ② 공직의 유동성 및 신진대사의 촉진으로 관료주의화 방지

    ③ 개방과 경쟁을 통한 행정의 전문성 향상으로 성과관리 촉진

    ④ 임용에 있어 인사권자에게 재량을 부여하여 조직장악력 향상

    ⑤ 행정에 대한 민주통제 용이(시민의 요구에 민감하게 반응)

    ⑥ 관료의 복지부동 및 무사안일을 방지하고 재직자의 자기개발 노력 촉진

    ⑦ 공직의 전문성 제고

    ⑧ 인력양성을 위한 교육 · 훈련비용 감소

(3) 단점

    ① 직업공무원제 저해

    ② 조직의 응집성 및 안정성 저해

    ③ 정실인사 가능성

    ④ 재직공무원의 사기 저하

    ⑤ 임용 이원화로 인한 폐단(폐쇄형 임용공무원과 개방형 임용공무원 간의 갈등)

 더 알아보기

개방형과 폐쇄형

구분	개방형	폐쇄형
관련 인사제도	실적주의, 직위분류제와 관련	계급제, 직업공무원제와 관련
채택국가	미국, 캐나다, 필리핀	영국, 독일, 프랑스, 일본
신분보장	신분 불안	신분 보장
승진한계	승진한계 낮음	승진한계 높음
승진기준	최적격재(외부임용, 공개모집)	상위적격재(내부임용, 연공서열)
직원 간의 관계	사무적	온정적

1. 교류형과 비교류형의 비교

공무원의 근무와 경력발전 계통이 어느 하나의 기관적 단위에 국한되는지의 여부

2. 교류형

(1) 개념: 담당 업무의 성격이 같은 범위 내에서 기관 간 이동이 자유로운 인사 체계로 중앙부처 간, 중앙과 지방정부 간 행정기관과 민간기관 간 교류를 포함한다.

(2) 장·단점

① 장점

㉠ 공무원의 경력 발전 및 사기향상과 행정의 효율성 제고

㉡ 인력운영의 융통성 제고

㉢ 기관 간의 배타성과 파벌성을 극복함으로써 기관 간의 협조와 조정 용이

② 단점

㉠ 복잡한 인사관리 초래(연금권의 이전과 근무성적 평정 적용의 어려움)

㉡ 업무의 전문성 저해

㉢ 행정기관과 민간 기업 간의 유착관계 형성

3. 비교류형

(1) 개념: 공무원의 근무와 경력 발전 계통이 하나의 기관에 국한되는 인사체계를 말한다. 기관 간의 업무 성격의 특수성이 강조되는 일반 행정가주의를 지향하는 국가에서 대부분 관행으로 굳어져 있다(기관 내 업무의 성격이 유사하면 이동은 자유롭지만, 기관 간 이동은 제한).

(2) 장·단점

① 장점

㉠ 동일 기관 내에서 장기간 근무하므로, 연금이나 보수 등 인사관리 용이

㉡ 내부의 응집성과 충성심 제고

② 단점

㉠ 부처주의에서 연원하는 것으로 기관별 인력의 질적 불균형 초래

㉡ 정부 전체의 통합적 행정 활동 제약

㉢ 인력 활용의 융통성 저해

㉣ 기관 간 승진 기회의 형평성 미확보로 공무원 개인의 사기 저하

㉤ 경력발전 기회 저해

4. 우리나라 현황

(1) 우리나라는 국가공무원법이나 지방공무원법에 인사교류에 관한 조항을 두고 있으나, 폭넓은 교류는 제한적

(2) 개방형직위제도, 공모직위제도, 민간근무휴직제도 등 다양한 인사제도를 통해 부처 간 인사교류 및 행정기관과 민간 기관 간의 교류 확대

1 직업공무원제도

1. 의의

(1) 개념: 직업공무원제(Career Civil Service System)란 공무원들이 정부관료제에 종사하는 것이 전생애(全生涯)에 걸쳐 보람과 긍지를 가질 수 있는 직업이 될 수 있도록 조직·운영하는 인사제도를 말한다. 직업공무원제의 핵심은 젊은이들이 그들의 첫 직업으로 공직을 선택하여 그것을 명예로운 직업이라 생각하고 거기에 일생을 바치게 하는 데 있다.

(2) 확립요건

① 실적주의를 확립하여 공직에의 기회균등, 공무원의 정치적 중립, 신분보장 등이 확립되어야 한다. 그러나 실적주의가 확립되었다고 해서 직업공무원제가 반드시 확립되는 것은 아니다. 따라서 실적주의는 직업공무원제의 필요요건일 뿐 충분조건은 아니다.

② 공공서비스의 봉사자로서 공직에 대한 높은 사회적 평가가 이루어져야 한다.

③ 젊은 인재를 채용하여 일생을 거쳐 고위직까지 승진하게 하여야 한다(어느 정도의 학력과 연령 제한).

④ 개인의 잠재적인 능력과 소질을 개발하고 발전시켜 성취감과 자아실현에 도움을 주어야 한다.

⑤ 보수의 적정화, 적절한 연금제도 등을 갖추어야 한다.

⑥ 장기적인 안목에서 인사의 불공정, 침체를 방지하기 위하여 직급별 인력수급계획을 세워야 한다.

2. 실적주의와 직업공무원제도의 비교

구분	실적주의(미국)	직업공무원제(영국)
역사적 배경	미국은 1883년에 실적주의가 확립되었으나, 과학적 관리론, 직위분류제의 영향으로 직업공무원제도가 약함	계급제적 전통이 강한 영국에서 확립
친화적인 제도	엽관 → 실적 → 직위분류제	정실(신분보장 강함) → 실적 → 계급제 유지
결원보충 방식	개방형	폐쇄형
행정가	전문행정가	일반행정가
신분보장	엽관제도에 비해서는 신분보장이 강해지만, 계급제나 직업공무원제에 비해 상대적으로 약함	신분보장 강함
채용 시 중시되는 요소	채용 당시의 직무수행능력 중시, 전문과목 시험채택	장기적 발전가능성 중시, 교양과목 채택
인사과정에서 강조되는 점	채용(단기적)	배치전환, 사기(장기적)
임용 시 제한	연령·학력제한 없음. 오로지 직무수행능력	연령·학력 등의 제한으로 제약된 기회균등
보수	직무급(성과급은 아님)	생활급
공통점 (반엽관적 정서)	신분보장, 정치적 중립, 자격이나 능력에 의한 인사	
양자 간의 관계	실적주의는 직업공무원제 확립에 꼭 필요하나, 실적주의가 확립되었다고 직업공무원제가 수립되는 것은 아님(추가적 요소 필요: 생애성, 사기, 연령·학력 제한 등)	

3. 장·단점

(1) 장점

① 공무원의 직업의식(사명감, 국가의식, 봉사의식)을 강화시킬 수 있다.

② 공무원 개개인의 신분이 안정되며 공무원의 사기와 근무의욕을 향상시킨다.

③ 국가행정의 계속성과 안정성을 확보할 수 있다.

④ 전문직업주의에 입각해 있어 공무원들이 불편부당한 정치적 간섭을 배제하고 민주적으로 설정된 목표를 능률적으로 수행하는 데 기여할 수 있다.

⑤ 정치적 중립을 전제로 하는 직업공무원제는 행정활동의 중립성과 공익성을 확보한다.

⑥ 장기적인 근무를 유도하여 고급공무원 양성에 유리하다.

⑦ 젊고 유능한 인재를 조기에 발굴하여 공무원의 질적 향상에 기여한다.

⑧ 정부와 공무원 사이에 의존적이며 온정적인 관계가 강화된다.

⑨ 공직의 요청에 부응하는 행동을 하게 함으로써 엄격한 근무규율이 수용되기 용이하다.

⑩ 이직률을 줄일 수 있다.

(2) 단점

① 직업공무원제의 실시는 공직자에 대한 민주적 통제를 어렵게 한다(지나친 신분보장).

② 심한 학력 및 연령의 제한은 공직임용의 기회균등을 저해할 수 있다.

③ 폐쇄적 제도를 채택하기 때문에 특정분야의 전문가 채용을 어렵게 한다.

④ 동태적 환경에 적응하기 힘들고 변동과 개혁에 저항하는 경향을 보이게 된다.

⑤ 행정의 특권집단화와 관료주의화를 초래할 우려가 있다.

⑥ 직업공무원제는 계급제적 운영(순환보직)과 친숙하므로 전문행정가보다는 일반행정가 육성에 적합하다. 이로 인해 행정의 전문성을 저해할 수 있다.

⑦ 직업공무원제는 능력과 실적보다는 연공서열을 중시하므로 행정의 능률성을 저해할 수 있다.

⑧ 직업공무원제에서 공무원은 공직에만 종사하는 특수한 직업인으로 굳어져 다른 직업으로의 전환이 곤란하다.

⑨ 직업공무원제는 연공서열 중시, 경쟁 결여, 전문가의 외부충원 곤란 등의 문제로 공직사회의 전반적인 질을 저하시킨다.

4. 직업공무원제의 전개

(1) 직업공무원제를 운영해 온 국가(우리나라 등): 미국식 직위분류제와 개방형 공무원 및 전문가주의 특성이 도입되고 있다. 그러나 이러한 조치들은 전통적인 직업공무원제가 지니고 있는 한계를 보완하기 위한 것이지, 직업공무원제 자체를 부인하는 것은 아니다. 즉, 행정은 단순한 기술적 전문성뿐만 아니라 민주성, 공익성, 봉사성 등 경영과는 다른 독자적인 가치 기준과 윤리규범을 요구하고 행정업무의 연속성·일관성 등도 확보해야 한다는 점에서 직업공무원제는 여전히 효용을 무시할 수 없다.

(2) 직위분류제를 운영해 온 미국: 고위공무원단제도의 도입을 통해 계급제나 폐쇄형 임용 및 일반행정가주의에 입각한 직업공무원제도의 장점을 도입하므로, 양자가 조화되는 방향으로 전개되고 있다.

② 개방형 직위제도와 공모직위제도

1. 개방형 직위제도

(1) 의의: 개방형 직위제도는 전문성이 특히 요구되거나 효율적인 정책수립을 위하여 필요하다고 판단되는 직위의 공직사회 경쟁력 제고를 위하여 공직내외를 불문하고 공개모집에 의한 선발시험을 거쳐 직무수행 요건을 갖춘 최적격자를 선발하여 임용하는 제도이다.

(2) 도입 배경: 그동안 공직은 신분의 보장과 연공서열에 의한 인사운영 등으로 경쟁시스템이 미흡해 민간부문에 비해 경쟁력이 떨어지고 생산성이 낮다는 지적을 받았다. 이에 따라 정부에서는 외부전문가 유치를 통해 행정의 전문성을 강화하고, 부처 간 인사교류를 활성화하며, 경쟁에 따른 공무원의 자질향상을 통해 정부의 생산성을 제고하기 위하여 개방형 직위제도를 도입하게 되었다.

(3) 지정 범위

① 소속장관은 고위공무원단 직위총수의 100분의 20의 범위에서 개방형 직위를 지정하되, 중앙행정기관과 소속기관 간 균형을 유지하도록 하여야 한다.

② 소속장관은 중앙행정기관의 실장·국장 밑에 두는 보조기관 또는 이에 상응하는 직위(과장급) 총수의 100분의 20의 범위에서 개방형 직위를 지정하되, 그 실시 성과가 크다고 판단되는 기관, 공무원의 종류 또는 직무 분야 등을 고려하여야 한다.

③ 소속장관은 개방형 직위 중 특히 공직 외부의 경험과 전문성을 적극 활용할 필요가 있는 직위를 공직 외부에서만 적격자를 선발하는 개방형 직위(이하 '경력개방형 직위'라 한다)로 지정할 수 있다.

④ 소속장관은 개방형 직위(경력개방형 직위를 포함)로 지정(변경 및 해제를 포함)되는 직위와 지정범위에 관하여 인사혁신처장과 협의하여야 한다.

⑤ 개방형 직위의 지정 기준과 같은 조 제2항에 따른 직무수행요건의 설정 기준에 관하여 필요한 사항은 인사혁신처장이 정한다.

> **개념더하기** ▶ **지방자치단체 개방형 직위 지정 범위**
>
> 개방형 직위는 특별시·광역시·도 또는 특별자치도별로 1급부터 5급까지의 공무원 또는 이에 상응하는 공무원과 시·군 및 자치구별로 2급부터 5급까지의 공무원 또는 이에 상응하는 공무원으로 임명할 수 있는 직위 총수의 100분의 10 범위에서 지정할 수 있으며, 개방형 직위를 지정하는 경우에는 그 실시 성과가 크다고 판단되는 기관, 공무원의 종류 또는 직무 분야 등을 고려하여야 한다(행정안전부와의 협의절차 폐지).

(4) 중앙선발시험위원회: 개방형 직위 선발시험, 선발시험 대상 개방형 직위 지정의 적정성 등에 관한 의견 제출의 사무를 수행하기 위하여 인사혁신처장 소속으로 개방형 직위 중앙선발시험위원회를 두며, 선발시험위원회는 임용예정 직위별로 5명 이상의 위원으로 구성한다.

(5) 임용절차 및 방법, 기간

① 임용절차

　　㉠ 선발시험위원회는 개방형 직위의 임용예정 직위별로 2명 또는 3명의 임용후보자를 선발하여 소속장관에게 추천하고, 소속장관은 선발시험위원회에서 추천한 임용후보자 중에서 임용하여야 한다(소속장관이 임용후보자 추천 순위를 변경하려는 경우 인사혁신처장과 협의하여야 한다).

　　㉡ 소속장관은 임용후보자 중에서 고위공무원임용심사위원회의 심사대상자가 있는 경우에는 고위공무원임용심사위원회의 심사를 거쳐야 한다.

② **임용방법**: 소속장관은 경력경쟁채용(과거 특별채용) 등의 방법으로 개방형 직위에 임기제 공무원으로 임용한다. 다만, 개방형 임용 당시 경력직 공무원(임기제 공무원은 제외하며)인 사람은 전보, 승진 또는 전직의 방법으로 임용이 가능하다.

③ **임용기간**

　㉠ 개방형 직위에 임용되는 공무원의 임용기간은 다른 법령에 특별한 규정이 있는 경우를 제외하고는 5년의 범위에서 소속장관이 정하되, 최소한 2년 이상으로 하여야 한다. 다만, 공무원이 아닌 사람이 개방형 직위에 임기제 공무원으로 임용되는 경우에는 특별한 사정이 없는 한 임용기간은 최소한 3년 이상으로 하여야 한다.

　㉡ 소속장관은 개방형으로 임용된 사람의 성과가 우수하거나 계속 근무하게 하여야 할 특별한 사유가 있는 경우에는 총 임용기간이 5년을 넘지 아니하는 범위에서 임용기간을 연장할 수 있다.

> **개념더하기** ▶ **개방형 직위제도 운영 실태**
>
> 개방형 직위제도는 1999년 38개 부처 129개 직위를 개방형 직위로 지정하여 출발했으며, '개방형 직위의 운영 등에 관한 규정(대통령령)'이 2000년 2월 28일 제정·시행되었다. 그러나 도입 취지가 무색하게 개방형 직위 임용자 중 민간인 임용 비율이 지난 2013년부터 최근 3년간 한 해 평균 16.5%에 그치고 있는 것으로 나타났다. 이는 개방형 직위 100곳 가운데 17곳만 민간인을 임용하고 나머지는 공개경쟁 등을 통과한 공무원이 그 자리를 차지하고 있다는 뜻이다. 개방형 직위 민간인 임용을 연도별로 살펴보면 2013년의 경우 총 직위 421곳 중 50곳만 민간인을 임용하여 임용율이 11.9%에 불과했으며 2014년 430곳 가운데 64곳으로 민간인 임용 비율이 14.9%, 2015년도는 22.6%에 머무른 것으로 조사됐다. 2016년 상반기에는 개방형 직위 민간인 임용 비율은 조금 늘어났는데 총 직위 441곳에 140명으로 민간인 임용율이 31.7%에 달한 것으로 나타났다. 물론 개방형 직위라고 해서 무조건 민간인을 영입하라는 것은 아니지만 개방형 직위제의 원래 취지에 맞게 전문성 있는 민간인 임용 비율을 크게 늘려나가는 게 바람직한 방향일 것이다.

2. 공모직위 제도

(1) 의의: 효율적 정책수립 또는 관리를 위하여 직위별로 임용자격요건을 미리 정해놓고 결원 발생 시 그 요건을 갖춘 자를 정부내부(기관 간) 공개모집을 통하여 적격자로 선발하는 제도이다.

(2) 지정

① 소속장관은 소속장관별로 경력직 공무원으로 임명할 수 있는 고위공무원단 직위 총수의 100분의 30 범위에서 공모직위를 지정하되, 중앙행정기관과 소속기관 간 균형을 유지하도록 하여야 한다.

② 소속장관은 경력직 공무원으로 임명할 수 있는 과장급 직위 총수의 100분의 20의 범위에서 공모직위를 지정하되, 그 실시 성과가 크다고 판단되는 기관, 공무원의 종류 또는 직무 분야 등을 고려하여야 한다.

③ 소속장관은 공모직위의 지정 범위에 관하여 인사혁신처장과 협의하여야 한다.

④ 공모직위의 지정 기준과 직무수행요건의 설정 기준에 관해 필요한 사항은 인사혁신처장이 정한다.

(3) 공모직위 선발시험위원회: 소속장관이 시험을 실시하는 경우에는 임용예정 직위별로 5명 이상의 심사위원으로 이루어진 선발심사위원회를 구성하여야 한다.

(4) 임용절차 및 방법

① 선발심사위원회는 공모직위의 임용예정 직위별로 2명 또는 3명의 임용후보자를 선발하여 소속장관에게 추천하고, 소속장관은 선발심사위원회에서 추천한 임용후보자 중에서 임용하여야 한다. 공모직위에 임용되는 공무원은 전보, 승진, 전직 또는 경력경쟁채용 등의 방법으로 임용하여야 한다.

② 공모직위에 전보, 승진, 전직 또는 경력경쟁채용 등의 방법으로 경력직 공무원을 임용하는 경우 보통승진심사위원회의 심사와 전직 또는 경력경쟁채용 등의 시험은 공개 모집에 따른 선발시험으로 갈음한다.

③ 공모직위에 임용된 공무원은 임용된 날부터 2년 이내에 다른 직위에 임용될 수 없다.

구분		개방형 직위	공모직위
선발시험		공직 내외(민간 포함), 경력개방형 직위는 외부에서만 모집	부처 내외(재직자)
지정요건		전문성이 특히 요구되거나 효율적인 정책수립	효율적 정책수립 또는 관리
지정범위	중앙행정기관	• 고위공무원단 직위 총수 20% 범위 • 과장급 직위 총수 20% 범위	• 고위공무원단 직위 30% 범위 • 과장급 직위 20% 범위
	지방자치단체	• 광역: 1~5급 10% 범위 • 기초: 2~5급 10% 범위	공모직위의 지정 범위 및 지정 비율 등은 해당 인사위원회의 심의를 거쳐 임용권자가 정함
임용기간		5년의 범위에서 소속장관이 정하되, 최소한 2년 이상, 임기제 공무원으로 임용되는 경우에는 특별한 사정이 없는 한 최소 3년 이상	기간제한 없음
전보제한		임용 당시 경력직 공무원이었던 경우 개방형 직위의 임용기간 내에 다른 직위에 임용될 수 없음	임용된 날부터 2년 이내에 다른 직위에 임용될 수 없음
지정권자		소속장관	소속장관
직종		일반직 · 특정직 · 별정직	경력직에 한함(일반직 · 특정직)

개념더하기 ▶ **민간취업 휴직제도**

1. 의의

공무원이 민간 부문의 업무수행 방법 · 경영기법 등을 습득하기 위해 민간기업에 취업했을 때 휴직을 인정하는 제도이다.

2. 내용

(1) 대상 공무원: 경력 3년 이상 일반직 및 외무 공무원 4~5급(민간 요청 시 3급 과장급 또는 6~7급도 가능)

(2) 대상기관: 합명회사, 합자회사, 유한회사, 주식회사 등 영리목적으로 설립된 법인[공직유관단체(파견으로도 가능), 독점기업 및 법무법인 등 제외]

(3) 기간: 3년 이내에서 휴직할 수 있다.

(4) 제한

① 공무원은 휴직예정일 전 5년 동안 소속하였던 부서의 업무와 밀접한 관련이 있는 민간기업 등에 근무하기 위하여 휴직할 수 없다.

② 복직한 공무원은 민간기업 등에서 익힌 전문성과 현장경험을 업무에 활용할 수 있도록 휴직기간과 같은 기간 이상 복무하여야 한다.

(5) 민간기업의 의무

① 민간기업 등의 장은 채용계약에서 정한 적정한 보수의 지급 및 근로조건의 유지, 건강보험 · 산업재해보상보험의 가입, 그 밖의 복리후생의 제공 등을 성실히 이행하여야 한다.

② 민간기업 등의 장은 휴직공무원에 대하여 보수 · 지위와 그 밖의 처우 등에서 다른 직원보다 특별한 우대를 해서는 아니 된다.

③ 민간기업 등의 장은 휴직공무원의 소속기관과 밀접한 이해관계가 있는 인가 · 허가 등의 업무를 해당 공무원에게 부여해서는 아니 된다.

3 고위공무원단제도

1. 고위공무원단제도의 의의

(1) 개념: 고위공무원단제도는 국가마다 그 제도의 내용이나 의미가 다를 수 있지만, 일반적으로는 고위직 공무원을 관리하는 방식이라고 할 수 있다. 다만, 고위공무원단에 소속된 공무원은 그가 소속된 기관이나 종류에 따라 관리되는 일반적인 방식과 달리, 동일한 집단으로 간주되어 관리된다. 즉, 어느 부처에 소속된 공무원이라기보다는 고위공무원단이란 고위공무원 집단에 속한 공무원으로 관리되는 것이다.

(2) 목적: 고위공무원단제도는 크게 두 가지 목적을 가지고 각국 고위직 인사시스템에 도입되는 것으로 파악된다.

① 고위직에 우수 인력을 유치하고 육성하는 한편, 현직우수 관료들이 공직외부로 유출되는 것을 방지하고자 하는 관리적 목적이다.

② 국민의 대표기관인 대통령과 국회에 대한 고위공무원의 순응과 협조를 이끌어내고 국민에 대한 고위공무원들의 직접적인 책임성을 강화하기 위한 인사정책 수단 차원의 목적이다.

(3) 고위공무원단의 특징

① 지방공무원은 고위공무원단에 소속되지 않는다. 다만, 지방에서 근무하는 국가직 고위공무원은 고위공무원단에 소속될 수 있다(지방자치단체는 고위공무원단제도 미도입).

② 고위공무원단에 속하는 공무원은 현재 고위공무원단 직위에 재직하고 있는 사람뿐 아니라 고위공무원단 직위에 재직 중 파견이나 휴직 등의 사유로 별도로 관리되고 있는 공무원을 포함한다.

2. 우리나라의 고위공무원단제도

(1) 도입 취지: 고위공무원단제도는 정부의 주요 정책결정 및 관리에 있어서 핵심적 역할을 담당하는 실·국장급 공무원을 범정부적 차원에서 적재적소에 활용하고 개방과 경쟁을 확대하며 성과책임을 강화함으로써 역량 있는 정부를 구현하고자 도입되었다. 고위공무원단제도는 미국이 1978년 공무원개혁법에 의해 최초 도입한 이후 영국, 호주, 캐나다 등 OECD 정부혁신 선도국가들이 도입하였으며, 우리나라는 2006년 7월 1일부터 시행하였다.

(2) 실·국장급이 대상: 고위공무원단은 행정기관 국장급 이상 공무원으로 구성한다. 일반직·별정직·특정직(외무직)·감사고위공무원 등 약 1,500여 명이 고위공무원단의 구성원이 되고, 부지사·부교육감 등 지방자치단체에 국가공무원으로 보하는 일부 고위직도 고위공무원단에 포함된다.

개념더하기 ▶ 고위공무원단의 인사범위

구분	직종별	기관별	정부별
포함되는 공무원	국가직 공무원 일반직·별정직·계약직·특정직 중 외무직	중앙행정기관(소속기관 포함) 행정부 각급 기관	광역자치단체 행정부지사, 행정부시장 및 기획관리실장, 지방행정기관 부교육감 등(국가공무원)
제외되는 공무원	지방직 공무원 정무직	헌법상 독립기관	광역자치단체 정부부시장, 정무부지사, 기초자치단체 부단체장
주의	감사원은 별도의 고위감사공무원단을 운영하고 있으며, 서울특별시 행정부시장은 국가직이지만 차관급이므로 고위공무원단에서 제외됨		

(3) 충원: 고위공무원단은 과거 1~3급의 계급을 폐지하고 직무와 직위에 따라 인사관리를 한다. 이에 따라, 계급에 구애되지 않는 폭 넓은 인사로 적격자를 임용한다.

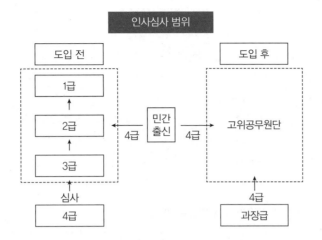

① 개방과 경쟁

　　㉠ 개방형 직위는 소속장관별로 고위공무원단 직위 총수의 20% 범위 안에서 지정하고, 공모직위는 소속장관별로 경력직 공무원으로 보할 수 있는 고위공무원단 직위 총수의 30% 범위 안에서 지정할 수 있다. 또한 기관자율직위는(50% 범위) 역시 기관장의 자율적 판단에 의해 당해 기관 혹은 다른 기관 출신을 임용제청할 수 있다.

　　㉡ 부처에 배치된 고위공무원은 소속장관이 인사와 복무를 관리한다.

　　㉢ 인사혁신처는 초과현원의 관리와 부처 간 이해관계를 조정하는 역할을 수행한다.

　　㉣ 고위공무원단 직위로의 신규채용, 승진임용 등은 대통령이 한다.

개념더하기 ▶ 충원의 과정

② 역량에 대한 검증

　　㉠ 후보자 교육과정의 이수 의무화: 후보자 교육과정은 각 부처 과장급을 대상으로 실제 정책과제에 대한 해결책을 모색하는 문제해결형 교육(Action Learing*: 액션러닝)으로 운영된다.

---

* 　Action Learning(현장형 학습)

　　교육 참가자들이 소집단을 구성하여 각자 또는 전체가 팀워크를 바탕으로 실패의 위험을 갖는 실제 문제를 정해진 시점까지 해결하는 동시에, 문제 자체와 문제해결과정에 대한 성찰을 통해 학습하도록 지원하는 학습을 학습하는 교육방식을 말한다.

ⓒ 역량평가제 실시(고위공무원단 후보자): 과장급 공무원 및 민간인이 고위공무원단에 진입하기 위해서는 고위공무원단 역량평가를 통과해야 한다. 이에 따라 인사혁신처는 고위공무원으로서 요구되는 역량을 갖추었는지를 사전에 철저히 검증하여 최적격자만이 고위공무원단에 선발될 수 있도록 역량평가제도를 시행하고 있다.

- 역량평가는 구조화된 모의 상황을 설정하여 현실적 직무 상황에 근거한 행동을 관찰·평가하는 방식이다. 추측이나 유추가 아닌, 직접 나타난 행동들을 관찰함으로써 평가자의 주관성을 배제할 수 있다.
- 역량평가는 대상자의 과거 성과를 평가하는 것이 아니라 미래행동에 대한 잠재력을 측정한다.
- 역량평가는 다수의 평가자가 참여하며 합의에 의하여 평가결과를 도출한다.
- 평가요소: 고위공무원단은 전략적 사고, 문제인식, 성과지향, 변화관리, 고객만족, 조정통합, 과장급은 정책기획, 성과관리, 조직관리, 의사소통, 이해관계조정, 동기부여 등이 해당된다.

개념더하기 고위공무원단 역량평가 대상(고위공무원단 인사규칙)

역량	내용
문제인식	정보의 파악 및 분석을 통해 문제를 적시에 감지·확인하고 문제와 관련된 다양한 사안을 분석하여 문제의 핵심을 규명
전략적 사고	장기적인 비전과 목표를 설정하고 이를 실행하기 위한 대안의 우선순위를 명확히 하여 추진방안을 확정
성과지향	주어진 업무의 성과를 극대화하기 위한 다양한 방안을 강구하고, 목표달성과정에서도 효과성과 효율성을 추구
변화관리	환경 변화의 방향과 흐름을 이해하고, 개인 및 조직이 변화상황에 적절하게 적응 및 대응하도록 조치
고객만족	업무와 관련된 상대방을 고객으로 인식하고 고객이 원하는 바를 이해하고 그들의 요구를 충족시키려 노력
조정·통합	이해당사자들의 이해관계 및 갈등상황을 파악하고 균형적 시각에서 판단하여 합리적인 해결책을 제시

(4) 성과관리: 고위공무원단에 대해서는 계급과 연공서열 보다는 엄격한 성과관리를 통한 업무와 실적에 따라 보수를 지급한다. 즉, 직무의 중요도·난이도 및 성과에 따라 보수를 차등 지급한다.

① **직무성과 계약제**: 성과목표·평가기준 등을 상급자와 협의하여 설정하되, 최종적으로, 근무지 기관장과 1년 단위의 성과계약을 체결

② **성과계약 등 평가**: 성과계약에 의하여 5등급(매우 우수, 우수, 보통, 미흡, 매우 미흡) 상대평가(최상위등급은 20%, 최하위·하위 2개 등급에 10% 이상을 강제적으로 분포시켜 평가함)

③ **직무성과급적 연봉(기본급+성과급)**: 종래 계급에 기반한 연봉제에서 직무의 난이도·중요도 및 성과의 차이에 따라 보수를 차등하는 직무성과급적 연봉제로 전환하고 직무평가결과를 토대로 값을 매겨 직무등급(2등급)을 부여

ⓐ 기본연봉: 기준급과 직무급으로 구성되며 기준급은 개인의 경력 및 누적성과를 반영하여 책정하고 직무급은 업무의 성질과 난이도에 따라 2등급(가, 나)으로 구분하여 지급. 상위 직무등급 직위로 이동 시 승격가산액 지급

ⓑ 성과연봉: 성과계약 등의 평가 결과에 매우 우수는 15%, 우수는 10%, 보통은 6%, 미흡 및 매우 미흡은 0%를 직무급에 가산하여 지급

④ 적격심사(인사혁신처장이 실시): 고위공무원 인사의 실적주의 원칙과 정치적 중립이 보장되며 정년 및 신분보장제도 등 직업공무원제의 근간을 유지하되 성과와 능력이 현저하게 미달하는 고위공무원은 객관적이고, 공정한 판단을 거쳐 엄정하게 인사조치 된다. 적격심사 사유가 발생하면 소속장관은 지체 없이 인사혁신처장에게 적격심사를 요구하여야 하며, 인사혁신처장은 사유발생일로부터 6개월 이내에 심사를 실시하여야 한다.

㉠ 적격심사 요건
- 근무성적 평정에서 최하위 등급의 평정을 총 2년 이상 받은 때
- 정당한 사유 없이 직위를 부여받지 못한 기간이 총 1년에 이른 때
- 근무성적 평정에서 최하위 등급을 1년 이상 받은 사실이 있는 경우와 정당한 사유 없이 6개월 이상 직위를 부여 받지 못한 사실이 있는 경우
- 조건부 적격자가 교육훈련을 이수하지 아니하거나 연구과제를 수행하지 아니한 때

㉡ 부적격 결정: 적격심사를 요구받은 경우 직위해제를 실시할 수 있고 부적격 결정이 날 경우 직권면직도 가능(단, 교육훈련이나 연구과제를 통하여 근무성적 및 능력향상이 기대되는 사람은 조건부 적격자로 결정 가능)

더 알아보기

고위공무원단 핵심요소

개방과 경쟁	개방형 직위 제도, 공모직위 제도 등의 활용
성과와 책임	직무성과계약제, 직무성과급제, 적격성 심사 등의 활용
능력발전	개별식·맞춤형 교육(Action Learning), 역량평가제
범정부적 통합적 시야	범정부적 통합 관리, 직위공모제 등의 활용

(5) 고위공무원단제도의 효용과 한계

① 효용
㉠ 정치적 대응성과 전문적 업무수행능력을 모두 구비한 고급공무원 양성
㉡ 인사운영의 융통성 제고, 부처 간 인사교류의 활성화로 부처이기주의와 인사침체 완화
㉢ 직위·직무 중심의 관리로, 계급구조 타파
㉣ 개방과 경쟁 촉진
㉤ 대통령·장관 등 인사권자들의 인사상 재량범위를 확대하여 강력한 정책 추진력 확보
㉥ 연공서열이 아닌 능력중심의 인사관리

② 한계
㉠ 정치적 임용의 확대로 공무원 직무수행의 자율성 손상
㉡ 신분보장 완화로 직업공무원제의 약화 및 공무원의 사기 저하
㉢ 고위직은 정치논리(고위공무원단)로 하위직은 기업논리(공무원노조)로 운영(행정의 분절화 현상)
㉣ 인기 있는 부처 또는 기관에만 지망자가 집중되는 문제 야기
㉤ 고위공무원의 업무 장악력 저하

3. 각국의 고위공무원단

(1) 미국 – SES(Senior Executive Service)

① 의의

㉠ 1978년 미국의 카터 행정부에서 공무원제도개혁법을 통해 도입하였으며 직위분류제에 계급제(직업공무원제)적 요소를 가미한 제도이다.

㉡ 적용대상: GS-15에 해당하는 직위는 직무평가에서 4,055점 이상을 받아야 한다. 이것은 6개의 평가요소 중 운영할 수 있는 정책의 범위 요소와 감독자로서의 권한의 범위 요소에서 최소한 두 번째 높은 단계로 평가되어야 가능하며, 직무의 난이도 요소에서는 가장 어려운 직무로 평가한다(OPM).

② 특징

㉠ SES 구성원은 일반행정가의 역할을 요구받으며, 기관장 인사관리의 탄력성과 신축성을 확보해준다.

㉡ 경력직은 SES에서 해임되어도 고위공무원단 이외의 직위에 임용되어 공무원 신분상의 변화가 없다는 점에서 신분보장을 전제로 하는 직업공무원제적 요소를 부분적으로 도입한 것이라 할 수 있다.

개념더하기 미국과 우리나라 고위공무원단

구분	미국의 SES	한국의 고위공무원단
혁신방향	• 직위분류제에 계급제 도입 • '직무' 개념 포기하고 '계급' 개념 도입	• 계급제에 직위분류제 도입 • '계급'을 폐지하고 '직무' 개념 도입 • 직무분석 결과를 토대로 운영
공무원 자질	전문행정가 → 일반행정가	일반행정가 → 전문행정가
신분보장	신분보장 강화	• 신분상 불이익 가능 • 적격성 평가결과에 따라 직권면직 가능
보수	직무급 → 직무성과급	연공급 → 직무성과급적 연봉

(2) 영국 – SCS(Senior Civil Service)

① 계급 중심의 피라미드형 계급구조로 공직에 전문가 영입이 곤란하다는 문제를 극복하기 위해 1996년 메이저 정부에서 도입하였다.

② 영국은 Grade 5 이상의 공무원을 대상으로 하고 있다. 영국의 Grade 5는 우리나라의 과장급에 해당하는 직위이다. 고위공무원이란 최소한 한 개 이상의 부서의 운영권한을 가지고 있는 공무원이며, 정책의 수립과 집행에서 실무적인 최종 책임을 담당할 수 있는 공무원이라고 볼 수 있다(우리나라의 고위공무원단제도와 유사).

03 임용

01 인력계획 및 임용

1 인력계획

정부조직의 인적 자원에 대한 수요예측과 이를 충족시키기 위한 인력의 공급 방안을 결정하는 과정 내지 활동으로, 적시에 적정한 수와 종류의 인력을 적정한 직위에 확보하는 것이다. 행정환경의 변화에 따른 중장기 행정수요의 예측에 따라 파악된 인력수요를 직급별·직종별로 예측하고, 이에 맞는 공급과 관리계획을 수립하는 것이다.

인력계획 과정	클링너(Klingner)의 인력계획 과정
① 인력수요 예측단계: 인력계획의 목표설정 단계 ※ 수요예측에 영향을 미치는 요인 • 거시적 변수: 인구증가, GNP, 생산성, 기술성 • 미시적 요인: 조직 업무량의 변화, 공무원의 직급별·연령별 구성 등	① 조직목표 설정 ② 총인력수요 예측 ③ 총인력공급 예측 ④ 실제인력수요 결정(총인력수요 - 총인력공급)
② 인력공급 대안결정단계: 인력계획 수립에 있어서 4대 임용방법(공개채용, 경력채용, 공개승진, 특별승진)의 상대적 비율을 정하고 적정 이직률, 적정 증원률을 결정	⑤ 실제인력수요를 기초로 인력확보 방안 결정
③ 시행단계: 선택된 인력공급 방안을 실제 집행, 연차별·단계별 시행, 상황변화에 신축성 있는 적응이 필요하나, 계획의 변화는 전체계획의 안정성을 침해해서는 안 됨	⑥ 인력확보 방안 시행
④ 평가단계: 인력수요 예측 및 인력공급 대안 결정단계에서 작용하는 여러 요인과 인력계획 집행성과를 분석·평가. 평가결과는 새로운 계획의 수립·집행과 단계로 환류	⑦ 통계자료 준비 ⑧ 평가를 통한 환류

2 임용의 의의 및 종류

1. 의의

좁은 의미로 임용은 사람을 선발하여 쓰는 활동, 공무원을 특정직위에 취임시키는 행위나 공무원의 결원을 보충하는 것이다. 광의의 임용에는 '정부조직의 결원보충활동(외부임용과 내부임용)'뿐 아니라 파면·해임 등의 해직조치까지 포함한다.

넓은 의미로서 임용이란 신규채용, 승진임용, 전직, 전보, 겸임, 파견, 강임, 휴직, 직위해제, 정직, 복직, 면직, 해임 및 파면을 말한다. 즉, 공무원의 신분관계를 발생·변경·소멸시키는 모든 인사 행위를 말한다.

2. 종류

외부임용 (발생)	공개경쟁채용	자격 있는 모든 사람에게 평등하게 지원기회 부여, 수평적 평등차원, 실적주의에 입각한 채용의 원칙	
	경력경쟁채용	• 경쟁범위를 제한하여 별도의 선발절차 거침, 공개경쟁채용 제도 보완, 필요한 인력의 확보 용이 • 복잡·다양한 현대정부의 인력수요로 인해 필요성이 증대되고 있지만, 서류전형과 면접위주 선발이므로 정실개입 우려	
내부임용 (변경)	수직적 임용	상향적 임용	승진: 직무의 책임도·곤란도가 높은 상위 직급·계급으로의 이동
		하향적 임용	강임: 직무의 책임도·곤란도가 낮은 하위 직급·계급으로의 이동
	수평적 임용	배치전환	전직, 전보, 전입 등
	무직위로의 변경	휴직, 직위해제, 정직 등	
소멸	강제퇴직	직권면직, 징계면직, 정년퇴직, 당연퇴직	
	임의퇴직	의원면직, 명예퇴직	

02 외부임용(신분관계 발생)

행정조직 외부에서 사람을 선발하여 쓰는 것을 의미하며 유형으로는 공개경쟁채용과 경력경쟁채용이 있다.

1 공개경쟁채용

자격있는 모든 사람에게 지원할 기회를 주고 경쟁시험을 통해 임용후보자를 결정하는 방법으로 실적주의를 강조하는 현대 인사행정 하에서 일반적인 방식이다(모집 → 시험 → 채용후보자 명부작성 → 시보임용 → 임명 및 보직).

1. 모집

(1) 모집의 의의

① 의의: 모집은 공무원을 채용해야 할 때 지원자를 확보하는 활동이다. 즉, 선발시험에 응할 잠재적 인적 자원을 찾아내서 지원하도록 유도하는 행위이다(공직을 희망하는 자를 유치하는 활동).

② 적극적 모집의 필요성: 적극적 모집은 젊고 유능한 인적 자원이 공직에 대한 매력을 느끼고 지원하도록 유도하는 활동이다. 우리나라의 경우 공무원보다 일반 대기업의 회사원이 더 유능하고 변화에 대해 적응을 잘하며 생산성도 높다고 생각하고 있는 것으로 조사되기도 하였다. 또한 우리나라의 경우는 많은 사람들이 공직의 신분안정성 때문에 지원하는 것으로 보인다. 이런 유형의 사람들이 아닌 정부에서 필요로 하는 유능한 인재를 유도할 수 있도록 적극적인 모집의 필요성이 제기된다.

(2) 적극적 모집 방법

① 모집공고의 개선: 적극적인 모집에서는 단순히 공고하는 것이 아니라 한편으로는 공직의 이미지를 선전하면서 또한 공직취업의 정보를 제공한다(공직설명회나 취업박람회).

② 인력형성에의 직접참여: 적극적 모집은 공직에서 필요한 인력을 직접 형성하는 것이다(방학 중이나 학기 중에 실무수습의 기회를 제공하거나 학사나 석사학위논문 준비를 위해 문호를 개방하는 것).

③ **수험부담의 경감**: 시험을 준비해서 합격하는 데까지 소요되는 시간과 노력이 수험준비의 부담이다. 수험준비생에게는 단순한 부담이 아니라 위험부담이다. 이러한 현상이 계속된다면 능력이 우수한 학생보다는 위험을 기꺼이 감수하는 학생이 결국 공직에 더 많이 들어오게 될 것이다.

(3) 지원자격의 제한과 우대: 직위분류제 국가에서는 기술 교육 경험, 능력 등에 대한 요건을, 계급제에서는 직무수행요건보다는 국적 · 교육 · 연령 · 거주지 · 성별 등에 대한 일반적 기준을 정하여 지원자격을 제한하고 있다.

소극적 기준 (부적격자 배제)	학력, 연령, 국적, 성별, 지역 • 직업공무원제 국가(영국)는 젊고 유능한 인재채용을 위해 연령과 학력을 제한한다.
적극적 기준	지식, 기술, 가치관, 태도, 경험 • 지식(교육내용, 시험과목)면에서 미국은 전문과목, 독일은 법률과목, 영국은 일반교양과목, 프랑스는 사회과학, 우리나라는 일반교양과목 중심에 전문과목을 가미한다.

① **학력**: 영국 · 독일 · 프랑스 등 직업공무원제가 정착된 서구 국가들은 학력에 대한 제한이 있으나 우리나라는 학력제한이 없다.

② **연령**: 계급제는 직업공무원제를 확립하기 위한 연령제한이 엄격하지만, 직위분류제는 공직에의 기회균등을 이유로 연령 제한이 완화되어 있다. 우리나라는 하한연령 제한이 7급 이상은 만 20세 이상, 8급 이하는 만 18세(교정 · 보호직렬은 만 20세 이상) 이상이다.

③ **국적**: 원칙적으로 외국인도 채용할 수 있다(국가기관의 장은 국가안보 및 보안 · 기밀에 관계되는 분야를 제외하고 국회규칙, 대법원규칙, 헌법재판소규칙, 중앙선거관리위원회규칙 또는 대통령령으로 정하는 바에 따라 외국인을 공무원으로 임용할 수 있다).

④ **성별**: 우리나라에서는 원칙적으로 제한이 없다.

⑤ **거주지**: 우리나라의 경우 국가직 공무원의 지역별 모집, 지방공무원의 공개채용시험을 제외하고 원칙상 제한이 없다. 거주지 요건을 둘 경우 애향심, 편의성, 생계비 부담 감소 등의 이점이 있으나, 공무원의 능력 저하, 지역적 불균형 등의 단점이 발생할 수 있다.

ᒪLINKᑐ 국가공무원법

제33조(결격사유)
1. 피성년후견인
2. 파산선고를 받고 복권되지 아니한 자
3. 금고 이상의 실형을 선고받고 그 집행이 종료되거나 집행을 받지 아니하기로 확정된 후 5년이 지나지 아니한 자
4. 금고 이상의 형을 선고받고 그 집행유예 기간이 끝난 날부터 2년이 지나지 아니한 자
5. 금고 이상의 형의 선고유예를 받은 경우에 그 선고유예 기간 중에 있는 자
6. 법원의 판결 또는 다른 법률에 따라 자격이 상실되거나 정지된 자
6의 2. 공무원으로 재직기간 중 직무와 관련하여 형법상 횡령죄 또는 성범죄를 범한 자로서 300만 원 이상의 벌금형을 선고받고 그 형이 확정된 후 2년이 지나지 아니한 자
6의 3. 징계로 파면처분을 받은 때부터 5년이 지나지 아니한 자
6의 4. 징계로 해임처분을 받은 때부터 3년이 지나지 아니한 자

2. 시험

(1) 의의: 공직응시자 중 요구되는 직무수행능력을 갖춘 적격자를 선발하는 수단이다. 공개경쟁시험을 통해 공직에 대한 기회균등 보장, 행정의 민주성·능률성에 기여하는 제도를 의미한다.

(2) 시험의 종류

① 형식적 분류: 필기시험, 실기시험, 면접시험, 서류심사

② 목적별 분류

  ㉠ 일반지능검사: 심리검사의 일종으로 상황에 대처하는 능력과 추리력에 대한 검사이다.

  ㉡ 적성검사: 선천적 소질의 유무와 계발될 잠재능력에 대한 측정이다.

  ㉢ 성격검사: 기질적·정서적 특성을 측정하는 것이다.

  ㉣ 업적검사: 경험·훈련 등에 의한 현재의 능력과 실적에 대한 평가이다.

  ㉤ 체력검사: 직무수행을 위한 육체적 적격성을 측정하는 것이다.

(3) 시험의 효용도: 시험의 효용도란 시험이 목적하는 바를 효율적으로 성취할 수 있는 정도를 말한다.

① 타당도: 시험이 측정하고자 하는 요소를 정확하게 측정하는 정도 또는 직무수행능력이 가장 우수한 자를 정확하게 식별하는 정도를 의미한다.

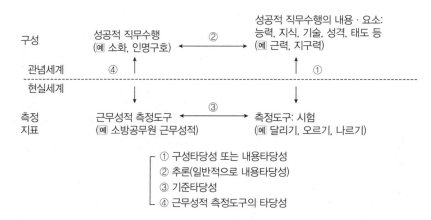

  ㉠ 구성타당도

  • 시험이 이론적(추상적)으로 구성된 능력요소를 얼마나 정확하게 측정할 수 있느냐에 관한 기준이다. 즉, 추상적 능력요소를 구체적인 측정요소로 전환했을 때 구체적인 측정요소가 추상적 능력요소를 얼마나 잘 대변하는가의 문제이다(개념 조작화의 정도).

  • 구성타당도 검증은 구성된 능력요소가 현실성 있고 직무수행의 성공과 연관되어 있는지 확인 후 시험의 내용과 구성된 능력요소 사이의 관계를 분석한다.

  ㉡ 내용타당도

  • 시험이 특정한 직위에 필요한 능력이나 실적과 직결되는 실질적인 능력요소(태도, 기술 등)를 포괄적으로 측정하였는가에 관한 기준이다. 따라서 내용타당도를 확보하려면 직무분석을 통해 선행적으로 실질적인 능력요소를 파악해야 한다.

  • 검증방법: 직무수행에 필요한 능력요소와 시험내용을 비교한다(예를 들어 소방직시험은 조선시대 화재를 담당했던 기구를 묻는다든지, 행정직 시험에 발해의 인사담당기구를 묻는 것).

ⓒ 기준타당도(가장 일반적인 타당도 기준)
- 시험이 직무수행능력을 얼마나 정확하게 측정하는가에 관한 기준이다. 즉, 시험성적과 근무성적의 상관관계 정도를 나타낸다.
- 예측적 타당성 검증: 신규채용자를 대상으로 그의 채용시험성적과 업무실적을 비교하여 양자의 상관관계를 확인하는 방법이다(측정의 정확성은 높으나, 비용과 노력이 많이 소모된다는 점, 시차가 존재한다는 점, 성장효과 및 오염효과가 존재한다는 점이 한계).
- 동시적 타당도: 재직자를 대상으로 그들의 업무실적과 시험성적을 비교하여 그 상관관계를 보는 방법이다(측정의 정확성은 낮으나, 신속하고 비용과 노력이 절감 됨).
- 기준타당도의 한계: 시험성적과 비교할 직무수행실적의 기준을 타당하게 결정하기가 어려움, 채용인원수나 재직자 수가 적어 유의미한 통계학적 표본을 확보할 수 없을 때 사용 곤란, 채용시험 합격자의 성적을 미리 알면 기준오염의 착오가 발생한다.

개념더하기 ▶ 타당도의 사례

구분	사례	판정기준
기준 타당도	• 시험응시자가 받은 시험성적과 이후 근무실적의 상관관계 • 상관분석을 실시하여 상관계수 값이 크면 기준타당도가 높다고 판단	시험성적과 임용 후 근무성적의 비교
내용 타당도	• 운전면허시험에서 실제적인 운전 상황에서의 운전자에 대한 전반적인 사항을 평가하기 위해 도로주행시험을 실시하는 것 • 행정학 교수 A가 행정학 시험문제를 출제하면서 동료교수의 평가를 받음(객관식 시험문제의 모집단이 없으므로 무작위 표본추출이 불가능함)	직무 상 능력요소와 시험내용의 비교
구성 타당도	• 구성개념(Construct)이란 연구자가 측정하고자 하는 추상적인 개념 • 수렴적 타당성과 차별적 타당성으로 분류 • 직무수행 상 필요한 능력요소와 관련되는 이론적 구성요소의 측정정도	이론적 구성요소와 시험내용의 비교

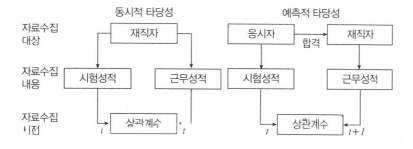

② 신뢰도(Reliability, 일관성)·

　　㉠ 측정도구가 측정대상을 일관성 있게 측정하는 정도를 말한다.

　　㉡ 측정 방법

구분		내용
시험을 두 차례 실시하는 방법	재시험법	동일한 시험을 동일한 대상 집단에게 시간 간격을 두고 2회 이상 실시하여 그 성적을 비교하는 방법
	동질이형법 (복수양식법)	동일한 내용의 시험을 양식(형식)을 달리하여 두 번 시험을 치른 뒤 그 성적을 비교하는 방법
시험을 한 차례 실시하는 방법	반복법 (이분법)	시험은 한 번 치르되 문제를 두 부분(홀 · 짝 등)으로 나누어 각 성적 간의 상관관계를 살펴보는 방법
	문항 간 일관성 검증 방법	시험의 모든 문항을 비교, 그 성적의 상관관계를 살펴보는 방법
t는 시간 A, B 등은 시험의 형식		재시험법　　동질이형법　　이분법

　　㉢ 타당도와 신뢰도 관계: 신뢰도는 타당도를 높이기 위한 필요조건이며 충분조건은 아니다.

구분		신뢰성 유무	
		있다	없다
타당성 유무	있다	가능하고 바람직	가능하지 않음
	없다	가능하지만, 잘못된 결론을 내릴 가능성	가능하지만 바람직하지 않음

③ 객관도

　　㉠ 어느 누가 평정하여도 동일한 결과가 나와야 한다는 것이다.

　　㉡ 채점자의 주관 · 감정이 개입해서는 안 된다.

　　㉢ 시험의 객관성은 같은 채점자가 하나의 시험을 시간 간격을 두고 두 차례 채점하여 그 결과를 비교하는 방법으로 측정할 수 있다.

④ 난이도: 시험 성적이 골고루 분포되도록 조정한다. 상 · 중 · 하로 적당하게 분류한다.

⑤ 실용도: 시험의 실시시기 · 비용 등을 고려하는 것을 의미한다. 국가직 시험은 공휴일 · 일요일에 실시하는 것과 관련이 깊다.

CLINK 보직관리

국가공무원법 제32조의5(보직관리의 원칙)

① 임용권자나 임용제청권자는 법령으로 따로 정하는 경우 외에는 소속 공무원의 직급과 직류를 고려하여 그 직급에 상응하는 일정한 직위를 부여하여야 한다. 다만, 고위공무원단에 속하는 일반직공무원과 제4조제2항제1호에 따른 공무원 중 계급 구분 및 직군·직렬의 분류가 적용되지 아니하는 공무원에 대하여는 자격·경력 등을 고려하여 그에 상응하는 일정한 직위를 부여하여야 한다.

② 소속 공무원을 보직할 때에는 그 공무원의 전공분야·훈련·근무 경력·전문성·적성 등을 고려하여 적격한 직위에 임용하여야 한다. 이 경우 보직관리 기준에 필요한 사항은 대통령령등으로 정한다.

공무원임용령 제43조(보직관리의 기준)

② 임용권자 또는 임용제청권자는 소속 공무원을 보직할 때 다음 각 호에서 정한 직위의 직무요건과 소속 공무원의 인적요건을 고려하여 적재적소(適材適所)에 임용하여야 하며, 「직무분석규정」에 따른 직무분석 또는 이 영 제10조의3에 따른 역량평가 또는 「공무원 성과평가 등에 관한 규정」 제28조에 따른 다면평가를 실시한 경우 그 결과를 활용할 수 있다.

  1. 직위의 직무요건
    가. 직위의 주요 업무활동
    나. 직위의 성과책임
    다. 직무수행의 난이도
    라. 직무수행요건
  2. 공무원의 인적요건
    가. 직렬 및 직류
    나. 윤리의식 및 청렴도
    다. 보유 역량의 수준
    라. 경력, 전공분야 및 훈련실적
    마. 그 밖의 특기사항

3. 채용후보자명부 작성 및 추천

(1) 임용후보자명부작성(4급 이상은 적용되지 않음)

① 합격자가 결정되면 시험실시기관은 이들의 등록을 받아 임용후보자 명부를 작성한다(명부에 등록을 하지 아니하는 경우에는 임용될 의사가 없는 것으로 본다).

② 명부의 유효기간은 2년이며, 1년의 범위 안에서 연장 가능 → 이 기간 범위 안에서 일정한 사유(학업, 임신, 질병, 출산 등)가 있는 경우 임용유예 신청이 가능

(2) 추천: 시험실시기관의 장은 각 기관의 결원 및 예상결원인원을 감안하여 채용후보자명부에 등재된 임용후보자를 시험성적, 훈련성적, 전공분야, 경력, 적성 등을 감안하여 임용기관에 추천하여야 한다. 추천방법에는 단수추천제, 배수추천제, 집단추천제, 특별추천제(지정추천제), 전체추천제 등이 있다. 우리나라는 임용권자로부터 특별한 자격을 가진 자를 지정하여 추천해 줄 것을 요구받지 않는 한 시험실시기간의 장은 단수추천제에 의하여 후보자를 추천한다.

4. 시보임용(試補任用 ; Probationer)

(1) **개념**: 임용후보자에게 임용예정직의 업무를 상당한 기간 실제로 수행할 기회를 주고, 적격성 여부를 판단하는 제도

(2) **목적**: 공직 적격성 판정, 초임자의 적응훈련, 예비적인 실무습득, 시험, 시험제도의 연장

(3) **대상**: 신규채용되는 5급 이하 공무원(4급 이상부터는 시보 없음)

(4) **시보기간**: 5급은 1년, 6급 이하 및 기능직은 6개월

(5) **신분보장의 제약성**: 시보공무원은 징계처분을 받았을 경우 소청심사를 청구할 수 있다. 그러나 시보임용기간 중에 있는 공무원이 근무성적 또는 교육훈련 성적이 불량한 때에는 면직시키거나 면직을 제청할 수 있으며 이에 대한 소청심사청구는 할 수 없다.

5. 임명 및 보직

(1) **임명**: 특정인에게 공무원의 신분을 부여하는 신분 설정행위

(2) **보직**: 공무원을 일정한 직위에 배치하는 행정행위

(3) **우리나라의 임명 및 보직**
① 5급 이상 공무원: 대통령이 임명
② 6급 이하 공무원: 소속장관이 임명

2 경력경쟁채용

1. 의의 및 특징

(1) **개념**: 공개경쟁시험에 의한 채용이 부적당하거나 곤란한 경우 경력 등 응시요건을 정하여 같은 사유에 해당하는 다수인을 대상으로 경쟁의 방법으로 채용하는 시험으로 공무원을 채용하는 제도(구 특별채용)이다.

(2) **대상**: 퇴직자의 재임용, 관련 자격증 소지자, 외국어 능통자, 특수학교 졸업자, 특수 전문 분야 또는 도서·벽지 등 특수지역에 근무할 자, 1급 공무원(실장급)을 임용하는 경우, 과학 기술 분야 등 학위소지자를 우선 채용해야 한다.

2. 장점 및 단점

(1) **장점**: 인력채용의 융통성 있는 확보, 복잡하고 유동적인 행정환경에 대응, 적극적 인사행정 방안이다.

(2) **단점**: 정실임용의 가능성이 있다.

공무원 신분관계를 변경시키는 행위에는 수직이동, 수평이동뿐만 아니라 무직위로의 변경 등도 있다.

1 수직적 인사이동

1. 승진

(1) 개념: 승진이란 하위계급 또는 하위직급에서 상위계급 혹은 상위직급으로의 종적·상향적인 인사이동을 말한다. 직책·위신·보수 및 부하직원의 증가를 수반하며, 종적 이동이라는 점에서 횡적·수평적인 인사이동인 배치전환(전직·보직·파견근무나 전입)과 구별되고, 신분의 향상과 직무의 곤란도 및 책임의 증대를 수반한다는 점에서 동일직급에서 단순히 보수의 증가만을 수반하는 승급과 구별된다.

(2) 승진제도의 효용성

① **유능한 인재의 확보:** 승진의 활로가 트이게 되면 공직에 유능한 인재들이 들어오게 되고, 이렇듯 공직에 들어오게 된 인재들은 자신의 승진기회를 살리기 위해 주어진 직무에 최선을 다하게 된다.

② **공무원의 능력발전기회:** 승진의 가장 큰 장점은 재직자들이 승진을 하기 위해 조직의 목표달성을 위해 노력하고 자기계발을 계속한다는 점이다.

③ **인적 자원의 활용:** 젊고 유능한 인재를 하위계급에 오랫동안 머무르게 하여 능력을 활용하지 못하게 하는 것보다는 과감한 승진을 통하여 현재의 능력을 활용하게 할 수 있다.

④ **사기의 앙양:** 보수인상, 상승욕구 충족을 통해 재직자들의 사기를 증진시킨다.

⑤ 직업공무원제 확립에 기여한다.

(3) 승진에 있어서의 주요 쟁점

① **승진의 한계:** 재직자의 승진한계를 어느 수준까지 할 것이냐의 문제인데, 재직자의 승진한계를 높이게 되면 재직자의 사기가 제고되고 행정의 안정성이 높아지는 장점이 있는 데 반해, 관료의 권력이 강화되고 민주정치가 곤란해진다는 단점이 있다.

   ⊙ 각국의 승진한계선
- 영국, 일본, 프랑스: 높음(계급제, 폐쇄형, 직업공무원제)
- 미국: 낮음(직위분류제, 개방형)
- 우리나라: 낮은 수준(법제상 한계는 높음)

   ⓒ 승진한계가 높은 것에 대한 장·단점
- 장점: 공무원 사기, 행정능률, 직업공무원제 확립
- 단점: 관료주의화, 민주통제 곤란

② **신규채용과의 관계:** 일정한 직위에 결원이 발생하였을 경우 이에 대한 보충방법으로는 내부로부터 승진임용에 의해서 충원할 수도 있고, 외부로부터 신규 채용할 수도 있다. 외부로부터의 신규채용방법에는 공개경쟁채용과 특별채용의 두 가지 방법이 있다.

③ **승진경쟁의 범위(개방주의, 폐쇄주의):** 승진의 범위에는 동일부처 내에서 경쟁하느냐, 타 부처의 직원과도 경쟁하느냐의 문제가 있다. 직위분류제가 강화되고 전문성이 강조됨에 따라 동일부처 내 승진이 강조될 것이다.

　㉠ 개방주의: 승진경쟁의 범위를 다른 부처의 공무원을 포함시켜 경쟁하게 하는 방법이다. 이 방법은 인사의 융통성과 공무원 자질의 균형을 가져오나, 소속 부처 공무원의 경우 승진기회를 상실하여 사기가 저하되고, 행정능률의 저하현상이 나타난다.

　㉡ 폐쇄주의: 승진경쟁의 범위를 동일한 부처에 한정한다. 이 방법은 부처 내 공무원의 사기를 앙양하며 행정의 능률화와 협동정신을 유지할 수 있으나, 승진기회의 불균형이 유발된다.

④ **최저승진 소유 연수:** 상위직급 승진에 필요한 최소한의 근무기간을 의미하며 일반직 공무원의 경우 9급(1년 6개월 이상), 7·8급(2년 이상), 6급(3년 6개월 이상), 5급(4년 이상), 4급(3년 이상), 3급 이상(제한 없음)

(4) 승진의 기준

① **경력(경험, 학력, 근무연한, 상벌기록)**

　㉠ 장점: 공정성, 객관성, 행정의 안정성, 직업공무원제 확립

　㉡ 단점: 유능한 인재등용 곤란, 행정의 질 저하, 공직의 침체화, 관료주의화

② **실적(성취기준, 근무성적평정·교육훈련성적·시험성적)**

　㉠ 주관적 기준: 근무성적평정, 승진심사위원회의 심사, 교육훈련성적 등이 있으며 실적기준은 행정침체 방지를 통한 효율성 증진이 이루어진다는 장점이 있는 반면 주관적이어서 정실인사의 가능성이 높다는 한계를 지닌다.

　㉡ 객관적 기준(시험): 시험은 정실인사를 방지하여 승진의 공정성을 확보할 수 있지만 장기재직자의 사기를 저하시키고, 승진대상자가 근무보다 시험공부에 주력함으로써 행정의 비효율성을 야기하며, 승진대상자에게 공부에 대한 정신적 부담을 초래한다는 단점을 지닌다.

③ 우리나라는 경력과 실적을 혼합하여 사용한다. 하위직은 경력 위주, 상위직은 실적 위주이다.

(5) 승진의 종류

① **일반승진**

　㉠ 일반승진이란 당해 직급에서 일정기간 이상을 근무한 자를 승진시키는 것을 말한다.

　㉡ 일반승진에는 승진시험에 의한 것과 승진시험 없이 근무경력 및 근무성적 등을 기준으로 심사하여 행하는 승진이 있다.

　㉢ 계급별 승진임용

　　• 고위공무원단으로의 승진임용: 능력과 경력을 고려하여 고위공무원임용심사위원회의 승진심사를 거쳐 임용제청한다.

　　• 4급 이하 공무원을 승진임용: 보통승진심사위원회의 승진 심사를 거쳐 임용하여야 한다.

　　• 6급 공무원을 5급 공무원으로 승진임용: 승진시험 또는 보통승진심사위원회의 심사를 거쳐 임용한다.

　　• 6급 이하 공무원: 보통승진심사위원회 심사 또는 근속승진제를 적용한다.

② **특별승진:** 우수공무원 등에 대해 승진소요연수와 승진후보자명부상의 순위에 의한 제한을 받지 아니하고 승진시키는 것을 말한다.

(6) 승진임용의 제한

① 징계의결 요구, 징계처분, 직위해제, 휴직, 시보임용기간 중에 있는 경우
② 징계처분의 집행이 끝난 날로부터 다음의 기간이 경과하지 아니한 자(강등 · 정직 18개월, 감봉 12개월, 견책 6개월)

> **개념더하기** 승진 관련 절차
>
> **1. 승진후보자명부의 작성**
> (1) 임용권자는 1월 31일과 7월 31일을 기준으로 승진임용에 필요한 요건을 갖춘 5급 이하 공무원 연구사 및 지도사에 대하여 승진임용예정 직급별로 승진후보자명부를 작성하여야 한다.
> (2) 임용권자는 필요하다고 인정하는 경우 5급 이하 공무원에 대해서는 그 소속기관, 지역 또는 직무의 종류별로, 연구사 · 지도사에 대해서는 그 소속기관, 지역, 학위 또는 직무의 종류별로 각각 나누어 승진후보자명부를 작성할 수 있다.
> (3) 임용권자는 인사혁신처장에게 5급 공무원 또는 연구관 · 지도관으로의 승진시험요구를 할 때에는 승진후보자명부의 부본을 인사혁신처장에게 송부하여야 한다.
>
> **2. 승진후보자명부의 평정점 등**
> (1) 승진후보자명부를 작성하기 위한 평정점은 근무성적평가(70점 만점) 점수와 경력평정점(30점 만점)을 합산한 100점을 만점으로 한다. 가점평가결과 가점 해당자에 대해서는 5점의 범위에서 그 가점을 추가로 합산한 점수를 승진후보자명부의 총평정점으로 한다.
> (2) 임용권자는 근무성적평가 점수의 반영비율은 80퍼센트, 경력평정점의 반영비율은 20퍼센트로 하여 승진후보자명부를 작성하되, 근무성적평가 점수의 반영비율은 95퍼센트까지 가산하여 반영할 수 있고, 경력평정점의 반영비율은 5퍼센트까지 감산하여 반영할 수 있다. 이 경우 변경한 반영비율은 그 변경일부터 1년이 지난 날부터 적용한다.
> (3) 승진후보자명부에 반영하는 근무성적평가 점수는 승진후보자명부 작성 기준일부터 5급 공무원은 최근 3년 이상, 6급 · 7급 공무원(우정직 공무원의 경우에는 우정 3급 이하 우정 7급 이상 공무원을 말한다), 연구사 및 지도사는 최근 2년 이상, 8급 이하 공무원(우정직 공무원의 경우에는 우정 8급 이하 공무원을 말한다)은 최근 1년 이상의 기간 중 소속장관이 정하는 기간 동안 해당 계급에서 평가한 근무성적평가 점수를 대상으로 하여 산정한다.

2. 강임(하위직급으로 이동)

임용권자는 직제 또는 정원의 변경이나 예산의 감소 등으로 직위가 폐직되거나 과원이 된 경우 또는 본인이 동의한 경우에는 소속 공무원을 강임할 수 있다. 이에 따라 강임된 공무원은 상위 직급 또는 고위공무원단 직위에 결원이 생기면 우선 임용된다. 다만, 본인이 동의하여 강임된 공무원은 본인의 경력과 해당 기관의 인력 사정 등을 고려하여 우선 임용될 수 있다(강등은 징계, 강임은 인사이동임을 구별).

2 수평적 인사이동(배치전환)

1. 배치전환의 의의

(1) 개념: 공무원이 종래의 책임수준과 같은 직위로 이동하는 것, 즉 동일등급 내의 인사이동으로서 보수액의 변동이 수반되지 않는다. 여기에는 전직 · 전보 · 파견근무 · 전입 등이 있다.

(2) 유형

① **전직:** 직렬을 달리하는 직위로 수평적 이동을 하는 것이며 시험을 거쳐야 한다.
② **전보:** 동일한 직렬 내에서 직위만 바꾸는 이동으로 시험을 거칠 필요가 없다.
③ **전 · 출입:** 인사 관할을 달리하는 기관 상호 간에 소속 공무원을 이동시키는 것을 말한다(예 행정안전부 소속에서 서울특별시 소속 공무원으로 인사이동).

④ 파견근무: 업무수행 또는 그와 관련된 행정지원이나 연수, 기타 능력개발 등을 위하여 공무원을 다른 기관으로 일정기간 이동시켜 근무하게 하는 것을 말한다. 즉, 원래의 소속을 바꾸지 않고 보수도 원래의 소속 부서에서 받으면서 임시로 다른 기관에서 일하는 것이다. 공동 업무수행의 필요성, 특수한 업무의 지원이 필요할 때 실시한다(예 국세공무원의 검찰청 파견).

⑤ 겸임: 1인 2직위를 겸하는 것

(3) 배치전환의 유용성(임용, 능력발전, 사기관리 수단으로 활용)

① 보직 부적응 해소
② 인간관계 개선
③ 행정조직 · 관리상의 변동에 의한 배치조정
④ 업무수행에 대한 권태 방지와 조직의 활성화
⑤ 공무원의 능력발전
⑥ 행정조정 · 협조의 촉진
⑦ 비공식 집단의 폐해 시정
⑧ 개인의 희망 존중
⑨ 승진에의 유인
⑩ 직업공무원제 수립 기여

(4) 배치전환의 역기능

① 징계의 수단
② 사임의 강요수단
③ 개인적 특혜의 제공수단
④ 개인 세력의 부식(확장)수단
⑤ 잦은 배치전환은 업무의 숙련성 · 전문성을 저하시키고 비능률화를 야기
⑥ 빈번한 전보는 대민업무의 일관성을 저해

3 무직위로의 변경

1. 휴직

(1) 의의

① 휴직이란 공무원으로서 신분을 보유하면서 일시적으로 직무에 종사하지 못하게 하는 것을 말한다.
② 휴직에는 공무원의 의사와 관계없이 임용권자가 직권으로 행하는 직권휴직과 공무원 본인의 요구에 의하여 행하는 의원휴직이 있다.

(2) 휴직의 종류

① 직권휴직: 신체 · 정신상의 장애로 장기 요양이 필요할 때, 병역 의무를 마치기 위하여 징집 또는 소집된 때, 천재지변이나 전시 · 사변, 그 밖의 사유로 생사(生死) 또는 소재(所在)가 불명확하게 된 때, 노동조합 전임자로 종사하게 된 때

② **의원휴직**: 대통령령으로 정하는 민간기업, 그 밖의 기관에 임시로 채용될 때, 국외 유학을 하게 된 때, 자녀를 양육하기 위하여 필요하거나 여성공무원이 임신 또는 출산하게 된 때, 사고나 질병 등으로 장기간 요양이 필요한 조부모나 부모님 등을 간호하기 위하여, 외국에서 근무·유학 또는 연수하게 되는 배우자를 동반하게 된 때

2. 정직

(1) 정직이란 공무원의 신분은 유지하나 정직기간 중 직무에 종사하지 못하게 하는 것을 말한다.

(2) 정직은 1개월 이상 3개월 이하의 기간으로 하고, 정직처분을 받은 자는 그 기간 중 공무원의 신분은 보유하나 직무에 종사하지 못하며 보수를 전액 감한다.

(3) 정직은 징계처분의 하나인 점에서 휴직이나 직위해제와 성질을 달리한다.

3. 직위해제

(1) **의의**: 직위해제란 직위를 계속 유지시킬 수 없는 일정한 사유가 있는 경우 공무원의 신분은 그대로 보유하면서 직위만을 부여하지 아니하는 것을 말한다(보직해제를 의미하며, 복직이 보장되지 않는다).

(2) **특징**

① 직위해제는 공무원의 신분을 박탈하지 않고 직무에 종사하지 못하게 하는 점에서는 휴직과 같으나, 공무원에게 고유한 직무수행에 장애가 되는 사유를 이유로 행해지며 징계의 유형은 아니지만 제재적인 의미를 가진다는 점 등에서 휴직과 다르다.

② 신분을 유지하므로 면직과도 구별된다.

③ 직위해제는 징계벌을 대신하여 기관장의 지휘·감독수단을 강화하고 정직처분의 비능률적 측면을 보완하기 위한 것이다.

④ 직위해제는 징계벌과는 그 성질을 달리하므로 징계위원회의 의결을 필요로 하지 않고, 일사부재리의 원칙이나 이중처벌금지의 원칙이 적용되지 않는다.

(3) **직위해제 사유**: 임용권자는 다음 각 호의 어느 하나에 해당하는 자에게는 직위를 부여하지 아니할 수 있다(국가공무원법 제73조의3 제1항).

① 직무수행 능력이 부족하거나 근무성적이 극히 나쁜 자

② 파면·해임·강등 또는 정직에 해당하는 징계 의결이 요구 중인 자

③ 형사 사건으로 기소된 자(약식명령이 청구된 자는 제외한다)

④ 고위공무원단에 속하는 일반직 공무원으로서 적격심사를 요구받은 자

⑤ 금품비위, 성범죄 등 대통령령으로 정하는 비위행위로 인하여 감사원 및 검찰·경찰 등 수사기관에서 조사나 수사중인 자로서 비위의 정도가 중대하고 이로 인하여 정상적인 업무수행을 기대하기 현저히 어려운 자

(4) **대기명령**: 직무수행 능력이 부족하거나 근무성적이 극히 나쁜 사유로 직위해제를 받은 후 대기명령을 받은 자가 그 기간에 능력 또는 근무성적의 향상을 기대하기 어렵다고 인정된 때에는 징계위원회의 동의를 얻어 임용권자는 직권에 의하여 면직시킬 수 있다(직위해제되는 경우에는 출근의 의무도 없지만, 대기명령을 받은 공무원은 출근할 의무가 있다).

1 강제퇴직

1. 당연퇴직

임용권자의 의사와 관계없이 법이 정한 일정한 사유의 발생으로 당연히 공무원관계가 소멸되는 것을 말한다. 당연퇴직의 경우 퇴직발령통지서가 발부되는데, 퇴직발령통지서의 발부는 퇴직의 유효요건이 아니며, '사실상의 확인행위'에 불과하다. 당연퇴직 사유는 국가공무원법 제33조에 규정되어 있으며, 그 외 사망, 국적 상실의 경우가 이에 해당한다.

2. 직권면직

공무원이 일정한 사유에 해당되었을 경우 임용권자가 본인의 의사와 무관하게 처분에 의해 공무원의 신분을 박탈하는 것을 의미한다.

⊂LINK⊃ 국가공무원법

제70조(직권면직) 제1항
1. 삭제
2. 삭제
3. 직제와 정원의 개폐 또는 예산의 감소 등에 따라 폐직(廢職) 또는 과원(過員)이 되었을 때
4. 휴직 기간이 끝나거나 휴직 사유가 소멸된 후에도 직무에 복귀하지 아니하거나 직무를 감당할 수 없을 때
5. 직위해제 처분을 받고 대기명령을 받은 자가 그 기간에 능력 또는 근무성적의 향상을 기대하기 어렵다고 인정된 때
6. 전직시험에서 세 번 이상 불합격한 자로서 직무수행 능력이 부족하다고 인정된 때
7. 병역판정검사·입영 또는 소집의 명령을 받고 정당한 사유 없이 이를 기피하거나 군복무를 위하여 휴직 중에 있는 자가 군복무 중 군무(軍務)를 이탈하였을 때
8. 해당 직급·직위에서 직무를 수행하는데 필요한 자격증의 효력이 없어지거나 면허가 취소되어 담당 직무를 수행할 수 없게 된 때
9. 고위공무원단에 속하는 공무원이 제70조의2에 따른 적격심사 결과 부적격 결정을 받은 때

3. 정년

정년은 조직의 신진대사를 촉진시키기 위해 일정한 기준(연령, 근속기간 등)을 넘으면 본인의 의사와 관계없이 퇴직시키는 제도이다.

(1) 목적
① 고용 증대의 효과
② 인건비 절감
③ 조직의 신진대사 활성화
④ 새로운 기술의 활용능력을 지닌 젊은 인재를 채용하여 능률성 확보

(2) 유형

① **연령정년제**: 일정한 연령에 달하면 자동퇴직하는 가장 일반적인 제도이다. 공무원의 정년은 다른 법률에 특별한 규정이 있는 경우를 제외하고는 60세로 한다. 공무원은 그 정년에 이른 날이 1월부터 6월 사이에 있으면 6월 30일에, 7월부터 12월 사이에 있으면 12월 31일에 각각 당연히 퇴직된다. 연령정년은 제도 시행의 용이성, 예측가능성이 높아 인력계획의 운영이 용이하며, 신분보장을 통한 심리적 안정감을 제공해 줄 수 있다는 장점이 있으나, 연령에 의한 임용차별, 인력운영의 경직성·획일성·신축성 저해, 감독자의 리더십 저하, 무사안일·복지부동을 야기할 수 있는 단점이 있다.

② **계급정년제**: 일정계급에서 일정기간 승진을 하지 못하면 자동 퇴직되는 제도로 주로 특정직 공무원(군인·경찰 등)에게 적용된다. 계급정년은 퇴직률 제고로 공직 참여기회 확대, 공무원 능력발전 유도, 성취지향적 공직풍토 조성, 무능력한 공무원 퇴출 수단으로 활용될 수 있다는 장점이 있으나, 직업안정성 저해로 인한 직업공무원 및 실적주의 저해, 숙달된 인력의 손실, 법령에 의한 획일적 적용 시 이직률 조정 곤란 등의 단점이 있다.

③ **근속정년제**: 일정 법적 근속연한이 도달하면, 자동퇴직하는 제도이다.

4. 징계면직(파면·해임)

(1) 징계는 의무 위반에 대한 제재로서, 파면·해임·강등·정직·감봉·견책으로 구분한다. 이 중 파면과 해임이 징계면직에 해당한다. 즉, 징계는 6가지, 징계면직은 2가지이다.

(2) 징계의 종류와 양형

① **견책(譴責)**: 전과(前過)에 대하여 훈계하고 회개하게 한다.

② **감봉**: 1개월 이상 3개월 이하의 기간 동안 보수의 3분의 1을 감한다.

③ **정직**: 1개월 이상 3개월 이하의 기간으로 하고, 정직 처분을 받은 자는 그 기간 중 공무원의 신분은 보유하나 직무에 종사하지 못하며 보수는 전액을 감한다.

④ **강등**: 1계급 아래로 직급을 내리고(고위공무원단에 속하는 공무원은 3급으로 임용하고, 연구관 및 지도관은 연구사 및 지도사로 한다) 공무원신분은 보유하나, 3개월 간 직무에 종사하지 못하며 그 기간 중 보수는 전액을 감한다.

⑤ **해임**: 공무원을 강제로 퇴직시키는 처분으로 3년간 재임용이 불가하다. 연금법에는 크게 영향을 주지 않으나, 금품 및 향응수수, 공금의 횡령·유용으로 징계 해임된 경우에는 퇴직급여의 1/8 내지는 1/4을 감한다.

⑥ **파면**: 공무원을 강제로 퇴직시키는 처분으로 5년간 재임용이 불가하며 퇴직급여의 1/4 내지는 1/2을 감한다.

1. 징계기구

(1) 중앙징계위원회(국무총리 소속, 위원장 – 인사혁신처장)

　① 징계위원회의 성격

　　㉠ 공무원 징계는 반드시 징계위원회 의결을 거쳐 위원회가 설치된 소속기관의 장(국무총리 소속하에 설치된 징계위원회의 의결에 대하여는 중앙행정기관의 장)이 행하여야 한다. 따라서 징계기능은 인사혁신처의 기능에 포함되지 않는다.

　　㉡ 징계위원회는 의결기관이고, 징계권자는 징계위원회의 의결에 기속되어 징계 의결된 양정을 변경할 수 없다.(중한 벌을 과하는 것은 물론 감할 수 없다.) 징계위원회의 의결은 준사법적 행정행위로서 특별한 규정이 있는 경우를 제외하고는 원칙적으로 재의 내지 재심할 수 없으며, 성질상 확정력(불가변력)을 발생시키므로 징계위원회 스스로도 이를 변경할 수 없다.

(2) 구성: 국무총리 소속 하에 설치되며 위원장 1인(인사혁신처장)을 포함한 17명 이상 33명 이하의 위원으로 구성되고 고위공무원단 소속과 5급 이상 공무원, 중앙행정기관 소속의 6급 이하 공무원 등에 대한 중징계 또는 중징계 관련 징계부가금(이하 '중징계 등'이라 한다) 요구사건의 징계사건을 심의 · 의결한다.

(3) 보통징계위원회: 각 중앙행정기관에 설치되며 위원장 1명을 포함하여 9명 이상 15명 이하의 공무원위원과 민간위원으로 구성한다. 이 경우 민간위원의 수는 위원장을 제외한 위원 수의 2분의 1 이상이어야 한다.

(4) 6급 이하의 공무원 등의 징계사건을 심의 · 의결한다.

2. 징계사유

(1) 법령위반

(2) 직무상의 의무(다른 법령에서 공무원의 신분으로 인하여 부과된 의무를 포함)를 위반하거나 직무를 태만히 할 때

(3) 직무의 내외를 불문하고 그 체면 또는 위신을 손상하는 행위를 할 때

3. 징계절차

(1) 징계의결요구서를 접수하면 중앙징계위원회는 60일 이내, 보통징계위원회는 30일 이내에 징계에 관한 의결을 하여야 한다.

(2) 공무원의 징계처분 등은 징계위원회의 의결을 거쳐 징계위원회가 설치된 소속기관의 장이 하되, 국무총리 소속으로 설치된 징계위원회(국회 · 법원 · 헌법재판소 · 선거관리위원회에 있어서는 해당 중앙인사관장기관에 설치된 상급 징계위원회를 말한다. 이하 같다)에서 한 징계의결 등에 대하여는 중앙행정기관의 장이 한다. 다만, 파면과 해임은 징계위원회의 의결을 거쳐 각 임용권자 또는 임용권을 위임한 상급 감독기관의 장이 한다.

(3) 징계의결 등을 요구한 기관의 장은 징계위원회의 의결이 가볍다고 인정하면 그 처분을 하기 전에 직근 상급기관에 설치된 징계위원회에 심사나 재심사를 청구할 수 있다. 이 경우 소속 공무원을 대리인으로 지정할 수 있다.

(4) 징계 및 징계부가금 부과 사유의 시효: 징계의결 등의 요구는 징계 등의 사유가 발생한 날부터 3년(금품 및 향응 수수, 공금의 횡령 · 유용의 경우에는 5년)이 지나면 하지 못한다.

4. 징계에 대한 불복[소청(所請)]

(1) 개념: 소청이란 징계처분, 기타 그 의사에 반하는 불리한 처분이나 부작위에 대하여 공무원이 불복하는 경우에 관할 소청심사위원회에 그 심사를 청구하는 제도를 말한다.

(2) 기능: 소청은 공무원의 권리구제와 행정질서 확립을 목적으로 한다.

(3) 적용범위

　① 소청은 국가공무원뿐만 아니라 지방공무원에도 적용된다.

　② 교육공무원의 소청에 관하여는 교육공무원법과 교원지위 향상을 위한 특별법이 규정하고 있다.

(4) 소청사항

　① 소속 공무원의 징계처분, 그 밖에 그 의사에 반하는 불리한 처분이나 부작위가 소청의 대상이 된다.

　② 그 밖에 '그 의사에 반하는 불리한 처분'에는 면직처분(의원면직 포함), 강임, 휴직, 복직거부, 직위해제 등이 포함된다(근평, 승진탈락, 훈계 · 권고, 내부적 결정은 소청대상이 아니다).

(5) 소청심사위원회

　① 소청심사위원회는 인사혁신처에 설치된 합의제 행정청으로서 소청에 대한 심사결정권을 갖는다.

　② 행정기관 소속 공무원에 대한 소청을 심사 · 결정하는 소청심사위원회는 인사혁신처(지방공무원의 경우 시 · 도), 국회, 법원, 헌법재판소 및 선거관리위원회 소속 공무원의 소청에 관한 사항을 심사 · 결정하는 소청심사위원회는 각각 국회사무처, 법원행정처, 헌법재판소사무처 및 중앙선거관리위원회사무처에 둔다.

　③ 교육공무원의 경우 교육부에 설치된 교원소청심사위원회에 소청을 제기하여야 한다.

④ 소청절차
  ㉠ 소청의 제기: 공무원이 그 처분에 불복할 때에는 그 설명서를 받은 날부터, 이외에 본인의 의사에 반한 불리한 처분을 받았을 때에는 그 처분이 있는 것을 안 날부터 각각 30일 이내에 소청심사위원회에 이에 대한 심사를 청구할 수 있다. 이 경우 변호사를 대리인으로 선임할 수 있다.
  ㉡ 심사: 소청심사위원회는 이 법에 따른 소청을 접수하면 지체 없이 심사하여야 한다.
  ㉢ 결정: 소청심사청구를 접수한 날부터 60일 이내에 이에 대한 결정을 하여야 한다. 다만, 불가피하다고 인정되면 소청심사위원회의 의결로 30일을 연장할 수 있다. 소청사건의 결정은 재적위원 3분의 2 이상의 출석과 출석위원 과반수의 합의에 따르되, 의견이 나뉠 경우에는 출석위원 과반수에 이를 때까지 소청인에게 가장 불리한 의견에 차례로 유리한 의견을 더하여 그중 가장 유리한 의견을 합의된 의견으로 본다.
  ㉣ 효력: 위원회의 결정은 처분청의 행위를 기속하고, 재심청구가 불가하다.
  ㉤ 소청결정은 의무적 전치절차이며, 소청결정에 불복하는 소청인은 소청결정서를 받은 날로부터 90일 이내에 행정소송을 제기할 수 있다.

2 임의퇴직

1. 의원면직

공무원 희망에 의한 퇴직을 의미한다(사표).

2. 명예퇴직

공직경력 20년 이상 근속한 자가 정년 전에 자진하여 퇴직하는 경우, 정부는 예산의 범위 안에서 명예퇴직 수당을 지급할 수 있다.

3. 조기퇴직

20년 미만 근속한 자가 정년 전에 자진하여 퇴직하는 것을 말한다.

CHAPTER

04 능력발전

01 교육훈련과 경력개발

1 교육훈련

1. 의의

(1) **개념**: 교육훈련이란 공무원의 가치관·행태 변화를 통해 다양한 지식·기술을 습득하게 하여 직무수행 능력 향상을 통한 행정의 생산성 제고를 목표로 하는 일련의 활동을 말한다.

(2) **중요성**: 교육훈련은 개인차원에서는 직무만족도 향상과 경력개발을 통한 자아실현, 조직적 차원에서는 구성원의 효율적 통제 및 내부인력의 신축적 조정과 행정서비스의 질을 향상 시킬수 있는 중요한 인사 관리 수단이다.

(3) **교육훈련의 수요**: 직무수행에 필요한 능력 − 사람이 가진 능력

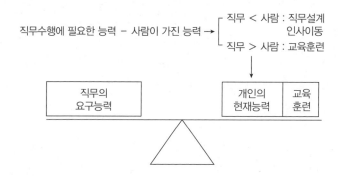

2. 교육훈련의 종류

(1) **직급별 훈련**

관리자훈련	고위정책, 고위공무원단	감독자보다 계층이 높은 고위공무원(실·국장)에 대한 훈련(정책결정에 필요한 지식 등 일반행정가적 자질에 대한 내용을 주로 다룸)
감독자훈련	중견관리자(4급), 초급관리자(5급승진)	부하를 지휘·감독하고 이에 대한 책임을 지는 직위에 있는 자(과장·계장)에 대한 훈련(기술적인 내용을 주로 다룸)
실무훈련 [보수(補修)훈련]	중견실무자(6·7급), 초급실무자(8·9급)	재직공무원을 대상으로 새로운 지식이나 기술을 습득시키고 근무태도와 가치관을 개선시키기 위하여 정기적으로 실시하는 훈련
적응훈련 신규훈련	5급 신입관리자, 7·9급 신규채용자	• 신규채용자훈련: 신규채용된 공무원을 대상으로 자신이 배치될 기관의 목표·구조와 자신이 담당해야 할 직무의 내용을 정확히 이해시켜주는 훈련 • 정부 고유 업무 담당자훈련: 적응훈련의 일종으로 경찰·소방 등의 기관에만 존재하는 업무에 대한 교육훈련

(2) **직무별 훈련**: 민원, 인사, 회계, 법제, 토지관리, 교통, 보건위생 등

3. 교육훈련의 방법

(1) 개관

교육훈련 방법		내용	장점	단점
	강의식훈련	• 가장 일반적 · 보편적이며 경제적 · 획일적인 방법 • 피훈련자를 일정한 장소에 모아 놓고 강사가 강의	• 시간 · 비용절약 • 다수를 일시에 교육	• 흥미상실 • 주입식 • 동기부여에 부적절
토의식방법	토론 · 회의	• 참가자 전원이 의견을 내어 그 문제를 해결하는 방식 • 피훈련자 간 아이디어와 정보교환	• 정보교환 • 민주적 상호교육	• 참가자 제약 • 시간낭비 • 비경제적
	대집단토의	패널, 심포지엄, 포럼, 세미나	경제적	
	브레인스토밍	10명 내외 소집단을 구성해 자유로운 분위기 하에 과제를 주어 아이디어를 제안하게 하는 방법	창의적 아이디어 개발	
	사례연구 (Case Study)	일정한 사례를 공동 연구하여 문제점을 도출하고 그에 대한 대안을 모색하는 방법	• 재미 · 흥미 유발 • 분석적 사고와 문제해결능력 개발	• 사전준비 필요 • 문제의 단편적 파악
	역할연기 (Role Playing)	어떤 사례를 피훈련자가 여러 사람 앞에서 실제의 행동으로 연기하고, 사회자가 청중들에게 그 연기 내용을 비평 · 토론하도록 한 후 결론적인 설명을 하는 것	• 훈련자 간 긴밀한 접촉 • 지도력 배양 • 타인의 의견존중	• 사전준비 필요 • 문제의 단편적 파악
	분임토의 (Syndicate)	피훈련자들을 분반으로 나누어 분반별로 동일한 문제를 토의하여 문제해결방안을 작성한 후 다시 전원이 한 장소에 모여 이를 발표하고 토론을 통해 하나의 합리적인 안을 최종적으로 작성하는 훈련 방법. 최고 관리자 교육 과정에 적합	실제 상황에서 나타날 수 있는 오류의 사전 검토	• 형식적인 토의 • 훈련기간이 긺
	모의훈련 (Simulation)	피훈련자가 직무수행시 직면할 가상적 상황을 설계해 놓고 이에 대처하게 하는 것	• 실용적, 전문기술 습득 • 업무상 공백이 없음	시간 · 비용 과다
체험식방법	현장훈련 (On-the-Job Training)	• 직장 내에서 정상적으로 직무를 수행하면서 상관으로부터 업무관련 지식 · 기술을 지도 · 훈련을 받는 것. 고도의 기술적 전문성과 정밀성을 요구하는 훈련에 적합 • 임시대역: 상관 부재 또는 유고 시 하급자가 그 권한을 대행함으로써 하급자의 자질을 향상시키는 방법	• 일반행정가 양성 • 수평적 조정능력 배양	• 일시 다수훈련 곤란 • 상관의 자질 문제 • 시간이 많이 소요
	전직 · 전보 (순환보직)	피훈련자의 근무처를 여러 나른 직위 · 직급에 전직 또는 순환보직	태도변화에 유용	• 전문성 저해 • 안정성 저해
	감수성 훈련, 실험실 훈련	피훈련자를 외부 환경과 차단시킨 상황에서 자신의 경험을 교환 · 비판하게 하여 대인관계에 대한 이해와 감수성을 높이려는 현대적 훈련방법으로 OD의 핵심기법	인간관계 훈련에 적합	• 효과지속 의문 • 사생활 침해 우려
	실무수습 · 견학	장차 공무원이 되려는 사람으로 하여금 정부기관의 업무를 실습하게 하는 것	공직적응능력 배양	
	시찰 · 견학	실제 현장을 목격 · 체험	시야와 이해력 확대	많은 경비 · 시간
	액션러닝	정책현안에 대한 현장방문, 사례조사와 성찰 미팅을 통해 문제해결능력을 함양하는 것	교육이 실제 정책으로 연결됨	

(2) OJT훈련과 OFF-JT 훈련

① 현장훈련(OJT; On-the-Job Training)

ㄱ 개념: 직장 내에서 직무를 수행하면서 담당업무의 수행능력을 향상시키기 위해 감독자 또는 선임자로부터 직무수행에 관한 지식과 기술을 배우는 교육훈련

ㄴ 방식

직무순환 (Job Rotation)	여러 분야의 직무를 경험할 수 있도록 계획된 순서에 따라 여러 직무를 담당하게 하는 방법. 다방면의 경험을 쌓기 때문에 일반행정원리에 부합되고, 부처 간 협조 가능
임시배정 (Transitory Experience)	상급자의 장기 부재 시 직무수행을 대신하거나 특수직위에 잠시 배정하여 경험을 쌓게 함으로써 부하의 능력향상을 도모하는 방법
인턴십	제한된 기간 동안 임시로 고용하여 조직의 전반적인 구조·문화·과정에 대한 이해를 증진하고 업무를 경험할 수 있는 기회를 부여하는 방법
실무지도	일상근무 중에 상관이 부하에게 직무수행과 관련된 기술을 가르쳐주거나 질문에 답해주는 각종 지도역할을 말함
시보	시험에 합격한 사람을 일정 기간 시범적으로 근무하게 한 후 일정한 조건을 충족하면 임용

② 현장 외 훈련(Off-JT; Off-the-Job Training)

ㄱ 교육훈련만을 목적으로 특별히 마련된 장소와 시설에서 실시하는 훈련

ㄴ 교육원 훈련방법: 강의, 사례연구, 시청각교육 등

③ 현장훈련과 교육기관훈련의 장·단점 비교

구분	현장훈련(OJT)	교육기관훈련(Off-JT)
장점	• 상사와 동료 간 이해와 협력 증진 • 피훈련자의 능력과 습득도에 따른 교육훈련 가능 • 구체적인 학습 및 기술향상 정도 파악 용이 • 훈련이 추상적이지 않고 구체적·실제적임 • 교육훈련과 직무수행의 병행	• 사전에 예정된 계획에 따라 실시 • 전문적인 교관에 의한 교육 • 교육생이 업무부담에서 벗어나 훈련에 전념 • 다수인을 동시에 교육 • 교육훈련의 내용과 수준 통일
단점	• 일과 훈련을 모두 소홀히 할 가능성 • 다수인을 동시에 훈련시킬 수 없음 • 교육훈련의 내용과 수준을 통일시키기 곤란 • 사전에 예정된 계획에 따라 실시하기 곤란 • 전문적인 고도의 지식과 기술을 가르치기 곤란	• 교육훈련의 내용을 바로 현장에 활용하기 곤란 • 과다한 훈련 비용 발생 • 직무수행에 필요한 인력이 줄고 업무공백이 발생하여 훈련에 저항이 발생

개념더하기 ▶ 액션러닝(현장형 학습: Action Learning)

1. 개념

정책 현안에 대한 현장방문, 사례조사와 성찰 미팅을 통해 문제해결능력을 함양하는 것으로 교육생들이 실제 현장에서 부딪히는 현안 문제를 가지고 자율적 학습, 전문가의 지원 등을 받으며, 구체적인 문제해결 방안을 모색하는 학습 방법이다.

2. 특징

(1) 학습을 통해 도출된 결과는 문제해결을 위해 실제로 적용 및 활용되어야 한다.

(2) 액션러닝은 개인의 학습과 조직의 행정상 요구 등 모두의 목적을 달성하는 것을 목표로 한다.

(3) 액션러닝은 일련의 과정을 만들며 이후 행동에 대한 성찰은 더 나은 해결책을 유도하고 업무수행을 위한 개인 능력을 증대시킬 수 있다.

(4) 조직성과와 직결되는 과제를 해결한다는 점에서 개인 뿐 아니라 조직의 업무 능력 향상에 기여할 수 있다.

(5) 팀 활동이기에 개인과 조직 모두 변화할 수 있으며 이는 자발적이고 주도적인 학습 참여를 통해서 가능하다.

3. 목적

(1) 이론과 지식 전달위주의 강의식 훈련의 한계를 극복한다.

(2) 액션(행동)과 러닝(학습)을 통한 교육의 성과를 향상시킨다.

4. 장점

(1) 교육이 실제 정책으로 연결되는 문제해결 및 성과 지향 교육훈련을 접목한다.

(2) 교육생 상호 간 의사소통 및 상호작용과정을 거치면서 부처 간 벽을 허물고 타 부처 출신 공무원을 진지하게 이해할 수 있는 팀 빌딩 및 상호 이해의 기회를 제공한다.

2 경력개발제도(CDP)

1. 의의

(1) **개념**: 정부조직의 필요와 공무원 개인의 목표를 보다 밀접하게 결합시켜 공무원의 능력을 지속적으로 향상시키고 정부조직이 본래 목적하는 바를 효과적으로 달성하려는 목적을 가진 임용에서부터 퇴직에 이르는 장기적이고 종합적인 인적 자원관리제도로 우리나라에서는 2005년 12월 공무원 임용령 개정으로 도입(노무현 정부)되었다.

(2) **도입배경**

① **조직차원**: 급변하는 행정환경변화에 대처하기 위하여 공직경쟁력 및 행정전문성 강화를 위한 분야별 인재육성 및 역량개발의 필요성이 대두되었고(잦은 순환보직으로 인한 전문성 상실), 승진정체 현상이 심화되면서 승진이 동기부여 수단으로서의 역할을 충분히 수행하지 못함에 따라 직무와 능력개발을 통한 동기부여의 필요성이 증대되었다.

② **개인차원**: 상시적인 구조조정에 따른 경력관리 중시경향이 정부부문의 공무원에게도 영향을 미쳐 전문분야에서의 일관된 경력발전을 희구하게 된 점과, 개인의 자기발전 및 삶의 향상 욕구가 증가하여 조직에의 맹목적 충성보다 자신의 성장과 만족을 높이는 경향으로 전환되고 있는 현상이 심화되었다.

2. 경력개발제도의 구성요소

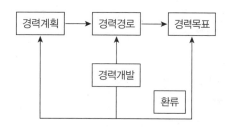

(1) **경력목표**: 개인이 조직에서 도달하려고 하는 최종 지위

(2) **경력계획**: 경력목표를 설정하고 이 경력목표를 달성하기 위한 경력경로를 구체적으로 선택하는 과정

(3) **경력경로**: 개인이 설정한 경력목표에 도달할 수 있는 길이며, 개인이 경험했거나 앞으로 경험해야 할 직위의 연속을 의미

(4) **경력개발**: 개인은 경력계획을 수립하여 경력목표에 도달할 수 있는 경력경로를 설계하며, 경력개발의 제반 활동을 통하여 자기 자신을 개발하고, 이를 통해 경력목표를 달성하게 됨

(5) 환류: 목표와 실제 활동 사이에서 발생하는 오차는 환류(Feedback) 과정을 거쳐 경력계획과 경력개발 활동에 반영됨

3. 경력개발제도의 원칙

(1) 자기주도(상향식)의 원칙: 조직구성원 스스로가 적극적인 정보수집을 통해 경력목표와 경력개발 계획을 작성하고 능동적으로 학습을 실시한다는 원칙으로, 이를 위해 기관(인사담당자)은 개인으로 하여금 경력설계에 필요한 정보를 잘 파악할 수 있도록 충실한 직무정보를 제공하여야 한다.

(2) 인재육성 책임의 원칙: 경력개발은 상사와 부하의 공동책임사항이고, 상급감독자는 소속직원에 대한 육성의 역할을 수행해야 하며, 인사부서는 경력개발 활동을 돕는 지원시스템을 구축해야 한다. 이를 위해 인사부서는 경력상담, 지도 등을 수행하거나 정보제공, 경력개발 워크숍 개최, 리더십 강화교육 등을 실시하여야 한다.

(3) 분야별 보직관리의 원칙(승진경로의 원칙): 부처의 조직을 수 개의 전문분야와 공통분야로 구분하여 공무원의 경력, 전공, 적성 등을 종합적으로 고려하여 전문분야를 지정한다. 보직경로 설정모형에는 ⊤형, ⊥형, ┃형, ⊥형이 있다. 각 부처는 부처별 실정에 맞는 하나 또는 수 개의 모형을 선택한다. 보직관리는 원칙적으로 개인별 전문분야 내에서 이루어지도록 관리한다.

유형	개념	활용
⊤형	• 하위직급에서는 순환 없이 전문화 • 상위직급에서 폭넓은 순환을 통해 넓은 시야를 갖게 함	일반관리자 육성
⊥형	• 하위직급에서의 폭넓은 순환 • 상위직급에서 전문화함	전문참모 육성(기획, 예산, 인사)
┃형	상·하위직급에서 어느 정도 순환을 실시하고, 중간직급에서 전문화함	직군별 관리자 육성(민원행정)
⊥형	모든 직급에서 순환·전보 없이 전문화	전문행정가 육성(연구 개발)

(4) 직무와 역량 중심의 원칙: 직급이 아닌 직무 중심의 경력계획을 세우고, 직무에서 요구하는 역량과 개인 보유 역량간의 적합 여부 판단 및 필요역량 개발에 중점을 둔다. 직무분석의 결과를 바탕으로 직무정보 및 역량수요정보를 직원에게 원활하게 제공해 주며, 직원의 특성과 역량이 직무에 적합한지를 기준으로 보직경로를 설정하도록 한다. 역량강화를 위해 보직경로별 역량수요의 흐름에 맞게 교육훈련체계를 수립하고, 직무수행 평가를 통하여 역량과 교육훈련이 지속적으로 연계 운영되도록 하여야 한다.

(5) 개방성 및 공정경쟁의 원칙: 경력개발의 기회는 모든 직원에게 공평하게 제공되어야 하고, 보직이동의 기회도 역량을 갖춘 직원들에게 공정한 경쟁을 통해서 제공되어야 한다.

4. 경력개발제도의 모형

(1) 경력개발제도의 기본모형은 개인(경력개발제도의 주체)의 생애목표 설정, 경력계획 수립, 보직에 따른 직무수행 및 역량강화를 거쳐 개인적 성장이라는 결과를 달성하는 것을 목표로 삼는다.

(2) 조직(경력개발제도의 지원자)의 조직목표설정, 경력승인, 보직부여, 교육훈련 등을 통하여 개인의 성공적 직무수행과 조직성과를 달성한다.

(3) 경력개발제도의 성공을 위해서는 직무분석제도, 교육훈련제도 등의 제도적 인프라 구축이 필요하다.

[경력개발제도의 통합모형]

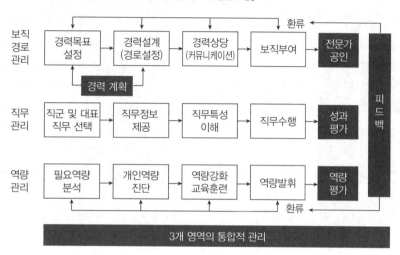

5. 경력개발제도의 한계

(1) 조직구성원의 비현실적인 경력목표 추구

(2) 승진만을 경력개발의 목적으로 보고 직원의 인기직위 추구

(3) 경력개발을 경력관리 프로그램에 지나친 의존

(4) 경력침체 대체 문제

(5) 순환보직의 문제로 직급별 적정 전보제한기간 설정

(6) 상사의 유능한 인재에 대한 욕심

(7) 자원인프라의 부족

(8) 타 인사관리 제도와의 연계 미비

공무원평정은 근무성적평정, 경력평정, 훈련성적평정, 역량평가 등 다양한 평가 사항을 규정한다.

1 근무성적평정

1. 근무성적평정의 의의

(1) 개념: 근무성적평정이란 공무원의 근무실적, 능력, 태도 등을 체계적 정기적으로 평가하는 것으로, 그 결과를 인사행정에 반영함으로써, 조직 전체의 생산성을 높이고자 하는 데 주된 목적이 있다.

(2) 유사개념과 차이

① **시험:** 채용 전에 사람의 능력을 측정, 근무성적평정은 채용 후 재직자의 능력을 측정한다는 점에서 차이가 있다. 또한 측정 목적도 다르다. 유사점은 사람이 측정 대상이라는 점에서 유사하다.

② **직무평가:** 직무평가는 직급과 등급을 결정하는 것으로 평가대상이 일(직무)이라면, 근무성적평정은 사람을 평가대상으로 한다. 뿐만 아니라 직무평가에 의해 직무급이 결정되나, 근무성적평정은 성과급 결정에 활용된다.

구분	평가대상	평가시기	보수	주관의 개입
직무평가	일의 곤란도 · 책임도	공직구조 형성	직무급	객관적
근무성적평정	공무원의 실적, 능력 태도	임용 후	성과급	주관적

(3) 배경

① 근무성적평정은 실적주의에 따른 인사행정의 객관적 기준의 발견이라는 기술적 요청으로 발달하였다. 특히 미국은 1923년 직위분류법이 공포됨에 따라 공무원에 대한 근무성적평정제도가 공식적으로 도입되었다.

② 우리의 경우 조선 시대 고과제(考課制)와 도목정사(都目政事)가 그 기원이며, 1961년에 통일적인 규정이 마련되었다.

2. 근무성적평정의 용도

(1) 공무원의 직무수행 개선 및 능력발전: 과거에는 공무원에 대한 징벌적 접근 방법이었으나 오늘날에는 임상적 접근 방법으로 전환되고 있다.

(2) 인사행정의 공정한 기준 제시, 개인의 능력 발전

① **적정한 인사배치:** 근무성적평정은 전직 · 전보 등의 인사배치의 결정에 적절한 기준을 제시한다.

② **상벌목적에의 이용:** 근무성적평정은 승진, 승급, 면직, 휴직, 강임, 징계 등의 인사조치를 취하는 데 공정한 기준을 제시한다.

③ **적절한 피드백:** 근무성적평정을 상벌의 통제수단으로 보기 보다는, 개인의 뛰어난 점과 부족한 점을 발견하여 피드백시켜 줌으로써 개인 스스로 자신의 능력과 적성을 적극 발전시켜 나갈 수 있도록 하였다.

(3) 시험의 기준타당도 측정 · 평가: 근무성적평정은 지원자격 결정, 시험, 배치, 훈련 등의 인사행정기술의 타당성을 측정 · 평가하는 객관적 기준이 된다. 예컨대, 공무원의 채용시험성적과 근무성적이 일치하는 경우 그 시험은 타당도가 높다고 할 수 있다.

(4) **훈련의 필요성 파악 및 기초자료 제공**: 피 평정자의 장점과 약점이 분석·파악됨으로써 근무성적평가는 훈련수요를 결정하는 데 도움을 준다.

(5) **개인의 가치인정 및 사기양양**: 임상 중심적 접근을 통해 부하 개인의 실적·능력을 인정하고 칭찬하여 줌으로써 사기를 양양시킬 수 있다.

(6) **감독자와 부하 간의 이해·협조의 증진**: 근무성적평정 결과의 공개를 통해 감독자와 부하 간의 의견교환을 통한 인간관계의 개선에 기여한다.

3. 근무성적평정체제의 요건

근무성적평정도 근무성적을 평가하는 하나의 측정도구이기 때문에 시험에서와 마찬가지로 평정방법상의 타당성과 신뢰성 그리고 식별력을 갖추어야 한다. 여기에 평정방법을 실제 적용하는 과정에서 수용성과 실용성을 요구한다.

(1) **타당성**

① '직무수행실적이 우수한 사람을 실제로 우수하게 평정할 수 있는가?'라는 요건을 충족시키기 위해서는 근무성적평정서의 평정요소가 조직의 목표를 달성하는 데 직접적인 관련성을 가진 것으로 구성되어야 한다.

② 평정체제의 타당성은 평정방법의 운영과정에서도 확보되어야 한다. 즉, 1인이 평정하기보다는 다수가 평정함으로써 정실이나 개인적 편견에 의한 부당한 평정을 줄일 수 있다.

(2) **신뢰성**

① 종단적 일관성: 시차를 두어 한 평정자가 동일 평정대상자를 여러 번 평정하였을 때 각 평정 간의 안정성

② 횡단적 일관성: 두 사람 이상이 독립적으로 행한 평정결과를 비교하는 것으로 평정의 객관성과 유사한 개념

③ 시차기간 동안 실제로 평정대상자에게 바람직하든 바람직하지 않든 어떤 실적의 변화가 생길 수 있기 때문에 종단적 일관성보다는 횡단적 일관성이 중요

(3) **판별력**: 평정체제는 탁월한 사람과 무능한 사람을 뚜렷하게 구분할 수 있는 식별력을 갖추어야 한다.

(4) **수용성**: 평정체제를 적극적으로 받아들이고 평가에서 좋은 점수를 받기 위해 열심히 일할 동기가 유발되는 것을 의미한다.

(5) **실용성**: 평정체제는 평정자나 평정대상자 모두에게 쉽게 이해되고 평정이 힘들지 않도록 단순해야 한다. 평정방법 중에서 자유서술법보다는 평정척도법이나 체크리스트법이 이러한 측면에서 훨씬 실용성이 높다고 할 수 있다.

4. 평정방법

(1) **도표식 평정척도법(Graphic Rating Scales)**

① 가장 대표적인 평정방법으로 직무평가에서의 점수법과 기본원리는 같다. 전형적인 평정양식은 다수의 평정요소와 각 평정요소마다 실적수준을 평가할 수 있는 등급으로 구성되어 있다. 평정요소는 직무 및 사람과 관련된 실적과 능력, 그리고 태도를 구체적으로 평가할 수 있는 항목들이다. 한편 등급을 나타내는 척도상 간단히 표기하거나 때로는 각 등급의 의미를 구체적으로 기술한다.

② 장점

    ⊙ 직무분석에 기초하기보다 직관과 선험을 바탕으로 하여 평가요소가 결정되는 것으로 작성이 빠르고, 쉬우며, 경제적이다.

    ⓛ 평가요소가 모든 직무 및 사람에게 일반적으로 나타나는 공통적인 속성에 근거하기 때문에 적용의 범위가 넓다.

    ⓒ 평가자가 해당하는 등급에 표시만 하면 되기 때문에 평정 또한 간단하다.

    ⓓ 평정의 결과가 점수로 환산되기 때문에 평정대상자에 대한 상대적 비교를 확실히 할 수 있어 상벌결정의 목적으로 사용하는 데 효과적이다.

③ 단점

    ⊙ 평정요소와 등급의 추상성이 높기 때문에 평정자의 자의적 해석에 의한 평가가 이루어지기 쉽다.

    ⓛ 등급의 경우에도 단순히 '대단히 우수'하다든가 '탁월'하다든가 하는 수준을 평정자들이 이해하는 정도는 각자 다르다.

    ⓒ 연쇄효과의 오류는 한 평정요소에 대한 평정자의 판단이 다른 요소의 평정에도 영향을 주는 현상이다. 이는 근무성적 평정의 타당성과 객관성을 떨어뜨린다.

    ⓓ 평정결과의 활용에 있어서도 일반적인 요소를 기준으로 이루어지기 때문에 평정대상자의 능력개발을 위한 유익한 자료를 만들어 내기 곤란하다.

[도표식 평정척도법]

구분	평가요소: 전문지식	평정척도				
정의	담당직무 수행에 직접적으로 필요한 이론 및 실무지식	5	4	3	2	1
착안점	• 직무수행에 필요한 지식과 기술의 정도는? • 직무수행에 필요한 법령이나 지침 등의 숙지도는?	담당직무뿐 아니라 관련 직무수행에 필요한 지식을 충분히 가지고 있다.	담당직무 수행에 필요한 지식을 충분히 가지고 있다.	필요한 지식의 수준이 적정하며 지식 부족에 의한 문제는 없다.	지식 부족으로 직무수행에 가끔 지장을 초래한다.	지식 부족으로 인해 직무수행에 문제가 있다.

(2) 강제배분법(Forced Distribution)

① 도표식 평정척도법에 따른 성적 분포가 과도하게 집중되거나 관대화되는 것을 막기 위하여 성적 분포의 비율을 미리 정해 놓는 방법이다.

② 장점: 관대화·집중화 오차를 방지한다.

③ 단점: 유능한 구성원들로 구성된 조직이 상대적으로 불리하고, 평정자가 미리 강제배분 비율에 따라 평정 대상자를 각 등급에 분포시키고 그 다음에 역으로 등급에 해당하는 점수를 부여하는 이른바 역산식(逆算式) 평정이 야기된다.

(3) 서술법

서술법은 평가자가 평정대상자의 실적, 능력, 태도, 장단점 등에 대하여 직접 기술하는 것이다. 서술법 자체만으로는 평정대상자 간 상대적 비교의 곤란 및 서술자의 주관적 의견과 서술방식의 차이에서 오는 평정의 신뢰성 결여로 인사조치의 정보로 사용하기는 곤란하다. 또한 문장구성에 많은 시간과 노력이 요구되므로 서술해야 할 당사자로부터 협조가 잘 되지 않는다는 문제도 있다. 그러나 도표식 평정 척도법을 보완하기 위해 사용된다. 즉, 도표식으로 평가하여 나온 숫자(평점)의 의미를 간단하게나마 설명함으로써 평정에 있어 조심성과 진실성이 향상될 수 있다.

(4) 감점법

직무수행태도와 관련하여 바람직하지 못한 행동이 관찰되었을 때 이를 감점하는 방식이다. 평가대상자의 부정적인 측면을 평가하고 불이익이 돌아가기 때문에 감점의 기준을 엄격히 정할 것이 요구된다. 예컨대 지각, 조퇴, 무단이석 등 관찰 가능하고 계량화할 수 있는 항목에 대하여 기록하고 상관은 이를 확인하여 각 부처가 정한 감점 기준에 따라 평가하는 것이다.

(5) **목표관리제 평정법(MBO)**: 목표관리란 관리자와 종업원이 함께 실적기준으로 사용할 목표를 설정한 다음, 일정기간 후 목표달성도를 측정하여 종업원에게 피드백시켜주고 성과에 대한 공동토의를 거쳐 새로운 목표를 설정하는 일련의 연속적 관리과정이다. 목표관리는 명확한 목표를 설정함으로 목표달성에 대한 동기를 촉진시킬 수 있고, 목표설정의 참여로 직무수행의 불확실성을 제거하고 목표의 이해와 수용성을 향상시키며 또한 개인의 목표와 조직의 목표를 통합시킬 수 있다. 나아가 결과로 나타난 구체적 실적을 피드백시켜 줌으로 실적향상에 도움을 줄 수 있다는 특징을 가지고 있다.

(6) **중요사건 기록법(Critical Incident Method)**
① 의의: 평정대상자의 직무수행과 관련된 중요사건을 관찰하여 평정기간 동안 일시적으로 기록해 놓았다가 누적된 사건기록을 중심으로 평정하는 방법이다. 때로는 미리 중요사건을 열거해 놓고 그중에서 해당하는 항목을 선정하는 방법도 있다.
② 장점: 중요사건 기록법은 인간적 특성이 아니라 구체적으로 관찰된 개인의 행태를 중심으로 평정하기 때문에 행태변화를 목적으로 하는 교육훈련이나 평정결과에 대한 평정대상자와의 상담 시 중요한 정보를 제공한다.
③ 단점: 서술법에 따라 중요사건을 직접 기록하는 경우, 기록 및 기록의 유지에 시간과 노력을 요하며, 한 평정자가 여러 사람을 평정했을 때 이들 개인 상호 간의 비교가 어렵다. 다수의 평정자가 한 사람을 평정한 경우에도 통일된 양식이 없기 때문에 역시 상호비교의 용도로는 사용하기 곤란하다는 단점이 있다.

[중요사건 기록법]

평가요소: 문서관리			
일시 장소	바람직한 행동	일시 장소	바람직하지 못한 행동
3/8 사무실	담당자 부재 시 접수된 문서를 본인의 문서함에 안전하게 보관하였다가 다음날 담당자에게 전달함	3/10 사무실	점심시간이 되자, 보안문서를 책상에 둔 채 식사하러 감
평가요소: 대인협조관계			
일시 장소	바람직한 행동	일시 장소	바람직하지 못한 행동
	관찰 못 함		

(7) **행태기준 평정척도법(BARS; Behaviorally Anchored Rating Scales)**
① 행태기준 평정척도법은 도표식 평정척도법과 중요사건 평정법의 단점을 극복하고, 장점을 통합시킨 방법이다.
② 주관적 판단을 배제하기 위하여 직무분석에 기초하여 직무와 관련된 중요한 과업분야를 선정하고, 각 과업분야에 대해서는 가장 이상적인 과업행태에서부터 가장 바람직하지 못한 행태까지를 몇 개의 등급으로 구분하고, 각 등급마다 중요행태를 명확하게 기술하고 점수를 할당한다.
③ 평정척도는 직무수행 담당자와 계선상의 관리자가 공동으로 참여하여 설계하게 된다.
④ 장점: BARS는 평정대상자의 행태를 관찰하여 척도상의 유사한 과업행태를 찾아 표시하면 되기 때문에 평정자에 의한 오류를 줄일 수 있고, 척도설계과정에 평정대상자가 참여하므로 그의 신뢰와 적극적인 관심 및 참여를 기대할 수 있다.

⑤ 단점: 직무가 다르면 별개의 평정양식이 있어야 하며, 동일직무에서도 과업마다 별도의 행태기준을 작성해야 하는 등 개발에 많은 시간과 비용 그리고 노력을 요구한다.

[행태기준 평정척도법]

등급	행태 유형
∨ 평정대상자의 행태를 가장 대표할 수 있는 등급에 체크 표시하여 주십시오. 평정요소: 문제해결을 위한 협조성	
( )7	부하 직원과 상세하게 대화를 나누고 그에 대한 해결방안을 내놓는다.
( )6	스스로 해결할 수 없는 문제는 상관에게 자문을 구하여 해결책을 모색한다.
( )5	스스로 해결하려는 노력은 하나 가끔 잘못된 결과를 초래한다.
( )4	일시적인 해결책으로 대응하여 문제가 계속 발생한다.
( )3	부하직원의 의사를 고려하지 않고 독단적으로 결정을 내린다.
( )2	문제해결에 있어 개인적인 감정을 앞세운다.
( )1	어떤 결정을 내려야 할 상황인데 결정을 회피하거나 계속 미룬다.

(8) 행태관찰 척도법(BOS; Behavioral Observation Scales)

① 행태관찰 척도법은 BARS의 단점을 극복하고자 BARS와 도표식 평정척도법을 혼합하여 개발된 것으로 이해할 수 있다. 이때 평정항목으로 선정된 것은 모두 직무와 밀접한 관련성을 가진 것들이어야 한다. 직무에 능통한 전문가의 판단을 의지하게 되며 시험에서 언급한 내용타당성을 확보하는 것과 같은 논리이다.

② 장점

  ㉠ 평정요소가 직무와의 관련성이 높다.

  ㉡ 평정결과를 통해 평정대상자에게 행태변화의 유용한 정보를 피드백시켜 줄 수 있다.

  ㉢ 평정항목의 행동이 얼마나 관찰되느냐를 기준으로 이루어지기 때문에 평정자의 주관을 줄이는 데 도움이 된다.

③ 단점: 도표식 평정척도법이 갖는 등급과 등급 간 구분의 모호함, 연쇄효과의 오류가 나타날 수 있다.

[행태관찰 척도법]

평정요소: 부하직원과의 의사소통	
평정항목	등급
• 새 정책이나 내규가 시행될 때 게시판에 내용을 게시한다. • 주의력을 집중하여 대화에 임한다. • 지시사항을 전할 때에는 구두로 한 것을 다시 메모로 전달함으로써 확인한다. • 메모는 간략하고 이해하기 쉽게 적는다. • 상부의 지시사항이 있을 때 이를 즉시 전하지 않고 며칠 지난 뒤에 전함으로써 일을 서두르게 만든다.	거의 관찰하지 못한다.　　　　　　　　매우 자주 관찰한다. 1　　2　　3　　4　　5 1　　2　　3　　4　　5 1　　2　　3　　4　　5 1　　2　　3　　4　　5 1　　2　　3　　4　　5

(9) 체크리스트법(Check List Method, 프로브스트식 평정법, 사실표지법)

① 체크리스트법은 직무와 관련된 일련의 항목(단어나 문장)을 나열하고 그중에서 평정대상자에 해당하는 항목을 체크하여 나가는 방식이다. 나열항목을 동일하게 평가하기보다는 항목의 중요성에 따라 가중치를 부여하는 것이 일반적이다. 이 방식을 가중 체크리스트법이라 한다. 평정대상자에 대한 종합평가는 체크된 항목의 가중치 점수를 모두 합한 것이 된다.

② 장점

    ⊙ 가중 체크리스트법의 일부분으로 가중치 점수는 평정자에게 공개되지 않고 인사부서에서 내부적으로 관리한다. 따라서 평정자가 의도적으로 좋은 점수를 주는 등의 개인적 편견을 줄일 수 있다.

    ⓒ 평정결과가 점수로 환산되기 때문에 상대적 평가에 용이하다.

    ⓒ 나열된 항목들이 행태 중심으로 이루어지기 때문에 능력개발을 위한 중요한 정보를 피드백시켜 줄 수 있다.

③ 단점

    ⊙ 가중치가 공개되지 않기 때문에 평정자가 평정결과를 피드백시켜 주기 곤란한 점도 있다.

    ⓒ '일을 열심히 한다'고 체크했을 때 매우 열심히 하는지 아니면 열심히 하는 편인지 등의 동일 항목에 대한 차별을 두지 못하는 단점이 있다.

[가중 체크리스트법]

∨ 평정대상자의 행태를 나타내는 항목에 체크 표시하여 주십시오.		
행태	체크란	가중치
근무시간을 잘 지킨다.	( )	4.5
업무가 많을 때 야근을 한다.	( )	5.4
책상 위의 문서가 항상 깨끗이 정돈되어 있다.	( )	3.8

> 높은 점수가 바람직한 행동을 나타냄. 가중치는 실제 평정서에 포함되지 않음

(10) 강제선택법

① 체크리스트법의 한 변형이다. 평정대상자에 대하여 기술해 놓은 4~5개의 항목을 한 문항으로 하여, 그중 가장 그럴 것이라고 생각되는 항목 하나와 가장 그렇지 않을 것이라고 생각되는 항목 하나씩을 선택하게 하는 방법이다. 때로는 문항당 한 쌍의 항목을 주어 하나만을 선택하도록 하는 경우도 있다. 두 항목 모두가 긍정이거나 부정의 내용을 담도록 설계한다.

② 장점: 각 항목에는 점수가 있지만 평정자와 평정대상자에게는 알려주지 않기 때문에 어느 항목이 평정대상자에게 얼마만큼 유리한지 알 수 없어 평정자의 개인적 편견과 정실을 배제시킬 수 있다.

③ 단점: 평정대상자의 능력발전을 위한 상담에는 어려움이 있다.

∨ 평정대상자의 행동을 가장 잘 묘사할수 있는 항목에 체크 표시하여 주십시오.	
문항항목	
1. 학습속도가 빠르다. ( )	열심히 일한다. ( )
2. 자주 결근한다. ( )	일처리가 느리다. ( )

(11) 서열법(Ranking Method; 대인비교법)

① 서열법은 평정대상자를 상대적으로 비교하여 서열을 정하는 방법이다. 직무평가에서의 서열법과 기본구상은 같다. 가장 난순한 형태는 평정대상자의 실적, 능력, 특성, 장·단점 등을 포괄적으로 평가하여 우열을 정하는 것이다.

② 서열법은 평정방법의 허술함에도 불구하고 평정대상자가 소규모이고, 그중에서 실적급, 교육훈련, 승진 등의 대상자를 선정해야 할 때 널리 이용되고 있다.

[서열법]

평정요소	전문지식				
등급	수	우	미	양	가
대표인물	임서진	강창희	홍길동	박찬영	이승기
평정대상	임서윤	임한세	김병국, 김혜수	박찬호, 양기섭	강태공

(12) 다면평정법(360° 평정법, 집단평정법 또는 복수평정법)

① **개념**: 근무성적 평정방법은 평정자를 중심으로 여러 가지 형태로 분류할 수 있다. 평정을 평정대상자의 상관인 감독자가 행할 때 감독자평정법이라 하며, 동료가 할 때 동료평정법, 부하가 상관을 평정할 때 부하평정법이라고 한다. 때로는 평정대상자 자신이 스스로를 평가하는 경우도 있는데 이를 자기평정법이라 하고, 상급자·동료·부하, 고객 등 여러 사람이 동시에 평가하는 경우를 다면평정법이라 한다.

② **효용**

㉠ 소수인의 주관과 편견, 그리고 이들 간의 개인 편차를 줄임으로써 객관성과 공정성을 높일 수 있는 제도이다.

㉡ 감독자 이외에도 동료·부하·고객 등 다양한 사람들의 참여를 통해 평정에의 관심도와 지지도를 높일 수 있다.

㉢ 관료조직의 권위적 관리를 억제한다.

㉣ 동료나 부하의 업적에 '무임승차'하려는 행태 또한 억제할 수 있다.

㉤ 정실주의를 차단한다. 즉, 인맥이 더 이상 통하지 못한다는 것을 공무원들이 자각하고, 부당한 '줄서기'나 청탁 대신에 자기계발을 통하여 조직의 목표달성을 위해 기여하려는 자세를 갖추고자 노력하게 될 것이다.

㉥ 다수자에 의한 평가방식을 통해 근속연한보다 능력의 탁월성을 보다 용이하게 인정받을 수 있다.

㉦ 고객에 대한 대응성이 향상된다.

③ **역기능**

㉠ 담합에 의한 관대화 현상 등 평가결과에 왜곡이 나타날 수 있다.

㉡ 응답자마다 평가기준이 다르기 때문에 평가의 형평성이 저해될 수 있다. 응답자에 따라 지나치게 관대하거나 비판적으로 평가를 내리는 등 편차가 클 수 있다.

㉢ 평가자가 피평가자의 능력을 잘 모르면서 피상적으로 평가를 내려야 하는 상황에서 '여론몰이식 투표'가 이루어질 수 있다.

㉣ 인간관계가 좋은 사람이 능력이 우수한 사람보다 평정결과가 더 좋게 나오는 '인기투표'로 변질될 수 있다. 또한 인간관계에 얽매여 소신 있는 결정을 내려야 하는 상황에서 주위의 눈치를 살피고, 업무처리가 저해되는 등의 우려가 제기된다[조직 내 포퓰리즘(Populism)을 초래할 수 있음].

ⓜ 시간이나 비용이 많이 소요되며 정확한 평가모형을 구성하기가 곤란하다.

ᒐLINKᑎ **공무원 성과평가 등에 관한 규정**

제28조(다면평가)
① 소속 장관은 소속 공무원에 대한 능력개발 및 인사관리 등을 위하여 해당 공무원의 상급 또는 상위 공무원, 동료, 하급 또는 하위 공무원 및 민원인 등에 의한 다면평가를 실시할 수 있다.
② 소속 장관은 제1항에 따른 다면평가의 방법 및 절차 등에 관한 구체적인 사항을 직무의 특성 등을 고려하여 설계 · 운영 하여야 한다.
③ 제1항에 따른 다면평가의 평가자 집단은 다면평가 대상 공무원의 실적 · 능력 등을 잘 아는 업무 관련자로 구성하되, 소속 공무원의 인적 구성을 고려하여 공정하게 대표되도록 구성하여야 한다.
④ 제1항에 따른 다면평가의 결과는 해당 공무원에게 공개할 수 있다.
≫ 다면평가 결과는 공무원 역량개발 및 교육훈련 등에만 활용하고, 승진, 전보, 성과급 결정에 참고자료로만 활용한다. 또 한 평가결과에 대한 이의신청도 가능하다.

5. 근무성적평정의 오류

(1) 연쇄효과(Halo Effect)

① 평정오류로서의 연쇄효과란 평정자가 가장 중요시하는 하나의 평정요소에 대한 평가결과가 성격이 다른 나머지 평정요소에도 연쇄적으로 영향을 미쳐 유사한 수준에서 평가결과가 나타나는 것을 말 한다. 평정요소의 의미가 다름에도 불구하고 평정결과가 평정요소 상호 간에 일관된 관계를 보여 주 는 경우이다.

② 연쇄효과는 도표식 평정기법에서 자주 발생한다.

③ **방지대책**: 평정척도를 만들 때 등급을 서로 달리할 수 있다. 또 다른 방법은 평정을 평가자별이 아니 라 평정요소별로 하는 것이다. 하나의 평정요소에 대하여 모든 평정대상자의 평정을 마치고 다음 평 정요소로 넘어가도록 한다.

(2) 집중화 경향(Central Tendency)

① 집중화 경향은 평정척도상의 중간등급을 중심으로 평가하는 경향이다. 아주 높거나 낮은 평가를 하 는 데서 오는 심리적 부담을 줄이고자 할 때 자주 나타나는 현상이다.

② 평가요소를 정확히 이해하지 못한 상태에서도 마찬가지의 결과가 나오기 쉽고, 실제로는 무능력한 사람에 대하여 '좋은게 좋다'는 식의 후한 평가를 하는 경우에도 나타난다.

③ **방지대책**: 상대평가를 반영하는 강제배분법이다. 평가요소나 등급이 이미지 모호한 도표식 평정척 도법보다는 행태를 기준으로 한 평정척도법(BARS)을 사용하여 불확실한 상태에서의 평정을 배제 시키거나, 평정요소의 중요성이 평정자에게 공개되지 않아 의도적으로 중간을 택할 수 없는 체크리 스트법을 활용할 수도 있다.

(3) 관대화 · 엄격화 경향(Leniency Tendency · Strictness Tendency)

① **관대화 경향**: 실제수준보다 관대하게 평가하는 경향이다. 평정결과의 분포를 그린다면 전체적인 등 급이 상향조정됨으로써 평가가 좋은 쪽으로 치우친 분포를 나타내게 된다. 평정자가 사물에 대하여 전반적으로 너그럽게 평가하는 인지구조를 가지고 있거나 또는 평정결과가 공개되는 경우에 평정대 상자와 불편한 인간관계에 놓이는 것을 피하려는 경우에 흔히 발견된다.

② **엄격화 경향**: 평가기준을 엄격하게 적용함으로써 실제수준보다 저평가하는 경우로 흔한 일은 아니 다.

③ **방지대책**: 집중화 경향과 마찬가지로 강제배분법이 관대화 · 엄격화 경향을 방지하는데 효과적이다. 그러나 강제배분법을 적용하는 경우에 우수집단에서 선의의 피해자가 나오고 무능한 집단에서 '불보이득'이 발생하는 단점이 있다. 따라서 보다 근원적인 해결은 평정자에 대한 사전교육을 통해 평정의 자세를 전환시키는 것이 필요하다.

(4) 시간적 오차[첫머리 효과(최초 효과)와 막바지 효과(최신 효과)]

① **최신 효과(Recency Effect)**: 평정대상기간 중에서 평정시점에 가까운 실적이나 사건일수록 평정에 더 크게 반영되는 경향이다.

② **첫머리 효과**: 전체 기간의 근무성적을 평가하기보다는 초기의 업적에 영향을 크게 받는 현상이다.

③ **방지대책**: 과정을 평가하지 않고 오직 결과로 나타난 실적을 기준으로 평가하는 MBO평정법을 활용하거나 독립평가센터 운용 및 중요사건 기록법을 통해 평정일지를 계속 기록함으로써 근접 효과를 예방할 수 있다.

(5) 선입견(상동적 오차)

① 선입견은 평정대상자의 개인적 특성인 종교, 성, 연령, 교육수준, 출신학교나 지역 등에 대하여 평정자가 평소에 가지고 있는 편견이 평정과정에 반영되는 것이다.

② **방지대책**: 개인의 귀속적 요인에 대한 신상정보 비공개, 직속상관 외에 제3자를 평정자로 활용하는 것을 말한다.

(6) 논리적 오차: 평정요소 간에 존재하는 논리적 상관관계에 의해 생기는 오류로 한 요소의 평정점수가 논리적 상관관계에 있는 다른 요소의 평정점수를 결정하는 오류를 의미한다.

(7) 규칙적 오류와 총계적 오류

① 규칙적 오류란 어떤 평정자의 가치관 및 평정기준의 차이 때문에 다른 평정자들보다 언제나 후하거나 나쁜 점수를 주는 것을 말한다.

② 총계적 오류란 평정자의 평정기준이 일정하지 않아 관대화 · 엄격화 경향이 불규칙하게 나타나는 것을 말한다.

③ **방지대책**: 규칙적 오류는 후하거나 박한 정도를 감안하여 그 수치를 가감하는 방식으로 사후에 조정할 수 있으나, 총계적 오류는 사후조정이 불가능하다. 다만, 각 평정자의 평정 경향을 숫자로 파악하여 이를 평정자에게 알려 줌으로써 스스로 평정 습성을 시정하도록 할 필요가 있다.

(8) 기타 오차

① **투사에 의한 착오**: 자신의 감정이나 특성을 다른 사람에게 전가하려는 것이다.

② **선택적 지각의 착오**: 모호한 상황에서, 부분적인 정보만을 받아들여 판단을 내리는 것이다.

③ **기대성 착오**: 사전에 가지고 있는 기대에 따라 무비판적으로 사실을 지각하는 것이다.

④ **방어적 지각의 착오**: 자신의 습성이나 고정관념에 어긋나는 정보를 회피하거나 왜곡시키는 것이다.

⑤ **이기적 착오**: 자신의 실패에 대한 책임은 지지 않고 성공에 대한 개인적 공로는 강조하려는 것이다.

⑥ **유사적 오차**: 평정자가 객관성 있는 기준에서 평정하기보다는, 자기 자신을 기준으로 하여 판정하는 경향을 말한다. 평정자가 피평정자를 평정할 때 자기가 가지고 있는 특성을 피평정자가 가지고 있으면 그 특성에 대한 평점을 높게 준다.

⑦ **대비오차**: 평정자가 평정대상자를 바로 직전의 피평정자나, 평정자 자신의 특성과 비교하거나 고의로 실제 피평정자의 속성과 반대로 평정하는 것이다.

⑧ 근본적 귀속의 착오: 타인의 성공을 평가할 때에는 상황적 요인을 과대평가하고, 실패를 평가할 때에는 개인적 요인을 과대평가함으로써 나타나는 착오를 말한다.

⑨ 피그말리온 효과: 평정자의 기대, 믿음, 예측대로 피평정자가 행동하는 경향으로 인한 평정오류(로젠탈 효과)를 말한다.

2 우리나라의 공무원평정

1. 근무성적평정(성과계약평가+근무성적평가)

(1) 근무성적평정의 종류

① 성과계약평가(4급 이상): 성과계약에 의한 목표달성도의 평가

② 근무성적평가(5급 이하 및 우정직 등): 근무실적 및 능력에 대한 평가

(2) 평가시기

① 성과계약평가: 매년 12월 31일, 연 1회

② 근무성적평가

　㉠ 정기평정: 6월 30일과 12월 31일, 연 2회(다만, 소속장관이 필요하다고 인정하는 경우에는 정기평가 또는 정기평정 기준일을 달리 정할 수 있고, 정기평가 또는 정기평정을 연 1회 실시할 수도 있다)

　㉡ 수시평정: 승진후보자명부의 조정사유가 발생한 경우에 실시

(3) 성과계약평가(4급 이상)

① 성과계약평가의 대상: 4급 이상 공무원과 연구관·지도관 및 전문직 공무원(다만, 소속장관이 성과계약평가가 적합하다고 인정하는 경우 5급 이하도 가능)

② 평가항목: 소속장관은 성과계약 등 평가의 평가항목을 성과목표 달성도, 부서 단위의 운영 평가 결과, 그 밖에 직무수행과 관련된 자질이나 능력 등에 대한 평가 결과 중에서 하나 또는 그 이상으로 정할 수 있다.

③ 평가자 및 확인자: 평가자는 평가대상 공무원의 업무수행 과정 및 성과를 관찰할 수 있는 상급 또는 상위감독자 중에서, 확인자는 평가자의 상급 또는 상위감독자 중에서 각각 소속장관이 지정(단, 평가자의 상급감독자가 없을 경우 확인자를 지정하지 않을 수 있음)한다.

④ 성과계약의 체결: 소속장관은 평가대상 공무원과 평가자 간에 성과계약을 체결하도록하여야 한다(기관장 또는 부기관장과 실국장급 간, 실국장급과 과장급 간 등 직근 상하급자 간에 체결).

⑤ 성과계약평가 방법

　㉠ 평가자는 평가대상 기간 중 평가대상 공무원의 소관업무에 대한 성과계약의 성과목표달성도를 감안하여 평가대상 공무원별로 평가하되, 평가등급의 수는 3개 이상으로 한다.

　㉡ 성과목표 달성도는 평가대상 기간 동안 평가대상 공무원이 달성한 성과목표의 추진 결과를 평가지표에 근거하여 평가한다.

　㉢ 성과계약 등 평가를 할 때에는 성과목표의 중요도, 난이도 및 평가대상 공무원의 자질·태도 등에 관한 사항 등을 고려하여 평가할 수 있으며, 업무상 비위 등 소속장관이 정하는 요건에 해당하는 공무원에게 최하위 등급을 부여할 수 있다.

ⓔ 공무원에게 최하위 등급을 부여하는 요건 및 최하위 등급을 부여하는 경우의 구체적인 절차 등에 관하여 필요한 사항은 인사혁신처장이 정하는 기준 및 범위를 고려하여 소속장관이 정한다.

ⓜ 고위공무원단에 속하는 공무원에 대한 성과계약 등 평가의 평가등급별 인원 분포 비율은 소속장관이 정한다. 이 경우 최상위 등급의 인원은 평가대상 공무원 수의 상위 20퍼센트 이하의 비율로, 하위 2개 등급(고위공무원단 인사규정에 따른 미흡 및 매우 미흡의 등급을 말한다)의 인원은 평가대상 공무원 수의 하위 10퍼센트 이상의 비율로 분포하도록 하여야 한다.

(4) 근무성적평가(5급 이하 및 우정직 등)

① 근무성적평가의 대상: 5급 이하 공무원, 우정직 공무원, 연구직 및 지도직 공무원

② 평가자 및 확인자: 근무성적평가의 평가자는 평가대상 공무원의 업무수행 과정 및 성과를 관찰할 수 있는 상급 또는 상위감독자 중에서, 확인자는 평가자의 상급 또는 상위감독자 중에서 각각 소속장관이 지정(단, 평가자의 상급감독자가 없으면 확인자를 지정하지 않을 수 있음)한다.

③ 근무성적평가의 평가항목

ⓐ 근무실적 및 직무수행능력으로 하되, 소속장관이 필요할 경우 인사혁신처장이 정하는 범위에서 직무수행태도 또는 부서 단위의 운영 평가결과를 평가항목에 추가할 수 있다.

ⓑ 평가항목별 평가요소는 소속장관이 직급별·부서별 또는 업무분야별 직무의 특성을 반영하여 정하되 기본항목과 요소는 아래 내용과 같다.
  • 근무실적: 업무난이도, 완성도, 적시성
  • 직무수행능력: 기획력(의사전달력), 협상력(추진력), 신속성(팀워크), 성실성(고객지향성) 등

④ **성과목표의 선정**: 소속장관은 당해 기관의 임무 등을 기초로 하여 평가대상 공무원의 평가자 및 확인자와 협의하여 성과목표 등을 선정하여야 한다. 다만, 평가대상 공무원이 수행하는 업무가 단순·반복적인 업무로서 성과목표 등을 선정하기에 적합하지 아니한 경우 등의 부득이한 사유가 있는 경우에는 그러하지 아니한다.

⑤ 근무성적평가 방법

ⓐ 평가자는 확인자와 협의하여 평가대상 공무원의 근무실적 및 직무수행능력 등을 감안하여 평가 단위별로 평가대상 공무원의 성과목표 달성 정도 등을 고려하여 평가

ⓑ 평가등급 수는 3개 이상, 최상위 등급의 인원은 20%, 최하위 등급의 인원은 10% 비율로 분포하도록 평가

ⓒ 평가자 및 확인자는 근무성적평가 결과를 근무성적평가위원회에 제출

⊂LINK⊃ 공무원 성과평가 등에 관한 규정

제18조(근무성적평가위원회)

① 근무성적평가 결과를 고려하여 평가 대상 공무원에 대한 근무성적평가 점수를 정하고 근무성적평가 결과의 조정#이의신청 등에 관한 사항을 처리하기 위하여 제29조에 따른 승진후보자 명부 작성 단위 기관별로 근무성적평가위원회(이하 "위원회"라 한다)를 둔다.

② 위원회는 평가 대상 공무원의 상급 또는 상위 감독자 중에서 임용권자가 지정하는 5명 이상의 위원으로 구성하되, 상급 또는 상위 감독자가 부족한 경우에는 2명 이상으로 구성할 수 있다.

③ 위원장의 선임 방법과 그 밖에 위원회의 운영에 필요한 사항은 소속 장관이 정한다.

④ 위원회는 평가 단위별로 제출한 평가 대상 공무원의 근무성적평가 결과에 따라 직급별 또는 계급별로 다음 각 호의 어느 하나의 방법으로 근무성적평가 점수를 부여하되, 근무성적평가 점수의 총점은 70점을 만점으로 한다.

(5) 근무성적평정의 절차(성과계약평가와 근무성적평가의 공통절차)

① 성과면담: 공정·타당한 평정을 위해 평정자는 평정대상 공무원과 의견교환 등 성과면담 실시(성과면담은 평가대상자와 평가자 간에 성과목표의 설정, 성과목표의 수행 과정 및 결과의 평가와 평가결과의 환류 등에 관하여 상호 의견을 나누는 행위)

② 근무성적평정 결과의 공개 및 이의신청 등

  ㉠ 평가자는 평정대상 공무원의 근무성적평정 결과를 공개

  ㉡ 평정대상 공무원은 평정결과에 이의가 있는 경우 확인자에게 이의신청(확인자가 없으면 평가자에게 이의신청)

  ㉢ 이의신청을 받은 확인자나 평가자는 신청내용이 타당하다고 판단되면 당해 공무원에 대한 근무성적평정 결과를 조정할 수 있으며, 이의신청을 받아들이지 않는 경우 그 사유를 당해 공무원에게 설명

  ㉣ 이의신청 결과에 불복하는 평가대상 공무원은 근무성적평가위원회에 근무성적평가 결과의 조정 신청

  ㉤ 소청 및 소송은 인정되지 않음

③ 평가결과의 활용: 소속장관은 성과계약 등 평가 및 근무성적평가의 결과를 평가대상 공무원에 대한 승진임용·교육훈련·보직관리·특별승급 및 성과상여금 지급 등을 각종 인사관리에 반영하여야 한다.

2. 경력평정 및 가점평정

경력이란 직무상 경험과 근무 연한을 말하는 것으로 경력평정이란 지난 경력에 대해 점수화하는 것을 말한다. 우리나라의 경우 경력평정은 5급 이하의 공무원의 승진후보자명부 작성 시 최대 20퍼센트까지 반영한다.

(1) 경력평정의 대상: 정기평정 기준일 현재 승진소요 최저연수에 도달한 5급 이하 공무원

(2) 경력평정의 확인자: 경력평정의 확인자는 각급 기관의 인사담당관이 된다. 다만, 소속장관은 특히 필요한 경우에는 확인자를 달리 지정할 수 있다.

(3) 경력평정의 대상기간: 경력평정은 정기평정 기준일부터 경력평정대상 공무원의 승진소요최저연수 이상의 범위에서 소속장관이 정하는 기간 중 실제로 직무에 종사한 기간을 대상으로 하여 실시한다.

(4) 경력평정점의 산출: 경력평정점의 총점은 30점을 만점으로 하다

(5) 가점평정: 소속장관은 승진후보자명부를 작성할 때에는 직무 관련 자격증의 소지 여부, 특정 직위 및 특수지역에서의 근무경력, 근무성적평가 대상 기간 중의 업무혁신 등 공적 사항, 그 밖에 직무의 특성 및 공헌도 등을 고려하여 해당 공무원에게 5점의 범위에서 가점을 부여할 수 있다.

3. 역량평가(고위공무원단 인사규정)

(1) 고위공무원으로 신규채용되려는 사람 또는 4급 이상 공무원이 고위공무원단 직위로 승진임용되거나 전보(고위공무원이 아닌 연구관·지도관을 고위공무원단 직위로 전보하는 경우만 해당한다)되려는 사람을 대상으로 신규채용, 승진임용 또는 전보 전에 실시하여야 한다.

　① 4급 과장급 역량평가(공무원임용령)

　　㉠ 추진배경: 정부정책 추진의 핵심적 위치인 중간관리층의 경쟁력 강화를 위해 역량평가대상을 과장급으로 확대

　　㉡ 평가주체: 소속장관 또는 인사혁신처장(역량평가 의뢰 시 평가 대행)

　　㉢ 평가대상: 중앙부처 과장급 직위로 신규채용, 전보, 승진임용되는 사람

　　㉣ 평정 및 통과기준: 각 역량별로 5점 척도로 평가하고 6개 역량의 평균점수 산출, 6개 역량의 평균점수가 2.5점 이상이거나, 평균점수가 2.3점 이상이고 2개 이상 역량에서 3점 이상의 점수를 받으면 통과

(2) 역량평가는 역량 항목별로 5점 만점으로 평가하되, 평가점수 범위에 따라 매우 우수·우수·보통·미흡·매우 미흡 중 하나의 등급으로 나누며, 역량평가의 통과기준은 평가대상자의 평균점수가 '보통' 이상(평균점수 2.5점 이상을 말한다)인 경우로 한다.

(3) 역량평가를 통과하지 못한 사람은 부족한 역량을 보완한 후 재평가를 받을 수 있다. 이 경우 연속하여 2회 이상 통과하지 못한 경우에는 인사혁신처장이 정하는 기간이 지난 후 재평가를 받을 수 있다.

(4) 인사혁신처장은 평가대상자에 대한 역량의 평가와 그 밖에 역량평가에 필요한 사항을 담당하게 하기 위하여 고위공무원이거나 고위공무원이었던 사람 또는 인사행정이나 역량평가 등에 관한 학식과 경험이 풍부한 사람 중에서 역량평가위원을 임명하거나 위촉할 수 있다.

(5) 역량평가는 4명 이상의 역량평가위원이 참여하여 제시된 직무 상황에서 나타나는 평가 대상자의 행동을 관찰하여 그 역량을 평가하는 방법으로 한다(액션러닝).

1. 개념

직무성과계약제는 장·차관 등 정부기관의 책임자와 실·국장, 과장급(4급 이상 일반직·별정직 및 고위공무원단에 소속될 공무원) 관리자 간에 성과목표와 지표에 대해 합의하여 공식적인 성과계약을 체결하고 계약의 이행도를 평가하여 인사와 보수 등에 반영하는 성과관리시스템이다.

2. 도입 배경

우리나라는 과거 4급 이상 공무원에 대한 평정방식으로 1999년 MBO를 채택하여 운영해 왔으나, 조직목표와 무관한 개인목표의 설정, 성과의 측정과 평가에 관한 관심과 이해부족, 온정주의적 조직문화 등으로 인해 형식적으로 운영되고 있다는 지적이 공직사회 내·외부로부터 끊임없이 제기됨에 따라 2005년에 이를 폐지하고 직무성과계약제를 채택했으며 공무원 성과평가 등에 관한 규정에 세부적인 운영사항을 규정하고 있다.

3. 도입 목적

성과에 대한 책임성 강화와 더불어 고객 지향적 성과관리시스템의 확립이 그 목적이다.

4. 목표관리제(MBO; Management By Objectives)의 문제점

(1) 조직목표와 무관한 개인목표의 설정, 성과의 측정과 평가에 관한 관심과 이해 부족, 온정주의적 조직문화 등으로 인해 형식적으로 운영되고 있다는 지적이 공직사회 내·외부로부터 끊임없이 제기되었다.

(2) 목표관리제는 실제로 개인별 업무목표의 달성도에 대하여 평가를 해야 할 경우, 평가자들은 심리적으로 연공이나 직제 등에 따른 서열을 미리 상정하고 점수를 역산하는 등 형식적으로 운영된다.

(3) 실질적인 목표는 하나의 사업이 그 조직에 어떠한 도움을 주었는가하는 것이지만, 목표관리제에서는 사업을 유치하는 자체만으로 목표를 달성했다고 보는 수단과 목표의 전치현상이 발생하는 경향을 띠게 된다.

(4) 평가방식이 과장 → 실·국장 → 기관장 순서로 밑에서부터 올라오는 Bottom-Up 방식으로 되어 있어 기관장이나 실·국장들이 피평가자의 성과와 책임을 세부적으로 알지 못해 피평가자에 대한 정확하고 실질적인 평가가 이루어지지 못한다.

5. 직무성과계약제의 구조 및 단계

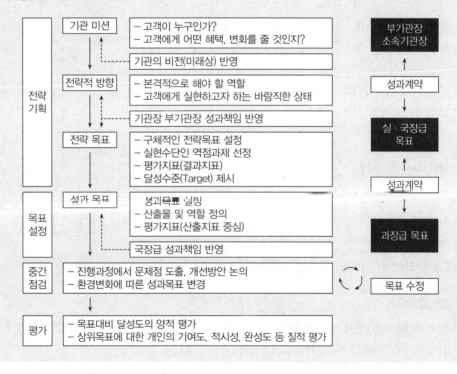

CHAPTER

05 공무원의 사기

01 사기앙양

1. 사기의 의의

(1) 개념

① 사기란 조직목표 달성을 위해 구성원이 조직의 공통된 목표를 달성하고자 하는 자발적인 근무의욕 및 집단의 단결력, 응집력이라 할 수 있다.

② 사기는 1930년대 인간관계론에서 강조되기 시작하였다.

(2) 특성 및 성격

① 사기는 조직에서 요구하는 직무를 수행하려는 동기이다(자발적).

② 사기는 개인적인 현상일 뿐만 아니라 집단적인 현상이라고도 할 수 있다.

③ 사기는 어떤 정신상태의 상대적인 수준에 관한 개념이다.

④ 사기의 수준은 항상 일정하게 고정되어 있는 것이 아니라 상황의존적이며 가변적이다.

(3) 사기의 효용

① 조직의 목표달성에 기여

② 조직에 대한 몰입과 일체감 고취

③ 법규나 규칙의 자발적 준수

④ 직무와 조직에 대한 자부심 및 창의성 제고

2. 사기와 생산성의 관계

(1) 사기실재론(메이요, Mayo): 사기와 생산성은 직접적인 관련성이 있다(동기부여 내용이론).

(2) 사기명목론[코저(Coser), 샥터(Schachter)]: 사기와 생산성은 직접적인 인과관계가 없다(동기부여 과정이론).

(3) 일반적 입장: 사기와 생산성은 필요조건이지만 충분조건으로 보기는 곤란하다.

3. 사기의 결정요인

(1) 경제적(물질적) 요인: 생존욕구와 관련된 요인으로 보수, 연금, 작업환경 등을 말하며, 허즈버그 (Herzberg)의 위생요인, 알더퍼(Aldefer)의 존재요인 등을 말한다.

(2) 사회적 요인: 관계욕구와 관련된 요인으로 귀속감, 일체감과 같은 대인관계 등을 말한다.

(3) 심리적 요인: 성장욕구와 관련된 요인으로 성공감, 성취감, 인정감 등을 말한다.

4. 사기조사의 방법

(1) 출퇴근 상황과 이직률: 직원의 결근, 지각, 조퇴 등 출퇴근 상황과 이직률 등이 사기와 관련 있다고 가정하고, 이의 평균치와 기준치를 비교하여 사기를 측정한다.

(2) 태도조사: 직원들에게 사기와 관련된 질문을 하여 사기를 측정한다.

(3) 투사법(투영법): 피조사자가 무엇에 관하여 조사를 받는지 모르는 가운데 솔직한 태도를 노출하게 하여 그 결과를 분석하는 조사방법이다.

(4) 행동경향법: 직무에 대해 어떻게 행동하고 싶은지에 대한 의견조사를 통해 사기를 측정하는 방법이다.

(5) 사회측정법(Sociometry; 소시오메트리): 모레노(Moreno)가 창안한 것으로 조직 구성원 간에 나타나는 심리적 상호관계인 조직 구성원 간 호(好)·오(惡) 관계를 파악하여 사기를 측정하는 방법이다.

5. 사기제고방안

(1) 보수의 적정화와 적절한 연금제도가 확립되어야 한다.

(2) 합리적인 승진제도가 운영되고 신분보장이 이루어져야 한다.

(3) 인사상담제도와 고충처리제도가 확립되어야 한다.

(4) 제안제도가 적극적으로 활용되어야 한다.

(5) 공직에 대한 사회적 평가가 제고되어야 한다.

(6) 권한의 위임과 분권화가 이루어져야 한다.

(7) 후생복지(선택적 복지, 유연근무제 등)가 향상되어야 한다.

(8) 근무생활의 질(QWL) 개선과 커뮤니케이션이 활성화되어야 한다.

(9) 직무확대와 직무충실이 필요하다.

개념더하기 ▷ **후생복지 방안**

1. 선택적 복지
   정부가 선택 가능한 여러 가지 복지혜택을 미리 준비해놓고 그 가운데서 공무원들의 기호와 여건, 삶의 양식에 따라 각자 필요한 것을 고를 수 있게 하는 맞춤형 복지제도이다.

2. 유연근무제
   (1) 탄력시간제: 출·퇴근시간을 정하지 않고 어느 정도의 자유를 부여하는 것으로 누구나 의무적으로 근무해야 하는 코어 타임(Core Time, 공통 근무시간)을 두고 그 나머지 시간에서 출·퇴근을 조정함으로써 법정 근로시간을 맞추는 것이다.
   (2) 시간제근무: 파트타임근무를 의미한다.
   (3) 재택근무: 직장에 나오지 않고 가정이나 출장지에서 인터넷망을 통해 사무처리나 결재를 할 수 있는 제도이다.

1. **직장생활의 질(QWL; Quality of Working Life) 개선**
   (1) **의의**: 직장에서 공무원의 삶의 질을 향상시키기 위한 인간적이고 민주적인 근로 운동이다.
   · (2) **방안**
   ① 적절하고 공정한 보상
   ② 안전하고 건전한 작업환경
   ③ 인간능력의 활용과 개발기회 제공
   ④ 개인적 성장과 안전을 위한 기회제공(승진 및 작업환경의 안전성)
   ⑤ 작업장에서의 사회적 통합(공동체의식의 함양 등)
   ⑥ 프라이버시 보호, 자유로운 의사소통, 공정한 대우
   ⑦ 직장생활과 사생활의 조화
   ⑧ 직장생활의 사회적 적합
   ⑨ 가족 친화적인 근무제도의 확립(탄력적 업무시간 조정, 재택근무, 직장 내 탁아소 운영 등)

2. **제안제도**
   (1) **의의**: 조직운영이나 업무개선에 관하여 조직구성원들이 창의적인 아이디어를 제안하도록 하고 그 제안이 행정의 능률화와 합리화에 기여한다고 인정될 때 표창하고 보상을 해주는 제도이다. 제안제도는 1차적으로 행정의 생산성 향상이 목적이나 조직구성원 사기진작의 수단으로 활용되기도 한다.
   (2) **장 · 단점**

장점	단점
• 행정능률 향상 및 예산절약 기여 • 근무의욕을 고취시켜 공무원의 사기 진작 • 하의상달적 의사소통의 활성화 • 공무원의 창의력 및 문제해결능력 제고 • 조직에 대한 일체감 · 귀속감 증진	• 지나친 경쟁심을 자극하여 인간관계를 악화시킬 우려 • 객관적이며 공정한 심사 곤란 • 지나친 기술적 제안에 치중할 우려 • 실질적 제안자 식별 곤란

---

02   보수 및 연금

1 보수

1. 의의

(1) **개념**: 보수는 공무원이 근로한 대가로 정부로부터 받는 금전적 보상이다(봉급+각종 수당).

(2) **민간부문의 임금과 차이**

① **생활보장적 성격**: 공무원의 보수에는 보수의 가장 일반적 성격인 노무에 대한 반대급부적 측면 이외에도 '공무원과 그 가족의 최저생활을 보장하기 위한' 생활보장 급부의 성격을 가지고 있다.

② **비시장성**: 근무에 대한 반대급부의 성격을 가진다 하더라도 근무의 가치를 정확하게 계산할 수 없어 합리적 보수수준이 어느 정도인지 결정하기 곤란하다.

③ **제약성 및 경직성**: 보수수준의 결정에서 상당한 법적 · 정치적 · 경제적 환경의 외부영향을 받는다.

④ 노사협약에 의해 결정되는 민간부문의 임금과는 달리 정부의 일방적 결정에 의해서 보수가 결정되는 경우가 많다.

2. 보수결정

(1) 보수결정의 규범적 기준

① 공무원 보수는 공무원의 최소한의 생계를 보장하여 근무에만 전념할 수 있는 적정한 수준을 유지하여야 한다.

② 공무원 보수는 대외적 형평성을 확보하여야 한다. 민간부문의 보수수준과 균형을 맞추는 것은 우수인력의 확보와 유지활용에 무엇보다 중요하게 작용한다.

③ 공무원 보수는 대내적으로 개인 간 공정한 차등을 두어야 한다. 즉, 차이가 있는 것은 그 차이만큼 차별화하고, 차이가 없을 때는 동일한 보수를 보장할 때 보수에 대한 불만을 없애고 적극적인 근무의욕을 고취시킬 수 있는 최소한의 여건을 조성해야 한다.

④ 보수가 생산성 증대에 기여할 수 있도록 관리 · 운용되어야 한다.

⑤ 국가공무원법에서의 기준

   ㉠ 공무원의 보수는 직무의 곤란성과 책임의 정도에 맞도록 계급별 · 직위별 또는 직무등급별로 정한다.

   ㉡ 공무원의 보수는 일반의 표준 생계비, 물가 수준, 그 밖의 사정을 고려하여 정하되, 민간부문의 임금 수준과 적절한 균형을 유지하도록 노력하여야 한다.

(2) 보수결정의 영향요인

① 경제적 요인: 정부에서 보수수준의 상한선을 결정할 때 고려하는 요인으로는 인건비 지불능력, 자원배분정책, 물가수준(거시경제정책) 등이 있다.

② 사회 · 윤리적 요인: 정부에서 보수수준의 하한선을 결정할 때 고려하는 요인으로 정부는 직무의 경제적 가치나 공무원의 책임수준에 관계없이 보장되어야 할 보수의 하한선을 직접 챙겨주어야 하는 사회윤리적 책임을 진다.

③ 부가적 요인: 공무원이 보수 외에 받게 되는 추가적인 편익과 특혜를 의미하는 부가적 요인(연금, 휴가, 신분보장, 복지제도 등)이다.

④ 정책적 요인: 보수를 공무원의 근무의욕과 행정능률의 향상을 위한 동기부여 수단으로 활용한다.

3. 보수체계의 관리(보수표 작성)

임금조사와 생계비, 기타 보수 관련 요소를 고려하여 공무원 보수의 일반수준을 정하고 보수표를 작성해야 한다. 보수표는 보수행정의 체계화 · 표준화를 가능하게 하고, 인건비 예산편성을 용이하게 하며, 공무원으로 하여금 장래의 봉급에 대한 예측을 알 수 있게 함으로써 심리적 안정감을 갖게 한다. 보수표는 작성 시 다음과 같은 사항에 유의해야 한다.

(1) 임금곡선과 보수정책선: 개별 공무원의 보수수준을 합리적으로 결정하기 위해서는 직무분석 · 평가와 더불어 임금조사가 실시되어 있어야 한다. 직무평가를 통해 이미 모든 직무에 대한 점수가 계산된다(점수법과 요소비교법). 개별 공무원의 보수수준은 직무평가의 결과와 임금조사 결과를 서로 결합시켜 직무의 가치를 계산하여 나타낸다.

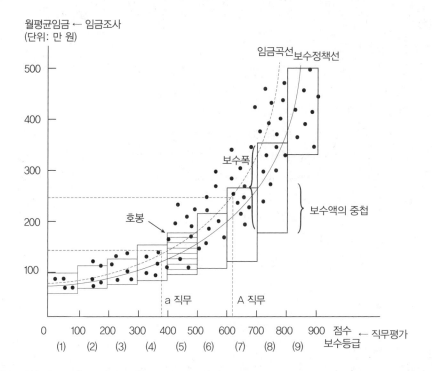

> 비기준직무의 임금 평가: 직무평가에서 630점에 해당하는 기준직무 A는 민간부문에서 월평균 260만 원의 임금을 받고 있음을 나타내고 있다. 이 임금곡선을 통해서 기준직무에 포함되지 않은 비기준직무에 대한 임금도 평가할 수 있게 된다. 예를 들어, 비기준직무 a는 직무평가에서 390점을 받았고 이때 임금수준은 월평균 150만 원임을 알 수 있다.

(2) 보수등급(Wage Grade)

① 그림 X축의 보수등급은 보수의 내적 공정성을 반영하는 중요한 지표이다. 어렵고 힘든 일을 하는 사람에게는 그만큼 높은 보상을 하는 것이 공정하다고 할 수 있다.

② 보수등급은 직무평가를 이용한 등급이기 때문에 승진의 단계이며 계급제 하에서는 신분을 대변하는 것이기도 하다.

③ 등급을 몇 개로 하는 것이 적당한가는 보수의 공정성뿐만 아니라 인사관리상의 여러 문제를 동시에 고려하여 결정하여야 한다(직위분류제 국가는 등급 수가 많고, 계급제 국가는 등급 수가 적은 편).

(3) 보수폭과 호봉

① 동일등급 내에서의 최고와 최저의 보수 수준 차이를 보수의 폭이라 한다.

② 보수의 폭은 고위직으로 올라갈수록 넓은 것이 일반적이다. 하위직은 직무의 내용이 일상적이고 반복적인 반면에 관리직 이상 고위직으로 올라갈수록 책임의 정도나 조직의 생산성에 미치는 영향이 크기 때문이다.

③ 보수폭은 등급에서 소화하지 못한 직무 이외의 다른 요소에 대한 가치를 반영하게 된다.

④ 보수폭은 이들 요소의 차이 정도에 따라 몇 단계로 다시 나누게 된다. 이렇게 나눈 하나하나를 호봉(號俸, Pay Step)이라 한다.

(4) 등급 간 보수액의 중첩

① 등급의 보수폭 상단이 바로 상위등급의 보수폭 하단과 일부 겹치는 것이다.

② 한 등급에서 일정기간 이상 장기근속한 경력공무원에 대하여 바로 상위등급에 임용된 상대적으로 경력이 낮은 공무원보다 더 큰 보상을 해주는 것으로, 오랫동안 한 등급에서 경력을 쌓아 온 사람의 조직에 대한 기여도를 인정한다.

③ 보수폭의 중복은 등급 승진에 대한 지나친 경쟁과 집착을 완화시킬 수 있다.

④ 중첩이 지나친 경우는 등급 구분의 의미가 상실되어 승진의 동기부여 효과를 저해할 가능성이 높다.

(5) 보수표 작성
보수표는 지금까지의 결정내용을 토대로 하여 한 축에 등급(계급)을 다른 한 축에 호봉*을 표시하여 각각의 등급과 호봉에 해당하는 보수액을 체계적으로 정리해 놓은 표를 말한다. 보수표를 통해서 공무원은 본인에 해당하는 보수액이 얼마인지, 승진이나 승급이 되면 현재보다 얼마의 보수가 인상되는지, 그리고 다른 사람과 비교하여 상대적으로 얼마나 받고 있는지를 일목요연하게 확인할 수 있다.

[일반직 공무원과 일반직에 준하는 특정직 및 별정직 공무원 등의 봉급표]

(월지급액, 단위: 원)

계급·직무등급 / 호봉	1급	2급	3급	4급·6등급	5급·5등급	6급·4등급	7급·3등급	8급·2등급	9급·1등급
1	4,122,900	3,711,600	3,348,600	2,870,000	2,564,700	2,115,800	1,898,700	1,692,800	1,659,500
2	4,267,400	3,849,300	3,472,500	2,987,200	2,668,400	2,214,200	1,985,300	1,775,100	1,682,300
3	4,415,600	3,988,800	3,600,100	3,106,300	2,776,000	2,315,800	2,077,000	1,861,800	1,720,400
4	4,567,100	4,129,700	3,728,600	3,228,200	2,887,800	2,419,500	2,173,400	1,950,300	1,773,600
⋮					⋮				
23	7,085,000	6,413,700	5,815,700	5,140,600	4,680,400	4,047,900	3,674,400	3,312,400	3,27,700
29					4,940,500	4,305,200	3,919,200	3,546,500	3,245,400
30					4,973,900	4,338,600	3,951,300	3,577,700	3,274,800
31						4,369,600	3,981,500	3,608,000	3,303,700
32						4,398,900			

(6) 보수곡선

① 봉급표 작성에서 호봉 간, 등급 간 급여차를 표시한 것이다.

② 일반적으로 공무원의 보수곡선은 고급공무원을 우대하는 J곡선의 형태를 취한다. J곡선은 고위직으로 갈수록 보수가 급격히 높아지는 상후하박(上厚下薄)의 보수구조를 의미한다(승진유인 및 장기근속 유도).

③ 우리나라의 경우 민간기업이나 외국에 비해 공무원 보수의 상하 간 격차가 적은 편이다. 즉, 우리나라 공무원의 보수는 미국이나 민간기업에 비해 하후상박(下厚上薄)의 구조를 지닌다.

---

* **호봉**
호봉은 봉급의 호수를 말한다. 상위호봉으로의 이동을 승급이라 하여 등급의 수직적 이동인 승진과 구분한다. 승급의 가장 큰 기준은 근무연수를 꼽는다. 여기에는 장기간의 근무를 보상함으로써 장기근속을 유도하고, 부양가족이나 교육비 등의 생계비 상승을 고려해 줄 수 있고, 직무수행능력과 어느 정도 상관성을 반영할 수 있다. 또한 근무기간은 객관적이기 때문에 다른 기준에 의한 자의적 승급을 막을 수 있고, 선임자를 우대함으로써 조직의 안정에 기여할 수 있다는 장점이 있다. 우리나라에서는 근무연수를 원칙으로 하고(1년), 근무성적불량자에 대한 승급기간의 연장이나 우수 제안 채택자에 대한 특별승급을 예외적으로 적용하고 있다.

(7) 보수관리기관

① 직위분류제 국가: 중앙인사기관이 보수관리를 담당

② 계급제 국가: 중앙예산기관이 보수관리를 담당

③ 우리나라: 중앙인사기관인 인사혁신처가 처우개선을 담당하되, 중앙예산기관(기획재정부)과 협의하여 결정

4. 보수의 구성

(1) 실질적 구성: 보수의 실질적인 지급항목을 보면 기본급과 부가급으로 구성된다. 우리나라에서는 법적으로 봉급과 수당이라는 용어를 각각 사용한다.

① 기본급: 공무원의 자격 · 능력 · 학력 · 연령 · 근속연한 · 등급 · 직무의 양과 질 등 다양한 기준에 의해 결정되는 보수구성의 핵심부분으로서 각종 수당이나 연금 등 다른 보수항목의 산정기준이 된다. 즉, 기본급은 임금체계를 대표하는 근간으로서 보수관리는 기본급을 중심으로 이루어지게 된다.

② 부가급: 기본급을 보완하는 것으로 수당과 상여금을 포함한다. 성과상여금은 남들보다 특별히 우수한 성과를 거둔 경우 이를 보상하기 위해 지급하는 추가급이다. 보너스가 대표적인 예이다. 우리나라 공무원의 보수구조는 연봉제가 적용되느냐 호봉제가 적용되느냐에 따라 크게 둘로 나뉜다. 연봉제는 5급(과장보직), 4급(전체) 이상 공무원, 호봉제는 비과장급 5급 이하(총경 · 소방정 이상)에 적용된다. 연봉제에서는 연봉이 기본급의 유사개념이라 할 수 있다. 성과상여금은 호봉제의 적용을 받는 공무원에게 지급한다(5급 비과장급 이하).

(2) 이론적 구성(보수구성의 결정기준)

보수원칙	보수결정기준	보수유형
생활보장의 원칙	생계비	생활급
	연령, 근무연수	연공급
노동대가의 원칙	직무의 종류와 곤란도(투입)	직무급
	직무수행능력(숙련도)	직능급
	근무성적(산출)	실적급

① 생활급: 공무원과 그 가족의 기본적인 생활 내지 생계유지에 필요한 경비를 중심으로 보수를 결정하는 것이다. 따라서 생활급은 지출과 상관성이 높은 연령이나 가족상황, 특히 교육비 지출을 요하는 자녀 수를 고려하게 된다(계급제).

② 연공급(Seniority-Based Pay)

㉠ 연공급은 근속연수 · 연령 · 경력 · 학력 등 속인적 요소의 차이에 따라 보수에 격차를 두는 보수체계이다. 이들 요소에 대한 속성이 강할수록 공무원의 가치가 높다는 전제 하에 보수가 높아진다. 근속연수만을 기준으로 하는 경우 근속급이라는 용어를 사용한다.

㉡ 연공급은 생애주기로 보아 나이가 많을수록 부양가족이 늘고 그만큼 지출도 많아지기 때문에 생활급과도 밀접한 관련을 가지고 있다.

③ 직능급(Skill-Based Pay)

㉠ 공무원의 직무수행능력을 측정하여 그 능력이 우수할수록 보수를 우대하는 보수체계이다. 직무수행능력은 본인이 담당하고 있는 구체적인 직무에 관한 것이다. 따라서 직무가 요구하는 지식과 기술을 분명히 하고 사람이 실제 그러한 지식과 기술을 얼마나 습득하고 있고 실제 능력을 발휘하고 있는지에 대한 평가가 이루어져야 한다.

㉡ 직능급은 직무를 기준으로 한 속직급과 사람을 중심으로 한 속인급의 혼합상태로서 '직무를 전제로 한 사람에 대한 보수'로 '동일직무 수행능력에 대한 동일보수'의 원칙을 반영한 것이다.

④ 직무급(Job-Based Pay)

㉠ 직무급은 직무의 난이도와 책임의 정도에 따라 직무의 가치를 결정하고 그 가치를 보수와 연결시킨 보수체계이다. 직무급을 도입하기 위해서는 직무분석과 직무평가를 실시하여 각 직무에 대한 상대적 가치를 평가하는 것이 선행되어야 한다. 동일직무를 수행하는 경우 동일보수의 원칙을 적용하여 보수의 공정성을 기하기 위해서이다.

㉡ 순수한 직무급에서는 동일등급에 단일보수액을 적용하여 보수인상은 상위등급으로의 승진에 의해서만 기대할 수 있도록 하는 것이다.

⑤ 실적급(Merit Pay)

㉠ 실적급은 개인의 실제 근무실적과 보수를 연결시킨 것이다. 실제 개인이 실현시킨 직무수행의 산출결과를 보수기준으로 삼는다는 점에서 개인의 투입측면인 연공이나 능력요소를 기준으로 삼는 것과 차이가 있다.

㉡ 실적급은 근무실적과 보수를 연계시킴으로써 근로자의 동기를 유발시킬 수 있다는 점이 가장 큰 장점이라 할 수 있다.

(3) 우리나라의 보수: 종합결정급

우리나라 보수체계는 여러 가지 유형이 복합적으로 반영된 종합결정급 형태로 볼 수 있다. 종합결정급이란 어느 하나의 기준에 따르기보다는 현재의 보수체계나 인사제도 등을 감안하여 각 기준에 적절한 가중치를 두어 이를 하나의 보수체계에 통합하는 것이라 할 수 있다. 즉, 보수의 결정기준으로 생계비, 연공, 직무수행능력, 직무, 실적 등을 종합적으로 검토하여 결정한다.

개념더하기 ▶ 기타 보수제도

1. 총액인건비제(행정안전부장관이 관리)

(1) 중앙행정기관의 조직 및 정원 운영의 자율성을 보장하고 합리화를 도모하기 위하여 행정안전부장관이 지정하는 중앙행정기관(국립대학을 포함한다)의 성부 중앙행정기관별 인건비 총액의 범위 안에서 조직 또는 정원을 운영하는 총액인건비제를 운영할 수 있다.

(2) 행정안전부장관은 총액인건비제를 운영하는 중앙행정기관의 조직 및 정원의 운영실태를 점검하여 그 적정성 및 타당성 등에 대한 평가를 실시하고, 그 결과를 기획재정부장관과 협의하여 해당 기관의 다음 연도 총액인건비에 반영되도록 하는 등 필요한 조치를 하여야 한다.

(3) 장·단점
  ① 장점: 기관운영의 자율성 제고, 성과와 보상의 연계 강화, 자율과 책임의 조화
  ② 단점: 자율성에 따른 도덕적 해이, 상위직 증설로 인한 직급 인플레이션 초래, 총액인건비 산정의 기술적 어려움

2. 임금피크제(Pay Peak)

(1) 개념: 정년까지 연공서열에 따라 지속적으로 임금이 상승하는 연공급과는 달리 생계비가 가장 많이 드는 중장년기에 가장 많은 보수를 지급하고 일정 연령이 지나면 보수를 감소시키는 대신 정년을 보장해주는 제도이다.

(2) 효용
  ① 생계비와 임금의 유기적 연계성 확보

② 정부 재정부담 경감
③ 조직의 신진대사 촉진
④ 고용안정 효과(임금피크제로 정년 연장)
(3) 한계
① 직무와 성과중심의 보수체계가 충돌할 수 있음
② 전 직급에 획일적으로 적용하기 어려움
③ 보수체계 및 연금제도 전반의 개편을 요구한다는 점에서 시행상 어려움 존재
④ 정년 연장의 도구로 악용될 소지가 있음

개념더하기 ▶ 성과급과 연봉제

1. 성과급

(1) 의의와 유형: 성과급(Piece Wage)은 개인이나 집단이 달성한 근로의 성과를 측정하여 그 결과에 따라 보수를 차등적으로 지급하는 방식이다.

① 개인성과급

ㄱ 개념: 개인성과급의 대표적인 예는 생산라인에서 생산량 1단위당 임금률에 성과(생산량)만큼 곱해 임금을 지급하는 경우이다. 임금률을 정하지 않고 판매액의 일정 비율을 임금으로 지급하는 커미션방식도 있으나, 근로자의 수입이 성과에 의존하기 때문에 불안정하다는 단점이 있다. 이런 이유로 대부분의 경우 성과에 관계없이 고정급을 지급하고 기준을 초과한 양에 대하여 성과급을 적용하게 된다(보너스 지급형태).

ㄴ 단점: 개인성과급은 상호협조와 공동노력에 의한 조직기여도를 약화시킬 가능성이 높다. 성과급과 연결된 개인의 목표에만 너무 집착하기 때문에 협동노력에 의한 조직 전체의 거시적 목표달성을 소홀히 하기 쉽다. 특히 상대적 평가를 통해 그중에서 가장 우수한 사람에게 성과급이 지급되는 경우에는 소수의 승리자를 위해 다수의 패배자를 만들어 다수의 사기를 저하시키는 결과를 초래하기 쉽다.

② 집단성과급: 집단성과급은 어떠한 성과가 개인의 노력이기보다 집단의 협동노력이라는 전제 하에 성과의 측정단위를 집단으로 한다. 집단성과가 금전적 보상과 연결되기 때문에 동기부여의 효과가 있고 개인주의보다 집단 공동체의식의 제고를 기대할 수 있다. 다만 집단 내 개인 간의 차별성을 구분하지 않기 때문에 무임승차의 동기가 생길 가능성이 높다.

(2) 우리나라 공무원 성과급제도

① 성과연봉제: 성과연봉제, 5급 과장급 이상이 적용대상이다.

② 성과상여금제: 성과상여금제도는 5급 비과장급 이하에 적용되며 근무실적이 우수한 공무원에게 계급별 기준 봉급액의 일정비율에 해당하는 성과상여금을 4단계로 차등하여 지급하는 제도이다(수당).

2. 연봉제

(1) 개념: 호봉제에 대응되는 개념으로, 개인의 능력, 실적, 공헌도에 대한 평가를 바탕으로 연단위의 계약에 의해 임금액이 결정되는 능력 중시형 임금 지급체계로 상위직에 적합하다.

(2) 특징

① 연봉제는 기본급, 상여금, 수당 등의 세분화된 항목 없이 연봉액을 1년 단위로 책정하여 12개월로 나누어 매월 지급하는 것이 원칙이다.

② 연봉제는 성과급제와 결합가능성이 높다.

(3) 우리나라의 연봉제

구분	연봉제의 구분 및 적용대상 공무원 구분표
	적용대상 공무원
고정급적 연봉제 (기본연봉만 지급)	정무직 공무원(대통령, 국무총리, 부총리 및 감사원장, 장관 및 장관급에 준하는 공무원, 인사혁신처장, 법제처장, 국가보훈처장 및 식품의약품안전처장, 차관 및 차관급에 준하는 공무원)
성과급적 연봉제 (기본연봉+성과급)	1급부터 5급까지 또는 1급 상당 공무원부터 5급 상당 공무원까지[5급(상당) 공무원에 대해서는 과장급 직위에 임용된 경우만 해당한다]
	• 치안정감부터 경정까지에 해당하는 경찰공무원 • 소방정감부터 소방령까지에 해당하는 소방공무원
	국립대학의 교원(국립대학의 장은 제외한다)
	임기제 공무원(한시임기제 공무원은 제외한다)
직무성과급적 연봉제 [기본연봉(직무급)+성과급]	• 고위공무원단에 속하는 공무원 • 매우 우수 등급(성과연봉 기준액의 18퍼센트), 우수 등급(성과연봉 기준액의 12퍼센트), 보통 등급(성과연봉 기준액의 8퍼센트)에 해당하는 금액을 지급하고, 미흡 및 매우 미흡 등급에 해당하는 인원에 대해서는 성과연봉을 지급하지 아니한다.

2 공무원연금

1. 의의

(1) 개념: 연금이란 공무원의 노령 · 퇴직 · 질병 · 부상 · 사망 등에 대하여 상실된 소득을 보충해 주고자 공무원이나 그 가족에게 지급되는 금전적 보상을 말한다.

(2) 연금의 본질

① **공로보상설(은혜설)**: 재임 기간 공로를 보상한다는 입장으로 공무원이 기여금을 납부하지 않으며, 국가가 전액부담한다(독일, 영국).

② **거치보수설(보수후불설)**: 유보된 보수를 나중에 지급한다는 입장이다(미국, 우리나라). 이때 퇴직연금은 공무원의 당연한 권리이고, 일반적 통설이다.

③ **생활보장설**: 퇴직 후 생활을 보장하기 위해 지급한다.

2. 연금의 조성방식

(1) 기여제: 정부와 공무원이 공동으로 연금을 부담하는 방식(미국, 우리나라)

(2) 비기여제: 정부가 전액 연금을 부담하는 방식(영국)

3. 연금 운용방식

(1) 기금제: 연금사업에 들어가는 재원을 조달하기 위해 기금을 조성하고 운용하는 제도이다(미국, 우리나라). 비교적 연금 급여의 지속적 지급을 보장할 수 있으나, 연금제도의 개시비용 부담이 크고, 물가인상이 심할 경우 기금가치가 하락, 연금 관리비용이 많이 든다.

(2) 비기금제: 연금지급의 재원을 국가의 일반세입금 중에서 퇴직연금 지출용도로 확보하여 충당하는 제도로 별도의 기금을 마련하지 않고, 국가의 세출예산으로 연금을 지급하기 때문에 출발비용과 운용 · 관리비용이 적게 발생한다(영국, 프랑스, 독일).

4. 우리나라의 연금제도

(1) 도입 취지: 공무원이 20년 이상 성실히 근무하고 퇴직하거나 공무상 질병·부상으로 퇴직 또는 사망한 때에 연금 또는 일시금을 지급하여, 공무원과 그 유족의 노후 소득보장을 도모하는 한편, 장기재직과 직무충실을 유도하기 위한 인사정책적 차원에서 도입하였다.

(2) 연혁

① 1960년 공무원연금법의 제정으로 처음 실시되었다.

② 시행초기 총무처 장관이 관장했으며, 공무원연금 특별회계로 운영되었다.

③ 현재 공무원연금제도의 운영에 관한 사항은 인사혁신처장이 맡아서 주관하며, 그 집행은 공무원연금공단에서 공무원연기금을 통해 운영되고 있다.

(3) 공무원 연금법 적용대상: 국가공무원 및 지방공무원법에 의한 공무원(정규공무원), 기타 다른 법률에 따라 국가 또는 지방자치단체에 근무하는 직원[정규공무원 외의 직원(청원경찰 및 청원산림보호직원 등)]

(4) 공무원 연금법 적용제외: 군인, 선거직 공무원(대통령, 국회의원, 자치단체장, 지방의회의원), 공무원 임용 전의 수습기간 및 견습직원, 기간제 교사 등

(5) 재정체계

① **기준소득월액:** 기여금 및 급여 산정의 기준이 되는 것으로 일정 기간 재직하고 얻은 소득에서 비과세 소득을 제외한 금액의 연지급합계액을 12개월로 평균한 금액을 말한다.

② **평균기준소득월액:** 재직기간 중 매년 기준소득월액을 공무원 보수인상률 등을 고려하여 대통령령으로 정하는 바에 따라 급여의 사유가 발생한 날의 현재가치로 환산한후 합한 금액을 재직기간으로 나눈 금액을 말한다.

③ **공무원 기여금:** 공무원으로 임용된 날이 속하는 달로부터 퇴직한 전날 또는 사망한 날이 속하는 달까지 매월 납부하는 금액(기준소득월액의 9% 단계적 상향조정)

④ **정부 부담금:** 연금급여에 소요되는 비용으로 국가 또는 지방자치단체가 부담하는 금액(보수예산의 9% 단계적 상향조정)

⑤ **연금지급액:** 전 재직기간 평균기준소득월액×재직기간×지급률(1.9% 단계적 하향)

(6) 연금의 종류: 장기급여 15종과 단기급여 3종 등 급여의 종류를 18가지로 구분하고 있다.

① 단기급여

㉠ 공무상요양비

㉡ 재해부조금

㉢ 사망조위금

② 장기급여

㉠ 퇴직급여

• 퇴직연금(10년 이상 근무하고 퇴직 시 지급)

• 퇴직연금일시금(퇴직연금 해당자가 연금을 일시불로 지급받고자 할 때)

• 퇴직연금공제일시금(퇴직연금 해당자가 퇴직연금 일부에 대해 일시금으로 지급받고자 할 때)

• 퇴직일시금(10년 미만 재직하고 퇴직한 때)

㉡ 장해급여

• 장해연금(질병 또는 부상에 대한 연금)

• 장해보상금(장애연금 해당자가 연금을 일시불로 지급받고자 할 때)

ⓒ 유족급여
- 유족연금
- 유족연금부가금
- 유족연금특별부가금
- 유족연금일시금
- 유족일시금
- 유족보상금
- 순직유족연금
- 순직유족보상금
- 퇴직수당(정부가 전액 조성): 공무원이 10년 이상 재직하고 퇴직 또는 사망한 경우

[공무원연금법 주요 개정 내용]

구분	종전	개정
기여율(공무원) 부담률(정부) 인상	기준소득 월액 7%	• 기준소득 월액 9%(2020년까지 단계적 조정) • 2016년(8%), 2017년(8.25%), 2018년(8.5%), 2019년(8.75%), 2020(9%)
연금지급률 인하	재직기간 1년당 1.9%	• 재직기간 1년당 1.7%(2035년까지 단계적 인하) • 2016년(1.878%), 2020년(1.79%), 2025년(1.74%), 2035년(1.7%)
소득 재분배 요소 도입	없음	연금지급률 1.7% 중 1%에 소득 재분배요소 도입

임용시기 구분 없이 65세로 단계적 연장

퇴직 연도	지급개시연령
2016~2021년	60세
2022~2023년	61세
2024~2026년	62세
2027~2029년	63세
2030~2032년	64세
2033년 이후	65세

> 1995년 12월 31일 이전 임용자는 종전 규정 적용

구분	종전	개정
연금지급 개시 연령 연장	• 2009년 이전 임용자 60세 지급 • 2010년 이후 임용자 65세 지급	(위 표 참조)
유족연금 지급률 인하	• 2009년 이신 임봉사 70% • 2010년 이후 임용자 60%	모든 재직자 및 퇴직·장해연금 수급자 포함 60% 적용(개정법 시행 이후 유족연금 사유발생자부터 기존 유족연금 수급자는 종전 지급률 유지)
연금액 한시 동결	매년 소비자 물가 지수에 따라 연금액 조정	향후 5년간 연금액 동결(2016년부터 2020년까지 기존 연금 수급자 및 2016~2019년 퇴직자 동일 적용)
기준소득 월액 상한 하향 조정	전체 공무원 기준소득월액 평균액의 1.8배	전체 공무원 기준소득 월액 평균액의 1.6배로 하향 조정

			공무원으로 재임용 시
연금지급 정지 제도 강화	전액 정지	공무원의 재임용 시	선거직 및 정부전액출자, 출연기관에 재취업한 고소득자도 연금 전액 정지
	일부 정지	소득심사 기준 근로자평균 임금월액 적용	소득심사기준 평균연금월액 적용
		부동산 임대 소득 제외	부동산 임대소득 포함
분할연금 제도 도입	없음		이혼 시 혼인 기간에 해당하는 연금액의 1/2을 배우자에게 지급(공무원 재직 중 혼인 기간이 5년 이상인 경우, 2016. 1. 1. 이혼한 경우) ≫ 당사자 간 협의 또는 법원 결정을 우선 적용
비공무상 장해연금 신설	없음		비공무상 장애로 퇴직 시 지급(공무상 장해연금의 1/2 수준)
연금수급요건 조성	20년 이상 재직		10년 이상 재직
재직기간 상한 연장	최대 33년까지 인정(기여금 납부 및 퇴직급여 산정 재직기간)		최대 36년까지 단계적 연장(재직기간 21년 미만부터 단계적 연장)

개정법 시행 당시 재직기간	재직기간 상한
21년 이상	33년
17년 이상 21년 미만	34년
15년 이상 17년 미만	35년
15년 미만	36년

최저생계비 이하 연금 압류 금지 신설	없음	연금액 중 월 150만 원 압류 금지(민사집행법상 압류가 금지되는 최소한의 생계비 기준)
공무상 유족 연금 및 유족보상금 지급요건 개선	공무상 질병 또는 부상으로 퇴직 후 3년 이내 사망	공무상 질병 또는 부상으로 퇴직 후 사망

> **개념더하기** 　 연금지급 제한(공무원 연금법)

1. 고의 또는 중과실 등에 의한 급여의 제한(제63조)
   급여를 받을 수 있는 자가 고의로 질병 · 부상 · 장애 또는 재해를 발생하게 한 경우 등

2. 진단 불응 시 급여의 제한(제64조)
   급여의 지급에 관하여 진단을 받아야 할 경우에 정당한 사유 없이 진단을 받지 아니할 때에는 급여의 일부를 지급하지 아니할 수 있다.

3. 금품 및 향응 수수, 공금횡령 유용 등으로 징계 해임된 경우(제65조 제1항 3호)
   (1) 퇴직급여: 재직기간 5년 미만인 자는 1/8 감액 지급하고 5년 이상인 자는 1/4 감액 지급
   (2) 퇴직수당: 1/4 감액 지급

4. 형벌, 징계 등에 의한 급여의 제한(제65조)
   금고 이상의 형을 받았거나 탄핵 또는 징계에 의하여 파면된 경우
   (1) 퇴직급여: 5년 미만 재직자는 1/4 감액, 5년 이상 재직자 1/2 감액
   (2) 퇴직수당: 1/2 감액 지급

1 공무원단체

1. 의의

(1) 개념: 공무원단체는 공무원의 권리나 근로조건의 유지, 개선, 복지증진, 기타 경제·사회적 이익향상을 목적으로 조직되어 넓게는 공익집단, 비공식집단, 자생집단까지 포함하나, 일반적으로 공무원 노동조합을 의미한다.

2. 공무원노조의 기능과 한계

(1) 기능

① 관리의 민주성과 효율성

㉠ 공무원 노조는 부당한 정치적 정실인사를 배제시키는 데 기여할 수 있다. 정실인사뿐만 아니라 자의적인 인사조치도 노조 전체의 힘을 통해 적극적으로 대응할 수 있다(실적주의 강화).

㉡ 노조는 인사뿐만 아니라 정책결정이나 예산집행 등 관리상의 잘못에 대하여도 시정을 촉구하는 동기가 발생한다. 노조활동이 국민의 지지를 확보해야 협상의 힘을 얻을 수 있기 때문이다(부패 근절 및 자성의 목소리).

㉢ 노조는 행정의 투명성을 높임으로써 밀실에서 은밀하게 이루어지는 부정과 비효율을 방지하는 데 기여할 것이다.

㉣ 노조는 갈등해소에도 기여할 수 있다. 노사 간 공개적인 논쟁과정을 통해 모든 불만과 의견을 솔직하게 교환함으로써 서로를 이해하고 건설적인 방향으로 협조관계를 이끌 수 있다.

② **공무원의 권익보호**

㉠ 노동조합은 개별적으로는 권한과 책임이 낮지만 다수가 집약된 의견으로 행동을 취함으로써 조직의 생존에 대한 영향력을 높이게 되어 사용자와 대등한 위치를 확보할 수 있다(권익침해 방지).

㉡ 현재의 낮은 임금수준과 열악한 근무조건을 개선시키는 효과를 가져올 수 있다.

③ 기타 기능

㉠ 공무원단체 활동은 구성원들의 귀속감과 일체감 형성에 도움을 주기 때문에 하위직 공무원들의 사기진작에 긍정적 영향을 미친다.

㉡ 공무원도 공무원이기 이전에 국민이가, 노동자이므로 노동권을 보장함으로 기본권신장에 기여한다.

㉢ 공무원노조는 자신의 업무에 대한 자부심 고취로 전문직업 윤리의식 확립에 기여한다.

(2) 한계

① 공무원 지위의 한계

⊙ 공무원은 전체 국민에 대한 봉사자이다. 그런데 노조를 허용하게 되면 자신들의 집단이익을 위해 무리한 요구를 할 수 있으며 이를 실현시키기 위해 행동하다 보면 공익을 해치는 결과를 초래하기 쉽다.

ⓛ 노동조합의 경우 정치세력화 할 가능성을 항상 가지고 있다. 정부 측에서 사용자로 나서는 집단과의 협상에서 이들은 제한된 협상권한으로 인해 항상 한계가 있기 마련이다. 따라서 정치권과 협상에 나설 위험성이 있다(정치적 중립의 저해).

ⓒ 고위정책결정자와 하위정책집행자 사이에 추구하는 이익이 다를 수 없다. 따라서 이들을 인위적으로 사용자와 노동자 집단으로 이원화하여 문제를 접근하는 자체가 국민주권의 개념을 근원적으로 파괴하는 것이라고 주장한다.

ⓔ 사용자를 대표하는 기관책임자도 노조 측의 주장에 대응하여 공익의 입장을 끝까지 견지하기보다는 재임 중 노조 측과 트러블 없이 원만한 협조관계를 이끌어 내기 위하여 노조 측에 쉽게 양보할 동기가 발생할 수 있다.

② **직무의 공공성**: 정부가 수행하는 직무는 국가의 기능유지와 국민의 생활유지에 필수적인 것이어서 이러한 직무의 수행이 중단되는 경우 국익에 중대한 해를 가져올 수 있다.

③ **관리상의 비효율성**

⊙ 공무원에 노조가 있음으로써 오히려 관리의 비효율성이 초래된다. 즉, 조직의 목표달성이라는 차원보다는 권익보호를 우선 생각하게 되어 외부에서의 개방형 충원을 반대하고, 연공서열에 의한 안전한 승진의 보장을 선호하게 된다.

ⓛ 실적주의와 경쟁원리를 적용하지 못함으로써 무능력하고 나태한 공무원이 공직에 그대로 남아 있을 수 있고 능력 있는 공무원은 공직을 떠나거나 사기가 떨어지게 되어 공직 전체의 역량이 약화되는 결과를 가져올 수 있다.

ⓒ 기구축소나 개편으로 인해 인원감축이 필수적인 경우에도 신분상의 불이익 때문에 이를 반대하기 쉽다.

3. 공무원노조의 활동 내용

(1) 단결권

① 공무원의 근무조건을 유지·향상시키기 위하여 단체를 구성할 수 있는 권리를 말한다.

② 국제노동기구(ILO)헌장에 의하여 체결된 조약 제87호(결사의 자유 및 단결권의 옹호에 관한 조약)에서 군대와 경찰을 제외하고 누구나 단결권의 제한을 받지 않는다는 규정에 따라 대부분의 국가에서 공무원의 단결권을 인정하고 있다.

(2) 단체교섭권

① 단체교섭(Collective Bargaining)이란 근로자 대표로서의 노동조합과 사용자 측의 양당사자가 근로자의 근로조건에 대하여 합의를 도출해 가는 협상과정이므로 노사관계의 핵심이라 할 수 있다.

② 공무원노조에 가장 일반적으로 허용되는 협상항목은 근무조건, 고충처리, 노조의 활동에 대한 규정이다. 근무조건에는 근무시간, 휴식시간, 주차공간, 근무환경 등이 포함된다.

(3) 단체행동권(쟁의행위)

① 단체교섭이 결렬되었을 때 파업·태업 등 실력행사를 할 수 있는 권리로, 실력행사는 노사양측이 모두 감행할 수 있다. 사용자측은 직장폐쇄의 수단이 있고 노조 측은 파업·태업·피케팅·보이콧의 수단이 있다.

② 공공업무를 수행하는 특수성을 지닌 공무원들의 파업은 공익을 침해할 수 있다는 우려 때문에 극소수의 국가를 제외하고는 대부분 제한되고 있다.

③ 국가공무원법 제66조(집단 행위의 금지): 공무원은 노동운동, 기타 공무 이외의 일을 위한 집단적 행위를 하여서는 아니 된다. 다만, 사실상 노무에 종사하는 공무원은 예외로 한다.

4. 우리나라 공무원단체의 변천과정

(1) **제헌헌법 제18조**: 공사 구분 없이 노동자의 단결권과 단체교섭권, 단체행동권의 자유를 법률의 범위 내에서 보장하도록 한다.

(2) **1962년 5차 헌법 개정**: 공무원의 경우 법률로 인정된 자를 제외하고는 단결권과 단체교섭권, 단체행동권을 가질 수 없도록 금지하였다(원칙 금지, 예외 허용).

(3) **현행 헌법 제33조**: 근로자는 근로조건의 향상을 위하여 자주적인 단결권·단체교섭권 및 단체행동권을 가진다. 공무원인 근로자는 법률이 정하는 자에 한하여 단결권·단체교섭권 및 단체행동권을 가진다(원칙 허용, 예외 제한).

(4) **공무원직장협의회의 설립·운영에 관한 법률(1999년 1월)**: 6급 이하 일반직 공무원 등이 직장협의회를 설립할 수 있도록 허용하였다(노조는 아님).

(5) **교원의 노동조합 설립 및 운영 등에 관한 법률(1999년 7월)**: 국·공립, 사립학교 교원들이 노동조합을 설립할 수 있도록 허용하였다.

(6) **공무원의 노동조합 설립 및 운영 등에 관한 법률(2006년 1월)**: 6급 이하 일반직 공무원 등이 노조를 결성할 수 있도록 법적 근거를 마련하였다.

5. 우리나라 공무원노조의 종류

(1) **현업관서 노조[국가공무원 복무규정(대통령령) 제28조]**: '사실상 노무에 종사하는 공무원'이라 함은 과학기술정보통신부 소속의 현업기관의 작업 현장에서 노무에 종사하는 우정직 공무원들을 말한다. 현재 체신노조(우체국 집배원 등)가 유일하다. 이들에 대해서는 단결권, 단체교섭권, 단체행동권 등 노동3권이 인정된다. 다만, 노동3권이 인정되므로 일반직 공무원과 달리 공무원직장협의회에는 가입할 수 없다.

(2) **교원노조(교원의 노동조합 설립 및 운영 등에 관한 법률)**: 교원은 시·도 및 전국 단위로 노조설립이 가능하며 학교단위로의 설립은 금지된다. 교원의 경우 본 법에 의해 단결권 및 단체교섭권은 인정되나, 단체행동 및 정치활동이 금지된다.

(3) **일반직 노조(공무원의 노동조합 설립 및 운영 등에 관한 법률)**: 국가공무원법상 공무원과 지방공무원법상 공무원은 이 법의 적용을 받고, 사실상 노무에 종사하는 공무원과 교원은 이 법의 적용을 받지 않는다.

6. 우리나라 공무원단체의 활동(일반직 노조를 중심으로) – 공무원의 노동조합 설립 및 운영 등에 관한 법률

(1) 단결권(노동조합의 설립)(제5조)

① **설립단위**: 공무원 노동조합은 국회·법원·헌법재판소·선거관리위원회·행정부·특별시·광역시·도·특별자치도·시·군·구 및 특별시·광역시·도·특별자치도의 교육청을 최소단위로 한다. 따라서 헌법상 독립기관과 자치단체는 별도로 독립된 노조를 결성할 수 있으나 행정부 국가공무원노조는 전국단위로 단일노조가 운영되고 각 부처는 지부형태로 운영된다(감사원은 노조설립단위에 포함되지 않고, 복수노조 설치는 허용되는 것으로 봄).

② **설립신고**: 공무원노조를 설립하고자 하는 경우에는 고용노동부장관에게 노조설립신고서를 제출하여야 한다.

③ **가입범위(제6조)**

    ㉠ 일반직공무원

    ㉡ 특정직공무원 중 외무영사직렬·외교정보기술직렬 외무공무원, 소방공무원 및 교육공무원(다만, 교원은 제외한다)

    ㉢ 별정직공무원

    ㉣ 제1호부터 제3호까지의 어느 하나에 해당하는 공무원이었던 사람으로서 노동조합 규약으로 정하는 사람

④ **가입금지 대상 공무원(제6조 제2항)**

    ㉠ 다른 공무원에 대하여 지휘·감독권을 행사하거나 다른 공무원의 업무를 총괄하는 업무에 종사하는 공무원

    ㉡ 인사·보수에 관한 업무를 수행하는 공무원 등 노동조합과의 관계에서 행정기관의 입장에 서서 업무를 수행하는 공무원

    ㉢ 교정·수사 그 밖에 이와 유사한 업무에 종사하는 공무원

    ㉣ 업무의 주된 내용이 노동관계의 조정·감독 등 노동조합의 조합원으로서의 지위를 가지고 수행하기에 적절하지 아니하다고 인정되는 업무에 종사하는 공무원

⑤ **노조 전임자의 지위(제7조)**: 공무원은 임용권자의 동의를 얻어 노동조합의 업무에만 종사할 수 있도록 하되, 그 전임기간은 무급휴직으로 하고, 전임자임을 이유로 신분상 불이익을 받지 아니하도록 한다.

⑥ **공무원직장협의회와의 관계**: 공무원이 공무원직장협의회의 설립·운영에 관한 법률에 의하여 직장협의회를 설립·운영하는 것을 방해하지 아니한다. 따라서 공무원은 공무원노조 가입도 가능하고 공무원직장협의회 가입도 가능하다.

개념더하기   공무원직장협의회 – 공무원직장협의회의 설립·운영에 관한 법률

1. 개념

공무원의 근로조건 개선을 위하여 각 국가기관 및 지방자치단체에 구성된 협의회로 공무원노조가 아니라 노사협의회의 성격을 지닌다.

2. 구성

각 부처, 광역시·도, 시·군·구 단위로 설치가 가능하다(전국단위 결성 금지). 따라서 국가기관, 지방자치단체 및 그 하부기관별로 하나의 협의회를 설립할 수 있다.

3. 협의 대상

근무환경 개선, 업무능력 향상, 고충처리, 기타 당해 기관의 발전에 관한 사항 등(보수 등 일반적인 근로조건에 대해서는 협의 불가)이다.

(2) 단체교섭 및 단체협약 체결권(제8조)

① 교섭대상 및 주체: 공무원 노조 대표자는 노동조합에 관한 사항 또는 조합원의 보수·복지 그 밖의 근무조건에 관한 사항에 대하여 정부 측 교섭대표와 교섭할 권한을 갖는다[정부 측 교섭대표는 국회사무총장, 인사혁신처장(행정부대표), 헌법재판소사무처장, 법원행정처장, 중앙선거관리위원회사무총장, 자치단체장, 시도교육감].

② 교섭제외 대상: 법령 등에 따라 국가나 지방자치단체가 그 권한으로 행하는 정책결정에 관한 사항, 임용권의 행사 등 그 기관의 관리·운영에 관한 사항으로서 근무조건과 직접 관련되지 아니하는 사항은 교섭의 대상이 될 수 없다.

③ 교섭절차(제9조)

  ㉠ 노동조합의 대표자가 정부교섭대표와 교섭하려는 경우에는 교섭하려는 사항에 대하여 권한을 가진 정부교섭대표에게 서면으로 교섭을 요구하여야 한다.

  ㉡ 정부교섭대표는 노동조합으로부터 교섭을 요구받았을 때에는 교섭을 요구받은 사실을 공고하여 관련된 노동조합이 교섭에 참여할 수 있도록 하여야 한다.

  ㉢ 정부교섭대표는 교섭을 요구하는 노동조합이 둘 이상인 경우에는 해당 노동조합에 교섭창구를 단일화하도록 요청할 수 있다.

④ 단체협약의 효력(제10조)

  ㉠ 단체협약의 내용 중 법령·조례 또는 예산에 의하여 규정되는 내용과 법령 또는 조례에 의한 위임을 받아 규정되는 내용은 단체협약으로서의 효력을 가지지 아니한다.

  ㉡ 정부교섭대표는 단체협약으로서의 효력을 가지지 아니하는 내용에 대하여는 그 내용이 이행될 수 있도록 성실히 노력하여야 한다.

⑤ 조정신청(제12조)

  ㉠ 단체교섭이 결렬된 경우에는 당사자 어느 한쪽 또는 양쪽 중앙노동위원회에 조정을 신청할 수 있다(지방공무원 노조도 단체교섭이 결렬되면 중앙노동위원회에 조정을 신청할 수 있다).

  ㉡ 조정은 조정신청을 받은 날부터 30일 이내에 마쳐야 한다. 다만, 당사자들이 합의한 경우에는 30일 이내의 범위에서 조정기간을 연장할 수 있다.

⑥ 공무원노동관계조정위원회의 구성(제14조): 단체교섭이 결렬된 경우 이를 조정·중재하기 위하여 중앙노동위원회에 7인 이내의 공익위원으로 구성되는 공무원노조관계조정위원회를 둔다.

⑦ 중재재정의 확정 등(제16조): 관계 당사자는 중앙노동위원회의 중재재정이 위법하거나 월권에 의한 것이라고 인정하는 경우에는 중재재정서를 송달받은 날부터 15일 이내에 중앙노동위원회 위원장을 피고로 하여 행정소송을 제기할 수 있다. 이 기간 이내에 행정소송을 제기하지 아니하면 그 중재재정은 확정된다. 중재재정이 확정되면 중재재정은 단체협약과 같은 효력을 지니며 관계 당사자는 이에 따라야 한다.

(3) 단체행동권 – 정치활동과 쟁의행위 금지: 공무원 노동조합과 그 조합원은 다른 법령에서 금지하는 정치활동을 할 수 없으며, 파업·태업 등 업무의 정상적인 운영을 저해하는 일체의 행위를 할 수 없도록 한다.

2 공무원 권익보호(신분보장, 고충처리 등)

1. 신분보장*

(1) 개념: 신분보장은 공무원이 법이 정하는 사유에 의하지 아니하고는 자신의 의사에 반하는 신분상의 불이익을 받지 않는 것을 의미한다.

(2) 신분보장의 필요성

① 직업공무원제도와 실적주의 확립에 가장 기초적인 요건

② 행정의 계속성과 안정성 확보

③ 능률성 · 합리성 · 전문성의 유지 및 향상

④ 인사권자의 자의적 인사 배제를 통한 행정의 중립성 · 공평성 보장

⑤ 공무원의 심리적 안정감 증진을 통한 사기앙양

(3) 신분보장의 한계

① 공직의 침체화, 또는 관료사회의 특권화 야기

② 공직에 대한 민주통제 곤란

③ 무능력자 도태 곤란 및 무사안일 만연

④ 인적 자원 활용의 융통성 저해

2. 고충처리

(1) 개념: 고충처리란 공무원이 근무조건 · 인사관리 · 신상문제나 직장생활관계와 관련하여 표시하는 불만인 고충을 심사하고 그 해결책을 강구하는 것을 말한다. 여기서 고충이란 반드시 직장을 중심으로 일어나는 불만이어야 하나 정당한 근거를 가질 필요는 없다.

(2) 목적: 공무원의 신분보장, 사기앙양, 하의상달의 촉진, 직업공무원제도의 발전 등에 기여하는 것을 목적으로 한다.

(3) 고충처리의 대상

① 보수나 승진기회에 대하여 보수 상승 또는 승진기회에 대한 불만

② 불쾌감과 불만족을 주는 근무환경, 즉 작업조건

③ 상급자에 대한 불평 혹은 상급자의 무능력

④ 부당한 차별대우나 근무조건의 불량

⑤ 직장 내 성희롱에 관한 업무

(4) 고충심사기관: 고충처리는 6급 이하의 경우 각 부처에 설치된 보통고충심사위가, 5급 이상의 경우 중앙고충심사위가 각각 담당하며, 중앙고충심사위는 인사혁신처의 소청심사위가 대행한다. 고충심사는 30일 이내에 결정하여 통보하며 소청심사위와 달리 구속력은 없다.

---

* **신분보장의 법적 근거(국가공무원법 제68조) – 의사에 반한 신분 조치**

공무원은 형의 선고, 징계처분 또는 이 법에서 정하는 사유에 따르지 아니하고는 본인의 의사에 반하여 휴직 · 강임 또는 면직을 당하지 아니한다. 다만, 1급 공무원과 직무등급이 가장 높은 등급의 직위에 임용된 고위공무원단에 속하는 공무원은 그러하지 아니하다.

3. 인사상담제도

인사상담제도는 조직 내에 전문상담원이나 교육훈련을 받은 상담원을 배치하여 종업원의 작업수행과 관련된 불평·불만사항이나 그 외의 가정적·개인적 고민이나 인간관계 등의 각종 사항에 관하여 자유롭게 상담할 수 있게 하는 제도이다. 이 제도는 종업원의 불평·불만 해소와 자주적 문제해결능력의 지원, 직장 내의 갈등해소와 적응력의 촉진, 인간관계개선, 사기양양 및 근로의욕 증대 등의 실현을 목적으로 하는 제도로서 종업원상담제도라고도 한다.

더 알아보기

고충처리제도와 소청심사제도의 비교

구분	고충처리제도	소청심사제도
행정소송과의 관계	전심절차가 아님	행정소송의 전심절차
법적 성질	• 행정소송과는 무관한 행정제도 • 처분성 부정	행정소송의 전심절차로서의 특별행정심판
심사의 대상	근무조건·처우 등 일상의 모든 신상문제	공무원이 받은 신분상 불이익
관할 행정청	복수기관(중앙인사기관의 장·임용권자 등)이 관장	소청심사위원회가 전담
결정의 효력 (기속력)	법적 기속력을 갖지 아니함	• 법적 기속력을 가짐 • 행정청은 소청심사위원회의 결정에 기속 당함
기간	기간제한이 없음	기간제한이 있음

CHAPTER 06 공직부패 및 공직윤리와 행위규범

01 공직부패와 공직윤리

1 공직부패

1. 부패의 개념

부패란 부정, 부조리, 비리, 비위 등으로 쓰이는데, '공직을 이용해서 사적 이익을 추구하는 행위 또는 공직자가 공권력을 남용하거나 또는 공직에 있음을 계기로 공익과는 다른 사익을 추구 또는 확장하는 행위'라고 정의되고 있다.

> **개념더하기** ▶ 행정권의 오남용
>
> **남용(오용)의 양태(이종수 외)**
> 행정 업무가 복잡해지고 전문화됨에 따라 공무원들에게 부여된 재량의 범위가 넓어지고, 그에 따라 공무원들이 비윤리적 일탈행위를 할 가능성이 그만큼 커지게 되었다. 이와 같이 행정윤리를 벗어나는 행정권 오용의 유형은 다음과 같이 범주화할 수 있다.
> (1) 부정행위: 공무원들이 고속도로 통행료를 착복하고 영수증을 허위 작성하는 등의 부정행위
> (2) 비윤리적 행위: 공무원들이 비록 특혜의 대가로 금전을 수수하지는 않더라도, 친구 또는 특정 정파에 호의를 베풀거나 자신의 경제적 이익을 위해 어떤 결정을 내리는 행위
> (3) 법규 경시: 공무원들이 법규를 무시하거나 자신의 행위를 정당화하려는 방향으로 법규를 해석하는 경우
> (4) 입법 의도의 편향된 해석: 행정기관이 법규를 위반하지 않은 합법적인 테두리 안에서 특정 이익을 옹호하는 경우
> (5) 무능: 의도가 아무리 좋더라도 부여된 업무를 적절히 수행하지 못하여 그 책임을 다하지 못한 공무원이 되는 경우
> (6) 실책의 은폐: 일부 공무원들이 자신의 실책을 은폐하려 하거나 입법부 또는 시민 간의 협력을 거부한 경우
> (7) 무사안일: 일부 공무원들이 부여된 재량권을 행사하지 않고 적극적인 조치를 취하기를 꺼리는 무사안일에 빠짐으로써 직무를 유기하는 경우

2. 부패원인에 대한 다양한 접근

(1) 기능주의적 · 후기기능주의적 접근법

① 기능주의적 접근이란 비교행정이나 발전론의 관점으로, 거대한 관료제를 국가발전을 위한 필요악으로 간주하듯이 관료부패마저도 발전의 부산물 내지는 종속물로 보는 입장으로서 대체로 개발도상국에서 근대화의 부산물로 간주한다.

② 후기기능주의란 기능주의에 대한 반발로 1970년대 이후부터 등장한 관점이다. 부패란 자기 영속적인 것이며, 국가를 성장 · 발전한다고 해서 파괴되는 것이 아닌 다양한 원인을 먹고 사는 하나의 괴물로 파악하는 입장이다.

(2) 도덕적 접근법: 부패를 개인의 윤리, 자질 탓으로 돌리는 경우를 말한다.

(3) 사회문화적 접근법: 특정한 지배적 습관이나 경험적 습성 같은 것(건전한 시민문화의 미성숙)이 관료부패를 조장한다고 보는 입장이다.

(4) 법적 · 제도적 접근법: 사회의 법이나 제도상의 결함, 운영상의 문제, 예기치 않았던 부작용 등이 부패의 원인으로 작용한다고 보는 입장으로 대체로 개발도상국에서 나타나는 관점이다.

(5) 체제론적 접근법: 부패를 그 나라의 문화적 특성, 제도상의 결함, 구조상의 모순 등 다양한 요인에 의하여 복합적으로 나타난다고 보는 입장으로, 이 입장에 의하면 관료부패를 지엽적이고 부분적인 대응 으로는 억제하기 어렵다.

(6) 권력 문화적 접근: 공직의 사유관과 권력남용에 의해 부패가 유발된다.

(7) 정치적 · 경제학적 · 정경유착적 접근: 성장이념이라는 합리화에 근거한 정치 · 경제엘리트 간의 야합과 이권 개입에 의해 공직의 타락과 부패유발이 나타난다고 본다.

3. 공직부패의 유형

(1) 외부부패와 내부부패

① 외부부패: 관료와 국민 간에 형성되는 부패를 말한다.

② 내부부패: 관료 내부에서 발생하는 공무원 간의 부패를 말한다.

(2) 권력형(정치적) 부패와 생계형(행정적) 부패

① 정치적 부패: 상층부의 정치인들이 초과적인 막대한 이익을 얻기 위해 정치권력을 부당하게 행사하여 유발된다.

② 행정적 부패: 생계를 유지하기 위해 적은 소득을 보충하는 식의 생계형 부패가 유발되며, 주로 하위 직 공무원들에 의해 자행된다.

(3) 제도적 부패와 우발적 부패(제도화 여부)

① 제도적 부패: 행정체제 내에서 부패가 실질적인 규범의 위치를 차지하여 조직의 본래적 임무수행을 위한 공식적 행동규범이 예외적인 것으로 전락한 상황을 가리킨다. 만성화 · 구조화된 부패로 조직 적 차원에서 자행되는 경우가 많으며, 부패행위자에 대한 보호와 관대한 처분이 이루어지고, 오히려 부패저항자나, 폭로자에 대해 제재와 보복이 이루어지는 부패를 말한다.

② 우발적(일탈형) 부패: 구조화 되지 않은 부패로 주로 개인차원에서 발생한다.

(4) 개인부패와 조직부패(부패발생의 수준)

① 개인부패: 공무원이 담당하는 직무를 수행하면서 개인적으로 금품을 수수하거나 공금을 횡령하는 부패를 말한다.

② 조직부패: 하나의 부패사건에 여러 사람이 조직적 · 집단적으로 연루되어 있는 것으로 부패가 잘 드러나지 않는다.

(5) 백색부패, 흑색부패, 회색부패[국민들의 시각(관용도 기준)]

① 백색부패: 이론상으로 일탈행위로 규정될 수 있으며, 구성원의 다수가 어느 정도 용인하는 부패를 말한다(선의의 거짓말, 떡값과 같은 관행으로 치부하는 행위).

② 흑색부패: 사회체제에 명백하고 심각한 해를 끼치는 부패로, 구성원 모두가 처벌을 원하는 부패를 말한다(공금횡령, 수뢰행위).

③ 회색부패: 사회체제에 파괴적인 영향을 미칠 수 있는 잠재성을 지닌 부패로, 사회구성원 가운데 일부 집단은 처벌을 원하지만 다른 일부 집단은 처벌을 원하지 않는 경우의 부패를 말한다.

(6) 기타 부패 유형

① **후원형 부패**: 관료가 정실이나 학연 등을 토대로 불법적으로 후원하는 부패유형이다.

② **사기형 부패**: 공금의 유용이나 횡령과 같은 부패유형이다.

③ **거래형 부패**: 뇌물을 매개로 이권이나 특혜를 불법적으로 제공하는 가장 전형적인 부패유형이다.

④ **직무유기형 부패**: 시민이 개입되지 않은 관료 개인의 부패로 자신의 직무를 게을리하는 부패를 말한다.

⑤ **권력형 부패**: 정치엘리트와 기업가가 결탁함으로써 초래된다.

4. 부패의 기능

(1) 순기능[나이(Nye) 등 수정주의자]

① 소득재분배 효과

② 신생국에서는 자본형성에 기여, 성장의 동인 유도

③ 공무원의 번문욕례, 절차규제 완화 극복

④ 기업가적 정신을 자극함으로써 유인의 수단 제공

(2) 역기능

① 사회기강의 해이와 불신 확대

② 국가의 신임도 추락

③ 정부실패

④ 행정비용 인상과 국고손실

⑤ 공무원 간의 갈등조장

⑥ 가진 자 위주의 행정

5. 부패방지방안

(1) 생활급의 지급과 함께 적정한 보수체계와 수준을 정립해야 한다.

(2) 절차의 간소화로 부패의 소지를 제거(급행료 지불근절)한다.

(3) 관주도의 발전을 지양해야 한다.

(4) 공공윤리 강화 및 바람직한 사회·문화적 환경이 조성되어야 한다.

(5) 정부불신을 극복하기 위해 행정의 신뢰성 회복을 중시한다.

(6) 경제적·사회적 규제를 완화한다.

(7) 내부고발자 보호제도를 확고하게 정착한다.

(8) 부패근절을 위한 다양한 제도나 법령 등을 체계적으로 정비한다.

2 공직윤리

1. 개념

공무원 윤리란 공무원이 공무수행상 혹은 신분상 지켜야 할 가치기준 내지 행동규범으로 소극적으로는 부정부패에 빠지지 않는 것을 말하지만 적극적으로는 행정이 지향해야 할 가치나, 이념을 실천해가는 것을 의미한다.

2. 특성

(1) 공무원은 국민전체에 대한 봉사자이기 때문에 일반 국민보다 더 높은 윤리기준이 요구된다.

(2) 행정윤리는 가치함축적 · 규범적 성향과 당위성을 갖는다.

(3) 행정윤리는 의식세계에 잠재해 있는 가치체계를 의미하기에 내재적이다.

(4) 행정윤리의 내용은 상황적이기에 절대적은 아니지만, 시대정신을 반영하고 일관되며 안정된 가치체계이다.

(5) 행정윤리는 국민 한 사람에게 요구되는 윤리가 아니며, 직업윤리와 관계되고 공정성 및 민주성을 내포한다.

개념더하기 ▶ **목적론과 법칙론**

1. 목적론(결과주의, Consequentialism)과 공리주의

(1) 목적론: 인간이 공통적으로 '선(Good)'하다고 보는 어떤 대상물이 있다고 전제하며, 선의 대상물에 도달하기 위한 행동은 어떤 상황에서도 옳은 것이 된다. '가난한 자의 빈곤탈피', '생명의 보존', '쾌락(효용)의 극대화' 등을 궁극적 선으로 본다.

(2) 공리주의: 사회 전체의 쾌락의 크기를 증대시키는 결과를 초래하는 행위는 무조건 옳은 것이라 본다.

   예 길거리의 거지를 모두 감옥에 가두는 정책[길거리에서 거지가 보이지 않게 되면 시민(다수)이 얻는 쾌락의 증가분은 거지(소수)가 길거리에서 쫓겨남으로써 상실하게 되는 쾌락의 감소분보다 크다.]

2. 법칙론(의무론, Deontology)

(1) 정의: 인간의 이성이 도달할 수 있는 어떤 형이상적인 도덕의 법칙이 있다고 전제한다. 따라서 우리가 선험적으로 생각해서 찾아낸 도덕률이 바로 우리가 따라야할 길이며, 그 법칙에 따른 행동이라면 결과가 어떻든지 간에 무조건 옳다고 보는 것이다.

(2) 칸트(I. Kant)와 법칙론: 관념철학자 칸트는 '동기가 선하면 결과는 선하게 될 수밖에 없으며, 비록 결과가 악으로 나타난 경우라도 이미 출발점과 내적인 동기가 선한 것이었으므로 그 결과에까지 도덕성 판단을 부여할 수 없다'고 주장하였다(법칙론적 관점).

(3) 케인즈학파와 법칙론: 케인즈학파의 논리를 따라 정부가 가난한 자를 위해 복지를 무한정 확대하는 정책이 도덕적으로 정당하다고 보는 것은 법칙론의 관점을 보여준다. 이 경우 정부의 재정팽창으로 인해 도덕적 해이를 초래하여 파국에 이르게 되는 또 다른 결과를 무시하게 된다.

3. 우리나라의 윤리관리 전략

우리나라의 윤리관리 전략[윤리강령(Code of Ethics), 공무원행동강령, 공직자윤리법 등]은 법칙론에 입각하여 결과보다는 동기에 초점을 두고, 부도덕한 동기의 실현을 사전에 제어하는 데에 중점을 둔다.

---

3. 행정윤리의 중요성

(1) 행정기능의 양적 확대와 질적 변화에 따른 정부의 광범위한 개입

(2) 행정관료의 광범위한 재량권과 자원배분권 행사

(3) 정책결정권 및 가치판단기능의 증대

(4) 최근 행정의 경영화 및 민간경영기법의 도입으로 전통적인 공직윤리에 대한 인식 저하

4. 윤리적 정부의 특징

(1) 행정정보의 적극적 공개

(2) 행정체제의 안정성

(3) 정부접근에 대한 저렴한 비용

(4) 정부−시민의 원활한 상호작용

(5) 기준의 명료성

(6) 법적 원칙준수(부정청탁, 금품수수 금지)

5. 공무원 윤리 확보방안

(1) 공무원들의 가치관과 행태를 개선하는 인적 요인의 개선

① 경쟁시험에 의한 참신하고 정직한 인재의 확보

② 교육훈련에 의한 사회화

③ 적절한 동기부여

(2) 행정윤리의 확보를 위한 전제 조건

① 문화성의 극복

② 정책에 대한 오류의 인식

③ 제도와 법에 대한 신뢰

④ 지속성과 신뢰성을 확보

⑤ 체념과 냉소주의의 극복

⑥ 사소한 부패에 대한 엄중한 대응

(3) 제도적 요인의 체계화(후술): 부패방지 및 국민권익위원회의 설치와 운영에 관한 법률, 공직자윤리법, 부정청탁 및 금품 등 수수의 금지에 관한 법률, 공익신고자 보호법 등에 마련된 제도들의 이행 여부 및 점검과 지속적 관심

> **개념더하기** ▶ 공직윤리 법제화의 효용과 한계
>
> 1. 효용
>   정부의 신뢰성 향상, 행동의 준칙 제공, 윤리적 감수성 향상, 정부활동의 평가와 제재 기준 제시
>
> 2. 한계
>   통일적 윤리장전 제정의 어려움, 개인적 권리나 프라이버시의 침해, 규범의 추상성으로 인한 법적용의 한계 및 형식화

(4) 환경적 여건의 개선

① 국민들의 도의 수준의 향상과 사회 전체 민주화

② 외부 및 민주통제

③ 부패감시를 위한 시민단체의 활동과 시민의 고발정신 향상

④ 정치 · 사회적 불안의 극복과 평등사회의 구현

1 부정청탁 및 금품 등 수수의 금지에 관한 법률(약칭: 청탁금지법, 시행 2021. 01. 05.)

1. 의의

(1) 목적: 이 법은 공직자 등에 대한 부정청탁 및 공직자 등의 금품 등의 수수(收受)를 금지함으로써 공직자 등의 공정한 직무수행을 보장하고 공공기관에 대한 국민의 신뢰를 확보하는 것을 목적으로 한다.

(2) 추진배경

① 공공부문의 부패로 인한 정부신뢰 저하 및 대외신인도 하락 우려

② 기존 부패방지 관련 법률(형법, 공직자윤리법 등)의 한계를 보완하고 부정청탁 및 금품 등 수수 금지를 위한 종합적인 통제장치의 법제화

③ OECD 등 글로벌 스탠다드에 걸맞는 공직자의 행위규범과 기준을 구체화하여 선진국 수준의 부패예방 시스템 구축 필요

2. 법률 적용 대상

(1) 적용 대상기관

① 헌법기관, 중앙행정기관, 지방자치단체, 시·도 교육청, 공직유관단체 등 모든 공공기관

② 각급 학교, 사립학교법에 따른 학교법인, 언론중재 및 피해구제 등에 관한 법률 제2조 제12호에 따른 언론사

(2) 적용 대상자: 공직자 또는 공적 업무 종사자

① 공직자 등: 국가·지방공무원, 공직유관단체·공공기관의 장과 임직원, 각급 학교의 장과 교직원 및 학교법인의 임직원, 언론사의 대표자와 그 임직원

② 공직자 등의 배우자

③ 공무수행사인: 공공기관의 의사결정 등에 참여하는 민간인

④ 일반 국민: 공직자 등에게 부정청탁을 하거나 수수 금지 금품 등을 제공한 민간인

3. 부정청탁의 금지

(1) 부정청탁의 유형

① 누구든지 직무를 수행하는 공직자 등에게 직접 또는 제3자를 통한 부정청탁 금지

② 부정청탁에 대한 판단기준을 제시하기 위해 부정청탁 행위유형을 15개로 구체화

③ 국민의 정당한 권리주장 위축 방지를 위해 공개적인 방법으로 청탁하는 경우 등 부정청탁 예외 사유를 규정(7개)

제5조(부정청탁 금지)

① 누구든지 직접 또는 제3자를 통하여 직무를 수행하는 공직자 등에게 다음 각 호의 어느 하나에 해당하는 부정청탁을 해서는 아니 된다.

1. 인가·허가·면허·특허·승인·검사·검정·시험·인증·확인 등 법령(조례·규칙을 포함한다. 이하 같다)에서 일정한 요건을 정하여 놓고 직무관련자로부터 신청을 받아 처리하는 직무에 대해 법령을 위반하여 처리하도록 하는 행위

2. 인가 또는 허가의 취소·조세·부담금·과태료·과징금·이행강제금·범칙금·징계 등 각종 행정처분 또는 형벌부과에 관하여 법령을 위반하여 감경·면제하도록 하는 행위

3. 채용·승진·전보 등 공직자 등의 인사에 관하여 법령을 위반하여 개입하거나 영향을 미치도록 하는 행위

4. 법령을 위반하여 각종 심의·의결·조정위원회의 위원, 공공기관이 주관하는 시험·선발 위원 등 공공기관의 의사결정에 관여하는 직위에 선정 또는 탈락되도록 하는 행위

5. 공공기관이 주관하는 각종 수상·포상·우수기관 선정 또는 우수자 선발에 관하여 법령을 위반하여 특정 개인·단체·법인이 선정 또는 탈락되도록 하는 행위

6. 입찰·경매·개발·시험·특허·군사·과세 등에 관한 직무상 비밀을 법령을 위반하여 누설하도록 하는 행위

7. 계약 관련 법령을 위반하여 특정 개인·단체·법인이 계약의 당사자로 선정 또는 탈락되도록 하는 행위

8. 보조금·장려금·출연금·출자금·교부금·기금 등의 업무에 관하여 법령을 위반하여 특정 개인·단체·법인에 배정·지원하거나 투자·예치·대여·출연·출자하도록 개입하거나 영향을 미치도록 하는 행위

9. 공공기관이 생산·공급·관리하는 재화 및 용역을 특정 개인·단체·법인에게 법령에서 정하는 가격 또는 정상적인 거래관행에서 벗어나 매각·교환·사용·수익·점유하도록 하는 행위

10. 각급 학교의 입학·성적·수행평가 등의 업무에 관하여 법령을 위반하여 처리·조작하도록 하는 행위

11. 병역판정검사·부대 배속·보직 부여 등 병역 관련 업무에 관하여 법령을 위반하여 처리하도록 하는 행위

12. 공공기관이 실시하는 각종 평가·판정 업무에 관하여 법령을 위반하여 평가 또는 판정하게 하거나 결과를 조작하도록 하는 행위

13. 법령을 위반하여 행정지도·단속·감사·조사대상에서 특정 개인·단체·법인이 선정·배제되도록 하거나 행정지도·단속·감사·조사의 결과를 조작하거나 또는 그 위법사항을 묵인하게 하는 행위

14. 사건의 수사·재판·심판·결정·조정·중재·화해 또는 이에 준하는 업무를 법령을 위반하여 처리하도록 하는 행위

15. 제1호부터 제14호까지의 부정청탁의 대상이 되는 업무에 관하여 공직자 등이 법령에 따라 부여받은 지위·권한을 벗어나 행사하거나 권한에 속하지 아니한 사항을 행사하도록 하는 행위

② 제1항에도 불구하고 다음 각 호의 어느 하나에 해당하는 경우에는 이 법을 적용하지 아니한다.

1. 청원법, 민원사무 처리에 관한 법률, 행정절차법, 국회법 및 그 밖의 다른 법령·기준(제2조 제1호 나목부터 마목까지의 공공기관의 규정·사규·기준을 포함한다. 이하 같다)에서 정하는 절차·방법에 따라 권리침해의 구제·해결을 요구하거나 그와 관련된 법령·기준의 제정·개정·폐지를 제안·건의하는 등 특정한 행위를 요구하는 행위

2. 공개적으로 공직자 등에게 특정한 행위를 요구하는 행위

3. 선출직 공직자·정당·시민단체 등이 공익적인 목적으로 제3자의 고충민원을 전달하거나 법령·기준의 제정·개정·폐지 또는 정책·사업·제도 및 그 운영 등의 개선 등에 관하여 제안·건의하는 행위

4. 공공기관에 직무를 법정기한 안에 처리해 줄 것을 신청·요구하거나 그 진행상황·조치결과 등에 대하여 확인·문의 등을 하는 행위

5. 직무 또는 법률관계에 관한 확인·증명 등을 신청·요구하는 행위

6. 질의 또는 상담형식을 통하여 직무에 관한 법령·제도·절차 등에 대하여 설명이나 해석을 요구하는 행위

7. 그 밖에 사회상규에 위배되지 아니하는 것으로 인정되는 행위

(2) 위반 시 제재

행위주체		구성요건	제재수준
		유형	
이해당사자		이해당사자가 직접 부정청탁하는 경우	제재 없음(공직자 등의 경우 징계처벌)
		제3자를 통하여 부정청탁하는 경우	1천만 원 이하의 과태료
제3자	사인	제3자를 위해 부정청탁하는 경우	2천만 원 이하의 과태료
	공직자	제3자를 위해 부정청탁하는 경우	3천만 원 이하의 과태료
공직자		부정청탁에 따라 직무 처리	2년 이하의 징역, 2천만 원 이하의 벌금

① 이해당사자가 자신의 일에 대하여 직접 공직자 등에게 부정청탁하는 행위는 금지되나 건전한 의사소통이 훼손되지 않도록 하기 위해 처벌대상에서 제외

② 공직자 등이 수행하는 직무에 대하여 제3자를 통해 부정청탁하는 것을 엄격히 금지하고, 위반 시 과태료로 제재

③ 공직자 등이 부정청탁을 받고 그에 따라 직무를 수행하면, 2년 이하의 징역 또는 2천만 원 이하의 벌금 부과

(3) 부정청탁 신고 및 처리절차

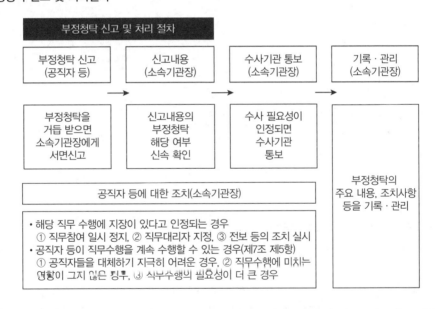

① (공직자 등) 부정청탁을 받은 경우 거절의 의사를 명확히 표시하도록 하고, 거듭되는 경우 소속기관장에게 신고

② (소속기관장) 신고내용을 확인하고 수사 필요성이 있는 경우 수사기관에 통보, 부정청탁에 관한 주요 내용 · 조치사항 등을 기록 · 관리하고, 필요한 경우 주요 내용 등을 소속기관 홈페이지 등에 공개

③ (조치사항) 소속기관장은 부정청탁을 받은 공직자 등에 대해 직무참여 일시정지, 직무대리자의 지정, 전보 등의 조치 시행(부정청탁에도 불구하고 공직자 등을 대체하기 어려운 경우 등에는 해당 업무를 계속처리)

4. 금품 등의 수수 금지

(1) 공직자 등의 금품 등 수수 금지

① 금품등의 수수 금지(제8조)

㉠ 공직자 등이 동일인으로부터 직무 관련 여부 및 명목에 관계 없이 1회 100만 원 또는 매 회계연도 300만 원을 초과하는 금품을 수수하거나 요구, 약속하는 경우 형사처벌(100만 원 이하 금품수수에 대해서는 직무와 관련한 금품수수 시 500만 원 이하의 과태료 부과)

㉡ 원활한 직무수행이나 사회상규에 반하지 아니하는 금품 등은 예외

> **⌔LINK⌔ 부정청탁 및 금품 등 수수의 금지에 관한 법률**
>
> **제8조(금품등의 수수 금지) 제3항**
> 1. 공공기관이 소속 공직자 등이나 파견 공직자 등에게 지급하거나 상급 공직자 등이 위로 · 격려 · 포상 등의 목적으로 하급 공직자 등에게 제공하는 금품 등
> 2. 원활한 직무수행, 사교 · 의례 또는 부조의 목적으로 제공되는 음식물 · 경조사비 · 선물 등으로서 대통령령으로 정하는 가액 범위 안의 금품 등
> 3. 사적 거래(증여는 제외한다)로 인한 채무의 이행 등 정당한 권원(權原)에 의하여 제공되는 금품 등
> 4. 공직자 등의 친족(민법 제777조에 따른 친족을 말한다)이 제공하는 금품 등
> 5. 공직자 등과 관련된 직원상조회 · 동호인회 · 동창회 · 향우회 · 친목회 · 종교단체 · 사회단체 등이 정하는 기준에 따라 구성원에게 제공하는 금품 등과 그 소속 구성원 및 공직자 등과 특별히 장기적 · 지속적인 친분관계를 맺고 있는 자가 질병 · 재난 등으로 어려운 처지에 있는 공직자 등에게 제공하는 금품 등
> 6. 공직자 등의 직무와 관련된 공식적인 행사에서 주최자가 참석자에게 통상적인 범위에서 일률적으로 제공하는 교통, 숙박, 음식물 등의 금품 등
> 7. 불특정 다수인에게 배포하기 위한 기념품 또는 홍보용품 등이나 경연 · 추첨을 통하여 받는 보상 또는 상품 등
> 8. 그 밖에 다른 법령 · 기준 또는 사회상규(社會常規)에 따라 허용되는 금품 등

② 공직자 등의 배우자의 금품 등 수수 금지(제8조 제4항)

㉠ 공직자 등의 배우자는 공직자 등의 직무와 관련하여 금품 등 수수 금지

㉡ 배우자가 수수가 금지된 금품 등을 받은 경우, 공직자 등이 이를 알았음에도 신고하지 않은 경우에는 공직자 등을 제재(공직자 등 또는 배우자가 금품 등을 반환 · 인도하거나 거부 의사표시한 경우 제외)

(2) 외부강의 등의 사례금 수수 제한(제10조)

① 공직자 등이 자신의 직무와 관련하여 요청받은 외부강의 시 사전에 소속기관장에게 서면으로 신고하여야 하며, 대통령령으로 정하는 금액을 초과하는 사례금 수수를 금지(대통령령으로 정하는 금액을 초과하는 사례금을 받은 경우 소속기관장에게 신고하고 통지에 따라 제공자에게 지체 없이 반환)

② 소속기관장은 공직자 등의 공정한 직무수행을 저해할 우려가 있는 외부강의 등을 제한할 수 있음

③ 기준을 초과한 사례금을 수수한 경우 과태료, 사전 신고의무를 이행하지 아니한 경우는 징계처분

5. 위반행위 신고, 처리 및 신고자 보호 · 보상

(1) 위반행위 신고 접수, 처리절차

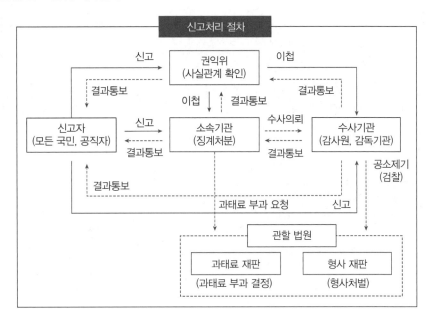

① 누구든지 법 위반행위에 대하여 위반행위가 발생한 공공기관 · 감독기관, 감사원, 수사기관 또는 국민권익위원회에 신고 가능

② 조사기관은 그 신고내용에 대하여 감사 · 수사 또는 조사를 하여야 하며, 그 조사결과에 따라 공소제기, 징계처분 등 필요한 조치를 취하고, 그 결과와 조치사항 등을 신고자에게 통보

(2) 신고자에 대한 보호 · 보상

① 신고자에 대한 불이익조치 금지, 원상회복조치, 신분 비밀보호, 신변보호, 책임감면 등 보호장치 마련

② 아울러 신고로 인하여 공공기관에 손실의 방지나 수입의 증대를 가져온 경우 등에는 보상금 · 포상금을 지급

6. 징계 및 벌칙(제21조, 제22조)

공직자의 이 법률 위반행위에 대해서는 징계를 의무화하였으며, 형벌·과태료와 징계는 병과한다.

유형	위반행위	제재수준
부정청탁 금지	공직자에게 직접 부정청탁을 한 이해당사자 제재 없음	제재 없음
	공직자에게 제3자를 통해 부정청탁을 한 이해당사자	1천만 원 이하 과태료
	제3자를 위하여 공직자에게 부정청탁을 한 자(공직자 제외)	2천만 원 이하 과태료
	제3자를 위하여 다른 공직자에게 부정청탁을 한 공직자	3천만 원 이하 과태료
	부정청탁에 따라 직무를 수행한 공직자	2년 이하 징역, 2천만 원 이하 벌금
금품 수수 금지	동일인으로부터 직무관련 및 명목 여하 불문하고 1회 1백만 원 또는 매 회계연도 3백만 원을 초과하는 금품 등을 수수한 공직자 • 배우자가 수수한 금품 등을 신고하지 않은 공직자 • 금품 등을 공직자 또는 그 배우자에게 제공한 자	3년 이하 징역, 3천만 원 이하 벌금
	직무와 관련하여 대가성 여부를 불문하고 1백만 원 이하의 금품 등을 수수한 공직자 • 배우자가 수수한 금품 등을 신고하지 않은 공직자 • 금품 등을 공직자 또는 그 배우자에게 제공한 자	수수금액 2배 이상 5배 이하 과태료
	기준초과 강의 사례금을 수수한 공직자	500만 원 이하 과태료

2 공직자윤리법

1. 공직자윤리법의 의의

(1) **목적**: 공직자 및 공직후보자의 재산등록, 등록재산 공개 및 재산형성과정 소명과 공직을 이용한 재산취득의 규제, 공직자의 선물신고 및 주식백지신탁, 퇴직공직자의 취업제한 및 행위제한 등을 규정함으로써, 공직자의 부정한 재산 증식을 방지하고, 공무집행의 공정성을 확보하는 등 공익과 사익의 이해충돌을 방지하여 국민에 대한 봉사자로서 가져야 할 공직자윤리를 확립함에 있다.

(2) **연혁**

① 제5공화국이 시작하면서 공직자윤리를 확립하기 위하여 공직자윤리법이 제정(1981.12.31), 시행(1983.1.1.)되었으며 그 내용은 공직자 재산등록제도, 선물신고제도 및 퇴직자 취업제한제도에 한정하였다.

② 1993년 6월 공직자윤리법을 전면 개정하였고 재산공개의 제도화와 4급 이상 공무원의 재산등록의 의무화를 규정하여 현행 공직자윤리법의 기본 틀을 마련하였다(김영삼 정부).

③ 2001년 1월 공직자윤리법을 개정하여 재산공개자의 주식투자내역 신고를 의무화해 민관 유착 근절 및 재산등록의 투명성을 높이고, 퇴직공직자 취업제한범위 및 요건을 확대 강화하였으며 등록의무자의 부담을 경감하기 위해 재산변동신고 유예제도를 도입하였다(김대중 정부).

④ 2005년 5월 공직자윤리법을 개정하여 주식백지신탁제도를 도입하였고, 가액변동신고제를 실시하고 공직자윤리법을 개정하여 재산공개자에 대한 재산 형성과정 소명요구, 고지거부 사전허가제 등을 도입하였다(노무현 정부).

⑤ 호주제 폐지의 취지를 고려하여 2009년 2월 혼인한 여성등록의무자의 재산등록대상 친족의 범위를 배우자의 직계존비속에서 본인의 직계존비속으로 개정하고, 2011년 7월 전관예우 관행을 근절하기 위해 로펌·회계법인 등을 취업심사대상으로 포함하고 업무관련성 적용기간을 확대하는 한편, 퇴직 전 소속기관에 대한 부당한 영향력 행사를 방지하기 위해 본인 처리업무 영구 취급금지, 재산공개자에 대해 퇴직 후 1년간 퇴직 전 근무기관의 일정 업무 취급금지, 부정한 청탁·알선행위 금지 등을 도입하였다.

2. 주요 내용

(1) 재산등록의 의무

① 재산등록의무 대상자(약식)

공직자윤리법 제3조(등록의무자)	공직자윤리법 시행령 제3조(등록의무자)
• 대통령·국무총리·국무위원·국회의원 등 국가의 정무직공무원 • 지방자치단체의 장, 지방의회의원 등 지방자치단체의 정무직공무원 • 4급 이상의 일반직 국가공무원 및 지방공무원과 이에 상당하는 보수를 받는 별정직공무원 • 대통령령으로 정하는 외무공무원과 4급 이상의 국가정보원 직원 및 대통령경호처 경호공무원 • 법관 및 검사 • 헌법재판소 헌법연구관 • 대령 이상의 장교 및 이에 상당하는 군무원 • 교육공무원 중 총장·부총장·대학원장·학장(대학교의 학장을 포함한다) 및 전문대학의 장과 대학에 준하는 각종 학교의 장, 특별시·광역시·특별자치시·도·특별자치도의 교육감 및 교육장 • 총경 이상의 경찰공무원과 소방정 이상의 소방공무원 • 공무원으로 임명할 수 있는 직위 또는 이에 상당하는 직위에 임용된 「국가공무원법」 제26조의5 및 「지방공무원법」 제25조의5에 따른 임기제공무원 • 공기업의 장·부기관장·상임이사 및 상임감사, 한국은행의 총재·부총재·감사 및 금융통화위원회의 추천직 위원, 금융감독원의 원장·부원장·부원장보 및 감사, 농업협동조합중앙회·수산업협동조합중앙회의 회장 및 상임감사 • 제3조의2에 따른 공직유관단체의 임원 • 그 밖에 국회규칙, 대법원규칙, 헌법재판소규칙, 중앙선거관리위원회규칙 및 대통령령으로 정하는 특정 분야의 공무원과 공직유관단체의 직원	• 지도직공무원으로서 4급 이상 또는 고위공무원단에 속하는 일반직공무원에 상당하는 연구관·지도관 • 4급 이상 또는 고위공무원단에 속하는 일반직공무원에 상당하는 직위에 임명된 장학관·교육연구관 • 대학의 처장·실장 • 감사원·국세청 및 관세청소속 공무원 중 5급 이하 7급 이상의 일반직공무원과 이에 상당하는 별정직공무원 • 부패방지국 및 심사보호국 소속 5급 이하 7급 이상의 일반직공무원과 이에 상당하는 별정직공무원 • 국가경찰공무원 중 경정, 경감, 경위, 경사와 자치경찰공무원 중 자치경정, 자치경감, 자치경위, 자치경사 • 소방공무원 중 현장 업무 또는 상황관리 업무를 전담하는 공무원으로서 관할 공직자윤리위원회의 승인을 받은 사람은 제외한다. • 법무부 및 검찰청 소속 공무원 중 5급 이하 7급 이상의 검찰직공무원 및 마약수사직공무원 • 중앙행정기관 소속 공무원이나 지방자치단체 소속 공무원 중 감사 업무를 주된 기능으로 하는 부서, 이에 상당하는 특정직공무원 및 별정직공무원과 그 상급 감독자 • 중앙행정기관 소속 공무원이나 지방자치단체 소속공무원 중 건축·토목·환경·식품위생 분야를 담당하는 부서에 근무하는 5급 이하 7급 이상의 일반직공무원 • 지방자치단체 소속 공무원 중 조세의 부과·징수·조사 및 심사에 관계되는 업무를 담당하는 부서에 근무하는 5급 이하 7급 이상의 일반직공무원, 이에 상당하는 별정직공무원 및 그 상급 감독자 • 국방부 또는 방위사업청의 감독을 받는 공직유관단체의 직원 중 국방부장관이 임명하는 직원

② 등록대상 친족의 범위

㉠ 본인, 배우자(사실상의 배우자 포함), 직계존비속

㉡ 혼인한 직계비속인 여성과 외증조부모, 외조부모 및 외손자녀 및 외증손자녀는 제외

(2) 재산공개의 의무

① 공개의무 대상자

LINK 공직자윤리법

제10조(등록재산의 공개)
1. 대통령·국무총리·국무위원·국회의원·국가정보원의 원장 및 차장 등 국가의 정무직 공무원
2. 지방자치단체의 장, 지방의회의원 등 지방자치단체의 정무직 공무원
3. 일반직 1급 국가공무원(고위공무원단에 속하는 일반직 공무원을 포함한다) 및 지방공무원과 이에 상당하는 보수를 받는 별정직 공무원(고위공무원단에 속하는 별정직 공무원을 포함한다)
4. 대통령령으로 정하는 외무공무원과 국가정보원의 기획조정실장
5. 고등법원 부장판사급 이상의 법관과 대검찰청 검사급 이상의 검사
6. 중장 이상의 장성급 장교
7. 교육공무원 중 총장·부총장·학장(대학교의 학장은 제외한다) 및 전문대학의 장과 대학에 준하는 각종 학교의 장, 특별시·광역시·특별자치시·도·특별자치도의 교육감
8. 치안감 이상의 경찰공무원 및 특별시·광역시·특별자치시·도·특별자치도의 시·도경찰청장
9. 지방 국세청장 및 3급 공무원 또는 고위공무원단에 속하는 공무원인 세관장
10. 제3호부터 제6호까지, 제8호 및 제9호의 공무원으로 임명할 수 있는 직위 또는 이에 상당하는 직위에 임용된 임기제 공무원
11. 공기업의 장·부기관장 및 상임감사, 한국은행의 총재·부총재·감사 및 금융통화위원회의 추천직 위원, 금융감독원의 원장·부원장·부원장보 및 감사, 농업협동조합중앙회·수산업협동조합중앙회의 회장 및 상임감사
12. 그 밖에 대통령령으로 정하는 정부의 공무원 및 공직유관단체의 임원

② 공개시기 및 방법(공직자윤리법 제10조): 공직자윤리위원회는 공직자윤리법상 재산공개의무자 본인과 배우자 및 본인의 직계존속·직계비속의 재산에 관한 등록사항과 변동사항 신고내용을 등록기간 또는 신고기간 만료 후 1개월 이내에 관보 또는 공보에 게재하여 공개하여야 한다.

개념더하기 ▶ 공직자윤리위원회

1. 설치근거
공직자윤리법 제9조 및 동법 시행령 제16조

2. 기능
재산등록사항의 심사와 그 결과처리, 퇴직공직자 취업제한 여부 확인 및 취업승인 등을 심사·결정하기 위하여 국회·대법원·헌법재판소·중앙선거관리위원회·정부·지방자치단체 및 특별시·광역시·특별자치시·도·특별자치도교육청에 각각 공직자윤리위원회를 둔다.

(3) 퇴직공직자 취업제한* 의무

① 적용대상: 재산등록의무자였던 퇴직공직자

ㄱ. 4급 이상 공무원, 경찰·소방·감사 및 조세·건축·토목 등 인허가부서 근무자는 5~7급 공무원도 해당

ㄴ. 공직유관단체 임원(상근 이사·감사 이상), 일부 공직유관단체 직원(금감원, 한국은행, 예금보험공사) 등

② 기간: 퇴직 후 3년

③ 내용: 퇴직 전 5년 간 소속부서(고위공직자는 소속기관) 업무와 밀접한 업무관련성이 있는 취업제한 기관

---

* **취업제한의 목적**
퇴직예정 공직자가 퇴직 후 취업을 목적으로 특정 업체에 특혜를 주는 등의 부정한 유착고리를 사전에 차단하고, 사기업체 등에 취업한 후 퇴직 전에 근무하였던 기관에 부당한 영향력 행사 가능성을 배제함으로써 공무집행의 공정성과 공직윤리를 확립하는 데 있다.

④ 심사: 취업 전 퇴진 당시 소속되었던 기관의 장을 거쳐 공직자윤리위원회의 업무관련성 유무 확인, 취업승인

⑤ 적용 제외: 변호사·회계사·세무사 자격증 소지자가 관련 업체로 취업하는 경우는 취업심사 없이 취업 가능

- 변호사 → 법무법인 등, 회계사 → 회계법인, 세무사 → 세무법인, 그러나 재산공개대상자는 자격증이 있더라도 사전 취업심사대상임

⑥ 위반 시 제재

ㄱ 퇴직공직자가 공직자윤리위원회의 취업제한 심사 결정에도 불구하고 해당 업체로 취업하거나 취업상태를 유지하는 위반자에 대해 해임을 요구하여야 한다.

ㄴ 해임요구를 거부한 취업제한기관의 장에게 1천만 원 이하의 과태료 부과

ㄷ 관할 공직자윤리위원회는 해당인에 대해 고발조치

ㄹ 취업제한 위반의 죄(제29조 제1호): 2년 이하의 징역 또는 2천만 원 이하의 벌금

(4) 퇴직공직자 업무취급 제한

① 본인이 직접 처리한 업무: 재직 중 본인이 직접 처리한 제17조 제2항 각 호의 업무를 특별한 규정이 있는 경우를 제외하고는 퇴직 후에 취급할 수 없다.

ㄱ 적용대상: 모든 공무원 또는 공직유관단체 임직원

ㄴ 기간: 영구적 취급제한

ㄷ 위반 시 제재(제29조 제1호): 2년 이하의 징역 또는 2천만 원 이하의 벌금

② 기관업무기준 취업심사대상자 업무취급 금지

ㄱ 대상: 기관업무기준 취업심사대상자(재산공개의무대상자 등)

ㄴ 내용: 퇴직 전 2년부터 퇴직할 때까지 근무한 기관이 취업한 취업제한기관에 대해 처리하는 제17조 제2항 각 호의 업무 취급 금지

ㄷ 위반 시 제재: 업무를 취급하는 경우 5천만 원 이하의 과태료

C LINK 공직자윤리법

제18조의2(퇴직공직자의 업무취급 제한)

① 모든 공무원 또는 공직유관단체 임직원은 다른 법률에 특별한 규정이 있는 경우를 제외하고는 재직 중에 직접 처리한 제17조 제2항 각 호의 업무를 퇴직 후에 취급할 수 없다.

② 기관업무기준 취업심사대상자는 다른 법률에 특별한 규정이 있는 경우를 제외하고는 퇴직 전 2년부터 퇴직할 때까지 근무한 기관이 위탁한 취업심사대상기관에 대하여 처리하는 제17조 제2항 각 호의 업무를 퇴직한 날부터 2년 동안 취급할 수 없다.

③ 제1항 및 제2항에도 불구하고 국가안보상의 이유나 공공의 이익을 위한 목적 등 해당 업무를 취급하는 것이 필요하고 그 취급이 해당 업무의 공정한 처리에 영향을 미치지 아니한다고 인정되는 경우로서 관할 공직자윤리위원회의 승인을 받은 경우에는 해당 업무를 취급할 수 있다.

④ 제2항에 따른 기관의 범위와 제3항의 승인절차 등 필요한 사항은 국회규칙, 대법원규칙, 헌법재판소규칙, 중앙선거관리위원회규칙 또는 대통령령으로 정한다.

(5) 퇴직공직자 등에 대한 행위제한(부정한 청탁·알선행위 금지)

① 퇴직한 모든 공무원과 공직유관단체의 임직원은 본인 또는 제3자의 이익을 위하여 퇴직 전 소속기관의 임직원에게 법령을 위반하게 하거나 지위 또는 권한을 남용하게 하는 등 공정한 직무수행을 저해하는 부정한 청탁 또는 알선을 하여서는 아니 된다.

② 공무원과 공직유관단체 임직원이 제1항에 따른 부정한 청탁 또는 알선을 받은 때에는 이를 소속기관의 장에게 신고하여야 한다.

(6) 재직자 등의 취업청탁 등 제한(제18조의5)

① 재직 중인 취업심사대상자는 퇴직 전 5년 동안 처리한 업무 중 제17조 제2항 각 호에서 정하는 업무와 관련한 취업제한기관을 상대로 하여 재직 중 본인의 취업을 위한 청탁행위를 하여서는 아니 된다.

② 국가기관, 지방자치단체 또는 공직유관단체의 장은 해당 기관의 취업심사대상자를 퇴직 전 5년 동안 처리한 제17조 제2항 각 호에 따른 업무와 관련된 취업제한기관으로의 취업을 알선하는 행위를 하여서는 아니 된다.

(7) 외국 정부 등으로부터 받은 선물의 신고(제15조)

① 공무원(지방의회의원을 포함한다. 이하 제22조에서 같다) 또는 공직유관단체의 임직원은 외국으로부터 선물을 받거나 그 직무와 관련하여 외국인(외국단체를 포함한다. 이하 같다)에게 선물을 받으면 지체 없이 소속기관·단체의 장에게 신고하고 그 선물을 인도하여야 한다. 이들의 가족이 외국으로부터 선물을 받거나 그 공무원이나 공직유관단체 임직원의 직무와 관련하여 외국인에게 선물을 받은 경우에도 또한 같다.

② 신고할 선물의 가액은 미화 100달러 또는 한화 10만 원 이상 선물이다.

(8) 주식백지신탁제도(제14조의4)

① 의의: 고위공직자가 직무 관련 주식을 보유한 경우, 공무수행 과정에서의 공·사적 이해충돌 가능성을 사전에 방지하기 위하여 해당 주식을 매각 또는 백지신탁하게 함으로써 공무집행의 공정성과 공직윤리를 확보하기 위함이다.

② 대상자: 재산공개대상자, 기획재정부의 금융 관련 사무를 관장하는 국 및 금융위원회 소속의 고위공무원단에 속하는 공무원과 4급 이상 공무원

③ 대상주식: 본인 및 이해관계자(배우자, 본인의 직계존비속) 모두가 보유한 주식의 총가액이 1천만 원 이상 5천만 원 이하의 범위

(9) 이해충돌 방지 의무(제2조의2): 국가 또는 지방자치단체는 공직자가 수행하는 직무가 공직자의 재산상 이해와 관련되어 공정한 직무수행이 어려운 상황이 일어나지 아니하도록 노력하여야 한다.

3 부패방지 및 국민권익위원회의 설치와 운영에 관한 법률(부패방지 조항을 중심으로)

1. 목적

이 법은 국민권익위원회를 설치하여 고충민원의 처리와 이에 관련된 불합리한 행정제도를 개선하고, 부패의 발생을 예방하며 부패행위를 효율적으로 규제함으로써 국민의 기본적 권익을 보호하고 행정의 적정성을 확보하며 청렴한 공직 및 사회풍토의 확립에 이바지함을 그 목적으로 한다.

2. 주요 내용

(1) 국민권익위원회

① 국민권익위원회의 설치: 고충민원의 처리와 이에 관련된 불합리한 행정제도를 개선하고, 부패의 발생을 예방하며 부패행위를 효율적으로 규제하도록 하기 위하여 국무총리 소속으로 국민권익위원회를 둔다.

② 위원회 구성
- ㉠ 위원회는 위원장 1명을 포함한 15명의 위원(부위원장 3명과 상임위원 4명을 포함한다)으로 구성한다. 이 경우 부위원장은 각각 고충민원, 부패방지 업무 및 중앙행정심판위원회의 운영업무로 분장하여 위원장을 보좌한다.
- ㉡ 위원장(정무직) 및 부위원장(정무직)은 국무총리의 제청으로 대통령이 임명하고, 상임위원은(고위공무원단 임기제) 위원장의 제청으로 대통령이 임명하며, 상임이 아닌 위원은 대통령이 임명 또는 위촉한다. 이 경우 상임이 아닌 위원 중 3명은 국회가, 3명은 대법원장이 각각 추천하는 자를 임명 또는 위촉한다.

③ 위원회 기능
- ㉠ 고충민원의 처리와 이와 관련된 불합리한 행정제도 개선
- ㉡ 공직사회 부패 예방·부패행위 규제를 통한 청렴한 공직 및 사회풍토 확립
- ㉢ 행정쟁송을 통하여 행정청의 위법·부당한 처분으로부터 국민의 권리를 보호

(2) 부패행위 등의 신고 및 신고자 등 보호(내부고발자 보호)
① 부패행위의 신고(제55조): 누구든지 부패행위를 알게 된 때에는 이를 위원회에 신고할 수 있다. 공직자는 그 직무를 행함에 있어 다른 공직자가 부패행위를 한 사실을 알게 되었거나 부패행위를 강요 또는 제의받은 경우에는 지체 없이 이를 수사기관·감사원 또는 위원회에 신고하여야 한다.
② 공직자의 부패행위 신고의무(제56조): 신고자가 신고의 내용이 허위라는 사실을 알았거나 알 수 있었음에도 불구하고 신고한 경우에는 이 법의 보호를 받지 못한다.
③ 신고의 방법(제58조): 부패행위를 신고하고자 하는 자는 신고자의 인적사항과 신고취지 및 이유를 기재한 기명의 문서로써 하여야 하며, 신고대상과 부패행위의 증거 등을 함께 제시하여야 한다.
④ 신고의 처리(제59조)
- ㉠ 위원회는 접수된 신고사항에 대하여 감사·수사·조사가 필요한 경우 이를 감사원, 수사기관 또는 해당 공공기관의 감독기관에 이첩하여야 한다.
- ㉡ 위원회에 신고가 접수된 당해 부패행위의 혐의대상자가 차관급 이상의 공직자, 특별시장·광역시장 및 도지사(특별자치시장, 특별자치도지사 포함), 경무관급 이상의 경찰공무원, 법관 및 검사, 장성급 장교, 국회의원에 해당하는 고위공직자로서 부패혐의의 내용이 형사처벌을 위한 수사 및 공소제기의 필요성이 있는 경우에는 위원회의 명의로 검찰에 고발을 하여야 한다.
- ㉢ 위원회는 접수된 신고사항을 그 접수일부터 60일 이내에 처리하여야 한다. 이 경우 동조 제1항 제1호에 따른 사항에 보완 등이 필요하다고 인정되는 경우에는 그 기간을 30일 이내에서 연장할 수 있다.
- ㉣ 조사기관은 신고를 이첩받은 날부터 60일 이내에 감사·수사 또는 조사를 종결하여야 한다.
⑤ 불이익조치 등의 금지(제62조)
- ㉠ 누구든지 신고자에게 신고나 이와 관련한 진술, 자료 제출 등을 한 이유로 불이익조치를 하여서는 아니 된다.
- ㉡ 누구든지 신고 등을 하지 못하도록 방해하거나 신고자에게 신고 등을 취소하도록 강요해서는 아니 된다.
⑥ 불이익 추정(제63조): 신고자가 신고한 뒤 제62조의2 제1항에 따라 위원회에 신분보장 등 조치를 신청하거나 법원에 원상회복 등에 관한 소를 제기하는 경우 해당 신고와 관련하여 불이익을 당한 것으로 추정한다.

⑦ 신변보호조치(제64조의2): 신고자는 신고를 한 이유로 자신과 친족 또는 동거인의 신변에 불안이 있는 경우에는 위원회에 신변보호조치를 요구할 수 있다.

⑧ 책임의 감면 등(제66조)

　　㉠ 신고 등과 관련하여 신고자의 범죄행위가 발견된 경우 그 신고자에 대하여 형을 감경 또는 면제할 수 있다.

　　㉡ 신고 등의 내용에 직무상 비밀이 포함된 경우에도 다른 법령, 단체협약 또는 취업규칙 등의 관련 규정에 불구하고 직무상 비밀준수의무를 위반하지 아니한 것으로 본다.

⑨ 포상 및 보상 등(제68조): 위원회는 이 법에 따른 신고에 의하여 현저히 공공기관에 재산상 이익을 가져오거나 손실을 방지한 경우 또는 공익의 증진을 가져온 경우에는 신고를 한 자에 대하여 상훈법 등의 규정에 따라 포상을 추천할 수 있으며, 대통령령으로 정하는 바에 따라 포상금을 지급할 수 있다.

⑩ 벌칙

　　㉠ 인적사항 공개 등 금지 위반의 죄(제88조): 5년 이하의 징역 또는 5천만원 이하의 벌금에 처한다.

　　㉡ 불이익조치 및 신분보장등조치결정 불이행의 죄(제90조): 3년 이하의 징역 또는 3천만원 이하의 벌금에 처한다.

불이익조치의 행위자	불이익조치 조치결정의 불응자
• 파면 · 해임 · 해고 및 신분상실에 해당하는 불이익조치를 한 자(3년 이하의 징역 또는 3천만 원 이하의 벌금) • 그 외(징계, 전근, 따돌림 등)의 불이익조치를 한 자(2년 이하의 징역 또는 2천만 원 이하의 벌금) • 신고 등을 방해하거나 신고 등을 취소하도록 강요한 자(2년 이하의 징역 또는 2천만 원 이하의 벌금)	• 신분보장 등 조치결정을 이행하지 아니한 자(3년 이하의 징역 또는 3천만 원 이하의 벌금) • 잠정적인 중지 조치 요구를 정당한 사유 없이 이행하지 아니한 자(6개월 이하의 징역 또는 500만 원 이하의 벌금)

(3) **국민감사청구제도(제72조)**: 19세 이상의 국민은 공공기관의 사무처리가 법령위반 또는 부패행위로 인하여 공익을 현저히 해하는 경우 대통령령으로 정하는 일정한 수(300명) 이상의 국민의 연서로 감사원에 감사를 청구*할 수 있다. 다만, 국회 · 법원 · 헌법재판소 · 선거관리위원회 또는 감사원의 사무에 대하여는 국회의장 · 대법원장 · 헌법재판소장 · 중앙선거관리위원회 위원장 또는 감사원장에게 감사를 청구하여야 한다.

(4) **비위면직자의 취업제한(제82조)**

① 비위면직자

　　㉠ 공직자로 직무와 관련된 부패행위 또는 당연퇴직, 파면 또는 해임된 자

　　㉡ 공직자였던 자가 재직 중 직무와 관련된 부패행위로 벌금 300만 원 이상의 형의 선고받은 자

② **취업제한**: 비위면직자 등은 집행이 종료된 시점을 기준으로 5년 동안 공공기관, 부패행위 관련 기관, 퇴직 전 소속 기관의 업무와 밀접한 관련이 있는 영리사기업체, 법률사무소, 회계 · 세무법인, 공기업, 사립학교 등의 공동이익과 상호협력 등을 목적으로 설립된 법인 · 단체에 취업할 수 없다.

---

* 감사청구의 방법

　감사청구를 하고자 하는 자는 대통령령으로 정하는 바에 따라 청구인의 인적 사항과 감사청구의 취지 및 이유를 기재한 기명의 문서로 하여야 한다.

1. 개념

내부고발(Whistle Blowing)은 조직구성원이 조직 내부에서 일어나는 낭비나 비리, 부패 등을 대외적으로 폭로하는 행위를 말한다. 내부고발자 보호제란 이러한 폭로행위로 말미암은 조직의 보복으로부터 내부고발자를 보호하여 만연된 내부 비리를 척결하려는 제도이다.

2. 내부고발의 특성

(1) 불법, 부당, 비윤리적 행위폭로

(2) 윤리적 신념에 바탕을 둔 공익을 위한 행위(외형은 이타적)

(3) 고발자는 일반적으로 약한 위치에 있음

(4) 통상적이지 않은 통로를 이용한 폭로이며, 대외적 공표임

3. 내부고발자 보호의 찬반논의

(1) 찬성론: 부패근절은 물론 고발자를 보호하지 않으면, 비윤리적·비인가적 행위

(2) 반대론: 기밀누설, 조직의 운영질서 교란, 고발자에 의해 공격받은 사람의 보호에 소홀

---

4 공익신고자 보호법

1. 목적

이 법은 공익을 침해하는 행위를 신고한 사람 등을 보호하고 지원함으로써 국민생활의 안정과 투명하고 깨끗한 사회풍토의 확립에 이바지함을 목적으로 한다.

2. 공익신고(제6조)

(1) 누구든지 공익침해행위*가 발생하였거나 발생할 우려가 있다고 인정하는 경우에는 법에서 정한 기관에 문서로서(전자문서 포함) 공익신고를 할 수 있다.

(2) 공직자는 그 직무를 하면서 공익침해행위를 알게 된 때에는 이를 조사기관, 수사기관 또는 위원회에 문서로서(전자문서 포함) 신고하여야 한다.

- 공익침해행위를 하는 사람이나 기관·단체·기업 등의 대표자 또는 사용자
- 공익침해행위에 대한 지도·감독·규제 또는 조사 등의 권한을 가진 행정기관이나 감독기관(조사기관)
- 수사기관
- 위원회
- 그 밖에 공익신고를 하는 것이 공익침해행위의 발생이나 그로 인한 피해의 확대방지에 필요하다고 인정되어 대통령령으로 정하는 자

---

* 공익침해행위

국민의 건강과 안전, 환경, 소비자의 이익 및 공정한 경쟁을 침해하는 행위로서, 법률의 벌칙에 해당하는 행위, 법률에 따라 인허가의 취소처분, 정지처분 등 대통령령으로 정하는 행정처분의 대상이 되는 행위이다.

3. 신고처리(제10조)

(1) 위원회가 공익신고를 받은 때에는 공익신고자의 인적사항, 공익신고의 경위 및 취지 등 신고내용의 특정에 필요한 사항 등을 확인·요구할 수 있으며, 사실 확인을 마친 후에는 바로 해당 조사기관이나 수사기관에 이첩하고, 그 사실을 공익신고자에게 통보하여야 한다.

(2) 조사기관은 공익신고를 받은 때와 위원회로부터 공익신고를 이첩받은 때에는 그 내용에 관하여 필요한 조사를 하여야 한다.

4. 공익신고자 등의 보호(제3장)

(1) **인적 사항의 기재 생략(제11조)**: 공익신고자등이나 그 친족 또는 동거인이 공익신고등을 이유로 피해를 입거나 입을 우려가 있다고 인정할 만한 상당한 이유가 있는 경우에 인적 사항을 생략하여 기재할 수 있다.

(2) **공익신고자 등의 비밀보장 의무(제12조)**: 그의 인적사항이나 그가 공익신고자등임을 미루어 알 수 있는 사실을 다른 사람에게 알려주거나 공개 또는 보도하여서는 아니 된다. 다만, 공익신고자등이 동의한 때에는 그러하지 아니하다.

(3) **신변보호조치(제13조)**: 공익신고자등과 그 친족 또는 동거인은 공익신고등을 이유로 생명·신체에 중대한 위해를 입었거나 입을 우려가 명백한 경우에는 위원회에 신변보호에 필요한 조치를 요구할 수 있다. 이 경우 위원회는 필요하다고 인정되면 경찰관서의 장에게 신변보호조치를 하도록 요청할 수 있다.

(4) **책임감면(제14조)**: 공익신고 등과 관련하여 공익신고자 등의 범죄행위가 발견된 경우에는 그 형을 감경하거나 면제할 수 있다.

(5) **불이익조치 등의 금지(제15조)**: 누구든지 공익신고자 등에게 공익신고 등을 이유로 불이익조치를 하여서는 아니 된다.

(6) **인사조치의 우선적 고려(제16조)**: 공익신고자 등의 사용자 또는 인사권자는 공익신고자 등이 전직 또는 전출·전입, 파견근무 등 인사에 관한 조치를 요구하는 경우 그 요구내용이 타당하다고 인정할 때에는 이를 우선적으로 고려하여야 한다.

5. 보호조치 신청(제17조)

(1) 공익신고자 등은 공익신고 등을 이유로 불이익조치를 받은 때(공익침해행위에 대한 증거자료의 수집 등 공익신고를 준비하다가 불이익조치를 받은 후 공익신고를 한 경우를 포함한다)에는 위원회에 원상회복이나 그 밖에 필요한 조치를 신청할 수 있다.

(2) 보호조치는 불이익조치가 있었던 날(불이익조치가 계속된 경우에는 그 종료일)부터 1년 이내에 신청하여야 한다. 다만, 공익신고자 등이 천재지변, 전쟁, 사변, 그 밖에 불가항력의 사유로 1년 이내에 보호조치를 신청할 수 없었을 때에는 그 사유가 소멸한 날부터 14일(국외에서의 보호조치 요구는 30일) 이내에 신청할 수 있다.

6. 보호조치 결정(제20조)

위원회는 조사 결과 신청인이 공익신고 등을 이유로 불이익조치를 받았다고 인정될 때에는 불이익조치를 한 자에게 30일 이내의 기간을 정하여 보호조치를 취하도록 요구하는 결정을 하여야 한다.

5 국가공무원법

1. 목적

이 법은 각급 기관에서 근무하는 모든 국가공무원에게 적용할 인사행정의 근본 기준을 확립하여 그 공정을 기함과 아울러 국가공무원에게 국민 전체의 봉사자로서 행정의 민주적이며 능률적인 운영을 기하게 하는 것을 목적으로 한다.

2. 국가공무원법상의 13대 의무

선서의무	공무원은 취임할 때에 소속기관장 앞에서 대통령령 등으로 정하는 바에 따라 선서(宣誓)하여야 한다.
성실 의무	모든 공무원은 법령을 준수하며 성실히 직무를 수행하여야 한다.
복종의 의무	공무원은 직무를 수행할 때 소속 상관의 직무상 명령에 복종하여야 한다.
직장이탈 금지	공무원은 소속 상관의 허가 또는 정당한 사유가 없으면 직장을 이탈하지 못한다. 수사기관이 공무원을 구속하려면 그 소속 기관의 장에게 미리 통보하여야 한다. 다만, 현행범은 그러하지 아니하다.
친절 · 공정의 의무	공무원은 국민 전체의 봉사자로서 친절하고 공정하게 직무를 수행하여야 한다.
종교중립의 의무	공무원은 종교에 따른 차별 없이 직무를 수행하여야 한다. 공무원은 소속 상관이 종교중립의 의무에 위배되는 직무상 명령을 한 경우에는 이에 따르지 아니할 수 있다.
비밀 엄수의 의무	공무원은 재직 중은 물론 퇴직 후에도 직무상 알게 된 비밀을 엄수(嚴守)하여야 한다.
청렴의 의무	공무원은 직무와 관련하여 직접적이든 간접적이든 사례 · 증여 또는 향응을 주거나 받을 수 없다. 공무원은 직무상의 관계가 있든 없든 그 소속 상관에게 증여하거나 소속 공무원으로부터 증여를 받아서는 아니 된다.
외국 정부의 영예 등을 받을 경우	공무원이 외국 정부로부터 영예나 증여를 받을 경우에는 대통령의 허가를 받아야 한다.
품위 유지의 의무	공무원은 직무의 내외를 불문하고 그 품위가 손상되는 행위를 하여서는 아니 된다.
영리 업무 및 겸직 금지	공무원은 공무 외에 영리를 목적으로 하는 업무에 종사하지 못하며 소속 기관장의 허가 없이 다른 직무를 겸할 수 없다.
정치 운동의 금지	공무원은 정당이나 그 밖의 정치단체의 결성에 관여하거나 이에 가입할 수 없다. 또한, 특정 정당 또는 특정인을 지지 또는 반대하기 위한 행위를 하여서는 아니 된다.
집단 행위의 금지	공무원은 노동운동이나 그 밖에 공무 외의 일을 위한 집단 행위를 하여서는 아니 된다. 다만, 사실상 노무에 종사하는 공무원은 예외로 한다.

⊂LINK⊃ 대한민국헌법

헌법 제7조
① 공무원은 국민전체에 대한 봉사자이며, 국민에 대한 책임을 진다.
② 공무원의 신분과 정치적 중립성은 법률이 정하는 바에 의하여 보장된다.

1. 개념

공무원이 정당적 목적에 이용되는 것을 방지하고 불편부당한 입장에서 국민에 대한 진정한 봉사자로서 자신의 직무를 성실히 수행해야 한다는 것을 의미한다.

(1) 전통적 의미의 정치적 중립: 반엽적 관점으로 정치행정이원론을 의미

(2) 오늘날 정치적 중립: 정치행정일원론의 상황 속에서 정치적 중립이 행정활동에 있어서 정치적 성격이나 정치적 역동성을 배제하는 것이 아니라, 행정의 정책결정기능을 인정하면서도, 특정 정당이나 정파에 치우침이 없는 불편부당성을 의미

2. 필요성

(1) 정권변동과 관계 없이 행정의 안정성 · 계속성을 유지할 수 있다.

(2) 행정의 전문성 · 능률성 확보와 부정부패방지에 도움이 된다.

(3) 행정의 공평성을 제고함으로써 공익을 실현할 수 있다.

(4) 행정 관료에 대한 국민의 신뢰를 확보할 수 있다.

(5) 정치체제의 세력균형과 공무원의 정당적 구속을 배제함으로써 민주정치의 기본질서를 확립할 수 있다.

3. 각국의 정치적 중립

(1) 미국: 1883년 펜틀턴법에서 공무원의 정치적 중립에 관한 원칙이 제시된 이래, 1939년 해치법(Hatch Act, 1939)이 제정되면서 공무원의 정치적 중립이 매우 엄격히 요구되고 있다.

(2) 영국: 정치활동의 제한은 직접적인 법적 규제 없이 휘틀리(Whistly) 협의회의 운영을 통하여 실현되고 있으며, 공무원의 윤리의식이 큰 비중을 차지하고 있다.

(3) 독일 · 프랑스: 일부 서구권 국가들은 공무원의 정치활동의 자유가 보장되어 아무런 제한을 두고 있지 않다.

(4) 한국: 정당적 구속의 배제, 민주정치의 기본질서 이념 확립과 관련이 깊다.

① 헌법은 '공무원은 국민전체에 대한 봉사자로서 국민에 대하여 책임을 진다. 공무원의 신분과 정치적 중립은 법률에 의하여 보장된다'라고 규정하여 공무원의 정치적 중립을 천명하고 있다.

② 국가공무원법(제65조): 공무원은 정당이나 그 밖의 정치단체의 결성에 관여하거나 이에 가입할 수 없으며, 선거에서 특정 정당 또는 특정인을 지지 또는 반대하기 위한 다음의 행위를 하여서는 아니 된다.

　　㉠ 투표를 하거나 하지 아니하도록 권유 운동을 하는 것

　　㉡ 서명 운동을 기도(企圖) · 주재(主宰)하거나 권유하는 것

　　㉢ 문서나 도서를 공공시설 등에 게시하거나 게시하게 하는 것

　　㉣ 기부금을 모집 또는 모집하게 하거나, 공공자금을 이용 또는 이용하게 하는 것

　　㉤ 타인에게 정당이나 그 밖의 정치단체에 가입하게 하거나 가입하지 아니하도록 권유 운동을 하는 것 등

4. 정치적 중립성의 문제점

(1) 정당정치의 구현과 정치적 중립성의 현실적 확보와 곤란성

(2) 정치적 중립성과 공평성 · 대표성의 상충

(3) 정치적 중립과 참정권 및 민주정치: 공무원의 정치적 중립은 시민으로서 기본권인 정치적 자유권의 제한을 의미하는데, 이는 국민으로서의 기본권을 침해하게 되고 다양한 정치활동에서 의미 있는 공무원 집단을 배제하게 됨으로써 민주정치의 참여의 질을 저하시킨다.

6 기타 행위규범

1. 공무원 행동강령(법령의 형식)

참여정부에 의하여 2003년 대통령령으로 제정된 실천강령으로 부패방지 및 국민권익위원회의 설치와 운영에 관한 법률에 따라 공무원이 준수하여야 할 행동기준을 규정하고 있는 내규적 성격의 규범이다.

> **개념더하기** **공무원 행동강령**
>
> 공무원 행동강령은 부패방지 및 국민권익위원회의 설치와 운영에 관한 법률, 국가공무원법, 공직자윤리법 등 법령에 규정된 의무를 구체화하기 위한 실천강령으로 비교적 최근에 제정되기 시작하였으며 주로 대통령령 형식을 취하고 있다. OECD는 1998년 윤리관리원칙을 발표하면서 각국의 윤리기준의 명확화와 법제화를 강조한 바 이에 따라 모든 OECD 회원국들은 법령 형식으로 공직자 행동강령을 제정·시행하고 있으며 우리나라도 2003년 참여정부에 의하여 대통령령으로 제정되었다.

2. 공무원 헌장(선언적 성격)

1980년 제정된 공무원윤리헌장이 2016년 1월 공무원 헌장으로 전면 개정(35년만에 개정)하였다.

> 우리는 자랑스러운 대한민국의 공무원이다.
> 우리는 헌법이 지향하는 가치를 실현하며 국가에 헌신하고 국민에게 봉사한다.
> 우리는 국민의 안녕과 행복을 추구하고 조국의 평화 통일과 지속 가능한 발전에 기여한다.
> 이에 굳은 각오와 다짐으로 다음을 실천한다.
> ① 공익을 우선시하며 투명하고 공정하게 맡은 바 책임을 다한다.
> ② 창의성과 전문성을 바탕으로 업무를 적극적으로 수행한다.
> ③ 우리 사회의 다양성을 존중하고 국민과 함께 하는 민주 행정을 구현한다.
> ④ 청렴을 생활화하고 규범과 건전한 상식에 따라 행동한다.

MEMO

I wish you the best of luck!

01 엽관주의는 정당에의 충성도와 공헌도를 임용 기준으로 삼았기 때문에 민주주의와 전혀 관련이 없다. (○, ×)

02 실적주의는 정치적 중립을 지향하여 인사행정을 소극화 · 형식화시켰다. (○, ×)

03 대표관료제는 관료의 전문성과 생산성 제고에 기여한다. (○, ×)

04 국민에 대한 관료의 대응성을 향상시킬 수 있다. (○, ×)

05 독립단독형의 조직 형태가 가장 보편적이고 흔하다. (○, ×)

06 비독립합의형은 미국의 연방노동관계청(FLRA)과 과거 우리나라의 중앙인사위원회 등이 있다. (○, ×)

07 독립합의형은 엽관주의의 영향력을 배제함으로써 실적제를 발전시키는 데 유리하다. (○, ×)

08 '국회사무처 직원 선발 시험에 합격한 사람들의 채용시험 성적과 1년 후 근무성적을 비교하여 검증한다.' 에서 활용한 타당성 검증방법은 기준타당성이다 (○, ×)

09 배치전환은 행정의 전문성과 능률성을 증진시킬 수 있다. (○, ×)

10 직무의 부적응을 해소하고 조직 구성원에게 재적응의 기회를 부여할 수 있다. (○, ×)

11 목표관리제는 개인이나 부서의 목표를 조직의 관리자가 제시한다는 측면에서 조직목표 달성을 위한 하향식 접근이다. (○, ×)

12 성과관리는 조직의 비전과 목표로부터 이를 달성하기 위한 부서단위의 목표와 성과지표, 개인단위의 목표와 지표를 제시한다는 점에서 상향식 접근이다. (○, ×)

13 투사(Projection)는 잘된 성과에 대해서는 자신의 내적 요소에 귀인하고 좋지 않은 성과에 대해서는 외적 요소에 귀인하는 경향을 말한다. (○, ×)

14 상동적 태도(Stereotyping)는 인지 대상이 속한 집단의 특성에 비추어 그 대상을 지각하는 것이다. (○, ×)

15 공무원의 부패 방지 대책으로 사회적 규제 강화가 있다. (○, ×)

16 공직자 윤리기준은 행위의 이유에 따라 판단하는 목적론적 접근방법과 그 행위의 결과나 성과에 따라 판단하는 의무론적 접근방법으로 구분된다. (○, ×)

17 공직자의 역할 책임론은 전문 직업가 역할과 민주주의 담론의 촉진자 역할로 구분된다. (○, ×)

OX정답확인

01 × **02** ○ **03** × **04** ○ **05** × **06** × **07** ○ **08** ○ **09** × **10** ○ **11** × **12** × **13** × **14** ○ **15** ×
16 × **17** ○

01

엽관주의와 실적주의에 대한 설명으로 옳은 것은?

① 엽관주의는 개인의 능력, 적성, 기술을 공직 임용 기준으로 한다.
② 엽관주의는 정치지도자의 국정 지도력을 약화한다.
③ 실적주의는 국민에 대한 관료의 대응성을 높인다.
④ 실적주의는 공직 임용에 대한 기회의 균등을 보장한다.

02

다음 중 대표관료제에 대한 설명으로 옳지 않은 것은?

① 관료제에 대한 외부적 통제는 근본적 한계를 지닐 수밖에 없다는 인식이 확산되면서 제기되었다.
② 관료제와 국민 사이의 사회경제적 성격이 서로 일치하면 할수록 정책의 대응성이 높아진다는 것을 기본적 전제로 하고 있다.
③ 배경적 대표성이 태도적 대표성으로 이어지며, 이는 다시 실질적 대표성을 낳는다는 논리에 기초하고 있다.
④ 적극적 대표성이란 관료들의 사회경제적 배경이 사회전체의 것을 반영하는 정도를 의미한다.

03

다음 중 중앙인사기관에 대한 설명으로 옳지 않은 것은?

① 영국의 내각사무처는 비독립 단독형 인사기관 형태를 채택하고 있다.
② 독립합의형 인사기관은 인사행정의 책임소재를 명확히 할 수 있다.
③ 중앙인사기관의 기능은 준입법, 준사법 기능과 집행, 감사 기능을 모두 포함한다.
④ 비독립단독형 인사기관은 주요 인사 정책의 신속한 추진을 가능하게 한다.

04

다음 중 직위분류제의 주요 개념에 대한 설명으로 옳은 것은?

① 등급은 직위에 포함된 직무의 성질, 난도, 책임의 정도가 유사해 채용과 보수 등에서 동일하게 다룰 수 있는 직위의 집단이다.
② 직류는 직무 종류가 광범위하게 유사한 직렬의 군이다.
③ 직렬은 직무 종류는 유사하나 난도와 책임 수준이 다른 직급 계열이다.
④ 직군은 동일 직렬 내에서 담당 직책이 유사한 직무군이다.

05

다음 중 직무평가방법과 설명이 바르게 연결된 것은?

ⓐ 서열법(Job Ranking)
ⓑ 분류법(Classification)
ⓒ 점수법(Point Method)
ⓓ 요소비교법(Factor Comparison)

㉠ 직무 전체를 종합적으로 판단해 미리 정해 놓은 등급기준표와 비교해가면서 등급을 결정한다.
㉡ 대표가 될 만한 직무들을 선정하여 기준 직무(Key Job)로 정해놓고 각 요소별로 평가할 직무와 기준 직무를 비교해가며 점수를 부여한다.
㉢ 비계량적 방법을 통해 직무기술서의 정보를 검토한 후 직무 상호 간에 직무전체의 중요도를 종합적으로 비교한다.
㉣ 직무평가표에 따라 직무의 세부 구성요소들을 구분한 후 요소별 가치를 점수화하여 측정하는데, 요소별 점수를 합산한 총점이 직무의 상대적 가치를 나타낸다.

	ⓐ	ⓑ	ⓒ	ⓓ
①	㉠	㉡	㉢	㉣
②	㉠	㉢	㉣	㉡
③	㉢	㉡	㉠	㉣
④	㉢	㉠	㉣	㉡

01
정답 ④

① 능력, 적성, 기술 등 객관적인 기준을 공직 임용 기준으로 삼는 것은 실적주의이다.
② 정치지도자의 국정 지도력을 약화하는 것은 실적주의이다. 엽관주의는 국민의 대표인 정치지도자에게 충성하는 관료들을 임용하기 때문에 정치지도자의 국정 지도력을 강화한다.
③ 국민에 대한 관료의 대응성을 높일 수 있는 방법은 엽관주의에 해당한다. 실적주의는 관료의 정치적 중립성을 강조하기 때문에 국민에 대한 관료의 대응성이 떨어질 수 있다.

02
정답 ④

소극적 대표성에 대한 설명이다.

03
정답 ②

독립합의형 인사기관은 복수의 구성원으로 구성되는 합의제 형태의 인사기관이므로 인사행정의 인사정책결정에 대한 책임이 분산되어 책임소재를 명확히 할 수 없다는 단점이 있다.

04
정답 ③

① 등급이 아니라 직급에 대한 설명이다.
② 직류가 아니라 직군에 대한 설명이다.
④ 직군이 아니라 직류에 대한 설명이다.

05
정답 ④

㉠ 분류법에 대한 설명으로 ⓑ에 해당한다.
㉡ 요소비교법에 대한 설명으로 ⓓ에 해당한다.
㉢ 서열법에 대한 설명으로 ⓐ에 해당한다.
㉣ 점수법에 대한 설명으로 ⓒ에 해당한다.

06

다음 중 직업공무원제에 대한 설명으로 옳지 않은 것은?

① 공무원집단이 환경적 요청에 민감하지 못하고 특권 집단화될 우려가 있다.
② 직업공무원제가 성공적으로 확립되기 위해서는 공직에 대한 사회적 평가가 높아야 한다.
③ 직업공무원제는 행정의 계속성과 안 정성 및 일관성 유지에 유리하다.
④ 직업공무원제는 일반적으로 전문행정 가 양성에 유리하기 때문에 행정의 전문화 요구에 부응한다.

07

다음 중 우리나라의 고위공무원단에 대한 설명으로 옳지 않은 것은?

① 고위공무원단의 일부는 공모직위 제도에 의해 충원된다.
② 고위공무원단제도는 지방자치단체의 지방공무원에 대해서는 도입되지 않고 있다.
③ 고위공무원단은 계급제가 아닌 직무등급제를 기반으로 운영된다.
④ 고위공무원단의 대상은 일반직 공무원이며 별정직 공무원은 그 대상에서 제외된다.

08

다음 중 공무원임용령상 보직관리의 기준에 따른 직위의 직무 요건으로 옳지 않은 것은?

① 직위의 성과책임
② 직렬 및 직류
③ 직무수행의 난이도
④ 직무수행요건

09

다음 설명에 해당하는 공무원평정제도를 바르게 짝지은 것은?

> ㉠ 고위공무원단제도의 도입에 따라 고위공무원으로서 요구되는 역량을 구비했는지를 사전에 검증하는 제도적 장치로 도입되었다.
> ㉡ 직무분석을 통해 도출된 성과책임을 바탕으로 성과목표를 설정·관리·평가하고, 그 결과를 보수 혹은 처우 등에 적용하는 일련의 과정을 거친다.
> ㉢ 행정서비스에 관한 다방향적 의사전달을 촉진하며 충성심의 방향을 다원화하는 데 기여할 수 있다.
> ㉣ 공무원의 능력, 근무성적 및 태도 등을 평가해 교육훈련수요를 파악하고, 승진 및 보수결정 등의 인사관리자료를 얻는 데 활용한다.

① ㉠ 역량 평가제 ㉡ 직무성과 관리제
　 ㉢ 다면 평가제 ㉣ 근무성적 평정제
② ㉠ 다면 평가제 ㉡ 역량 평가제
　 ㉢ 근무성적 평정제 ㉣ 직무성과 관리제
③ ㉠ 역량 평가제 ㉡ 근무성적 평정제
　 ㉢ 다면 평가제 ㉣ 직무성과 관리제
④ ㉠ 다면 평가제 ㉡ 직무성과 관리제
　 ㉢ 역량 평가제 ㉣ 근무성적 평정제

10

다음 중 공직자윤리법의 내용으로 가장 옳지 않은 것은?

① 이해충돌 방지 의무
② 정무직 공무원 등의 재산등록 의무
③ 외국정부 등으로부터 받은 선물의 신고
④ 비위면직자의 취업제한

11

다음 중 현행 국가공무원법상 공무원의 의무에 대한 내용으로 옳지 않은 것은?

① 공무원은 직무와 관련하여 직접적이든 간접적이든 사례·증여 또는 향응을 주거나 받을 수 없다.

② 공무원은 재직 중은 물론 퇴직 후에도 직무상 알게 된 비밀을 엄수하여야 한다.

③ 공무원은 직무상의 관계가 있든 없든 그 소속 상관에게 증여하거나 소속 공무원으로부터 증여를 받아서는 아니 된다.

④ 수사기관이 현행범인 공무원을 구속하려면 그 소속 기관의 장에게 미리 통보하여야 한다.

12

다음 중 공직윤리 확보를 위한 행동강령에 대한 설명으로 옳지 않은 것은?

① 행동강령은 공무원에게 기대되는 바람직한 가치판단이나 의사결정을 담 고 있으며, 공무원이 준수하여야 할 행동기준으로 작용한다.

② 공무원 행동강령은 부패방지 및 국민 권익위원회의 설치와 운영에 관한 법률 제8조에 근거해 대통령령으로 제 정되었다.

③ 공무원 행동강령은 중앙행정기관의 장 등에게 공무원 행동강령의 시행에 필요한 범위에서 해당 기관의 특성에 적합한 세부적인 기관별 공무원 행동 강령을 제정하도록 규정하고 있다.

④ OECD 국가들의 행동강령은 1970년대부터 집중적으로 제정되었으며, 주 로 법률 형식으로 규정하고 있다.

06 정답 ④

직업공무원제는 외부로부터의 전문인력 충원이 어렵고 계급제라는 공직분류 체 계상 전문행정가의 육성이 어려워 행정 의 전문화와 기술화를 저해한다.

07 정답 ④

고위공무원단의 대상은 일반직·별정직·특정직(외무직)이 포함된다.

08 정답 ②

공무원임용령 제43조(보직관리의 기준)를 근거로 직위의 성과책임, 직무수행의 난이도, 직무수행요건은 직위의 직무요건에 해당하나 ② 직렬 및 직류는 공무원의 인적요건에 해당한다.

09 정답 ①

㉠은 역량평가, ㉡은 직무성과관리, ㉢은 다면평가, ㉣은 근무성적평정에 해당하는 설명이다.

10 정답 ④

비위면직자의 취업제한은 공직자윤리법이 아니라 부패방지 및 국민권익위원회 설치·운영에 관한 법률에 규정되어 있다.

11 정답 ④

현행범인 공무원을 구속하는 경우에는 기관장에게 미리 통보할 필요가 없으며, 그 경우 직장이탈금지의 의무에 위배되지 않는다.

12 정답 ④

공무원 행동강령은 부패방지 및 국민권익위원회의 설치에 관한 법률, 국가공무원법, 공직자윤리법 등 법령에 규정된 의무를 구체화하기 위한 실천강령으로 비교적 최근에 제정되기 시작하였으며 주로 대통령령 형식을 취하고 있다. OECD는 1998년 윤리관리원칙을 발표하면서 각국의 윤리기준의 명확화와 법제화를 강조한바이에 따라 모든 OECD 회원국들은 법령 형식으로 공직자 행동강령을 제정·시행하고 있으며 우리나라도 2003년 참여정부에 의하여 대통령령으로 제정되었다.

재무행정론

www.edusd.co.kr

CHAPTER 01 재정과 재정 관련 법

01 국가재정

1 재무행정의 개념

1. 의의

국가재정이란 국가의 존립과 목적달성을 위하여 필요한 경비를 조달하고 관리하는 일체의 활동을 말한다. 특히 현대 민주국가에 있어서 재정은 국가경비의 단순한 수입과 지출의 관리차원을 넘어 국민은 인간으로서 존엄과 가치 및 행복추구(헌법 제10조)의 실현 그리고 기본권 보장이라는 국가적 책무의 수행을 위한 물적 기초가 된다.

2. 재무행정의 기본 용어

(1) **재정**: 재정권력작용[일반정부(국가 · 지방자치단체 · 기타 공공기관이 재원조달을 위해 통치권으로 국민에게 명령 · 강제)]+재정관리작용(재산관리, 회계정리)

(2) **예산**: 매년 공공욕구 충족을 위해 재원을 조달하고 지출하는 계획의 과정과 결과

(3) **회계**: 조직의 과거 경제적 성과를 파악하여 현재 상태를 기록하고 미래를 계획하는 활동

(4) **계정**: 특정 회계 항목(자산, 부채, 자본 등)의 증감을 구분하여 계산 · 기록하는 단위

(5) 재정 ⊃ 예산 ⊃ 회계 ⊃ 계정

2 공공재정의 의의와 범위

국가재정법은 재정의 정의나 범위에 대해 규정하지 않고 있으며, 실무적으로 정부는 재정의 범위와 관련해 '통합재정' 개념을 사용하고 있다.

통합재정은 정부재정통계편람(GFSM; Government Finance Statistics Manual)에 따라 회계 · 기금 간, 중앙 · 지방정부 간, 내부거래와 차입 · 상환 등의 보전거래를 제외한 순수한 재정활동 규모(통합재정 규모=지출+순융자)와 재정수지를 산출함으로써 전체 재정규모와 재정의 건전성을 측정하기 위한 유용한 지표로 활용되고 있다.

우리나라의 통합재정의 범위에는 중앙 및 지방정부의 일반회계, 특별회계 및 일부기금만 포함하여 국제기준보다 통합재정의 범위가 협소한 실정이며, 이로 인해 재정정책의 효과분석과 재정위험요인에 대한 체계적인 관리에 한계가 있고, 재정규모 · 수지 등에 대한 타국 통계와 동일한 기준에서 비교가 어려운 점이 있다.

공공재정의 범위				적용법규	국회승인	감사원 회계감사	관리책임자
공공재정	국가재정	예산	일반회계	국가재정법	필요	대상	기획재정부 장관
			특별회계 기업 특별회계	정부기업 예산법	필요		중앙관서의 장
			특별회계 기타 특별회계	개별법	필요		중앙관서의 장
		기금	기금	국가재정법	필요		중앙관서의 장
			금융성 기금				
	지방재정	예산	일반회계	지방재정법	불필요		지방자치단체의 장
			특별회계				
		기금					
	공공기관의 재정			공공기관의 운영에 관한 법률	불필요		공공기관의 장

개념더하기 재정규모

1. 정부의 재정규모는 포괄범위 및 회계기준에 따라 통합재정규모(IMF 기준), 총지출 규모, 일반정부 재정규모 등으로 정의될 수 있다.
2. 통합재정규모＝경상지출＋자본지출＋순융자(융자지출－융자수입)
3. 총지출 개념은 국제적으로 재정규모를 분석하기 위한 보조지표로 활용되고 있으며 국민의 입장에서 재정을 이해하기 쉽다는 점에서 도입하여 사용하고 있다. 즉, 정부가 국민에 대해 재정적 측면에서 미치는 영향을 여과 없이 전달할 수 있는 개념인 것이다.
4. 총지출 규모는 통합재정규모가 순수한 재정활동 규모를 측정하기 위하여 융자거래와 기업특별회계를 순계 개념으로 파악하는 것과 달리 총계 개념으로 파악하므로 통합재정규모보다는 항상 규모가 크다.

[재정규모 지표]

구분	개념	특징
일반회계	조세수입을 재원으로 하는 일반적인 재정 활동비	일반적인 중앙정부 예산규모
특별회계	조세 외의 수입을 주된 재원으로 지출	
예산순계	일반회계＋특별회계－중복분(회계 간 내부거래)	국회의 심의대상 회계
예산총계	일반회계＋특별회계	광의의 국가예산
통합재정규모	경상지출＋자본지출＋순융자	예산 · 기금 등 정부의 지출규모에서 채무상환 등을 차감한 순수재정 활동규모(IMF 사용지표)
총지출규모	• 지출: 경상지출＋자본지출＋융자지출 • 수입: 일반회계＋특별회계＋기금－내부거래－보전거래	2005 이후 국가재정규모를 공식발표할 때 사용하는 지표
재정규모	중앙 및 지방정부의 일반회계＋특별회계＋기금＋비영리공공기관(공기업 제외) 지출	OECD 사용지표

[우리나라, 통합재정의 포괄범위]

```
                    ┌─ 일반정부부문(중앙정부, 지방정부의 일반회계, 특별회계, 기금 등)
  통합재정 ─────────┤
(비금융공공부문)    └─ 비금융공기업부문(중앙정부, 지방정부의 기업특별회계)
```

> 공공기관 운영에 관한 법률의 공공기관, 금융성 기금 및 외국환평형기금은 통합예산에서 제외

[중앙정부의 지출규모를 나타내는 지표]

(단위: 조 원)

구분		포괄범위	2019년
재정규모			
총계		일반회계＋특별회계＋기금	1018.9
순계		일반회계＋특별회계＋기금 － 회계 간 내부거래(중복분)	
총지출	수입측면	일반회계＋특별회계＋기금－회계 간 내부거래－보전거래－국채발행	485.1
	지출측면	경상지출＋자본지출＋융자지출	
통합재정규모		총지출－융자회수	

[정부예산회계와 통합재정 비교]

(단위: 조 원)

정부예산회계		통합재정	
세입	세출	세입	세출 및 순융자
수입: 120 융자회수: 90 국채발행: 40	지출: 140 융자지출: 100 국채상환: 10	수입: 120	지출: 140 순융자: 10
합계: 250	합계: 250	합계: 120	합계: 150
			보전재원(국채순발행): 30
	재정규모: 250 재정수지차: 0		재정규모: 150 재정수지차: －30

[통합재정수지(중앙정부 기준)의 추이]

(단위: 조 원)

구분	2012	2013	2014	2015	2016	2017	2018	2019	2020
통합재정수지	18.5	14.2	8.5	－0.2	16.9	24.0	31.2	－12.0	－71.2
(GDP 대비, %)	1.3	1.0	0.6	0.0	1.0	1.4	1.6	－0.6	－3.7
관리재정수지	－17.4	－21.1	－29.5	－38.0	－22.7	－18.5	－10.6	－54.4	－112.0
(GDP 대비 %)	－1.3	－1.5	－2.0	－2.4	－1.4	－1.1	－0.6	－2.8	－5.8

1. 재정수지의 개념
   (1) 통합재정수지
   - 당해연도의 일반회계, 특별회계, 기금을 모두 포괄한 수지로서 회계·기금 간 내부거래 및 차입, 채무상환 등 보전 거래를 제외한 순수한 재정수입에서 순수한 재정지출을 차감한 수치
   - 통합재정수지 = 세입(경상수입 + 자본수입) − 세출 및 순융자
   (2) 관리재정수지
   - 재정건전성 여부를 명확히 판단하기 위해 통합재정수지에서 사회보장성기금수지를 제외한 수치
   - 관리재정수지 = 통합재정수지 − 사회보장성기금수지(사회보장성기금 수입 − 사회보장성기금 지출)
   * 사회보장성기금: 국민연금, 사학연금, 고용보험, 산재보험

[총지출 규모와 통합재정규모(중앙정부, 각 연도 본예산 기준)]

(단위: 조 원, %)

구분	2010	2011	2012	2013	2014	2015	2016	2017	2018	2019	2020
중앙정부 총지출 규모	292.8	309.1	325.4	342.0	355.8	375.4	386.4	400.5	428.8	469.6	512.3
중앙정부 통합재정 규모	254.2	273.7	293.0	300.2	312.4	339.4	354.4	379.8	397.7	439.9	481.4
(GDP 대비, %)	20.1	20.5	21.3	21.0	21.0	21.7	21.6	21.9	23.6	23.4	25.3

출처: 기획재정부 「한국통합재정수지」, 기획재정부 「나라살림 예산개요」

2. 중앙정부 총지출 규모
   - 일반회계, 특별회계, 기금의 모든 지출 중 회계와 기금 간 내부거래 및 채무상환 등의 보전거래를 제외한 중앙정부 지출규모
   - 중앙정부 총지출 = 경상지출 + 자본지출 + 융자지출

3. 중앙정부 통합재정규모
   - 정부부문(일반회계, 특별회계, 기금) 지출규모에서 내부거래, 채무상환 등을 차감한 순수한 재정활동의 규모
   - 총지출과의 차이점은 융자지출과 융자원금회수 간의 순계만을 지출규모로 포함
   - 중앙정부 통합재정규모 = 지출(경상지출 + 자본지출) + 순융자(융자지출 − 융자회수)
   * 지방정부 통합재정규모(2016년): 총234.4조 원(일반재정 176.1조 원, 교육재정 58.3조 원)
     = 일반재정(= 일반회계 + 특별회계(지방공기업 특별회계 + 기타특별회계) + 기금) + 교육재정

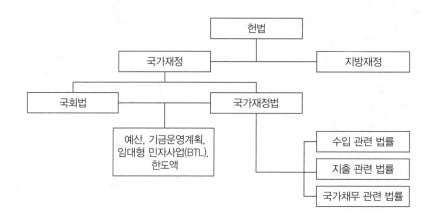

1. 헌법

헌법은 국가재정에 관한 최상위 법원(法源)으로서 국가 재정기능에 대한 원칙적인 사항들을 규정하고 있다. 헌법은 국민의 대표기관인 국회가 제정한 법률과 국회의 통제 하에 국가의 재정활동이 이루어져야 한다는 재정민주주의를 선언하고 있고, 조세법률주의·예산의결원칙 등을 규정하고 있다. 헌법은 재정에 관한 내용은 다음과 같다.

(1) 법률에 의한 납세의무(제38조)

(2) 국회의 예산안 및 추가경정예산안의 심의·확정권(제54조, 제56조)

(3) 계속비에 대한 국회의 의결권(제55조제1항)

(4) 예비비 설치에 관한 의결권과 그 지출승인권(제55조제2항)

(5) 국채의 모집과 예산외에 국가의 부담이 될 계약의 체결에 대한 의결권(제58조)

(6) 조세법률주의(제59조)

(7) 재정적 부담을 지우는 조약의 체결·비준에 대한 동의권(제60조)

(8) 국가의 세입·세출 결산을 위한 감사원 설치규정(제97조)

(9) 감사원의 결산검사(제99조)

2. 국가재정법

(1) 법률의 구성: 국가재정법은 헌법의 재정 조항(재정헌법)을 구체화한 법이며, 국가재정의 기본법이다. 이 법은 재정운용의 일반원칙, 예산 및 기금의 편성 · 집행 · 결산 · 성과관리 및 국가채무 등에 대해 규정하고 있다.

국가재정법의 구성(7장 108개조, 3개 별표)		
제1장	총칙	제1조~제15조
제2장	예산	제1절 총칙: 제16조~제27조
		제2절 예산안의 편성: 제28조~제41조
		제3절 예산의 집행: 제42조~제55조
제3장	결산	제56조~제61조
제4장	기금	제62조~제85조
제5장	재정건전화	제86조~제92조
제6장	보칙	제93조~제101조
제7장	벌칙	제102조
별1	특별회계설치 근거법률(제4조 제3항 관련)	
별2	기금설치 근거법률(제5조 제1항 관련)	
별3	금융성 기금(제70조 제3항 관련)	

(2) 주요 내용

① 국가재정운용계획의 수립
② 성과 중심의 재정운용
③ 주요 재정정보의 공표
④ 회계 및 기금 간 여유재원의 신축적인 운용
⑤ 성인지 예 · 결산제도의 도입
⑥ 예비비의 계상 한도 등
⑦ 조세지출예산서의 도입
⑧ 예산 총액배분 · 자율편성제도의 도입
⑨ 국가채무관리계획의 수립
⑩ 총사업비관리제도 및 예비타당성조사 등의 도입
⑪ 기금운용계획의 변경 가능 범위축소
⑫ 추가경정예산안 편성사유의 제한
⑬ 세계잉여금을 국가 채무상환에 우선 사용
⑭ 불법 재정지출에 대한 국민감시제도의 도입
⑮ 국세감면율 제한
⑯ 총액계상예산

3. 국회법

국회법은 재정에 대한 심의주체, 심의절차를 규정하고 있다. 재정에 관한 국회법 규정은 다음과 같다.

(1) 예산결산특별위원회 설치(제45조)

(2) 의안에 대한 비용추계 자료 등의 제출(제79조의2)

(3) 예산 관련 법률안에 대한 예산결산특별위원회와의 협의(제83조의2)

(4) 예산안 · 결산의 회부 및 심사(제84조)

(5) 기금운용계획안의 회부 등(제84조의2)

(6) 예산안 · 기금운용계획안 및 결산에 대한 공청회(제84조의3)

(7) 임대형 민자사업 한도액안의 회부 등(제84조의4)

(8) 예산안 등 본회의 자동 부의 등(제85조의3)

(9) 무제한 토론 실시 등(제106조의2 제10항)

(10) 감사원에 대한 감사 요구 등(제127조의2)

(11) 결산의 심의기한(제128조의2)

4. 국가회계법

국가회계법은 결산과 관련된 법이다. 이 법은 국가회계 및 이와 관계되는 기본적인 사항을 정하여 국가회계를 투명하게 처리하고, 재정에 관한 유용하고 적절한 정보를 생산 · 제공하기 위하여 제정된 법률이다. 2007년에 제정된 국가회계법은 국가재정법과 별도로 발생주의 · 복식부기 방식의 재무보고서를 도입하였고, 이에 따라 국가재정법에 따른 현금주의 · 단식부기 방식의 결산보고서와 국가회계법에 따른 발생주의 · 복식부기 방식의 재무보고서를 각각 별도의 법률에 근거하여 따로 작성하는 것으로 되었다. 이처럼 결산에 관한 보고서가 국가재정법과 국가회계법에 분산되어 있던 것을 체계적으로 정비하는 법 개정이 2008년 12월 31일에 이루어졌다. 국가재정법에서는 결산보고서의 작성 · 제출절차 및 일정을 규정하고, 국가회계의 처리기준과 결산보고서의 구성 · 내용, 작성방법은 국가회계법으로 이관함으로써 양 법률의 역할을 구분하여 정비하였다. 국가회계에 관한 사항을 보다 구체적으로 규율하기 위하여 국가회계법 시행령, 국가회계기준에 관한 규칙, 국가회계처리지침 등이 제정 · 시행되고 있다.

5. 정부기업예산법

(1) 의의: 정부기업(양곡관리 · 우편 · 우체국예금 · 조달)에 적용되는 법률로 특별회계가 적용되는 책임운영기관에도 적용된다.

(2) 발생주의 원칙: 사업의 경영성과와 재정상태를 명백히 하기 위하여 재산의 증감 및 변동을 그 발생 시점에 따라 계리하는 발생주의가 적용된다.

(3) 감가상각제도: 고정자산 중 감가상각을 필요로 하는 자산에 대해서는 매 회계연도마다 감가상각을 하여야 한다.

(4) 손익계산의 명확화: 감가상각 및 발생주의에 근거하여 손익계산을 명확히 해야 한다.

(5) 수입금마련지출제도: 경영상 초과수익 발생 시 당해 사업의 직접비로 사용할 수 있게 하는 제도인 수입금마련지출제도가 적용되며, 수입대체경비와는 구별된다.

(6) 다른 법률의 적용: 이 법에 규정된 것을 제외하고는 예산에 관하여는 국가재정법을, 회계에 관하여는 국가회계법을, 수입과 지출 등 국고금의 관리에 관하여는 국고금관리법의 규정을 각각 적용한다.

6. 감사원법

감사원법은 결산(회계검사)과 관련된 법이다. 이 법은 재정과 관련하여 감사원의 임무로서 국가의 세입·세출의 결산검사와 국가 회계의 상시 검사 및 감독의무를 규정하고 있다. 이에 관한 감사원법 규정은 다음과 같다.

(1) 국가의 세입·세출의 결산확인의무(제21조)

(2) 국가회계 및 지방자치단체 회계의 필요적 검사 사항(제22조)

(3) 국가회계 및 지방자치단체의 회계 사항 중 감사원이 필요하다고 인정하거나 국무총리의 요구가 있는 경우에 검사할 수 있는 선택적 검사 사항(제23조)

(4) 헌법 제99조에 따라 작성하는 검사보고서에 포함되어야 하는 검사보고 사항(제41조)

(5) 결산검사의 보고(제42조)

7. 부담금관리 기본법

부담금관리 기본법은 예산 및 기금의 세외수입인 부담금에 대해 규정하고 있다. 부담금이란 중앙행정기관의 장, 지방자치단체의 장, 행정권한을 위탁받은 공공단체 또는 법인의 장 등 법률에 따라 금전적 부담의 부과권한을 부여받은 자가 분담금, 부과금, 기여금 등 그 명칭에 불구하고 재화 또는 용역의 제공과 관계없이 특정 공익사업과 관련하여 법률에서 정하는 바에 따라 부과하는 조세 외의 금전지급의무를 말한다. 부담금은 국가재정수입의 중요한 수단으로서, 특별회계나 기금의 주요 재원이지만, 국민과 기업의 입장에서는 경제적 부담이 되므로 그 남설을 방지하기 위해 부담금관리 기본법 별표에 규정된 법률에 의하지 아니하고는 이를 설치할 수 없도록 하고 있다.

8. 국유재산법, 국유재산특례제한법, 물품관리법, 국고금관리법, 국가채권관리법

국유재산법, 국유재산특례제한법, 물품관리법, 국고금관리법 및 국가채권관리법은 수입 중 세외수입과 관련이 있는 법들이다. 국유재산법은 부동산 등에 대해, 국유재산특례제한법은 국유재산특례와 그 제한에 대해, 물품관리법은 동산에 대해, 국고금관리법은 현금에 대해, 국가채권관리법은 채권에 대해 규정하고 있다.

9. 보조금 관리에 관한 법률

보조금 관리에 관한 법률은 예산의 편성 및 집행과 관련된 법이다. 보조금이란 국가 외의 자가 수행하는 사무 또는 사업에 대하여 국가가 이를 조성하거나 재정상의 원조를 하기 위하여 교부하는 보조금, 부담금 등 상당한 반대급부를 받지 아니하고 교부하는 급부금을 말한다.

보조금 관리에 관한 법률은 보조금 예산의 편성, 교부 신청, 교부 결정 및 사용 등에 관한 기본적인 사항을 규정함으로써 효율적인 보조금 예산의 편성 및 집행 등 보조금 예산의 적정한 관리를 도모하기 위하여 제 정된 것으로, 지출에 관한 법률에 해당한다. 보조금 예산의 편성, 보조금의 교부 신청과 교부 결정, 보조사 업의 수행, 보조금의 반환 등의 내용을 규정하고 있다.

10. 사회기반시설에 대한 민간투자법

사회기반시설에 대한 민간투자법은 임대형 민간투자사업*(BTL; Build-Transfer-Lease)의 근거법률 이다. 이 법은 사회기반시설에 대한 민간의 투자를 촉진하여 창의적이고 효율적인 사회기반시설의 확충 · 운영을 도모함으로써 국민경제 발전에 이바지하기 위한 목적에서 제정된 법률이다.

11. 공공기관의 운영에 관한 법률

공공기관 운영에 관한 법률은 정부투자기관 관리기본법과 정부산하기관 관리기본법이 통합되어 공공기관 운영에 관한 법률이 제정되었다. 특징으로는 정부의 공공기관들은 공공기관인 공기업, 준정부기관, 기타 공공기관으로 분류되어있고, 공기업과 준정부기관의 회계는 발생주의 원칙을 적용한다. 예산은 국회 의결 이 아닌 이사회의 의결로 확정되고, 결산은 공기업의 경우 기획재정부 장관의 승인으로, 준정부기관의 경 우 주무부장관의 승인으로 확정된다.

공공기관의 운영에 관한 법률은 공공기관의 의의 및 지정절차, 공공기관운영 위원회의 설치, 공공기관의 경영공시, 공기업 · 준정부기관의 운영사항(정관 · 이사회 · 임원 · 예산회계 · 경영평가와 감독), 외부감사 인의 회계감사, 결산서의 국회제출 등의 내용을 규정하고 있다.

12. 지방재정법

지방재정법은 지방자치단체의 재정 및 회계에 관한 기본원칙을 정함으로써 지방재정의 건전하고 투명한 운용과 자율성을 보장하기 위하여 제정된 법률이다. 이 법은 지방자치단체의 재정활동을 총괄적으로 관리 하는 일반법이며 또한 지방재정 관리절차를 규정하는 절차법이기도 하다. 지방재정법은 지방재정운용의 일반원칙, 자치사무 경비의 부담, 예산의 편성 · 집행, 결산, 재정분석 및 공개, 수입, 지출, 현금과 유가증 권, 시효, 채권과 채무, 복권, 회계관계공무원에 관한 기본적인 사항을 규정하고 있다.

---

*　민간투자사업
　도로, 철도, 항만, 학교시설 등 사회기반시설을 민간자금으로 건설하고 민간이 운영하는 제도로, 정부의 부족한 재정을 보완하고, 민간의 창의와 효율을 활용하여 다양하고 질
　좋은 공공서비스를 제공하려는 취지에서 도입되었다.

구분	국가재정	지방재정
예산제출시한	회계연도 개시 120일 전	광역: 50일 전, 기초: 40일 전
예산의결시한	회계연도 개시 30일 전	광역: 15일 전, 기초: 10일 전
출납정리기한*	회계연도 말	회계연도 말
출납기한	다음 연도 2월 10일	다음 연도 2월 10일
회계연도	1월 1일~12월 31일	1월 1일~12월 31일
예산의 구성	예산총칙, 세입세출예산, 계속비, 명시이월비, 국고채무부담행위	예산총칙, 세입세출예산, 계속비, 명시이월비, 채무부담행위
추가경정예산	보통 연 1회	보통 연 3~4회(국고보조금에 의존하기 때문에 예산이 불확정적)
예산 불성립 시 예산	준예산(활용실적 없음)	준예산(활용실적 있음)
특별회계	법률로 설치	법률 또는 조례로 설치
주민참여 예산	실시	실시
국정감사 (지방은 행정감사)	30일간, 정기국회 개회 전 실시	광역은 14일, 기초는 9일, 정례회의에서 실시
예산성과금제	도입	도입
성인지 예·결산제도	도입(2010년)	도입(2013년)
성과계획서 및 성과보고서 제출	도입	도입
자율예산편성	실시	미실시
조세지출예산서	실시	실시
총액계상예산	도입	미도입
발생주의·복식부기	실시	실시
납세자소송제도	미도입	도입
예비비 반영	일반회계 예산총액의 1/100 이내	일반회계 예산총액의 1/100 이내
상임위의 예비심사	필수	생략되는 기초의회도 있음
예산결산특별위원회	상설	비상설
과세근거	법정주의	법정주의

---

* **출납정리기한**
한 회계연도에 속하는 세입·세출은 원칙적으로 당해 연도 내에 완결되어야 한다.

02 예산

01 예산 기초

예산은 국가재정의 핵심으로서 국가의 수입과 지출에 관한 계획이다. 전통적으로 예산이란 일반회계만을 의미하지만 일반적으로 특별회계까지 포함하는 측면으로 해석한다. 하지만 기금 역시 예산과 마찬가지로 기금운용계획의 형태로 국회에서 사업내용과 규모가 심의·확정되며 결산결과가 국회에서 심의되므로 재정운영의 투명성과 책임성을 확보할 수 있다. 따라서 예산총계주의가 적용되는 예산의 범위를 일반회계·특별회계·기금을 모두 포함하는 것으로 확대해석하는 견해도 있다(실무적으로는 예산과 기금을 구별).

1 예산의 개념과 특성

1. 실질적 의미

1회계연도 동안의 국가의 세입과 세출의 내용을 담고 있는 계획서이다.

2. 형식적 의미의 국가재정법

예산은 정부가 회계연도마다 작성하여 국회에 제출하고, 국회가 심의·확정한 것으로, 예산총칙·세입세출예산·계속비·명시이월비 및 국고채무부담행위로 구성된 1회계연도 동안의 국가 재정활동계획을 말한다.

3. 실질적 개념

세입예산, 세출예산(p.148 참조)

4. 예산의 특성

(1) 예산결정은 사실판단과 가치판단의 이중결정으로 이루어져 있다.

(2) 예산은 목적을 효율적으로 달성해야 하는 경제적·합리적 측면과 현실적으로는 배분 과정에서 서로 많은 몫을 차지하려는 참여자들 간의 정치권력적 측면이 모두 작용한다.

(3) 행정부의 관리도구로서 공공사업과 서비스를 제공하는 방법과 수단일 뿐만 아니라 정부활동을 효율성과 공평성 측면에서 평가하는 기준이다.

(4) 국회의 사전심의 등을 통하여 공무원의 책임성을 확보하기 위한 회계도구이다.

(5) 예산은 지출항목으로 표시된 금액을 가지고 인력과 물자를 조달해 어떤 일정한 일을 하면 어떤 결과가 나올 것이라는 인과관계의 설명이다.

(6) 예산은 다양한 정책과 관련된 정보를 창출하는 도구로서의 기능을 갖는다.

(7) 예산은 정부정책 중 가장 보수적인 영역이다. 따라서 예산은 전년 대비 일정 비율의 변화에 국한되는 점증주의적 성격이 강하게 나타난다.

(8) 정부 정책의 회계적 표현이다.

2 법률주의와 예산(의결)주의

1. 법률주의(세입법 · 세출법)

예산이 법률과 동일한 형식을 취하는 것으로, 세입예산과 세출예산 모두 법률적 구속을 받게 되며, 조세 관련 법도 세입예산과 함께 매년 국회의 의결을 얻게 되어 조세제도가 일년세주의가 된다(영국, 미국).

2. 예산(의결)주의

예산이 법률과는 다른 의결 형식을 취한다. 세출예산은 법률은 아니지만 법적 구속력을 갖고 세입예산은 법적 구속력이 없는 수입의 추계치에 불과하다. 따라서 세입예산과 조세 관련 법률이 충돌하지 않기 때문에 조세체계는 영구세주의를 취한다(우리나라, 일본 등).

개념더하기 예산과 법률의 비교

구분		예산	법률
성립 절차	제출권자	정부	정부와 국회
	제출기한	회계연도 개시 120일 전	제한 없음
	심의기한	회계연도 개시 30일 전	제한 없음
	심의범위	정부 동의 없이 증액 및 새비목 설치 불가	자유로운 수정 가능
	거부권 행사	대통령의 거부권 행사 불가	대통령의 거부권 행사 가능
	공포	공포 불요, 의결로 확정	공포해야 효력 발생
효력	시간적 효력	회계연도에 국한	폐지 전까지 계속적 효력 발생
	대인적 효력	국가기관만 구속	국가기관과 국민 모두 구속
	지역적 효력	국내 · 외 효력 발생	원칙상 국내만 효력 발생
	형식적 효력	예산으로 법률 개폐 불가	법률로 예산변경 불가
기타	의사표시대상	대정부 의회의 의사표시	대국민 국가의 의사표시
	특징	제일요 단순한 참고지료	세입과 세출 모두 법적 구속력 있음
	국가	우리나라, 일본	영국, 미국

≫ 예산과 법률의 관계: 예산과 법률은 별개이므로 예산으로 법률을, 법률로 예산을 변경할 수 없다.

구분	희소성의 상태	예산의 초점	예산제도
완화된 희소성	• 정부가 계속사업의 증가분뿐만 아니라 신규사업을 추진할 수 있는 충분한 자원을 보유한 상황 • 계속사업+증가분+신규사업	• 예산의 계획기능을 중시하며, 사업개발 역점 • PPBS 고려	점증주의 PPBS
만성적 희소성	• 일상적인 예산부족상태로서 계속사업의 증가분을 충당할 수 있지만 신규사업은 추진할 수 없는 상황 • 계속사업+증가분	• 신규사업에 대한 분석 및 평가 소홀 • 지출통제보다는 관리개선에 역점을 둠 • 대부분의 정부에서 나타남	보충예산 ZBB
급성 희소성	• 가용자원이 계속사업의 유지는 가능하게 하지만 증가분을 충당할 수 없는 상황 • 계속사업만 가능	• 예산 관련 기획 전면중단 • 예산수요는 다양한 예산 삭감전략에 의해 억제 • 단기적·임기응변적 예산편성	세입예산 (양입제출)
총체적 희소성	• 이미 해오던 계속사업 자체를 유지할 수 없는 상황 • 계속사업도 불가능	• 현실회피형 예산편성 • 돈 흐름에 따라 반복적으로 편성되는 반복적 예산편성 • 행정부패와 허위적 회계처리로 예산통제와 관리 무의미 • 저개발국가에서 나타남	답습예산 (반복예산)

3 예산의 기능

1. 정치적 기능(윌다브스키, A. Wildavsky)

예산은 입법부·행정부·정당·압력단체 등 다양한 이해관계의 갈등·투쟁·타협·협상·조정과정을 통해 결정된다. 이러한 다양한 이해관계의 조정과정에서 예산결정은 정치적 성격을 지닌다.

2. 법적 기능

입법부가 행정부에 대하여 재정권을 부여한 형식이므로 국민의 대표기관인 국회가 심의·확정한 범위 내에서만 지출할 수 있다. 이는 예산이 정부에 대해 법적 구속력을 가질 뿐만 아니라 정부예산 사용에 대한 안정성과 예측가능성을 높일 수 있다.

3. 경제적 기능(머스그레이브, R. Musgrave)

(1) **자원배분기능**: 예산을 통해 시장실패를 교정하고 재화와 용역의 사회적 최적 생산과 최적 소비수준이 이루어지도록 하는 기능을 말한다.

(2) **소득재분배기능**: 빈부의 격차를 해소하는 기능을 말한다.

(3) **경제안정기능**: 예산은 거시경제의 운영에서 총수요를 조절함으로써 경기를 안정화시키는 기능을 수행한다[예 불황(총수요 확대), 과열(총수요 축소)].

(4) **경제성장 촉진기능**: 특정산업 육성이나 사회간접자본 건설 등의 방식으로 경제성장을 촉진하는 것을 의미하고 주로 후진국에서 강조되는 예산의 기능이며, 머스그레이브가 제시한 기능은 아니다.

4. 행정적 기능

(1) 통제기능: 예산은 행정부의 재정활동에 대하여 민주적으로 통제하는 역할을 수행한다(예 품목별 예산제도).

(2) 관리기능: 예산은 자원을 능률적으로 활용 · 관리하도록 하는 역할을 수행한다(예 성과주의 예산제도).

(3) 계획기능: 단기적인 예산을 통해 장기적인 행정부 계획을 뒷받침하는 기능을 수행한다(예 계획예산제도).

(4) 참여적 기능: 구성원의 참여에 의한 예산 운영을 강조한다(예 목표예산).

(5) 감축기능: 정부실패 이후 예산감축을 위해 사업의 우선순위에 따라 원점에서 예산을 배분하는 기능이 있다(예 영기준예산).

4 재무행정 조직

1. 중앙예산기관

(1) 행정수반의 기본정책에 입각하여 예산정책을 수립할 뿐만 아니라 각 부처의 예산요구를 사정 · 조정하고 예산안을 편성하여 입법부에 제출하며, 예산이 성립한 뒤에는 예산집행을 관리 · 통제하는 예산관리기관이다(예 우리나라의 기획재정부, 미국의 관리예산처, 영국의 재무성, 일본의 대장성 등).

(2) 중앙예산기관의 유형

① **행정수반 직속형**: 미국의 관리예산처[예 OMB(대통령의 재정관리기능 강화)]

② **재무부 소속형**: 영국과 일본의 재무성

③ **기획부처형**: 개발도상국에서 주로 나타남. 우리나라의 기획재정부

2. 국고수지총괄기관

중앙의 징세 · 재정 · 금융 · 회계 · 결산 · 자금관리 · 국고금지출 등을 총괄하는 기관으로 우리나라는 기획재정부가 국고수지총괄기관이자 중앙예산기관이다.

3. 중앙은행

국고금의 예수 및 출납업무를 대행하고, 통화발행이나 공개시장 조작 등으로 국가의 통화신용정책을 총괄하는 기관이다(예 우리나라의 한국은행, 미국의 연방준비 이사회 등)

개념더하기 | 재무행정조직의 구성 방식(삼원체제, 이원체제)

삼원체제(대통령제와 연관)	이원체제(의원내각제와 연관)
중앙예산기관과 국고수지총괄기관이 분리되어 있으며, 중앙예산기관이 대통령 직속에 있는 경우로 미국 관리예산처(OMB)가 대표적이다. 이런 유형은 대통령제의 특성과 밀접한 관련성을 갖는다. • 장점: 효과적인 행정관리수단, 강력한 행정력 발휘, 초월적 입장 유지, 할거주의 방지 • 단점: 세입과 세출 간 관련성 저하	중앙예산기관과 국고수지총괄기관이 통합된 형태로 중앙예산기관이 내각에 구성되어 있다. 영국의 재무성이 대표적이며, 이런 유형은 의원내각제의 특성과 밀접한 관련성을 갖는다. • 장점: 세입과 세출 간 관련성 확보 • 단점: 중앙예산기관이 정치로부터 영향을 많이 받음, 분파주의 발생

02 예산의 원칙

1. 의의

(1) 개념: 예산원칙이란 예산과정 전반에서 지켜야 할 일반적 규범과 준칙을 말한다.

(2) 예산원칙의 변화

① **전통적 예산의 원칙**: 입법국가 시대에 강조된 예산의 원칙으로, 행정부에 대한 국회의 통제를 강조하는 예산의 원칙이다.

② **현대적 예산의 원칙**: 행정국가 시대에 강조된 예산의 원칙으로, 행정부의 재량과 융통성을 강조하는 예산의 원칙이다.

2. 전통적 원칙 – 입법부 우위의 원칙(뉴마커, Neumark)

전통적 예산원칙	특징		예외
공개성	예산과정이 국민에게 공개되어야 한다.		정보비, 신임예산
명확성 · 명료성	국민과 국회가 이해하기 쉽게 수입 · 지출 근거와 용도가 명확하게 구분되어야 한다.		총괄(총액)예산, 신임예산, 예비비
엄밀성 · 정확성	예산과 결산의 일치되어야 한다.		예산의 신축성 확보장치로 인한 예산과 결산 간 불일치 초래
한정성	양적 한정성	금액한도 제한	추가경정예산, 예비비
	질적 한정성	비용의 용도 · 목적 제한	이용, 전용
	시간적 한정성	회계연도 독립의 원칙, 예산1년주의	이월(명시이월 · 사고이월), 국고채무부담행위, 계속비, 과년도수입 · 과년도지출, 긴급배정, 조상충용
통일성	예산은 특정세입을 특정세출에 연계하면 안 된다는 원칙(정부의 모든 수입은 하나로 합쳐져서 지출되어야 한다는 원칙으로 수입금 직접 사용 금지의 원칙이라고도 함)		기금, 특별회계, 수입대체경비, 수익금마련지출, 목적세
완전성 · 예산총계주의	예산에는 모든 세입과 세출이 빠짐 없이 계상되어야 한다는 원칙		순계예산*, 기금, 현물출자, 수입대체경비의 초과수입의 초과지출, 전대차관, 차관물자대 등
단일성	예산은 구조면에서 단일(하나)해야 한다.		특별회계, 기금, 추가경정예산
사전의결	예산의 성립 · 집행 · 변경 시 국회의 사전의결을 얻어야 한다.		준예산, 사고이월, 전용, 이체, 예비비(이견 있음), 긴급재정경제명령 · 처분

---

* 순계예산
징세비 등 중간경비를 공제하고 순수입만을 세입으로 계상한 예산을 말한다.

3. 현대적 원칙 – 행정부 우위의 원칙(스미스, Smith)

행정부 책임의 원칙	행정부가 경제적 · 효율적으로 예산을 집행할 책임을 진다(합법성보다 효과성 · 능률성 중시).
상호교류적 예산기구 원칙	중앙예산기구와 각 부처 예산기구는 상호교류적 관계에 있으며, 양자 사이에는 활발한 상호작용과 의사소통을 통해 능률적 · 적극적인 협력관계가 확립되어 있어야 한다는 원칙이다.
보고의 원칙	예산과정은 선례 · 관습보다 각 수요기관이 제출한 정확한 재정보고 및 업무보고를 참고로 편성 · 심의 · 관리한다.
다원적 절차의 원칙	정부예산은 행정의 효율성을 제고하기 위해 정부 사업의 성격에 따라 일반회계 외에 특별회계, 기금 등과 같은 서로 다른 다양한 제도에 의해 운영되어야 한다는 원칙이다.
적절한 수단 구비의 원칙	예산의 효과적 이용을 위하여 유능한 공무원이 배치된 예산기관, 분기별 배정계획, 준비금제도 등의 수단을 강구해야 한다. 재정 통제수단과 신축성 유지수단이 마련되어야 한다.
시기신축성의 원칙	상황변화에 따라 사업계획 실시 시기를 행정부가 신축적으로 조정(이월 · 계속비 · 과년도수입)한다.
행정부 재량의 원칙	행정부에게 예산집행의 재량성을 부여(총괄예산, 지출통제예산)한다.
행정부 계획의 원칙	예산은 행정수반의 정치적인 계획을 반영한 것으로 행정수반의 감독 하에 편성해야 하며, 사업계획과 예산편성을 유기적으로 연계해야 한다는 원칙이다.

더 알아보기

시대변천에 따른 행정개념

비교	전통적 예산원칙	현대적 예산원칙
시기	19세기 근대입법국가	20세기 현대행정국가
학자	뉴마커(Neumark), 선델슨(Sundelson), 스미스(A. Smith), 세이(L. Say)	스미스(H. Smith)
이념	합법성	능률성, 효과성, 효율성
재량성	의회 우위 → 재정통제, 회계책임	행정부 우위 → 행정부의 재량성 · 신축성 · 융통성
예산분류	명세예산, 품목별 분류	총괄예산, 기능 · 사업 · 활동별 분류
내용	• 단일성 원칙 • 회계연도 독립원칙 • 한정성의 원칙 • 명료성의 원칙 • 통일성의 원칙 • 엄밀성의 원칙 • 완전성의 원칙 • 공개성의 원칙 • 사전의결의 원칙	• 다원적 절차의 원칙 • 시기신축성의 원칙 • 행정부 재량의 원칙 • 행정부 책임의 원칙 • 행정부 계획의 원칙 • 상호교류적 예산기구 원칙 • 적절한 수단 구비의 원칙 • 보고의 원칙

4. 결론

전통적 원칙과 현대적 원칙은 상호대립적보다는 상호보완적으로 조화시키는 것이 바람직하다. 따라서 최근 예산개혁으로 등장한 신성과주의 예산제도는 신축성과 재량을 중시하면서도 투명성, 책임성, 공개성도 강조하므로 두 가지 원칙을 조화시키는 측면이 있다.

제16조(예산의 원칙)

정부는 예산을 편성하거나 집행할 때 다음 각 호의 원칙을 준수하여야 한다.

1. 정부는 재정건전성의 확보를 위하여 최선을 다하여야 한다.
2. 정부는 국민부담의 최소화를 위하여 최선을 다하여야 한다.
3. 정부는 재정을 운용할 때 재정지출 및 「조세특례제한법」 제142조의2제1항에 따른 조세지출의 성과를 제고하여야 한다.
4. 정부는 예산과정의 투명성과 예산과정에의 국민참여를 제고하기 위하여 노력하여야 한다.
5. 정부는 예산이 여성과 남성에게 미치는 효과를 평가하고, 그 결과를 정부의 예산편성에 반영하기 위하여 노력하여야 한다.
6. 정부는 예산이 「저탄소 녹색성장 기본법」 제2조제9호에 따른 온실가스(이하 "온실가스"라 한다) 감축에 미치는 효과를 평가하고, 그 결과를 정부의 예산편성에 반영하기 위하여 노력하여야 한다.

03 예산의 종류

1. 세입예산과 세출예산

(1) **세입예산**: 1회계연도의 정부의 일체 수입을 계획한 예산으로, 세입은 통합하여 계리된다. 즉, 세입과 세출 경비가 대응되어 어떤 세입으로는 어떠한 세출에 충당하도록 한정되는 것은 아니다. 이에 대한 예외가 특별회계이다. 세입예산은 그 수입원이 국세수입과 세외 수입이 있고, 세입예산은 법적 구속력이 없는 참고 자료에 불과하다.

(2) **세출예산**: 1회계연도 내에서 정부가 그 목적을 수행하기 위한 일체의 지출로서 공무원의 급여지급, 재화, 용역의 구입, 이자 및 보조금의 지급, 고정자산 취득, 공채상환을 위한 지출 등이 있다. 세출은 승인된 예산의 범위에서만 지출할 수 있고, 법적 구속력을 갖는다.

2. 일반회계예산과 특별회계예산(수입지출의 성질 차원)

(1) **일반회계**

① 개념: 일반회계는 국가의 중심회계로서 정부의 모든 조세수입 등을 주요 세입으로 하여 국가의 일반적인 세출에 충당하기 위해 설치하며, 기본적인 국가 고유활동과 주요 재정활동은 일반회계를 통하여 처리된다. 일반회계는 국가의 모(母)회계로서 재정의 최종적인 책임은 일반회계로 귀결된다. 일반적으로 예산이라고 할 때에는 일반회계예산을 지칭한다. 일반회계는 국가경제의 규모가 증가함에 따라 정부수립 이후 매년 증가하는 추세에 있다.

② 특징

㉠ 세입: 조세수입이 90% 이상

㉡ 세출: 국가사업을 위한 기본적인 경비지출로 구성된다.

㉢ 예산 통일성의 원칙과 예산 단일성의 원칙에 입각해 있다.

(2) 특별회계

① **특별회계의 개념**: 특별회계는 국가에서 특정한 사업을 운영하고자 할 때, 특정한 자금을 보유하여 운영하고자 할 때, 특정한 세입으로 특정한 세출에 충당함으로써 일반회계와 구분하여 계리할 필요가 있을 때에 법률로 설치하는 회계를 말한다.

② **특별회계의 종류**

　㉠ 기업특별회계: 정부기업예산법에 근거한 조달, 양곡관리, 우편사업, 우체국예금특별회계 책임운영기관의 설치·운영에 관한 법률에 근거한 책임운영기관특별회계 등 5개는 기업형태로 운영되는 정부사업의 합리적 경영을 위해 설치된 기업특별회계로 분류된다.

　㉡ 기타 특별회계: 그 밖의 13개의 특별회계는 각각 개별 근거법률에 따라 설치되어 있으며 환경개선부담금을 통해 재원을 조성하여 수질보전·대기 개선 등의 사업을 수행하는 환경개선특별회계, 농어촌특별세와 수입 농수산물에 부과되는 관세 수입 등으로 재원을 조성하여 농·어촌구조개선사업을 수행하는 농·어촌구조개선특별회계 등이 있다.

③ **특징**

　㉠ 수입원: 국민의 세금이 아닌 별도의 특정한 수입이 재원이 된다. 주로 정부부처형 공기업의 사업소득이나 책임운영기관의 사업소득, 부담금, 수수료 등과 일반회계의 전입금이 재원이 된다.

　㉡ 단일성의 원칙과 통일성의 원칙의 예외이다.

　㉢ 일반회계와 같이 국회의 통제대상이지만, 세부적인 측면에서 일반회계보다 신축성과 자율성이 높다.

④ **특별회계의 문제점**

　㉠ 예산구조의 복잡화(방만한 재정운영)

　㉡ 예산통제의 어려움

　㉢ 재정운영의 칸막이 현상 야기

　㉣ 재정팽창의 수단

3. 기금

(1) 개념
기금은 국가가 특정한 목적을 위하여 특정한 자금을 신축적으로 운용할 필요가 있을 때 법률로써 설치하는 것을 말하고, 예산원칙의 일반적인 제약으로부터 벗어나 재정을 탄력적으로 운영하기 위해 설치된 특정자금이다(단일성, 통일성, 완전성 원칙의 예외).

① **특정한 목적**: 기금은 국가가 특성한 목석을 위해 필요한 경우에 설치하는 것으로 국가의 일반적 재정활동을 위해 설치된 일반회계와 구분되고, 특별회계와는 유사하다. 예를 들어 문화재보호기금은 문화재 보호·관리라는 특정한 목적을 위해 설치되었고, 문화재보호기금법에 그 목적이 규정되어 있다.

② **특정한 자금**: 기금은 국가가 특정한 목적을 위해 특정한 자금을 조성하여 운용하는 점에서 조세수입 등을 주요재원으로 하는 일반회계와는 구분되고, 특정자금을 보유하여 운용할 필요가 있을 때에 설치되는 특별회계와는 유사하다. 예를 들어 범죄피해자보호기금은 범죄피해자보호법(제21조제2항)에 따라 대위(代位)하여 취득한 구상금 등 특정한 자금을 재원으로 하고, 재원인 특정자금에 대하여는 근거법률인 범죄피해자보호기금법에서 규정하고 있다.

③ **신축적 운용**: 기금은 예산원칙의 일반적인 제약으로부터 벗어나 재정을 탄력적으로 운영하기 위해 설치된 특정자금이다. 국가재정법 제70조에서 금융성기금의 경우에는 주요항목 지출금액의 30%, 기금의 관리 및 운영에 소요되는 경상비에 해당하는 경우에는 20% 이내의 범위에서 국회의 의결 없이 변경할 수 있도록 규정하고 있다. 이를 근거로 하여 기금은 예산에 비하여 보다 신축적 운영이 가능하게 되고, 이러한 점에서 특별회계와 다르다.

(2) 법률에 의해서만 기금 설치 가능: 기금의 설치 근거를 법률에 한정하는 것은 예외적인 재정운영 형태로, 기금이 과다하게 설치 · 운영되는 것을 방만하고 비효율적인 재정운영을 방지하기 위해 기금신설을 억제하는 데 그 목적이 있다. 2021년 기획재정부 통계 기준 기금 수는 총 67개로, 사업성 기금 48개, 사회보험성 기금 6개, 계정성 기금 5개, 금융성 기금 8개로 구성되어 있다.

> **개념더하기**
>
> | 사업성 기금(48개) | 사회보험성 기금(6개) | 계정성 기금(5개) | 금융성 기금(8개) |
> |---|---|---|---|
> | • 과학기술진흥기금
• 관광진흥개발기금
• 국민건강증진기금
• 국민체육진흥기금
• 국유재산관리기금
• 국제교류기금
• 군인복지기금
• 근로복지진흥기금 등 | • 고용보험기금
• 공무원연금기금
• 국민연금기금
• 군인연금기금
• 사립학교교직원연금기금
• 산업재해보상보험및예방기금 | • 공공자금관리기금
• 외국환평형기금
• 양곡증권정리기금
• 공적자금상환기금
• 복권기금 | • 기술보증기금
• 농림수산업자신용보증기금
• 농어가목돈마련저축장려기금
• 산업기반신용보증기금
• 무역보험기금
• 신용보증기금
• 예금보험기금채권상환기금
• 주택금융신용보증기금 |

(3) 기금 운용의 특수성

① 기금은 세입세출예산에 의하지 아니하고 운용할 수 있다. 이는 국가의 특정 목적을 효율적으로 달성하기 위해 세입세출예산의 엄격성을 완화하여 탄력적으로 대처하기 위한 것이다.

② 예산과 달리 기금의 경우 배정요구 절차 없이 기금관리주체가 확정된 기금운용계획에 따라 기금의 월별 수입 및 지출계획서를 작성하여 기획재정부장관에게 제출하게 된다.

③ 세출예산과 달리 기금의 경우, 연도 내에 지출원인행위를 하고 불가피한 사유로 연도 내에 지출하지 못한 금액에 대해서만 다음 연도에 이월하여 사용할 수 있도록(사고이월) 예외적인 경우를 마련하고 있다. 이 경우 기금관리주체는 이월명세서를 작성하여 기획재정부장관과 감사원에 송부하면 된다. 기금은 불가피한 사유로 미사용 시, 보다 신축적으로 다음 연도 기금운용계획에 다시 편성하여 자체적으로 운용할 수 있다.

(4) 기금자산운용의 원칙: 기금관리주체는 안정성 · 유동성 · 수익성 및 공공성을 고려하여 기금자산을 투명하고 효율적으로 운용하여야 한다.

(5) 기금의 과정

① 기금운용계획안의 수립

㉠ 기금관리주체는 매년 1월 31일까지 당해 회계연도부터 5회계연도 이상의 기간 동안의 신규사업 및 기획재정부장관이 정하는 주요 계속사업에 대한 중기사업계획서를 기획재정부장관에게 제출하여야 한다.

㉡ 기획재정부장관은 자문회의의 자문과 국무회의의 심의를 거쳐 대통령의 승인을 얻은 다음 연도의 기금운용계획안 작성지침을 매년 3월 31일까지 기금관리주체에게 통보하여야 한다.

© 기획재정부장관은 국가재정운용계획과 기금운용계획수립을 연계하기 위하여 기금운용계획안 작성지침에 기금별 지출한도를 포함하여 통보할 수 있다.

② 기획재정부장관은 기금관리주체에게 통보한 기금운용계획안 작성지침을 국회 예산결산특별위원회에 보고하여야 한다.

© 기금관리주체는 기금운용계획안 작성지침에 따라 다음 연도의 기금운용계획안을 작성하여 매년 5월 31일까지 기획재정부장관에게 제출하여야 한다.

⊕ 기획재정부장관은 기금운용계획안에 대하여 기금관리주체와 협의·조정하여 기금운용계획안을 마련한 후 국무회의의 심의를 거쳐 대통령의 승인을 얻어야 한다.

② 기금운용계획안의 국회제출

㉠ 정부는 주요항목 단위로 마련된 기금운용계획안을 회계연도 개시 120일 전까지 국회에 제출하여야 한다. 이 경우 중앙관서의 장이 관리하는 기금의 기금운용계획안에 계상된 국채발행 및 차입금의 한도액은 예산총칙에 규정하여야 한다.

㉡ 기금관리주체는 기금운용계획이 확정된 경우 기금의 월별 수입 및 지출계획서를 작성하여 회계연도 개시 전까지 기획재정부장관에게 제출하여야 한다.

③ 기금의 결산: 세입세출 결산의 일정과 동일하다.

더 알아보기

일반회계 vs 특별회계 vs 기금

구분	예산		기금
	일반회계	특별회계	
설치사유	국가고유의 일반적 재정활동	특정사업 운용, 특정자금 운용, 특정세입을 특정세출에 충당	특정목적을 위해 특정자금을 운용
운용형태	공권력에 의한 조세수입과 무상 급부 원칙	세입 측면에서 각종 목적세 및 부담금 등으로 구성	출연금·부담금 등 다양한 재원으로 다양한 목적사업 수행
확정절차	• 부처의 예산요구 • 기획재정부의 정부예산안 편성 • 국회의 심의·의결로 확정		• 기금관리주체의 기금운용계획안 수립 • 기획재정부장관과 운용주체간의 협의·조정 • 국회의 심의·의결로 확정
진행절차	집행상에 있어서 엄격한 통제	기업식 운영방식의 활용 등 일반회계에 비해 자율성과 탄력성이 높음	합목적성 차원에서 일반회계와 특별회계보다 자율성과 탄력성 큼
수입과 지출의 연계	특정세입과 세출의 연계 배제	특정세입과 세출의 연계	특정수입과 지출의 연계
계획변경	• 추가경정예산 편성 • 이용·전용·이체		• 주요 항목 지출금액의 20% (금융성 기금의 경우 30%) • 초과 변경 시 국회의결 필요
결산	감사원의 결산심사, 국회의 결산심의와 승인		

1. 2020 총수입전망 〈총수입＝일반회계수입＋특별회계수입＋기금수입－내부거래－보전거래〉

(단위: 조 원)

구분	2019년		2020년 예산안
	본예산	추경	
총수입	476.1	476.4	482.0
(국세)	294.8	294.8	292.0

2. 2020 총지출규모

(단위: 조 원)

구분	2019년		2020년 예산안
	본예산	추경	
총지출	469.6	475.4	513.5

3. 회계 · 기금 간 여유자금의 전출

회계의 구분은 여러 가지 필요성이 있음에도, 특별회계 및 기금이 지나치게 많아질 경우 재정운용의 일관성 있는 기준 적용을 어렵게 하고 사실상 예산규모의 팽창을 야기하여 결과적으로 재원배분을 왜곡할 우려가 있다. 2018년 10월 기준 총 85개[일반회계(1)＋특별회계(18)＋기금(66)] 회계 및 기금이 운용되고 있는바, 각각 칸막이식으로 운용될 경우 재정운용이 복잡해지고, 일부는 재원이 남는 반면, 일부는 모자라는 현상이 발생하여 재정운용의 비효율성을 초래할 수 있다. 이와 같은 문제점을 개선하기 위해 국가재정법에서는 국가재정의 효율적 운용을 위하여 필요한 경우에는 다른 법률의 규정에도 불구하고 회계 및 기금의 목적 수행에 지장을 초래하지 아니하는 범위 안에서 회계와 기금 간 또는 회계 및 기금 상호 간에 여유재원을 전입 또는 전출하여 통합적으로 활용할 수 있다고 규정하고 있다.

4. 특별회계 및 기금의 신설에 관한 심사

(1) 중앙관서의 장은 소관 사무와 관련하여 특별회계 또는 기금을 신설하고자 하는 때에는 해당 법률안을 입법예고 하기 전에 특별회계 또는 기금의 신설에 관한 계획서를 기획재정부장관에게 제출하여 그 신설의 타당성에 관한 심사를 요청하여야 한다.

(2) 기획재정부장관은 (1)의 규정에 따라 심사를 요청받은 경우 기금에 대하여는 ①부터 ④까지의 기준에 적합한지 여부를 심사하고, 특별회계에 대하여는 ④ 및 ⑤의 기준에 적합한지 여부를 심사하여야 한다.

① 부담금 등 기금의 재원이 목적사업과 긴밀하게 연계되어 있을 것

② 사업의 특성으로 인하여 신축적인 사업추진이 필요할 것

③ 중 · 장기적으로 안정적인 재원조달과 사업추진이 가능할 것

④ 일반회계나 기존의 특별회계 · 기금보다 새로운 특별회계나 기금으로 사업을 수행하는 것이 더 효과적일 것

⑤ 특정한 사업을 운영하거나 특정한 세입으로 특정한 세출에 충당함으로써 일반회계와 구분하여 회계처리할 필요가 있을 것

(3) 기획재정부장관은 심사 결과 특별회계 또는 기금의 신설이 심사기준에 부합하지 아니한다고 인정하는 때에는 계획서를 제출한 중앙관서의 장에게 계획서의 재검토 또는 수정을 요청할 수 있다.

5. 특별회계 및 기금의 통합 · 폐지

특별회계 및 기금이 다음의 어느 하나에 해당하는 경우에는 이를 폐지하거나 다른 특별회계 또는 기금과 통합할 수 있다.

(1) 설치목적을 달성한 경우

(2) 설치목적의 달성이 불가능하다고 판단되는 경우

(3) 특별회계와 기금 간 또는 특별회계 및 기금 상호 간에 유사하거나 중복되게 설치된 경우

(4) 그 밖에 재정운용의 효율성 및 투명성을 높이기 위하여 일반회계에서 통합 운용하는 것이 바람직하다고 판단되는 경우

4. 재정정책과 관련된 예산

(1) 자본예산*

① 의의: 자본예산이란 복식예산의 일종으로서 정부예산을 경상지출과 자본지출로 구분하고, 경상지출은 경상수입으로 충당시켜 수지균형을 이루도록 하지만, 자본지출은 적자재정과 공채발행으로 충당케 함으로써 불균형예산을 편성하는 것을 말한다.

② 특성

　㉠ 경상지출과 자본지출의 구별
　　• 경상지출: 매 회계연도마다 연속적, 반복적으로 지출되는 경비, 보통 조세수입으로 충당하며, 균형예산으로 편성한다(공무원의 급여, 통신비 등).
　　• 자본지출: 지출의 효과가 장기간에 걸쳐 나타나는 장기적 · 비반복적 · 투자적 지출로 보통 국공채의 발행이나 적자예산으로 편성한다(항만건설비, 공항건설비 등).

　㉡ 불경기 극복수단
　㉢ 국가순자산 상태의 증감은 불변이라는 논리에 입각해 있음
　㉣ 수익자 부담원칙을 구현
　㉤ 장기적 균형을 중요시

③ 자본예산제도의 발달

　㉠ 스웨덴(효시): 1930년대 경제대공황에 대처하기 위해 뮐달(G. Myrdal)의 제안에 의해 1937년에 채택되었다.
　㉡ 미국: 공공사업에 대한 투자재원 확보를 목적으로 시행되었다.
　㉢ 개발도상국가: 경제성장을 위한 투자재원 확보를 위해 시행되었다.

④ 장점

　㉠ 자본적 지출에 대한 특별한 분석을 가능하게 한다.
　㉡ 장기적 재정계획 수립을 용이하게 하며 정부의 신용을 높이는 데 도움을 준다.
　㉢ 세대 간 부담의 공평성을 실현(수익자 부담의 원칙 확립)한다.
　㉣ 정부의 순자산상태의 변동을 파악하기 용이하다.
　㉤ 경기불황 시 자본예산을 채택하면 적자지출이 가능하고 총수요의 확장으로 경기를 극복할 수 있다.
　㉥ 조세부담의 기복과 지출의 기복을 조절하는 데 도움을 준다.

⑤ 단점

　㉠ 사본지출 대상 결정의 곤란성이 있다.
　㉡ 공채 발행으로 통화량이 증가하여 인플레이션이 발생할 가능성이 있다.
　㉢ 적자 재정의 은폐수단으로 악용될 소지가 있다.
　㉣ 자본재의 축적 또는 공공사업, 수익사업에 치중할 가능성이 높다.
　㉤ 미래세대에게 과도한 운영비 부담을 준다.

---

* **우리나라의 자본예산**
　(1) 우리나라는 통합재정에서 경상계정과 자본계정으로 구분하는 경제성질별 분류를 채택하고 있으므로 자본예산을 도입하지는 않았지만 자본예산적 성격을 부분적으로 띠고 있다.
　(2) 국가재정법은 '세입세출예산은 필요한 때에는 계정으로 구분할 수 있다'고 규정하고 예산을 경상계정과 자본계정으로 구분할 수 있게 하여 자본예산의 도입 근거를 마련하였다.

(2) 조세지출예산제도

① **조세지출의 개념**: 조세지출이란 조세감면 · 비과세 · 소득공제 · 세액공제 · 우대세율적용 또는 과세이연 등 조세특례의 방식으로 재정을 지원하는 것으로, 조세특례에 의하여 납세자의 세금부담 경감을 목적으로 발생하는 국가세입의 감소이다. 조세지출은 동일한 액수만큼의 보조금을 준 것과 같다는 의미에서 '숨은 보조금(Hidden Subsidies)'이라 부르기도 한다.

② **조세지출예산의 개념**: 조세지출의 무분별한 확장은 과세(課稅)의 공평성을 저해하고, 국가재정의 건전성을 침해할 수 있는바, 조세특례제한법은 조세특례제한법 및 국세기본법, 조약 그리고 조세특례제한법이 명시한 법률 외에는 조세특례를 정할 수 없도록 규정하고, 조세특례 유형별로 요건을 엄격히 명시하고 있으며, 조세지출 예산서 작성을 통해 조세특례를 통한 재정지원을 세출예산의 기능별 분류에 따라 작성 · 공표함으로써 세출예산과 연계하여 재정운용의 투명성을 제고하도록 하였다.

③ **연원**: 조세지출예산제도는 1959년 서독에서 최초로 도입되었다. 우리나라는 중앙정부차원에서 2011년 회계연도부터 조세지출예산제도를 도입하여 시행하고 있으며, 지방정부 역시 2010년 회계연도부터 지방세지출예산제도를 도입하여 시행하고 있다.

④ **조세지출의 특징**

  ㉠ 조세감면은 정부가 징수해야 할 조세를 받지 않고 그만큼 보조금으로 지급한 것과 같은 경제적 효과를 내므로 형식은 조세이지만 실질은 지출이다.

  ㉡ 조세지출은 합법적인 세수손실만을 의미하며, 불법적인 탈세 등은 포함되지 않는다.

  ㉢ 조세지출은 법률에 따라 집행될 뿐만 아니라 눈에 잘 띄지 않아 예산지출에 비하여 지속성과 경직성이 높다.

  ㉣ 조세지출은 특정 사업을 육성하기 위한 유효한 정책수단 중에 하나이다.

  ㉤ 조세지출 항목의 선정에 있어 관료들의 자의적인 판단이 개입될 수 있다.

  ㉥ 조세지출은 조세납부액이 적은 저소득층에게 더 불리할 수 있다.

⑤ **한계**: 조세지출은 보조금의 성격을 갖고 있고, 조세지출예산은 이를 알 수 있는 근거자료를 제공하므로 개방된 국제무역 환경에서 무역마찰을 야기할 소지가 있다.

(3) 성인지 예산 · 결산제도(Gender Sensitive Budget)

① **개념**: 성인지 예산 · 결산제도란 예산이 여성과 남성에게 미칠 영향을 미리 분석하여 이를 예산편성에 반영 · 집행하고, 여성과 남성이 동등하게 예산의 수혜를 받고 예산이 성차별을 개선하는 방향으로 집행되었는지를 평가하여 다음 연도 예산편성에 반영하려는 것이다.

② **도입**

  ㉠ 외국: 호주 정부가 1984년에 처음으로 채택

  ㉡ 우리나라의 중앙정부: 2010년 회계연도부터 성인지 예산서 및 결산서를 작성 · 제출하도록 규정함

  ㉢ 우리나라의 지방정부: 2013년 회계연도부터 지방의회에 제출하는 예산안에 첨부하도록 함

③ **성인지 예산의 특징**: 성인지 예산은 여성만을 위한 별도의 예산을 의미하는 것이 아니며, 성중립적으로 보이는 국가재정 지출을 남성과 여성의 수요를 분석하여 예산이 기존의 성불평등에 미치는 영향을 파악하고, 국가의 재원이 평등하고 효율적으로 배분될 수 있도록 분석결과를 예산과정에 반영하는 것이라 할 수 있다.

④ 법적 근거: 국가재정법은 예산이 성평등을 제고하는 방향으로 시행될 수 있도록 성별 수혜분석과 성과목표 설정을 통해 예산이 여성과 남성에게 미칠 영향을 미리 분석한 '성인지 예산서의 작성(제26조)'와 여성과 남성이 동등하게 예산의 수혜를 받았는지 또한 성평등을 제고하는 방향으로 사업(예산)이 집행되었는지를 평가하는 '성인지 결산서의 작성(제57조)'를 작성하도록 규정하고 있다.

⑤ 성인지 예산제도의 기대효과
- ⑦ 여성과 남성의 서로 다른 정책수요를 고려하여 예산을 편성함으로써 성별 격차를 감소시키고 자원을 공정하게 분배할 수 있다.
- ⓛ 여성과 남성의 서로 다른 욕구에 대응하여 예산을 배분함으로써 양질의 효과적인 서비스를 제공할 수 있다.
- ⓒ 편성, 심의, 집행, 평가 등 모든 예산과정에서 정책효과를 고려함으로써 공공예산에 대한 보다 투명한 이해를 가능하게 한다.
- ② 모든 예산의 성평등 효과를 분석하고 적절한 대안을 모색함으로써 실질적인 양성평등 실현에 기여할 수 있다.

5. 예산 성립시기에 따른 구분

(1) 본예산(당초예산): 본예산은 정기국회에서 다음 회계연도 예산에 대해 의결·확정한 예산을 의미한다. 본예산은 새로운 회계연도를 위해 최초로 성립한 예산이다.

(2) 수정예산: 수정예산안이란 정부가 편성하여 국회에 제출한 본예산안에 대하여 정부에서 다시 수정하여 국회에 제출한 예산안을 말한다. 수정예산이 제출되면 기존에 제출된 예산안은 자동으로 철회된다. 수정예산안은 본예산안과 동일하게 국무회의 심의와 대통령의 승인을 거쳐 국회에 제출된다.

(3) 추가경정예산

① 개념: 추가경정예산이란 예산 성립 후에 생긴 사유로 인하여 필요한 경비의 부족 등이 발생하여 본예산에 추가 또는 변경을 가한 예산을 의미한다. 본예산이 성립한 후에 발생한 사정 변화에 따른 예산변경(예산단일성원칙의 예외)이다.

② 특징
- ⑦ 추가경정예산의 편성 시기는 예산 성립 후 당해 편성 사유가 발생하는 때이다. 본예산이 국회에서 계류 중인 경우에는 수정예산의 제출이 가능하기 때문에 추가경정예산안을 제출할 수 없다.
- ⓛ 추가경정예산의 편성 절차는 기본적으로 본예산의 편성절차와 동일하다. 그러나 추가경정예산안을 편성할 때는 예산편성지침의 작성 등 일부 절차가 생략되며, 국회에 제출할 때에도 예산안의 첨부서류 일부를 생략할 수 있다.
- ⓒ 추가경정예산의 편성 횟수 제한은 없으나 우리나라는 잦은 편성을 통제하기 위하여 국가재정법에서 추가경정예산의 사유를 엄격히 제한하고 있다.
- ② 정부는 국회에서 추가경정예산안이 확정되기 전에 이를 미리 배정하거나 집행할 수 없다.

③ 편성 사유
- ⑦ 전쟁이나 대규모 자연재해가 발생한 경우
- ⓛ 경기침체, 대량실업, 남북관계의 변화, 경제협력과 같은 대내·외 여건에 중대한 변화가 발생하였거나 발생할 우려가 있는 경우
- ⓒ 법령에 따라 국가가 지급하여야 하는 지출이 발생하거나 증가하는 경우

6. 예산 불성립 시 예산

종류	기간	국회의 의결	지출항목	채택국가
준예산	무제한	불필요	한정적	현재 우리나라, 독일
잠정예산	무제한	필요	전반적	영국, 미국, 일본, 캐나다
가예산	최초 1개월	필요	전반적	프랑스, 한국의 제1공화국

(1) 준예산: 새로운 회계연도가 개시될 때까지 예산이 국회에서 의결되지 못한 때, 의회의 승인 없이 전년도 예산에 준하여 경비를 지출할 수 있는 예산이다.

(2) 준예산 제도가 적용되는 경비

　① 헌법이나 법률에 의하여 설치된 기관 또는 시설의 유지비·운영비

　② 법률상 지출의 의무가 있는 경비

　③ 이미 예산으로 승인된 사업의 계속을 위한 경비 등

(3) 준예산에 의하여 집행된 예산은 당해 연도 예산이 성립되면 그 성립된 예산에 의하여 집행된 것으로 간주한다.

(4) 준예산은 사전의결 원칙의 예외이다.

(5) 준예산은 집행기간의 제한이 없으나, 용도에 대한 제한은 있다.

(6) 준예산 제도는 우리나라에서 3차 개헌(1960년, 제2공화국 이후) 때 채택되었으나 지금까지 단 한 번도 준예산이 편성되어 본 적이 없다(지방정부 차원에서는 성남시와 부안군에서 편성된바 있고, 가예산제도는 중앙정부차원에서 활용한 실적이 있음).

04　예산의 분류

1 의의

1. 개념

예산 분류란 세입과 세출의 내용을 일정한 기준에 따라 체계적으로 배열하는 것을 말한다. 예산정보는 누가, 어떤 목적으로 예산을 필요로 하는가에 따라 다양한 형태로 작성될 수 있다. 따라서 예산정보의 용도와 목적에 가장 적합한 예산 분류를 개발하여 작성할 필요가 있다.

2. 예산 분류의 목적

예산 분류는 사업계획의 수립 및 예산심의를 용이하게 하기 위하여, 예산집행의 효율화를 위하여, 회계책임의 명확화를 위하여, 경제분석의 용이성을 위하여, 국민의 이해증진을 위하여, 그리고 재원의 효과적 운용을 위하여 이루어진다.

분류방식	초점
기능별 분류	정부가 무슨 일을 하는 데 얼마를 쓰는가
조직별 분류	누가 얼마를 쓰는가
품목별 분류	정부가 무엇을 구입하는 데 얼마를 쓰는가
경제성질별 분류	국민경제에 미치는 총체적인 효과가 어떠한가

2 예산 분류의 방식별 장 · 단점

종류	특징	장점	단점
조직체별 분류	부처별 · 기관별 · 소관별로 예산 분류	• 국회의 예산심의에 가장 의의가 있는 방법 • 회계책임 명확 • 입법부의 재정통제 용이	• 지출의 목적 · 효과 불분명 • 국가경제의 동향 파악 곤란 • 국가사업의 우선순위 파악 곤란
품목별 분류	• 지출대상 항목에 따른 분류 • 예산항목 중 목에 해당	• 입법부의 행정통제 용이 • 회계책임 명확 • 인사관리에 유용한 정보제공 • 회계검사 용이	• 국가사업의 우선순위 파악곤란 • 지출의 목적 이해 곤란 • 예산의 신축성 저해 • 국민경제의 동향 파악 곤란
기능별 분류	• 공공활동영역별 분류 • 세출에만 적용 • 시민을 위한 분류	• 행정부의 사업계획 수립에 용이 • 입법부의 예산심의 용이 • 예산집행의 신축성, 지출의 효율성 • 정부활동의 이해 용이 • 국가사업의 우선순위 명확	• 대항목은 어느 한 부처의 예산만 다룰 수는 없음 • 회계책임 불명확 • 공공사업을 별개의 범주로 삼지 않음 • 정부활동사업의 중복 • 일반행정비는 가능한 적게 책정
사업계획 · 활동별 분류	사업계획 또는 활동(세부사업)을 기준(예 성과주의예산)	사업의 성과파악 용이	계량화할 수 없는 사업은 곤란
경제성질별 분류	• 예산의 지출이 국민경제에 미치는 영향 기준 • 단독활동이 곤란하므로 다른 분류방법과 병행해야 함	• 국민경제 동향파악 가능 • 정부거래의 경제적 효과분석 가능 • 경제정책수립에 유용 • 경제분석가능 • 국가 간의 예산비교 가능	• 예산의 유통과정 파악은 곤란 • 입법부의 통제곤란 • 회계책임 불명확 • 경제적 영향의 일부분만 측정 • 소득분배, 산업부문별 분석 불가능 • 단독활용 곤란

3 우리나라의 예산과목의 분류체계

⊂LINK⊃ 국가재정법

제21조(세입세출예산의 구분)
① 세입세출예산은 필요한 때에는 계정으로 구분할 수 있다.
② 세입세출예산은 독립기관 및 중앙관서의 소관별로 구분한 후 소관 내에서 일반회계·특별회계로 구분한다.
③ 세입예산은 제2항의 규정에 따른 구분에 따라 그 내용을 성질별로 관·항으로 구분하고, 세출예산은 제2항의 규정에 따른 구분에 따라 그 내용을 기능별·성질별 또는 기관별로 장·관·항으로 구분한다.
④ 예산의 구체적인 분류기준 및 세항과 각 경비의 성질에 따른 목의 구분은 기획재정부장관이 정한다.

1. 세입예산과목의 분류

(1) 관(款)·항(項)·목(目)으로 구분한다. 이때 관·항은 입법과목, 목은 행정과목이다.

(2) 입법과목은 국가재정법에 의거해 구분하고, 행정과목(목)은 기획재정부장관이 정한다.

[세입예산 과목체계]

2. 세출예산과목의 분류

(1) 세출예산은 기능별·성질별·기관별로 장(章)·관(款)·항(項)·세항(細項)·목(目)으로 구분한다. 이때 장·관·항은 입법과목, 세항·목은 행정과목이다.

(2) 입법과목은 국가재정법에 의거해 구분하고 행정과목은 기획재정부장관이 구분한다.

[세출예산 과목체계]

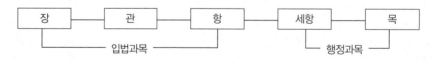

> **개념더하기** 예산과목 과목변경
>
> **1. 입법과목의 융통: 이용**
>   예산의 이용은 예산이 정한 장·관·항(입법과목)에 각각 상호 융통하는 것을 말한다. 예산 이용제도는 국가재정법 제45조에 따른 예산의 목적 외 사용금지원칙의 예외로서, 예산집행에 신축성을 부여하여 예산집행주체가 집행과정에서 발생한 여건변화에 탄력적으로 대응할 수 있도록 미리 국회의 의결을 받은 경우에 한하여 허용되고 있다.
>
> **2. 행정과목의 융통: 전용**
>   예산이 정한 각 세항 또는 목(행정과목)의 금액을 상호 융통하는 것을 의미한다. 예산 전용제도는 예산의 목적 외 사용금지원칙의 예외로서, 의회의 승인 없이 융통을 허용하고, 예산집행에 자율성을 부여하여 사업의 효율적인 추진을 도모하기 위한 제도이다.

4 프로그램예산제도

1. 프로그램예산제도의 개념

프로그램예산은 예산의 계획·편성·배정·집행·결산·평가·환류의 전 과정을 프로그램 중심으로 구조화하고 그것을 성과평가체계와 연계시켜 성과를 관리하는 예산기법이다. 여기서 프로그램이란 동일한 정책목표를 달성하기 위한 단위사업의 묶음이며, 정책적으로 독립성을 지닌 최소단위이다. 따라서 프로그램예산의 기본구조는 일반적으로 '정부의 기능 – 정책 – 프로그램 – 단위사업'의 계층구조를 갖는다.

2. 프로그램예산의 기본요소

(1) **국가정책과 연계한 프로그램 설정**: 프로그램이란 동일한 정책을 수행하는 단위사업의 묶음이다. 따라서 프로그램은 정부의 정책방향 내지 전략목표를 구체적으로 달성하는 사업단위로 구조화되어야 한다. 즉, 조직(실·국)이 연계되어 조직의 기능 및 성과목표와 연계된 프로그램으로 구조화된다.

(2) **각 부처의 조직(실·국)과 연계하여 책임성과 자율성 확보**: 책임성을 확보하기 위해 집행 및 성과관리 범위를 실·국별 프로그램 단위로 관리하며, 담당 실·국장 1인을 프로그램 장으로 하여 프로그램에 대한 성과와 책임을 명시한다(단위사업은 원칙적으로 각 부처가 자율적으로 편성·집행한다).

(3) **인건비, 기본사업비를 프로그램별로 배분하여 프로그램의 총원가 산정**

3. 프로그램예산의 특징

(1) **프로그램의 성격**: 성과관리, 발생주의회계, 중기재정계획, 총액배분자율편성 등의 제도들과 함께 상호 직·간접적으로 연계되어 있으며, 제도의 중심점 또는 인프라의 성격을 갖는다.

(2) **예산운영 규범**: 프로그램은 자율 중심점, 책임 중심점, 성과 중심점, 정보공개 중심점이다.

(3) **예산과정 전 단계**: 프로그램은 예산편성 단계에서 전략적 배분 단위가 되며, 총액배분 자율편성 방식의 한도액 설정 단위이다. 예산사정 단계에서 사정 단위, 심의 단계에서 심의 단위, 집행 단계에서 이용 단위, 결산 단계에서 성과평가 단위, 결산보고 단위가 된다.

(4) **회계 차원**: 프로그램은 원가 계산의 중심. 다만 간접비 배분 등의 정교한 기법이 발전된다면 하위 단위인 단위사업이 중심이 될 수 있다.

(5) **조직 차원**: 조직은 부처단위와 실·국 단위 모두 해당. 프로그램은 조직 단위의 자율 중심점, 책임 중심점, 관리 중심점이 된다.

4. 프로그램 설정방법

프로그램 설정은 정책(기능)과의 연계가 가능한 예산체계를 구축하는 것이다. 프로그램 설정방식은 상향식 접근(Bottom-Up)과 하향식 접근(Top-Down)이 있다. 원칙적으로 정책 관점에서 정부기능을 세분화하는 하향식 접근 방식으로 구성하되, 관련 사업을 그룹핑하는 상향식 접근 방식으로 보완하는 것이 바람직하다.

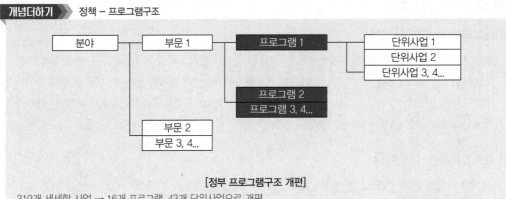

[정부 프로그램구조 개편]

319개 세세항 사업 → 16개 프로그램, 43개 단위사업으로 개편

조직(실·국)	프로그램	단위사업	세세항 수(현행)
상하수도국	먹는물 공급	정수처리·상수개발 등 3	19
	토양·지하수 개발·관리	토양·지하수 조사·연구 등 2	4
	생활하수관리	하수처리장 설치·지원 등 2	15
수질보전국	산업폐수관리	산업폐수처리시설 등 2	10
	4대강 유역관리	4대강 수질 종합관리 등 5	88
대기보전국	수도권 대기보전	수도권 대기보전	3
	일반 대기보전	대기측정망 설치·관리 등 2	18
	생활공해관리	생활공해관리	3
⋮	⋮	⋮	⋮
기획관리실·총무과 등	환경행정종합지원	기획관리실 등 9	33

5. 조직성과와 연계한 책임성 확보

성과관리를 통한 각 조직의 책임성을 확보하기 위해서 성과관리 단위와 예산편성·집행단위를 각 조직이 수행하는 프로그램 및 단위사업 각 단계에서 일치시킨다. 그리고 프로그램은 반드시 실·국과 연결시킴으로써 프로그램 실명제를 시행하는 방식으로 책임성을 확보한다.

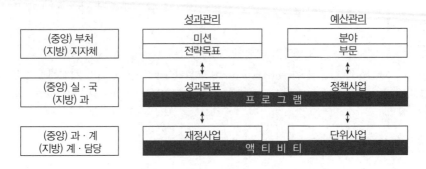

6. 프로그램예산의 구조

프로그램 중심으로 예산구조를 설계할 경우 예산과목체계는 대폭 단순화된다. 기존 예산과목체계는 '장 – 관 – 항 – 세항 – 세세항 – 목 – 세목'의 다단계로 복잡한 체계로 되어 있다. 반면에 프로그램예산구조는 '분야 – 부문 – 프로그램 – 단위사업 – 목 – 세목'의 단순한 체계로 구성된다.

개념더하기　프로그램예산구조

기존 (예산·기금 별도)	장	관	항	세항	세세항	세사업	목	세목
	입법과목			행정과목				
	대기능	중기능	소기능	실·국	세부사업	지역사업 등	예산편성 비목	예산편성 비목

↓

프로그램 예산 (예산·기금 공통)	분야	부문	프로그램	단위사업	목	세목
	입법과목			행정과목		
	대기능	중기능	실·국별 정책사업	정책사업의 하위 단위 사업	예산편성비목	예산편성비목

7. 프로그램예산의 도입효과

(1) 국가재정운용계획 및 예산편성 단계에서는 프로그램–단위사업을 중심으로 중기적 관점에서 편성한다. 정책과 연계된 프로그램을 편성하고, 중장기 계획과 단년도 예산을 연계시키며, 거시적 관점에서 사업을 조망한다.

(2) 예산심의 단계에서는 프로그램 중심으로 심의가 이루어지고, 금액 위주에서는 사업의 타당성 위주의 심의로 전환된다.

(3) 예산배정 단계에서는 프로그램별 예산배정이 이루어지고 프로그램별 총괄관리를 하게 된다. 따라서 정책적 우선순위를 고려한 예산배정이 이루어지고, 분야, 부문, 부처, 프로그램별 총액 한도가 부여된다.

(4) 예산집행 단계에서는 단위사업 간 전용이 허용되어 자율권이 확대된다. 따라서 통제 중심에서 자율 중심으로 운영방식이 전환되기 때문에 권한에 상응하는 책임이 부여된다.

(5) 회계 및 결산 단계에서는 프로그램·단위사업별 회계와 결산이 이루어지고, 결산서도 예산서와 마찬가지로 프로그램 중심으로 개편된다. 또한 프로그램별 원가정보를 산출한다.

(6) 모니터링 단계에서는 성과목표 달성에 역점을 두어 투입 중심의 통제보다는 산출(성과)의 향상을 유도하는 예산운영을 한다.

CHAPTER

03 예산결정

01 예산결정의 접근

1 예산결정이론의 의의

일반 국민의 입장에서 보면, 어떤 부처나 어떤 사업에는 자금을 많이 투자하고 다른 부처나 사업에는 정부의 예산 지원이 부진한 상태에 있는 것을 보면 의문이 생길 것이다. 왜 어떤 사업에는 예산이 배정되는 데 반해 어떤 사업에는 배정되지 않는지, 왜 정부의 예산 규모가 계속 증가하며 어떤 사업은 다른 사업에 비해 예산이 더 크게 증가하는지의 물음에 대한 설명방식은 다양한 예산결정이론으로 발전되었다.

2 예산이론의 전개

1. 예산이론과 키(V. O. Key, Jey)의 질문

> 어떠한 근거로 X달러를 B사업 대신 A사업에 배분하도록 결정하는가?

키의 예산이론부재론의 전제이다. 위의 질문을 밝혀주는 이론이 없다고 지적함으로써 예산이론의 필요성을 강조하였고, 다음과 같은 근본적인 예산결정에 관한 질문을 제기하고 있다.

2. '키의 질문'에 대한 대답

(1) 예산배분의 경제적 측면

① 포괄적이고 분석적이며 체계적인 접근

② 주어진 자원으로 사회적 후생을 극대화하는 합리주의(경제적 합리성)를 강조

③ 자원배분의 효율성

> **개념더하기** ▶ 루이스(Lewis, 1952)가 제시한 예산결정에 적용되는 3가지 경제학적 명제
>
> 1. 상대적 가치
> 자원은 희소하기 때문에 예산분석의 기본 목표는 자금의 대체적 용도에서 얻을 결과의 상대적 가치를 비교해야 한다. 즉, '기회비용' 개념에 입각해 분석해야 한다.
>
> 2. 증분(한계)분석
> 추가적 지출로부터 생기는 추가적 가치의 분석이 필요하다(한계효용 체감).
>
> 3. 상대적 효과성
> 목표달성을 위한 대안들은 상대적 효과성에 의해서만 상대적 가치를 비교할 수 있다.

(2) 예산배분의 정치적 측면: 점증적이고 정치적이며 단편적인 접근이고, 점증주의를 강조했다.

1. 버크헤드(Burkhead)가 제시한 정치적 측면의 예산결정요인
   (1) 정치적 합리성 = 정치가들 사이에서도 합리성이 존재한다.
   (2) 공식적 정부기구와 그에 속한 관료 및 의원들. 관련 집단 간 상호 관계에서 나타난다.
   (3) 정치학자들에 의해 예산결정에 참여하는 기관 및 집단들의 영향력 관계를 중심으로 전개하였다.

2. 윌다브스키(Wildavsky)*
   예산을 전년도 예산의 함수로 보고 예산을 '기초액(전년도 예산)과 공평한 몫의 배분'으로 정의하였다. 그리고 '예산과정은 점증주의적인 방식으로 이루어질 수밖에 없다'라는 경험적 측면뿐만 아니라 '좋은 예산은 점증적으로 변화하는 예산이다'라는 규범적 측면까지도 강조하였다.

3 예산결정모형

1. 총체주의(합리모형)

(1) 총체주의의 의의: 총체주의적 예산결정은 합리모형에 입각한 예산상의 의사결정을 의미하는데 합리적 선택모형은 의사결정에서의 합리적·분석적 선택을 의미한다. 예산결정과정을 합리화하여 예산상의 편익을 극대화하기 위한 결정방식으로서 규범적 성격이 강하다.

(2) 과정 측면에서의 총체주의: 합리적·분석적 의사결정단계를 거쳐서 결정하는 것이다.
   ① 목표의 명확한 정의(문제 확인)
   ② 목표달성을 위한 대안 탐색 단계
   ③ 각 대안의 결과를 예측 단계
   ④ 대안들의 결과를 평가 및 비교 단계
   ⑤ 최선의 대안 선택 단계
   ⑥ 선택된 대안 및 사업에 예산 배분 단계

(3) 결과 측면에서의 총체주의: 사회후생을 극대화하도록 예산을 배분하는 것으로 파레토 최적을 실현한 예산배분상태를 지칭한다.
   ① 거시적 배분: 민간부문과 공공부문 간의 자원 배분 → 예산의 적정규모와 관련된 배분
   ② 미시적 배분: 예산 총액의 범위 내에서 각 기능 또는 사업 간의 자금 배분 → 소비자가 주어진 소득으로 효용을 극대화하도록 재화의 소비량을 결정하는 원리와 같다(한계효용 균등의 원리).

(4) 총체주의의 한계
   ① 총체주의는 완전한 지식과 정보를 가정하고 있는데 실제로 예산을 결정하는 데에는 인간의 인지능력의 한계, 상황의 불확실성 등의 제약 조건이 존재하기 때문에 모든 대안의 탐색과 정확한 결과의 예측은 현실적으로 불가능하다.
   ② 총체주의에서는 해결할 문제나 달성할 목표가 명백히 주어져 있는 것으로 가정하지만 문제가 명백히 주어져 있는 경우는 드물다.
   ③ 총체주의에서는 사회적 가치의 우선순위 및 사회후생함수가 알려져 있는 것으로 가정하지만 공공재에 대한 선호도를 파악하기 어렵기 때문에 사회후생함수를 찾아내는 것은 거의 불가능하다.

---

* 윌다브스키(Wildavsky)

'대부분의 예산은 과거 결정의 산물이기 때문에 금년도 예산의 규모와 내용을 결정짓는 가장 큰 요소는 전년도 예산이다'
→ 예산 산출결과는 기초액과 여기에 공평한 몫이 더해진 결과로 나타난다고 한다.

2. 점증주의(Incrementalism)

(1) 점증주의의 의의

① 총체주의와 대비되는 모형으로 상황의 불확실성과 인간 능력의 부족을 전제로 한 결정모형을 제시한다.

② 점증주의는 인간의 지적능력의 한계와 의사결정상의 기술적인 제약 때문에 이미 알려진 대안들을 중심으로 선택적 모방에 의해 대안들을 탐색한다. 가장 대표적인 대안탐색의 접근 방법으로 린드블롬(C. E. Lindblom)과 윌다브스키(A. Wildavsky)에 의해 대표되는 이론으로서 합리모형을 전적으로 거부하고, 정책의 실현 가능성을 중시하는 이론이다.

③ 이러한 접근 방법은 기존의 정책이나 결정을 점증적으로 개선하는 것에 관심을 둔다. 대안탐색은 제한된 범위에서 부분적 · 순차적으로 진행한다. 기존 정책을 가장 첫 대안으로 생각하여 거기에 약간의 수정을 하는 경향이 있기 때문에 예산배분 등에서는 전년도 예산답습주의라고도 한다.

(2) 과정 측면에서의 점증주의

① 미시적 과정: 연속적이고 제한된 비교분석

ⓐ 예산결정자는 제한된 대안만을 비교해 결정하는 방식을 취하고 이런 제한된 비교방식은 연속적으로 진행된다.

→ 시행착오를 거치면서 환류되는 정보를 수집 · 분석해 이를 이용하는 방식으로 결정

ⓑ 예산과정의 복잡성을 단순화시키는 형태를 의미한다.

ⓒ 개인적 차원의 결정 과정이다.

개념더하기 예산 보조 수단

예산결정자는 모든 대안을 탐색하는 포괄적 검토 없이 제한된 수의 대안만을 비교해 결정하는 방식을 취하며, '그럭저럭 헤쳐 나가는 것'에 의해 그들이 하고 있는 일에 대한 한계적 변화만을 시도한다. 예산결정의 복잡성을 이해하기 위해 이를 단순화하거나 보조 수단을 이용한다.

윌다브스키(Wildavsky)의 예산 보조 수단
1. 예산결정은 경험적이다.
2. 예산결정은 단순화된다.
3. 예산 관료는 만족화 기준을 사용한다.
4. 예산결정은 점증적이다.

---

② 거시적 과정: 상호 조정

예산결정과정에서 협상과 타협을 통해 합의에 도달하는 과정이다. 결정의 내용이 최선인지에 대해서는 알 수 없고, 예산을 정치적 측면에서 볼 때 예산은 관료, 정치인, 유권자를 포함한 수많은 주체들 간의 협상 과정에서 나오는 결과라고 본다.

(3) **산출 측면에서의 점증주의**: 예산의 '소폭적 변화(증감)'라는 점증성으로 표현

　① **점증성의 정도**: 10%나 30% 이내를 점증적으로 보고 있다. 그러나 왜 10%가 소폭의 판단 기준이 되어야 하는지에 대해서 뚜렷한 근거가 있는 것은 아니다.

　② **점증성의 대상(총예산 규모)**: 점증적 총예산 규모 차원에서 전년도 예산과 비교할 때에는 예산 결정의 점증주의적 특성이 훨씬 더 뚜렷하게 나타난다.

　③ **기관 간 관계**: 선형적 · 안정적 → 점증적 결과를 초래하는 요인

　④ **사업별 예산**: 비점증적

　　㉠ 분석단위를 예산 총액이 아닌 사업별로 볼 때에는 사업마다 비점증적이다.

　　㉡ 예산상의 점증주의는 받아들이되 예산 결정과정의 안정성은 반대하는 입장이다.

(4) **점증주의의 한계**

　① 혁신적인 것이 불가능하다.

　② 어느 정도를 점증적으로 볼 것인가의 기준이 불명확하다.

　③ 점증성을 판단할 분석단위 또는 측정단위에 따라 점증성의 결과가 다르게 나온다.

　④ 예산 산출결과가 비점증적인 경우도 많으며 정책도 비점증적으로 결정되는 경우가 많다.

　⑤ 실증적 이론으로는 높은 평가를 받고 있지만 규범적 관점에서는 한계를 갖고 있다.

더 알아보기

총체주의와 점증주의 비교

구분	총체주의(경제적 접근)	점증주의(정치적 접근)
미시적 과정	총체적이고 체계적인 분석	연속적이고 제한된 비교
거시적 과정	집권적이고 제도화된 프로그램 예산편성	당파적 상호조정
결과	신규사업과 대폭적이고 체계적인 변화	전년도 예산의 소폭적인 변화
인간에 대한 가정	전지전능성과 경제적 합리인	제한된 합리성을 지닌 존재
성격	닫힌 예산(집권성)	열린 예산(분권성)
관련 제도	PPBS, ZBB	PBS, LIBS
기준	사회후생 극대화(파레토 최적 실현)	분배의 형평성
성향	개혁성(쇄신적 예산결정)	보수성(현상 유지 성향)
목표—수단분석	목표—수단분석 추구 (목표와 수단의 유기적 관계 불인정)	목표—수단분석 불가 (목표와 수단의 유기적 관계 인정)
강조점	경제원리(과학성)	정치원리(정치성)

1. 의의

서로 성질이 다른 그러나 서로 연결된 세입, 세출, 균형, 집행, 과정의 다섯 개 의사결정 흐름이 통합되면서 초래되는 의사결정모형을 제시하였다. 기본적으로 예산 정치에 관한 모형으로, 예산 운영은 경제적 및 정치적 환경에 개방되어 있다고 가정한다.

(1) 세입 흐름에서의 의사결정: 설득의 정치가 내재되어 있다. 주요 결정은 조세와 조세정책의 변동을 통해 세입원의 제약 조건을 변경할 것인지, 변경한다면 어떻게 할 것인지에 관한 것이다.

(2) 세출 흐름에서의 의사결정: 예산 획득을 위한 경쟁과 예산의 배분에 관한 의사결정이다.

(3) 예산 균형 흐름에서의 의사결정: '제약조건의 정치'의 성격을 갖는다.

(4) 예산 집행 흐름에서의 의사결정: 본질적으로 기술적 성격이 강하며, '책임성의 정치'의 특징을 갖고, 예산계획에 따른 집행과 수정 및 일탈의 허용 범위에 관한 문제가 중요하다.

(5) 예산과정 흐름에서의 의사결정: '누가 예산을 결정하는가의 정치'로 누가 참여하는가는 예산 결과에 영향을 미친다.

2. 루빈모형의 한계

(1) 예산이 기한 내에 처리되어야 한다는 시간 개념에 주목하긴 했으나 구체적으로 예산의사결정에 어떤 영향을 미치는 가에 대한 분석을 하지는 못했다.

(2) 단계 발견 모형과 마찬가지로, 거시적 측면의 묘사적 모형에 불과하다는 점이다. 즉, 미시적 측면에서 예산을 바라보지 못했다.

3. 예산문화론 – 윌다브스키(Wildavsky)

(1) 의의: 윌다브스키는 예산행태에 영향을 미치는 요인으로 경제력, 재정의 예측가능성, 예산규모, 정치구조와 정치지도자들의 가치관 등을 들면서 재정에 대한 예측가능성, 경제력 등에 따라 다음 네 가지의 예산결정유형이 나타난다고 주장하였다.

(2) 예산문화의 유형

구분		국가의 재정력	
		부유	빈곤
재정의 예측력	높음	• 점증적 예산 • 선진국(미국연방정부)	• 양입제출적(세입적) 예산 • 미국의 지방정부
	낮음	• 보충적 예산 • 행정능력이 낮은 경우 • 중동의 산유국	• 반복적 예산 • 후진국

04 예산과정론

01 예산과정 개관

1. 예산과정의 의의

(1) 개념: 예산은 네 과정으로 이루어지는데(편성 및 심의 · 확정, 집행, 결산 승인), 이 과정들을 합쳐 예산과정(Budget Process)이라고 한다.

(2) 예산과정의 순기(예산주기): 예산과정의 순기(順氣)란 예산이 시작되어 종료되기까지 네 과정이 모두 완료되는 기간(3년)을 말한다. 즉, 예산안의 편성과 심의에 1년, 집행에 1년, 결산과 회계검사에 1년이 걸린다. 예산의 편성 · 심의 · 집행 · 회계검사라는 4단계가 일정한 시차를 두고 매년 규칙적으로 반복되므로, 이것을 예산순환(Budget Cycle)이라고도 한다.

회계연도	편성 · 심의	집행	결산
2020년 예산	2019년	2020년	2021년
2021년 예산	2020년	2021년	2022년
2022년 예산	2021년	2022년	2023년

예산은 지속적인 과정으로 연결되기 때문에 2021년을 기준으로 하면, 2020년도 예산은 결산과 회계검사 과정에, 2021년도 예산은 집행과정에, 2022년도 예산은 편성과정에 있게 된다. 1년 중 어느 시점에서 보든지 예산의 네 과정 중 세 과정이 동시에 진행되는 셈이다. 중앙예산기관은 항상 3개 회계연도의 예산에 관한 업무를 동시에 진행하고 있다.

2. 회계연도

(1) 의의: 회계연도(Fiscal Year)란 수입과 지출을 구분 · 정리하여 그 관계를 명확히 하고, 양자 간의 균형을 유지하기 위하여 설정된 인위적인 기간이며, 예산의 유효기간을 말한다. 다시 말하면 회계의 편의에 따라 일정한 기간을 정하고 그 수지상황을 명확히 하는 예산의 기간적 단위라고 할 수 있다(우리나라는 1월 1일에 시작하여 12월 31일에 종료한다).

(2) 회계연도 독립의 원칙: 회계연도 독립의 원칙이란 각 회계연도의 경비는 그 연도의 수입으로 충당하여야 함을 의미한다.

① 일정기간으로 구획 · 정리하여 수지의 균형을 도모

② 회계의 정리 · 구분을 명확히 설정함으로써 재정상의 효과적인 통제

3. 예산과정의 주도자

(1) 근대적 예산제도는 시민혁명을 거쳐 대의정치를 제일 먼저 실현한 영국에서 발달되고 확립되었다. 재정권은 국권 중에서 가장 중요한 권력의 하나이기 때문에 영국에서는 이것을 국가의 어느 한 기관에만 맡길 수 없어, 예산과정을 넷으로 구분하고 2개의 과정은 입법부가, 다른 2개의 과정은 행정부가 각각 맡도록 하였다.

(2) 근대적 예산제도에 있어서 예산안의 편성과 그 집행은 행정부가, 예산의 심의와 회계검사는 입법부가 맡는 것이 세계적인 추세이다. 국가에 따라서는 회계검사기관이 입법부에 속하지 않고 행정부에 속하거나 독립적인 위치에 있는 경우도 있다.

4. 우리나라 예산과정(국가재정법)

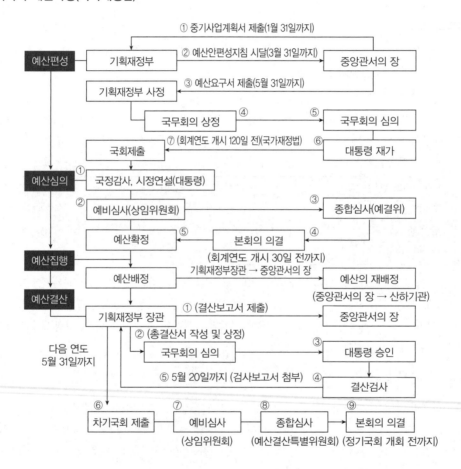

1 의의

1. 예산편성의 의의와 특징

(1) 예산편성이란 다음 회계연도에 정부가 수행할 정책이나 사업계획을 재정적인 용어와 금액으로 표시하는 것이다.

(2) 예산편성의 유형은 정부형, 입법부형, 독립형 등이 있지만 행정부가 편성해 입법부에 제출하는 것이 현대행정국가의 추세이며, 이를 '행정부제출 예산제도'라고 한다.

　① 행정부제출 예산제도의 장점
　　　㉠ 예산편성의 전문성 제고
　　　㉡ 관련 정보 · 자료관리 용이
　　　㉢ 행정수요의 객관적 판단 · 반영 용이
　　　㉣ 집행할 부처가 직접 편성하므로 정책결정과 집행의 유기적 연결 용이

　② 행정부제출 예산제도의 단점
　　　㉠ 국민에 대한 책임성 확보 곤란
　　　㉡ 예산통제 곤란
　　　㉢ 의회의 기능 약화

(3) 예산편성을 주도하는 기관을 중앙예산기관이라 하는데, 우리나라는 기획재정부가 예산편성을 주도한다.

(4) 정부형태에 따라 그 특성이 다르며, 대통령제 국가보다 의원내각제 국가에서 예산편성의 중요성이 강조된다.

　① 대통령 중심제에서의 예산안 편성
　　　㉠ 대통령은 예산안 편성을 통하여 매년 각 부처의 예산요구서를 검토한다.
　　　㉡ 중앙예산기관은 각 부처의 예산요구서를 사정하여 예산안을 편성한 후 국무회의 심의와 대통령의 승인을 거쳐야 한다. 독립기관의 예산안도 중앙예산기관이 편성한다.

　② 내각책임제에서의 예산안 편성: 영국의 경우 각 성이 재무성에 제출하는 예산요구서는 이미 사전에 재무성의 승인을 받은 사항이기 때문에 재무장관의 의견이 관철되는 것이 관례로 되어 있다. 영국 의회의 예산심의과정은 세출(Public Expenditure)을 검토하는 것이 아니라 공공정책(Public Policy)을 검토하는 과정이다. 영국 의회는 행정부가 제출한 예산안을 수정하는 일이 거의 없다.

2. 예산편성의 두 가지 흐름(Bottom-Up vs Top-Down)

구분		품목별예산제도(Bottom-Up)	총액배분자율편성제도(Top-Down)
행정부 내 자원배분 순서	중앙예산 기관	총지출규모 확정 ↑ 분야별·부처별 지출규모 확정 ↑ 각 사업별 예산규모 확정	총지출규모 확정 ↓ 분야별·부처별 지출규모 확정 ↓
	담당부서	각 부처별 사업예산 요구 ↑	각 부처가 담당 사업별 예산요구 ↓ 중앙예산기관과의 협의·조정을 거쳐 각 사업별 예산규모 확정
특징	주제	중앙예산기관 중심	중앙예산기관과 각 부처의 협력을 통한 예산편성
	중점	재정지출에 대한 통제	부처의 재정자율성 및 책임성 강화
	예산분석	개별 사업 중심의 예산분석(미시적 접근)	국가 차원의 예산분석(거시적 접근)
	예산기관	단년도 중심의 재정운용	중장기적 재정운용

2 우리나라의 예산편성 절차[총액배분자율편성제도(Top-Down)]

1. 중기사업계획서 제출

(1) 각 부처는 중기사업계획서를 1월 31일까지 기획재정부로 제출한다.

(2) 중기사업계획서는 최근 5년간의 재정운용 추이 및 특징 등을 담은 재정운용분석, 향후 재정투자계획, 단위사업별 중기지출계획, 프로그램별 설명서, 중기 수입전망 등의 내용으로 구성된다.

(3) 중기사업계획은 국가재정운용계획 수립을 위한 사전절차로서, 정부는 부처별 중기사업계획을 기초로 하여 국가재정운용계획을 수립하고, 국가재정운용계획은 예산안편성지침 및 부처별 지출한도 설정의 기본 틀이 된다.

2. 예산안편성지침 통보

(1) 예산안편성지침은 다음 해의 국내외 경제 전망, 재정운용 여건, 예산편성 방향, 경비별 예산편성 및 요구 지침, 예산 요구 시 제출 서류 및 작성 양식 등이 포함되어 있다.

(2) 기획재정부장관은 국무회의의 심의를 거쳐 대통령의 승인을 얻은 다음 연도의 예산안편성지침을 매년 3월 31일까지 각 중앙관서의 장에게 통보하여야 한다.

(3) 기획재정부장관은 국가재정운용계획과 예산편성을 연계하기 위하여 예산안편성지침에 중앙관서별 지출한도(일반회계, 특별회계, 기금포괄)를 포함하여(총액배분자율예산제도 도입) 통보할 수 있다.

(4) 기획재정부장관은 각 중앙관서의 장에게 통보한 예산안편성지침을 국회 예산결산특별위원회에 보고하여야 한다.

3. 예산요구서 제출 및 예산편성 준비

각 중앙관서는 지출한도 및 예산안편성지침이 통보되면 4~5월에 걸쳐 지방자치단체 등 재정지원을 받는 기관으로부터 예산요구를 받아 이를 내부적으로 조정한 후, 예산요구서를 작성하여 5월 31일까지 기획재정부에 제출하여야 한다(국가재정법 제31조).

이 기간 중 기획재정부에서는 예산편성을 위한 사전 준비가 지속적으로 이루어진다. 대형 투자사업 및 주요 재정사업 등에 대한 예산집행 실태를 점검하는 것은 물론, 예산제도 및 재정개혁을 위한 제도 개선 과제의 검토 등이 이루어진다.

> **개념더하기**   **예산안 조기제출 제도와 헌법과의 관계**
>
> 헌법 제54조제2항은 예산안을 회계연도 개시 90일 전까지 국회에 제출하도록 규정하고 있으나, 개정된 국가재정법 제33조는 이를 회계연도 개시 120일 전까지 국회에 제출토록 하고 있어 국가재정법 개정 과정에서 해당 조항이 헌법 제54조제2항에 위배되는 것이 아니냐는 의견도 있었으나, 법률상 예산안 제출시기를 '회계연도 개시 120일 전까지'로 개정하는 것은 헌법 문언('회계연도 개시 90일 전까지')의 범위에 포함되기 때문에 문언적 측면에서는 위헌이 아니라고 해석된다. 또한 예산안의 국회 제출시기 및 심의기간에 관한 헌법 규정은 '국회에 관한 장(章)'에 위치하고 있다는 점에서 국회의 예산 심의·확정권 보장을 목적으로 한 규정으로 보인다. 따라서 해당 헌법 규정은 국회의 예산 심의·확정권을 실질적으로 보장하기 위한 것이지, 이를 제한하기 위한 목적이 아니라 할 것이므로, 헌법상 60일이라는 국회의 예산 심의기간을 법률로 줄이는 것은 위헌이나, 법률로 늘리는 것은 위헌으로 보기 어렵다 할 것이다(국회예산정책).

4. 예산사정 및 예산안편성

기획재정부는 예산요구서가 접수되면 요구 규모를 취합하여 가용재원과 비교·검토한 후, 국정 목표와 연계한 중점 지원 내용 등 분야별 예산편성을 위한 심의방향을 마련한다.

기획재정부 각 부처의 예산요구서를 토대로 분야별, 부문별, 부처별로 3월 말에 통보한 지출한도 및 재정원칙 준수 여부를 검토한다. 기획재정부에서는 예산편성 방향과 각종 편성기준, 사업 추진현황 분석 등을 기초로 소관 부처의 의견을 청취한 후 예산 지원 내용을 조정한다.

> **개념더하기**   **독립기관 등의 예산감액**
>
> 기획재정부장관은 예산안을 국무회의에 부의함에 있어서 독립기관(국회, 대법원, 헌법재판소, 중앙선거관리위원회) 및 감사원(헌법상 독립기관은 아님)의 세출예산액을 그 요구액보다 감액한 때에는 감액한 이유, 세출예산액과 요구액과의 비교표 그 밖에 심의에 필요한 서류를 첨부하여야 한다. 이는 정부의 예산편성 과정에서 독립기관 예산의 자율성을 존중하기 위한 취지라 할 것이다.

5. 정부 예산안 확정 및 국회 제출

정당 간 협의를 거친 예산안은 국무회의의 의결과 대통령의 승인을 얻어 회계연도 개시 120일 전까지 국회에 제출한다. 국회 제출 시에는 세입·세출·예산 총계표 및 순계표, 세입세출예산 사업별 설명서 등 국회에서 예산 심의를 하는 데 필요한 일체의 자료나 통계가 수록된 소정의 법정 서류를 첨부한다(과거에는 예산자체에 대한 첨부서류만 제출했으나, 2009년 성과계획서, 2010년도 성인지 예산서, 2011년 조세지출예산까지 법정화함).

제34조(첨부서류)

(1) 세입세출예산 총계표 및 순계표

(2) 세입세출예산사업별 설명서

(3) 계속비에 관한 전년도 말까지의 지출액 또는 지출추정액, 당해 연도 이후의 지출예정액과 사업 전체의 계획 및 그 진행 상황에 관한 명세서

(4) 국고채무부담행위 설명서

(5) 국고채무부담행위로서 다음 연도 이후에 걸치는 것에 있어서는 전년도 말까지의 지출액 또는 지출추정액과 당해 연도 이후의 지출예정액에 관한 명세서

(6) 예산정원표와 예산안편성기준단가

(7) 국유재산의 전전년도 말에 있어서의 현재액과 전년도 말과 당해 연도 말에 있어서의 현재액 추정에 관한 명세서

(8) 성과계획서

(9) 성인지예산서

(10) 조세지출예산서

(11) 독립기관의 세출예산요구액을 감액하거나 감사원의 세출예산요구액을 감액한 때에는 그 규모 및 이유와 감액에 대한 당해 기관의 장의 의견

(12) 회계와 기금 간 또는 회계 상호 간 여유재원의 전입·전출 명세서

(13) 국유재산특례지출예산서

(14) 예비타당성조사를 실시하지 아니한 사업의 내역 및 사유

(15) 지방자치단체 국고보조사업 예산안에 따른 분야별 총 대응지방비 소요 추계서

개념더하기 ▶ 국가재정운용계획

정부는 재정운용의 효율화와 건전화를 위하여 매년 당해 회계연도부터 5회계연도 이상의 기간에 대한 재정운용계획을 수립하여 회계연도 개시 120일 전까지 국회에 제출하여야 한다.

1. 의의
   (1) 국가재정운용계획이란 정부가 재정운용의 효율화와 건전화를 위하여 매년 당해 회계연도부터 5년 이상의 거시경제 전망을 바탕으로 세입·세출·재정수지·조세부담률·국가채무 등의 재정운용계획을 수립하여 국회에 제출하는 문서를 말한다.
   (2) 국가재정운용계획은 국가정책전망과 재원배분계획을 제시하는 5년 단위 계획으로, 단년도 예산편성의 기본 틀이 되며, 매년 경제·사회적 여건 변화를 반영하여 연동·보완된다.
   (3) 계획에는 재정운용의 기본방향과 목표, 중장기 재정전망 및 그 근거, 분야별 재원배분 계획 및 투자방향, 재정규모증가율 및 그 근거(의무지출 증가율, 재량지출증가율, 세입·세외수입·기금수입 등 재정수입의 증가율 등), 조세부담률·국민부담률 전망, 통합재정수지에 대한 전망과 근거 및 관리계획 등이 포함된다.
   (4) 국가재정운용계획이 도입됨으로써 각 부처를 비롯한 정부의 단년도 예산은 중장기 국가비전과 정책우선순위를 고려한 중기적 시계에서 편성될 수 있게 된다.

2. 국가재정운용계획의 수립절차
   기획재정부의 지침통보 → 의견수렴 → 자료제출 요청 및 협의 → 최종 수립을 위한 중앙관서장과의 협의 → 국회 소관 상임위 보고 → 국회제출

3. 국가재정운용계획의 운영 효과
   (1) 국가재정운용 계획은 중기적 관점에서의 재원총량 및 배분전략을 제시한다.
   (2) 재정운용 비전이 결여된 단년도 예산과는 달리, 총수입·총지출·재정수지·국가채무 등을 명확히 제시할 수 있다.
   (3) 수년 동안의 개별 부처 또는 사업에 대해 일정한 예산제약을 설정하여 총량목표들을 달성하려는 계획을 포함하고 있어 재정건전화의 기초를 구축하는 데 중요한 역할을 하고 있다.
   (4) 총액배분자율편성제도와 더불어 국가재정운용계획이 도입된 후, 정부 개별부처들 간에 자율과 책임이 증대되면서 과거 행해지던 예산 과다요구 관행이 줄어들고 자발적인 세출구조조정이 이루어지고, 일반회계, 특별회계, 기금 등 간 막이식 재원확보 유인을 축소시킨다.

4. 운영상 문제점

(1) 매년 장기적인 균형재정 달성을 목표로 낙관적인 경제전망을 하고 있어 실제 현실과 괴리가 발생하는 문제가 있다. 즉, 국가재정운용계획이 객관적인 장기재정추계를 제시하는 것이 아니라, 정부가 달성하고자 하는 균형재정, 즉 소망스러운 목표를 보여주는 것에 그치고 있다(총수입이 과다 추정).

(2) 국가재정운용계획은 예산안과 동시에 국회에 제출되고 있어 국회가 예산안을 심의하는 데 필요한 참고자료로 활용되는 이상의 기능을 하기 어렵다.

(3) 국가재정운용계획의 재원배분체계가 일관되지 못할 뿐만 아니라 결산 및 통합재정상의 재원배분체계와 상이하다는 점, 동계획에 성과평가 결과가 환류되고 있는지에 대한 명시적인 내용이 없다는 점 등이 문제로 지적되고 있다.

구분	국가재정 운용계획	중기재정계획 (국가재정운용계획이 도입되기 이전)
목적	총량목표, 구체적인 재원배분계획, 투자방향 제시	재정운용 방향 제시
실효성	해당연도 예산안 및 기금운용계획의 토대 (부처별 지출한도로 활용)	재정운용 참고자료
수립방식	국무위원, 관계부처, 지자체, 연구소 등의 폭넓은 사전 참여	예산편성 주무부처 중심
법적 근거	국가재정법(강제규정)	임의규정
국회제출의무	있음	없음

개념더하기 　총액배분자율편성 예산제도

1. 개념

총액배분자율편성 예산제도는 중앙예산기관이 분야별·부처별 지출한도를 설정하면, 부처는 주어진 한도 내에서 예산을 자율적으로 편성하는 제도를 말한다(2005년부터 전면 도입).

2. 운영절차

국가재정운용계획을 수립 → 국무위원 재정전략회의에서(대통령, 국무총리 및 각 부처 장관 등이 참여) 분야별·부처별 지출한도를 미리 설정 → 각 부처는 지출한도의 총액 내에서 자율적으로 사업의 우선순위를 정하여 예산을 편성 → 재정당국이 이를 최종적으로 점검·보완함으로써 정부예산안이 마련된다. 이때 각 부처의 예산편성 내역이 지출한도를 준수한 경우에는 재정당국은 세부 예산내역을 심사하지 않고 이를 최대한 인정하여 자율성을 보장하는 것을 원칙으로 한다.

3. 도입 배경

(1) 단년도 중심의 예산편성에 따라 중기적 시각의 재정운용이 어려웠고, 개별 사업 중심으로 예산편성이 이루어져 국가의 정책적 우선순위에 입각한 거시적 재원배분이 어려웠다.

(2) 예산투입에 대한 통제에 치중해 재정지출이 사후 성과관리가 미흡이있고, 이로 인해 개별 사업별·비목별 예산편성이 경직성을 띠고 현장의 수요를 효과적으로 반영하지 못하는 등의 문제가 있었다.

4. 제도의 기대효과

(1) 주어진 지출한도 내에서 부처가 예산을 편성하므로 부처의 과다요구와 중앙예산기관의 대폭삭감이라는 불합리한 관행이 개선될 수 있다는 점이다.

(2) 각 부처는 우선순위가 높은 사업위주로 예산에 반영하므로, 국정우선순위에 따라 한정된 배분을 합리적으로 배분할 수 있다.

(3) 총량은 예산당국이 배분하고, 개별 사업 예산은 내용을 잘 아는 소관 부처가 편성을 주도하므로 부처의 전문성에 기초한 예산편성이 가능하다.

(4) 부처에 예산편성의 자율성을 대폭 부여한 대신 재정지출의 성과책임을 강화함으로써 성과관리의 기반을 마련할 수 있다.

3 예산구성(국가재정법 제19조)

예산은 예산총칙·세입세출예산·계속비·명시이월비 및 국고채무부담행위를 총칭한다.

1. 예산총칙(제20조)

예산총칙은 세입세출예산·계속비·명시이월비 및 국고부담행위 등 예산전반에 관한 총괄적 규정과 그 밖에 국채 발행, 차입금의 한도액, 재정증권 발행한도 등 기초적인 사항과 예산집행에 필요한 사항을 정한 것을 말한다.

2. 세입세출예산의 구분(제21조)

세입세출예산은 국가의 일반회계 및 특별회계의 모든 수입과 지출의 세부사항을 정한 것으로서, 세입예산과 세출예산을 총칭하는 용어이다. 세입예산은 회계연도에 발생할 금전적 수입을 견적하여 예산서에 표시한 것이며, 세출예산은 행정목적 달성을 위해 필요한 지출의 내역을 예산서에 표시한 것이다. 세입예산은 소관별로 구분한 후 성질별로 관·항으로 구분한다. 세출예산은 우선 소관별로 구분한 후 그 내용을 기능별·성질별로 구분하도록 규정하고 있다.

3. 예비비(제22조)

예측할 수 없는 예산 외의 지출이나 예산 초과지출을 충당하기 위해서 미리 일정 금액을 책정하는 것을 말한다. 정부는 예측할 수 없는 예산 외의 지출 또는 예산초과지출을 충당하기 위해 일반회계 예산총액의 100분의 1 이내의 금액을 예비비로 세입세출예산에 계상할 수 있다. 다만, 예산총칙 등에 따라 미리 사용목적을 지정해 놓은 예비비는 본문에도 불구하고 별도로 세입세출예산에 계상할 수 있다. 공무원의 보수인상을 위한 인건비 충당을 위하여는 예비비의 사용목적을 지정할 수 없다.

4. 계속비(제23조)

계속비는 여러 해에 걸친 사업의 경비를 미리 일괄하여 국회의 의결을 얻고, 이를 변경할 경우 외에는 다시 의결을 얻을 필요가 없는 경비이다. 국가의 예산은 회계연도마다 새로 심의·결정하는 것이 원칙이나, 계속비는 예외이다. 국가가 지출할 수 있는 연한은 그 회계연도부터 5년 이내로 한다. 다만, 사업규모 및 국가재원 여건을 고려하여 필요한 경우 예외적으로 10년 이내로 할 수 있다. 대규모의 토목공사와 같이 수년간 계속되는 사업 등이 일단 착수된 후에 중도에서 국회의 의결을 얻지 못함으로써 중단되는 일이 일어나지 않도록 하기 위한 것으로, 계속비라는 항목으로 총경비와 각 연도마다 지출할 금액을 미리 정하여 국회의 의결을 얻어야 한다(헌법 제55조제1항).

5. 명시이월비(제24조)

명시이월비는 경비의 성질상 연도 내에 그 지출을 끝내지 못할 것이 예측되는 때 그 취지를 세입세출예산에 명시하여 미리 국회의 승인을 얻는 경우 다음 연도에 이월하여 사용할 수 있도록 하는 경비이다. 부득이한 사유와 금액을 명시하여 기획재정부장관의 승인을 얻은 범위 안에서 지출원인행위를 할 수 있다.

6. 국고채무부담행위(제25조)

국가가 예산의 확보 없이 미리 채무를 부담하는 행위를 의미한다. 국고채무부담행위는 일반적인 채무부담행위와 재해복구를 위한 채무부담행위로 분류된다. 일반적인 채무부담행위는 법률에 따른 것, 세출예산금액 또는 계속비 범위 안의 것 외에 채무를 부담하는 것이며, 사전에 사업 및 금액이 특정되어 국회의 의결을 거쳐 확정되게 된다. 재해복구를 위한 채무부담행위는 예산총칙에서 한도액을 규정하고, 그 한도 내에서 필요에 따라 사용할 수 있다.

4 예산사정 및 예산확보 전략

1. 예산확보전략 – 각 부처가 중앙예산기관을 상대로

(1) 보편적 전략(예산관계자들의 지지를 확보)
① 예산의 수혜자를 동원하는 방법(관련 단체의 시위 등을 활용)
② 신뢰를 확보하는 방법
③ 사업의 필요성과 가치를 강조하는 방법

(2) 상황적 전략(여러 상황에 기민하게 대응하는 전략)
① 대통령이나 장관의 역점사업이 중요함을 강조하는 방법
② 사업의 우선순위를 조정하는 방법(인기 있는 사업의 우선순위를 낮게, 인기 없는 사업의 우선순위를 높게 설정하여 두 사업예산 모두를 확보) 또는 인기 있는 사업에 신규사업을 끼워 넣는 방법
③ 기득권의 획득을 이용하는 방법
④ 자료 및 정보의 맹점을 이용하는 방법
⑤ 인맥, 혈연, 지연 등 인관관계를 이용하는 방법
⑥ 언론매체를 이용하는 방법
⑦ 부처의 장에 의한 정치적 해결방법
⑧ 위기 시에 새로운 사업을 시작하는 방법(문지방 효과*, 선위효과)
⑨ 엄청난 자료를 제시하여 중앙예산기관의 업무를 마비시키는 방법

2. 예산사정전략 – 중앙예산기관이 각 부처에 대응하는 전략

(1) 무제한 예산법(전통적 예산): 예산을 요구할 때 한도액을 제한하지 않는 방법이다. 이 방법은 각 부처가 원하는 사업의 종류나 규모 파악에는 도움을 주지만, 상급기관이 예산 삭감의 부담을 져야 하는 한계가 있다.

(2) 한도액설정 예산법(신성과주의 예산): 예산요구액의 한도를 설정해 주는 방법이다. 이 방법은 예산절감을 가져오는 장점이 있지만, 각 부처가 원하는 사업의 규모와 종류를 정확히 파악하기 어렵다.

---

* 문지방 효과
문지방 높이까지 일정한 수준에 이르러야 그 다음 단계로 넘어갈 수 있는 것처럼 일정한 기준을 넘어야 효과가 발휘됨을 의미한다.

(3) 증감분석(점증주의 예산): 가장 보편적인 방법으로 전년도 예산과 대비하여 증감된 예산요구 항목만을 중점적으로 산정하는 방법이다. 이 방법은 모든 예산 항목을 매년 재검토할 필요가 없다는 장점이 있지만 기존사업에 대한 재검토가 전면적으로 이루어지기 어려운 한계가 있다.

(4) 우선순위표시법(PPBS, ZBB): 예산요구 시 예산항목 또는 예산이나 사업 간의 우선순위를 명시해 줌으로써 예산을 산정하는 데 도움을 주는 방법이다.

(5) 항목별 통제 방법(품목별 예산): 부처가 제출한 예산의 개별항목을 항목별로 검토하여 산정하는 방법이다.

(6) 업무량 측정 및 단위원가 계산법(성과주의 예산): 사업별로 사업단위를 개발하고 단위원가를 결정하여 예산액을 산정하는 방법이다.

03　예산심의

1 예산심의의 의의

1. 개념

예산심의(豫算審議)는 국회가 행정부의 예산안을 심의·확정하는 것을 말한다. 즉, 정책수행을 위하여 세입과 세출을 얼마나 효율적으로 집행할 것인가, 그리고 재원을 어떻게 확보할 것인가를 다각적으로 분석하고 검토하는 과정이다.

의회에 의한 예산심의는 국민의 의사를 집약하고 반영한다는 정치적 의미를 내포하고 있다. 따라서 행정부에 대한 재정통제의 도구, 즉 행정통제의 강력한 무기로서 사용된다는 데 그 의의가 있다.

2. 예산심의 기능

(1) 의회의 예산심의과정은 국민의 부담을 줄이고 예산의 효율을 높일 수 있다.

(2) 예산심의는 정부 정책에 대한 국민비판의 기회가 되고 재정민주주의를 높일 수 있다.

(3) 예산서에서 사업이란 정책목표를 달성하기 위한 대안들로 예산을 심의한다는 것은 곧 정책형성기능을 말한다.

3. 영국과 미국의 예산심의권

(1) 영국의 하원은 예산법안의 선심의권(先審議權)을 갖고 있는데 비하여, 상원은 수정권이나 부결권(否決權)을 갖지 못하고 30일 간의 지연권만을 갖고 있다.

(2) 미국의 경우 예산심의에 관한 권한은 상하 양원이 동등하다. 의결에 차이가 있으면 양원협의회에서 타협하고 조정한다.

❷ 예산의 형식

1. 예산법(豫算法) – 법률주의

예산법으로 성립 예산이 법률의 형식을 취하면 행정수반은 의회가 의결한 예산법안이 자기의 의사에 반할 때에는 일반 법률에 대한 것과 마찬가지로 거부권(拒否權)을 행사할 수 있다(영국과 미국).

囫 미국의 경우 1996년 예산항목별 거부권법을 제정하여 대통령이 예산항목별 거부권을 행사할 수 있도록 하였으나, 이 법은 1998년 대법원의 위헌판결로 무효화되었다. 현재 잠정예산 외에는 거부권 행사가 불가능하다.

2. 예산(豫算) – 의결주의

예산 형식을 취하는 경우에는 의회가 의결한 예산은 입법부가 행정부에게 재정권을 부여하는 형식이 되고, 의회의 의결로 예산이 확정되므로 예산에 대한 행정수반의 거부권은 일반적으로 인정되지 않는다(한국과 일본). 세출예산에서는 의회가 의결한 항목과 금액을 반드시 지켜야 하지만(법적 구속력*), 세입예산의 항목과 금액은 세입의 추계이므로 엄격히 지켜야 할 의무가 없다.

❸ 예산심의의 유형

1. 정부형태별 유형

(1) 대통령 중심제: 예산심의가 비교적 상세하고 엄격하다(삼권분립주의).

(2) 내각책임제: 입법부와 행정부가 협조관계를 유지하고, 내각의 성립 및 존립이 의회에 달려 있다. 즉, 내각이란 의회의 다수당에 의해 구성되고 의회 내의 여러 위원회 중 하나의 위원회와 같은 성격의 것이다. 따라서 예산심의권이 의회에 부여되어 있다고 하더라도 의회에서 수정되는 일이 거의 없다. 만일 의회가 예산을 부결하거나 수정하면 그것은 내각(행정부)에 대한 불신임으로 간주된다.

2. 의회의 구성형태별 유형

(1) 양원제: 의회구성이 양원제로 구성되어 있는 국가에서 상원과 하원의 예산심의권에 차이가 있는 경우도 있고 동등한 경우도 있다. 원칙적으로는 민주주의적 의회는 양원이 동등한 권한을 가져야 하지만, 국가의 전통에 따라 하원이 상원보다 더 우월한 권한을 갖는 경우가 많다.

(2) 단원제: 양원 간에 예산심의권의 차이와 같은 문제가 발생하지 않는다.

3. 의회의 운영방식별 유형

(1) 전원위원회 중심(사실상 본회의 중심): 주요 의안이 본회의에 상정되기 전이나 상정된 후에 국회의원 전원이 참석해 의안을 심사하는 회의를 말한다. 1948년 10월 국회법을 재정하면서 도입된 뒤, 1960년 9월 폐지되었다가, 2000년 2월 국회법 개정 때 다시 도입되었다. 국회의 법안 심사가 해당 상임위원회를 중심으로 이루어지기 때문에 다른 상임위원회 소속 위원들은 법안의 내용도 모른 채 그대로 따라야 하는 문제점을 보완하기 위해 설치되었다.

---

* **예산의 법적 구속력**

의무교육을 위하여 일정액의 예산이 책정되었을 때 절약하여 지출을 줄이는 것은 가능하지만 책정된 금액을 초과하여 지출하는 것은 허용되지 않는다. 반면, 법인세로 책정된 수입은 경제의 호황 또는 불황으로 인하여 목표액에 초과하거나 미달하여도 무방하다.

(2) 위원회 중심: 위원회제도는 심의능률의 향상, 안건의 신속한 처리, 전문성과 기술성의 확보, 의회운영의 탄력성 등을 통하여 행정의 감시와 통제의 성과를 높일 수 있다(한국, 미국, 일본).

개념더하기 ▶ 예산심의 개혁제도

1. 재정소요점검제도(Scorekeeping)
새롭게 제정·개정되는 법률이 재정에 미치는 영향을 점검하는 재정관리제도로 미국에서 의회가 정한 예산결의안 수준을 강제하기 위해 도입한 제도적 장치이며 재정소요점검제도는 기준선 전망과 법안비용 추계제도를 2개의 축으로 하여 운용되는 제도이다.

2. 재정기준선(Baseline) 전망
이미 성립된 법에 기초해 해당연도와 다음연도에 대한 예산 전망치이다. 1974년 미국 처음 도입되었으며 우리나라는 예산안 편성지침에는 지출총액을 미포함하고 재정운용계획을 예산안 제출 시 함께 제출한다.

3. 법률안비용 추계제도
재정수반법률에 대해 당해 법률안이 시행될 경우에 추가적으로 발생할 것으로 예상되는 재정 수입 또는 지출의 변화를 각종 추계기법을 활용하여 추산하는 제도로 2003년 본격적으로 시행되었다.

4. 입법영향평가제도
법률 시행으로 말미암아 초래될 재정적 및 비재정적 영향을 효과성, 효율성, 형평성 등의 측면에서 분석하는 제도로 한국은 아직 도입되지 않았다.

개념더하기 ▶ 주요 국가의 예산심의 제도

구분	한국	미국	영국	프랑스	일본
정부형태	대통령제	대통령제	내각제	내각제	내각제
의회형태	단원제	양원제	양원제	양원제	양원제
예산형식	예산형식	지출예산법	세출법	예산법	예산형식
예산안제출	정부제출	의회전속권	내각제출	정부제출	내각제출
예산안심의위원회 구성	특별위원회	상임위 (세출위원회)	상임위원회	상임위원회	상임위원회
상임위 예비심사	있음	없음	없음	없음	없음
의회수정권	삭감자유 증액 및 새비목 설치 시 정부동의 필요	예산안 증액 삭감 가능	증액 불가	예산안의 수입과 지출규모를 변경하지 않는 범위 내에서 수정 가능	헌법에 일치하는 범위 내에서 예산안의 증액 및 감액 가능

출처: 주영진, 「국회법론」

4 우리나라의 예산심의 절차

[예산심의 절차]

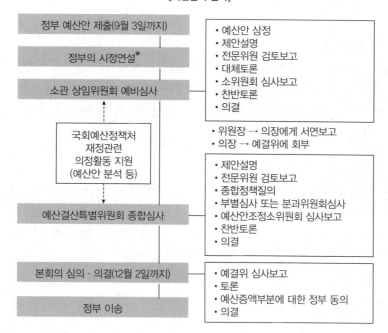

```
정부 예산안 제출(9월 3일까지)
          ↓
정부의 시정연설*          • 예산안 상정
          ↓                • 제안설명
소관 상임위원회 예비심사    • 전문위원 검토보고
          ↕                • 대체토론
국회예산정책처             • 소위원회 심사보고
재정관련                   • 찬반토론
의정활동 지원              • 의결
(예산안 분석 등)
          ↓              • 위원장 → 의장에게 서면보고
                          • 의장 → 예결위에 회부
                          • 제안설명
                          • 전문위원 검토보고
                          • 종합정책질의
예산결산특별위원회 종합심사  • 부별심사 또는 분과위원회심사
          ↓                • 예산안조정소위원회 심사보고
                          • 찬반토론
                          • 의결
본회의 심의 · 의결(12월 2일까지) • 예결위 심사보고
          ↓                • 토론
정부 이송                  • 예산증액부분에 대한 정부 동의
                          • 의결
```

개념더하기 ▶ 국회예산정책처

1. 의의

종전 국회사무총장 소속 하에 있던 예산정책국을 국회의장 직속기관으로 확대 개편된 조직으로, 국회의 각 위원회 및 국회의원의 요청에 따라 예산과 결산의 제반 분석을 행하고 필요한 정보를 제공하는 기능을 수행한다. 예산정책처의 처장은 국회의장이 국회운영위원회의 동의를 받아 임명한다.

2. 주요 기능

(1) 예산안 · 결산 · 기금 운영계획안 및 기금 결산에 대한 연구 및 분석
(2) 법률안 등 의안에 대한 소요비용의 추계
(3) 국가재정운용 및 거시경제동향의 분석 및 전망
(4) 국가의 주요 사업에 대한 분석, 평가 및 중장기 재정 소요 분석
(5) 국회의 위원회 또는 국회의원이 요구하는 사항의 조사 및 분석

---

1. 국정감사

국회는 국정전반에 대하여 소관 상임위원회별로 매년 정기회 집회일 이전 감사 시작일로부터 30일 이내의 기간을 정하여 감사를 실시한다. 본격적인 예산 심의에 앞서 예산심의에 필요한 정보를 수집하는 단계이기 때문에 예산심의단계의 일부로 보아야 한다.

---

*   시정연설

시정연설 시기는 예산안이 국회에 제출된 이후에 즉시 행하는 것이 일반적이며, 수정예산안 제출 시에는 별도로 시정연설을 하지 않는다. 시정연설은 원칙적으로 대통령이 하도록 되어 있으나 몇 차례를 제외하고는 국무총리가 대독한다.

2. 본회의 보고 및 정부의 시정연설

의장은 예산안을 의원에게 배부하고 본회의에 보고한다. 다음으로 정부는 국정의 각 부문별 역점운용 방향 등에 관하여 본회의에서 시정연설을 한다.

3. 소관 상임위원회 예비심사

시정연설이 끝나면 예산안이 상임위원회에 회부되어 상임위원회의 심사·의결을 거친다. 예산안에 대해서 실시하는 상임위원회의 심사는 법률안과 달리 예산결산특별위원회의 심사 전에 수행하는 예비적 성격을 가지므로 예비심사라 하며, 원칙적으로 예산결산특별위원회에 대한 구속력이 없다. 그러나 우리의 경우에는 일정한 제한을 두고 있다.

4. 예산결산특별위원회 심사

상임위원회의 예비심사 과정을 고려하여 예산결산특별위원회는 심사를 개시하게 되고, 기획재정부장관의 제안 설명과 전문위원의 검토보고가 이루어진다. 다음으로 정부의 시책방향, 경제정책 등에 대한 종합정책질의와 부별심사가 이루어진다. 종합정책질의 및 부별심사가 끝나면 예산안 및 기금운용계획안 조정소위원회에서 각 상임위원회의 예비심사 결과, 종합정책질의, 부별심사, 소위원회 위원 및 전문위원 의견 등에 근거하여 예산안을 조정하고, 예산안의 수정안을 마련하여 예산결산특별위원회 전체 회의에 보고한다.

> **개념더하기** 예산안 등 본회의 자동회부
>
> 예산안과 부수 법률안이 법정 기한 내 처리가 될 수 있도록 제도를 보완하기 위해 국회법 제85조의3에서 위원회는 예산안 등과 세입예산안 부수 법률안의 심사를 매년 11월 30일까지 마쳐야 한다고 규정하고 있다. 예산안 등과 세입예산안 부수 법률안(체계·자구심사를 위하여 법제사법위원회에 회부된 법률안을 포함한다)이 기한 내(11월 30일)에 위원회의 심사가 종료되지 아니한 경우에는 그 다음날에 위원회에서 심사를 마치고 바로 본회의에 부의된 것으로 본다. 다만, 의장이 각 교섭단체대표의원과 합의한 경우에는 그러하지 아니하다. 또한 국회법 제106조의2 제10항에서는 예산안 등 및 세입예산안 부수 법률안과 관련한 무제한 토론의 실시에 관한 내용을 규정하고 있으며, 무제한 토론, 계속 중인 본회의, 제출된 무제한 토론의 종결동의에 대한 심의절차 등은 12월 1일 자정에 종료된다.

5. 본회의 심의·의결

본회의에 예산안이 상정되면, 예산결산특별위원장은 예산안의 심사경과 및 결과를 보고한다. 예산결산특별위원회의 수정안에 대하여 이견이 있는 경우 찬반토론을 수행하지만 일반적으로 예산결산특별위원회의 안건대로 확정되고 있다. 예산은 법률이 아니므로 공포절차가 불필요하다. 우리나라는 회계연도 개시 30일 전까지 의결해야 하나 법정의결기한을 넘기는 경우가 많았다. 기금운용계획안도 회계연도 개시 30일 전까지 의결하여야 한다.

> **개념더하기** 예산결산특별위원회
>
> **1. 의의**
> 1999년까지 전년도 결산 및 예산안이 본회의에서 의결될 때까지 존속되는 한시 조직이었으나 2000년 2월 국회법이 개정됨에 따라 50인으로 구성된 상설화된 특별위원회로 운영되고 있다. 위원 및 위원장의 임기는 1년이며, 위원장은 본회의에서 선거한다.
>
> **2. 특징**
> 상임위원회 심사결과를 존중하기 위하여 국회법 제84조제5항에서 예산결산특별위원회가 상임위원회에서 삭감한 세출예산 각 항의 금액을 증가하게 하거나 새 비목을 설치할 경우에는 소관상임위원회의 동의를 얻도록 규정하고 있다. 국회

법 제84조제4항에서 정보위원회의 심사는 예산결산특별위원회의 심사로 보도록 규정하고 있다. 이에 따라 정보위원회 소관 예산안과 결산에 대한 심사결과는 해당 부처별 '총액'으로 정하여 의장에게 보고하고, 의장은 이를 총액으로 예산 결산특별위원회에 통보하도록 하고 있다. 즉, 정보위원회 소관 예산안 및 결산에 대해서는 예산결산특별위원회에서의 조정이 불가능하다.

6. 우리나라 예산심의의 특징

(1) 우리나라는 예산의 수정비율이 낮다.

(2) 위원회는 중심주의이고, 본회의는 의결주의이다.

(3) 상임위는 증액지향, 예결위는 삭감지향 성격을 갖는다.

(4) 예산의결주의를 취하며, 영구세주의를 취한다.

(5) 의회의 예산 삭감은 자유롭지만, 증액할 경우 정부의 동의를 요한다.

5 예산의 심의에 영향을 미치는 요인과 한계

1. 환경적 요인

(1) **경제환경**: 경제불황으로 재정수입이 열악할 경우 보다 많은 삭감이 이루어진다.

(2) **행정부와 입법부의 관계**: 행정부가 입법부에 보다 우위에 있으면 예산심의가 제약된다.

(3) **정당 내 권력구조의 집권화 수준**: 정당 내 권력구조가 집권화되어 있으면 의원의 예산심의권이 위축된다.

2. 의회의 구조적 요인

(1) **위원회의 특성**: 상임위원회, 상설위원회, 특별위원회에 따라 예산심의의 행태가 달라진다.

(2) **의회의 당파성**: 여당은 정부예산안을 옹호하고, 야당은 삭감지향적이다.

(3) **선거구민 대변방식**: 인구기준 소선거구제 방식은 농민의 이익을 과소대표하고 도시 주민의 이익을 과다 대표할 수 있다. 또한 비례대표제를 확대할 경우 특수계층에 대한 이익이 많이 반영된다.

(4) **예산심의의 절차**: 심의 절차가 일원적일 경우 책임성과 전문의식이 높아지고, 다원적인 형태를 띨 경우 객관성이 높아진다.

(5) **예산심의의 기간**: 예산심의의 기간에 따라 예산심의의 행태가 달라진다.

(6) **예산심의의 보좌기관**: 분석능력을 갖춘 보좌기관이 존재하는지가 예산심의에 영향을 미친다.

(7) **의회를 구성하는 정당의 성향**: 정당의 성향과 이념은 예산심의의 방향에 영향을 미친다.

3. 의원 개인의 특성

의원의 전문성, 의원의 이념적 성향도 예산심의에 영향을 미친다.

4. 예산내용의 특성 요인

경직성 경비는 예산의 제약이 된다.

5. 우리나라 예산심의의 한계

(1) 과거 심의기간이 60일로 한정됨에 따라 충분한 예산안 심의를 하기에는 시간이 부족하다는 문제가 있었다. 최근에 예산편성안 제출시한을 앞당김으로써 문제해결의 노력을 보이고 있다.

(2) 심사방식은 세부사업 단위의 미시적 심사 위주로 운영되고 있어 나무만 보고 숲은 보지 못하는 심사방식이라는 비판도 제기되고 있다.

(3) 심의절차의 측면에서 현재는 '상임위 예비심사 → 예결위 종합심사'라는 2단계의 상향식 절차를 운용하고 있으나, 심사과정에서 상임위의 증액의견은 원천적으로 배제되어 상임위 예비심사의 의미가 퇴색되는 문제가 있다.

(4) 예결위에 심사권한이 집중되어 있으나, 투명하지 못한 심사관행이 국민들로부터 많은 비판을 받고 있다.

(5) 국회는 예산결정의 주도자라기보다는 수동적 역할을 수행(수동적 역할과 한계적 조정)한다.

(6) 행정부의 예산요구액과 의회의 전년도 예산 승인액 간에는 높은 상관관계를 지니며 선형성을 띤다. 즉, 국회의 예산 승인액과 다음 연도 행정부의 예산요구액 간에는 선형적 함수관계를 이루며 이로 인해 점증주의적 성향이 나타난다(선형성과 점증성).

04 예산집행

1 예산집행의 의의

1. 개념

(1) 예산집행(Budget Execution)이란 국가의 수입지출을 실행하는 모든 행위를 말한다.

(2) 예산안이 국회에서 심의·확정되면 행정부가 예산을 집행하게 되는데, 이때 단순히 예산에 계상된 금액을 국고에 수납하고 국고로부터 지출하는 것만을 의미하는 것이 아니다.

(3) 수입지출을 실행하는 행위에는 국고채무부담행위와 지출원인행위도 포함되며, 예산성립 후에 일어날 수 있는 세입세출의 모든 실행이 포함된다.

2. 예산집행의 의도

예산의 집행과정은 예산안의 편성 및 심의과정에서보다는 정치성이 적은 단계이지만, 입법부와 행정부 사이에 통제(統制)와 재량(裁量)의 한계에 관하여 갈등이 일어나기도 한다.

(1) 입법부 의도(재정통제): 입법부는 예산집행 시 입법부의 의도를 구현하고 입법부에서 정해준 재정적 한계를 지키기를 원한다.

(2) 행정부 의도(신축성 유지): 예산성립 후의 여건변화에 따라 신축성을 유지하여야 한다고 주장한다.

(3) 양자의 조화 필요: 이러한 주장들은 서로 상충되지만 각각 나름대로의 배경과 이유가 있기 때문에 어느 것도 소홀히 할 수 없다. 현대국가들은 예산집행에 있어서 입법부의 의도를 구현하기 위하여 예산집행을 통제할 수 있는 장치를 마련하고 있고, 이와 동시에 예산집행에 있어서 신축성을 유지하기 위한 장치도 마련하고 있다.

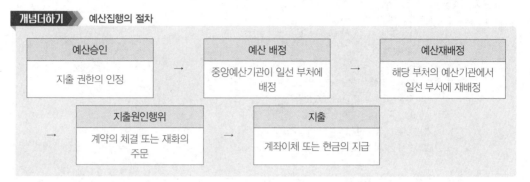

> **개념더하기** 예산집행의 절차
>
> | 예산승인 | | 예산 배정 | | 예산재배정 |
> |---|---|---|---|---|
> | 지출 권한의 인정 | → | 중앙예산기관이 일선 부처에 배정 | → | 해당 부처의 예산기관에서 일선 부서에 재배정 |
>
> | | 지출원인행위 | | 지출 | |
> |---|---|---|---|---|
> | → | 계약의 체결 또는 재화의 주문 | → | 계좌이체 또는 현금의 지급 | |

2 예산집행의 통제 수단

1. 예산의 배정

(1) 예산배정(Apportionment)은 성립된 예산을 집행부서에서 사용할 수 있도록 자금을 사용하는 권리 및 실제자금을 배정하는 것을 말한다.

(2) 국회에서 예산이 확정되더라도 해당 예산이 배정되지 않은 상태에서는 예산집행기관이 지출원인행위를 할 수 없다.

(3) 예산배정은 한 회계연도 동안 예산집행의 균형을 유지하기 위한 것이다. 즉 연도 초에 예산을 과다 사용하여 연도 말에 예산 부족을 초래하는 일이 없도록 하고, 세입이 예정액보다 적게 들어오는 경우에 세출을 삭감할 수 있도록 하기 위한 것이다.

(4) 국가재정법 시행령 제15조(예산배정요구서의 작성)에 따라 사업운영계획과 예산배정요구서는 기획재정부장관이 정하는 바에 따라 분기별로 이를 구분·작성하여야 한다.

2. 예산의 재배정

예산의 재배정은 각 중앙관서의 장이 승인된 예산 또는 법령의 규정에 따라 특정된 금액을 집행하기 위하여 그 산하기관의 종사자에게 지출원인행위 등을 할 수 있도록 할당하는 것을 말한다. 이러한 재배정제도는 각 중앙관서의 장이 그 산하기관의 예산집행상황을 감독·통제하고 예산의 한계를 준수하게 하려는 데 있다.

1. 정기배정

분기별 예산배정계획에 의거하여 정기적으로 예산을 배정하는 것을 말한다. 일반적인 배정을 의미하며, 예산집행의 통제적 성격을 가지고 있다.

2. 신축성 유지를 위한 배정

(1) 긴급배정(회계연도 개시 전 배정)
  ① 기획재정부장관은 필요한 때에는 대통령령이 정하는 바에 따라 회계연도 개시 전에 예산을 배정할 수 있고, 이를 긴급배정이라 한다.
  ② 긴급배정의 요건
    ㉠ 외국에서 지급하는 경비
    ㉡ 선박의 운영 및 수리 등에 소요되는 경비
    ㉢ 교통이나 통신이 불편한 지역에서 지급하는 경비
    ㉣ 각 관서에서 필요한 부식물의 매입경비
    ㉤ 범죄수사 등 특수 활동에 소요되는 경비
    ㉥ 여비
    ㉦ 경제정책상 조기집행을 필요로 하는 공공사업비
    ㉧ 재해복구사업에 소요되는 경비

(2) 조기배정
  ① 경기회복 등 경제정책상의 필요에 의하여 예산을 조기 집행하고자 할 때, 연간 정기배정계획 자체를 앞당겨 전체 예산의 상당부분을 1/4분기나 2/4분기에 집중 배정하는 제도이다.
  ② 조기배정의 목적은 연내 상반기 중 민간의 내수부진 등으로 상저하고(上低下高)의 경기흐름이 예상될 경우 예산의 집행시기를 상반기로 앞당겨 경기의 진폭을 줄임으로써 안정적인 경제성장을 유지하려는 데 있다.

(3) 수시배정: 예산의 효율적 집행관리를 위하여 필요한 때에 분기별 예산배정계획에도 불구하고 개별사업계획을 검토하여 그 결과에 따라 예산을 배정하는 제도이다.

(4) 배정유보: 재정수지의 적정한 관리와 예산사업의 효율적인 집행관리를 위하여 특정 사업에 대한 분기별 배정계획이 확정되어 있다 하더라도 그 사업에 대한 예산배정을 유보하거나 배정된 예산의 집행을 유보하는 제도이다.

3. 목적 외 사용 금지의 원칙

국가재정법 제45조(예산의 목적 외 사용금지)에 따라 각 중앙관서의 장은 세출예산이 정한 목적 외에 경비를 사용할 수 없다.

4. 지출원인행위의 통제

국가의 지출 원인이 되는 계약 또는 기타 행위인 지출원인행위는 재무관이 배정된 예산 또는 기금운용계획 금액의 범위 내에서 회계연도 내에 행해져야 한다.

5. 정원과 보수에 대한 통제

인건비는 경직성 경비로 국가예산중 큰 비중을 차지하고 있어 공무원 정원이나 보수는 법정화되어 있고, 공무원 증원 및 처우 개선은 각각 행정안전부 및 인사혁신처 소관이지만 중앙예산기관장과 사전에 협의해야 한다.

6. 회계기록 및 보고제도

각 중앙관서는 자체의 수입 및 지출을 회계 처리해 기록할 뿐만 아니라, 각종 서식에 의거하여 기획재정부에 월별, 분기별, 그리고 회계별 결산보고를 하게 되어 있다.

7. 총사업비 관리제도

(1) 개념: 총사업비 관리란 재정지출의 효율성을 제고하기 위해 국가의 예산 또는 기금으로 시행하는 대규모 사업의 총사업비를 사업추진 단계별로 합리적으로 조정하고 관리하는 것을 의미한다. 국가재정법 시행령에 따르면 대규모 개발사업은 총사업비가 500억 원 이상인 사업으로, 건축사업의 경우에는 총사업비가 200억 원 이상인 사업이다.

(2) 총사업비: 총사업비란 건설사업에 소요되는 모든 경비로서 공사비, 보상비, 시설부대경비로 구성된다. 또한 총사업비에는 국가부담분, 지방자치단체부담분, 공공기관부담분, 민간부담분이 모두 포함된다.

(3) 관리주체(기획재정부장관): 각 중앙관서의 장은 완성에 2년 이상이 소요되는 사업으로서 대통령령이 정하는 대규모 사업에 대하여는 그 사업규모 · 총사업비 및 사업기간을 정하여 미리 기획재정부장관과 협의하여야 한다.

8. 예비타당성 조사제도

(1) 개념: 예비타당성조사는 1999년에 도입되어 2000년 예산편성 때부터 적용하고 있는 제도로 대규모 신규사업에 대한 사전 타당성 검증 · 평가를 통해 재정사업의 신규투자를 투명하고 공정하게 결정함으로써 예산낭비를 방지하고 재정운영의 효율성을 제고하기 위한 제도이다.

(2) 대상사업의 범위
① 총사업비가 500억 원 이상이고 국가의 재정지원 규모가 300억 원 이상인 신규사업 중 건설공사가 포함된 사업, 정보화사업, 국가연구개발사업
② 중기재정지출이 500억 원 이상인 사회복지, 보건, 교육, 노동, 문화 및 관광, 환경보호, 농림해양수산, 산업 · 중소기업 분야의 사업

(3) 면제사업: 불필요한 예산의 낭비와 사업추진 지연을 방지하기 위하여 공공청사, 교정시설, 초 · 중등 교육시설의 신 · 증축 사업, 문화재 복원사업, 국가안보에 관계되거나 보안을 요하는 국방 관련 사업 등은 예비타당성조사에서 제외한다.

(4) 분석방법
① 경제성 분석: 경제성 분석은 사업의 경제적인 가치에 대한 분석으로 B/C분석*을 활용한다.
② 정책적 분석: 정책적 분석항목에는 지역균형발전(지역낙후도, 지역경제파급효과), 정책의 일관성 및 추진의지(관련 계획 및 정책방향과의 일치성, 사업추진의지 및 선호도), 사업추진상의 위험요인(재원조달 가능성, 환경성 평가) 등이 포함된다.

---

*   B/C분석
계획을 실현하는 데 드는 비용(Cost)과 그 비용에 의해서 얻어지는 편익(Benefit)을 이용해 평가하는 방법을 말한다.

③ **종합평가**: 종합평가는 경제적 타당성(B/C비율), 정책적 분석항목 등을 종합적으로 고려하여 AHP분석으로 제시한다. AHP분석은 사업에 대한 충분한 지식과 객관성을 확보한 전문가를 참여시킨 후 이들의 의견을 수렴하여 종합적인 사업타당성을 평가하는 것이다.

예비타당성조사	타당성조사
예산반영 여부 및 투자 우선순위를 결정하기 위한 개략적인 조사로서 사업의 경제적 · 정책적 타당성을 검토	예비타당성조사를 통과한 사업을 대상으로 본격적인 사업 착수를 위한 기술적 측면을 검토
단기간 동안(6개월) 소규모 예산(1억 원 미만)으로 기획재정부가 일괄하여 추진	사업을 시행하는 주무부처가 적정한 예산을 투입하여 추진
예비타당성조사 예산은 예비타당성조사 전문기관인 한국개발연구원(KDI)의 재정투자평가사업을 위한 출연금으로 편성	타당성조사 예산은 각 부처의 개별 사업예산의 기본조사설계비로 편성
국가재정법	건설기술진흥법 시행령, 국가통합교통체계효율화법

3 예산집행의 신축성 수단

1. 신축성의 필요성

(1) **정세변화에의 적응**: 예산 성립 후 발생한 상황이나 여건변동에 대응

(2) **경제안정화의 촉진**: 경제안정을 위한 신속하고 기동적 역할 수행

(3) **경비 절감**: 연말에 이월 등을 인정하지 않을 경우 불용을 막기 위해 무리한 지출 시도

(4) **행정재량의 필요성**: 예산의 효율적 집행을 위한 적절한 재량 필요

2. 전용 · 이용 · 이체

(1) **전용(轉用)**

① 예산이 정한 각 세항 또는 목(행정과목)의 금액을 상호 융통하는 것을 의미한다. 예산전용제도는 예산의 목적 외 사용금지원칙의 예외로, 의회의 승인 없이 융통을 허용함으로써, 예산집행에 자율성을 부여하여 사업의 효율적인 추진을 도모하기 위한 제도이다.

② **전용의 단위**: 세항 또는 목은 이론적으로 행정과목이며, 실무적으로는 세항이란 프로그램 예산체계 중 단위사업을 의미하며, 목은 운영비, 여비 등의 비목을 의미한다.

③ **전용의 종류**: 예산 전용을 하기 위해서는 기획재정부장관의 승인을 받아야 한다(승인전용). 다만, 각 중앙관서에 예산집행의 신축성을 부여하기 위하여 일정 범위 내에서 기획재정부장관의 승인 없이 각 중앙관서의 장이 자체적으로 예산을 전용할 수 있도록 허용하고 있다(자체전용).

(2) **이용(移用)**

① **개념**: 예산의 이용은 예산이 정한 장 · 관 · 항 간(입법과목)에 각각 상호 융통하는 것을 말한다. 예산 이용제도는 국가재정법 제45조에 따른 예산의 목적 외 사용금지 원칙의 예외로, 예산집행에 신축성을 부여하여 예산집행주체가 집행과정에서 발생한 여건변화에 탄력적으로 대응할 수 있도록 미리 국회의 의결을 받은 경우에 한하여 허용되고 있다.

② **이용의 단위**: 이용은 입법과목(立法科目), 즉 의회의 의결과목인 장·관·항 간의 융통으로, 국가재정법에서 예산 이용의 단위로 명시하고 있는 장·관·항의 의미는 법률에서 명확하게 정의하지 않고 있다. 다만, 실무적으로는 장이란 프로그램 예산체계 중 가장 상위의 범주인 분야를, 관은 부문을, 항은 프로그램을 의미한다. 행정부에 의한 예산의 이용은 프로그램 예산체계에서 가장 상위 항목에 해당하는 분야별·부문별·프로그램별 재원배분에 변경을 가하게 된다.

(3) 이체(移替)

① **개념**: 예산의 이체는 정부조직 등에 관한 법령의 제정·개정 또는 폐지로 인하여 그 직무와 권한에 변동이 있는 경우 관련되는 예산의 귀속을 변경하여 예산집행의 신축성을 부여하는 제도이다.
② 예산의 이체는 사업내용이나 규모 등에 변경을 가하지 않고 해당 예산의 귀속만 변경하는 것으로, 어떤 과목의 예산부족을 다른 과목의 금액으로 보전하기 위하여 당초 예산의 내용을 변경시키는 예산의 이·전용과는 구분된다.
③ **이체의 절차**: 기획재정부장관이 중앙관서의 장의 요구에 따라 예산을 이체할 수 있도록 규정하고 있다. 정부조직법 개편 시 국회의 의결을 얻었기 때문에 이체 시 별도의 국회의 의결을 받을 필요는 없다.

더 알아보기

예산집행의 신축성 수단

구분	전용	이용	이체
법, 강학상 개념	행정과목(세항·목) 융통	입법과목(장·관·항) 융통	정부조직의 권한에 변동이 있는 경우 관련 예산의 소관을 변경하는 제도
실무상 (프로그램예산) 개념	예산이 정한 각 세항(단위사업), 목에 편성된 금액을 상호 융통하는 제도	예산이 정한 각 기관, 장(분야)·관(부문)·항(프로그램)에 편성된 금액을 상호 융통하는 제도	
의회의 의결	재량	사전의결	이체 시 의결 불요
법적 근거	국가재정법 제46조	국가재정법 제47조	국가재정법 제47조
사례	A프로그램 내 a세부사업의 예산을 동일 프로그램 내 b세부사업으로 융통	A프로그램 내 a세부사업의 예산을 B프로그램 내 b세부사업으로 융통	정부조직 개편으로 인해 a세부사업 소관을 가부처에서 나부처로 변경

---

3. 예산의 이월(移越)

(1) 개념
당해 회계연도 예산의 일정액을 다음 연도에 넘겨서 사용하는 것을 말한다. 회계연도 독립 원칙의 예외이다.

(2) 필요성
국가재정은 연속성을 가지고 있으므로 회계연도만을 기준으로 세출예산을 엄격히 집행할 경우 연도 말 낭비성 지출이 발생하거나 불필요한 행정절차를 밟게 될 우려가 있다. 이에 따라 일부 사항에 대해서는 당해 연도를 넘겨 다음 연도에 지출할 수 있도록 하고 있다. 다만, 이월은 재정의 예외사항이므로 법률로써 가능사유를 정하고 있다.

(3) 이월의 종류

① 명시이월

　㉠ 세출예산 중 경비의 성질상 연도 내 지출을 끝내지 못할 것으로 예견되는 경우, 다음 연도로 이월할 수 있다는 취지를 명백히 하여 미리 국회의 의결을 거쳐 다음 연도에 이월하는 제도이다(일반적 사고이월은 지출원인행위를 요함).

　㉡ 명시이월의 재이월: 명시이월 경비는 재이월이 허용되지 않는다. 다만, 명시이월을 한 후 지출원인행위*를 하는 등 사고이월의 요건을 충족한 경우에는 사고이월을 할 수 있다.

② 사고이월

　㉠ 사고이월은 연도 내에 지출원인행위를 하였으나, 재해 또는 공사기간 부족 등으로 공사 등이 연도 내에 완성되지 못하여 지출할 수 없는 경우 등 불가피한 사유로 연도 내에 지출을 하지 못한 경비 등을 다음 연도에 이월하여 사용할 수 있는 제도를 말하는 것으로, 국회의 승인을 받지 않아도 된다.

　㉡ 사고이월의 재이월 제한: 연도 내에 지출원인행위를 하고 불가피한 사유로 인하여 연도 내에 지출하지 못한 경비와 지출원인행위를 하지 아니한 그 부대경비는 재이월할 수 없다. 그러나 지출원인행위이 없이 이루어진 사고이월의 경우, 재이월에 대해서는 명확한 규정은 없다. 다만, 2014년도 예산 및 기금운용계획 집행지침에서, 재이월이 가능한 경우로 분류하여 서술하고 있다.

　㉢ 사고이월의 사유: 입찰공고 후 지출원인행위까지 장기간이 소요되는 경우로서 이월이 불가피한 경비는 이월할 수 있도록 하고 있다(부대입찰 또는 입찰참가자격 사전심사방법으로 진행되는 공사에 소요되는 경비, 국가를 당사자로 하는 계약에 관한 법률 시행령 제43조에 따라 협상에 따른 계약체결의 방법으로 집행되는 경비, 제80조에 따른 대형공사에 소요되는 경비, 재해복구사업에 소요되는 경비, 지출원인행위 없이 사고이월 가능).

4. 계속비

(1) **개념**: 완성에 수년도를 요하는 공사나 제조 및 연구개발사업은 그 경비의 총액과 연부액(年賦額)을 정하여 미리 국회의 의결을 얻은 범위 안에서 수년도에 걸쳐서 지출할 수 있는 제도로, 수년간의 예산이 안정적으로 집행되어 재정투자의 효율성을 높일 수 있다.

(2) **계속비의 연한**: 국가가 지출할 수 있는 연한은 그 회계연도부터 5년 이내로 한다. 다만, 사업규모 및 국가재원이 여건상 필요한 경우에는 예외적으로 10년 이내로 할 수 있다.

(3) **계속비의 이월(체차이월)**: 계속비의 연도별 연부액 중 당해 연도에 지출하지 못한 금액은 당해 계속비사업의 완성연도까지 이월하여 사용할 수 있다.

(4) **기타 특징**

① 단년도 예산주의의 예외

② 계속비의 대상 한정(공사나 제조 및 연구개발사업)

③ 예산 불성립 시 준예산으로 집행 가능

④ 매년의 연부액에 대해서는 다시 국회의 의결을 얻어 지출

---

*　**지출원인행위**

　중앙관서의 장 또는 지출원인행위에 관한 사무의 위임을 받은 자가 법령에 따라 배정된 예산 또는 기금운용계획의 금액 범위 안에서 국고금 지출의 원인이 되는 계약 그 밖의 행위를 하는 것을 말한다. 지출의 원인이 되는 계약행위는 상호 간에 대립하는 2개 이상의 의사표시가 합치되어 성립하는 법률행위로 당사자 간에 지출금액 등을 확정하는 행위라 할 수 있으며, 그 밖의 행위는 당사자 간의 계약 외의 행위로서 최소한 예산지출의 대상자, 지출금액 및 지출시기 등을 확정하는 행위라 할 수 있다.

⑤ 예산집행의 효율성을 높일 수 있으나, 경직성도 초래하게 됨

5. 국고채무부담행위

(1) 개념: 국고채무부담행위는 정부가 법률에 따른 것과 세출예산금액 또는 계속비의 총액의 범위 안의 것 외에 채무를 부담하는 것을 말한다. 국고채무부담행위를 하는 경우, 미리 예산으로써 국회의 의결을 얻도록 하고 있다(신축성과 통제의 의미를 가지고 있으나, 신축성유지로 보는 견해가 일반적).

(2) 정부의 권한: 국고채무부담행위는 국가가 채무를 부담하는 행위이며, 국회의 의결은 정부에게 채무를 부담할 권한만 부여한다. 당해 연도에 현금투입이 이루어지지 않으며, 다음 연도에 국고채무부담행위를 상환하는 지출행위를 하기 위해서는 다시 국회의 의결을 얻어야 한다.

(3) 예산 계상 방식: 국고채무부담행위와 관련된 계약은 당해 연도에 하지만, 실제 세출예산의 편성을 통한 지출은 다음 연도 이후에 이루어진다. 상환에 따른 지출은 통상 다음 연도 예산에 편성되어 이루어지지만 여러 해에 걸쳐서 이루어지기도 한다.

(4) 부담의 내용: 광의의 채무부담이라 할 때에는 금전급부를 내용으로 하는 것 이외에 물건의 인도 또는 특정의 작위, 부작위를 내용으로 하는 채무가 있으나 국고채무부담행위는 예산상의 행위이므로 금전급부만을 내용으로 한다.

(5) 국고채무부담행위의 분류

① **일반적인 채무부담:** 세출예산금액 또는 계속비 범위 안의 것 외에 채무를 부담하는 것이다. 사전에 사업 및 금액이 특정되어 국회의 의결을 거쳐 확정되게 된다.

② **재해복구를 위한 채무부담:** 재해복구를 위한 국고채무부담행위는 예산총칙에서 한도액을 규정하고, 그 한도 내에서 필요에 따라 사용할 수 있다. 사전에 사업의 내용 및 액수가 특정되지 않기 때문에 재해복구를 위한 국고채무부담행위는 예비비에 준하여 집행하게 된다.

> **개념더하기** **국가의 채무(국채, 차입금과 국고채무부담행위의 차이)**
>
> | 공통점 | 당해 연도 이후에 지출이 이루어지는 재정상의 행위이다. |
> | --- | --- |
> | 차이점 | 국채는 국가의 재정수지상 세입부족액을 보전하고 수지의 균형을 도모하기 위하여 국가가 발행하는 채권으로 일반적인 재원조달을 목적으로 한다. 반면에 국고채무부담행위는 예산의 확보 없이 채무를 지는 행위로 특정 사업의 재원을 미리 확보하려는 목적에서 수행된다. 국고채무부담행위는 부담행위를 한 당해 연도에는 현금의 유입 및 지출이 발생하지 않으나 차입금은 차입한 당해 연도에 현금의 유입이 있게 된다. |

> **더 알아보기**
>
> **세출예산, 계속비, 국고채무부담행위의 비교**
>
> | 구분 | 지출권한 | 용도 | 유효기간 | 이월 | 목적 |
> | --- | --- | --- | --- | --- | --- |
> | 세출예산 | 인정 | 제한 없음 | 1년 | 1회에 한함 | 일반지출 |
> | 계속비 | 잠정적 | 제한
(공사, 연구개발) | 5년
(국회의결 시
연장 가능) | 공사 완성 시까지
체차이월 가능 | 재원의 안정적
확보 |
> | 국고채무
부담행위 | 불인정 | 제한 없음 | 제한 없음
(통상 2년) | 이월 불가 | 사업의 탄력적
운영 |

6. 예비비

(1) 개념: 예비비는 예산의 편성 및 심의 시점에서는 예측할 수 없는 예산집행과정에서 발생할 수 있는 예산 외의 지출 또는 예산초과지출에 충당하기 위하여 총액으로 국회의 승인을 얻어 세입세출예산에 계상되었다가 필요할 때 사용하는 금액이다.

(2) 필요성: 예산집행은 입법부가 심의·확정한 한계를 준수함으로써 민주적으로 통제될 필요성이 있으나, 예산확정 후 여건 변화에 대응할 수 있도록 신축성을 유지하는 것 또한 조화롭게 고려되어야 한다. 이러한 측면에 비추어 볼 때 예비비제도의 운영은 예산 성립 후 변화된 여건 또는 정세변동에 대응하여 예산집행의 신축성을 유지하기 위한 수단이라고 이해할 수 있다.

(3) 예비비의 종류

① **일반예비비:** 일반예비비는 특정한 목적 없이 예산편성 및 심의시점에서 예측할 수 없는 재정지출 수요를 충당하기 위한 것으로(국가 안전보장을 위한 활동에 소요되는 경비를 포함), 일반예비비의 규모는 일반회계 예산총액의 100분의 1 이내의 금액이다(목적, 금액, 집행주체 등을 정하지 않음).

② **목적예비비:** 목적예비비는 그 사용목적이 예산총칙 등을 통하여 제한되어 있는 예비비로서, 일반적으로 재해대책비, 인건비, 환율상승에 따른 원화부족액 보전 등의 목적으로 편성된다(목적, 금액, 집행주체 등을 정함).

(4) 예비비 계상기준 및 사용의 제한

① **예비비 계상기준:** 일반회계 예산총액의 100분의 1 이내의 금액을 세입세출예산에 계상할 수 있도록 하고 있으며, 예산총칙 등에 사용목적이 지정된 목적예비비는 일반예비비와 별도로 세입세출예산에 계상하도록 하고 있다.

② **예비비 사용의 제한**

    ㉠ **사용 가능:** 예비비는 예산의 편성이나 심의 당시 예측할 수 없었고(예측불가능성), 다음 연도 예산편성이나 심의를 기다릴 수 없을 정도로 시간적으로 긴박하며(시급성), 확정된 예산으로 충당할 수 없는 불가피한 초과지출을 충당(불가피성)하기 위한 재원으로서, 비록 이러한 요건이 충족되더라도 이미 확보된 예산을 활용한 후 부족분에 대하여 사용(보충성)하는 경비로 이해할 수 있다.

    ㉡ **사용 제한:** 예산 성립 전부터 존재하던 사태, 연도 중 계획이나 여건변동에 따른 대규모 투자소요, 예산편성이나 심의 시 부결된 용도, 그리고 이·전용을 통하여 필요재원을 충당할 수 있을 경우 등에는 예비비 사용이 제한된다.

(5) 예비비 사용절차

① **예비비 관리주체:** 기획재정부장관

② 각 중앙관서장의 예비비 요구 → 기획재정부장관의 예비비 사용명세서 작성 → 국무회의 심의 및 대통령 승인 → 예비비의 배정 → 각 중앙관서의 집행

③ **국회의 예비비 사용에 대한 사후승인:** 정부가 예비비로 사용한 금액의 총괄명세서를 다음 연도 5월 31일까지 국회에 제출하여 승인을 얻도록 한다(총액으로 사전에 의결을 받지만, 구체적인 사용 용도는 사후승인을 받는다. 이런 이유로 견해에 따라 사전의결의 원칙에 예외로 보는 견해도 있고, 예외가 아니라고 보는 견해도 있다).

7. 총액계상사업

(1) 개념: 총액계상사업이란 세부사업이 정해지지 않고 총액규모만을 정하여 예산에 반영하는 사업을 의미한다. 총액계상사업에는 도로보수 사업, 도로안전 및 환경개선 사업, 항만시설 유지보수 사업, 수리시설 개보수 사업, 수리부속지원 사업, 문화재 보수정비 사업, 사업 외의 대규모 투자 또는 보조사업이 있다.

(2) 편성: 기획재정부는 각 부처에서 제출된 자료를 토대로 상세한 내역 없이 총액계상사업별로 총액규모만을 결정하여 예산을 편성하며 세부적인 내역 없이 총액규모에 대해 국회의 심의·의결을 받는다(명료성 원칙의 예외).

(3) 국회의 사후통제: 총액계상사업의 세부사업시행계획과 세부집행실적을 국회 예산결산특별위원회에 제출해야 한다.

8. 예산총계주의 원칙의 예외(국가재정법 제53조)

예산총계주의란 한 회계연도에 발생하는 모든 수입을 세입으로 하고 모든 지출을 세출로 하며, 세입과 세출은 빠짐없이 예산에 계상하여야 한다는 원칙이다. 국가활동으로 인하여 발생하는 수입과 지출을 예산에 계상하는 것이 적절하지 않거나, 예산 외로 운용하는 것이 오히려 효율적인 경우가 있다. 이와 관련된 수단은 다음과 같다.

(1) 수입대체경비: 국가가 용역 또는 시설을 제공하여 발생하는 수입과 관련되는 경비를 의미한다. 여권발급 수수료나 공무원시험 응시료와 같이 공공서비스 제공에 따라 직접적인 수입이 발생하는 경우 해당 용역과 시설의 생산·관리에 소요되는 비용을 수입대체경비로 지정하고, 그 수입의 범위 내에서 초과 지출을 예산 외로 운용할 수 있다(통일성, 완전성원칙의 예외).

(2) 현물출자: 국가가 소유한 재산을 현물의 형태로 정부출자기관에 자본으로서 출자하는 것을 의미한다. 재정자금이 신규로 소요되는 현금출자와 달리 현물출자는 정부가 보유하고 있는 국유재산을 정부출자기관의 재산으로 전환하는 것이므로, 국유재산의 구성만 변동되고 현금의 수입·지출을 수반하지 않는다. 이를 고려하여 국가재정법은 현물출자를 예산총계주의의 예외로서 세입세출예산 외로 처리할 수 있도록 규정하고 있다.

(3) 전대차관

① **개념:** 전대차관은 정부가 국내 거주자인 실수요자에게 전대할 것을 조건으로 하여 외국으로부터 외화자금을 차입하는 것을 의미한다. 차관도입 시 계약 당사자는 차관 공여자(외국 금융기관 등)와 대한민국 정부이지만, 차입된 자금의 실수요자는 기업과 같은 국내 민간부문이 된다(예 1998년 IMF 구조조정차관).

② **전대차관의 예산 외 운용:** 전대차관을 도입할 경우 한국 정부는 차관을 공여한 외국과의 관계에서 차주의 지위에 있지만, 실질적으로는 자금의 연계창구 역할만 수행하고 실제 차입된 자금은 국내 민간부문에서 사용하게 된다. 따라서 전대차관을 예산에 계상할 실익이 높지 않으며, 예산에 계상하면 재정규모를 불필요하게 확대하는 결과를 야기할 수 있다. 따라서 전대차관의 도입을 세입세출예산 외로 처리하고 있다.

(4) 차관물자대: 외국의 실물자본을 일정기간 사용하거나 대금결제를 유예하면서 도입하는 것으로, 차관물자대를 예산에 계상하도록 하되, 전년도 인출예정분의 부득이한 이월 또는 환율 및 금리의 변동으로 인하여 세입이 그 세입예산을 초과하게 되는 때에는 그 세출예산을 초과하여 지출할 수 있도록 하고 있다.

9. 기타 신축성을 위한 제도

(1) 국고여유자금의 활용

(2) 추가경정예산

(3) 조상충용(繰上充用)

(4) 수입과 지출의 특례

(5) 정기배정을 제외한 긴급배정, 당겨배정, 조기배정, 수시배정, 감액배정 등

> **더 알아보기**
>
> **예산집행의 통제방안과 신축성 유지방안**
>
> | 통제방안 | 신축성 유지방안 |
> | --- | --- |
> | • 예산배정
• 재배정
• 지출원인행위에 대한 통제
• 정원 · 보수에 대한 통제
• 회계기록 및 보고제도
• 계약의 통제
• 총사업비 관리
• 예비타당성조사 | • 계속비
• 예비비
• 국고채무부담행위
• 수입대체경비
• 국고여유자금의 활용
• 총액예산
• 이용 · 전용
• 이체
• 이월
• 조상충용
• 장기계속계약제도*
• 수입과 지출의 특례
• 긴급, 조기, 당겨, 수시배정
• 준예산(사전의결 원칙의 예외)
• 추가경정예산(한정성 원칙의 예외) |

■4 예산 집행의 절차

1. 수입 – 세입예산의 집행

(1) 개념: 수입이란 조세, 기타 세입을 법령에 의해 징수 또는 수납하는 것을 말한다.

(2) 수입사무기관

① 수입총괄기관: 기획재정부장관

② 수입사무관리기관: 중앙관서의 장

③ 수입의 징수기관: 수입징수사무(조사, 결정, 납입고지)를 위임받은 공무원

④ 수입의 수납기관: 수납기관으로는 출납공무원, 한국은행 및 금고은행(특별회계 또는 기금의 출납사무를 취급하는 금융기관)

⑤ 겸임 금지: 수입징수관과 수입금 출납공무원의 직무는 원칙적으로 서로 겸임할 수 없음

---

* 장기계속계약제도의 의의

　　단년도 예산이 지니는 한계를 극복하기 위하여 임차, 운송, 보관, 전기, 가스, 수도의 공급 등 이행에 장기간이 소요되는 공사나 물품의 제조로서 전체 사업내용과 연차별 사업계획이 확정된 경우에는 총공사 또는 총제조의 금액을 부기하고 당해 연도 예산의 범위 내에서 분할 공사 또는 제조의 발주를 허용하는 제도이다. 계속비와는 다르다.

(3) 수입의 원칙과 특례

① 원칙

㉠ 수입은 법령이 정하는 바에 따라 징수 또는 수납하여야 한다.

㉡ 중앙관서의 장은 다른 법률에 특별한 규정이 없는 한 그 소관에 속하는 수입을 국고에 납부하여야 하며 이를 직접 사용하지 못한다.

㉢ 수입의 회계연도 소속구분은 발생주의에 따른다.

② 수입의 특례

㉠ 지난 연도(과년도) 수입: 출납이 완결된 연도에 속하는 수입은 모두 현 연도의 수입에 편입하여야 한다. 과년도 수입은 현금주의 방식에 의한 것으로 발생주의의 예외이다.

㉡ 과오납금의 반환: 잘못 납입한 수입금이 있는 경우에는 반환하여야 한다.

㉢ 수입금의 환급: 수입으로서 납입된 금액 중 법률의 규정에 따라 환급할 금액이 있을 때에는 세출예산 또는 기금운용계획에 관계 없이 대통령령이 정하는 바에 따라 환급하여야 한다.

㉣ 선사용자금: 정부기업예산법 규정에 따른 특별회계는 수입금을 국고에 납입하기 전에 미리 사용하고 지출금으로 대체 납입하는 자금인 선사용자금으로 운용한다.

㉤ 수입대체경비: 중앙관서의 장은 국가재정법 규정에 따른 수입대체경비에 있어서는 그 수입이 확보되는 범위 안에서 직접 지출할 수 있다(지출의 특례로 보는 입장도 있음).

2. 지출 – 세출예산의 집행

(1) 지출의 총괄기관: 기획재정부장관

(2) 예산배정요구서의 제출: 각 중앙관서의 장은 예산이 확정된 후 예산 배정요구서를 기획재정부장관에게 제출

(3) 예산의 배정: 기획재정부장관은 분기별 예산배정계획을 작성하여 국무회의의 심의를 거친 후 대통령의 승인을 얻은 후 각 중앙관서의 장에게 예산을 배정

(4) 예산의 재배정: 중앙관서의 장이 배정 금액 내에서 산하 재무관에게 예산액을 배정

(5) 지출사무의 절차: 지출사무는 예산배정과 자금공급, 재무관의 지출원인행위, 지출관의 지출행위, 지급기관의 지급 절차로 이루어짐

(6) 지출원인행위*와 지출

① 재무관: 지출원인행위를 하는 공무원

② 지출관: 지출을 결정하고 명령(계좌이체)하는 공무원

③ 지급기관(출납기관): 지출명령에 따라 현금을 지급하는 기관

(7) 지출의 원칙과 예외

① 지출의 원칙

㉠ 해당 연도 세입예산으로부터 지출한다.

㉡ 회계연도 개시 후에 지출한다.

㉢ 채무액이 확정되어야 하며, 이행기가 도래해야 한다.

㉣ 지출은 지출관별·월별 세부자금계획의 범위 안에서 해야 한다.

---

* **지출원인행위**
지출의 원인이 되는 계약 기타의 행위이자, 지출 의무를 지는 예산집행 행위이다.

ⓜ 지출은 계좌로 이체하여 지급하여야 한다. 예외적으로 정보통신 장애가 발생할 경우 현금 등을 채권자에 직접 지급할 수 있다.

ⓗ 채권자를 수취인으로 하는 경우 외에는 지출을 금지한다.

② 지출의 특례

ⓖ 선금급: 상대방의 급부가 있기 전에 미리 지급한다.

ⓛ 개산급: 채무액이 미확정된 상태에서 지출하고, 사후정산이 필요하다.

ⓒ 관서운영경비: 관서를 운영하는 데 드는 경비이고, 그 성질상 법적 절차에 따라 지출할 경우 업무수행에 지장을 가져올 우려가 있는 경비에 대해서는 필요한 자금을 지출관으로부터 교부받아 출납공무원으로 하여금 지급한다.

ⓔ 과년도 지출: 지나간 연도의 경비가 현 연도 예산으로 지출된다.

ⓜ 상계: 채무와 채권이 동일인에게 귀속되는 경우 상계 처리가 가능하다.

ⓗ 지출금의 반납: 지출된 금액이 반납된 경우에는 각각 그 지출한 과목에 반납하여야 한다. 출납이 완결된 경우에는 현 연도의 수입에 편입하여야 한다(수입의 특례로 보는 입장도 있음).

ⓢ 회계연도 개시 전 자금 교부: 관서운영경비나 연도 말에 출항하는 선박에 관한 경비의 경우 연도 개시 전에 지급한다.

05　결산

1. 결산의 의의

(1) 결산의 개념: 1회계연도 내에 있어서의 세입예산의 모든 수입, 세출예산의 모든 지출, 자산 및 부채 등의 증감내역을 확정적 계수로 표시하는 행위를 말한다.

(2) 결산의 기능 및 필요성

① 입법부의 의도대로 정부가 예산을 집행하였는가를 규명

② 결산상의 흑자 또는 적자의 크기를 확인

③ 재정보고서를 산출함으로써 재정에 관한 정보를 제공

④ 재정정보를 차년도 예산편성 및 예산심의 과정에 반영하여 환류

⑤ 사후적으로 국회의 시정요구나 감사원의 감사를 통해 그 지출에 대한 책임을 묻게 함

2. 결산의 특징 및 성격

(1) 예산주기의 마지막 과정: 예산주기는 국회의 결산 승인으로 종료된다.

(2) 정치적 성격: 결산은 정부의 예산집행의 결과가 정당한 경우 집행 책임을 해제하는 법적 효과를 가진다. 그러나 정부의 위법·부당한 지출이 있더라도 그 지출행위를 무효·취소시키는 법적 효력을 지니는 것은 아니다. 즉, 결산의 효과는 법적인 것이라기보다는 정치적인 것이다.

(3) 공무원의 책임해제: 결산을 통해 예산집행에 대한 정치적 책임은 해제되나 관계 공무원의 부정행위에 대한 형사·변상책임까지 해제되는 것은 아니다.

(4) 예산과 결산의 불일치성: 예산과 결산은 일치되는 것이 바람직하지만, 완전히 일치되는 일은 거의 없다. 예산이 성립된 후에 전년도로부터의 이월, 예비비의 지출, 불용액의 이월 등이 있기 때문이다.

3. 우리나라 결산의 절차

```
        (출납정리기한: 12월 31일까지)
        ┌─────────────┐
        │ 기획재정부장관 │
        └─────────────┘
              │  (출납기한: 다음 회계연도 2월 10일까지)
              ↓
        ┌─────────────┐              ┌─────────────┐
        │  국무회의 심의  │─────────────→│  대통령 승인  │
        └─────────────┘              └─────────────┘
                                            │ (4월 10일까지)
                                            ↓
                                      ┌─────────────┐
                                      │   결산검사    │
                                      │   (감사원)    │
                                      └─────────────┘

 ┌───────┐   ┌───────────┐   ┌───────────┐   ┌─────────────┐
 │ 국회제출 │→ │  예비심사   │→ │  종합심사   │→ │  본회의 의결   │
 └───────┘   │ 국회법 제84조 │   │ 국회법 제84조 │   │(정기회개회 전까지)│
 (5월 31일까지) └───────────┘   └───────────┘   └─────────────┘
```

(1) 출납사무의 완결(출납사무의 완결은 결산의 전제)

① **출납정리기한(출납 자체를 인정하는 기간)**: 출납사무를 완결하기 위해서는 먼저 세입금의 수납과 세출금의 지출 및 지급을 원칙상 12월 31일 완결해야 한다. 이를 출납정리기한이라 한다(다만, 한국은행, 체신관서의 경우 1월 20일까지).

② **출납기한(출납의 정리 및 보고·장부의 정리 기한)**: 세입세출 출납사무 완결 기한으로 매년 2월 10일에 전년도 세입, 세출의 주계부를 마감해야 한다.

(2) 결산보고서 및 결산서의 작성

① 중앙관서의 장은 매 회계연도 그 소관에 속하는 결산보고서를 작성하여 다음 연도 2월 말까지 기획재정부장관에게 제출하여야 한다.

② 기획재정부장관은 매 회계연도마다 결산서를 작성하여 국무회의의 심의를 거친 후 대통령의 승인을 얻어 다음 연도 4월 10일까지 감사원에 제출하여야 한다.

(3) 결산검사(확인)
감사원은 결산과 첨부된 서류를 검사하고 그 보고서를 다음 연도 5월 20일까지 기획재정부장관에게 송부하여야 한다.

(4) 결산의 국회 제출
정부는 감사원의 검사를 거친 결산 및 첨부서류를 다음 연도 5월 31일까지 국회에 제출하여야 한다.

결산보고서	결산 개요	
	세입세출 결산	• 세입세출 결산: 일반회계, 특별회계 • 수입지출 결산: 기금
	재무제표	• 재정상태표 • 재정운영표 • 순자산 변동표
	성과보고서	
부속서류	• 계속비 결산명세서 • 총액계상 사업집행명세서 • 수입대체경비 사용명세서 • 이월명세서 • 명시이월비 집행명세서 • 정부기업특별회계 회전자금운용명세서 • 성인지(性認知) 결산서 • 예비금* 사용 명세서 등	

(5) 국회의 결산심의

① 소관상임위원회의 예비심사, 예산결산특별위원회의 종합심사, 본회의의 심의와 의결을 거쳐 행정부의 예산집행에 대한 책임을 검토한다.

② 결산에 대한 심의 · 의결은 정기회 개회 전까지 완료해야 한다.

③ 결산이 본회의에서 의결되면 의장은 이를 정부에 송부하게 되며, 이로써 예산집행에 대한 정부의 정치적 책임은 면제되고 당해 예산의 기능은 완결된다.

1. 세계잉여금의 개념

세계잉여금은 재정 운용 결과 당초 목표한 세수액이 초과해 징수되었거나, 지출이 세출예산보다 적어 사용하지 않은 금액(세출불용액)을 합한 것에서 다음 연도 이월액을 차감한 금액을 말한다.

2. 세계잉여금의 사용 순서

특별회계의 세계잉여금은 자체재원으로 충당되나, 일반회계의 세계잉여금은 국가재정법에 규정된 다음의 우선순위에 따라 처리하게 된다.

(1) 지방교부세, 지방교육재정교부금에 사용. 이렇게 사용하고 남은 잔액의 100분의 30 이상을 공적자금 상환에 사용하여야 한다.

(2) 공적자금을 상환하고 남은 금액의 100분의 30 이상은 국채와 차입금 상환 등에 사용하여야 한다.

(3) 그 후 남은 금액은 추가경정예산편성과 다음 연도 세입이입처리가 가능하다. 다만, 추가경정예산의 재원으로 사용되기 위해서는 국가재정법의 추가경정예산편성요건에 부합되어야 한다.

3. 세계잉여금의 처리 절차

일반회계 세입세출 결산상 세계잉여금 처리안은 국무회의 심의를 거쳐 대통령 승인을 얻어 확정되며, 국가결산보고서에 대한 대통령의 승인을 얻은 때부터 사용된다. 정부는 세계잉여금을 처리하고 그 내역을 매 회계연도마다 제출하는 결산서(개요)에서 설명하는 형식으로 국회에 보고하고 있다. 그러나 세계잉여금의 규모가 크고 그 처리에 있어서 정부의 재량이 과다하므로 세계잉여금의 사용 또는 출연에 대해 국회의 별도 승인을 얻도록 해야 한다는 논의가 있기도 하다.

---

* **예비금제도**

예비금은 국가재정법 제6조(독립기관 및 중앙관서)에 명시된 국회, 대법원, 헌법재판소, 중앙선거관리위원회의 독립성 보장을 위하여 개별 법률에 근거 규정을 두고 예산항목에 계상된 것이다. 예비금제도는 이들 기관에 대한 독립성을 보장하기 위해 별도로 예비비를 청구하지 않고도 독립기관의 내부에서 융통성 있게 사용할 수 있도록 하고 있다.

05 정부회계 및 조달행정

01 정부회계

1 회계의 의의

1. 회계의 개념

(1) 회계란 조직의 재무적인 성격의 거래나 사건 기록·정리·보고·분석하고, 그 결과를 해석하는 기술이다.

(2) 부기(Bookkeeping)는 장부기입의 약칭으로 일정한 원리에 따라 거래를 기록·계산하며, 그 증감 변화를 추적하는 것으로 회계의 일면을 지칭한다.

2. 정부회계의 특징

구분	기업회계	정부회계*
공통점	희소한 자원을 활용하여 재화나 서비스를 생산·제공하는 것을 목적으로 하여 자원을 적절하고 효율적으로 사용해야 할 의무를 갖는다는 점에서 유사함	
존재 목적	이윤 극대화	사회적 수요에 따른 재화 및 서비스 제공(다양한 목적)
재무의 원천	주주 및 채권자	세금과 공채
측정	손익의 측정이 용이	서비스 측정이 곤란
회계제도	기업회계 기준	법령의 기준
재무제표	대차대조표, 손익계산서, 자본변동표, 현금흐름표	재정상태표, 재정운용표, 순자산변동표

출처: 윤영진, 『새지방재정론』, 2016

2 회계의 기본개념

1. 자산=부채+자본(순자산)

(1) **자산(Asset)의 개념**: 특정 개인이나 법인이 획득하거나 통제하고 있는 경제적 효능(현금, 예금, 주식, 상품, 제품, 부동산, 영업권, 특허권 등)을 말한다. 자산은 채권자의 지분인 '부채'와 소유주의 지분인 '순자산(자본)'으로 구성된다(자산=부채+자본).

유동자산	유동자산은 1년 이상 동일 형태를 지속하지 못하고 변동하는 자산
고정자산	고정자산은 형태의 변화에 1년 이상 소요되는 자산

---

* **정부회계의 의의**
정부조직의 경제적 사건을 분석·기록·요약·평가·해석하고 그 결과를 보고하는 기술

① **부채**(Liability): 특정 개인이나 법인이 다른 개인이나 법인에게 제공해야 하는 의무로 경제적 효능의
희생(미지급금, 지급어음, 차입금 등)

유동자산	1년 이내에 지급기한이 도래하는 부채로서 단기부채라고 함
고정자산	1년 이내에 지급기한이 도래하지 않은 부채로 장기부채라고 함

② **자본**(Capital)·**순자산**: 자산에서 부채를 차감하고 남는 부분으로 순자산을 의미한다(자본금, 자본잉
여금, 이익잉여금 등). 정부회계의 경우 자본 개념 대신 순자산(Net Asset) 개념을 사용한다.

(2) 정부의 재무제표 중 재정상태표(p.203 참조) 항목을 구성

2. 순이익(운영차액)＝수익－비용

(1) 순이익: 일정 기간 동안 발생한 수익과 비용의 차(순이익＝수익－비용)

① **수익**(Revenues): 기업이 일정 기간 재화나 서비스를 제공하거나 투자행위를 통해 획득하는 순자산
의 증가, 정부회계에서 자산의 증가 또는 부채의 감소를 초래하는 회계연도 동안의 거래로 인한 순
자산의 증가를 의미한다.

② **비용**(Expenses): 기업이 일정 기간 수익을 얻기 위해 소비, 지출한 원가, 비용으로 정부회계의 경우 비
용은 자산의 감소 또는 부채의 증가를 초래한 회계연도 동안 거래로 인한 순자산의 감소를 의미한다.

(2) 정부의 재무제표 중 재정운영표 항목을 구성(p.203 참조)

3 회계제도의 유형

1. 기장방식(記帳方式)에 의한 구분: 단기부기와 복식부기

(1) 단식(Single-Entry)부기

① 단식부기는 거래의 영향을 단 한 가지 측면에서 수입과 지출로만 파악하여 기록하는 기록 방식이다.

② 현금주의와 주로 결합한다.

③ 사용이 간편하고, 회계처리의 비용이 적게 드는 장점이 있지만, 단식부기는 자산·부채변동을 비망
기록으로 한다.

(2) 복식(Double-Entry)부기

① 거래의 이중성을 회계처리에 반영해 장부에 기록하는 방식으로 자산, 부채, 자본을 인식하여 거래의
이중성에 따라 차변과 대변에 이중 계상한다.

② 발생주의에서 주로 채택하는 부기 방식이다.

1. 복식부기

(1) 거래의 이중성 인식: 복식부기는 원인과 결과라는 거래의 이중성을 인식하고 이를 차변(왼쪽)과 대변(오른쪽)으로 나누어 동시에 기록한다.

(2) 거래의 8요소: 모든 거래는 자산의 증가와 감소, 부채의 증가와 감소, 자본의 증가와 감소, 수익과 비용의 발생이라는 여덟 가지 요소로 구분되며 이를 거래의 8요소라고 한다.

(3) 분개: 어떠한 거래가 발생하더라도 차변과 대변 양쪽에 동일한 금액으로 이중기입되며, 복식부기란 이와 같은 대립 관계에 있는 양쪽의 가치변동을 이중기입(Double-Entry)하는 것을 의미한다.

차변	대변
자산의 증가	자산의 감소
부채의 감소	부채의 증가
자본의 감소	자본의 증가
비용의 발생	수익의 발생

2. 단식부기와 복식부기의 적용

(1) 사례 1: [자산의 취득] 정부가 1,000억 원의 자금을 투입해 청사 건물을 신축한 경우

〈단식부기〉 공사비의 지출은 '시설비 및 부대비'와 같은 세출예산의 집행으로 처리된다.

〈복식부기〉 건물이라는 자산의 증가와 자금의 지출이라는 두 가지 측면으로 기록된다.

[차변] 건물 1,000억(자산증가)

[대변] 현금 및 현금성 자산 1,000억(자산감소)

(2) 사례 2: [자산의 처분] 취득가액이 200억 원인 토지 잡종재산을 300억 원에 매각하는 경우의 회계 처리

〈단식부기〉 자산의 매각은 '재산매각수입'과 같은 세입과목에 계상된다.

〈복식부기〉 당초의 취득가액과 매각차액을 구분해 세 가지 측면으로 기록된다.

[차변] 현금 및 현금성 자산 300억(자산증가)

[대변] 토지 200억(자산감소) 고정자산 처분이익 100억(수익발생)

(3) 사례 3: [채권발행] 지방자치단체가 채권을 발행하여 500억 원 자금을 조달한 경우

〈단식부기〉 지방채증권 500억은 세입과목에 계상

〈복식부기〉 지방채는 자산의 증가와 부채의 증가로 순이익은 변화가 없다.

[차변] 현금 500억(자산증가)

[대변] 지방채증권 500억(부채증가)

구분	단식부기 (Single-Entry Bookkeeping)	복식부기 (Double-Entry Bookkeeping)
정확성	오류의 검증기능이 없어 채무 및 손익파악이 불완전	이중적 회계작성을 통한 오류의 검증기능이 있어 채무 및 손익파악이 완전
기록방법	가계부나 일기장 쓰듯이 기록	대차평균의 원리에 따라 기록
장점	• 단순하고 작성 및 관리가 용이 • 관리비용 저렴	• 총량데이터의 확보 • 대차평균의 원리에 의한 기장으로 데이터의 신뢰성 확보 • 회계정보의 이해가능성 증진 • 기업식 예산의 전제 • 책임성과 투명성 확보 • 사업의 원가 파악 용이
단점	• 이익과 손실의 원인 파악 어려움 • 자동검증장치의 결여	• 회계처리비용 과다 • 전문적 회계지식 필요

2. 거래의 인식기준에 의한 구분: 현금주의와 발생주의

(1) 현금주의(Cash Basis): 현금주의 회계(Cash Basis)는 현금의 유입과 유출시점을 기준으로 수익과 비용을 인식하는 것을 말한다. 현금주의는 현금의 흐름에 초점을 맞추어 수익과 비용을 파악하기 때문에, 현금의 유입이나 유출이 수반되지 않는 수익비용 및 자산 혹은 부채의 증감은 고려할 수 없을 뿐만 아니라 자본운영에서 중요한 요소인 감가상각비 또한 제외된다.

(2) 발생주의 회계: 발생주의 회계(Accrual Basis)에서는 현금주의와 같이 현금이 유입되거나 유출된 시점과는 관계 없이 재무상태를 변동시킨 거래나 사건이 실제로 발생한 시점, 즉 지출원인행위가 발생한 시점을 중심으로 수익과 비용을 인식하는 것을 말한다. 관리적 의사결정의 목적에 비추어 볼 때 발생주의 회계가 매우 유용하고 현금회계는 그렇지 못하다. 발생주의 회계에서는 부채와 자산의 증감, 감가상각 등에 대해서도 논의할 수 있기 때문이다.

① **발생주의의 특징:** 발생주의회계의 원어는 'Accrual Accounting: Accumulate Over Period of Time Accounting'이다. 현금의 유입, 유출과 상관없이 수익과 비용을 기간개념(당기 또는 전기)에 매치시켜 손익을 계산하는 것이다. 기간이 경과함으로써 누적된 수익을 동일한 원칙에 의하여 비용을 인식함으로서 수익과 비용을 서로 매치시키는 대응원칙은 발생주의의 핵심이다.

⠶ A회사가 중국시장 개척을 위해 일시적으로 큰 홍보비를 지출한 경우 마케팅 결과(수익)는 수년에 걸쳐 단계적으로 나타남. 홍보비를 당해 연도에 비용으로 처리하면 당해 연도는 적자가 되고, 다음 연도부터는 홍보 비용이 계상되지 않아서 수익이 급증하는 왜곡현상 발생

② **분식 회계, 장부 조작의 문제:** 비용을 줄일 목적으로 '선급 비용' 자산을 늘리고, 수익을 늘릴 목적으로 매출자산 또는 미청구자산을 임의로 늘리는 회계조작이 발생한다.

③ **재무상태표에서 증가를 나타내는 것들:** '선불의, 발생된, 미수의, 지불할 수 있는, 연기된' 등의 단어가 붙은 계정들은 현금주의에서는 사용되지 않는다.

(3) 현금주의와 발생주의의 차이점

구분	현금주의	발생주의
거래의 해석과 분류	현금수불의 측면	쌍방흐름(이원거래 개념) 측면
수익비용의 인식기준	현금의 수취·지출	수익의 획득/비용의 발생
선급비용·선급수익	수익·비용으로 인식	자산과 부채로 인식
미지급비용·미수수익	인식 안 됨	부채와 자산으로 인식
감가상각, 대손상각, 제품보증비, 퇴직급여충당금	인식 안 됨	비용으로 인식
상환이자지급액	지급시기에 비용으로 인식	기간별 인식
무상거래	인식 안 됨	이중거래로 인식
정보 활용원	개별 자료 우선	통합 자료 우선
추가 정보 요구	별도 작업 필요	기본시스템에 존재
적용 예	가계부, 비영리 공공부문	기업, 일부 비영리부문

(4) 현금주의와 발생주의 장·단점

구분	현금주의	발생주의
장점	• 절차가 간편하고 이해와 통제가 용이 • 회계제도 운영상 경비 절감 • 회계처리의 객관성, 외형상 수지균형의 확보 용이	• 재정의 실질적 객관성 확보(감가상각비, 유동부채나 자산의 변동 등의 인식) • 경영성과 파악 용이(총량정보의 제공) • 복식부기와 결합, 자기검증기능으로 회계오류의 시정 • 정보의 적시성 확보 • 자동이월기능
단점	• 회계책임 확보 곤란 • 채무에 대한 정보를 제공하지 않아 가용재원의 과대 평가 가능성 • 자산과 부채를 인식하지 못함(비망기록으로 관리) • 자산의 증감 파악 곤란 • 거래의 실질 및 원가 미반영(감가상각 등의 미반영) • 재정성과 파악 곤란 • 단식부기에 의한 조작가능성	• 절차가 복잡하여 작성비용이 많이 듦 • 부실채권의 인식으로 인한 수익의 과대평가 가능성 • 현금흐름 파악 곤란 • 공공서비스의 무형성으로 인한 자산가치의 정확한 파악 곤란 • 채권·채무의 자의적 추정

현금주의회계와 발생주의회계의 차이점(비교)

현금주의	발생주의
• 자본적 지출의 경우에도 현금 지출이 이루어지면 모두 비용으로 인식함 • 퇴직 전까지는 공무원연금을 비용으로 인식하지 않음 • 자본사용료를 비용으로 인식하지 않음	• 지출이 이루어진 당해 연도에 모두 지출로 인식하지 않고 자산의 수명기간 동안 감가상각 형태로 매년 비용으로 인식 • 연금 지급의 원인이 되는 공무원 고용이 시작되면 연금 지급이라는 경제적 사건을 발생시키는 원인이 발생한 것이므로 공무원 고용 시 연금에 해당하는 부채를 비용으로 인식처리 • 자본사용료를 비용으로 인식함

1. 정부가 100억 원을 들여 내구연한이 20년인 새로운 정부청사를 구입하였을 경우 현금주의회계에서는 건물을 구입한 해에 100억 원의 비용이 발생한 것으로 처리한다. 그러나 발생주의 회계에서는 매년 감가상각되는 만큼 매년 5억 원만큼을 비용으로 처리한다.
2. 자본사용료제도가 도입되면 각 부처는 비효율적으로 운영하는 자산(예 건물)을 매각하여 절약된 자본사용료를 다른 사업에 활용할 수 있음으로써 낭비적인 자산을 처분할 유인이 생긴다.

(5) 기타 회계제도

① 수정현금수의: 현금주의를 기본으로, 발생주의를 일부 도입하는 방식으로 현금의 유입과 유출을 기준으로 하되, 회계기간이 끝나더라도 며칠 동안 유예기간을 두어 회계기한 중 마치지 못한 지출 혹은 수입에 대해 유예기간 동안 허용하는 방식이다.

② 수정발생주의: 현금과 경상적 재무자원 뿐만 아니라 장기적 재무자원까지도 인식하며, 현금의 수납 및 지급 시점이 아니라 거래가 발생한 시점에 비용과 수익을 인식하는 방식이다. 그러나 수정발생주의는 여전히 여러 해 동안 편익을 제공하게 될 물리적 자산이 자산으로 인식되지 않고 당해 연도에 소비되는 것으로 비용, 처리된다는 점에서 발생주의와 차이가 있다.

거래인식에 따른 분류

구분	거래의 인식	측정대상
현금주의	입 · 출금 시	현금(화폐자산과 차입금)
수정발생주의	재무자원(유동자산, 부채) 중 감사	고정자산을 제외한 재무자산
발생주의	거래나 사건의 발생 시	모든 경제자원(재무, 비재무포함)

3 정부회계제도의 유형

구분	현금주의	발생주의
단식부기	(1)	(2)
복식부기	(3)	(4)

단식부기 · 현금주의의 (1) 유형과, 복식부기 · 발생주의인 (4) 유형이 결합력이 높은 제도이다.

(1) 단식부기 · 현금주의: 가계부, 과거 정부회계

(2) 복식부기 · 발생주의*: 기업회계, 현재 정부회계(국가재정법)

(3) 복식부기 · 현금주의: 현실적으로 운용 가능, 금융기관에서 사용(현금기준재무상태보고서)

(4) 단식부기 · 발생주의: 현실적 운용 불가능

4 국가 회계처리 기준

1. 일반원칙(복식부기, 발생주의)

(1) 지방정부: 2007년부터 모든 자치단체가 복식부기 · 발생주의에 기초한 재무보고서를 작성한다.

(2) 중앙정부: 2009년부터 국가회계법의 시행으로 복식부기 · 발생주의 방식으로 전면적으로 전환되었다.

2. 정부재무제표의 작성원칙(통합재무제표를 작성함)

연결	서로 다른 회계 실체 간의 내부거래를 상계 · 제거하여 통합하는 방식
합산	서로 다른 회계 실체 간의 내부거래를 상계하지 아니하고, 동일 또는 유사한 과목의 금액을 단순히 합계하여 표시하는 방식
병기	서로 다른 회계 실체 간의 내부거래를 상계하지 아니하고, 각 실체의 재무제표를 나란히 표기하는 방식

---

* 복식부기와 발생주의

발생주의의 도입은 복식부기의 도입이 전제조건이 된다. 발생주의는 복식부기와만 결합이 가능하며, 복식부기는 현금주의와 발생주의 모두 결합이 가능하다.

3. 재무제표 구성

중앙정부	지방정부
• 재정상태보고서 • 재정운영보고서 • 순자산변동보고서 • 기타 대통령령으로 정하는 서류	• 재정상태보고서 • 재정운영보고서 • 순자산변동보고서 • 현금흐름보고서

(1) 재무제표

① 재무제표(Financial Statements)란 기업의 거래를 측정·기록·분류·요약하여 작성되는 회계보고서를 의미하고, 기업의 재무제표에는 대차대조표, 손익계산서, 이익잉여금처분계산서, 현금흐름표가 포함된다.

② 정부회계의 재무제표는 기업의 재무제표와 크게 다르지 않지만, 재무제표의 명칭을 일반적으로 기업과 다르게 칭하고 있다. 정부회계의 기본 재무제표에는 재정상태표(대차대조표에 해당), 재정운영보고서(손익계산서에 해당) 등이 공통적으로 포함된다.

(2) 재정상태표와 재정운영표

① **재정상태표**: 재정상태표 작성일 현재의 자산과 부채의 명세 및 상호관계 등 재정상태를 나타내는 재무제표로서 자산, 부채 및 순자산(자산－부채)으로 구성(기업의 대차대조표에 해당)

② **재정운영표**: 회계연도 동안 수행한 정책 또는 사업의 원가와 재정운영에 따른 원가의 회수명세 등을 포함한 재정운영결과(수익－비용)를 나타내는 재무제표(기업의 손익계산서에 해당)

재정상태표(대차대조표)		재정운영표(손익계산서)	
일정시점(저량)에서의 정부의 재정상태를 표시하는 표		일정기간(유량)의 재정운영의 성과를 나타내는 표	
[정부의 재정상태표의 구조]		[정부의 재정운영표의 구조]	
차변	대변	차변	대변
자산	부채 순자산	비용 순이익	수익

(3) 현금흐름보고서

① 정부의 일정 기간 동안 현금의 원천(유입)과 사용(유출)을 표시

② 발생주의로 작성되는 재정상태보고서와 재정운영보고서에 대해 현금주의로 작성하여 현금흐름정보를 보고하는 표

③ 우리나라는 현재 중앙정부와 지방정부 모두 현금흐름표를 작성하지 않고 있음

(4) 순자산변동표

① 회계연도 동안 순자산(자산－부채)의 변동명세를 표시하는 재무제표

② 기초 순자산, 재정운영에 따른 운영차액, 순자산의 증감, 기말 순자산으로 구성

1. 국고채권(외화표시 외국환평형기금채권과 양곡증권은 국고채권에 통합되었음): 공공자금관리기금의 부담으로 발행하는 채권
2. 국민주택채권: 1, 2, 3종으로 구분
3. (단기)재정증권: 일시적 자금부족을 충당하기 위해 발행
4. 보상채권: '공익사업을 위한 토지 등의 취득 및 보상에 관한 법률'에 근거

> **국가채무 관리에 관한 국가재정법 규정(제91조)**
> 기획재정부장관은 국가의 회계 또는 기금이 부담하는 국가채무관리계획을 수립하여야 한다.
>
> **국채발행의 법적 근거**
> 1. 헌법 제58조: 국채를 모집하거나 예산 외에 국가의 부담이 될 계약을 체결하려 할 때에는 정부는 미리 국회의 의결을 얻어야 한다.
> 2. 국가재정법 제18조: 국가의 세출은 국채·차입금 외의 세입을 그 재원으로 한다. 다만, 부득이한 경우에는 국회의 의결을 얻은 금액의 범위 안에서 국채 또는 차입금으로서 충당할 수 있다.

- 국가채무＝(국채잔고＋차입금잔고＋국고채무부담행위＋지방정부채무)－지방정부의 대중앙정부채무
- 국가채무란 국제비교의 표준이 되는 IMF 기준에서는 정부가 직접적인 상환의무를 부담하는 순확정채무, 다시 말하면 상환기간이 확정되어 있고 이자가 발생하는 정부의 빚을 지칭함. 이 기준에 따르면 정부가 보증한 공기업의 부채, 장래 정부가 부담하게 될 수도 있는 연금 충당금 등은 국가채무에 포함되지 않음

정부는 2016년에 「재정건전화법」 제정안을 입법예고하였으나 법제정은 실패하였고 최근 다시 동법률안의 입법이 추진되고 있다.

2016년도 「재정건전화법 제정안」 입법예고 주요 내용
(1) 재정준칙 도입(재정총량 관리): 채무 및 수지준칙
- 채무준칙: 국가채무 ≤ GDP 대비 45% (5년마다 관리목표 재검토 가능)
- 수지준칙: 관리재정수지 적자 ≤ GDP 대비 3%
(2) Pay-go 제도 강화(재정수반 법안 제출 시 재원조달방안 첨부 의무화)
(3) 장기재정전망 및 사회보험 재정안정화 관리체계 마련
- 장기재정전망: 전망주기(매 5년, 필요 시 재전망 가능), 절차 등 명시
- 사회보험: 장기재정추계 제출 시 각 사회보험의 재정건전화계획을 제출
(4) 재정건전화계획의 수립·이행·평가(중앙정부/지방정부/공공기관)
- 중앙정부: 재정건전화계획 수립 → 평가·보고
- 지방정부: 지자체 재정건전화계획의 수립·이행상황 보고
- 공공기관: 중장기재무관리계획 이행상황 보고
(5) 재정건전성 제고를 위한 주요 정책사항 심의·의결을 위해 재정전략위원회 구성·운영

1 의의

1. 개념

회계검사란 제3의 회계기관이 행정기관의 수입·지출의 결과에 관한 사실을 검증하거나 확인하기 위하여 장부 및 기록을 체계적으로 검사하는 과정을 의미한다.

2. 회계검사의 개념적 요소

(1) 회계검사의 대상은 회계기록이며, 제3자(타인)에 의해 행해져야 한다.

(2) 회계기록의 사실여부에 대한 검증절차이며, 지출의 합법성 여부를 따지는 적부검사이다.

(3) 검사결과에 대한 비판적 견해표명이 있어야 한다.

3. 목적

(1) 행정의 합법성을 확보하고자 함이다.

(2) 재정낭비의 방지 및 부정을 적발·시정하기 위함이다.

(3) 회계검사의 결과를 행정관리 개선과 정책수립에 반영하고자 함이다.

2 종류(전통적 회계검사 vs 현대적 회계검사)

구분	합법성 위주의 회계검사 (전통적 회계검사)	성과검사 (현대적 회계검사)
검사의 기준	합법성(회계검사)	경제성, 능률성, 효과성(업무검사, 정책검사)
방식	통제(비판적 기능 중시)	자문(재정 환류기능 중시)
대상	회계검사	업무검사, 정책검사로 확대
결과	개인의 처벌 및 포상	사업의 폐지, 감축과 재량·권한·재원의 확대
성과와의 관계	법적·절차적·과정적 성과	서비스지향적·재무성과적·결과적 성과
검사의 기법	서류 검사 위주	전산 검사 위주

3 회계검사기관의 유형

1. 회계검사기관의 위치에 따른 구분

(1) **입법부 소속형**: 회계검사기관을 입법부에 소속시키거나 입법부와 밀접한 관련을 갖게 하는 형태로서, 영국·미국·벨기에·오스트리아 등이 여기에 해당된다.

(2) **행정부 소속형**: 예산의 집행기관과 그 집행결과를 검사하는 기관을 같은 행정부에 소속시키고 있는 유형이다. 즉, 회계검사기관을 대통령 또는 재무성에 소속시키는 경우로, 아프리카나 중동 등에서 채택하고 있는 유형이다. 한국·포르투갈 등도 여기에 해당된다.

(3) **사법부 소속형**: 회계검사기관의 명칭을 법원이라는 명칭으로 하고, 그 의사결정을 위원회 형태로 운영하며, 원장·부원장·검사위원·검사관을 법관의 신분으로 하는 경우이다. 프랑스·일본·독일 등이 여기에 해당된다.

(4) **독립형**: 회계검사기관이 입법부·사법부·행정부의 어디에도 소속되지 않고 독립된 기관으로 있는 유형이다. 대만 등이 여기에 해당된다.

2. 회계검사기관의 의사결정방식에 따른 구분

(1) **단독제**: 회계검사기관의 기능을 한 사람이 수행하는 경우이다. 영국이나 미국의 회계검사기관은 단독제이다.

(2) **합의제**: 회계검사기관의 기능을 여러 사람의 합의에 의하여 이루어지는 유형이다. 일본, 한국, 네덜란드 회계검사기관이 여기에 해당한다.

4 우리나라의 회계검사기관(감사원)

1. 지위

헌법상의 기관이며 대통령 직속의 합의제 의사결정기구로, 직무·인사·예산·규칙 제정상 독립성이 인정된다.

(1) **직무상 독립성**: 직무를 수행함에 있어서 정치적 간섭을 받지 않는다.

(2) **인사상 독립성**: 감사위원은 4년의 임기 동안 신분을 보장한다.

(3) **예산상 독립성**: 감사원의 세출요구액을 감액할 때는 감사원장의 의견을 들어야 한다.

(4) **규칙제정상 독립성**: 감사원은 감사절차와 내부규율에 관한 규칙을 제정할 수 있다.

2. 조직

(1) 감사원장을 포함하는 7인의 감사위원으로 구성된 감사위원회와 사무처로 조직되어 있다.

(2) 감사원장은 국회의 동의를 얻어 대통령이 임명하며, 감사위원은 감사원장의 제청으로 대통령이 임명한다.

(3) 감사원장과 감사위원의 임기는 4년이다.

3. 기능

(1) **결산확인**: 감사원은 회계검사를 통해 국가의 세입·세출예산을 확인한다.

(2) **회계검사**

① 필요적 회계검사: 국가, 지방자치단체, 한국은행, 국가나 지방자치단체가 50% 이상 출자한 기관, 타 법률에 의하여 감사원의 회계검사를 받도록 규정된 단체이다.

② 선택적 회계검사

㉠ 국가 또는 지방자치단체와 계약을 체결한 자

㉡ 국가가 재정원조를 공여한 자

㉢ 국가 또는 지방자치단체가 자본금의 일부를 출자한 자

(3) **직무감찰**: 직무감찰은 공무원의 비위를 시정·방지하고 행정운영의 개선에 기여하는 내부통제활동이다. 감찰의 결과 처리에 있어 감사원은 징계의 요구와 고발을 할 수 있다. 그러나 직무감찰은 회계검사와 달리 국회, 법원, 헌법재판소에 소속한 공무원을 제외하고 행정부소속 공무원만을 대상으로 한다.

(4) **검사결과의 처리**: 변상책임의 판정, 징계요구, 시정 등의 요구, 고발 등의 조치를 취한다. 그러나 직접 취소·정지권을 가지고 있지는 않다.

(5) **의견진술**: 국가의 각 기관은 회계 관계법령을 제정·개정할 경우 또는 해석에 관한 의문이 있는 경우 감사원의 의견을 구해야 한다.

(6) **심사청구의 심리·결정**: 감사원의 감사를 받는 자의 직무에 관한 처분과 기타 행위에 관하여 이해관계 있는 자는 감사원에 그 심사 청구를 할 수 있고 감사원은 이를 심리하여 그 결정결과를 심사청구자와 관계기관의 장에게 각각 통지한다.

---

03 정부조달(구매행정과 정부계약)

1. 구매(조달)행정

(1) **의의**: 조달은 정부에서 필요로 하는 재화, 용역을 구매하고, 공사계약을 체결하는 작용으로, 예산과정의 핵심과정은 아니지만 조달행정은 예산집행과정의 중요한 절차이다.

(2) **목표**: 행정업무수행에 필요한 수단인 재화, 즉 소모품·비품·시설들을 적기적소(適期適所)에서 적재(適材)로 적량(適量)을 적가(適價)에 구입 및 공급을 목적으로 한다.

(3) **조달 방식**

① 집중구매제도와 분산구매제도의 장·단점

집중구매의 장점(분산구매의 단점)	집중구매의 단점(분산구매의 장점)
• 대량구매를 통한 비용 절감 • 업무의 전문성 확보 • 조달절차의 표준화 • 장기적이고 종합적인 조달정책 수립 가능 • 대기업 유리	• 적시공급불능 등 수요자의 요구에 부응하지 못함 • 중소기업 불리 • 특수품목 구입에 불편 • 구매절차의 복잡화

② **조달운영방식의 변화**: 집중조달과 분산조달은 양자선택의 문제가 아니며 양자배합의 문제이다. 과거 행정국가 시대에는 조달행정이 전문적인 업무영역으로 인정받게 됨에 따라 집중조달이 중시됐지만 최근에는 조달의 규정과 절차마련 및 조달업무에 대한 평가는 중앙부서가 담당하되 조달 의사결정은 분권화되는 분산조달이 추세이다. 그러나 어디까지나 집중구매가 원칙이고 분산구매는 보완적이다.

(4) **우리나라의 조달행정**

① **국가종합전자조달시스템 – 나라장터**: 국가종합전자조달시스템은 구매요청, 입찰, 계약, 검수, 대금지급의 조달 관련 모든 절차를 온라인화하고 조달정보를 일괄 제공하는 조달 단일 창구를 구축한 시스템(B2G)이다.

② **중앙구매기관**: 조달청이 정부가 행하는 물자의 구매·공급 및 관리에 관한 사무와 정부의 주요 시설 공사계약에 관한 사무를 관장한다. 조달청은 중앙정부와 지방정부의 모든 기관, 정부투자기관 등 모든 기관의 물자를 구매한다.

2. 정부계약

(1) 의의: 국가가 사인의 지위에서 체결하는 사법상의 계약을 의미한다. 따라서 정부계약은 국가가 사인과 대등한 지위에서 체결하는 사적 계약으로 계약자유의 원칙이 적용된다.

(2) 종류

① **일반경쟁방식**: 계약대상 물품 및 조건에 대해 공개하고 불특정 다수에 대하여 공개입찰을 가능케 하여 이 중 정부에 가장 유리한 적격자(일반적으로 최저가)를 선정해 계약을 체결하는 방식이다. 공정성과 경제성을 확보할 수 있다는 장점이 있는 반면, 부적격 업체 등의 입찰로 시간, 비용, 경비가 과다하게 발생한다는 단점이 있다.

② **지명경쟁방식**: 불특정 다수가 아닌 기술력, 신용 등을 기준으로 지명된 특정 다수에게만 입찰이 가능토록 하는 방식으로 시간, 비용, 경비의 절감을 가져올 수 있지만 경쟁자들 간 담합의 가능성이 있다는 단점이 있다.

③ **제한경쟁방식**: 일반경쟁방식과 지명경쟁방식의 장점을 취한 것으로 경쟁참가자의 자격을 일정한 기준(실적에 의한 제한, 기술보유상황에 의한 제한 등)에 의하여 제한하는 방식이다. 불성실하고 능력이 없는 자를 입찰에 참가하지 못하도록 함으로써 공개성, 공정성, 경제성을 유지하려는 계약방식이다. 그러나 이 방식 역시 담합가능성이 높다는 단점이 있다.

④ **수의계약**: 경쟁입찰을 하지 않고 특정 상대를 임의로 선정하여 계약을 체결하는 방식이다. 이 방식은 천재지변, 긴급한 행사 등 경쟁에 부칠 여유가 없는 경우 또는 특정인의 기술·용역 또는 특정한 위치·구조 등으로 인해 경쟁할 수 없는 경우에 사용될 수 있다. 이 방식에 의할 때 경비의 절약은 가져올 수 있으나 부정부패의 발생가능성은 매우 높다.

⑤ **다수공급자계약제도**: 각 수요기관에서 공통적으로 필요로 하는 수요물자를 구매함에 있어 수요기관의 다양한 수요를 충족하기 위하여 필요하다고 인정되는 경우, 품질·성능 또는 효율 등이 같거나 비슷한 종류의 수요물자를 수요기관이 선택할 수 있도록 2인 이상을 계약상대자로 하는 공급계약을 체결하는 것이다.

⑥ **일괄입찰제[턴키(Turnkey) 방식]**: 신기술이나 신공법이 요구되는 공사의 경우에 한 업체에게 설계나 시공을 일괄적으로 맡기는 입찰제도로 대기업에게 유리하다는 단점이 있다.

⑦ **우리나라의 정부계약 – 적격성 심사제에 입각한 최저가 낙찰제**: 우리나라의 정부계약은 일반경쟁방식을 원칙으로 한다. 다만, 일반경쟁방식의 한계를 극복하기 위해 '계약이행능력이 있다고 인정되는 자로서 최저 가격으로 입찰한 자'를 낙찰자로 한다고 정함으로써 적격성 심사제에 입각한 최저가 낙찰제를 채택하고 있다(300억 원 이상의 공사는 종합심사 낙찰제에 의함).

⑧ **종합심사 낙찰제**

㉠ 의의: 종합심사 낙찰제는 가격뿐만 아니라 공사수행능력, 사회적 책임을 종합평가하여 낙찰자를 선정하는 제도로, 2016년부터 300억 원 이상의 국가 및 공공기관 발주공사에 대해 최저가 낙찰제를 대신해 종합심사 낙찰제를 전면 실시하는 내용을 담은 국가계약법 시행령 개정안을 의결하였다.

㉡ 특성 및 효과
  • 사회적 책임 평가항목은 고용, 건설안전, 공정거래 등으로 구성
  • 기존의 최저가 낙찰제에서 발생하는 덤핑낙찰 및 이로 인한 잦은 계약변경, 부실시공, 저가하도급, 임금체불, 산업재해 증가 등의 문제점을 해소하기 위하여 도입된 제도

- 정부는 종합심사 낙찰제의 도입에 따라 공사 품질이 제고됨으로써 생애주기(Life Cycle, 유지보수비용 등을 포함) 측면에서의 재정효율성을 제고
- 하도급 관행 등 건설산업의 생태계를 개선하고 시공결과에 책임을 지고 기술경쟁을 촉진하는 등 건설산업의 경쟁력을 강화하는 효과도 기대

⑨ 정부계약의 기타 종류

　㉠ 최저가 낙찰제: 최저가격으로 낙찰하는 방식으로 지나친 과다경쟁으로 인한 조달물품의 품질 저하를 야기할 단점이 있다.

　㉡ 적격심사 낙찰제(PQ; PreQualification): 예정가격 이하 최저가로 입찰한 자 순으로 계약이행 능력을 심사하여 낙찰자를 결정하는 제도이다. 이 제도는 최저가 낙찰제를 보완하여 민간기업의 경쟁성과 공공의 품질 확보를 동시에 추구하는 제도이다.

CHAPTER 06 예산개혁론(예산제도의 변천)

01 예산개혁의 정향과 개관

1. 제도변천의 의의

예산제도는 예산개혁의 결과로 새로 구성되는 예산과정을 지칭한다. 미국 연방정부를 중심으로 예산제도의 개혁에 대한 노력은 예산과정에 합리적인 절차를 도입하려는 방향으로 전개되어 왔다.

[예산제도의 변천]

구분	품목별 예산 (LIBS)	성과주의 예산 (PBS)	계획 예산 (PPBS)	목표 관리 (MBO)	영기준 예산 (ZBB)	일몰법	정치관리형 예산 (BPM)	신성과주의 예산 (NPBS)
발달 및 등장	1920년대 완성	1940	1960	1970	1970	1970	레이건 정부	1980
기본 방향	통제	관리	기획	관리, 참여	감축관리	감축	지출한도 통제	예산=성과

2. 예산을 바라보는 관점

예산론자들은 정부예산을 정부활동에 대한 통제, 관리 및 기획 그리고 감축 등에 사용할 수 있다고 주장하고 있다. 쉬크(A. Shick)는 예산이 가지는 기본적인 세 가지 기능, 즉 통제기능, 관리기능, 기획기능 중 중앙예산기관이 어느 쪽에 더 중점을 두느냐에 따라 예산제도의 개혁이 '통제 → 관리 → 기획기능' 순서로 이루어졌다고 보며, 라빈과 린치(Rabin & Lynch)는 여기에 참여와 감축기능을 더하여 다음과 같이 변천해 왔다고 보았다.

(1) 통제지향: 재정민주주의와 관련하여 정부의 예산지출은 의회에서 승인한 세출의 권한 내에서 이루어져야 한다. 미국의 예산개혁을 볼 때 초기의 예산개혁은 바로 이러한 통제지향의 예산개혁이 주를 이루었으며 대표적인 제도가 품목별 예산(LIBS)이다.

(2) 관리지향: 관리지향의 예산개혁은 투입-산출에 관심을 가지며 능률성을 중요시한다. 이러한 관리기능을 강조한 대표적인 예산제도가 성과주의 예산(PBS)이다.

(3) 계획지향: 예산은 장기적인 계획기능을 수행하며 사업을 계속하거나 새로운 사업을 개발하거나 혹은 자원을 배분하는 의사결정수단이라 할 수 있다. 즉, 예산의 본질적 속성 속에는 사업에 대한 계획이 자리 잡고 있다. 이러한 계획기능을 강조하는 예산제도는 계획예산(PPBS)이다.

(4) 참여지향: 구성원의 참여에 관심을 갖는 상향적 예산이다. → 1970년대 MBO

(5) 감축지향: 정부실패 이후 서구 선진국들은 예산의 팽창을 억제해야 하는 상황에 직면하여 이로 인하여 재정낭비를 줄이고 저성장에 따른 세입감소에 대응할 수 있는 감축관리가 요구되었는데, 이에 근거한 대표적인 예산제도가 영기준예산(ZBB)이다.

1 품목별 예산제도

1. 의의

(1) 개념: 품목별 예산제도(LIBS; Line Item Budgeting System)는 예산을 지출대상(품목)별로 분류하여 편성하는 예산제도이다. 즉, 지출대상인 급여 · 여비 · 수당 · 시설비 등 품목별로 분류하여 지출대상과 그 한계를 규정함으로써 예산통제를 기하려는 제도이다. 따라서 재정민주주의에 입각하여 행정부에 대한 재정통제라는 근대예산제도의 원칙에 가장 충실할 수 있는 예산제도라 할 수 있다.

(2) 연혁: 미국의 시정연구소(1899), 뉴욕시정연구소(1906) 등이 시정개혁운동을 전개하여 1907년 뉴욕시 보건국에 품목별 예산제도를 도입하였다. 이러한 움직임은 1912년 테프트위원회에 영향을 주어 1920년 대부분의 부처들이 이 제도를 도입하였다.

(3) 품목별 예산의 특징: 통제지향적 예산, 투입 중심 예산, 점증주의적 예산, 상향적 · 미시적 예산 결정

2. 예산편성 방법

인건비(기본급, 수당 등), 물건비(관서운영비, 업무추진비, 여비 등), 경상이전비(보상금, 배상금, 출연금 등), 자본지출비(토지매입비 등), 융자금 및 출자금, 보전지출, 장부내부거래, 예비비 및 기타 등의 항목으로 편성된다. 우리나라 예산편성과목 중 목(目)에 해당한다.

3. 품목별 예산제도의 장 · 단점

(1) 장점

① 회계책임과 예산통제를 용이하게 할 수 있다.

② 지출대상별로 세부적으로 분류되어 있기 때문에 급여와 재화 및 서비스의 구매에 효과적이다(인사행정의 유용한 자료).

③ 예산편성 및 심의 과정에서 예산 삭감이 이루어질 때 이익집단의 저항을 덜 받는다는 점에서 정치적인 이점을 갖는다.

④ 예산 지출의 합법성이 보장된다.

(2) 단점

① 정부가 왜 그것을 구매하는지 알 수 없다(지출의 목적 파악이 어렵다).

② 지나친 규제와 세밀함은 예산집행의 신축성과 탄력성을 저해시킨다.

③ 각 부처의 입장에서 볼 때 예산확보를 위해서 예산 항목에만 관심을 기울이기 때문에 정책 및 사업의 우선순위를 소홀히 할 수 있다.

④ 투입과 산출의 연계가 없어 정부사업의 성격을 알지 못하고, 사업성과를 평가할 수 없다.

⑤ 합법성 위주의 재정운영으로 동조과잉이나 번문욕례를 야기한다.

⑥ 예산편성 시 점증주의적 성격을 띠며 전년도예산을 기준으로 하므로 신규사업을 창안하고 시행하는 데 적합하지 않다.

⑦ 구체적인 지출항목에 집중되어, 계획과 예산의 연계가 미흡하다.

2 성과주의 예산제도

1. 의의

(1) 개념: 투입요소를 중심으로 예산을 편성하고 운영했던 품목별 예산과는 달리, 성과주의 예산제도(PBS; Performance Budgeting System)는 정부의 기능·활동·사업을 중심으로 예산을 분류·편성하는 제도이다. 성과주의 예산제도는 정부가 수행하는 업무에 중점을 두는 관리지향적 예산제도이다.

(2) 연혁

① 1차 후버위원회(1949)와 2차 후버위원회(1955): 기존에 기능별 예산 또는 활동별 예산으로 불리던 것을 1949년에 성과주의 예산제도라는 말을 처음으로 사용하였으며, '정부에 의하여 지출될 돈보다 수행될 목표에 더욱 관심을 갖는 예산제도'라고 정의하였다(1950년 트루먼 대통령 때 도입).

② 단위원가 산정의 어려움 등의 문제로 PPBS가 도입되면서 폐기되었다.

③ 한국은 1961년에 국방부가 단독으로 성과주의예산 도입을 시도하였다. 1962년부터 일부 부처에 도입되었지만 1964년 공식적으로 폐기되었다.

④ 최근 신성과주의(New Performance Budget) 제도로 재등장하였다.

(3) 성과주의 예산의 특징: 능률지향적 예산, 관리지향적 예산, 상향적·미시적 예산결정, 점증주의적 성격, 관리책임의 집중화(관리책임은 집중적이지만 통제책임과 계획책임은 사업단위별로 분산적이다), 단위사업 중심, 입법통제 약화·내부통제 강화

2. 예산편성 방법

(1) 구성요소

① 사업: 기본적으로 재원을 사업별로 배분하는 것으로 사업은 주요사업(기능), 단위사업(사업), 세부사업(활동)으로 분류한다.

② 업무단위(Work Unit, 업무 측정단위): 업무단위는 하나의 사업을 수행하는 과정에서의 활동과 최종산물(성과·실적)로 이루어진다.

예 고속도로 건설사업의 경우 건설된 도로 1km(최종산물), 경찰 순찰활동의 경우 순찰활동 1회(활동), 방역사업의 경우 방역활동 1회(활동) 등

③ 단위원가(Unit Cost): 한 단위 업무를 수행하는 데 소요되는 경비를 말한다. 한 단위 업무를 수행하는 데 소요되는 원가를 산정한다는 것은 표준원가를 정한다는 뜻이다.

개념더하기 ▶ 성과주의 예산과 품목별 예산의 예산서 형식

1. 성과주의 예산편성의 예

사업명	사업목적	측정단위	단가	실적	금액	변화율
긴급출동	비상시 6분 내 현장까지 출동	출동횟수	100달러	1,904건	190,400달러	+10.0%
일반순찰	24시간 계속순찰	순찰시간	25달러	2,232시간	55,800달러	+7.8%
범죄예방	강력범죄 발생률의 10% 감소	투입시간	30달러	2,327시간	69,810달러	+26.7%
계					316,010달러	

2. 품목별 예산편성의 예

예산항목	금액	전년 대비 변화율
인건비	250,600	+22.4%
물건비	40,300	+12.5%
자본지출	25,100	+10%
계	316,000	

3. 성과주의 예산의 장·단점

(1) 장점

① 업무단위의 선정과 단위원가의 과학적 계산에 의해 합리적이고 효율적인 자원배분 및 투입되는 예산의 성과를 파악할 수 있다.

② 계량화된 정보를 통해 합리적 의사결정과 관리 개선에 도움을 받을 수 있다.

③ 사업 또는 활동별로 예산이 편성되기 때문에 정부가 무슨 사업을 추진하는지 국민들이 쉽게 이해할 수 있다.

④ 사업별로 예산 산출 근거가 제시되기 때문에 의회에서 심의하기에 용이하다.

⑤ 행정관리에 있어서 계획과 통제를 내재적으로 활용할 수 있음을 의미한다.

⑥ 사업별 예산이므로 품목별 예산에 비해 장기계획 수립이 용이하다.

⑦ 사업계획과 예산을 연계할 수 있다.

⑧ 실·국 단위의 예산편성에 도움을 주는 예산제도로 행정기관의 관리층에게 효과적인 관리수단을 제공한다.

(2) 단점

① 업무단위의 선정이 곤란하다. 행정업무 중에서 계량화할 수 있는 최종산물을 찾기도 어렵지만 선정된 단위가 질적으로 다른 경우도 많기 때문이다.

② 단위원가의 계산이 어렵다. 단위원가를 계산하기 위해서는 원가회계 등의 회계학적 지식이 필요하다. 또한 발생주의 회계원칙, 감가상각 등이 적용되는 회계정보가 창출되고 축적되어야 한다. 그리고 부서 간 공동경비의 배분문제, 간접비의 산출문제 등이 해결해야 한다.

③ 성과지표로서의 업무단위가 실질적으로는 중간산출물일 경우가 대부분이다. 경찰순찰시간이 치안서비스를 개선시키는 것은 아니다.

④ 의회는 엄격하고 통제위주의 품목별 예산을 선호하며 품목별 예산에 더 익숙하므로 성과주의 예산에 반대하거나 겉으로는 찬성하지만 실제로는 비협조적일 수가 있다.

⑤ 장기적이고 거시적인 계획과 연계보다는 단위사업만을 중시한다는 점에서 전략적인 목표의식이 결여될 수 있다.

⑥ 점증주의적 성격을 가진다(지엽맥락의 예산결정).

3 기획(계획)예산제도(PPBS; Planning Programming Budgeting System)

1. 의의

(1) 개념: 계획예산제도(PPBS)는 장기적인 계획과 단기적인 예산편성을 프로그램을 활용해 유기적으로 연결시킴으로써 합리적인 자원배분을 이룩하려는 제도이다. 계획예산제도는 목표를 분명히 정의하고, 이를 달성할 사업계획을 수립하며, 다년간에 걸친 사업재정계획을 수립하는 장기적 시계를 갖고 있다는 점이 특징이다.

(2) 연혁

① 1953년 노빅은 「정부의 새로운 예산 및 회계절차를 통한 능률과 절약」이라는 제안서를 통해 국방부에 계획예산제도를 제안하였다.

② 1961년 국방부장관으로 취임한 맥나마라(McNamara)의 건의에 따라 1961년 국방부에서 계획예산제도가 도입되었다.

③ 1965년 존슨 행정부는 연방정부 전체에 도입하였다. 그러나 1973년 닉슨 정부가 MBO를 도입하게 되자 그 열기가 퇴조하였다.

④ 한국의 경우에서는 1971년 PPBS 도입준비작업을 시작하였으며 1979년 국방예산에 PPBS를 적용할 계획 하에 1974년 초에 국방부가 준비작업을 하였지만 공식적으로 채택되지는 못하였다.

(3) 계획예산제도의 특징: 목표지향적 예산, 장기적 예산, 하향적·거시적 예산, 합리주의적 예산, 계획책임의 집중화, 효과성·능률성, 과학성·객관성, 개방체제적 성격, 전문가의 역할 중시

2. PPBS의 구성(구조적 측면과 분석적 측면)

(1) 구조적 측면

① 장기계획의 수립(Planning): 조직목표를 설정하고 이에 근거하여 중기적 관점(주로 5년의 연동계획)에서 정책의 우선순위를 결정하는 단계이다.

② **사업구조의 형성(Programming)**: 사업구조란 여러 가지 사업을 그 종류와 수준별로 분류해 놓은 것을 말하는데, 사업구조는 행정기관이 수행하는 목적·임무 및 활동이 나타날 수 있도록 이루어져야 한다. 사업구조를 형성하는 프로그래밍 단계에서는 목표달성을 위한 사업계획을 마련할 때 여러 대안을 체계적으로 분석·검토하는 작업(비용편익분석, 비용효과분석 등)을 거친다. 이러한 분석작업을 거쳐 생산된 문서는 사업요강, 이슈분석, 특수연구 등이다. PPBS의 사업구조는 다음과 같이 3층 구조를 지닌다.

⊙ 사업범주(Program Category): 각 기관의 목표나 임무를 나타내는 프로그램 체계의 최상위 수준의 분류항목이다.

ⓛ 하위사업(Program Subcategory): 사업범주를 세분화한 것으로 하나의 하위사업은 몇 개의 사업요소로 구성된다.

ⓒ 사업요소(Program Element): 계획예산제도 사업구조의 기본단위로 최종산물을 생산하는 부처의 활동에 해당한다.

③ 예산편성(Budgeting): 사업구조는 목표달성을 위한 대안을 체계적으로 검토해 반영해 놓은 사업계획이다. 따라서 사업과 예산의 별도의 연계작업이 필요하다. 이렇듯 사업구조에 근거하여 1회계연도의 실행예산을 편성해야 한다.

1. 1단계(분석과 기획)

부처의 목표를 구체화하고 이를 달성하기 위한 사업들의 범주(Program Category)를 설정한다.

예 청년취업률 증가를 정책목표로 설정하고 이를 달성하기 위한 사업들의 범주를 여러 개 선정하는데, 이 중에서 훈련프로그램은 사업범주에 포함된 하나의 사례가 된다. 훈련프로그램은 다시 여러 개의 하위사업(Sub-Program)들로 세분화되며, 하위사업들은 다시 몇 개의 사업요소(Program Element)들로 세분화된다.

2. 2단계(사업선정)

목표달성을 위해 어떤 사업이 더 바람직한가를 분석하는 보고서를 작성한다. 이 과정에서 비용편익분석 등 계량적인 분석방법을 사용하고 사업부서들은 약 5년 이상의 중장기 사업 및 재정계획을 수립하여 단년도 예산과 비교하는 작업을 한다.

예 청년훈련프로그램의 여러 대안들을 비교·평가하여 우수 대안 선정

3. 3단계(환산작업 및 예산편성)

예산구조는 품목별예산으로 구성되어 있고 사업구조는 사업의 계층구조로 구성되어 있다. 사업구조와 예산구조가 다르므로 이를 일치시키기 위한 환산 작업(Cross-Walk)을 반드시 해야 하고 이것을 일치시키는 작업은 매우 어렵고 시간이 많이 소요된다.

예 훈련예산과 훈련계획을 일치시키기 위한 환산작업

[계획예산의 사례(1966년 미국 Johnson 행정부의 원자력발전사업의 예)]

Planning	Programming								Budgeting (1966)
	Category	Subcategory	Element	1966	1967	1968	1969	1970	
전력난 해소	발전사업	원자력발전	부지선정	○					* 부지선정 예산= * 용지매수 예산=
			용지매수	○					
			철거 및 보상		○				
			본관신축			○	○		
			내부시설				○		
			시험가동					○	

(2) **분석적 측면**: 계획예산제도의 또 하나의 중요한 특징은 목표달성을 위한 사업계획을 마련할 때 여러 대안을 체계적으로 분석·검토하는 작업을 거친다는 것이다. 이때 체제분석 또는 비용편익(효용)분석기법 등이 사용된다. 이것은 PPBS의 프로그래밍 단계에서 이루어진다. 이러한 특징 때문에 계획예산제도는 자원배분에 관한 의사결정을 합리화하는 제도라고 볼 수 있다.

3. 계획예산제도의 장 · 단점

(1) 장점

① **자원배분의 합리화**: 목표의 명확한 정의, 대안의 탐색과 결과예측 등 합리적 의사결정 절차를 활용함으로써 자원배분의 효율성을 증진할 수 있다.

② **의사결정의 일원화**: 결정권한이 최고관리층에게 집중되는 경향이 있다. 이 점은 PPBS의 단점이기도 하지만 한편으로는 신속하고 종합적인 의사결정을 할 수 있다는 점에서 장점이 되기도 한다.

③ 장기적인 사업계획에 대한 국민들의 신뢰성을 제고한다.

(2) 단점

① **의사결정의 집권화**: PPBS는 정보와 의사결정 권한이 과도하게 중앙집권화하는 경향이 있다. → 재정민주주의 저해

② **사업구조 작성의 어려움**: 사업구조의 작성은 PPBS의 핵심적인 작업이다. 사업구조는 목표의 정의에서부터 사업범주 · 하위사업 · 사업요소 순으로 정해야 한다. 그런데 목표의 정의는 정치적 성격을 갖는 가치판단적 결정을 필요로 한다.

③ 의회의 통제권 약화

④ 계량화와 환산작업의 곤란

⑤ 장기기획에 의한 구속으로 환경변화가 심할 경우 사업의 축소 · 폐지 등 상황변화에 적응 곤란

⑥ 과도한 문서와 정보량 요구

⑦ 정치적 합리성 경시

개념더하기　　계획과 예산

1. 의의
- (1) 계획: 정부가 목표달성을 위해 장래활동에 관한 최선의 방법을 준비하는 것
- (2) 예산: 계획을 달성하기 위해 세입 · 세출에 관한 재정계획

2. 계획과 예산의 괴리요인
- (1) 기획과 예산의 업무상 특성: 계획은 추상적 · 거시적 · 장기적 성격, 예산은 단기적 · 구체적 · 정치적 성격이 강하다.
- (2) 재원의 부족: 재원의 부족으로 예산이 계획을 뒷받침하지 못하는 경우이다.
- (3) 예산과정의 정치성: 기획을 구체화하는 예산편성 · 심의 · 집행과정에서 각종 이익집단 · 의원 · 관료의 정치적 영향력으로 예산과 기획이 불일치할 수 있다.
- (4) 기획 및 예산제도의 결함
- (5) 기획기구와 예산기구의 이원화
- (6) 계획담당자와 예산담당자의 성향 차이: 계획담당자는 주로 미래지향적 · 이상적 · 확대지향적인 데 비해, 예산담당자는 주로 현상유지적 · 보수적 · 저축지향적 성향을 지닌다.

3. 계획과 예산의 연계방안
- (1) 계획기구와 예산기구의 일원화
- (2) 인사교류와 공동훈련
- (3) 계획예산제도 도입
- (4) 예산집행의 신축성 유지

1945년 드러커(Drucker)는 『관리의 실제』라는 책에서 목표관리를 주장하였다. 원래 민간기업의 관리기법이었지만 1972년 닉슨 대통령이 PPBS를 폐기하면서 도입하였다. 그러나 1977년 카터(Carter) 대통령이 ZBB를 도입함으로써 폐기되었다. 그러나 여전히 지방정부 차원에서는 많은 이용이 이루어지고 있다.

[목표관리와 계획예산제도의 차이]

분류기준	목표관리(MBO)	계획예산제도(PPBS)
사업목표	단기목표	장기목표
의사결정구조	분권적 · 상향적(계선 중시)	집권적 · 하향적(막료 중시)
관리기술	일반관리기술 중시	세련된 분석 기술 중시(비용편익분석)
예산범위	부분적 · 개별적 자원배분	종합적 자원배분
환경	폐쇄적	개방적
책임과 환류	환류 중시, 일선관리자의 책임 강조	환류 미흡, 상위층의 책임 강조
핵심활동	목표설정	계획수립과 프로그램 작성

더 알아보기

LIBS, PBS, PPBS 비교

특성	품목별예산(LIBS)	성과주의예산(PBS)	계획예산(PPBS)
발달연대	1920년대 태프트	1940~1950년대 트루먼 정부	1960년대 존슨 정부
예산의 기능	통제	관리	계획
주된 관심	무엇을 구입할 것인가?	어떻게 할 것인가?	무엇을 할 것인가?
결정양식	점증모형	점증모형 > 합리모형	점증모형 < 합리모형
예산편성 기본단위	품목	업무측정단위	사업요소
범위	투입	투입 · 산출	효과 · 대안
예산과정의 중점	집행단계	편성단계	편성 이전 계획 수립
기획 책임	분산	분산	집중
결정권의 소재	분권	분권	집권
결정흐름	상향적	상향적	하향적

4 영기준예산제도(ZBB; Zero-Base Budgeting)

1. 의의

(1) 개념: 영기준예산(ZBB)은 과거의 관행을(기득권, 매몰비용) 전혀 고려하지 않고 목적, 방법, 자원에 대한 근본적인 재평가를 바탕으로 하여 예산을 편성하는 제도를 말한다(타일러, Taylor). 여기서 과거의 관행을 고려하지 않고 사업에 대한 근본적인 재평가를 한다는 것이 영기준의 의미이다(감축관리에 적합).

(2) 연혁

① 피터 파이흐(Peter A. Pyhrr)에 의해 1969년 미국의 민간기업 텍사스 인스트루먼트에서 처음 도입되었으며, 그해 조지아 주에 도입되었다.

② 1981년 레이건 행정부가 들어서자 ZBB는 공식적으로 폐기되었다.

③ 우리나라는 1983년도 예산편성부터 부분적이긴 하지만 공식적으로 도입한 바 있다.

2. 예산편성 절차

(1) 의사결정단위의 확인·설정: 의사결정단위는 조직의 관리자가 독자적인 업무수행의 범위 및 예산편성의 결정권을 갖는 사업단위 또는 조직 단위를 지칭한다.

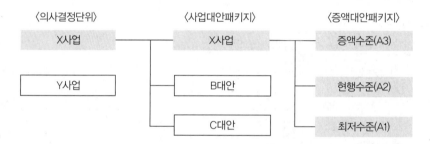

(2) 의사결정패키지의 작성: 의사결정 단위에 대한 분석 및 평가 결과를 명시해 놓은 표

의사결정패키지에 포함된 정보를 크게 나누어 보면 두 가지이다. 하나는 사업대안에 대한 정보이고, 다른 하나는 금액(증액)대안에 대한 정보이다. 따라서 ZBB는 기대되는 계획과 목적을 달성하는 데 필요한 정책대안과 지출을 묶어 모든 활동들을 평가하고 실체를 상세히 규명한다.

① **사업대안패키지: 대안의 개발**

의사결정단위의 목표를 달성하기 위한 상호 배타적인 대안들을 탐색하고, 이들을 분석·평가하여 최선의 대안을 선택한 결과를 담은 정보이다. 사업대안의 선택은 성질이 서로 다르고, 서로 간에 논리적 질서가 없는 여러 대안 중 하나를 선택하는 경우를 말한다.

② **증액대안패키지: 대안의 수준의 결정**

㉠ 최저수준: 이는 현행 수준보다 낮은 수준으로서 사업 또는 활동의 축소된 노력수준을 반영한 것이다.

㉡ 현행수준: 최저수준에 한두 가지의 점증적 수준이 허용된 경우이다.

㉢ 증액수준: 현행수준을 초과하는 한 가지 이상의 점증 수준이 채택된 경우이다. 즉, 자금과 성과가 증가된 수준이다.

(3) 우선순위의 결정: 우선순위의 결정은 관리자에게 '얼마를 어디에 지출해야 하는가?'의 문제에 관심을 집중하도록 함으로써 한정된 재원을 배분하는 기술을 제공한다. 부처가 여러 개의 사업을 수행하고 있다

면 각 사업들의 의사결정패키지를 일렬로 배치한 상태에서 부처의 가용예산이 허락하는 의사결정패키지들을 선택한다.

(4) 실행예산의 편성: 각 사업의 증액대안의 우선순위와 가용 예산규모가 정해지면 이를 토대로 실행예산이 편성된다. 즉, 채택된 각 사업의 증액대안에 의거해 각 사업의 수준 및 규모가 결정되며, 이를 종합한 것이 영기준예산편성의 결과이다.

개념더하기 ▶ ZBB 의사결정패키지 작성 사례

의사결정 단위	의사결정패키지	
	사업대안패키지	증액대안패키지(대안 a에 대하여)
대기오염 측정	• 대안 a : 지역별로 자체적 측정 후 종합 • 대안 b : 민간연구소에 용역 • 대안 c : 중앙실험실 설치	1. 최저수준 : 전년도는 5곳을 설치했지만, 2곳만 설치(효과는 75, 비용은 70) 2. 현행수준 : 전년도와 같이 5곳만 설치(효과는 100, 비용은 100) 3. 증액수준 : 각 시·도에 모두 설치(효과는 150, 비용은 170)

→ 추천된 모든 대안을 최저수준, 현행수준, 증액(최고)수준으로 나누어 증액대안패키지를 작성·검토한다. 사업대안이 아니라 선정된 사업대안의 증액대안 간 우선순위를 결정하고 상급관리자(상급기관)이 의사결정패키지 간 우선 순위를 부여한다.

개념더하기 ▶ 예산편성 시 우선순위 결정

X부서에서 A, B, C 세 가지 사업을 수행하며, 각 사업은 최저수준, 현행수준, 증액수준의 세 가지 증액대안을 개발했음을 가정했을 때 증액대안 수는 9개로 구성된다. 현재 가용예산이 450억이라면 5순위 사업까지 예산에 반영된다.

우선순위	활동수준	증가액	예산(누적증가액)
1	A1	100	100
2	A2	50	150
3	B1	160	310
4	B2	10	320
5	C1	105	425
6	B3	40	465
7	C2	15	480
8	A3	70	550
9	C3	25	575

---

3. 영기준예산제도의 장·단점

(1) 장점

① 합리적 의사결정과 재원배분 및 예산 삭감에 유리하다(감축지향성).

② 예산운용의 다양성과 신축성 및 다른 예산제도와 공존가능성이 높다.

③ 영기준예산은 계획예산제도보다 운영 면에서의 전문성을 적게 요구하기 때문에 조직구성원 모두가 참여할 수 있는 분권화된 관리체계를 갖는다(계층 간의 단절 방지).

(2) 단점

① ZBB는 과다한 노력과 시간, 그리고 문서가 요구된다.

② 우선순위를 정하는 기법이 개발된 것도 아니고 시간상의 제약이 있기 때문에 주관성이 개입될 수밖에 없다. 정치적으로 인기 있는 사업을 우선시할 경향이 있고 결정권의 위임과 의사결정점 근처에 있는 대안만을 검토하자는 논의도 있지만 이는 ZBB의 본질을 흐리게 하는 것이다.

③ 점증주의*를 극복하기보다는 오히려 점증주의로 전락했다.

④ 예산의 정치적 측면이나 비경제적 요소를 고려하지 못하고 있다.

⑤ 우선순위의 결정에 의사결정자의 주관이 개입된다.

⑥ 미시적 예산결정으로 인한 전체적 · 장기적인 시야가 결여된다.

⑦ 소규모 조직의 의사결정단위는 배제시킬 가능성이 있다.

더 알아보기

기획예산제도와 영기준예산제도의 비교

분류기준	계획예산제도(PPBS)	영기준예산제도(ZBB)
공통점	자원배분의 합리화 추구(경제적 합리성 강조)	
예산의 중점	정책수립 또는 목표설정	사업평가를 통한 예산의 감축
참여의 범위	집권	분권
예산지향	계획 중시(새로운 프로그램의 형성)	결산 평가
결정의 흐름	거시적 · 하향적(집권)	미시적 · 상향적(분권)
강조점	계획	감축
관심 대상	신규사업에만 관심	기존사업과 신규사업 모두 분석
모형	합리모형>점증모형(매몰비용 고려)	완전한 합리모형
기준	전년도 예산 기준	영점부터 시작
기간	5년(장기)	1년(단기)
관리적 측면	최고관리측의 도구	일선관리자의 도구
부처 간 관계	개방체제(조직 간 장벽 없음)	폐쇄체제(조직 간 구분 중시)

개념더하기 일몰법(Sunset Law)

1. 개념

영기준예산제도에 유사한 문제인식에 근거를 두고 있는 일몰법(Sunset Law)이 미국의 각 주에서 시행되고 있다. 일몰법이란 수행되고 있는 모든 행정활동을 일정기간(예컨대, 5년 혹은 3년) 후에 평가하여 일몰에 이르렀다고 판단하면 활동을 중지하고, 새로 일출시킬 필요가 있다고 판단되는 행정활동을 다시 제안시키도록 법률로써 강제하려는 것이다.

2. 연혁

정부의 지출을 통제하고 책임성을 높이기 위한 예산개혁으로 등장하였다. 특히 1970년대 미국에서 있었던 의회예산 및 지출유보통제법(Congressional Budget and Impoundment Control Act)과 일몰법(Sunset Law)의 도입은 의회의 예산통제 및 심의기능을 제도적으로 강화한 의회 수준에서의 예산개혁이라 할 수 있다. 일몰법은 콜로라도주에서 먼저 시행된 이후 다른 주에도 확산되었다.

---

* **점증적 예산행태**
   사업의 제공수준을 0수준부터 대폭증된 수준까지 다양하게 검토 · 분석하지 못하고 현 수준에서 크게 벗어나지 않은 범위로 국한되어 점증주의로 변질되었다. 월다브스키(Wildavsky)는 ZBB가 점증적 예산행태를 극복하지 못했으며, ZBB가 실제로는 영기준이 아니라 90% LIBS 예산이라고 혹평하였다.

3. 주요 내용

(1) 일몰법의 기본이 되는 것은 자동적 종결과 주기적 재심인데 재심에는 대개 두 개의 과정을 밟는다. 첫째, 의회일몰위원회의 보조기관으로 의회소속인 감사위원회가 대상기관의 효율성을 심사하고, 둘째는 이 심사결과에 따라 일몰위원회가 의회에 보고서를 제출하고 대상기관이나 사업의 존속·변경·종결을 결정하게 된다.

(2) 일몰법은 3~7년 경과 후 위와 같은 과정을 거쳐 국회의 재보증을 얻지 못하면 자동폐기하는 제도이다. 즉, 특정한 행정기관이나 사업을 일정 기간(3~7년)이 경과되어(국회의 재보증을 얻지 못한 경우) 자동적으로 종결시키고, 결정 전에 대상기관과 사업에 대한 주기적 평가를 실시하는 것을 말한다.

4. 일몰법과 영기준예산 비교

구분	일몰법	영기준예산
차이점	• 예산의 심의·통제를 위한 입법적 과정 • 행정의 최상위계층의 주요 정책심사 • 예산심의과정과 관련 • 검토의 주기가 3~7년	• 예산편성에 관련된 행정적 과정 • 중·하위계층까지도 심사 • 예산편성과정과 관련 • 매년 검토
유사점	• 사업의 계속 여부를 검토하기 위한 재심사라는 점 • 자원의 합리적 배분을 기할 수 있다는 점 • 감축관리의 일환이라는 점	

개념더하기 　알렌 쉬크(Allen Schick)의 신예산기능론과 나쁜 예산들

쉬크 교수는 1965년에 바람직한 예산의 기능으로 통제기능, 관리기능, 기획기능을 강조하였지만 시대의 변화에 맞춰 1998년 예산에서 중요한 새로운 기능을 3가지로 제시하고 있다.

1. 총량규모에 관한 재정규율 강화(Enforcing Aggregate Fiscal Discipline)

예산총량(총계 및 순계)은 국가의 우선순위에 대한 의사결정을 명확히 반영하고 있어야 한다. 단순히 요구되는 돈을 합산해 놓은 것이 되어서는 안 된다. 총량규모에 대한 의사결정은 개별사업에 대한 의사결정이 이루어지기 이전에 미리 결정되어 있어야 한다. 그리고 이 결정은 최소한 중기(中機: 약 3~5년) 간 계속 지켜져야 한다.

2. 배분적 효율성(Allocative Efficiency)

정부의 예산지출결정은 정부의 정책우선순위에 따라 결정되어야 한다. 우선순위가 높은 정책에 더 많은 예산을 배정하고, 우선순위가 낮은 정책에 대해서는 예산금액을 줄임으로써 효율성을 높여야 한다.

3. 운영효율성(Operational Efficiency)

정부기관은 재화와 용역을 생산함에 있어서 원가를(비용) 합리적으로 유지해야 한다. 경쟁시장에서 통용되는 원가를 달성할 수 있으면 좋지만, 그렇지 못한 경우에도 원가를 낮추기 위한 노력을 해야 한다. 예를 들어, 예산관리자에게 재량권과 신축성을 많이 부여하여 원가절감방안을 스스로 찾게 해야 한다.

[쉬크 교수의 예산제도 평가]

쉬크의 기준	LIBS	PBS	PPBS	MBO	ZBB	NPBS
총 재정규율	△	△	△	△	△	○
배분적 효율성	×	△	○	△	○	○
기술적 효율성	×	○	△	○	×	◎

1 신성과주의 예산제도(NPB; New Performance Budget)

1. 개념

성과주의의 예산제도는 정부의 예산을 기능·활동·(사업)계획에 근거를 두고 정부계획의 비용(지출)과 효과 간의 관계를 명시하는 제도이다. 정부조직별로 혹은 사업활동별로 공공이 제공하는 재화나 서비스에 대한 목표를 세우고 이에 대한 구체적인 실행계획을 수립한 후 이러한 계획의 실행과정과 결과에 대한 성과를 측정하고 보고하며, 측정된 성과정보를 평가하고 이를 예산과 연계하는 제도이다.

(1) 신성과주의 예산제도는 1990년대 신자유주의적 정부개혁에 따라, 신공공관리의 특징인 '분권화'에 대하여 책임을 묻기 위한 제도이다.

(2) 분권화에 의해 사업담당부서가 실질적 예산결정권을 행사하고 중앙예산기관의 간섭을 최소화한다. 예산의 효율성 제고를 위해 투입물에 대한 통제 대신 성과에 의한 통제를 추구한다.

(3) 1982년 영국에서 재무관리개혁이 그 시초이다.

2. 신성과주의 예산제도의 도입목적 및 배경

(1) 내부적인 정부조직의 관리능력 향상 및 지속적인 개선을 통하여 효율적인 정부부문의 개혁을 목적으로 하는 것으로, 이러한 목적은 모든 국가들이 공통적으로 설정하고 있다.

(2) 예산운용의 자율권을 하위의 정부경영자에게 위임하여 부서 혹은 사업단위의 관리자에게 성과에 대한 책임성을 확고히 하고 기존의 경직적인 예산운용에서 탈피하여 탄력적인 예산운용을 유도함으로써 예산지출의 효율성을 확보할 수 있다.

(3) 성과주의 예산제도의 도입을 통하여 방대해진 정부재정의 지출을 억제하려는 것을 주요 목적으로 삼는 것이다.

(4) 정치관리 예산(BPM)*이나, 1993년 정부성과 및 결과법(GPRA)**, 예산집행법(BEA) 등은 신성과주의 예산제도의 정착에 토대가 되었다.

3. 기존 예산제도와의 비교

(1) 신성과주의 예산제도는 성과를 예산제도에서 활용한다는 측면에서 과거의 성과주의 예산제도라고 할 수 있으나, 성과를 예산의 중요한 편성기준으로서 적극적으로 활용할 수 없는 현실적 상황을 감안하여 실제 적용 가능한 대안을 모색한다는 점에서 기존의 성과주의 예산제도와는 차별된다고 할 수 있다.

① 과거 성과주의 예산제도가 업무측정단위의 측정 및 단위원가의 계측이 어려워서 실패한 점을 고려하여 이들 측정단위 및 단위원가의 측정에 중점을 두지 않고 있다는 점에서 신성과주의 예산제도는 성과관리가 강화된 예산제도로 볼 수 있다.

---

* 정치관리 예산(BPM)

정치관리형 예산은 미국에서 연방정부의 적자재정지출을 억제하고 전통적인 상향식 예산을 탈피하기 위해 행정수반이 각 부처의 지출한도와 목표를 설정해주고 재원을 배분하면 그 한도 내에서 각 부처가 효과적인 방식으로 목표를 달성하는 하향식(Top-Down) 예산제도를 의미한다. 목표를 중시한다는 점에서 목표중심예산 또는 표적예산이라고도 한다.

** 정부성과 및 결과법(GPRA)

미국 연방정부의 결과지향적 예산개혁을 위한 개혁입법으로 이 법을 통해 통합성과관리체계 구축을 위해 필요한 예산개혁조치들이 규정되었다(전략계획서, 연간성과계획서, 프로그램 예산의 작성 등을 규정). 기존의 예산개혁과는 달리 GPRA에 따른 성과관리 개혁은 행정부의 관리예산국(OMB)이 아닌 의회예산감사국(GAO)에서 주관하고 있다. GPRA는 우리나라 성과관리제도의 기반이 되었다.

② 신성과주의 예산제도는 사전적으로 성과에 따라 예산배정의 우선순위와 액수를 정하고 사후적으로 평가함으로써 인사 및 보수 정책 등의 기초자료로 활용될 수 있을 뿐만 아니라 배정된 예산의 사용에 대한 통제를 최소화하면서도 주어진 목표를 효율적으로 달성할 수 있다는 장점이 있다.

(2) 예산서에 성과지표를 반영하는 것은 1950년대 성과주의 예산제도(Performance Budgeting)의 장점을 반영한 것이다.

(3) 성과측정을 여타의 정부조직과 비교하는 것은 1960년대의 계획예산제도(PPBS; Planning Programming Budgeting System)의 장점을 참조한 것이다.

(4) 결과의 중요성에 초점을 두는 것은 목표관리제(MBO; Management By Objective)의 특성을 취한 것이다.

(5) 존의 PPBS와 MBO가 행정부만의 재정개혁의 노력이었다면 현재의 성과주의 예산제도는 행정부뿐만 아니라 입법부의 참여를 유도하는 예산제도로 이전의 예산제도의 수행의 실패가 입법의 지원을 받지 못하였다는 사실을 개선한 것이다.

(6) PPBS와 영기준예산제도(ZBB; Zero-Base Budgeting)가 일회적인 사업활동의 예산제도였다면 성과주의 예산제도는 단계적·반복적인 수행을 통하여 지속적인 개선과정을 포함하는 것이다.

개념더하기 구성과주의 예산과 신성과주의 예산의 차이점

구분	전통적 성과주의	신성과주의
시대	1950년대 행정국가	1970년대 이후 신행정국가
연계범위	예산과정에 국한	국정 전반의 성과관리에 연계 (인사, 조직, 정책 전반)
관심	행정활동의 직접적 산출(Output) 중시 (능률성 중시)	행정활동의 궁극적 결과(Outcome)에 관심 (효과성 중시)
결정흐름	상향식(분권)	집권과 분권의 조화
성과책임	정치적·도의적 책임	구체적·보상적 책임
성과관점	정부관료	고객
회계방식	불완전한 발생주의	완전한 발생주의
성과관리	성과평가	성과의 제고
경로가정	투입이 자동적으로 성과로 이어진다는 단선적 가성	투입이 반드시 성과를 보장해주지 않는다는 복선적 가정

4. 성과주의 예산제도의 체계 및 내용

성과주의 예산제도의 내용을 구분하자면 크게 성과관리체계와 성과예산체계로 나눌 수 있다.

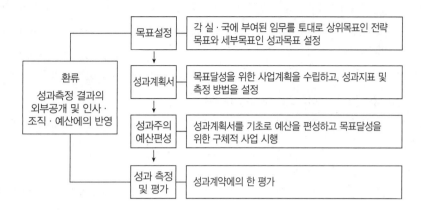

(1) 성과관리체계: 성과관리체계는 조직의 사명, 전략목표, 성과목표, 성과지표, 성과평가 등의 내용이 포함된다.

① 성과달성을 위한 계획단계

    ㉠ 조직사명의 설정: 조직의 사명은 조직의 목표, 가치, 기능 등을 모두 포괄하는 광범위한 개념으로서 한 조직이 추구하는 중심 목표나 의도를 말하며 그 조직의 존재이유와 존재목적 등의 근원적인 임무를 말한다.

    ㉡ 전략목표의 설정: 조직의 전략목표(Strategic Target or Goal)란 조직의 사명에 충실하기 위하여 추구되어야 할 목표를 말하고, 한편으로는 이를 효과적으로 달성하기 위하여 필요한 전략적 과제의 달성목표가 되기도 하고, 조직의 전략목표는 성과관리체계에서 당해 조직의 여건에 따라 성과목표와 동일시하여 작성하지 않기도 한다.

    ㉢ 성과목표의 설정: 성과목표(Performance Goal or Performance Objective)란 성과의 실제 달성 여부가 비교될 수 있도록 하는 측정 가능한 구체적인 활동수준을 의미한다.

② 성과지표 개발단계

    ㉠ 성과지표(Performance Indicator)란 조직의 사명, 전략목표, 성과목표의 달성 여부를 측정하는 기준으로서 성과를 측정할 수 있도록 계량적 혹은 질적으로 나타낸 것이다.

    ㉡ 성과지표는 성과를 측정하는 유형에 따라 투입지표, 산출지표, 효율성지표, 효과성지표 등으로 분류하기도 한다.

    ㉢ 성과기준(Performance Baseline)이란 성과지표를 사용하여 설정한 성과목표의 달성정도를 평가하기 위한 일종의 기준으로 계량화가 가능한 경우에 전년도를 기준으로 하기도 하며, 축적된 성과기준이 없는 경우에는 설문조사나 전문가의견을 대안으로 사용하기도 한다.

    ㉣ 적절한 성과지표 개발의 필요성

      • 산출지표(활동지표): 측정이 용이하고, 부처의 투입노력과 성과지표 간 직접적 연계가 있다. 그러나 목표와의 연계성이 미약해서 성과측정의 타당성이 미흡하다.

      • 결과지표: 목표와의 연계성이 높아서 성과를 정확하게 나타낸다. 그러나 측정이 어렵고 투입노력 외에 다양한 환경변수들이 성과에 작용하므로 책임을 묻는 것이 부적절하다.

③ 성과측정 및 평가단계

　　㉠ 성과측정(Performance Measurement)이란 투입된 자원이 재화와 서비스라는 산출로 전환되는 과정에서 얼마나 능률적인가, 산출의 질이 어떠한가(산출이 고객에게 얼마나 잘 전달되고 고객이 얼마나 만족하는가), 그리고 산출의 결과는 어떠한가(사업수행의 결과를 본래 의도한 목표와 비교), 정부운영이 사업목적에 어느 정도 기여하는가 등을 측정하는 과정이다.

　　㉡ 성과평가(Performance Evaluation)란 조직단위 또는 사업활동별로 달성한 성과가 전체 또는 단위조직별로 부여된 임무 및 목표와 비교하여 조직 및 사업활동의 효과성, 능률성, 대응성, 적시성 등이 어떠하였는가를 평가하는 과정이다.

④ 성과정보 보고단계: 성과보고는 성과지표, 성과측정, 성과정보 활용 등 목표의 달성정도에 맞추어 시의적절하게 보고되어야 하며 성과보고를 할 때 정부의 사업계획과 예산에 관련된 정보들과 함께 보고되어야 한다.

(2) 성과주의 예산서의 기본체계

① 성과예산의 개념

　　㉠ 성과예산(Performance Budgeting): 성과를 예산과 연계시키고 조직의 성과를 비교하여 평가결과에 따라 예산을 차등적으로 배분하는 것으로 이는 성과에 따른 관련 부서 혹은 개인별로 책임을 명확히 하는 것을 전제로 한다.

　　㉡ 성과책임성(Performance Accountability): 성과정보를 예산과 직접적으로 연계하여 성과에 따라 예산규모의 축소, 폐지, 확장, 새로운 예산의 편성 등 예산배분의 과정에서 의사결정의 유효한 수단으로 활용하는 것을 의미하며, 한편 이러한 성과를 바탕으로 조직별 혹은 개인별로 이익이나 불이익을 부여하는 것을 말한다.

　　㉢ 성과측정을 가장 적극적으로 활용하는 방식은 예산과 성과를 연계하는 것으로, 현재 수량으로 표시되는 성과가 예산편성의 유일한 기준으로 사용되는 국가는 없고 산출예산제도를 시행하는 뉴질랜드가 여기에 가장 근접해 있다.

② 성과와 예산의 연계방식

　　㉠ 성과와 예산을 연계하는 대표적인 제도로는 산출예산제도(Output Budgeting)와 성과예산제도(Performance Budgeting)를 들 수 있다.

　　㉡ 성과예산제도는 대부분 계획예산제도(PPBS) 및 영기준예산제도(ZBB)를 접목시켜 도입하고 있으며, 계획예산제도와 접목된 성과예산제도에서도 정부기능별로 통합하여 예산서를 작성하고 있는 경우와 소식별, 즉 부서별로 사업을 독립적으로 실행하고 있는 경우가 있다.

　　㉢ 성과예산제도는 예산이 비목 위주가 아니라 사업별로 편성되어야 하므로 제도변경의 초기에는 현재의 기능별 예산항목을 사업별로 재편하는 등의 작업이 필요하며, 이는 정부조직의 사업별 부서화의 기능재편과 연계되어야 효과가 있다.

　　㉣ 성과주의 예산서는 성과계획서에서 제시하고 있는 사업활동별로 예산서를 작성하는 것으로 기본적으로 정부조직의 재정활동, 즉 사업별 예산을 투입단위로 작성하거나 산출단위를 기준으로 소요비용을 작성하며 사업별 활동의 비용과 결과를 비교하고 평가할 수 있는 토대를 제공한다.

　　㉤ 성과와 예산의 연계를 위한 가장 전형적인 노력은 미국 연방정부의 정부성과관리 및 결과에 관한 법(GPRA; Government Performance and Results Act)과 플로리다 주정부를 비롯한 몇 개의 주정부에서 성과를 예산편성에 도입하려는 시도 등이 있다.

5. 장·단점

장점	단점
• 성과에 대한 책임 강조로 관료의 책임성 향상 • 성과를 주로 시민의 대응성으로 파악하므로 행정의 대응성 향상 • 효율성(성과) 향상	• 성과목표설정 및 성과지표설정의 애로 • 성과측정 및 성과비교의 애로 • 성과를 결과로 인식할 경우 환경적 요인들의 영향으로 인한 억울한 책임 야기 • 정보의 과다 현상

2 현대 재정개혁의 주요 사례

1. 지출통제 예산제도(Expenditure Control Budget)

중앙예산기관이 구체적인 지출항목 없이 예산의 총액만 정해주고 예산집행단계에서 구체적 항목별 지출은 각 개별부서가 총액범위 내에서 재량적으로 행하는 성과지향적 예산으로 총괄예산(Lump-Sum Budget) 또는 실링예산(Ceiling Budget)으로 불린다.

2. 산출 예산제도(OB; Output Budget, 계약예산제도)

산출예산제도는 민간부문에서 시작된 산출예산제도를 공공부문에서 채택하여 정부부문의 산출물 각각에 대하여 인건비, 운영비, 감가상각비 등 세부적인 예산을 책정하는 것으로, 이와 같은 산출예산제도의 시행은 정부부문의 전반적인 관리체제를 산출물 중심의 관리체제로 전환하는 것이다. 뉴질랜드는 공공부문의 관리에 있어서 과거의 투입 중심에서 구체적인 산출물 기준으로 예산을 편성하고 있다.

3. 운영 예산제도(OB; Operating Budget, 총괄경상비제도)

경상비(Running Cost)와 사업비(Program Cost)로 구분하고 경직성 경비(봉급, 공공요금, 여비)인 경상비를 세부적으로 예산 배분하고 통제하기보다는 단일비목으로 편성하고 경상비의 상한선 내에서 관리자에게 그 운영에 자율성을 부여하는 제도이다.

4. 다년도 예산제도

다년도 예산은 중장기예산이라고도 할 수 있는데 예를 들어 오스본 개블러의 저서 『정부재창조론(1992)』의 사례인 미국의 서니베일은 10년 단위의 다년도 예산을 편성한다. 향후 10년간의 모든 세입과 세출을 고려한 운영예산과 자본예산을 편성하는 것이다.

세계은행(The World Bank, 1998)이 여러 나라의 개혁사례를 종합하여 공공지출과 관련한 목표 및 수단들을 다음과 같이 제시하고 있다.

1. 총량적 재정목표

재정적자 및 국가채무 문제를 해결하기 위하여 재정목표를 정하고 이를 달성하기 위한 메커니즘을 정립한다. 여기에는 중기적(Medium-Term) 관점을 견지하고, 정책결정 및 기획을 항상 총량 제약조건과 연계하는 것이 포함되어 있다.

2. 자원의 효율적 배분과 이용

총량적 제약조건 하에서 배분결정이 정당성을 갖고 집행이 가능하도록 하는 제도적 장치를 만든다. 투명성과 책임성, 그리고 관련 정보가 배분결정 및 자원의 이용을 향상시키는 것이 핵심요소이다. 또한 자원배분 및 예산편성에 다년도(Multiyear) 관점이 적용된다.

3. 행정기관의 자율성(Autonomy)

1990년대 개혁의 핵심은 산출 및 결과 목표를 달성하기 위해 예산을 관리하는데 각 행정기관이 더욱 많은 자율성을 갖게 한 점이다. 총액예산편성(Lump-Sum Budgeting) 등이 그러한 예에 속한다. 그 결과 관리자들은 비용 배분에서 더 많은 융통성을 갖게 되었다.

4. 행정관리자의 책임성(Accountability)

전통적인 품목별 예산제도에서는 투입에 대한 사전적 책임성을 강조하였다. 새로운 성과주의 예산제도의 중요한 특징은 그것을 결과에 대한 사후적 책임성으로 전환시켰다는 점이다.

이러한 재정개혁 목표를 달성하기 위해 각국이 도입·운용하는 제도들을 보면 성과주의 예산제도와 발생주의 회계제도의 도입이 중심을 이룬다. 그 외에도 다년도 예산편성제도, 총액배분자율편성제도, 발생주의 예산제도 등이 도입되어 운용되고 있다. 또한 재정적자를 통제하기 위해 영국의 황금법칙과 안정적 투자법칙, 미국의 예산통제법과 균형예산법 등이 제정되었다.

선진국 재정개혁의 특징을 보면 기본 흐름이 재정지출의 가치(Value for Money)를 제고하는 데에 초점을 맞추고 있다. 이를 위해 한편으로 조직 운영상의 자율성과 융통성을 확대해주고, 다른 한편 조직 운영결과에 대한 책임성을 강화하는 방향으로 나아가고 있다. 이때의 책임성은 사후적 평가 개념으로서의 성과평가에 근거한다. 예산과 성과를 연계함으로써 재정지출의 가치와 효율성을 제고하는 데에 역점을 두고 있다. 또 하나의 책임성 확보 방안으로 재정정보의 공개를 통한 투명성 확대를 추진하고 있다.

윤영진, 『새지방재정론』, 대영문화사

3 우리나라의 재정개혁

우리나라가 추진하고 재정개혁은 국가재정운용계획, 예산총액배분 자율편성(Top-Down)제도, 성과관리제도, 그리고 디지털 예산회계시스템 구축이다. 이들 제도개혁 과제들은 서로 연계되어 있으며, 그중에서 디지털 예산회계시스템의 구축은 다른 예산제도개혁 과제들의 인프라를 구축해 주는 의미가 있다.

1. 성과관리제도

대부분의 OECD 국가들은 성과중심의 재정운영제도를 시행하고 있는데, 이는 1980년대 이후 누적되기 시작한 재정적자에 대응하기 위하여 1990년대부터 시작되었다. 각국 정부는 공공서비스의 감소 없이 정부지출을 축소하기 위한 방안으로 중기예산제도와 성과관리제도를 도입하기 시작하였다.

제8조(성과 중심의 재정운용)

① 각 중앙관서의 장과 법률에 따라 기금을 관리·운용하는 자는 재정활동의 성과관리체계를 구축하여야 한다.

② 각 중앙관서의 장은 제31조 제1항에 따라 예산요구서를 제출할 때에 다음 연도 예산의 성과계획서 및 전년도 예산의 성과보고서(국가회계법 제14조 제4호에 따른 성과보고서를 말한다. 이하 이 조에서 같다)를 기획재정부장관에게 함께 제출하여야 하며, 기금관리주체는 제66조 제5항에 따라 기금운용계획안을 제출할 때에 다음 연도 기금의 성과계획서 및 전년도 기금의 성과보고서를 기획재정부장관에게 함께 제출하여야 한다.

③ 각 중앙관서의 장과 기금관리주체는 국가회계법에서 정하는 바에 따라 예산 및 기금의 성과보고서를 작성하여야 한다.

④ 삭제

⑤ 기획재정부장관은 제2항에 따른 성과계획서 등에 관한 지침을 작성하여 각 중앙관서의 장과 기금관리주체에게 각각 통보하여야 한다.

⑥ 기획재정부장관은 대통령령이 정하는 바에 따라 주요 재정사업에 대한 평가를 실시하고 그 결과를 재정운용에 반영할 수 있다.

⑦ 삭제

⑧ 기획재정부장관은 제6항의 규정에 따른 평가를 행함에 있어 필요하다고 인정하는 때에는 관계 행정기관의 장 등에 대하여 평가에 관한 의견 또는 자료의 제출을 요구할 수 있다. 이 경우 관계 행정기관의 장 등은 특별한 사유가 있는 경우를 제외하고는 이에 따라야 한다.

⑨ 제33조에 따른 예산안, 제35조에 따른 수정예산안, 제68조제1항에 따른 기금운용계획안, 제70조제2항에 따른 기금운용계획변경안 및 제89조제1항에 따른 추가경정예산안과 그에 따라 작성된 성과계획서는 사업내용 및 사업비 등이 각각 일치하도록 노력하여야 한다.

2. 디지털예산회계시스템(Digital Budget and Accounting System)

(1) 개념

① 디지털예산회계시스템(이하 dBrain으로 약칭)은 예산편성·집행·회계결산·성과관리 등 재정활동 전 과정이 수행되고, 그 결과 생성된 정보가 관리되는 재정정보시스템이다.

② 2007년 이전 재정정보시스템은 각 기관별로 관리되어 통합된 재정정보의 제공이 어려웠으며, 재정제도의 혁신을 뒷받침할 시스템 기반이 필요하여 본 시스템이 출범하였다.

(2) 특징

① dBrain은 전반적인 재정활동 지원, 재정혁신 뒷받침, 재정자금출납의 전 과정을 전자화하고, 재정운영현황의 실시간 재정관리, 재정통계 분석정보 산출 등의 역할을 하고 있다.

② 중앙정부의 예산편성, 집행, 자금관리, 국유재산·물품관리, 채권·채무, 회계결산까지 모두 하나의 시스템에서 처리할 수 있도록 구성되어 있다.

③ 또한 국가재정운용계획수립, 예산총액배분자율편성제도, 성과관리예산제도 등 재정혁신을 지원하기 위해 프로그램 예산체계를 기반으로 구축되었으며, 자금과 자산·부채를 상호 연계관리하고 국가재정의 재무정보를 정확히 산출할 수 있도록 복식 부기·발생주의 회계제도를 반영하여 재정위험관리 기반을 마련하는 등의 특징을 가지고 있다.

(3) 구성: dBrain은 사업관리·예산·회계·통계분석 등 단위업무 시스템과 외부 연계시스템으로 구성되어 있으며, 중앙·지방공무원 및 일부 공공기관 사용자들은 재정포털을 통해 시스템에 접속하여 업무를 처리하고, 생산된 주요 재정정보를 국민들에게 홈페이지를 통해 제공하고 있다.

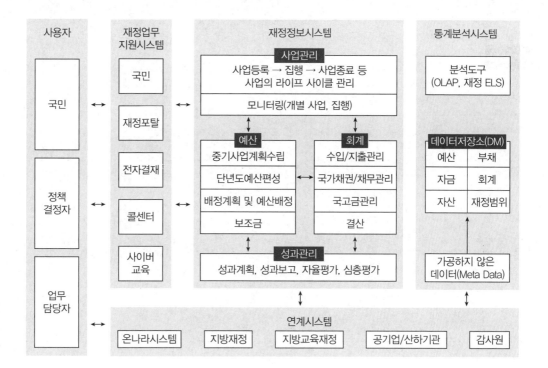

(4) 디지털예산회계시스템(dBrain)의 주요 기능: dBrain의 주요 기능으로는 예산시스템, 사업관리시스템, 성과관리시스템, 수입·채권시스템, 지출·출납시스템, 자금시스템, 국유·물품·조달시스템, 회계결산시스템, EBPP*(Electronic Bill Presentment and Payment), 통계분석시스템이 있다.

---

*   EBPP

EBPP는 영수내역 연계, 수납내역 실시간 연계, 24시간 국고금 조회가 가능한 체제이다.

개념확인

01 통합재정은 일반회계, 특별회계, 기금을 모두 포괄하며, 재정 활동의 전모를 파악할 수 있도록 융자지출을 통합재정수지의 계산에 포함하고 있다. (○, ×)

02 지방세 중 목적세로는 지방교육세와 지방소비세가 있다. (○, ×)

03 우리나라에서 주민참여 예산제도는 주민들이 예산심의과정에 참여한다. (○, ×)

04 법률과 달리 예산안은 정부만이 편성하여 제출할 수 있다. (○, ×)

05 대통령은 국회가 의결한 법률안에 대해 거부권이 있지만, 국회의결 예산에 대해서는 사안별로만 재의요구권이 있다. (○, ×)

06 한계성 원칙의 예외사항은 이용과 전용이다. (○, ×)

07 통일성 원칙의 예외는 추가경정예산이다. (○, ×)

08 특별회계에서 발생한 잉여금을 일반회계로 전입시킬 수 있다. (○, ×)

09 자본예산제도는 자본적 지출을 대부분 공채발행 등 차입으로 충당하는 단식예산제도의 일종이다. (○, ×)

10 조세지출예산제도는 조세지출의 투명성과 항구성·지속성을 제고하는 장점이 있다. (○, ×)

11 추가경정예산은 본예산과 별개로 성립하며 결산 심의 역시 별도로 이루어진다. (○, ×)

12 잠정예산은 회계연도 개시 전까지 예산이 의결되지 못하는 경우를 대비해 의회가 미리 1개월분 예산만 의결해 정부로 하여금 집행할 수 있도록 하는 예산을 의미한다. (○, ×)

13 윌다브스키(A. Wildavsky)의 예산행태 유형 중 국가의 경제력은 낮지만 재정 예측력이 높은 경우에 나타나는 행태는 세입예산이다. (○, ×)

14 결산은 회계연도에서 국가의 수입과 지출을 잠정적 수치로 표시하는 행위이다. (○, ×)

15 계획예산제도(PPBS)의 주요한 관심 대상은 사업의 목표이나, 투입과 산출에도 관심을 둔다. (○, ×)

16 일몰법과 영기준 예산은 자원난 시대에 대비하는 감축관리를 강조하고 있다는 점에서 공통점을 지닌다. (○, ×)

17 영기준 예산제도에서는 예산과정에서 정치적 고려 및 관리자의 가치관이 반영될 가능성이 높다. (○, ×)

18 국방비, 공무원의 보수, 교육비와 같은 경직성 경비가 많으면 영기준예산제도의 효용이 제약된다. (○, ×)

19 과거의 성과주의예산과 비교하여 프로그램 구조와 회계제도에 미치는 영향이 훨씬 광범위하고 포괄적이다. (○, ×)

OX정답확인

01 ○ **02** × **03** × **04** ○ **05** ○ **06** ○ **07** × **08** ○ **09** × **10** × **11** × **12** × **13** ○ **14** × **15** ○
16 ○ **17** ○ **18** ○ **19** ×

01

다음 중 통합재정 또는 통합예산에 대한 설명으로 가장 옳지 않은 것은?

① 국가예산의 세입·세출을 총계 개념으로 파악 하여 재정 건전성을 판단한다.
② 중앙재정을 일반회계와 특별회계 외에 기금 및 세입세출외 자금을 포함해 파악한다.
③ 통합재정은 중앙재정, 지방재정, 지방교육재정 (교육비특별회계)을 포함한다.
④ 재정이 국민 경제에 미치는 효과를 효과적으로 파악하게 한다.

02

다음 중 머스그레이브(R. A. Musgrave)가 주장한 재정의 3대 기능 중 '공공재의 외부효과 및 소비의 비경합성과 비배재성에 기인한 시장실패(market failure)를 재정을 통해서 교정하고 사회적 최적 생산과 소비수준이 이루어지도록 한다'라는 내용과 관련성이 가장 높은 재정의 기능은?

① 소득재분배기능
② 경제안정화기능
③ 자원배분기능
④ 행정적 기능

03

다음 중 ㉠과 ㉡에 해당하는 내용을 바르게 연결한 것은?

> (㉠)은(는) 국가가 특별한 용역 또는 시설을 제공 하고 그 제공을 받은 자로부터 비용을 징수하는 경 우의 당해 경비로서 기획재정부장관이 정하는 경비 를 의미하며, 국가재정법상 (㉡)의 예외로 규정되 어 있다.

	㉠	㉡
①	수입대체경비	예산총계주의 원칙
②	전대차관	예산총계주의 원칙
③	전대차관	예산 공개의 원칙
④	수입대체경비	예산 공개의 원칙

04

추가경정예산을 통한 재정의 방만한 운영 가능성을 줄이기 위해 국가재정법 제89조에서는 추가경정예 산안을 편성할 수 있는 경우를 제한하고 있다. 다음 중 위법 조항에 명시된 추가경정예산안을 편성할 수 있는 경우가 아닌 것은?

① 부동산 경기 등 경기부양을 위하여 기획재정부 장관이 필요하다고 판단하는 경우
② 전쟁이나 대규모 자연재해가 발생한 경우
③ 경기 침체, 대량실업, 남북관계의 변화, 경제협 력 같은 대내·외 여건에 중대한 변화가 발생 하였거나 발생할 우려가 있는 경우
④ 법령에 따라 국가가 지급하여야 하는 지출이 발생하거나 증가하는 경우

05

예산제도에 대한 설명으로 옳지 않은 것은?

① 품목별 예산제도는 행정부의 재량권을 확대하기 위해 도입되었다.

② 성과주의 예산제도에서는 사업의 단위원가를 기초로 예산을 편성한다.

③ 계획예산제도에서는 장기적인 기획과 단기적인 예산편성을 연계하여 합리적 예산 배분을 시도한다.

④ 영기준 예산제도는 예산을 편성할 때 전년도 예산에 구애받지 않는다.

06

다음 중 예산 분류 방식의 특징에 대한 설명으로 옳은 것은?

① 기능별 분류는 시민을 위한 분류라고도 하며 행정수반의 사업계획 수립에 도움이 되지 않는다.

② 조직별 분류는 부처 예산의 전모를 파악할 수 있어 지출의 목적이나 예산의 성과파악이 용이하다.

③ 품목별 분류는 사업의 지출성과와 결과에 대한 측정이 곤란하다.

④ 경제성질별 분류는 국민소득, 자본형성 등에 관한 정부활동의 효과를 파악하는데 한계가 있다.

01
정답 ①

국가예산의 세입·세출을 총계가 아닌 순계 개념으로 파악한다. 즉, 회계 간의 전출입 거래는 물론 실질적으로 내부거래인 회계 간의 예탁, 이자지급 등 거래까지 제거한 순세입·순세출 규모로 작성한다.

02
정답 ③

지문은 예산의 경제적 기능 중 자원배분 기능에 해당한다.

03
정답 ①

㉠은 수입대체경비에 해당하고, ㉡은 예산총계주의(완전성)의 원칙의 예외에 해당한다. 수입대체경비란 국가가 특별한 용역 또는 시설을 제공하고 그 제공을 받은 자로부터 비용을 징수하는 경우로 지출이 수입을 수반하는 경비를 말한다. 현물출자, 차관전대와 함께 수입대체경비는 국가재정법상 예산총계주의의 예외로 규정되어 있다.

04
정답 ①

①은 추가경정예산 편성사유에 포함되지 않는다.

05
정답 ①

품목별 예산제도(LIBS)는 투입에 대한 통제를 중심으로 하는 예산제도로, 행정부의 재량권을 축소하기 위해 도입되었다.

06
정답 ③

품목별 예산 분류는 사업 중심이 아니므로 통제가 용이할 뿐 사업의 성과와 결과에 대한 측정이 곤란하다.

07

다음 중 우리나라의 프로그램예산제도에 대한 설명으로 옳지 않은 것은?

① 세부업무와 단가를 통해 예산금액을 산정하는 상향식 방식을 사용하고 단년도 중심의 예산이다.
② 프로그램은 동일한 정책을 수행하는 단위사업의 묶음이다.
③ 예산 운용의 초점을 투입 중심보다는 성과 중심에 둔다.
④ '프로그램 – 단위사업 – 세부사업'은 품목별 예산체계의 '항 – 세항 – 세세항'에 해당한다.

08

다음 중 국회의 예산심의에 대한 설명으로 옳지 않은 것은?

① 상임위원회의 예비심사를 거친 정부예산안은 예산결산특별위원회에 회부되고, 예산결산특별위원회에서 종합심사가 종결되면 본회의에 부의된다.
② 예산결산특별위원회는 소관 상임위원회의 동의 없이 상임위원회에서 삭감한 세출예산 각 항의 금액을 증액할 수 있다.
③ 국회는 정부의 동의 없이 정부가 제출한 지출예산 각 항의 금액을 증가하거나 새 비목을 설치할 수 없다.
④ 국회의장은 예산안을 소관 상임위원회에 회부할 때에는 심사기간을 정할 수 있으며, 상임위원회가 이유 없이 그 기간 내에 심사를 마치지 아니한 때에는 이를 바로 예산결산특별위원회에 회부할 수 있다.

09

다음 중 예산에 대한 설명으로 옳지 않은 것은?

① 예산의 전용은 예산의 세항·목 간에 금액을 상호 융통하는 것이다.
② 예산의 이체는 법령의 제정, 개정 또는 폐지로 인하여 그 직무와 권한에 변동이 있을 때 예산의 귀속을 변경시키는 것이다.
③ 계속비는 세출예산 중 미지출액을 당해 연도를 넘겨 다음 연도에 계속적으로 사용하는 것을 말한다.
④ 예비비는 예측할 수 없는 예산 외의 지출에 충당하기 위하여 예산에 계상되는 것을 말한다.

10

다음 중 회계연도 개시 전에 예산을 배정할 수 있는 경비에 해당하지 않는 것은?

① 수입대체경비
② 선박의 운영·수리 등에 소요되는 경비
③ 교통이나 통신이 불편한 지역에서 지급하는 경비
④ 범죄수사 등 특수활동에 소요되는 경비

11

우리나라 예산제도에 대한 설명으로 옳지 않은 것은?

① 국회는 정부의 동의 없이 정부가 제출한 지출예산 각 항의 금액을 증가시킬 수 없다.
② 정부가 예산안 편성 시 감사원의 세출예산요구액을 감액하고자 할 때에는 국무회의에서 감사원장의 의견을 구하여야 한다.
③ 정부는 회계연도 개시 전까지 예산안이 의결되지 못한 때에는 전년도 예산에 준해 모든 예산을 편성해 운영할 수 있다.
④ 국회는 감사원이 검사를 완료한 국가결산보고서를 정기회 개회 전까지 심의 · 의결을 완료해야 한다.

12

다음 중 영기준예산제도(ZBB)의 장점으로 옳지 않은 것은?

① 국방비, 공무원의 보수, 교육비와 같은 경직성 경비가 많으면 영기준예산 제도의 효용이 커진다.
② 최고관리자는 각 기관의 업무수행에 대한 보다 상세한 자료를 입수할 수 있다.
③ 예산과정에 대한 관리자 및 실무자의 참여를 촉진한다.
④ 전년도 답습주의로 인한 재정의 경직성을 완화할 수 있다.

---

07 정답 ①

①은 전통적인 품목별 예산에 대한 설명이다. 프로그램 예산은 세부업무와 단가를 통해 예산금액을 산정하는 품목(투입)별 예산을 탈피하고 성과 중심의 예산운영을 위해 프로그램(정책) 중심의 하향식 예산방식으로 장기 사업 등 다년도 중심의 예산과 연계되어 운영된다.

08 정답 ②

예산결산특별위원회는 소관 상임위원회의 동의 없이는 상임위원회에서 삭감한 세출예산 각 항의 금액을 증액할 수 없다.

09 정답 ③

계속비가 아니라 이월에 해당한다. 계속비는 완성에 수년도를 요하는 공사나 제조 및 연구개발사업의 경우 그 경비의 총액과 연부액(年賦額)을 정하여 미리 국회의 의결을 얻은 범위 안에서 수년도에 걸쳐서 지출할 수 있는 경비를 말한다.

10 정답 ①

수입대체경비는 긴급배정 대상경비에 포함되지 않는다.

11 정답 ③

회계연도 개시 전까지 예산안이 의결되지 못하여 예산이 불성립한 경우 행정부는 준예산을 편성하여 집행할 수 있다. 준예산의 편성은 헌법이 정한 지출가능항목에서만 가능하다.

12 정답 ①

공공부문에서는 국방비, 인건비, 교육비 등 경직성 업무나 경비가 많고 국민생활의 연속성이 고려되어야 하며 법령상의 제약이 심하기 때문에 사업의 축소나 폐지가 용이하지 않아 영기준예산의 적용이 제한될 수밖에 없다.

행정환류론

01 행정책임과 통제

01 행정책임

1 행정책임의 개념과 특징

1. 의의

행정책임이란 행정기관이나 공무원(행정인)이 직무수행에 있어 공익과 국민의 기대 및 법령이 규정한 행동기준에 따라 행동해야 할 의무를 말한다. 피프너(J .M. Pfiffner)에 의하면 '행정책임이란 행정기관이 외부의 다른 기관이나 어떤 행동기준에 대하여 의무를 지는 것'이라고 정의하고 있다. 행정책임에는 '결과 책임(행정행위의 내용)'뿐만 아니라 '과정 책임(행정행위의 절차)'도 포함된다.

2. 행정책임의 특징

(1) 행정책임은 행정상 일정한 의무를 전제로 하여 발생한다.

(2) 행정책임은 일정한 재량의 여지가 있는 경우에만 발생한다.

(3) 행정책임은 개인적 요구보다 공익적 요구에 충실해야 하며 자기가 정하지 않은 어떤 기준에 따라야 하는 것이다.

(4) 행정책임은 주로 행동의 결과에 대하여 이루어진다.

(5) 행정책임의 보장을 위하여 행정통제가 사용된다.

(6) 행위의 결과가 비판의 대상이 될 수 없을 때에는 책임의 대상이 되지 않는다.

(7) 행정책임의 대상이 되는 직무나 행위는 다른 사람에게 영향을 주는 외연성을 지녀야 한다.

(8) 자기주관 하의 생활영역에서 일어나는 모든 사태에 대하여 책임을 지기 때문에 책임은 행위의 주체자에게 한정되지 않는다(예 상관이 하급자의 행위에 대해 책임을 지는 것).

(9) 행정책임의 여러 기준 중 어떤 기준을 보다 중시할 것인가는 시대에 따라 달라진다. 과거 입법국가 시대에는 입법 의도의 구현(법률)이, 최근에는 관료의 직업의식이나 양심이 보다 중요한 행정책임의 기준이 되고 있다(기준의 성격 - 유동성).

2 행정책임의 필요성과 기준

1. 필요성

(1) 오늘날의 행정은 새로운 업무가 증가하며 이러한 행정을 담당하는 행정인은 기술관료화되고 있다. 이러한 기술관료들은 기술적 우월성은 발휘하지만 사회의 목표나 가치, 국민의 요구 등에 민감하지 못한 경향이 있다.

(2) 행정관료들이 장악하는 전문성이나 경험으로 인하여 결정권의 집중과 확대 및 강화 현상으로 인해 행정권한의 남용 가능성이 커지자 행정책임이 강조되었다.

2. 기준

(1) **명문규정이 있는 경우**: 관계법령에 의한다.

(2) **명문규정이 없는 경우**: 공익, 행정인의 전문직업인으로서 직업윤리업, 조직목표, 정책과 사업계획, 행정이념(민주·능률·효과 등), 수익자 집단의 요구, 상관의 명령 등에 의한다.

3 행정책임의 유형

1. 일반적 분류

(1) **법적(Accountability, 책무적) 책임**: 법적 책임은 행위의 결과가 법적 요구에 부합되어야 함을 의미하는데, 이는 객관적·외재적인 행동기준을 준수하는 것과 관련된다.

(2) **도의적(Responsibility, 재량적) 책임**: 이것은 행정인에게 좋고 바른 행위규범으로 그 사회에서 인정하는 행동기준을 행정인이 실행할 의무로 지는 것을 말한다.

(3) **반응적(Responsiveness, 정치적·응답적) 책임**: 이것은 행정인이 주권자인 국민의 수임자(受任者)의 입장에서 국민의 요구·명령 및 희망에 반응(응답)하여 행동할 의무를 지는 것을 말한다.

(4) **직무상의(Obligation, 기능적) 책임**: 행정인이 직업인으로서 맡은바 직무를 전문적 지식을 발휘하여 성실하게 수행할 의무를 지는 것을 말한다.

2. 에치오니(Etzioni)의 분류

(1) **상징적 책임**: 국민들의 주된 관심이나 가치의 통합을 위해 사용되는 장래에 대한 정책방향의 약속을 말한다.

(2) **정치과정상의 책임**: 여러 이익집단의 요구와 주장에 공정하게 대응하기 위해 행정관료들이 자신의 결정권한과 영향력의 범위를 확대시킴으로써 권한과 책임을 일치시켜 줄 때 생기는 책임을 말한다.

(3) **법적 책임**: 정치가들이 어떤 결정을 하든지 그 결정의 정당성은 공식적 체계에 의해 확정된다. 앞에서 논한 법적 책임이 바로 이것이다.

(4) **규범적 책임**: 이상의 세 가지 요소와 도덕적 기초를 융합한 것으로 에치오니가 가장 강조한 개념이다. 즉, 정책과 행정의 방향은 지도자, 주민, 여론, 법규 등을 고려해서 결정되어야 하고, 이들에 대해서 책임져야 한다는 것이다. 따라서 지도자, 주민, 여론, 법규의 영향력을 변화시키는 것이 책임의 수준이나 범위를 변화시키는 데 효과적인 방법이 된다는 것이다.

3. 데브닉(Dubnick)과 롬젝(Romzek)의 분류(통제의 소재 및 강도에 따른 구분)

구분		기관통제의 원천(Source of Agency Control)	
		내부적인 통제원천	외부적인 통제원천
통제의 정도 (조직의 자율성)	높은 통제수준	관료적(위계적) 책임성	법적 책임성
	낮은 통제수준	전문가적 책임성	정치적 책임성

책임성의 유형	강조되는 가치	관계의 토대	유사관계(통제자/행정가)
관료적(위계적) 책임성	효율성	조직의 지침과 감독(Supervision)에 복종	상관과 부하
법적 책임성	합법성	외부로부터의 위임, 신탁(Fiduciary)과 순응	입법가와 집행자 (주인/대리인)
전문가적 책임성	전문성	개인의 판단과 전문성을 존중 (Deference to Expertise)	문외한과 전문가
정치적 책임성	반응성	선거구민에 대한 반응 (Responsiveness to Consituents)	선거권자와 대표자

4. 상반되는 책임 유형

(1) 자율적 책임 VS 제도적 책임

① **자율적 책임(적극적 책임)**: 공무원이 전문가로서의 직업윤리와 책임감에 기초해 적극적이고 자발적인 재량을 발휘하여 능동적으로 국민의 요구에 대응함으로써 확보되는 행정책임

② **제도적 책임(소극적 책임)**: 제도적 장치를 통해 공무원들이 국민의 요구에 부응하여 행동하도록 하는 타율적 · 수동적 책임

[제도적 책임과 자율적 책임의 비교]

제도적 책임성	자율적 책임성
문책자의 존재 및 외재화	문책자의 부재 및 내재화
절차 중시	절차의 준수와 책임 완수(성과)는 별개
공식적 · 제도적 통제	공식적 제도에 의해 달성할 수 없음
판단기준과 절차의 객관화	객관적으로 확정할 수 있는 기준 없음
제재수단의 존재	제재수단의 부재

(2) 도덕적 책임 VS 법적 책임

(3) 직업적(기능적) 책임 VS 정치적(응답적) 책임

(4) 합법적 책임 VS 재량적 책임

(5) 외재적 책임 VS 내재적 책임(문책자가 외부자 VS 문책자가 본인)

① **외재적 책임**: 어떤 개인이나 조직이 특정한 사항에 관해서 외부자에 대한 책임을 지는 것을 말한다. 파이너(H. Finer)는 본질적으로 외재적 책임만이 참된 의미의 책임이라고 하고 있다.

② **내재적 책임**: 내재적 책임은 프리드리히(C. Friedrich)가 강조하는 것으로 외부자에 대한 책임이 아니라 자기의 양심이나 윤리, 그리고 직업의식에 대한 책임을 말한다.

외재적 · 내재적 통제의 책임

1. 외재적 통제
법률, 입법부, 사법부, 국민 등에 의한 통제. 관료의 대중이 선출한 대표자에 대한 책임

2. 내재적 통제
전문기술적 · 과학적 기준에 따라야 할 기능적 · 직업적 책임. 국민들의 요구를 인식해서 능동적으로 대응하는 주관적 · 자율적 책임

(6) 객관적 책임 VS 주관적 책임(모셔, Mosher)

① 객관적 책임: 개인이나 조직이 외부자에게 그 어떤 일이나 실적에 관해서 지는 책임을 말한다. 모셔는 이를 법적 책임(Accountability) 또는 응답적 책임(Answerability)에 가까운 개념이라고 하고 있다. 이런 객관적 책임은 파이너가 강조하는 외재적 책임과 일맥상통하는 것으로 볼 수 있다.

② 주관적 책임: 심리적 책임이라고도 하는 것으로 외부자에게 지는 책임이 아니라 자기의 양심이나 직업의식, 그리고 충성심 등과 관련이 있는 개념이다. 이런 주관적 책임은 프리드리히가 강조하는 내재적 책임과 관련이 있다.

행정책임의 유형에 관한 논쟁

행정책임의 유형과 내용에 관한 논의는 행정의 전개를 둘러싼 상황적 배경과 강조를 두는 측면이나 시각에 따라서 여러 갈래로 제기된다. 이런 논의는 1940년대 초에 있었던 파이너(H. Finer)와 프리드리히(C. Friedrich)의 논쟁에서부터 본격적으로 시작되었으며, 그 이후 많은 학자들에 의해 책임에 대한 논의가 구체화되고 있다. 이에 따라 파이너와 프리드리히의 논쟁에 관해 그 중요한 요지를 살펴보기로 한다.

1. 프리드리히의 주장
공공정책은 그 형성과 집행이 분리될 수 없는 하나의 계속적인 과정으로서 정치와 행정은 그러한 정책의 형성과 집행에 관한 연속적인 역할을 수행한다고 본다. 그리고 관료들은 정책집행뿐만 아니라 정책의 형성과정에서도 중요한 역할을 하면서 참여하고, 행정책임은 단순히 형성된 정책의 집행에 관한 책임에서 나아가 보다 더 포괄적인 것이 된다고 하였다. 여기서 그는 정치기구에 대한 행정의 종속을 강조하는 전통적인 행정책임, 즉, 객관적 책임 또는 외재적 책임에 회의를 표현하면서 이를 보완하기 위한 것으로서 기능적 책임과 정치적 책임을 제시하였다. 기능적 책임이란 객관적으로 확립된 기술적이고 과학적인 기준에 따라 행동하고 판단할 책임이며, 정치적 책임이란 대중감정에 민감히 반응하면서 행동해야 할 책임을 말한다. 그는 행정책임을 타율적 또는 객관적으로 보기보다는 관료들의 자율성 또는 주관적인 책임의 성질로 파악하면서 책임이 있는 행정을 위해서는 외부의 강요보다는 자기규율을 하는 심리상태를 갖게 하는 것이 더 필요하다고 주장하였다.

2. 파이너의 주장
행정권력의 강화현상을 언급하면서, 관료들이 국민에 의해 선출된 대표들의 통제를 받아야 할 거나 그들에게 책임을 지야 할 것도 내세웠다. 그는 외부통제가 약해지면 권력의 남용이 발생한다고 하면서 책임의 외재성, 즉 객관적 책임을 강조하였다. 이어서 그는 민주제 하에서 정치에 관여하는 정치인이나 관료들의 책임을 확보하기 위해서는 민주제적인 기본원리가 준수되어야 한다고 주장하였다. 그리고 이와같은 입장에서 그는 객관적 책임 또는 외재적 책임을 부각시키면서, 프리드리히가 행정책임에 있어서 외적 통제를 소홀히 하고 있다고 비판하였다. 그는 정책의 형성 및 집행에 관한 책임에 있어서 주로 주관적 책임을 위주로 하고 나아가 주관적 책임을 내표하는 도의적 책임을 내세우는 견해는 정치적 책임의 필요나 효과를 등한시하는 결과를 초래한다고 반론을 제기하였다. 〈허중경 – 행정통제론〉

3. 최근의 경향
근래의 논의는 거의 공통적으로 외재적 또는 객관적 책임보다는 자율적 또는 주관적인 책임에 대해 그 관심과 비중을 더 기울이고 있다. 이것은 현대행정의 기능확대에 따라 관료들의 재량권이 넓어지게 되고, 그들의 가치판단적인 행위나 결정이 확대되면서 그만큼 그들의 자율적이고 주관적인 책임이 중요시되는 데서 나온다고 이해되고 있다. 또한 이것은 관료들의 자율적으로 행정책임을 구현하려는 의식이나 자세가 없으면 어떠한 외재적이고 타율적인 통제도 유효할 수 없으며, 따라서 관료들 스스로의 자기규율이 그만큼 필요하다는 인식을 기반으로 한다고 보고 있다.

1 행정통제의 의의

1. 개념

(1) 행정통제란 행정책임을 확보하기 위한 사전적·사후적 제어장치로서, 행정인 또는 행정조직이 조직의 목표와 규범에서 이탈되지 않도록 하기 위하여 제재와 보상을 주는 모든 활동이다.

(2) 쿤츠(Koontz)와 오도넬(O'Donnell)은 행정통제를 조직체의 목적과 그것을 달성하기 위해서 만들어진 계획의 달성을 보장하기 위하여 부하들의 활동을 측정하고 시정하는 것이라고 정의하였다. 한편 테리(Terry)는 활동이 계획에 따라서 이루어졌는가를 확인하고, 그것을 평가하며 필요한 경우 시정조치를 취하는 것이라고 정의하였다.

2. 특성

(1) 행정통제는 목표·계획과 밀접한 관계를 갖는다(관리자는 계획이 없는 한 통제할 수 없고 통제를 통하여 목표달성도를 측정할 수 있다).

(2) 행정통제는 행정의 책임성을 확보하는 수단이며 통제와 책임은 표리의 관계에 있다.

(3) 행정통제는 계속적 과정이다(행정활동이 본래의 기대와 목표로부터 벗어나면 곧 조절작용이 뒤따르고 시정조치를 취하게 된다).

(4) 행정통제는 환류기능을 한다(행정통제를 통하여 과거 혹은 현재의 성과에 관한 정보가 제공됨으로써 장래의 정책결정이나 목표설정에 영향을 미치게 된다).

3. 행정통제의 필요성

(1) 조직이나 개인의 활동은 통제과정이 없다면 책임성을 확보할 수가 없다.

(2) 행정의 복잡성의 증대로 행정관료의 재량권이 확대되고 막대한 예산권이 주어지는데, 이로 인하여 행정통제의 필요성이 증가한다.

(3) 사람은 누구나 잘못을 할 수 있으므로 손실을 최소화하고, 시정조치를 취하기 위하여 통제가 필요하다.

(4) 행정조직의 목표로부터 이탈을 방지하고, 이탈을 탐지할 수 있는 장치로서 행정통제가 필요하다.

2 행정통제의 원칙과 절차

1. 행정통제의 원칙

(1) **즉시의 원칙**: 행정통제는 계획이 집행단계에 들어감과 동시에 시작되어야 한다.

(2) **적량의 원칙**: 통제가 너무 지나쳐서는 안 된다.

(3) **적응성의 원칙**: 통제는 업무의 성질과 필요성 여하에 따라서 각각 그때그때의 상황에 맞게 해야 한다.

(4) **융통성의 원칙**: 통제제도는 계획목표의 변경, 예상치 않았던 환경의 조성, 계획의 실패 등의 모든 경우에도 적용될 수 있게 융통성이 있어야 한다.

(5) **일치의 원칙**: 조직에서 권한과 책임이 일치해야 하는 것과 같이 통제에 있어서도 피통제자의 책임이 그의 개인적 권한과 일치해야 한다.

(6) 비교의 원칙: 통제하기 위하여 사용되는 모든 숫자와 보고는 요구된 수행기준과 비교할 수 있는 것이어야 하며, 또한 과거의 실적과도 비교할 수 있어야 한다.

(7) 효용의 원칙: 통제에 사용되는 숫자나 보고는 시간의 경과에 의하여 어느 정도 유용성(효용)을 상실하는가, 또한 시간의 경과와 함께 어느 정도 정확성이 증가하는가에 관해 잘 비교하여 정해야 한다.

(8) 예외의 원칙: 대조직체의 관리자는 전체를 압축하고 요약하여 특별히 예외적으로 좋은 것과 나쁜 사항만을 통제해야 한다.

(9) 합목적성의 원칙: 행정통제의 목적에 알맞은 통제수단을 사용하여야 한다.

2. 행정통제의 절차

(1) 통제기준의 설정: 통제기준은 단기간에 전체상황을 파악할 수 있는 전략적 통제점(통제기준)을 선정하고, 이를 위해서는 적시성, 포괄성, 사회적 가치성, 균형성, 경제성의 5가지 요소가 고려되어야 한다.

(2) 성과측정 및 기준과의 비교·평가: 업무진행(과정평가)과 실적(결과평가)을 기준과 비교하여 평가·보고해야 한다.

(3) 시정조치(환류): 업무진행과정 중 잘못이 발견되거나 실적이 기준에 미달될 때 계획 목표와 기준에 맞도록 편차를 조정하거나 제거하기 위한 조치를 취해야 한다(소극적·부정적 환류). 또한 평가의 결과, 목표 자체가 잘못 설정된 경우에는 목표 자체의 수정이 이루어져야 한다(적극적·능동적 환류).

> **개념더하기** 행정통제의 기준과 관료의 행동유형
>
> **1. 의의**
> 행정통제의 기준을 어떻게 설정하느냐에 따라 관료들의 행동유형이 달라진다. 그루버(Gruber)는 절차상 제약요인(절차적 통제)과 내용상 제약요인(내용적 통제)에 따라 관료들의 행동유형을 다음 네 가지로 분류한다.
>
> **2. 행정통제의 기준과 관료의 행동유형**
>
> | 구분 | | 절차상 제약(절차적 통제) | |
> |---|---|---|---|
> | | | **강** | **약** |
> | **내용상 제약
(내용적 통제)** | 강 | 고객지향적 접근
(행정서기형 관료) | 공익적 접근
(목적달성자로서의 관료) |
> | | 약 | 참여적 접근
(절차 추종자로서의 관료) | 자기통제적 접근
(자율적 행위자로서의 관료) |

3 행정통제의 유형

행정통제의 유형은 통제시점에 따른 분류(사전적·동시적·사후적 통제), 통제수단에 의한 분류(시장적 통제: 가격과 경쟁 등 시장기제를 활용한 통제, 관료적 통제: 법규, 계층제 등 관료제적 장치에 의한 통제, 가족적 통제: 가치관, 전통 등 가부장적 요소에 의한 통제) 등 다양한 분류기준이 존재한다.

길버트(Gilbert)는 행정통제의 유형을 통제자가 행정조직 내부에 위치하는지 여부에 따라 내부통제와 외부통제로 구분하고, 통제방법(통제기구와 절차) 등이 법률로 제도화되어 있는지 여부를 기준으로 공식통제와 비공식통제로 구분한다.

구분	공식통제	비공식통제
내부통제	• 행정수반에 의한 통제 • 상관에 의한 통제 • 독립통제기관(감사원, 국민권익위원회)에 의한 통제 • 교차기능조직*에 의한 통제 • 관리기관에 의한 통제 • 행정심판에 의한 통제	• 행정윤리에 의한 통제 • 기능적 책임에 의한 통제 • 대표관료제에 의한 통제 • 행정문화에 의한 통제 • 비공식집단에 의한 통제 • 공익에 의한 통제
외부통제	• 입법부에 의한 통제 • 사법부에 의한 통제 • 옴부즈맨*에 의한 통제	• 민중통제(국민에 의한 통제) • 언론통제 • 시민단체에 의한 통제 • 정당에 의한 통제 • 이익집단 및 고객에 의한 통제

1. 외부통제 – 공식통제

(1) 입법통제

① 개념: 입법부에 의한 행정통제는 국민들의 대표에 의해 구성된 공식적인 국가기구에 의한 통제로서 다른 어느 것에 비해 중요하고 큰 역할을 수행한다.

② 통제방법

　㉠ 법률제정권을 통한 통제

　㉡ 예산과 결산 및 각종 재정 관련 사항의 심의와 의결을 통한 통제

　㉢ 국정감사 및 조사권을 통한 통제

　㉣ 국무총리 임명동의권, 국무총리 및 국무위원의 해임결의권을 통한 통제

　㉤ 탄핵소추권을 통한 통제

③ 입법통제의 한계

　㉠ 의회의 의원들은 전문지식이나 기술이 충분하지 않고, 선거를 통해 자주 교체되는 경우도 많아 그만큼 행정부의 관료들에 비해 전문성의 측면에서 경쟁하기 어려운 위치에 있게 된다.

　㉡ 국정의 성격이 갈수록 상시성을 띠면서 신속한 대응을 요하는 사항이 증가함에 따라 행정의 재량권이 커지게 되고 종래의 의회의 입법활동 대신 행정부의 위임 입법이 계속 늘어나서 오늘날 더 많은 법률안이 의회보다는 행정부에서 입안되고 있다.

---

* 교차기능조직

　행정체제 전반에 걸쳐 관리작용을 분담하여 수행하는 참모조직단위, 계선기관의 의사결정에 동의 및 협의함으로써 사전적 통제역할을 수행한다.

** 옴부즈맨의 원형

　옴부즈맨의 원형은 입법부에 의해 임명된 조사관이므로 외부통제 방식이지만, 우리나라의 옴부즈맨 제도인 국민권익위원회는 행정부 내부의 국무총리 소속 하에 있으므로 내부통제 수단이다.

ⓒ 최신정보의 수집과 분석 및 관리에 있어서 행정부가 의회보다 훨씬 앞서고 있을 뿐만 아니라 안보 또는 외교상의 이유로 그런 정보를 독점하는 경우도 있다. 또한 의회가 행정부로부터 정보나 자료를 얻는 경우라도 그것이 행정부에 유리한 내용일 가능성도 있다.

ⓔ 의원은 국민 전체의 이익을 위하여 활동하여야 하는데, 이보다는 오히려 사적 이익이나 문제 또는 지역구의 이익에 몰두하는 경우가 적지 않다.

ⓜ 의회는 의원들로 구성된 다수의 조직체이기 때문에 필요시 신속하고 용이하게 행정통제를 수행하는 데 있어서 구조적 또는 절차적인 제약이 내재되어 있다.

(2) 사법통제

① **의의**: 사법통제란 행정부의 잘못된 기능을 사법제도를 통하여 통제하는 것을 말한다. 좀 더 구체적으로 말해서 사법부, 즉 법원에 의한 잘못된 행정에 대한 통제를 말한다.

② **사법통제의 방법**

ⓐ 행정소송

ⓑ 명령 · 규칙 · 처분의 심사

ⓒ 법령의 조언적 해석

③ **사법통제의 한계**

ⓐ 사법부에 의한 통제는 행정이 이미 이루어진 후의 사후조치라고 하는 점에서 한계가 있다.

ⓑ 사법부에 의한 통제에는 비용과 시간이 많이 소요된다.

ⓒ 행정재량권의 범위가 계속 넓어지고 전문화되어 외부통제가 어려워진다는 한계도 있다.

ⓓ 후진국의 경우 사법부의 독립성 · 공정성 자체가 권력적 · 금전적 압력으로 인하여 위협을 받을 수 있다.

(3) 옴부즈맨(Ombudsman)제도

옴부즈맨제도는 의회를 통해 임명된 조사관이 공무원의 권력남용 등을 조사 · 감시하는 행정통제제도로 사법통제가 갖는 문제점(절차의 복잡성, 비용 등)을 보완하기 위해 제도화되었다.

2. 외부 – 비공식통제(민중통제)

(1) 의의

국민이 행정기관을 간접적 · 비공식적으로 통제하는 것으로 최근 입법통제(대의민주주의)의 한계를 보완하기 위해 대단히 중시되는 통제수단이다.

(2) 방법

① 여론 형성

② 이익단체 결성

③ 정당 형성

④ 선거

⑤ 행정과정에의 시민의 직접 참여

⑥ NGO활동을 통해 정부 통제

(3) 한계

① 전문성 부족

② 통제방법의 왜곡

③ 공익 무시

④ 집단이기주의 등이 심각한 문제로 부각

3. 내부 – 공식통제

(1) 행정수반에 의한 통제: 임명권 행사, 기구개혁, 행정입법, 여론환기를 통하여 행정을 통제한다.

(2) 감사원: 헌법기관이며 직무상 독립적인 성격을 갖지만 대통령 직속기관이므로, 내부공식통제장치로 분류된다. 감사원은 직무감찰, 회계검사를 통하여 행정을 통제한다.

(3) 관리기관에 의한 통제: 인사통제, 예산통제, 구매통제, 회계통제, 기획조정, 정부업무평가, 법제심사를 통하여 행정을 통제한다.

(4) 상관에 의한 통제: 인사 · 예산 · 물자관리, 보고 · 장부비치, 지시 · 명령, 진행관리, 근무성적평정을 통하여 통제한다.

개념더하기 ▷ 공식내부통제기관의 통제대상 범위 비교

통제 내용	통제 대상 범위		비고
	국회 · 법원 · 헌법재판소	중앙선관위	
기획재정부의 예산사정	○	○	중앙예산기관(기획재정부)이 헌법상 독립기관을 포함한 모든 정부기관의 예산편성권을 행사한다.
감사원의 회계검사	○	○	감사원이 헌법상 독립기관을 포함한 모든 정부기관의 회계검사를 수행한다.
감사원의 직무감찰	×	○	감사원은 행정기관 및 중앙선관위 공무원을 직무감찰 하지만 국회 · 법원 · 헌법재판소 소속 공무원은 제외된다.
국민권익위원회의 고충민원 조사	×	×	국민권익위원회의 고충민원은 헌법상 독립기관에 관한 사항은 제외된다.
인사혁신처 소청심사위원회의 소청심사	×	×	인사혁신처 소청심사는 행정부 공무원의 소청 심사에 한정된다. 국회, 법원 등은 소청심사위원회를 별도 설치한다.

4. 내부 – 비공식통제

(1) 동료집단의 평가와 비판

(2) 공무원의 직업윤리와 가치 등

4 행정통제의 어려움과 행정통제력 향상 방안

1. 행정통제의 어려움

(1) 정부관료제의 팽창과 역할 증대
① 행정부의 우월적 지위와 과다팽창
② 행정부의 정보독점과 행정의 전문화
③ 준정부영역의 확대(통제의 사각지대 형성)

(2) 관료들의 부정적 행태
① 공직윤리의 타락
② 통제에 대한 관료의 저항
③ 권위주의와 형식주의적 행정문화

(3) 통제주체들의 능력 부족
① 전문성 부족과 대표의 자기이익추구로 인한 한계
② 낮은 시민의식과 집단이기주의로 인한 문제 등

(4) 통제작용상의 실책
① 행정목적의 적극적 성취보다는 절차의 규칙성 확보와 부정방지에 치중한 통제로 업무수행의 소극화 야기
② 통제우선순위 결정의 부적절성과 통제자 간의 조정실패로 인한 과소통제와 과잉통제 야기
③ 단기적인 관점에 의한 통제, 측정이 용이한 것만 통제하는 것은 행정목표의 왜곡 초래
④ 일관성과 지속성이 결여
⑤ 정파적 오염
⑥ 행정통제자들의 부패

2. 행정통제력 향상 방안

(1) **행정정보의 공개제도의 활성화**: 행정정보의 공개로 국정운영의 투명성이 확보되고 관료에 의한 권력남용과 부정부패를 방지케 함으로써 행정책임과 함께 행정통제 비용을 상당 부분 감소시켜 준다.

(2) **통제대상 영역의 확대**: 국정원 및 숨어 있는 정부로서 정부산하단체, 기금 등에 대한 통제를 강화해야 한다.

(3) **정책과정에 시민참여**: 국가 – 시장 – 시민사회의 협력적 통제장치를 마련해야 한다.

(4) **행정절차법의 활용**: 투명행정을 통해 행정과 시민 간의 분쟁을 원천적으로 방지하여야 한다.

(5) **행정윤리의 확립**: 공무원이 직업적 양심에 기반하여 자기 스스로를 통제할 수 있도록 행정윤리를 확립해야 한다.

(6) **내부고발인 보호제도**: 2001년 제정된 「부패방지법」(현재, 부패방지 및 국민권익위원회의 설치와 운영에 관한 법률)으로 내부고발자 보호제도 및 자체감사 기능을 강화해야 한다.

1 일반적 옴부즈맨제도

1. 옴부즈맨제도의 의의

(1) 옴부즈맨제도의 개념

① **옴부즈맨의 정의**: 옴부즈맨(Ombudsman)은 스웨덴어로 '대리인'이라는 뜻을 지녔으며, 공무원(행정관료, 법관, 군인 등)의 직권남용이나 불량행정의 횡포로부터 국민을 보호하기 위해 국회나 정부가 임명한 일종의 사법관을 의미한다.

② **옴부즈맨제도의 정의**: 행정이 합법적 그리고 합목적적으로 수행되고 있는가를 직권 또는 신청에 따라 옴부즈맨이 조사하여 감찰하는 '행정감찰제도'라고 정의할 수 있다.

(2) 연혁

① 오늘날 각국에서 채택·발전되어 오고 있는 옴부즈맨제도는 그 근원을 스웨덴 정부의 옴부즈맨제도에 두고 있다.

② 1809년 스웨덴 의회에서 스웨덴 헌법 규정에 기인하여 옴부즈맨제도가 정식으로 채택되었다.

③ 이후 계속 발전과 변화를 거듭해오고 있으며 스웨덴뿐만 아니라 1952년에는 노르웨이, 1953년에는 덴마크와 같이 주로 북구국가들을 중심으로 도입하였고 점차 다른 나라에서도 이 제도를 채택하고 있다. 우리나라에서는 행정 옴부즈맨 제도의 일환으로 1994년에 '국민고충처리위원회'가 국무총리 소속으로 설치되었다. '국민고충처리위원회'는 위법·부당한 행정처분에 대한 시정권고, 불합리한 행정제도에 대한 개선권고, 각종 민원의 상담·안내·민원종결 기능 등을 행한다.

2. 옴부즈맨의 자격요건과 지위 및 권한

(1) 자격요건: 옴부즈맨의 자격요건을 구체적으로 명문화시켜 규정하고 있는 나라는 없으나, 옴부즈맨의 진원지인 스웨덴의 헌법은 법률적인 소양을 갖춘 인격자를 옴부즈맨의 적격자로 간주하고 있으며, 다른 나라들 역시 이 원칙을 적용하고 있다.

(2) 신분상 지위: 대체로 중앙정부 정도의 경우는 대법원 판사에 준하고 지방정부 정도의 경우는 순회재판소 판사에 준하는 경향을 보이고 있으나 나라에 따라 조금씩 다르다. 특이한 점은 옴부즈맨의 지위에 따르는 권능은 직급이나 봉급보다 그가 누리는 정치적 중립성과 독립성에 의하여 더 크게 좌우된다는 점이다. 임기에 관해서는 종신직도 있기는 하지만 대부분이 임기제를 채택하고 있다.

(3) 옴부즈맨의 권한: 감시감독권, 소추권, 경고권, 조사권(소환질문권, 자료열람권 등), 검열권(Censorship), 직무감찰(Inspection), 조정권(중재권), 건의권(입법건의 및 처벌, 시정, 기타 적절한 조치의 건의), 공개비판권 등이다. 물론 모든 나라의 옴부즈맨에게 상기한 권한이 균등하게 부여되어 있는 것이 아니라 각국 사정에 따라 천차만별이라고 할 수 있다. 그런데 일반적인 경향은 강제권의 부여와 발동을 점차 피하고 있다. 대체로 각국은 옴부즈맨에게 처벌권과 명령권, 특히 이미 취해진 행정결정을 취소 또는 번복할 수 있는 권한은 부여하지 않고 있으며 소추권도 일부 국가를 제외하고는 부여하지 않고 있다. 설사 부여했다 하더라도 실제 행사는 하지 않는 것이 보통이다.

3. 옴부즈맨제도의 특징

(1) **옴부즈맨은 활동상 독립성이 보장된 의회기관**: 의회기관이라고 하는 것은 의회가 옴부즈맨을 임명할 권한만 가지고 있다는 것뿐 의회가 옴부즈맨의 활동을 지휘·감독할 수 있다는 뜻은 아니다. 옴부즈맨은 정치적으로 독립된 기관이며 동시에 불편부당의 기관이다.

(2) **고발행위의 다양성**: 옴부즈맨에 고발할 수 있는 행위는 명백한 불법행위로부터 부당행위, 비능률, 부정행위, 태만·과실·신청에 대한 불응답, 답변의 지연, 결정의 편파성 등에 이르기까지 다양하다. 따라서 불평의 대상이 되는 행위는 불법행위뿐만 아니라 공직의 요구에서 이탈된 모든 행위를 말한다.

(3) **조사대상**: 조사대상이 될 수 있는 공무원은 모든 중앙 및 지방공무원에 미친다. 일반적으로 장관이나 사법권은 고발대상에서 제외된다.

(4) **간접적 통제**: 옴부즈맨은 기존의 결정이나 행정행위를 무효화시키거나 취소할 수 없다. 불평의 대상이 되는 행위를 조사해서 이유가 있다고 생각할 때에는 시정조치를 담당기관에게 건의할 수 있을 뿐이다. 따라서 옴부즈맨은 행정관료들을 직접 통제할 권리를 가지고 있지 않다. 그러나 그의 시정조치 건의는 행정에 적지 않은 영향을 끼치고 있다. 이때 영향력의 기초란 판단의 객관성, 능력, 우월한 지식, 그들의 사회적 위신이다.

(5) **직권조사 가능**: 옴부즈맨은 시민의 고발에 의해서 활동을 개시하는 것이 일반적이나 때로는 신문보도나 소문을 토대로 해서 자기직권으로 조사활동을 하기도 한다.

(6) **불평 처리과정**: 불평의 처리과정은 직접적이고 비공개적이며 신속하다. 옴부즈맨은 행정기관으로 하여금 자기의 건의를 받아들이라고 명령하거나 강요할 수는 없지만 설득할 수는 있다.

(7) **쉬운 접근성**: 국민은 아무 부담 없이 옴부즈맨에게 쉽게 접근할 수 있다.

(8) **보고서 작성**: 옴부즈맨은 연간활동을 중심으로 연차보고서를 작성해서 공개한다. 여기에는 결정에 대한 비판, 건의, 행정의 불복, 사건 수 등이 상세히 기록된다. 이것은 단순한 보고서이지만 행정에 적지 않은 영향을 미친다.

4. 옴부즈맨의 한계와 효용

효용	한계
• 여타의 통제 중추들이 간과한 통제의 사각지대를 감시하는 데 유용 • 국민이 쉽게 접근할 수 있음 • 절차의 융통성이 높고, 비용이 적게 들고, 간편·신속한 문제해결이 가능함 • 정부와 국민 간의 완충역할 수행 • 행정의 능률성 향상과 공정한 법 집행 확보	• 시정조치이 강제권이 없어 실효성에 의문 • 일반적으로 가용자원이 많지 않아 옴부즈맨의 활동범위가 제약됨 • 다른 통제 중추들과 관할권 중첩으로 인해 마찰 가능성이 큼

2 우리나라의 옴부즈맨: 국민권익위원회(행정부형 옴부즈맨)

1. 국민권익위원회(법률상 기관)

(1) 의의: 우리나라 옴부즈맨 기구인 국민고충처리위원회는 1994년 행정규제 및 민원사무기본법에 의거·발족하였으며, 2005년 국민고충처리위원회의 설치 및 운영에 관한 법률을 제정하여 국민고충처리위원회를 활성화하였다. 이후 2008년에는 부패방지 및 국민권익위원회 설치와 운영에 관한 법률을 제정하고 국무총리 산하의 국민권익위원회를 설치하여 고충민원처리(과거 국민고충처리위원회), 부패방지(과거 국가청렴위원회) 및 행정심판 기능(과거 국무총리행정심판위원회)을 통합하여 기능을 수행하도록 하였다.

(2) 국민권익위원회의 기능과 구성: 국민권익위원회는 고충처리, 부패방지, 국무총리 행정심판의 기능을 수행하며 위원장 1명을 포함한 15명의 위원으로 구성한다. 위원장과 위원의 임기는 3년으로 하되 1차 연임이 가능하다.

2. 시민고충처리위원회

(1) 의의: 지방자치단체 및 그 소속기관에 관한 고충민원의 처리와 행정제도의 개선 등을 위하여 각 지방자치단체에 시민고충처리위원회를 둘 수 있다.

(2) 위원: 시민고충처리위원회 위원은 고충민원 처리업무를 공정하고 독립적으로 수행할 수 있다고 인정되는 자로서 지방자치단체의 장이 지방의회의 동의를 거쳐 위촉한다.

(3) 임기: 시민고충처리위원회 위원의 임기는 4년으로 하되, 연임할 수 없다.

3. 고충민원의 처리

고충민원이란 행정기관 등의 위법·부당하거나 소극적인 처분(사실행위 및 부작위 포함) 및 불합리한 행정제도로 인하여 국민의 권리를 침해하거나 국민에게 불편 또는 부담을 주는 사항에 관한 민원(현역 장병 및 군 관련 의무복무자의 고충민원 포함)을 말한다.

(1) 고충민원의 신청 및 접수: 누구든지(국내에 거주하는 외국인을 포함한다) 국민권익위원회 또는 시민고충처리위원회에 고충민원을 신청할 수 있다. 이 경우 하나의 권익위원회에 대하여 고충민원을 제기한 신청인은 다른 권익위원회에 대하여도 고충민원을 신청할 수 있다. 고충민원은 문서로 신청하되, 문서에 의할 수 없는 특별한 사정이 있는 경우에는 구술로 신청할 수 있다.

(2) 고충민원의 조사: 권익위원회는 고충민원을 접수한 경우에는 지체 없이 그 내용에 관하여 필요한 조사를 하여야 한다(신청에 의한 조사).

(3) 고충민원의 각하: 권익위원회는 접수된 고충민원이 아래의 어느 하나에 해당하는 경우에는 그 고충민원을 각하하거나 관계기관에 이송할 수 있다.
① 고도의 정치적 판단을 요하거나 국가기밀 또는 공무상 비밀에 관한 사항
② 국회·법원·헌법재판소·선거관리위원회·감사원·지방의회에 관한 사항
③ 수사 및 형집행에 관한 사항으로서 그 관장기관에서 처리하는 것이 적당하다고 판단되는 사항 또는 감사원의 감사가 착수된 사항
④ 행정심판, 행정소송, 헌법재판소의 심판이나 감사원의 심사청구 그 밖에 다른 법률에 따른 불복구제 절차가 진행 중인 사항
⑤ 사인 간의 권리관계 또는 개인의 사생활에 관한 사항

ⓖ 행정기관 등의 직원에 관한 인사행정상의 행위에 관한 사항

ⓗ 법령에 따라 화해 · 알선 · 조정 · 중재 등 당사자 간의 이해조정을 목적으로 행하는 절차가 진행 중인 사항

ⓘ 판결 · 결정 · 재결 · 화해 · 조정 · 중재 등에 따라 확정된 권리관계에 관한 사항 또는 감사원이 처분을 요구한 사항

(4) 합의의 권고: 권익위원회는 조사 중이거나 조사가 끝난 고충민원의 공정한 해결을 위하여 필요한 조치를 당사자에게 제시하고 합의를 권고할 수 있다.

(5) 조정: 권익위원회는 다수인이 관련되거나 사회적 파급효과가 크다고 인정되는 고충민원의 신속하고 공정한 해결을 위하여 필요하다고 인정하는 경우에는 당사자의 신청 또는 직권에 의하여 조정을 할 수 있다. 조정은 민법상의 화해와 같은 효력이 있다.

(6) 시정의 권고 및 의견의 표명: 권익위원회는 고충민원에 대한 조사 결과, 처분 등이 위법 · 부당하다고 인정할 만한 상당한 이유가 있는 경우에는 관계 행정기관 등의 장에게 적절한 시정을 권고할 수 있다.

(7) 결정의 통지: 권익위원회는 고충민원의 결정내용을 지체 없이 신청인 및 관계 행정기관 등의 장에게 통지하여야 한다.

(8) 처리결과의 통보: 권고 또는 의견을 받은 관계 행정기관 등의 장은 이를 존중하여야 하며, 그 권고 또는 의견을 받은 날부터 30일 이내에 그 처리결과를 권익위원회에 통보하여야 한다.

4. 우리나라의 옴부즈맨제도의 문제점

(1) 국민권익위원회는 헌법상 기관이 아닌 법률상 기관으로 법률 변경으로 폐지 · 변경이 가능하다(안정성 부족).

(2) 국무총리 소속기관으로 독립성이 미흡하다.

(3) 신청에 의한 조사만 인정, 직권조사권이 없다.

(4) 사전심사권이 없고 사후심사만 인정된다.

(5) 국회 · 법원 · 헌법재판소 · 선거관리위원회 · 감사원 · 지방의회에 관한 사항에 대하여 통제할 수 없다.

더 알아보기

스웨덴의 옴부즈맨제도와 우리나라 옴부즈맨제도와의 비교

구분	스웨덴의 옴부즈맨제도	우리나라의 옴부즈맨제도
차이점	헌법기관	법률기관
	입법부에 설치(공식통제 · 외부통제)	행정부 내부에 설치(공식통제 · 내부통제)
	직권에 의한 조사 가능	직권에 의한 조사 불가(신청조사만 가능)
	행정부 외에 입법부 · 사법부도 통제 대상	행정기관만을 대상
공통점	• 합목적적 통제 • 처분 등을 무효나 취소할 수 있는 권한이 없음	

1. 법정민원

   법령·훈령·예규·고시·자치법규 등(이하 '관계법령 등'이라 한다)에서 정한 일정 요건에 따라 인가·허가·승인·특허·면허 등을 신청하거나 장부·대장 등에 등록·등재를 신청 또는 신고하거나 특정한 사실 또는 법률관계에 관한 확인 또는 증명을 신청하는 민원

2. 질의민원

   법령·제도·절차 등 행정업무에 관하여 행정기관의 설명이나 해석을 요구하는 민원

3. 건의민원

   행정제도 및 운영의 개선을 요구하는 민원

4. 기타민원

   법정민원, 질의민원, 건의민원 및 고충민원 외에 행정기관에 단순한 행정절차 또는 형식요건 등에 대한 상담·설명을 요구하거나 일상생활에서 발생하는 불편사항에 대하여 알리는 등 행정기관에 특정한 행위를 요구하는 민원

5. 고충민원

   부패방지 및 국민권익위원회의 설치와 운영에 관한 법률에 따른 고충민원

6. 복합민원

   하나의 민원 목적을 실현하기 위하여 관계 법령 등에 따라 여러 관계 기관(민원과 관련된 단체·협회 등을 포함한다. 이하 같다) 또는 관계 부서의 인가·허가·승인·추천·협의 또는 확인 등을 거쳐 처리되는 법정민원

7. 다수인 관련 민원

   5세대(世帶) 이상의 공동이해와 관련되어 5명 이상이 연명으로 제출하는 민원

CHAPTER 02 행정개혁

01 행정개혁의 개관

1 행정개혁의 의의

1. 행정개혁의 개념

행정개혁이란 현재보다 더 효과적이며 능률적인 행정이 수행될 수 있도록 행정의 기구, 관리방법, 기술, 행정인의 능력과 가치관 및 태도를 의도적이며 계획적으로 변화시키는 것을 말한다.

2. 행정개혁의 특징

(1) 목표지향성 · 가치지향성

(2) 동태성 · 행동지향성

(3) 저항을 수반

(4) 인위적 · 지속적 · 계획적인 변화

(5) 포괄적 연계성

(6) 공적 상황 하에서의 변화

3. 행정개혁의 촉진요인

(1) 정부가 새로운 방향으로 가고자 할 때

(2) 새로운 과학 · 기술을 행정운영에 도입하고자 할 때

(3) 불필요한 기능중복으로 인한 비능률을 제거하기 위하여

(4) 전쟁이나 혁명과 같은 사태가 발생했을 때 적절히 대처하기 위하여

(5) 고객의 인구구조나 요구의 변화에 대응하기 위하여

(6) 정부의 간섭을 늘리거나 줄이기 위하여

2 행정개혁의 접근 방법

1. 구조적 접근 방법

(1) **의의**: 조직의 구조적 설계를 재조정하여 행정개혁의 목적을 달성하려는 방법으로 집권화를 확대하거나 분권화를 확대하고 전통적 원리에 따라 기능 중복을 제거하고 통솔범위를 조정하는 등에 중점을 둔 접근 방법으로 과학적 관리론, 관료제론, 원리주의행정이론 등 20세기 초 미국의 행정개혁(1910년대 태프트 위원회, 1940년대 후버 위원회)에서 강조하였다.

(2) 주요 전략

① **원리전략**: 통솔범위의 수정 등 조직의 제 원리에 입각한 전략, 기능중복의 제거, 책임의 재규정, 표준적 절차의 간소화, 의사소통체제의 개선을 강조한다.

② **분권화전략(의사결정 권한의 수정)**: 조직 구조의 분권화를 통해 조직을 개선하고자 하는 전략으로, 분권화 전략의 장점은 구조뿐만 아니라 관리자의 행태에 영향을 미치는 종합적인 성격의 전략이라는 점이다.

(3) 평가: 조직 내의 인간적 요인, 조직의 동태적 성격, 조직과 환경과의 관계에 대한 충분한 고려가 없다.

2. 관리 · 기술적 접근 방법

(1) 의의: 조직 내의 운영과정 또는 일의 흐름을 개선하려는 방법으로 정보 · 작업 · 물자의 흐름을 분석하고 흐름을 신속하게 재조정하는 데 중점을 둔다.

(2) 특징 – 과학적 관리기법 중시: 관리과학(OR), 사무자동화(OA), 체제분석(B/C분석), 컴퓨터의 활용(EDPS, PMIS), 리엔지니어링(BPR) 등의 관리기법을 통한 업무처리절차나 운영기술을 혁신함으로써 행정의 성과향상을 도모한다.

(3) 평가

① 기술적 혁신이 표준적 절차나 조직의 업무수행에 영향을 줄 뿐만 아니라 조직의 구조와 인간의 행태에까지 영향을 미친다.

② 기술을 독립변수로 인간과 조직의 구조를 종속변수로 봄으로써 현실세계를 단순화시켜 파악(기계적 모형)할 뿐만 아니라 기술과 인간의 갈등관계를 과소평가하고 있다.

3 인간관계적(행태적) 접근 방법

1. 의의

개혁의 초점을 인간에 맞추어 인간의 능력을 개발하고 인간의 태도와 가치관을 변화시켜 개혁의 실효를 거두고자 하는 방법으로 목표관리, 조직발전, 참여적 관리를 주요 내용으로 한다.

2. 특징

감수성 훈련, 태도조사, 집단토론 등 조직발전(OD)전략에 의해 구성원의 심리적 욕구를 충족시켜 조직과 개인의 목표를 조화시키려는 민주적 · 분권적 · 상향적 · 참여적 접근 방법이다.

3. 평가

행태변화를 추구하므로 장기적인 시간이 소요되며, 구성원의 참여를 전제로 하므로 권위주의 문화가 지배하는 사회나 이중 구조적이고 폐쇄적인 국가에서는 적용하기 어렵다.

4 행정개혁 과정 및 참여자

1. 개혁 과정 – 케이든(G. E. Caiden) 모형

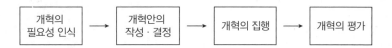

(1) **행정개혁의 필요성**: 행정개혁의 필요성을 인지하는 단계에서는 현실수준(실적)이 기대수준(기준)에 못 미치는 차이를 발견하고 개혁의 필요성을 확인한 뒤 그에 관한 합의를 형성하는 단계이다.

(2) **개혁안의 작성단계**: 작성자, 개혁범위와 수준, 개혁전략, 개혁안의 수를 고려해야 한다. 특히 개혁안의 수와 관련해서는 개혁안 결정권자의 선택범위를 넓히고 불확실한 환경에 대처하기 위하여 복수의 대안을 마련하는 것이 필요하다.

(3) **개혁안의 집행단계**: 개혁안을 집행할 행동주체를 선정하고 개혁의 실천에 필요한 법안의 정비, 예산의 마련, 이를 집행하는 공무원의 훈련 등의 조치를 취해야 한다. 집행과정에서 예측하지 못한 상황에 대비하여 융통성 있고 신축적인 집행이 필요하다.

(4) **개혁안의 평가단계**: 행정개혁의 시행과정과 결과를 검토하여 개혁이 원래의 의도대로 실천되고 기대한 효과를 성취했는지를 확인하고 발견된 문제점을 개선한다.

2. 개혁안 결정의 참여자

구분	장점	단점
내부인사에 의한 개혁 (국내자 중심)	• 시간 · 경비의 절감 • 집중적이고 간편한 건의 • 기관 내부이익 고려 가능 • 현실성 및 실행가능성이 높음	• 객관성 · 종합성 결여 • 사무 · 관리기능에 치중 • 광범위한 지지 확보 곤란 • 기관 간 권력구조의 근본적 재편성 곤란
외부인사에 의한 개혁 (국외자 중심)	• 객관적 · 종합적 • 국민의 광범위한 지지 확보 가능 • 정치적인 면 고려 및 권력구조의 근본적인 재편성 가능	• 과격한 안이 건의되어 실행가능성 없음 • 비용 과다 • 관료들의 저항

3. 개혁 추진자의 역할

(1) **고급관리자의 역할**: 개혁요구세력의 확인, 개인과 조직의 개혁능력 확인, 개혁에 유리한 분위기 조성, 개혁에 필요한 조직단위 설치 및 개혁의 계획을 수립한다.

(2) **조직발전 전문가의 역할**: 문제의 진단, 개혁목표설정의 유도, 기술과 행동방식의 선택에 대한 조력, 체제구성원들의 개혁동기 강화를 유도한다.

(3) **변혁적 리더의 역할**: 미래에 대한 비전의 창출과 전파, 카리스마로 조직 구성원의 설득 및 동기유발, 지속적 발전을 위한 구성원들의 학습을 촉진한다.

5 개혁의 폭과 속도 및 개혁 추진방향

1. 개혁의 폭과 속도

근본적 변화를 짧은 시간 안에 달성하려는 급진적·전면적 전략과 현실여건을 감안한 점진적·부분적 전략으로 구분된다.

(1) 급진적·전면적 전략

① 장점: 신속한 개혁, 유능한 개혁지도세력이 존재할 경우 유리하다.

② 단점: 저항을 유발하며, 정책의 일관성이 저해되고, 구성원들의 심리적 불안감을 조성한다.

(2) 점진적·부분적 전략

① 장점: 조직의 안정성이 확보되면, 저항을 줄일 수 있다. 불확실성, 복잡성이 높을 때 유리하고, 광범위한 지지를 얻을 수 있다.

② 단점: 신속한 변화가 어렵고, 소극적 개혁이 될 가능성이 높으며 지나치게 기득권이 옹호되거나 개혁의 방향과 목표가 상실될 우려가 있다.

2. 개혁의 방향

구성원의 참여 없이 상층부에서 일방적으로 추진하는 전략(명령적·하향적 전략), 구성원의 참여로 아이디어를 수집하고 그들의 의견을 반영하여 추진하는 전략(참여적·상향적 전략)이 있다.

(1) 명령적·하향적 전략

① 장점: 신속한 변화가 필요할 때 유리, 리더의 권위가 존재할 때 유리하다.

② 단점: 효과의 지속화 문제, 개혁에 대한 저항이 우려될 수 있다.

(2) 참여적·상향적 전략

① 장점: 구성원의 사기와 책임감의 제고, 구성원의 의견반영을 통한 저항의 최소화, 지속적인 효과를 보장할 수 있다.

② 단점: 신속한 변화가 필요할 때는 곤란하다.

6 개혁에 대한 저항과 극복 방안

1. 저항의 원인

(1) 정치적 요인

① 기득권 상실

② 추진자에 대한 불신, 피개혁자의 능력 부족

③ 고객 집단의 저항

(2) 기술적 요인

① 관습과 타성

② 미래에 대한 불안과 미래 예견력 상실

③ 매몰비용

④ 성과에 대한 불신, 개혁내용의 불명확

(3) 문화적 요인

① 경직된 문화, 폐쇄적 개혁 추진

② 현실 안주형

③ 무관심 · 비협조

④ 비공식적 인간관계 경시

2. 저항의 극복방안

(1) 규범적 · 사회적 전략: 규범적 · 사회적 전략이란 저항의 극복을 설득과 이성적 판단에 호소하여 극복하는 것을 말한다. 이 전략의 방법은 개혁의 이해와 협조를 위해 여러 집단의 참여를 넓히고 개혁에 관한 정보제공과 예상되는 성과의 계몽, 관계인에게 찬반의 여부를 이야기할 수 있는 의사소통을 촉진하며 태도나 가치관의 변화를 위한 집단토론과 훈련을 실시한다.

(2) 기술적 · 공리적 전략: 기술적 · 공리적 전략이란 저항의 당사자들에게 경제적 혜택을 제공하는 방법을 통하여 저항을 극복하는 방법이다. 이 방법이 사용하는 전략으로는 기득권을 덜 침해하거나 기술적인 것부터 직원의 적응을 위해 점진적으로 실시하고, 정치 · 사회환경이 유리한 시기를 선택하여 개혁을 추진하며, 가능한 객관적이고 계량적으로 개혁을 제시하고, 차원 높은 상징조작에 의해 공공성을 강조한다.

(3) 강제적 전략: 물리적 압력이나 제제를 통하여 저항을 극복하는 것을 말한다. 이 방법에서 사용하는 전략은 긴장된 분위기를 조성하거나 물리적 제재, 불이익의 위협을 가하고, 상하서열 관계에 의하여 저항을 억제하는 방법을 사용한다.

> **개념더하기** ▶ 행정개혁의 실패요인
>
> **1. 개혁정책결정에서의 실책**
> (1) 형식주의와 비밀주의
> (2) 잘못 설정된 개혁목표
> (3) 실천가능성 없는 개혁안
> (4) 참여자들의 이기주의와 낮은 신망
>
> **2. 개혁의 장애**
> (1) 과다한 개혁수요로 인한 과부하
> (2) 격동과 혼란
> (3) 자원 부족
> (4) 매몰비용
> (5) 외적 통제의 결함
> (6) 법령과 관행상의 제약
> (7) 정부관료제의 보수성
>
> **3. 개혁추진자의 포획**
> (1) 포획의 의의: 개혁과정에서의 포획현상이란 개혁추진자가 개혁대상집단의 영향 하에 들어가 개혁대상집단의 이익을 옹호하게 되는 현상을 말한다.
> (2) 포획의 원인
> ① 거대관료제의 압도적 세력
> ② 광범한 행정적 폐단
> ③ 개혁조직의 의존성과 취약성
> ④ 개혁대상조직과의 마찰 회피

⑤ 개혁대상조직에의 동화(의존)
⑥ 개혁조직의 목표대치
⑦ 부패(Corruption)의 영향
⑧ 개혁대상조직의 자원독점 및 정보통제
⑨ 개혁대상조직의 강한 응집력 등

02 선진국의 행정개혁

행정개혁은 1978년에 시작된 미국의 세금에 대한 저항과 1979년 영국의 대처 총리가 당선된 후부터 본격화되었고 1983년 호주 노동당 정부의 집권과 1984년 뉴질랜드 노동당 정부의 집권, 1988년 대처 총리의 'The next step' 등을 통해 1980년에 줄곧 확산되었다. 최근 선진국 정부개혁의 주요 내용은 미국의 결과지향적 행정과 영국의 시장지향적 기업형 정부, 행정개혁의 주입 및 시민헌장제도의 실천, 뉴질랜드의 지방정부 수의 축소, 지방행정조직의 간소화, 공무원 수의 감축, 지방정부의 경쟁력 강화, 일본의 공적 규제 등이다.

1 영국의 정부혁신

1. 정부혁신의 배경

제2차 세계대전의 종전 후, 영국은 복지국가로 성장하여 중간계층뿐 아니라 노동계층의 전반적인 생활과 복지 수준이 크게 향상되었다. 그러나 1970년대 들어 야기된 세계경제의 어려움 하에서 그동안 과도하게 팽창했던 국가의 재정지출은 영국 경제를 위기상황으로 몰고 갔다. 이러한 경제적 위기는 정국의 혼란을 가져와 1970년대 영국 정치는 보수당과 노동당 간의 연이은 정권교체를 경험했으며, 현실 정치의 이면에서는 우파 이념이 그 영향력을 확대시켜 나갔다.

2. 전개과정

(1) 1979년, 그간의 혼란을 배경으로 집권한 보수당의 마가렛 대처(Margaret Thatcher) 수상은 강력한 우파 이념을 토대로 전후 진행되었던 영국의 복지국가화 과정에서 한 축을 담당했던 국가 관료제에 대한 공격을 시작했으며, 그 후 존 메이저(John Major) 총리를 거치면서 18년 동안 지속되었고, 개혁과정은 개혁방안을 수행한 후, 그 개혁의 후속 조치를 모색하는 과정에서 다음 단계의 개혁이 도출되는 방식으로 진행되었다(Next Steps Program).

(2) 이후 1997년 집권한 노동당 정부의 블레어(T. Blair) 수상, 브라운 수상(G. Brown) 역시 지속적으로 정부혁신을 추진하였다.

(3) 영국의 행정개혁은 1980년대에는 개혁의 초점이 주로 행정 내부의 효율성을 높이는 데 있었고, 1990년대에는 개혁의 중심이 행정서비스의 질을 향상시키는 방향으로 이동했다고 볼 수 있다.

3. 주요 개혁 내용

(1) **능률성 진단(1979):** 대처 정부가 가장 먼저 시행한 행정개혁프로그램이 능률성 진단이다. 이 프로그램의 목적은 폐지하거나 축소할 정부 기능과 행정절차를 발굴하고, 정부의 기능수행과 관련되는 절차나 제도 중에서 비능률적인 요인을 찾아내서 이를 개선함으로써, 정부 각 부처의 낭비적 지출요인을 없애

고 능률성을 증진하는 것이었다. 이 프로그램을 수행하기 위해 대처 수상은 내각사무처(Cabinet Office)에 능률진단팀(Efficiency Unit)을 설치하였다.

(2) **재정개혁 정책(FMI)**: 1982년 재무부(Treasury)의 주도 하에 시행되었다.
① 능률성 진단보다 포괄적이어서 모든 중앙 부처와 기관들을 대상으로 함
② 부처 및 기관 관리자들에게 해당 기관의 자원과 활동에 대한 책임을 부여하기 위해 시도 됨
③ 관리자들에게 자신의 임무를 수행하는 데 필요한 수단을 제공한 뒤, 차후 이에 대한 책임을 물음
④ 각 부처·기관의 사업목표를 좀 더 명확히 하여 이를 예산편성에 반영하고, 예산편성과 관리방식을 개편하여 예산집행에 대한 책임을 강화
⑤ FMI의 도입은 기존의 전통적인 예산제도의 비탄력성을 극복하고, 예산의 자율성을 확대하는 것으로부터 출발
⑥ 각 부처는 총 운영경비와 인력의 범위 내에서 항목이 아닌 사업 단위로 예산을 편성하게 되었으며, 하부조직의 관리책임자에게 운영과 예산에 대한 권한과 그에 따른 책임을 부여
⑦ 각 부처가 절감한 예산에 대해서는 이월이 허용
⑧ 뉴질랜드의 발생주의 회계를 도입

(3) **책임운영기관(1988년)**: FMI는 정부활동의 재정적 측면에 집중함으로써 기대할 수 있는 변화의 정도가 제한될 수밖에 없었고, 공공부문의 문제를 해결하지 못하게 되자, Next Steps Program을 통해 책임운영기관을 도입하였다.
① 중앙정부의 기능을 정책형성기능과 정책집행기능으로 분리
② 각 정부 부처 하에 책임운영기관 (Executive Agencies)을 둠
③ 정부의 정책집행기능은 책임운영기관에서 담당
④ 장관에 의해 정해진 정책과 재원의 틀 내에서 활동하도록 하는 조직
⑤ 책임운영기관의 구성원들은 서비스 전달 관리
⑥ 책임운영기관에 집행기능을 넘겨 준 중앙부처는 정책적인 업무와 핵심 목표의 관리에 집중하도록 함

(4) **시민헌장(1991, 존 메이저에 의해 시작됨)**: 1990년대 들어 보수당 정부의 개혁은 서비스의 질적 수준에 대한 관심으로 진전된다.
① 종전의 개혁: 주로 능률성을 증진하는 데 초점을 둔다.
② 1980년대 말: 공공서비스의 품질과 공공서비스에 있어서의 소비자 주권에 대한 인식이 본격화되었다.
③ 1991년 7월: '시민헌장제도(Citizen's Charter)'고 구제화되있나.
④ 시민헌장제도: 공공기관들이 자신들이 제공할 서비스의 명확한 수준(Standards)을 제시한 '헌장'을 제정하고 이를 준수하기 위해 노력하는 제도이다. 물론 제시되는 서비스의 수준은 시민들의 기대를 충족시킬 수 있을 만큼 높을 것으로 기대되며, 만약 시민들에게 약속한 수준의 서비스 제공이 이루어지지 못할 경우 시민들은 시정과 보상을 요구할 수 있다. 시민헌장제도는 중앙정부 부처나 기관뿐 아니라 국유화된 산업, 지방정부, 국민 건강 보험, 경찰과 긴급구조서비스, 학교 및 병원 등에도 적용된다.
⑤ 시민헌장실(Citizen's Charter Unit): 시민헌장제도를 실행에 옮기기 위해 내각사무처 내에 설립했다.

(5) 블레어(Blair, 제3의 길 주창)

① 보수주의와 진보주의를 결합한 제3의 길을 주창하고 계급 간의 갈등과 편견을 극복할 수 있는 합리적 정책결정, 사회적 약자를 보호하는 정부, 고객대응 행정서비스 및 질 높은 행정서비스 제공 등을 강조하였다.

② 지방자치단체의 의무경쟁입찰제도(CCT)를 폐지하고 최고가치(Best Value)로 전환하였으며, 시민헌장제도를 개편하여 서비스 제일주의(Service First)를 추구하였다.

③ 헌장마크제 도입: 민관으로 구성된 시민헌장마크 심사단의 심사를 거쳐 우수기관에는 3년 보유의 시민헌장마크를 수여하였다.

더 알아보기

영국의 행정개혁

위원회	연도	특징(건의내용)
노스코트 트레벨리안 위원회	1853	• 1848년에 조직, 1853년에 행정개혁에 관한 보고서 발표(정실주의 → 실적주의) • 1870년 추밀원령에 의해 법제화되어 현대 공무원제의 초석이 됨
홀데인(Holdane) 위원회	1918	• 행정 기능 중심의 부처 편성 강조 • 내각 기능 연구에 중점
휘틀리 협의회	1919	행정에 협의회제도 도입
풀턴(Fulton) 위원회	1968	• 영국의 공무원제도에 획기적인 영향을 미친 위원회 • 인사성 신설, 공직분류(계급)의 세분화(10등급), 공무원 성과, 공무원대학 신설
Next steps	1988	정부는 총괄적인 사업목표와 재원관리의 범위만 결정해주고 책임자에게 관리재량의 자율성과 융통성 대폭 허용
시민헌장제도	1991	• 행정서비스의 기준을 설정하고 이를 시민의 권리로 인정 • 시민의 만족도조사 및 서비스 제공자 간의 경쟁 촉진으로 시민의 선택권 확대
블레어(Blair) 정부의 개혁	1997	'제3의 길' 주창, 서비스 제일주의, 정보자유법 제정, 관·민 파트너십 확대

---

(6) 영국의 행정개혁의 특징: 개혁이 하향적 접근 방법의 특징이 강하고, 명령과 통제에 의한 관료제를 시장에 의한 유인으로 대체하였으며, 투입이 아닌 결과와 산출에 초점을 두었다.

---

2 뉴질랜드의 정부혁신

1. 의의 및 뉴질랜드 정부혁신의 배경

(1) 의의: 뉴질랜드의 급진적인 정부개혁은 1984년 국민당의 멀둔(Muldoon) 수상의 장기집권이 끝나고 랑게(Lange) 수상의 노동당이 집권하면서 시작되었다. 뉴질랜드 정부개혁은 1984년에 시작하여 현재까지 약 20년간 지속되어 온 급진적 정부개혁 모델로서 세계적으로 잘 알려져 있고, 이에 대한 연구 또한 많이 수행되어 왔으며 뉴질랜드 정부개혁모델은 공공선택이론, 대리인이론, 거래비용이론, 신공공관리론 등이 혼합적으로 적용된 모델이다.

(2) 뉴질랜드 정부개혁모델의 특성

① 체계적인 민영화, 기업화, 상업화, 계약주의의 폭넓은 활용

② 정책적 포획의 최소화

③ 단일목적의 기관 창조

---

④ 내각은 결과에 책임지고 최고행정가는 산출에 책임을 지는 철저한 성과경영과 책임제도

⑤ 산출에 기초한 예산 및 재정관리

⑥ 발생주의 회계시스템의 전반적 적용

⑦ 인력자원관리와 재정관리를 기관장에게 권한위임

2. 뉴질랜드의 행정개혁의 내용

(1) 뉴질랜드의 제1차 정부개혁모델

① 제1단계(1984~1987년): 노동당 집권 초기의 주요한 정부혁신단계로서 분권화, 상업화, 기업화, 그리고 조직개편으로 구성된다.

② 제2단계(1988~1990년): 1987년 노동당 정부가 재선 후, 정부효율성을 지속적으로 증진시키기 위하여 공무원에 관한 법률에 근본적인 변화를 추구한 단계이다. 1988년 공무원법의 제정과 아울러 1989년에 재정법이 제정되었다.

③ 제3단계(1991~1990년대 중반): 전략적 관리화의 단계로 공공서비스를 위한 전략성과영역의 발표에서 다음과 같은 9가지의 전략성과분야를 제시하였다.

   ㉠ 경제성장의 지속 및 가속화

   ㉡ 기업과 혁신

   ㉢ 외부와 연계

   ㉣ 교육 및 훈련

   ㉤ 지역공동체의 안전

   ㉥ 사회부조

   ㉦ 보건 및 장애인 서비스

   ㉧ 조약 및 분쟁해결

   ㉨ 환경 보호 및 증진 등

(2) 뉴질랜드 제2차 정부개혁모델

① 기존의 정부개혁모델에서 보다 시민 중심적으로 인간관계에 기초하여 균형을 중요시하면서 협동적인 사람을 중심으로 서비스 전달, 분절과의 해소 및 협력증진, 사람과 문화 등 세 가지의 측면에서 변화를 추구하였다.

② 정부개혁의 핵심적인 수단으로 전자정부를 제시하였다.

3 미국의 정부혁신

1. 의의

1970년대 후반 국가경쟁력이 저하되고, 재정적자가 심화되자 국민 부담을 줄이라는 국민들의 압력, 즉 '우리는 더 이상 세금을 낼 수 없다(No, we won't pay it any more)'는 유권자들의 분노가 표출되었고, 이로 인해 레이건(Reagan) 정부를 시작으로 클린턴(Clinton) 정부에서 본격적으로 정부혁신을 추구하였다. 이후 부시(Bush) 정부 및 오바마(Obama) 정부를 지나 트럼프(Trump) 정부에서도 정부혁신의 기조는 변함없이 지속되고 있다.

2. 레이건(Reagan) 정부

영국의 대처리즘에 영향을 받아 신연방주의와 레이거노믹스에 의한 정부혁신을 주창하였다.

3. 클린턴(Clinton) 정부 – '정부재창조(Reinventing Government)'

(1) 1993년 취임과 동시에 연방공무원 10만 명 감축과 정부를 완전히 재창조하기 위한 방안을 찾았으며, 기업형 정부를 기치로 고어 부통령 주도아래 공무원들로만 구성된 국정성과평가팀(NPR; National Performance Review)을 설치하고 본격적 개혁에 착수한 결과, 고어(Gore) 보고서가 산출되었다.

(2) 국가업적평가위원회(NPR; The National Performance Review)

① 고어 보고서 제출

㉠ 번문욕례(繁文縟禮)의 제거: 예산절차의 간소화, 인사정책의 분권화, 조달행정의 간소화, 감사관 기능의 재정립, 과잉규제의 탈피, 주정부 · 지방정부에 대한 권한 부여

㉡ 고객우선주의: 고객의견 존중과 선택권의 부여, 서비스조직의 경쟁 유도, 시장경제원리 중시, 문제해결에의 시장메커니즘의 활용

㉢ 결과달성을 위한 직원에의 권한부여: 의사결정권의 분권화, 모든 연방공무원의 결과에 대한 책임주의, 직무수행에 필요한 수단제공, 근무환경의 질 향상, 노사협조관계의 확립, 리더십의 발휘

㉣ 기본적 기능에의 복귀: 불필요한 군살 빼기, 세입강화, 높은 생산성을 위한 투자확대, 비용절감을 위한 사업계획의 재설계

② 개혁의 기본 원칙: 상식 있는 정부를 기치로 작지만 보다 생산적인 정부로 재창조해 나가기 위해 대폭적인 조직 통폐합보다는 운영체제 개편에 초점

> **개념더하기** 　 국가업적평가위원회(NPR; The National Performance Review)
>
> '작은 정부 만들기'를 목표로 하여 1993년 3월 3일 앨 고어(Al Gore) 부통령을 위원장으로 구성된 이 위원회는 외부인사가 주축이었던 과거 관행에서 벗어나 정부 각 분야의 경험 있는 공무원으로 구성되었다. 위원회 구성원들은 평가 작업과정에서 많은 사람들, 특히 성공적인 사업장과 기관을 방문하여 현장 확인을 하고 수만 명에 이르는 정부 안팎의 의견을 청취하였다. 위원회와 연계하여 활동하도록 정부 각 부처에 재창조팀(Reinvention Team)과 재창조실험실(Reinvention Laboratories)을 설치하여 기관별 변화를 주도하고 개혁을 위한 처방을 실험하도록 하였다. 위원회는 그 결과를 「관료적 형식주의에서 결과주의로: 일 잘하고 비용도 줄이는 정부의 창조(From Red Tape to Results Creating a Government That Works Better & Costs Less)」라는 보고서로 발간하였다.

4. 부시(Bush) 정부

(1) 정부개혁의 방향: 부시 대통령 비서실과 관리예산처(OMB)는 공동으로 행정개혁의 방향과 세부 정책을 제시하였다.

(2) 정부적 성과향상을 위한 방안으로서 5가지 전략을 제시

① 인적 자원의 전략적 관리(Strategic Management of Human Capital)

② 민간부문과의 경쟁체제의 확대(Competitive Sourcing)

③ 재정성과의 향상(Improved Financial Performance)

④ 전자정부의 확대(Expanded Electronic Government)

⑤ 예산과 성과의 통합(Budget and Performance Integration)

미국의 행정개혁사

위원회	연도	특징(건의내용)
펜들턴 공무원법	1883	엽관주의 인사행정에서 실적주의 인사행정을 확립
절약과 능률에 관한 대통령위원회	1910	• 클리블랜드 위원회 또는 태프트 위원회라고도 함 • 과학적 관리법의 적용하여 정부조직의 재편과 활동의 체계화 • 예산제도의 개혁(행정부예산주의)을 주장 • 1910~1912년까지 연방정부의 행정전반에 대한 경비절약 · 능률에 관해 조사 · 분석
행정관리에 관한 대통령위원회	1937	• 브라운로위원회라고도 함 • 루즈벨트 대통령 때 설치 • 대통령 참모제도의 신설 • 각종 관리기관(재무성 예산국 등)의 대통령 직속화 • 인사행정 · 재무행정 · 행정기관의 재편성 건의
제1차 후버 위원회	1947	• 트루만 대통령 때 12명의 위원으로 초당파적으로 구성됨 • 성과주의예산(PBS)의 채택 권고 • 인사위원회의 단독제화
제2차 후버 위원회	1953	• 아이젠하워 대통령 때 설치 • 대통령의 연방정부 행정기구개혁을 단행하기 위해 설치(정부활동의 존폐와 정책문제 개혁 등)
에쉬 위원회(행정부조직에 관한 대통령 자문위원회)	1971	• 닉슨 대통령 때 설치 • 독립규제위원회를 단독제로 전환할 것을 건의
그레이스 위원회	1982	• 레이건 대통령 때 설치 • 민영화와 규제완화 강조
클린턴 행정부의 정부 재창조(엘고어 보고서)	1993	클린턴 대통령은 국가업적평가단(NPR)을 통한 '보다 나은 업무수행을 하면서도 비용은 적게 드는 정부창조'를 목표로 하여 다음의 4가지 기본방향을 정함 • 고객우선주의(경쟁과 시장원리 도입) • 성과지향을 위한 공무원의 권한 부여 • 행정간소화 • 기본적 기능으로의 복귀
클린턴	1997	영국의 집행조직(Agency) 도입, 성과중심조직 도입
부시 행정부 경영과제	2001	• 2001년 8월 26일 발표, 경영과제(Management Agenda)로 명명 • 주요 내용 · 공무원 감축, 능력별 급여제도 도입, 공직의 민간개방화 확대, 정보기술활용 극대화

핵심쟁점	영연방식 모형	미국식 모형	북유럽식 모형	일본식 모형
행정 환경	복지국가의 위기, IMF 구제금융	석유파동, 반관료제 정서	복지국가의 위기, 구조적 취약성	발전국가의 위기, 거품경제의 붕괴
혁신 특징	급진적 · 포괄적	점진적 · 포괄적	급진적 · 제한적	점진적 · 제한적
혁신 내용	구조개혁 중심	행태와 문화 중심	과정과 제도 중심	제도개선 중심
추진 체계	중앙집권적	집권과 분권의 조화	집권과 분권의 조화	중앙집권적
행정가치	효율성과 경제성	대응성과 봉사성	형평성과 합법성	합법성과 효율성
추진 전략	하향식 위주	상 · 하향식의 조화	상향식 위주	하향식
프로그램	포괄적 · 급진적	포괄적 · 급진적	제한적 · 급진적	제한적 · 급진적

03　한국의 행정개혁

1. 우리나라 행정개혁의 특징 및 문제점

(1) 특징

① 역대 정부는 대체로 집권 초기 행정개혁에 대한 큰 설계를 하고 작은 설계는 집권과정에서 부분적으로 시행하는 특징을 보였다.

② 개혁의 동인이 행정의 능률향상 등 합리적 이유보다는 정치적 격동을 계기로 권력구조의 재편을 위한 정치적 동기나, 정치논리로 행정개혁이 추진되어 왔다.

③ 개혁의 대상이 행정문화 및 행태의 변화보다는 단기적인 구조 중심의 기구개편에 치중하는 경향이 강하다.

④ 개혁정책에 대한 국민의 적극적 공감대 형성이 이루어지지 않은 채 개혁이 진행되었다.

(2) 문제점

① 행정개혁에 대한 명확한 비전 결여: 행정개혁에 대한 명확한 비전설정이 결여되어 있다. 총괄적인 정부조직 개편방향을 제시하지 않은 채 간헐적으로 이루어지는 부분적인 조직개편이 많았다.

② 행정부처 개편의 자의성: 행정개혁에 대한 명확한 비전설정이 이루어지지 않아 행정부처 개편과정이 객관적이고 과학적인 분석 없이 대통령의 자의적 판단과 지시에 의존하는 경향이 많았다.

③ 옥상옥 행정구조: 역대 정부는 출범 초기 기구 축소를 강조했으나, 정치적 이유로 옥상옥 행정구조가 나타났다.

④ 인사개혁의 한계: 인력 풀의 한계 및 인사검증 시스템의 미비로 각 사업에 타당한 인사의 등용이 이루어지지 않았다.

⑤ 확산되지 못하는 개혁프로그램: 개혁을 위한 구체적 후속프로그램이 제시되지 않은 채 정권이 끝나는 경우가 많았다.

2. 문민정부 이후의 행정개혁(조직분야, 제도도입 측면)

(1) 문민정부(김영삼 대통령)

① 배경: 사회주의권 붕괴 이후 '신자유주의'가 유입되기 시작 – 자유시장(규제 완화, 재산권 보장), 시장개방(자유무역, 국제적 분업)에 대한 국제사회의 요구가 높아짐, 세계화로 인하여 UN, IMF 등 국제기구의 영향력 증대

② 의의: 최초의 민선정부, '작고 효율적인 정부' 구현에 초점을 두고, 정부규모의 축소와 정책조정의 효율화를 추구

③ 조직개편 내용

ㄱ 1993년 3월 개편: 부처 간의 기능중첩 시정
  • 상공부와 동력자원부를 통합하여 상공자원부 신설
  • 문화부와 체육청소년부를 통합하여 문화체육부 신설

ㄴ 1994년 12월 개편: 경제부처 중심의 행정개혁
  • 재무부와 경제기획원을 통합하여 재정경제원 신설
  • 건설부와 교통부를 통합하여 건설교통부 신설
  • 상공자원부를 통상산업부로 축소 개편
  • 체신부는 상공자원부, 공보처로부터 일부 기능을 이관받아 정보통신부로 확대 개편
  • 환경처를 환경부로 격상
  • 경제기획원의 심사분석기능을 국무총리실로 이관
  • 경제기획원에 소속되어 있던 공정거래위원회를 국무총리 소속의 독립기관으로 확대 개편
  • 보건사회부를 보건복지부로 축소 개편

ㄷ 1996년 2월 개편: 중소기업 육성 지원(2원 13부 5처 15청)
  • 중소기업청 신설
  • 공업진흥청 폐지

ㄹ 1996년 8월 개편: 해양 행정의 종합화
  • 해양수산부 신설
  • 해양수산부 소속 해양경찰청 신설
  • 수산청과 해운항만청 폐지

④ 제도 개혁
ㄱ 고위공직자 재산 공개
ㄴ 여성채용 목표제

(2) 국민의 정부(김대중 대통령)

① 배경: 신자유주의가 서구사회를 넘어 전세계적 지배이념으로 부상, IMF 경제위기 극복이라는 급박한 상황에서의 조직 개편

② 의의: 김대중 정부도 '작고 강력한 정부' 구현에 초점을 두고, 정부규모의 축소와 정책 조정의 효율화를 추구했으며, 특히 행정에 '시장경제원리'를 도입하여, 민간에 맡기는 것이 효율적인 분야를 과감하게 이양·위탁하여 생산성을 제고함

③ 조직개편 내용
  ㉠ 1998년 2월 개편: 17부 2처 16청으로 개편
    • 정무 제1장관과 제2장관 폐지(제2장관실은 대통령 직속 여성특별위원회의 사무처로 변경)
    • 부총리제도 폐지
    • 통일원이 통일부로 격하
    • 국무총리실에 법제처와 국가보훈처가 차관급 부서로 흡수
    • 행정조정실을 국무조정실로 명칭 변경, 장관급 부서로 승격
    • 공보처 폐지, 정부 대변의 역할을 공보실에서 담당
    • 대통령 직속기구로 기획예산위원회를 신설
    • 재정경제원이 재정경제부로 격하되고, 산하 예산청 신설
    • 외무부는 통상교섭본부를 만들고, 외교통상부로 명칭 변경
    • 내무부와 총무처를 통합하여 행정자치부 신설
    • 통상산업부 · 문화체육부는 각각 산업자원부 · 문화관광부로 명칭 변경
  ㉡ 1999년 5월 개편
    • 기획예산위원회와 예산청을 통합하여 기획예산처 신설
    • 중앙인사위원회 신설
    • 여성부 신설(정부 각 부처에 분산된 여성관리업무의 일원화 목적)
    • 교육부를 교육인적자원부로 명칭 변경[1차 개편에서 폐지한 부총리제 부활: 2인 부총리제(재정경제부장관, 교육인적자원부장관이 부총리직 겸임)]
    • 국정홍보처 재도입
  ㉢ 2001년 1월 개편: 18부 4처 16청
④ 제도개혁: 행정서비스헌장제도(1998) → 책임운영기관제도(1999) → 공무원정원 동결제도(1999) → 연봉제 도입, 국장급 이상(1999) → 중앙행정권한 지방이양촉진법(1999) → 주민감사청구제도(1999) → 주민조례개폐청구제도(1999) → 부패방지법 제정(2002)

(3) 참여 정부(노무현 대통령)

① 배경: 급변하는 환경에 대한 정부의 대응능력이 중요해졌으며, 시민의식 성장과 함께 새로운 행정수요 증가에 대응하기 위해 정부개혁이 추진됨
② 의의: 지난 정부들은 공무원을 개혁의 객체로 보고, 조직 · 인력의 감축에 초점을 둠으로써 공무원들의 자발적 협조를 얻지 못함 → 공무원이 개혁의 주체가 되어, 구조 중심 개혁(조직 · 인력감축)보다는 제도 · 행태개혁(부서 간 기능조정을 통한 업무 효율화)의 비중이 커짐
③ 조직 개편 내용
  ㉠ 부서 간 기능조정 및 일원화
    • 영유아 보육업무를 보건복지부에서 여성부로 이관
    • 각 부처의 전자정부업무를 행정자치부로 이관
    • 행정개혁업무를 기획예산처에서 행정자치부로 이관
    • 행정자치부 인사국, 중앙공무원교육원으로 나누어져 있던 중앙인사기능을 중앙인사위원회로 일원화

ⓛ 중앙행정기관의 위상 강화
- 법제처와 국가보훈처의 장이 차관급에서 장관급으로 격상
- 과학기술부장관이 부총리급으로 격상(3인 부총리제)
- 문화재청의 장이 1급에서 차관급으로 격상
ⓒ 행정기관 조직개편
- 소방방재청, 방위사업청, 행정중심복합도시건설청 신설
- 여성부가 보육업무(보건복지부)를 이관받아 여성가족부로 확대 개편
- 철도청 민영화
ⓔ 각종 위원회 설치: 대통령이 장기 추진과제별 위원회를 조직해 개발(일상적 현안은 총리·장관 담당)하는 새로운 통치구조에 따라, 국정과제자문위원회 설치 등 2007년 말 기준 총 416개의 각종 위원회가 활동함

④ 제도개혁
ⓐ 2004년: 지방분권특별법, 주민투표제
ⓑ 2005년: 연봉제 과장급으로 확대, 직무성과 계약제, 자율예산편성제도
ⓒ 2006년: 주민소송제도, 공무원노조제도, 고위공무원단제도
ⓓ 2007년: 주민소환제도, 총액인건비제도, 국가회계법(발생주의·복식부기), 성과 중심의 재정운용, 국가재정운용계획, 디지털예산회계정보시스템
ⓔ 2008년: 프로그램예산제도

(4) 이명박 정부(이명박 대통령)

① 배경: 작고 유능한 실용정부를 지향
② 의의: 기능과 조직이 광역화된 대부대국제 도입, 각 부처에 걸쳐 정책대상·영역별로 흩어져 있는 유사·중복기능을 통합하고 각 부처의 업무범위 확대, 과다한 통제·조정기능 및 각종 위원회를 대폭 정비하여 정책결정단계를 단축(2008년 2월 15부 2처 18청으로 정부규모 축소)
③ 조직개편 내용
ⓐ 국정운영분야
- 대통령비서실과 대통령경호실을 대통령실로 통합
- 대통령 보좌기구의 정예화 및 권한·책임의 명확화 목적
- 대통령비서실의 비서실장, 정책실장, 통일외교안보실장을 대통령실장으로 축소 개편
- 국정홍보처 폐지, 홍보기능을 문화체육관광부로 이관
- 부총리제 폐지(헌법의 권한배분 등 정부편제의 기본원칙에 비추어 헌법적 근거 취약)
- 특임장관 신설
- 국무총리비서실과 국무조정실을 통합하여 국무총리실 신설
ⓑ 재정금융분야
- 기획예산처와 재정경제부(경제정책·국고·세제·국제금융 등), 과학기술부(국가 R&D사업 기획·평가업무)를 통합, 기획재정부 신설
- 기획예산처의 양극화·민생대책기능은 보건복지가족부로, 재정경제부의 금융정책기능은 금융위원회로, 소비자정책기능은 공정거래위원회로 이관
- 재정경제부 국세심판원과 행정자치부 지방세심사위원회를 통합하여 국무총리 소속 조세심판원으로 신설 이관

ⓒ 경제산업분야
　　　• 산업자원부와 정보통신부, 과학기술부(산업기술 개발업무 · 원자력발전 업무)를 통합하여 지식경제부 신설
　　　• 대통령 소속 방송통신위원회 신설
　　　• 기상청을 환경부로 이관
　　　• 농림부는 어업 · 수산기능(해양수산부), 식품산업진흥정책(보건복지부)을 이관받아 농림수산식품부로 확대 개편
　　ⓔ 교육 · 복지 · 문화 및 행정 분야
　　　• 과학기술부(기초과학 · 고급인력 양성업무)와 교육인적자원부를 통합하여 교육과학기술부를 신설
　　　• 인적자원 개발기능 일원화를 통해 고등교육 · 기초과학 지원 기능의 분산으로 인한 문제(기초과학 · 원천기술 낙후 등)를 해소
　　　• 보건복지부는 국가청소년위원회와 가족 · 보육업무(여성가족부), 양극화민생대책기능(기획예산처)을 이관받아 보건복지가족부로 확대 개편
　　　• 문화관광부는 홍보기능(국정홍보처), 디지털콘텐츠정책(정보통신부)을 이관받아 문화체육관광부로 확대 개편 – 종전의 문화관광부 사무와 해외홍보사무를 통합
　　　• 행정자치부는 중앙인사위원회, 국가비상기획위원회, 국가정보화 · 정보보호업무(정보통신부)를 이관받아 행정안전부로 확대 개편
　　ⓜ 국토자원 · 인프라 분야: 건설교통부는 해양개발 · 항만건설 · 해운물류기능(해양수산부)과 지적관리 · 부동산정보 관리기능(행정자치부)을 이관받아 국토해양부로 확대 개편
　④ 제도개혁: 지방분권촉진에 관한 특별법(2008), 남녀평등예산제도(2010), 조세지출예산(2011)

(5) 정부 3.0(박근혜 대통령)
　① 의의: 국민행복, 경제, 안전, 미래를 위한 정부의 적극적 역할 강조
　② 조직개편 내용(2013년 1차 조직개편, 17부 3처 16청 4위원회)
　　㉠ 미래창조과학부 신설: 과학기술, 미래전략, 정보통신업무관장
　　㉡ 경제부총리 부활: 기획재정부장관 겸 경제부총리(위헌시비, 관치경제 재연가능성)
　　㉢ 해양수산부 부활
　　㉣ 특임장관 폐지
　　㉤ 외교통상부를 외교부로 이관(통상교섭기능을 분리하여 산업통상자원부로 이관)
　③ 2014년 2차 조직개편
　　㉠ 사회부총리 신설(교육부장관)
　　㉡ 국민안전처 신설(재난 및 안전 총괄)
　　㉢ 인사혁신처 신설(보수, 연금, 윤리, 복무관리, 국무총리 소속 차관급)
　　㉣ 안전행정부를 행정자치부로 변경(조직, 정원, 행정개혁, 전자정부, 지방자치, 책임운영기관 담당)
　　㉤ 해양경찰청 폐지[국민안전처 해양경비 안전본부(차관급)로 흡수]
　　㉥ 소방방재청 폐지[국민안전처 중앙소방본부(차관급)로 흡수]

④ 제도개혁

　　㉠ 정부3.0 추진

　　㉡ 지방분권 및 지방행정체제 개편에 관한 특별법(2013)

　　㉢ 부총리제 부활

(6) 열린 혁신 정부(문재인 정부)

① 배경: 국민주권 실현

② 의의: 일자리 경제 창출 유도, 국민이 주인인 정부, 더불어 잘사는 경제, 평화와 번영의 한반도

③ 조직개편내용

　　㉠ 중소벤처기업부 설치

　　㉡ 미래창조과학부를 과학기술정보통신부로 변경

　　㉢ 소방청 및 해양경찰청 독립

　　㉣ 행정자치부와 국민안전처의 안전정책 · 재난관리 · 비상대비 · 민방위 및 특수재난 업무를 통합하여 행정안전부로 개편

　　㉤ 국가보훈처 위상 강화(장관급으로 격상)

　　㉥ 대통령경호실 개편(대통령경호처로 변경)

④ **제도개혁**: 국민참여 확대(국민예산참여제, 국민청원 등)

⑤ **열린 혁신**: 문재인 정부에서는 정부와 국민을 분리하는 과거 정부에서 해왔던 이분법적 사고를 벗어나 '국민이 주인인 정부'라는 비전을 수립했다. 열린 혁신은 국민이 주도하는 혁신으로서, 사회혁신, 정부혁신으로 구성되어 있다.

　　㉠ 사회혁신: 사회혁신 기반 구축 및 확산

　　㉡ 정부혁신: 혁신적인 열린 정부, 국민이 공감하는 서비스혁신, 정부업무 지능화로 스마트 행정 구현

　　　열린 혁신의 핵심은 사회혁신이므로 청와대에 사회혁신수석실이 신설되었다. 사회혁신은 '시민 주도로 다양한 주체 간 협력을 통한 혁신적 방법 및 절차를 바탕으로 사회문제를 해결함으로써 시민의 삶의 질을 개선하는 것'이다.

03 정보화와 행정(전자정부와 지식관리 행정)

01 행정정보화

1. 정보화 사회의 의의와 특징

정보화 사회란 사회의 모든 영역에서 정보가 지배적이며, 정보의 처리수단·처리능력이 광범위하게 확산되어 체제변화를 일으키고, 사회구성원의 욕구충족에 있어서 정보가 핵심적 역할을 하고, 정보의 상대적 가치가 인력이나 물자 등 다른 어떤 재화·서비스보다 높게 평가되는 사회를 의미한다.

2. 정보의 특징

(1) 무한가치성: 정보가 공유되면서 총가치가 무한히 증가

(2) 가치의 불확실성: 사용자와 사용목적에 따라 가치가 달라짐

(3) 누적효과성: 누적되면 효과 증가

(4) 비소모성·비소비성·비고갈성(Non-Scarcity; 사용 시 소진·마모되지 않음)

(5) 적시성: 가치변동성, 시간이 경과할수록 가치 감소

(6) 형태전환성·표현다양성: 다양한 방법으로 변형이 가능함

(7) 사회성: 조직 내의 정보활동 시 상대방이 존재하고, 상대방의 반응이 정보과정의 완성에 영향을 미침

(8) 지속성: 정보과정이 반복되면 내용이 대중매체처럼 일시적이 아니라 지속성을 지님

3. 정보화가 행정에 미치는 영향

(1) 조직구조에 미치는 영향

① 애드호크라시(Adhocracy) 조직과 같은 탈관료제적 조직구조로의 변화(계층제의 완화)

　　㉠ 피라미드 모양의 구조에서 종 모양의 구조로 변화한다고 주장(피프너와 프레스투스, Pfiffner & Presthus)

　　㉡ 종 위에 럭비공을 올려놓은 것과 같은 형태로 변화한다고 주장(리빗과 휘슬, H. Leavitt & T. Whisler)

　　㉢ 마름모꼴 형태로 하위층 축소

② 조직에서의 컴퓨터 활용은 조직구조의 수평적 분화를 촉진시킴

③ 행정의 집권화와 분권화에 미치는 영향

　　㉠ 집권화될 것이라는 주장: 리빗과 휘슬은 일상적인 의사결정은 컴퓨터가 수행하고 그 외의 의사결정은 조직의 최고관리층으로 옮아간다고 보았다.

　　㉡ 분권화될 것이라는 주장: 인터넷의 발달은 모든 사람의 정보의 공유를 가져와서 중간 및 하위관리자의 참여를 촉진시킨다.

(2) 조직행태에 미치는 영향

① 조직 간 또는 조직 내의 개인 간 경쟁의 가속화

② 조직의 주된 자원인 노동력 · 인력의 구성 및 질적 측면의 변화

  ㉠ 전문성을 갖춘 집단과 임시적 또는 계약직 근로자 집단으로 이원화

  ㉡ 인력이동 용이, 조직에 대한 전통적 충성심의 변화

  ㉢ 연공서열별 보상보다 전문적 기술과 능력에 의한 보상

③ 강한 문화에서 유연한 문화로 조직문화 변화

④ 조직 내 개인의 자율성 · 창의성 향상, 재택근무의 확산, 근로시간의 자유로운 선택(Flexible Time)은 개인의 자율성 · 창의성 발휘에 영향

개념더하기 　정보화에 따른 유연근무제(스마트워크)

원격 근무제	재택근무형	가정에서 인터넷망을 이용하여 업무처리 및 결재
	스마트워크형	주거지 근처 원격근무사무실(Smart Office)에서 인터넷망을 통해 사무처리
탄력근무제		필수근무시간대(10:00~16:00)를 제외하고는 출퇴근 시간을 탄력적으로 조정할 수 있는 제도
압축근무제		주 40시간 근무를 주 3~4일로 압축하여 근무할 수 있게 하는 제도
시간선택근무제 (시간선택제 전환근무제)		주 20±5시간 근무하고 근무시간비율에 따라 보수를 받으며 신분을 보장받는 정규직 공무원

(3) 정책과정에 대한 영향

① **정책의제설정 과정의 합리화**: 정책의제설정 과정에서 주민과 접촉이 많은 중 · 하위계층이 영향을 미침으로써 민주화에 기여, 정책의제문제에 대한 정보의 확대

② **정책결정과정의 합리화**: 정책대안선택의 합리성, 대안탐색 및 결과예측 능력의 향상, 불확실성 감소

③ **정책집행과정의 합리화**: 집행조직의 분권화 촉진(집행조직의 정보공유), 정보네트워크의 연결과 정보의 분산처리로 정책집행의 효율화, 참여적인 정책결정을 통한 수혜자의 정책집행에 대한 순응 확보, 갈등조정능력의 향상, 정책대상에 대한 서비스의 질 향상

④ **정책평가과정의 체계화와 과학화**: 비리축소와 감사의 효율화, 정책과정평가의 용이, 정책평가의 객관성 · 정확성 · 투명성 제고

(4) 행정서비스의 변화

① 인터넷을 통한 서비스 개선 – G4C(Government for Citizen)

  ㉠ One-Stop Service: 창구일원화 · 종합화, 하나의 창구에서 모든 민원 서비스 제공 가능

  ㉡ Non-Stop Service: 인터넷 웹사이트를 통한 24시간 서비스의 제공

  ㉢ Any Stop Service: 장소적 제약의 극복, 어디에서든 서비스 이용 가능

② 행정서비스의 다양화와 대응성 향상, 고객위주의 행정의 실현

4. 행정정보화의 역기능

(1) 통제와 인간소외: 개인정보가 수집, 관리됨으로써 엄격한 통제 가능성이 높아지며, 컴퓨터 마인드를 갖추지 못한 나이 많은 고위계층의 소외감과 하위계층과의 심리적 갈등을 유발할 수 있다.

(2) 사생활 침해우려*: 국민 개개인에 대한 인적·물적 정보가 확보됨으로써 개인의 프라이버시를 침해(빅브라더)할 우려가 높아진다.

(3) 정보의 과다: 정보과잉·정보홍수에 따른 심리적 혼란과 정보왜곡

(4) 정보격차: 컴퓨터 활용에 의한 정보처리능력에 차이가 있는 조직단위 간, 중앙·지방 간, 컴퓨터 사용자와 이른바 컴맹 등 비사용자 간에 정보불균형과 격차로 인한 갈등이 심화될 수 있으며 나아가서는 사무자동화와 단순·반복 업무의 전산화에 의하여 실업에 대한 두려움이 확산될 수 있다. 이러한 '정보의 부익부, 빈익빈 현상'을 마태 효과(Matthew Effect)라 하며 정보사회에서 관리, 전문, 기술직과 같은 정보 관련 직업이 증대하더라도 미숙련 서비스 노동 역시 동시에 늘어나 사회구조가 양극화될 가능성이 있어 정보격차의 극복을 위해서는 보편적 서비스 정책이 요구된다.

(5) 정보의 그레샴 법칙과 정보공해: 정보의 그레샴 법칙이란 각 부처 간 정보의 공유를 추진할 경우 공유정보망에는 무용한 정보들만 남게 되고, 유용하고 가치 있는 정보는 사설정보망이나 부처정보망이 보유하게 되는 현상을 말한다.

(6) 소모적 찰나주의: 정보의 즉시성으로 인하여 과거와 미래와의 단절 등이 나타날 수 있다.

(7) 컴퓨터 범죄와 정보 왜곡: 컴퓨터시스템의 온라인화와 네트워크화로 중요한 데이터베이스에의 접근이 쉬워져 해킹 등에 의한 데이터 조작에 의한 컴퓨터 범죄가 늘어날 가능성이 높아진다.

(8) 전자 파놉티콘[Electronic Panopticon, 전자전제주의(Tele-Facism)]: CCTV나 스마트폰을 비롯한 첨단 기기를 통해 개인들의 삶이 노출되고 어떤 측면에서나 감시와 통제가 쉬워졌다.

개념더하기　정보격차와 정보리터러시

1. 정보격차(Digital Divide)
   사회적·경제적·지역적·신체적 여건으로 인해 정보통신서비스에 대한 접근이 어렵거나 이용기회에 차이가 있는 것을 말한다. 이러한 정보격차를 해소하기 위해 정보리터러시 제고와 보편적 서비스 정책이 강조되고 있다.

2. 정보격차 해소를 위한 정책
   (1) 정보 리터러시(Information Literacy)
   　① 의의: 다양한 상황에서 정보기기를 적절히 활용해 주어진 문제를 해결하고 대처하며 전달할 수 있는 능력을 의미한다.
   　② 현행법: 국가정보화기본법에서 일반 국민의 정보활용능력 제고를 목적으로 국가기관과 지방자치단체에 필요한 교육의 시행을 의무화하고 있다.
   (2) 보편적 서비스(Universal Service)
   　① 의의: 어디서든지 이용 가능하고 경제적으로 저렴한 가격으로 접속 가능할 것을 기본속성으로 한다. 정보를 가진 자와 갖지 못한 자의 정보격차를 해소하며, 형평성에 바탕을 둔 정책이다.
   　② 특징
   　　㉠ 접근성: 어느 장소에서든 서비스 이용 가능, 특히 농촌지역의 사람들이 배제되지 않도록 하는 것이다.
   　　㉡ 활용가능성: 정보능력과 신체조건에 상관없이 누구나 정보서비스를 제공받으며 저학력자·장애인도 이용 가능하다.

---

*　**사생활 침해의 사례**

(1) 빅브라더(Big Brother): 조지 오웰(G. Orwell)의 소설에 나오는 말로, 정보의 독점으로 사회를 통제하는 관리권력이나 사회체계를 일컫는 말이다. 소설 속에 빅브라더는 개인의 사생활을 감시하고 침해하는 존재이다.

(2) 빅브라더상: 시민단체가 통신비밀보호법 등을 위반하여 개인의 프라이버시 침해에 가장 기여한 기관이나 개인에게 주는 불명예스러운 상이다.

5. 행정정보체계(PMIS; Public Management Information System)

(1) 데이터 처리 수준

① 전자자료처리체계(EDPS; Electronic Data Processing System): 컴퓨터에 의하여 복잡한 계산과 대량의 자료처리 등을 수행하는 시스템으로 하위층에서 주로 사용

② 거래처리시스템(TPS; Transaction Processing System): 거래에 관한 자료를 수집하고 저장하는 시스템

(2) 정보 시스템 수준

① 사무자동화(OA; Office Automation): 일상적인 사무처리를 자동화시켜주는 정보시스템(메일, 팩스 등)

② 경영정보체계(MIS; Management Information System): 거래처리시스템에서 만들어진 자료를 관리업무를 수행하는 데 유용한 정보로 바꾸어 주는 시스템으로 정보처리체계를 경영관리의 효율화를 위하여 도입 · 활용하기 시작한 시스템

③ 전략정보체계(SIS; Strategic Information System): 모든 정보자원과 정보시스템자원을 조직경영의 전략적 자원으로 활용하기 위하여 구축하는 정보시스템

④ 중역정보시스템(EIS; Executive Information System): 중역들이 주요 성공요소에 관련한 기업 내 · 외부 정보를 쉽게 접근할 수 있도록 해주는 컴퓨터 기반의 시스템

⑤ 전문가체계(ES; Expert System): 전문가의 지식과 경험을 체계화하여 컴퓨터에 기억시켜 둠으로써 일반인이 전문가를 만나지 않고도 이를 활용하는 장치

⑥ 의사결정지원체계(DSS; Decision Support System): 컴퓨터와의 대화식 시스템으로서 비구조적인 상위관리층의 업무, 즉 비정형적이고 전략적인 문제의 해결과 의사결정을 하는 데 필요한 수치정보를 조작할 수 있는 분석적 도구를 의사결정자에게 제공한다. DSS는 통계적인 분석패키지(SAS, SPSS)를 통하여 문제의 일부만 해결해주고, 나머지는 의사결정자의 경험과 판단에 맡긴다.

⑦ 행정정보체계(PMIS; Public Management Information System): 경영부문의 MIS를 행정부문으로 확대한 것

(3) 전자정부(EG; Electronic Government)

미국에서의 전자정부는 클린턴 정부가 출범하면서 "국민들의 삶의 질을 향상시키고 경제에 활력을 불어넣는 데 정보기술을 사용하고자 한다"라고 발표한 데서 유래한다. 그 의미는 '정부의 고객인 국민의 요구에 따라 국민들과 상호작용하고 국민들에게 봉사하기 위해 정보기술을 사용하는 정부'라 할 수 있다.

1. 개념

'디지털 정보기술과 네트워크' 및 '초고속정보통신 기반기술' 등 정보기술을 이용하여 번거로운 문서와 절차 등을 감축하고 행정업무를 효율적으로 재설계함으로써, 고객의 요구에 민감하게 대응하고 대국민서비스를 증진하여 국민의 삶의 질을 향상시키며, 민주주의 행정이념을 구현하려는 고객지향적인 열린 정부이다.

2. 지향 및 범위

(1) 지향

① 효율적인 정부: Back Office(효율성 모델)

㉠ 의의: 행정내부의 효율성 제고를 위한 후선지원업무를 말한다.

㉡ 구현수단
- 전자문서교환(EDI; Electronic Data Interchange)*
- 전자우편(E-mail)
- 근거리통신망(LAN; Local Area Network)
- 그룹웨어(Groupware)** 등

② 민주적인 정부: Front Office(민주성 모델)

㉠ 의의: 전자정부는 행정정보가 풍부한 정보네트워크를 통해 국민과 하나가 되는 정부를 구현한다. 정부정보를 전자적으로 생산하여 전자적 정보공개를 촉진하고, 인터넷, 전화 등 다양한 매체를 활용하여 국민이 정부 정보에 쉽게 접근할 수 있도록 함으로써 투명한 열린 정부를 구현할 뿐만 아니라 전자적 시민참여를 촉진한다.

㉡ 구현수단
- 행정정보의 전자적 공개
- 전자적 시민참여
- 개방성 제고
- 고객지향적 행정

---

* 전자문서교환(EDI)
　서로 다른 조직 간에 컴퓨터를 통해서 정형화된 표준양식의 문서(약속된 포맷)를 교환하는 시스템으로 종이 없는 행정을 구현한다.

** 그룹웨어
　조직 전산망에 전자우편과 전자결재 시스템 및 데이터베이스를 결합하여, 조직 사이의 의사소통을 원활하게 하고 일부 효율을 높일 수 있도록 만든 시스템이다.

구분	능률형 전자정부	서비스형 전자정부	민주형 전자정부
지향	• 작고 효율적인 정부 • 공급자 중심 행정 • 국가경쟁력(경제활성화)	• 고객지향적 열린 정부 • 수요자 중심 행정 • 정부효율성+삶의 질	• 성과 중심의 열린 정부 • 참여에 의한 행정 • 신뢰성·투명성
정부인식	개입주의	시장주의	파트너십
IT와 정보	홍보용 정보고속도로	정보통합: 전문가집단 중심	고도의 정보기술
시민사회	소극적(통제대상)	• 고객지향적 전자정부서비스 • 보편적 서비스	• 참여(양방향 커뮤니케이션) • 평등한 정보접근 • 사생활

(2) 전자정부의 범위(행위자와 행위자 간의 상호작용에 따른 유형)

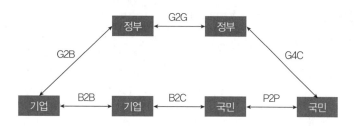

① G2G(Government to Government): 정부기관 간의 차원으로 각종 행정정보의 공유, 전자결재, 문서의 전자유통, 온−나라 시스템 등을 통하여 문서 없는 행정을 실현함으로써 효율성을 극대화

② G2C 또는 G4C(Government to/for Customer/Citizen): 정부의 대민서비스 차원으로 민원처리의 온라인화(민원24), 국민신문고, 주민등록·자동차·부동산 등 국가 주요 민원 정보 제공

③ G2B(Government to Business): 정부의 대기업서비스 차원으로 정부와 기업 간 전자상거래방식의 적용 및 확산, 조달업무의 전자적 처리(국가종합전달조달시스템 − 나라장터), 전자통관시스템 등을 통하여 효율성과 투명성을 향상시킨다.

3. 전자정부의 발전형태

(1) 유비쿼터스 패러다임

① 의의: 유비쿼터스는 컴퓨터, 전자상비, 센서, 칩 등의 전자공간이 종이, 사람, 집 및 자동차 등의 물리적 장소에 네트워크로 통합되어 사용자가 언제, 어디서, 어떠한 기기든지 상관없이 네트워크에 접속할 수 있는 환경을 말한다.

② 특징

㉠ 도처에 존재하는 컴퓨팅 인프라를 통해 사람과 컴퓨팅 기기 및 환경이 상호작용한다.

㉡ 인간을 복잡하고 불편한 컴퓨터 작업으로부터 해방시키고 인간의 존엄성을 회복시킨다는 비전을 가지고 있다.

㉢ 물리공간에 존재하는 컵, 화분, 자동차, 벽, 교실이나 사람들이 지니고 다니는 옷, 안경, 신발, 시계 등의 사물들에 다양한 기능을 갖는 컴퓨터와 센서칩들이 심어지고 이들을 보이지 않는 네트워크로 연결함으로써 기능적·공간적으로 사람, 컴퓨터, 사물이 하나로 연결되고 이들 간에 자유롭게 정보가 흘러 다닐 수 있다.

② 데스크탑에 기반한 인터넷 시대의 표준화를 뛰어넘는 개념으로서 인간과 인간, 인간과 컴퓨터, 그리고 컴퓨터와 컴퓨터가 완전히 통합되는 기반환경의 조성을 가능하게 한다.

⑩ 유비쿼터스 세상의 도래는 컴퓨팅(Computing), 커뮤니케이션(Communication), 접속(Connectivity), 콘텐츠(Content), 조용함(Calm) 등 5C의 5Any화(Any time, Any where, Any device, Any network, Any service)를 지향한다.

구분	전자정부	유비쿼터스정부
기술적인 측면	초고속정보통신망과 네트워크 인터넷 기술이 기반	브로드밴드와 무선 & 모바일 네트워크, 센싱, 칩 기반
정부서비스 전달방법의 측면	신속·투명한 서비스 제공	지능적인 업무수행과 개개인의 수요에 맞는 맞춤형 행정서비스 제공
업무방식의 측면	신속석·투명성·효율성·민주성	실질적인 고객지향성·지능성·형평성·실시간성

개념더하기 ▶ 기존 전자정부와 스마트정부의 비교

구분		기존 전자정부(~2010)	스마트정부(2011~)
국민	접근 방법	PC만 가능	스마트폰, 태블릿 PC, 스마트 TV 등 다매체
	서비스	공급자 중심의 획일적 서비스	• 개인별 맞춤형 통합서비스 • 개방을 통해 국민이 직접 원하는 서비스 개발·제공
	민원 신청	• 개별 신청 • 동일서류도 복수제출	1회 신청으로 연관 민원 일괄처리
	수혜 방식	국민이 직접 자격 증명·신청	정부가 자격 요건 확인·지원
공무원	근무 위치	지정 사무실(PC)	위치 무관(스마트 워크센터 또는 모바일 오피스)
	업무	사후 복구(재난)	사전 예방 및 예측

4. 전자정부의 주요 특징

(1) 정보기술의 활용(인터넷에 의한 대민봉사)

(2) 국민중심주의적 정부

(3) 열린 정부

(4) 통합지향적 정부

(5) 고객지향적 정부

(6) 작은 정부

(7) 시민참여 활성화

1 우리나라 전자정부의 개관

1. 정보화정책의 변천사

(1) 행정전산화의 추진(1960~1970후반, 경제 기획원과 과학기술처 주도)

① 1960년대 초부터 주요 공공기관들이 외국산 컴퓨터를 도입하기 시작함

② 1966년 경제기획원이 마련한 '과학기술 진흥 5개년 계획' 수립(우리 정부가 발표한 첫 과학기술 정책)

③ 1967년 경제기획원에 우리나라에서는 처음으로 컴퓨터(IBM1401)가 도입됨

④ 1978년에는 총무처가 '1차 행정전산화 기본계획'을 수립하여 1978년부터 1987년까지 10년에 걸쳐 5년 단위로 전국을 단일 정보권으로 하는 행정정보 시스템을 구축하는 계획을 마련

(2) 국가기간전산망* 보급 · 이용(전자정부 태동기)

① 정부가 정보산업에 대한 투자가치를 인정하면서 1983년 1월에 '제1차 기술진흥 확대회의'를 개최하고 1983년을 '정보산업의 해'로 선포

② 정보산업 육성을 위해 대통령 직속으로 정보산업육성위원회가 발족되었으며, 이 위원회에서는 1983년 12월에 국가기간전산망사업을 추진하기 위한 기본방침을 결정했고, 이를 구체화하여 1987년부터 국가기간전산망사업을 본격적으로 시행하게 되었다.

③ 국가기간전산망 사업은 기능적으로 행정전산망(정부 · 정부투자기관), 금융전산망(은행 · 보험 · 증권기관), 교육 · 연구전산망(대학 · 연구소), 국방전산망(국방 관련기관), 공안전산망(공안 관련 기관) 등으로 나누어 추진되었다.

④ 국가기간전산망사업의 성공적인 추진을 위하여 '톱다운(Top-Down)' 방식의 사업추진 방식과 '선투자, 후정산'이라는 사업추진 전략을 채택하였다.

⑤ 국가기간전산망 사업은 1987년부터 1991년까지 1단계 사업을, 1992년부터 1996년까지 2단계 사업을 추진한 후 마무리되었다.

(3) 초고속정보통신 기반구축 및 고도화(전자정부 기반조성단계)

① 1995년 3월부터 2015년까지 초고속정보통신 기반을 구축하는 '초고속정보통신 기반구축 종합추진계획'를 확정하여 국가 최우선 정보화 사업으로 추진하게 되었다.

② 초고속정보통신 기반구축을 위한 사업은 크게 초고속정보통신망 구축사업, 초고속정보통신 시범사업, 초고속정보통신 응용기술 개발사업, 여건정비 사업으로 구분할 수 있으며, 각 전담 기관별로 사업을 추진하였다.

③ 1997년 7월에는 초고속정보통신 기반구축 사업의 기본계획을 수정 · 보완하여 '정보통신망 고도화 추진계획'을 수립, 완료 목표를 2010년으로 조정했다. 또한 초고속정보통신 구축사업도 2005년까지 앞당겨 완성하는 것으로 계획을 또다시 수정하였다.

---

* 국가기간전산망 사업

국가기간전산망 사업의 핵심은 행정전산망 사업으로 주민등록관리 · 부동산관리 · 고용관리 · 통관관리 · 경제통계 · 자동차관리 등 6개 사업이 우선 추진업무로 선정되어 추진되었다. 이에 따라 민원서비스 개선, 행정업무처리 효율화, 경제 · 사회의 투명성 기반 마련 등의 효과가 가시화되었다.

(4) 전자정부 본격추진단계(2001), 전자정부 확산단계(2003~), 전자정부 융합 및 스마트 전자정부(2008~)

① 2001~2004년: 1.0 전자정부, 전자정부법이 제정되고 행정자치부 주관 하에 문서감축, 정보 공유, 업무처리 재설계

② 2005년~: 2.0 & 3.0 유비쿼터스 정부 구현

개념더하기 ▶ 전자적 참여 형태의 발달단계

1. 전자정보화단계
   정부기관의 웹사이트에서 각종 전자적 채널을 통해 정부기관의 다양한 정보가 공개되는 단계이다.

2. 전자자문단계
   시민과 선거직 공무원 간의 상호소통이 이루어지고 사이버 공간상에서의 청원활동이 이루어지며, 선거직 공무원은 유권자들과 직접적으로 토론을 벌이며 이러한 정책토론은 축적되고 피드백이 이루어진다.

3. 전자결정단계
   정부기관이 주요 정책과정에 시민들의 의견을 고려하여 반영하는 활동이 이루어진다.

더 알아보기

전자정부의 변천

구분	주요 내용
전자정부 태동기 (80년대 중반~90년대 중반)	• 5대 국가기간전산망 구축 • 전산망 보급 확장과 이용촉진에 관한 법률(1986.5)
전자정부 기반조성단계 (90년대 중반~2000년)	• 초고속정보통신 기반구축 및 인터넷 활성화 • 정보화촉진기본법 제정(1995)
전자정부 본격 추진단계 (2001~2002년)	• 전자정부 11대 과제 추진 • 전자정부법 제정(2001)
전자정부 확산단계 (2003~2007년)	• 전자정부 31대 로드맵 과제 추진 • 다수 부처 간 연계 · 통합 기반조성
전자정부 융합단계 (2008년~현재)	• 국가정보화 기본계획 수립(2008) • 개방 · 공유 · 협업 기반의 전자정부 과제(12개) 추진
스마트 전자정부 추진단계 (2011년~현재)	미래 전자정부의 청사진으로서 '스마트 전자정부 계획'을 수립

---

2. 성과

(1) 행정업무의 효율성 · 투명성 향상

① 전자문서 유통이 완전히 정착되고, 인사 · 재정 · 조달 등 대부분의 행정업무가 전자적으로 처리되어 정부업무의 효율성이 획기적으로 향상

   ㉠ 디지털예산회계시스템을 통하여 국가의 모든 재정활동을 실시간으로 관리 가능

   ㉡ 국가종합전자조달시스템(나라장터)은 4만 4천여 공공기관과 22만여 조달업체가 참여하며, 연간 64조 원 상당의 조달거래가 이루어지는 세계적 규모의 전자조달시장으로 성장

② 전 중앙행정기관이 표준화된 정부업무관리시스템(온–나라)을 도입하여 정부의 의사결정 전 과정을 기록함으로써 행정의 투명성을 크게 제고

③ 정부업무관리시스템(온-나라)은 전 중앙부처 포함 총 103개 행정기관에서 약 36만 2천 명이 사용하고 있으며, 공무원의 일처리 평균시간을 기존 6시간 32분에서 3시간 27분으로 3시간 5분이나 단축시킴

(2) 국민·기업 중심의 행정서비스 제공

① 온라인 정부민원포털(정부 24)을 구현하고, 각종 세금을 인터넷으로 고지, 신고, 납부할 수 있도록 하는 등 안방 민원시대 본격화

② 기업지원단일창구(G4B)를 구축하고, 물류·통관·무역 업무를 온라인으로 처리하는 등 기업의 다양한 활동을 효율적으로 지원 가능

(3) 국민과의 정책 소통 강화

① 전 행정기관을 연계한 단일창구(국민신문고)를 통해 고충민원, 국민제안 등의 서비스를 제공함으로써 국민들이 보다 쉽게 정책결정 과정에 참여하는 것이 가능 – 실시간 공청회 기능도 제공하여, 특정 주제에 대한 국민들의 자유로운 의견 개진을 실시간으로 확인하고 정책에 반영

② 국민들은 각종 행정정보의 공개를 온라인으로 손쉽게 청구하고, 확인할 수 있으며(정보공개시스템), 국가 기록물을 언제 어디서나 열람하는 것이 가능

(4) 정보자원관리의 효율성 제고

① 정부통합전산센터에서 정부의 모든 정보시스템을 통합적으로 관리함으로써 장애, 보안위협 등에 대한 대응력이 크게 강화 – 정부통합전산센터에서 시스템을 통합 관리 후, 장비당 장애시간은 통합 관리 전 67분에서 2011년 4.8초로 획기적으로 단축

② 정보화 종합설계도인 EA(Enterprise Architecture)를 도입하여 범정부 차원에서 전자정부를 설계하고 체계적으로 관리가 가능

3. 평가

(1) UN의 전자정부 발전단계 및 지표

단계	단계명	단계정의 및 지표
1단계	착수 (Emerging)	• 정책·법령·문서 등을 온라인을 통해 시민에게 제공 • 타 부처 소속기관의 산하기관과 링크 • 정부부처의 새 소식 및 정보목록 제공
2단계	발전 (Enhanced)	• 시민에게 발전된 일방향 및 단순쌍방향 온라인 서비스 제공 민원신청 양식 오니오 및 비니오 서비스와 다국어 서비스 제공 • 부분적으로 비온라인 양식이나 개인정보를 우편 등으로 제공받는 서비스를 온라인으로 신청할 수 있는 서비스 제공
3단계	전자거래 (Transactional)	• 시민들이 정부정책 프로그램 법령 등을 온라인으로 요청하고 접수할 수 있는 쌍방향 서비스 제공 • 거래의 완료를 위해 시민의 신분 증명을 위한 전자인증양식 제공 • 전자투표 양식의 다운로드 및 업로드, 온라인 세금납부 서비스, 증명·면허·허가 신청 서비스 제공 • 보안 네트워크를 통한 정부와의 금융 거래 가능
4단계	통합처리 (Connected)	• Web 2.0과 기타 상호작용 도구를 이용하여 시민과의 적극적인 커뮤니케이션을 수행 • 다부처 통합 서비스, 시민 생애주기를 고려한 맞춤형 서비스 제공 • 정책 의사결정에 시민 의견이 반영될 수 있는 온라인 환경조성

(2) 한국은 UN이 2003년 이후 193개 회원국 대상, 격년으로 전자정부 발전수준을 평가한 '전자정부 발전지수'에서 2010년과 2012년, 2014년 연속 3회 세계 1위로 평가됨

구분	2008년	2010년	2012년	2014년	2016년	2018년	2020년
온라인 참여지수	2위	1위	1위	1위	4위	1위	1위
전자정부 발전지수	6위	1위	1위	1위	3위	3위	2위

4. 전자정부 발전방향

(1) 모바일 전자정부 구현

① 국민생활과 밀접한 기존 PC기반 주요 대표 서비스를 수요자 중심의 모바일통합 서비스로 단계적 전환

② 모바일 기기의 특성인 이동성, 위치기반, 실시간 등을 활용한 개인화된 혁신적 대국민 서비스 발굴·추진

(2) 안전하고 따뜻한 사회 구현

① CCTV, 센서 등을 이용하여 실종 아동, 범죄, 재난·재해 등에 신속하고 효과적인 대응체계 구축

② 바코드와 RFID 칩을 이용하여 소비자에게 농축산물 제품의 안전정보를 제공하고, 전국 병·의원과 약국을 연계하여 신속한 전염병 발생 및 예보 정보를 제공하는 선진 경보체계 구축

(3) 스마트워크 활성화

① 공공부문의 스마트워크센터 도입을 통한 스마트워크 환경 구축과 스마트워크에 적합한 직무 분석, 인사관리 체계 개선을 통해 민간부문으로의 스마트워크 확산을 추진

② 다 부처 협업과제에 대해 행정정보와 화상회의와 같은 선진 IT기술의 융합을 통해 행정협업을 지원할 수 있는 '디지털 행정협업 지원 시스템'을 구축하여 선진 행정서비스를 제공

(4) 소통기반의 개인별 맞춤형 서비스

① 트위터 등과 같은 소셜 네트워크 서비스(SNS)를 통해 정책결정 과정에 국민의 참여를 확대하고, 정부 정책정보에 실시간으로 접속함으로써 정부와 국민 간 확대된 소통 채널을 제공

② 국민과 기업을 대상으로 세금, 공과금 납부 등과 관련된 정보에 대해 통합된 단일 서비스를 제공하고, 기업 활동 관련 복합민원을 온라인으로 일괄 처리하는 등 개인맞춤형 서비스를 제공

(5) 기초가 튼튼한 전자정부 인프라 구축

① 취약계층을 포함하여 사회의 전 구성원이 전자정부 서비스에 손쉽게 접속할 수 있도록 전자정부 웹표준 준수를 의무화

② 정부통합전산센터 내 '클라우드 컴퓨팅 센터'를 구축하여 정보자원 이용의 효율성을 높이고, 스마트폰 단말기 분실 시 정보 암호화, 원격제어 강화로 정보유출 방지, 스마트폰·TV 백신 보급 등 해킹·바이러스 대응체계의 강화

2 정부 3.0

1. 정의

공공정보를 적극 개방·공유하고, 부처 간 칸막이를 없애고 소통·협력함으로써 국정과제에 대한 추진동력을 확보하고 국민 맞춤형 서비스를 제공함과 동시에 일자리 창출과 창조경제를 지원하는 새로운 정부운영 패러다임이다.

2. 방향

(1) 공공정보의 개방과 공유, 정부와 국민 간의 소통과 협력을 확대

(2) 국가보다 국민 개개인의 행복에 초점을 두는 맞춤형 서비스 제공

(3) 민간의 창의와 활력이 증진되는 혁신 생태계 조성

(4) 부처 간 칸막이를 뛰어넘는 통합형 정부운영 지향

(5) 정부가 직접 개입하지 않고, 민간의 능동적 참여를 유도하는 플랫폼 정부

[정부패러다임의 변화 방향]

구분	정부 1.0	정부 2.0	정부 3.0
운영방향	정부 중심	국민 중심	국민 개개인 중심
참여	관 주도 동원방식	제한된 공개 참여	능동적 공개 참여 개방·공유·소통·협력
핵심가치	효율성	민주성	확장된 민주성
행정서비스	일방향 제공	양방향 제공	양방향 맞춤형 제공
수단(채널)	직접 방문	인터넷	무선인터넷 스마트 모바일

3. 추진과제

(1) 전략 1: 소통하는 투명한 정부

① 공공정보 적극 공개로 국민의 알권리 충족

② 공공데이터의 민간 활용 활성화

③ 민·관 협치 강화

(2) 전략 2: 일 잘하는 유능한 정부

① 정부 내 칸막이 해소

② 협업·소통 지원을 위한 정부운영 시스템 개선

③ 빅 데이터를 활용한 과학적 행정 구현

(3) 전략 3: 국민 중심의 서비스 정부

① 수요자 맞춤형 서비스 통합 제공

② 창업 및 기업활동 원스톱 지원 강화

③ 정보 취약계층의 서비스 접근성 제고

④ 새로운 정보기술을 활용한 맞춤형 서비스 창출

- 시맨틱 웹(Semantic Web) 기반의 지능형 웹으로 사물과 장소가 센서와 무선 네트워크로 연결되어 비즈니스와 개인의 의사결정을 도와주는 리얼-월드 웹(Real-World Web)을 구현하여 언제 어디서나 이용자가 원하는 정보를 찾아 개인별 맞춤서비스가 가능하다.
- 무선기기와 센서 등을 통해 개인의 생활기록(Life Log)을 저장·분석하여 지능화된 개인별 맞춤 서비스 제공한다.
- 데이터와 서비스의 가상통합(Virtual Integration)이 이루어져 정보공유가 실시간으로 가능하다.

◯LINK　전자정부법

제4조(전자정부의 원칙)

① 행정기관 등은 전자정부의 구현·운영 및 발전을 추진할 때 다음 각 호의 사항을 우선적으로 고려하고 이에 필요한 대책을 마련하여야 한다.
　1. 대민서비스의 전자화 및 국민편익의 증진
　2. 행정업무의 혁신 및 생산성·효율성의 향상
　3. 정보시스템의 안전성·신뢰성의 확보
　4. 개인정보 및 사생활의 보호
　5. 행정정보의 공개 및 공동이용의 확대
　6. 중복투자의 방지 및 상호운용성 증진
② 행정기관 등은 전자정부의 구현·운영 및 발전을 추진할 때 정보기술아키텍처*를 기반으로 하여야 한다.
③ 행정기관 등은 상호 간에 행정정보의 공동이용을 통하여 전자적으로 확인할 수 있는 사항을 민원인에게 제출하도록 요구하여서는 아니 된다.
④ 행정기관 등이 보유·관리하는 개인정보는 법령에서 정하는 경우를 제외하고는 당사자의 의사에 반하여 사용되어서는 아니 된다.

◯LINK　지능정보화 기본법

제1조(목적)

이 법은 지능정보화 관련 정책의 수립·추진에 필요한 사항을 규정함으로써 지능정보사회의 구현에 이바지하고 국가경쟁력을 확보하며 국민의 삶의 질을 높이는 것을 목적으로 한다.

제3조(지능정보사회 기본원칙)

① 국가 및 지방자치단체와 국민 등 사회의 모든 구성원은 인간의 존엄·가치를 바탕으로 자유롭고 개방적인 지능정보사회를 실현하고 이를 지속적으로 발전시킨다.
② 국가와 지방자치단체는 지능정보사회 구현을 통하여 국가경제의 발전을 도모하고, 국민생활의 질적 향상과 복리 증진을 추구함으로써 경제 성장의 혜택과 기회가 폭넓게 공유되도록 노력한다.
③ 국가 및 지방자치단체와 국민 등 사회의 모든 구성원은 지능정보기술을 개발·활용하거나 지능정보서비스를 이용할 때 역기능을 방지하고 국민의 안전과 개인정보의 보호, 사생활의 자유·비밀을 보장한다.
④ 국가와 지방자치단체는 지능정보기술을 활용하거나 지능정보서비스를 이용할 때 사회의 모든 구성원에게 공정한 기회가 주어지도록 노력한다.
⑤ 국가와 지방자치단체는 지능정보사회 구현시책의 추진 과정에서 민간과의 협력을 강화하고, 민간의 자유와 창의를 존중하고 지원한다.
⑥ 국가와 지방자치단체는 지능정보기술의 개발·활용이 인류의 공동발전에 이바지할 수 있도록 국제협력을 적극적으로 추진한다.

제6조(지능정보사회 종합계획의 수립)

① 정부는 지능정보사회 정책의 효율적·체계적 추진을 위하여 지능정보사회 종합계획(이하 "종합계획"이라 한다)을 3년 단위로 수립하여야 한다.

---

*　정보기술아키텍처
　건축물의 설계도처럼 조직의 정보화 환경을 정확히 묘사한 밑그림으로서 조직의 비전, 전략, 업무, 정보기술 간 관계에 대한 현재와 목표를 문서화한 것이다.

1. 지식

(1) 개념: 지식관리는 한 마디로 '지식'과 '관리'의 조어이다. 따라서 지식관리 정의에 앞서 지식에 대한 정의를 한 마디로 '고부가 가치의 정보'를 말하며 기존의 데이터나 정보와는 달리, 인간의 인지적 활동의 중요성을 내포하고 있다. 즉, 정보가 데이터나 사용자의 인식, 해석, 분석 및 이해 등의 인지적 활동을 거치면서 경험이나 문제상황과 결합함으로써 보다 가치부가적인 지식이 창출된다. 그러므로 지식은 기존의 데이터나 정보에 비해 조직차원에서 높은 가치를 내포하지만, 사람에게서 오랜 시간을 거쳐 창출된다는 특성을 가지므로 관리하고 공유하는 데 있어서 많은 시간과 노력을 요구한다.

형태	정의	사례
데이터	사건, 상황 또는 상태를 설명, 분석, 이해하는 데 필요한 문자, 숫자, 기호의 단편적인 조합	회사에서 집으로 갈 때, 걸리는 시간: 고속도로 40분, 고속화 도로 50분, 국도 60분
정보	사건, 상황 또는 상태를 설명, 분석, 이해한 내용으로서 데이터의 의미 있는 조합, 데이터를 정보로 변환시키기 위해서는 지식이 필요하다(데이터＋가치).	회사에서 집으로 갈 때, 고속도로를 이용하면 40분이 걸린다. 고속도로를 이용하면 1,000원을 내야 한다.
지식	판단, 경험, 규칙에 의해 정보를 가공하여 보다 가치 있는 형태로 발전시킨 정보로 새로운 정보처리, 지식의 생성 및 의사결정 시에 사용된다.	회사에서 집으로 갈 때, 일찍 또는 늦게 퇴근할 때는 고속화 도로를 이용하지만 교통이 혼잡한 시간에는 1,000원을 부담하더라도 고속도로를 이용하는 것이 낫다. 고속도로를 달릴 때도 어느 시점을 지나서는 바깥 차로를 이용하는 것이 항상 유리하다(가치＝시간, 돈의 절약).

(2) 유형: 무엇인가를 관리하기 위해서는 관리하고자 하는 대상의 특성을 정확히 파악해야만 한다. 여기서 지식은 그 자체가 추상화된 형태에 가깝기 때문에 해석하는 주체의 관점에 따라 다양한 정의가 있을 수 있다.

① 인지과학적 관점에 따른 분류
  ⊙ 절차적 지식: 다양한 인지적 활동들을 수행하는 방법 혹은 지식 자체의 조작 혹은 어떤 행위의 절차에 관한 지식으로 방법적 지식이라고도 한다. 절차적 지식은 해결하고자 하는 문제의 성격에 따라 명시적인 형태 또는 암묵적인 형태로 되며 특정 문제를 해결하기 위한 작업수행 단계(Procedural Step)들로 이루어진다. 또한 암묵적 형태의 절차적 지식인 경우에는 문제해결의 순간에 무의식적 또는 반의식적으로 활성하게 된다. 즉, 두뇌 속에 있는 내재적 기억장소에 저장되며 실제 작업수행 시 활용된다는 것이다.
  ⊙ 선언적 지식: 선언적 지식은 명제의 형태로 표현되는 것으로 사실, 사물에 관한 지식을 말한다. 따라서 선언적 지식은 의식적으로 알고 있으며 쉽게 말로 전달할 수 있는 명시적 지식으로 이는 이론형 지식, 원리 지식, 실제 지식 등으로도 일컫는다.
② 지식의 존재 형태에 따른 분류(노나카, Nonaka)
  ⊙ 암묵지: 암묵지는 개인의 내면화되어 있는 지식으로 개인의 경험에 의해 축적된다.
  ⊙ 형식지: 형식지는 성문화·언어화되는 지식으로 학습을 통해 축적된다.

[암묵지와 형식지의 비교]

구분	암묵지	형식지
의의	개인의 내면화된 지식	언어화 · 성문화되는 지식
획득	경험을 통한 지식(노하우)	언어를 통한 학습
전달	은유를 통한 전달	언어를 통한 전달
형태	개인이나 조직의 경험, 이미지, 숙련된 기능, 조직문화 등	문서, 규정, 매뉴얼, 공식, 컴퓨터 프로그램 등

③ 보유주체에 따른 분류

  ㉠ 개인지: 개인이 보유한 지식

  ㉡ 조직지: 조직이 보유한 지식

④ 위치에 따른 분류

  ㉠ 스튜어트(Stewart, 1997)는 위치에 따라 인적 자본, 구조적 자본, 고객 자본으로 분류하고, 인적 자본이란 조직구성원이 보유하고 있는 지식, 노하우, 기술, 가치관으로써 조직구성원의 머릿속에 내재되어 있으며 혁신의 원천으로 가장 중요한 요소가 된다고 하였다.

  ㉡ 구조적 자본이란 인적 지식자본을 확대 재생산하는 조직의 체계적 프로세스(예 경쟁 및 시장정보, 유통채널에 대한 지식 등)를 말한다.

  ㉢ 고객 자본이란 고객과의 관계에서 발생하는 것으로 제품 및 서비스에 대한 고객의 가치인식, 고객의 필요에 대한 지식 등을 일컫는다.

2. 지식관리

(1) 개념: 지식관리란 지식의 획득 · 생성, 축적, 접근 · 공유, 습득 · 활용을 활성화하는 효율적인 절차 및 방법으로 축약될 수 있다.

(2) 과정

  ① **획득 · 생성**: 외부 지식의 도입, 지식 소유자의 영입 또는 네트워크 형성, 데이터 · 정보 · 기존지식의 연결을 통한 신규 지식의 창출 등

  ② **축적**: 조직 내 지식의 분류, 저장 또는 암묵지의 형식지화

  ③ **접근 · 공유**: 원하는 지식을 보다 손쉽게 얻을 수 있는 수단(효율적인 검색 시스템, 지식 소유자에 대한 목록 등)

  ④ **습득 · 활용**: 축적된 지식의 학습, 문제해결을 위한 전문가와의 협의, 업무에 지식의 적용 등

> **개념더하기** ▶ 지식관리의 과정 – 노나카(Nonaka)의 지식변환과정
>
> • 사회화(공동화; Socialization: 암묵지 → 암묵지): 관찰, 모방, 연습 등 공동 체험을 통해 개인 간의 암묵지식을 이전하는 단계이다.
> • 외재화(표출화; Externalization: 암묵지 → 형식지): 암묵적 지식을 문서와 절차로 바꾸기 위해 토론 혹은 집단적 의견을 통해 비유적이거나 은유적인 것으로 표현하는 단계이다.
> • 조합화(연결화; Combination: 형식지 → 형식지): 집단토론 등 집단학습 과정을 통하여 형식화된 지식을 모아 결합하는 단계이다.
> • 내재화(내면화; Internalization: 형식지 → 암묵지): 형식지를 개인적인 암묵지로 체화 및 학습하는 단계이다.

3. 지식행정(지식관리의 공공부문의 적용)

(1) **핵심요소**: 환경변화에 신축성 있게 적응하면서 학습이 상시적으로 일어날 수 있는 조직이어야 하고, 경쟁력 있는 지식공무원이 계속 충원되어야 하며, 인력과 예산의 제약 속에서 공공서비스 향성을 위한 내부유인체계가 행정문화로 정착되어 있어야 한다. 또한, 정책과정에 있어서 정보의 흐름과 공유, 조정과 통합이 잘 이루어질 수 있는 네트워크 행정모형이 되어야 할 것이다.

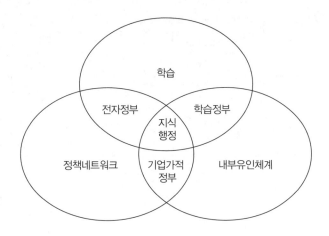

(2) **필요성**

① 각 행정기관의 유형자산은 한계가 있기 때문에 지식과 같은 무형자산을 잘 활용해서 행정기관의 생산성을 향상시켜야 한다.

② 행정기관에 대한 다운사이징(Downsizing)이나 구조조정(Re-Structuring) 등으로 행정조직을 떠나는 인사들이 갖고 있는 지식을 조직 내부에 흡수 · 보전 · 활용해야 한다.

③ 정보기술에 대한 상당한 투자가 진행되면서 지식행정을 전개할 수 있는 인프라가 구축되고 있는바, 이를 합목적적으로 활용해야 한다.

④ 특정한 행정기관에서 생산 · 습득한 지식을 다른 행정기관도 공유 · 활용한다면 예산의 효율성을 제고할 수 있기 때문이다.

⑤ 행정환경의 변화로 인해 새롭게 제기되고 있는 행정서비스 수요에 대한 합리적이고 현실적인 충족은 지식행정에 의하여 가능한 것이다.

⑥ 특정한 행정주체가 창출한 행정지식을 다른 행정주체나 민간이 이를 벤치마킹하여 활용하거나 확대하여 새로운 지식을 창출하게 된다면 중복 투자를 방지할 수 있을 것이다.

⑦ 세계화와 정보통신기술발달로 경쟁상대가 다양화되었고, 지리적 위치의 장점을 더 이상 유지할 수 없게 되었으므로 행정지식을 기반으로 하는 서비스 경쟁에 승부를 걸어야 하는 상황이 되었다.

⑧ 지식정보화 시대의 행정고객들은 서비스에 대한 풍부한 정보와 지식으로 행정서비스를 평가할 수 있게 되었다.

⑨ 지식 공무원 상호 간의 공동작업이 효율성과 효과성을 확보할 수 있게 되었다.

⑩ 행정혁신에 관한 다양한 기법들의 성과에 대한 엄정한 측정이 요구되고 있다.

기존 행정관리와 지식 행정관리의 비교

구분	기존 행정관리	지식 행정관리
조직구성원 능력	조직구성원의 기량과 경험이 일과성으로 소모	개인의 전문적 자질 향상
지식공유	조직 내 정보 및 지식의 분절, 파편화	공유를 통한 지식가치 향상 및 확대 · 재생산
지식소유	지식의 개인 사유화	지식의 조직 공동재산화
지식활용	정보 · 지식의 중복 활용	조직의 업무 능력 향상
조직성격	계층제적 조직	학습조직 기반 구축

개념확인

01 객관적 책임이란 행위자의 외부로부터 부과된 의무나 기준에 의한 책임으로서 합법적 책임이나 응답적 책임이 이에 해당한다. (○, ×)

02 행정통제의 관점에서 국회의 국정감사는 내부 통제이며 공식적 통제이다. (○, ×)

03 행정이 전문성과 복잡성을 띠게 된 현대 행정국가 시대에는 내부 통제보다 외부 통제가 점자 강조되고 있다. (○, ×)

04 행정 권한의 강화 및 행정재량권의 확대가 두드러지면서 행정 책임 확보의 수단으로서 행정통제의 중요성이 커지고 있다. (○, ×)

05 행정통제의 유형 중 공식적·내부통제 유형에 포함되는 방식중 하나는 감사원, 국민권익위원회에 의한 통제이다. (○, ×)

06 행정통제는 통제방법 등이 법률로 제도화되어 있는지 여부를 기준으로 외부통제와 내부통제로 나눌 수 있다. (○, ×)

07 옴부즈만은 처벌권과 명령권, 이미 결정된 행정결정을 취소할 수 있다. (○, ×)

08 사법통제는 행정부의 잘못된 기능을 사법제도를 통하여 통제하는 것을 말한다. (○, ×)

09 캐이튼의 행정개혁 모형은 '개혁의 필요성 인식 → 개혁안의 작성·결정 → 개혁의 집행 → 개혁의 평가'의 절차로 진행된다. (○, ×)

10 그레이스 위원회는 미국 클린턴 대통령 때 설치된 행정개혁기구로 민영화, 규제완화를 통하여 연방정부의 능률적 운영을 주장하였다. (○, ×)

11 시민헌장제도는 시민의 만족도조사 및 서비스 제공자 간의 경쟁 촉진으로 시민의 선택권을 확대한다. (○, ×)

12 정보의 그레샴의 법칙이란 공개되는 공적정보시스템에는 상대적으로 가치가 큰 정보가 축적되는 현상을 말한다. (○, ×)

13 전자정부구현으로 정부정보의 공개내용 및 범위와 시민참여가 확대됨에 따라 행정의 민주화가 이루어지지만, 참여자 수의 증가는 정책결정을 지연시키게 된다. (○, ×)

14 암묵지는 개인이나 조직의 경험, 이미지, 숙련된 기능, 조직의 문화 등 경험을 통한 지식을 말한다. (○, ×)

15 지식정보화 시대의 행정고객들은 서비스에 대한 풍부한 정보와 지식으로 행정서비스를 평할 수 있게 되었다. (○, ×)

OX정답확인

01 ○ **02** × **03** × **04** ○ **05** ○ **06** × **07** × **08** ○ **09** ○ **10** × **11** ○ **12** × **13** × **14** ○ **15** ○

01

행정부에 대한 외부통제에 해당하는 것만을 모두 고르면?

> ㉠ 행정안전부의 각 중앙행정기관 조직과 정원 통제
> ㉡ 국회의 국정조사
> ㉢ 기획재정부의 각 부처 예산안 검토 및 조정
> ㉣ 국민들의 조세부과 처분에 대한 취소소송
> ㉤ 국무총리의 중앙행정기관에 대한 기관평가
> ㉥ 환경운동연합의 정부정책에 대한 반대
> ㉦ 중앙행정기관장의 당해 기관에 대한 자체평가
> ㉧ 언론의 공무원 부패 보도

① ㉠, ㉢, ㉤, ㉦
② ㉡, ㉢, ㉣, ㉤
③ ㉡, ㉣, ㉤, ㉧
④ ㉡, ㉣, ㉥, ㉧

02

다음 중 민원에 대한 설명으로 옳지 않은 것은?

① 복합민원은 5세대 이상의 공동이해와 관련하여 5명 이상이 연명으로 제출하는 민원이다.
② 고충민원은 행정기관 등의 위법·부당하거나 소극적인 처분 및 불합리한 행정제도로 인하여 국민의 권리를 침해하거나 국민에게 불편 또는 부담을 주는 사항에 관한 민원이다.
③ 질의민원은 법령·제도·절차 등 행정업무에 관하여 행정기관의 설명이나 해석을 요구하는 민원이다.
④ 건의민원은 행정제도 및 운영의 개선을 요구하는 민원이다.

03

다음 중 행정개혁의 접근 방법에 대한 설명으로 옳지 않은 것은?

① 사업(산출) 중심적 접근 방법은 행정활동의 목표를 개선하고 서비스의 양과 질을 개선하려는 접근 방법으로 분권화의 확대, 권한 재조정, 명령계통 수정 등에 관심을 갖는다.
② 과정적 접근 방법은 행정체제의 과정 또는 일의 흐름을 개선하려는 접근방법이다.
③ 행태적 접근 방법의 하나인 조직발전(OD; Organizational Development)은 의식적인 개입을 통해서 조직 전체의 임무수행을 효율화하려는 계획적이고 지속적인 개혁활동이다.
④ 문화론적 접근 방법은 행정문화를 개혁함으로써 행정체제의 보다 근본적이고 장기적인 개혁을 성취하려는 접근 방법이다.

04

다음 중 한국의 대민 전자정부(G2C 또는 G2B)의 사례로 옳지 않은 것은?

① 국민신문고
② 전자조달 나라장터
③ 온 – 나라시스템
④ 전자통관시스템

05

다음 중 기존 전자정부와 비교한 스마트 전자정부의 특징으로 옳지 않은 것은?

① 개인별 맞춤형 통합서비스 제공
② 스마트폰, 태블릿 PC, 스마트 TV 등 다매체 활용
③ 공급자 중심의 서비스 개발
④ 1회 신청으로 연관 민원 일괄처리

06

다음 중 지식행정관리의 기대효과로 가장 옳지 않은 것은?

① 조직구성원의 전문적 자질 향상
② 지식공유를 통한 지식가치의 확대 및 재생산
③ 학습조직 기반 구축
④ 지식의 개인 사유화 촉진

01 정답 ④

㉠·㉢·㉤·㉥ 행정부 내부에 있는 참여자인 행정안전부, 기획재정부, 국무총리, 중앙행정기관장에 의한 통제는 행정부에 대한 내부통제이다.

02 정답 ①

2016년 2월 개정 시행된 민원 처리에 관한 법률에 따르면 ①은 복합민원이 아니라 다수인관련민원에 해당한다.

03 정답 ①

①은 사업이나 산출이 아니라 구조 중심의 접근법에 해당한다. 기능 중복의 해소, 권한과 책임의 재조정, 명령계통 수정 등의 원리전략과 분권화의 확대는 고전적인 구조 중심의 접근법에 해당한다.

04 정답 ③

G2C(Gov't to Customer)나 G2B(Gov't to Business)는 정부가 국민이나 기업을 상대로 전자상거래 내지는 소통을 하는 것으로 ③의 온 – 나라시스템은 대민전자정부가 아니라 정부 내부의 업무처리를 위한 전산화 시스템으로 G2G에 해당한다. ①은 G2C, ②·④는 G2B에 해당한다.

05 정답 ③

공급자 중심의 획일적 서비스 개발은 기존의 1.0 전자정부의 특징이다. 스마트 전자정부는 2.0 이후의 전자정부를 의미한다.

06 정답 ④

지식행정관리에서는 지식의 개인 사유화가 아니라 공유화를 강조한다.

구분	기존 행정관리	지식 행정관리
조직 구성원 능력	조직구성원의 기량과 경험이 일과성으로 소모	개인의 전문적 자질 향상
지식 공유	조직 내 정보 및 지식의 분절, 파편화	공유를 통한 지식 가치 향상 및 확대·재생산
지식 소유	지식의 개인 사유화	지식의 조직 공동재산화
지식 활용	정보·지식의 중복 활용	조직의 업무 능력 향상
조직 성격	계층제적 조직	학습조직 기반 구축

지방행정론

CHAPTER 01 지방행정

01 지방행정의 본질

1. 지방행정의 의의

지방행정이란 국가와 학자에 따라 다양하게 사용되고 있으며, 지방행정의 존재 양태는 개별 국가가 처한 여러 사항과 지방자치의 전통, 지방분권의 방식 등에 따라 다양한 형태를 띠고 있으나, 일반적으로 다음과 같이 정의할 수 있다.

(1) 지방행정의 개념

① **광의의 개념**: 일정한 지역 내에서 수행하는 일체의 행정을 의미하는 것으로, 이에는 지방자치단체가 처리하는 자치행정, 위임행정뿐만 아니라 중앙정부가 지방에 설치한 하급행정기관이 담당하는 행정까지도 포함된다(자치행정＋위임행정＋관치행정).

② **협의의 개념**: 일정한 지역에서 수행되는 행정 중에서 지방자치단체가 처리하는 행정으로 보는 견해이다(자치행정＋위임행정).

③ **최협의의 개념**: 지방주민들이 그들의 일상생활과 관련된 사무를 국가에 의하지 아니하고 스스로 처리하는 행정만을 의미하며, 이에는 자치행정만이 포함된다(자치행정).

(2) 지방행정의 수행방식

① **지방행정의 수행방법**

　㉠ 직접행정방식: 지방에 중앙정부의 일선기관(특별지방행정기관: 세무서, 경찰서)을 설치하여 지방행정을 수행하는 방식으로 관치행정방식이라고도 한다.

　㉡ 간접행정방식: 지방에 국가와는 별개의 지방자치단체를 설립하여 지방행정을 담당·수행하게 하는 방식이다.

② **지방자치단체에 의한 지방행정의 수행방식**

　㉠ 자치행정방식: 지방자치단체가 고유사무를 중앙정부의 통제를 받지 않고 독자적·자율적으로 수행하는 방식이다.

　㉡ 위임행정방식: 지방자치단체가 중앙정부로부터 사무를 위임받아 중앙정부의 간섭과 통제 하에 지방행정을 수행하는 방식이다.

관치적 지방행정(특별지방행정기관)	자치적 지방행정
• 중앙정부가 지방행정의 주체가 된다. • 지방행정의 권력의 근원이 중앙정부에 있다. • 결정권이 중앙정부에 집중된다. 즉, 중앙집권적 구조를 갖는다. • 중앙에서 임명한 관료가 중앙을 대표해서 지방을 통치한다. • 소수의 고위관료들에 의한 지배체제이다. • 중앙정부에 의한 지방의 통치이다. • 관료들은 중앙정부에 책임을 지고, 그에 대하여 봉사한다. • 관료의 임무는 주로 중앙정부의 정책이나 지시에 따라 집행하는 일이다. • 행정의 획일성이 특징이다.	• 지방자치단체가 지방행정의 주체가 된다. • 지방행정의 권력의 근원이 지방주민에게 있다. • 결정권이 지방분권화된다. • 주민이 선출한 지방자치단체장과 그가 통솔하는 공무원이 행정을 담당한다. • 다양한 정치 · 행정의 행위자들을 통해서 행정이 행해진다. • 주민의 지지와 여론에 입각한 자치행정이 강조된다. • 관료들이 주민에 대하여 책임을 지고 그들에 대한 봉사를 중요한 행동규범으로 삼는다. • 관료들이 주민의 행정수요를 보다 민감하게 파악하여 결정하고 집행한다. • 지방의 실정에 적응하는 다양한 행정을 촉진한다.

2. 지방행정의 특징

(1) 자치행정: 자치는 관치에 대립되는 개념으로, 지방행정사무는 특수한 경우를 제외하고는 원칙적으로 지방자치단체의 자치사무로서 독자의 의사와 책임 하에 수행하게 되는 행정이다.

(2) 비권력적 행정: 지방행정은 지역주민에 대한 조언, 권고, 지원 등을 하는 비권력적 수단을 통해 행정을 수행한다. 우리나라 헌법 역시 '지방자치단체는 주민의 복리에 관한 사무를 처리하고 재산을 관리하며 법령의 범위 내에서 자치에 관한 규정을 제정할 수 있다'고 규정하고 있다.

(3) 종합행정: 지방행정의 지역범위는 한정적이나 그 지역 안에서 일어나는 모든 행정수요에 대응하여 포괄적으로 문제를 해결하는 종합행정의 성격을 지닌다.

(4) 급부행정(서비스 행정): 문서행정과 대립되는 개념으로, 지방행정은 직접 일선에서 현실적인 결과를 구현하는 서비스 행정의 성격을 띤다.

(5) 대화행정(일선행정): 지방행정은 중앙행정과는 달리 주민들과 일상적으로 접촉하면서 대화를 통해 그들의 의견을 청취하고, 이를 바탕으로 시책을 결정 · 집행한다.

(6) 생활행정: 국가행정이 전국을 단위로 통일적 · 일원적으로 실시되는 것인 데 비하여, 지방행정은 국가의 지역 또는 지방을 단위로 개별적 · 다원적으로 실시되는 행정이므로 일상생활의 하나하나가 곧 행정의 대상이 되는 생활행정이다.

(7) 지역행정: 국가 내의 일정한 지역인 지역공동사회를 단위로 그 지역이 가진 특수한 조건에 따라 개별적 · 다원적으로 실시된다.

02 　중앙집권과 지방분권(지방자치를 논의하기 위한 전제)

1 중앙집권과 지방분권의 논의의 전제

중앙집권이란 통치상 또는 행정상의 권한이 중앙정부에 집중되어 지방정부의 자주성이 제한되어 있는 것이며, 지방분권이란 통치상 또는 행정상의 권한이 지방정부에 위임·분산되어 지방정부의 자주성이 높은 것을 말한다. 중앙집권과 지방분권은 중앙정부가 지방정부에 대한 통제력의 범위 정도와 이에 대응하는 지방정부의 자주성의 범위로 구분하므로 중앙집권과 지방분권은 상대적·보완적인 양적 개념이다.

1. 중앙집권과 지방분권의 개념

(1) 행정상 집권과 분권의 개념

① 집권(Centralization): 의사결정권한 혹은 정책결정권한이 조직 간(중앙정부와 지방자치단체 간)에 있어서는 상급조직(중앙조직)에, 조직 내(정부 내의 상하 행정기관 사이 및 동일기관 내의 상하계층 간)에 있어서는 상급기관 및 상층부에 집중되어 있는 것이다.

② 분권(Decentralization): 의사결정권한이나 정책결정권한이 조직 간에 있어서는 하급조직(지방자치단체)에 조직 내에서는 하급기관 및 하층부에 분산되어 있는 것이다.

(2) 정치상 중앙집권과 지방분권

① 중앙집권: 정치적 의사결정권한이나 기능이 중앙정부에 집중되어 지방자치단체의 자주성이 제약된다.

② 지방분권: 정치적 의사결정권한이나 기능이 지방자치단체에 분산되어 있는 것으로 자주성이 높다.

③ 중앙집권과 지방분권은 상대적인 개념: 오늘날 절대적 중앙집권적 체제를 채택하거나 절대적 지방분권체제를 채택하는 국가는 존재하지 않는다. 따라서 상대적인 비중의 문제이며 상황에 따라 변동할 수 있다.

2. 중앙집권과 지방분권의 촉진요인

중앙집권의 촉진요인	지방분권의 촉진요인
• 국민적 최저(National Minimum) 실현 • 행정관리의 전문화가 요청될 때 • 행정의 획일성과 통일성이 요구되는 경우 • 교통·통신수단의 발달 • 카리스마적 리더십이 요구될 때 • 최고관리자가 의사결정에 필요한 정보가 많이 요구될 때 • 능률성 제고(규모의 경제, 집적이익, 수익의 증가, 외부효과) • 신설조직, 소규모 조직의 경우 • 조직에 위기가 존재하는 경우 • 정책의 강력한 추진 • 사회복지재정의 확대	• 시민적 최저(Civil Minimum) 실현 • 중앙정부의 업무부담 경감 • 정책의 지역적 실험 용이 • 관리자 양성의 기회나 참여 중시 • 상급자의 업무부담 감소 • 하급직원의 책임감 강화 • 사기양양, 민주성 • 지방실정에의 적응 • 민주적 통제의 강화를 요할 때 • 신속한 업무처리를 요할 때(권한위임 중시) • 불확실한 상황에 적응 • 조직의 대규모화나 안정된 조직

3. 중앙집권과 지방분권의 장·단점

구분	중앙집권	지방분권
장점	• 국가적 위기에 대한 신속한 대처 • 경제발전 · 국민형성에 유리 • 지역 간의 격차 해소 • 전국적 · 광역적 규모의 사업에 유리 • 행정의 통일성 · 전문성 · 능률성의 확보	• 지역 실정에 적합한 행정 • 주민통제를 통한 행정의 민주성 확보 • 주민참여에 의한 행정의 민주화 • 지방공무원의 사기 및 능력 제고 • 신속한 행정처리 • 지역단위행정의 종합 · 조정
단점	• 중앙정부의 행정부담 과중 • 민주적 통제가 약화되어 권위주의적 · 전제주의적 경향 초래 • 지역적 특수성과 실정이 고려되지 않으며, 획일적인 행정의 폐단 초래 • 행정단위와 구역의 확대로 인한 공동체의식, 애향심, 자치의식 등의 결여 • 참여의식이 저하되고 민의의 반영이 적극적으로 이루어지지 않음	• 행정의 통일성 · 안정성 · 능률성 저해 • 대규모의 광역적 · 거시적 · 전국적인 국가사업 추진 곤란 • 위기 시 강력한 행정력을 발휘하기 어려움 • 규모의 경제를 실현하기 어려움 • 지역 간의 이질성, 불균형, 지역이기주의 심화

개념더하기 중앙집권과 지방분권화

1. 중앙집권과 지방분권화의 측정지표
   (1) 국가공무원과 지방공무원의 구성비율
   (2) 국가정부의 지방정부에 대한 재정통제의 정도
   (3) 국세와 지방세 수입의 비율
   (4) 지방자치단체의 사무구성비율
   (5) 중앙과 지방의 인 · 허가업무의 배분비율
   (6) 특별지방행정기관의 종류와 수
   (7) 지방자치단체 주요 지위의 선임방법
   (8) 지방자치단체의 조례제정 범위
   (9) 지방정부의 재원 중 보조금의 비율

2. 측정지표가 아닌 것
   (1) 지방자치단체장의 선출 방식
   (2) 중앙과 지방의 인사교류 범위
   (3) 지방정부 공무원의 조직운영 능력
   (4) 중앙선거와 지방선거의 투표율
   (5) 중앙선거와 지방선거의 정당 관여의 정도
   (6) 지방자치단체의 기관구성 형태
   (7) 국세와 지방세의 종류(주의: 국세와 지방세의 규모는 측정지표지만 종류는 측정지표가 아님)

2 중앙집권과 지방분권의 역사적 전개(지방자치의 변천)

16~18세기(절대국가, 중앙집권) → 19세기(입법국가, 지방분권) → 1930~1970년대(경제대공황, 신중앙집권) → 1980년대 이후 (신자유주의, 신지방분권)

1. 신중앙집권화

(1) 신중앙집권화의 의의

① 신중앙집권화의 개념

  ㉠ 영국이나 미국처럼 전통적으로 지방자치가 확고한 뿌리를 내리고 있는 나라에서 복지국가의 건설, 행정의 능률성 확보, 지방자치의 보완 등과 같은 최근의 사회적 변동과 환경변화에 따라 중앙정부의 역할이 증가되어 가는 현상이다.

  ㉡ 정치권력적인 상호조정·보완하는 기능적 협력관계로서 민주성과 능률성을 조화시키는 데 기인하고 있다.

② 신중앙집권화의 주요한 성격

  ㉠ 지방분권, 지방자치를 부정하는 것이 아니라 행정국가의 정치구조에 있어서 권력의 조정이나 재편성을 의미한다.

  ㉡ 중앙과 지방의 새로운 협력관계 또는 행정의 능률화와 민주화의 조화를 모색하려는 것이다.

  ㉢ 종래의 관료적·권력적·지배적 집권이 아니라, 지식적·비권력적·사회적·기술적 집권을 의미한다.

  ㉣ 신중앙집권화는 전통적으로 지방자치제도를 발전시켜 온 나라에 해당되는 개념이다.

(2) 촉진요인 – 행정국가화 현상

① 과학·기술의 고도화(기술의 집약화)

② 교통·통신의 발달

③ 국민생활권의 확대로 인한 광역적 행정수요 증대

④ 국제 정세의 불안정과 긴장 고조(위기의 가속화)

⑤ 지방재정의 중앙재정에 대한 의존 증대

⑥ 행정국가화 현상의 심화

(3) 신중앙집권화의 형태

① 지방행정사무의 중앙 이전

② 중앙정부 일선기관의 증설

③ 위임사무의 증대

④ 중앙계획기능의 확대

⑤ 중앙통제의 강화

⑥ 지방자치단체의 중앙재정에 대한 의존도 증대

⑦ 자치단체구역의 재편성

(4) 신중앙집권화의 한계: 중앙집권화 경향은 중앙정부의 권한이 일방적으로 강화되는 것을 의미하는 것은 아니다. 지나친 중앙집권화는 지방자치행정의 자율성, 민주성을 저해하게 되기 때문에 적절한 수준에서 제한을 받게 된다.

2. 신지방분권화

(1) 신지방분권화의 의의

① 개념: 신지방분권화는 세계화, 민주화, 지식정보화라는 최근의 행정환경과 동시에 나타나는 현상으로 집권적 성향이 강한 프랑스·일본(단체자치)뿐만 아니라 신중앙집권의 경향을 띠고 있었던 영·미계(주민자치) 국가에서도 최근 시도되고 있는 새로운 지방분권화의 흐름을 의미한다.

② 신지방분권의 특성

㉠ 절대적 분권 → 상대적 분권

㉡ 항거적 분권 → 협조적 분권

㉢ 도피적 분권 → 참여적 분권

㉣ 소극적 분권 → 적극적 분권

- 영·미계 국가: '중앙집권 → 지방분권 → 신중앙집권 → 신지방분권' 순의 역사적 발전과정
- 대륙계 국가: '중앙집권 → 신지방분권' 순의 역사적 전개과정

(2) 신지방분권의 촉진요인

① 세계화: 세계화로 인한 경쟁의 심화는 중앙정부와 지방정부 간의 기능적 분업화를 통한 경쟁력 향상을 요구

② 도시화: 도시화의 진전은 인구와 자본이 대도시의 도심에서 교외지역으로 분산되는 현상을 야기

③ 정보화: 정보화의 진전은 재택근무 등을 통한 지역사회의 정주를 가능하게 하였고, 지방정부의 정보처리능력을 향상케 함

④ 중앙집권화의 폐해: 중앙집권적 산업 간의 불균형 성장, 지역 간 불균형 발전, 개인 간 소득 격차의 발생, 인구와 자본의 중앙으로의 밀집, 지방의 과소발전으로 인한 지역사회의 파괴현상을 야기함에 따라 이를 시정하기 위해 분권화 경향이 대두됨

⑤ 대중사회의 획일화, 개성상실에 대응: 대량생산·대량소비·대중매체의 발달로 인한 대중사회는 개인의 개성과 지역사회의 특수성을 말살하고 인간의 피동화·무력화·비인격화·소외화를 초래함

⑥ 로컬거버넌스 강조: 국가보다는 형성이 용이한 지역거버넌스 확장으로 고객, 지역사회 또는 시민사회 중심의 정부를 강조

⑦ 국제정세의 안정: 국제적 긴장 해소, 다품종소량생산체제에 대응, 정부실패로 인한 지방정부의 권한과 책임 강화 등

(3) 신지방분권화의 방안

① 지방자치단체와 직접 이해관계가 있는 사항에 대하여 중앙정부가 정책결정을 할 경우 지방자치단체의 참여, 의견진술, 공동결정 등을 보장한다.

② 중앙정부가 지방자치단체에 관여하는 경우, 권력적 통제 방법은 배제하고 협력적 방법(재정지원, 정보 제공, 기술지원 등)을 사용한다.

③ 지방자치단체의 중앙정부에 대한 발언권을 강화해야 한다.

(4) 지방분권화의 달성과 한계: 신지방분권을 달성하기 위해서는 재원확충, 지방공무원의 능력개발, 구역의 재편성, 지방행정제도개선, 자치의식의 제고 등이 요구되지만, 현실에 있어서는 이를 달성하려는 데 한계가 있다.

1. 지방의제 21(Local Agenda 21)

   1992년 브라질의 리우데자네이로에서 개최된 유엔환경개발회의에서 채택된 것으로 21세기 지구환경 보전운동을 천명한 유엔의 '리우선언'을 실현하기 위해 세계 각국의 자치단체별로 지역주민, 기업, 지방정부가 수평적 연계망을 구성하여 마련한 환경 보전계획을 의미한다. 우리나라도 60% 이상의 자치단체가 이를 채택하여 추진하고 있다.

2. 미국의 홈 룰(Home Rule, 자치헌장제정)

   주의회의 도시에 대한 권리남용에서 도시 자신의 자치발전을 획득하려는 분권화 운동으로 자치단체의 완전자치를 위한 입법적 통제에 대한 항거이다. 1875년 미주리 주에서 처음으로 성공하였으나 신중앙집권화 현상으로 그 열기가 현저히 식었다가 1950년대 이후 재개되어 현재 거의 과반수 이상의 주에서 채택되었다.

3. 신연방주의

   1982년 레이건 대통령이 발표한 분권화 정책으로 연방의 개입을 약화시키고 주정부의 권한과 책임을 강화하기 위하여 연방소관의 교육, 지역개발, 교통, 사회복지 등 43개의 권한을 주에 반환하고 세원·회계 등을 재조정하였다.

더 알아보기

신중앙집권화와 신지방분권화

구분	신중앙집권화	신지방분권화
개념	지방자치를 발전시켜온 영미 등에서 행정국가화, 광역화, 국제화 등으로 중앙집권이 새로이 일어나는 현상	중앙집권적 성향이 강했던 대륙의 프랑스 등에서 정보화, 국제화, 도시화, 지역불균형화 등으로 1980년대 이후 나타난 지방분권의 경향
촉진요인	• 행정사무의 양적 증가와 질적 변화 • 과학, 기술과 교통통신의 발달 • 중앙재정에의 의존 • 국민생활권의 확대와 경제규제의 필요성 • 국민적 최저수준 유지 필요성	• 중앙집권화의 폐해로 인한 지역 간 불균형 • 도시화의 진전 • 정보화의 확산 • 국제화, 세계화의 추세로 활동영역 확대
특징과 이념	• 능률성과 민주성의 조화 • 비권력적 집권(권력은 분산, 지식의 집중: 밀, J. S. Mill) • 권력적·권위적·지배적·윤리적·후견적 집권이 아닌 사회적·비권력적·지도적·협동적·지식적·기술적 집권	• 민주성과 능률성의 조화 • 절대적·행정적·배타적·소극적 분권이 아닌 상대적·참여적·협조적·적극적 분권

02 지방자치

01 지방자치의 개관

1 지방자치의 본질과 필요성

1. 지방자치의 의의

(1) 지방자치의 개념: 일정한 지역의 주민*들이 지방공공단체를 구성하여 국가 또는 중앙정부로부터 어느 정도 독립성을 가지고, 그 지역 안의 사무(공동문제)를 자기부담에 의하여 주민 스스로 또는 주민의 대표자를 통하여 처리하는 것

(2) 지방자치 개념의 구성요소

① **구역:** 자치권이 미치는 범위이다.

② **주민:** 자치구역 내 거주하면서 재정을 부담하고 참정권을 행사하는 인적 구성요소이다.

③ **자치권:** 지방사무를 자주적으로 처리하기 위한 자주적 통치권이다.

④ **지방자치단체:** 지방자치는 자치권을 가지고 있는 지방정부 또는 지방자치단체가 그들의 사무를 처리하는 조직형태이다.

⑤ **자치사무:** 지방자치에는 그 지역의 주민들이 공동적으로 처리해야 할 일정한 공동문제가 있어야 한다.

⑥ **자주재원:** 지방자치는 주민들 자신의 부담으로 지역 내의 사무를 주민의 자주재원으로 처리한다.

⑦ **주민참여:** 지방자치는 지역주민들 스스로 또는 주민들이 선출한 기관을 통하여 지방정치ㆍ행정에 참여한다.

---

* 주민의 개념

지방자치법(제16조)은 '지방자치단체의 구역 안에 주소를 가진 자는 그 지방자치단체의 주민이 된다'고 규정

→ 외국인은 우리나라 국민이 아니지만 주민이 될 수 있음

2. 지방자치의 필요성(장점) 및 단점

구분	장점(필요성)	단점(문제점)
정치적 측면	• 민주주의 이념 실현 • 민주주의 훈련장 • 전제정치의 방파제 • 정국의 혼란 방지	• 국가 전체 이익 경시 • 급박한 위기상황 대처 부족
행정적 측면	• 지역실정 적응행정 • 정책의 지역적 실험 • 분업을 통한 효율 증진 • 지역 내의 종합행정	• 기술적·사무적 능력부족 등에 따른 비능률적인 행정 • 외부효과의 발생에 따른 투자기피, 책임전가
경제적 측면	• 자원배분의 효율성 • 후생의 극대화 • 소비자 선호성 구현 • 지역 특수산업 발전	• 소규모적인 서비스 공급에 있어 규모의 경제 상실 • 자치단체의 독자적인 분배시책의 실패
사회적 측면	• 경쟁성과 창의성 제고 • 주민의 책임의식 함양 • 지방의 자부심, 긍지 • 인구의 지역 간 균등분산	• 배타주의 • 지역이기주의

2 지방자치의 유형

지방자치는 법적 측면을 강조하는 단체자치와 정치적 측면을 강조하는 주민자치형태의 2대 계보로 발전해 왔다. 전통적으로 이 두 가지 유형은 그 특색이 뚜렷했지만, 최근에 신중앙집권과 신지방분권화 현상을 거치면서, 상호 융합되어가는 측면이 있다. 우리나라의 경우 현재 단체자치적 성격이 강하지만 주민자치적 요소를 최근에 가미하고 있다.

[단체자치와 주민자치의 비교]

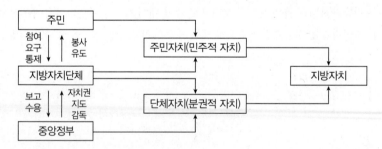

1. 주민자치(영·미형)

(1) 지방의 조세로 경비를 지출하고 국가의 법률에 따라 명예직 공무원에 의하여 처리하는 행정

(2) 지방주민의 의사와 책임 하에 스스로 또는 주민이 선출한 대표자를 통하여 사무를 처리하는 것

(3) 지방자치단체와 주민과의 관계에 중점을 두는 자치제도

(4) 지방자치에의 주민참여를 강조함으로써 민주주의 원리를 표현하는 지방자치 사상

(5) 정치적 의미의 자치

2. 단체자치(대륙형)

(1) 국가와 별개의 법인격을 가진 지방자치단체가 국가로부터 상대적으로 독립된 지위와 권한을 인정받아 일정한 범위 내에서 중앙의 통제를 받지 않고 독자적 행정사무를 처리하는 제도

(2) 고유사무와 위임사무를 엄격히 구별하고, 지방자치단체와 중앙정부와의 관계에 중점을 두고 있는 자치 제도(법률적 의미의 자치개념으로 파악)

3. 주민자치와 단체자치의 관계

양자는 이론상 밀접한 관련성을 가지는 보완적인 개념이며 또한 실제로도 모든 국가의 지방자치제도는 양 자가 상호 접근·교차하여 그 특징이 혼합되어 있다.

(1) 이론적인 측면에서 주민자치와 단체자치의 양자가 상호 결합됨으로써 완전한 의미의 지방자치가 실시 될 수 있다.

(2) 실제적으로 제2차 세계 대전 이후 유럽 여러 국가들은 영국과 미국의 민주적 자치단체를 많이 도입하 게 되었고, 영국과 미국은 전쟁을 치르는 과정에서 중앙집권을 강화하지 않을 수 없었으며, 제2차 세계 대전 후 많은 개발도상국들은 주민자치와 단체자치의 두 유형을 혼합적으로 도입하였다.

> **개념더하기** 중앙과 지방의 관계에 대한 원칙
>
> 1. 중앙집권(국가)을 우선하는 원칙
>   (1) Doctrine of Ultra Vires: 영국의 월권금지원칙(지방정부의 권한이나 기능이 중앙정부의 위임범위를 넘을 수 없다는 원칙)을 나타낸 것으로 지방정부는 원칙적으로 국가로부터 독립되어 서비스공급을 재량적으로 수행하지만 국가에 유보된 권한에 대하여는 지방정부의 권한이 미치지 않으며, 그 결과 국가와 지방은 상하관계가 아니라 상호 구별된 독자의 직무영역을 갖게 되었다.
>   (2) 딜런의 규칙(Dillon's Rule): 주정부와 지방정부 간 관계를 계층제적 관계로 파악하는 1868년 미국 아이오와주 대법 원 판례에서 지방정부는 주정부의 창조물이며 주가 명시적으로 부여한 권한이나 그러한 권한에 필연적으로 함축되 어 있는 권한만을 행사해야 한다. 주정부는 지방정부를 폐지할 수 있다.
>
> 2. 지방분권(지방자치단체)을 우선하는 원칙
>   (1) 쿨리의 원칙: 1871년 미국 미시간주 토마스 쿨리(Thomas Cooley) 판사는 지방자치단체의 권리란 본래 부여된 고유 한 것이라고 판결하였다.
>   (2) 보충성의 원칙(Principle of Subsidiary): 하위정부에서 할 수 있는 사무는 상위정부에서 관여하지 않는 것이 바람직 하다는 원칙이다.

주민자치와 단체자치의 차이

구분	주민자치	단체자치
자치의 의미	정치적 의미(민주주의사상)	법률적 의미(지방분권주의)
국가	영국, 미국	독일, 일본, 프랑스
자치권의 인식	자연적 · 천부적 권리	국가에서 전래한 권리
자치의 중점	지방정부와 주민과의 기능적 협력관계	중앙과 지방정부와의 권력적 관계
사무의 구분	고유사무(국가 · 지방사무 구분 없음)	고유사무와 위임사무(구분 있음)
수권방법	개별적 수권주의(지역의 특수성 고려)	포괄적 수권주의(포괄적 위임주의)
중앙통제방법	입법적 · 사법적 통제	행정적 통제
조세제도	독립세(자치단체가 과세 주체)	부가세(중앙정부가 부과하는 조세가 부가됨)
우월적 지위	의결기관	집행기관
지방정부 행태	기관통합형(의회제, 위원회제)	기관대립형(의결기관 · 집행기관), 양자 간에 갈등 초래
자치권의 범위	광범	협소
자치단체의 지위	순수한 자치단체	이중적 지위(자치단체+일선기관)
특별행정기관	많음	적음(자치단체에 위임)
민주주의와 관계	상관관계 인정	상관관계 부정

개념더하기 ▶ 지방자치와 민주주의의 관계

상관관계 인정설(주민자치) (팬트브릭, 브리스, 토크빌, 라스키)	상관관계 부정설(단체자치) (렝그로드, 켈젠, 벤슨, 물랑)
• 지방자치권의 자연적 고유설에 기초한 영 · 미계 자치제도의 근거 • 지방자치는 전제 · 독재정치에 대한 방파제가 되며 민주적 풍토의 형성에 기여 • 지방자치는 민주주의의 전제가 되며 민주주의 이념의 실천적 원리가 됨 • 브리스(J. Bryce): 지방자치는 민주적 정치과정을 체험하며 민주주의의 참뜻을 알게 하는 주민의 정치적 훈련장이며, 민주주의의 풀뿌리(원천)이다. • 토크빌(Tocqueville): 지방자치의 자유에 대한 관계는 초등학교의 학문에 대한 관계가 같다. • 라스키(Laski): 지방자치를 '민주주의의 동반자'라고 표현함	• 자연적 고유권으로서의 지방자치를 인정하지 않는 대륙계 자치제도에 근거 • 현대 국가에서는 유럽 대륙의 전제권력에 대항하였던 지방자치의 민주적 의의와 타당성이 상실되어 가고 있음 • 현대 산업국가에서는 지방자치단체의 지역공동체로서의 고유한 성격이 상실됨 • 순수한 지방적 · 지역적 문제에 대해서만 인정되어야 함 • 중앙정부에 의해 임명되는 공무원이 다수 있게 되어 중앙정부의 개입을 허용하는 것이 됨 • 자치단체의 행정은 실제로 전문적인 사무직원에 의해 이루어짐

1. 지방자치이론의 역사적 기반 상실

   군주적 권력의 해체와 민주주의 국가의 건설은 국가와 사회의 이원적 대립의 극복 또는 양자의 동질화를 의미하게 됨으로써 사회를 대표하는 본래적 의미의 지방자치는 그의 고유한 역사적 기반을 상실했다고 볼 수 있다.

2. 자치제도의 정신적 기초 상실

   향토애, 공동체의식과 같은 지방자치의 정신적 기초는 오늘날과 같이 산업사회화에 따른 지역개발, 교통·통신의 발달, 빈번한 인구이동과 도시화, 인간의 생활권 확대 등으로 많이 약화되었거나 거의 사라졌다.

3. 지방재정의 빈약

   진정한 의미의 지방자치는 재원의 자주성이 뒷받침될 때 이루어지는데 도시화, 새로운 행정수요의 유발, 팽창주의적 행정 등의 요소가 악순환됨으로써 지방재정이 빈약하게 되었다.

4. 정당의 개입

   오늘날의 정당은 대체로 전국적인 조직을 통하여 지방에 있어서 행정의 정치적 중립성을 침해시키고, 지방자치단체의 구성에 지역적 특수성이 무시되는 사례를 보이고 있다.

5. 지역이기주의 초래

   NIMBY 현상, BANANA 현상 등의 지역이기주의가 팽배해지면서 지방자치 위기론은 더욱더 대두되고 있다.
   (1) NIMBY(Not In My Back Yard): '쓰레기나 혐오시설은 인정하지만, 우리 고장에 유치해서는 안 된다'는 식의 현상이다.
   (2) BANANA(Build Absolutely Nothing Anywhere Near Anybody): '어디서든 아무것도 짓지 말라'라는 의미이다. 쓰레기 매립지나 핵폐기물 처리장 등 각종 환경오염 시설물 등을 자기 지역권 내에서 절대 설치불가라는 지역이기주의의 한 현상으로 NIMBY와 함께 자주 사용된다.
   (3) PIMFY(Please In My Front Yard): '내 앞뜰에는 가능하다'는 말로서 자기지역에 유용하고 유리한 관공서, 대학, 박물관, 관광산업, 첨단산업 등을 서로 확보하려고 하는 유치적·선호적 이기주의이다.

3 자치권

1. 의의

자치권(자주사법권, 자주국방권은 자치권의 범위에 해당하지 않음)이란 자치단체가 그 존립목적을 달성하기 위하여 가지는 일정한 범위의 권능이다.

2. 자치권의 본질

(1) 고유권설 – 영·미의 주민자치의 입장

① 의의: 지방자치의 근간이 되는 자치권이 천부인권설처럼 지방자치단체에 본래적으로 존재하는 것이라고 주장하는 학설이다.

② 내용

   ㉠ 역사적 유래관에 근거한 고유권설은 지방정부가 국가 성립 이전에 형성된 것이므로 지방정부는 국가로부터 권리를 부여받은 것이 아니다라는 입장이다.

   ㉡ 자연법사상을 토대로 하는 고유권설은 인간이 천부의 인권을 가지고 태어난 것처럼 지방정부도 천부의 자치권을 지니고 있으므로 국가권력이 자치권을 침범할 수 없다고 본다.

   ㉢ 고유권 사상은 자연법론이 쇠퇴와 더불어, 중앙정부의 전제적 군주정치가 대의제민주정치로 대체됨에 따라 점차 쇠퇴하게 되었다.

(2) 전래권설(국권설) – 대륙계 단체자치의 입장

① 의의: 자치권이 지방자치단체 고유의 것이 아니고 국가로부터 전래한 것이라고 주장하는 학설이다.

② 내용

ㄱ 자치권은 국가에 의하여 수여된 전래적 권력이지만 자치단체는 독립적 법인격을 가진 단체로서 자기이익을 위하여 자기권리로서 이 지배권을 행사하는 것이다.

ㄴ 전래권설이나 국권설은 주로 독일의 공법학자들에 의하여 주장되고 있으며, 종래의 통설이었다.

(3) 제도적 보장설

① 의의: 전래권설의 변형이라 할 수 있는 제도적 보장설은 전래권설과 같이 자치권이 국가의 통치권에서 나오는 것이라고 하면서도 헌법에 지방자치의 규정을 둠으로써 지방자치제도가 보장된다고 주장한다.

② 내용

ㄱ 오늘날의 다수설 내지 통설이며, 우리의 입장도 이와 같다.

ㄴ 지방자치단체의 조직·운영에 관한 기본원칙은 헌법에 의하여 제도적으로 보장되기 때문에 지방자치를 실시할 수 있다.

3. 자치권의 특성

(1) 예속성(배분성): 자치권은 국가로부터 수여된 권리로 국가와 자치단체 간의 사무배분 또는 기능배분 문제가 나타난다.

(2) 자주성(독립성): 국가의 기본법(헌법)에 의해 보장된 권리로서 국가의 통치권으로부터 어느 정도의 독립성을 갖고 있으며, 자치권이 자주성을 지니는 독자적인 권리이다(자치입법권, 자치조직권, 자치재정권, 자치행정권 등).

(3) 포괄성(보편성): 자치권이 미치는 인적 범위는 주민뿐만 아니라, 자치단체의 관할 구역 내에 거주하는 자, 재산을 소유하거나 사업소를 가진 자 모두가 포함된다.

4. 우리나라 지방자치단체의 자치권

(1) 자치입법권(조례, 규칙)

[입법의 종류]

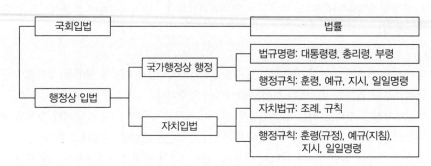

① 의의
　㉠ 자치입법권은 지방자치단체가 일반적으로 법규적 성질을 가지는 규범을 제정할 수 있는 권능이다.
　㉡ 지방자치단체의 자주입법권은 지방의회의 의결로서 제정하는 자주법인 조례와 지방자치단체의
　　집행기관이 제정하는 자주법인 규칙을 의미한다.

② **조례제정권**
　㉠ 개념: 지방자치단체가 법령의 범위 내에서 그 권한에 속하는 사무에 관하여 지방의회의 의결로서
　　제정하는 규범이다.
　㉡ 성질: 일반적으로 대외적 구속력을 갖는 법규의 성질을 지닌다(행정규칙의 성질을 갖는 조례도
　　있음).
　㉢ 조례의 종류
　　• 자치조례: 법령의 위임없이 제정되는 조례로서 직권조례와 지방자치단체의 사무에 관한 위임
　　　조례가 이에 해당한다(자치조례로 제정할 수 있는 사항은 자치사무와 단체위임사무에 한정).
　　• 위임조례: 지방자치단체의 사무가 아닌 기관위임사무는 원칙적으로 조례의 규율대상이 아니
　　　다. 그러나 기관위임사무의 경우에도 개별법령에서 일정사항을 정하도록 위임하고 있는 경우
　　　에는 조례를 제정할 수 있다. 이를 위임조례라고 한다.
　　• 필수조례*: 법령에 의하여 반드시 제정하여야 하는 조례를 말한다.
　　• 임의조례: 지방자치단체의 사무에 관한 재량에 의하여 제정하는 조례를 말한다.
　㉣ 조례로 규정할 수 있는 구체적인 범위
　　• 고유사무 및 단체위임사무의 처리에 관한 사항(기관위임사무 제외)
　　• 주민의 권리 · 의무에 관한 사항
　　• 지방자치단체의 권한을 확정하는 사항
　　• 지방의회의 의결을 거침으로써 민의를 반영하고 주민통제를 보장할 필요가 있는 사항
　　• 결정에 있어서 공정성, 신중성이 요구되는 사항
　　• 기타 법령에 의해 조례의 규정사항으로 지정된 사항
　㉤ 조례의 한계
　　• 법령에 위반되지 않아야 한다(법령위반 조례는 무효).
　　• 지방자치단체의 사무(고유사무와 단체위임사무)에 관한 것이어야 한다.
　　• 시 · 군 및 자치구와 조례는 시 · 도의 조례와 규칙에 위배되어서는 안 된다.
　　• 주민의 권리제한 또는 의무부과에 관한 벌칙을 규정할 때에는 법률의 위임이 있어야 한다.
　㉥ 제정 절차
　　• 지방자치단체의 장이나 재적의원 5분의 1이상 또는 의원 10명 이상의 연서로 발의
　　• 지방의회 재적의원 과반수 출석과 출석의원 과반수의 찬성으로 의결
　　• 의장은 5일 이내에 지방자치단체의 장에게 이송, 단체장은 20일 이내에 공포
　　• 지방자치단체장은 조례안에 대하여 이의가 있으면 20일 이내에 재의요구가 가능(수정재의요
　　　구는 불가능)

---

* 　필수조례
　　주민의 권리제한과 의무부과 및 벌칙에 관한 조례는 대부분 위임조례 내지 필수조례에 해당하며, 필수조례에는 지방자치법 등 지방자치에 관한 법령상 지방의회와 집행기관
　　상호 간의 관계에 대하여 반드시 조례로 정하도록 명시한 사항이 다수 포함되어 있다.

- 재적의원 과반수의 출석과 출석의원 3분의2이상의 찬성으로 의결 시 조례로서 확정
- 공포한 날로부터 20일이 지나면 효력이 발생

③ 규칙제정권

　㉠ 개념: 법령과 조례의 범위 내에서 지방자치단체의 장이 그 권한에 속하는 사무 또는 사항에 관하여 제정하는 규범이다.

　㉡ 성질: 일반적으로 대외적 구속력이 없는 행정규칙의 성질을 지닌다(법규명령의 성질을 갖는 경우도 있음).

　㉢ 제정범위: 지방자치단체의 장의 권한에 속하는 고유사무와 단체위임사무뿐만 아니라 기관위임사무까지이다.

　㉣ 효력: 규칙은 공포한 날로부터 20일이 지나면 효력을 발생한다.

　㉤ 한계
- 규칙으로는 벌칙을 제정할 수 없다.
- 법령 또는 조례가 위임한 범위 내에서 제정하여야 한다.
- 시 · 군 및 자치구의 규칙은 시 · 도의 조례나 규칙에 위반해서는 안 된다.

더 알아보기

조례와 규칙의 비교

자치입법	조례	규칙
의의	지방의회가 헌법과 법률의 범위 내에서 제정한 자치법규	지방자치단체장 기타 집행기관이 법령 또는 조례가 위임한 범위 내에서 그 권한에 속하는 사무에 관하여 제정하는 자치법규
제정권자	지방의회	지방자치단체장 기타 집행기관, 교육감(교육 · 학예 분야)
사무범위	• 자치사무, 단체위임사무에 대하여 규정 가능 • 기관위임사무는 원칙적으로 규정 못함(집행기관에게 위임된 사무이므로, 의결기관인 지방의회는 관여할 수 없는 것이 원칙)	자치사무, 단체위임사무, 기관위임사무를 불문하고 지방자치단체의 장의 권한에 속하는 모든 사항에 관하여 제정 가능
제정범위	법령의 범위 내(법령에 위반되지 않는 범위 내) 주민의 권리제한 · 의무부과 → 법률의 위임 시 규정 가능	법령과 조례가 위임한 범위 내(개별 · 구체적 위임 필요, 개괄적 위임은 안 됨) 주민의 권리제한 · 의무부과 → 법령 · 조례의 개별 · 구체적 위임이 있으면 규정 가능
	벌칙에 대한 것 → 법률의 위임 시 규정 가능	벌칙 → 규정할 수 없음
한계	• 상급자치단체 조례를 위반할 수 없음 • 기초자치단체 조례는 광역자치단체의 조례 · 규칙을 위반해서는 안 됨	• 제정을 위임한 조례에 위반할 수 없음 • 기초자치단체의 규칙은 광역자치단체의 조례 · 규칙을 위반해서는 안 됨
양자 간 효력	≫ 조례와 규칙은 형식적 효력상 대등하다. 다만, 다음과 같은 예외가 있다. • 주민의 권리제한, 주민에 대한 재정적 부담 부과, 공공시설 설치는 조례로 규정할 사항 • 조례로 정할 사항을 규칙으로 정하거나, 규칙으로 정할 사항을 조례로 정하는 경우 무효 • 규율사항의 구분 불명확 시 어느 것으로든 규율 가능하지만, 양자에 공동으로 적용되는 사항이면 조례가 규칙보다 우선 적용되고 효력을 가짐 • 조례로 규정할 사항은 조례로 그 세부사항을 규칙으로 정하도록 위임 가능하며, 위임사항에 관하여는 조례가 당연히 우선함	

(2) 자치행정권

① **자치행정권의 의의**: 자치행정권이란 지방자치단체가 국가나 상급자치단체로부터 간섭을 받지 않고 자기의 독자적인 사무(자치사무)를 자주적으로 처리할 수 있는 권한

② **자치행정권의 범위**

　㉠ 자치행정권의 범위에 대한 영·미법계와 대륙법계 사이의 차이
　　• 영·미법계 국가: 지방자치단체가 처리하는 사무 모두
　　• 프랑스·일본 등 대륙법계 국가: 지방자치단체가 처리하는 사무 가운데, 국가 또는 상급자치단체의 위임사무가 상당한 비중을 차지
　㉡ 우리나라 지방자치법: 자치사무와 위임사무(단체위임사무)의 구별은 인정하지만 자치사무의 범위는 명시하지 않고 있음

(3) 자치조직권: 자치조직권이란 지방자치단체가 자치행정을 위하여 자기의 조직을 자주적으로 구성할 수 있는 권능을 말한다.

(4) 자치재정권

① **자치재정권의 의의**: 지방자치단체가 자기사무의 처리에 필요한 경비를 충당하기 위해 중앙정부의 간섭을 받지 않고 자주적으로 그 재원을 조달·관리하는 권능

② **자치재정권의 범위**

　㉠ 자주재원을 어느 정도 확보하느냐가 서비스의 질을 결정하는, 더 나아가서는 지방자치단체의 행정능력을 평가하는 기준이 된다.
　㉡ 우리나라 지방자치법의 지방재정에 관한 권한과 사무
　　• 지방세와 세외수입의 부과 및 징수
　　• 예산의 편성·집행 및 회계검사와 예산관리
　　• 공유재산의 관리
　㉢ 우리나라 지방자치법의 자치재정권의 주요 내용
　　• 자치단체의 독자적 예산편성권
　　• 지방세 징수에 의한 자주적 과세권
　　• 자주적 기채권
　　• 자치단체의 재산관리권
　　• 자치단체가 국가와의 관계에서 적정한 사무배분을 기초로 하여 적정한 경비부담의 구분이나 재원배분을 보장받을 권리

1. 정부수립 이전

(1) 고려 시대 사심관제: 고려 태조 때 지방에 연고가 있는 고관을 그들의 출신지방에 보내어 지방주민을 보호하는 동시에 관할지역을 통치하게 한 제도로서, 이는 봉건적 지방호족에 의한 자치제도의 일종이다.

(2) 조선 시대

① **지방행정제도:** 전국을 8도의 지방행정구역으로 구획하여 도에 관찰사를 두고, 도에는 부, 대도호부 · 도호부 · 목 · 군 · 현을 두고 각기 수령을 배치하였다(상피제, 본적회피제).

② **자치제도:** 향약 실시, 향회 설치

(3) 일제 강점기: 당시의 지방행정제도를 보면 조선총독부가 설치되자 구한말 정부의 소속기관은 모두 총독부의 소속 관청으로 간주되어, 종전의 지방행정기관인 13도 · 12부 · 317군 · 4,322면은 그대로 지방행정사무를 담당하게 하였다.

(4) 미군정 시대

① 도회, 부회, 읍회, 면협의회를 해산

② 교육구와 교육위원회의 설치

③ 경기도 관할에서 서울시를 분리하고 도와 동등한 지위로 승격하여 서울특별시로 개칭

④ 제주도를 전라남도에서 분리하여 도로 승격(14도)시킨 것

2. 정부수립 이후

(1) 제1공화국: 1948년 제정 · 공포된 우리나라 헌법은 지방자치에 관한 1개의 장을 두었으며, 1949년에는 지방자치법이 제정되었으나 국내 질서의 불안으로 지방의원 선거를 실시하지 못하였으며, 1952년 비로소 최초로 각급 지방의회의원의 선거가 실시되고 지방의회가 구성됨으로써 근대적 의미의 지방자치가 시작되었다.

(2) 제2공화국: 4 · 19혁명에 의하여 집권한 민주당은 1960년 11월 1일 지방자치법을 개정(5차 개정)하였는데, 지방의회의원은 물론 지방자치단체의 장인 서울특별시장, 도지사 및 시 · 읍 · 면장 모두를 주민이 직선하도록 하여 1960년 12월에 각각 실시하였다.

(3) 제3 · 4 · 5공화국: 1961년 5월 16일 군사혁명위원회 포고 제4호로 전국의 지방의회는 해산되고, 이어 1961년 9월 1일 제정된 '지방자치에 관한 임시조치법'에 의거하여 지방자치는 중단되었다.

(4) 노태우 정부

① 의회구성 시한을 헌법 부칙에 규정하지 아니하고, 대신 지방자치법에서 1991년 6월 30일까지 지방의회를 구성한 후, 1992년 6월 30일까지 자치단체장을 선출토록 규정하였으며, 지방자치에 관한 임시조치법을 폐지하였다.

② 서울특별시를 국무총리 직속이 아니라 타 시 · 도와 마찬가지로 정부직할 하에 두고, 서울특별시행정에 관한 특별조치법을 폐지하고 서울특별시 행정특례에 관한 법률을 제정하였다.

(5) 김영삼 정부

① 공직선거 및 선거부정방지법 제정(1994년 3월): 자치단체장 및 지방의회의원을 주민이 직접 선출하도록 하고 임기를 4년으로 하였으며, 지방의회의원 및 자치단체장의 동시선거가 이루어졌다(임기만료일 60일 전 첫 번째 목요일로 하였다가 1997년 임기만료일 30일 전 첫 번째 목요일로 변경).

② 지방자치법 개정(1994년 12월): 직할시를 광역시로 명칭을 변경하고, 자치단체장 및 지방의회의원을 주민이 직접 선출하였다.

(6) 김대중 정부: 선(先) 지방 육성 – 후(後) 지방 자율화 정책, 중앙행정권한의 지방이양 촉진 등에 관한 법률 제정, 제4대 의회의원 및 제3대 지방자치단체장 선출

(7) 노무현 정부: 지방분권특별법 제정 – 정부혁신지방분권위원회 설치, 제5대 의회의원 및 제4대 지방자치단체장 선출

(8) 이명박 정부

① 지방분권 촉진에 관한 특별법 제정 – 지방분권촉진위원회 설치

② 지방행정체제 개편에 관한 특별법 제정 – 지방행정체제개편추진위원회 설치

3. 지방분권 정책의 방향

(1) **교육자치의 개선**: 국가는 지방교육에 대한 지방자치단체의 권한과 책임을 강화하고 주민참여를 확대하는 등 교육자치제도를 개선하도록 한다.

(2) **자치경찰제의 도입**: 국가는 지방행정과 치안행정의 연계성을 확보하고 지역특성에 적합한 치안서비스를 제공하기 위하여 자치경찰제도를 도입하도록 한다.

(3) **지방재정 강화**: 국가는 국세와 지방세의 세원을 합리적으로 조정하고, 지방교부세의 법정률을 단계적으로 상향조정하며, 국고보조금제도를 개선하는 등 지방재정의 발전방안을 마련하도록 한다.

(4) **자치입법권 강화**: 국가는 지방자치단체의 자치입법권을 강화하고, 조직운영 및 인사관리의 자율성을 보장하도록 하는 등 지방자치단체의 자치행정역량을 강화하도록 한다.

(5) **지방의회의 권한 · 전문성 강화**: 국가 및 지방자치단체는 지방의회의원의 전문성을 높이고 지방의회의장의 지방의회 소속 공무원 인사에 관한 독립적인 권한을 강화하도록 노력하여야 한다.

(6) **주민의 직접참여 확대**: 국가 및 지방자치단체는 주민투표제도(2004), 주민소환제도(2007), 주민소송제도(2006)를 도입함으로써 주민의 직접참여를 확대시킨다.

(7) **지방분권추진기구 설치**: 지방분권추진과제의 종합적 · 체계적 추진에 관한 사항을 심의하기 위하여 대통령 소속 하에 지방분권추진을 위한 위원회를 둔다.

[지방분권추진기구의 변천]

정부	근거법률	추진기구
김대중	중앙행정권한의 지방이양촉진법	지방이양추진위원회
노무현	지방분권특별법	정부혁신지방 분권위원회
이명박	지방분권촉진에 관한 특별법	지방분권촉진위원회
박근혜	지방분권 및 지방행정체제 개편에 관한 특별법	지방자치발전위원회
문재인	지방자치분권 및 지방행정체제개편에 관한 특별법	지방분권위원회

제1조(목적)

이 법은 지방자치분권과 지방행정체제 개편을 종합적·체계적·계획적으로 추진하기 위하여 기본원칙·추진과제·추진체제 등을 규정함으로써 성숙한 지방자치를 구현하고 지방의 발전과 국가의 경쟁력 향상을 도모하며 궁극적으로는 국민의 삶의 질을 제고하는 것을 목적으로 한다.

제5조(자치분권 종합계획의 수립)

① 제44조에 따른 자치분권위원회(이하 "위원회"라 한다)는 자치분권 및 지방행정체제 개편을 효과적으로 추진하기 위하여 관계 중앙행정기관의 장과 협의하고 지방자치단체의 의견을 수렴하여 자치분권 종합계획을 수립하여야 한다.

② 자치분권 종합계획은 다음 각 호의 사항을 포함하여야 한다.

  1. 자치분권 및 지방행정체제 개편에 관한 기본방향과 추진목표
  2. 주요 추진과제 및 추진방법
  3. 재원조달방안
  4. 그 밖에 자치분권 및 지방행정체제 개편을 위하여 필요한 사항

③ 자치분권 종합계획은 국무회의의 심의를 거쳐 대통령에게 보고하여야 한다. 이미 수립된 자치분권 종합계획을 변경할 때에도 또한 같다.

④ 위원회는 수립된 자치분권 종합계획을 국회에 보고하여야 한다.

제7조(자치분권의 기본이념)

자치분권은 주민의 자발적 참여를 통하여 지방자치단체가 그 지역에 관한 정책을 자율적으로 결정하고 자기의 책임하에 집행하도록 하며, 국가와 지방자치단체 간 또는 지방자치단체 상호간의 역할을 합리적으로 분담하도록 함으로써 지방의 창의성 및 다양성이 존중되는 내실 있는 지방자치를 실현함을 그 기본이념으로 한다.

제9조(사무배분의 원칙)

① 국가는 지방자치단체가 행정을 종합적·자율적으로 수행할 수 있도록 국가와 지방자치단체 간 또는 지방자치단체 상호간의 사무를 주민의 편익증진, 집행의 효과 등을 고려하여 서로 중복되지 아니하도록 배분하여야 한다.

② 국가는 제1항에 따라 사무를 배분하는 경우 지역주민생활과 밀접한 관련이 있는 사무는 원칙적으로 시·군 및 자치구(이하 "시·군·구"라 한다)의 사무로, 시·군·구가 처리하기 어려운 사무는 특별시·광역시·특별자치시·도 및 특별자치도(이하 "시·도"라 한다)의 사무로, 시·도가 처리하기 어려운 사무는 국가의 사무로 각각 배분하여야 한다.

③ 국가가 지방자치단체에 사무를 배분하거나 지방자치단체가 사무를 다른 지방자치단체에 재배분하는 때에는 사무를 배분 또는 재배분 받는 지방자치단체가 그 사무를 자기의 책임하에 종합적으로 처리할 수 있도록 관련 사무를 포괄적으로 배분하여야 한다.

④ 국가 및 지방자치단체는 제1항부터 제3항까지의 규정에 따라 사무를 배분하는 때에는 민간부문의 자율성을 존중하여 국가 또는 지방자치단체의 관여를 최소화하여야 하며, 민간의 행정참여기회를 확대하여야 한다.

제27조(주민자치회의 설치)

풀뿌리자치의 활성화와 민주적 참여의식 고양을 위하여 읍·면·동에 해당 행정구역의 주민으로 구성되는 주민자치회를 둘 수 있다.

03 지방자치단체(종류 및 기관)

01 지방자치단체의 의의 및 종류

1 지방자치단체 의의

1. 지방자치단체의 개념

(1) 국가 영토의 일부를 자기 구역으로 하고, 그 구역 내의 모든 주민을 구성원으로 하여 국가로부터 독립해서 일정한 자치권을 가지는 법인격 있는 단체이다.

(2) 사회적 실체인 지역사회를 기반으로 하여 당해 주민이 그들의 공통적 이해관계 사항을 스스로 처리하도록 국법에서 법인격을 부여한 공법인이다.

2. 지방자치단체의 특성

(1) 법인으로서의 지방자치단체

① 국가가 행정집행의 편의를 위하여 단순히 설치한 행정구역이 아니다.

② 법인으로서 각각 고유한 명칭을 갖게 되고, 스스로 재산을 취득·관리하고 사업을 경영하는 등 독자적인 재정권의 주체가 되며, 소송을 제기하고 소송의 객체가 되는 등 권리·의무의 주체가 될 수 있다.

③ 지방자치단체가 권리를 향유하고 의무를 부담하는 행위의 범위도 포괄성을 띠고 있다.

④ 법률이 명시한 바에 따라 특별히 금지된 경우가 아닌 한 자기책임 하에 어떠한 결정과 집행도 할 수 있다.

(2) 공공단체(공법인)로서의 지방자치단체

① 존립의의를 주민의 복리증진에 두고 지방의 공공사무를 처리하기 위하여 설립된 공공단체이다(사단법인이나 재단법인과 구별).

② 공법인으로서 일정한 국가적 공권과 각종 특권을 부여받고 있고, 행정목적의 수행의무를 지고 국가 감독의 대상이 된다.

③ 행정활동에 대해 주민, 지방의회, 이익단체 등의 통제·감독 및 비판을 받는다.

④ 자치단체는 공공단체의 성격을 가지고 있으므로 그 목적이 법률에 의하여 규정되며 이를 스스로 변경할 수 없다.

⑤ 임의 해산의 자유가 허용되지 않는다.

(3) 지역단체로서의 지방자치단체

① 일정한 지역을 기초로 하는 지역단체이다(공공조합 및 영조물법인 등 협의의 공공단체와 구별).

② 일정한 지역을 그 단체구성의 기초로 하고, 그 지역 내의 주민을 지배하는 포괄적인 권능을 가지고 있으므로 그 구역 내의 주민은 당연히 자치단체의 구성원이 되어 통치를 받게 되는 것이다.

(4) 자치권의 보유자(통치단체)로서의 지방자치단체

① 일정한 지역 내의 모든 사람과 사물에 대하여 통치권 내지 지배권을 행사하는 단체이다.

② 자치단체는 국가로부터 그 구역 내에서의 포괄적인 지배권을 부여받는다.

③ 자치행정권이나 자치입법권 등 자치권을 가질 때 비로소 국가의 지방하급행정기관과 구별될 수 있는 자치단체의 본질이 발현하게 된다.

2 지방자치단체의 종류(일반지방자치단체와 특별지방자치단체)

LINK 지방자치법

제2조(지방자치단체의 종류)
① 지방자치단체는 다음의 두 가지 종류로 구분한다.
   1. 특별시, 광역시, 특별자치시, 도, 특별자치도
   2. 시, 군, 구
② 지방자치단체인 구(이하 "자치구"라 한다)는 특별시와 광역시의 관할 구역 안의 구만을 말하며, 자치구의 자치권의 범위는 법령으로 정하는 바에 따라 시·군과 다르게 할 수 있다.
③ 제1항의 지방자치단체 외에 특정한 목적을 수행하기 위하여 필요하면 따로 특별지방자치단체를 설치할 수 있다. 이 경우 특별지방자치단체의 설치 등에 관하여는 제12장에서 정하는 바에 따른다.

1. 보통(일반)지방자치단체

교통, 환경, 주택, 복지 등 지역주민의 생활과 관련된 사무전반에 대해 종합적인 권능을 갖는 지방자치단체이다. 보통지방자치단체의 단계를 몇 단계로 할 것인가 하는 것은 당해 국가의 국토의 범위, 국가·지방의 행정제도(예 사무배분, 행정조직 등), 경제·교통·통신의 발달 정도 등에 따라 정해진다.

2. 광역자치단체

(1) **특별시**: 정부직할 하에 있되, 수도로서 일정한 범위에서 특별한 지위를 가지는 지방자치단체이다.

(2) **광역시**: 대도시 가운데 법률에 의하여 도(道)로부터 분리되어, 도와 동격의 지위를 갖는 지방자치단체로 지방자치법에 특별한 요건을 정하고 있지는 않으므로 개별 법률을 통해 특정지역을 광역시로 정할 수 있다. 이로 인해 어떤 시를 광역시로 할 것인지의 문제가 정치적 판단과 역할관계에 따라 결정되는 문제점을 지닌다.

(3) **도**: 우리나라의 지방자치단체들 가운데 가장 광역의 지방자치단체이다. 또한 오랜 역사를 가지고 있는 지방행정구역이다. 도라는 명칭이 처음 사용된 것은 고려 초기의 10도제부터였는데, 그 후 채택된 5도·양계제에서부터 오늘날의 도와 유사한 체제가 갖추어져 조선 시대의 8도제(1413년)와 13도제(1896)를 거쳐, 일제시대에 이른바 도제(1930)에 의해 법인격을 부여받았고, 대한민국수립 후 지방자치법에 의해 지방자치단체가 되었다.

(4) **특별자치도***: 도(道) 중에서 자치권이 특별히 광범위하게 인정되고 그 지방사업에 국가로부터 특별지원을 받는 정부직할 광역지방자치단체(제주특별자치도: 단층제)이다.

(5) **특별자치시**: 시 중에서 자치권이 특별히 광범위하게 인정되고 그 지방사업에 국가로부터 특별지원을

---

* 제주특별자치도의 행정구조
기존의 2개시(제주시, 서귀포시)와 2개군(남제주군, 북제주군)은 2개의 행정시(제주시, 서귀포시)로 통합되었다. 2개의 행정시장(제주시장과 서귀포시장)은 도지사가 임명하고 시·군 의회는 폐지되었다.

받는 정부직할 광역지방자치단체(세종특별자치시: 특별자치시는 그 관할 구역에 기초자치단체로 군과 자치구를 둘 수 있으나, 세종시특별법에서는 군과 자치구를 두지 않도록 규정하고 있다)이다.

LINK 서울특별시 행정특례에 관한 법률

제4조(일반행정 운영상의 특례)
① 행정안전부장관이 「지방재정법」 제11조에 따라 서울특별시의 지방채 발행의 승인 여부를 결정하려는 경우에는 국무총리에게 보고하여야 한다.
② 행정안전부장관은 「지방자치법」 제190조에 따라 서울특별시의 자치사무에 관한 감사를 하려는 경우에는 국무총리의 조정을 거쳐야 한다.
⑤ 서울특별시 소속 국가공무원의 임용 등에 관한 「국가공무원법」 제32조 제1항부터 제3항까지, 제78조 제1항·제4항 및 제82조에 따른 소속 장관 또는 중앙행정기관의 장의 권한 중 대통령령으로 정하는 사항은 서울특별시장이 행사하며, 이와 관련된 행정소송의 피고는 같은 법 제16조에도 불구하고 서울특별시장이 된다.
⑦ 서울특별시 소속 공무원 등에 대한 서훈(敍勳)의 추천은 「상훈법」 제5조 제1항에도 불구하고 서울특별시장이 한다.

제5조(수도권 광역행정 운영상의 특례)
① 수도권 지역에서 서울특별시와 관련된 도로·교통·환경 등에 관한 계획을 수립하고 그 집행을 할 때 관계 중앙행정기관의 장과 서울특별시장의 의견이 다른 경우에는 다른 법률에 특별한 규정이 없으면 국무총리가 이를 조정한다.
② 제1항의 조정에 필요한 사항은 대통령령으로 정한다.

3. 기초지방자치단체

(1) **시**: 시는 그 대부분이 도시의 형태를 갖추고 인구 5만 이상이어야 하며 시와 군을 통합한 지역이나 인구 5만 이상의 도시의 형태를 갖춘 지역이 있는 군 등은 도농복합형태의 시로 할 수 있다. 또한 인구 50만 이상 대도시는 행정·재정운영·중앙통제상의 특례가 인정되고 있다.

(2) **군**: 농촌지역의 기초적 지방자치단체로 우리나라 지방행정구역 가운데 가장 오랜 역사를 가지고 있다. 통일신라 시대의 군·현제를 거쳐, 군은 국가의 중요한 지방행정구역이 되었고 군은 1961년에 읍·면 자치제가 군자치제로 개편되면서 비로소 기초적 자치단체의 지위를 가지게 되었다.

(3) **자치구**: 특별시와 광역시 구역 내에 있는 기초지방자치단체이다. 우리나라에서 구제가 처음 채택된 것은 일제 시대(1943년)에 경성부에 종로·중구 등 7개 구를 두면서부터이다. 자치구는 특별시·광역시 자체의 일체성이라는 특수성으로 인하여 그 권한 범위가 좁다.

4. 광역자치단체와 기초자치단체와의 관계

(1) **원칙적 대등관계**: 광역자치단체와 기초자치단체는 원칙상 대등관계이다.

(2) **부분적 상하관계**: 기초자치단체의 조례와 규칙이 광역자치단체의 조례와 규칙을 위반해서는 안 되고, 기초자치단체의 조례제정, 예·결산이 확정된 경우 광역자치단체에 보고해야 하며, 시·도지사는 시·군·자치구에 대하여 지도, 시정명령, 재의요구 등을 할 수 있다는 점에서 부분적으로 상하관계에 있다. 또한 광역자치단체의 사무를 기초자치단체에 위임한 경우 광역자치단체와 기초자치단체는 상하관계에 있게 된다.

5. 특별지방자치단체

(1) 의의: 자치행정상 정책적 관점에서 특정한 목적을 수행하기 위하여 또는 행정사무를 공동처리하기 위하여 설치되는 자치단체를 의미한다. 우리나라는 특별지방자치단체로 지방자치단체조합이 있다.

(2) 특별지방자치단체의 종류: 미국의 학교구, 상하수도구, 영국의 특별지방자치단체, 일본의 특별구 · 재산구 · 지방자치단체조합 · 지방개발사업단, 프랑스의 코뮌조합 · 도시공동체, 독일의 목적조합 · 게마인데(Gemeinde)조합 등

(3) 우리나라의 특별지방자치단체(지방자치단체조합): 지방자치단체조합이라 함은 지방자치단체의 권한에 속하는 하나 또는 둘 이상의 사무를 공동처리하기 위하여 지방자치단체 간의 합의로써 설립된 법인을 말한다.

① **특징:** 지방자치단체조합은 구역, 사무, 기구 및 재산을 보유하고 독자적인 권능을 가진다.

② **일반지방자치단체와 차이점**

  ㉠ 기능 내지 목적이 일반적 · 종합적이 아니라 특정적 · 한정적이다.

  ㉡ 존재는 보편적이 아니라 이차적 · 예외적이다.

  ㉢ 구성원은 주민이 아니라 지방자치단체이다.

  ㉣ 권능은 포괄적이 아니라 개별적이다.

  ㉤ 임의설립 및 임의해산이 원칙이다.

③ **설치방법:** 조합의 설립은 관계 지방자치단체의 합의에 의한 임의설립이 원칙이나, 예외적으로 공익상 필요한 경우에는 행정안전부장관에 의한 강제설립이 인정된다. 조합은 관계 지방자치단체가 규약을 정하여, 당해 지방의회의 의결을 거쳐, 감독기관의 승인을 얻어 설립된다.

④ **설립목적:** 조합은 2개 이상의 지방자치단체가 하나 또는 둘 이상의 사무를 공동으로 처리할 필요가 있을 때에 설립된다. 공동처리대상이 되는 사무의 범위에는 아무런 제한이 없으며 고유사무, 단체위임사무, 기관위임사무의 구별을 묻지 않는다.

⑤ **설립효과:** 조합이 설립되면 규약으로 정한 공동처리사무의 처리권능은 관계 지방자치단체로부터 조합으로 이전된다.

(4) 특별지방자치단체의 특성

① 보통지방자치단체와 같이 법인격을 지니고 있다.

② 일반 사법인과 달리 정부기관의 성격을 갖는다.

③ 일반적으로 독자적인 조직을 편성 · 정비할 수 있는 조직권과 예산을 결정하고 생산 · 공급하는 서비스에 대해 요금을 부과할 수 있는 재정적 자율성 또는 자주재정권을 지닌다.

④ 통치기구의 성격이 강한 보통지방자치단체와는 달리 서비스기관의 성격을 지니고 있다.

⑤ 관할 구역은 보통지방자치단체의 행정구역과 관계없이 결정된다.

3 지방자치단체의 계층

1. 계층의 개념

자치단체의 계층구조는 각 국가의 정치형태, 면적, 인구 등에 따라 다양한 형태를 가지고 있으며 단층제와 중층제로 구분된다. 이때 단층제는 관할 구역 안에 자치단체가 하나만 존재하는 경우를 의미하며, 중층제(다층제)는 하나의 자치단체가 다른 일반자치단체를 그 구역 내에서 포괄하여 자치단체가 중첩되어 있는 구조를 의미한다.

(1) 자치계층: 지방자치단체 간의 계층구조 또는 자치단체 간의 상하관계이다. 우리나라는 보통 지방자치단체인 특별시·광역시·도·특별자치도·특별자치시와 시·군·자치구 간의 상하관계가 자치계층관계이다.

(2) 행정계층: 지방행정기관 간의 피라미드적·수직적인 상하관계이다.

　① 지방행정기관 간의 수직적인 지휘·복종관계를 의미한다.

　② 우리나라의 특별시·광역시·도와 시·군·자치구(행정구), 그리고 읍·면·동·리는 행정계층관계를 이루고 있다.

2. 계층구조의 장·단점

구분	단층제	중층제
장점	• 신속한 행정을 도모 • 이중행정·이중감독의 폐단 방지 • 행정수행의 낭비 제거, 능률 증진 • 중층제보다 행정책임이 명확 • 기초자치단체의 자치권이나 지역의 특수성·개별성을 존중	• 행정기능의 분업적 처리 가능 • 국가의 감독기능 유지(중간단체에 감독기능 부여) • 기초단체의 기능수행을 보완 • 직접적인 중앙집권화를 방지하고 민주주의 이념을 확산
단점	• 국토가 넓고 인구가 많은 국가에서는 채택하기가 곤란함(통솔범위의 한계) • 중앙집권화 우려 • 광역적 행정이나 개발에 관한 사무처리는 곤란 • 중앙정부의 비대화로 이어질 가능성	• 이중행정, 이중감독의 폐단 • 행정책임의 모호성 • 행정지체와 낭비로 인한 불합리성 • 지역적 특성을 도외시할 가능성 • 중앙정부에 주민의사 전달이나 주민에 대한 중앙정부의 침투가 왜곡될 가능성

3. 우리나라의 계층구조

(1) 자치계층과 행정계층: 우리나라는 단층제인 특별자치시와 특별자치도를 제외하고 자치계층은 중층제의 구조를 띠고 있다. 행정계층에 있어서는 읍·면·동 등 행정계층을 두고 있으므로 행정계층상으로 볼 때는 3~4개의 계층을 두고 있다(자치계층 포함).

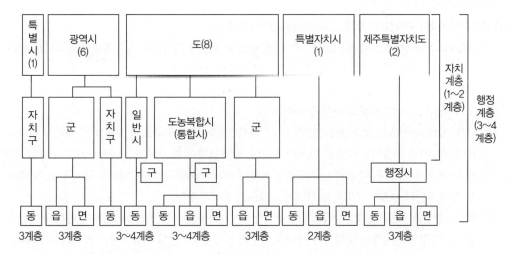

(2) 문제점

① **계층 수의 다단계화**: 국토면적에 비해 계층 수가 많음 → 책임회피, 마찰, 행정낭비, 의사소통 왜곡 등을 초래

② **계층 간 기능배분이 모호**: 광역과 기초 간 불명확한 기능분리로 행정의 비효율성 야기

③ **지역 내 기관의 난립**: 동일 지역 내 행정기관의 난립으로 행정사무의 중첩현상을 야기

4. 각 나라의 자치계층구조

구분	한국	일본	미국	프랑스
광역	특별시·광역시·도·특별자치도	도·도·부·현	카운티	레종
				데파르트망
기초	시·군·자치구	시·정·촌	시·타운·빌리지	코뮌

4 지방자치단체의 구역

1. 구역의 개념

(1) **구역(Area 또는 District)**: 일정한 공공단체의 관할권이 미치는 지역적 범위 혹은 각 자치단체가 관할하는 공간적 범위로 일정한 지리적 공간이라는 차원과 통치권이 미치는 정치적 공간이라는 차원을 갖는다.

(2) **구역의 구분**

① **법적 성격에 따른 구분**: 자치구역은 지방자치단체의 자치권이 미치는 지역적 범위이고, 행정구역은 국가 또는 지방자치단체가 그 행정상의 편의를 위하여 그 내부에 설정하여 놓은 지역적 단위이다.

② **기능의 복합성 여부에 따른 구분**: 일반목적구역은 일정한 지역 안에서 일반적 사무를 종합적으로 처리하기 위해 설치해 놓은 구역이며, 특별목적구역은 특수한 사무를 일정한 지역 내에서 보다 전문적으로 처리하기 위하여 설치해 놓은 구역이다.

2. 지방자치단체의 구역설정기준

(1) **기초자치단체의 구역설정기준[밀스포(Millspaugh)의 기준]**

① **공동사회와 공동생활권 확대**: 주민 상호 간의 자연적 공동체 의식이나 지역연대감을 토대로 하는 공동사회에 가능한 일치되도록 구역을 설정하는 것이 바람직하다.

② **민주성과 능률성의 요구**: 자치단체의 구역은 지방자치행정에 대한 주민참여와 주민통제가 효과적으로 보장되는 지역적 범위로 확정되어야 한다.

③ **재정수요와 재원조달능력의 관계**: 일반적으로 자치단체의 구역이 좁으면 조달되는 재원에 비하여 경비가 과다하게 지출되는 것으로 인식되고 있다. 반대로 일정한 수준까지 자치단체의 구역이 확대되면 그에 비례하여 재정수요가 감소되므로 지방재정은 그만큼 균형을 맞출 수 있게 된다. 따라서 이 두 가지 요인이 적절히 조화되는 선에서 구역을 설정해야 한다.

④ **행정의 편의와 주민의 편의**: 자치단체의 구역은 주민이 행정에 접근이 용이하도록 좁혀야 하는 한편 광역적인 정책과 사업을 수행하는 경향에 맞추어 지방행정기관의 기능수행이 용이하도록 자치단체의 구역도 확대해야 한다. 따라서 행정과 주민의 편의를 적절히 조화하는 선에서 구역을 획정해야 한다.

(2) 광역자치단체 구역설정기준

① 기초자치단체의 행정기능을 가장 효과적으로 조정할 수 있는 지역적 범위를 구역설정기준으로 해야 한다.

② 효율적인 지역개발(Regional Development)을 추진할 수 있는 지역적 범위여야 한다.

③ 도시행정기능과 농촌행정기능을 동시에 가장 효율적으로 수행할 수 있는 규모로 구역을 설정해야 한다.

④ 기초자치단체의 행정기능을 보완하기에 가장 적절한 규모를 구역으로 획정해야 한다.

(3) 학자별 분류

① 리프먼(Lippman): 면적 · 인구 등의 양적 척도, 지리 · 산업 · 전통 등의 요소, 경제 · 사회생활의 지방적 근거

② 페슬러(Fesler): 자연적 조건, 행정능률적 조건, 경제적 조건, 주민통제적 조건

3. 자치구역 획정 및 조정 · 변경

(1) 구역획정 방식

① 도농분리형: 동일한 생활권 안에 있는 일정지역의 인구가 일정기준을 초과할 경우 이를 독립적인 단일의 행정구역으로 설정하는 방식이다(인구기준).

② 도농통합형: 공동생활권을 인구설정기준에 따라 인위적으로 갈라놓는 도농분리형의 구역획정 방식의 한계를 극복하기 위해 지역 정주생활권역을 설정하여 이를 자치구역과 일치시키는 구역획정 방식이다(도 · 농통합시).

≫ 과거에는 도농분리형을 취하였으나 최근에는 도농통합형 방식을 취하고 있다.

(2) 구역 변경

구분	내용
광역 및 기초 자치단체	• 명칭 및 구역 변경 · 폐치 · 분합: 지방의회의 의견청취 또는 주민투표 실시 후 법률로 변경 가능 • 경계변경 및 한자 명칭의 변경: 대통령령으로 변경 가능
행정구와 읍 · 면 · 동	• 폐치 · 분합: 행정안전부 장관의 승인을 받아 조례로 변경 가능 • 명칭 및 구역 변경: 조례로 정하고, 그 결과를 광역자치단체장에게 보고

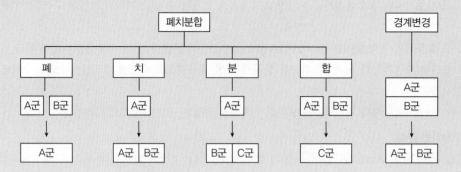

1. 지방자치법

제5조(지방자치단체의 명칭과 구역)

① 지방자치단체의 명칭과 구역은 종전과 같이 하고, 명칭과 구역을 바꾸거나 지방자치단체를 폐지하거나 설치하거나 나누거나 합칠 때에는 법률로 정한다.

② 제1항에도 불구하고 지방자치단체의 구역변경 중 관할 구역 경계변경(이하 "경계변경"이라 한다)과 지방자치단체의 한자 명칭의 변경은 대통령령으로 정한다. 이 경우 경계변경의 절차는 제6조에서 정한 절차에 따른다.

제7조(자치구가 아닌 구와 읍·면·동 등의 명칭과 구역)

① 자치구가 아닌 구와 읍·면·동의 명칭과 구역은 종전과 같이 하고, 이를 폐지하거나 설치하거나 나누거나 합칠 때에는 행정안전부장관의 승인을 받아 그 지방자치단체의 조례로 정한다. 다만, 명칭과 구역의 변경은 그 지방자치단체의 조례로 정하고, 그 결과를 특별시장·광역시장·도지사에게 보고하여야 한다.

② 리의 구역은 자연 촌락을 기준으로 하되, 그 명칭과 구역은 종전과 같이 하고, 명칭과 구역을 변경하거나 리를 폐지하거나 설치하거나 나누거나 합칠 때에는 그 지방자치단체의 조례로 정한다.

③ 인구 감소 등 행정여건 변화로 인하여 필요한 경우 그 지방자치단체의 조례로 정하는 바에 따라 2개 이상의 면을 하나의 면으로 운영하는 등 행정 운영상 면(이하 "행정면"이라 한다)을 따로 둘 수 있다.

④ 동·리에서는 행정 능률과 주민의 편의를 위하여 그 지방자치단체의 조례로 정하는 바에 따라 하나의 동·리를 2개 이상의 동·리로 운영하거나 2개 이상의 동·리를 하나의 동·리로 운영하는 등 행정 운영상 동(이하 "행정동"이라 한다)·리(이하 "행정리"라 한다)를 따로 둘 수 있다.

⑤ 행정동에 그 지방자치단체의 조례로 정하는 바에 따라 통 등 하부 조직을 둘 수 있다.

⑥ 행정리에 그 지방자치단체의 조례로 정하는 바에 따라 하부 조직을 둘 수 있다.

2. 제주특별자치도 설치 및 국제자유도시 조성을 위한 특별법

제16조(읍·면·동의 폐지·설치·분리·합병 등)

① 행정시에는 도시의 형태를 갖춘 지역에는 동을, 그 밖의 지역에는 읍·면을 둔다.

② 「지방자치법」의 규정 중 읍·면·동에 관한 사항은 행정시에 두는 읍·면·동에 적용한다. 다만, 행정시에 두는 읍·면·동을 폐지하거나 설치하거나 나누거나 합칠 때에는 「지방자치법」 제7조 제1항에도 불구하고 행정안전부장관의 승인이 필요하지 아니하되, 도지사는 그 결과를 행정안전부장관에게 보고하여야 한다.

3. 주민투표법

제8조(국가정책에 관한 주민투표)

① 중앙행정기관의 장은 지방자치단체의 폐치(廢置)·분합(分合) 또는 구역변경, 주요시설의 설치 등 국가정책의 수립에 관하여 주민의 의견을 듣기 위하여 필요하다고 인정하는 때에는 주민투표의 실시구역을 정하여 관계 지방자치단체의 장에게 주민투표의 실시를 요구할 수 있다. 이 경우 중앙행정기관의 장은 미리 행정안전부장관과 협의하여야 한다.

② 지방자치단체의 장은 제1항의 규정에 의하여 주민투표의 실시를 요구받은 때에는 지체없이 이를 공표하여야 하며, 공표일부터 30일 이내에 그 지방의회의 의견을 들어야 한다.

③ 제2항의 규정에 의하여 지방의회의 의견을 들은 지방자치단체의 장은 그 결과를 관계 중앙행정기관의 장에게 통지하여야 한다.

1 기관구성 형태

1. 의의

자치단체의 기관은 의결기관인 지방의회와 이를 집행하는 집행기관으로 구분된다. 자치단체의 기관구성의 형태는 각국의 역사적 전통과 지방의 특수성에 따라 다양하지만 크게 기관통합형, 기관대립형, 절충형으로 구분된다.

2. 기관통합형(의원내각제방식, 주민자치)

(1) 기관통합형의 의의: 기관통합형이란 지방자치단체의 의결기능(의결권)과 집행기능(집행권)을 모두 단일기관인 지방의회에 귀속시키는 형태를 말한다.

(2) 기관통합형의 유형

① **영국의 의회형:** 의회형은 영국을 위시하여 인도, 호주, 뉴질랜드, 남아공 등 영연방국가에서 채택하고 있고, 지방의회가 입법기능과 집행기능 전반을 관장하고 있는 유형이다. 이러한 의회형에서는 지방 자치단체의 장은 별도로 존재하지 않으며, 의회의 장(長)이 해당 자치단체를 대표한다.

② **미국의 위원회형:** 위원회형은 지방의회가 주민의 직선에 의해서 선출된 의원들로 구성되는 위원회의 형태를 취하고 있으며, 자치단체의 정책결정기능과 집행기능 등 모든 권한이 이 위원회에 집중되어 있는데, 위원회는 권한에 수반된 모든 책임을 공동으로 부담한다. 미국의 위원회형은 대부분 주민에 의해 직접 선출된 5~7명의 위원들이 의결기능과 집행기능을 함께 수행하는 형태를 의미한다.

③ **프랑스의 의회의장형:** 의회의장형은 프랑스가 1982년의 지방분권법에 의하여 중간자치단체와 광역 자치단체에서 채택하고 있는 유형으로서 지방의회의 의장이 집행기관의 장으로서의 지위를 겸하고, 그 의장 밑에 집행의 사무조직을 두고 있는 유형이다.

④ **기타 유형**

㉠ 절충형의 의의: 절충형은 기관통합형과 기관대립형을 상호조화시킨 형태이다. 의결기관과 집행기관을 따로 두고 있다는 점에서는 기관대립형의 요소를 가지고 있으나, 그들이 대립되지 않고 있는 점에서는 기관통합적인 요소를 가지고 있다. 대표적인 절충형의 형태로서 의회 · 집행위원회형(의회 · 참사회형)을 들 수 있다.

㉡ 수민총회형(Popular Assembly Form): 직섭민수세의 원리를 면실석으로 석용한 소식유형이다. 해당 자치단체의 유권자 전원으로 구성되어 있는 주민총회가 해당 자치단체의 최고기관으로 자치단체의 기본정책 · 예산 · 인사문제 등을 직접 결정하여 집행한다.

(3) 기관통합형의 장 · 단점

① **장점**

㉠ 의결기관과 집행기관이 하나이기 때문에 양 기관의 마찰이나 이로 인한 행정의 낭비나 지연 없이 행정을 보다 안정적으로 수행 가능하다.

㉡ 의원들이 직접 행정을 담당하기 때문에 행정에 주민의 의사를 보다 정확히 반영 가능하다.

㉢ 여러 의원의 의사를 모아 정책결정과 집행을 수행하므로 정책과정 전반에 걸쳐 신중을 기할 수 있다.

② 단점(문제점)

　㉠ 하나의 기관이 정책을 개발·시행하고 평가하므로 견제와 균형의 원리가 적용되지 않아 권력이 남용될 우려가 있다.

　㉡ 동일의 기관이 정치와 행정기능을 같이 수행하므로 정치적 요소의 개입가능성이 제기된다.

　㉢ 지방자치행정을 총괄·조정할 단일 지도자 내지 집행책임자가 없으므로 행정의 종합성·통일성을 유지하는 데 어려움이 있다.

3. 기관대립형(대통령제, 단체자치)

(1) 기관대립형의 의의: 기관대립형이란 기관분리형 또는 대통령제(Presidential System)라고도 하는데, 권력분립주의에 입각하여 지방자치단체의 의사결정기능을 담당하는 의회와 의사집행기능을 담당하는 집행기관을 각각 분립시키고, 그 권한을 분담시켜 서로 견제와 균형에 의하여 자치행정을 운영하게 하는 형태를 말한다.

(2) 기관대립형의 유형

① 직선형 집행기관

　㉠ 미국의 시장·의회형: 시장·의회형은 다시 어느 기관의 권한이 더 강한가에 따라 약시장·의회형과 강시장·의회형 및 강시장·수석행정관형으로 구분할 수 있다.

　　• 약시장·의회형: 권한이 한 명의 시장에게 편중되는 것을 막기 위해 만든 기관구성형태

　　• 강시장·의회형: 시장과 의원들만 주민을 통해 직접 선출함으로써 지방자치단체의 조직 구조를 단순화시키고 조직규모를 축소시킨 형태

　㉡ 일본의 수장·의회형: 위법·부당한 의회의결에 대해서는 수장이 거부권을 행사할 수 있으며, 의회의 수장에 대한 불신임의결권과 이에 대한 수장의 의회해산권이 인정되고 있다.

② 간선형 집행기관

　㉠ 프랑스의 시·읍·면: 의결기관인 의회가 집행기관인 시·읍·면장과 조역을 의원 가운데서 선거하는데, 그 임기는 위원과 마찬가지로 6년이고 의원의 지위를 계속 유지할 수 있다.

　㉡ 독일의 의회·수장형: 독일의 일부 시·읍·면은 프랑스처럼 시·읍·면장을 간선제로 선출하는 방식을 택하고 있는데, 시·읍·면장은 행정집행의 수장인 동시에 시·읍·면의 공식대표자이자 의회의장으로서의 지위를 겸하고 있다.

③ 임명형 집행기관

　㉠ 지방의회에 의한 임명형: 미국의 시의회·행정관리관형 또는 시지배인형(Council-Manager Form)이 대표적인 예로서, 이 유형은 의회가 한 사람의 행정전문가를 행정관리관 또는 시지배인으로 선임하고 그에게 행정집행권을 전적으로 일임하는 형태이다.

　㉡ 중앙정부에 의한 임명형: 집행기관의 장을 중앙정부에서 임명하는 형태로, 이때의 집행기관장은 자치단체의 장인 동시에 중앙정부의 행정책임자이다.

(3) 기관대립형의 장·단점

① 장점

　㉠ 집행기관과 지방의회가 상호견제와 균형을 이루므로 권력남용을 방지할 수 있다.

　㉡ 집행기관장에게 행정권이 통합적으로 주어짐으로써 부처할거주의를 막고 행정에 대한 책임을 더욱 명확하게 물을 수 있다.

　㉢ 행정권이 통합적으로 행사됨으로써 행정의 안정성을 확보할 수 있다.

② 단점(문제점)

⊙ 기관대립형의 의결기관과 집행기관이 상호분리되어 있으므로 양 기관의 입장이 상호 배타적일 때에는 지방행정의 혼란과 마비를 초래할 수 있다.

⊙ 집행기관의 장인 자치단체장을 주민에 의해 직선할 경우, 자치단체장은 장기적 시각에서 계획을 수립하고 집행하기보다는 지역주민의 일시적 인기에 편승한 정책을 추구할 수 있다.

⊙ 기관대립형은 자치단체장과 의회와의 갈등만이 아니라 집행기관 내부에서 자치단체장과 전문적 관료조직과의 갈등을 유발할 수 있다.

4. 우리나라 지방자치단체의 기관구성형태

우리나라의 현행 지방자치단체의 기관구성형태는 기관대립형 중에서도 자치단체장의 권한이 지방의회의 권한보다 상대적으로 큰 강시장 - 의회형 혹은 집행기관 우위적 기관대립형을 획일적으로 채택하고 있다. 따라서 우리나라는 이러한 지방자치단체의 획일적인 기관구성형태를 지양하고, 보다 다양한 제도를 채택할 필요성이 있다.

2 의결기관

1. 의의

지방의회란 근대적 의미의 대표 관념에 기초한 지방자치단체의 의사기관으로서, 원칙적으로 주민에 의하여 선출된 의원을 그 구성원으로 하여 성립하는 합의제 기관으로 주민의 대표기관, 지방자치단체의 중요 정책을 결정하는 최종적인 의사결정기관, 지방자치단체장의 활동을 감시하고 통제하는 행정감시기관으로서 지위를 갖는다.

2. 지방의회의 구성

(1) 지방의회의원

① 신분: 임기 4년의 지방 정무직 공무원, 유급직(의정활동비, 월정수당, 여비)[명예직 규정 삭제(2003년 개정)]

② 겸직 금지 및 영리 제한: 지방의원이 겸할 수 없는 직을 확대하고 지방자치단체 및 공공단체와 영리를 목적으로 하는 거래를 할 수 없도록 영리행위의 제한규정을 두고 있다.

(2) 의장단

① 지방의회는 시·도의 경우 의장 1명과 부의장 2명, 시·군·자치구의 경우 의장·부의장 각 1명을 무기명투표로 선거하여야 한다.

② 의장 및 부의장 불신임 의결: 지방의회의 의장이나 부의장에 대해 지방의회는 불신임을 의결할 수 있다. 불신임의결은 재적의원 4분의 1 이상의 발의와 재적의원 과반수의 찬성으로 행하며 불신임의결이 있으면 의장과 부의장은 그 직에서 해임된다.

(3) 위원회: 지방의회는 조례가 정하는 바에 따라 위원회를 둘 수 있으며, 그 종류는 상임위원회와 특별위원회가 있다.

3. 지방의회의 권한

(1) 지방의회 의결사항(지방자치법 제47조): 지방의회는 다음 사항을 의결한다.

① 조례의 제정·개정 및 폐지

② 예산의 심의·확정

③ 결산의 승인

④ 법령에 규정된 것을 제외한 사용료·수수료·분담금·지방세 또는 가입금의 부과와 징수

⑤ 기금의 설치·운용

⑥ 대통령령으로 정하는 중요 재산의 취득·처분

⑦ 대통령령으로 정하는 공공시설의 설치·처분

⑧ 법령과 조례에 규정된 것을 제외한 예산 외의 의무부담이나 권리의 포기

⑨ 청원의 수리와 처리

⑩ 외국 지방자치단체와의 교류·협력

⑪ 그 밖에 법령에 따라 그 권한에 속하는 사항

(2) 서류제출 요구: 본회의 또는 위원회는 그 의결로 안건심의와 직접 관련된 서류의 제출을 당해 자치단체장에게 요구할 수 있다.

(3) 행정사무감사 및 조사권

① 행정사무감사권

ⓐ 지방의회는 매년 1회 그 지방자치단체의 사무에 대하여 시·도에서는 14일의 범위에서, 시·군 및 자치구에서는 9일의 범위에서 감사를 실시하고, 지방자치단체의 사무 중 특정 사안에 관하여 본회의 의결로 본회의나 위원회에서 조사하게 할 수 있다.

ⓑ 행정사무감사는 지방자치단체의 조례에서 정하는 바에 따라 매년 1차 또는 2차 정례회의 회기 내에 한다.

② 행정사무조사권: 특정사안에 대해 본회의 의결로 본회의 또는 위원회로 하여금 조사하게 할 수 있다. 조사의 발의는 이유를 밝힌 서면으로 하여야 하며, 재적의원 3분의 1 이상의 연서가 있어야 한다.

⟲LINK⟳ 지방자치법

제85조(청원서의 제출)
① 지방의회에 청원을 하려는 자는 지방의회의원의 소개를 받아 청원서를 제출하여야 한다.
② 청원서에는 청원자의 성명(법인인 경우에는 그 명칭과 대표자의 성명) 및 주소를 적고 서명·날인하여야 한다.

제86조(청원의 불수리)
재판에 간섭하거나 법령에 위배되는 내용의 청원은 수리하지 아니한다.

제87조(청원의 심사·처리)
① 지방의회의 의장은 청원서를 접수하면 소관 위원회나 본회의에 회부하여 심사를 하게 한다.
② 청원을 소개한 의원은 소관 위원회나 본회의가 요구하면 청원의 취지를 설명하여야 한다.
③ 위원회가 청원을 심사하여 본회의에 부칠 필요가 없다고 결정하면 그 처리결과를 의장에게 보고하고, 의장은 청원한 자에게 알려야 한다.

행정사무감사와 행정사무조사

구분	행정사무감사	행정사무조사
대상	사무전반	특정사안(구체적, 한정적)
시기 · 요건	매년 정기적(광역 14일, 기초 9일)	재적 1/3 이상 연서와 본회의 의결
대상기관	상임위원회 소관 전체기관	특별사안 관련기관
주체	본회의, 소관상임위, 특별위원회	
공개원칙	공개(위원회 의결로 비공개)	

(4) 행정사무처리상황의 보고와 질문응답: 지방자치단체의 장 또는 관계 공무원은 지방의회나 그 위원회에 출석하여 행정사무의 처리상황을 보고하거나 의견을 진술하고 질문에 응답할 수 있으며, 지방의회나 그 위원회의 요구가 있는 때에는 출석 · 답변하여야 한다.

(5) 선거권과 피선거권: 지방의회는 의원 중에서 시 · 도의 경우 의장 1명과 부의장 2명을, 시 · 군 및 자치구의 경우 의장과 부의장 각 1명을 무기명 투표로 선거하여야 한다. 임기는 2년이고, 의장 또는 부의장이 궐위된 때에는 보궐선거를 실시하며 그 경우 임기는 잔임기간으로 한다.

(6) 의회자율권: 지방의회는 사무처를 둘 수 있으며 지방의회의장의 추천을 받아 지방자치단체 장이 그 직원을 보임할 수 있다. 또한 의회규칙제정권, 의원자격심사권(의원신분사정권), 의원징계권, 의견표시권 등의 의회자율권을 갖는다.

4. 지방의회의 운영

(1) 지방의회의 소집

① **정례회의**: 매년 2회 개최(1차: 6~7월 중에 개최하며 결산 승인, 2차: 11~12월 중에 개최하며 예산안 의결)

② **임시회의**: 지방의회의장은 지방자치단체의 장이나 재적의원 3분의 1 이상의 의원이 요구하면 15일 이내에 임시회를 소집하여야 한다.

(2) 지방의회의 회기: 지방의회의 개회 · 휴회 · 폐회와 회기는 지방의회가 의결로 이를 정한다. 연간 회의 총일수와 정례회 및 임시회의 회기는 당해 지방자치단체의 조례로 정한다(연간 총일수 제한 폐지).

(3) 의안의 발의: 지방자치단체의 장, 재적의원 5분의 1 이상 또는 의원 10인 이상의 연서로 발의한다. 또한 위원회도 그 직무에 속하는 사항에 관하여 의안을 제출할 수 있다.

(4) 회의 운영

① **의사정족수**: 재적의원 3분의 1 이상의 출석으로 개의한다.

② **일반 의결정족수**: 재적의원 과반수의 출석과 출석의원 과반수의 찬성으로 의결한다. 의장은 의결에 있어서 표결권을 가지며 가부동수인 때에는 부결된 것으로 본다.

③ 특별의결정족수

의결정족수	사안
재적의원 과반수 찬성	• 사무소 소재지의 변경 · 신설에 관한 조례 • 의장단의 불신임의결(재적인원 1/4 이상의 동의에 의한 발의)
출석의원 2/3 이상의 찬성	• 조례안의 재의결(재적의원 과반수의 출석) • 재의요구에 대한 재의결(재적인원 과반수의 출석) • 예산상 집행 불가능한 의결의 재의결(재적의원 과반수의 출석) • 의회의 비공개결의(의원 3인 이상의 발의)
재적의원 2/3 이상의 찬성	• 의원의 자격상실결의(재적의원 4분의 1 이상의 연서로 청구) • 의원의 제명결의

④ 회의운영의 원칙

　㉠ 회의공개의 원칙: 3인 이상의 발의와 출석의원 2/3 이상의 찬성이 있거나 의장이 사회의 질서안녕을 위하여 필요하다고 인정하는 경우에는 공개하지 아니할 수 있다.

　㉡ 회기계속의 원칙: 회기 중에 의안이 결정되지 않는 경우 다음 회기에서 계속 심의할 수 있다는 원칙이다. 안건이 폐기됨으로써 비롯되는 경제적 · 시간적 손실을 피할 수 있으며, 심의가 연속성을 가져 처리 효율성을 높일 수 있다는 장점이 있다(의원의 임기가 만료된 경우는 예외).

　㉢ 일사부재리의 원칙: 어떤 사건에 대해 일단 판결이 확정되면 다시 재판을 청구할 수 없다는 원칙이다. 형사소송법상의 원칙으로 일단 판결이 확정된 사건은 다시 공소를 제기할 수 없다. 즉 판결이 내려진 사건에 대해 두 번 이상의 심리, 재판을 하지 않는다는 것으로 민사소송법에서는 이 원칙이 적용되지 않는다.

　㉣ 의사 제척의 원칙: 지방의회의 의장이나 의원은 본인, 배우자 또는 직계존비속 또는 형제자매와 직접 이해관계가 있는 안건에 관해서는 그 의사에 참여할 수 없다(의회의 동의가 있는 경우 의회에 출석해 발언할 수는 있음).

3 집행기관

1. 의의

지방자치단체의 집행기관이란 지방자치단체의 각종 사무를 처리하고 의회의 의결사항을 집행하는 지위에 있는 기관을 일컫는다.

[지방자치법상 집행기관]

지방자치단체의 장	특별시장 · 광역시장 · 도지사 · 시장 · 군수 · 자치구청장
보조기관	• 부지사 · 부시장 · 부군수 · 부구청장 • 행정기구의 하부조직(대통령령이 정하는 기준에 따라 조례로 제정) • 지방공무원
소속 행정기관	• 직속기관(소방 · 교육훈련 · 보건치료 · 시험연구 · 중소기업지도기관 등) • 사업소 • 출장소 • 합의제행정기관
하부행정기관(장)	자치시가 아닌 시(시장), 자치구가 아닌 구(구청장), 읍(읍장), 면(면장), 동(동장)
교육 · 과학 · 체육기관	지방자치단체의 교육 · 과학 및 체육에 관한 사무를 분장하기 위하여 별도의 기관을 둔다.

2. 지방자치단체의 장

(1) 의의: 자치단체의 장은 지방자치단체의 최고집행기관으로서 특별시에는 특별시장, 광역시에는 광역시장, 도 및 특별자치도에는 도지사를 두고, 시에는 시장, 군에는 군수, 자치구에는 구청장을 둔다.

(2) 지위

① 주민의 대표기관(선출직)
② 지방자치단체의 대표기관(대외적 견해표명)
③ 지방자치단체의 집행기관(사무집행 관리)
④ 국가일선기관(기관위임사무 처리)

(3) 자치단체장의 임기와 신분

① **임기 및 신분:** 정무직으로 임기는 4년이며, 연임은 3기에 한한다(지방의원은 연임제한 없음).
② **겸직금지 및 영리사업 제한:** 대통령, 국회의원, 지방의회의원, 국가 및 지방공무원, 공기업 임직원, 교원 등은 겸직할 수 없으며, 재임 중 당해 자치단체와 영리를 목적으로 하는 거래를 하거나 당해 자치단체와 관계있는 영리사업에 종사할 수 없다.
③ **사임 및 퇴직:** 지방자치단체의 장은 그 직을 사임하려면 지방의회의 의장에게 미리 서면으로 알려야 한다. 퇴직은 지방자치단체의 장이 겸임할 수 없는 직에 취임할 때, 피선거권이 없게 될 때, 지방자치단체의 장의 직을 상실할 때에는 그 직에서 퇴직된다.

(4) 지방자치단체의 장의 권한

① **통할대표권:** 지방자치단체장은 당해 자치단체를 대표하고 그 사무를 통할한다. 여기서 통할이라 함은 소속집행기관뿐 아니라 다른 집행기관·의회·주민까지 포함하여 당해 단체의 사무를 총괄하고 일체성을 유지함을 뜻한다.
② **사무의 관리·집행권:** 지방자치단체장은 당해 자치단체의 고유사무와 단체위임사무 그리고 법령에 의하여 그 자치단체장에게 위임된 기관위임사무를 관리하고 집행한다.
③ **기초자치단체에 대한 감독:** 지방자치단체장은 국가기관의 지위, 또는 상급기관의 지위에서 그 관할 구역 내에 있는 하급 행정청을 지휘·감독한다.
④ **소속직원에 대한 임면권:** 자치단체장은 소속직원을 지휘·감독하고 법령과 조례·규칙이 정하는 바에 따라 그 임면, 교육훈련, 복무, 징계 등에 관한 사항을 처리한다.
⑤ **규칙제정권:** 자치단체장은 법령이나 조례가 위임한 범위 내에서 그 권한에 속하는 자치사무와 국가사무에 관하여 규칙을 제정할 수 있다.
⑥ **의회운영에 관한 권한**
　㉠ 지방자치단체장은 지방의회의 의결과 관련하여 의안 및 예산안에 대한 발의권과 재의요구권, 그리고 재의결된 사안을 대법원에 제소할 수 있는 권한을 갖게 된다.
　㉡ 지방자치단체장은 지방의회의 장에게 임시회의 소집을 요구할 수 있고, 지방의회에 조례안·예산안을 제출하며, 조례를 공포하고, 기타 지방의회의 의결사항에 관하여 제안권을 가진다.
⑦ 지방의회의 의결을 거쳐야 하는 사안 중에서도 주민의 생명과 재산보호를 위하여 긴급하게 필요한 사항을 지방의회의 의결 없이 우선 집행할 수 있는 권한을 갖는다(선결처분권).

1. 재의요구사유
   (1) 지방의회로부터 이송받은 조례안에 이의가 있는 경우
   (2) 지방의회의 의결(조례안뿐만 아니라 일체의 의결)이 월권 또는 법령에 위반되거나 공익을 현저히 해한다고 인정되는 경우
   (3) 지방의회의 의결에 예산상 집행할 수 없는 경비가 포함되어 있는 경우
   (4) 법령에 의하여 지방자치단체에서 의무적으로 부담하여야 할 경비와 비상재해로 인한 시설의 응급복구를 위하여 필요한 경비를 삭감하는 경우
   (5) 지방의회의 의결이 법령에 위반되거나 공익을 현저히 해한다고 판단되어 주무부장관 또는 시·도지사가 재의를 명한 경우

2. 지방의회의 재의 및 확정
   재의요구가 있는 경우 지방의회는 재적의원 과반수의 출석과 출석의원 2/3의 찬성으로 전과 같은 의결을 하면 그 조례안 또는 의결사항은 확정된다. 단체장이 이송받은 조례안을 20일 내에 공포하지 않거나 재의요구를 하지 아니할 때에도 그 조례안은 조례로서 확정된다.

3. 공포
   단체장은 확정조례를 지체 없이 공포해야 하며, 확정조례가 단체장에게 이송된 후 5일 이내에 단체장이 공포하지 아니하면 지방의회의 의장이 이를 공포한다.

4. 제소
   재의결된 사항이 법령에 위반된다고 판단되면 단체장은 대법원에 소를 제기할 수 있다.

• 지방의회의 의결사항 가운데 주민의 생명과 재산의 보호를 위하여 긴급하게 필요한 사항에 대하여 지방의회가 성립하지 아니한 때, 지방의회를 소집할 시간적 여유가 없을 때, 지방의회의 의결이 지체되어 의결되지 아니한 때는 선결처분을 할 수 있다.
• 선결처분은 지방의회에 지체 없이 보고하여 승인을 얻어야 하며 승인을 얻지 못한 때에는 그때부터 효력을 상실한다(소급효 인정 안 됨).

3. 보조기관

(1) 지방자치단체의 부단체장

① 의의: 부단체장은 단체장을 보좌하여 사무를 총괄하고, 소속직원을 지휘·감독한다.

② 부단체장*의 권한(권한대행과 직무대리)

ㄱ 권한대행 사유
   • 단체장이 궐위된 경우
   • 단체장이 공소제기된 후 구금상태에 있는 경우
   • 단체장이 의료법에 의한 의료기관에 60일 이상 계속하여 입원한 경우
   • 단체장이 그 직을 가지고 그 지방자치단체의 장 선거에 입후보할 경우 예비후보자 또는 후보자로 등록한 날부터 선거일까지

ㄴ 직무대리 사유: 자치단체의 장이 출장·휴가 등 일시적 사유로 직무를 수행할 수 없는 경우에 부단체장이 그 직무를 대신 함

---

* 부단체장
  부단체장의 정수와 직급은 특별시의 경우 3명, 기타 시·도의 경우 2명을 넘지 않는 범위 내에서 대통령령으로 정한다.

(2) 행정기구 및 지방공무원

① 지방자치단체는 그 사무를 분장하기 위하여 필요한 행정기구와 지방공무원을 둔다.

② 행정기구의 설치와 지방공무원의 정원은 인건비 등 대통령령으로 정하는 기준에 따라 그 지방자치단체의 조례로 정한다.

개념더하기 　지방자치단체의 부단체장의 정수와 직급

광역단체	특별시	3인 이내	행정부시장(2인)	정무직 국가공무원
			정무부시장(1인)	정무직 지방공무원
	기타 시 · 도	2인 이내	행정부시장 · 부지사	일반직 국가공무원(고위공무원단)
			정무부시장 · 부지사	별정직 지방공무원
시 · 군 · 자치구		1인	부시장, 부군수 등	일반직 지방공무원

∽LINK∾ 　지방자치법

제123조(부지사 · 부시장 · 부군수 · 부구청장)

① 특별시 · 광역시 및 특별자치시에 부시장, 도와 특별자치도에 부지사, 시에 부시장, 군에 부군수, 자치구에 부구청장을 두며, 그 수는 다음 각 호의 구분과 같다.
　1. 특별시의 부시장의 수: 3명을 넘지 아니하는 범위에서 대통령령으로 정한다.
　2. 광역시와 특별자치시의 부시장 및 도와 특별자치도의 부지사의 수: 2명(인구 800만 이상의 광역시나 도는 3명)을 넘지 아니하는 범위에서 대통령령으로 정한다.
　3. 시의 부시장, 군의 부군수 및 자치구의 부구청장의 수: 1명으로 한다.

② 특별시 · 광역시 및 특별자치시의 부시장, 도와 특별자치도의 부지사는 대통령령으로 정하는 바에 따라 정무직 또는 일반직 국가공무원으로 보한다. 다만, 제1항 제1호 및 제2호에 따라 특별시 · 광역시 및 특별자치시의 부시장, 도와 특별자치도의 부지사를 2명이나 3명 두는 경우에 1명은 대통령령으로 정하는 바에 따라 정무직 · 일반직 또는 별정직 지방공무원으로 보하되, 정무직과 별정직 지방공무원으로 보할 때의 자격기준은 해당 지방자치단체의 조례로 정한다.

③ 제2항의 정무직 또는 일반직 국가공무원으로 보하는 부시장 · 부지사는 시 · 도지사의 제청으로 행정안전부장관을 거쳐 대통령이 임명한다. 이 경우 제청된 사람에게 법적 결격사유가 없으면 시 · 도지사가 제청한 날부터 30일 이내에 임명절차를 마쳐야 한다.

④ 시의 부시장, 군의 부군수, 자치구의 부구청장은 일반직 지방공무원으로 보하되, 그 직급은 대통령령으로 정하며 시장 · 군수 · 구청장이 임명한다.

⑤ 시 · 도의 부시장과 부지사, 시의 부시장 · 부군수 · 부구청장은 해당 지방자치단체의 장을 보좌하여 사무를 총괄하고, 소속 직원을 지휘 · 감독한다.

⑥ 제1항 제1호 및 제2호에 따라 시 · 도의 부시장과 부지사를 2명이나 3명 두는 경우에 그 사무 분장은 대통령령으로 정한다. 이 경우 부시장 · 부지사를 3명 두는 시 · 도에서는 그중 1명에게 특정지역의 사무를 담당하게 할 수 있다.

4. 소속행정기관과 하부행정기관

(1) 소속행정기관(지방자치법)

직속기관 (제126조)	지방자치단체는 그 소관 사무의 범위 안에서 필요하면 대통령령이나 대통령령으로 정하는 범위에서 그 지방자치단체의 조례로 자치경찰기관(제주특별자치도만 해당한다), 소방기관, 교육훈련기관, 보건진료기관, 시험연구기관 및 중소기업지도기관 등을 직속기관으로 설치할 수 있다.
사업소 (제127조)	지방자치단체는 특정 업무를 효율적으로 수행하기 위하여 필요하면 대통령령으로 정하는 범위에서 그 지방자치단체의 조례로 사업소를 설치할 수 있다.
출장소 (제128조)	지방자치단체는 외진 곳의 주민의 편의와 특정 지역의 개발 촉진을 위하여 필요하면 대통령령으로 정하는 범위에서 그 지방자치단체의 조례로 출장소를 설치할 수 있다.
합의제 행정기관 (제129조)	지방자치단체는 소관 사무의 일부를 독립하여 수행할 필요가 있으면 법령이나 그 지방자치단체의 조례로 정하는 바에 따라 합의제 행정기관을 설치할 수 있다.
자문기관 (제130조)	지방자치단체는 소관 사무의 범위에서 법령이나 그 지방자치단체의 조례로 정하는 바에 따라 자문기관(소관 사무에 대한 자문에 응하거나 협의, 심의 등을 목적으로 하는 심의회, 위원회 등을 말한다. 이하 같다)을 설치 · 운영할 수 있다.

(2) 하부행정기관

① 의의: 지방자치단체의 장에 소속하면서 지방자치단체의 장의 지휘 · 감독을 받으나, 어느 정도 독립성을 갖고 소속지방자치단체의 사무를 지역적으로 분담 · 처리하는 기관을 의미한다.

② 다른 기관과 구별: 스스로 사무를 처리하는 점에서 내부적으로 보조만 하는 보조기관과 구별되고, 그 처리사무가 일반적인 것인 점에서 처리사무가 전문적인 소방기관 · 교육훈련기관 · 보건진료기관 · 시험연구기관 등의 직속기관과 구별된다.

> **개념더하기** ▶ 지방교육자치에 관한 법률
>
> 1. 개관
>   (1) 지방자치단체는 일반적인 행정사무를 수행하기 위한 기관 이외에도 교육, 과학 및 체육에 관한 사무를 수행하기 위하여 별도의 기관을 두게 된다.
>   (2) 교육자치에 관한 사무를 규율하기 위하여 제정된 법률이 지방교육 자치에 관한 법률이다.
>   (3) 동 법률상의 교육자치는 광역자치단체에서만 인정되고 있으며(제2조), 이를 수행하기 위한 의결기관으로서 (교육위원회) 시 · 도의회와 집행기관으로서 교육감을 두고 있다.
>   (4) 교육자치는 초 · 중등교육에서 인정되고 있으며 고등교육은 국가교육으로 하고 있다.
>
> 2. 교육감
>   (1) 법적 지위: 교육감은 지방자치단체의 교육 · 학예에 관한 외부적 대표기관 및 집행기관으로서의 지위를 가지며 시 · 도에 둔다(제18조).
>   (2) 선임절차
>   ① 교육감은 시 · 도단위로 주민의 보통 · 평등 · 직접 · 비밀선거에 따라 선출하며 정당은 교육감 선거에 후보자를 추천할 수 없다(제46조).
>   ② 교육감후보자가 되려는 사람은 후보자등록신청개시일을 기준으로 교육경력 또는 교육행정경력이 3년 이상 있거나 양 경력을 합한 경력이 3년 이상 있는 사람이어야 한다(제24조제2항).
>   ③ 교육감의 임기는 4년으로 하며, 교육감의 계속 재임은 3기에 한한다(제21조).
>   (3) 권한
>   ① 교육 · 학예사무의 집행권
>   ㉠ 교육감은 교육 · 학예사무에 관한 포괄적인 사무집행권을 갖는다.
>   ㉡ 교육감은 이러한 사무집행을 위해 법령 또는 조례의 범위 안에서 그 권한에 속하는 사무에 관하여 교육규칙을 제정할 수 있는 권한을 가지며(제25조제1항), 소속 공무원에 대한 인사 및 감독권(제27조), 교육기관을 설치할 수 있는 권한(제32조) 등을 갖는다.

② 국가행정사무의 위임(제19조)

국가행정사무 중 시 · 도에 위임하여 시행하는 사무로서 교육 · 학예에 관한 사무는 교육감에게 위임하여 행한다. 다만, 법령에 다른 규정이 있는 경우에는 그러하지 아니하다.

③ 시 · 도의회 대한 견제권한

㉠ 재의요구권: 시 · 도의회 등의 의결에 대한 재의와 제소(제28조)

① 교육감은 교육 · 학예에 관한 시 · 도의회의 의결이 법령에 위반되거나 공익을 현저히 저해한다고 판단될 때에는 그 의결사항을 이송받은 날부터 20일 이내에 이유를 붙여 재의를 요구할 수 있다. 교육감이 교육부장관으로부터 재의요구를 하도록 요청받은 경우에는 시 · 도의회에 재의를 요구하여야 한다.

② 제1항의 규정에 따른 재의요구가 있을 때에는 재의요구를 받은 시 · 도의회는 재의에 붙이고 시 · 도의회 재적의원 과반수의 출석과 시 · 도의회 출석의원 3분의 2 이상의 찬성으로 전과 같은 의결을 하면 그 의결사항은 확정된다.

③ 제2항의 규정에 따라 재의결된 사항이 법령에 위반된다고 판단될 때에는 교육감은 재의결된 날부터 20일 이내에 대법원에 제소할 수 있다.

④ 교육부장관은 재의결된 사항이 법령에 위반된다고 판단됨에도 해당 교육감이 소를 제기하지 않은 때에는 해당 교육감에게 제소를 지시하거나 직접 제소할 수 있다.

⑤ 제4항의 규정에 따른 제소의 지시는 제3항의 기간이 경과한 날부터 7일 이내에 하고, 해당 교육감은 제소 지시를 받은 날부터 7일 이내에 제소하여야 한다.

⑥ 교육부장관은 제5항의 기간이 경과한 날부터 7일 이내에 직접 제소할 수 있다.

⑦ 제3항 및 제4항의 규정에 따라 재의결된 사항을 대법원에 제소한 경우 제소를 한 교육부장관 또는 교육감은 그 의결의 집행을 정지하게 하는 집행정지결정을 신청할 수 있다.

㉡ 선결처분권: 교육감의 선결처분(제29조)

① 교육감은 소관 사무 중 시 · 도의회의 의결을 요하는 사항에 대하여 다음 각 호의 어느 하나에 해당하는 경우에는 선결처분을 할 수 있다.

1. 시 · 도의회가 성립되지 아니한 때(시 · 도의회의원의 구속 등의 사유로 지방자치법 제73조의 규정에 따른 의결정족수에 미달하게 된 때를 말한다)

2. 학생의 안전과 교육기관 등의 재산보호를 위하여 긴급하게 필요한 사항으로서 시 · 도의회가 소집될 시간적 여유가 없거나 시 · 도의회에서 의결이 지체되어 의결되지 아니한 때

개념더하기   자치경찰제(제주특별자치도의 경우 2006년 7월부터 자치경찰단이 설치)

1. 자치경찰기구의 설치

자치경찰사무를 처리하기 위하여 제주특별자치도에 자치경찰단을 둔다. 자치경찰단의 조직 및 자치경찰공무원의 정원 등에 관한 사항은 도조례로 정한다.

2. 자치경찰단장의 임명

자치경찰단장은 도지사가 임명하며, 도지사의 지휘 · 감독을 받는다. 도지사는 필요하다고 인정하는 경우에는 자치경찰단장 직위를 개방형 직위로 지정하여 운영할 수 있으며, 이 경우 자치경찰공무원 인사위원회의 심의 · 의결을 거쳐 임명하여야 한다.

3. 자치경찰의 사무

(1) 주민의 생활안전활동에 관한 사무: 순찰, 방범활동 지원, 안전사고 및 재난보호, 폭력 등의 예방 등

(2) 지역교통활동에 관한 사무: 교통법규위반 지도 · 단속 등

(3) 공공시설 및 지역행사장 등의 지역경비에 관한 사무

(4) 자치경찰공무원의 직무로 규정하고 있는 사법경찰관리의 직무

4 의결기관과 집행기관의 관계

1. 의의

지방의회와 지방자치단체의 장은 상호 독립되어 있으며 견제와 균형을 도모하는 관계에 있다. 또한 양자는 모두 지방자치단체의 기관으로서 지방자치행정의 수행을 위하여 협력하여야 한다.

2. 지방자치단체의 기관

(1) 지방자치단체장과 지방의회의원의 신분비교

구분	임기	공직분류	연임제한	보수	영리행위제한	일정직의 겸직금지규정	선거에의 정당참여
지방자치단체장	4년	정무직 지방공무원	있음(3회)	유급직	강함	있음	인정
지방의회의원			없음		약함		

(2) 의결기관과 집행기관의 관계(우리나라 지방자치단체 정부조직은 집행기관 우위적 기관대립형)

구분	지방자치단체장이 지방의회에 대해 갖는 권한	지방의회가 지방자치단체장에 대해 갖는 권한
평상적 관계 (협력관계, 견제와 균형)	의안발의, 조례공포, 예산안 편성·제출, 임시회 소집요구권, 의회 출석 및 진술, 지방의회의원의 선거일 공고	의결권, 조례제정권, 예산심의·의결권, 결산승인권, 행정사무 감사·조사권, 지방자치단체장의 출석증언·의견진술·서류제출의 요구, 행정사무 처리상황에 대한 질문
비상적 관계 (대립관계)	재의요구권 및 제소권, 선결처분권, 의회해산권(불인정)	지방자치단체장에 대한 불신임의결(인정 안 됨)

> **개념더하기** 지방선거 정당개입 찬반 논거

정당공천제 찬성 근거	정당공천제 반대 근거
• 의견이 다른 집단이 대립할 수 있으나, 이는 정치적 타협을 통해 해결될 수 있음 • 정당이 없어지더라도 전통적 사회기반을 중심으로 한 파벌이 생겨날 것이고, 주민전체의 이익과는 무관한 개인적이고 집단적인 이익만을 추구 • 지방자치가 확산됨에 따라 지역 지구당의 자율성이 점차 높아지고 있으며, 지역정치인들의 독자성 또한 높아지고 있음	• 지방자치의 목적은 지역개발과 지역주민의 복리증진에 있으며, 정당이 개입될 경우 필요 없는 경쟁과 부조리만 남발될 우려 • 공천을 팔고 사는 일을 다반사로 하는 정당에게 지방선거 후보 추천권까지 부여하는 것은 곤란 • 지방선거의 독자적 의미를 위협 • 정당 중심의 투표를 유도함으로써 질 낮은 지방자치단체장을 당선시킬 가능성 • 중앙정당 간의 경쟁을 부추기게 됨

> **개념더하기** 지방자치단체장과 지방의회 간 견제권한

1. 재의요구권 2. 제소권 3. 선결처분권 4. 준예산

지방자치단체장 ←————————————————————→ 지방의회

1. 행정사무감사권, 조사권 2. 조례제정권 3. 예산결산심의확정권

구분	1. 재의요구권	2. 제소권	3. 선결처분권	4. 준예산

대상	• 일반의결: 월권, 위법, 현저한 공익 침해
	• 감독기관 요청: 위법, 현저한 공익 침해
	• 조례 제정: 모든 조례
	• 경비 의결: 예산상 집행 불가능, 필수경비 삭감
		• 감독관청이 재의요구권을 행사했으나 단체장이 재의요구 하지 않은 경우
		• 재의결 사항이 법령위반인데도 단체장이 소를 제기하지 않은 경우
			• 지방의회가 성립되지 않은 때
			• 주민 생명·재산 보호를 위한 긴급한 의결사항이나 의회 소집의 시간적 여유가 없을 때
			• 지방의회의 의결 지체로 의결되지 못한 때
				• 준예산
				회계연도 개시 때까지 예산안 의결 안된 경우 예산안 의결 시까지
				  − 법령·조례에 따라 설치된 기관, 시설의 유지·운영
				  − 법령·조례상 지출의무 이행
				  − 이미 예산으로 승인된 계속사업비를 전년도에 준해서 예산 집행 가능
				• 자치단체 신설 시 예산 자치단체 폐·치·분·합으로 신설 시 먼저 경상적 수입·지출을 이행하고 이후 새로 성립된 예산에 포함

절차	• 20일 이내 재의요구 → 대상 중 재의요구권, 재소권, 준예산은 임의사항, 선결처분권은 필수사항 • 재적의원 과반수 출석, 출석의원 2/3 이상 찬성 재의결로 확정 • 자치단체장은 재의결이 법령위반 시 대법원에 제소 가능	7일 이내 대법원에 직접 제소하여 집행정지결정 신청 가능 → 주무부장관, 시·도지사가 직접 제소 가능	단체장은 먼저 선결처분한 후 지방의회에 보고하여 승인받아야 함. 승인받지 못하면 그 때부터 효력 상실(소급효 없음)	

03   지방자치단체의 사무와 기능

① 지방자치단체의 기능배분

1. 기능배분의 의의

  (1) 중앙정부와 지방자치단체 간의 기능배분이란 각종의 공공사무를 중앙정부와 지방자치단체 간에 분담시켜, 중앙정부와 지방자치단체에 역할과 권능을 부여하는 것이라 할 수 있다.

  (2) 중앙정부와 지방자치단체 간의 행정사무의 배분문제는 사무권한의 재배분이라는 측면과 권한의 지방 이양이라는 측면에서 파악될 수 있다.

2. 기능배분의 방식

  (1) **개별적 지정방식(주민자치)**: 이는 지방자치단체가 처리할 수 있는 행정기능과 사무를 개개의 지방자치단체별, 사무종류별로 분류하여 필요할 때마다 국가의 개별 법률에 의해 개별적으로 부여하는 제도를 말한다.

    ① 장점

      ㉠ 지방자치단체의 특수성 고려

      ㉡ 사무구분이 명확하여 책임한계가 명확함

      ㉢ 중앙정부의 간섭 배제

② 단점
　　㉠ 운영상 신축성 결여로 행정수요에 탄력적 대응 저하
　　㉡ 법 제정에 따른 지방의회의 업무상의 부담 증가
　　㉢ 지나친 특수성 강조로 인한 통일성 저해
(2) 포괄적 배분 방식: 이는 지방자치단체에게 법률에 의해 금지된 사항이나, 중앙정부의 전권에 속한 사무를 제외한 모든 지방적 행정기능과 사무를 헌법이나 법률에 의해 일괄적으로 배분하는 방식을 의미한다.
　① 장점: 사무배분이 간편하고, 융통적으로 사무를 배분할 수 있음
　② 단점: 사무구분이 모호하여 책임한계 문제, 중앙정부의 개입 등
(3) 우리나라의 기능배분 방식: 우리나라의 기능배분 방식은 기본적인 방식으로 포괄적 예시주의를 채택하고 있고, 보조방식으로 특례주의를 취하고 있다.

3. 기능배분의 원칙과 기준

(1) 기능배분의 원칙

① **비경합의 원칙**: 중앙정부와 각급 지방자치단체가 그 사무를 처리함에 있어서 서로 경합하지 아니하도록 사무의 소속과 그 처리의 책임을 명백히 하여야 한다.

② **현지성의 원칙(기초자치단체 우선의 원칙)**: 사무를 민주적으로 수행하기 위하여 주민통제가 용이한 기초자치단체에 가능한 한 많은 사무를 배분하여야 한다.

③ **경제성(능률성)의 원칙**: 행정의 능률적인 집행을 위해서 행정기능을 그 처리에 적합한 규모, 행·재정능력, 자치능력 등을 갖춘 자치단체에 부여해야 한다.

④ **종합성의 원칙**: 사무를 종합적으로 처리하기 위하여 국가의 특별지방행정기관보다는 일반지방자치단체에 사무를 집중적으로 배분하여야 한다.

⑤ **관련사무 총괄이양의 원칙**: 지방자치단체가 이양 받은 사무를 자주적인 결정과 책임 아래 처리할 수 있도록 관련되는 일체의 사무를 가능한 한 동시에 이양하도록 해야 한다.

⑥ **자치단체의 능력한계사무의 상급기관으로의 이양원칙**: 시·군·구가 처리하는 사무 가운데 시·군·구의 전문적·기술적 능력을 초월하거나 그 사무의 성격상 시·도에서 처리함이 합리적인 사무는 시·도로 이양하도록 하며, 시·도와 중앙행정기관 간의 관계에서도 동일한 기준을 적용한다.

⑦ **자치단체의 규모 등 여건에 따른 차등이양원칙**: 각급 지방자치단체에 대한 기능 배분에 있어서 지방자치단체별 행·재정능력, 도시 및 농촌 등 행정수요의 차이, 지역적 특수성, 인구규모 등을 고려하여 부득이한 경우 동종의 자치단체라도 이양되는 사무의 종류를 달리할 수 있도록 자치단체 간 차별적 이양을 허용하여 획일적인 사무이양결정의 폐단을 사전에 방지할 수 있게 해야 한다.

> **개념더하기** 실정법상 기능배분원칙
>
> 1. 지방자치법
> 　(1) 불경합의 원칙
> 　(2) 기초자치단체 우선의 원칙
>
> 2. 지방분권 및 지방행정체제 개편에 관한 특별법
> 　(1) 중복배분 금지 원칙
> 　(2) 보충성의 원칙
> 　(3) 종합성, 포괄성 원칙

(4) 국가관여 최소화의 원칙

(5) 주민참여의 원칙

3. 지방분권법 제9조(사무배분의 원칙)

① 국가는 지방자치단체가 행정을 종합적·자율적으로 수행할 수 있도록 국가와 지방자치단체 간 또는 지방자치단체 상호 간의 사무를 주민의 편익증진, 집행의 효과 등을 고려하여 서로 중복되지 아니하도록 배분하여야 한다.

② 국가는 제1항에 따라 사무를 배분하는 경우 지역주민생활과 밀접한 관련이 있는 사무는 원칙적으로 시·군 및 자치구(이하 '시·군·구'라 한다)의 사무로, 시·군·구가 처리하기 어려운 사무는 특별시·광역시·특별자치시·도 및 특별자치도(이하 '시·도'라 한다)의 사무로, 시·도가 처리하기 어려운 사무는 국가의 사무로 각각 배분하여야 한다.

③ 국가가 지방자치단체에 사무를 배분하거나 지방자치단체가 사무를 다른 지방자치단체에 재배분하는 때에는 사무를 배분 또는 재배분 받는 지방자치단체가 그 사무를 자기의 책임 하에 종합적으로 처리할 수 있도록 관련 사무를 포괄적으로 배분하여야 한다.

④ 국가 및 지방자치단체는 제1항부터 제3항까지의 규정에 따라 사무를 배분하는 때에는 민간부문의 자율성을 존중하여 국가 또는 지방자치단체의 관여를 최소화하여야 하며, 민간의 행정참여기회를 확대하여야 한다.

(2) 기능배분의 기준

① 지방자치단체의 사무범위

㉠ 지방자치단체의 구역, 조직 및 행정관리 등에 관한 사무

㉡ 주민의 복지증진에 관한 사무

㉢ 농림·상공업 등 산업진흥에 관한 사무

㉣ 지역개발 및 주민의 생활환경시설 설치·관리에 관한 사무

㉤ 교육, 체육, 문화, 예술의 진흥에 관한 사무

㉥ 지역민방위 및 소방에 관한 사무

② 국가사무의 처리제한

㉠ 외교, 국방, 사법, 국세 등 국가의 존립에 필요한 사무

㉡ 물가, 금융, 수출입정책 등 전국적·통일적으로 처리를 요하는 사무

㉢ 농림, 축산, 수산물 및 양곡의 수출조절과 수출입 등 전국적 규모의 사무

㉣ 경제개발계획, 직할 하천, 국유림, 국토종합개발계획 등 전국의 규모 또는 이와 비슷한 규모의 사무

㉤ 근로기준, 측량기준 등 전국적으로 기준의 통일 및 조정을 요하는 사무

㉥ 고도의 기술을 요하는 검사·시험·연구, 항공관리, 기상행정, 원자력개발 등 지방자치단체의 기술 및 재정능력으로 감당하기 어려운 사무

③ 지방자치단체의 종류별 사무배분 기준

㉠ 광역자치단체(시·도)의 사무

• 사무처리의 결과가 여러 시·군 및 자치구에 미치는 광역적인 사무

• 시·도 단위로 동일한 기준에 따라 처리되어야 할 성질의 사무

• 지역적 특색을 살리면서 시·도 단위로 통일성을 유지하여야 할 사무

• 국가와 시·군 및 자치구 사이의 연락·조정 등의 사무 등

㉡ 기초자치단체(시·군 및 자치구)의 사무: 시·군 및 자치구는 시·도가 처리하는 사무를 제외한 사무를 처리한다.

2 사무의 종류

1. 자치사무

(1) 의의

① 지방자치단체의 존립 목적에 속하는 사무 및 주민의 복리증진을 도모하기 위하여 행하는 사무로서 법령상 국가사무가 아닌 것을 말한다.

② 현행 지방자치법은 자치사무를 포괄적으로 수권하면서도 지방자치단체의 사무(자치사무와 단체위임사무)를 예시하고 있는 절충적 입법방식을 취하고 있다.

③ 지방세 · 분담금의 부과 및 징수, 학교 · 도서관의 설치 · 관리, 수도사업 등이 이에 해당한다.

(2) 종류

① 의무적 자치사무와 임의적 자치사무

㉠ 의무적 자치사무(필요사무): 지방자치단체의 고유사무에 속하지만 임의적 사무와는 달리 그 수행 의무가 법률에 규정된 사무를 말한다.

예 초 · 중등교육법에 의한 초 · 중등학교의 설치 · 경영사무, 폐기물관리법에 의한 일반폐기물 처리사무, 소방기본법에 의한 소방사무, 감염병의 예방 및 관리에 관한 법률에 의한 예방접종시행 · 예방시설 설치의무, 수도법 · 하수도법에 의한 상하수도 사업 등이 이에 해당

㉡ 임의적 자치사무(수의사무): 지방자치단체가 업무를 수행할 것인가의 여부 및 어떻게 수행할 것인가에 대하여 스스로 합목적적이라고 판단하는 바에 따라 자기책임 하에 결정할 수 있는 업무를 말한다.

예 지방도로의 건설, 극장 · 도서관 등 문화시설의 설치, 지역경제에 대한 자금지원 등이 이에 해당

(3) 자치사무의 특징

① 국가의 감독: 자치사무에 대한 국가는 적법성 통제를 할 수 있음에 그치고 합목적성의 통제는 할 수 없다.

② 비용부담: 자치사무는 지방자치단체의 사무이므로 그 비용은 지방자치단체가 그 전액을 부담함이 원칙이다. 예외적으로 국고보조금을 받을 수 있다(장려적 보조금).

③ 지방의회의 관여

㉠ 지방의회의 사무감사 및 조사, 회계감사의 대상이 된다.

㉡ 지방의회는 조례로 자치사무를 규율할 수 있다.

④ 국가배상법상 피해자에 대한 배상책임 및 종국적 배상책임자(지방자치단체)

2. 단체위임사무

(1) 의의: 단체위임사무는 지방자치단체의 본래의 사무가 아니라 전국적 이해와 지방적 이해를 동시에 가지는 사무로서 개개의 법령에 의하여 지방자치단체에 위임된 사무이다.

(2) 특성

① 지방의회의 관여: 지방자치단체에 위임된 사무이므로 당연히 지방의회의 관여가 인정된다. 따라서 단체위임사무는 지방의회의 의결 · 동의 · 사후감독 등을 받는다. 또한 사무를 위임한 국가나 시 · 도의회가 직접 감사하기로 한 사무를 제외하고는 해당 자치단체의 의회가 감사를 하고 그 결과를 보고하도록 하고 있다.

② **국가의 관여와 감독**: 국가나 상급자치단체의 지도·감독은 광범위하며 합법성뿐만 아니라 합목적성 차원의 사후·교정적 감독이 인정된다. 그러나 사전적·예방적 감독은 원칙적으로 배제된다.

③ **경비부담**: 국가와 지방자치단체가 공동으로 부담하며 단체위임사무에 대한 국가보조금은 부담금의 성격을 지닌다.

(3) 현행법상 단체위임사무: 현행법상 단체위임사무는 그리 많지 않다. 시·군의 도세(道稅) 징수업무, 시·도의 국도 유지·수선업무(판례는 기관위임사무로 보고 있다), 시·도의 국가하천 보수·유지 및 관리업무, 점용료 징수업무, 시·군이 다른 시·군에 의무교육 학령아동의 일부에 대한 교육사무의 위탁, 보건소 설치에 관한 사무, 국민기초생활보장에 관한 사무 등이 이에 해당한다. 단체위임사무에 대한 지방자치단체의 권한은 법령이 정하는 범위에 제한된다는 점에서 전권한성을 내용으로 하는 자치사무와 다르다.

3. 기관위임사무

(1) 의의

① 국가 또는 상급 자치단체의 사무가 법령의 규정에 의해 지방자치단체의 집행기관에 위임되어 처리하는 사무를 말한다. 기관위임사무는 지방자치법이 포괄적 수권주의를 규정하고 있어 위임에 특별한 개별적인 법적 근거를 요하지 않는다.

② 기관위임사무를 위임받은 장은 국가의 하부행정기관의 성격을 갖는다.

(2) 특징

① **지방의회의 관여**: 지방자치단체의 장에게 위임된 사무이므로 지방의회의 관여가 인정되지 않지만, 우리나라의 경우 기관위임사무에 대한 지방의회의 감사권을 인정하고 있다.

② **국가의 관여와 감독**: 국가는 합법성, 합목적성, 사후적·사전적(예방적) 감독과 통제가 가능하다. 즉, 교정적·합법성의 소극적 감독뿐만 아니라 예방적·합목적성의 적극적 감독까지도 허용된다.

③ **경비부담**: 원칙적 전액을 국가가 부담하며 국고보조금은 의무적인 위탁금(의무적인 교부금)의 성격을 띤다.

④ **기관위임사무의 한계**
   ㉠ 국가 하급기관으로 전락되어 국가로부터 강력한 통제를 받음
   ㉡ 획일적이고 명령지시적 행정으로 지방의 창의성 저해
   ㉢ 지방의회의 관여의 주민참여 배제
   ㉣ 중앙정부와 지방정부 간 책임소재 불분명
   ㉤ 지방재정을 약화시켜 중앙의존적인 행정 야기

사무의 종류

구분		자치사무	단체위임사무	기관위임사무
개념		지방자치단체가 자기책임하에 주민의 복리증진에 관한 사무 및 자치단체의 존립을 위해 독자적으로 처리하는 사무	국가·지방자치단체가 개별법령에 근거하여 지방자치단체에 위임한 사무	국가·지방자치단체가 법령 또는 조례에 의해 지방자치단체의 기관에 위임한 사무
사무의 성격		자신의 사무	• 국가·광역단체의 사무 • 당해 지방자치단체의 이름과 책임으로 수행하므로 자치사무와 유사한 성질을 갖는다.	국가·광역단체의 사무
법적 근거		지방자치법 제13조 제1항 전단	지방자치법 제13조 제1항 후단	지방자치법 제115조·제116조
단체장의 지위		지자체의 기관	지자체의 기관(간접적 국가기관)	국가기관
사무처리효과의 귀속주체		당해 지방자치단체	당해 지방자치단체	국가 등 위임자
자치법규의 형식		조례·규칙	조례·규칙	규칙
경비부담		• 지방자치단체 부담 • 자주재원과 지방교부세 • 자치사무에 관한 국고보조금은 장려적 보조금	• 위임자 부담 원칙 • 국가의 사업비 일부 보조 • 단체위임사무에 대한 국가의 보조금은 부담금의 성격을 지님	• 위임자 부담 • 전액 국비 부담(지방재정법상 교부금 또는 강학상 위탁금)
국가 감독	감독 속성	• 적법성 감독 • 사후적 감독	• 적법성·합목적성 감독 • 사후적 감독	• 적법성·합목적성 감독 • 적극적·예방적 감독
	감독 기관	행정안전부장관, 시·도지사(법률에 특별한 규정이 있으면 예외)	주무부처의 장	주무부처의 장
감독처분에 대한 소송		가능	불가능	불가능(예외: 직무이행명령)
배상책임		지자체가 부담	• 위임자 부담 • 지방자치단체 부담(국가배상법 제6조 제1항)	• 위임자 부담(국가배상법 제2조 제1항, 제5조 제1항) • 지방자치단체 부담(국가배상법 제6조 제1항)
지방의회 관여		조례제정 가능	조례제정 가능	조례제정 불가(단, 위임조례는 가능, 지방자치법 제49조 제3항)
양벌규정에 의한 처벌		가능	불가능	불가능
실례		• 상·하수도설치·관리 • 일반폐기물처리 관리 • 초등학교 설치, 소방, 예방접종 등 • 학교급식시설 지원사무 • 노인정·도서관의 설치 등	• 각종 공과금징수(국세·도세 징수의 시·군·자치구에 위임, 농지개량조합비의 시·군·자치구에 위임) • 의무교육 학령아동 일부에 대한 교육사무 위탁 • 시·도의 국가직할하천의 점용료·사용료 징수 • 생활보호 사무, 의료보호(보건소 설치 및 운영, 예방접종 사무) • 시·도의 재해 구호	• 국도유지·수선사무 • 묘지 등의 허가사무 • 부랑인선도시설 및 정신질환자요양시설에 대한 지방자치단체장의 지도·감독사무 • 골재채취업등록 및 골재채취허가사무, 가족관계등록사무

4. 사무배분

(1) 사무배분의 의의

사무배분 혹은 기능배분은 중앙정부와 지방정부 사이에, 또는 상급지방정부와 하급지방정부 사이에 이루어지는 일과 책임의 권한의 배분을 의미한다.

(2) 개별적 배분방식과 포괄적 배분방식

① 개별적 배분방식

    ㉠ 의의: 지방자치단체가 처리할 수 있는 사무를 중앙정부 또는 중앙정부 의회가 개별적으로 부여하는 유형이다. 따라서 지방자치단체의 권한을 자치단체별, 사무분야별로 필요에 따라 특별법으로 부여하는 것을 특징으로 하며 주민자치와 자치헌장제를 채택하고 있는 미국의 일부 주와 영국 등에서 사용한다.

    ㉡ 장·단점

장점	• 구체적으로 사무 내용이 명시되기 때문에 주어진 사무에 대해 확실한 자치권이 주어지며, 중앙정부의 간섭을 최대한 배제시킬 수 있음 • 중앙정부와 자치단체 간, 상급자치단체와 하급자치단체 간 사무배분과 그 책임·한계를 명확히 하여 각 자치단체의 특수성이 고려될 수 있음
단점	• 자치단체단체별로 사무를 구체적으로 지정하기 때문에 운영상 유연성이 저하됨 • 개별법 제정에 따른 업무부담 증가 • 지나친 개별성의 남용으로 통일성을 저해 • 법제정에 장시일을 요하는 경우 행정수요에 신속히 대처하지 못할 수 있음

② 포괄적 배분방식

    ㉠ 의의: 법률이 특히 금지한 사항이나 중앙정부가 반드시 처리해야 할 사항을 제외하고는, 지방자치에 대한 일반법에 자치단체의 구별 없이 모든 자치단체에 사무를 포괄적으로 배분하는 방식으로서, 단체자치를 채택하고 있는 독일 프랑스 등 유럽 국가들에서 사용한다.

    ㉡ 장·단점

장점	• 배분방식이 간편함 • 개별 사무에 대한 권리주체를 법으로 명시하지 않음으로써 상황에 따라 주체를 달리할 수 있어 운영상 유연성 제고
단점	• 각 사무에 대한 명확한 구별이 없어 사무의 중복과 행정주체 간의 혼동 • 자치단체의 특수성을 고려하기 곤란 • 중앙정부가 사사사무행까지 무제한적인 통제

(3) 우리나라의 사무배분

정부발표 자료에 의하면 우리나라 전체사무 중 국가사무 73%, 자치사무 15%, 단체위임사무 9%, 기관위임사무 3%이다. 그러나 학자들 견해는 지방에서 처리하는 27%의 사무도 포괄적으로 위임하고 있어 고유사무와 위임사무의 구분이 명확하지 않고, 사실상 대부분 기관위임사무로 해석되고 있어 지방에서 처리되는 사무 중 실질적으로는 기관위임사무가 아직도 가장 많은 비중을 차지하고 있다고 본다.

(4) 우리나라 사무배분의 문제점

① 기관위임사무가 많아 자치발전을 저해한다.

② 지방자치법에 규정된 사무배분의 원칙과 사무예시 등이 추상적이어서 개별법 제·개정 시 구체적으로 반영하기가 곤란하다는 것이다.

③ 기관위임사무의 경우 포괄적 위임규정에 의하여 구체적인 법규에 근거하지 않고 일반적으로 일반통 첩이나 예규에 의해 이루어지므로 국가나 상급자치단체의 재량이 지나치게 작용한다.

④ 자치사무에 대한 통제는 사후적 · 합법적 방법으로 행해지는 것이 원칙이나 현실은 과도한 지휘와 감독이 이루어지고 있다.

개념더하기 ▶ 기능배분이론

1. 다원주의

중앙과 지방 간 기능배분을 역사적으로 오랜 시간 동안 진화과정을 거치면서 점진적으로 제도화되어 온 것으로 보는 전통적인 행정학 관점이다. 이와 같은 기능배분의 바탕에는 행정적 합리성의 증진이라는 원리가 작용했다. 우리나라도 이런 관점에 입각하여 중앙정부와 지방정부 간 기능분담을 논의해왔다.

(1) 중앙정부와 지방정부 간 기능배분은 역사적 진화 및 제도화의 산물

(2) 행정적 합리성의 강조: 중복 배제, 책임성의 증진, 최적규모단위(규모의 경제), 시민참여의 촉진 및 분권화, 중앙정부의 과부하 방지, 중앙정부에 의한 통제가능성 고려 등

2. 신우파론

합리적 인간관과 방법론적 개체주의 입장을 취하고 있는 공공선택론은 중앙과 지방정부 간의 기능배분문제도 개인후생을 극대화하고자 하는 시민과 공직자 개인들의 합리적 선택행동에서 비롯되는 것으로 본다. 즉, 비용은 극소화, 효용은 극대화하기 위한 연역적 추론이 동원되고 이 기준에 의하면 지방정부의 활동을 재분배정책, 배당정책, 개발정책의 세 가지 유형으로 구분하여 특유의 중앙, 지방 간 기능배분양식이 도출된다. 재분배정책(사회보장정책)은 중앙정부가, 개발정책(교통, 통신, 관광)은 지방 혹은 중앙정부가, 배당정책(치안, 소방, 쓰레기)은 지방정부가 각각 관장하게 된다.

3. 계급정치론

자본주의 국가 내부의 정부수준 간 기능배분에 관한 구체적 기준에 별로 관심을 가지지 않는다. 정부 간 기능배분문제는 지배계급들이 자신들의 이익을 추구하기 위한 계급 간 갈등에 지나지 않는다는 것이다.

4. 엘리트론

엘리트이론의 대표적인 모형은 이원국가론이다. 이 이론은 국가기능에 관한 신막스주의의 관점을 일부 수용하면서도 정부수준 간의 상이한 의사결정방식에 관한 신베버주의의 입장을 근간으로 구성된다. 이원국가론은 국가재정지출의 유형화, 국가개입 및 의사결정의 양식, 정부수준 간 기능배분의 순으로 중앙과 지방 간의 기능배분이 이루어진다고 본다.

---

04 주민참여

1 주민참여의 의의

1. 주민의 의의

(1) 주민이란 지방자치단체의 인적 구성요소이며, 지방자치행정의 주체 또는 주권자이다.

(2) 자치단체의 주권자로서 주민 스스로, 또는 대표자를 선출하여 지방자치단체를 운영하는 지방자치행정의 주체이다.

2. 주민참여의 개념

지역사회의 일반주민들이 지방자치단체의 공무원(지방의회의원, 지방자치단체장 등)들을 선출하거나 공무원(지방의회의원, 지방자치단체장 등)들의 정책과정이나 계획과정에 직접 · 간접으로 권력 혹은 영향력을 행사하는 개인 혹은 집단활동이다.

3. 주민참여의 필요성

(1) 행정국가화 현상에 따른 관료의 통제력을 확보하기 위해서이다.

(2) 현대 대의제 민주주의의 한계를 보완하기 위해서이다.

(3) 주민들 개개인의 공동체적 소속감을 강화시킬 수 있다.

(4) 주민참여는 주민복지증진에 기여한다.

(5) 전체의 이익과 부분의 이익, 다수의 이익과 소수의 이익을 조정하기 위해 주민참여가 필요하다.

2 주민참여의 유형

1. 실질적 참여와 형식적 참여

(1) **아른슈타인(S. Arnstein)**: 주민들이 실제로 정책결정과정에 참여하여 영향력을 행사하는가의 여부(영향력의 정도)를 기준으로 분류한 것이다. 아른슈타인은 이러한 유형구분을 한 대표적인 학자로, 주민참여의 유형을 조작에서부터 시민통제에 이르기까지 8단계로 구분하고 있다.

(2) 시민통제, 권한위임, 공동협력 등의 참여단계는 실질적 참여단계(능동적 참여), 그 이하의 참여단계(회유, 자문, 정보제공, 치료, 조작)는 형식적 참여, 또는 비참여의 형태(수동적 참여)이다.

참여 단계	참여 내용	참여 형태
시민통제(Citizen Control)	시민이 정책 입안, 관리, 협상 권한 소유	주민권력의 단계 (실질적 참여)
권한위임(Delegated Power)	일정한 정책결정권 이양	
공동 협력(Partnership)	관료와 동등한 입장에서 협상을 통해 시민의사를 반영하는 단계	
회유(설득; Placation)	계획 단계만 참여, 결정은 관청	명목적 참여의 단계 (형식적 참여)
자문(상담; Consulting)	주민의 의견과 아이디어 수렴	
정보제공(Informing)	일방적 정보 제공	
치료(교정; Therapy)	임상적 치료의 대상으로 간주	비참여의 단계
조작(제도; Manipulation)	정책 지지 유도를 위한 책략 (관료들이 일방적으로 주민을 교육)	

2. 정치적 참여와 행정적 참여

(1) **정치적 참여**

① 선거 등과 같이 정부기관 외부에서의 참여를 의미한다.

② 투표 및 선거운동 등과 같은 선거 참여와 사회적 · 정치적 문제를 다루기 위하여 주민들이 집단이나 조직을 통해 참여하는 비선거 참여로 분류된다.

(2) **행정적 참여**

① 정부기관 내부에의 참여이다.

② 자문위원회, 공청회, 자원봉사 조직 등 행정기관 내부에의 참여를 의미한다.

3 우리나라 주민참여제도(제도적 참여 중심)

1. 조례제정·개폐청구, 주민감사청구

(1) 조례제정·개폐청구: 주민들이 당해 자치단체의 장에게 조례의 제정·개정·폐지를 청구할 수 있는 제도이다.

(2) 주민감사청구: 주민이 자치단체의 장 또는 자치단체의 권한에 속하는 사무의 처리가 법령에 위반되거나 공익을 현저히 해한다고 인정되는 경우 상급자치단체의 장이나 주무부장관에게 감사를 청구할 수 있도록 하는 제도이다.

비교	조례제정 및 개폐청구제도(주민발안)	주민감사청구제도
청구 주체	지방자치단체의 18세 이상 주민으로 특별시 및 인구 800만 이상의 광역시·도는 청구권자 총수의 200분의 1, 인구 800만 미만의 광역시·도, 특별자치시, 특별자치도 및 인구 100만 이상의 시는 150분의 1, 인구 50만 이상 100만 미만의 시·군 및 자치구는 100분의 1, 인구 10만 이상 50만 미만의 시·군 및 자치구는 70분의 1, 인구 5만 이상 10만 미만의 시·군 및 자치구 50분의 1, 인구 5만 미만의 시·군 및 자치구는 20분의 1 이상이 연서	지방자치단체의 18세 이상 주민으로 시·도는 300명, 인구 50만 이상 대도시는 200명, 그 밖의 시·군 및 자치구는 150명을 초과하지 않는 범위 내에서 당해 지방자치단체의 조례가 정하는 수 이상의 연서
청구 객체	당해 지방자치단체의 의회에 청구	• 특별시·광역시·도 → 주무부장관에게 청구 • 시·군 및 자치구 → 시·도지사에게 청구
청구 사안	조례의 제정·개폐	당해 지방자치단체와 그 장의 권한에 속하는 사무의 처리가 법령에 위반되거나 공익을 현저히 해하는 경우
청구 제외 사항	• 법령을 위반하는 사항 • 지방세·사용료·수수료·부담금의 부과·징수 또는 감면에 관한 사항 • 행정기구의 설치·변경에 관한 사항 또는 공공시설의 설치를 반대하는 사항	• 수사나 재판에 관여하게 되는 사항 • 개인의 사생활 침해의 우려가 있는 사항 • 다른 기관에서 감사하였거나 감사 중인 사항(단, 다른 기관에서 감사한 사항이라도 새로운 사항이 발견되거나 중요 사항이 감사에서 누락된 경우나 주민소송대상이 되는 경우 청구 가능) • 동일한 사항에 대해 주민소송방식의 어느 하나에 해당하는 소송이 진행 중이거나 그 판결이 확정된 사항 • 청구대상이 되는 사무의 처리가 있었던 날 또는 종료된 날부터 3년 경과 시
처리	조례 제정·개폐안을 작성해 청구수리일로부터 30일 이내에 지방의회에 의장명으로 주민청구조례안을 발의하여야 한다.	청구수리일로부터 60일 이내에 감사청구된 사항의 감사를 종료하고, 감사결과를 청구인의 대표자와 당해 지방자치단체장에게 통지하고 공표해야 한다.

2. 주민소송(지방자치법 제22조)

(1) 의의

① 주민소송은 지방자치단체의 재정사항에 대하여 감사청구한 주민이 감사를 해태하거나 감사결과 및 그에 따른 이행조치에 불복이 있는 경우 감사결과와 관련한 위법한 행위나 해태사실에 대하여 당해 지방자치단체의 장을 상대로 소송을 제기하는 것을 말한다.

② 이는 주민참여를 통한 지방행정의 책임성 강화를 위해, 지방자치단체의 위법한 재무회계행위에 대해 지역주민이 자신의 개인적 권리·이익의 침해와 관계없이 위법한 행위의 시정을 법원에 청구할 수 있는 제도이다.

(2) 기능, 성질, 특성

① 기능: 주민소송은 미국, 프랑스 등의 납세자소송에 비교되는 개념으로 지방재정의 투명성과 건전성

을 확보하고 주민의 감사청구를 실질화한다는 기능을 갖는다고 할 것이다.

② 성질

ㄱ 지방자치단체의 위법한 재무회계행위를 시정하고자 하는 공익목적을 가지고 제기되는 소송이다.

ㄴ 행정소송법상 민중소송(공익소송)에 해당하며 구체적인 권익의 침해 없이도 제기되고 적법성 통제를 목적으로 하는 소송으로서 객관소송이다.

③ 주민소송의 특성

ㄱ 주민감사청구 전치주의: 주민의 감사청구를 전심절차로 하지만 청구대상 사항을 재무행위 분야와 위법(또는 부당)한 행위만을 대상으로 하고 있다.

ㄴ 연서 불필요: 다수 주민의 연서로써 하는 것이 아니라 주민 개인의 청구로 가능하다.

ㄷ 국민소송은 불인정: 중앙정부를 상대로 하는 국민소송은 인정되지 않는다.

(3) 종류

중지청구소송	• 해당 행위를 계속하면 회복하기 곤란한 손해를 발생시킬 우려가 있는 경우에는 그 행위의 전부나 일부를 중지할 것을 요구하는 소송 • 그러나 중지청구소송은 해당 행위를 중지할 경우 생명이나 신체에 중대한 위해가 생길 우려가 있거나 그 밖에 공공복리를 현저하게 저해할 우려가 있으면 제기할 수 없음
처분취소 또는 무효등확인소송	행정처분인 해당 행위의 취소 또는 변경을 요구하거나 그 행위의 효력 유무 또는 존재 여부의 확인을 요구하는 소송
해태사실위법확인소송	게을리 한 사실의 위법 확인을 요구하는 소송
손해배상청구 등 이행소송 (이행청구 또는 변상명령요구소송)	• 해당 지방자치단체의 장 및 직원, 지방의회의원, 해당 행위와 관련이 있는 상대방에게 손해배상청구 또는 부당이득반환청구를 할 것을 요구하는 소송 • 변상책임을 져야 하는 경우에는 변상명령을 할 것을 요구하는 소송 • 일종의 의무이행소송

(4) 원고적격: 감사청구를 한 주민(감사청구전치주의), 자치단체의 위법행위로 인하여 피해를 입지 않은 지역주민도 소송제기가 가능하며, 다수뿐만 아니라 1인에 의한 청구도 가능하다.

(5) 피고적격: 지방자치단체의 장(중앙정부에 대한 주민소송은 인정되지 않음)

(6) 주민소송의 대상

① 공금의 지출에 관한 사항

② 재산의 취득·관리·처분에 관한 사항

③ 당해 지방자치단체를 당사자로 하는 매매·임차·도급 그 밖의 계약의 체결·이행에 관한 사항

④ 지방세·사용료·수수료·과태료 등 공금의 부과·징수를 게을리 한 사항

(7) 주민소송의 제한

① 제소기간: 감사결과 등의 통지를 받은 날부터 90일 이내에 제기해야 한다.

② 소송의 남발 방지: 주민소송의 남발을 방지하기 위하여 주민소송이 계속 중인 때에는 동일한 사항에 대하여 다른 주민이 별도의 소송을 제기하지 못하도록 하고, 소송을 제기한 주민이 사망하거나 주민의 자격을 상실한 때에는 다른 주민이 6개월 이내에 소송절차를 수계할 수 있다.

③ 소송포기의 금지: 소송 중에 당사자가 법원의 허가 없이 소의 취하, 소의 화해, 청구의 포기를 할 수 없다.

(8) 비용청구

① 주민소송에서 승소한 주민은 당해 지방자치단체에 대하여 변호사 보수 등의 소송비용, 감사청구절차 진행 등을 위하여 소요된 여비 그 밖의 실비의 보상을 청구할 수 있다.

② 판결에 의하여 그 손해배상청구권 또는 부당이득반환청구권이 확정되면 그 확정판결에 의하여 결정된 금액의 지불을 청구하고, 해당 당사자가 이에 불응한 때에는 손해배상·부당이득반환의 청구를 목적으로 하는 소송을 제기할 수 있다.

3. 주민투표(지방자치법 제18조)

(1) 의의: 자치단체의 중요한 사안에 대하여 주민으로 하여금 결정권을 행사하도록 하는 제도이다. 주민투표의 유형에는 의무적 투표와 임의적 투표가 있다. 의무적 투표는 반드시 투표해야 하는 문제로 구속력을 인정하고, 임의적 투표는 투표 할 수도 있고 안할 수도 있는 사항으로 투표해도 구속력은 없다.

(2) 장·단점

장점	단점
• 대의민주주의의 한계 보완(집행기관뿐만 아니라 의회도 견제할 수 있음) • 주민의 참여기회 확대·지방자치단체의 장과 지방의회 간의 갈등의 해결 기제 • 자치단체의 중요한 결정에 정당성 부여 • 집단이기주의 또는 지방의회의원의 이해 상충으로 인한 의결이나 집행이 어려울 때 주민투표를 통해 해결가능성을 증대할 수 있음	• 전문적인 판단이 필요한 문제가 주민의 감정적 판단에 의해 결정될 가능성 증대 • 자치단체의 세입을 감소시키고 세출을 증가시키는 결정이 이루어질 가능성 증대 • 자치단체의 장이 지방의회를 무력화시키는 수단으로 이용할 가능성 증대 • 지역이기주의나 집단이기주의에 정치적 정당성을 부여할 가능성 • 지역문제가 정당의 당리당략에 이용될 가능성

(3) 법적 근거

① **지방자치법 제18조(주민투표):** 자치단체의 장은 주민에게 과도한 부담을 주거나 중대한 영향을 미치는 지방자치단체의 주요 결정사항 등에 대하여 주민투표에 부칠 수 있다.

② **주민투표법:** 주민투표의 대상·발의자·발의요건, 그 밖에 투표절차 등에 관한 사항을 규정하고 있다.

근거	주민투표법(2004년 제정)
관리(제3조)	• 주민투표사무는 이 법에 특별한 규정이 있는 경우를 제외하고는 특별시·광역시 또는 도에 있어서는 특별시·광역시·도 선거관리위원회가, 자치구·시 또는 군에 있어서는 구·시·군 선거관리위원회가 관리한다. • 행정기관 그 밖의 공공기관은 주민투표관리기관으로부터 주민투표사무에 관하여 필요한 협조를 요구받은 때에는 우선적으로 이에 응하여야 한다.
투표권자 (제5조)	• 19세 이상의 주민 • 19세 이상의 외국인으로서 일정자격(출입국관리 관계법령의 규정에 의하여 대한민국에 계속 거주할 수 있는 자격 – 체류자격 변경허가 또는 체류기간 연장허가를 통하여 계속 거주할 수 있는 경우를 포함)을 갖춘 자로서 지방자치단체의 조례가 정하는 자
주민투표 대상(제7조)	• 주민에게 과도한 부담을 주거나 중대한 영향을 미치는 지방자치단체의 주요결정사항은 주민투표에 부칠 수 있다. • 주민투표에 부칠 수 없는 사항(예외사항) 　– 법령에 위반되거나 재판 중인 사항 　– 국가 또는 다른 지방자치단체의 권한 또는 사무에 속하는 사항 　– 지방자치단체의 예산·회계·계약 및 재산관리에 관한 사항과 지방세·사용료·수수료·분담금 등 각종 공과금의 부과 또는 감면에 관한 사항 　– 행정기구의 설치·변경에 관한 사항과 공무원의 인사·정원 등 신분과 보수에 관한 사항 　– 다른 법률에 의하여 주민대표가 직접 의사결정주체로서 참여할 수 있는 공공시설의 설치에 관한 사항 (다만, 제9조 제5항 규정상 지방의회가 주민투표의 실시를 청구하는 경우에는 주민투표 가능) 　– 동일한 사항(사항과 취지가 동일한 경우 포함)에 대하여 주민투표가 실시된 후 2년이 경과되지 아니한 사항

주민투표 실시요건 (제9조)	• 지방자치단체의 장은 주민 또는 지방의회의 청구에 의하거나 직권에 의하여 주민투표를 실시할 수 있다. • 19세 이상 주민 중 제5조제1항 각 호의 어느 하나에 해당하는 사람(같은 항 각 호 외의 부분 단서에 따라 주민투표권이 없는 자는 제외한다. 이하 "주민투표청구권자"라 한다)는 주민투표청구권자 총수의 20분의 1 이상 5분의 1 이하의 범위안에서 지방자치단체의 조례로 정하는 수 이상의 서명으로 그 지방자치단체의 장에게 주민투표의 실시를 청구할 수 있다. • 주민투표청구권자 총수는 전년도 12월 31일 현재의 주민등록표 및 외국인등록표에 따라 산정한다. • 지방자치단체의 장은 매년 1월 10일까지 제3항의 규정에 의하여 산정한 주민투표청구권자 총수를 공표하여야 한다. • 지방의회는 재적의원 과반수의 출석과 출석의원 3분의 2 이상의 찬성으로 그 지방자치단체의 장에게 주민투표의 실시를 청구할 수 있다. • 지방자치단체의 장은 직권에 의하여 주민투표를 실시하고자 하는 때에는 그 지방의회 재적의원 과반수의 출석과 출석의원 과반수의 동의를 얻어야 한다.
주민투표 발의 (제13조)	지방자치단체의 관할 구역 전부나 일부에 대하여 공직선거법 규정에 의한 선거가 실시될 경우, 그 선거의 선거일 전 60일부터 선거일까지의 기간 동안에는 주민투표를 발의할 수 없다(주민투표운동 명목으로 사실상 선거운동을 하는 등의 부작용을 방지하기 위함).
실시구역 (제16조)	지방자치단체의 관할 구역 전체를 대상으로 실시한다. 다만, 특정 지역 또는 특정 주민에게만 이해관계가 있는 사항인 경우 지방자치단체장이 지방의회의 동의를 얻어 관계 시·군·구 또는 읍·면·동을 대상으로 주민투표를 실시할 수 있다.
투표 결과의 확정 (제24조)	• 주민투표에 부쳐진 사항은 주민투표권자 1/4 이상의 투표와 유효투표수 과반수의 득표로 확정된다(단, 전체 투표수가 주민투표권자 총수의 1/4에 미달되는 경우나 주민투표에 부쳐진 사항에 관한 유효득표수가 동수인 경우에는 찬성과 반대 양자를 모두 수용하지 않거나, 양자택일 대상이 되는 사항 모두를 선택하지 않기로 확정된 것으로 본다. • 지방자치단체장 및 지방의회는 확정된 내용대로 행정·재정상의 필요한 조치를 해야 한다.

4. 주민소환(Recall, 주민소환에 관한 법률 2007. 5. 24. 시행)

(1) 장점과 단점

① 장점: 선거에 의하여 공직에 취임한 자에 대한 파면을 주민이 요구하면 주민투표에 의하여 그 여부를 결정하는 제도로 공직자 책임을 확보해 주민통제를 강화하고, 실패한 선거 결과를 바로잡을 수 있으며, 유권자의 정책토론과 참여기회를 확대시킬 수 있다.

② 단점: 다수가 선출한 공직자를 소수가 해임하는 위험한 통제장치이고, 유권자의 변덕스러운 기대나 선호에 따라 실패한 투3조표가 반복될 우려가 있으며, 특정집단이 정치적으로 악용할 가능성도 있다.

(2) 주민소환 투표권자(제3조)

① 19세 이상의 주민으로서 당해 지방자치단체 관할 구역에 주민등록이 되어 있는 자(공직선거법 제18조의 규정에 의하여 선거권이 없는 자는 제외)

② 19세 이상의 외국인으로서 출입국관리법 제10조의 규정에 따른 영주의 체류자격 취득일 후 3년이 경과한 자 중 동법 제34조의 규정에 따라 당해 지방자치단체 관할 구역의 외국인등록대장에 등재된 자

(3) 주민소환투표의 청구요건(제7조): 주민소환투표 청구권자는 선출직 지방공직자에 대해 아래 해당되는 주민의 서명으로 그 소환사유를 서면에 구체적으로 명시하여 관할 선관위에 주민소환투표 실시를 청구할 수 있다.

① 특별시장·광역시장·도지사: 당해 지방자치단체의 주민소환투표 청구권자 총수의 100분의 10 이상

② 시장·군수·자치구의 구청장: 당해 지방자치단체의 주민소환투표 청구권자 총수의 100분의 15 이상

③ 지역구 시·도의회의원 및 지역구 자치구·시·군의회의원: 당해 지방의회의원의 선거구 안의 주민소환투표 청구권자 총수의 100분의 20 이상

(4) 주민소환투표의 청구제한기간(제8조): 아래 어느 하나에 해당하는 때에는 주민소환투표의 실시를 청구할 수 없다.

    ① 선출직 지방공직자의 임기개시일부터 1년이 경과하지 아니한 때

    ② 선출직 지방공직자의 임기만료일부터 1년 미만일 때

    ③ 해당 선출직 지방공직자에 대한 주민소환투표를 실시한 날부터 1년 이내인 때

(5) 권한행사의 정지(제21조): 주민소환투표 대상자는 관할선거관리위원회가 주민소환투표안을 공고한 때부터 주민소환투표결과를 공표할 때까지 그 권한행사가 정지된다.

(6) 주민소환투표결과의 확정(제22조): 주민소환 투표권자 총수의 3분의 1 이상의 투표와 유효투표 총수 과반수의 찬성으로 확정된다. 전체 주민소환투표자의 수가 주민소환 투표권자 총수의 3분의 1에 미달하는 때에는 개표를 하지 아니한다.

(7) 주민소환투표의 효력(제23조): 주민소환이 확정된 때에는 주민소환투표대상자는 그 결과가 공표된 시점부터 그 직을 상실한다. 주민소환 확정으로 그 직을 상실한 자는 그로 인하여 실시하는 주민소환에 관한 법률 또는 공직선거법에 의한 해당 보궐선거에 후보자로 등록할 수 없다.

(8) 불복(제24조)

    ① 소환투표의 효력에 이의가 있는 경우 투표결과가 공표된 날부터 14일 이내에 관할 선거관리위원회 위원장을 피소청인으로 하여 소청 제기 가능

    ② 소청에 대한 결정에 관하여 불복이 있는 소청인은 관할선거관리위원회 위원장을 피고로 하여 그 결정서를 받은 날부터 10일 이내에 소송 제기 가능

4 주민참여의 순기능과 역기능

1. 주민참여의 순기능

(1) 주민의 소외의식 해소와 협동 및 참여의식 증진: 주민참여는 개인화 경향을 갖고 있고 극단적으로는 소외된 시민에게 활력을 고취시키며, 동시에 공동체정신과 협동 및 참여의식을 향상시킨다.

(2) 주민의 자치능력 향상

(3) 간접민주주의의 보완

    ① 간접민주주의 제도가 그 기능을 제대로 수행하지 못할 경우 주민참여를 통하여 이를 보완 내지 시정할 필요가 있다.

    ② 지방의회가 대의기구로서의 역할을 제대로 하지 못할 경우 주민참여는 이러한 대의정치의 결함을 보완해 준다.

(4) 상호정보교환과 정책 아이디어의 개발·제공

    ① 주민참여는 지방자치단체와 주민 간의 정보교환을 원활하게 한다.

    ② 주민참여는 정책아이디어를 개발·제공한다.

(5) 주민과 행정과의 협조 증진과 행정의 효율성 제고

    ① 주민참여는 행정과 주민과의 거리감을 좁히는 기능을 한다.

    ② 주민참여는 정책집행의 효율성을 높이는 기능을 한다.

2. 주민참여의 역기능 및 한계

(1) 참여에 따른 비용의 문제: 주민참여가 원래 의도하는 최상의 상태가 되기 위해서는 시간, 예산, 인력 등의 인적 · 물적 자원이 소요됨을 감안할 때 많은 비용이 소요된다.

(2) 무임승차의 문제

① 주민 모두를 위한 일반적 이익의 추구는 그것이 지니는 공공성과 일반성으로 인해 무임승차의 문제를 발생시킬 소지가 있다.

② 주민참여는 주민 전체 이익의 추구가 아니라 개별적 이익을 추구하게 될 가능성이 있다.

(3) 주민참여의 대표성 및 정당성의 문제

① 일반적으로 볼 때 적극적으로 주민참여를 활용하고 있는 주민은 대다수 주민을 대표하고 있는 것이 아니라, 특정이익을 대표하는 엘리트 주민이 대부분이다.

② 대표성이 없는 참여자는 자기계층의 이익, 또는 특정문제만을 주장하려고 하기 때문에 정책결정의 내용이 편파성과 부분성을 띠기 쉽다.

(4) 비능률의 문제: 정책과정과 행정과정상의 비효율성으로 혼란스럽다는 문제가 있다.

(5) 권력에의 흡수 · 포섭과 행정책임의 회피 · 전가의 문제

① 주민참여는 권력에 흡수 · 포섭됨으로써 참여의 의의를 상실하고 허구화되거나 행정기관에 의해 조작될 위험성이 있다.

② 주민참여는 행정책임의 소재를 불분명하게 하고, 그 책임회피와 전가의 수단으로 이용되기도 한다.

더 알아보기

우리나라 주민참여제도(지방자치법)

제도	연도	근거법률
주민감사청구제도, 주민조례개폐청구제도	1999	지방자치법
주민투표제도	2004	주민투표법
주민소송제도	2006	지방자치법
주민소환제도	2007	주민소환에 관한 법률

1. 의의

(1) 주민참여예산제도는 지방자치단체의 예산편성 과정에 지역주민의 직접적인 참여를 보장하여 지역주민의 의사가 예산에 보다 적절히 반영될 수 있다는 점에서 중요한 의의가 있음

(2) 공공예산 운영의 효율성과 지출가치의 극대화 보다는 예산주권의 극대화나 시민욕구의 번영을 중시하는 제도 → 신공공관리론 보다 거버넌스에서 중시하는 예산제도로 결과보다 과정을 중시

2. 목적과 특징

(1) 주민자치의 구현: 예산편성과정에서 지역주민들의 직접 참여를 제도적으로 보장 → 재정운용의 대응성 · 책임성 · 효율성 제고

(2) 재정민주주의의 구현: 지반재정운영의 투명성 · 공정성 제고 → 주민들의 알권리 실현 및 사전적 · 실질적 · 적극적인 통제수단

(3) 관료실패의 시정: 집행부 주도의 예산편성방식의 한계 극복

(4) 지방의회의 중심의 예산감시 한계 극복: 지방의원들의 지역구 예산 챙기기 또는 인기성 · 선심성 나눠먹기식 등 폐해 시정

(5) 중앙정부와 지방정부 모두 가능하지만 주로 지방정부를 대상으로 시행되며, 예산과정 전반에 참여가 가능하지만 주로 예산편성단계에의 참여에 초점을 둔다.

3. 도입사례

(1) 해외: 1989년 브라질 포르투 알레그레시에서부터 시작되었고, 주민참여의 성공적인 모델로서 긍정적인 평가를 받아 전 세계 여러 자치 단체로 확산 되었다.

(2) 국내: 2004년 광주광역시 북구에서 도입이 되었으며 여러 기초차지단체로 확대되었다. 2005년에는 '주민참여예산제 표준조례안'을 만들어서 최소한의 기준을 제시해 주었고, 2011년 지방재정법 개정을 통해 주민참여예산제도 실시가 의무화됨에 따라 전국으로 확산되었다.

4. 부작용

(1) 낮은 시민참여, 다수의 무관심

(2) 집단이기주의 발생 및 특정의 개인 · 단체에게 악용될 소지가 있음

(3) 참여예산사업선정을 둘러싼 객관성 · 공정성 · 대표성에 도전하는 현상

(4) 전체 지방자치단체 예산에 대한 일반시민의 진정한 재정수요와 목소리를 종합해서 대변하고 각종 예산 투명성을 높이는 기능을 제대로 수행하지 못하고 있음

(5) 불특정 이해관계자 중에서 누가 예산과정에 참여해서 제도운영 주체역할을 할 것인가 하는 문제

구분	청구대상	청구자	제한사항	심사 등	발의	청구 후	확정	결과통지 등	이의·불복
주민조례 제·개폐 청구	「지방자치법」 제28조에 따른 조례로 규정할 수 있는 사항과 조례의 제정 외에 기존 조례의 개정·폐지 청구도 가능	18세 이상의 주민 총수는 전년도 12월 31일 현재의 주민등록표 및 외국인등록표에 의하여 산정	선거기간 중 서명요청금지 (공선법)	지방의회는 수리된 날부터 1년 이내에 의결해야 함	청구를 수리한 날부터 30일 이내	주민조례청구를 수리한 날부터 30일 이내에 지방의회의 의장 명의로 주민조례청구 조례안을 발의	–	–	청구 각하 (처분)에 대하여 행정심판청구가 가능하며 또한 행정심판을 거칠 필요없이 바로 행정소송 제기도 가능
주민감사 청구	지자체 및 장의 권한 사무가 법령 위반, 공익을 저해할 경우	18세 이상 주민 *시도 300명, 시군구 150명 미만 연서	사무 처리일부터 3년 경과 시 제기 불가	상급기관 (감사청구 심의회)	–		감사실시 (60일 이내)		감사종료 및 공표(통지) 청구대표자, 단체장에게	–
주민소송	주민감사 청구 후 위법한 재무회계 행위에 대해 단체장 대상	감사청구를 경유한 주민이 90일 이내 행정법원에 소송제기요건인 경우에 한해 주민소송 제기(이 경우 1인 소송 가능) • 청구수리후 60일내 감사 미종결 • 감사결과 조치요구 미 이행 또는 이행조치 불복 등			–		소송고지 (단체장 신청에 따라 법원이 이해관계자에게 고지)	법원결정 및 심리 후 판결(3심제)	단체장 (확정판결 조치의무), 주민 (승소 시 실비청구), 단체장 (손해배상 청구, 변상명령)	미지불시 손해배상 청구 (민사소송, 90일 이내)
주민투표	자치단체 주요 결정 사항 *국가사무 등 제외	19세 이상 주민 (조례로 규정) *주민청구 시 청구권자 총수의 1/20~1/5 범위 내 서명	선거일 전 60일부터 선거일까지 서명불가 *주민투표일 지정불가 *소환사유 제한없음	지자체장 (주민투표 청구 심의회)	지자체장 (청구 요지 공표)	투표실시 (공고일부터 20~30일) *단, 소환투표는 주민투표, 공직선거 (대선, 총선 제외) 등과 동시 실시 가능	투표권자 총수의 1/3 이상 투표 (미달 시 미개표), 유효 투표수 과반수 득표 시 확정	확정사항 이행 (2년 내 번복 불가) (통지) 지자체장 (보고)의회	1/100 서명으로 소청(상급선관위) → 소송 (시군: 관할고법, 시·도지사: 대법) *국가정책 주민투표는 소청·소송 대상 아님
주민소환	선출직 지방 공직자 *비례대표 제외	19세 이상 주민 *시·도지사 (10/100), 시·군수 (15/100), 지방의원 (20/100) 이상 서명		관할 선관위 *소명: 소환투표 대상자	관할 선관위		직 상실 (결과공표 시점) (통지) 중앙·단체장, 의회, 청구인대표자, 당사자		

CHAPTER

04 지방재정

01 지방재정의 기초

1 지방재정의 의의

1. 개념

지방재정이란 지방자치단체가 그의 기능을 수행하기 위해서 필요한 재원을 획득·관리·사용하는 경제활동의 총체이다. 따라서 지방재정의 주체는 지방자치단체이며, 지방재정은 지방자치단체의 경제를 말한다.

2. 지방재정의 특징

(1) 민간경제(사경제)와의 대비
① 공공성: 지방재정은 지방자치단체의 공공수요에 충당할 공공재를 생산·공급하기 위하여 재원을 확보하고 지출한다. 이러한 공공성 때문에 지방재정에는 시장원리의 적용이 제한되고 단순한 이윤 추구의 목적도 제한된다.
② 강제성: 지방재정의 수입은 강제적으로 징수되는 지방세, 세외수입 등을 기본으로 하고 있으며, 일체의 지출은 법규에 따라 행해진다.
③ 계획성: 지방재정은 반드시 예산의 성립을 전제로 하되 그 운영은 성립된 예산에 따라 계획적으로 질서 있게 행해진다.

(2) 국가재정과의 대비
① 다양성: 국가재정은 구 주체가 오직 하나인 데 비하여, 지방재정은 상호 독립적인 다수의 지방자치단체의 재정을 총괄하는 개념이다.
② 자율성·타율성
ㄱ 자율성: 지방자치단체의 조직, 인사, 재정면에서 자주성을 지니는 것이 원칙이다.
ㄴ 타율성: 보조금 사용, 기채승인 등 국가로부터의 사전·사후적 통제·감독을 받는다.
③ 응익성: 일반적으로 국가재정은 응능주의(조세의 부담능력에 의한 조세부담주의)에 따르고, 지방재정은 응익주의(행정서비스로부터 받는 이익에 따른 조세부담주의)에 따른다는 것이 원칙이다.

국가재정과 지방재정의 비교

구분	국가재정	지방재정
서비스 성격	순수공공재 공급(국방, 치안, 사법 등)	준공공재 공급(도로, 교량 등 SOC)
재정의 기능	포괄적 기능(경제안정기능, 소득재분배기능, 자원배분기능 모두 수행)	자원배분기능을 주로 수행
재정의 초점	전략적 정책기능	전술적 집행기능
재정운용의 평가기준	공평성	효율성
부담 구조	응능주의 (조세의 부담능력에 의한 조세부담주의)	응익주의(행정서비스로부터 받는 이익에 따른 조세부담주의)
재정운용	획일성	다양성
보상관계	일반적 보상	개별적 보상
경쟁 여부	비경쟁성	지방정부 간 경쟁성
선호 반영	주민선호에 대한 민감도 낮음	주민선호에 대한 민감도 높음
세원	지역 간 이동성 없음	지역 간 이동성 있음
재원조달방식	주로 조세에 의존	다양한 세입원에 의존 (세외수입과 각종 재정조정제도 등)
예산편성양식	양출제입(量出制入)	양입제출(量入制出)
대표성	일반적 대표성	지역적 대표성

구분	중앙정부 예산(재정)	지방정부 예산(재정)
예산의 형식적 내용(구성)	예산총칙, 세입세출예산, 계속비 및 명시이월비	
	국고채무부담행위	채무부담행위
예비비 반영 기준	일반회계예산 총액의 100분의 1 이내의 금액을 예비비로 세입세출예산에 계상할 수 있다(임의조항).	일반회계예산 총액의 100분의 1 이내의 금액을 예비비로 세입세출예산에 계상하여야 한다(필수조항).
추가경정예산안 편성 회수 및 사유	보통 연 1회 편성하며 편성사유를 제한함	보통 연 3~4회 편성하며 편성사유 제한 규정이 없음
예산안 제출기한	회계연도 개시 120일 전	광역: 50일 전, 기초: 40일 전
예산안 의결기한	회계연도 개시 30일 전	광역: 15일 전, 기초: 10일 전
상임위원회 예비심사	필수	생략되는 경우가 있음
예산결산특별위원회 운영	상설	비상설
국정감사(지방:행정감사)	30일간, 정기국회 개회 전에 실시	광역: 14일, 기초: 9일 정례회의에서 실시
출납정리기한	회계연도가 끝나는 날(12월31일)	회계연도가 끝나는 날(출납폐쇄 기한)
출납기한	다음 연도 2월10일	다음 연도 2월10일(출납사무완결기한)
총액배분자율편성예산제도	실시	미실시
총액계상예산제도	실시	미실시
납세자소송제도	미실시	실시
공동운영(시행)제도	주민참여예산제도, 성과중심의 재정운용, 조세지출예산서, 성인지예결산서, 일반예비비 법정상한선(1%), 예산성과금제도, 발생주의 복식부기, 계속비, 조세법률주의	

구분	성과금 지급 가능 여부		다른 사업에의 사용 가능 여부	
	중앙재정	지방재정	중앙재정	지방재정
증대된 수입	가능	가능	불가능	가능
절약된 예산지출	가능	가능	가능	가능

2 지방재정운영의 원칙

현행 지방재정법은 재정운영에 관한 기본원칙으로서 지방재정의 건전성과 자주성 및 지방자치단체의 재정책임 등을 제시하고 있다. 구체적으로 건전재정의 원칙, 재정자주성의 원칙, 국가재정준수의 원칙, 재정질서유지의 원칙, 장기적 재정안정의 원칙, 재정운영의 효율성의 원칙, 양성평등의 원칙 등이 있다.

3 지방재정 구조

1. 자주재원과 의존재원

자주 재원	지방세	보통세(9)	취득세, 등록면허세, 레저세, 지방소비세, 담배소비세, 주민세, 지방소득세, 재산세, 자동차세
		목적세(2)	지역자원시설세, 지방교육세
	세외수입	경상적 세외수입	수수료, 사용료 등
		임시적 세외수입	재산매각수입, 분담금, 전입금, 부담금, 이월금 등
의존 재원	지방교부세	보통교부세	재정력지수(기준재정수입액÷기준재정수요액)가 1 이하인 자치단체에 교부
		특별교부세	• 기준재정수요액으로는 산정할 수 없는 특별한 재정수요 발생 시 교부 • 재난 복구 및 안전관리를 위한 특별한 재정수요 발생 시 교부 • 국가적 장려, 국가와 지방 간 시급한 협력, 역점 시책, 재정운용실적 우수 시 등 교부
		소방안전교부세	소방 및 안전시설 확충, 안전관리 강화 등을 위하여 교부
		부동산교부세	재정여건 및 지방세 운영상황 등을 고려하여 교부
	국고보조금	장려적 보조금	장려목적으로 자치사무에 대한 경비지원
		부담금	단체위임사무에 대한 보조금(비용의 일부 지원)
		교부금(위탁금)	기관위임사무에 대한 보조금(비용의 전부 지원)
지방채			자주재원으로 보는 견해도 있으나 법 개정으로 자주재원에서 제외됨

2. 일반재원과 특정재원

(1) **일반재원**: 지방자치단체가 어떠한 경비로서도 지출할 수 있는 수입으로 지방세, 지방세외 수입, 지방교부세 중 보통교부세, 부동산교부세 등이다.

(2) **특정재원**: 지출해야 하는 용도가 특정되어 있는 수입으로 국고보조금, 지방교부세 중 특별교부세 등이다.

3. 경상수입과 임시수입

(1) **경상수입**: 매년 규칙적·안정적으로 확보할 수 있는 수입으로 지방세, 사용료, 수수료 등이다.

(2) **임시수입**: 매년 불규칙적·임시적으로 확보되는 수입으로 특별교부세, 부동산매각수입, 지방채수입 등이다.

1 지방세

1. 지방세의 의의

(1) 개념: 지방자치단체가 그 기능을 수행하는 데 소요되는 일반적 경비를 조달하기 위하여 당해 구역 내의 주민, 재산, 기타 일정한 행위를 하는 자로부터 직접적·개별적 보상 없이 강제적으로 부과·징수하는 재원이다.

(2) 특징

① **법정주의**: 법률에 근거하여 징수한다(조례로는 세율과 종목을 정할 수 없음).

② **강제적 부과·징수**: 반대급부 없이 강제적으로 부과·징수한다(사용료, 수수료와 다름).

③ **일반적 재원조달의 목적**: 지방자치단체의 일반적 경비조달을 목적으로 한다.

④ **금전으로 표시·납부**: 원칙적으로 금전으로 표시되고 징수되어야 한다.

⑤ **독립세주의***: 우리나라의 경우 국세와 지방세의 세원이 분리되어 있다(과세권의 주체가 지방자치단체).

⑥ **분리과세주의**: 지방자치단체별 독립적으로 과세한다(다만, 서울특별시는 재산세에 대해 공동과세제도를 도입하여 활용하고 있음).

> **개념더하기** ▶ 우리나라의 공동과세
>
> 서울특별시에서 재산세를 최초로 공동과세세목으로 전환(공동과세제도는 지역 간에 존재하는 재정력 격차를 시정하기 위한 것)
> - 자치구세인 재산세(선박 및 항공기에 대한 재산세 제외)를 특별시의 경우 특별시와 자치구의 공동세로 한다. 이 경우 특별시분 재산세와 구분 재산세는 각각 50%를 그 세액으로 한다.
> - 특별시장은 특별시분 재산세 전액을 별도 기준에 입각하여 관할구역 안의 자치구에 교부하여야 한다(교부기준 및 교부방법 등 필요한 사항은 구의 지방세수 등을 고려하여 특별시의 조례로 정한다. 다만, 교부기준을 정하지 아니한 경우에는 자치구에 균등하게 배분해야 한다).
> - 특별시로부터 교부받은 재산세는 해당 자치구의 재산세의 세입으로 본다.

2. 지방세의 원칙

(1) 재정수입의 측면

① **충분성의 원칙**: 지방재정수요를 충족시키는 데 충분한 수입을 가져올 것

② **보편성의 원칙**: 각 지방단체의 수입이 보편적으로 존재할 것, 즉 세원이 특정지역에 편재하지 않고 어느 지역에 있어서도 존재하며 세수입의 기대가 가능하여야 한다는 것

③ **정착성의 원칙**: 세원은 가급적 이동이 적고 일정한 지역 내에 정착하고 있을 것, 이를 국지성 또는 지역성의 원칙이라고도 함

④ **신장성의 원칙**: 지방자치단체의 수입이 지방자치단체의 발전에 따라 증가될 것, 지방자치단체의 재정수요는 경제발전과 국민소득수준의 상승에 따라 팽창하므로 지방자치단체의 세입도 이에 따라 증가할 필요가 있다는 것

---

*   독립세주의의 예외
지방소비세나 지방소득세는 국가와 지방이 세원을 공유하는 방식의 지방세로 독립세주의에 대한 예외이다.

⑤ 안정성의 원칙: 세수가 매년 안정적으로 수입되고 연도 간의 세수변동이 적어야 한다는 것

(2) 주민부담의 원칙

① 책임원칙의 측면: 모든 주민이 널리 지방세를 부담할 것, 주민자치의 관점에서 지방자치단체의 구역 안에 거주하는 주민이 자치단체의 행정활동에 소요되는 비용부담을 널리 분담하여야 한다는 것

② 응익성의 원칙: 조세부담의 배분에 있어서 지불능력보다도 공공서비스로부터의 편익량을 기준으로 할 것

③ 효율성의 원칙: 시장의 효율적인 선택행위를 침해하지 말 것

④ 보편성의 원칙: 동등한 지위에 있는 자에게는 동등하게 과세하고, 조세감면의 폭을 너무 넓혀서는 안 된다는 것

(3) 조세행정의 측면

① 자주성의 원칙: 지방자치를 위해서는 지방자치단체가 과세행정상 자주성을 가질 수 있을 것

② 편의 및 최소비용의 원칙: 징세가 간편하고 경비가 적게 들 것

③ 확실성의 원칙: 징세가 확실히 실행될 것

3. 지방세의 종류

(1) 용도에 따른 구분

① 보통세(전체 세입으로 전체 세출에 충당하기 위하여 용도의 구분 없이 징수)

자동차세 (소유, 주행)	• 자동차의 소유에 대하여 과세하는 재산세적인 성격과 도로이용·손상 및 환경오염에 대한 부담금적 성격을 동시에 갖는 지방세 • 자동차 주행에 대한 자동차세는 휘발유·경유 및 이와 유사한 대체유류에 대한 교통세 납세의무가 있는 자에게 과세하는 지방세
취득세	부동산·차량·건설기계·골프회원권 등 과세물건의 취득에 대하여 그 취득자에게 과세하는 지방세
등록면허세 (등록, 면허)	• 재산권과 그 밖의 권리의 설정·변경 또는 소멸의 관한 사항을 공부에 등기하거나 등록하는 자에게 과세하는 지방세 • 면허는 각종 법령에 규정된 면허, 허가, 인가, 등록, 지정, 검사, 검열, 심사 등 특정한 영업설비 또는 행위에 대한 권리의 설정, 금지의 해제 또는 신고의 수리 등과 관련한 행정청의 행위를 말하며 이를 받은 자에게 과세되는 지방세
레저세	경마, 경륜, 경정 및 소싸움을 영위하는 사업자에게 과세하는 지방세
주민세	지방자치단체의 구성원인 주민을 대상으로 과세되는 지방세로서 소득의 크기에 관계없이 균등하게 과세되는 주민세균등분과 환경개선 및 정비에 필요한 비용에 충당하기 위하여 사업소를 운영하는 자에게 과세하는 주민세 재산분, 종업인분으로 구분
재산세	매년 6월 1일(과세기준일) 현재 토지, 주택, 건축물, 선박, 항공기를 소유한 자에게 과세하는 지방세(특별시의 재산세는 공동과세로 특별시분(50%)과 자치구분(50%)으로 구분하고, 특별시분(50%)은 구의 25개 자치구에 균등분배)
지방소득세	지방자치단체의 구성원인 주민을 대상으로 과세되는 지방세로서 소득의 크기에 따라 과세되는 소득분(특별징수, 종합소득세분, 양도소득세분, 법인세분)으로 구분
담배소비세	제조담배 또는 수입담배 등 담배의 소비 행위에 대하여 과세하는 지방세
지방소비세	재화 또는 용역의 공급, 재화의 수입 거래에 부과하는 지방세

② 목적세[특정한 세출에 충당하기 위하여 특별히 부과하는 조세(통일성 원칙의 예외)]

지역자원시설세	지하·해저자원, 관광자원, 수자원, 특수지형 등 지역자원의 보호 및 개발, 지역의 소방사무, 특수한 재난예방 등 안전관리사업 및 환경보호·개선사업, 그 밖에 지역균형개발사업에 필요한 재원을 확보하거나 소방시설, 오물처리시설, 수리시설 및 그 밖의 공공시설에 필요한 비용을 충당하기 위하여 부과하는 지방세
지방교육세	지방교육의 질적 향상에 필요한 지방교육재정의 확충에 드는 재원을 확보하기 위하여 부과하는 지방세

(2) 과세주체에 따른 구분: 특별시세, 광역시세, 도세 및 시·군·자치구세

구분	광역자치단체		기초자치단체	
	특별시·광역시세	도세	시·군세	자치구세
보통세	취득세, 레저세, 담배소비세, 지방소비세, 주민세, 지방소득세, 자동차세	취득세, 등록면허세, 레저세, 지방소비세	담배소비세, 주민세, 지방소득세, 재산세, 자동차세	등록면허세, 재산세
목적세	지역자원시설세, 지방교육세	지역자원시설세, 지방교육세		

개념더하기 　지방소득세와 지방소비세

1. 지방소득세
   종래 주민세 소득할과 사업소세 종업원할을 지방소득세로 통합 신설(2010) → 내국세인 소득세와 법인세의 10%를 지방소득세로 부과하도록 부가세 형태로 연동되어 있던 것을 국가와 지방이 과표는 공유하되 세율과 감면기준은 자치단체가 자율적으로 정하도록 하여 독립세 방식으로 전환(2014. 1. 지방세법 개정)

2. 지방소비세
   내국세인 부가가치세의 11%(종래 5%)를 지방소비세로 전환 → 국가가 통합징수하여 지역별 소비지수와 가중치(재정격차)를 고려한 일정 기준에 따라 각 광역자치단체 세입으로 납입하는 세원공유방식의 지방세

구분	지방소비세	지방소득세
납세 의무자	내국세 부가가치세 납부의무자	내국세인 소득세와 법인세 납부 의무자
과세주체	국가가 통합징수	지방자치단체가 직접 과세
세율	국가(부가세 11%)	지자체(법정표준율+50% 범위 내의 가감결정)
국세의 지방 이양	국세의 지방 이양은 자주재정을 위해 필요하지만 재정력이 뛰어나 지방교부세를 교부받지 못하는 불교부단체에게는 유리하고 재정력이 열악한 지방자치단체에게는 오히려 불리할 수도 있다(수직적 조정은 가능하나, 수평적 조정이 어렵다).	

---

(3) 과세대상에 따른 구분: 과세대상에(재산, 소비, 소득) 따른 구분

재산과세	재산보유과세	재산세, 자동차세 등
	재산거래과세	취득세, 등록면허세 등
소득과세		지방소득세
소비과세		레저세, 담배소비세 등

(4) 독립세와 부가세

① 독립세: 지방자치단체가 국가에서 독립해 독자적인 세원을 보유하고 독자적인 과세표준에 의해 부과할 수 있는 세금(한국)을 말한다.

② 부가세: 국가 또는 다른 자치단체의 과세표준 또는 세액에 대해서 일정한 정률로써 이에 관하여 부가하는 세를 말한다(우리나라는 지방소비세, 종합부동산세 등이 대표적인 부가세 방식을 취한다).

(5) 종가세와 종량세(부과 방식에 따른 구별)

① 종가세: 가격의 일정비율에 해당하는 세금을 부과한다(예 100원당 10%). 국세인 부가가치세, 주세, 지방세인 취득세, 등록면허세 등이 있다.

② 종량세: 단위당 일정액의 세금을 부과한다(예 책 1권당 100원). 지방세인 담배소비세, 자동차세(배기량) 등이 있다.

(6) 조세 전가에 따른 분류

구분	직접세	간접세
과세 대상	소득이나 재산(납세자＝담세자)	소비 행위(납세자≠담세자)
세율	누진세	비례세
조세 종류	소득세, 법인세, 재산세 등	부가가치세, 특별소비세, 주세, 담배소비세 등
장점	소득 재분배 효과, 조세의 공정성	조세 징수의 간편, 조세 저항이 작음
단점	조세 징수가 어렵고 저항이 큼	저소득 계층에게 불리함

(7) 세율 구조에 따른 분류

① 비례세: 과세 대상 금액에 관계없이 동일한 세율 적용(취득세와 등록면허세)

② 누진세: 과세 대상의 금액이 많을수록 높은 세율 적용 → 소득 재분배(재산세)

개념더하기 국세

1. 국세의 분류(14)
   (1) 내국세
      ① 직접세(4): 소득세, 법인세, 상속세, 증여세
      ② 간접세(5): 부가가치세, 특별소비세, 주세, 인지세, 증권거래세
   (2) 관세: 우리나라에 반입하거나 우리나라에서 소비 또는 사용하는 외국물품에 대해서 부과·징수한다.
   (3) 종합부동산세: 과거 지방세인 종합토지세를 폐지하고 국세로 종합부동산세를 신설하였다(종부세는 부동산교부세로 전액 자치단체에 교부된다).
   (4) 목적세(3): 교통·에너지·환경세, 교육세, 농어촌특별세

2. 국세의 특징
   (1) 우리나라의 국세는 간접세의 비중이 직접세의 비중보다 크고 그중 부가가치세의 비중이 가장 크다(내국세 전체 수입 비중은 '부가가치세 〉 소득세 〉 법인세'이다).
   (2) 과거 지방양여금의 재원으로 사용되던 주세는 지방양여금이 폐지되면서 징수액 전액을 국가균형발전특별회계로 전입하여 국가균형발전을 위한 재원으로 사용한다.
   (3) 내국세 중 직접세인 부당이득세는 폐지되었다(2007).
   (4) 교통·에너지·환경세가 2016. 1. 1. 이후에는 내국세인 개별소비세로 통합되었다.

---

4. 우리나라의 지방세제의 문제점

(1) 지역적 특성에 대한 고려 없는 획일적인 지방세제 운영이 이루어지고 있다.

(2) 지방세보다 국세의 비중이 훨씬 크다(8:2).

(3) 세원이 서울, 경기 및 대도시 중심으로 편재되어 있어 보편성의 원칙에 위배된다.

(4) 지방세의 세목이 소득과세나 소비과세가 적고 재산과세가 많을 뿐만 아니라 정액세 중심의 과세로 물가상승률을 반영하지 못하기 때문에 세수의 신장성이 저조하다.

(5) 조세법률주의에 의하여 지방세의 종목과 세율이 법률로 규정되므로 자치단체에 의한 법정 외 세목 설정을 일체 금지하고 있어 과세주권이 결여되어 있다. 또한 국가목적 실현을 위해 지방세를 감면함으로써, 국가와 지방자치단체 간의 갈등이 유발된다.

5. 지방재정의 과제

(1) 최근 지방소득세와 지방소비세 등을 신설하여 국세의 일부를 지방세로 전환하였지만, 아직까지 현행 지방세 체계는 늘어나는 재정수요를 부응하기 어렵다.

(2) 지방세 조례주의 도입을 검토해야 한다.

(3) 법률로 규정되지 않은 지방세를 자치단체가 조례로 부과할 수 있는 방안 검토해야 한다.

(4) 자치단체 조례로 세율의 일정비율을 가감할 수 있는 탄력세율제도의 확대 및 내실화해야 한다.

> **개념더하기** 　 탄력세율제도
>
> 1. 개념
>   탄력세율제도는 법령에 명확히 세율을 규정하는 법정세율제도의 경직성을 타파하고 지방자치단체가 일정한 범위 내에서 자율적으로 지방세를 증대할 수 있는 권한을 부여하는 제도로 중앙정부가 표준세율만 법령으로 정하고, 대통령령이나 자치단체 조례로 그 비율을 가감할 수 있는 제도를 말한다.
> 2. 적용분야
>
> | 대통령령 | 자동차세(자동차 주행), 담배소비세 |
> |---|---|
> | 조례 | 주민세, 자동차세(자동차 보유), 재산세, 지역자원시설세, 지방교육세, 지방소득세 등 |

> **개념더하기** 　 국세와 지방세의 적합조건
>
> | 국세 적합조건 | 지방세 적합조건 |
> |---|---|
> | • 재분배 목적을 위한 누진세 성격이 강한 세목
• 특정 자치단체에 세원이 편중되어 있는 세목
• 세원의 지역 간 이동이 가능한 세목 | • 세수가 안정적이면서도 탄력성이 높은 세목
• 편익과 부담이 일치하는 세목
• 지역적 보편성을 고루 갖춘 세목 |

2 세외수입

1. 의의

(1) **개념**: 세외수입은 지방세 수입을 제외한 나머지 수입을 지칭한다. 세외수입은 광의로는 지방채 수입이나 공기업 수입까지 포함하지만 협의로는 이를 제외한 일반회계의 세외수입만을 의미한다.

(2) **특징**: 세외수입의 종류가 다양하기 때문에 일의적으로 그 특성을 말하기 어렵지만 대체로 자주재원, 잠재수입원, 특정재원(예외 있음), 응익적 · 대상적 성격, 불규칙 · 불균등성, 다양성이 특징이다.

2. 종류(세외수입 구분)

지방자치단체 예산편성기준에 의하면 세외수입을 반복적, 규칙적 발생에 따른 예측가능성 여부를 기준으로 경상적 세외수입 6개 항, 임시적 세외수입 10개 항으로 구분하고 있다. 또한, 지방자치단체의 실제 수입 여부에 따라 명목적 세외수입과 실질적 세외수입으로 구분할 수 있으며, 특별회계의 경우 사업성 여부를 기준으로 사업수입과 사업외수입으로 구분할 수 있다.

실질적 세외수입	경상적 수입	사용료, 수수료, 재산임대수입, 사업장수입(경영수익사업), 이자수입, 징수교부금	일반회계
	사업수입	상수도사업, 하수도사업, 지하철, 주택사업, 공영개발사업, 기타 특별회계	특별회계
명목적 세외수입	임시적 수입	재산매각수입, 융자금회수, 이월금, 기부금, 융자금, 전입금, 분담금, 잡수입, 지난 연도수입, 부담금	일반회계
	사업 외 수입	이월금, 융자금, 전입금, 잡수입, 지난 연도수입, 기타	특별회계

(1) 경상적 세외수입: 매년 계속적으로 반복하여 조달되는 예측가능한 수입으로 세외수입 중 수입원이 가장 많고 지방자치단체 자주재원 확충에 가장 기여를 많이 하는 수입이다.

① **재산임대수입**: 지방자치단체가 국유 · 공유재산을 관리, 운영함에 따라 발생하는 수입으로서 지방자치단체 예산편성기준에 의해 국유재산임대료와 공유재산임대료로 구분된다.

② **사용료수입**: 지방자치단체의 공공시설의 이용이나 재산의 사용에 대한 반대급부로서 이용자에게 징수하는 수입이다. 실비를 한도로 이익을 받는 특정인에게 징수하며, 재산의 이용에 대한 반대급부로서 징수하는 것이다.

③ **수수료수입**: 지방자치단체의 자체사무와 국가 또는 다른 지방자치단체의 위임사무가 특정인을 위한 경우 당해 역무에 대한 비용 및 보상으로 징수하는 금전 또는 금전적 가치(수입증지)를 말한다. 각종 제증명 발급, 인 · 허가 및 검사 · 시험 등의 수행에 따른 수수료수입으로 증지수입*, 쓰레기처리봉투판매수입, 재활용품수거판매수입, 기타수수료 등이 있다.

④ **사업수입**: 지방자치단체가 직접 각종 사업장을 운영하여 얻어지는 생산물 및 부산물을 시민에게 공급함으로써 발생하는 수입으로 택지매각수입, 주차요금수입, 꽃묘 · 수목 매각수입 등이 있다.

⑤ **징수교부금수입**: 당해 지방자치단체가 처리하는 사무 중 국가 또는 다른 지방자치단체의 위임사무에 대하여 그 소요경비를 위임기관으로부터 교부받는 수입으로서 시세징수교부금수입, 사용료징수교부금수입, 부담금징수교부금수입 등이 있다.

⑥ **이자수입**: 지방자치단체의 수입금을 금고, 은행에 예치함에 따른 이자수입으로서 일반적으로 예금에서 발생되는 예금이자수입과 세입세출외현금 관리에 따른 이자수입 등 기타 이자수입이 있다.

(2) 임시적 세외수입: 주로 공공부문 내부에서의 단순한 재원이전 또는 회계조작상의 수입이며, 수입 발생이 불규칙하여 세입의 예측이 명확하지 않은 수입을 말한다.

① **과징금 및 이행강제금**: 과징금은 일반적으로 행정법상의 의무를 위반한 자에 대하여 당해 위반행위로 얻게 된 경제적 이익을 박탈하기 위한 목적으로 과하는 벌과금수입이다. 이행강제금은 개별 법령상 의무이행을 간접적으로 강제하기 위해 일정한 기한까지 의무를 이행하지 않을 경우에 부과하는 것으로 불법건축물의 철거 명령에 따르도록 하기 위해 건축주 등에 대해 부과하는 건축이행강제금 등이 있다.

---

*　증지수입
증지란 지방자치단체가 특정인에게 역무를 제공하고 그 행정서비스에 대한 대가로 현금을 대신하여 납부하도록 하는 증표를 말하며, 수수료수입 중 증지로서 세입을 징수하는 모든 수입이 증지수입이 된다.

② **변상금 및 위약금**: 변상금은 지방자치단체가 입은 손해를 보전하여 가능한 한 손해가 없었던 것과 같은 상태로 회복하기 위하여 법규가 정하는 바에 의하여 변상하거나 변상명령에 의하여 변상되는 수입을 말한다. 위약금은 채무자가 채무를 이행하지 않을 때에 지불할 것을 미리 약정한 경우 약정위반으로 지방자치단체에 귀속하게 되는 금전으로서 계약보증금 등이 이에 해당한다.

③ **과태료**: 일반적으로 지방자치단체가 일정한 행정법상의 질서위반행위에 대하여 과하는 금전벌로서, 간접적으로 행정법상의 질서에 장애를 초래할 위험에 대한 단순 의무위반행위에 과하는 벌과금수입이다.

④ **재산매각수입**: 지방자치단체의 재산 매각계획에 따라 일반재산을 매각하여 얻어지는 수입으로서 지방자치단체가 국유재산을 관리하는 과정에서 찾아 낸 은닉재산 또는 무주부동산(無主不動産)의 신고보상금과 재산교환에서 발생하는 교환차액 수입도 포함된다.

⑤ **부담금**: 국가·지방자치단체 또는 기타 공공단체가 특정한 공익사업에 충당하기 위하여 그 사업과 특별한 관계가 있는 자에게 부과하여 징수하는 수입을 말하는 것이다. 부담금은 개개의 사업마다 법률로써 그 부과 근거가 정해져 있는 것이 원칙이지만 지방자치단체가 징수하는 것에 대해서는 지방자치법에서 일반적인 징수 근거를 두고 있다.

⑥ **분담금**: 지방자치단체의 재산 또는 공공시설의 설치로 인하여 주민의 일부가 특히 이익을 받는 경우에 그 수익자로부터 그 이익의 범위 안에서 부과·징수하는 수입을 말한다.

개념더하기 ▶ 과태료와 과징금

구분	과태료	과징금
개념	행정상 의무위반행위에 대한 질서벌	의무위반으로 얻게 되는 영업수익의 예상 금액 범위 내
금액결정	가벌성의 정도	의무위반으로 얻게 되는 영업수익의 예상 금액 범위 내
부과징수	원칙적으로 법원에 의하여 부과되며 부과결정에 대한 이의는 비송사건절차법에 의함	행정청에 의하여 부과되며 그 이의는 행정쟁송절차에 의함

3. 지방채(자주재원에서 제외하는 것이 지배적 입장)

(1) 의의

① **개념**: 지방채란 지방자치단체가 재정수입의 부족액을 보충하기 위하여 외부에서 조달하는 채무이다.

② **특징**

㉠ 지방자치단체가 특정한 사업을 수행하는 데 필요한 경비에 충당하려는 특정재원이다.

㉡ 재정상 효용은 본질적으로 장기의 자금을 조달하는 데 있다. 따라서 일시차입금과는 다르다.

㉢ 지방자치단체의 항구적 이익이 되거나 긴급한 재난복구 등을 위하여 자금을 차입하면서 부담하는 채무이다.

㉣ 채무의 이행이 일 회계연도를 넘어서 이루어지며 지방채증권, 차입금 형식을 취한다.

(2) 지방채의 종류

① **증서차입채(차입금)**: 지방자치단체가 증서로 차입하는 지방채를 말하며, 외국정부·국제기구 등으로부터 차관을 도입하는 경우도 포함

② **증권발행채(지방채증권)**: 지방자치단체가 증권발행의 방법에 의하여 차입하는 지방채를 말하며, 외국에서 발행하는 경우도 포함

   ㉠ 모집공채: 신규로 발행하는 지방채 증권에 대해 청약서에 의하여 불특정 다수를 대상으로 투자자를 모집한 후 현금의 납입을 받고 증권을 발행하여 자금을 조달하는 방식

   ㉡ 매출공채: 지방자치단체로부터 인·허가나 차량등록 등 특정서비스를 제공받는 주민 등을 대상으로 원인행위에 첨가하여 강제로 소화시키는 방식(지역개발공채, 지하철공채, 도로공채)

   ㉢ 교부공채: 지방자치단체가 토지매입, 공사대금 등 현금을 지급해야 하는 경우에 현금지급 대신 후일지급을 약속하는 증권을 교부하는 방식

(3) 기능과 한계

① **순기능**

   ㉠ 재해복구사업 등 주민복지를 위한 대규모 사업을 위한 재원조달 기능

   ㉡ 도로·주택 등 사회간접자본 확충을 위한 재원에 충당되므로 효율적인 자원배분에 기여

   ㉢ 경기조절 기능(국채에 비해 경기조절기능이 약함)

   ㉣ 세대 간 부담의 세원부담의 형평화: 원리금의 상환은 1회계연도를 넘어 장기간에 걸쳐 부담하게 되므로 세대 간 부담의 공평화를 구현

② **역기능**

   ㉠ 재정수지의 건전성 저해

   ㉡ 차세대에 대한 일방적인 재정부담

   ㉢ 민간채권시장 위축

⊂LINK⊃ 우리나라의 지방채 발행

지방자치법 제139조(지방채무 및 지방채권의 관리)
① 지방자치단체의 장이나 지방자치단체조합은 따로 법률로 정하는 바에 따라 지방채를 발행할 수 있다.
② 지방자치단체의 장은 따로 법률로 정하는 바에 따라 지방자치단체의 채무부담의 원인이 될 계약의 체결이나 그 밖의 행위를 할 수 있다.
③ 지방자치단체의 장은 공익을 위하여 필요하다고 인정하면 미리 지방의회의 의결을 받아 보증채무부담행위를 할 수 있다.
④ 지방자치단체는 조례나 계약에 의하지 아니하고는 그 채무의 이행을 지체할 수 없다.
⑤ 지방자치단체는 법령이나 조례의 규정에 따르거나 지방의회의 의결을 받지 아니하고는 채권에 관하여 채무를 면제하거나 그 효력을 변경할 수 없다.

지방재정법 제11조(지방채의 발행)
① 지방자치단체의 장은 다음 각 호를 위한 자금 조달에 필요할 때에는 지방채를 발행할 수 있다. 다만, 제5호 및 제6호는 교육감이 발행하는 경우에 한한다.
   1. 공유재산의 조성 등 소관 재정투자사업과 그에 직접적으로 수반되는 경비의 충당
   2. 재해예방 및 복구사업
   3. 천재지변으로 발생한 예측할 수 없었던 세입결함의 보전
   4. 지방채의 차환
   5. 지방교육재정교부금법 제9조제3항에 따른 교부금 차액의 보전
   6. 명예퇴직(교육공무원법 제36조 및 사립학교법 제60조의3에 따른 명예퇴직을 말한다. 이하 같다) 신청자가 직전 3개 연도 평균 명예퇴직자의 100분의 120을 초과하는 경우 추가로 발생하는 명예퇴직 비용의 충당

03 의존재원: 지방재정조정제도

1 재정조정의 의의

지방재정조정제도란 정부 간 재정력 격차를 조정하고 지방정부의 부족재원을 보충하기 위해 중앙정부가 지방정부에게 또는 지방정부 상호 간에 재정을 조정하는 제도를 의미한다. 우리나라의 경우 중앙정부가 지방정부를 지원하는 제도는 국고보조금, 지방교부세가 있으며, 지방정부 상호 간의 지원제도는 조정교부금, 징수교부금 등이 있으며, 교육재정에 있어서는 지방교육 재정교부금, 국고보조금, 교육비 특별회계 전출금 등이 있다.

1. 일반 지방재정조정제도

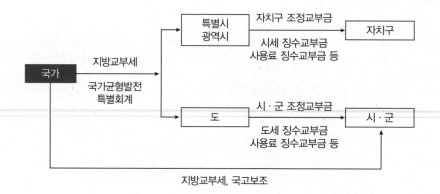

2. 지방교육재정의 조정

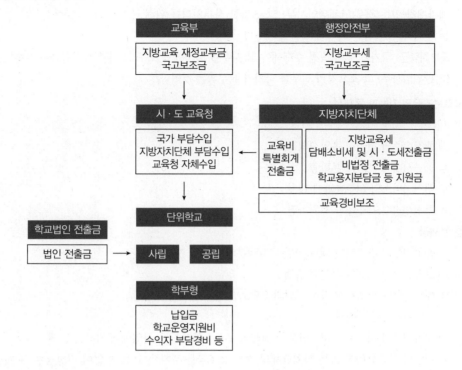

2 국가에 의한 재정 조정

1. 국고보조금

(1) **개념**: 국가시책 상 또는 자치단체의 재정사정 상 필요하다고 인정될 때 그 자치단체의 행정수행에 소요되는 경비의 일부 또는 전부를 충당하기 위하여 용도(특정)를 지정하여 교부하는 자금을 의미한다.

① **조건부 보조금**: 세부용도를 지정(외부성이 큰 사업, 중앙기능을 지방정부가 대행하는 사업, 사업시책 상 장려 필요성이 있는 사업)

② **포괄적 보조금**: 포괄적으로 교부하는 보조금(모든 지방정부에 공통된 사업, 주민의 의사반영이 필요한 사업)

(2) **특징**

① **특정재원**: 보조금은 중앙부처의 소관예산이 재원이 되며, 특정한 사무나 사업의 수행을 장려하기 위해 소요되는 경비에 충당하는 것을 조건으로 국가가 교부(용도지정)

② **대응 지원금**: 지방정부가 일부 대응재원을 마련해야 함 → 지방 간 재정격차 심화

③ **의존재원**: 국가로부터의 교부

④ **무상재원**: 반대급부를 수반하지 않는 일방적인 급부금

⑤ **경상재원**: 매년 경상적으로 수입되는 경상수입

(3) **유형**

① **협의의 보조금(장려적 보조금)**: 지방자치의 자주적 사무에 대하여 국가시책상 필요하다고 인정될 때 또는 지방자치재정상 특히 필요하다고 인정될 때 국가적 차원에서 이를 장려하고자 경비의 전부 또는 일부를 교부하는 것이다.

② **부담금**: 자치단체 또는 그 기관이 법령에 의해 설치해야 할 사무로서 국가와 자치단체 상호 간에 이해관계가 있는 경우(단체위임사무) 그 원활한 사무처리를 위해 국가가 그 전부 또는 일부를 부담하는 것이다. 부담금은 의무적 성질을 지닌다.

③ **교부위탁금**: 국가가 원래 직접 수행해야 할 사무를 자치단체 또는 그 기관에 위임하여 수행하는 경우(기관위임사무) 그 소요경비 전부를 국가가 교부하는 것이다.

(4) 국고보조금의 기능과 문제점

① 기능
  ㉠ 행정수준의 전국적 통일성의 확보
  ㉡ 공공시설 및 사회자본확충
  ㉢ 행정서비스의 외부효과에 대처
  ㉣ 특정행정수요에 대한 재원마련

② 문제점
  ㉠ 중앙정부의 강력한 통제로 인한 지방정부의 자율성 저해
  ㉡ 보조금 지급조건의 획일적 결정
  ㉢ 대부분 정률보조로 지방비 부담과중으로 인한 지방재정의 압박
  ㉣ 지방재정자립도 저하
  ㉤ 지방정부의 의무적 경비부담을 초래하여 우선순위가 낮은 사업에 투자하는 문제
  ㉥ 지방비 부담능력이 없는 자치단체의 경우 보조금을 포기할 수 밖에 없어 지방정부 간 재정력 격차 심화
  ㉦ 보조금의 영세성
  ㉧ 교부절차의 번잡성과 교부 시기의 부적절성으로 인해 적기집행이 곤란

2. 지방교부세

(1) 의의: 재정력을 달리하는 자치단체 간의 재정력의 격차를 시정하기 위해 국세의 일부로서 징수한 재원을 일정기준에 따라 배분함으로써 자치단체 간의 재정력 격차를 완화 · 조정하여 주는 제도이며, 전국적인 최저생활을 확보하기 위하여 지방자체단체의 재정수요에 필요한 부족재원을 보정할 목적으로 국가가 지방자치단체에 교부하는 재원(수평적 조정 · 수직적 조정)이다.

(2) 특징

① **수평적 · 수직적 재정조정제도**: 지방교부세는 국세의 일부를 재정력이 약한 자치단체에 교부(보통교부세)한다는 점에서 수직적 재정조정제도이면서 지역 간 재정력의 격차를 시정하기 위해 재정력이 높은 자치단체보다는 재정력이 취약한 자치단체에 보다 많은 교부가 이루어진다는 점에서 수평적인 재정조정제도이다. 반면 국고보조금은 국가와 지방 간의 수직적 재정조정제도의 성격이 강하다.

② **공유된 독립재원**: 지방자치단체의 독립된 고유재원으로서의 성격을 가지고 있다. 지방교부세법은 '교부세의 재원은 내국세의 19.24%에 해당하는 금액과 종합부동산세 총액, 담배에 부과되는 개별소비세액의 20%로 한다'라고 규정하고 있다. 이런 표현은 국세수입 중 일정비율은 당연히 지방교부세가 된다는 것을 의미하고, 지방교부세가 단순히 국고에서 지원되는 교부금이 아니라 본래 지방자치단체가 공유한 고유재원이라는 것을 표현하고 있는 것이다.

③ **일반재원**: 지방교부세를 어떤 용도에 사용할 것인가는 그 지방자치단체의 자율에 맡겨져 있고, 국가가 지방교부세를 교부함에 있어서 일정한 조건을 붙이거나 용도제한을 할 수 없다.

④ 무대응지원금: 지방교부세는 무대응지원금으로 자치단체의 재정자율성보장기능, 지방자치단체 간 재원의 균형화기능, 지방자치단체의 재원보장기능 등을 한다.

⑤ 중앙정부의 일반회계로 관리 · 운영

(3) 재원규모의 결정과 배분방법

지방교부세 총액은 해당 연도의 내국세(목적세 및 종합부동산세와 다른 법률에 따라 특별회계의 재원으로 사용되는 세목의 해당금액은 제외) 총액의 1만분의 1,924(19.24%)에 해당하는 금액, 종합부동산세법에 따른 종합부동산세 총액, 개별소비세법에 따라 담배에 부과하는 개별소비세 총액의 100분의 20에 해당하는 금액이다.

(4) 종류

① 보통교부세

ㄱ 개념: 용도를 제한하지 않고 교부하는 무조건부(무대응) 교부금으로 일반재원

ㄴ 재원: 내국에 총액의 19.24%에 해당하는 금액과 정산액을 합한 금액의 100분의 97

ㄷ 교부: 기준재정수입액이 기준재정수요액에 못 미치는 지방자치단체에 그 미달액을 기초로 교부한다. 다만, 자치구의 경우에는 기준재정수요액과 기준재정수입액을 각각 해당 특별시, 또는 광역시의 기준재정수요액 및 기준재정수입액과 합산하여 산정한 후 그 특별시 또는 광역시에 교부한다(행정안전부장관이 분기별로 교부).

ㄹ 보통교부세 산정방법

- 교부세＝조정률×재정부족액
- 조정률＝보통교부세 총액÷재정부족액 총액
- 재정부족액＝기준재정수요액－기준재정수입액

② 특별교부세(내국세 총액의 19.24%에 해당하는 금액과 정산액을 합한 금액의 100분의 3): 특별교부세는 보통교부세의 산정방법으로는 지방자치단체의 모든 재정수요를 완벽하게 포착할 수 없는 한계를 보완하는 제도적 장치로서 다음과 같은 경우에 교부한다.

ㄱ 사유

- 보통교부세의 산정에 사용된 기준재정수요액의 산정방법으로 포착할 수 없는 특별한 지역현안수요가 있을 때(특별교부세 재원의 100분의 40에 해당하는 금액)
- 보통교부세의 산정기일 이후에 발생한 재난을 복구 또는 재난 및 안전관리를 위한 특별한 재정수요가 있거나 재정수입의 감소가 있을 때(특별교부세 재원의 100분의 50에 해당하는 금액)
- 국가적 장려사업, 국가와 지방자치단체 간 시급한 협력이 필요한 사업, 지역 역점시책 또는 지방행정 및 재정운용 실적이 우수한 지방자치단체에 재정지원 등 특별한 재정수요가 있을 때(특별교부세 재원의 100분의 10에 해당하는 금액)

ㄴ 목적: 이처럼 특별교부세를 교부하는 이유는 무엇보다도 보통교부세의 획일적인 산정방법에서 발생하는 기준재정수요 · 수입의 미흡한 부분을 보완하고 연도 중에 발생한 재난 등 예측할 수 없는 특별한 재정수요에 대처하는 데 목적이 있으며, 이는 보통교부세의 보완적 기능이라고 할 수 있다.

ㄷ 교부: 행정안전부장관이 연중 수시로 교부할 수 있으며, 그 사용에 관해 조건을 붙이거나 용도를 제한할 수 있다.

③ **소방안전교부세[(담배 개별소비세 총액의 45%) 특정재원]**: 행정안전부장관은 지방자치단체의 소방 및 안전시설 확충, 안전관리 강화 등을 위하여 소방안전교부세를 지방자치단체에 전액 교부하여야 한다. 이 경우 소방 분야에 대해서는 소방청장의 의견을 들어 교부하여야 하며, 소방안전교부세의 교부기준은 지방자치단체의 소방 및 안전시설 현황, 소방 및 안전시설 투자 요소, 재난예방 및 안전강화 노력, 재정 여건 등을 고려하여 대통령령으로 정한다.

④ **부동산교부세(종합부동산세 총액)**: 부동산교부세는 부동산세제 개혁방안으로 기존 지방세인 종합토지세와 재산세의 일부를 국세인 종합부동산세로 전환함에 따라 지방자치단체 보유세 등이 감소하여 지방자치단체 재원 감소분 보전과 지역균형발전을 도모하기 위하여 2005년도부터 신설되어 산정·교부하고 있으며, 2010년도에 시·도세인 지방 소비세가 도입되면서부터는 보유세 및 거래세 감소분 보전을 폐지하고 전액을 균형재원으로 특별자치시·시·군·자치구 및 특별자치도에 교부하고 있다. 부동산 교부세의 교부 기준은 지방자치단체의 재정여건이나 지방채 운영상황 등을 고려하여 대통령령으로 정한다.

더 알아보기

지방교부세

종류	개념		재원	용도	교부주체
보통 교부세	재정력지수(기준재정수입액÷기준재정수요액)가 1 이하인 자치단체에 교부		(내국세 총액의 19.24%+정산액)의 100분의 97	일반 재원	
특별 교부세	기준재정수요액으로는 산정할 수 없는 특별한 재정수요 발생 시 교부	40/100	(내국세 총액의 19.24%+정산액)의 100분의 3	특정 재원	행정안전부 장관
	재난 복구 및 안전관리를 위한 특별한 재정수요 발생 시 교부	50/100			
	국가적 장려, 국가와 지방 간 시급한 협력, 역점 시책, 재정운용실적 우수 시 등 교부	10/100			
소방안전 교부세	소방 및 안전시설 확충, 안전관리 강화 등을 위하여 교부		담배에 부과되는 개별소비세 총액의 100분의 45+정산액	특정 재원	
부동산 교부세	재정여건 및 지방세 운영상황 등을 고려하여 교부		종합부동산세 전액+정산액	일반 재원	

행정안전부장관 (특별교부세 비고란)

(5) 문제점

① 법정교부세율이 낮기 때문에 지방정부 간 격차문제를 해결하기 어렵다

② 교부세의 대부분을 경상비(소모적 경비)로 사용하기 때문에 예산절감 유인이 낮다.

③ 지방교부세는 지방재정부족액을 정부가 보전해 주는 제도적 장치이다. 이로 인해 지방정부의 효율적인 재정운영을 위한 노력이(세원발굴 및 징세의 노력) 감소된다. 지방재정인센티브제도가 도입되었으나 여전히 지방정부의 도덕적 해이가 유발되고 있다.

④ 기준재정수입액과 기준재정수요액 산정의 어려움이 있다.

⑤ 최근 신설된 소방안전교부세나 부동산교부세는 명칭만 교부세일뿐 당초의 교부세 취지와 부합되지 않는다.

더 알아보기

지방교부세와 국고보조금

구분	지방교부세	국고보조금
근거	지방교부세법	보조금 관리에 관한 법률
재원	내국세의 19.24%＋종합부동산세 총액＋담배세 중 개별소비세 45%＋전년도 결산정산액	국가의 일반회계 또는 특별회계예산
용도	일반재원	특정재원
배정방식	재정부족액(법적 기준)	국가시책 및 계획과 정책적 고려
기능	재정의 형평화 기능	자원배분의 효율화 기능
지방비부담	없음(정액보조)	있음(대부분 정률보조)
조정의 성격	수직적·수평적 조정재원	수직적 조정재원

---

3 기초자치단체에 대한 광역자치단체의 재정 조정

1. 조정교부금

(1) 시·군 조정교부금

LINK 지방재정법

제29조(시·군 조정교부금)

① 시·도지사(특별시장은 제외한다. 이하 이 조에서 같다)는 다음 각 호의 금액의 27퍼센트(인구 50만 이상의 시와 자치구가 아닌 구가 설치되어 있는 시의 경우에는 47퍼센트)에 해당하는 금액을 관할 시·군 간의 재정력 격차를 조정하기 위한 조정교부금의 재원으로 확보하여야 한다.

　1. 시·군에서 징수하는 광역시세·도세(화력발전·원자력발전에 대한 지역자원시설세, 특정부동산에 대한 지역자원시설세 및 지방교육세는 제외한다)의 총액

　2. 해당 시·도(특별시는 제외한다. 이하 이 조에서 같다)의 지방소비세액을 전년도 말의 해당 시·도의 인구로 나눈 금액에 전년도 말의 시·군의 인구를 곱한 금액

② 시·도지사는 제1항에 따른 조정교부금의 재원을 인구, 징수실적(지방소비세는 제외한다), 해당 시·군의 재정사정, 그 밖에 내농령령으로 성하는 기순에 따라 해당 시·도의 관할 구역의 시·군에 배분한다.

③ 시·도지사는 화력발전·원자력발전에 대한 각각의 지역자원시설세의 100분의 65에 해당하는 금액(지방세징수법 제17조제2항에 따른 징수교부금을 교부한 경우에는 그 금액을 뺀 금액을 말한다)을 화력발전소·원자력발전소가 있는 시·군에 각각 배분하여야 한다.

(2) 자치구 조정교부금: 자치구 조정교부금은 특별시나 광역시가 징수하는 보통세(총 7개) 수입액의 일부를 자치구에 교부하는 것이다.

LINK 지방재정법

제29조의2(자치구 조정교부금)

특별시장 및 광역시장은 대통령령으로 정하는 보통세 수입의 일정액을 조정교부금으로 확보하여 조례로 정하는 바에 따라 해당 지방자치단체 관할구역의 자치구 간 재정력 격차를 조정하여야 한다.

(3) 조정교부금의 종류와 용도: 조정교부금은 일반적 재정수요에 충당하기 위한 일반조정교부금과 특정한 재정수요에 충당하기 위한 특별조정교부금으로 구분하여 운영하되, 특별조정교부금은 민간에 지원하는 보조사업의 재원으로 사용할 수 없다.

2. 징수교부금

LINK 지방세징수법 시행령

제24조(특별시세 · 광역시세 · 도세 징수의 위임 등)

① 시장 · 군수 · 구청장(자치구의 구청장을 말한다. 이하 같다)이 법 제17조제1항 본문에 따라 징수하는 그 시 · 군 · 구(자치구를 말한다. 이하 같다) 내의 특별시세 · 광역시세 · 도세에 대하여 체납처분을 하는 경우에 드는 비용은 시 · 군 · 구의 부담으로 하고, 체납처분 후에 징수되는 체납처분비는 시 · 군 · 구의 수입으로 한다.

② 법 제17조제2항에 따른 교부율(시 · 군 · 구에서 징수하여 특별시 · 광역시 · 도에 납입한 징수금액에 대한 각 시 · 군 · 구별 분배 금액의 합계액의 비율을 말한다)은 100분의 3으로 한다.

③ 법 제17조제2항에 따른 시 · 군 · 구별 교부기준(징수교부금으로 확정된 특별시세 · 광역시세 · 도세 징수금의 일정 부분을 각 시 · 군 · 구에 분배하는 기준을 말한다)은 각 시 · 군 · 구에서 징수한 특별시세 · 광역시세 · 도세 징수금액의 100분의 3으로 한다. 다만, 지역실정을 고려하여 필요할 경우에는 특별시 · 광역시 · 도의 조례로 징수금액 외에 징수건수를 반영하는 등 교부기준을 달리 정할 수 있으며, 징수건수를 반영할 경우에는 레저세의 징수건수는 포함하지 아니한다.

개념더하기 지방공기업

1. 개념

지방공기업이란, 지방자치단체가 주민의 복리증진을 목적으로 직접 · 간접으로 경영하는 사업 중 지방공기업법의 적용을 받는 사업[지방자치단체가 직접 기업을 설치 · 운영(행정조직형태)하거나, 법인을 설립(지방공사 · 공단, 민관공동출자법인)하여 경영하는 기업]

2. 지방공기업법상 적용받는 경영형태

(1) 직접경영(지방직영기업): 지방자치단체가 직접 사업수행을 위해 공기업특별회계를 설치, 일반회계와 구분하여 독립적으로 회계를 운영하는 형태로 조직 · 인력은 자치단체 소속(상수도, 하수도, 공영개발, 지역개발기금 등)

(2) 간접경영(지방공사 · 공단): 지방자치단체가 50% 이상 출자한 독립법인으로 자치단체와 별도 독립적으로 운영되며 종사자의 신분은 민간인이다.

3. 지방공기업의 특징

(1) 사업영역: 주민의 복리증진을 위한 공익사업으로서 수익성이 있는 사업 중 지방공기업법에서 정한 사업

(2) 경영원칙: 공익성과 수익성의 조화, 독립채산원칙

(3) 예산회계: 기업회계기준에 의한 복식부기 예산관리 및 회계 운영

(4) 재원조달: 수익자 및 원인자 부담원칙

(5) 관리책임: 지방직영기업 → 관리자 지정, 지방공사(공단) → 사장(이사장) 임명

4. 지방공기업법 적용 대상사업 구분

(1) 의무적용사업(대통령령이 정하는 일정규모기준 이상이면 의무적으로 법을 적용)

① 상수도사업(간이상수도사업 제외): 1일 생산능력 1만 5천 톤 이상

② 공업용수도사업: 1일 생산능력 1만 톤 이상

③ 궤도사업(도시철도사업 포함): 보유차량 50량 이상

④ 자동차운송사업: 보유차량 30대 이상

⑤ 지방도로사업: 도로관리연장 50km 이상 또는 유료터널 · 교량 3개소 이상

⑥ 하수도 사업: 1일 처리능력 1만 5천 톤 이상(하수처리장시설 구비)

⑦ 주택사업: 주택관리 연면적 또는 주택건설 면적 10만m² 이상

⑧ 지개발사업: 조성면적 10만m² 이상

⑨ 주택(대통령령으로 정하는 공공복리시설을 포함한다) · 토지 또는 공용 · 공공용 건축물의 관리 등의 수탁

(2) 임의적용사업: 경상경비의 5할 이상을 경상수입으로 충당할 수 있는 아래 사업을 지방직영기업, 지방공사 · 공단이 경영하는 경우, 조례가 정하는 바에 의하여 법적용 가능

① 민간인의 경영참여가 어려운 사업으로서 주민복리증진 기여, 지역경제 활성화나, 지역개발촉진에 이바지할 수 있다고 인정되는 사업
② 의무적용 대상사업 중 당연적용사업기준에 미달하는 사업
③ 체육시설의 설치·이용에 관한 법률에 의한 체육시설업 및 관광진흥법에 의한 관광사업(여행업 및 카지노업 제외)

5. 감독과 평가
(1) 경영평가: 행정안전부장관은 지방공기업의 경영원칙에 따라 지방공기업에 대한 경영평가를 실시하고 그 결과에 따라 필요한 조치를 강구한다.
(2) 성과계약: 자치단체장이 지방공기업의 사장을 임명하는 경우 경영성과계약을 체결하도록 하고 경영성과에 따라 임기 중 해임 또는 연임 가능
(3) 감사: 감사원법에 의한 감사를 받아야 하는 필요적 검사기관

04 지방정부 예산과 재정력 평가

1 예산

1. 세출구조

종류	품목별 예산(2007년까지)	사업예산(2008년 부터)	
기능별	장(5개)	분야(13개)	
	관(16개)	부문(52개)	
조직별	항(자율)	정책사업	행정운영경비, 재무활용
사업목적별	세항(자율)	단위사업	
경비유형별	세세항(대 4개, 소 8개)	세부사업	
성질별	목(8그룹, 38개)	편성목(8그룹, 38개) ※ 통계목(128개)	
	세목(109개)		
(부기)	(산출기초)	(산출기초)	

2. 세입구조

장	관	항	목
세입원천별 대분류	세입원천별 중분류	세입원천별 분류	세입원천별 소분류
지방세수입	지방세	보통세, 목적세, 지난 연도 수입	9개목, 2개목, 1개목
세외수입	경상적 세외수입, 임시적 세외수입	임대수입, 사용료, 수수료 수입 등 6개항, 재산매각 수입, 전입금 부담금 등 9개항	27개목, 29개목
지방교부세	지방교부세	지방교부세	4개목
조정교부금	자치구 조정교부금, 시·군 조정교부금 등	자치구 조정교부금, 시·군 조정교부금 등	2개목, 2개목
보조금	국고보조금, 시·군 조정교부금 등	국고보조금, 시·군 조정교부금 등	3개목, 시·도 비보조금 등
지방채	국내차입금, 국외차입금	차입금 등 3개항, 국외차입금	8개목, 국외차입금
보전수입 등 및 내부거래	보전수입 등 내부거래	잉여금, 전년도 이월금, 전입금, 예탁금 및 예수금 등	9개목, 9개목

3. 예산과정

(1) 예산편성(총칙, 세입세출예산, 채무부담행위, 명이월비, 계속비)

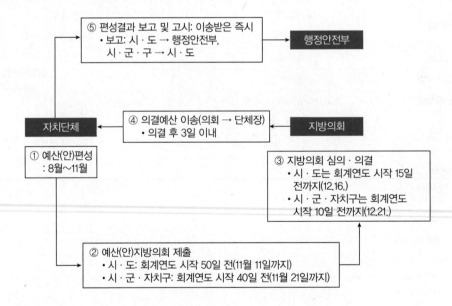

(2) 예산심의(지방의회 심의)

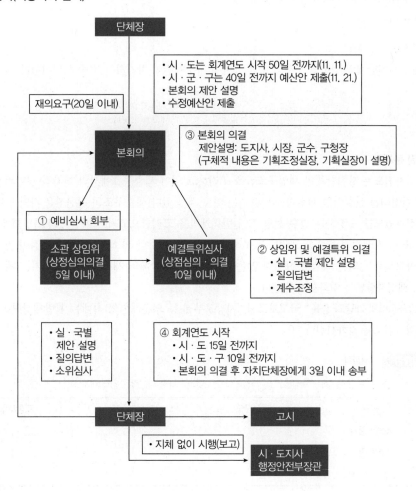

(3) 예산집행(회계연도 독립의 원칙): 예산집행은 의회에서 의결·확정된 세입과 세출예산을 실행해 나가는 것으로 예산집행이란 단순히 예산으로 정해진 금액을 수납하고 지출하는 것만을 뜻하는 것이 아니라, 지방자치단체가 행정목적을 달성하기 위하여 필요한 수입의 조정, 납입의 통지, 수납, 예산의 배정, 지출원인행위의 실행, 지방채의 발행, 일시차입금의 차입, 세출예산의 배정, 이용·전용, 계약의 체결 등 일련의 행위들은 모두 포함하는 것이다.

(4) 예산결산(발생주의 복식 부기)

2 지방재정력 평가 및 재정분석 및 진단

1. 지방재정력 평가모형

(1) 재정자립도

① 개념: 자치단체의 일반회계 세입 총액 중에서 자주재원이 차지하는 비중을 의미한다.

$$재정자립도 = \frac{자주재원}{세입총액} = \frac{지방세 + 세외수입 - 지방채}{자주재원 + 의존재원} \times 100$$

(2) 특징 및 문제점

① 재정자립도는 자치단체의 세입구조만을 고려하고 있어 세출구조에서의 투자적 경비비율 등에 의해서 결정되는 실질적인 재정력을 나타내는 데 한계가 있다(세출구조의 건전성을 파악하지 못함).

② 재정자립도를 측정하는 변수 선정 시 일반회계만을 고려함으로써 자치단체의 특별회계와 기금이라는 또 다른 재정적 변수를 고려하지 못하여 실제 재정력보다 과소평가되는 문제점이 있다.

③ 지방교부세 수입은 상환을 요하지 않는 수입으로 자치단체의 재정력을 향상시키는 데 크게 기여하나, 재정자립도는 악화시키게 된다.

④ **지방재정력의 개념과 충돌**: 국고보조금, 지방교부세 등 의존재원의 확대는 지방재정력이 강화되지만 재정자립도는 저하시킨다.

> **개념더하기** ▶ 재정력
>
> 지방교부세를 받은 자치단체는 재정분권 및 재정자립도는 낮아지지만 재정력은 강화된다.

구분	재정규모	재정자주도	재정자립도
보조금 증가	↑	↓	↓
교부세 증가	↑	↑	↓
국세 → 지방세	↑	↑	↑

(3) 재정자주도

① 개념: 지방정부 일반회계 세입에서 자주재원과 지방교부세를 합한 일반재원의 비중을 말한다.

$$재정자립도 = \frac{지방세 + 지방세외수입 + 지방교부세 + 조정교부금}{일반회계예산} \times 100$$

② 재정자립도가 지방교부세의 효과를 반영하고 있지 못하는 문제점을 해결하기 위하여 고안된 지표로 지방교부세를 자치단체의 고유한 독립재원으로 보는 입장이다. 최근에 중요시되는 재정지표로, 생계급여 등 사회복지 분야에서 차등보조율 적용 지방자치단체를 선정할 때 사용한다.

(4) 재정력 지수

① 개념: 지방자치단체가 기초적인 재정수요를 어느 정도 자체적으로 해결할 능력을 가지고 있는가를 추정하는 지표이다.

② 산정: 기준재정수입액을 기준재정수요액으로 나눈다. 1 이상이면 우수한 것으로 본다. 1 이하인 경우 부족분에 대해서는 지방교부세 중 보통교부세라는 일반재원을 통해 중앙정부가 교부한다.

(5) 재정건전도: 가장 건전한 재정이란 재정 총규모도 크고, 재정자립도도 높으며, 세출구조도 경상비보다는 투자비가 차지하는 비중이 커야 한다. 따라서 재정건전도는 다음과 같은 종합적 요소를 통해 판단되어야 한다.

① 주민 1인당 지방세부담능력이 클수록 높아진다.

② 지방자치단체의 재정규모가 클수록 높아진다.

③ 자주재원의 비율이 높을수록 높아진다.

④ 세출규모 중 투자비 총액의 비중이 클수록 높아진다.

⑤ 지방자치단체의 잠재적 재원능력이 클수록 높아진다.

⑥ 개발재정수요가 낮을수록 높아진다.

⑦ 국가와 지방자치단체 간 기능배분과 재원배분이 일치할수록 높아진다.

(6) 재정규모: 자치단체의 총 재정규모로써 자주재원, 의존재원, 그리고 지방채를 합한 산술적인 수치로, 재정력에 관한 가장 기초적인 자료적 정보를 제공하지만 재정자립도 등을 반영하지 못한다.

① **산정**: 재정규모＝(자주재원＋의존재원＋지방채) 또는 (총 세출액÷인구 수)

② **용도**: 지방자치단체가 연도 간의 비교 등 통계자료로 활용

③ **단점**: 지방재정력에 대한 가장 기초적 정보를 제공하지만 재정자립도 등을 반영하지 못하며, 지방재정의 질적인 요소를 파악하기 어려움

> **개념더하기** 　지방재정력 확충방안
>
> 1. 자주재원주의
> 지방정부의 재정력 확보를 위해 지방세나 세외수입 중심의 자주적인 세입분권을 중시하는 입장이다.
>
> 2. 일반재원주의
> 지방정부의 재정력 확보를 위해 반드시 자주재원일 필요는 없다고 보는 입장으로 의존재원이라 할지라도 일반재원으로 사용할 수 있는 재원의 확대를 중시한다.
>
> | 자주재원주의 | 일반재원주의 |
> | --- | --- |
> | 세입 분권 | 세출 분권 |
> | '구조' 강조 | '규모' 강조 |
> | • 국세의 지방세화(자주재원)
• 세입기반 세수입의 직접연계강조 | • 지방교부세 등 포괄보조금 확대
• 세입기반과 세수입의 간접연계 선호 |
> | 지방세원이 풍부한 지방에서 선호 | 지방세원이 빈약한 지방에서 선호 |
> | 재청자립도 중시 | 재정자주도 중시 |

2. 재정분석 및 재정진단제도

(1) 제도의 목적 및 필요성: 지방재정분석제도는 지방자치단체의 재정 상태와 운영 실태 및 성과를 객관적인 재정·통계자료를 토대로 종합 점검·분석·평가함으로써 지방재정의 건전성, 안정성, 효율성, 투명성을 높이고 지방자치단체의 재정확충 및 예산절감의 노력을 진작시키는 데 목적이 있다.

(2) 개념과 의의

① 지방재정분석제도는 전국의 지방자치단체를 대상으로 재정·회계와 관련된 핵심 측정수단을 활용하여 재정분석을 실시한 다음, 분야별·지표별 분석결과 및 유사단체별로 재정비교표를 작성하고 그 결과를 활용하는 실질적 재정관리 수단이다.

② 재정분석은 지방자치단체의 정책결정, 재정정보 수요자에 대한 재정정보 제공, 그리고 국가의 지방 재정에 대한 거시적 점검 및 정책 활용 차원에서 중요한 의의를 지닌다.

③ 유사단체별 재정비교표를 작성·공개하는 과정을 통해 해당 자치단체가 동일 유형의 상위 목표를 설정하고 이를 달성하도록 유도하는 자율재정분석시스템으로 기능한다.

(3) 법적 근거와 분석 및 진단절차

① 법적 근거: 지방재정법 제55조 및 동법 시행령 제65조

② 재정 분석절차(모든 지방자치단체가 대상)

[지방재정 분석절차]

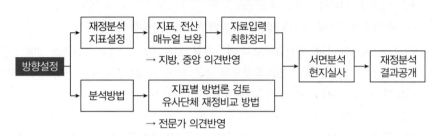

③ 재정 진단절차(미흡단체만 진단대상)

[지방재정분석 진단제도 운영]

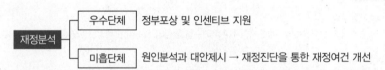

재정진단은 재정분석 결과 재정현황과 운용실태가 다른 자치단체에 비하여 부실한 경우 구조적 원인과 위험의 정도, 채무관리상황 등에 대하여 종합적이고 심층적인 조사를 하는 일련의 과정을 말한다. 그러나 재정진단은 재정부실의 현상과 원인만을 파악하는 데 목적이 있는 것이 아니고 정밀분석 결과 재정건전화계획 수립과 이행이라는 처방과 치료를 궁극적인 목적으로 하고 있어 재정의 건전성과 효율성이 현저히 저하된 단체에 대하여 그 원인을 파악하여 치유 과정을 거쳐 재정위기를 사전에 예방하는 계기가 된다.

제55조(재정분석 및 재정진단 등)

① 행정안전부장관은 대통령령으로 정하는 바에 따라 제54조에 따른 재정보고서의 내용을 분석하여야 한다.

② 행정안전부장관은 지방자치단체의 재정 상황 중 채무 등 대통령령으로 정하는 사항에 대하여 대통령령으로 정하는 바에 따라 재정위험 수준을 점검하여야 한다.

③ 행정안전부장관은 다음 각 호의 어느 하나에 해당하는 지방자치단체에 대하여 제56조 제1항에 따른 지방재정위기관리위원회(이하 '지방재정위기관리위원회'라 한다)의 심의를 거쳐 대통령령으로 정하는 바에 따라 재정진단을 실시할 수 있다.

  1. 제1항에 따른 재정분석 결과 재정의 건전성과 효율성 등이 현저히 떨어지는 지방자치단체

  2. 제2항에 따른 점검 결과 재정위험 수준이 대통령령으로 정하는 기준을 초과하는 지방자치단체

④ 행정안전부장관은 제1항 및 제3항에 따른 재정분석 결과와 재정진단 결과를 공개할 수 있다.

⑤ 행정안전부장관은 제1항 및 제3항에 따른 재정분석 결과와 재정진단 결과의 중요 사항에 대해서는 매년 재정분석과 재정진단을 실시한 후 3개월 이내에 국회 소관 상임위원회 및 국무회의에 보고하여야 한다.

⑥ 행정안전부장관은 제1항 및 제3항에 따른 재정분석과 재정진단의 객관성과 전문성을 확보하기 위하여 대통령령으로 정하는 전문기관에 그 분석과 진단을 위탁할 수 있다.

제55조의2(재정위기단체와 재정주의단체의 지정 및 해제)

① 행정안전부장관은 제55조 제1항에 따른 재정분석 결과와 같은 조 제3항에 따른 재정진단 결과 등을 토대로 지방재정위기관리위원회의 심의를 거쳐 다음 각 호의 구분에 따라 해당 지방자치단체를 재정위기단체 또는 재정주의단체(財政注意團體)로 지정할 수 있다.

  1. 재정위기단체: 재정위험 수준이 심각하다고 판단되는 지방자치단체

  2. 재정주의단체: 재정위험 수준이 심각한 수준에 해당되지 아니하나 지방자치단체 재정의 건전성 또는 효율성 등이 현저하게 떨어졌다고 판단되는 지방자치단체

② 행정안전부장관은 제1항에 따라 지정된 재정위기단체 또는 재정주의단체의 지정사유가 해소된 경우에는 지방재정위기관리위원회의 심의를 거쳐 그 지정을 해제할 수 있다.

제55조의3(재정위기단체 등의 의무 등)

① 제55조의2 제1항 제1호에 따른 재정위기단체로 지정된 지방자치단체의 장(이하 '재정위기단체의 장'이라 한다)은 대통령령으로 정하는 바에 따라 재정건전화계획을 수립하여 행정안전부장관의 승인을 받아야 한다. 이 경우 시장·군수 및 자치구의 구청장은 시·도지사를 경유하여야 한다.

⑦ 재정위기단체의 장은 재정건전화계획 및 이행상황을 매년 2회 이상 주민에게 공개하여야 한다.

제55조의4(재정위기단체의 지방채 발행 제한 등)

① 재정위기단체의 장은 제11조부터 제13조까지, 제44조 및 지방회계법 제24조에도 불구하고 행정안전부장관의 승인과 지방의회의 의결을 얻은 재정건전화계획에 의하지 아니하고는 지방채의 발행, 채무의 보증, 일시차입, 채무부담행위를 할 수 없다.

② 재정위기단체의 장은 제37조에도 불구하고 행정안전부장관의 승인과 지방의회의 의결을 얻은 재정건전화계획에 의하지 아니하고는 대통령령으로 정하는 규모 이상의 재정투자사업에 관한 예산을 편성할 수 없다.

05 지방자치단체와 국가와의 관계

01 정부 간 관계(IGR; Inter-Government Relationship)

1. 정부 간 관계의 의의

(1) **정부 간 관계(IGR; Inter-Governmental Relationship):** 다의적인 개념으로 일반적으로 중앙정부와 지방자치단체 간, 지방자치단체 상호 간의 관계이다.

(2) **우리나라의 경우 정부 간 관계:** 중앙정부와 광역자치단체 간, 중앙정부와 기초자치단체 간, 광역자치단체 상호 간, 광역자치단체와 기초자치단체 간, 기초자치단체 상호 간 등의 관계를 의미한다.

(3) **지방자치행정의 성격과 규모를 결정짓는 중요한 문제:** 중앙과 지방자치단체 간의 적절한 관계, 즉 어떠한 정부 간 관계를 설정하느냐에 달려있다.

2. 정부 간 관계의 유형

(1) **라이트의 정부 간 관계모형:** 라이트(D. Wright)는 중앙정부와 지방정부의 권력관계 및 기능적 상호의존관계를 기준으로 구분하였다.

[라이트의 정부 간 관계모형]

구분	분리권위형	포괄권위형	중첩권위형
모형	중앙정부 / 주정부 / 지방정부	연방정부 / 주정부 / 지방정부	연방정부 / 지방정부 / 주정부
관계	분리 · 독립적	포괄 · 종속적	상호 의존적
권위	독립형	계층형	협상형
재정 · 인사	완전 분리	완전 종속	상호 의존

① **분리권위형(독립형):** 중앙정부와 주정부가 경계를 이루어 독자적으로 자치권을 행사하고 있고, 지방정부는 주정부에 종속되어 있는 이원적인 관계이다.

　㉠ 지방정부의 자치권: 고유의 권리로서 중앙정부의 의지에 의해 함부로 축소되거나 침해될 수 없다.

　㉡ 중앙정부나 지방정부는 상호 독립적이다.

　㉢ 의미의 충돌은 있을 수 있으며, 갈등의 표출이 용이한 만큼 분쟁의 협상도 명백하게 이루어질 수 있다.

② 포괄권위형(종속형): 연방정부, 주정부, 지방정부는 서로 계층제적 상하관계에 있으며, 지방정부는 주정부에, 주정부는 연방정부에 종속되어 있는 모형이다.

    ⑦ 주정부와 지방정부가 모두 중앙정부의 시녀에 불과하고 완전히 의존적이며, 중앙정부의 강력한 계층적 통제를 받는다.

    ⓛ 주정부와 지방정부의 독자적인 권한이 존재하지 않기 때문에, 연방정부와 주정부의 의견이 상충될 때에는 연방전부가 최종적으로 결정할 권한을 보유하며, 주정부는 이를 따라야 한다.

③ 중첩권위형(상호의존형): 중앙정부와 지방정부의 관계가 상호의존적 관계를 지니는 상호의존모형이다.

    ⑦ 특징: 상호 간의 협력과 갈등이 공존한다.

    ⓛ 분쟁: 상호 간의 교환관계를 통하여 쉽게 해결되는 경향을 가진다.

④ 중앙정부와 지방정부의 관계가 상하 종속관계에 있으므로 상호의존 · 협력관계로 전환하기 위해서는 '중복모형'을 채택하는 것이 바람직하다.

(2) 엘콕(H. Elcock)의 정부 간 관계모형: 엘콕은 영국의 정부 간 관계에서 지방정부의 지위와 관련된 이념형으로 대리자모형, 동반자모형, 교환과정모형 등 3가지 모형을 제시하였다.

① 대리자모형

    ⑦ 지방정부를 중앙정부의 대리자로 보고 중앙정부가 결정한 정책을 능률적으로 집행하게 하는 형태이다.

    ⓛ 중앙정부가 지방정부를 권력적으로 완전히 지배 · 통제하는 형태이다.

② 동반자모형

    ⑦ 국민에게 서비스를 공급하는 과정에서 중앙정부가 개략적으로 정책을 결정하면, 지방정부는 자원을 동원하는 실질적인 역할을 수행하는 모형이다.

    ⓛ 중앙정부와 지방정부가 상호 대등한 입장에 놓이게 되는 형태이다.

    ⓒ 지방정부는 고유의 자치권과 사무를 가지며, 중앙정부의 간섭은 최소화된다.

③ 교환과정모형

    ⑦ 중앙정부와 지방정부의 관계가 각자 가진 자원의 교환을 통하여 권력의 균형을 찾는 관계라는 것이다.

    ⓛ 중앙정부와 지방정부가 관계를 갖는 과정에서 교환하는 자원: 중앙정부만이 갖는 권력자원, 양쪽이 갖는 정치적 자원, 재원, 지방정부의 기득권, 양자가 갖는 정보나 지식 등이다.

3. 우리나라 정부 간 관계의 변화

(1) 민선체제 이전의 정부 간 관계
① 완전한 상하관계로서 지방자치단체는 그 독자성을 전혀 부여받지 못하고 있다.
② 중앙정부와 지방자치단체는 하나의 정부로 일체화되어 있고, 지방자치단체는 중앙정부의 일선기관에 지나지 않는다.

(2) 민선체제 출범 이후의 정부 간 관계(1995년 민선체제의 출범)
① 중앙정부나 상급자치단체로부터 행정적 · 재정적 지원을 얻어내기 위한 지방자치단체의 적극적인 노력
② 중앙정부의 국책사업에 대해 지방자치단체가 거부함으로써 중앙정부와 지방자치단체 간에 대립하는 사례

③ 중앙정부 권한의 지방이양

④ 지방자치단체를 중앙정부의 일선기관으로 보던 시각에서 벗어나 대등관계로 인식하는 경향

⑤ 지방자치단체의 자치권 강화

(3) 우리나라의 정부 간 관계를 설명하기 위한 모형

① 과거: 라이트(D. Wright)의 내포형, 베넷(R. J. Bennett)의 중앙집권적 공공부문의 모형, 엘콕(H. Elcock)의 대리자모형 등에 해당되었다.

② 현재: 라이트의 중복형(상호의존형), 베넷의 지방분권적 공공부문모형, 엘콕의 동반자모형 등으로 전환되어 가고 있다.

개념더하기 ▶ 지방정부의 권리와 관련된 법칙

1. 딜런의 법칙

이 법칙은 재판관 딜런이 주정부와 지방정부와의 관계를 주정부의 절대적 우위로 판시한 것에서 유래한다.

(1) 지방정부의 일반법적 권한(관습법적 권리)은 존재하지 않는다.

(2) 지방정부는 주정부의 창조물로서 주정부의 자유재량에 따라 창조하고 폐지할 수 있다.

(3) 지방정부는 명시적으로 허용된 권한만을 행사할 수 있다.

(4) 지방정부는 주정부의 의지에 좌우되는 임차인(대리인)에 불과하며, 딜런의 법칙은 주정부와 지방정부의 관계를 계층제적 관계로 인식한다.

2. 쿨리의 법칙

이 법칙은 쿨리 판사의 판례에서 유래한 것으로 딜런의 법칙과 달리 지방정부의 권리를 고유권으로 인식한다.

3. 월권행위 무효의 원칙

지방정부의 입법권의 제약을 설정한 원칙으로 지방자치단체의 권한은 상위법이나 기타의 법령에 위반하여 행사될 경우 무효라는 것을 선언한 원칙이다.

4. 홈룰의 원칙

지방정부에게 정책을 스스로 결정할 수 있는 권한을 부여하는 것으로 자치권이 비교적 광범위하게 인정되는 것을 의미한다.

---

02 중앙통제

1 중앙통제의 의의와 방식

1. 중앙통제의 의의

(1) 중앙정부의 권력적인 강제작용뿐만 아니라, 지도 · 지원 · 협조 · 조정하는 모든 관여와 관계를 총괄하는 의미이다.

(2) 중앙통제는 전체적 입장에서 능력을 충분히 발휘하고 동시에 지방자치단체는 그 고유의 영역에서 독립성을 유지하여, 중앙과 지방이 서로 부족한 점을 보완하고 협력함으로써 궁극적으로 국가 전체의 발전을 도모한다고 하는 폭넓은 관점에서 파악되어야 한다.

2. 중앙통제의 필요성과 한계

(1) 필요성
① 지방적 사무의 전국적 이해관계 증대
② 신속 · 능률적 행정업무 수행의 필요성
③ 국민적 최저 실현 – 복지수준, 교육수준, 보건 · 위생수준에서의 국가의 통일성 유지
④ 지방정부 간 분쟁 및 지역이기주의의 극복
⑤ 지역 간 불균형 해소
⑥ 행정기능의 양적 확대, 질적 고도화에 대처할 지방정부의 행정 · 재정적 능력 부족
⑦ 교통 · 통신수단의 발달로 인한 행정의 광역화

(2) 한계
① 중앙통제는 지방정부의 자치권을 훼손하고 능률성을 저해할 수 있다.
② 중앙통제는 지방의 특성과 실정에 맞는 행정을 곤란하게 한다.
③ 중앙통제는 지방행정의 자기결정성과 자기책임성이라는 지방주민들의 욕구를 저해할 수 있다.

3. 통제방법

(1) 입법적 · 사법적 · 행정적 통제 – 통제 주체에 따른 구분
① **입법적 통제**: 입법기관인 의회가 지방자치단체에 대하여 행하는 통제로서, 국가의 입법절차를 통하여 이루어지는 통제이다(주민자치 국가에서 주로 이용. 지방자치법정주의, 조세법정주의, 국정감사 및 조사).
② **사법적 통제**: 국가의 사법기관인 법원이 지방자치단체에 대하여 행하는 통제로서 쟁송절차를 통하여 이루어지는 통제이다(주민자치국가).
③ **행정적 통제**: 행정기관이 행정부가 지방자치단체에 대하여 행하는 통제로서 행정절차를 통하여 이루어지는 통제이다(단체자치국가).

> **개념더하기** ▶ 입법통제
>
> 1. 지방자치법정주의
>   '지방자치단체의 조직과 운영에 관한 사항은 법률로 정한다'는 헌법규정에 따라 지방자치에 관한 기본법인 지방자치법 제정 · 운영
>
> 2. 조세법률주의
>   '모든 조세의 종목과 세율은 법률로 정한다'는 헌법규정에 따라 지방세법 제정 · 운영
>
> 3. 국정감사 · 국정조사
>   국회는 '광역자치단체의 국가위임사무 및 국가보조사업'에 대하여 국정감사 실시 가능

(2) 권력적 통제 · 비권력적 통제 – 권력성 차원
① **권력적 통제**: 각종 중앙통제 방식 가운데 일방적, 명령적, 강제적인 통제방식으로 실정법상의 '지도 · 감독'이라는 표현 가운데 '감독'이라는 것이 해당된다(임면, 승인, 처분, 감사 등).
② **비권력적 통제**: 장려적 · 유도적 · 조성적인 통제방식으로 실정법상 '지도 · 감독'이라는 표현 가운데 '지도'라는 것이 해당된다(계도, 지원, 정보제공, 조정 등).

(3) 사전적 · 사후적 통제

① 사전적 통제(예방적 통제): 지방자치단체의 업무수행이 이루어지기 전에 중앙통제가 행해질 경우의
통제

② 사후적 통제(교정적 통제): 업무수행이 이루어진 후에 이루어지는 통제

(4) 합법성 · 합목적성 통제

① 합법성(적법성) 통제: 사무처리의 위법 또는 월권으로 이뤄지는 것을 방지하는 데 중점을 두는 통제

② 합목적성(효과성) 통제: 부당하거나 비효율적으로 이루어지는 것을 방지하는 데 중점을 두는 통제

(5) 주민에 의한 통제: 주민참여(선거 및 정당에 의한 통제, 이익집단 및 주민운동에 의한 통제)에 의한 통제와 매스컴에 의한 통제

4. 중앙통제의 방향

(1) 행정통제보다는 입법적 통제와 사법적 통제를 활성화한다.

(2) 권력적 통제(승인 · 처분 등)를 최소한도로 제한하고, 비권력적 통제(지방자치단체의 지식과 기술 지원 및 정보의 제공, 국민의 최저생활수준 확보를 위한 재정지원)를 확대해야 한다.

(3) 통제범위를 한정하여야 한다.

(4) 지방이양사무에 대한 중앙통제를 제한하고 주민통제를 활성화해야 한다.

2 우리나라의 중앙통제(행정통제를 중심으로)

1. 행정상 통제

(1) 지방자치단체의 사무에 대한 지도 및 지원

① 중앙행정기관의 장이나 시 · 도지사는 지방자치단체의 사무에 관하여 조언 또는 권고하거나 지도할 수 있으며, 이를 위하여 필요하면 지방자치단체에 자료의 제출을 요구할 수 있다.

② 국가나 시 · 도는 지방자치단체가 그 지방자치단체의 사무를 처리하는 데에 필요하다고 인정하면 재정지원이나 기술지원을 할 수 있다.

(2) 국가사무나 시 · 도사무 처리의 지도 · 감독

① 지방자치단체나 그 장이 위임받아 처리하는 국가사무에 관하여 시 · 도에서는 주무부장관의, 시 · 군 및 자치구에서는 1차로 시 · 도지사의, 2차로 주무부장관의 지도 · 감독을 받는다.

② 시 · 군 및 자치구나 그 장이 위임받아 처리하는 시 · 도의 사무에 관하여는 시 · 도지사의 지도 · 감독을 받는다.

(3) 위법 · 부당한 명령 · 처분의 시정명령* 및 취소 · 정지: 지방자치단체의 사무에 관한 그 장의 명령이나 처분이 법령에 위반되거나 현저히 부당하여 공익을 해친다고 인정되면 시 · 도에 대하여는 주무부장관이, 시 · 군 및 자치구에 대하여는 시 · 도지사가 기간을 정하여 서면으로 시정할 것을 명하고, 그 기간에 이행하지 아니하면 이를 취소하거나 정지할 수 있다. 이 경우 자치사무에 관한 명령이나 처분에 대하여는 법령에 위반하는 것에 한한다.

---

*   시정명령
지방자치단체의 장은 자치사무에 관한 명령이나 처분의 취소 또는 정지에 대하여 이의가 있으면 그 취소처분 또는 정지처분을 통보받은 날부터 15일 이내에 대법원에 제소 가능하다.

구분	시정명령	취소 · 정지
사유	• 위임사무: 법령위반, 현저히 부당 • 자치사무: 법령위반	좌동
권한자	• 시 · 도 ← 주무부장관 • 시 · 군 · 자치구 ← 시 · 도지사	좌동
소송	소송수단에 관한 규정 없음	• 위임사무: 소송수단규정 없음 • 자치사무: 대법원에 15일 내 제소 가능

(4) 지방자치단체의 장에 대한 직무이행명령

① 지방자치단체의 장이 법령의 규정에 따라 그 의무에 속하는 국가위임사무나 시 · 도위임사무의 관리와 집행을 명백히 게을리하고 있다고 인정되면 시 · 도에 대하여는 주무부장관이, 시 · 군 및 자치구에 대하여는 시 · 도지사가 기간을 정하여 서면으로 이행할 사항을 명령할 수 있다.

② 주무부장관이나 시 · 도지사는 해당 지방자치단체의 장이 ①의 기간에 이행명령을 이행하지 아니하면 그 지방자치단체의 비용부담으로 대집행하거나 행정상 · 재정상 필요한 조치를 할 수 있다. 이 경우 행정대집행에 관하여는 행정대집행법을 준용한다.

③ 지방자치단체의 장은 ①의 이행명령에 이의가 있으면 이행명령서를 접수한 날부터 15일 이내에 대법원에 소를 제기할 수 있다. 이 경우 지방자치단체의 장은 이행명령의 집행을 정지하게 하는 집행정지결정을 신청할 수 있다.

구분	시정명령권	직무이행명령권	재의요구권	지도감독권
대상	• 단체장의 명령처분 ① 법령위반, ② 현저히 부당, ③ 공익 침해 • 자치사무 + 위임사무 모두 가능(단, 자치사무는 ①에 한정)	• 단체장이 위임사무 관리집행을 명백히 게을리하는 경우 • 단체위임사무 + 기관위임사무	• 지방의회 의결이 ② 법령위반, ③현저한 공익 침해인 경우(① '월권'은 불가함) • 자치사무 + 단체위임사무 가능(단, 기관위임사무는 지방의회 의결 불가)	• 일반적인 지도감독 → 자치사무(×), 위임사무(○) • 법령위반 사항에 대한 감사, 보고요구, 서류,장부,회계 감사 → 자치사무(○), 위임사무(○)
절차	• 기간을 정해 서면으로 시정 명령 • 만약 단체장이 이 기간 내 이행하지 않으면 주무부장관이 직접 취소, 정지 가능 • 해당 단체장은 취소, 정지에 대해 이의 있을 경우 자치사무의 경우에만 대법원에 15일 이내 제소가능	• 기간을 정해 서면으로 이행 명령 • 만약 단체장이 이 기간 내 이행하지 않으면 지자체가 그 비용을 부담하여 대집행, 행정, 재정상 조치 가능 • 해당 단체장은 이행명령에 대해 이의 있을 경우 대법원에 15일 이내 제소가능	• 단체장은 20일 이내 지방의회에 재의요구해야 함(필수, 의무사항) • 지방의회에서 재적의원 과반수 출석,출석의원 2/3 이상 찬성 재의결로 확정 • 단체장은 재의결 사항이 법령위반 시 대법원에 20일 이내 제소가능 • 감독기관이 제소지시나 직접 제소 및 집행정지신청 가능	

(5) 자치사무에 대한 감사

① 행정안전부장관이나 시·도지사는 지방자치단체의 자치사무에 관하여 보고를 받거나 서류·장부 또는 회계를 감사할 수 있다. 이 경우 감사는 법령위반사항에 대하여만 실시한다.

② 행정안전부장관 또는 시·도지사는 감사를 실시하기 전에 해당 사무의 처리가 법령에 위반되는지 여부 등을 확인하여야 한다.

(6) 지방의회의 의결이 법령에 위반되거나 공익을 현저히 해한다고 판달 될 때에는 시·도에 대해서는 주무부장관(주무부처 불분명시 행정안전부장관)이, 시·군·구에 대해서는 시·도지사가 당해 자치단체의 장에게 재의를 요구하게 할 수 있고 이 경우 자치단체의 장은 재의를 요구하여야 한다.

개념더하기 주무부장관의 재의요구 지시효과

- 재의요구 지시를 묵살하고 그대로 시행한 경우 주무부장관은 대법원에 직접 제소가 가능
- 재의의 결과 재적의원 과반수의 출석과 출석의원 3분의 2 이상의 찬성으로 전과 같은 의결을 하면 그 의결사항은 확정된다.
- 지방자치단체의 장은 재의결된 사항이 법령에 위반된다고 판단되는 때에는 대법원에 소를 제기할 수 있다.
- 주무부장관은 재의결된 사항이 법령에 위반된다고 판단되면 당해 자치단체의 장에게 제소를 지시하거나 직접 제소 및 집행정지결정을 신청할 수 있다.

LINK 지방자치법

제192조(지방의회 의결의 재의와 제소)

① 지방의회의 의결이 법령에 위반되거나 공익을 현저히 해친다고 판단되면 시·도에 대해서는 주무부장관이, 시·군 및 자치구에 대해서는 시·도지사가 해당 지방자치단체의 장에게 재의를 요구하게 할 수 있고, 재의 요구 지시를 받은 지방자치단체의 장은 의결사항을 이송받은 날부터 20일 이내에 지방의회에 이유를 붙여 재의를 요구하여야 한다.

② 시·군 및 자치구의회의 의결이 법령에 위반된다고 판단됨에도 불구하고 시·도지사가 제1항에 따라 재의를 요구하게 하지 아니한 경우 주무부장관이 직접 시장·군수 및 자치구의 구청장에게 재의를 요구하게 할 수 있고, 재의 요구 지시를 받은 시장·군수 및 자치구의 구청장은 의결사항을 이송받은 날부터 20일 이내에 지방의회에 이유를 붙여 재의를 요구하여야 한다.

③ 제1항 또는 제2항의 요구에 대하여 재의한 결과 재적의원 과반수의 출석과 출석의원 3분의 2 이상의 찬성으로 전과 같은 의결을 하면 그 의결사항은 확정된다.

④ 지방자치단체의 장은 제3항에 따라 재의결된 사항이 법령에 위반된다고 판단되면 재의결된 날부터 20일 이내에 대법원에 소를 제기할 수 있다. 이 경우 필요하다고 인정되면 그 의결의 집행을 정지하게 하는 집행정지결정을 신청할 수 있다.

⑤ 주무부장관이나 시·도지사는 재의결된 사항이 법령에 위반된다고 판단됨에도 불구하고 해당 지방자치단체의 장이 소를 제기하지 아니하면 시·도에 대해서는 주무부장관이, 시·군 및 자치구에 대해서는 시·도지사(제2항에 따라 주무부장관이 직접 재의 요구 지시를 한 경우에는 주무부장관을 말한다. 이하 이 조에서 같다)가 그 지방자치단체의 장에게 제소를 지시하거나 직접 제소 및 집행정지결정을 신청할 수 있다.

⑥ 제5항에 따른 제소의 지시는 제4항의 기간이 지난 날부터 7일 이내에 하고, 해당 지방자치단체의 장은 제소 지시를 받은 날부터 7일 이내에 제소하여야 한다.

⑦ 주무부장관이나 시·도지사는 제6항의 기간이 지난 날부터 7일 이내에 제5항에 따른 직접 제소 및 집행정지결정을 신청할 수 있다.

⑧ 제1항 또는 제2항에 따라 지방의회의 의결이 법령에 위반된다고 판단되어 주무부장관이나 시·도지사로부터 재의 요구 지시를 받은 해당 지방자치단체의 장이 재의를 요구하지 아니하는 경우(법령에 위반되는 지방의회의 의결사항이 조례안인 경우로서 재의 요구 지시를 받기 전에 그 조례안을 공포한 경우를 포함한다)에는 주무부장관이나 시·도지사는 제1항 또는 제2항에 따른 기간이 지난 날부터 7일 이내에 대법원에 직접 제소 및 집행정지 결정을 신청할 수 있다.

⑨ 제1항 또는 제2항에 따른 지방의회의 의결이나 제3항에 따라 재의결된 사항이 둘 이상의 부처와 관련되거나 주무부장관이 불분명하면 행정안전부장관이 재의 요구 또는 제소를 지시하거나 직접 제소 및 집행정지 결정을 신청할 수 있다.

(7) 감사원의 회계검사와 직무감찰: 지방자치단체는 감사원의 필수적 회계검사 대상기관일 뿐만 아니라 감

사원은 지방자치단체 소속 공무원에 대해 직무감찰을 할 수 있다.

2. 인사상 통제

(1) 지방행정기구와 정원통제: 지방자치단체의 행정기구의 설치와 지방공무원의 정원은 인건비 등 대통령령이 정하는 기준(기준인건비)에 따라 당해 지방자치단체의 조례로 정한다.

(2) 지방자치단체에 두는 국가공무원의 임용 및 감독: 지방자치단체는 법률이 정하는 바에 의하여 국가공무원(시·도의 행정부지사 등)을 둘 수 있는데 5급 이상 및 고위공무원단에 속하는 공무원은 당해 지방자치단체장의 제청으로 대통령이, 6급 이하는 당해 자치단체장의 제청으로 소속장관이 임명한다.

3. 재정상 통제

통제 제도	권력성	사전성	주체
예산편성 지침시달제	권력적 통제	사전 통제	행정 통제
지방채발행 승인제도			
재정투자 심사제도	비 권력적 통제		
중기지방 재정계획			
지방재정 진단제도		사후 통제	

(1) 예산 및 결산 보고: 광역자치단체의 장은 예산 및 결산이 지방의회의 의결을 거쳐 확정된 때에는 행정안전부장관에게 이를 보고하여야 한다.

(2) 지방채 발행의 통제: 지방자치단체의 장은 대통령령이 정하는 지방채 발행 한도액의 범위 안에서 지방의회의 의결을 거쳐 지방채를 발행할 수 있다.

(3) 보조금 사용에 관한 감독: 지방자치단체가 보조금을 다른 용도로 사용한 경우 중앙관서의 장은 보조금 교부 결정을 취소하고 보조금을 반환토록 할 수 있다.

(4) 지방재정진단제도(지방재정법 제54~56조): 행정안전부장관은 시·도에 대하여, 시도지사는 시·군·구에 대해여 각각 재정상태를 분석하고 건정성이 현저히 떨어지는 자치단체에 대하여는 재정상태를 진단하여 그 결과에 따라 필요한 권고 및 지도를 실시한다.

(5) 중기재정계획에 대한 통제(지방재정법 제33조): 자치단체의 장은 매년 다음 회계연도부터 5회계연도 이상의 기간에 대한 중기지방재정계획을 수립하여 예산안과 함께 지방의회에 제출하고, 회계연도 개시 30일 전까지 행정안전부장관에게 제출해야 한다.

(6) 재정투자심사제도: 자치단체장은 재정투자사업에 관한 예산안 편성 시 또는 지방의회에 채무부담행위 등의 의결을 요청하고자 하는 때에는 사전에 그 필요성과 타당성을 심사하여야 하고 총사업비 500억 이상 신규사업은 행정안전부장관이 지정·고시하는 전문기관으로부터 타당성 조사를 받고 그 결과를 토대로 투자심사를 해야 한다.

3 특별지방행정기관(일선기관)

1. 의의

(1) 개념: 국가의 특정 중앙행정기관에 소속되어 당해 관할 구역 내에서 시행되는 소속 중앙행정기관에 속하는 행정사무를 관장하는 국가의 지방행정기관(관치기관)이다.

(2) 특징

① 국가업무의 효율적이고 광역적인 추진이라는 긍정적인 목적과 관리·감독의 용이성이라는 부처이 기주의적 목적이 결합되어 설치된다.

② 중앙정부와 특별지방행정기관 간의 관계는 행정상 집·분권의 문제와 관련이 된다.

③ 특별지방행정기관은 중앙정부의 부처 및 기관의 지역담당자로서 성격을 갖고 파견되는 기관으로, 정치적이기보다는 관료적인 의미가 강하다.

2. 유형

(1) 영·미형과 대륙형

① 영·미형: 주민자치에서는 자치단체가 위임사무를 수행하지 않으므로 국가의 지역별 소관사무를 처리하기 위하여 별도의 지방일선기관을 설치·운영한다.

② 대륙형: 자치단체가 국가의 위임사무를 처리하므로 자치단체이자 일선기관의 이중적 지위를 갖는다. 따라서 별도의 지방일선기관의 필요성이 영·미형보다 적다.

(2) 보통지방행정기관과 특별지방행정기관

① 보통지방행정기관: 하나의 기관이 통합적으로 중앙의 여러 부처의 사무를 위임받아 처리하는 경우로 위임사무를 처리하는 우리나라의 지방자치단체가 여기에 해당한다.

② 특별지방행정기관: 특정한 국가적 사무를 처리하기 위하여 설치된 일선기관으로 우리나라의 경우 지방경찰청, 지방국세청 등이 이에 해당한다.

3. 필요성과 한계

(1) 필요성

① 광역적 행정의 요청(규모의 경제 실현)

② 중앙통제와 감독의 용이

③ 국가의 업무부담 경감

④ 지역별 특성에 따른 구체적 타당성 있는 정책집행(자치단체와 비교하면 상대적으로 이런 특성은 약해짐)

⑤ 신속한 업무처리 및 통일적 기술·절차·장비의 전국적 활용

⑥ 중앙정부의 전문행정을 지역주민의 의사를 반영하여 수행

⑦ 협력 및 광역행정이 용이

(2) 한계

① 이중행정·이중감독으로 인한 비효율

② 지역의 종합행정 저해

③ 지역주민의 민주적 통제 결여

④ 중앙통제 강화로 인한 자치행정의 저해

⑤ 고객의 혼란과 불편

4. 과제

자치단체 중심의 책임행정을 구현하기 위해서는 특별지방행정기관을 지방자치단체로 이양 또는 통합·정비해야 하며 참여정부 이후 지방분권의 핵심정책으로 추진해야 한다.

1 정부 간 갈등과 분쟁

1. 정부 간 갈등관계의 의의

(1) 정부 간 갈등의 개념

① 정부 간 갈등은 정부가 갈등주체(행동주체)가 되며, 갈등이 대립적(적대적) 행동으로 현재화(표면화)된 심각한 상태이다.

② 정부 간 갈등은 수직적 갈등으로서 중앙정부와 지방자치단체 간 갈등과 수평적 갈등으로서 지방자치단체 간 갈등이 있다.

(2) 지방자치단체 간 갈등의 특징

① 다양성: 이익추구의 내용에 따라 갈등의 내용이 다양해지며, 지방자치의 기능이 증가하면 할수록 지방자치단체 간 갈등의 내용도 다양해진다.

② 필연성: 지방자치단체가 상호 연계하여 통일적으로 처리하지 않으면 안 되는 사무가 계속 증가하고 있기 때문에 지방자치단체 상호 간의 협력은 필연적이다.

③ 해결곤란성: 지방자치단체 간의 갈등은 그 발생원인이 다원적이고 이질적이어서 해결이 매우 어렵다.

(3) 중앙정부와 지방자치단체 간 갈등의 특징

① 수직적 분립관계 하의 갈등

② 대등한 갈등

③ 위치의 갈등

2. 정부 간 갈등의 발생원인

(1) 지방자치단체 간 갈등의 발생원인

① 지방자치단체의 자율성 강화

② 주로 지방자치단체 간의 정책이나 사업활동 방향의 차이에서 발생한다.

③ 관할행정구역과 관련된 지방자치단체 간 갈등, 재산권과 관련된 지방자치단체 간 갈등

④ 행정의 광역화에 따른 지방자치단체의 상호의존성 증가

⑤ 지역이기주의 심화(NIMBY · PIMFY)

⑥ 민선단체장의 선거공약

(2) 중앙정부와 지방자치단체 간 갈등의 발생원인

① 자치권의 범위: 지방자치단체가 행정기구, 공무원 정원, 행정운영을 자율적으로 처리해 나갈 수 없을 때에 갈등이 발생한다.

② 기능배분: 지역주민의 생활과 관련된 사무를 중앙정부가 관장하거나 중앙정부의 일선기관에 배분하는 경우 또는 그 사무배분을 2계층에 걸쳐서 중첩 · 배분하고 있는 경우 발생한다.

③ 재원배분: 필요한 재원(특히 세원)이 자치단체에 배분되어 있지 아니한 경우 또는 사무를 이양하는 경우에 사무만 이양하고 그 처리 소요재원을 이양하지 아니할 경우에 발생한다.

④ 권위주의: 중앙정부의 권위주의가 뿌리 깊을 때에 갈등이 발생한다.

⑤ 일방적 결정: 중앙정부가 관계 지방자치단체와 협의과정을 거치지 않고 일방적으로 결정하기 때문에 갈등이 발생한다.

3. 정부 간 갈등관리의 기본방향

(1) 자율적 조정제도의 정비: 지방자치시대에 있어서 지방자치단체 간의 갈등은 당사자들의 협상을 통하여 스스로 해소하는 것이 가장 바람직하다.

(2) 정보공개와 주민참여의 제도화: 지방자치단체의 정책결정과정에는 주민의 의사가 반영되어야 하고, 그러기 위해서는 주민에게 정보를 공개하고 정책과정에의 참여를 실질적으로 보장하는 제도적인 장치가 마련되어야 한다.

(3) 주민의식의 성숙화: 지역의 주인인 주민들 스스로가 책임감을 느끼고 갈등문제를 긍정적인 방향으로 해소하기 위하여 적극적으로 나서야 하며, 이를 위해서는 지금보다 성숙한 주민의 자치의식, 책임의식이 필요하다.

(4) 협력문화의 형성: 지방차지단체 간의 갈등문제가 근원적으로 해소되려면 궁극적으로 협력문화가 형성되어야 한다.

(5) 갈등해소의 신속화

① 갈등을 해소하는 시기는 빠를수록 좋다. 갈등이 구체화되어 그 해소의 실마리를 찾기 어려워지기 전에 해소하여 예방하는 것이 이상적이다.

② 지방자치단체 간의 갈등의 특성상 갈등을 예방하기는 사실상 어렵기 때문에 사후적으로 이를 해소할 수밖에 없는데, 사후적 해소에 있어서도 그 해소는 갈등이 파국에 이르기 전에 이루어지도록 하여야 한다.

(6) 갈등유형에 따른 적정한 갈등해소 방안의 적용: 해소하고자 하는 갈등의 내용이나 원인에 상응하여 각기 상이한 형태를 띠는 것이 바람직하다.

> **개념더하기** 갈등해소전략
>
> 1. 규범적·사회적 전략
>   결정과정에 주민이나 이해집단의 참여를 보장하는 전략(주민투표 등)
>
> 2. 공리적·기술적 전략
>   반대보상 등을 통하여 저항을 최소화시키려는 전략(재산권 침해폭의 최소화, 기피시설 설치 시 지역발전기금 등과 같은 적절한 대체보상 실시, 예기치 못한 위험 발생 시 그 피해를 보상하기 위한 우발위험준비금 예치 등)
>
> 3. 강제적 전략
>   지역주민의 의사를 무시하고 강제적으로 추진하는 전략

4. 우리나라 분쟁조정제도

(1) 지방자치단체상호 간 분쟁조정

① 제3자에 의한 분쟁조정

㉠ 지방자치단체 분쟁조정위원회

- 지방자치단체 상호 간 또는 지방자치단체의 장 상호 간의 사무처리상 의견을 달리하여 분쟁이 있는 때에는 다른 법률에 특별한 규정이 없는 한 행정안전부장관 또는 시·도지사가 당사자의 신청에 의하여 이를 조정할 수 있다. 다만, 그 분쟁이 공익을 현저히 저해하여 조속한 조정이 필요하다고 인정되는 경우에는 당사자의 신청이 없는 때에도 직권으로 이를 조정할 수 있다. 분쟁을 조정하고자 할 때에는 관계 중앙행정기관의 장과의 협의를 거쳐 지방자치단체 중앙분

쟁조정위원회 또는 지방자치단체 지방분쟁조정위원회의 의결에 따라 조정하여야 한다.
- 행정안전부장관 또는 시 · 도지사가 조정의 결정을 한 때에는, 이를 서면으로 지체없이 관계지방자치단체의 장에게 통보하여야 하며, 통보를 받은 지방자치단체의 장은 그 조정결정사항을 이행하여야 한다. 이를 이행하지 않을 경우 직무상 이행명령을 발할 수 있고, 이에 응하지 않으면 행정대집행도 할 수 있다.
- 분쟁의 조정과 행정협의회의 협의사항의 조정에 필요한 사항을 심의 · 의결하기 위하여 행정안전부에 지방자치단체 중앙분쟁조정위원회와 시 · 도에 지방자치단체 지방분쟁조정위원회를 둔다.

⊂LINK⊃ 지방자치법

제166조(지방자치단체중앙분쟁조정위원회 등의 설치와 구성 등)
① 제165조 제1항에 따른 분쟁의 조정과 제173조 제1항에 따른 협의사항의 조정에 필요한 사항을 심의 · 의결하기 위하여 행정안전부에 지방자치단체중앙분쟁조정위원회(이하 "중앙분쟁조정위원회"라 한다)를, 시 · 도에 지방자치단체지방분쟁조정위원회(이하 "지방분쟁조정위원회"라 한다)를 둔다.
② 중앙분쟁조정위원회는 다음 각 호의 분쟁을 심의 · 의결한다.
  1. 시 · 도 간 또는 그 장 간의 분쟁
  2. 시 · 도를 달리하는 시 · 군 및 자치구 간 또는 그 장 간의 분쟁
  3. 시 · 도와 시 · 군 및 자치구 간 또는 그 장 간의 분쟁
  4. 시 · 도와 지방자치단체조합 간 또는 그 장 간의 분쟁
  5. 시 · 도를 달리하는 시 · 군 및 자치구와 지방자치단체조합 간 또는 그 장 간의 분쟁
  6. 시 · 도를 달리하는 지방자치단체조합 간 또는 그 장 간의 분쟁

  ⓛ 사법적 분쟁해결제도
  - 권한쟁의심판: 헌법재판소법은 지방자치단체 상호 간의 권한쟁의심판으로 특별시 · 광역시 또는 도와 시 · 군 또는 자치구 간의 권한쟁의심판을 규정하고 있다.
  - 항고소송: 지방자치법에서 명시적으로 제소권을 규정하고 있는 제188조, 제189조에 의한 소송 이외에 지방자치단체 간의 분쟁해결을 위하여 지방자치단체가 다른 지방자치단체에 대하여 항고소송을 제기할 수 있는가 하는 것이 문제된다(지방자치단체도 항고소송의 대상이 될 수 있다는 행정법원의 판례가 있다).
  ⓒ 환경분쟁조정위원회(환경분쟁조정법): 환경부에 중앙환경분쟁조정위원회를 설치하고, 특별시 · 광역시 · 도 또는 특별자치도에 지방환경분쟁조정위원회를 둔다. 환경분쟁조정위원회는 분쟁을 조정할 때에는 각각 알선위원회, 재정위원회, 조정위원회를 구성하여 각 단계를 거치도록 하고 있다.
② 당사자 간 분쟁조정제도: 행정협의회, 지방자치단체조합, 사전예방장치로서 협의 · 협약(사무위탁), 전국적 협의체(상호 간 교류 · 협력증진, 공동문제해결을 위해 설치한 시 · 도지사, 시 · 도의회의장, 시 · 군 · 자치구청장, 시 · 군 · 자치구의회의장 협의체) 등이 있다.

(2) 중앙정부와 지방자치단체 간의 행정조정
① 행정적 분쟁조정제도: 중앙정부의 조정 · 감독제도(주무부장관의 지도 · 감독, 시정명령, 취소 · 정지, 직무이행명령제도, 감사제도, 사전승인, 재의요구와 제소지시 및 직접제소 등)
② 사법적 분쟁조정제도: 헌법재판소의 국가와 지방자치단체 간 권한쟁의심판과 대법원 기관소송
③ 제3자에 의한 분쟁조정제도(행정협의조정위원회): 중앙행정기관의 장과 지방자치단체의 장이 사무를 처리함에 있어서 의견을 달리하는 경우에 이를 협의 · 조정하기 위해 국무총리 소속 하에 설치, 신청에 의한 경우 조정 가능, 조정사항의 통보를 받은 관계 중앙행정기관의 장과 당해 지방자치단체의

장은 그 협의·조정결정사항을 이행하여야 한다(법적 측면에서 이행해야 한다는 의무적 규정은 있지만, 대집행권 등 실질적 이행력은 확보 안 됨).

2 광역행정(Regional Administration)

1. 광역행정의 의의

(1) 광역행정의 개념

① 도시화·산업화에 따른 광역행정 수요에 대응하기 위하여 기존의 지방행정구역을 넘어서 더욱 넓은 지역을 중심으로 하여 이루어지는 행정이다.

② 기존의 자치구역 또는 지방행정구역을 넘어서 더욱 넓은 지역에서 이루어지는 행정이다.

③ 행정업무를 통일적·종합적으로 처리함으로써 행정의 능률성, 경제성, 효과성을 도모하려고 하는 목적과 주민의 자치권을 옹호하려는 사상이 동시에 내포되어 있다.

④ 행정의 효율성과 민주성의 요구를 조화시키려는 사상의 표현인 동시에 중앙집권과 지방분권의 조화를 이루기 위한 제도이다.

(2) 광역행정의 필요성

① 사회·경제권역의 확대와 균질화: 확대된 생활권, 경제권, 교육권과 행정권을 일치시킴으로써 광역화된 행정수요를 효율적으로 처리하고 주민의 편의도 도모해야 할 것이다.

② 지역주민의 복지향상: 도시와 농촌 간, 도시와 도시 간의 행정서비스의 양과 질을 동일화하여 지역주민의 생활의 질을 균등화시키기 위해서 광역행정이 필요하다.

③ 대도시권의 효율적·통일적 관리

④ 규모의 경제 실현: 지방정부 간 중복투자로 인한 예산의 낭비를 방지하고, 규모의 경제를 실현하여 행정의 능률성을 확보하기 위해서 광역행정이 필요하다.

⑤ 외부효과의 해결: 공공서비스의 외부효과로 지역 간 갈등이 발생할 경우 광역행정을 통해 문제를 해결할 수 있다.

⑥ 부존자원의 최적활용: 광역행정을 통해 넓은 지역을 하나의 행정단위로 설정하여 서비스를 제공할 경우 지역 내 자원 보유 지역이 자원 빈곤 지역을 보완할 수 있기 때문이다.

⑦ 지역이기주의 극복 필요성: 지역이기주의로 정책이 제대로 추진되지 못하는 경우 이를 극복하기 위해 광역행정이 필요하다.

⑧ 행정의 능률성과 민주성의 조화: 광역행정은 행정기능의 성격에 따라서 수행할 수 있으며, 또한 행정의 능률성과 민주성을 조화시킬 수 있는 하나의 제도라는 점에서 그 필요성이 증대되고 있다.

(3) 광역행정의 대상사무

① 골격기준: 상·하수도, 교통·통신, 도시계획, 전기 등 도시기반시설(골격기준)은 인접한 자치단체와 긴밀하게 연결되어 있으므로 광역행정을 통해 공급한다.

② 환경체계기준: 여러 지역을 통과하면서 많은 문제를 야기할 수 있는 자연자원이나 환경요소 등은 광역행정방식으로 처리한다.

③ 고도의 전문서비스 및 시설기준: 박물관, 연구소, 대학교, 종합병원, 문화시설 등의 고도의 전문성을 요하는 시설은 규모의 경제 차원에서 광역행정방식으로 처리한다.

④ 협력체계기준: 여러 지방자치단체가 서로 상호협력하면 효율적 처리가 가능한 사무는 광역행정방식으로 처리한다.

⑤ 형평성기준: 소득수준이 낮은 지역과 소득수준이 높은 지역 간에 공공서비스의 과소 및 과다문제를 해결하고 균질적인 행정서비스를 제공하기 위해 광역행정이 이루어진다.

⑥ 지역개발기준: 광역적 지역개발이 이루어져야 할 경우 몇 개의 결절지역 또는 분극지역을 하나의 공간단위로 설정하고 자족적 집합체를 형성하여 광역행정으로 처리한다.

(4) 광역행정의 한계

① 지방자치의 위협: 광역행정은 주민의 참여와 통제를 어렵게 하고 중앙정부의 관여를 촉진하여 중앙집권화를 초래할 가능성 높다(관치행정 야기).

② 지역의 특수성 경시: 광역행정은 광역적 행정수요에 초점을 맞추는 경향이 있기 때문에 기초자치단체의 행정수요나 특성을 경시할 가능성이 있다.

2. 광역행정의 접근 방법

(1) 종합적 접근 방법(통합)

① 개념과 유형

㉠ 개념: 자치단체의 정치행정체제에 상당한 구조변화와 권한의 집중화를 수반하는 것이다. 즉, 다수의 기존 지방자치단체를 해체하여 단일정부로 통폐합하여 광역행정업무를 처리하는 방식이다.

㉡ 유형

• 합병: 사회적·경제적으로 밀접한 관계에 있는 몇 개의 군소자치단체를 대도시를 중심으로 통폐합하여 강력한 단일정부로 만들거나, 도시화된 중심도시에 인접지역을 편입시켜 중심도시의 관할 구역을 넓히는 방법이다.

• 분리: 기존의 행정구역으로부터 일정지역을 떼어내어 새로운 자치단체를 설립하는 방식이다.

• 시·군통합: 군을 중심으로 중심도시와 인접도시를 부분적, 또는 전부를 흡수하여 하나의 단일정부를 만드는 방식이다.

② 종합적 접근 방법의 장·단점

㉠ 장점

• 규모의 경제를 실현할 수 있어 서비스 공급의 효율성을 제고할 수 있다.

• 서비스의 혜택이 인접지역으로 유출됨으로써 나타나는 무임승차자 문제를 최소화할 수 있다.

• 과세구역과 서비스 이용구역의 일치로 형평성을 제고할 수 있다.

㉡ 단점

• 관료주의적 운영·관리로 인하여 서비스의 효율성이 저하될 가능성이 있다.

• 주민수요에 대한 정부의 대응성 저하가 우려된다.

• 주민과 행정과의 거리를 멀게 하여 주민 통제·참여를 약화시킬 수 있다.

• 주민이나 기존 자치단체의 변화에 대한 저항이나 반발 가능성이 있다.

(2) 점진적 접근 방법(공동처리 방식)

① 개념과 유형: 점진적 접근 방법은 기존의 정치·행정체제와 그에 따른 행정구역별 관할권은 그대로 유지하면서 관계 자치단체 간의 협의나 기능이양 등을 통해서 광역행정을 처리하는 방식으로 구조변화를 수반하지 않는다.

㉠ 지방정부 간 협정: 협력방식의 일종으로 두 개 이상의 자치단체가 단일(복수)의 서비스를 제공하기 위하여 서로 합의하여 협정을 체결하는 방식이다.

ⓛ 계약(사무위탁): 협력방식의 일종으로서 특히 서비스 계약을 통하여 광역적 문제를 해소하려는 방식이다.

ⓒ 기능이양
- 당해 지방정부에서 수행하기 곤란하거나, 또는 규모가 더 크거나 혹은 작은 단위정부에 맡기는 것이 더욱 효과적이라고 판단될 경우 기능에 따른 책임을 이전하는 것이다.
- 기능을 이양받은 지방정부가 기능수행에 대해 완전하고 영구적인 책임을 진다.
- 기능이양의 형태: 중앙정부 또는 광역지방자치단체에 이양하는 방식, 특별행정기관에 이양하는 방식, 특수사업체(제3섹터)에 이양하는 방식이 있다.
- 광역협의회(COGs; Council Of Governments): 도시권 내의 자치단체들이 광역행정사무를 처리하기 위하여 협의회를 설치하여 운영하는 방식이 있다.

② 점진적 접근 방법의 장·단점
ⓐ 장점
- 기존 행정구역의 공간적 유형을 변화시키지 않고 서비스구역을 공간적으로 확대시킬 수 있다.
- 규모의 경제를 실현시킬 수 있어 운영·관리의 효율화를 기할 수 있다.
- 자치단체 본래의 지위를 유지하면서 공동으로 사무를 처리할 수 있으며, 그 절차가 간편하다.

ⓑ 단점
- 지역 내의 자치단체 간에 불균형의 문제를 심화시킬 가능성이 있다.
- 주민의 욕구에 대한 자치단체의 대응성이 약화될 수 있다.
- 법적 구속력이 약하기 때문에 지속성을 가질 수 없다.

(3) 절충적 접근 방법(연합방식)

① 절충적 접근 방법의 개념과 유형
ⓐ 개념: 기존의 행정구역별 관할권은 인정하면서 광역행정을 담당하기 위한 새로운 자치단체를 설치하는 방식으로 지방적·연방주의적 개념으로 파악할 수 있다(연합정부, 조합, 특별구).
ⓑ 유형
- 연합정부: 사회적·경제적으로 밀접한 관계에 있는 둘 이상의 자치단체가 각각 독립적인 법인격을 유지하면서 광역도시권에 새로운 정부연합체(광역자치단체)를 설치하여 이 도시연합으로 하여금 광역적 업무를 처리하게 하는 방법이다.
- 조합*: 둘 이상의 자치단체가 규약을 정하여 하나 또는 둘 이상의 사무를 공동으로 처리하기 위하여 설치하는 특별지방자치단체로서 프랑스, 독일, 일본 등에서 활용되고 있으며, 우리나라에서는 정보화자치조합, 수도권광역교통조합 등이 설치되어 있다.
- 특별구: 특별구나 특별행정기관을 설치하여 광역문제를 처리하는 것으로 미국에서 활발히 활용되고 있는 특별구는 지방정부 간의 자치권 보장, 서비스 생산의 능률성 향상, 서비스 확산의 최소화라는 세 가지 광역행정 문제를 직접적으로 처리하기 위하여 설치되었다.

② 절충적 접근 방법의 장·단점
ⓐ 장점
- 전문화된 기관이 특정문제의 해소에 전념할 수 있어 행정의 능률성을 제고시킬 수 있다.

---

*   조합
    (1) 일부사무조합: 한 가지 사무처리(공동처리방식과 유사)
    (2) 복합사무조합: 둘 이상 사무처리(연합방식과 유사)
    (3) 전부사무조합: 모든 사무처리(사실상 통합방식·종합적 처리방식)

- 의결권·기채권을 가지므로 업무를 탄력적으로 처리할 수 있다.
- 지역 간 균형이나 복지수준의 균등화를 거시적 입장에서 일관성 있게 추진할 수 있다.

ⓒ 단점
- 기존 자치단체와의 명확한 기능배분이 이루어지지 않으면 기능의 중복을 가져와 행정의 낭비를 초래할 수 있다.
- 기존 자치단체의 자율성을 침해할 수 있다.
- 책임소재를 불명확하게 하고 지방자치에 대한 주민의 관심을 저하시키게 되어 주민통제가 약화될 수 있다.

3. 우리나라의 광역행정

(1) 사무의 위탁

① 지방자치단체나 그 장은 소관 사무의 일부를 다른 지방자치단체나 그 장에게 위탁하여 처리하게 할 수 있다. 이 경우 지방자치단체의 장은 사무 위탁의 당사자가 시·도나 그 장이면 행정안전부장관과 관계 중앙행정기관의 장에게, 시·군 및 자치구나 그 장이면 시·도지사에게 이를 보고하여야 한다.

② 지방자치단체나 그 장은 ①에 따라 사무를 위탁하려면 관계 지방자치단체와의 협의에 따라 규약(위탁사무의 내용과 범위 및 관리와 처리방법 등)을 정하여 고시하여야 한다.

③ 지방자치단체나 그 장은 사무위탁을 변경하거나 해지하려면 관계 지방자치단체나 그 장과 협의하여 그 사실을 고시하고, 행정안전부장관과 관계 중앙행정기관의 장 또는 시·도지사에게 보고하여야 한다.

④ 사무가 위탁된 경우 위탁된 사무의 관리와 처리에 관한 조례나 규칙은 규약에 다르게 정하여진 경우 외에는 사무를 위탁받은 지방자치단체에 대하여도 적용한다.

⑤ 사무위탁의 장·단점

장점	• 사무처리비용의 절감 • 공동사무처리에 따른 규모의 경제효과 • 서비스의 성과 제고
단점	• 위탁처리비용의 산정문제 • 사무위탁에 따른 정치적 비난 • 위탁문화의 부재 등으로 광범위하게 활용되지 못함

(2) 전국적 협의체: 지방자치단체의 장이나 지방의회의 의장은 상호 간의 교류와 협력을 증진하고, 공동의 문제를 협의하기 위하여 전국적 협의체를 설립할 수 있다.

(3) 행정협의회

① 우리나라에서 가장 일반적인 방법이다. 2개 이상의 지방자치단체에 관련된 사무의 일부를 공동으로 처리하기 위하여 설치한다(시·도가 그 구성원인 경우에는 행정안전부장관과 관계 중앙행정기관의 장에게, 시·군 또는 자치구가 구성원인 경우에는 시·도지사에게 이를 보고해야 함). 행정협의회는 지방자치단체가 아니며, 법인격은 없다. 구속성의 경우 법률 내용에는 행정협의회의 결정에 따르도록 되어 있지만 실질적인 강제력 행사에 관한 규정이 없으므로 지방자치단체조합에 비하면 구속성이 부족하다. 지방협의회에 지방의회의 참여는 배제된다.

행정협의회	법인격·자치권이 없음	설치 시 보고	지방자치단체가 아님	관계 지방자치단체나 그 장의 명의로 사무 처리
지방자치단체조합	법인격·자치권이 있음	설치 시 승인 필요	특별지방자치단체	조합명의로 사무 처리

② 행정협의회의 장·단점

장점	• 합병하지 않고서도 협력 가능 • 기존 자치단체의 구조에 변화를 주지 않음 • 사무처리의 융통성과 효과성
단점	• 비상설기관적 성격 • 지방자치단체의 예산 확보 미흡 • 실무협의회의 미구성 • 합의나 결정에 대한 구속력이 담보되지 않는다는 점

(4) 지방자치단체조합(특별지방자치단체로서 지위 인정)

① 설립: 조합의 설립은 관계지방자치단체의 합의에 의한 임의설립이 원칙이다. 그러나 예외적으로 공익상 필요한 경우에는 행정안전부장관에 의한 강제설립이 인정된다.

② 설립목적: 2개 이상의 지방자치단체가 하나 또는 둘 이상의 사무를 공동으로 처리할 필요가 있을 때에 설립된다. 공동처리대상이 되는 사무의 범위에는 아무런 제한이 없다(고유사무, 단체위임사무, 기관위임사무 모두 가능).

③ 설립절차: 관계 지방자치단체가 규약을 정하고, 해당 지방의회의 의결을 거쳐, 감독기관(행정안전부장관이나 시·도지사)의 승인을 얻어 설립된다.

④ 설립효과: 조합이 설립되면 규약으로 정한 공동처리사무의 처리권능은 관계 지방자치단체로부터 조합으로 이전된다.

⑤ 특징: 지방자치단체조합은 행정협의회와 달리 하나의 독자적인 법인체로서 구역, 사무, 기구 및 재산을 보유하고 독자적인 권능을 가진다는 점에서 일반지방자치단체와 유사하나 다음과 같은 차이점이 있다.

⑥ 지방자치단체조합의 장·단점

장점	• 사무처리의 효과가 조합에 귀속 • 협의의 효과가 행정협의회의 경우보다 큼
단점	• 자치단체의 난립 • 책임소재의 불명

구분	보통지방자치단체	특별지방자치단체
기능 및 목적	일반적·종합적	특정적·한정적
존재	보편적	이차적·예외적(편의적)
구성원	주민	지방자치단체
설립 및 해산	법정설립 및 법정해산	임의설립 및 임의해산
과세권	주민에게 과세할 수 있다.	주민에게는 과세할 수 없고, 조합구성원인 자치단체가 비용을 부담한다.
공통점	• 법인격이 부여됨(재산, 직원, 독자적 명의로 사무처리) • 고유사무, 위임사무 처리 가능 • 지방채 발행 가능(단, 조합이 발행할 때는 행정안전부장관의 승인)	

개념확인

01 지방분권으로 중앙정부의 조정에 의해서 지역 간의 격차를 해소하는 데 도움이 될 것이다. (○, ×)

02 노사 간의 대립, 사회의 복잡화, 실업 등의 사회문제 해결에 도움이 될 것이다. (○, ×)

03 주민자치는 지방분권의 이념을, 단체자치는 민주주의 이념을 강조한다. (○, ×)

04 주민자치는 의결기관과 집행기관을 분리하여 대립시키는 기관분리형을 채택하는 반면, 단체자치는 의결 기관이 집행기관도 되는 기관통합형을 채택한다. (○, ×)

05 주민자치와 구별되는 단체자치의 특성은 정치적 차원의 자치라는 점에 있다. (○, ×)

06 주민소환은 지방자치단체장과 지방의회 의원으로 대상을 한정하여 임기만료 전에 주민들이 해임을 청구하는 제도이다. (○, ×)

07 공청회는 주민의 직접적인 제안과 토의를 거쳐 당해 지역의 정치 · 행정에 관한 의사결정을 직접 행하는 제도이다. (○, ×)

08 1994년 「지방자치법」 개정에서 도입된 이래 지금까지 시행되고 있다. (○, ×)

09 지방자치단체의 장은 주민 또는 지방의회의 청구에 의한 경우가 아닌 자신의 직권으로 주민투표를 실시할 수 없다. (○, ×)

10 일반 공직선거와 마찬가지로 외국인은 어떠한 경우에도 주민투표에 참여할 수 없다. (○, ×)

11 우리나라의 주민참여예산제도에 의하면 수렴된 주민의 의견서를 지방의회에 제출하는 예산안에 첨부하지 않도록 하고 있다. (○, ×)

12 우리나라의 주민참여예산제도는 「지방재정법」에 의하여 지방자치단체가 의무적으로 시행하고 있다. (○, ×)

13 지방자치단체는 법인이나 지방자치단체조합은 법인이 아니다. (○, ×)

14 자주재원이 적더라도 중앙정부가 지방교부세를 증액하면 재정자립도는 올라간다. (○, ×)

15 재정자립도가 높다고 지방정부의 실질적 재정이 반드시 좋다고 볼 수는 없다. (○, ×)

16 연락회의는 둘 이상의 지방자치단체가 광역적 갈등분쟁을 원활하게 해결하기 위하여 조정권을 갖는 연락 기구를 구성하는 방식이다. (○, ×)

17 협의회는 둘 이상의 지방자치단체가 광역적 지역개발사업을 수행하기 위하여 규칙에 의해 법인격을 갖는 기관을 운영하는 방식이다. (○, ×)

OX정답확인

01 × 02 × 03 × 04 × 05 × 06 × 07 × 08 × 09 × 10 × 11 × 12 ○ 13 × 14 × 15 ○ 16 × 17 ×

01

다음 중 특별지방자치단체에 대한 설명으로 옳지 않은 것은?

① 특정한 목적을 수행하기 위하여 필요한 경우에 설치되는 지방자치단체이다.
② 특정한 지방공공사무를 보다 편리하면서도 효율적으로 수행하기 위하여 별도의 관할구역과 행정조직이 필요하다는 것이 설립의 일반적 이유이다.
③ 특별지방자치단체의 설립을 통해 지방자치단체의 난립과 구역·조직·재무 등 지방제도의 복잡성과 혼란을 완화할 수 있다.
④ 특별지방자치단체는 행정사무처리 이외에 공기업의 경영을 위해 설립되기도 한다.

02

다음 중 우리나라 지방자치단체에 대한 설명으로 옳지 않은 것은?

① 특별자치시와 특별자치도에는 자치구를 두고 있다.
② 특별시·광역시 및 특별자치시가 아닌 인구 50만 이상의 시에는 행정구를 둘 수 있다.
③ 도농복합형태의 시에서 도시의 형태를 갖춘 지역에는 동을 그 밖의 지역에는 읍·면을 둔다.
④ 보통지방자치단체 외에 특정한 목적을 수행하기 위해 필요하면 따로 특별지방자치단체를 설치할 수 있다.

03

다음 중 우리나라 지방자치제에 대한 설명으로 옳지 않은 것은?

① 지방자치단체의 의사를 결정하는 의결기관과 의사를 집행하는 집행기관을 이원적으로 구성하는 기관대립(분립)형이다.
② 지방분권화의 세계적 흐름에 따라 지방사무의 배분 방식은 제한적 열거방식을 채택하고 있다.
③ 자치경찰제는 현재 제주특별자치도에서만 실시되고 있다.
④ 특별지방행정기관은 중앙행정기관이 소관 사무를 집행하기 위해 설치한 지방행정기관이며, 세무서와 출입국관리사무소는 특별지방행정기관에 해당한다.

04

다음 중 기관위임사무에 대한 설명으로 옳지 않은 것은?

① 법령에 의하여 국가 또는 상급 지방자치단체로부터 지방자치단체의 장에게 위임된 사무를 말한다.
② 국가와 지방자치단체 사이의 행정적 책임의 소재를 명확하게 해준다.
③ 지방자치단체를 국가의 하급기관으로 전락시키는 요인으로 작용할 수 있다.
④ 전국적으로 획일적인 행정을 강조함으로써 지방적 특수성이 희생되기도 한다.

05

다음 중 아른슈타인(Arnstein)이 제시한 주민참여의 8단계론 중 명목적(형식적)참여의 범주로 옳은 것은?

① 조작(Manipulation)
② 치료(Therapy)
③ 협력(Partnership)
④ 정보제공(Informing)

06

우리나라의 주민소환제도에 대한 설명으로 옳지 않은 것은?

① 가장 유력한 직접민주주의 제도이다.
② 비례대표 지방의회의원은 주민소환 대상이 아니다.
③ 심리적 통제 효과가 크다.
④ 군수를 소환하려고 할 경우에는 해당 군의 주민소환투표청구권자 총수의 100분의 10이상의 서명을 받아 청구해야 한다.

│ 정답 및 해설

01 <정답> ③

조합 등 특별지방자치단체는 특정한 업무를 효율적·광역적으로 수행하기 위하여 독립된 법인격을 갖는 자치단체의 일종으로 지방자치단체의 난립과 구역·조직·재무 등 지방제도의 복잡성과 혼란을 초래할 수 있다는 것이 단점이다.

02 <정답> ①

현재 특별자치시와 특별자치도에는 자치구를 두고 있지 않다. 특별자치도에는 자치시가 아닌 시만을 둘 수 있고, 특별자치시에는 군과 자치구를 둘 수는 있으나, 현재 두고 있지는 않다.

03 <정답> ②

우리나라의 지방자치사무 배분 방식은 세계적 흐름과는 달리 포괄적 예시주의 또는 예시적 포괄주의 방식을 채택하고 있다.

04 <정답> ②

기관위임사무는 국가사무로서 지방자치단체와는 아무 관계가 없으면서 국가를 대신하여 처리하는 사무이므로 책임의 소재를 불명확하게 한다는 단점이 있다.

05 <정답> ④

아른슈타인(Arnstein)은 주민참여의 발달단계를 크게 3단계, 세부적으로 8단계로 구분하였다. 정보제공 등은 상징적(형식적) 참여단계에 해당하는 참여전략이다.

06 <정답> ④

시·군·구의 단체장에 대해 주민소환을 청구하려면 주민소환투표권자 총수의 100분의 15이상의 서명을 받아야 한다.

07

다음 중 재정수입의 측면에서 '지방세의 세원이 특정지역에 편재되어 있지 않고 고루 분포되어 있어야 한다'라는 내용과 관련된 지방세의 원칙은?

① 세수안정의 원칙
② 책임분담의 원칙
③ 응익성의 원칙
④ 보편성의 원칙

08

다음 중 지방세 체계에 대한 설명 중 옳지 않은 것은?

① 광역시의 경우에는 주민세재산분 및 종업원분은 광역시세가 아니고 구세로 한다.
② 광역시의 군지역은 광역시세와 자치구세의 세목 구분이 적용되지 않고 도세와 시·군세의 세목 구분이 적용된다.
③ 시·도는 지방교육세를 매 회계연도 일반회계 예산에 계상하여 교육비특별회계로 전출하여야 한다.
④ 특별시의 재산세는 특별시분과 자치구분으로 구분하고, 특별시분은 구의 지방세수 등을 고려하여 자치구에 차등분배하고 있다.

09

다음 중 지방재정에 대한 설명으로 옳은 것은?

① 지방교부세의 기본 목적은 지방자치 단체 간 재정격차를 줄임으로써 기초적인 행정서비스가 제공될 수 있도록 하는 데 있다.
② 세외수입은 연도별 신장률이 안정적이며 그 종류와 형태가 다양하다.
③ 보통교부세, 특별교부세, 분권교부세, 부동산 교부세 등의 지방교부세가 운영되고 있다.
④ 대부분의 국고보조사업에는 차등보조율이 적용되고 있다.

10

다음 중 서울특별시가 자치구에 교부하는 조정교부금의 재원이 될 수 없는 것은?

① 지방소득세
② 담배소비세
③ 취득세
④ 지방교육세

11

다음 중 중앙정부와 지방정부 간 갈등관계에 대한 설명으로 가장 옳지 않은 것은?

① 중앙정부와 지방정부 간 공식적인 갈등조정 기구는 대통령 소속의 행정협의조정위원회이다.
② 중앙정부와 지방정부 간 국책사업 갈등에는 지역주민이 갈등의 당사자로 참여하는 경우가 있다.
③ 중앙정부와 지방정부는 사무권한과 관련한 갈등의 경우 헌법재판소에 권한쟁의심판을 청구할 수 있다.
④ 취득세 감면조치는 중앙정부와 지방정부의 갈등요인으로 작용할 수 있다.

07 정답 ④

지문은 보편성의 원칙에 해당한다.

08 정답 ④

특별시의 재산세는 공동과세로 특별시분(50%)과 자치구분(50%)으로 구분하고, 특별시분(50%)은 구의 25개 자치구에 균등분배하고 있다.

09 정답 ①

② 세외수입은 종류와 형태가 다양하지만 연도별 신장률이 안정적이지 않고 불규칙성이 강하다.
③ 지방교부세의 종류에는 보통교부세, 특별교부세, 소방안전교육세, 부동산 교부세 4가지 종류가 있다. 분권교부세는 2015년 1월 폐지되고 소방안전교부세가 신설되었다.
④ 국고보조사업에는 일부 차등보조율이 적용되고 있다. 차등보조율제도가 도입되었지만 우리나라는 아직 획일보조의 성격이 강한 편이다.

10 정답 ④

자치구 조정교부금은 특별시나 광역시가 징수하는 보통세(총 7개) 수입액의 일부를 자치구에 교부하는 것이다. 따라서 지방 교육세 등 목적세는 재원이 되지 않는다.

11 정답 ①

행정협의조정위원회는 대통령 소속이 아니라 국무총리 소속이다.

MEMO

좋은 책을 만드는 길
독자님과 함께하겠습니다.

도서나 동영상에 궁금한 점, 아쉬운 점, 만족스러운 점이
있으시다면 어떤 의견이라도 말씀해 주세요.
SD에듀는 독자님의 의견을 모아 더 좋은 책으로 보답하겠습니다.

www.sdedu.co.kr

2023 ALL-IN-ONE 행정학

개정1판1쇄 발행	2023년 01월 10일 (인쇄 2022년 08월 26일)
초 판 발 행	2022년 01월 10일 (인쇄 2021년 09월 30일)
발 행 인	박영일
책 임 편 집	이해욱
편 저	SD 공무원시험연구소
편 집 진 행	신보용 · 최지우
표 지 디 자 인	조혜련
편 집 디 자 인	박지은 · 박서희
발 행 처	(주)시대고시기획
출 판 등 록	제 10-1521호
주 소	서울시 마포구 큰우물로 75 [도화동 538 성지 B/D] 9F
전 화	1600-3600
팩 스	02-701-8823
홈 페 이 지	www.sdedu.co.kr
I S B N	979-11-383-3024-4 (13350)
정 가	37,000원